Günther Ortmann · Jörg Sydow · Klaus Türk (Hrsg.)

Theorien der Organisation

Organisation und Gesellschaft
Herausgegeben von Günther Ortmann

Wie wünscht man sich Organisationsforschung?

Theoretisch reflektiert, weder in Empirie noch in Organisationslehre oder -beratung sich erschöpfend.

An avancierte Sozial- und Gesellschaftstheorie anschließend, denn Organisationen sind in der Gesellschaft.

Interessiert an *Organisation als Phänomen der Moderne* und an ihrer Genese im Zuge der Entstehung und Entwicklung des Kapitalismus.

Organisationen als Aktionszentren der modernen Gesellschaft ernstnehmend, in denen sich die gesellschaftliche Produktion, Interaktion, Kommunikation – gelinde gesagt – überwiegend abspielt.

Mit der erforderlichen Aufmerksamkeit für das Verhältnis von Organisation und Ökonomie, lebenswichtig nicht nur, aber besonders für Unternehmungen, die seit je als *das* Paradigma der Organisationstheorie gelten.

Gleichwohl Fragen der Wahrnehmung, Interpretation und Kommunikation und also der Sinnkonstitution und solche der Legitimation nicht ausblendend, wie sie in der interpretativen resp. der Organisationskulturforschung und innerhalb des Ethik-Diskurses erörtert werden.

Organisation auch als Herrschaftszusammenhang thematisierend – als moderne, von Personen abgelöste Form der Herrschaft über Menschen und über Natur und materielle Ressourcen.

Kritisch gegenüber den Verletzungen der Welt, die in der Form der Organisation tatsächlich oder der Möglichkeit nach impliziert sind.

Verbindung haltend zu Wirtschafts-, Arbeits- und Industriesoziologie, Technik- und Wirtschaftsgeschichte, Volks- und Betriebswirtschaftslehre und womöglich die Abtrennung dieser Departments voneinander und von der Organisationsforschung revidierend.

Realitätsmächtig im Sinne von: empfindlich und aufschlußreich für die gesellschaftliche Realität und mit Neugier und Sinn für das Gewicht von Fragen, gemessen an der sozialen Praxis der Menschen.

So wünscht man sich Organisationsforschung. Die Reihe „Organisation und Gesellschaft" ist für Arbeiten gedacht, die dazu beitragen.

Günther Ortmann · Jörg Sydow
Klaus Türk (Hrsg.)

Theorien der Organisation

Die Rückkehr der Gesellschaft

2., durchgesehene Auflage

Westdeutscher Verlag

Die Deutsche Bibliothek – CIP-Einheitsaufnahme
Ein Titeldatensatz für diese Publikation ist bei
Der Deutschen Bibliothek erhältlich

1. Auflage 1997
2., durchgesehene Auflage 2000

Höchste inhaltliche und technische Qualität unserer Produkte ist unser Ziel. Bei der Produk-
tion und Verbreitung unserer Bücher wollen wir die Umwelt schonen: Dieses Buch ist auf säu-
refreiem und chlorfrei gebleichtem Papier gedruckt. Die Einschweißfolie besteht aus
Polyäthylen und damit aus organischen Grundstoffen, die weder bei der Herstellung noch bei
der Verbrennung Schadstoffe freisetzen.

Umschlaggestaltung: Horst Dieter Bürkle, Darmstadt
Umschlagbild: Anselm Kiefer: Zweistromland 1985, mit freundlicher Genehmigung
der Anthony d'Offay Gallery, London, und des Ateliers Anselm Kiefer, Barjac.
Satz: Klaus Türk
Druck und buchbinderische Verarbeitung: Druckerei Hubert & Co., Göttingen
Printed in Germany

ISBN 3-531-32945-6

Inhalt

ZU DEN BEITRÄGEN
Einladung zur Lektüre und kleine Orientierungshilfe   9

EINFÜHRUNG

Günther Ortmann/Jörg Sydow/Klaus Türk
Organisation, Strukturation, Gesellschaft.
Die Rückkehr der Gesellschaft in die Organisationstheorie   15

1. INSTITUTIONENÖKONOMISCHE UND EVOLUTIONSTHEORETISCHE
   ANSÄTZE

Josef Wieland
Die Neue Organisationsökonomik.
Entwicklung und Probleme der Theoriebildung   35

Reinhard Pirker
Die Unternehmung als soziale Institution.
Eine Kritik der Transaktionskostenerklärung der Firma   67

Richard R. Nelson
Recent Evolutionary Theorizing About Economic Change   81

2. SOZIOLOGISCHER INSTITUTIONALISMUS UND POLIT-ÖKONOMISCHE
   ANSÄTZE

Klaus Türk
Organisation als Institution der kapitalistischen
Gesellschaftsformation   124

Christof Wehrsig
Kommentar: Organisation als Institution?   177

Michael Bruch
Betriebliche Organisationsform und gesellschaftliche Regulation.
Zum Problem des Verhältnisses von Organisation und Gesellschaft in
polit-ökonomisch orientierten Ansätzen 181

Hans-Peter Krebs
Kommentar: Totalität und Kontingenz 211

3. HANDLUNGS-, SYSTEM- UND STRUKTURATIONSTHEORIE

Peter Kappelhoff
Rational Choice, Macht und die korporative Organisation der
Gesellschaft 218

Hartmut Esser
Kommentar: Wie oft noch? Wie lange noch? 259

Wil Martens
Organisation und gesellschaftliche Teilsysteme 263

Uwe Schimank
Kommentar: Zur Verknüpfung von Gesellschafts- und
Organisationstheorie 312

Günther Ortmann/Jörg Sydow/Arnold Windeler
Organisation als reflexive Strukturation 315

Margit Osterloh/Simon Grand
Kommentar: Die Theorie der Strukturation als Metatheorie der
Organisation? 355

4. SYMBOLISCHE UND KOGNITIVE ANSÄTZE

Barbara Czarniawska-Joerges
Symbolism and Organization Studies 360

Karin Knorr Cetina
Kommentar: Living in a Post-Social Society 385

Antonio Strati/Davide Nicolini
Cognitivism in Organization Studies 388

Peter Dachler
Kommentar: Kognitivismus in der Organisationsforschung 417

5. NACHBARSCHAFTSBEZIEHUNGEN: BETRIEBSWIRTSCHAFTS-LEHRE, PSYCHOLOGIE UND INDUSTRIESOZIOLOGIE

Frank Witt
Organisation und Gesellschaft in der Theorie der Unternehmung   424

Dieter Sadowski
Kommentar: Die Versprechen der Neuen Unternehmenstheorie   449

Dodo zu Knyphausen-Aufseß
Auf dem Weg zu einem ressourcenorientierten Paradigma?
Resource-Dependence-Theorie der Organisation und Resource-based View
des Strategischen Managements im Vergleich   452

Georg Schreyögg
Kommentar: Theorien organisatorischer Ressourcen   481

Oswald Neuberger
Individualisierung und Organisierung.
Die wechselseitige Erzeugung von Individuum und Organisation
durch Verfahren   487

Manfred Bornewasser
Kommentar: Die Rolle der Macht in der Beziehung von Person
und Organisation   523

Hans-Joachim Braczyk
Organisation in industriesoziologischer Perspektive   530

Gert Schmidt
Kommentar: Zwischen Betrieb und Organisation – neuere Aussichten
für die Industriesoziologie   576

ZUM SCHLUSS
Institution und Evolution in der Organisationstheorie.
Ein Interview mit Walter W. Powell   579

VERZEICHNISSE

Autorinnen und Autoren des Bandes   588
Literaturverzeichnis   592
Personenregister   636
Sachregister   644

ZU DEN BEITRÄGEN

Einladung zur Lektüre und kleine Orientierungshilfe

So ein Buch, liebe Leserin, lieber Leser, haben wir uns immer gewünscht – und wir hoffen, Sie auch: Ein Buch, das umfassend und instruktiv den neuesten Stand der Theorie präsentiert, das aber vor allem zeigt: Es ist Bewegung in der Organisationstheorie. Es gibt avancierte Theorie, Kontroversen, Paradigmenkonkurrenz, und doch, im letzten Quartal dieses Jahrhunderts, eine Entwicklung, die wir auf einen gemeinsamen Nenner gebracht haben: Rückkehr der Gesellschaft – die Wiederentdeckung der Gesellschaft durch die Theorien der Organisation.

Dieses Knistern soll sich Ihnen mitteilen. Deshalb haben wir Autorinnen und Autoren ausgewählt, die – mit wenigen Ausnahmen, die aber die Spannung eher noch erhöhen – selbst für die vorgestellten Theorien stehen, und ihnen manchmal sehr, sehr kritische, manchmal auch sympathetische Kommentare als noch belebenderes Element beigestellt. Wir wollten keine bloßen, getreulichen, neutralen, faden Darstellungen aus zweiter Hand. Keine Dogmengeschichte. Sondern forcierende, weitertreibende Beiträge und einen Einblick, mit Kleist zu sprechen, in die „Fabrikation der Ideen auf der Werkstätte der Vernunft" – in die zeitgenössische Theoriearbeit in statu nascendi.

Im einzelnen:

Unsere Einleitung erläutert den Untertitel des Bandes – sein Programm.

Teil 1 versammelt drei Beiträge zur neuen Institutionenökonomik und zur ökonomischen Evolutionstheorie. *Josef Wieland* rückt die Darstellung der Organisationsökonomik – Property-Rights-Theorie, Principal-Agent-Theorie und vor allem die Transaktionskostentheorie – unter die Frage, ob ihr die theoretische Integration normativer, kultureller, psychologischer und moralischer Parameter gelingt, ohne ihr spezifisches – spezifisch ökonomisches – Erklärungspotential zu zerstören. So hoch dieser Anspruch ist – Wieland ist guten Mutes, nicht, was den vorliegenden Stand der Ausarbeitung besonders durch Williamson anlangt, wohl aber in der Frage der Ausbaufähigkeit der Theorie, zu der er eigene Vorschläge macht. Darin unterscheidet er sich von *Reinhard Pirker*, der eine kontrakttheoretische Auffassung von Organisationen entschieden ablehnt und insbesondere an der Fähigkeit der Transaktionskostentheorie zweifelt, Produktion, Wandel und organisationales Lernen angemessen zu thematisieren. Das verweist auf innovations- und evolutionsökonomische Arbeiten und in diesem Band daher auf den an-

schließenden Beitrag von Nelson. Aufschlußreich sind aber auch die Parallelen
oder doch Affinitäten zwischen Wieland und Pirker, die beide die fehlende Integration der normativen Grundlagen aller Verträge und Transaktionen und einen
triftigeren Organisationsbegriff anmahnen – und auch in letzterem vielleicht so
weit nicht auseinander liegen. *Richard Nelson* – wer wäre besser geeignet?
– gibt einen profunden Überblick über das evolutionäre Denken in Biologie und Soziobiologie, über die Evolution von Recht, Wissenschaft und Technik bis zu Unter-
nehmungsorganisationen, Industriestrukturen und zu ökonomischem Wachstum.
Wandel – „Responding to the Winds of Change" – ist sein Thema, das er mit
Blick auf Organisationen und besonders Unternehmungen zur Frage organisationalen Lernens im Sinne des Erwerbs von Routinen zuspitzt. Pfadabhängigkeiten und „dynamic increasing returns", damit auch die Idee der Verriegelung –
Lock In – technischer, organisationaler und industrieller Evolution spielen in
Nelsons Denken eine zunehmend wichtige Rolle. Anschlüsse gibt es zur Technikforschung mit dem Konzept des technologischen Regimes oder Paradigmas und
zur Institutionenökonomik (Piore/Sabel, Lazonick, North u.a.), zur Innovationsökonomik (Dosi, Freeman u.a.) und zum soziologischen Neo-Institutionalismus
– begleitet von Zweifeln an der Handlichkeit und Präzision des Institutionenbegriffs: Alles in allem ein Beispiel für eine Integration von Theorieperspektiven, an
der auch Wieland und Pirker gelegen ist. Die drei Beiträge dieses Teils sind als
einzige bereits anderswo publiziert, in Wielands und Pirkers Falle für diesen Band
noch einmal überarbeitet resp. ergänzt. Wir haben uns daher entschlossen, sie im
Gegensatz zu allen anderen Artikeln ohne Kommentar abzudrucken.

Teil 2 unseres Bandes widmet sich dem soziologischen Neo-Institutionalismus
und den mehr oder minder stark von Marx inspirierten Ansätzen der politischen
Ökonomie der Organisation (Türk), der französischen Regulationsschule, der
Radical Political Economists und der Labour Process Debate. *Klaus Türk* bietet
zunächst eine ausführliche Darstellung und Kritik der neo-institutionalistischen
Organisationssoziologie der Zucker, Meyer, Rowan, Jepperson, DiMaggio, Powell
u.a. Einreden richten sich an so manche geradezu kontingenztheoretische Fassung des Verhältnisses von institutionellen Anforderungen *an* und Legitimations-
vorkehrungen *von* Organisationen und an eine mögliche Überforderung des Institutionenbegriffs. (In letzterem trifft Türk sich mit Nelson.) Er nutzt dann aber
den Begriff für eine Explikation seines eigenen Ansatzes, in dem Organisationen
als Moment des Institutionengefüges der kapitalistischen Gesellschaftsformation
bestimmt werden, das genau insofern widersprüchlich ist, als es eine „inkludie-
rende Exklusion" impliziert: Inklusion der Gesellschaftsmitglieder im Sinne systemischer Subsumtion bei gleichzeitiger Exklusion im Sinne von Arbeitslosigkeit, Marginalisierung, Diskriminierung. *Christof Wehrsig* gibt in seinem Kommentar ergänzende – kontrastierende?– Hinweise auf schrittweise erweiterte Inklusio-
nen (Sozialstaat) – und, hauchzart ironisch, auf eine traurige Dialektik der Organisation: „Der Speer nur schließt die Wunde, die er schlug". *Michael Bruch* präsen-

tiert eine nahezu komplette Übersicht über die Labour Process Debate (Braverman, Edwards, Burawoy, Littler u.a.), den Social Structure of Accumulation-Ansatz und die Theorie der Firma (dazu s. auch Pirker) der Radical Political Economists und die französische Regulationstheorie in der Version von Aglietta und vor allem Lipietz. Bruch plädiert für eine Ergänzung letzterer, an der er als Schwäche einen lückenhaft ausgearbeiteten Begriff von Organisation konstatiert, durch Türks politische Ökonomie der Organisation. In *Hans-Peter Krebs'* Kommentar zeigen sich Differenzen in der Lipietz-Rezeption, besonders betreffend den Begriff der (Produktions-) Norm, der ja schon bei Wieland und Pirker eine kritische Rolle spielte. Für Krebs sind diese Normen nicht Gegenstand von Kommunikation und Aushandlung, sondern werden erst im Nachhinein anerkannt oder auch abgelehnt.

Teil 3 enthält drei Beiträge, die deutlicher als die anderen auf je einem spezifischen Typus von allgemeiner Sozialtheorie basieren: *Peter Kappelhoff* rekurriert auf die Rational-Choice-Theorie, die er allerdings für ergänzungsbedürftig hält – um eine Komplexitätstheorie, die der Makroebene sozialer Organisation Eigenständigkeit zubilligt und so die Engführungen des methodologischen Individualismus vermeiden hilft, und um die Berücksichtigung normgeleiteten Handelns durch geeignete verhaltenstheoretische Erweiterungen. Dagegen richtet *Hartmut Esser* schweres Geschütz, mit dem Tenor, alle Bedenken Kappelhoffs seien durch die zeitgenössischen Arbeiten der Rational-Choice-Theorie längst ausgeräumt – offene Türen? *Wil Martens* präsentiert – nach einer kritischen Erörterung systemtheoretischer, besonders der St. Gallener Konzeptionen des Managements im Sinne von Selbstorganisation – in diesem Band nach vielfältigen Vorarbeiten zu einer Kommunikationstheorie der Unternehmung und zur Systemtheorie Luhmannscher Provenienz so etwas wie Grundzüge seiner eigenen Organisationstheorie. Sie enthält genau überlegte Abweichungen von Luhmann, besonders in ihrem Rekurs auf Handlung (einschließlich Kommunikation als dessen Sonderfall) als Element des Systems „Organisation" und in ihrer Entscheidung für eine andere Lösung in der Frage des Verhältnisses verschiedener Systeme zueinander, nämlich dafür, die These der völligen Trennung von Systemen mit der ihrer Überschneidung zu verbinden. Die „Selbigkeit des Differenten" ist die Formel, die er Luhmann entgegenstellt. In *Uwe Schimank* hat er einen Kommentator, der beiden Sympathien entgegenbringt und der weiterführende Fragen zum Verhältnis formaler Organisationen und gesellschaftlicher Teilsysteme formuliert. *Günther Ortmann*, *Jörg Sydow* und *Arnold Windeler* geben ebenfalls eine summa, nämlich ihrer bisherigen Bemühungen um eine Organisationstheorie, die durch die Strukturationstheorie Anthony Giddens' inspiriert ist. Die Rolle von Institutionen, organisationaler Wandel und das Verhältnis von Organisation und Psyche werden ebenso behandelt wie ausgewählte „Anwendungsfelder" der Theorie: Mikropolitik, Organisation der Produktion, (Informations-) Technikeinsatz, strategisches Management, Accounting als soziale Konstruktion von Realität und interorganisa-

tionale Netzwerke. *Margit Osterloh* und *Simon Grand* äußern Zustimmung, mahnen
aber Strukturierungshilfen für die Lösung praktischer Probleme an und schlagen
dafür frameworks oder maps als „Redeinstrumente", als Orientierungsmuster
zum Verständnis komplexer Situationen vor.

Teil 4 ist symbolischen und kognitiven Ansätzen der Organisationsforschung
gewidmet. *Barbara Czarniawska-Joerges* geht bis auf die Bewegung des Symbolismus in der Literatur des 19. Jahrhunderts zurück, zitiert aus der Politologie Murray Edelmans kritische Arbeiten zu einer bloß symbolischen Politik, nennt für die
Soziologie die dramatischen Begriffe für symbolisches Handeln (act, agent, scene,
agency and purpose) und führt den symbolischen Interaktionismus an, ferner
Konstruktivisten wie Latour, Callon und Knorr Cetina. Innerhalb der Organisationstheorie erwähnt sie Selznick als Vorläufer, nennt die Organisationskulturforschung als bekanntesten Typus symbolischer Organisationsforschung und zeigt
die symbolistischen Seiten des soziologischen Neo-Institutionalismus, der Ethnomethodologie und des Konstruktivismus in der Organisationsforschung (einschließlich konstruktivistischer Ansätze der accounting-Forschung). Sie behandelt
rhetorische und narrative Ansätze, deren Relevanz heute vielleicht durch die Arbeiten Donald McCloskeys auch für Ökonomen deutlicher wird. Sie bekommt
entschiedene Unterstützung durch ihre Kommentatorin *Karin Knorr Cetina*, die
sich von der Signifikanz des Symbolismus deswegen überzeugt zeigt, weil sie dessen Wurzeln in dem sieht, was sie unsere post-soziale Gesellschaft nennt – eine
dissoziierte, deregulierte Wissens- und Netzwerkgesellschaft, die vielleicht besser
in Begriffen von oder Analogien zu Texten, Erzählungen und Symbolen verstanden werden kann. Organisation heißt auch: Organisation des Denkens, Suchens,
Selektierens, Lernens, Entscheidens – des sense making. Darauf konzentrieren
sich kognitivistische Ansätze der Organisationsforschung, die von *Antonio Strati*
und *Davide Nicolini* vorgestellt werden. Gibt es eine Möglichkeit, die aus der kognitiven Psychologie geläufigen Konzepte – causal resp. cognitive maps, scripts
etc. – auf eine genuin organisationstheoretische Ebene zu übertragen und so etwas wie collective cognitive maps (Bougon) oder organisational script schemas
(Gioia) zu identifizieren? Strati und Nicolini verweisen auf die kognitivistische
Wende seit den Arbeiten von Cyert, March und Simon und erörtern die Arbeiten
von Bougon, Weick, Salancik, Argyris, Schön, Gherardi, Gioia und vielen anderen, um ihre positive Antwort zu erhärten. Sie stoßen damit auf entschiedenen
Widerspruch im Kommentar von *Peter Dachler*, der in der durchgehend individualistischen Methodologie – gar in der Fokussierung auf das Denken und Entscheiden des Managements – das entscheidende Hindernis für das Verständnis
sozialer, kollektiver, kommunikativer, interaktiver Vorgänge sieht. Dachler empfiehlt als Alternative den Rekurs auf Sprache und die „narrative Gestaltung der
Wirklichkeit" im Sinne des Konstruktivismus, mit dessen Hilfe Denken, Wissen
und Erkenntnisgewinnung als nicht nur individuelle Prozesse verstanden werden
könnten – noch einmal Anlaß für uns, auf McCloskeys „Rhetoric of Economics"

mit seiner Insistenz auf der Relevanz von Wissen, Überzeugen, Argumentieren und Erzählen *für die Wirtschaft* zu verweisen: mögliche Anschlüsse zu einer „interpretativen Ökonomie".

In *Teil 5* schließlich kommen Autoren benachbarter Disziplinen zu Wort. *Frank Witt* skizziert die Entwicklung der Betriebswirtschaftslehre mit besonderem Interesse für das Werk Erich Gutenbergs und seine Folgen für das Fach und fragt – mit recht skeptischem Ergebnis –, wie gesellschaftliche Probleme in der Theorie der Unternehmung reflektiert werden. Für *Dieter Sadowski* hat die Rückkehr der Gesellschaft in die Theorie der Unternehmung längst begonnen. Er moniert in seinem Kommentar Lücken in Witts darauf bezogener Rezeption der neueren Unternehmenstheorie – mit ihrem Konzept der Informationsunvollkommenheiten – der Organisationsökonomik, der Rational Choice-Theorie, exemplarisch: der Organisationstheorie Aokis (s. jedoch die Beiträge zur neuen Organisationsökonomik und zur Rational Choice-Theorie in diesem Band). *Dodo zu Knyphausen-Aufseß* vergleicht den Resource-Dependence-Ansatz der Organisationsforschung und seine externe Perspektive mit dem Resource-based View des strategischen Managements und seiner internen Perspektive auf wichtige Ressourcen. Er sieht ein gewisses Ergänzungsverhältnis, kommt aber zu skeptischen Resultaten, was die Bezüge zu Gesellschaft und Gesellschaftstheorie anlangt. *Georg Schreyöggs* Kommentar stellt die Potentiale des Resource-Dependence-Ansatzes stärker heraus und betont die durch ihn begonnene Öffnung der Theorien des strategischen Managements gegenüber organisationstheoretischen Einsichten, besonders gegenüber organisationsinternen Ressourcen und organisationalem Lernen. *Oswald Neuberger* geht von einer sehr knappen und sehr kritischen Skizze des Zustandes der Organisationspsychologie als einer instrumentalisierten Disziplin direkt zu einer Analyse der Verfahren der Disziplin (Foucault) über, die unter anderem durch die Disziplin der Organisationspsychologie – und die der Personalwirtschaft – bereitgestellt werden, mit dem Assessment Center als einem Beispiel. Für diese leitende Idee – Konstitution des Individuums mittels disziplinierender Verfahren im Sinne Foucaults – handelt er sich eine vehemente Kritik seines Kommentators *Manfred Bornewasser* ein, der bei Neuberger resp. Foucault ein problematisches Verständnis von Konditionierung, ein einseitig negatives Bild von Personen in Organisationen und ein diffuses Konzept der Macht diagnostiziert und sich im Ergebnis sogar dem Satz entgegenstellt: „Verfahren disziplinieren, eröffnen aber auch Handlungschancen". *Hans-Joachim Braczyk* gibt eine souveräne Zusammenschau der Themen und Forschungsansätze der Industriesoziologie, fragt, was sie von der Organisationstheorie lernen kann (und umgekehrt!), und nutzt sodann die Gelegenheit, seine eigene Sicht der Dinge in einer bereits sehr geschlossenen Darstellung zu präsentieren: Diskursive Koordination ist Braczyks Titel dafür – gemeint sind intra-, dann aber und vor allem interorganisationale Ordnungen resp. Beherrschungsformen der Produktion als wichtigste Analyseebene, für deren Untersuchung er das von Hollingsworth entlehnte Konzept der Governance heranzieht. *Gert Schmidt* hebt in seinem Kommentar die Relevanz der gegenseitigen Öffnung von Industriesoziologie und Organisationstheorie mit Verweis auf neue Unübersichtlichkeiten in der Gesellschaft und produktive Verunsicherungen in den Fachdisziplinen hervor.

Ein Interview mit *Walter Powell*, einem der weltweit wichtigsten Vertreter der neo-institutionalistischen Organisationssoziologie, beschließt diesen Band. In diesem Interview wird deutlich, daß sich diese besonders einflußreiche Richtung der Organisationstheorie heute nicht nur mit der Konformität, sondern auch mit der Diversität von Organisationsformen befaßt, stärker den Wandel von Organisationen und interorganisationalen Netzwerken in den Mittelpunkt rückt und dabei populationsökologische, evolutionstheoretische und strukturationstheoretische Konzepte, aber auch die ökonomische Theorie der Pfadabhängigkeit fruchtbar macht. Vor allem aber zeigt das Interview, wie viele andere Beiträge in diesem Band, daß eine sozialwissenschaftlich fundierte Organisationstheorie ökonomische Fragen nicht negiert, sondern in den Kontext von Organisation und Gesellschaft einfügt.

*

Wir danken: den Teilnehmerinnen und Teilnehmern des Organisationstheoretischen Colloquiums an der Bergischen Universität Wuppertal, das über viele Semester hinweg unser Ort manchmal ziemlich heftiger Diskussionen der in diesem Band verhandelten Fragen war; der Bergischen Universität für die finanzielle Unterstützung einer Autorenkonferenz 1995 und des 13. „Wuppertaler Wirtschaftswissenschaftlichen Kolloqiums" 1996 zum Thema des Bandes; allen Teilnehmerinnen und Teilnehmern dieser beiden Tagungen, auf denen es gelegentlich hoch herging; der Deutschen Forschungsgemeinschaft, deren Unterstützung das Interview mit Walter Powell möglich gemacht hat; den Herausgebern des Journal for Economic Literature für die Erlaubnis, den Beitrag von Richard Nelson abzudrucken; einer Reihe von Kollegen, die vielfältige Hilfe angeboten und gewährt haben, besonders Walter Bungard, Sumantra Ghoshal, Alfred Kieser, Dieter Sadowski und Andreas Zick, und natürlich den Autorinnen und Autoren, denen wir – fast allen – mehrere und erhebliche Überarbeitungen abverlangt haben, und unter ihnen ganz besonders den Kommentatorinnen und Kommentatoren, deren Auftritt in Wuppertal und deren bohrende, insistierende, fachkundige, streitlustige Fragerei der Qualität der Beiträge noch einmal einen wichtigen Push gegeben haben. Die uns in Wuppertal zuletzt aus den Fluten der Arbeit errettet haben, wissen schon, wie dankbar wir ihnen sind: Gudrun Mildner, Monika Wagner-Fekkak, Kerstin Drewe, Marco Zimmer.

Die Herausgeber

Organisation, Strukturation, Gesellschaft
Die Rückkehr der Gesellschaft in die Organisationstheorie

Günther Ortmann, Jörg Sydow, Klaus Türk

1. Organisation und Gesellschaft

„In einem sehr realen Sinne ist der Leiter oder Vorgesetzte nur ein Busfahrer, dessen Passagiere ihn verlassen werden, wenn er sie nicht in die gewünschte Richtung fährt. Sie lassen ihm nur wenig *Entscheidungsfreiheit* über den Weg, den er fahren muß" (Simon 1951a, S. 134; Übers. und Hervorh. d. Verf.). Diese unscheinbaren und gerade in ihrer Unscheinbarkeit so eingängigen Zeilen aus einem berühmten Buch – „Administrative Behavior" des Nobelpreisträgers für Wirtschaftswissenschaften, Herbert A. Simon – erklären das Geschehen in Organisationen zu einer Sache der „Entscheidungsfreiheit" ihrer Mitglieder. Es läßt sich an ihnen die immer wieder einmal geübte Kritik an einer Organisationstheorie erläutern, in der Macht, Herrschaft und ökonomische Zwänge nur eine, gelinde gesagt, unterbelichtete Rolle spielen (Krupp 1961; Prewo et al. 1973, S. 241 ff.; Ortmann 1976; Kudera 1979; Kieser/Kubicek 1978, S. 58 ff.). Denn es gilt: „Die Begriffe sind blind gegen den Unterschied zwischen einem Fahrgast, der den Bus verläßt, wenn der in die falsche Richtung fährt, und einem 55jährigen Arbeiter, der im Betrieb nicht aufmuckt, weil für ihn 'Aussteigen' doch wohl eine andere Bedeutung hat" (Ortmann 1976, S. 46).

Die Organisation figuriert in Simons bedeutsamer Metapher als ein Vehikel zur Erreichung der Ziele ihrer „Passagiere". Das ist, machen wir uns nichts vor, in zumindest engster Tuchfühlung zu unser aller, durch Reflexion nur sehr schwer hintergehbarem Alltagsverständnis von Organisationen formuliert. Lange bevor wir über das Phänomen „Organisation" groß zu reflektieren begonnen haben, gilt uns als selbstverständlich und ist, was im Theoriejargon daher „taken for granted" heißt: Organisation ist ein zweckmäßiges Mittel der Menschen zur Erreichung ihrer Ziele. Daran zumal vermochte insbesondere die betriebswirtschaftliche Organisationslehre anzuknüpfen, die sich seitdem schwertut mit allen weitergehenden organisationstheoretischen Einsichten in jene Charakteristika von Organisationen, die sich diesem schier übermächtigen, rationalistischen und instrumentalistischen Verständnis von Organisationen nicht länger fügten. Diese letzteren aber sind es, die einem weitreichenden Konsens zufolge[1] die theoretisch und praktisch relevanteren, die schwierigeren, die aufregenderen Eigenschaften von Organisationen ausmachen – und genau die Eigenschaften, die jenem rationalistischen, instrumentalistischen, betriebswirtschaftlichen Zugriff auf Organisationen die vielen Haken und Ösen bescheren, in denen er sich so oft verstrickt und verfängt. Ihre Reflexion, das wollen wir damit sagen, ist auch und gerade dann geboten, wenn das Interesse ein ökonomisches ist.

Das vielleicht Bemerkenswerteste aber an Simons Bild ist: Die übrige Gesellschaft taucht darin nur implizit auf. Sie ist nicht mit im Bild. Sie ist nicht im Bus. Sie ist „draußen". Sie könnte ins Bild kommen als „soziale Landschaft organisatorischer Entscheidungsalternativen", aber wir haben schon gesehen, daß den Soziologen Simon – eigentlich Professor für Computer Science und Psychologie – deren Beschaffenheit besonders ernstlich nicht bekümmert: siehe das Thema „Aussteigen". Gesellschaftliche, nicht nach individuellen Bedürfnissen geregelte Streckenführungen, Fahrpläne und Straßenverkehrsordnungen wären in dieser Metaphorik zwar gut denkbar, werden von Simon aber ebenso wenig ausgearbeitet wie überhaupt sozial gesetzte Nötigungen für die Akteure, bestimmte Wege zu nehmen und bestimmte Ziele zu erreichen. Institutionelle Imperative, die vom Standpunkt des einzelnen nicht einfach abgelehnt werden können, denen sich womöglich auch die Organisation als ganze nicht kampf- oder kostenlos entziehen kann, erregten damals – vor ziemlich genau einem halben Jahrhundert! – Simons Interesse nicht.

Organisationen aber sind in der Gesellschaft, sind Teil der Gesellschaft, sind eine besondere Form der Koordination und Zurichtung gesellschaftlicher Aktivitäten, implizieren spezifische gesellschaftliche Zusammenhänge *und Schnitte* zwischen diesen Aktivitäten, werden von ihrer gesellschaftlichen Umgebung gefördert und beeinträchtigt, üben ihrerseits einen enormen Einfluß auf den Zustand und die Entwicklung der Gesellschaft aus, und dies alles keineswegs seit altersher, sondern, jedenfalls mit jener Dominanz, die in diesem Jahrhundert die Rede von der Organisationsgesellschaft[2] aufgebracht hat, offenbar erst im Zuge der Ent-

---

1 Vgl. nur, unter den zahlreichen Einführungen und Überblicken, Kieser/Kubicek (1978), Clegg, Dunkerley (1980), Scott (1986), Morgan (1986), Türk (1989) und Kieser (1995).

2 Vgl. zusammenfassend Perrow (1991), mit der schlichten These: „,... the appearance of large organizations in the United States makes organizations the key phenomenon of our time ..." (S. 725). Vgl. auch die sehr viel ältere Formulierung Golembiewskis (1989, S. 9) mit Rekurs auf Boulding (1953): „Our modern lives increasingly will be spun out in an organization context, whether business or government or philantropic-religious ... whether the focus is upon organized labor or industry or government, upon the church or charitable institutions or (we might add) crime, upon the home with the built-to-order community or upon the school, or exponents of 'rationalization' are its legions, and massive scale its model." Das ist ursprünglich 1965 geschrieben worden. Heutzutage lesen wir bei Giddens (1991, S. 15 f.): „... a more general feature of modernity ... (is) the rise of the organisation. What distinguishes modern organisations is not so much their size, or their bureaucratic character, as the concentrated reflexive monitoring they both permit and entail. Who says modernity

stehung und Entwicklung des Kapitalismus. Schon diese letztere – sagen wir es vorsichtig – Koinzidenz hat in der einschlägigen Forschung erstaunlich wenig Aufmerksamkeit erfahren,[3] und das gilt erst recht für den Zusammenhang – das Zusammenfallen – der vielbeschworenen Ausdifferenzierung gesellschaftlicher Teilsysteme – wie Wirtschaft, Recht und Politik – mit dem Aufkommen moderner Organisationen.[4]

Dies also betrifft das Verhältnis der Organisationen zu ihrem Außen. Eine Organisation aber ist auch selbst, in ihrem Inneren, Gesellschaft – wenn auch eine irgendwie geschlossene. Schließlich besteht sie aus sozialen Handlungen, aus Interaktion und Kommunikation in organisierter, formal geregelter und zugerichteter Form und ist nicht – wie oft ist das gesagt worden! – Maschine, nicht nur Vehikel, nicht nur und nicht einmal überwiegend. Richard Scott (1986) betrachtet denn auch Organisation weniger als instrumentell-rationales, sondern als „natürliches" und „offenes System". Im Übergang von der ersteren, „rationalen" Sichtweise erblickt er einen entscheidenden Fortschritt der Organisationstheorie. Scotts Bestimmungen dieser drei Systeme seien hier noch einmal in Erinnerung gerufen:

1. Organisation als rationales System „ist eine an der Verfolgung relativ spezifischer Ziele orientierte Kollektivität mit einer relativ stark formalisierten Sozialstruktur" (Scott 1986, S. 45).
2. Organisation als natürliches System „ist eine Kollektivität, deren Mitglieder in ihrem Verhalten durch die formale Struktur oder die offiziellen Ziele kaum beeinflußt werden, jedoch ein gemeinsames Interesse am Fortbestehen des Systems haben und sich an informell strukturierten Kollektivaktivitäten zugunsten seiner Erhaltung beteiligen" (Scott 1986, S. 47).
3. Organisation als offenes System „ist eine Koalition wechselnder Interessengruppen, die ihre Ziele in Verhandlungen entwickelt; die Struktur dieser Koalition, ihre Aktivitäten und deren Resultate sind stark geprägt durch Umweltfaktoren". (Scott 1986, S. 47).

An Scotts Darstellung, die den state of the art bis etwa 1980 zusammenfaßt, ist dreierlei bemerkenswert: (1.) die Eindeutigkeit der theoriegeschichtlichen Ent-

---

says not just organisations, but organisation – the regularised control of social relations across indefinite time-space distances." Diese allgemein akzeptierte/attestierte Relevanz von Organisationen korrespondiert nun allerdings überhaupt nicht mit der Rolle, die sie in vielen Entwürfen zu großen Sozial- und Gesellschaftstheorien spielen, etwa bei Parsons, Habermas, Bourdieu und auch bei Giddens. Anders bei Luhmann und Coleman.

3 Die wichtigsten zeitgenössischen Ausnahmen, die aber, so imponierend sie sind, aus Gründen, die in verschiedenen Beiträgen dieses Bandes verhandelt werden, nicht recht befriedigen können, sind das Werk Colemans (1979, 1986, 1991, 1992) und die Arbeiten Douglass North' (1988, 1990, 1992b); für Ansätze einer kritischen Alternative dazu s. Türk (1995a).

4 Auch dazu aber Türk (1995a, S. 155 ff.); ferner Martens (1995) und sein Beitrag in diesem Band; neuerdings Luhmann (1996).

wicklung von „rationalen" zu „natürlichen" und „offenen" Systemen, also zur Thematisierung des Inneren der Organisation als soziale Prozesse und Strukturen; (2.) die Eindeutigkeit, mit der die gesellschaftliche Umwelt als unabhängige Variable oder Determinante der Organisation in den Blickpunkt rückt; (3.) die nach wie vor bestehende, so erstaunliche Theorielücke betreffend den so unverkennbaren, durchdringenden, nahezu unvermeidlichen Einfluß von Organisationen auf fast alle Bereiche des gesellschaftlichen Lebens.[5] Die Rückkehr der Gesellschaft in die Organisationstheorie ist also in vollem Gange, ist man geneigt zu sagen, bedarf allenfalls noch des entscheidenden Anstoßes, letzte Lücke zu füllen. Doch so einfach liegen die Dinge nicht.

Denn die eindeutige Abkehr von rationalen Modellen in Scotts „Grundlagen der Organisationstheorie" ist Produkt systematischer Ausblendungen der Ökonomie und ökonomischer Ansätze – einschließlich spieltheoretischer und anderer Rational-Choice-Ansätze. In diesen Ansätzen aber steht nicht die Rückkehr, sondern „die Auflösung des Sozialen" auf der Agenda – so jedenfalls Kappelhoff (1994) mit Blick auf die Sozial- und Organisationstheorie James S. Colemans. Zumal von der Warte betriebswirtschaftlicher Organisationslehre aus gesehen, aber auch aus der Sicht einer kritischen Gesellschaftstheorie, welche die Rolle der Ökonomie im krassen Gegensatz zu Suggestionen Luhmannscher Provenienz[6] unbeirrt hoch veranschlagt, ist das eine schmerzliche, eine nicht hinnehmbare Theorielücke. Diese Theorielücke, die Scott allerdings mit vielen Organisationssoziologen teilt,[7] wollen wir aber in diesem Band nicht auf sich beruhen lassen,

---

5 Davon handelt auch Teil IV über „Organisationen und Gesellschaft" in Scotts Buch nicht, sondern von organisationalen Pathologien und dem Problem organisationaler Effektivität.

6 Luhmann aber, der marxistische und sonstwie kritische Theoretiker bei Gelegenheit gern mit beiläufigen Bemerkungen über die zunehmende Begrenzung des Einflusses der Wirtschaft im Zuge ihrer Ausdifferenzierung zu einem gesellschaftlichen Teilsystem gepiesackt hat, wird mit solchen Formulierungen zusehends vorsichtiger. Man lese nur: „Zu den gewichtigsten Einwänden gegen die Marxsche Gesellschaftstheorie gehört: daß sie die Wirtschaft überschätzt – und deshalb, wie sich heute zeigt, unterschätzt. ... Dadurch, daß die Gesamtgesellschaft dominant von der Wirtschaft her begriffen wird, fehlt ein ausreichendes Verständnis für die Eigendynamik der Wirtschaft mit ihren Auswirkungen auf andere Funktionsbereiche und auf die ökologischen Bedingungen der gesellschaftlichen Evolution" (Luhmann 1992a, S. 25 f.). Oder gar: „Man muß sich natürlich fragen, ob über diese Kette: *Geldabhängigkeit der Organisationen* → *Organisationsabhängigkeit der meisten Funktionssysteme* nicht eine latente Dominanz der Wirtschaft in der modernen Gesellschaft sich durchsetzt. ... Man kann ... zeigen, daß die Abhängigkeit fast aller Funktionssysteme von Wirtschaft viel stärker ist als oft angenommen wird ..." (Luhmann 1988a, S. 323 f.). Da sage noch einer, zwischen verschiedensten Paradigmen gebe es keinerlei Chancen auf Kommunikation ...

7 Wie Albach (1986, S. 1046) in seiner Rezension des Scottschen Lehrbuchs zu Recht anmerkt: Das Wort „Preise" kommt darin auf 484 Seiten nicht ein Mal vor. Dieter Schneider (1985a, S. 206, 208) wirft weiten Teilen der Organisationslehre gar „Unkenntnis der Wirtschaftsgeschichte" und „Unkenntnis der Wirtschaftstheorie" vor. Solche Kritik indes erscheint in einem milderen Licht, wenn man bedenkt, daß, wie auch Albach drei Jahre später (1989, S. 17) einräumt, „die mikroökonomische Theorie bis vor kurzem nicht viel zum Verständnis der Betriebsorganisation beigetragen hat." Bei dieser Gelegenheit tadelt Albach Scott ein weiteres Mal, wiederum für die Vernachlässigung der Ökonomie: „Scott behandelt

sondern in Form intensiver Auseinandersetzungen mit der neuen Organisations-ökonomik, mit Property-Rights-, transaktions- und kontrollkostentheoretischen Ansätzen, mit der principal-agent theory, mit evolutionstheoretischer Ökonomie, mit der Rational-Choice-Theorie, mit den Radical Political Economics und der politökonomischen Regulationstheorie, mit der Theorie der Unternehmung, schließlich mit jüngeren Versuchen in Angriff nehmen, organisationale Kompetenzen und Ressourcen für das strategische Management fruchtbar zu machen.

Zudem ist es nicht nur Anlaß zur Freude, wie „die Gesellschaft" (unter Titeln wie Situation, Kontext, institutionelle Umwelt, Populationsökologie etc.) in der herrschenden Organisationstheorie vielfach in Anschlag gebracht wurde – nämlich: wie simpel und deterministisch, ohne Berücksichtigung der lediglich losen Kopplung zwischen Organisation und Umwelt (Child 1972) oder gar der autopoietischen Geschlossenheit von Organisationen (Luhmann 1988c), jedenfalls: ohne Berücksichtigung der Eigen„gesetzlichkeit" und -dynamik des Geschehens in Organisationen. Übergangen werden diese Komplikationen im übrigen oft genug zugunsten eines Effizienzdeterminismus, der erst recht die Abkehr von rationalen Modellen zur bloßen Hälfte einer höchst zwiespältigen Entwicklung zurechtrückt – wir nennen nur den contingency und den population ecology approach in ihren traditionellen Versionen. Schließlich bezeichnet die unter (3.) genannte Lücke – betreffend die Frage der Rück-Wirkungen von Organisation auf Gesellschaft – nicht das geringste, eher schon das gewichtigste Problem einer Organisationstheorie, die der Rolle von Organisationen in der Moderne gerecht werden will, ein Problem überdies, das nicht einfach additiv aufgenommen und abgearbeitet werden kann, sondern in einem ausgesprochen verzwickten und vertrackten Wechselverhältnis zu den beiden anderen Problemkomplexen steht.

Einen Teil dieser Vertracktheit macht es aus, daß Organisation und moderne Gesellschaft in einem Verhältnis rekursiver Konstitution zueinander stehen, derart, daß die Organisationen eben jene gesellschaftlichen Strukturen und Institutionen, denen sie unterliegen, ihrerseits produzieren und reproduzieren – manchmal, wenn auch bei weitem nicht immer, in durchaus strategischer Absicht.[8] Diesen Gesichtspunkt, allgemein von Anthony Giddens (1984a) als Dualität und Rekursivität von Struktur bezeichnet, auch im Verhältnis von Organisation und Gesellschaft zur Geltung zu bringen, halten wir für ein gutes Gegengift wider allfällige Ismen und besonders wider das Einbahnstraßendenken des Neoinstitutionalismus, soweit er lediglich die Wirkungsrichtung von den gesellschaftlichen

---

bevölkerungsökologische Modelle, die in den letzten Jahren weltweite Beachtung und auch in Deutschland Befürworter gefunden haben. Sozial-Darwinismus scheint für das Studium von Organisationen angemessener zu sein als die mikroökonomische Theorie der Unternehmung" (Albach 1989, S. 17). Scott *hat* allerdings die Transaktionskostentheorie in seinem Buch (1986, S. 202 ff., S. 336 f.) behandelt – unter Rekurs auf Coase, Arrow, Alchian, Demsetz, Williamson und Commons.

8 Man denke nur an die Einflußnahme von Unternehmungen, Unternehmerverbänden und Lobbyisten auf Recht und Politik.

Institutionen hin zu den Organisationen vor Augen hat.[9] Diese Erweiterung linearer Zusammenhänge in der einen *oder* anderen Richtung zu der zirkulären Figur der Rekursivität halten wir zwar auch im Binnenverhältnis von Organisationsstruktur zu organisationalem Handeln für dringend geboten (s. Abschnitt 2). Wir möchten sie aber eben auch für das Außenverhältnis von Organisationen zu ihrem gesellschaftlichen, institutionellen Umfeld vorschlagen und brauchen uns dazu nicht allein auf die allgemeine Sozialtheorie, sondern können uns auch auf Organisationstheorie stützen: Besonders Karl Weick hat mit seinem Konzept des enacted environment wie überhaupt mit seiner durch und durch rekursiven Bestimmung des Verhältnisses von Organisation und Umwelt eine entscheidende Denkfigur längst etabliert, die allerdings institutionenökonomisch und -soziologisch noch der Ausarbeitung bedarf. Mit „Rückkehr der Gesellschaft in die Organisationstheorie", das sollte nach alledem klargeworden sein, meinen wir nicht das Homanssche „Bringing Men Back In" (Homans 1964), sondern die Berücksichtigung dieser gesellschaftlichen und institutionellen Einbettung *und* Rückwirkung von Organisationen – einschließlich ihrer Bedingtheit durch und ihres Einflusses auf die ökonomischen Systemzusammenhänge.

Nur einige wenige Beiträge dieses Bandes sind von der angedeuteten Sozialtheorie Anthony Giddens' inspiriert. Dessen in diesem Band von Ortmann, Sydow und Windeler skizzierter, ja noch recht formal bleibender Theorie*rahmen* indes scheint uns durchaus geeignet, einige kritische Gesichtspunkte zur Sichtung vorliegender Organisationstheorien zu liefern; dazu möchten wir im folgenden Abschnitt noch einige Hinweise geben. Sie betreffen zum einen das Verhältnis von Handlung und Struktur, damit auch das von Individuum und Organisation, zum anderen die Dimensionen des Sozialen, die wir zu berücksichtigen haben, wenn wir uns Organisationen zuwenden.[10] Wir möchten zu bedenken geben, ob nicht die Arbeit organisationstheoretischer Reflexion dieses Jahrhunderts, zumal seiner beiden letzten Drittel, auf die Überwindung zweier Einseitigkeiten zutreibt: der Einseitigkeit in der Auszeichnung von sei es Handlung, sei es Struktur als basaler Ebene der Theorie, und der Einseitigkeit in der Auszeichnung von sei es der interpretativen, sei es normativen – zusammengenommen: der kulturellen –, sei es der herrschaftlichen oder schließlich der ökonomischen Dimension des Sozialen als der für organisations- und unternehmungstheoretische Analysen

---

9 Vgl. für diese Kritik schon Perrow (1986, S. 176 f.), mit Blick auf den Institutionalismus von – und im Gefolge von – Philip Selznick; zur Berücksichtigung dieser Kritik in den jüngeren Arbeiten von DiMaggio und Powell siehe unten, den 2. Abschnitt dieser Einleitung, und den Beitrag von Türk in diesem Band.

10 Weaver und Gioia (1994) machen sich anheischig zu begründen, warum Giddens' Theorie nicht nur die Dichotomie (1.) structure vs. agency hinter sich läßt, sondern auch die folgenden: (2.) structural-functionalism vs. interpretavism, (3.) determinism vs. voluntarism, (4.) causation vs. meaning, (5.) holism vs. individualism, (6.) object vs. subject und (7.) description vs. prescription. Das wirkt nicht gerade bescheiden, aber schlecht sind ihre Argumente nicht.

irgendwie basalen, gar in letzter Instanz ausschlaggebenden Dimension. Die unübersichtliche Vielfalt interpretativer, kulturalistischer, institutionalistischer, herrschafts- und kontrolltheoretischer und ökonomischer Ansätze der Organisationstheorie ließe sich dann ebenso zwanglos verstehen wie die wahrhaft schlicht unendliche Zirkularität der wechselseitigen Kritiken und Argumentationen zwischen methodologischen Individualisten und reinen Handlungstheoretikern einerseits und Strukturalisten und Systemtheoretikern andererseits.

2. Strukturationstheorie: Zur möglichen Integration der Paradigmenvielfalt

Natürlich kann man es sich angesichts der schon jetzt herrschenden und, absehbarerweise, weiter explodierenden Paradigmenvielfalt gemütlich machen wie Gareth Morgan (1986), der aus dieser Not die Tugend eines theoretischen Pluralismus zu machen trachtet. Ein solcher Rückzug vor großer Theorie ist ja um so verständlicher, ist vielleicht sogar notwendige Selbstbescheidung angesichts des Preises, den eine Integration in umfassende sozial- und gesellschaftstheoretische Systeme noch stets gefordert hat: des Preises irgendwelcher, zum Beispiel ökonomischer, politischer, kulturalistischer Reduktionismen, die ihren Gegenstand zurechtstutzen und die Vielfalt seiner Facetten ausblenden. Das Argument hört sich gut an, aber die durchaus reduktionistische Forschungspraxis innerhalb der bekannten Paradigmen, die nebeneinander herlaufen und deren Bezug aufeinander weithin in wechselseitigem Achselzucken sich erschöpft, beraubt es seines stärksten Punktes. Pluralismus – im Sinne einer Vielfalt an Theorieperspektiven – pflegt sich eben nicht in einer Brust abzuspielen, und wenn die gewählte Perspektive sehr eng ist, dann kann sie kaum erweitert werden durch andere Perspektiven, zumal unter den Bedingungen des herrschenden Wissenschaftsbetriebes. Schon deshalb bleibt der andere Weg attraktiv: die Wahl eines einheitlichen, allerdings möglichst weiten Theorierahmens,[11] der den uns als wichtig geltenden Aspekten des Gegenstandes 'Organisation' Rechnung zu tragen erlaubt, aber vielleicht die größte Schwäche des Morganschen Pluralismus vermeiden kann: daß er die Bilder der Organisation als Maschine, als Organismus, als Gehirn, als

---

11 Weaver und Gioia (1994) sprechen von Giddens' Theorie als Metatheorie, mittels derer eine gewisse Integration der Vielfalt organisationstheoretischer Paradigmen geleistet werden könne, ohne ihnen reduktionistische Gewalt anzutun. In ihrem Beitrag und der anschließenden Debatte (De Cock/Rickards 1995; Weaver/Gioia 1995) findet sich eine sehr viel detailliertere Erörterung des Problems, als sie uns hier möglich ist. Gut gefallen uns besonders die Bedenken gegen die Suggestion der Inkommensurabilität von Paradigmen, wie sie von den grassierenden Einsortierungen der Paradigmen in Matrix-Schubladen à la Burell und Morgan (1979) ausgeht: Trennungslinien zwischen Paradigmen sind (gewiß nicht nur, aber) auch Hervorbringung solcher Visualisierungen, die natürlich immer viel mehr Einfachheit und Trennschärfe vorspiegeln, als einzulösen ist.

Kultur, als politisches System, als psychisches Gefängnis, als Fluß und als Herrschaftsinstrument *gleich gültig* nebeneinander stehen läßt, als stünden nicht die jeweils ins Auge gefaßten Gegenstandsaspekte in einem tatsächlichen und keineswegs beliebigen, keineswegs *gleichgültigen* Zusammenhang zueinander. Welches Gewicht hat die Organisationskultur, welches die Ökonomie, welche Rolle spielt die Psyche der Organisationsmitglieder, welche die Gemengelage ihrer (mikro-) politischen Interessen, und in welchem Verhältnis stehen sie zueinander? Bedurfte – und bedarf – der Kapitalismus einer protestantischen Ethik? Impliziert Organisation oder Organisationsgesellschaft kulturellen Verfall? Sind Organisationen *die* Emanation ökonomischer Vernunft? Vor solchen Fragen zu kapitulieren kann die wie immer pluralistische ultima ratio organisationstheoretischen Reflektierens ja kaum sein.

Die Alternative wäre ein sozial- und gesellschaftstheoretischer Entwurf, der die Vielfalt solcher Gesichtspunkte *in sich* aufnehmen kann, indem er nach ihrem Zusammenhang zu fragen erlaubt. Wir können und wollen das hier nicht lange auf prinzipieller Ebene begründen – ohnehin wird nicht eine solche Begründung, sondern die Fruchtbarkeit in der forschungspraktischen Durchführung eines solchen Ansatzes darüber entscheiden, ob er auf Akzeptanz oder gar Konsens stößt.

Wir kommen also lieber zur Sache und behaupten: Die Giddenssche Sozialtheorie als *ein* Beispiel für eine solche, integrierende Theorie verfügt über Integrationskraft – enthält ein Integrationsversprechen – in zweierlei Richtung: „horizontal"[12], in Richtung auf die unterschiedlichen Dimensionen des Sozialen, die diese Theorie in Anschlag bringt, und „vertikal", nämlich mit Blick auf das Verhältnis von Handlung und Struktur, das in allen drei Dimensionen des Sozialen zur Geltung kommt.

In horizontaler Richtung möchten wir das nur andeuten, indem wir den Giddensschen Dimensionen des Sozialen – Signifikation, Legitimation und Herrschaft – jeweils einige, wie wir zum Ausdruck bringen wollen, lediglich partielle organisationstheoretische Ansätze zuordnen – ohne Anspruch auf Vollständigkeit und ohne behaupten zu wollen, es gäbe in jedem Falle bereits klare Vorstellungen über die Integration dieser Ansätze. Die meisten derjenigen Richtungen, die Wollnik (1995, S. 279) den interpretativen Ansätzen[13] der Organisationstheorie zurechnet, haben ihren Schwerpunkt auf der Dimension der *Signifikation* – zum Beispiel Silvermans ethnomethodologischer Ansatz, der organizational symbo-

---

12 „Horizontal" und „vertikal" bezieht sich dabei einfach auf das unten, in Abb. 1 des Beitrages von Ortmann, Sydow und Windeler wiedergegebene Schema. In dieser Visualisierung sind Signifikation, Legitimation und Herrschaft als die drei Dimensionen des Sozialen als Ausdruck ihrer Gleichursprünglichkeit nebeneinander angeordnet – nur daher die Rede von „horizontalen" Beziehungen zwischen diesen Dimensionen.

13 Für eine Diskussion der sozialtheoretischen Grundlagen solcher Ansätze Giddens (1984b).

lism, Weicks organizing perspective, kommunikationstheoretische Ansätze[14], der Organisationskultur-Ansatz. Die Beiträge zum Symbolismus und zum Kognitivismus in diesem Band sind hier angesiedelt. Seit Donald McCloskey (1985, 1990, 1994) die interpretative Dimension selbst neoklassischer Ökonomie herausgearbeitet hat, bieten sich hier überraschende Anschlußmöglichkeiten zwischen eben noch scheinbar unversöhnlichen Paradigmen (für ein schönes Beispiel s. Sadowski/Pull 1997). Die Organisationskulturforschung widmet sich indes zu mindestens gleichen Teilen der Dimension der *Legitimation*, der das Hauptinteresse von Organisationstheorien Parsonsscher Provenienz gilt. Wenn wir die Dimension der *Herrschaft* gemäß der Unterscheidung autoritativer und allokativer Ressourcen in Politik und Ökonomie zerlegen, dann haben die strategische resp. mikropolitische Organisationsanalyse sowie das industriesoziologische und das ökonomische Kontrollparadigma (Labour Process Approach, Radical Political Economics) ihr Hauptaugenmerk auf ersterer, auf Macht, Herrschaft und Kontrolle, die neue und die ältere Institutionenökonomie sowie die Politische Ökonomie der Organisation auf letzterer, auf den wirtschaftlichen Aspekten von Organisationen, besonders Unternehmungen. Auch alle Theorien der Unternehmung wären hier anzusiedeln.

Alles kommt nun darauf an, die *Beziehungen zwischen diesen Dimensionen* zu erhellen und theoretisch angemessen zu fassen. Das ist natürlich noch nicht einmal begonnen, indem man sie unterscheidet und nebeneinander schreibt. Daß und wie kognitive Ordnungen und interpretative Muster nicht nur in kommunikativen Akten konstituiert, reproduziert und modifiziert werden, sondern dies alles unter den Einfluß von Macht und ökonomischen Interessen gerät (und umgekehrt Deutungsmuster einen enormen Einfluß auf die Organisation und die Ökonomie der Produktion gewinnen können); daß und wie unser Verständnis des *Seienden* von unseren Überzeugungen, betreffend das *Sollen*, die Legitimität, die Fairneß und Gerechtigkeit abhängt und umgekehrt; daß auch letztere Überzeugungen sich erst unter dem Einfluß von Macht und Ökonomie ausbilden und umgekehrt machtvolle Bedingungen politischen und ökonomischen Handelns bilden, mit anderen Worten: diese Rekursivität im Sinne wechselseitiger Konstitutionsbedingungen zwischen Signifikation, Legitimation und Herrschaft (resp. kommunikativem, legitimatorischem, politischem und ökonomischem Handeln) betrachten wir als Thema von überragender Bedeutung einer jeden Organisationsforschung.

In vertikaler Richtung haben wir es mit eher strukturalistisch und eher handlungstheoretisch ausgelegten Ansätzen zu tun. Die Theorie struktureller Kontingenz sei als Beispiel für erstere, Simons entscheidungsorientierte Organisationssoziologie als Beispiel für letztere genannt, die im übrigen beide – nicht zuletzt

---

14 Eine „recursive theory of communication", die auf der Höhe moderner Einsichten in die Unwahrscheinlichkeit von Kommunikation ist, ohne jedoch von „knowledgeable agents ... as co-creators of the very social phenomenon of communication" abzusehen, entwickelt in kritischem Anschluß an Giddens: Krippendorf (1994).

über die Organisationstheorie – auch für die Entwicklung der modernen Betriebswirtschaftslehre sowie der Managementlehre von herausragender Bedeutung gewesen sind (vgl. Staehle 1994, S. 35 ff., 116 ff.). Es fällt auf, daß beide nicht mehr die jüngsten sind, soll heißen: Avanciertere Ansätze der Organisationsforschung lassen diese Entgegensetzung zumindest ein Stück weit hinter sich und rechnen vielmehr auch in dieser Hinsicht mit wechselseitigen Konstitutionsverhältnissen. Und wenn man an die frühe (Selbst-)Kritik Childs (1972) oder auch an die kritischen Überblicke von Kieser und Kubicek (1978, 1983) denkt, dann sieht man ja, wie auch innerhalb des situativen Ansatzes Determinismen und Strukturalismen längst zu überwinden versucht werden. Child hatte bekanntlich schon 1972 den Gestaltungsspielraum organisationaler Akteure hervorgehoben und Entscheidungsprozesse in Organisationen als politische Prozesse mit dominanten Koalitionen mächtiger Organisationsmitglieder konzipiert und war damit ziemlich dicht an eine rekursive Bestimmung des Verhältnisses von Struktur und strategic choice geraten. Kieser und Kubicek haben bereits 1978 (S. 139 ff.), daran anschließend und darüber noch hinausgehend, einem Deutungsansatz mit Anleihen bei einer phänomenologischen Organisationstheorie das Wort geredet und in der Konstitution organisationaler Strukturen ein „Moment der perspektivisch bestimmten Konstruktion der sozialen Realität" im Sinne Bergers und Luckmanns (1970) gesehen und namhaft gemacht, das es in einem solchen Deutungsansatz zu berücksichtigen gelte. Auch das ist von Giddens' Konzept der Strukturation – handelnd (re-)produzieren wir jene Strukturen, die unser (weiteres) Handeln restringieren und ermöglichen – nicht sehr weit entfernt. Das gilt zumal für das 1983 vorgeschlagene Konzept der „begrenzten Wahl von Begrenzungen strukturbezogener Wahlmöglichkeiten" (Kieser/Kubicek 1983, S. 370 ff.), das die Suche nach den Einflußgrößen der Organisationsstruktur von Reduktionismen und Determinismen befreien könne (vgl. dazu auch Sydow 1985). Die begrenzte Wahl von Begrenzungen – gemeint ist ja die durch gesellschaftliche Bedingungen begrenzte Wahl unter strukturellen Alternativen wie Domäne, Unternehmungsverfassung, Technologie, Standort, Rechtsform etc. einer Unternehmung, die nun ihrerseits die weiteren Gestaltungsmöglichkeiten begrenzen – enthält ja schon die Idee einer strukturierten Strukturierung, und ihr muß eigentlich nur noch die Idee der Rekursivität hinzugefügt werden – der Output *allen* organisationalen Handelns, also nicht nur jener „konstitutionellen" Wahl von Begrenzungen, nicht nur jener „konstituierenden Entscheidungen" über Domäne, Unternehmungsverfassung etc., besteht unter anderem in (re-)produzierten/modifizierten Strukturen, die als neuer „Input", als neues Set von Handlungsbedingungen in die nächste „Runde" des Handelns eingehen –, um bei dem anzulangen, was Giddens „Dualität von Struktur" nennt. Und so ist es auch kein Zufall, wenn Kieser sich heutzutage explizit positiv auf Giddens' Strukturbegriff bezieht (vgl. Kieser 1994; Walgenbach/Kieser 1995; Walgenbach 1995a).

3. Der neue Institutionalismus

Einer der wenigen unter den wichtigen kontemporären Ansätzen, die noch einigermaßen unverhohlen strukturalistisch optieren, ist der population ecology approach mit seiner darwinistischen Perspektive optimaler Anpassung, und selbst hier fallen die Revisionen bemerkenswert aus und gehen, allgemein gesprochen, in Richtung auf einen differenzierteren Umgang mit der „Evolution organisationaler Populationen" und eine stärkere Berücksichtigung institutioneller Faktoren und einer Relativierung der Effizienz als Determinante organisationalen Wandels. So räumen Hannan und Freeman (1989, S. 37) ein: „selection processes are multidimensional and ... efficiency in production and marketing, broadly defined, is only one of the relevant dimensions." Oft seien, wie von Institutionalisten betont, politische und andere soziale Bindungen wichtiger für's Überleben als bloße Effizienz (vgl. auch Aldrich/Fiol 1994).

Die Rückkehr der Gesellschaft in die Organisationstheorie macht also selbst vor Ansätzen nicht halt, deren institutionelles Fundament in der Analogie zur Biologie und zum „Gesetz" der natürlichen Auslese besteht. Wie weit die Avancen führen, die von dieser Seite der neoinstitutionalistischen Soziologie gemacht werden, muß einstweilen offenbleiben. Bemerkenswert ist aber, daß es ähnliche Winke auch von seiten einer Transaktionskostenökonomik gibt, die ja selbst als wichtiges Moment einer Rückkehr der Gesellschaft, nämlich institutioneller und organisatorischer Bedingungen, in die (ökonomische) Theorie *und* einer Einkehr der Ökonomie in die Organisationstheorie verstanden werden kann und die des ihr immer noch inhärenten Ökonomismus innezuwerden scheint und nach Abhilfe sucht (s. dazu Wielands Beitrag in diesem Band). Es sind nicht immer Winke mit dem Zaunpfahl, manchmal ist es nur ein Hinüberblinzeln, vielleicht nur ein flüchtiger Flirt. Das fragt man sich etwa bei Williamson, dessen einsichtsvolle Bemerkungen,[15] jedenfalls bisher, nicht mit entsprechenden theoretischen An-

---

15 „Transaction cost economies mainly works out of a dyadic setup. Albeit adequate and instructive for studying many complex transactions, provision for larger numbers of actors and interaction effects is sometimes needed. The nature and importance of embeddedness (Granovetter, [1985]) are underdeveloped" (Williamson 1992, S. 56). Diese Bemerkung steht bei Williamson im Kontext einer Diskussion von network effects, speziell network externalities, mit denen Paul David (1992b, zit. n. Williamson 1992, S. 55) die Pfadabhängigkeit institutioneller Entwicklungen begründet und zeigt „why history matters in the evolution of institutions". Williamson räumt (ebd.) auch in Sachen Netzeffekte ein, daß sie wichtig, aber in der Transaktionskostenökonomik unterentwickelt seien. Der erwähnte begriffliche Rahmen aber und der Verweis Williamsons auf die David-Kritik von Liebowitz und Margolis (1990) stimmt nicht sehr optimistisch, was eine Vermählung mit Granovetters embeddedness-Konzept anlangt. Denn Liebowitz und Margolis bleiben in rigidestem Ökonomismus befangen (zur Kritik vgl. Ortmann 1995a, S. 160 f., Fn. 8, S. 257, Fn. 7), und Williamson selbst gibt deutlich zu erkennen, daß er die Dinge auch fürderhin in strikt ökonomischen Begriffen zu verhandeln gedenkt. 1996 (S. 240 ff.) äußert sich Williamson denn auch unverhohlen abwehrend gegenüber Arthur, David und Granovetter. Vgl. zu alledem den positiven Bezug auf Arthurs und Davids Konzepte „lock in" und „path dependency" bei Nelson in diesem Band und bei Powell (1991, S. 193 f.): „As a general explanation of the extent to

strengungen zu einer Integration der sozialen Aspekte organisationaler Prozesse einherzugehen scheinen. Deutlich anders dagegen Douglass North, dessen gesamtes Werk wohl ganz gut als *work in progress* weg von einem anfänglichen Effizienzdeterminismus hin zu einer energischen Berücksichtigung institutioneller Aspekte, zur Thematisierung von Pfadabhängigkeiten (North 1990, S. 76, S. 93 ff.) und anderen im neoklassischen Ökonomismus schlecht unterzubringenden Momenten der historischen Herausbildung von Institutionen zu verstehen ist (s.a. North 1992b). Uns scheint, daß die New Institutional Economics und besonders die neue Organisationsökonomik nur gewinnen könnten, wenn sie sich von ihrem Hang freimachten, Coase – fast möchte man sagen: – wider seine Intentionen zu rezipieren und den kritischen Gehalt seiner Arbeiten in Gestalt des sog. Coase-Theorems zu verdinglichen (McCloskey 1990, S. 147; Henseler/Matzner 1994), und wenn sie darüber hinaus mit den Lippenbekenntnissen zu Commons als geistigem Ahnen Ernst machten.[16] Dann sähen wir Chancen zur Integration mit einer evolutionstheoretischen Ökonomie, wie Richard Nelson sie in diesem Band vertritt. Mit Blick auf Organisationen und Organisationstheorie sähe sich eine solche Integration unter anderem mit folgenden fünf Schwierigkeiten konfrontiert:

(1.) Coase selbst (1991, S. 69 ff.) scheint mit Williamsons Nutzung des Transaktionskonzepts für organisationstheoretische Zwecke nicht ganz glücklich zu sein. Er äußert starke Zweifel an den Konzepten des Opportunismus und der asset specifity als den ausschlaggebenden Faktoren vertikaler Integration und bezeichnet „a theory which will enable us to analyze the determinants of the institutional structure of production" als seinen Traum (1991, S. 73) – den ihm offenbar Williamson keineswegs erfüllt hat. Coase (1991, S. 73) macht klar, daß dies eine Analyse der extrem komplexen Beziehungen zwischen Transaktions- und Organisationskosten erfordert, „involving ... organizational forms." Dieser Job sei erst noch zu tun. Vernachlässigt worden sei im Gefolge von „The Nature of the Firm" mit seiner Konzentration auf Vertragsarrangements: „the main activity of a firm running a business" (Coase 1991, S. 65).

(2.) Ghoshal und Moran (1996) äußern starke Zweifel, ob Williamsons Transaktionskostentheorie genau dazu viel beitragen kann, weil ihr nämlich eine self-fulfilling prophecy-Struktur inhärent sei: Ihr notorischer Opportunismusverdacht und daraus abgeleitete Kontroll- und Überwachungsstrategien erzeugten erst das Problem, dessen Lösung sie in Aussicht stelle, zumindest dann, wenn sie in nor-

---

which practices and procedures become more attractive, more developed, and more widespread, the more they are adopted, path-dependent arguments hold considerable promise for the explanation of institutional persistence".

16 Daß Commons über einen reichhaltigeren, sehr viel ergiebigeren, aber auch sehr viel neoklassik-kritischeren Transaktionsbegriff verfügt und Williamson ihn mit wenig Berechtigung unter seine Ahnen einreiht, ist auch das Argument von Van de Ven (1993); vgl. auch Wieland (1996, S. 70 ff.) und seinen Beitrag in diesem Band. Ob Simon in diese Ahnenreihe gehört, entscheide man am besten anhand seiner Einrede wider die Hypostasierung des Marktes auch durch die Transaktionskostentheorie (1991).

mativer Absicht in den Dienst der Orientierung des Managementhandelns gestellt würde, (wozu es ja zumal in der Betriebswirtschafts- und Managementlehre gewisse Neigungen gibt).

(3.) Harold Demsetz (1991) verschärft Coases Zweifel an Williamsons Behandlung der Unternehmung(sorganisation), ebenfalls anhand der Frage vertikaler Integration. Weil In-house-Produktion keineswegs eine klare Elimination von Transaktionskosten impliziere – In-house-Produktion operiert immer noch mit gekauftem Input, „buy" aber statt „make" impliziert umgekehrt den „Kauf" von Managementleistungen des Lieferanten –; weil es selbst in einer transaktionskostenfreien Welt Multi-Personen-Unternehmungen schon wegen economies of scale gebe; weil Managementkosten selbst in einer Welt aus lauter Ein-Personen-Unternehmen anfielen; und weil es neben Transaktions- und Managementkosten auch noch so etwas wie Produktionskosten gebe, sei doch klar:

„The degree to which coordination is vertically decentralized is no longer simply a matter of transaction cost, or even of transaction cost relative to management cost. Firms purchase inputs when they can secure them more cheaply than by producing them. The cost of transacting is one element of the cost of purchasing from others, but only one. There are a variety of others, including what we ordinarily call production costs" (Demsetz 1991, S. 163).

Und die Rolle der letzteren mag man sich anhand der bekannten nationalen Produktionskostendifferenzen verdeutlichen, die die bekannten nationalen Standortdebatten evozieren. Demsetz' Fazit ist einigermaßen sarkastisch:

„... have we come to the point of saying that firms are used when they are cheaper, all costs considered, but not when markets are cheaper? I am quite prepared to accept this position for what it is worth, but my point is that it deprives transaction cost theory of any predictive content" (Demsetz 1991, S. 164).

Einzige Ausnahme sei die prognostische Verknüpfung von asset specifity mit höheren Kosten einer marktförmigen Governance. „But ..., as Coase argues himself ..., the linkage is weak" (Demsetz 1991, S. 164; s.a. 166 ff.). Demsetz lenkt die Aufmerksamkeit zu Recht auf Fragen der Informationsökonomie, des organisationalen Wissens und der Organisation der Spezialisierung (im Sinne spezialisierten Wissens, spezialisierter Anlagen etc.).

(4.) Dieser letztere Gesichtspunkt verweist auf Anschlußmöglichkeiten an eine evolutorische Ökonomik und, als deren Teil, eine Innovationsökonomik, die Unternehmen als „organizations that know how to do things" (Winter 1991, S. 189) thematisiert und nach den riskanten unternehmerischen Prozessen der Produktion, Aufbewahrung und Abschottung dieses Wissens via technologischen und organisatorischen Wandel fragt. William Lazonick hat in einem Buch, dessen Rezeption sich hierzulande in engsten Grenzen hält, „Business organization and the myth of the market economy" (1991), unter Rekurs auf die Arbeiten Alfred Chandlers und die Schumpetersche Idee des schöpferischen Unternehmers moniert, daß Williamson mit adaptiven, nicht aber mit innovativen Organisationen zurechtkommt. Seine Formulierung weckt Erinnerungen an die bekannten Schwierigkeiten der Kontingenztheorie, das Verhältnis von Umwelt und Organisation anders als einbahnstraßenförmig und mehr oder minder deterministisch zu fassen: „For Williamson, the key decisions made within the organization are a series of adaptations to 'disturbances', taking *as given* those factors that constitute the prime elements of the organization's economic environment: bounded rationality, opportunism, and asset specifity." (Lazonick 1991, S. 214). Asset specifity ist aber aus der Sicht einer Theorie der innovativen Organisation nicht etwa ein (Umwelt-)Datum für eine Unternehmung, sondern *resultiert* gerade aus innovativen Strategien, betreffend neue Produkte und Produktionsverfahren, stellt also eine bewußt gewählte, wie immer riskante (Selbst-)Festlegung zwecks Realisierung großer profit opportunities dar. „Put differently, assets specifity is not a cause of 'market failure', as Williamson has contended, but an outcome of 'organizational succes'." (Lazonick 1991, S. 218)

(5.) Der Ökonom möge folgende Passage aus dem erwähnten Beitrag von Harold Demsetz, betreffend asset specifity, Opportunismus und die berühmten credible commitments, in seinem Herzen bewegen.

„Unlike the claim made by the literature on opportunism, owners or top managers do not rush out to break these commitments. They seek to keep them, both for reasons of personal honor (sic!) and for reasons of continuing to solicit devoted duty from other employees" (Demsetz 1991, S. 169).

Wenn Wieland und Pirker in diesem Band Fragen der Moral und gesellschaftlicher Normen auf die Agenda der Ökonomie zu setzen trachten, dann sind sie in bester Gesellschaft – und nicht mehr weit von den Themen des soziologischen Neoinstitutionalismus entfernt: Legitimation via institutionalisierte Werte und Normen. Wenn man dem noch die Milgrom/Robertssche Idee hinzufügt, Transaktions- in Einflußkosten – Kosten der Mikropolitik? – zu übersetzen (vgl. zum Beispiel Milgrom/Roberts 1990), dann sind wir nicht mehr weit von der Berücksichtigung aller Dimensionen des Sozialen in der Giddensschen Version – Signifikation, Legitimation, Ökonomie und Politik – entfernt.

Auch die eingangs dieses 3. Abschnittes erwähnten Avancen und Annoncen zielen auf den soziologischen Neoinstitutionalismus von Granovetter, Meyer und Rowan, Scott, DiMaggio und Powell, der sich im Aufwind befindet und an den gegenwärtig vielleicht weltweit die größten Hoffnungen geknüpft werden.[17] Sie

---

17 Dazu hat auf seine Weise, fast ohne expliziten Bezug auf diese Autoren, das magnum opus Etzionis, „The Moral Dimension" (1988), beigetragen – man denke nur an die Kapitel über „eingekapselten Wettbewerb" und über politische Macht und innermarktliche Strukturen, in denen Etzioni jene Einflußnahme auf den Staat thematisiert, um die es uns unten geht, wenn wir genau diese „strategische Institutionalisierung" als weißen Fleck auf der Landkarte des übrigen Neoinstitutionalismus diskutieren.

geben der Idee einer wechselseitigen Korrektur und Ergänzung zwischen soziologischem und ökonomischem Neoinstitutionalismus mehr oder weniger Nahrung. Das wäre eine dankbare Aufgabe, weil wir es nicht nur mit dem Ökonomismus der Transaktionskostentheoretiker, sondern auch umgekehrt mit einer Ökonomieferne oder -schwäche der institutionalistischen Soziologie zu tun haben, mit der die Sache ihr Bewenden ebenfalls nicht haben kann. Sie drückt sich unter anderem darin aus, daß etwa in dem berühmten Aufsatz von Meyer und Rowan (1977) unter der attraktiven Schale institutioneller Mythen und Zeremonien als harter Kern ein ungebrochener Effizienzbegriff zum Vorschein kommt, der es in seiner Naivität durchaus mit der Neoklassik aufnehmen kann. Türk legt in seinem Beitrag zu diesem Band die zuweilen nachgerade kontingenztheoretische Fassung des Verhältnisses von institutioneller Umwelt und Organisation(sstruktur) bloß, die am Ende doch wieder nur die optimal angepaßte Organisation als Sieger sieht – nur eben die auch an institutionalisierte Erwartungen optimal angepaßte.

Das aber ist, wie Türk ebenfalls zeigt, nur eine Facette. Neben dieser kontingenztheoretischen ist bei Meyer und Rowan auch eine konstitutionstheoretische Lesart möglich, nach der Organisationen nicht optimale Formen der – strategischen? via Auslese verlaufenden? – *Anpassung an* die, sondern *Verkörperungen der* Gesellschaft mit ihren institutionellen Mustern und Anforderungen sind, mit institutionellen Mustern, die als selbstverständlich gelten, taken for granted, und daher strategisch gar nicht verfügbar sind. Daran ließen sich weitere Überlegungen anschließen, etwa im Anschluß an Nils Brunssons „Organization of Hypocrisy" (1989), also an die Beschreibung, ja, das Programm eines scheinheiligen Umganges mit jenen vielfältigen, teils widersprüchlichen, jedenfalls überfordernden Anforderungen der Umwelt an Organisationen: Diese hätten zwecks Legitimationsbeschaffung und -sicherung und, auf diesem Wege, Sicherung der notwendigen Unterstützung mit Ressourcen den diversen Anforderungen eben in talk und decision nachzukommen, nicht unbedingt aber in ihrer – an talk und decision nur lose gekoppelten – Praxis. Das wäre denn doch ein durchaus strategischer, womöglich zynischer Umgang mit den institutionellen Anforderungen an Organisationen, und es lehrt, daß, was heute noch als „fraglos gegeben" gelten mag, morgen bereits als kontingent erscheinen kann – und also strategisch verfügbar.

Nun verbirgt sich auch unter Brunssons Dekonstruktion der Entscheidungsrationalität (s. auch Brunsson 1982, 1985) ein womöglich um so reinerer, naiverer Begriff von Handlungsrationalität, der dem Begriff technischer Effizienz von Meyer und Rowan auf's Haar ähnelt – Resultat vielleicht einer Sehnsucht nach einer unverfälschten, weder durch kaufmännische Finessen noch durch tumbe Rituale des Gewohnheitstieres 'Mensch' verstellte, ursprüngliche Produktivität der Produzenten, einer Sehnsucht, die schon den Alt-Institutionalisten Thorstein

Veblen geplagt und zu manch angreifbaren Konstruktionen verführt hatte.[18] Zu prüfen wäre die Frage, ob nicht große Teile des älteren und des neueren, des soziologischen und des ökonomischen Institutionalismus dieser Sehnsucht nachhängen. Jenseits solcher ungeklärter Fragen aber bleibt der Beitrag von Meyer, Rowan und Brunsson zur Erschütterung des – seinerseits einst fraglos gegebenen – Konzepts organisationaler Rationalität gravierend und führt jedenfalls zu einer erheblichen Erweiterung unseres Blicks auf Organisationen, deren Strukturen wir seither und ein für alle Mal nicht länger als schiere Emanation ökonomischer Optimierung nehmen können, deren Einbettung in Gesellschaft wir vielmehr endgültig ernst nehmen müssen.[19]

Darin werden wir noch bestärkt durch DiMaggios und Powells Erklärung für die Uniformität vorfindbarer Organisationen durch Herstellungsweisen der Isomorphie – coercive, mimetic, normative isomorphism –, die wiederum jenseits von Effizienz und vielmehr im Dienste der Legitimation zum Tragen kommen. Auch bei ihnen aber, wie schon bei Meyer und Rowan, sieht das Verhältnis von Gesellschaft und Organisation doch sehr nach einer Einbahnstraße aus, in der alle Einflüsse stets nur den Weg von der Gesellschaft zur Organisation nehmen. Der enormen Bedeutung der umgekehrten Richtung – Organisationen nehmen, strategisch oder unintendiert, Einfluß auf außerorganisationale Verhaltensweisen, soziale Strukturen und Institutionen – wird von beiden Autorengruppen zunächst kaum Rechnung getragen. Das ändert sich erst mit jüngeren Arbeiten von DiMaggio und Powell, die nun *erstens* Kritik üben an einem übersozialisierten Modell der Organisationen, wie es dem soziologischen Neoinstitutionalismus bisher vorgeschwebt habe, und *zweitens* das Interesse und die Macht von Eliten – und

---

18 Man darf ja nicht vergessen, daß die Kritik Veblens an der „leisure class" jenen galt, die von aller produktiven Arbeit ausgenommen sind und deren Zeitvertreib sozusagen nurmehr im Regieren, Kriegführen, in religiösen Aufgaben und Sport bestand. Veblen führt seine Kritik im Namen reiner Zweckmäßigkeit und Produktivität. Er geht in schlichtem Sozialdarwinismus von einer „natural selection of institutions", und das heißt für ihn: einer „natural selection of the fittest habits of thought", aus, und seine Kritik zielt stets auf die Unvollkommenheiten der selektiven Anpassung. Wie Adorno (1976, S. 101 ff.) gezeigt hat, leitet sich die Norm dieser Kritik aus einem Rekurs, ja, einer Regression auf einen paradiesischen Urzustand her, dem Veblen seinen berühmten „instinct of workmanship" hinzuerfindet, „um Paradies und industrielles Zeitalter doch noch auf die gleichen anthropologischen Nenner zu bringen" (Adorno 1976, S. 103 f.). Parallelen zum modernen Institutionalismus drängen sich überall auf, und zumal in dieser merkwürdigen Ehe zwischen jenem darwinistischen Fortschritt und dieser Regression auf eine ursprüngliche Produktivität. Zur Kritik an einem solchen Ursprungsdenken, mit Blick auf die Frage der Produktivität, vgl. Ortmann (1995a, S. 81 ff., S. 98 ff.).

19 Wobei Granovetters „embeddedness" (1985) ein vielleicht noch zu defensiver Begriff insofern ist, als er – gewiß wider die Intentionen des Autors – Organisationen resp. eine Ökonomie zu suggerieren scheint, die einen Prozeß der Einbettung erst hinter sich gebracht haben muß, bevor sie in der Gesellschaft ist. Das aber kann ja nicht gemeint sein – oder allenfalls im Sinne des Giddensschen „disembedding-reembedding", das ja nicht ein Heraus/Hinein aus der/in die Gesellschaft meint, sondern aus/in ortsgebundenen Interaktionszusammenhängen (vgl. Giddens 1990, S. 21 ff.).

hier können wir ohne weiteres ergänzen: von mächtigen Organisationen – betonen, auf Prozesse und Resultate von Institutionalisierungen Einfluß zu nehmen:

„Practices and structures often endure through the active efforts of those who benefit from them. Indeed, Stinchcombe (1968:107) defines an institution as 'a structure in which powerful people are committed to some value or interest.' He alerts us to the fact (often downplayed in institutional arguments) that 'power has a great deal to do with the historical preservation of patterns of values'. For good theoretical reasons, institutionalists have been reluctant to label something maintained solely through the exercise of power and institution. But it is clear that elite intervention may play a critical role in institutional formation. And once established and in place, practices and programms are supported and promulgated by those organizations that benefit from prevailing conventions. In this way, elites may be both the architects and products of the rules and expectations they have helped devise" (Powell 1991, S. 191).

Das ist buchstäblich, was wir hier mit Giddens Rekursivität nennen, und daß Powell sie nun auch für das Verhältnis des Handelns von Eliten und Organisationen (als korporativen Akteuren) einerseits und Gesellschaftsstrukturen und Institutionen andererseits in Anschlag bringt, nehmen wir als Indiz sowohl für eine gewisse Theoriekonvergenz in Richtung auf eine Rückkehr des Sozialen als auch für eine mögliche Integrationskraft der Giddensschen Theorie, auf die sich DiMaggio und Powell in der Einführung zu ihrem wichtigen Sammelband (1991a, S. 22 f.; s.a. Powell 1991, S. 192) vorsichtig beziehen. Dieser Beitrag enthält eine ganze Reihe weiterer Hinweise auf Argumente und Autoren, die die Relevanz des Einflusses von Organisationen auf Institutionen untermauern und in den Brennpunkt institutionalistischer Aufmerksamkeit rücken möchten.[20] Es geht um etwas, das man *„strategische Institutionalisierung"* und *„rekursive Regulation"* nennen kann: Je klarer ins Bewußtsein rückt, daß Institutionalisierung und Regulation die Praxis von Organisationen restringiert und ermöglicht, desto stärker werden letztere sich um Einfluß auf Prozesse und Resultate dieser Institutionalisierung und Regulation bemühen. Sie werden versuchen – und verfügen oft genug über mächtige Instrumente dazu –, die sie betreffenden Regulationen zu regulieren. Dies alles mündet auch in eine Kritik am rational-actor approach, gegen den eingewandt wird: Er „leaves open the issue of what kinds of institutions will develop to whose benefit, and how effective they will be." (Keohane 1988, S. 388)[21] Diese Rekursivität unterminiert ökonomistische Erklärungen der Institutionengenese, wie sie

---

20 Zum Beispiel den Hinweis auf Terry Moes Analyse des National Labor Relations Board und seines Einflusses auf den eigenen politischen Kontext: „Moe demonstrates how the agency transformed its own political environment, and highlights the vital mutual dependence that developed between NLRB and its constituents" (DiMaggio/Powell 1991a, S. 6). Vgl. schließlich den positiven Bezug auf Burns und Flams social systems theory mit ihrer Betonung der Umkämpftheit sozialer Regelsysteme (DiMaggio/Powell 1991a, S. 28, mit Bezug auf Burns/Flam 1987).

21 DiMaggio und Powell (1991a, S. 7) verweisen in diesem Zusammenhang ferner auf die Arbeiten von Kratochwil und Ruggie (1986) und Krasner (1988); vgl. auch DiMaggio/Powell (1991a, S. 11 f.).

etwa beim frühen North zu finden sind, ebenso wie jedwede Ignoranz gegenüber institutionellen Bedingungen, wie sie der neoklassischen Ökonomie attestiert zu werden pflegt. Zu beachten sind allerdings die Rent-Seeking- und die Capture-Theorie, die, in der Tradition der Public-Choice-Theorie Olsons, den Einfluß zumal kleiner Gruppen mächtiger Unternehmen auf Regulation und Regulationsbehörden kritisch untersucht haben[22], und die neue positive politische Ökonomie (s. z.B. Baron 1995).

Rückkehr der Gesellschaft, das heißt im Falle von DiMaggio und Powell: Die halbierte und stillgestellte Rekursivität, die nurmehr in der Form einer Einbahnstraße zwischen Gesellschaft und Organisation auftauchte, wird ergänzt um ihre zweite Hälfte, um die Rück-Wirkung der Organisationen auf die supraorganisationalen Institutionen, und das impliziert sofort: sie wird angereichert um Gesichtspunkte von Macht und Interessen, selbstverständlich auch ökonomischen Interessen, die in dieses Spiel von Hin- und Rückwirkung hineinspielen. Und so, wie DiMaggio und Powell – ähnlich wie Weaver und Gioia (1994) – *rein* ökonomischen Interpretationen eine Absage ebenso erteilen wie *rein* politischen oder *rein* kognitivistischen oder *rein* kulturalistischen (dazu DiMaggio/Powell 1991a, S. 15 ff., S. 23 ff.), und statt dessen „a sounder multidimensional theory" (ebenda, S. 27) postulieren, so sollen die Beiträge dieses Bandes gelesen werden: natürlich nicht als Beiträge zu einer strukturationstheoretischen, Giddens verpflichteten Variante einer solchen multidimensionalen Theorie – als solche ließen sich allenfalls die Beiträge von Ortmann, Sydow und Windeler und, bis zu einem gewissen Grade, Osterloh/Grand charakterisieren, Sympathien gibt es bei Braczyk und bei Neuberger (1995) –, wohl aber als Beiträge zu der Arbeit an einem solchen Theorie*typus*. Giddens' Theorie und auch sein Verständnis von Institutionen aber scheint uns Integrationskraft zu besitzen, insofern er auf symbolische Ordnungen *und* politische *und* ökonomische *und* rechtliche Institutionen abstellt – auf jene regelmäßigen Praktiken, die innerhalb gesellschaftlicher Totalitäten[23] „die größte Ausdehnung in Raum und Zeit besitzen" (Giddens 1988, S. 69), seien es, wie bei Veblen, so etwas wie Bewußtseinsformen oder Denkgewohnheiten, seien es Praktiken der rechtlichen oder sonstigen, auf Durkheims Sitten und Bräuche sich stützenden (und sie reproduzierenden) Sanktionierung oder politische oder ökonomische Praktiken. Institutionalisierung heißt dann die (Re-)Produktion

---

22 Diese Theorien (vgl. zum Beispiel Stigler 1971; Posner 1974) haben einflußreiche Argumente für die Deregulierung geliefert – nach dem Motto: Regulation begünstigt doch nur rent seeking und funktioniert nicht effizient. Zur Kritik an solchen Konsequenzen s. McCloskey (1990, S. 151 f.). Zur Kritik an dem dahinterstehenden Glauben, es ließen sich legitime, weil regulationsunabhängige, Gewinne von illegitimen, weil regulationsbedingten, Renten unterscheiden, s. Samuels/Mercuro (1984).

23 Die Formulierung „innerhalb gesellschaftlicher Totalitäten" ist wichtig, weil sie auf die Referenz und Relativität von Institutionen aufmerksam macht. Wir müssen und können etwa, wie angedeutet, organisationale – nur innerorganisatorisch gültige – Institutionen von supraorganisationalen – etwa bundesrepublikanischen oder europäischen – Institutionen unterscheiden.

dieser regelmäßigen Praktiken durch das Handeln der Akteure, das heißt, ihre praktische Ausdehnung in Raum und Zeit.

4. Sozialtheorien, Gesellschaftstheorien, Organisationstheorien

Natürlich gibt es, neben Giddens' Strukturationstheorie und dem neuen Institutionalismus, weitere Kandidaten für eine entsprechende sozial- und gesellschaftstheoretische Fundierung und Integration – und daher genügend Raum für Theorienkonkurrenz und theoretischen Pluralismus auch in diesem Band: Luhmanns systemtheoretische Synthese organisationstheoretischer Reflexion etwa; Colemans Versuch, die Integration auf dem Fundament eines konsequenten methodologischen Individualismus und der Theorie der rationalen Wahl zu leisten; Türks Bemühungen um eine politische Ökonomie der Organisation, die den bekannten Einwänden wider die Marxsche Theorie Rechnung trägt. Sie sind in diesem Band in der einen oder anderen Form repräsentiert. Gar nicht immer leicht – und gar nicht immer nötig – ist es, die Demarkationslinien zwischen diesen die Dualität und Rekursivität von Struktur mehr oder weniger berücksichtigenden Versuchen trennscharf zu ziehen. Wohl aber deutlich handelt es sich bei mehreren von ihnen um Sozial-, bei anderen um Gesellschaftstheorien.

Die Unterscheidung von Sozial- und Gesellschaftstheorie markiert zwei Wege, der Gesellschaft die Rückkehr in die Organisationstheorie zu ermöglichen. Von *Sozial*theorie kann man immer dann sprechen, wenn es um die Explikation der unabdingbaren Konstituentien jeglicher Sozialität geht, von *Gesellschafts*theorie dann, wenn die besonderen Spezifika historischer Gesellschaftsformationen zur Debatte stehen. Jede Gesellschaftstheorie arbeitet dabei – häufig eher implizit – mit sozialtheoretischen Grundannahmen, jede Sozialtheorie arbeitet – i.d.R. noch weniger expliziert – mit Vorstellungen, Theoremen und Axiomen, die aus der historisch-besonderen Gesellschaftsformation stammen, in der diese Theorie entwickelt wurde. Insofern erscheint diese Unterscheidung auf den ersten Blick etwas künstlich und gezwungen. Sie hat aber dennoch ihren Sinn, weil sie verschiedene Zugangsweisen zum Forschungsgegenstand strukturiert. Typische Beispiele für Sozialtheorie sind der Rational-Choice-Ansatz und die Strukturationstheorie von Giddens. Der Status der Systemtheorie ist bezüglich dieser Unterscheidung nicht ganz eindeutig; teils wird sie im Sinne von Sozialtheorie entwickelt, d.h. als Analyseinstrument für jegliche Sozialitäten in Raum und Zeit, teils als spezifische Theorie der Moderne. Sozialtheorien stellen allgemeine Interpretationsschemata bereit, die dann auf konkrete Kontexte angewendet werden können.

Mit Hilfe einer Sozialtheorie erhält man also einen analytischen Bezugsrahmen, der auf beliebige soziale Sachverhalte anwendbar ist und auf diese Weise spezifische Phänomene als Manifestationen allgemeiner Prinzipien der Strukturierung des Sozialen interpretiert. So läßt sich etwa das Verhalten von Subjekten in organisationalen Kontexten rational-choice-theoretisch analysieren, oder das strukturationstheoretische Schema von Giddens dient als Folie für die strategische Organisationsanalyse.

Gesellschaftstheoretische Ansätze dagegen müssen zunächst einmal die historischen Besonderheiten der analysierten Gesellschaftsformation herausarbeiten. Sie interpretieren dann ihren konkreten Forschungsgegenstand im Lichte der so gewonnenen Hypothesen; d.h. sie versuchen, einen gesellschaftlichen Sachverhalt in seiner historisch-gesellschaftlichen Lokalisiertheit zu begreifen. So arbeiten z.B. Theorien der „modernen Gesellschaft" wie der soziologische Institutionalismus – oder polit-ökonomische Ansätze. Organisationen werden bei einem solchen Zugang etwa darauf hin untersucht, inwiefern sie als besondere Konstrukte des modernen Kapitalismus verstanden werden können.

Sozialtheorie und Gesellschaftstheorie lassen sich nicht gegeneinander ausspielen; wenn sie auch unterschiedliche Zugangsweisen anbieten, so sind sie doch aufeinander angewiesen und müssen eine Theoriedebatte miteinander führen. So ist es z.B. für jede kritische Theorie von Bedeutung, ob das Phänomen der Herrschaft bereits sozialtheoretisch als notwendige Qualität jeglicher Sozialität angesehen wird (wie bei Giddens) oder als historisch besonderes Phänomen bestimmter Gesellschaftsformationen (wie in der polit-ökonomischen Theorie), als ein Phänomen also, das zwar vorfindlich, nicht aber unabdingbar ist.

Die in diesem Band versammelten Beiträge repräsentieren auch in dieser Hinsicht die Vielfalt des theoretischen Feldes; sie schlagen unterschiedliche Vorgehensweisen vor und verweisen auf eine weiterzuführende Diskussion um den Status fortgeschrittener Organisationstheorie.

Vielleicht zeugt es von übertriebenem Optimismus, vielleicht auch nur von dem bekannten Hang neuer Paradigmen, die Theoriegeschichte zur eigenen Vor-Geschichte umzuschreiben, aber wir sehen Anzeichen – Keimformen, erste Tendenzen, mitunter deutliche Bewegungen – hin zu einem (nicht handlungs- und nicht strukturtheoretischen, sondern) strukturationstheoretischen Verständnis von Organisationen, sofern dieses letztere der Sache nach genommen und nicht als Label eines Autors vereinnahmt wird, und hin zu einem Verständnis von Organisationen in Begriffen von Sinn *und* Norm *und* Macht *und* Effizienz. Wenn es wahr ist, daß Organisationen jene sozialen Systeme sind, deren rekursive Strukturation entlang dieser Dimensionen des Sozialen reflexiv vonstatten geht, auf den Wegen einer immer vom Scheitern bedrohten, immer wieder einmal scheiternden Formalisierung, dann können wir von *allen* in diesem Band verhandelten Ansätzen nur lernen – so wenig sie sämtlich von den spitzen Federn der Kritik verschont geblieben sind.

1 INSTITUTIONENÖKONOMISCHE UND EVOLUTIONSTHEORETISCHE ANSÄTZE

Die Neue Organisationsökonomik*
Entwicklung und Probleme der Theoriebildung

Josef Wieland

Einleitung

In der Neuen Institutionenökonomik werden seit einigen Jahren Anstrengungen unternommen, die Property-Rights-Theorie und die Agenturtheorie (Agency-Theorie) zu einer Theorie der Firma und die Transaktionskostenökonomik sowie die Organisationstheorie (und die Rechtswissenschaft) zu einer „New Economics of Organization" auszubauen.

Was diese Ansätze gemeinsam haben, ist zunächst ihre vertragstheoretische Abgrenzung vom neoklassischen Modell der Firma. Die Firma, so die Beobachtung, ist ein Nexus von Verträgen und kein Funktionsset. Unstrittig ist auch, daß Organisationen ein Mittel sind, die Vorteile kollektiven Handelns zu sichern, und zwar genau dann, wenn das Preissystem versagt.[1] Auch hat sich im Verlauf der Diskussion eine gewisse Einigkeit über die Bedeutung faktorspezifischer Investitionen, opportunistischer Präferenzen und der sich daraus ergebenden Organisationsprobleme („moral hazard" ist wohl der kleinste, aber nicht der unbestrittene gemeinsame Nenner) eingestellt. Dies hat dazu geführt, daß in diesen ökonomischen Theorien der Organisation ein Interesse an den „soft facts" des Wirtschaftens entstanden ist, das früher der soziologischen und betriebswirtschaftlichen Organisationstheorie vorbehalten schien. Nimmt man hinzu, daß der methodologische Individualismus und ein ökonomischer Erklärungsansatz ebenfalls unstrittig sind, dann ist das keine unbedeutende Schnittmenge von Theorieelementen für ein gemeinsames Forschungsprogramm.

---

* Dieser Text ist – für diesen Band überarbeitet – meinem Buch „Ökonomische Organisation, Allokation und Status" entnommen, das 1996 im Verlag Mohr (Siebeck) in Tübingen erschienen ist.

1 Vgl. Arrow (1974, S. 16 ff.)

In dieser Tatsache finden wir die Rechtfertigung, das Gemeinsame im Forschungsdesign einer ökonomischen Theorie der Organisation wie folgt zu charakterisieren: Die Neue Organisationsökonomie hat erstens eine ökonomische und vertragstheoretische Perspektive auf organisationelle Beziehungen, ihr theoretischer Focus ist zweitens auf Probleme hierarchischer Kontrolle und der Prinzipal-Agent-Beziehung gerichtet und geht drittens von der universellen Existenz individuellen opportunistischen Verhaltens und der ökonomischen Relevanz „weicher Faktoren" wie Würde, Vertrauen, Fairneß, Moral und so weiter aus.[2]

Um sich einen Eindruck vom Stand der Theoriebildung im Feld der Neuen Organisationsökonomik zu verschaffen, scheint es dennoch angebracht, die genannten Ansätze getrennt zu diskutieren, da differente Theorieentscheidungen zu signifikant unterschiedlichen Beobachtungsperspektiven mit unterschiedlichen Anschlußproblemen geführt haben. Unterscheidet man innerhalb der Vertragstheorie zwischen Fragen der Rahmenordnung (institutional environment) und der Organisation (institutional arrangements)[3], dann gehören der Property-Rights-Ansatz in die erste und die Agenturtheorie und die Transaktionstheorie in die zweite Kategorie. Legt man hingegen die Vollständigkeit von Verträgen als Selektionskriterien an, dann unterscheidet die Transaktionskostenökokonomik sich von der Property-Rights- und Agenturtheorie dadurch, daß sie von der systematischen Unvollständigkeit von Verträgen und rechtlich problematischen Durchsetzungsmöglichkeiten von Eigentumsrechten ausgeht.[4] Ein weiteres Unterscheidungskriterium besteht darin, daß die ökonomische Firmentheorie disziplinär, die Neue Organisationsökonomik eher interdisziplinär ausgerichtet ist. Aber was heißt Interdisziplinarität? Williamsons explizite Vorstellungen scheinen darauf hinauszulaufen, daß es sich um wechselseitige Informiertheit und Kombination von distinkten Wissensbeständen handelt. Was mit diesem „joinder" (Williamson) methodologisch genau gemeint ist, scheint aber alles andere als klar.[5] Die Form der Argumentationsführung verweist allerdings auf ein Übersetzungsprogramm.[6] Nicht eine synthetisierende Metatheorie ist das Ziel. Eher schon, daß die Beobachtungen perspektivisch anders eingestellter Forschungsansätze – hier die Organisationstheorie – zunächst einmal als Erklärungsaufforderung an das eigene Modell verstanden werden. Es geht um ein Übersetzungsprogramm, das sich ökonomischer Methoden bedient und zugleich die Existenz differenter Perspektiven als erwünschten Zugewinn an Problembeschreibung und daraus folgender

---

2 Vgl. für die ersten beiden Punkte Moe (1984, S. 739), der weiterhin folgende Basiselemente anführt: „ markets vs. hierarchies, transaction costs, the rationality of structure, individualistic explanation, and economic methods of analysis."(S. 750).

3 Vgl. Davies/North (1971, S. 6 f.).

4 Vgl. für die Unterscheidung verschiedener Firmentheorien Williamson (1990b, S. 66 ff.).

5 Vgl. exemplarisch für unterschiedliche Definitionen: Williamson (1985, S. 386 ff., 1988b und 1990a, S. 172).

6 Vgl. exemplarisch Williamson (1990a, 1990b).

Optionen impliziert. Der Gedanke eines Übersetzungsprogramms würde wenig Sinn machen ohne die Zusatzannahme, daß Nichtübersetzbarkeit und systematische Falschübersetzung existieren. Darin liegt die Grenze von interdisziplinären Forschungsstrategien. Sie verbessern die Erklärungskraft disziplinärer Modelle nur um den Preis, daß deren Grenzen deutlicher werden. Die vollständige wechselseitige Übersetzbarkeit aller gesellschaftlich erreichbaren Codierungen würde nichts anderes beweisen als ihre Überflüssigkeit. Genau hier möchte ich die Differenz zwischen disziplinären (exklusiv ökonomischen) und interdisziplinären Methodologien ansetzen. Sie soll gezeigt werden anhand der Frage, ob, wie und inwieweit die Intergration „weicher" organisatorischer Steuerungsmedien in das jeweilige Theoriegebäude gelingt. Dies ist kein beliebiges Kriterium, da Unternehmen wie alle Organisationen Formen personaler Kooperation darstellen, für die die Bedeutung von kulturellen und normativen Faktoren konstitutiv sind. Auch die atmosphärische Umwelt von Transaktionen gehört in diesen Zusammenhang.

Die Firma als Nexus von Verträgen: Property-Rights- und Agency-Theorie

I.

Die ökonomische Theorie der Eigentums- und Verfügungsrechte beginnt mit der gegenüber der Standardökonomik kritisch gemeinten Feststellung, daß diese Rechte in der Wirtschaft keineswegs vollständig alloziiert sind und daß sie auch nicht ausschließlich privat gehalten werden. Intrafirm-Verträge sind der Prototyp dieser mangelnden Spezifizierung. Da aber in Marktbeziehungen, und die Firma wird unter diesem Gesichtspunkt beobachtet, die Eigentumsrechte das Verteilungsergebnis determinieren, kommt es zur Fehlallokation von Ressourcen und damit zu Ineffizienz und paretoinferioren Ergebnissen. Property-Rights-Theorien interessieren sich nicht für die Form Organisation, sondern für das auf Eigeninteresse abstellende Verhalten von ökonomischen Akteuren, für die Organisation ein strahlenförmiges Vertragsnetz zur Beschränkung ihres nutzenmaximierenden Verhaltens ist. Nicht die Firma ist Bezugspunkt der Analyse, sondern individuelles Anpassungsverhalten erklärt die Aktivitäten von Firmen.[7]

Eine weitere bedeutende Abweichung von der Standardökonomik, die mit der zuerst genannten eng zusammenhängt, ist die Auswechslung der Profitmaximie-

---

7 Vgl. Alchian/Demsetz (1973) und Furubotn/Pejovich (1972, S. 1137 ff.), die auch die Konsequenzen für den Handlungsnexus ziehen: „A central point noted is that property rights do not refer to relations between men and things but, rather, to the sanctioned behavioral relations among men that arise from the existence of things and pertain to their use." (S. 1139).

rungsannahme gegen eine inhaltlich offene Nutzenfunktion.[8] Denn die Annahme
von Profitmaximierung setzt die Firma und nicht das Individuum als Bezugseinheit der Analyse voraus. Die Umstellung auf individuelles Verhalten innerhalb der
Firma erzwingt die Umstellung der Verhaltensannahme auf Nutzenmaximierung.[9]

Methodologischer Individualismus und offene Nutzenfunktion führen in dem
wichtigen Aufsatz von Alchian/Demsetz aus dem Jahre 1972 zur Konzeption der
Firma als Team. Teams bilden sich aus dem Bestreben spezialisierter Ressourcenbesitzer, durch Kooperation ihre jeweiligen Produktivitätsvorteile zu kombinieren
und dadurch ein höheres Niveau der Faktorentlohnungen zu erreichen. Dies
kann im Prinzip in und mittels Firmen oder Märkten erreicht werden, denn unter
dem Gesichtspunkt eines Kooperationsproblems individueller Ressourcenbesitzer
sind beides Organisationsformen. Das Gegenbegriffspaar heißt hier nicht Markt
und Organisation, sondern wirtschaftliche und staatliche Organisation, die unterschiedliche Systembezüge mitführen.[10] Damit ist auch die Zurechnung von Kooperation auf Organisation und von Wettbewerb auf Markt aufgegeben. An ihre
Stelle tritt das vereinheitlichende Problem, Kooperation unter Wettbewerbsbedingungen zu organisieren.

Was man im Kontext dieser Theoriearchitektur dann als nächstes erklären
muß, ist die Frage, wann Akteure den Markt und wann die Organisation als Problemlöser vorziehen. Die Antwort lautet: Was Markt und Organisation unterscheidet, ist der zentrale Vertragspartner („residual claimant"), der eine bessere
Lösung für das Informations- und Drückebergerproblem liefert als der Markt.
Daß damit auch ein zu lösendes Moralproblem aufgeworfen ist, deutet sich hier
bereits an und erstaunt nicht. Moral ist ein konstitutives Problem hierarchisch
organisierter Kooperation. Wir werden uns jetzt dafür interessieren, in welcher
Form genau dieses Problem in dem hier diskutierten Ansatz erscheint und wie
die Vorstellungen zu seiner Lösung aussehen.

---

8 Vgl. Alchian (1969/1977, S. 244).

9 Die Basis für beide Vorgänge scheint mir in dem frühen Aufsatz von Alchian (1950) bereits
   angelegt. Dort plädiert er für die Umstellung der Theorie von Motivanalyse (Profitmaximierung) auf die Untersuchung von Systemeigenschaften: „...the economic system as an adaptive mechanism which chooses among exploratory actions generated by the adaptive pursuit
   of 'success' or 'profits'". (S. 211) Das Kriterium für die Leistungsfähigkeit adaptiver Systeme
   aber kann nicht ein Maximum sein, sondern realisierte positive Profite als Selektionskriteri-
   um. Profit ist damit kein Ziel mehr, sondern ein Mittel zur Reduktion von Unsicherheit und
   Umweltkomplexität. Alchian hat diesen Ansatz nicht weiterentwickelt. Allerdings ist sein Sy-
   stembegriff ziemlich unklar. Er versteht darunter sowohl eine biologische Deutung des
   Marktmechanismus als auch das Gesamt aller ökonomischen Handlungen. Ich neige zu der
   Vermutung, daß dies weitreichende Folgen in der später behaupteten Parallelisierung von
   Markt und Organisation hat.

10 Siehe nur Alchian/Demsetz (1972, S. 777): „The mark of capitalistic society is that resources are owned and allocated by such nongovernmental organizations as firms, households,
   and markets. Ressource owner increase productivity through cooperative specialization and
   this leads to the demand for economic organization which facilitate cooperation."

Den Produktivitätsvorteilen der Kooperation steht ein Meßproblem gegenüber, das darin besteht, daß die marginalen Beiträge aller Teammitglieder nur schwer oder überhaupt nicht und weder güter- noch geldförmig zu messen sind. Daraus folgt, daß die Erträge nicht entsprechend den individuellen Inputs zugerechnet werden können. Etwas technischer formuliert: Die Produktionsfunktion des Teams ist nicht separierbar, und eine Entlohnung entsprechend den Grenzbeiträgen ist nicht möglich. Meßtheoretisch hat man es in solchen Fällen mit zwei verschiedenen Vorgängen simultan zu tun: Messen und Verteilen.[11] Probleme der Tausch- und Verteilungsgerechtigkeit entstehen, weil der Output eines Teams nicht zureichend separierbar ist und weil er nicht identisch mit der Addition einzelner Inputs ist. Teamproduktion realisiert kollektive Kooperationsgewinne, und es kommt überhaupt nur zu Teambildungen, wenn die Kooperationsgewinne dieser Form die des Marktes übersteigen. Das hierin steckende Informationsproblem führt zu Meß- und Überwachungskosten und eben auch zur Möglichkeit erfolgreichen opportunistischen Verhaltens. Dafür existiert ein Anreizmechanismus. Da Freizeit und höheres Einkommen Argumente in jeder individuellen Nutzenfunktion sind, wird jedes Teammitglied, so die Überlegung der Firmentheorie, seine Arbeitsleistung und die daraus resultierende Belohnung so bemessen, daß die marginale Rate der Substitution zwischen Freizeit und Arbeit gleich ist der marginalen Rate der Substitution von Konsumtion. Es wird demnach seine Arbeitsleistung so weit anpassen, bis sein Nachfragepreis für Freizeit und Leistung sich zu ihren wahren Kosten decken. Gegeben die Meßprobleme und daraus entspringende Kosten entsteht ein Anreiz, sich für mehr Freizeit zu entscheiden, weil die realisierten Kosten von Freizeit niedriger sind als die wahren Kosten. Anders formuliert: Opportunismusgewinne fallen individuell an, die Kosten kollektiv. Im Effekt ist jedes Mitglied dann schlechter gestellt als vorher, da die Teamproduktivität sinkt.

Dieses Gefangenendilemma läßt sich lösen durch die Einrichtung einer zentralen Überwachungsfunktion in Gestalt des bereits erwähnten zentralen Vertragsagenten. Er managt das Zusammenspiel der Kooperation (und hat in diesem Zusammenhang unter anderem die wichtigen Rechte, die Zusammensetzung des Teams zu ändern und seine Rechte gegenüber dem Team zu verkaufen)[12] und erhält hierfür ein Residualeinkommen aus der Reduktionsrate der Kosten für Drückebergerei. Die Unternehmerfunktion verdankt sich aus dieser Sicht dem Umstand, daß sie das Opportunismusproblem in Teamproduktion effizienter löst als dezentrale Vertragsarrangements. Zusammenfassend: Die Emergenz der Organisationsform „Firma" setzt die simultane Erfüllung von zwei Bedingungen voraus: Produktivitätssteigerung durch Teamproduktion und effiziente Opportunismuskontrolle.[13] In diesem Sinne ist die Wirtschaftsorganisation selbst ein

---

11 Vgl. ebenda, S. 738.
12 Vgl. zu einer alternativen Aufzählung Alchian/Woodward (1987, S. 113).
13 Vgl. Alchian/Demsetz (1972, S. 783).

(„surrogate") Markt, nämlich ein im Privatbesitz befindlicher Markt zur Formung von Teams durch bilaterale Verträge, die im Prinzip kontinuierlich neu verhandelt werden können. Die Firma ist ein Informationsmarkt für die beste Kombination heterogener Produktionsfaktoren, was nicht zuletzt die führende Stellung des zentralen Kontraktors begründet. Aber das heißt nicht, so zunächst Alchian/ Demsetz, daß er Macht über die anderen Teammitglieder hat. In der Firma, so die Behauptung, existieren keine anderen Autoritätsbeziehungen als in jedem anderen Markt: nämlich keine.

Die Effizienz der Überwachungsfunktion in der Firma ist selbst eine Funktion der effizienten Gestaltung der Property Rights, woran alle Teammitglieder ein ökonomisches Interesse haben. Die Durchsetzung von Nutzungsrechten, also der Ausschluß anderer von der Nutzung des eigenen Beitrages zur Teamproduktivität, generiert, wie wir gesehen haben, technisch ein Meß- und Kontrollproblem und ökonomisch Kosten. Von der Höhe dieser Kosten hängt es ab, ob es zur Teambildung kommt. Diese sind technisch (Meßtechnik, Kontrolltechnik, installierte Wettbewerbsmechanismen zwischen Teammitgliedern) determiniert und ökonomisch codiert. Technische Lösungen haben den entscheidenden Nachteil, daß sie beim gegebenen Komplexitätsgrad moderner Ökonomien immer unvollständig sind. Eine vollständige Kontrolle ist technisch (und, wie wir sehen werden, auch logisch) nicht möglich, und der Versuch, sie zu erreichen, wäre von prohibitiven Kosten (Organisationskosten und Produktivitätsverluste) begleitet. Im Extremfall führt das zur Auflösung des Teams, weil die Korrelation von produktiver Leistung und Ertrag negative Werte annimmt. In dieser Situation könnte man Moral als funktionales Äquivalent für Technik und Wirtschaft in Betracht ziehen. Im Prinzip könnten dann die Opportunismuskosten den Wert „Null" annehmen, nämlich dann, wenn die Durchsetzung moralischer Normen wie Ehrlichkeit und Redlichkeit in Vertragsdingen als internalisierte und freiwillig befolgte oder gesellschaftlich sichergestellte Wertvorstellungen gelänge. Polar ausgedrückt: In einer moralisch vollständig integrierten Organisation entfallen alle Meß- und Kontrollkosten, weil die Notwendigkeit zur Spezifizierung von Rechten und Pflichten entfällt, da alle Teammitglieder ihre Versprechen immer halten. Wenn man die Kosten zur Bildung dieser Unternehmenskultur für einen Augenblick beiseite läßt, dann fällt die Kooperationsrente ungekürzt an, und die Faktorentlohnung erreicht ein Maximum. In einer moralisch völlig desintegrierten Organisation hingegen werden die Meß- und Kontrollkosten prohibitiv, Kooperation wird unmöglich.

II.

Diese Zusammenhänge sehen auch Alchian/Demsetz, und sie erwägen zwei Strategien, die sicherstellen könnten, daß das Team sich möglichst nahe am Maximalwert bewegt: Vereinbarung eines „moral code of conduct" und das Abstellen auf Reputation. Da beiden Strategien auch in der heutigen Diskussion noch eine entscheidende Bedeutung zukommt, sollte es sich lohnen, ihrer frühen argumentativem Basis Beachtung zu schenken.

Wenn Verträge kontingente Formen sind, dann nimmt eine Reputation für Vertrauenswürdigkeit, Ehrlichkeit, Zuverlässigkeit, Fairneß und so weiter die Form eines wirtschaftlichen Gutes an. Vertrauenswürdigkeit, so die Autoren, heißt ökonomisch übersetzt ein auf die Gegenwart abdiskontierter Wert an Zukunftseinkommen aus Reputation. Nichtvertrauenswürdigkeit ist ein auf die Gegenwart kapitalisierter Wert des Verlustes an Zukunftseinkommen aus dem Verlust an Glaubwürdigkeit.[14] Zuverlässige Information über die moralischen Standards eines Kooperationspartners wird jetzt zum wirtschaftlichen Faktor.

„Moral codes of conduct", so Alchian/Demsetz,[15] können ökonomisch, nicht moralisch, als ein Mittel zur Stärkung von Teamgeist und Loyalität verstanden werden. Jedes Teammitglied würde ein Team bevorzugen, in dem Opportunismus nicht existiert, weil Effektivität, Effizienz und die Erträge des Ressourceneinsatzes in einem solchen Team ein höheres Niveau erreichen als in einem Team ohne diese Eigenschaft. Es drängt sich die Frage auf: Warum wird ein solch vorzügliches Team nicht realisiert? Die Antwort lautet: „The difficulty, of course, is to create economically that team spirit and loyality. It can be preached with an aura of moral code of conduct – a morality with literally the same basis as the ten commandments – to restrict our conduct toward what we would choose if we bore our full costs."[16]

Diese Passage ist von einigem Interesse. Sie macht zunächst deutlich, daß die Marktreferenz und die Perfektionsbegriffe der Standardökonomik die Erklärung von moralischem Verhalten ausschließen. Unter der Bedingung einer immer wirksamen Präferenz für Freizeit und höheres Einkommen wird das strikt eigeninteressierte Teammitglied diese immer dann realisieren, wenn dies kostenlos oder nicht vollständig kostenpflichtig möglich ist. Darüber hinaus wird deutlich, daß diese moralische Perspektivlosigkeit der ökonomischen Diskussion letztlich dazu zwingt, den Übergang zur Metaphysik zu empfehlen. Lassen wir einmal die von Ökonomen konsequenterweise zu stellende Frage beiseite, warum die Religion kostenlos die Akteure der Wirtschaft dazu anhalten sollte, ihren vollen Kostenanteil zu tragen (denn jede Dienstleistung hat ihren Preis, und damit ist offen, ob Metaphysik eine kostengünstige Lösung sein könnte), dann bleibt die wichtige Feststellung, daß diese Passage auch so gelesen werden kann, daß sie implizit Ökonomie, Moral und Religion als funktionale Äquivalente und als übersetzbare

---

14 Vgl. Alchian/Demsetz (1972, S. 778): „A producer's wealth would be reduced by the present capitalized value of the future income lost by loss of reputation, i.e. credibility is an asset, which is another way of saying that reliable information about expected performance is both a costly and a valueable good."

15 Ebenda, S. 791.

16 Ebenda.

Logiken voraussetzt. Der Verhaltenskodex einer Firma erfüllt in dieser die Funktion der Zehn Gebote als Regelwerk der Gesellschaft. Beide können die Funktion eines ökonomischen Anreiz- und Kontrollsystems einnehmen, das entlang der Leitdifferenz Kosten/Ertrag codiert werden kann. Die Autoren aber scheinen eher das Verlassen der Ökonomik für den Fall zu empfehlen, daß Moral in der Wirtschaft wichtig wird. Religiöse oder gesellschaftliche Normstandards übernehmen dann als wirtschafts- und organisationsexterne Faktoren die Sicherung wirtschaftlicher Transaktionen.[17]

„Shirking" als Präferenz für Freizeit und lockere Arbeitsbedingungen steht im eigentumsrechtlichen Ansatz der Firmentheorie für ein nichtpekuniäres wirtschaftliches Gut, das negative ökonomische Resultate bei Teamproduktion generiert. Daraus folgt ein Kontrollproblem im Hinblick auf die Teammitglieder und ein Anreizproblem für den zentralen Kontraktor, nicht selbst zu „shirken". Dieser Anreiz ist durch das erwähnte Bündel von Property Rights gegeben. Mißlungene Kontrolle und Drückebergerei müssen daher als Verdünnung von Eigentums- und Verfügungsrechten gewertet werden, die aus dem ökonomischen Kooperationsproblem selbst folgt. Hier schließt sich ein Kreis. Hätte die moderne, funktional differenzierte Ökonomie keine anderen Mittel darauf zu reagieren als die alteuropäische Hoffnung auf die Macht religiöser Abschreckung oder gesellschaftlich homogene und sichergestellte Normstandards, dann wäre es um ihre Zukunft nicht gut bestellt. Beide Faktoren haben viel von ihrer Wirksamkeit verloren, und es ist auch nicht zu sehen, daß dies in einer modernen, weil liberalen und pluralistischen Gesellschaft anders sein könnte.

III.

Bevor wir die Tatsache in die Diskussion einbeziehen, daß der Property-Rights-Ansatz sich speziell durch die Akzeptanz der transaktionsökonomischen Bedeutung von faktorspezifischen Investitionen[18] in eine theoretische Position gebracht hat, die ihm heute produktivere moralökonomische Fragestellungen erlauben, möchte ich kurz auf die Agency-Theorie eingehen. Nicht nur versteht sie sich selbst als kritische Weiterentwicklung der Property Rights-Ökonomik, sondern sie hat durch die Umstellung der Perspektive von Rahmenordnungs- auf Organisationsprobleme neue Gesichtspunkte eingebracht.

Die Agenturtheorie verallgemeinert die vertragstheoretische Perspektive auf die Firma, indem sie darunter nicht nur, wie Alchian/Demsetz im Jahre 1972, die intrafirm-Beziehungen subsumiert, sondern alle einer Firma möglichen Relatio-

---

17 Bei dieser Position ist es im großen und ganzen in der ökonomischen Diskussion geblieben. Vgl. für verschiedene Ansätze: Alchian/Woodward (1988, S. 77); Ouchi (1980); Gambetta (1988b, S. 224).
18 Vgl. Alchian/Woodward (1987, S. 70).

nen.[19] Auch die Interaktionen mit Kunden, Lieferanten, Kreditgebern und so weiter, so das Argument für die Einbeziehung von interfirm-Transaktionen, lassen sich entlang der Differenz Prinzipal/Agentur aufschlüsseln.[20] Der springende Punkt ist, daß die Firma als eine Form verstanden wird, den Übergang von einer Seite dieser Differenz auf die andere zu organisieren. Eine Agency-Beziehung zeichnet sich demnach dadurch aus, daß ein Prinzipal ihm gehörende Verfügungsrechte, sagen wir über Ressourcen, an einen Agenten mittels eines formalen oder informalen Vertrages delegiert. Er überträgt diesem die Autorität, in seinem Namen Entscheidungen zu treffen. Der Agent ist gehalten, die Interessen des Prinzipals zu verfolgen und erhält dafür eine Entlohnung. Da gleichzeitig mit der Standardökonomik angenommen wird, daß die Nutzenfunktionen von Prinzipal und Agent nicht identisch und möglicherweise konfliktär sind, muß damit gerechnet werden, daß der Agent aus der Sicht des Prinzipals suboptimale Entscheidungen trifft. Dies um so mehr, als zwischen beiden eine Informationsasymmetrie zugunsten des Agenten herrscht. Er führt die vereinbarten Leistungen aus (oder nicht), der Prinzipal ist externer Beobachter. Letzterer muß daher Anstrengungen unternehmen, diese Asymmetrie abzubauen. Dabei fallen Kosten an, die Agenturkosten („agency costs"). Der Betrag ergibt sich aus der Summierung (1) der Überwachungskosten des Prinzipals, (2) aus den Bindungskosten des Agenten (Signalisierungs- und Garantieleistungskosten) und dem (3) sich einstellenden Residualverlust gegenüber einer Situation vollständiger und kostenloser Information. Die Agenturkosten, pekuniärer oder nichtpekuniärer Natur, sind daher immer positiv.[21]

Die Verallgemeinerung der Firma als Nexus von Verträgen zwischen einem Prinzipal und einer Agentur führt zu einer Ausweitung des Korridors, in dem diese als verletzlich erscheint. War bisher nur auf „shirking" zu achten, ergeben sich jetzt ganz neue Möglichkeiten opportunistischen Verhaltens, die nach frühzeitiger Registrierung und vorausschauender Eindämmung verlangen.[22] Selbstkritisch gemeinte kategoriale Ausdifferenzierungen der Firmentheorie zeigen den Vorgang an. Die Akzeptanz der Bedeutung (1) von teamspezifischen Investitionen der individuellen Ressourcenbesitzer, (2) der entscheidenden Rolle langfristiger Verträge bei der Konstituierung von Teams und (3) der simultanen Existenz

---

19 Vgl. Jensen/Meckling (1976); Fama (1980); Fama/Jensen (1983); Cheung (1983); Klein (1983).

20 Vgl. Jensen/Meckling (1976, S. 310) sowie Fama/Jensen (1983, S. 311). Ein weiterer Kritikpunkt findet sich in Fama (1980, S. 289), der darauf hinweist, daß in konsequenter ökonomisch-vertragstheoretischer Perspektive nicht der „residual claimant" das Management kontrolliert, sondern diese von internen und externen Märkten für Manager kontrolliert werden.

21 Vgl. auch die Definition der Agenturkosten durch Fama/Jensen (1983, S. 304) als „cost of structuring, monitoring, and bonding a set of contracts among agents with conflicting interests."

22 Vgl. die Übersicht von Furubotn/Richter (1991, S. 18 f.; 1996).

von Wettbewerb und Kooperation im Team versehen nicht nur die Grenze zwischen Markt und Organisation mit schärferen Konturen[23] und indizieren einen wachsenden Grundbestand an Gemeinsamkeit in den ökonomischen Theorien der Firma, sondern offenbaren auch ganze neue Problemdimensionen: „moral hazard" und „holdups".[24]

Das erste Phänomen bezieht sich auf Informationsasymmetrien nach Vertragsabschluß, das zweite auf Abhängigkeiten als Folge von Investitionsverhalten. Konzentrieren wir uns zunächst auf das Informationsproblem. Ist „moral hazard" ein ex post-Phänomen, das der Nichtbeobachtbarkeit von tatsächlichem Verhalten nach Vertragsabschluß entspringt, so verweist der Gegenbegriff „adverse selection" auf ex ante nicht erreichbare Informationen, Überzeugungen und Werte, die die Wahl der potentiellen Vertragspartner steuern. Ob jemand einen Versicherungsvertrag eingeht, weil ihn die blanke Angst vor der Zukunft umtreibt oder weil er sich ein Operationsfeld für seine opportunistischen Neigungen schaffen möchte, ist für den Versicherer eine wichtige, aber häufig ex ante nicht zugängliche Information.

Wir bleiben bei den Informationsasymmetrien und stoßen auf „hidden characteristics". Damit wird der Informationsvorteil des Agenten über seine Eigenschaften und Leistungsfähigkeit vor Vertragsabschluß bezeichnet, die den Prinzipal zur Wahl eines von ihm nicht gewünschten Vertragspartners führen kann. Eng dazugehörend die „hidden intentions", das heißt, der Prinzipal weiß vor Vertragsabschluß nicht, wie sich der Agent nach Vertragsabschluß in seinem Leistungsverhalten entwickeln wird. Verfügt der Agent zusätzlich über eine für das Team hochspezifische Ressource, steigt die Wahrscheinlichkeit eines „holdup", weil der Prinzipal Verhaltensänderungen nicht erzwingen kann. Schließlich die „hidden action" des Agenten, weil auch der wachsamste Prinzipal nicht alles sehen kann.[25]

Es ist der soziologischen Diskussion aufgefallen, daß die Agency-Theorie vertrags- und sittenwidrige Intentionen vornehmlich auf Seiten der Agenten verortet.[26] Das muß man nicht unbedingt der Vorliebe für eine gesellschaftliche Schicht zuschreiben, sondern kann auch als Konsequenz logischer Überlegung und theoretischer Disposition verstanden werden.[27] Auch wenn man der ökono-

---

23 Vgl. Alchian 1984, wo diese Wendung vollzogen wird. Im Kontext des Property-Rights-Ansatzes zeigen dann Hart/Moore (1990), daß Eigentumsrechte an Produktionsfaktoren, anders als in Marktbeziehungen, zur Autorität über Menschen und zur Notwendigkeit von „good will" führen. Schon früh zeigt Nutzinger (1978) mit transaktionsökonomischen Argumenten, daß die Äquivalenz von intrafirm- und Marktbeziehungen übersieht, daß Unternehmen auch Institutionen der Gesellschaft sind.

24 Vgl. Alchian/Woodward (1988, S. 67, S. 70).

25 Vgl. zu dieser Begriffswelt: Alchian/Woodward (1987, S. 129 ff.); Hart/Holmström (1987); Arrow (1985).

26 Vgl. Perrow (1986a, S. 14 f.).

27 Etwa der Annahme, daß ex ante vollständige Verträge unmöglich sind, so daß man automatisch vor der Frage steht, welche der beiden Vertragsseiten die größeren Möglichkeiten zum

mischen Firmentheorie an diesem Punkt nicht immer folgen mag, befindet man sich dennoch mit ihr zunächst einmal in einer ganz vom Hobbesschen Pessimismus gezeichneten Welt. Opportunismus ist überall und in vielen Variationen möglich. Wir nehmen das als Hinweis darauf, daß in den Organisationen der Wirtschaft permanent realisiert wird, daß Moral im Funktionssystem nicht verarbeitbar und in den Organisationen ein knappes Gut ist, das bewirtschaftet werden muß. Was sich hier anbietet, sind Informations, Anreiz- und Kontrollsysteme (inklusive der Wiedereinführung von Märkten in die Organisation) zur Stärkung der Wirtschaftsmoral. Was mit letzterer überhaupt gemeint ist, interessiert uns jetzt zunächst einmal.

IV.

Lassen wir Versuche, Moralfragen als Argument in die individuellen Nutzenfunktionen eines Managers zu plazieren, als zu unspezifisch beiseite[28], dann stellt sich die Frage, ob es innerhalb der ökonomischen Firmentheorie Alternativen zu diesem Verfahren geben könnte. Sehen wir zu.

Die Bezugseinheit des Agentur-Ansatzes ist in einem strikten Sinne das Individuum als Homo Oeconomicus. Er legt daher nahe, Moralfragen tugendethisch zu verstehen. Tugenden hat man oder nicht. Die ökonomische Übersetzung für diesen Sachverhalt sind geäußerte Präferenzen, die als exogen gegebene und stabil angenommene Argumente einer Nutzenfunktion verstanden werden können. Diese Plazierung des Themas wird gefördert durch den Umstand, daß die Agenturtheorie von einem einperiodischen Modell ausgeht und langfristige Tauschinteressen nicht berücksichtigt.[29] Sie bietet daher wenig für Überlegungen, die auf eine Integration moralischen Handelns in eine Ökonomik der Organisation zielen.

Das Property-Rights-Forschungsprogramm scheint demgegenüber ein gewisses Interesse für Organisationsstrukturen entwickelt zu haben. Das heißt nicht, daß das Individuum als Basiseinheit der Untersuchung aufgegeben wurde. Aber es bedeutet doch, daß zwischen der Teamtheorie von Alchian/Demsetz aus dem Jahre 1972 und den neueren Publikationen von Alchian/Woodward[30] gewisse Verschiebungen sich vollzogen haben. Die Akzeptanz der Bedeutung transaktionsspezifischer Investitionen in langfristig angelegte Prinzipal/Agent-Beziehun-

---

Opportunismus hat. Wenn man dann noch davon ausgeht, daß Agenturen sich risikoaverser verhalten als Prinzipale, ist man nicht mehr weit von der Überlegung, daß der „bad guy" immer der Agent ist.

28 So Jensen/Meckling (1976, S. 314), die Moral als Bestandteil eines handlungssteuernden Vektors verstehen, in dem Bürogröße, Betriebsklima u.ä. als quantifizierbare nichtpekuniäre Vorteile zusammengefaßt sind.

29 vgl. Fama (1980, S. 304).

30 Vgl. Alchian/Woodward (1987; 1988).

gen[31] hat auch das Interesse an differenzierten „organizational forms"[32] stimuliert. Diese müssen, so der Ansatz, drei grundlegende Probleme lösen: Erstens: die Allokation von Ressourcen für festgelegte Aufgaben. Zweitens: die Überwachung des effizienten Ressourceneinsatzes. Drittens: die Kontrolle der Teammitglieder.[33] In diesem Zusammenhang fällt das starke Interesse dieses Forschungsprogramms an Moralfragen auf, das den beiden letztgenannten Firmenaufgaben zugeschrieben werden kann. Der Problemaufriß ist folgender.

Langfristig angelegte und von Investitionen begleitete vertragliche Bindungen schränken die Zukunftsoptionen der Partner ein, aber sie bieten keinen Schutz vor kontingenten Entwicklungen. „Moral hazard", „holdup", „adverse selection" und die mögliche Ausbeutung von Quasirenten[34] müssen nicht zwingend amoralischen Akteursmotiven entspringen, sondern sind, weitaus konsequenzenreicher, objektives Merkmal einer komplexen und unsicheren Situation. Selbst bei beiderseitigem Willen zu Fairplay können sich dann unterschiedliche (und je aufrichtige) Wahrnehmungen eines Sachverhaltes ergeben, dessen Klärung in jedem Fall Kosten generiert.[35] War in dem Aufsatz von Alchian/Demsetz aus dem Jahre 1972 die Moral einer Wirtschaft und ihrer Organisationen noch ein eher am Rande auftauchendes Problem, so ist dieser Problemkreis jetzt ein wichtiger, wenn auch wenig erforschter Bestandteil auf der Agenda dieses Forschungsansatzes.[36]

Der Anschluß moralischer Fragen an die firmentheoretische Theoriearchitektur folgt folgendem Argumentationsmuster: Die potentielle Komplexität[37] wirtschaftlicher Kooperationen ist ein Produkt gegenwarts- und zukunftsbezogener, objekt- und subjektbezogener Unsicherheit. Sie eröffnet die Möglichkeit zu kostenlosem oder kostengünstigem vertrags- und sittenwidrigem Verhalten, das weder technisch noch juristisch, weder organisatorisch noch ökonomisch in jedem Fall und effizient eingedämmt werden kann. Inwieweit dies überhaupt gelingt, hängt von zusätzlichen Parametern ab. Beim gegenwärtigen Stand der Diskussion sind dies vor allem:

---

31 Vgl. Alchian/Woodward (1988, S. 70).

32 Alchian/Woodward (1987, S. 135).

33 Vgl. ebenda S. 112.

34 Vgl. für den Begriff der Quasirente Klein et al. (1978). Alchian/Woodward (1987, S. 113) zitieren in diesem Zusammenhang Marshall, der noch darauf setzte, daß die Ausbeutung von Quasirenten entweder durch „haggling" vermieden werden könnte, oder dadurch, daß die Vertragspartner „doing what is right".

35 Vgl. Alchian/Woodward (1988, S. 67).

36 Vgl. Alchian/Woodward (1987, S. 129): „The degree to which 'moral outrage' is an efficient device for controlling socially costly behavior merits study". Erneut diese Feststellung ein Jahr später: „We don't know enough about how such 'moral' forces operate to say more than that they exist and should no be ignored in seeking an understanding of how the economic institutions of capitalism ... evolve and operate." (Alchian/Woodward 1988, S. 77).

37 Vgl. zum Begriff ökonomischer Komplexität Wieland (1993a).

– die Spezifität von Investitionen in eine Kooperation, die den Grad potentieller Ausbeutbarkeit bestimmt,

– der erreichbare Grad technischer und ökonomischer Effizienz in der Kontroll- und Überwachungstechnik,

– die „Plastizität"[38] der Ressourcen und Investitionen und

– die moralischen Präferenzen der Akteure.

Entscheidend ist, daß die opportunistisch ausbeutbare Abhängigkeit in Kooperationsbeziehungen nicht von der Art buchhalterisch dokumentierbarer finanzieller Verpflichtungen ist, sondern ein Prozeß des kontinuierlichen Ausbalancierens von Verpflichtungen zwischen den Teammitgliedern.[39] Es existieren Diskretionsspielräume, die, so der Ansatz, von eigeninteressierten Nutzenmaximierern genutzt werden, wenn die dabei anfallenden Kosten geringer als die Erträge sind. Das heißt mit anderen Worten, daß „moral hazard" nicht unmoralisch ist, sondern er ist die ökonomische Codierung eines Ereignisses, das nur als Element des Moralsystems mit dem Prädikat „unmoralisch" ausgezeichnet werden könnte. Die Firmentheorie – anders als die Standardökonomik, die darauf mit Ausschluß der Moral aus ihrem Gegenstandsbereich reagiert – ist sensibel genug, um diese Doppelcodierung zu registrieren, aber theorietechnisch nicht so ausgelegt, daß sie sie verarbeiten könnte. Dies führt zu der klassischen Situation des „sowohl als auch".

Die Firma als Governancestruktur

I.

Das von Williamson vorgeschlagene Forschungsprogramm[40] einer „New Economics of Organization"[41] ist nicht neu und generiert unter Organisationsfach-

---

38 Vgl. zum Begriff Alchian/Woodward (1987, S. 126). Grob gesagt handelt es sich um den möglichen Definitionsspielraum, innerhalb dessen eine Entscheidung noch als legitim gelten kann. Hohe Plastizität ist ein Anreiz für Opportunismus, starre schließt ihn aus.

39 Vgl. Alchian/Woodward (1987, S. 124).

40 Der englische Term „governance structure" hat eine vielschichtige Bedeutung, die sowohl die Leitung und Verwaltung einer Organisation meinen kann, als auch die damit einhergehenden Personalrelationen inklusive möglicher (aber nicht notwendig existierender) Machtrelationen. Die vorgeschlagene Übersetzung mit „Beherrschungs- und Überwachungssystem" sagt möglicherweise mehr über die deutsch-österreichische Mentalität aus als über den gemeinten Sachverhalt. Da ich mir aber keinen angemessenen deutschen Ausdruck denken kann, habe ich mich entschlossen, den Anglizismus „Governancestruktur" zu benutzen.

41 Vgl. exemplarisch Williamson (1990a; 1991b; 1993d) sowie das Sonderheft des Journal of Law, Economics and Organization 1991, S. 7 (1). Vgl. zum gleichen Thema, aber mit einem zusätzlichen Schwerpunkt auf der Agency Theory Barney/Ouchi (1986). Für eine soziologisch und organisationstheoretisch orientierte Diskussion siehe Powell/DiMaggio (1991).

leuten und Juristen eher Skepsis.[42] Die gleichsam unberechenbare und infinite Komplexität von Organisationsmerkmalen, die sich in der progressiv wachsenden Segmentierung der Organisationstheorie ausdrückt, verleiht der Idee einer einheitlichen ökonomischen Theorie der Organisation dennoch ihren Reiz. Aber gegenwärtig scheint es noch leichter, die Grenzsteine zu etablierten Theorien zu setzen, als die angestrebte Theoriearchitektur selbst und jenseits der Transaktionskostenökonomik genau zu charakterisieren.

Wenn wir Grenzziehung als Identitätsbildung verstehen, dann zeigt sich in den von Williamson geltend gemachten Unterschieden zur Standardökonomik folgende Selbstbeschreibung: Die angestrebte Organisationsökonomik ist mikroanalytischer orientiert (statt der Firma ist die Transaktion die Bezugseinheit) und verfügt über klarere und realistischere Verhaltensannahmen (beschränkte Rationalität und Opportunismus statt vollständige Rationalität). An die Stelle des Homo Oeconomicus tritt daher der „organizational man" (Williamson), der kognitiv schlechter (beschränkte Rationalität) und motivational komplexer (kalkulierender Opportunismus) ausgestattet ist. Weiterhin berücksichtigt die angestrebte Organisationstheorie den Faktor kooperationsspezifischer Investitionen (asset specificity), definiert Effizienz im Kontext komparativer und adaptiver Institutionenanalyse (statt als Maximum einer Variablen), modelliert die Firma als Governancestruktur (und nicht als Produktionsfunktion), fokussiert die Bedeutung von ex post-Vertragsproblemen und privaten Vereinbarungen zur Lösung dieser Probleme (lehnt also die universale Idee vollständiger Verträge und rechtlicher Erzwingbarkeit ab), verfügt über eine interdisziplinäre Perspektive und folgt der Überzeugung, daß die Ökonomisierung von Transaktionskosten der entscheidende Gesichtspunkt bei der Untersuchung von Organisationen sei.

Im Kontrast zur Organisationstheorie zeigen sich folgende Merkmale in der Selbstbeschreibung des angestrebten Programms: Betont wird nicht das Erreichen zufriedenstellender Organisationsleistungen (statt Maximierung), sondern die Einsparung von Transaktionskosten, nicht myopisches oder postrationales Verhalten, sondern die vorausschauend erkennbaren Konsequenzen unvollständiger Verträge in all ihren Aspekten. Weiterhin ist nicht die Organisation oder Entscheidungsverhalten, sondern die Transaktion die Grundeinheit der Analyse, die in diskriminierender Weise einer Governancestruktur zugeordnet werden kann. Schließlich bilden die Annahme der universellen Existenz von Opportunismus, die strikt vertragstheoretische Perspektive und das Interesse für detaillierte Untersuchungen alternativer Vertragsmodi weitere Unterschiede zur Organisationstheorie.[43]

---

42 Vgl. für eine frühe Arbeit Cyert/March (1963/1992). Der zusammenfassende Satz zum Stichwort Organisationsökonomik lautet: „It is a nice thought, but it is easier to tell history than to predict it." (S. 238) Passend dazu hält Posner (1993) das Projekt für eine semantische Innovation, deren Fakten bereits in der ökonomischen Informationstheorie vollständig enthalten seien.

43 Vgl. zu dieser Abgrenzung Williamson (1986, S. 37), insbes. Williamson (1990a, S. 202.).

Knapp zusammengefaßt kann man wohl sagen, daß die wesentlichen ökonomischen Beiträge zu diesem interdisziplinären Projekt[44] die vertragstheoretische Orientierung, die kombinierten Verhaltensannahmen des Opportunismus und der beschränkten Rationalität, die Faktorspezifität, Unsicherheit und Häufigkeit von Transaktionen als entscheidende Dimensionen, und eben die Ausrichtung auf die Transaktion als Grundeinheit der Untersuchung sind. Organisation im Sinne einer Form (und nicht im Sinne interner Arbeitsabläufe oder eines Regelwerks) wäre so etwas wie eine wohldefinierte Menge vernetzter Transaktionen und als solche Gegenstand einer vertragstheoretischen Organisationsökonomik.[45] Genau hier liegt dann auch ein Teil der Schnittmenge mit einer Charakterisierung der Firma als Netzwerk expliziter und impliziter Verträge oder „treaties".[46] Für die Neue Organisationsökonomik ist der Markt eine Koordinationsform, die ex post Leistungen auf Nachfrage zurechnet. Die Organisation hingegen ist eine Kooperationsform, die auf ex ante zugestimmten Regeln zur Erbringung einer Leistung basiert, deren beider Einhaltung ex post zum Problem werden kann.

Die anvisierten Forschungsfragen verweisen ganz in diese Richtung: Technologiewahl, Verhalten auf Arbeits-, Zwischenprodukt- und Kapitalmärkten, Organisationsversagen, das Verhältnis von Umwelt und Arrangement von Institutionen und Organisationen und, für unsere Diskussion wichtig, personale Integrität und Würde als Problem moralischer Kommunikation in Beschäftigungsverhältnissen.[47]

Es ist unbestritten, daß bisher auf keinem der erwähnten Gebiete mehr als nur bescheidene Erträge vorliegen.[48] Aber dennoch könnte die angestrebte Interdisziplinarität ein theorietechnischer Vorteil sein bei der Analyse von Organisationssystemen der Gesellschaft. Von Vorteil könnte auch sein, daß die neue Organisationsökonomik funktionalistisch und entlang der adaptiv ausgerichteten Differenz effizient/ineffizient ansetzt. Genauer: Sie fokussiert die Anpassungseffizienz verschiedener organisationeller Arrangements, im Unterschied zum

---

44 Das im übrigen in wechselnden Besetzungen gedacht wird. Ökonomik, Organisationstheorie und Recht werden häufig erwähnt, aber auch Informationsökonomik, Agency Theorie und der organisationstheoretische population-ecology-Ansatz (vgl. Williamson 1991a, S. 294), ohne daß klar wird, welche Konsequenzen daraus für die angestrebte Theorie zu ziehen wären.

45 Siehe nur Williamson (1993b, S. 484): „A science of organization deals with markets, hybrids, hierarchies, bureaucracies, and the like, whereas the science of administration is preoccupied with internal organization." Vgl. auch Williamson (1994, S. 8 ff.). Nur nebenbei sei schon angemerkt, daß die Charakterisierung des Marktes als Organisation auf gesellschaftstheoretische Unklarheiten in der Analyse hindeutet, denen wir nachgehen werden.

46 Vgl. Aoki et al. (1990).

47 Vgl. Williamson (1990a, S. 177, S. 192 f.) sowie Williamson/Winter (1991, S. 12 f.).

48 Williamsons (1985) Urteil über die Transaktionskostenökonomik „... transaction cost economics is crude, it is given to instrumentalist excess, and it is incomplete. (...) The models are very primitive, the tradeoffs are underdeveloped, measurement problems are severe, and there are too many degrees of freedom." (390) ist eindeutig. Nur theoretische Ansätze mit einem hohen Entwicklungspotential verkraften diese Art von Selbsteinschätzung.

Meßkonzept der Firmentheorie, das auf die Sicherstellung der Äquivalenz von Leistung und Entlohnung abstellt. Ein interessanter Ausgangspunkt eines ökonomisch ansetzenden Forschungsprogramms über die Organisationen der Wirtschaft ist die Einsicht, daß eine vollständige Transaktionskostentheorie ohne den Einbezug der Bedeutung moralischer Kommunikation für das Verhalten von Wirtschaftsorganisationen nicht zu haben ist. Das scheint sich, wenn ich es richtig sehe, in einem besonderen Maße auf die personalen Relationen innerhalb der Firma zu beziehen. Effizienz macht hier sozusagen nur eine Hälfte des Kooperationsproblems aus, Integrität, Würde und Vertrauen die andere.[49] Die Idee ist, daß die Organisationstheorie, vom Ansatz her weniger auf kalkulierende Rationalität als die Ökonomik abonniert, an dieser Schnittstelle über erklärungsstrategische Vorteile verfügt.[50] Methodologisch läuft eine derart konzipierte Interdisziplinarität, wie bereits angedeutet, zunächst einmal darauf hinaus, das Erklärungspotential anderer Forschungsperspektiven als Zugewinn an eigenen Beschreibungsoptionen zu akzeptieren. In der Regel heißt das, Übersetzungsarbeit zu leisten und dabei die durch Falsch- und Unübersetzbarkeit definierten Grenzen zu beachten. Daß die Differenzierung von Übersetzung, Falschübersetzung und Unübersetzbarkeit selbst determiniert ist durch Zurechnungsmöglichkeiten auf Markt- und Organisationssysteme, wissen wir ebenfalls bereits. Diese Zusammenhänge müssen wir im Auge behalten, wenn wir nun das transaktionsökonomische Projekt einer „New Economics of Organization" diskutieren.

II.

Wir haben schon darauf hingewiesen, daß die Annahme positiver Transaktionskosten eine kritische Weiterentwicklung der Standardökonomik ist, für die gegenwärtig aber kein einheitlicher Definitionsstandard existiert. Das heißt, daß Transaktionskosten in der Regel ad hoc und theorieimmanent eingeführt werden. Für den hier diskutierten Ansatz heißt das, daß die Existenz von Transaktionskosten auf die Anbahnung und vor allem Durchführung expliziter und impliziter Verträge zurückgeführt werden kann. Genauer: Transaktionskosten sind die komparativen Kosten der Planung, Anpassung und Überwachung der Vertragserfüllung unter alternativen Governancestrukturen.[51] Die Emergenz der Firma ist konsequenterweise das Resultat einer Reihe von organisationellen Innovationen, die auf die Harmonisierung dieser drei Aspekte, das heißt, auf die Reduzierung

---

49 Vgl. Williamson (1984/1986, S. 177), der an dieser Stelle dafür argumentiert, den Aspekt der personalen Würde in die Verhaltensannahmen der Theorie aufzunehmen: „But sensitivity to human needs for self- and social esteem becomes important when the organization of work (labor markets) comes under scrutiny." Und wie so häufig folgt auf dem Fuße die Einsicht: „A more systematic treatment is plainly needed." (S. 178).
50 Vgl. Williamson (1985, S. 405 f.; 1990a, S. 193).
51 Vgl. Williamson (1985, S. 2).

von Transaktionskosten zielen. Auf die Leistungsfähigkeit verschiedener institutioneller und organisatorischer Arrangements bezieht sich die Differenz von Markt, Hybride und Hierarchie, die füreinander funktionale Äquivalente sind.[52] Mechanistisch formuliert sind Transaktionskosten das ökonomische Äquivalent für Friktionen in physikalischen Systemen, die Firma selbst ist eine Maschine, deren basale Operationen harmonisiert werden müssen. Wie in allen mechanischen Systemen der Fall, ist das Ziel der Firma der effiziente Vollzug von Operationen.[53] Effizienz heißt komparative Anpassungseffizienz dieser Maschine, die möglich wird durch „efficient codes", die die interne und die externe Komplexität der Organisation besser reduzieren als der Markt. Firmen verfügen über „idiosyncratic coding economies".[54] Es ist dies die ökonomische Reformulierung der organisationellen Eigenschaft von Firmen, multilingual operierende Systeme zu sein. Das zentrale Thema der Organisationsökonomik sind daher nicht Preise und Leistung, sondern die Anpassungsfähigkeit organisationeller Arrangements zur Steuerung von Transaktionen.[55]

Es zeigt sich an dieser Stelle sehr deutlich, daß die Governancestruktur nicht einfach ein Beherrschungs- und Überwachungssystem ist, sondern eine institutionelle Rahmenordnung für diese Codes, eine Matrix, innerhalb deren Transaktionen verhandelt und möglichst vollständig durchgeführt werden können.[56]

Die Zuordnung von Transaktionen zu effizienten Governancestruktren wird einerseits über Verhaltensannahmen (vor allem: beschränkte Rationalität und kalkulierender Opportunismus, aber hinsichtlich personaler Relationen auch: Würde) und andererseits über die Dimensionalisierung von Transaktion hinsichtlich ihrer Unsicherheit, Häufigkeit und der Signifikanz der auf sie zugeschnitte-

---

52 Williamson selbst formuliert diesen Sachverhalt als funktionalistischen Fehlschluß: „I submit that the modern corporation is mainly to be understood as the product of a series of organizational innovations that have had the purpose and effect of economizing on transaction costs." (Williamson 1981a, S. 1537. Vgl. Williamson 1985, S. 1, S. 17 sowie für einen biologisch gefärbten Funktionalismus Williamson 1988a, S. 86). Im Sinne einer causa finalis erklärt hier die Wirkung die Ursache. Dem darin liegenden und oft kritisierten Fehlschluß kann man nicht entgehen, solange Funktionalität als spezielle Form von Kausalbeziehungen begriffen wird. Das muß aber nicht sein. Man kann umgekehrt Kausalität als spezielle Form funktionaler Ordnung verstehen. Dann geht es nicht mehr darum, die Existenz eines Systems zu erklären, sondern die Variation von Variablen, die einen Vergleich äquivalenter Leistungen ermöglicht. Es geht, mit anderen Worten, nicht um die Aussage: A bewirkt B, sondern A, C, D, E sind in ihrer Eigenschaft, B zu bewirken, funktional äquivalent. Vgl. für diese Argumentation Luhmann (1970, S. 15). Für unser Problem folgt aus dieser methodischen Umstellung vor allem, daß die Funktion moralischer Güter als Äquivalente für andere Güter beobachtbar und ökonomieimmanent zugänglich wird. Die Betonung komparativer und adaptiver Effizienz durch Williamson scheint darauf hinzudeuten, daß Äquivalenzfunktionalismus der methodologische Kern der Neuen Organisationsökonomik ist.

53 So Williamson (1981a, S. 1544). Die Wechselbeziehung von Verträgen wird dort als „well-working machine" und als „mechanical (contractual) system" bezeichnet.

54 Williamson (1975, S. 25).

55 Vgl. Williamson (1991a, S. 277 ff. und 1993c, S. 119).

56 Vgl. Williamson (1981b, S. 235, 239).

nen Investitionen gesteuert.[57] Entscheidende Bedeutung kommt dem motivationalen Faktor „Opportunismus", der Transaktionsdimension „Faktorspezifität" und den Vertragsformen zu. Sie sollen daher jetzt genauere Erörterung finden.

Opportunismus meint nicht Egoismus oder Eigeninteresse, sondern daß mit kalkulierender Hinterhältigkeit der Akteure in Kooperationsbeziehungen gerechnet werden muß. Als Verhaltensannahme sollte dieser Version harten Opportunismus aber nicht der Status einer anthropologischen Konstante zugeschrieben werden[58,] wenn nicht der wissenschaftliche Anspruch der Organisationsökonomik aufgegeben werden soll. Erkenntnistheoretisch vertretbar und intuitiv plausibel ist sie nur als Behauptung über ein Element sozialer Interaktionen: Die Erfahrung zeigt, daß nicht alle Vertragspartner ihre ex ante gegebenen Versprechen halten, sondern daß einige die Ausbeutung von Vertragsbeziehungen präferieren. Damit ist zugleich gesagt, daß der Versuch, ex ante die „good guys" von den „bad guys" zu unterscheiden, vollständig niemals möglich ist und in jedem Fall dafür Kosten anfallen. Diese Interpretation hat mindestens zwei Vorteile. Erstens: Sie kontextualisiert die Verhaltensannahme und vermeidet damit die mit den Mitteln der Vernunft unentscheidbare Diskussion über eine universelle Natur des Menschen. Zweitens: Sie schließt Moralität als mögliche Verhaltensmotivation nicht aus, ohne romantische Vorstellungen über Präferenzen in der Wirtschaft zu fördern. Das Vorliegen von Moral verbessert die Transaktionsbedingungen.

Die Wirksamkeit von Opportunismus ist eine Folge beschränkter Rationalität. Der Wirksamkeitsgrad des Versuchs von Akteuren, rational zu handeln, aber nur limitierte Fähigkeiten zur Verfügung zu haben, wird determiniert durch die Unsicherheit und Häufigkeit von Transaktionen, vor allem aber durch die Transaktionsspezifität von Investitionen. Hohe Faktorspezifität macht Transaktionen anfälliger für Opportunismus als universell nutzbare Investitionen es sind. Wir können auch sagen, daß der „holdup" im ersten Fall perfekte Voraussetzungen findet. Dabei kann sich die Spezifität dauerhafter Investitionen sowohl auf Personen (Humankapital) als auch auf Sachen (Standort, fixes Kapital, zweckgebundene Sachwerte) beziehen. Für nichtspezifische Transaktionen, die gelegentlich oder regelmäßig durchgeführt werden, ist demnach der Markt die effiziente Allokationsform. Für hochspezifische, regelmäßige und mit hoher Unsicherheit belastete Transaktionen empfiehlt sich, so der Ansatz, die Umstellung von Markttransaktionen auf vertikale Integration in eine Organisation. Zwischen diesen beiden

---

57 Vgl. für eine der zahlreichen Ausführungen Williamson (1985, Chap.2).

58 Obwohl Williamson in dieser Beziehung unklar argumentiert. So definiert er 1986, S. 168 Opportunismus als „basic condition of human nature" obwohl er noch 1985, S. 64 behauptet hatte, daß nicht die gesamte Spezies Mensch dazu neigt, sondern nur einige wenige Exemplare. Der Rückzug auf die Natur des Menschen, „human nature as we know it" (Williamson 1985, S. 44), der auf die Aktivierung des gesunden Menschenverstandes zielt, ist kontingent. Das alles mag so sein, oder nicht. Diese Einsicht scheint sich in der Opportunismusdefinition (Williamson 1990, S. 190) zu spiegeln. Vgl. zu dieser unklaren Diskussion auch Williamson (1993a).

Polen liegt ein Kontinuum von Möglichkeiten, in dem Hybride die Mittelstellung einnehmen.[59] Unter dem Gesichtspunkt der Transaktionskosten haben Hybride sowohl Vorteile gegenüber dem Markt als auch der Hierachie. Gegenüber dem Markt erlauben sie etwa einen rascheren und kostengünstigeren Zugriff auf Informationen in globalen Märkten. Gegenüber der Hierarchie ist die Wiedereinführung oder Stärkung der Marktkomponente ein wirksames Mittel gegen Ineffizienz und Opportunismus. Hybride haben gegenüber beiden aber auch den bereits erwähnten Nachteil, daß die Steuerungsmodi der Governancestruktur hier in weitaus größerem Umfang sowohl Wettbewerb als auch Kooperation simultan verarbeiten müssen. Ein fragiles Gleichgewicht zwischen Anonymität und Identität muß gehalten werden.

Den drei Governancestrukturen Markt, Hybride und Organisation (Hierarchie) korrespondieren drei Vertragsformen, das klassische, das neoklassische und das „forebearance" Vertragsrecht.[60] Ihr Differenzierungskriterium ist selbst eine Differenz, nämlich die zwischen dem Rechtssystem und seinen Organisationen und privaten Ordnungen. Diese Differenz ergibt sich aus der Unvollständigkeit von Verträgen, die in ihrem gesamten Umfang das theoretische Interesse focussiert. Es geht allerdings nicht nur um die Unvollständigkeit formaler, expliziter Verträge, sondern auch um die informaler Verträge. Das Problem, das sich daraus ergibt, ist dreidimensional: Die Unvollständigkeit formaler Verträge verleiht impliziten Verträgen Bedeutung, die aber selbst wiederum unvollständig sind.

In der Kombination Markt/klassisches Vertragsrecht sind alle die Fälle erfaßt, in denen a) rechtliche Ansprüche genau fixierbar und dann auch b) vollständig durchsetzbar sind, in denen c) die Identität der Partner irrelevant und d) ihre Autonomie entscheidend ist. In der Relation Hybride/neoklassisches Vertragsrecht herrscht statt der Autonomie der Vertragspartner ihre bilaterale Abhängigkeit. Daher zählt ihre Identität, wenn kontingente Probleme der Vertragserfüllung auftauchen.[61] In der Kopplung Organisation/„forebearance" Vertragsrecht folgt aus den gleichen Ursachen wie im Fall zwei, nur in anderer organisatorischer Form, daß Differenzen über die Vertragsgestaltung intern gelöst werden müssen. Der Lösungsalgorithmus bezieht sich dabei sowohl auf implizite Verträge als auch auf Macht.[62]

---

59 Vgl. Williamson (1991a, S. 281).

60 Vgl. Williamson (1991a, S. 271 f.) Auch hier sehe ich keine Übersetzungsmöglichkeit. In den „Institutions" nennt Williamson diese Form noch „relational contracting". Der Sachverhalt, um den es geht, ist, daß bei auf Dauer gestellten Kooperationsbeziehungen innerorganisatorische Konflikte in der Regel nicht vor Gericht gelöst werden können. Anweisungen in Hierarchien sind keine bloßen Ratschläge, deren Relevanz extern geklärt werden kann.

61 Vgl. nur die summarische Darstellung des Praktikers: „Der Beitrag des Partners zum eigenen Erfolg oder Mißerfolg ist nämlich letztes Endes mitentscheidend für das Vertrauensverhältnis in der Allianz. Und diese kann durch kein noch so ausgeklügeltes Vertragsrecht ersetzt werden." (Reuter 1994, S. 51).

62 Vgl. Williamson (1991a, S. 274). Das ist, nur am Rande bemerkt, eine weitere wichtige Differenz zu dem Entwurf von Alchian/Demsetz (1972), die aus der bloßen Vertragsform

In der Kopplung zwei und drei wird die jederzeitige Wirksamkeit und hinreichende Spezifizierbarkeit von Recht entweder als unrealistisch oder ineffizient ausgeschlossen. Das Erfordernis funktionaler Äquivalente für dieses „Rechtsversagen" ergibt sich nicht zuletzt aus der ungenügenden Spezifizierbarkeit von Zukunftsereignissen und einem nicht ausreichenden Reduktionspotential für gegenwärtige Komplexität. Daß Firmen mit diesem doppelten Problem, anders als rigid definierte Preissysteme, umgehen können, liegt nicht daran, daß sie beide Aufgaben direkt bewältigen könnten. Es ist vielmehr die Form Organisation, die Firma als ein Netzwerk funktionaler Äquivalente, die das ermöglicht.

Mit dieser Zurechnung von differenten Governancestrukturen auf differente Vertragsformen ist theorietechnisch eine entscheidende Weichenstellung vollzogen. Damit ist ausgeschlossen, die Firma als ein prinzipiell vermeidbares Surrogat der Marktform zu verstehen. Vielmehr handelt es sich um eine distinkte Form mit angebbarem eigenen Problemlösungspotential. Denn Markt, Hybride und Organisation differenzieren sich entlang unterschiedlicher Vertragsformen und Vertragsinstrumente, die auf unterschiedlich strukturierte Probleme der Kooperation und entsprechende Konfliktlösungsmechanismen zugeschnitten sind.

Differenztheoretisch und äquivalentfunktionalistisch formuliert: Die Transaktion von Rechten, wirtschaftlichen Gütern und Diensten kann sich in drei Formen (Markt, Hybride, Organisation) vollziehen, die über verschiedene Instrumente (Preise, Wettbewerb, Macht, Hierarchie) steuern. Welche der Formen von Akteuren der Wirtschaft genutzt wird, hängt von der Ausprägung motivationaler (Opportunismus, Beschränkte Rationalität, Dignität) und sachlicher (Faktorspezifizität, Unsicherheit, Häufigkeit) Merkmale ab.

Die Firma ist damit nicht nur (im Gegensatz zu Property-Rights- und Agency-Theorien) eine spezifische, vom Markt zu unterscheidende Vertragsform, sondern in dieser Form liegt Potential für zusätzliche Differenzierungsgewinne. Austauschbeziehungen und Verträge, so die „New Economics of Organization", sind Triples, in denen Preise, Faktorspezifität und Maßnahmen zum Schutz des Vertrages (safeguards) simultan bestimmt werden.[63] Schutzmaßnahmen vom Typ I sind Vereinbarungen über fällig werdende Strafen bei vorzeitiger Vertragsauflösung. Schutzmaßnahmen vom Typ II bestehen aus Instrumenten, die eine Präferenz für außergerichtliche und gütliche Lösungen für Konflikte signalisieren. Maßnahmen vom Typ III signalisieren dem Partner eine Präferenz für Kontinuität in der Vertragsbeziehung.[64] Auch in diesen Schutzmaßnahmen für Vertragsbeziehungen liegen wesentliche Unterscheidungsmerkmale der Form Organisation gegenüber dem Markt. Während in Spotmärkten nicht Identität, sondern An-

---

den Schluß zogen, daß in der Organisation, analog zum Markt, keinerlei hierarchische Macht existiere. „This is exactly wrong: firms can and do exercise fiat that markets cannot. Prior neglect of contract law differences and their ramifications explain the error." (Williamson 1991a, S. 276).

63 Vgl. Williamson (1993c, S. 127, 1993b, S. 467, 1993e, S. 105).
64 Vgl. Williamson (1985, S. 33 f.).

onymität und Autonomie der Vertragspartner charakteristisch sind, sind Präferenzen für gütliche Lösungen und Kontinuität die ökonomische Übersetzung des organisationstheoretischen Begriffs „Firmenidentität". Daß Identität in und zwischen Organisationen der Wirtschaft zählt, ist transaktionsökonomisch entweder eine Folge der Transformation temporalisierter Marktbeziehungen in langfristige Vertragsbeziehungen oder wird von Anfang an durch absehbar hohe transaktionsspezifische Investitionen induziert.[65] Insofern die Transaktionskostenökonomik diese fundamentale Transformation in das Zentrum ökonomischen Theoretisierens rückt, trägt sie damit gesellschaftstheoretisch einer Entwicklung Rechnung, die man als Übergang von der Markt- zur Organisationsgesellschaft beschreiben kann.[66]

III.

Der theoretische Mechanismus der angestrebten neuen Organisationsökonomik ist jetzt so weit entfaltet, daß wir den Gesichtspunkt der Bedeutung und Integration „weicher Faktoren" weiter verfolgen können. Es stellt sich also die Frage, welchen Stellenwert sie haben oder, wichtiger noch, sie in dem hier diskutierten Forschungsprogramm haben könnten.

Wir setzen an dem aus diesen Theorievorgaben folgenden organisatorischen Imperativ an, der so gearbeitet ist, daß er die Verneinung von Moral zum konstitutiven Element des ökonomischen Problems macht: „Organize transactions so as to economize on bounded rationality while simultaneously safeguarding them against the hazards of opportunism."[67] Wir erinnern uns, daß in dieser Ausrichtung auf Ökonomisierung des Umgangs mit Komplexität und Unsicherheit aber auch der Aspekt personaler Integrität als Element einer Ökonomik der Transaktionsatmosphäre[68] mitläuft. Es ist dieses Spannungsfeld, das diese Ökonomik bestimmt und deren Territorium wir nun in einer ersten Annäherung vermessen können.

Es bietet sich an, mit den Gefahren des Opportunismus zu beginnen. Als Annahme über die kalkulatorisch-hinterhältige Natur des Menschen schließt sie die moralische Seite des Menschen als produktiven Faktor in Tauschbeziehungen aus der Betrachtung aus. Entsprechend interessiert sich die neue Organisationsökonomik eher für die Kosten aus der Eindämmung von Opportunismus als für den Nutzen und die Produktivität von Moralität.[69]

---

65 Vgl. Williamson (1985, S. 62).
66 Vgl. Perrow (1989) sowie Mayntz (1992).
67 Williamson (1985), S. 32.
68 Vgl. Williamson (1975, S. 37 ff., S. 256 f., 1993b, S. 480) sowie zur Übersicht Spangenberg (1989).
69 Vgl. Williamson (1985, S. 391).

Die Wirksamkeit von Normen wird dadurch nicht bestritten, sondern in die theoretisch konstant gehaltene institutionelle Umwelt der Wirtschaft externalisiert.[70] Damit sind moralische Werte im konstitutionellen Vertrag der Gesellschaft verortet und einer vollständigen Analyse aller vorliegenden Vertragsbeziehungen in einer Transaktion zugänglich. Moral und Effizienz konvergieren dann in ihren Eigenschaften.[71] Für die Fokussierung von Opportunismus werden in erster Linie methodologische Erwägungen angeführt. Die Firmentheorie hat mit ihrer Behandlung des Moral-Hazard-Phänomens die Beobachtung gestützt, daß der Abbau oder die Eindämmung dieses Handlungstyps zugleich ein Zugewinn an ökonomischer Effizienz wäre, Effizienz verstanden als Maximierung einer Variablen unter Nebenbedingungen. „Moral hazard", „adverse selection" und so weiter aber sind aus der Sicht der Organisationsökonomik konkrete Erscheinungsformen des Opportunismus, in denen sich die Unvollständigkeit von Verträgen manifestiert und Anpassungsprozesse ihre Ursache haben. Dieser ist daher der allgemeine Fall, jene sind technische Begriffe, die nicht vollständig sensitiv zu allen möglichen ex ante- und ex post-Anstrengungen vertragswidrigen Verhaltens sind. Begrenzte technische Begriffe für das gesamte Problem zu nehmen, könnte aber zu falschen, weil naiven Schlußfolgerungen führen.[72]

Diese Überlegung scheint auch für die theoretische Integration von Moralität als positivem und effizientem Faktor zu gelten. Wird er nicht den gewohnt nüchternen Blick des Ökonomen romantisch trüben? Werden nicht die Investitionen in Moralität ausgebeutet werden von Opportunisten? So etwas kann man ex ante nicht ausschließen, und man wird sicherlich eine zufriedenstellende Antwort auf diese Fragen finden müssen. Aber ich möchte hier doch das Argument stärker machen, daß Moralität als Investition und produktiver Faktor ein Forschungsfeld markiert, das die ökonomische Theorie nicht ohne Not aufgeben sollte. Wichtig ist, daß gerade in der transaktionsökonomischen Organisationstheorie, die die Bedeutung atmosphärischer Faktoren für die Durchführung von Transaktionen anerkennt, es dafür keinen ernsthaften Grund gibt.[73] Folgende Argumentationsskizze sollte dies in einer ersten Annäherung plausibilisieren:

In kombinierter Wirkung mit beschränkter Rationalität, hoher Faktorspezifität und Kontingenz generiert Opportunismus (oder naiver Moralismus) ein Ausbeutungspotential in vertraglichen Beziehungen, das einen Anreiz bildet, im Organisationsdesign der Firma dieses Transaktionsrisiko zu absorbieren. Im einfachen Vertragsschema der Transaktionskostenökonomik[74] befinden wir uns dann

---

70 Vgl. Williamson (1993c, S. 112).

71 Vgl. Williamson (1989, S. 178), dort am Beispiel von Fairneß.

72 Vgl. Williamson (1985, S. 51/8).

73 Auch Williamson scheint über diese Möglichkeit nachzudenken und behandelt Moral als „a check on opportunism", weil „individuals fell slight remorse when they behave in opportunistic ways" (Williamson 1993b, S. 476). Es bleibt also bei ökonomieexterner Tugendethik.

74 Vgl. Williamson (1985, S. 33; 1993b, S. 467 f.).

im Knoten C, wo wegen der signifikanten Wirksamkeit von Opportunismus und der entsprechend erforderlichen Schutzvorkehrungen ein Problemlösungspotential vermutet werden kann, das in diese Richtung weist. In dem Umfang, in dem man mit hinreichender Sicherheit annehmen könnte, daß Akteure ihre Versprechen halten, also eine Präferenz für moralisches Handeln haben, in dem Umfang könnten kostensenkende Effekte in der Gestaltung der Governancestruktur realisiert werden. Moral könnte ein organisational gestütztes antiopportunistisches Element der Governancestruktur sein, für das gilt: Unter der Bedingung von beschränkter Rationalität, hoher Faktorspezifität und Kontingenz in langfristig angelegten Vertragsbeziehungen sind die Erträge aus antiopportunistischen Programmen (umgekehrt proportional zu den Kosten von Opportunismus) potentiell hoch. In den Knoten A und B wird die antiopportunistische Funktion durch Wettbewerb und kostendeckende Preise sichergestellt. Ein Bedarf für Moral besteht hier nicht.

Warum zieht Williamson diese so naheliegende Konsequenz seiner theoretischen Arbeit nicht? Die angeführten methodologischen Bedenken scheinen für eine Erklärung nicht hinreichend. Eine andere Antwort ist: Weil er kalkulatorische Rationalität exklusiv auf den Bereich wirtschaftlicher Beziehungen begrenzt sehen möchte, während moralische Qualitäten (und er denkt dabei vor allem an Vertrauen) sich für ihn gerade durch Nichtkalkulierbarkeit auszeichnen.[75] Umgekehrt sei es gerade der Vorteil atmosphärischer Faktoren, daß sie eine „less calculative exchange atmosphere"[76] bereitstellen. Hinter dieser Haltung scheint weiterhin die Befürchtung zu stehen, daß sich die Operationalisierbarkeit moralischer Parameter als sehr schwierig erweisen könnte.[77] Auch eine befürchtete Amalgamierung moralischer und ökonomischer Kategorien könnte in diese Richtung wirken.[78] Dies zu verhindern definiert Williamson, und wir demonstrieren seine Überlegungen nun am Beispiel Vertrauen, „calculative trust" als einen Kategorienfehler der ökonomischen Theorie, der daraus entstehe, daß diese den Vertrauensbegriff an den des Risikos anschließe und damit kalkulierbar mache. Vertrauen ist dann ökonomisch übersetzt ein mit subjektiver Wahrscheinlichkeit erwarteter Ertrag aus dem Risiko, einem Kooperationspartner Moralität zuzutrauen und sich damit von ihm abhängig zu machen. Williamson unterscheidet daher als weitere Form „institutional trust". Bezeichnet wird damit das Phänomen, daß es in der gesellschaftlichen Umwelt des ökonomischen Systems normative Standards gibt, die als „general purpose safeguards" die Aufwendungen für

---

75 Vgl. für die Nähe von Moral und Vertrauen Williamson (1986, S. 98). Er zitiert dort zustimmend Arrow mit der Bemerkung, daß „ethical and moral codes" zur normativen Sicherstellung von vertrauensvollen und damit kostengünstigen Transaktionen führen.

76 Williamson (1975, S. 257 f.).

77 Vgl. Williamson (1985, S. 406).

78 Vgl., wo Williamson (1993b, S. 463) die, wie wir sehen werden, wenig plausible These aufstellt: „calculative trust is a contradiction in terms."

transaktionsspezifische Schutzvorkehrungen mindern können. Dazu gehören die Kultur einer Gesellschaft, die politische Rahmenordnung, Netzwerke und Unternehmenskultur.[79] Schließlich unterscheidet er davon noch „personal trust" als Vertrauen, das nicht (oder doch fast nicht) kalkulatorisch operiert und in Familien, Freundschaften und Liebesbeziehungen seine Domäne hat. Vertrauen könne daher nur in der Umwelt der Ökonomie[80] und als Gegenbegriff zu Ökonomie[81] sinnvoll gedacht werden.

IV.

Wir können diese Überlegungen hier vorläufig stehenlassen und uns zunächst damit begnügen, daran zu erinnern, daß Vertrauen nicht selbst moralische Kommunikation[82], sondern deren Ergebnis ist. Vertrauen in ökonomischen Beziehungen wird zugewiesen für zukünftige Interaktionen auf der Basis moralischer Bewertungen (ehrlich, aufrichtig und so weiter) in der Vergangenheit beobachteten Verhaltens.

Neben Vertrauen spielen Würde und Fairneß als Voraussetzung und Produkt personaler Beziehungen eine gewisse Rolle im verhaltenstheoretischen Design der Neuen Organisationsökonomik.[83] Williamson unterscheidet zwei Aspekte von Würde im Hinblick auf ihre Bedeutung für intrateam-Beziehungen. Der erste Aspekt bezieht sich auf Mechanismen zur Aufdeckung und Korrektur von Fehlverhalten des Managements gegenüber Teammitgliedern, der zweite focussiert den Kantischen moralischen Imperativ, niemanden nur als Mittel, sondern jedermann zugleich als Zweck an sich selbst zu behandeln. Während der erste Aspekt – so Williamson mit der gleichen Argumentationsrichtung, die wir schon vom Vertrauensbegriff her kennen – immer einer rein kalkulativen Überlegung entspringen könne, bleibe für den zweiten Aspekt zweifelhaft, wie er mit dem ersten verbunden sei und welche institutionellen Folgerungen aus ihm zu ziehen wären.[84] Ich bin der Auffassung, daß diese Schwierigkeit nicht in der Sache, sondern in der Konstruktion des Problems durch Williamson liegt. Die Kantische Ethik zielt auf die Begründung moralischer Sätze und gerät in Anwendungszusammenhängen, das hat die philosophische Diskussion seit Hegel zumindest erbracht,

---

79 Vgl. ebenda, S. 476.
80 Siehe nur die Bemerkung: „Trust, I submit, should be concentrated on those personal relations in which it really matters, which will be facilitated by the use of 'political, social, and economic institutions' to govern calculative relations." (Ebenda, S. 483).
81 Ebenda, S. 483 f.: „Personal trust is therefore characterized by (1) the absence of monitoring, (2) favorable or forgiving predilections, and (3) discreteness."
82 So auch Luhmann (1968a, S. 68).
83 Vgl. Williamson (1985, S. 44, S. 271 sowie 1984/1986, S. 177 f., S. 187 ff.) sowie Wieland (1996, Teil III, Kap.I).
84 Vgl. Williamson (1985, S. 271).

sehr schnell in Turbulenzen. Teambeziehungen erfordern die lokale Anwendung des Kantschen Imperativs, und diese besteht offensichtlich auch in Handlungen, die Williamson unter dem ersten Aspekt als „lower level" von Würde rubriziert, während er die Realisierung von Kant pur einem „higher level" zuordnet. Diese normativ gesteuerte Differenzierung von Dignität, wonach Kalkulation eine niedrige und Moral als „Bildung des Herzens" eine höhere Form sozialer Interaktion sei, ist tradiert aus den Denkformen des Alten Europas und glaubt daher, ihre eigene Dignität ohne Begründung auf Selbstevidenz abstellen zu können. Sie ist aber funktional differenzierten Gesellschaften nicht mehr angemessen. Hier muß Moral in die Funktionsbedingungen der Systeme der Gesellschaft und ihrer Organisationen eingebaut werden. Es zeigt sich dann folgende Lösung des Williamsonschen Problems: Bezogen auf das Moralsystem ist gegen den Kantschen Imperativ als Unterscheidung von Moral und berechnender Klugheit nichts einzuwenden. Bezogen auf die Organisationssysteme der Wirtschaft aber ist es zunächst einmal der Normalfall, Teammitglieder als Mittel zum Teamzweck zu sehen. Das Problem kann also lokal nicht dort liegen, wo es eine universalistisch argumentierende Philosophie vielleicht vermutet.

Es geht vielmehr um die Balancierung der „trade-offs" zwischen den involvierten, relevanten und verschieden codierenden Entscheidungslogiken (Moral, Wirtschaft, Technik, Recht etc.). Auch das ist eine Form von Kalkulation, aber im Gegensatz zu der von Williamson gemeinten ist sie multidimensional. Williamson aber stellt einer rein wirtschaftlichen (lower level) eine rein moralische (higher level) Entscheidungslogik so gegenüber, daß sie nicht zueinander finden können, ohne sich wechselseitig zu dominieren. Genau darin besteht sein unlösbares Problem. Demgegenüber sollte man den polylingualen Charakter von Organisationen betonen, der „trade-offs" zwischen verschiedenen Logiken von vornherein als Normalfall unterstellt und ein evolutionärer Vorteil von Organisationen gegenüber Märkten ist. Das führt zu einer veränderten Problemstellung:

Es geht um die Sicherstellung der personalen Identität und Integrität aller Kooperationspartner als entscheidende Voraussetzung dafür, die Person als latente Quelle von Opportunismus und Konflikt, die über den internen Arbeitsmarkt direkte Wirkung auf die Leistungsfähigkeit des Teams hat, als individuelle Person in die Governancestruktur der Firma einzubinden.[85] Die personal desintegrierende Wirkung formaler Organisation wird dadurch verdünnt. Mit dieser Überlegung knüpfen wir an Barnard an, der darauf hingewiesen hat, daß Identität die personale Voraussetzung für gelingende Kooperation ist.[86] Individuen ohne personale Identität können nicht kooperieren. Formale Organisation hat daher

---

85 Vgl. Williamson (1990a, S. 193): „The relentless emphasis on efficiency should not obscure the needs of individuals – especially for personal integrity. The integrity respecting (or demeaning) attributes of markets and hierarchies of different kind need to be worked out. Albeit enormously difficult problems, they nevertheless need to be addressed."

86 Vgl. Barnard (1938/1968, S. 13)

die Tendenz, ihre Bestandsvoraussetzung selbst zu zerstören. Es ist dieser Vorgang, der in letzter Instanz die Unausweichlichkeit kultureller und normativer Fragen für die Organisation und daher auch für eine Theorie der ökonomischen Organisation begründet.

Diese Idee impliziert ökonomisch, daß eine Korrelation von hoher Teamspezifität des Humankapitals mit gleichzeitig signifikanten Meßschwierigkeiten vorliegt. In allen Fällen, in denen das Humankapital entweder unspezifisch oder spezifisch, aber seine Leistung leicht zu messen ist, bedarf es aus dieser Sicht keiner kooperationsspezifischen Moralanwendungen zum Aufbau personaler Integrität. Das im ersten Fall notwendige Angebot an normativen Bewertungen zur Zuweisung von Würde ist, so Williamson richtig, aber in jedem Fall eine soziale Funktion, ein Ereignis in der Umwelt der Firma.[87] Zwischen den Elementen der Governancestruktur, die auf privaten Nutzenüberlegungen beruhen und denjenigen, die auf soziale Werte zurückgreifen, existiert daher ein Kontinuum von Möglichkeiten, die vor allem eines belegen: Die Firma ist eine Organisation der Wirtschaft und eine Institution der Gesellschaft. Dies zeigt sehr deutlich die Behandlung personaler Integrität als sozial generierter und privat genutzter Wert, der es möglich macht, soziale und private Kosten und Erträge dieses moralischen Gutes separat und auch asymmetrisch zuzurechnen.[88] Der Tausch auf Spotmärkten nutzt daher Moralität, wenn nötig, als reines öffentliches Gut, das in der Rahmenordnung der Gesellschaft kodifiziert ist.[89] Jedermann hat hier ein Anrecht auf Unversehrtheit seiner Person. Die Umstellung der Allokationsform auf Hierarchie verwandelt dieses Anrecht in ein teamspezifisches, organisationsöffentliches Gut, das in der Governancestruktur kodifiziert ist. Jedes Teammitglied hat ein Anrecht auf Unversehrtheit seiner Person.

Es ist dieser Zusammenhang, der eine rein instrumentelle Behandlung von Organisationsfragen auf der Ebene ihrer Mitglieder ausschließt. Denn ökonomische Akteure aktivieren nicht sequentiell, sondern parallel ihre ökonomische und nichtökonomische Identität.

Was daher immer zählt und mitläuft, ist „Atmosphäre".[90] Dieser Begriff und die sich daran anschließende Idee einer Ökonomik dieser Atmosphäre[91] sind ziemlich vage, und ihre Funktion in der Transaktionskostenökonomik ist nicht vollständig geklärt. Sie bezieht sich, ganz wie die Überlegungen zur „fundamenta-

---

87 Vgl. Williamson (1984/1986, S. 178 und 1993a, S. 98).
88 Vgl. Williamson (1985, S. 23, sowie 1991a, S. 275): „issues of worker safety, dignity, the limits of the 'zone of acceptance', and the like sometimes pose societal spillover costs that are undervalued in the firm's private net benefit calculus."
89 Vgl. für die Ausarbeitung dieser Position Homann (1993) und die dort angegebene Literatur.
90 Vgl. Williamson (1975, S. 37ff., S. 256 f.).
91 Williamson (1993b, S. 480) sowie zur ersten Übersicht Spangenberg (1989) und ausführlicher Wieland (1996).

len Transformation" und zur „Unmöglichkeit selektiver Intervention"[92], auf Phänomene von Organisationsversagen. Im Vordergrund stehen dabei Arbeitsbeziehungen im Hinblick auf die mögliche Tiefe von Arbeitsteilung, auf ihre Überwachung und auf ihre Meß- und Separierbarkeit.[93] Dies verdankt sich nach meinem Eindruck der Beobachtung, daß zwar erst die technologische Separierbarkeit einer Transaktion ihre Auszeichnung mit Preisen und einen kalkulatorischen Zugriff auf die Folgeprobleme erlaubt, daß damit aber nicht die Separierbarkeit dazugehöriger personaler Wertemuster ebenfalls gegeben ist. Man kann zwar Arbeitszeit kaufen und messen, aber nur schwer Arbeitseifer. Der Versuch, durch konsequentes Monitoring (und das ist die eigentliche Idee der Agency-Theorie) die Differenz zwischen funktionaler und motivationaler Separierbarkeit vollständig aufzuheben, führt unweigerlich zu dysfunktionalen Effekten, weil Teammitglieder nicht „benutzt" werden, sondern ihre Würde auch in Arbeitsbeziehungen geachtet sehen wollen. Ein Teammitglied hat in diesem Zusammenhang immer die Möglichkeit, die Meßbarkeit seiner Leistung und Motivation zu verschleiern.[94] Investitionen des Prinzipals in Überwachungsmechanismen führen zu Anschlußinvestitionen der Agentur in Verschleierungsmechanismen. Sie wird dies tun, wenn die informelle „zone of indifference" oder „zone of acceptance"[95] überschritten ist, die den Weisungsspielraum des Prinzipals gegenüber der Agentur limitiert. Im Ergebnis sinkt die Effizienz des Teams. Da aber alle Parameterarten, harte und weiche, relevant für die Allokationsergebnisse in den Organisationen der Wirtschaft sind, ist Williamson zuzustimmen, daß hier eine „less calculative exchange atmosphere" herrscht. Der Austauschprozeß selbst wird zum Objekt von Werturteilen, und damit werden „quasimoralische" Fragen zum Bestandteil des ökonomischen Problems.[96]

Die Wirksamkeit atmosphärischer Parameter erlaubt es der Organisation, sich vor Fehlallokationen von Ressourcen dadurch zu schützen, daß sie neben „harten" Verträgen auch „weiche" Verträge möglich macht. Letztere Form setzt voraus und erzeugt eine gewisse Interessenidentität der Partner, einen „Clan"[97] und eine darauf abgestellte Governancestruktur. Solche Mechanismen zielen weniger auf die Kontrolle der buchstäblich wörtlichen Einhaltung eines Vertrages als vielmehr auf die Aktivierung eines impliziten Vertrages, der über sozial stabilisierte Normativität produktive und kostengünstige Vertragserfüllung sicherstellt.

---

92 Vgl. Williamson (1985; S. 61-63, S. 133-135).
93 Vgl. Williamson (1975, S. 58, S. 79, S. 257, 1993f, S. 105).
94 Vgl. Holmström (1979, 1982); Williamson (1993b, S. 489).
95 Vgl. Barnard (1938/1968, S. 167 ff.) sowie Simon (1957).
96 Williamson (1975, S. 38, S. 256, S. 257) „Concern for atmosphere tends to raise such system issues: supplying a satisfying exchange relation is made part of the economic problem, broadly construed" (Williamson 1975, S. 38).
97 Vgl. Ouchi (1980).

Implizite Verträge greifen überall dort, wo ein vollständig spezifizierter Vertragstext durch Komplexität und Kontingenz an Grenzen stößt.[98]

Institution, System und Organisation

I.

Die Neue Organisationsökonomik ist sicherlich eines der interessantesten und erfolgreichsten neuen Forschungsprogramme innerhalb des ökonomischen Theoriegebäudes. Die Herausforderung liegt in ihrer Perspektive, eine einheitliche, integrative und ökonomisch operierende Theorie der Organisation zu schaffen. Freilich sollte die bisherige Diskussion auch deutlich gemacht haben, daß die theoretischen Herausforderungen die bisherigen Erfolge überwiegen. Dies bezieht sich vor allem auf ein Kernproblem der Neuen Organisationsökonomik, nämlich die theoretische Integration moralischer, kultureller, psychologischer und normativer Parameter. Ohne daß dies gelingt, wird man wohl kaum von einer Ökonomik der Organisationen sprechen können. Die Frage lautet, ob es möglich ist, diese konstitutiven Parameter von Organisation in eine ökonomisch argumentierende Theorie einzubauen, ohne ihr spezifisches Erklärungspotential zu zerstören. Ich habe dies an anderer Stelle ausführlicher diskutiert[99] und möchte mich daher hier auf einen grundlegenden Aspekt der erforderlichen Theoriearchitektur beschränken. Der Punkt ist, daß die ökonomische Theorie zu diesem Zweck einen Organisationsbegriff entwickeln muß, der es erlaubt, den strikt systemisch-funktionalen Marktbezug und den polykontexturalen Organisationsbezug der Organisationen der Wirtschaft zu thematisieren. Dies aber, und das wird uns für den Rest dieses Aufsatzes beschäftigen, scheint nur möglich, wenn zunächst verschiedene Ebenen dieses Integrationsproblems – Institutionen, Systeme und Organisationen – kategorial unterschieden werden. Dies geschieht in der zeitgenössischen Theoriediskussion nicht immer im ausreichenden Maße.

Bei diesem Vorhaben kann man sich auf die Traditionen des ökonomischen Denkens stützen. So hat der frühe ökonomische Institutionalismus die Unternehmung stets als ein duales Bezugssystem verstanden hat, dessen Verhalten und Zustände sowohl durch seinen Systembezug als auch durch seine Form (Organisation) determiniert sind.[100] Der Systembezug wird gefaßt als Marktbezug des

---

98 Vgl. Williamson/Ouchi (1981, S. 361-363). Auch hier schließen die Überlegungen mit der Einschätzung: „The problem is how to bring this off. This is a matter for which future research is painly needed." (Williamson/Ouchi 1981, S. 363). Ich werde in Teil III dieser Arbeit hierzu einige Vorschläge entwickeln.

99 Vgl Wieland (1996).

100 Vgl. beispielhaft Schmoller (1901, S. 413): „Wo einzelne Personen, Familien oder kollektive Persönlichkeiten in irgend welcher dauernden, durch Sitte und Recht normierten Form beginnen, regelmäßig Leistungen oder Warenlieferungen für den Markt zu übernehmen, Ar-

Unternehmens, das sich gerade durch die Exklusion des Individuums zum artifiziellen Akteur mit prinzipiell ewiger Lebensdauer entwickeln kann. Firmen, die an Personen gebunden bleiben, sterben mit diesen.[101] Einerseits: Entpersönlichung und der dadurch ermöglichte Zeitgewinn für die Organisation sind es, die den selbstreferentiellen Systemkreislauf dinglicher Ereignisse auf Dauer stellen.[102] Andererseits: Es ist die intelligible, funktionale Form „Unternehmung", die immer in der konkreten Wirtschaftsorganisation mit vorhanden ist und die dort für alle Ereignisse die Referenz prinzipiell infiniter selbstbezüglicher Markttransaktionen bildet. Dieser duale Charakter ist aber nur denkbar, wenn die Organisationsform zumindest über eine relative Autonomie gegenüber dem Systembezug verfügt, also Funktion und Organisation nicht identisch sind. Wäre das nicht so, könnten weder das System noch die Organisation Geschlossenheit und Offenheit als Steigerungsverhältnis nutzen.

Die Abhebung der Organisation gegenüber der Funktion sieht der frühe Institutionalismus über die Unternehmensverfassung vollzogen.[103] Durch Vertrag konstituiert sich das Unternehmen als eine vom Systembezug zu unterscheidende Entität, die sowohl den Preissignalen des Marktes als auch den Erfordernissen technisch-persönlicher Organisation folgen muß. Die Emergenz dieser modernen Form der Unternehmung datiert Schmoller auf die Mitte des 19. Jahrhunderts, und sie wird für ihn dadurch charakterisiert, daß sie den organisatorischen Familienbezug der vormodernen Firma vollständig auflöst und sich auf eine funktionsspezifische Leistung, also auf eine wirtschaftliche Aufgabe (Senkung von Kosten, Erzielung von Gewinn) spezialisiert. Aber in dieser Form als spezifisches und differenziertes „Wirtschaftsorgan" bleibt sie für ihn zugleich immer auch „gesellschaftliche Form".[104]

Der amerikanische Institutionalismus hat diesen eher unbestimmten Terminus historisch als Transformationsprozeß vom atomisierten Eigentümerkapitalismus über die Aktiengesellschaft zum Organisationskapitalismus (Unternehmen, Gewerkschaften, Politische Parteien) definiert. In diesem gesellschaftlichen Umbau, so J.R. Commons' wichtige Beobachtung, ändere sich der „unit act" des Wirtschaftssystems: „Thus, the ultimate unit of activity, which correlates law, econo-

---

beit und Kapital mit der Absicht einsetzen und verwenden, um durch Kauf und Verkauf Gewinn zu machen ... da sprechen wir von einer Unternehmung."

101 Vgl. Sombart (1902/1927/1987, S. 101): „Verselbständigung des Geschäfts, das heißt also: die Emporhebung eines selbständigen Wirtschaftsorganismus über die einzelnen wirtschaftlichen Menschen hinaus [...] zu einer begrifflichen Einheit, die aber dann selbst als der Träger der einzelnen Wirtschaftsakte erscheint und ein eigenes, das Leben der Individuen überdauerndes, Leben führt."

102 So Sombart: „Die einzelnen Wirtschaftsakte werden nicht mehr auf eine bestimmte Person, sondern eben auf ein von rein wirtschaftlichem Geiste erfülltes Abstraktum gleichsam auf sich selber als Ganzes bezogen." (Ebenda, S. 101 f.) Damit ist auch „die beständige Weiterführung in der Zeit verbürgt ...". (Ebenda, S. 103).

103 Vgl. etwa Schmoller (1901, S. 414, S. 438 f., S. 453).

104 Schmoller (1901, S. 457).

mics and ethics, must contain in itself the three principles of conflict, dependence, and order. This unit is a Transaction. A transaction, with its participants, is
the smallest unit of institutional economics."[105] An die Stelle des marktvermit-
telten Tauschaktes konkreter Waren über abstrakte Werte tritt die Transaktion
schlechthin, der verallgemeinerte Begriff von Tausch und Vertrag.[106] Transaktionen sind der gegenwärtige Transfer von Rechten (Property Rights) zwischen
Personen auf zukünftige Leistungen, die der Produktion und dem Austausch von
Waren vorausgehen. Dies hat entscheidende Konsequenzen für die Perspektive
ökonomischer Analyse.

Erstens: Durch die Einführung einer Personalrelation und von Zeit in den
Tauschakt wirtschaftlicher Güter ist die Bezugseinheit ökonomischer Analyse
einem interdisziplinär angelegten Forschungsprogramm (Recht, Ökonomik,
Ethik) zugänglich. Dies bezieht sich sowohl auf die Herstellung von Kooperation
als auch auf deren Stabilisierung. Hobbes' Problem, daß Vertragsversprechungen
im Prinzip nichts determinieren hinsichtlich der Vertragserfüllung, ist damit in
das Zentrum ökonomischen Theoretisierens eingebaut.

Zweitens: Der jetzt abstrakte Transaktionsbegriff konkretisiert sich je nach
Sachverhalt in verschiedene Formen. Commons unterscheidet „rationing transactions" als Zuteilung von Lasten und Vorteilen aus den Resultaten organisierten
kollektiven Handelns, „managerial transactions" als Zuteilung von hierarchischer
Macht an Personen zur Leitung der Produktion von Gütern und „bargaining
transactions" mit dem Ziel der marktförmigen Allokation von Property Rights.[107]
Damit ist Institutionenökonomik so konzipiert, daß sie den simultanen Organi-
sations- und Marktbezug von Unternehmen thematisieren kann. Deren Problem
ist es jetzt nicht mehr, sich schlicht an Systemsignale anzupassen, sondern „the
balance among the three in the processes of economic activity" herzustellen.[108]
Transaktionen in der Organisation (Produktion, Management) und im Markt
(Property Rights) werden in der Unternehmung gekoppelt.

Drittens: Die Firma ist ein Kreislauf von Transaktionen, die permanent zu
Entscheidungen zwingen, die organisiert werden müssen. Organisation heißt, die
Sprengkraft der Mischung aus Konflikt, Abhängigkeit und Ordnung in der Organisation von Individuen so zu kontrollieren, daß Teamarbeit möglich wird. Verträge (Recht) und Moral (Ethik) gewinnen damit an Bedeutung für die ökonomi-

---

105 Commons (1934/1990, S. 58).

106 „Transactions ... are not the 'exchange of commodities', in the physical sense of 'delivery',
they are the alienation and acquisition, between individuals, of the rights of future ownership of physical things, as determined by the collective working rules of society. The
transfer of these rights must therefore be negotiated ... before labor can produce, or consumers can consume, or commodities be physically delivered to other persons." (Ebenda, S.
58).

107 Commons erklärt ohne Umschweife, daß der Gegenstandsbereich der Politischen Ökonomie der „mutual transfer of property rights" sei (Commons 1934/1990, S. 57).

108 Commons (1950/1970, S. 43 f.); vgl. auch Commons (1934/1990, S. 55 ff.).

sche Analyse. Die Unternehmung emergiert als ein Netzwerk vertraglicher Bindungen, dem ein Moralbedarf der Organisation eingebaut ist. Institutionenökonomik, so Commons, ist daher ein Ansatz, der Ökonomik, Recht und Ethik korreliert.

Viertens: Die Unternehmung als Organisation, so Commons, kann als ein Set distinkter Sprachspiele verstanden werden. Ein und derselbe Sachverhalt läßt sich in ihr in der Sprache der Ökonomik, der Ethik, des Rechts oder kontingenter Individualität formulieren.[109]

II.

Diese Umstellung der Bezugseinheit der Ökonomik war eine fundamental wichtige Voraussetzung für die Entwicklung der modernen Transaktionskostenökonomik. Darauf hat Williamson immer wieder hingewiesen.[110] Sie führt vertragliche Personalrelationen und die Bedeutung moralischer Fragen und in der Konsequenz die Hierarchie wieder als Allokationsform in die Beobachtung der Wirtschaft ein. Aber eben nicht als Variation der alteuropäischen Topoi, sondern als Focus einer Institutionen- und Organisationsökonomik im System der Wirtschaft.

Dies macht es notwendig, die Begriffe Institution/System/Organisation so voneinander abgrenzen, daß sie theoretisch geführt eingesetzt werden können. Die jetzt folgenden drei Definitionen intendieren genau dies:

Eine *Institution* ist ein intelligibles Set von Ereignisrelationen, denen in einer gegebenen Gesellschaft normative Macht zugerechnet wird. Sie definieren über formale und informale Regeln die Menge und die Art erwünschter und sanktionsfrei möglicher Handlungen, und ihr Ziel sind Handlungsbeschränkungen.

Systeme haben kein Ziel, sondern erfüllen eine Leistung und eine Funktion für die Gesellschaft. Hinsichtlich der Relationierung ihrer Komponenten und der sich daraus ergebenden Operationsweise sind sie Systeme. Systeme sind autonom, operational geschlossen, kommunikativ offen und codieren spezifisch. Sie haben demnach keine Mitglieder, keine handelnden Akteure und so weiter, sondern sind ein gesellschaftlich legitimierter, operational geschlossener und (im Falle der Ökonomie) preisförmiger Kommunikationsmodus, dem Handlungs- und Verhaltensrelevanz für Akteure zugeschrieben wird.

Hinsichtlich dieser gesellschaftlich gewollten Normativität sind sie Institutionen. Genauer: Sie sind informale Handlungsbeschränkungen.

---

109 Vgl. ebenda, S. 70 f.
110 Vgl. Williamson (1985).

Organisationen sind Systeme (Organisationssysteme), die auf Systeme (Funktionssysteme) bezogen sind.[111] Sie definieren sich über individuelle und kollektive Organisationsziele und konstituieren sich über intentional handelnde Akteure als Mitglieder, deren Interaktion formalen Regelungen unterliegt. In einem Satz: Organisationen sind funktionsbezogene und formal regulierte Mechanismen. Ökonomische Organisationen sind vernetzt über Verträge, die formalen Regeln unterliegen. Sie codieren polykontextural und polylingual unter der Restriktion der funktionsspezifischen Leitcodierung des ökonomischen Systems. Organisationen sind Institutionen der Gesellschaft, insofern sie Normativität (Regeln, Leitcodierung) repräsentieren.

Mit dieser dreistufigen Unterscheidung läßt sich verstehen, warum in den Organisationen der Wirtschaft sowohl die ökonomische Logik ein auf Dauer nichthintergehbarer Parameter ist (Marktbezug), als auch die Tatsache, daß Unternehmen die rigide ökonomische Übersetzung aller für sie relevanten Ereignisse ablehnen können und auch ablehnen können müssen (Organisationsbezug), und zwar aus (organisations-)ökonomischen Gründen. Genau diese Paradoxie liegt der in diesem Aufsatz erörterten Schwierigkeit zugrunde, die funktionalen und personalen Voraussetzungen von Kooperation auf nur einer kategorialen Ebene zu thematisieren. Ohne die Lösung dieser Schwierigkeiten wird es keine ihrem Gegenstand adäquate Ökonomik der Organisation geben.

---

111 Vgl. Luhmann (1988a) sowie für die weitere Literatur bei Luhmann: Wieland (1993a). Für eine Übersicht über in der Organisationstheorie diskutierte Definitionen von Institution und Organisation vgl. Scott (1987).

Die Unternehmung als soziale Institution
Eine Kritik der Transaktionskostenerklärung der Firma*

Reinhard Pirker

1. Die anti-institutionalistische Stoßrichtung ökonomischen Main-Stream-Denkens

1.1. Die Vernachlässigung der Firma in der ökonomischen Theorie

Die vorherrschende ökonomische Theorie hat die Unternehmung – Ökonomen sprechen in diesem Zusammenhang von der Firma, weshalb ich diesen Begriff verwende – über lange Zeit als „Black Box" behandelt, was mit ihrer mechanistischen, aus der klassischen Physik herrührenden Denktradition zu tun hat (vgl. dazu Georgescu-Roegen 1978). Die „Firma" war zwar in der Produktionsfunktion enthalten, in der Input in sozial mysteriöser Weise in Output verwandelt wird, sie wurde jedoch nicht als eine eigenständige Institution gesehen. Die Gewohnheit, den Output als ein automatisch zustandekommendes Resultat des Inputs zu begreifen, geht auf David Ricardo zurück. Im Gegensatz zu Adam Smith, welcher die Dynamik (Produktivitätssteigerungen) seiner „commercial society" noch auf die soziale Verfaßtheit des Produktionsprozesses zurückführte („learning by doing"), richtet Ricardo sein theoretisches Interesse primär auf die Verteilung des Outputs, der für ihn technologisch fixiert ist (vgl. dazu Hodgson 1982, S. 215). Die im Anschluß an Ricardo – und Marx – sich durchsetzende Neoklassik hat nicht nur die mechanistische Denktradition übernommen, sondern auch ihr Erkenntnisinteresse von der Produktions- auf die Marktebene verlagert (vgl. dazu Dobb 1977).

Auch in Keynes' „General Theory" (1936) hat eine Sichtweise der Produktion überlebt, die sich in der einseitigen Betonung des „demand managements" orthodoxer Keynesianischer Politikkonzepte fortsetzen konnte. In Sraffas „Production of Commodities by Means of Commodities" (1960) wird zwar die logische Konsistenz der aggregierten neoklassischen Produktionsfunktion bestritten, jedoch ihr prinzipiell technologisch-mechanischer Charakter nicht angetastet. Erst Anfang der 70er Jahre setzte dann unter Ökonomen, vor allem ausgelöst

---

* Überarbeitete Version des Aufsatzes: „Der Transaktionskostenansatz. Ein brauchbares Paradigma zur Erklärung der Existenz von Firmen?" In: Österr. Zeitschrift für Soziologie, 16. Jg., 1991, H.2, S.19 ff.

durch Alchian und Demsetz (vgl. Kap. 2.), eine intensivere Diskussion über firmentheoretische Fragen ein.

1.2. Die Theorie der Eigentumsrechte („Property Rights") und der „Prin-
cipal-Agent"-Ansatz

Bis zu Beginn der 60er Jahre hat die ökonomische Theorie von der Existenz von
Eigentumsrechten kaum Notiz genommen, was mit der anti-institutionalistischen
Stoßrichtung ökonomischen Denkens zu tun hat. Die herrschende Markttheorie
beinhaltete ein Konzept von Tausch als einer Universalkategorie, die die einsamen Aktivitäten eines Robinson Crusoe genauso involvierte wie die zwischenmenschlichen Beziehungen in irgendwelchen sozialen Umgebungen, ohne eine
Beziehung zu Eigentumsrechten herzustellen. Diese Vorstellung von Tausch war
auch genügend breit, um sogar Produktion darunter subsumieren zu können. So
ist die Sichtweise der Produktion als direkter, ohne über eine Produktionsorganisation wie der Firma vermittelter, „Austausch mit der Natur" im ökonomischen
Denken nicht unbekannt (vgl. dazu Pirker 1992a).
    Die Property-Rights-Schule (vgl. dazu Coase 1960; Demsetz 1967; Furu-
botn/Pejovich 1974) hat dann darauf hingewiesen, daß ökonomische Transaktionen nicht nur Güter und Dienste als solche betreffen, sondern auch die Übertragung von Eigentumsrechten implizieren. Dies setzt voraus, daß ein Vertragsrecht existiert, mit dessen Hilfe Eigentum übertragen werden kann. Im Rahmen
dieser Theorie der Eigentumsrechte wird radikal auf das Instrument des Vertrages abgestellt und die Möglichkeit des Vertragsschließens als zentraler Anreiz für
ökonomisches Handeln gesehen. Alle gesellschaftlichen Institutionen – nicht nur
Märkte – können damit als ein Netzwerk von Verträgen interpretiert werden.
    Eine extreme Anwendung dieses vertrags- bzw. kontrakttheoretischen Para-
digmas auf die Firma stellt der „Principal-Agent"-Ansatz dar (vgl. dazu Fama
1980). Die Firma besteht dabei aus nichts anderem als horizontalen Vertragsbeziehungen zwischen Unternehmern (principals) und Beschäftigten (agents). Mit
Hilfe dieser Verträge werden die Transaktionen von Arbeit koordiniert. Von allen
Beteiligten wird üblicherweise angenommen, daß sie über alle ökonomischen
Eventualitäten wie Preise oder Grenzproduktivitäten voll informiert und daß sie
fähig und willens sind, Verträge auszuhandeln, von ihnen Abstand zu nehmen
und sie neu zu verhandeln, bis das Gleichgewichtsresultat eintritt. Nutzenmaxi-
mierende Individuen operieren in einer Welt, in welcher die ökonomischen Bedingungen („Logik der Situation") den optimalen Kontrakt determinieren. Somit
wird die aus der Markttheorie stammende Gleichgewichtswelt auf die Firma
übertragen.
    In der Folge möchte ich zeigen, daß die kontrakttheoretische Fundierung der
Firma mit allen ihren unterschiedlichen Ausprägungen eine ungenügende Basis

für eine Theorie der Firma darstellt; vor allem deshalb, weil sie gegenüber Produktion und Wandel ignorant bleibt.

2. Der Pseudo-Unterschied zwischen Firmen und Märkten: das Alchian-Demsetz-Modell

Alchian und Demsetz konstatieren, daß Gewinne durch Spezialisierung und Kooperation eher in „Organisationen" als durch „Markttransaktionen" anfallen. Sie weisen jedoch jede essentielle Unterscheidung zwischen Märkten (einem alltäglichen Warentausch am Markt) und Firmen (einem Arbeitsvertrag) zurück. Die zentrale theoretische Konsequenz dieser Zurückweisung führt zur Verneinung von Macht bzw. der Autoritätsbeziehung zwischen Unternehmer und Beschäftigten innerhalb der Firma.

„It is common to see the firm characterized by the power to settle issues by fiat, by authority, or by disciplinary action superior to that available in the conventional market. This is delusion. The firm does not own all its inputs. It has no power of fiat, no authority, no disciplinary action any different in the slightest degree from ordinary market contracting between any two people" (Alchian/Demsetz 1972, S. 777).

Auch die Längerfristigkeit wird nicht als Spezifikum des Arbeitsvertrags gewertet.

„To speak of managing, directing or assigning workers to various tasks is a deceptive way of noting that the employer continually is involved in renegotiation of contracts on terms that must be acceptable to both parties" (ebd.).[1]

Das Spezielle an der Firma ist nach Alchian und Demsetz die Teamarbeit, eine technologisch nicht-separierbare Produktion, was das Problem der Messung und Belohnung der individuellen Beiträge zum kollektiven Output aufwirft. Es besteht zwar die Möglichkeit der gegenseitigen Beobachtung der Inputleistung, jedoch könnte dies zu Kosten führen, da sich die Arbeiter weniger anstrengen, „Shirking" betreiben könnten. Wenn die individuellen Kosten des „Shirking" geringer sind als die Kosten für die gesamte Gruppe – und dies ist bei technologisch nicht-separierbarer Teamproduktion plausibel – entsteht ein Anreiz dazu, sofern „Shirking" nicht kostenlos entdeckt werden kann. Deshalb muß ein „shirking-minimierender Monitor" (Unternehmer) eingesetzt werden, dem die aus der Teamarbeit erzielten Produktivitätsgewinne zustehen. Sind diese größer als die Kosten der internen Organisation und Überwachung, dann hat die Firma relativ zur dezentralen Marktkoordination Kostenvorteile.

---

1 Fairerweise muß eingeräumt werden, daß Alchian diesen offensichtlichen Unsinn später revidiert hat (Alchian 1984). Auch Demsetz hat sich in wesentlichen Punkten davon abgesetzt (Demsetz 1991).

Der „Monitor" lukriert die Gewinne eben „not only by the price that he agrees to pay the owners of the inputs but also by observing and directing the actions or uses of those inputs" (Alchian/Demsetz 1972, S. 782). Daraus folgt, daß für den Unternehmer das Sammeln von Informationen, einschließlich Daten über die Leistungsfähigkeit und -willigkeit der Beschäftigten zentral ist. So nimmt die Firma Eigenschaften eines effizienten Marktes an, in dem „information about the productive characteristics of a large set of specific inputs is now more cheaply available" (Alchian/Demsetz 1972, S. 795). Und der Unternehmer wird damit zu einem Koordinator eines „Marktes" innerhalb der Firma. Mit dieser Sichtweise der Firma korrespondiert die schon angedeutete Notwendigkeit der kontinuierlichen Neuverhandlung des Arbeitsvertrages, wohl auch durch implizites Bargaining.[2] Gegen diese Auffassung spricht, daß der Arbeitsvertrag wegen des Offenhaltens von Anpassungsmöglichkeiten an nicht vorhersehbare Ereignisse nicht voll spezifiziert sein kann und daß hauptsächlich aus diesem Grunde eine Autoritätsbeziehung, eine Anweisungsmöglichkeit, implementiert werden muß. Das kann sowohl explizit als auch implizit geschehen, kann jedoch nicht kontinuierlich durch rationale Kalkulationen im Wege von Neuverhandlungen passieren, wie dies die beiden Autoren uns nahelegen.

Wenn das Alchian-Demsetz-Modell akzeptiert werden würde, könnte es auf alle Institutionen übertragen werden, und man würde entdecken, daß „Märkte" nicht nur in Firmen, sondern überall anzutreffen seien, was dem Marktbegriff jede substantielle Bedeutung nehmen würde. Gegen diesen universellen Anspruch des Marktparadigmas ist vor allem Oliver Williamson aufgetreten, der eine essentielle Unterscheidung zwischen Märkten und Firmen trifft (Williamson 1975). Er interpretiert Firmen als hierarchische Nicht-Markt-Institutionen, deren Hauptzweck das „economizing on transaction costs" ist (Williamson 1985, S. 1).

3. Die transaktionskostenminimierende Funktion von Hierarchien: die Coase-Williamson-Variante

Schon in den 30er Jahren hat Ronald Coase (1937) zwischen Firmen und Märkten unterschieden und damit die Frage verbunden, warum Firmen existieren. Das Schlüsselmerkmal ist für ihn der Umstand, daß in Firmen die Allokation von Ressourcen eher über Anweisungen als über Preise gesteuert wird. Daraus folgt, daß eine Antwort auf die Frage gefunden werden muß, warum der Preismecha-

---

2 Nutzinger hat den Alchian-Demsetz-Ansatz als untauglich für die Charakterisierung kapitalistischer Firmen bezeichnet. Die von Alchian und Demsetz aufgezählten Charakteristika beschreiben eher das Verlagswesen (vgl. auch Duda 1987, S. 71). Auch stellt Nutzinger eine Beziehung zwischen dem Alchian-Demsetz-Modell und Samuel Seaburys Charakterisierung und Rechtfertigung der Sklaverei als eines impliziten Kontraktes zwischen Herren und Sklaven her (Nutzinger 1976, S. 232).

nismus zur Allokation der Ressourcen firmenintern nicht zur Anwendung kommt. Coase gibt zur Antwort, daß es vorteilhaft sei, die Ressourcen mittels Anweisungen zu allozieren, da die Anwendung des Preismechanismus mit Kosten verbunden ist. Die Entdeckung der relevanten Preise ist nicht kostenlos, ebensowenig wie das Abschließen von Verträgen.

„The costs of negotiating and concluding a separate contract must also be taken into account...A factor of production (the owner thereof) does not have to make a series of contracts with the factors with whom he is co-operating within the firm, as would be necessary, of course, if this co-operation were as a direct result of the working of the price mechanism" (Coase 1937, S. 390 f.).

Diese Begründung der Existenz von Firmen, die als Transaktionskostenansatz bekannt wurde, hat Williamson ausgebaut. Zentral für Williamson sind die Transaktionen, wobei jede Transaktion auf Verträgen basiert. Anders ausgedrückt, entspricht jede Organisation einem bestimmten Vertragstyp, der die Transaktionen innerhalb dieser Organisation reguliert. Williamson gibt in seiner grundlegenden Arbeit vier mögliche Vertragstypen an (Williamson 1975, S. 64 ff.; vgl. dazu auch Duda 1987, S. 81 ff.):

– Ein gewöhnlicher Zukunftsvertrag.
   Darin wird vereinbart, daß zu einem bestimmten Zeitpunkt in der Zukunft eine bestimmte Leistung erbracht wird. A priori ist hier jede Anpassungsmöglichkeit an unvorhersehbare Ereignisse ausgeschlossen. Dieser Vertrag ist für Firmen daher unbrauchbar.
– Ein bedingter Zukunftsvertrag.
   Hier wird vereinbart, welche Leistung in Abhängigkeit vom dann gegebenen Zustand der Welt in Zukunft zu erbringen ist. Diese Regelung impliziert komplexe Vorkehrungen, die bei Annahme von unvollständiger Rationalität problematisch werden. Auch werden möglicherweise Konfliktkosten daraus entstehen, daß sich die Vertragspartner nicht darüber einigen können, welcher Zustand der Welt nun tatsächlich eingetreten ist. Ein solcher Vertrag ist sowohl mit hohen Kosten der Erstellung als auch der Durchsetzung verbunden.
– Mehrere sequentielle Spot-Verträge.
   Zu verschiedenen Zeitpunkten wird je ein Vertrag über die zu erbringende Leistung abgeschlossen. Spot-Verträge sind nach Williamson nur dann angemessen, wenn Arbeit vollkommen homogen ist und Arbeitskräfte damit vollkommen mobil sind. Im Falle von „Idiosynkrasien", der Existenz betriebsspezifischen Humankapitals, wird sich jedoch die anfangs kompetitive Situation in eine monopolistische verwandeln. Arbeitskräfte werden dann in die Lage versetzt sein, „opportunistisches" Verhalten zu zeigen. Das Vorhandensein solcher transaktionsspezifischer Assets kann auch als strategische Spielsituation gedeutet werden, deren Lösung von der Verhandlungsmacht und dem

Verhandlungsgeschick der Parteien abhängt. Unternehmer könnten ja ebenso „opportunistisch" handeln, wenn beispielsweise die Informationsweitergabe von einer Generation von Arbeitern zur nächsten behindert wird. Für die Unbrauchbarkeit dieses Vertragstyps sprechen hohe Verhandlungskosten und die Gefahr, daß eine Verhandlungslösung nicht zustandekommt.

– Ein Arbeitsvertrag (eine „Autoritätsbeziehung").
Hier kann der Unternehmer flexibel auf Umweltveränderungen reagieren; Verhandlungskosten werden wegen der Langfristigkeit des Arbeitsvertrages minimiert. Williamson bietet hiemit eine logische Begründung von Firmen. Die aus dem Arbeitsvertrag folgende Firmenhierarchie wird als effizientes Resultat der Minimierung von Transaktionskosten begriffen. Daher wird die Anweisungsmöglichkeit, wird Macht von Williamson als essentiell für die Überlebensfähigkeit von Firmen gesehen.

4. Die Inadäquatheit der Transaktionskostenerklärung der Firma

4.1. Märkte als inadäquate Bezugspunkte für die Begründung von Firmen

Ich gehe davon aus, daß es eine spezifische Funktion von Märkten ist, wahrnehmbare Preisnormen zu kreieren. Im Gegensatz dazu gibt es in Nicht-Markt-Institutionen wie Firmen keinen vergleichbaren Mechanismus. Für Transaktionen innerhalb von Firmen sind rationale Bewertungskriterien wegen der Abwesenheit von Preisen viel schwieriger zu finden. Daraus folgt, daß die rationale Kalkulation von Kosten und Erträgen viel weniger operationalisierbar ist, wenn die Marktsphäre verlassen wird, oder sogar absolut ausgeschlossen ist, wenn jede diesbezügliche Information fehlt.

Ohne die Behauptung der Transaktionskostenreduzierung durch die Gründung von Firmen bestreiten zu wollen, möchte ich auf einen zentralen, von der sozialen Verfaßtheit abhängigen Unterschied zwischen der institutionellen Lösung von Problemen „struktureller" Unsicherheit (zur Abgrenzung von der „parametrischen" Unsicherheit vgl. Langlois 1984) innerhalb der Firma und jener auf Märkten hinweisen.[3] Märkte schaffen Normen durch die Interaktion von relativ autonomen Händlern, die sich in der Regel nicht langfristig verpflichten. Im Gegensatz dazu sind Firmen soziale Organisationen, die andere Regeln und Über-

---

3 Langlois (1984) unterscheidet zwischen verschiedenen Arten von Informationsproblemen. „Parametrische" Unsicherheit meint einen Informationsmangel, der die Parameter des Problems betrifft. Diese Art des Informationsmangels ist gebunden an das Wissen um die Problemstruktur und alle möglichen „States of the World". „Strukturelle" Unsicherheit bezeichnet Informationsmängel bezüglich der fundamentalen Natur des Problems und der möglichen Problemlösungen. Daß Langlois hier an die Unterscheidung zwischen „Risiko" und „Unsicherheit" anknüpft, wie sie Knight (1921) eingeführt hat, ist evident.

einkünfte auf einer eher dauerhaften Basis generieren. Erinnern wir uns daran, daß weder Coase noch Williamson von Normen und Konventionen in ihren Transaktionskostenerklärungen der Firma Gebrauch machen. Sie beziehen sich nur auf die allgegenwärtige Kalkulation von Kosten. „In the beginning there were markets", meint Williamson (1975, S. 20) und übersieht dabei, daß es kein solches Beginnen geben kann, wenn nicht Verfahren und Normen sozial generiert worden wären, auf denen Märkte basieren können. Denn Märkte sind nicht „States of Nature", sondern soziale Institutionen. Wenn Märkte nur als eine Art Aufsummierung individueller Aktoren ohne das zugrundeliegende soziale Netzwerk gesehen werden, wird unterstellt, daß Preisinformationen ausschließlich durch eine mechanisch sich vollziehende Gravitation hin zu einem Gleichgewicht erhaltbar sind und nicht durch einen sozialen Prozeß der Schaffung und Anpassung von (Preis-)Normen.

Ohne einen Rückgriff auf Regeln und Normen ist es jedoch problematisch, die Aktivitäten innerhalb von Firmen zu erklären, da Marktanpassungen von Angebot und Nachfrage, vermittelt über die (Gleichgewichts-)Preise, in Firmen nicht stattfinden können. Wenn die Beziehungen innerhalb der Firma erklärt werden sollen, dann kann dies nicht primär über Preise und Kosten laufen, sondern in Begriffen von Strukturen und Methoden sozialer Kontrolle. So meine ich, daß ein Meßproblem bezüglich des Vergleichens von Firmen mit Märkten besteht, wenn dieser Vergleich in Begriffen der relativen Kosten von Transaktionen erfolgt. In diesem Sinne ist die Funktion von Firmen nicht primär darin gelegen, einfach Transaktionskosten zu minimieren, wie dies Coase und Williamson suggerieren, sondern ein soziales Netzwerk zu bieten, innerhalb dessen das reine Kostenkalkül durch die soziale Generierung von Normen ersetzbar ist. Aus diesem Grunde muß die Vorherrschaft der Transaktionskostenerklärung der Firma zurückgewiesen werden (vgl. dazu auch Hodgson 1988, S. 206 f.).

Da die simple Erklärung der Existenz von Firmen durch relative Kostenvorteile im Vergleich zu Märkten nicht als unproblematisch akzeptiert werden kann, ist die Frage zu stellen, welche alternative Erklärungsmöglichkeit der Existenz von Firmen besteht (vgl. dazu auch: 4.3.). Ich meine, daß folgende Interpretation die Transaktionen innerhalb der Firma eher erklärt als der Transaktionskostenansatz. Die Existenz von Firmen kann auch durch ihre Fähigkeit erklärt werden, Gewohnheiten und Routinen, durch welche bestimmte Fertigkeiten übertragen werden bzw. die Produktion überhaupt weitergeführt werden kann, innerhalb ihres institutionellen Netzwerks zu kreieren, zu schützen und damit aufrechtzuerhalten (vgl. dazu Nelson/Winter 1982). Die Bedeutung dieser Schutzfunktion kann durch das Ausmaß beleuchtet werden, in dem Firmen in Nicht-Markt-Beziehungen mit anderen Firmen treten. In der Tat gehen Firmen häufig Arrangements ein, die nicht als Marktbeziehungen bezeichnet werden können. Oftmals werden im Geschäftsverkehr durch Tradition gegebene Loyalitätsbindungen benützt, ohne daß der Weg auf den offenen Markt beschritten würde. Oder es kaufen Firmen Anteile anderer Firmen, mit denen sie Handelsbeziehungen haben.

Sie können dann die Geschäftspolitik der kooperierenden Firma mitbestimmen. Die Beziehungen zwischen solchen Firmen sind in den meisten Fällen nicht horizontal, wie dies auf Märkten der Fall ist. Beispielsweise ist dies so, wenn kleinere Hersteller Lieferanten von Bestandteilen von hochtechnologischen Produkten sind, die in großen multinationalen Firmen produziert werden. Jene Fälle, bei denen solche Loyalitätsbindungen zum Tragen kommen, sind als „relational contracting" bekannt geworden. Für Japan hat Dore gezeigt, daß der Ursprung der Loyalitätsbindungen zwischen Firmen nicht nur in der in Japan noch starken Tradition liegt, sondern auch in der Entwicklung von neuen Technologien und Arbeitsbeziehungen, womit die Aufrechterhaltung hoher Produktqualität und -variabilität gewährleistet werden kann. In seiner kompetitiven Analyse japanischer Firmen kommt Dore zum Schluß, daß die Effizienzvorteile und die technologische Überlegenheit Japans vom „obligated relational contracting" getragen werden. Dieses „Contracting" unterscheidet sich von den auf atomistischen Märkten üblichen formalisierten Übereinkünften dadurch, daß Verpflichtungen und Vertrauen im Kontext langfristiger Geschäftsbeziehungen die zentrale Rolle spielen. Der Erfolg der japanischen Industrie wird von Dore auf diese Art des Contracting zurückgeführt (vgl. dazu ausführlich Dore 1973; 1983).

Wenn Firmen durch die Nutzung traditioneller Bindungen und die Etablierung langfristiger Vertrauensbeziehungen zu anderen Firmen durch „relational contracting" zumindest bis zu einem gewissen Ausmaß Offen-Markt-Operationen umgehen können, dann sollten Firmen nicht als „islands of planned co-ordination in a sea of market relations" (Richardson 1972, S. 883) angesehen werden, wie dies Coase und Williamson zu tun gezwungen sind. In diesem Sinne ist vielleicht die Frage, warum Firmen existieren und warum die Produktion nicht auf Märkten organisiert ist, falsch. Man könnte die Frage in umgekehrter Richtung stellen. Warum führen Firmen auch Transaktionen über ihre eigenen Grenzen und sogar über die Reichweite ihres „relational contracting" hinaus durch? Wie die Frage nach dem „Warum" von Firmen kann genausogut die Frage „Warum existieren eigentlich Märkte?" gestellt werden. Wieso wird der Markt als „State of Nature" interpretiert (Williamson 1975, S. 20) und damit die Tauschebene als theoretischer Ausgangspunkt für die Erklärung von Firmen gesetzt? Es ist ebenso legitim, die Ebene der Produktion als Erstes zu setzen und Märkte als historisch entstandene soziale Institutionen, die der Produktionsorganisation nachrangig sind, zu interpretieren.[4]

---

4 In meiner für die Publikation leicht überarbeiteten Dissertation entwickle ich einen solchen Ansatz. Darin versuche ich zu zeigen, daß Marktwirtschaften durch das Vorherrschen eines bestimmten Zeitverständnisses charakterisiert sind. Diese lineare Zeitvorstellung – im Gegensatz zu der im traditionalen „ganzen Haus" herrschenden zyklischen Zeit – ist zwar religiösen Ursprungs, wird dann jedoch von den Händlern in die sozial-ökonomische Welt eingeführt. Zentral behandle ich den Konstitutionsprozeß von Arbeitszeit und entwickle eine zeittheoretische Fundierung von Arbeitsmärkten, deren Notwendigkeit ich aus der Zerstörung des „ganzen Hauses", der traditionalen Produktionsorganisation, ableite (vgl. dazu ausführlich Pirker 1992).

4.2. Die Kritik der „Radikalen" an der Transaktionskostenerklärung der Firma: die Nicht-Identität von Macht und Effizienz

Ein wichtiger Punkt zum Verständnis der Firma scheint mir ihre Fähigkeit zu sein, die Präferenzen ihrer Mitglieder so zu formen, daß die sozialen Beziehungen in der Firma als stabil gelten können. Williamson, ganz in der Tradition individualistischen Denkens stehend, stellt den „Opportunismus" als eine Eigenschaft der individuellen Natur dar und nimmt einfach an, daß diese Vorstellung in gleicher Weise sowohl auf Märkte als auch auf Firmen anwendbar sei. Kein Gedanke wird verschwendet, sich über die Beeinflussung der Bildung von Präferenzen und damit von Handlungsgrundlagen durch die institutionelle Umgebung selbst klar zu werden.

Wenn die „work-performance-function" nicht als exogen gegeben angesehen wird, dann muß „Shirking" nicht aus der „Malfeasance", der unveränderlich selbstbezogenen Natur des Individuums abgeleitet werden (Bowles 1985), sondern kann als Funktion der institutionellen Bedingungen der Firma verstanden werden. Diese Bedingungen sind wesentlich durch das Ausmaß an Vertrauen geprägt. Auch wenn man einräumt, daß das rationale Konstrukt des „homo oeconomicus" für die Analyse von Entscheidungskalkülen auf Märkten nicht bedeutungslos ist, so kann diese Vorstellung wohl nicht unhinterfragt auf eine soziale Institution wie die Firma angewendet werden, in der Menschen einen Großteil ihres Lebens auf einer dauerhaften Basis kooperieren. Damit soll jedoch nicht der Eindruck erweckt werden, daß Firmen Wohltätigkeitsinstitutionen oder philantropische Einrichtungen seien, sondern betont werden, daß außer-vertragliche Elemente, wie ein Mindestmaß an Loyalität und Vertrauen, für die Aufrechterhaltung von Firmenfunktionen essentiell sind. Deshalb kann man meines Erachtens Firmen nur dann adäquat verstehen, wenn nicht-vertragliche Elemente einbezogen werden. In diesem Sinne repräsentieren Firmen eine symbiotische Beziehung zwischen der institutionell gebundenen Rationalität ihrer Akteure und zusätzlichen nicht-utilitaristischen Dynamiken (Hodgson 1988, S. 211).

Die Transaktionskostenerklärung der Firma in der Tradition von Coase und Williamson ignoriert entweder historische Fragen nach der Entstehung von Firmen, oder man glaubt, sie beantworten zu können, indem man diese historischen Fragen auf Fragen der Effizienz reduziert. Dabei wird ein Darwinistischer Evolutionismus beschworen, um eine Art von Äquivalenz zwischen Effizienz und Existenz von Firmen zu demonstrieren. Die Existenz bzw. Nicht-Existenz eines spezifischen Organisationstyps wird als direkter Ausdruck seiner Effizienz bzw. Nicht-Effizienz angesehen. Dieser Punkt ist von „radikalen" Ökonomen bestritten worden. Alle zentralen Argumente der „Radikalen" gehen auf den Marglin-Aufsatz „What Do Bosses Do" (Marglin 1974) zurück. In diesem Aufsatz wird vor allem zweierlei behauptet (vgl. zum folgenden auch Duda 1987, S. 116 ff.):

- Die kapitalistische Arbeitsteilung (die Organisation der sozialen Arbeit in Firmen) ist nicht das Resultat der Suche nach einer technologisch überlegenen Arbeitsorganisation, sondern die Arbeitsorganisation entspricht eher den Erfordernissen der sozialen Kontrolle der Arbeiter durch die Unternehmer.
- Auch die Durchsetzung des andauernden Erfolges des Fabrikssystems ist nicht technologisch begründbar.

Was Marglin kritisiert, ist jedoch nicht die Arbeitsteilung per se, sondern die Fragmentierung des Produktionsprozesses in routinisierte Teilschritte. Den einzelnen Arbeitern wurde dadurch die Kontrolle über den Arbeitsprozeß entzogen. Diese „Teile-und-Herrsche-Strategie" garantierte dem Unternehmer seine zentrale Rolle im Produktionsprozeß. Er konnte damit die Teilarbeiten der Arbeiter zu einem absetzbaren Endprodukt integrieren. Marglin unterstreicht weiter, daß der Siegeszug der Fabrik nicht auf die technologischen Innovationen reduziert werden kann, dann hätte sie schon früher entstehen müssen. Es waren die sachlichen Arbeitsmittel anfangs in der Fabrik die gleichen, die die Arbeiter schon im Verlagswesen benutzten. Die Überlegenheit des Fabrikswesens basiert nach Marglin eben nicht auf höherer technischer Effizienz, da die Produktionssteigerungen durch die Erhöhung der Intensität der Arbeit, also durch ein erhöhtes Inputniveau hervorgerufen wurden. „Technisch effizienter" wäre die Fabrik aber nur gewesen, wenn mit demselben Inputniveau ein höherer Output erreicht worden wäre.

Die „Radikalen" bestreiten nicht nur, daß die höhere technische Effizienz die Entstehung des Fabrikswesens bewirkte, sondern sie weisen ebenso darauf hin, daß nur solche Technologien zum Einsatz kommen, die die soziale Disziplinierung der Arbeiter fördern oder ihr zumindest nicht hinderlich sind. Somit bekommt die Wahl einer bestimmten Technik und Abeitsorganisation einen interessenbezogenen Charakter. Das hat zur Folge, daß profitmaximierende Unternehmer nicht notwendigerweise eine technisch effiziente Arbeitsorganisation wählen; dies bedeutet, daß Gewinnstreben mit Ineffizienzen vereinbar ist (Reich/Devine 1981; Duda/Fehr 1984; Bowles 1985), was in Modellen vom Typ Coase-Williamson ausgeschlossen ist. Da Arbeit an den Menschen gebunden und damit von der arbeitskraftveräußernden Person nicht zu trennen ist und somit der Arbeitsvertrag keine klare Trennung der Eigentumssphären zuläßt, muß Arbeit immer erst aus der Arbeitskraft extrahiert werden.

Die Profitabilität dieses Extraktionsprozesses ist jedoch nur gesichert, wenn die Arbeiterpräferenzen so gestaltet werden, daß die Möglichkeit des „Shirking" nicht in einem solchen Ausmaß genützt wird, daß es profitabilitätsgefährdend wirkt. Die Möglichkeit des „Shirking" ist dann gegeben, wenn die gewinnmaximierende Kontrolle nicht ununterbrochen erfolgt und es daher eine positive Wahrscheinlichkeit gibt, beim „Shirking" nicht ertappt zu werden. Ein Modus, „Shirking" zu unterbinden, liegt in der Schaffung von Mobilitätsbarrieren für die

Arbeiter. Diese können beispielsweise in der Bezahlung von „Effizienzlöhnen" bestehen. Um die Arbeiter zu einer höheren Leistung anzuhalten, ist es für die Unternehmer rational, einen Lohn über dem Konkurrenzlohn zu zahlen. Aus der Konflikthaftigkeit der Arbeitsbeziehungen innerhalb der Firma entsteht somit ein Lohn, der den Arbeitsmarkt nicht räumt, also zu Arbeitslosigkeit führt und damit die Kosten des Arbeitsplatzverlustes erhöht (Shapiro/Stiglitz 1984). Somit kann der Effizienzlohn als eine besonders subtile Form der Machtausübung interpretiert werden. Was „radikale" Ansätze von der Transaktionskostenerklärung der Firma unterscheidet, ist der Umstand, daß Macht nicht aus der anthropologisch gegebenen Neigung zum „Shirking", der „Malfeasance" abgeleitet wird, sondern daß Konflikte über die Arbeitsintensität als endogene Konsequenz der Arbeitsorganisation zu begreifen sind. Arbeiterpräferenzen sind nicht mehr Inkarnationen menschlicher Natur, sondern hängen von der sozialen Verfaßtheit des Produktionsprozesses selbst ab. Somit ist das „Shirking" kein unvermeidlicher Kostenanfall aus Transaktionen, was Williamson zu unterstellen gezwungen ist, sondern eine Fehlallokation der Ressourcen durch eine falsche Gestaltung der Arbeitsorganisation.

Trotz ihrer kritischen Haltung haben „Radikale" eine viel stärkere Affinität zu Firmenmodellen des Coase-Williamson-Typs, als sie vielleicht selbst wahrhaben wollen; vor allem stört sie der in diesen Ansätzen gleichsam anthropologisch gegebene Opportunismus der Beschäftigten, weshalb sie die Arbeiterpräferenzen nicht als gegeben annehmen, sondern als endogene Konsequenz der Arbeitsorganisation begreifen. Ihr Verbleiben im kontrakttheoretischen Denken (Zentralität des Arbeitsvertrages) und ihr – überwiegend – mikroökonomisches Instrumentarium (vgl. aber den Beitrag von Bruch in diesem Band) ließ jedoch keine eigenständige Theorieentwicklung zu, weshalb im folgenden Kapitel auf andere, neu im Entwickeln begriffene Ansätze eingegangen wird, welche man als evolutorischen oder dynamischen Typus des firmentheoretischen Denkens bezeichnen könnte. Hiebei wird vor allem auf Kompetenzerwerb und Aufrechterhaltung dieser Fähigkeiten in der Firma, auf Technologieeinsatz und -entwicklung abgestellt.

4.3. Die Ignoranz der Transaktionskostenerklärung der Firma gegenüber Produktion und Wandel

In kontrakttheoretischen Deutungen der Firma, deren elaborierteste der Transaktionskostenansatz darstellt, agieren die Handelnden, als ob sie dasselbe Modell von Welt teilten. Wenn beispielsweise Probleme unvollständiger Information behandelt werden, dann sind diese niemals das Resultat von interpretativen Zweideutigkeiten oder von Wahrnehmungsdifferenzen. Was die effiziente Koordination innerhalb der Firma gefährdet, ist typischerweise in individuellen Interessensgegensätzen und Zielkonflikten begründet, wofür Williamsons in unterschiedli-

cher Stärke und Ausprägung immer wiederkehrender „Opportunismus" ein schla-
gendes Beispiel ist. Klarerweise folgt daraus, daß die theoretische Aufmerksamkeit auf die Abwesenheit bzw. den Mangel einer für alle gleich zugänglichen Information oder auf behauptete ineffiziente Anreizstrukturen gerichtet ist. Diese
Sichtweise verschwendet jedoch keinen Gedanken darauf, sich darüber klarzu-
werden, daß Information, um zu Wissen werden zu können, interpretiert werden
muß und unterschiedliche Interpretationen stets möglich sind, auch bei Vorliegen
von ein und derselben Information (Nooteboom 1992). In der Transaktionskostenerklärung der Firma können Effizienzhindernisse nicht auf die Existenz
unterschiedlicher Wahrnehmungsmuster und damit möglicher unterschiedlicher
Sicht- und Verstehensweisen der Welt zurückgeführt werden. Lernen und Fähig-
keitserwerb ist eben nicht nur ein Prozeß simpler Informationsaufnahme, wie die
Transaktionskostenökonomie zu unterstellen gezwungen ist, sondern Lernen ist
ein essentiell offener, provisorischer und potentiell irrtumsbehafteter Prozeß.
Lernen impliziert die Veränderung von Wahrnehmungsmustern und mentalen
Modellen („mental maps") der Welt (Argyris/Schön 1978).

   Williamson jedoch

„has a theory of firms, but his theory of the relationship between individuals and firms could
be better. He believes firms vary, but not individuals. He has the same representative rational
individual marching into one kind of contract or refusing to renew it and entering another kind
for the same set of reasons, namely the cost of transactions in a given economic environment"
(Douglas 1990, S. 102).

Darüber hinaus entwickelt sich Wissen innerhalb von Firmen wesentlich durch
die Organisation selbst bzw. die Gruppe, der die Individuen angehören, und ist
kaum auf individuell geschaffenes rückführbar. In der Firmenorganisation ist
produktives Wissen kollektiv institutionalisiert.

„Thus, even if the contents of the organizational memory are stored only in the form of memory traces in the memories of individual members, it is still an organizational knowledge in
the sense that the fragment stored by each individual member is not fully meaningfull or effective except in the context provided by the fragment stored by other members...it is firms, not
the people that work for firms, that know how to make gasoline, automobiles and computers"
(Winter 1982, S. 76; vgl. auch den Beitrag von Nelson in diesem Band).

Organisationswissen emergiert zu einer Eigenschaft eines lernenden Systems und
wird durch die Interaktionen zwischen verschiedenen Lernprozessen geformt, die
die Organisation konstituieren (Dosi/Marengo 1994, S. 162). Transaktionen sollten daher nicht isoliert, sondern in ihrer Abhängigkeit voneinander analysiert
werden. So können Transaktionen eine stimmige Ganzheit formen, die durch
eine gemeinsame Wissensbasis zusammengehalten wird, welche das zentrale
Aktivum der Firma darstellt. Diese Wissensbasis impliziert normative Strukturen,
die den Firmenwandel ermöglichen und damit auch erklären können. Die Lern-
fähigkeit der Firma bestimmt endogen ihre Entwicklung.

Es ist für Firmen aber auch möglich, daß, obwohl eine neue Technologie verfügbar wäre, diese nicht angewendet wird, da aufgrund der gegebenen Wissensbasis und der „mental maps" die Firma diese Alternative einfach nicht wahrnehmen kann. Umgekehrt können Firmen in der Lage sein, ihre eigenen Teams mit spezifischen Fähigkeiten zu kreieren, die wiederum neue Technologien und Produkte entwickeln. Zentral innerhalb dieses institutionell-evolutorischen Ansatzes ist der Schutz, den die Firma den individuellen Beschäftigten bietet. Im Transaktionskostenansatz sind alle Beteiligten zumindest der Möglichkeit nach ständig durch den Opportunismus der anderen bedroht. Dies erfordert nicht voll spezifizierte (Arbeits-)Verträge bzw. spezielle Regulierungsformen („governance structures"), um die Transaktionskosten zu minimieren. In evolutorischen Ansätzen werden Firmen als soziale Institutionen gesehen, die die Kooperation zwischen den Mitgliedern organisieren und diese gegenüber dem opportunistischen „rent-seeking-behaviour" schützen. Durch diese spezielle normative Steuerung wird die „Ausbeutung" von Fähigkeiten durch andere begrenzt. Mit der Absicherung einer bestimmten Normstruktur werden spezifische Investitionen und damit Wandel ermöglicht und nicht nur Tansaktionskosten minimiert. Erst wenn wir die komparativ-statische Welt der Transaktionskostenvergleiche von verschiedenen „governance structures" verlassen, sind wir in der Lage, Firmen als soziale Institutionen zu begreifen, welche einerseits dem Wandel unterworfen sind und andererseits ihn auch initiieren können (Groenewegen 1996, S. 10).[5]

Durch das exklusive Abstellen auf Kontrakte und Transaktionen verschwindet immer mehr der Produktionsprozeß aus dem transaktionskostenökonomischen Blick. Die Aufmerksamkeit ist vordergründig auf die Allokation gegebener Güter und Dienste gerichtet. Verschiedene Regulierungsformen werden geprüft und verglichen im Kontext einer gegebenen Technologie. Dies setzt notwendigerweise eine hermetische Grenzziehung zwischen sozialen Beziehungen in der Firma und der Produktionstechnologie voraus, eine Verneinung von möglichen Interdependenzen. Auch wenn durchaus ernst zu nehmende Versuche unternommen werden, Produktion und Regulierung und die damit korrespondierenden Kosten zu separieren (vgl. dazu Milgrom/Roberts 1992, S. 33 f.), so muß das reine, die effiziente „governance structure" selektierende Transaktionskostenargument annehmen, daß die Produktionskosten gegeben sind und nicht in Abhängigkeit von den Transaktionsmodi variieren.[6] Wenn wir aber realistischerweise annehmen, daß beispielsweise die Lernmotivation und -fähigkeit der Beschäftigten von der Produktionsorganisation abhängig ist, dann führt die ausschließliche Zentrierung auf Transaktionskosten in die Irre, da die Produktionskosten dann auch von den betrieblichen Sozialbeziehungen beeinflußt werden (vgl. dazu auch

---

5 Daß die Transaktionskostenökonomie eine komparativ-statische Methode anwendet, darauf hat schon Nutzinger (1982, S. 180 f.) in überzeugender Weise aufmerksam gemacht.

6 Interessant an der Arbeit von Milgrom und Roberts (1992) ist, daß der Begriff der Transaktionskosten um die Kosten des politischen Einflusses erweitert wird.

das Interview mit W.W. Powell am Ende dieses Bandes).

Da die Transaktionskostenökonomie nichts anderes als eine spezielle Anwendung des kontrakttheoretischen Paradigmas ist, muß sie notwendigerweise die Produktion als einen Unterfall des Tausches begreifen (vgl. auch Kap. 1.2). Entscheidungen, zu kaufen oder zu verkaufen, Verträge zu schließen oder eben nicht abzuschließen, bestimmen die Produktion; Produktion ist ein bloßer Annex des Tausches und somit passiv. Es gibt keine substantielle Unterscheidung zwischen Produktion und Tausch, die effiziente Vertragsstruktur gewährleistet, daß die Güter und Dienste in gewünschter Zeit und Qualität verfügbar sind. Alle wesentlichen Entscheidungen werden mit der Festlegung der Vertragsbestimmungen getroffen. Wenn der Vertrag einmal abgeschlossen ist, ist die Produktion vorherbestimmt. Wenn aber Arbeit als nicht ausschließlich passiver Faktor der Produktion gesehen wird, wie das zum Beispiel Herbert Simon (1951b) tut – und neben ihm viele andere von der Transaktionskostenökonomie nicht wahrgenommene Theoretiker –, dann ist diese Sichtweise nicht aufrechtzuerhalten. Deshalb und aus allen anderen hier angeführten Gründen schlage ich vor, Firmen nicht einfach als transaktionskostenminimierende Nicht-Markt-Institutionen zu begreifen, sondern sie als soziale Netzwerke zu sehen, worin das kontrakttheoretisch fundierte Kostenkalkül durch die soziale Generierung und Transformation von Normen und Fähigkeiten ersetzbar ist.

Recent Evolutionary Theorizing About Economic Change[*]

Richard A. Nelson

I. Introduction

> The Mecca of the economics lies in economic
> biology... But biological conceptions are more
> complex than those of mechanics; a volume
> on Foundations must therefore give a relatively
> large place to mechanical analogies, and fre-
> quent use is made of the term equilibrium
> which suggests something of a static analogy.
> (Marshall 1948).

This famous passage from Marshall's *Principles of Economics* (it first appeared in the
fifth edition which came out in 1907) nicely brings out two issues, which are as
germane to economics today as they were when Marshall wrote. The first is the
heavy reliance by economists in their formal theorizing on the notion of "equilibrium". The other is the appeal that "biological conceptions" have for many
economists, particularly when their focus is on economic change.

Marshall clearly believed that our science should aim to understand economic
change and not simply the forces molding and sustaining the current configuration of economic variables. His "mechanical analogies" and equilibrium concepts
included those of Newtonian dynamics, as well as those associated with the bal-
ancing of forces on bodies at rest. Since the time of Marshall, and following his
lead, economists have developed their own equilibrium concepts. While until
recently they were mostly associated with analyses of situations presumed to be
at rest, in recent years much of economic theorizing has been concerned with
dynamics, and the equilibria, like those of Newtonian dynamics, are ones in
which the variables under study change over time. But Marshall might observe
that the equilibrium concept in these models still somehow has a static feel to it.

Few economists confuse the formal static or dynamic equilibrium theory with
the reality. Most readily acknowledge that at least some economic situations need
to be understood as involving significant elements of novelty, so that the actors
should be regarded as searching for a best action, as contrasted with actually
having found it. In their analysis of certain economic phenomena, for example

---

[*] Mit freundlicher Genehmigung des Verlages und des Autors übernommen aus dem *Journal of
Economic Literature* XXXIII, 1995, S. 48-90.

technical advance, many economists recognize that frequent or continuing shocks, generated internally as well as externally, may make it hazardous to assume that the system ever will get to an equilibrium in the theory must be understood as an "attractor" rather than a characteristic of where the system is.

However, until recently at least, there has been a resistance to building these complications into formal models. Partly the reason is a belief that to do so would make the models intractable, or at least complex and difficult to understand. This seems to have been Marshall's concern. But nowadays this predilection seems more than simply a matter of analytic tractability and convenience. When expressly doing or talking theory, unlike Marshall most contemporary economists seem to be drawn to equilibrium concepts as a matter of aesthetics. General equilibrium theories that depart from these canons are seen as somewhat ad hoc.

It is interesting, therefore, that when economists are describing or explaining particular empirical subject matter in a context that does not demand that they write or talk theory explicitly, they often eschew equilibrium language, and reveal the same inclination as did Marshall to make use of "biological conceptions" or metaphors. I noted above the proclivity of many economists to consider individuals and organizations as entities that search and "learn". Industrial organization economists sometimes characterize certain industries as "young" and others as "mature" with the connotation that various things naturally happen as an industry gets older (Mueller/Tilton 1969). Similar language often is used in comparing economies. Evolutionary or developmental language is used quite widely by economists to describe how the structure of an economy, or an industry, or technology, or the law, changes over time. Writings in economic history almost invariably are full of such biological metaphors.

All this is reminiscent of Marshall. Yet while he was attracted to "biological conceptions", it is apparent that Marshall never had in mind simply applying biological theory to economics. Indeed, the fact that he felt himself forced to fall back on "mechanical analogies" tells us that he found it very difficult to develop a formal theory, based on "biological conceptions", that he thought adequate for economic analysis. In the years since Marshall, not many economists have even tried. (For a splendid history of evolutionary theorizing in economics, see Hodgson 1993.) Indeed, while some contemporary economists continue to feel the same tension as did Marshall, that group seems definitely a minority. One certainly can rationalize the two different styles of economic discourse and analysis as just what one would expect, given their purposes. Describing, and explaining, in a context where it is important to be sensitive to the details, is one thing. Theorizing is quite another.

However this proposition is problematic on at least two counts. First, the farther the language of particular explanations is from the logic of formal theory, the less analytic structure the latter can provide the former. Economists who would eschew equilibrium language, and use "biological conceptions" in describing and explaining, must pay an analytic price. Those who do implicitly are taking a position that the analytic structure of equilibrium theory misses elements they regard as essential to their story, and thus are willing to pay that price.

And second, the argument draws too sharp a line between formal theorizing and verbal economic explanation. Winter and I have argued that, because the real economic world is so complex, theorizing about it tends to proceed at least two different levels of abstractions (Nelson/Winter 1982). Formal theorizing is one level. By formal theorizing we mean what economists do when they are self consciously putting forth a theoretical argument.

But economists also need to be understood as "theorizing" when they are trying to explain what lies behind the particular phenomena they are describing, even when they are not advertising their account as a "theory". Winter and I have called this kind of analysis "appreciative" theorizing. While starting with the empirical subject matter, the accounts put forth by economists of the development of an industry, or the evolution of a technology, focus on certain variables and ignore others, just as is the case with formal theory. Quite complex causal arguments often are presented as parts of these accounts, if generally in the form of stories. Thus the difference between the language and the logic of economists' stories about economic growth, which often involve evolutionary or developmental concepts, and that of equilibrium theory, is described inappropriately as a difference between description and theory. The difference is between two different kinds of theories, in the sense that the mechanisms and relationships treated as causal are different, or at least appear to be.

One could respond by arguing that, while the language may be different, in fact the substance of theories using "biological conceptions" and equilibrium theories is not very different. In particular, the theories predict much the same things. There is no real difference between saying that firms literally maximize, and saying that their behaviors have been learned through trial, error, and correction, and in some cases have been selected through the competitive process. Thus extant actors behave "as if" they maximize. (The classic statement of this position is, of course, Friedman's 1953.)

Economists are not alone in putting forth this argument. A number of evolutionary theories in biology do also. Both the economists and the biologists who take this position admit that, at any particular time, the actual system may not be precisely in equilibrium, but propose that it generally is close enough so that the characteristics of equilibrium tell one a lot about the actual situation.

But economists who use the language of development and evolution in telling their stories apparently do not believe that concepts like optimization and equilibrium can explain adequately the phenomena they are addressing, and these economists have kindred souls in biology. Many students of biological evolution strongly deny the proposition that "optimization" provides a meaningful explanation for the character of extant living forms, even when the observed configuration seems relatively durable and stable (Gould 1980). It has been argued that the process of evolution is strongly path dependent and there is no unique selection equilibrium. Any "optimizing" characteristics of what exits therefore must be understood as local and myopic, associated with the particular equilibrium that happens to obtain. The heart of any explanation of extant living forms thus must be evolutionary analysis of how the particular equilibrium, and not a different one, came to be. Further, often there is good reason to suspect that evolution presently is going on at a relatively rapid rate, and thus equilibrium of any kind is not an appropriate concept for analysis.

It would appear many economists who use developmental and evolutionary language have in mind notions like these. While, as we shall see, the economists using evolutionary language in their theorizing are not of one ilk, almost all are, in effect, positing that to say that actors behave "as if" they were maximizing does not tell us much about why they are doing what they are, and provides only a start on any prediction of what they will end up doing if conditions change. Many clearly believe that path dependency is important in economics, and a number argue that the phenomena in which they are interested must be understood as associated with continuing disequilibrium, not equilibrium.

Until recently economists have used the language of evolution almost exclusively in their appreciative theorizing. However, in recent years evolutionary concepts have been employed increasingly in formal evolutionary theorizing. The book published by Sidney Winter and myself just over a decade ago (Nelson/Winter 1982) has been followed by a number of others also exploring formal evolutionary theorizing in economics. (Dosi et al. 1988; Saviotti/Metcalfe 1991; Anderson et al. 1988; Day/Eliasson, 1986; Clark/Juma, 1987; Magnusson 1994). Several recent articles have canvassed the new writing (De Bresson 1987; Langlois/Everett 1992.) Witt (1993) has pulled together a collection of what he regards as classic articles in evolutionary theorizing in economics, and a forceful argument that Marshall was right about Mecca. In 1991 a new *Journal of Evolutionary Economics* was founded, and several other new journals have advertised an interest in evolutionary economics.

The recent work on formal evolutionary economic theories has had several distinct, if connected, sources. One is the influence of developments in evolutionary theory in biology, and sociobiology, and the attempts to extend these lines of analysis to explain the evolution of human patterns of cooperation, coordination, and social behavior more generally. While originally an intellectual field dominated by scholars outside of economics, a number of economists have come to be attracted both by the questions, and some of the analytic ideas. (Hirshleifer/Martinez-Coll 1988). My review will describe these developments. However, I will argue that the ideas developed to date in evolutionary sociobiology are not adequate to deal with the questions of most interest to economists concerned with long run economic change, for example the evolution of technologies and institutions.

The development of evolutionary game theory has drawn extensively on these ideas, but probably should be regarded as a field in its own right, with its own questions, and methods (Young 1993; Kandori et al. 1993; Friedman 1991). The focus is on repeated games, and the problem of multiple Nash equilibrium that is characteristic of such. The analytic tack that unifies a quite diverse body of writing is to specify an "evolutionary" process that is operative on the set of employed strategies, and to explore whether or not extant strategies converge to a steady state and, if so, the characteristics of such an equilibrium.

My review here will be concerned mostly with evolutionary analysis of long run and continuing economic change, and thus will deal only very selectively with evolutionary game theory. However, the notion that there may be multiple equilibria, and that an understanding of which one, if any, will be achieved may require an analysis of "out of equilibrium" behavior (i.e., that equilibrium is "path dependent") is very germane to the review presented here.

Recent developments in understanding of the mathematics of nonlinear dynamic systems, and recognition that many physical systems display properties that such dynamic models can explain and illuminate, is yet another stimulus to evolutionary theorizing in economics (Prigogene/Stengers 1984; Lane 1993). While some of this new analytic understanding has been employed in evolutionary game theory and indeed evolutionary game theory might be considered a special case of models of complex dynamic systems, two features of more general formulation are relevant here. First, for the most part (there are exceptions) evolutionary game theory continues an older tradition in game theory thinking of a given finite set of (basic) strategies, with equilibrium being defined in terms of these or mixes of these. In contrast, in the more general formulation an equilibrium, if there is any such, is seen as emerging out of the dynamic process, and often involves patterns of behavior and activities that were absent early in the process. The number and nature of possible equilibria thus often cannot be specified ex ante. Second, while concerned with certain regularity properties in the time series, writers who identify their work as analysis of complex dynamic systems seem quite ready to believe that the system always will be "out of equilibrium".

Much of the work on complex dynamic systems is carried out through computer simulation. The tremendous increase in the power of computers, and the recent availability of programming languages and techniques that greatly facilitate simulation of complex dynamic systems, however, should be regarded as a factor in its own right that has stimulated the development of formal evolutionary theorizing in economics. To recall the quote from Marshall that began this essay, the complexity of "biological conceptions", in particular evolutionary processes, no longer poses the same analytic obstacles as was the case in the time of Marshall – or even twenty years ago.

Earlier I suggested that the appeal of equilibrium formal theorizing in economics was much more than a matter of computational feasibility, but reflected

as well notions of aesthetics and elegance. But elegance is in the eye of the be-
holder. Those working with the new models of dynamic complex systems clearly
are developing a sense of aesthetics of their own. And appreciation of a different
kind of elegance seems to be spreading among economists.

All of the developments above have contributed to the rise of a body of
writing by economists and kindred scholars who are interested in understanding
and explaining aspects or sources of long run economic change, and have developed quite explicit and self consciously evolutionary models for that purpose.
These writings are the focus of this essay. I will be concerned with evolutionary
theorizing that arises out of empirical research as contrasted with studies that
develop evolutionary models or arguments because they are interesting in their
own right, and which bring in empirical cases mainly as examples. Much, if not
all, of this evolutionary theorizing has been developed by the authors because
they have felt that "mechanical analogies" simply would not do for their task, and
that "biological conceptions" were more illuminating. And in contrast with most
earlier writing, these writers have made their evolutionary theorizing explicit.

Like Marshall, most of these writers, while drawn to biological conceptions or
metaphors, have resisted simply transferring evolutionary concepts used in biology to their area of inquiry, but rather have tried to analyze the evolutionary
dynamics at work there in its own right. This has not always proved easy. In many
cases the processes involved appear to be, when they are looked at closely, quite
complex. Also, there still is little experience that can be drawn upon in constructing an evolutionary theory germane to economic change. The studies I will
review here are highly varied reflecting not only their different subject matter, but
also the authors' particular ways of formulating an "evolutionary" theory. All of
the theories considered here are formal theories, in that they have been explicitly
put forth by their authors as a theory to explain particular phenomena. Some are
expressed mathematically; some in words. The distinction that Winter and I made
between formal and appreciative theorizing did not hinge on the media of expo-
sition, although almost invariably theory expressed mathematically is formal theory in our terms. In our terms the hallmark of a formal theory is the explicit
setting out of a causal account, however expressed. A highly relevant question, of
course, is the logical coherence of the theoretical statement. Here, the use of
mathematics would seem to help, but the history of economic thought displays
many coherent verbal theories, and some incoherent mathematical ones.

The remainder of this article is organized as follows. In the following section
I draw out the similarities, and differences, between the evolutionary economic
theories I will be examining, and evolutionary theory in biology and sociobiology.

I turn next to the evolutionary theories that are the focus of this essay. Section III is concerned with a group of evolutionary theories about particular phenomena associated with long run economic change: science, technology, business
organization, and law. Sections IV and V deal with evolutionary theories that treat
clusters of coevolving variables, the former with models of economic growth

driven by technical advance, the latter with the coevolution of technology and industry structure. Sections VI and VII are concerned with organizations and institutions. In concluding section I reflect on the present state of evolutionary theorizing in economics. I also will attempt to sharpen the discussion of the ways in which evolutionary theorizing is different from neoclassical theorizing, and to propose some criteria that might enable one to evaluate the strengths and weaknesses of the alternatives. Some economists would argue that that issue ought to hinge on the quality of the predictions, but I will suggest that the issue is too complex for that.

II. What Are the Characteristics of an Evolutionary Theory?

What are the characteristics of an "evolutionary theory" of economic change, as contrasted with theories of economic change that employ "mechanical analogies"? In what ways are economic evolutionary theories similar to evolutionary theories in biology and sociobiology, and in what ways different? These are the questions in this section.

A. Evolutionary Theory as a General Theory

One way to define evolutionary theory in general would be to start from biology, where evolutionary theory is best worked out, and explore where one can find close analogies to the variables and concepts of that theory in other areas of inquiry – in this case economics. However, I believe that following this route would tie the discussion much too closely to biology. After all, as Hodgson (1993) has discussed at some length, the term "evolution" was in wide use long before it took on meaning as the name of a particular theory in biology.

I believe that much of the appeal of evolutionary language in economics is connected with the broader use of the term, as contrasted with its specific use in biology. Further, to start with biology risks getting stuck in notions that, while salient in biological evolution, seem irrelevant or wrong-headed when applied to economics. It seems more fruitful to start with a general notion of evolution, and then examine applications in specific areas – like biology or economics – as special cases.

The general concept of evolutionary theory that I propose, and employ in this essay, involves the following elements. The focus of attention is on a variable or set of them that is changing over time and the theoretical quest is for an understanding of the dynamic process behind the observed change; a special case would be a quest for understanding of the current state of a variable or a system in terms of how it got there. The theory proposes that the variable of system in question is subject to somewhat random variation or perturbation, and also that there are mechanisms that systematically winnow over that variation. Much of the predictive or explanatory power of that theory rests with its specification of the systematic selection forces. It is presumed that there are strong inertial tendencies preserving what has survived the selection process. However, in many cases there are also forces that continue to introduce new variety, which is further grist for the selection mill. All of the evolutionary theory of economic change I will discuss have these characteristics. They also are central, of course, in evolutionary theory in biology. However, biology makes heavy use of other concepts that, by and large, are not used in economics. The fact that sexuality and mating play a major role in the evolution of many species is important in biology but seldom used in economics. The concept of generations is used in biology, but does not apply easily to analyses of the evolution of technologies, firms, or institutions.

On the other hand, in some of the theories considered here the new "variety" that is created as grist for winnowing systematically oriented toward new departures that seem appropriate to the context. That is, there is a directionally adaptive aspect to the innovation process. Also, what entities "learn" in such processes may, in some models, be passed on to other entities. That is, some of the economic evolutionary theories are Lamarkian, a version of evolutionary theory that has been discredited in biology. Some emphasize group selection. Other aspects that distinguish economic models from biological ones will be developed along the way.

In any case, the proposed general definition of an evolutionary process certainly rules out certain theories of change, for example those that are wholly deterministic. Thus under this definition, as apparently under Marshall's conception, Kepler's laws of planetary motions, together with Newton's gravitational theory that explains them, would not define an evolutionary theory. Nor would the standard neoclassical theory of economic growth, which basically presumes a moving general equilibrium, be regarded as an evolutionary theory. Neither would the execution of a detailed plan for the construction of a building, or any realization of a pre-specified blueprint, be considered an evolutionary process.

On the other hand the definition I am proposing also rules out theories of change where all the action is "random", as certain models in economics that purport that within an industry the growth or decline of particular firms is a random variable, possibly related to the size of the firm at any time, but otherwise not analyzable (Simon/Bonini 1958). One can trace through the random processes built into such models and predict the distribution of firm sizes at any time, for example that under certain specifications it will asymptotically become log normal. But under the definition presented here, these models would not be considered evolutionary models of economic change.

But revise the building construction story as follows. Assume that the original house design is a tentative one, because the builder is not exactly sure how to achieve what he or she wants, and thus the plan initially contains certain elements without any firm commitment to them, indeed that are there partly by change. As the building gets constructed the builder gets a better idea of what the present plans imply, and where the original design is inadequate, and, where construction in place permits, revises the plan and the path of construction accordingly. Revise the firm growth model as follows. Assume that the firms differ in certain identifiable characteristics, and growth of those with certain ones turns out to be systematically greater than those that lack these. The industry gradually develops a structure in which only firms with these characteristics survive.

Both models now contain both random and systematic elements. Further, in both the systematic ones act by winnowing on the random ones. In the house design case, design elements turn out to please or displease the builder, and are accepted or rejected accordingly. In the industry evolution case, the "market" or something is selecting on firms that have certain attributes. A limitation of both stories is that neither is explicit about what it is that seems to give advantage. But both give hope that the analyst might be able to find out. Perhaps it is "cost per square foot" of "nicely shaped spaces" of some combination that explains why the builder revises the design as the information comes in. Perhaps it is production costs or ability to innovate that is determining whether firms thrive or fail. Of course the theory has limited explanatory power until the question of selection criteria gets answered. But if that question is answered adequately, the theory can explain, and to some extent predict.

The analytic structure of these two examples is reminiscent of that of evolutionary theory in biology, without being clones of it. The latter, however, seems closer to theory in biology because it refers to an actual population of things, while the former does not appear to, at least at first glance. In biology the use of the term evolutionary nowadays is firmly associated with analysis of actual populations of things. An embryo, or more generally a living creature, usually is described as developing, not evolving. In part this use of language reflects a predilection discussed earlier – that change "according to a plan" is usually not regarded as evolutionary. However, it is recognized widely that many random occurrences will affect the development of an embryo or a tree. The prejudice against using the term "evolutionary" to describe such biological processes stems from the fact that the term has been preempted for use in describing another class of biological phenomena. However, it is clear that prejudice should carry over outside of biology?

Consider our house builder, or an individual learning to play chess, or a firm trying to find a strategy for survival in a competitive industry. Our house builder can be regarded as having a number of plan variants, or perhaps as having one initially in mind but being aware that there are a set of possible changes that might turn out to be desirable. One can similarly regard the learning chess player or the firm. If firms, persons learning to play chess, or housebuilders, learn from experience and winnow or adapt their plans or strategies or behaviors, is it unreasonable to think of these as evolving? In reflection on this, one might recognize that the learning, or adaptation, can be modeled in terms of a change in the probability distribution of possible actions that entity might take at any time, coming about as a result of feedback from what has been tried, and the consequences. These "learning" equations have basically the same form as the equations that describe the evolution of populations (Holland et al. 1986).

There is no great value in extended intellectual haggling about the precise boundaries which demarcate models of change that can be called evolutionary from those that should not be. As indicated, I choose to use the term "evolutionary" to define a class of theories, or models, or arguments, that have the following characteristics. First, their purpose is to explain the movement of something over time, or to explain why that something is what it is at a moment in time in terms of how it got there; that is, the analysis is expressly dynamic. Second, the explanation involves both random elements which generate or review some variation in the variables in question, and mechanisms that systematically winnow on extant variation. Third, there are inertial forces that provide continuity of what survives the winnowing.

The variation in the theory can be associated with an actual variety which exists at any time – as a distribution of genotypes or phenotypes, or firm policies. Alternately, it may characterize a set of potential values of a variable, only one of which is manifest at any time. Thus I would include theories of individual, organizations, or cultural learning and adaptation under my umbrella, if they fit other characteristics. Indeed, as we shall see, a characteristic of many of the economic evolutionary theories we will examine is that individual learning, organizational adaptation, and environmental selection of organizations, all are going on at the same time.

B. Evolutionary Theory in Biology

As is the case with any active scientific field, there is far from full agreement on all matters among modern biologists, ethnologists, paleontologists, and other scientists concerned with biological evolution. However, the following sketch captures that part of the generally agreed upon core that is most useful to lay out for our purposes in this essay, as well as some of the relevant bones of contention. (The following draws from many sources, but especially Lewontin 1974; Sober 1984; Hull 1988; Mayr 1988.)

The theory is concerned with two actual populations as contrasted with potential ones. One is the population of genotypes, defined as the genetic inheritance of living creatures. The second is the population of phenotypes, defined in terms of a set of variables that happen to be of interest to the analyst, but which include those that influence the "fitness" of each living creature. These might include physical aspects like size, or sight, behavioral patterns like song, or responses to particular contingencies like something that can be eaten and is within reach, or a potential mate, or a member of one's own "group" soliciting help.

Phenotypic characteristics are presumed to be influenced by genotypic ones, but not uniquely determined by them. Modern evolutionary theory recognizes that the development of a living creature from its origins to its phenotypic characteristics at any time can be influenced by the environment through which it passes – whether there was adequate food supply when it was young or not, or the fact that it lost an eye in an accident. Modern evolutionary theory also recognizes a variety of learning experiences which shape the behavior of a phenotype, including how it was taught by its mother, whether particular behaviors early in life were rewarded, etc. However, if we hold off for a moment considering evolutionary theory that recognizes "culture" as something that can be transferred across generations, the hallmark of standard biological evolutionary theory is that only the genes, not any acquired characteristics or behavior, get passed on across the generations.

The notions of "generations" is basic to biological evolutionary theory. The phenotypes get born, live, reproduce (at least some of them do), and die (in most species ultimately all of them do). On the other hand, the genes get carried over to their offspring, who follow the same generational life cycle. Thus the genes provide the continuity of the evolutionary system, with the actual living creatures acting, from one point of view, as their transporters from generation to generation. For species that produce this way, sexuality provides a mechanism for combining genotypes in a manner that may create new ones. Mutations also create new genotypes. On the other hand selection winnows on the genetic variety through differential reproduction by (pairs of) phenotypes which augments the relative frequency of the genes of the more successful reproducers and diminishes that of the less.

In the generally held interpretation of this theory (there are other or more complex interpretations as well), selection operates directly on the phenotypes. It is they, not their genes per se, that are more or less fit. To repeat what was stressed above, phenotypes are not uniquely determined by genotypes. However the theory assumes a strong enough relationship between the two so that systematic selection on phenotypes results in systematic selection on genotypes.

There are several controversial, or at least open, aspects of this theory that are germane to our discussion here. For economists perhaps the most interesting question is whether, and if so in what sense, evolution can be understood to "optimize" fitness.

The optimization notion here clearly has roots in Spencer's (1887) notions of "survival of the fittest", and the implicit context is one in which competition among members of a population is sufficiently fierce that only the "fittest" survive. In recent years theorists have formalized this idea as a game for survival, and developed the concept on an "evolutionary stable strategy" as the equilibrium solution to that game (Smith 1982). The concept of "strategy" in these models is broad enough to encompass any phenotypic characteristic that matters for survival, and the strategies that survive in equilibrium are those that can best (at least small numbers of) other pre-specified strategies in the survival game.

In what sense is what survives optimal? The semantic correspondence between survival and optimality seems most straightforward if the "game" is about different kinds of strategies passively competing for the same environmental "niche", and one type wins out. The winner might be understood as the most efficient forager, or something like that. However, things get somewhat more complicated if the game isn't simply about passive competition for a niche, but includes some strategies that involve attacking competitors of other sorts. Then both efficient foraging and fighting prowess count in defining optimal, if that term is to be used to characterize what survives.

Even in such simple contexts, there are some subtleties that qualify the association of what "survives" with "optimal". For one thing, how a strategy fares in a series of plays of a game depends on the mix of strategies with which it competes. Thus what survives depends on what else is competing in the game. More, if the number of individuals associated with any particular strategy is finite, the very process of competition may eliminate along the path to an equilibrium strategies that would be in a stable equilibrium set as calculated ex ante. That is, the equilibrium may be strongly path dependent. (Hirshleifer/Martinez-Coll 1988).

Other complications come into view when one recognizes that "strategies" may have many aspects, and these may interact strongly in determining ability to compete and survive in a given environment. Thus being an effective predator requires a package of attributes, ability to get at the leaves on tall trees a different package. But then, whether a "gene" or an aspect of a strategy enhances survival or not may be strongly dependent upon the other genes or aspects of strategy. And a "mutation" that may be lethal in one species or strategy, may be helpful in another. Thus if strategies themselves evolve, they likely do so in a strongly path dependent way.

There may be important interactions across coexisting phenotypes – strategies. The existence of giraffes provides opportunities for large strong predators. But the number of the latter that can survive in equilibrium may depend on the number of the former, and vice versa. In turn the ecological equilibrium depends on the number of trees and the leaves that are available to giraffes. The emergence of an insect whose caterpillars feed on leaves of the tall trees may bring down the whole ecosystem.

Also, a number of students of biological evolution have argued that the selection environment almost never is constant (Gould 1980, 1985). The insect population may get large, and then itself collapse after it has diminished the population of live trees. If the selection environment is not a constant, the phenotypes extant today may be strongly shaped by those that survived in a possibly very different environment some time ago (say giraffes that can eat the leaves of low bushes that the caterpillars do not like), and the offspring they had, as well as recent winnowing on the group extant yesterday. Again, the equilibrium is strongly path dependent, and today's "optimum" may be very local and likely poor stuff compared to what might have been.

Gould, among others, says he reads the evidence as indicating that the selection environment not only changes, but on many occasions is relatively lax. In a loose selection environment different phenotypes may grow in number more rapidly than others largely due to a combination of breeding capability and luck, rather than any special capabilities for "survival" in the environment in question. The same authors argue that the extinction of particular phenotypes usually is the result of catastrophes that happened to hit clusters of them, rather than the result of losing a competition with other phenotypes.

One also can ask what meaning there is to the optimality concept in a context in which mutation continues to go on, and some of the mutation enhance fitness, at least in prevailing environments. Modern evolutionary biology is not simply about selection pressures on extant phenotypes, but also about changes that appear from time to time in species, and also about the origins of new species. These latter phenomena would seem to require analysis of evolutionary processes that involve not only out-of-equilibrium behavior, but also the emergence of novelty (Fontana/Buss 1992; Lane 1993).

C. Sociobiology

As indicated, animal behavior has, for a long time, been a "phenotypic" characteristic of interest to evolutionary theories. That behavior often involves, in an essential way, modes of interaction with fellow members of one's species. Over the last thirty years an important subdiscipline has grown up concerned with exactly these kinds of social behavior patterns. Much of this has been concerned with nonprimate animals – insect colonies, bird families and flocks etc. A sizable portion of it has, however, been concerned with humans. The part of the sociobiology literature concerned with nonhumans recognizes that learned behavior can be passed down from generation to generation, but in general has presumed, first, that the particular capabilities to learn and to transmit to offspring are tied to genes, and second, that the "learning" does not progress from generation to generation. To the extent that these behaviors enhance fitness, there is selection on the genes that facilitate them, according to the arguments sketched above. But learned behavior does not follow a cross generational path of its own.

The early work by Edward Wilson on the biological basis of human social behavior carried over basically this model. However, in subsequent writings by Lumsden/Wilson (1981), and by other scholars interested in extending evolutionary theory in biology so as to be able to treat human culture, prominently Cavalli-Sforza/Feldman (1981), Boyd/Richerson (1985), and Durham (1991), human culture was recognized as something that could be modified, and improved, from generation to generation, and which had its own rules of transmission. These latter models all do presume a basic genetic biological capacity of humans for the development and transmission of culture. But beyond that these models treat the connections between the evolution of human behavior and culture, and genetic evolution, as something far more complex than that assumed in the models of insect and bird societies.

There are a number of important differences among these models. Thus Lumsden/Wilson, and Cavalli-Sforza/Feldman, tend to treat elements of culture as something that directly determine what people do and how effectively they do it, while Boyd and Richerson, and especially Durham, treat culture as prominently involving understandings and values that, like genes, influence behavior or capabilities, but do not directly determine these. Perhaps the most important difference among these models is the extent to which biology is seen as constraining and molding culture beyond the preconditions that all of these theories recognize. Put in the terms coined by Wilson, there are sharp disagreements regarding how long the "leash", and the extent to which evolution of culture itself has significantly extended the length of that "leash". Here Lumsden/Wilson are far closer to the animal sociobiology models than the other authors.

For the purposes of the discussion here, I want to focus on certain commonalities of the theories in this literature, which, I believe limit their range of applicability. In particular, all of them use as their examples relatively simple practices of artifacts or ideas or norms which can easily be thought of as being transmitted from person to person. Each tries to break down "culture" into small "gene like" subunits, which are assigned terms like memo, or culturgen. The simple technology-artifacts and beliefs employed as examples are a far distance from complex technologies like those associated with making semiconductors or aircraft, or scientific theories like that of biological evolution itself, or systems like patent law. While teachers and opinion leaders are admitted as "transmitters" or "influencers", there is nothing in these studies like universities, or scientific societies. Various forms of human organization are discussed, but there is no treatment of organizations like industrial R & D laboratories, or business firms more generally, or elections or legislatures, or courts.

Most of the analyses clearly recognize that in principle an element of culture can spread for reasons that have little to do with enhancing individual biological fitness, in any straightforward manner, and some stress that as a general proposition. Boyd/Richerson even present a model example in which the professional life of, say, a teacher, or a member of the clergy, is assumed to carry attractions of its own, but those who follow the calling actually have a smaller number of offspring than those who do not. Membership in the profession as a whole is sustained intergenerationally by new recruits. However, none of these analyses attempts to come to grips with the paths of cumulative evolution taken by cultural structures like science, technology, the law, standard forms of business organization, and the like, which clearly have been drawn and shaped by particular value systems, and particular mechanisms for inducing and winnowing change.

While important and interesting in its own right, the body of writing on cultural evolution that traces its origins to biological evolutionary theory, and then makes a sharp break, has not as yet tried to come to grips with the dynamics of change in modern industrial societies. To do so requires, it would seem, building into evolutionary analysis much more of the institutional complexity of modern societies that the literature above has hazarded thus far. Boyd/Richerson recognize this explicitly when they remark: "Understanding the institutional complexity of modern societies will require the mating of micro-level theory like the one we have developed here with the more aggregated one of Nelson and Winter" (Boyd/Richerson 1985). This is just what the various studies we shall consider in the following sections have tried to do, if with varying levels of success.

III. The Evolution of Particular Aspects of Culture

There are three key differences between the evolutionary theories I consider here, and in the following sections, and those in sociobiology. First, there are no ties whatsoever between the cultural selection criteria and processes and biological fitness. Any coevolution in these theories is not between memes and genes, but between various elements of culture.

Second, the authors of the theories considered here are interested in explaining how and why a particular aspect of "culture" changed over time the way it did. Because their explanation is in terms of the workings of an evolutionary process, this forces them to identify some particular characteristic of merit and selection mechanism enforcing it that favors certain variants over others, or which reinforces certain behaviors or inclinations and damps others. The theories of biological and cultural coevolution discussed above have coined the term "cultural fitness", but seldom have got around to identifying it in particular cases where biological fitness is not an important variable at stake. Third, evolutionary theories, coming from sociobiology, have by and large assumed selection mechanisms are individualistic, transmission mechanisms are person to person, and that "memes" like genes are carried by individuals. Yet these perceptions seem quite inadequate for analysis of how science or modern technology evolves, or forms of business organization, or law.

This section will be concerned with evolutionary theories of just these elements of culture, all of them major and obviously intertwined aspects of the process of long run economic change. The theories discussed in this section largely repress the intertwining. Each theory deals with just one of these variables which is viewed as proceeding on its own, as it were. In the following two sections we shall consider theories in which interdependence and coevolution are recognized. The collection of theories discussed in this section are all qualitative, and expressed verbally, as contrasted with being laid out mathematically. All are formal theories, in the sense of being put forth as self-conscious abstractions about what is driving the dynamics of the variables in question. However, none is developed mathematically. And some seem much better posed analytically than others, in that the logic seems tighter.

I also want to stress that each of the bodies of evolutionary theorizing discussed in this section is very large. My treatment of each, therefore, must be highly selective. My particular selection is designed not so much to be representative of the literatures involved, as to bring out some analytic issues about evolutionary theorizing.

A. Science

The proposition that science "evolves" has been around for some time, and there has been and continues to be a lively discussion about just how that evolutionary process works. For the most part the various theories put forth do satisfy my definition of what qualifies as an evolutionary theory (Plotkin 1982; Hull 1988).

Of recent writers in this vein, Campbell (1960, 1974) probably is the most cited. Using Campbell's term, the development of new scientific hypotheses, or theories, is to some extent "blind", in that their originators cannot know for sure how they will fare when they are first put forth. Thus new scientific theories are like "mutations" in that some will succeed and be incorporated into the body of science, perhaps replacing older theories, or correcting them in some respects, or adding to them, and others will not succeed. Campbell relies largely on the ideas of Popper (1968) for his "selection mechanism". Under Popper's argument scientific theories never can be proved true, but they can be falsified. New theories that solve scientific problems and are not falsified are added to the body of science. That is, employed and "not falsified" is the characterization of fitness in this theory of science. For the most part Campbell treats science as a relatively unified body of doctrine, and his language implies a scientific community together searching after truth, that is collective evolutionary learning. On the other hand, his theory is compatible with the notion of individual scientists putting forth their particular theories in hope of winning a Nobel prize. A good case can be made that both images of science – cooperative and competitive – are partly correct (Hull 1988).

In any case the theory leaves open two questions. The first is what determines which theories are to be rigorously tested, and what is the standing of theories that have not been. "Theories" that have not (as of yet) been subject to rigorous testing do not necessarily have the same standing. Some may never be brought to a serious test simply because they are regarded with prevailing understanding that they are absorbed without direct testing. The second question is what falsification means; in many cases the conclusions of a test may be ambiguous, or there may be reason to question the way it was run, or whether it was appropriate. Often a theory which seems to fail a test can be patched up with a well crafted modification or amendment. These issues open the door to a much more complicated theory of the evolution of science than at least the simple interpretation of Campbell's.

The "social constructionists" recognize and revel in these complications (Latour 1986). They propose that very few theories, or scientific arguments more generally, are ever completely falsified, or even put to a test that all would regard ex ante as conclusive. Thus scientific opinion is what matters and, in a context where different individuals and groups have different opinions, what is considered scientific fact and is published in reputed journals, taught to graduate students, etc. is largely a matter of scientific politics.

Kuhn (1970) presents a view somewhat between Campbell and the social constructionists. On the one hand Kuhn proposes that most "normal science" proceeds in almost unthinking acceptance of prevailing theory, and that there is strong built-in disbelief of results that challenge that theory. On the other hand, also central to Kuhn's theory of the evolution of science is that unanswered questions or anomalies tend to accumulate and, as they do, questions increasingly are asked about the adequacy of prevailing theory. A standard response of the scientific community is to propose modest modifications or additions to prevailing theory. However these may not succeed or the developing theoretical structure may come to be seen as rococo. The seeds then are planted for a scientific revolution.

Neither Campbell nor Kuhn (in their earlier versions) address the issue of competing theories. However, such competition is the heart of scientific revolutions. Lakatos (1970) proposes that broad theories should be regarded as defining research programs. These programs can be judged by the community as proceeding effectively – that is as making good progress – or as more or less stuck. Lakatos proposes that there are almost always competing theories around. The one that defines the more effective research program tends to win out. But again, one can ask what defines "effective". A particular theory almost always points out to a number of predicted implications, and exploring these defines a variety of puzzles and problems and tasks. A research program may be good in dealing with some of these, and not so effective on others. What counts?

Note that several different "theories" and the evolution of science have been described above. Some are in conflict. In particular the social constructionists would seem at odds with scholars, like Campbell, who believe that new scientific hypotheses, or at least those taken seriously, are subject to test, and that enough of the tests are sufficiently objective and unambigous to monitor the enterprise. (This also clearly is Hull's view.) Some of the theories are compatible, and can be joined. Thus Kuhn might be regarded as providing an evolutionary theory of science within a given research program, and Lakatos a theory which explains selection among competing programs. Regarding what criteria are used to weigh program effectiveness, later in this essay I shall suggest that part of the answer may reside in the connections between science and technology.

Does science make progress? While the social constructionists seem strongly reserved about this, I think it fair to say that most of the theories who propose that science evolves believe that the process does generate progress, at least along the lines of research pursued. (This clearly is Hull's view.). While occasionally we delude ourselves that we have understood something when we do not, and often the going toward better understanding is hard, by and large through science we have come to know more and more about nature and how it works. Or at least this is the flavor of most of this body of theorizing.

B. Technology

A number of analysts have proposed that technology evolves. The analyses of Rosenberg (1976, 1982), Freeman (1974), Basalla (1988), Mokyr (1990), Nelson/Winter (1977), Dosi (1988), and Vincenti (1990) are strikingly similar in many respects. To keep the discussion below simple, I will follow the discussion of Vincenti.

In Vincenti's theory, the community of technologists at any time faces a number of problems, challenges, and opportunities. He draws most of his examples from aircraft technology. Thus, in a new paper (Vincenti 1994) he observes that in the late 1920s and early 1930s, aircraft designers knew well that the standard pattern of hooking wheels to fuselage or wings could be improved upon, given the higher speeds planes were then capable of with the new body and wing designs and more powerful engines that had come into existence. They were aware of several different possibilities for incorporating wheels into a more streamlined design. Vincenti argues that trials of these different alternatives were, in the same sense put forth by Campbell, somewhat blind. This is not to say that the engineers thinking about and experimenting with solutions were ignorant either of the technical constraints and possibilities or of what was required of a successful design. Rather, his proposition is that, while professional knowledge and appreciation of the goals greatly focused efforts at solution, there still were a number of different possibilities, and engineers were uncertain about which would prove best, and disagreed among themselves as to where to place bets.

This kind of uncertainty, together with the proposition that uncertainty is resolved only through ex post competition is the hallmark of evolutionary theories. In this case it turned out that having the wheel be retractable solved the problem better than did the other alternatives explored at that time. Thus, "fitness" here is defined in terms of solving particular technological problems better. One might propose that identification of this criterion only pushes the analytic problem back a stage. What determines whether one solution is better than another? At times Vincenti writes as if the criterion were innate in the technological problem, or determined by consensus of a technological community who are, like Campbell's community of scientists, cooperatively involved in advancing the art.

However, Vincenti also recognizes that the aircraft designers are largely employed in a number of competing aircraft companies, whose profitability may be affected by the relative quality and cost of the aircraft designs they are employing, compared with those employed by their competitors. But then what is better or worse in a problem solution is determined at least partially by the "market", the properties of an aircraft customers are willing to pay for, the costs associated with different design solutions, etc. In the case of aircraft, the military is an important customer, as well as the airlines. Thus the evolution of aircraft at least partially reflects military demands and budgets, as well as civilian.

As with the case of science, some authors dispute that the evolution of technology follows a path that might be considered as "progress", or even that there are any objective criteria for technological fitness. The book by Bijker, Hughes, and Pinch (1989) surveys various theories of "social construction" of technology. Tushman/Rosenkopf (1992) develop a more nuanced view of social determinism, but one which also implicitly denies the importance of economic efficiency, save as a gross screen. On the other hand, evolutionary theorists of the development of technology of the Vincenti camp believe strongly that there is technological progress, and ask the reader who doubts to compare modern aircraft with those of fifty years ago, modern pharmaceuticals with those available before World War II, etc.

In recent years a particular insight or argument has somewhat complicated this discussion. While those that profess that science "progresses" generally seem to have in mind a unitary concept of "truth" toward which science is going, recent scholarship on the evolution of technology has proposed that there may be a number of different evolutionary tracks that go in quite different directions, and that movement down one may block movement down another. Thus the rapid evolution of gasoline-powered automobiles may have improved these, but at the same time may have scotched progress toward battery-powered cars. We will pick up this discussion in Section V.

C. Business Organization

Chandler's research (1962, 1990) has been concerned with understanding how the complex structures that characterize modern multiproduct firms came into existence. For our purposes his story is especially interesting, in that it is a story of coevolution. The coevolution is not of genes and memes, but of technology and business organizations. He argues that a variety of technological developments occurred during the mid and late 19th century which opened up the possibility for business firms to be highly productive and profitable if they could organize to operate at large scales of output, and with a relatively wide if connected range of products. He describes various organizational innovations that were tried, and while his central focus is on those that "succeeded", it is clear from his account that not all did.

Arguing in a manner similar to Vincenti, Chandler's "fitness criterion" is that the new organizational form solved an organizational problem. Presumably the solution to that problem enabled a firm to operate at lower costs, or with greater scale and scope, in either case, with greater profitability. Like Campbell and Vincenti, Chandler clearly sees a community, in this case of managers. But he also sees companies competing with each other. His argument is that companies which found and adopted efficient managerial styles and structural forms early won out over their competitors who did not, or who lagged in doing so. Williamson (1985), drawing from Chandler, but putting forth a much more explicit formal theory, proposes that a relatively sharp "fitness" criterion determined which organizational forms survived and which ones did not – economic efficiency.

Chandler's and Williamson's accounts of the development of the large multidimensional corporation stress the need of top firm managers concerned with market defined efficiency somehow to decentralize and yet still control large and diversified bureaucracies. Marxians highlight a different aspect of the organizational forms that evolved – that they sharply reduced the importance of workers with special skills, and hence shifted power toward capital. Fligstein (1990) presents a still different view on corporate fitness, which emphasizes responsiveness to changed legal regimes, public policies, and the climate of political opinion more generally toward what corporate action and form ought to be.

As with the case of technology, some recent writing has proposed that the path that has taken us to the modern large hierarchically organized corporation is one we did not have to take, and that in fact better paths existed. We will pick up this theme later.

D. Law

The final example treated in this section is the body of theory that proposes that the law evolves. Elliot (1985) has written a rich survey of the various evolutionary theories about law. I focus here on only a small portion of that intellectual tradition.

In particular I will be concerned with the body of theorizing, put forth by scholars such as Demsetz (1967) and Landes/Posner (1987), that the common law evolves in directions that make it economically efficient. While different authors in this tradition have proposed different mechanisms, in all the decisions to litigate provide the force that gets the law to change. In some versions it is argued that litigation is more prevalent when the law is "inefficient" than when it is efficient, because in the latter cases conflicts are more likely to be settled out of court without any change in the law, although the reasoning behind that proposition is not clear in all accounts. In some versions judges (juries) are inclined to decide cases that do arise in ways that are consistent with economic efficiency, and those judgments in turn modify the common law in that direction. In other versions no such inclination is assumed, but rather cases will continue to be litigated until an "efficient" judgment is made, at which time it will become precedent and litigation will diminish.

Criticizing this simple view of legal evolution, Cooter/Rubenfeld (1989) emphasize the complex nature of legal disputes and their settlement, involving the actions individuals take that may risk suit, decisions of potential plaintiffs to assert a legal complaint, bargaining regarding out-of-court settlements, and the proceedings of cases that actually get decided in court. They express skepticism about whether there are any strong forces leading to efficiency, and argue that, if there are any such strong forces, they must be due to the inclinations of judges. They are skeptical of this too, citing other legal values – like fairness – and also pointing to the fact that judges may have their own interests.

Ruben/Bailey (1992) recently have proposed an interesting variant on this theme. They note that lawyers have a strong financial interest in the shape of the law, and in particular benefit when the law forces litigation. They go on to propose that the recent shift of legal precedent toward more favorable reception of consumer suits regarding products which cause them harm is, largely, the self-motivated work of lawyers.

*

Note that the theories discussed above are similar in certain respects, but differ in others. They are similar in that they all are concerned with a particular aspect of culture, and focus on its evolution. They are similar in proposing that the processes that generate new cultural elements or modify old ones are to some extent blind, although the details of these mechanism differ from case to case, and in some the mutation or innovation mechanisms have strongly directed elements as well as random. However in each of these theories the "selection mechanism" provides a large share of the explanatory power. That is, the power of these theories depends on their ability to specify "fitness" plausibly.

Both neoclassical economists and economists inclined to evolutionary theorizing are prone to look to a market or a market analogue as the mechanism which defines that will "sell", and to "profit" or its analogue as the reward to actors that meet the market test. The theories above clearly differ in the extent to which they can be forced into that mold.

There certainly is no real "market" out there in Campbell's or Kuhn's or Lakatos' theory of science as an evolutionary process, save for the metaphorical "market of scientific judgment". In the cases of technology and the organization of enterprises, a moderately persuasive case can be made that, in many sectors at least, real, not metaphorical, markets have a powerful influence on what is "fit" and what is not, and that profit is an important measure of fitness. However, as we have seen there are dissentors, mainly from outside economics. One important issue is the extent to which competition provides a sharp fitness test in sectors where markets are operative. If it does not there is room for a variety of nonmarket forces to influence what "survives". Also, there are serious questions about the range of sectors – kinds of technologies and organizations – where markets are strongly operative. In the case of military or medical technologies, or military bases or hospitals, it can be argued that market forces are weak, and that the "selection environment" is determined largely by professional judgments, and by political processes that regulate how much professionals in the sector have to spend. The analytic problem, then, is to identify how these forces define "fitness". The dispute about what determines how the law evolves highlights these kinds of questions. Clearly there is not real "market" out there, but one set of authors argues that market valuation of prevailing law and its alternatives does influence what the law becomes, and strongly. Other authors are not so sure that "efficiency" in an economic sense guides the evolution of the law so much as ideology, or "interests", or "power".

One could take a position that it depends, with sometimes one influence prevailing, and sometimes another. However, in the absence of ability to explain or predict what influence will dominate in particular cases, while evolutionary theory may provide a useful language for historical discussion, the theory has little predictive power, and its explanations are at least partially ad hoc.

This would seem to be a big strike against an evolutionary theory of the law, or at least one that is this complex. On the other hand one can argue that the illumination of the complex contingent dependents process by which the law evolves is a strength of the theory. Such an analysis reveals the apparent strong predictive power of a simpler theory – in this case that the law always adjusts so that it is maximally efficient – to be fool's gold. I take it that this is Gould's argument against the proposition that evolution optimizes biological fitness.

However, this kind of understanding of complexity that a good and well-posed evolutionary theory may yield needs to be distinguished sharply from weaknesses in prediction and explanation that stem from the fact that a theory is not coherent. Thus the argument that the law evolves so as to be efficient, for example, is an assertion that may or may not be empirically correct, but this originally was presented with no coherent evolutionary theory behind it. The proposition that litigation stops if and only if the law is efficient may provide part of an evolutionary theoretic basis for such an analytic argument, but that proposition needs more justification than it often is given, and the general argument almost surely needs some other assumptions as well.

In my judgement virtually all of the theories described in this section could benefit from a closer scrutiny and more careful development of their logical structure. I deliberately have not tied the term "formal theory" to the expression of a theory in mathematical or quasi-mathematical terms. Particularly if the logic is relatively simple, expression in careful natural language can be rigorous. But when the logic becomes complex, the advantages of mathematical formulation can be substantial. Once one is confident that the theory put forth is logically coherent, the central question remains as to whether one finds the theory plausible, given what one knows about the facts of the matter. But evolutionary theories are no different in this regard that any other kind.

IV. Evolutionary Models of Economic Growth Fuelled by Technical Advance

The body of evolutionary theorizing considered in this section differs from that discussed above in at least three respects. First, the theorizing is more complex in the sense that it involves a number of different variables, and the focus is on their coevolution. Second, the theory is expressed mathematically; in some cases the logical connections are developed as theories, while in others they are explored through simulation methods. Third, the evolutionary theories presented here have been put forth by their authors as express alternatives to another theory – in this case neoclassical growth theory – which they regard as too "mechanical". In this sense they represent a deliberate attempt on the part of the authors to move toward Marshall's Mecca.

While concerned with economic dynamics, the kind of analysis contained in neoclassical growth theory almost certainly was among the kind Marshall had in mind when he referred to theories based on mechanical concepts of equilibrium. Within that theory, economic growth is viewed as the moving equilibrium of a market economy, in which technical advance is continuously increasing the productivity of inputs, and the capital stock growing relative to labor inputs. These two phenomena together provide the explanation for the increase in labor productivity and per capita income that are the standard measures of growth. Together, in the way the theory is put together, they explain the rise in real wages that has characterized economic growth.

Technical advance is an essential element of the neoclassical account. The last few years have seen a number of interesting proposals to amend the simple neoclassical growth model so as to highlight that technical advance is to a considerable degree endogenous (Romer 1991, Verspagen 1992). However these "new" neoclassical models are "mechanical" in the same sense as are the old ones. They do not address the problems with neoclassical growth theory felt by the authors of evolutionary alternatives.

In particular, as we have noted, virtually all serious scholars of technical advance have stressed the uncertainty, the differences of opinion among experts, the surprises, that mark the process. Mechanical analogies involving a moving equilibrium in which the actors always behave "as if" they knew what they were doing seem quite inappropriate. Most knowledgeable scholars agree with Vincenti that the process must be understood as an evolutionary one. The challenge faced by the authors considered in this section has been to devise a theory of growth in which technical advance and capital formation together drive growth, as in neo-classical growth theory, and which is capable of explaining the observed macro-economic patterns, but on the basis of an evolutionary theory of technical change rather than one that presumes continuing equilibrium.

Without any exception I know about, the evolutionary theories of economic growth that have been developed all draw inspiration from Joseph Schumpeter's "Capitalism, Socialism and Democracy" (1976, first published 1942). In that work, Schumpeter developed a theory of endogenous technological advance, resulting from the investments made by business firms to best or stay up with their rivals. The earliest class of formal evolutionary growth models based on these ideas was developed by Winter and myself (1974), and because it has pro-vided much of the base for subsequent work, I shall concentrate on it. However I will also consider variants or extensions that have been developed by others.

In these models, firms are the key actors, not individual human beings. Of course (implicitly) firms must provide sufficient inducements to attract and hold the individuals that staff them. But within these models, individuals are viewed as interchangeable and their actions determined by the firms they are in.

In turn, the firms in these models are, from one point of view, the entities that are more or less fit, in this case more or less profitable. But from another point of view firms can be regarded as merely the incubators and carriers of "technologies" and other practices that determine "what they do" and "how productively" in particular circumstances. Winter and I have used the term "rou-tines" to denote these. The concept of routines is analytically similar to the genes in biological theory, or the memes or culturgens in sociobiology.

The term "routine" connotes, deliberately, behavior that is conducted without much explicit thinking about it, as habits or customs. On the other hand, within these models routines can be understood as the behaviors deemed appropriate and effective in the settings where they are invoked. Indeed they are the product of processes that involve profit-oriented learning and selection. Metaphorically, the routines employed by a firm at any time can be regarded as the best it "knows and can do". To employ them is rational in that sense, even though the firm did not go through any attempt to compare its prevailing routines with all possible alternative ones. Whether that translate into "optimizing" behavior depends on what one means by that term. (For a fine discussion of this issue in biology and in economics, see Schoemaker 1991).

These models generally involve three different kinds of firm "routines". First, there are those that might be called "standard operating procedures", those that determine how and how much a firm produces under various circumstances, given its capital stock and other constraints on its actions that are fixed in the short run. Prominent among these are technologies. Second, there are routines that determine the investment behavior of the firm, the equations that govern its growth or decline (measured in terms of its capital stock) as a function of its profits, and perhaps other variables. Third, the deliberative processes of the firm, those that involve searching for better ways of doing things, also are viewed as guided by routines. While in principle within these models search behavior could be focused on any one of the firms prevailing routines – its technologies, or other standard operating procedures, its investment rule, or even its prevailing search procedures – in practice, in all of them search is assumed to be oriented to uncover new production techniques or to improve prevailing ones. Winter and I have found it convenient to call such search R & D. Other authors of similar models have invoked the term "learning" analogous "improvement" processes.

Firm search processes provide the source of differential fitness; firms whose R & D turn up better technologies will earn profits and grow relative to their competitors. But R & D also tends to bind firms together as a community because in these models a firm's R & D partly attends to what its competitors are doing, and profitable innovations are, with a lag, imitated by other firms in the industry. The firm, or rather the collection of firms in the industry, perhaps involving new firms coming into the industry and old ones exiting, is viewed as operating within an exogenously determined environment. The profitability of any firm is determined by what it is doing, and what its competitors do, given the environment. Generally the environment can be interpreted as a "market", or set of markets.

Note that in the theory that has been sketched above, just as routines are analogous to genes, firms are analogous to phenotypes, or particular organisms, in biological evolutionary theory, but there are profound differences. First, firms do not have a natural life span, and not all ultimately die. Neither can they be regarded as having a natural size. Some may be big, some small. Thus in assessing the relative importance of a particular routine in the industry mix, or analyzing whether it is expanding or contracting in relative use, it is not sufficient to "count" the firms employing it. One must consider their size, or whether they are growing or contracting. Second, unlike phenotypes (living organisms) that are stuck with their genes, firms are not stuck with their routines. Indeed they have built in mechanisms for changing them. The logic of these models defines a dynamic stochastic system. It can be modeled as a complex Markov process. A standard iteration can be described as follows. At the existing moment of time all firms can be characterized by their capital stocks and prevailing routines. Decision rules keyed to market conditions look to those conditions "last period". Inputs employed and outputs produced by all firms then are determined. The market then determines prices. Given the technology and other routines used by each firm, each firm's profitability then is determined, and the investment rule then determines how much each firm expands or contracts. Search routines focus on one or another aspect of the firm's behavior and capabilities, and (stochastically) come up with proposed modifications which may or may not be adopted. The system is now ready for next period's iteration.

The theory described above can be evaluated on a number of counts. One is whether the view of behavior it contains, in abstract form, is appealing given what it purports to analyze. The individuals and organizations in these models act, as humans do in the models of sociobiology, on the basis of habits or customs or beliefs; in the Nelson-Winter model all these define routines. While firm routines can be regarded as the result of a learning process, the implicit "rationality" in these models certainly is a "bounded" one, in the sense of Simon (1947) and March/Simon (1958). As we shall see, it is quite possible to build a certain amount of foresight into the actors of an evolutionary theory. However if one wants a model in which it is presumed that the actors largely understand the details of the context in which they are operating and competing, save for the truly stochastic elements, and are able to choose their best action in the light of this full knowledge, one might as well use a full-blown neoclassical rational choice model. This of course is what is done in the new neoclassical growth theories.

The theory can be judged by the appeal of the theory of technical progress built into it. The view is certainly "evolutionary", and in that regard squares well with the accounts given by scholars of technical advance like Vincenti, at least in abstract forms. It must be noted that, within the theory, "evolution" is going on at several different levels. New technological departures are being generated by individual firms, which in effect "select" on them deciding which to introduce and which not to. (For an empirical study of evolution within a firm see Burgelman 1993). Firms also are, by scanning their competitors' technologies, deciding which of these to take aboard and which not. In addition, there is market selection on firms that are doing well.

Within this class of models, "profitability" determines the "fitness" of technology, and of firms, and firms are the only organizational actors. These observations call attention to the fact that this theory would seem to apply only to economic sectors where the market provides the (or the dominant) selection mechanism winnowing on technologies and firms. It is not well suited for dealing with sectors like medical care, or defense, where professional judgments, or political process, determine what is fit and what is not. Selection environments clearly differ from sector to sector, and it would seem that these differences need to be understood and built into sectoral level analyses. (For an elaboration of this point, see Nelson/Winter 1977).

However the central purpose of the models considered in this section is to explain economic growth at a macroeconomic level. Thus a fundamental question about them is this. Can they generate, hence in a sense explain, the rising output per worker, growing capital intensity, rising real wages, and a relatively constant rate of return on capital, that have been the standard pattern in advanced industrial nations and what neoclassical growth theory seems to explain? The answer is that they can, and in ways that conform well with underlying appreciative theory.

Within these models a successful technological innovation generates profits for the firm making it, and leads to capital formation and growth of the firm. Firm growth generally is sufficient to outweigh any decline in employment per unit of output associated with productivity growth, and hence results in an increase in the demand for labor, which pulls up the real wage rate. This latter consequence means that capital using but labor saving innovations now become more profitable, and when by chance they appear as a result of a "search", they will be adopted, thus pulling up the level of capital intensity in the economy. At the same time that labor productivity, real wages, and capital intensity are rising, the same mechanisms hold down the rate of return on capital. If the profit rate rises, say because of the creation of especially productive new technology, the high profits will induce an investment boom, which will pull up wages, and drive capital returns back down.

These deductions of evolutionary growth theory would not surprise an advocate of neoclassical theory. On the surface they appear similar to those of neoclassical growth theory. Indeed for evolutionary theory to have credibility these predictions had better be similar, because any broad growth theory needs to be consistent with the basic empirically documented broad features of economic growth as we have experienced it. However, while at first glance the mechanisms explaining these patterns have a certain surface similarity in evolutionary and neoclassical theory, if one looks beneath the surface one can see that the mechanisms in fact are very different. In particular, one theory is based on the "conception" of a moving equilibrium, and the other most emphatically is not.

And if one takes a closer look, it becomes clear that evolutionary theory enables one to see, to expect, phenomena to which neoclassical theory is blind, or denies. At the same time that the model generates "macro" time series that resemble the actual data, beneath the aggregate at any time there is considerable variation among firms in the technologies they are using, their productivity, and their profitability. Within this model more productive and profitable techniques tend to replace less productive ones, through two mechanisms. Firms using more profitable technologies tend to be imitated and adopted by firms who had been using less profitable ones. Thus the theory is consistent with both the large body of empirical work that has documented considerable and persistent intra-industry inter firm dispersion (Rumelt 1991; Mueller 1989) and with what is known empirically about the diffusion of new techniques (Metcalfe 1988). Neoclassical growth theories have trouble being consistent with these elements of economic growth as we have experienced it.

Soete/Turner (1984), Metcalfe (1988, 1992), and Metcalfe/Gibbons (1989) have developed evolutionary growth models focusing on diffusion, in the sense above. These authors repress the stochastic element in the introduction of new technologies that was prominent in the models described above and, in effect, work with a given and fixed set of technologies. However, within these models each of the individual technologies may be improving over time, possibly at different rates. At the same time, firms are tending to allocate their investment portfolios more heavily toward the more profitable technologies than toward the less. As a result, rising productivity in the industry as a whole, and measured aggregate "technical advance", is the consequence of two different kinds of forces. One is the improvement of the individual technologies. The other is the expansion of use of the more productive technologies relative to the less productive ones.

Both groups of authors point out that the latter phenomenon is likely to be a more potent source of productivity growth when there is prevailing large variation in the productivity of technologies in wide use, than when the best technology already dominates in use. Thus the aggregate growth performance of the economy is strongly related to the prevailing variation beneath the aggregate.

The model by Silverberg, Dosi et al. (1988) develops the basic theoretical nations introduced in this section in another direction. In their model there are only two technologies. One is potentially better than the other, but that potential will not be achieved unless effort is put into improving prevailing practice. Rather than incorporating a separate "search" activity, in Silverberg et al. a firm improves its prevailing procedures (technologies) through learning associated with operation. What a firm learns is reflected in its increased productivity in using that technology, but some of the learning "leaks out" and enables others using that technology to improve their productivity for free, as it were.

In contrast to the other models considered in this section where firms do not "look forward" to anticipate future developments, in the model of Silverberg et al., firms, or at least some of them, recognize that the technology that initially is behind in productivity is potentially the better technology, and also that they can gain advantage over their competitors if they invest in using and learning with it. In contrast to the Nelson-Winter model, a firm may employ some of both technologies, and hence may use some of its profits from using the prevailing best technology to invest in experience with presently inferior technology that is potentially the best. If no firm does this, then of course the potential of the potentially better technology never will be realized. An early "innovator" may come out a winner, if it learns rapidly, and little of its learning "spills out", or its competitors are sluggish in getting into the new technology themselves. On the other hand, it may come out a loser, if its learning is slow and hence the cost of operating the new technology remains high, or most of its learning "spills out" and its competitors get in in a timely manner, taking advantage for-free of the spillover.

Several other evolutionary growth models have been developed. Eliasson and colleagues have been constructing over the years a very detailed evolutionary model calibrated on the Swedish economy. (Eliasson in Day/Eliasson, 1986). Chiaramonte/Dosi (1993) recently have blended into the Silverberg et al. model elements of the Nelson/Winter assumptions about stochastic search for new techniques. Iwai (1984) and Conlisk (1989) also have published models in this class. There clearly is a lot of richness in these "Schumpeterian" models of economic growth, and I believe a lot of potential. It remains to be seen how many economists studying economic growth using the "old" theoretical technology will be attracted to gamble on the new.

V. Path Dependencies, Dynamic Increasing Returns, and the Evolution of Industry Structure

The models considered in Section IV go to a certain distance toward consistency with the appreciative theoretic accounts of long run economic change, but there still is a lot that is "mechanical" about them. Certain variables grow over time, in particular output per worker and real wages. Others remain more or less constant, like the rate of return on capital and factor shares, or at least show no systematic drift. However by and large nothing goes on that could be called "development". While industry may become more concentrated over time, there are no major changes in industry structure of the sort often highlighted in economic histories. No radically new technologies emerge, no new institutions.

The evolutionary theories considered in this section have more of a developmental flavor. They involve path dependencies, dynamic increasing returns, and their interaction.

Path dependencies are built into all of the models considered above, and dynamic increasing returns (which is one way path dependency may emerge) into some. Thus in virtually all of the models, the particular firms that survive in the long run are influenced by events, to a considerable extent random, that happen early in a model's run. To the extent that firms specialize in particular kinds of technology, what technologies survive is influenced similarly by early random events. In some of the models, "dynamic increasing returns" makes path dependency particularly strong. Thus in Silverberg et al. the more a firm uses a technology the better it gets at that technology. More, some of the learning "spills over" to benefit other firms using that particular technology. Thus the more a technology is used, the better it becomes vis à vis its competitors.

But while path dependencies and dynamic increasing returns are built into most of the models we already have considered, this was not the center of attention of the authors. Over the past few years, however, a considerable literature in evolutionary economics has grown up focused on these topics. The works of Arthur (1988, 1989) and David (1985, 1992) are particularly interesting. My treatment here will aim to generalize the issues they address.

A. Technology Cycles and Dominant Designs

I begin by considering models that focus on competition among technologies. Students of technical advance long have noted that, in the early stages of a technology's history, there usually are a number of competing variants. (For a fine discussion and a number of illustrative case studies see Utterback 1994). Thus in the early history of automobiles, some models were powered by gasoline fuelled internal combustion engines, some by steam engines, some by batteries. As we know, gradually gasoline fuelled engines came to dominate and the other two possibilities were abandoned.

The standard explanation of this is that gasoline engines were the superior mode, and with experience that was found out. The Silverberg et al. paper contains a model of this mechanism. In their analysis a potentially superior new alternative requires some development – learning – before its latent superiority becomes manifest. It can take time before that development occurs and, with bad luck, it even is possible that it never occurs. But by and large the potentially better technology will win out.

In the Arthur/David models, one can see a different explanation for why the internal combustion engine won out. It need not have been innately superior. In these models there are dynamic increasing returns, in that the more a particular technology is employed, the greater its attractiveness relative to its competitors. Thus in the case in question, all that would have been required for the gasoline engine to come to dominate was a run of luck. For some chance reason it gained an initial lead, and this started a rolling snowball mechanism.

What might lie behind an increasing returns rolling snowball? Arthur, David, and other authors suggest several different possibilities.

One is that each of the competing technologies involved is what Winter and I have called a cumulative technology. In a cumulative technology, today's technical advances build from and improve upon the technology that was available at the start of the period, and tomorrow's in turn build on today's. The cumulative effect is like the technology specific learning in the Silverberg et al. model.

Thus according to the cumulative technology theory, in the early history of automobiles, gasoline engines, steam engines, and electrical engines, might all have been plausible alternative technologies for powering cars. While we now know that gasoline engines became dominant, according to this theory this might have been simply a matter of luck. By chance inventors tended to concentrate on it, or by chance big advances were made. However, once the gasoline engine had been developed to a point where it was significantly superior to extant steam or electrical engines, investing time and resources to advance these other technologies came to appear a bad bet, because such a large gap in performance needed to be made up before they would be competitive.

There are two other dynamic increasing returns stories that have been put forth. One stresses advantages to consumers or users if different individuals buy similar, or compatible products – this has been called network externalities – which lend advantage to a variant that just happens to attract a number of customers early. The other stresses complements, for example where a particular product has a specialized complementary product or service, whose development may lend that variant special advantages. Telephone networks, in which each user is strongly interested in having other users have compatible products, is the most commonly employed example of the first case. Video cassette recorders which run cassettes that need to be specially tailored to their particular design, or computers that require compatible software, are often used as examples of the second. (For a very good general discussion and review of the literature on both of these stories, see Katz/Shapiro 1994).

However, while the stories are different, the mathematics used to formalize them tends to be the same (Arthur 1988). Also, the phenomena often are intertwined, and also linked with the processes involved in the development of cumulative technologies, as in David's (1985) example of the QWERTY typewriter keyboard.

Thus to return to our automobile example, people who learned to drive in their parents' or friends' car powered by an internal combustion engine almost certainly were drawn to similar cars when they themselves came to purchase one, in part to avoid the new learning and potential surprises that would be involved if they bought a steam or electric powered one. At the same time the ascendancy of automobiles powered by gas burning internal combustion engines made it profitable for petroleum companies to locate gasoline stations at convenient places along highways. It also made it profitable for them to search for new sources of petroleum, and to develop technologies that reduced gasoline production costs. In turn, this increased the attractiveness of gasoline powered cars to car drivers and buyers.

Note that, for those who consider gas engine automobiles, large petroleum companies, and the dependence of a large share of the nation's transportation on petroleum, a complex that lies behind many social ills, the story spun out above indicates that "it did not have to be this way". If the roll of the die early in the history of automobiles had come out another way, we might today have had steam or electric cars. A similar argument recently has been made about the victory of A.C. over D.C. as the "system" for carrying electricity (for an open-minded discussion see David 1992). The story also invites consideration of possibly self-interested professional judgements or political factors as major elements in the shaping of long run economic trends, a subject we will pick up shortly. After all, under these theories all it takes may be just a little push.

On the other hand, other analysts may see the above account as overblown. Steam and battery powered car engines had major limitations then and still do now; gasoline clearly was better. A.C. had major advantages over D.C., and still does. According to this point of view dynamic increasing returns is an important phenomenon, but it is unlikely that it has greatly influenced which technology won out, in most important cases. I predict that this issue will be a lively topic of empirical research and argument over the coming years.

There also is a more general open question about the range of technologies where a "dominant design" emerges, for any reason. The various dynamic increasing returns stories seem plausible for some product classes, but not for others. And in some product class areas different user needs may tend to prevent a particular product from coming to dominate the market, even if there are dynamic increasing returns. Pharmaceuticals, the value of which are extremely sensitive to both the particular disease and the particular characteristics of the patient, are a good case in point.

B. Firm and Industry Structure

I turn now to a different but related body of evolutionary writings – that concerned with the evolution of industry structure as a technology develops. It is tied to the notion that in most technologies after a period of time a dominant design emerges, but is not committed to any particular theory of how that happens, whether because the truly better variant is finally found and consensus develops around it or because of dynamic increasing returns phenomena. In any case, within this body of evolutionary theorizing, the establishment of a dominant design has important implications regarding the subsequent nature of R & D, and for industry structure.

The basic argument would appear to have two sources. The first is Mueller/Tilton (1969), based on their speculations about patterns of industry evolution they were observing. The second was Abernathy/Utterback (1975) based on their detailed study of automobiles. Because the Abernathy/Utterback story is closely linked to an interesting theory of what happens to R & D as a dominant design emerges, I will follow it.

The basic proposition is that, prior to the emergence of a dominant design, there is little R & D directed toward improving production processes, because product designs are unstable, and the market for any one is small. With the emergence of a dominant design, the profits from developing better ways of producing it become considerable. Often the development of better production processes will involve the exploitation of latent scale economies, and the establishment of capital intensive modes of production. In turn, the improvement of production processes that are specific to a particular broad design further locks it in, and disadvantages competing designs.

The argument then is that this pattern of technological evolution causes a particular pattern of evolution of firm and industry structure. In the early stages of an industry – say automobiles – firms tend to be small, and entry relatively easy, reflecting the diversity of technologies being employed, and their rapid change. The industry consists of a number of smallish firms, but with a lot of entry and exit. As the quality of the products improve, and the market grows, so do the number of firms active in the industry. However, as a dominant design emerges, and specialized production processes are developed, barriers to entry begin to rise as the scale and capital needed for competitive production grows. Also, with the basic technology set, learning becomes cumulative, and incumbent firms are advantaged relative to potential entrants for that reason as well. After a shake out, industry structure settles down to a collection of established largish firms.

When this story was first put forth, there was only limited data supporting it. Since that time Gort/Klepper (1982), Klepper/Graddy (1990), Utterback/Suarez (1993), Utterback (1994), and Malerba/Orsenigo (1993, 1994) have provided convincing evidence that this pattern of evolution in fact holds over a wide range of industries.

A recent formal model developed by Klepper (1993) accepts the broad empirical story, but puts forth a different evolutionary theory to explain it. In Klepper's model the investments made by a firm in product innovation are independent of firm size, but investments in process innovation are positively related to firm size. As in the more standard story, in the early days of a technology's history, firms are small, for that reason little process R & D is done, and entry barriers are low. The presence of many firms makes for rapid product innovation. But as profitable extant firms grow and invest more in process innovation, entry barriers rise. Shake out occurs because of rivalry among the extant firms, increasingly competing on the basis of cost. No dominant design emerges in the Klepper model, but as the number of extant firms dwindles, product innovation slows.

C. Supporting Institutions

The writing on the coevolution of technology and industry structure tends to define industry structure rather conventionally. However, there are a number of studies which define industry structure more broadly, or look outside the industry, narrowly defined, and are concerned with the coevolution of a technology and industry with various supporting institutions.

As an industry becomes established, one frequently observes not only the development of technical and product standards, but also the emergence of standard patterns of interaction more generally between firms, suppliers, and customers, and across firms in the industry. Economic relations become embedded in social ones, along the lines described by Granovetter (1985), and people become conscious that there is a new industry, and that it has collective interests and needs. Hannan/Carroll discuss in some detail these processes of "legitimation" and their consequences. See also Harrison (1992). Industry or trade associations form. These give the industry a recognized organization that can lobby on its behalf for regulation to its liking, for protection from competition from outside the group, for public programs to support it, etc. This is another feature of an industry's evolution that can lock in the status quo.

More generally, while the formal evolutionary growth models of Section IV, and the dynamic increasing return models discussed at the beginning of this section, take the basic parameters of the "selection environment" (usually treated as a market) as given, many of the sociologists studying industry evolution stress that the industry itself strongly molds its own selection environment. It does so

through the rules of behavior and interaction among firms that evolve spontane-
ously, through the formation of a variety of industry-related organizations that
decide matters like standards, and through political action (Tushman/Romanelli
1985; Rosenkopf/Tushman 1994). In turn such action may be central in determining what design or system turns out to be dominant. (For such a discussion
bearing on electric power systems, see McGuire et al. 1993).

If the technology on which the industry is based has novel characteristics,
new technical societies and new technical journals tend to spring up. In some
cases whole new fields of "science" may come into being (Rosenberg 1982; Nel-
son/Rosenberg 1993). Thus the field of metallurgy came into existence because
of a demand for better understanding of the factors that determined the properties of steel. Computer science was brought into existence by the advent of the
modern computer. Chemical engineering and electrical engineering rose up as
fields of teaching and research because of industry demand for them that occurred after the key technological advances that launched the industries. Earlier I
noted the apparent blindness of much of the writing on how science evolves to
the use of science in technology. The technology-oriented sciences directly provide a "market like" environment stimulating research on various topics and also
a stringent test environment for new scientific theories and other published
findings.

The emergence and development of these technology-oriented sciences tend
to tie industries to universities, which provide both people trained in the relevant
fields, and research findings which enable the technology to advance further. The
development of these sciences naturally lends extra strength to prevailing technologies. On the other hand the presence of university research tends to dilute
the extent to which firms in being have knowledge advantages over potential
entrants. Also, research at universities just may become the source of radically
different technological alternatives.

Recognition of the role of technical societies and universities in the development of modern technologies opens the door to seeing the wide range of institutions that may co-evolve with a technology and an industry. Often legal structures need to change. Thus there may be intellectual property rights issues that
need to be sorted out – bio-technology is a striking contemporary case in point.
There almost always are issues of regulation, as was prominently the case in radio
and, in a different manner, bio-technology again. Hughes (1983) has described in
great detail the wide range of legal and regulatory matters that had to be decided
before electric power could go forward strongly, and how the particular ways they
were decided affected the evolution of the technology and the industry. The
coevolution of law and technology and industry structure has been only lightly
touched in the writings on how the law evolves.

In many cases new public sector activities and programs are required. Thus
mass use of automobiles required that societies organize themselves to build and
maintain a system of public roads. Airplanes required airports. The development

of radio, and of commercial television, required mechanisms to allocate the radio spectrum.

These examples indicate that the evolution of institutions relevant to a technology or industry may be a very complex process involving not only the actions of private firms competing with each other in a market environment, but also organizations like industry associations, technical societies, universities, courts, government agencies, legislatures, etc. In turn, the way these other organizations evolve and the things they do may profoundly influence the nature of the firms and the organization of industry. Thus Piore/Sabel (1984) have proposed that the organization of manufacturing activity through large vertically integrated firms, which came to be the norm in many U.S. industries in the early decades of the twentieth century, was not inevitable, but was drawn by the broader institutional context of the U.S. We might instead have organized production in many of these industries through a more fluid structure of networked small and medium-sized firms (Sabel/Zeitlin 1993). In the view of these authors, the U.S. might be in better shape now had the latter been the case.

VI. Responding to the Winds of Change

Evolutionary theory in biology provides a sharp answer to the question of how life responds in situations where major environmental changes make existing dominant life forms ill adapted. To the extent that better adapted life forms are present in at least small numbers, these and their similar offspring will thrive and multiply, and their now poorly adapted peers will tend do die out. Some new varieties created through mating or mutation that would have had no chance in the old regime, may do well in the new one. Others that would have prospered now may have no chance.

How is it in economics? If one considers "firms" or other organizations as carriers of basic practices – earlier I called them routines – what happens when the market or something else changes? A fundamental difference between organizations and organisms, of course, is that the former are not stuck with their routines but can change them, while the latter cannot change their genes. Thus, unlike the case in biology, it is meaningful in evolutionary theory to ask about the extent to which significant adjustment to changed environmental conditions – for example a sharp change in patterns of consumer demands, or factor availabilities and prices, or the advent of radically new technology – is achieved largely by old organizations learning new ways, or requires the death of old organizations, and the birth of new ones.

Some of the organizational ecology models developed by sociologists take a position that firms are like biological organisms. Thus Hannan/Freeman (1989) posit (for the purposes of their formal theorizing) that organizations cannot change their ways at all. Under this view society's ability to respond to change depends entirely on the presence at any time of a variety of organizations, or the generation of new ones. (For more eclectic surveys of sociological approaches to the evolution of organizations see Aldrich 1979; Scott 1992; Baum/Singh 1994).

While this position may sound bizarre to many economists, a number of careful students of firm behavior have been impressed that the set of things a firm can do well at any time is quite limited, and that, while firms certainly can learn to do new things, these learning capabilities also are limited. Thus Mueller (1989), Cool/Schendel (1988), and Rumelt (1991) have shown that, within an industry, there tends to be persistent differences across firms in profitability or productivity. While "imitation" is an important economic phenomenon, there would appear to be durable firm differences, associated with unique resources or competences. Dosi et al. (1992) have developed an argument that, to be effective, a firm needs a package of routines, including those concerned with learning and innovation, that are "coherent". But that coherency, on the other hand, entails a certain rigidity.

Milgrom/Roberts (1990), commenting on a wide range of recent literature on firm competences, have stressed that competences tend to come in strongly complementary packages of traits. As Levinthal (1994) argues, this undoubtedly is an important reason that successful firms often are difficult to imitate effectively, because to do so requires that a competitor adopt a number of different practices at once. It also is an important reason why firms who do well in one context may have great difficulty in adapting to a new one.

Winter and I (1977, 1982) and Dosi (1982, 1988) have used the concept of technological regime or paradigm to refer to the set of understandings about a particular broad technology that are shared by experts in a field, including understandings about what a firm needs to be doing to operate effectively in that regime. Tushman/Anderson (1986) have coined the term "competence destroying technical advance" to characterize new technologies when the skills and understandings needed to deal with them are significantly different from those relevant to the old. There is now considerable evidence (Tushman/Anderson 1986; Utterback 1994; Christensen/Rosenbloom, forthcoming; Henderson/Clark 1990; Henderson 1993) that when such an new technology comes along, the old entry barriers fall down, new companies enter, and many old ones fail. Thus organizations may be more like organisms than many economists are wont to believe, and significant economic change like significant biological change may involve large elements of creative destruction.

What about the institutions that support a particular industry or technology? Can the old ones change to meet the changed needs, or must a basically new set come into existence? If the latter is the case, does this tend to involve the ascendancy of new regions or nations, and the decline of the old? Lazonick (1990) among others has argued that the broad organization of work and institutions for training labor that worked so well for British industry in the late nineteenth century became a handicap in the twentieth. Veblen's famous essay (1915) on the rise of Germany as an economic power stresses more generally that British industry was sorely handicapped in adopting the new technologies that were coming into place around the turn of the century by an interlocking set of constraints associated with her institutions and past investments, whereas Germany could work with a relatively clean slate.

Recently these ideas have been revisited by Perez (1983) and Freeman (1991), who have developed the concept of a "techno-economic paradigm". Their argument starts along lines developed by Schumpeter many years ago: different eras are dominated by different fundamental technologies. They then propose that to be effective with those technologies a nation requires a set of institutions compatible with and supportive of them. The ones suitable for an earlier set of fundamental technologies may be quite inappropriate for the new. Perez/Freeman propose that the period since 1970 has seen the rise of "information technologies" as the new basis of economic effectiveness, and argue that effective accommodation requires a very different set of institutions that those required in the earlier era. Japan they see as coming closest to having them. Other but related explanations of the rise of Japan, and the decline of the U.S., but focusing on characteristics of Japanese firms, and their determinants, have been put forth by Aoki (1990) and Gilson/Roe (1993). The Piore/Sabel (1984) argument about the institutional forces that led to the particular structuring of American firms is about the other side of this story. Over the last several decades a number of biological evolutionary theorists have proposed that in biology evolution often follows the pattern of "punctuated equilibrium". Periodically there are bursts of mutations that somehow take hold, and a new species emerges. There follows a period during which the species evolve rapidly into a form that, then, seems to stabilize. Then in some cases, a new species emerges that replaces the old. The foregoing analysis suggests that, like species, the pattern of evolution of technology linked institutional forms often is that of punctuated equilibrium.

VII. Economic Institutions and Their Evolution

Two somewhat different intellectual streams have fed into the renewed interest economists have taken in institutions. Economists long have looked to differences across nations in their basic institutions as an explanation for differences in economic performance and living standards (Hodgson 1988, for a fine review of the "old" institutional economics), and in recent years that interest has intensified. For the most part until recently research along these lines has been empirical, with the theorizing appreciative. Recently that empirically motivated theorizing has become more formal. Also, over the past fifteen years or so, game theorists have come to be interested in "institutions", associating them theoretically with a particular solution of games that have multiple Nash equilibria. That is, the pattern of behavior associated with an equilibrium is seen as "institutionalized".

In turn, this intellectual development has had a strong influence on the empirically oriented theorizing.

One issue that has plagued both old and new research on institutions and their evolution has been how to define institutions. The term has been used to cover a grab bag of varied things. Some writers, particularly the older generation of institutional economists, have used the term to refer to what the theorists of cultural evolution, discussed above, would call "culture", or more specifically to those aspects of culture that affect human and organizational action. Under this perspective institutions refer to the complex of socially learned and shared values, norms, beliefs, meanings, symbols, customs, and standards that delineate the range of expected and accepted behavior in a particular context. This view of institutions is alive and well in modern sociology (Powell/Di Maggio 1991).

The "new" economic institutionalists have a different intellectual starting place, and as noted above have borrowed extensively from game theory. Thus North (1990) has proposed that institutions are "the rules of the game" (Eggerston 1990). The argument then is that, given the motivations of individuals and organizations and technological or other constraints, "the rules of the game" determine how and why it is played as it is. Schotter (1981), recognizing that games may have multiple equilibria, has suggested that institutions define "How the game is played" (Sugden 1989). Thus the concept here includes not only the rules, but also the standard and expected patterns of actual play that have evolved, which define the constraints and expectations of the present players. It is this concept of institutions that has become prevalent in evolutionary game theory. While developed in a different way, the game theoretic view of institutions has much in common with the sociological. What is different is the stress by sociologists on norms and belief systems rationalizing action in a given context, whereas the emphasis in game theory is on the self-enforcing nature of institutionalized behavior. It should be noted that North is very close to the sociologists here.

On the other hand, most historical accounts of institutions refer to more concrete things: the form of the modern corporation, or the modern research university, the financial system, and the particular kind of money in use, the court system, a nation's basic legal code, etc. Casella/Frey (1992) use the term "institution" to refer to particular structures and bodies of law like GATT, which define a kind of public order. How do these two apparently different nations about institutions relate?

It is not totally clear, but North makes a distinction between what prevailing institutions in his broad sense allow or require, and particular realizations within the set of the institutionally possible. Thus I understand him as taking a position akin to Durham's regarding culture, that institutions, as he defines them, influence and constrain, but leave considerable room for variability in the way society actually organizes itself. Along these lines one can, as Williamson (1985), see the M form of organization of multi-product firms as, during the period from 1920 to 1970, a prevailing institution, defining the expectations and norms for such firms. IBM and GM were organizational exemplars of these norms, and as such often referred to as institutions. However, according to this interpretation the "institution" is really defined by the pattern and the norms. Similarly, during the 1960s and 1970s Harvard and the University of California were institutional exemplars of what was widely accepted research universities should be. In the same vein, the IMF, and GATT, were particular organizations, but also representing institutions, in being the particular manifestation of a set of norms and beliefs.

I confess uneasiness at the broad and roomy definition of institutions invoked by the old institutionalists, and my uneasiness here carries over to the modern practice of calling any widespread practice, that can be interpreted as the equilibrium of a game, an institution. But here I put these concerns aside and reflect on the proposition that, however they may be defined, the institutions we now have came about as a result of an evolutionary process. Abstracting from the enormous diversity of things that have been called institutions, there are several key matters that I believe any serious theory of institutional evolution must address. One is path dependency. Today's "institutions" almost always show strong connections with yesterday's, and often those of a century ago, or earlier.

A second is that it almost certainly is necessary to think of evolutionary "processes" in the plural. Different kinds of institutions evolve in different ways. The earlier generation of institutional economists tended to stress the role of express collective decision making. The present generation tends to stress unplanned self-organization. In many cases the evolutionary processes at work seem to involve a blend of market, professional, and political processes, and it is likely an enormous task to sort these out and get an accurate assessment of operative "fitness" criteria and selection mechanisms.

One virtue of recognizing evolutionary theorizing as a class is that this encourages the application of what is learned in analysis of one topic to analysis of others. The intellectual traverse taken by North is quite interesting in this regard. In his early work on economic institutions (Davis/North 1971), North's position was that, despite the fact that interested parties often differed in their goals, and despite the fact that collective political processes often were involved centrally in the process of institutional evolution, evolution did assure something like optimality. On the other hand, in his recent writings (North 1990), he draws lessons from the above learning and distances himself sharply from any position along side Pangloss. His central argument is this. First, the major differences among nations in economic performance largely are due to differences in their institutions and how they have evolved. While nowhere can they be regarded as optimal, in some countries they have evolved in a way that is favorable to economic progress and in other countries not. Second, the advanced industrial nations have been extremely fortunate in this regard; one cannot attribute their relative well being to any special virtue and wisdom but rather to cultural and political contingencies.

Hayek (1988) long has stressed the evolutionary character of the way modern economic institutions have developed, using the following argument. The structure of prevailing institutions is far too complex for human beings to comprehend, hence there is no way people could actually have designed them. More, to think that we could, or that we can scrap them and replace them with something we can plan that would be better, is a "Fatal Conceit". Hayek is far too sophisticated a scholar to be tarred as arguing that existing institutions are optimal. Nor, while conservatives appropriately place him in their Pantheon, does he deny that conscious public action has played an important role in structuring the institutions we presently have. Rather, his central point is that our present institutional structures must be interpreted as largely the result of a process involving somewhat blind variation and social selection.

However, for reasons he is unable or unwilling to state, Hayek does not lay out exactly "How the West Grew Rich", to borrow a term from Rosenberg/Birdzell (1986). There is little discussion in Hayek about the actual mechanisms that have "selected" the institutions that what we have is the result of social learning. He says virtually nothing about how that occurs, or how it works in the benefit of the society as a whole, as contrasted with favoring individual interest that, when they are aggregated, are destructive of everyone. Yet somehow (he implicitly argues) what we have achieved works pretty well (this is North's point), and in any case messing with it in any radical way almost surely will make things worse. Rosenberg and Birdzell argue a variant of this theme. It is that "the West Grew Rich" because the societies broke loose from the norms and constraints of old institutions, and kept political process from doing too much, and let the "market" work.

But this will not quite do as a coherent theory. The "market" here is not just the market for goods and services or new techniques of production or modes of organizing private production. Rosenberg and Birdzell also are concerned with the institutions of modern science, bodies of law and mechanisms to enforce law and make new law etc. It probably is useful to posit that these "institutions" "evolved". One can speak of a "market" for institutional changes. We saw this earlier in the discussion of theories that proposed the law evolved to enhance economic efficiency. But in fact there is no real "market" that sorts out among proposed changes in the law. Rather there is a set of economic and political interest, professional and lay beliefs about what the law should be, and a diverse set of mechanisms, some expressly political and some not, through which these interests and norms influence the evolution of the law. And the same is true for most other things that we lump under the term "economic institutions". We have very little understanding of how this kind of a selection environment works, and how it defines "fitness" (Douglas 1986). We have no reason to believe that such selection environments are stringent, or stable, much less that they select on "economic efficiency".

And yet, it is arguably the case that the now advanced industrial nations have achieved dramatic economic progress (in most if not all dimensions) over the last century and a half. As argued in an earlier section, development of new technology certainly has been the primary force, but institutional structures have evolved to enable new technologies to operate relatively effectively. Indeed, the broad form of the modern corporation with R & D laboratory, and the modern university, which have become the major sources of technological advance, themselves have coevolved with technology.

It is clear that, somehow, in the now advanced industrial nations, there have been mechanisms that have made the coevolution of technology, industrial organization, and institutions more broadly, move in directions that have led to sustained economic progress. Private actions leading to "self organization" have been part of the story, but collective action has been as well. It is absurd to argue that processes of institutional evolution "optimize"; the very notion of optimization may be incoherent in a setting where the range of possibilities is not well defined, even if the issue of different interests could be resolved in this terminology (as through the set concept of Pareto optimality). However, there seem to be forces that stop or turn around particular directions of institutional evolution that, pursued at great length, would be disastrous. And strong shifts in the needs of large and powerful groups tend to be followed by shifts in the direction of institutional evolution toward ones that better reflect their changed needs. I can conjecture plausible models that yield these results. However, to date they have not been explored analytically with any rigor.

Undoubtedly part of the problem reflects the still primitive state of our ability to work with cultural evolutionary theories. In this particular case I am sure it also stems from an overly broad and vague concept of the variable in question – institutions – which is defined so as to cover an extraordinarily diverse set of things. Before we make more headway in understanding how "institutions" evolve we may have to unpack and drastically disaggregate the concept. But our difficulty also may signal the limits of the power of economics or social science theory more generally to comprehend a set of processes as complex as those behind economic growth as we have known it.

VIII. Reprise

This essay has aimed to provide an overview of recent writings by economists, and some other social scientists, who have put forth express theoretical arguments that the variables the authors are examining change through evolutionary processes. I have concentrated on work where empirical subject matter is the focus of attention, and an evolutionary theory is invoked to explain the observed or alleged pattern of change, and largely have neglected works where the formal aspects of an evolutionary theory are central and empirical subject matter brought in mostly as stylized examples. However a unifying characteristic of the writings surveyed here is that the evolutionary theorizing is set out explicitly, as contrasted with coming in mostly as a way of talking about the empirical subject matter.

As I argued in the introduction, the latter long has been common in economics. It is the express evolutionary theorizing that is relatively new. The theoretical arguments I have surveyed range from quite precise and formal, to storytelling. Virtually all of the them, however, are put forth by their authors to provide a different, and in the author's view a better theory than one which uses the conventional assumptions of "equilibrium" theorizing.

This of course raises the question of what one might mean by "better". More accurate prediction? "On the button" prediction never has been a hallmark of economic analysis, and it is unlikely that predictions motivated by an evolutionary theoretic framework are systematically better or worse than those motivated by a neoclassical theory. The heart of quantitative prediction making in economics lies in the details of the prediction equations, and these almost always reflect judgment of the particular context as much as formal theory.

Better explanation? If by "better" one means statistical "better fits" in various senses, again the heart of the exercise is in the details of the equations that are fitted, and those details are as much a matter of art as of broad formal theory. Indeed formal general theory usually provides only loose constraints on models designed to fit particular bodies of data.

On the other hand if by "better explanation" one means that is consistent with informed judgments as to what really is going on, that is exactly the case for evolutionary theory put forth by those that advocate it. In general those informed judgments reflect inferences drawn from a broad and diversified body of data. Thus evolutionary theories of productivity growth at a macroeconomic level feel right to their advocates not simply because they can be tuned to fit those particular data pretty well, but also because the evolutionary explanation is consistent with observed differences in productivity and profit among firms, with the fact that even obviously superior new technology usually diffuses slowly, and like observations, that it takes more strain for neoclassical theory to encompass.

And that, I would argue, is an important part of what the "betterness" criterion ought to be. Does the explanation ring right to those who know the details of the field? It would seem that this is the issue Marshall had in mind when he wrote the sentences that began the essay. Mechanical theories did not ring right with him.

But he also raised the issue of complexity. If there is value in formal theorizing in economics it lies in the ability to work through complex causal arguments, but if the complexity is too great one either may lose ability to understand what the theory is doing – what leads to what conclusions – or to check the logic for accuracy, or both. For all the reasons discussed in the introduction, economists now are far better able to deal with analytic complexity in general, and the complexity of evolutionary models in particular, than we were twenty years ago, much less in Marshall's time. There is no doubt, however, that evolutionary theories still tend to be complex.Thus those who are attracted to developing and employing them to address the phenomena in which they are interested are making an intellectual bet that the price of added complexity is worth paying to buy the better ability to devise and work with a theory that rings right. The bet is that evolutionary theory opens up a productive research program, to use Lakatos' idea, that is foreclosed or more difficult if one stays with mechanical analogies. The use of formal evolutionary theory in economics is still new, and the proponents of evolutionary theory are struggling with both techniques and standards. It is clear that a number of the evolutionary theories put forth by economists in recent years are difficult to follow in terms of their cause – effect logic, and some may be logically incoherent. Merely adopting evolutionary theoretic language does not automatically lead to a logical model. But a number of the new evolutionary theories do seem coherent and analytically powerful. The coherence and power of evolutionary theorizing obviously depends on the skill and diligence of the theorist. There would appear to be nothing different here between neoclassical and evolutionary theorizing.

This said, it is clear that one of the appeals of evolutionary theorizing about economic change is that that mode of theorizing does seem better to correspond to the actual complexity of the processes, as these are described by the scholars who have studied them in detail. There is no question that, in taking aboard this complexity, one often ends up with a theory in which precise predictions are impossible or highly dependent on particular contingencies, as is the case if the theory implies multiple or rapidly shifting equilibria, or if under the theory the system is likely to be far away from any equilibrium, except under very special circumstances. Thus an evolutionary theory not only may be more complex than an equilibrium theory. It may be less decisive in its predictions and explanations. To such a complaint, the advocate of an evolutionary theory might reply that the apparent power of the simpler theory in fact is an illusion.

A good case can be made that the topics and sectors where evolutionary theories that have been developed to date are notably weak regarding prediction, and somewhat ad hoc on explanation, are those where standard neoclassical theories have great difficulties also. They are areas where there is no real market, or where market selection is strongly mixed with political or professional influences. The problem in theorizing here clearly lies not in the evolutionary art form, but in the complexity of the subject matter.

Many years ago Veblen (1896) asked, "Why is Economics Not an Evolutionary Science?" In my view economics would be a stronger field if its theoretical framework were expressly evolutionary. Such a framework would help us see and understand better the complexity of the economic reality. That, I think, is its greatest advantage. But it will not make the complexity go away.

2 SOZIOLOGISCHER INSTITUTIONALISMUS UND POLIT-ÖKONOMISCHE ANSÄTZE

Organisation als Institution der kapitalistischen Gesellschaftsformation

Klaus Türk

> Die Begriffe der Herrschenden sind allemal die
> Spiegel gewesen, dank deren das Bild einer 'Ord-
> nung' zustande kam.
>
> W. Benjamin*

> ...die Organisation [ist] das eigentliche Medium,
> in welchem die Verdinglichung der menschlichen
> Beziehungen sich abspielt...
>
> W. Benjamin**

1. Einleitung

Welchen Beitrag kann die soziologische Analyse von Organisationen zum Verständnis der modernen Gesellschaft, ihrer Funktionsweise und ihrer Pathologien,
leisten? Wie müßte eine Soziologie der Organisationen ansetzen, die nicht an der
Unterstützung der „Organisationsherren" bei der organisierten Erreichung ihrer
Ziele interessiert ist, sondern an einer kritischen Theorie der Gesellschaft? Mit
welchen theoretischen Mitteln lassen sich die Zusammenhänge zwischen Gesellschaft und Organisation modellieren?

Nur wenig hat die internationale Organisationsforschung bislang zu einer solchen Fragestellung geleistet. Zu lange war die Organisationstheorie affirmativ in
die Reproduktion herrschender Verhältnisse eingebunden, sei es als Management-
und Organisationslehre, als Administrative Science, als „Human-Relations-An-
satz" (als „Cow Sociology", die für glückliche Kühe, die man besser melken kann,

---

* Benjamin (1961) S. 265
** So 1930 in seiner Besprechung von S. Kracauer, „Die Angestellten"; er ergänzt allerdings:
„[...] das einzige übrigens auch, in dem sie könnte überwunden werden [...]" (Benjamin
1972, S. 220 f.). Entweder hängt Benjamin hier der sozialistischen Organisationsutopie nach,
oder er wechselt unbemerkt den Begriff von „Organisation" auf „Assoziation".

sorgt[1]), als Kontingenztheorie oder auch neuerdings als Transaktionskostentheorie, die ja stets nur aus der Perspektive der Herrschenden argumentiert. Vor diesem Hintergrund ist es sehr zu begrüßen, daß sich seit einiger Zeit um die Kategorie der Institution herum ein Diskurs in der Organisationssoziologie entfaltet hat, in dem der Zusammenhang von Organisation und Gesellschaft zumindest zum Thema gemacht wird, so daß man versuchen kann, an dort formulierte Argumente anzuknüpfen. Überhaupt läßt sich feststellen, daß die Sozialwissenschaften seit einiger Zeit die „Institution" wiederentdeckt haben. In der Ökonomie (z.B. North 1992; Williamson 1993), der Politologie (z.B. March/Olsen 1984; Göhler 1987) und in der Soziologie (z.B. im „Neofunktionalismus", vgl. Alexander 1985) ist von einem „Neuen Institutionalismus" die Rede. Auch Theoretiker, die sich der „Kritik der politischen Ökonomie" verbunden fühlen und an einer „Regulationstheorie" arbeiten, erörtern derzeit, was mit der Kategorie der „Institution" anzufangen ist (Esser et al. 1994). Wissenschaftssoziologisch könnte man fragen, ob dieses Phänomen aus besonderen Ereignissen außerhalb des Bereichs der Wissenschaft resultiert oder ob es sich um eine rein innerwissenschaftliche Modeerscheinung handelt, wie sie ja auch sonst häufig zu beobachten ist. Wissenschaftsimmanent wäre zu erörtern, ob und für welchen Zweck die Kategorie der Institution eigentlich notwendig oder zumindest nützlich ist. Die Theorie sollte sich ihre Begriffe ja nicht aufzwingen lassen, weder von Diskursmoden noch von der sonstigen gesellschaftlichen Wirklichkeit. Gerade für den Begriff der Institution gilt, daß er hochgradig durch Inanspruchnahme von Theorien und Alltagspraxis belastet ist, so daß er sich kaum mehr als eine soziologische Grundkategorie zu eignen scheint, sondern eher als Gegenstand einer wissenssoziologischen oder ideologiekritischen Analyse.[2] Andererseits verweist der Gebrauch dieses Begriffs aber auf spezifische Beschreibungs- und Analysebedarfe, von denen offenbar angenommen wird, daß sie mit anderen Kategorien nicht adäquat befriedigt werden können.

In diesem Beitrag geht es zunächst darum, die zentralen Fragestellungen und die wesentlichen Antworten der neueren soziologischen institutionalistischen Organisationstheorie darzustellen. Dabei wird kein umfassendes Literaturreferat angestrebt. Die daran interessierten Leserinnen und Leser seien auf gut zugängliche und informative Überblicksarbeiten von Scott (1987, 1991, 1994a, b, 1995) und von Walgenbach (1995) verwiesen.[3] Daran anschließend sollen einige dem Autor

---

1 So Adorno (1954) S. 32.

2 Es gibt immer wieder Übersichtsarbeiten zur Kategorie und Theorie der Institution, auf die hier nur verwiesen werden kann; vgl. dazu z.B. nur Schmalz-Bruns (1989) oder Schülein (1987).

3 Ich gehe in diesem gesamten Aufsatz nach dem Prinzip der Minimierung der Anmerkungen und Literaturverweise aus. Es gibt allerdings in den Abschnitten 3 und 4 kaum einen Satz, dem man nicht eine Fußnote mit einer langen Literaturliste anhängen könnte. Mir geht es hier mehr um Systematik als um Literaturauseinandersetzung. Der Referatteil (Abschnitt 2) ist sehr nahe an den originalen Textvorlagen orientiert; ich wollte dort so weit wie möglich eigene Interpretationen vermeiden.

bedeutsam erscheinende Probleme der Begriffs- und Theoriebildung in diesem Feld diskutiert werden. Schließlich wird der Versuch unternommen, eine institutionalistisch informierte, polit-ökonomische Interpretationsweise anzubieten.

2. Überblick: Fragen und Antworten institutionalistischer Organisationssoziologie

2.1 Vorbemerkungen

Entdeckt die Soziologie erst jetzt, was jeder Alltagsmensch doch sowieso schon weiß, daß Organisationen *in der Gesellschaft* sind – ja, wo denn sonst? Entdeckt sie erst jetzt, daß Sitten und Gebräuche, eingeschliffene Verhaltensweisen, Interessen und Kungeleien, mehr oder weniger austarierte oder mehr oder weniger faule Kompromisse in Organisationen genauso zu finden sind, wie z.B. frisierte und geschönte Selbstdarstellungen „nach außen"? Weiß denn nicht schon jeder, der es überhaupt mit Organisationen zu tun gehabt hat, daß es dort keineswegs nur nach Plan, streng rational und stets auf dem einen besten Weg zum Ziel vor sich geht? Weiß denn nicht jeder, daß die Menschen, die in Organisationen handeln, ihre Einstellungen, ihr Wissen, ihre Interpretationen, die sie in anderen Bereichen erworben haben, auch in den organisationalen Kontexten verwenden und somit für eine „Interpenetration" gesellschaftlicher Bereiche sorgen?

Selbst wenn man dies schon alles wissen sollte, bleiben doch einige Fragen: Warum ist es denn eigentlich so, wie es ist? Vor allem: warum ist es denn *heute* so, wie es ist; denn, daß Organisationen eine so große Rolle spielen wie heute, auch dies dürfte vielen klar sein, war doch offenbar nicht immer so. Und die zweite Frage, die damit zusammenhängt: Wenn dies alles so ist, warum wird es denn auf diese oder ähnliche Weise immer wieder reproduziert, und dies sogar „auf erweiterter Stufenleiter" (um ein von Marx häufig gebrauchtes Bild zu verwenden) in immer größerer – weltweiter – Ausdehnung? Herrscht nicht doch letztendlich die Vorstellung, daß „Organisation" „eigentlich" doch etwas rational Effizientes und Produktives ist, nur nicht immer zu Vollendung gebracht, weil die Menschen (noch nicht?) gut genug für das Organisieren sind? Ärgert man sich im Alltag nicht vor allem deshalb über Organisationen, weil sie gerade nicht rational operieren? Beklagt man nicht gerade Irrationalitäten, Willkür, Schlamperei, Kungelei, Inkompetenz? Geschieht dies nicht auf der Folie, daß Organisationen eigentlich so sein müßten, wie Max Weber sie in seinem Idealtypus der Bürokratie beschrieben hat? Gilt Organisation nicht als positive universelle Sozialtechnologie?

Aber nicht nur dem „Alltagsmenschen" ist die Gesellschaftlichkeit der Organisationen wohlbekannt, auch für Soziologen dürfte dies nichts Neues sein: Spätestens seit Marx wissen wir von der „Zwieschlächtigkeit des kapitalistischen Produktionsprozesses" und damit von der gesellschaftlichen Konstituiertheit von Arbeitsorganisationen; spätestens seit Max Weber wissen wir von der Rationalität als kulturellem Projekt der abendländischen Moderne und nicht als universell gültigem Prinzip und von der modernen Organisationsform (hier der Bürokratie) als historisch-gesellschaftlichem Phänomen; und spätestens seit Talcott Parsons wissen wir von der institutionellen Einbettung der Organisationen in gesamtgesellschaftliche Strukturen (vgl. vor allem Parsons 1956/57). Also: alles kalter Kaffee, was die neuen soziologischen Institutionalisten uns erzählen? Ganz so ist es wohl nicht. Zumindest *ein* Verdienst der Institutionalisten ist das Insistieren auf der – eigentlich soziologisch trivialen – Tatsache, daß Organisationen sich „in der Gesellschaft" befinden.[4] Wenn dies aber so ist, so folgt daraus mindestens zweierlei:

(1.) Als Teilkontexte des gesellschaftlichen Ganzen lassen sich Organisationen nur in Relation zu den gesamtgesellschaftlichen Eigenheiten bestimmen und verstehen; in den organisationalen Kontexten selbst müssen die wesentlichen Momente der gesamtgesellschaftlichen Eigenheiten aufweisbar sein;

(2.) da Organisationen selbst wesentliche strukturelle Momente der Gesellschaft sind, muß zeigbar sein, worin das strukturierende Moment der Organisationsform (der Organisationen) im Hinblick auf die Gesamtgesellschaft liegt.

Organisationen lassen sich danach nicht „monadologisch" als jeweilige Erfindungen von Organisatoren und ihrer Implementationshandlungen verstehen und auch nicht schlicht als koordinative Produktivkräfte gesellschaftlicher Arbeit. Insoweit sie Teilstrukturen der Gesamtgesellschaft sind, sind sie Teilstrukturen im Ensemble gesellschaftlicher Verhältnisse. Sehen wir uns zunächst aber einmal an, was die Institutionalisten uns zu sagen haben!

2.2 Wesentliche Aussagen institutionalistischer Organisationssoziologie im Überblick

Der neuere institutionalistische Diskurs in der Organisationssoziologie beginnt im wesentlichen mit drei Aufsätzen: dem Aufsatz von Meyer/Rowan (1977) über „Institutionalized myth", dem Artikel von Zucker (1977) über „The role of institutionalization in cultural persistence" und der Arbeit von DiMaggio/Powell (1983): „The iron cage revisited". Alle drei Aufsätze haben Fortsetzungen und weitere Ausarbeitungen erfahren und bilden so Anfangspunkte für die Entwicklung institutionalistischer Argumentationen. Sie markieren aber auch unterschiedliche Zugangsweisen und Forschungsinteressen an unserem Thema. Meyer u.a. geht es bis zu den neuesten Veröffentlichungen eher um eine makrosoziologische Perspektive. Organisationen werden als institutionell geformte Gebilde angesehen, die vor allem vor dem Hintergrund der globalen Ausbreitung der westlichen Rationalitätsideologie zu verstehen sind. DiMaggio und Powell folgen dagegen

---

4 Wissensoziologisch ist es natürlich von Interesse, warum diese Tatsache immer wieder ignoriert wird und warum immer wieder auf sie hingewiesen werden muß.

eher einer mesosoziologische Perspektive. Von Beginn an interessieren sie sich für die Prozesse der Etablierung bestimmter Organisationsformen in verschiedenen gesellschaftlichen Sektoren, sog. „organisationalen Feldern". Zucker beginnt demgegenüber mit einer mikrosoziologischen Fragestellung, die sie auch in späteren Aufsätzen wieder aufgreift, wobei sie aber dann durchaus auf meso- und makrosoziologische Aspekte zu sprechen kommt. Vor allem diese drei Startaufsätze markieren damit das Feld des institutionalistischen Diskurses insgesamt. Im folgenden gebe ich einen knappen Überblick über diesen Diskurs, jeweils mit dem entsprechenden Startaufsatz beginnend.

2.2.1 Zucker

Lynne G. Zucker weist zu recht darauf hin, daß die einzige Gemeinsamkeit der in den Sozialwissenschaften zu findenden Definitionen von „Institution" in dem Merkmal der Dauerhaftigkeit besteht (Zucker 1977, S. 726).[5] Dauerhaftigkeit heißt aber, daß eine Praxis oder eine Interpretation auch gegen widersprechende oder durch diese Muster nicht gedeckte Erfahrungen resistent ist. Als institutionalisiert gilt deshalb etwas, das kontrafaktisch stabilisiert ist. Von daher ist es durchaus bedeutsam, sich, wie Zucker, mit der Frage der mikrosozialen Fundierung solcher kontrafaktischen Persistenz zu befassen. Dieser Frage geht Zucker in ihrem Aufsatz von 1977 nach. Die Persistenz bestimmter Praxen ist für sie nicht an eine Internalisierung oder einen Sanktionsmechanismus intrinsischer bzw. extrinsischer Art gebunden; vielmehr ist für sie Institutionalisierung ein Phänomen eigener Art, durch das bestimmte Praktiken bzw. Wissenselemente zu einem sozialen Sachverhalt, zu einem Element objektiver Realität werden. Der Verweis auf den gesellschaftlichen Tatsachencharakter reicht aus, um Subjekte zu mit dieser unterstellten Realität korrespondierendem Verhalten zu bewegen; Institution heißt gleichsam, so könnte man Zucker interpretieren, die Geltung der Faktizität, die als objektiv und als außerhalb des Subjekts liegend von den Akteuren wahrgenommen wird und einer laufenden normativen Kontrolle nicht bedarf. Typisch für solche Institutionalisierungen ist, daß routinisierte und standardisierte Beschreibungen im Alltag verfügbar sind. Konkreter formuliert, besteht eine Dauerhaftigkeit nur dann, wenn die Praktiken überlieferbar sind, wenn sie sich stabilisieren und wenn sie gegen Veränderungsdruck resistent bleiben. Zu allen drei Aspekten hat Zucker Laborexperimente durchgeführt, über die sie berichtet.

Bei der experimentellen Anordnung handelt es sich um eine Variation des ursprünglich von Sherif entwickelten Designs des sog. „autokinetischen Effekts". Dabei wird in einem völlig verdunkelten Raum eine stationäre Lichtquelle für eine kurze Zeit eingeschaltet; für die Versuchspersonen scheint sich der Lichtpunkt

---

5 Aus Gründen der sprachlichen Vereinfachung wähle ich in den folgenden Referaten weitgehend den Indikativ und nicht den Konjunktiv; Sprachästheten bitte ich um Nachsicht.

aber zu bewegen. Zucker verglich simulierte formale Organisationssituationen mit einfachen Gruppen- bzw. Individualsituationen. Die Ergebnisse stützen die Institutionalisierungsthese: wird eine Organisationssituation simuliert, die noch dadurch verstärkt wird, daß derjenigen Person, die zuerst ihre (im ersten Durchgang fingierte) Einschätzung über die Bewegung des Lichtpunktes abgibt, eine offizielle organisationale Leitungsfunktion zugeschrieben wird, so wird ihre Einschätzung von den anderen nicht nur in stärkerem Maße als in nicht-organisationalen Vergleichssituationen angenommen, sondern die extreme Schätzvorgabe (12 inch) wird auch von „Generation zu Generation" mit geringeren Abweichungen übernommen als in den anderen Situationen. In der formalen Organisationssituation waren sich die Versuchspersonen überdies ihrer Schätzungen sicherer als in den anderen, und weniger Personen empfanden die Schätzung als schwierig; allerdings berichteten nur 7 % der Versuchspersonen, die eine organisationale Leitungsperson spielen mußten, daß sie sich in der hoch organisierten Situation nicht einem Konformitätsdruck ausgesetzt sahen. Die Unterschiede in der Stabilität der Schätzungen bei Wiederholung nach einer Woche waren weniger eindrucksvoll; zwar waren die Abweichung bei denen, die zuvor unter Organisationsbedingungen geschätzt hatten, kleiner als bei denen in einfachen Gruppensituationen, aber sämtliche Abweichungen waren nur sehr gering. Demgegenüber fielen die Ergebnisse deutlicher bei einer dritten Versuchsrunde aus, bei der dieselben Personen, die zur Wiederholung des Tests gebeten wurden, nun mit der Einschätzung einer weiteren (instruierten) Person konfrontiert wurden, die extrem geringe Bewegungen des Lichtpunktes behauptete (durchschnittlich 1,5 inch). Hier zeigte sich, daß die Resistenz gegen Übernahme von Veränderungen mit dem simulierten Organisierungsgrad in der ersten Versuchsrunde variierte: je höher der Organisierungsgrad (fiktiver Institutionalisierungsgrad), desto weniger waren die Versuchspersonen von ihrer ursprünglichen Schätzung abzubringen. Alle Versuchspersonen waren Frauen.

Diese Ergebnisse der Laborexperimente sind durchaus bedeutsam, aber m.E. in einer etwas anderen Weise zu interpretieren, als dies Zucker tut. Es wird in dieser Experimentalsituation eigentlich gerade nicht untersucht, inwieweit institutionalisierte Praktiken oder Interpretationen weitergegeben werden, sich stabilisieren und gegen Veränderungsdruck resistent sind. Vielmehr ist das Design doch so aufgebaut, daß es eine beispielhafte Anschauung dafür liefert, welche zurichtende Macht die gesellschaftlich institutionalisierte Organisationsform im Hinblick auf individuelle Verhaltensäußerungen, hier: Urteilsbildungen, hat. Es wird in den Experimenten ja nicht die institutionelle Organisationsform tradiert, stabilisiert oder in Frage gestellt, sondern der „Output" des Interagierens vermittels dieser Form. In diesem Sinne können die Ergebnisse dieser Experimente (so wie z.B. auch das Milgram-Experiment oder das Stanforder Gefängnisexperiment) ein Erschrecken darüber auslösen, wie Menschen (in diesem Falle Studentinnen) nur, weil sie in einem (simulierten) Organisationskontext agieren, jegliches eigenes Urteilsvermögen hintanstellen, um den Vorgaben einer (simulierten!) Autoritätsperson zu folgen. Wie immer man aus methodischen, erkenntnistheoretischen oder ethischen Gesichtspunkten zu Experimenten dieser Art stehen mag, so wird man vorliegende Ergebnisse aus solchen Untersuchungen doch nicht einfach ignorieren können.

In ihren späteren Arbeiten kommt Zucker immer wieder auf diese Experimente zurück, weitet aber ihre Fragestellung auf meso- und makrosoziologische Aspekte aus. Auch vor dem Hintergrund solcher Forschungsergebnisse hält sie Organisationen für die bedeutendsten institutionellen Formen in modernen Gesellschaften, die gewaltige Macht über die natürlichen Personen ausüben. Zu wenig Aufmerksamkeit sei bislang auf die Macht von Organisationen gelenkt worden, diejenigen Kräfte zu verändern, die auf sie wirken, seien es interne oder solche der Umwelt (Zucker 1983, S. 1 f.). Sie will deshalb Quellen organisationaler Macht untersuchen, Quellen, die nicht in der Kontrolle über Ressourcen i.e.S. begründet liegen, sondern in der Kontrolle basaler institutioneller Strukturen und Prozesse. Dabei wird weniger die Perspektive vertreten, daß Organisationen von sie umgreifenden Institutionen bedingt sind, vielmehr werden Organisationen selbst als Institutionen betrachtet. Die Analyse befaßt sich nun konkret vor allem mit dem Übergang von verwandtschaftsbasierten zu organisationsbasierten Strukturen von Arbeit und sozialer Differenzierung sowie mit den massiven kognitiven Wandlungen, die sich in den sprachlichen Strukturen manifestieren und zu einem institutionellen Niedergang der Familie in diesem Bereich führen.

Zucker geht von der Leitthese aus, daß die Organisationsform sich im 19. und 20. Jahrhundert in den USA nicht wegen ihrer produktiven Effizienz verbreitet hat, sondern weil sie eine institutionelle Faktizität und Geltung erlangen konnte, die sich durch korrespondierende Restrukturierungen der Gesellschaftsstruktur, insbesondere der Strukturen sozialer Differenzierung, verstärkte. Sie kann zunächst empirisch zeigen, daß und wie sich die Organisationsform in den USA ausbreitete und etablierte, daß die Organisationsform selbst und spezielle Ausprägungen dieser häufig nur imitativ übernommen wurden, ohne weitere Überprüfung der Effizienz, wie sich die Kategorien sozialer Differenzierung von verwandtschaftsbezogenen zu organisationsbezogenen wandelten, wie in der Alltagssprache sich organisationales Vokabular einnistete, welche Bedeutung den neuen korporativen Akteuren von den Tageszeitungen beigemessen wurde. Die Organisationen bilden nun untereinander und mit anderen gesellschaftlichen Einheiten Muster enger Kopplung aus, was ihre Stabilität und die Wandlungsresistenz der Gesamtstruktur erhöht. Für Zucker ist dies der Prozeß der Institutionalisierung der Organisationsform. Die Hauptquelle der Macht der Organisationen liegt für sie darin begründet, daß die Organisationsform als die zentrale definierende Institution in der modernen Gesellschaft fungiert (Zucker 1983, S. 13). Aber dies ist natürlich keine Antwort, sondern die Frage selbst, nämlich wie und wodurch nun gerade diese Form solche Macht auszuüben im Stande ist. Ihre Erklärungsstrategien sind leider nicht konsistent. Zunächst scheint es so zu sein, daß „Institutionalisierung" selbst, so wie ja auch in ihren Laborexperimenten, als

Erklärung gilt. Diese reicht ihr aber offenbar doch nicht aus, so daß sie die institutionalisierte Organisationsform als einen sozialen Mechanismus der befriedenden Handhabung „sozialer Dilemmata" bestimmt, als Mechanismus der Institutionalisierung von Regeln „fairen Austausches" (Zucker 1988). Formal organisierte Kollektivitäten sind die „cultural engines" moderner Sozialsysteme, Lösungen der allgemeinen Probleme der Konstruktion und Aufrechterhaltung sozialer Ordnung.

Die gesamte Argumentation verläuft in diesem Zusammmhang sozialtheoretisch, obwohl Zucker eigentlich wegen ihrer grundlegenden historischen Orientierung in bezug auf die Verbreitung formaler Organisationen hätte zeigen müssen, in welcher Weise gerade diese Form in der historischen Situation des 19. Jahrhunderts eine solche regulative Funktion hatte erfüllen können. Dies aber unterbleibt, weil es ihr an einem ausgearbeiteten gesellschaftstheoretischen Bezugsrahmen fehlt. Ein weitere Unklarheit dürfte ebenfalls diesem Mangel geschuldet sein. Sie behauptet nämlich ohne weitere kritische Prüfung, daß die Organisationsform zunächst bezüglich der industriellen Produktion günstige Produktivitätseffekte gehabt habe. Das erste Auftauchen der Organisationsform wird also ganz im Sinne konventioneller neoklassischer Ökonomie mit Effizienzvorteilen erklärt. Erst die massenhafte Verbreitung sei dann imitativ verlaufen, weil die Organisationsform bereits einen Legitimitätsvorsprung besaß. Angesichts der Tatsache, daß Zucker sich als eine institutionalistisch arbeitende Soziologin versteht, stellt eine solche ökonomistische Erklärung des Ursprungs formaler Organisationen einen Bruch des theoretischen Bezugsrahmens dar.

2.2.2 Meyer u.a.

Zucker faßt Organisationen selbst als Institutionen auf und wendet sich damit – auch explizit – gegen eine Version institutionalistischer Theorie, wie sie Meyer u.a. vor allem in früheren Arbeiten vertreten haben. So wenden sich Meyer/Rowan (1981/1977, S. 303 f.) gegen voluntaristische Erklärungsmodelle rationalen Handelns und gehen statt dessen davon aus, daß Organisationen in hochgradig institutionalisierten Kontexten von Vorstellungen operieren, auf welche Weise bestimmte Güter und Dienstleistungen „rational" zu produzieren sind. Organisationen sind genötigt, solche Praktiken und Verfahren zu implementieren, die vorgängig als rationale Konzepte definiert wurden. Auf diese Weise steigern sie ihre Legitimität und ihre Überlebenschancen unabhängig von der unmittelbaren (dies meint hier: kurzfristigen) Effektivität solcher Praktiken und Verfahren. Institutionalisierte Produkte, Dienste, Techniken, Strategien und Programme fungieren als machtvolle Mythen, und viele Organisationen übernehmen sie bloß rituell. Die Konformität mit institutionalisierten Regeln gerät aber häufig in scharfen Konflikt zu Effizienzkriterien, und umgekehrt unterminiert die Verfolgung von Effizienzkriterien die zeremoniale Konformität. Um die zeremoniale Konformität zu sichern, versuchen Organisationen, ihre formalen Strukturen gegenüber den Unsicherheiten der technischen Aktivitäten zu puffern, indem sie beide Bereiche nur lose koppeln.

Bisherige Theorien haben nach Meyer/Rowan einen wichtigen Bestandteil der Theorie Max Webers vernachlässigt, nämlich die Legitimitätsgeltung formal rationaler Strukturen (Meyer/Rowan 1981/1977, S. 306). Sie wollen deshalb in dieser Hinsicht wieder an das Werk Max Webers anschließen (allerdings vernachlässigen sie selbst den wesentlichen Bestandteil von dessen Theorie: die Herrschaftssoziologie). Die Autoren formulieren dann, daß Organisationen in ihren Strukturen gesellschaftlich konstruierte Wirklichkeit widerspiegeln. Es ist aber unklar, wie diese Aussage gemeint ist, und diese Unklarheit durchzieht den gesamten Aufsatz. Zwei Lesarten sind möglich:

(1) Eine *kontingenztheoretische Lesart* würde bedeuten, daß Organisatoren institutionelle Erwartungen aus Legitimitätsgründen berücksichtigen müssen. Im Ergebnis wiesen dann „überlebensfähige" Organisationen von ihrer Umwelt erwartete Elemente auf. In diesem Falle würden sich die leitenden organisationalen Akteure strategisch auf „Institutionen" beziehen. Auf eine solche Konzeption deuten viele Aussagen bei Meyer/ Rowan hin. Es werden „Rationalitätsfassaden" geschickt inszeniert, die die „wirklich effizienzorientierten" Praktiken nach außen hin abschotten.

(2) Eine *konstitutionstheoretische Lesart* würde bedeuten: Organisationen sind Verkörperungen institutioneller Muster der modernen Gesellschaft, die als selbstverständlich gelten. Als solche sind diese Muster gar nicht strategisch verfügbar, sondern sie formieren die Strategien selbst. Auch die weiteren Ausführungen der Autoren führen nicht zur Klärung. Eher scheint es, daß Meyer/Rowan doch ein kontingenztheoretisches Modell strategischen Handelns präferieren, vor allem dann, wenn sie schreiben, daß viele Organisationen versuchen, ihre eigenen Ziele und Prinzipien gesellschaftlich zu institutionalisieren und dabei auf Beispiele verweisen, in denen Automobilkonzerne versuchen, ihre Produktionsnormen zu allgemeinen Standards zu erheben (Meyer/Rowan 1981/1977, S. 309 f.), oder wenn sie schreiben, daß Organisationen den institutionellen Erwartungen ihrer Umwelt zu entsprechen trachten, um Zugang zu Ressourcen zu gewinnen (Meyer/Rowan 1981/1977, S. 13). Immer wird „den Organisationen" rational-voluntaristisches Handeln unterstellt, mit dem sie sich durch die Vielfalt der Umwelterwartungen hindurchlavieren. Der Institutionenbegriff steht in diesem Aufsatz eigentlich nur für den Sachverhalt, daß „Organisationen" auch Mythen, Ideologien, Vorstellungen „der Umwelt" beachten müssen, um „überleben" zu können. Dies kompliziert vielleicht ihre Entscheidungsfindungen. Letztlich aber haben Meyer/Rowan hier das alte strategisch-zweckrationalistische Modell der Organisation noch nicht aufgegeben; es werden lediglich weitere Parameter berücksichtigt. Das wird auch deutlich an ihrer Unterscheidung von „institutionalisierten" (zeremonialen, symbolischen) und „relationalen" (effizienzorientierten, technischen) Kontexten. Alle Organisationen sind für die Autoren mehr oder

weniger eingelagert sowohl in technische als auch in institutionalisierte Kontexte, und deshalb sind sie einerseits damit befaßt, ihre Aktivitäten zu koordinieren und zu regulieren, andererseits damit, sie geschickt darzustellen. Das Überleben einiger Organisationen hängt mehr davon ab, die internen und grenzüberschreitenden Beziehungen gut zu managen (Unternehmungen, deren Produkte klar definiert sind und von den Abnehmern leicht bewertet werden können), das Überleben anderer mehr davon, daß den zeremonialen Anforderungen hochgradig institutionalisierter Umwelten genüge getan wird (Schulen, Verwaltungen, Forschung und Entwicklung). Wegen dieser kontextuellen Doppelstruktur ergeben sich typischerweise strukturelle Inkonsistenzen. Die kategorischen Regeln der institutionellen Kontexte konfligieren typischerweise mit Strategien der Effizienz (Meyer/Rowan 1981/1977, S. 314 f.): Teure Apparate erhöhen das Prestige, nicht aber die Effizienz von Krankenhäusern; die Einstellung eines Nobelpreisträgers erhöht das Ansehen einer Universität, schmälert aber den Etat für effizienzbezogene Ausgaben usw.; die institutionellen Regeln sind häufig viel zu allgemein, um spezifische, situationsgerechte Entscheidungen zu fällen; institutionelle Erwartungen müssen nicht konsistent sein etc. Organisationen müssen also irgendwie diese Inkonsistenzen managen. Dies geschieht im Wege strategischer Bezugnahme von Organisationen auf institutionelle Erwartungen; also über den *zweckrationalen* Umgang mit Inkonsistenzen, der bei Erfolg die Maximierung der langfristigen Effektivität verspricht (Meyer/Rowan 1981/1977, S. 319). Damit gehen Meyer/Rowan hier noch von dem entscheidungsautonomen (korporativen) Akteur „Organisation" aus, der sich subjektiv rational „externen" Erwartungen durch Strategien von Entkopplung, Vertrauensbildung etc. anpaßt. Ein solches Konzept wird später, vor allem bei Meyer et al. (1994 [1987]) heftig kritisiert. Hier liegt aber noch ein entscheidungstheoretisches Innen-Außen- bzw. System-Umwelt-Modell vor, das eine voluntaristisch-individuelle Verfügbarkeit gesellschaftlicher Schemata unterstellt.

In neueren Arbeiten setzt Meyer, teils zusammen mit Kollegen, breiter an und bemüht sich, die Grundlinien einer institutionalistischen Organisationstheorie unter makrosoziologischem Aspekt stärker herauszuarbeiten. Vor allem wird das Phänomen der Organisation nun strenger an die herrschenden ideologischen Grundstrukturen der modernen Gesellschaft gebunden. Ausführlich geschieht dies in dem erstmals 1987 zusammen mit Boli und Thomas veröffentlichten Artikel (Meyer et al. 1994). Gesellschaftliches Handeln in modernen Gesellschaften sehen sie als hochgradig durch institutionelle Regeln strukturiert an. Diese Regeln erscheinen in der Form von kulturellen Theorien, Ideologien und Vorschriften darüber, wie die Gesellschaft funktioniert bzw. funktionieren sollte, um kollektive Ziele zu erreichen, insbesondere die als vernünftig geltenden Ziele von Gerechtigkeit und Fortschritt. Ins Zentrum ihrer Analyse stellen sie die Frage, in welcher Weise die institutionelle Struktur der Gesellschaft solche gesellschaftlichen Teileinheiten kreiert und legitimiert, die als „Akteure" angesehen werden (Meyer et al. 1987, S. 9). Der Begriff der Institution bezieht sich hier auf die mustererzeugenden generellen Regeln, die kollektive Bedeutungen konstituieren sowie bestimmten Einheiten und Aktivitäten Wert zulegen, indem sie sie in umfassendere Muster integrieren. Soziale Handlungsmuster wie auch die handelnden Einheiten (Individuen oder andere) werden durch solche Regeln konstruiert. Institutionalisierung meint dann den Prozeß, durch den solche Einheiten und Handlungsmuster normativ bzw. kognitiv in Kraft treten und im praktischen Handeln als gesetzmäßig und normal hingenommen werden („taken for granted"). Im Unterschied zu handlungstheoretischen Konzepten gehen sie davon aus, daß die Akteure nicht „real" vorhanden sind, sondern selbst als soziale Konstruktionen zu gelten haben. In diesem Sinne sind auch Organisationen als „kollektive Akteure" gesellschaftlich institutionalisierte Reifizierungen (Meyer et al. 1987, S. 14). Im Unterschied der Ausführungen von 1977 heißt es nun: „Die übliche Erklärung unterschätzt das Ausmaß, zu dem organisationale Strukturen nicht von der Umwelt beeinflußt werden, sondern durch sie bereits intern konstituiert sind" (Meyer et al. 1987, S. 15).

Hier also nehmen Meyer et al. Abschied von einer kontingenztheoretischen Formulierung zugunsten einer konstitutionstheoretischen. Richtet sich die so getroffene Reformulierung gegen eine ontologisierende Handlungstheorie, so präzisieren die Autoren ihr Konzept auch in Differenz zu politischen und damit implizit auch gegen individualtheoretische „mikropolitische" Ansätze. Wenn nämlich die organisationalen Strukturen Ergebnisse politischer Aushandlungsprozesse oder Spiele wären, könnte man kaum erklären, warum sich nicht nur die Organisationsform selbst weltweit durchsetzt, sondern dies auch noch in auffallend gleichförmiger Weise. Bei der Begründung dieser Gleichförmigkeit fallen die Autoren allerdings wieder unkontrolliert in das kontingenztheoretische Sprachspiel zurück, indem sie die Quelle für diese Gleichförmigkeit in der „gemeinsamen institutionellen *Umwelt* der Organisationen für das Weltsystem insgesamt" sehen (Meyer et al. 1987, S. 15 [Hervorhebung v. K.T.]). Ebensowenig läßt sich, so wird weiter argumentiert, die Gleichförmigkeit der Organisationsstrukturen etwa mit gleichen Zielen begründen, weil es keine eindeutigen Beziehungen zwischen Strategien und Strukturen gebe (Meyer et al. 1987, S. 16). Sie erklären die Gleichförmigkeit demgegenüber mit der weltweiten Verbreitung der westlichen Kultur mit ihrer universalistischen Ideologie. Diese enthält als wesentlichen Bestandteil die gesellschaftliche Definition von individuellen bzw. korporativen Akteuren sowie „Rationalität" als ein Konzept der Zurechnung von Verhalten und Ergebnissen auf diese Akteure. Die Subjekte greifen mit ihren Handlungen auf solche kulturellen Muster zurück. Das Konzept formaler Organisation ist ein solches Muster. Es definiert (analog zu Individuen und Staaten) handlungs- und zurechnungsfähige Akteure: „Similarly, rational analysis of the means by which progress is to be achieved leads to a reification of the productive entities that enter into the expansion of technique and exchange – labor, occupational roles, professions, and corporations are all thereby enhanced" (Meyer et al. 1987, S. 22).

Auch braucht die Fortschrittsideologie einen gesellschaftlichen Ort, auf den sich der Fortschritt beziehen soll; dies sind vor allem die Nationalstaaten, die als solche Einheiten reifiziert werden, und das darauf bezogene Bruttosozialprodukt als Maß für Wohlstand. Das Ausmaß an Gleichförmigkeit der institutionellen Strukturen verweist auf eine Analysestrategie: „One must see these institutions in all of the diversity not only as built up out of human experience in particular local settings, but also *as devolving from a dominant universalistic historical culture*" (Meyer et al. 1987, S. 23).

Institutionen gelten damit also nicht als aus lokalen Erfahrungen heraus entstanden, sondern als fremdgesetzt. Auf diesen Aspekt werde ich später noch einmal systematischer zurückkommen. Historisch führen die Autoren diese Art der Institutionalisierung auf die westliche Religion und Kirche zurück; diese waren bereits universalistisch orientiert. Vor diesem Hintergrund fassen die Autoren ihre Definition von „Institutionen" noch einmal zusammen:

„In this usage, *institutions* can be described as *cultural accounts* under whose authority action occurs and social units claim their standing. The term *account* here takes on a double meaning. Institutions are descriptions of reality, explanations of what is and what is not, what can be and what cannot. They are accounts of how the social world works, and they make it possible to find order in a world that is disorderly. At the same time, in the Western rationalizing process, institutions are structured accounting systems that show how social units and their actions accumulate value (in monetary, scientific, moral, historical, and other forms) and generate progress and justice on an ongoing basis" (Meyer et al. 1987, S. 24 f.).

So werden das Individuum, die Korporation oder der Staat in der westlichen Kultur als produktive Einheiten dargestellt, die an Wachstum als oberstem Ziel der menschlichen Zivilisation orientiert sind. Das gewaltige Ausmaß an finanzieller und bürokratischer Rechenschaftslegung in der modernen Gesellschaft ist ein Ergebnis diesen Sachverhalts. Weil sie alle auf derselben universalistischen kulturellen Ideologie beruhen, sind die dominanten Formen der Organisationen relativ homogen über die verschiedenen Gesellschaften hinweg. Es besteht eine nur lose Beziehung zwischen den Formen der Organisation und den praktischen Bedürfnissen und Zielen in lokalen Situationen:

„In this sense Western organizational structures are to be seen as ritual enactments of broad-based cultural prescriptions rather than the rational responses to concrete problems that the cultural theories purport them to be. In any complex society, there is found to be considerable disjunction between ritual forms and practical affairs, but the universalization and high degree of abstraction of the cosmos – both ultimate moral authority and nature – makes this disjunction seen more inconsistent in the modern West than elsewhere and hence more of a pressure for further elaboration and change" (Meyer et al. 1987, S. 27).

In dem zusammen mit Jepperson verfaßten Aufsatz (Jepperson/Meyer 1991) wird diese ideologiekritische Pointierung institutionalistischer Theoriebildung noch einmal verstärkt, wenn formuliert wird, daß die weltweite Verbreitung von

Organisationen zu verstehen ist als „manic outburst of rationality created under considerable competitive urgency and, for the same reason, unlikely to work as chartered." (Jepperson/Meyer 1991, S. 209). Organisationen sind deshalb nicht als technisch-funktionale Instrumente zur besseren Bewerkstelligung kollektiver Aufgaben zu verstehen, sondern als Manifestationen einer die Welt zunehmend umspannenden universalistisch-rationalistischen Ideologie. Diese führt nun nicht nur zur Organisierung, sondern darüber hinaus zu rationalistisch legitimierten institutionellen Komplexen, zu denen z.B. auch Professionalisierung, Verrechtlichung, Definitionen legitimer Interessen und Akteure, Wissenschaft usw. gehören. Auch wird zu Recht die Bedeutung des modernen Staates für die Konstitution rationalistisch begründeter Institutionen hervorgehoben. Das europa-basierte Weltsystem entwickelt sich weiter weltweit und reorganisiert das Leben entlang zweier basaler Dimensionen der Rationalisierung: „that of collective sovereignty and identity (defining the legitimated public agents, e.g. 'actors', in society); and that of collective tasks or functions (defining and integrating human activity around universalized goals of justice and progress)" (Jepperson/Meyer 1991, S. 207).

Nur diejenigen formalen Organisierungen sind stabil, die in das politische System des Nationalstaates eingebunden und von ihm lizensiert sind. Diese nationalen Systeme fungierten als „power containers" (Giddens) und brachten formale Organisationen hervor, „a development much energized by their simultaneous competition as war capitalism and their embeddedness in a common elite structure bequeathed initially by Christendom" (Jepperson/Meyer 1991, S. 211).

Die Autoren hielten es aber für einen Fehler, diese Gesellschaften als Gesellschaften der Organisationen zu bezeichnen; Organisationen sind vielmehr immer stärkeren gesellschaftlichen und ideologischen Kontrollen unterworfen. Die organisationale Verdrängung älterer Formen der Assoziierung ließ nämlich auf der Gegenseite das Konzept des modernen Individuums entstehen sowie die Politik als eine institutionelle Struktur. Insofern nun Organisationen eingelagert sind in rationalisierte institutionelle Kontexte, sind sie einer zunehmenden Vielfalt an Erwartungen und Ansprüchen ausgesetzt, die alle als legitim gelten. Deshalb vertritt Meyer (1992, S. 263 ff.) die These, daß mit der Zunahme des Umfangs und der Relevanz solcher Institutionen die einzelnen Organisationen immer weniger nach eindimensionalen Rationalitätsprinzipien operieren können. Daraus ergibt sich dann die scheinbare Paradoxie, daß in den Zeiten bzw. in den Ländern, in denen die westliche Ideologie sich noch nicht institutionell verallgemeinert hat, die Organisationen selbst stärker zweckrational ausgeprägt sein können. Dies gilt z.B. für die Anfangsphase der Industrialisierung oder heute für Länder der „Dritten Welt". In diesen multiplen Abhängigkeiten der Organisationen voneinander und von nicht-organisationalen institutionalisierten Komplexen sieht Meyer die typischen Merkmale moderner Organisation begründet, die Rationalitätsfassaden oder, wie Meyer hier formuliert, eine „Schattenrationalität" (Meyer 1992, S. 269) aufbauen, die in möglichst abstrakten Codierungen organisationalen Geschehens besteht. Den bis dahin entwickelten Theorierahmen will Meyer für eine vergleichende Analyse von Gesellschaften bzw. gesellschaftlichen Sektoren verwenden (Meyer 1992, S. 272 ff.). Je nach Art und Umfang der Institutionalisierung von Rationalität in Gesellschaften bzw. Sektoren sind unterschiedliche Strukturen der Organisationen zu erwarten. So werden weniger entwickelte Gesellschaften zwar weniger Organisationen aufweisen, die existierenden Organisationen werden aber höher rationalisiert sein und weniger „taken for granted" genommen werden. Ein höheres Ausmaß an formaler Organisierung ist direkt verbunden mit dem Staat als hauptsächlichem Machtzentrum, der Basis der modernen rationalistischen Ideologie ist. So steht z.B. das Konzept des Individuums im Zentrum der amerikanischen kulturellen Ideologie. Deshalb ist das organisationale Netzwerk des politischen Systems dort schwach strukturiert in bezug auf Hierarchie und lateraler Differenzierung. Meyer unterscheidet nun Gesellschaften danach, inwieweit „commitment" und „competence" dem Individuum (1), einem Zentrum/dem Staat (2) oder der Gesellschaft (3) zugeschrieben werden und diskutiert den Zusammenhang zwischen diesen Leitideologien einerseits und den Staats- und Organisationsstrukturen andererseits. Als empirische Beispiele werden herangezogen USA (Individualismus für (1)), Frankreich (Etatismus für (2)) und Deutschland (Korporatismus für (3)). Diese Kriterien können aber auch auf gesellschaftliche Sektoren innerhalb ein und derselben Gesellschaft angewendet werden. Der institutionalistische Ansatz wird auf diese Weise komparatistisch oder gar differenzierungstheoretisch gewendet.

Auch in seinem Aufsatz von 1994 geht Meyer von der Leitthese aus, daß die Umweltrationalisierung organisationale Effekte produziere. Im Unterschied zu dem mit Jepperson verfaßten Artikel wird hier nun mit großem Nachdruck auf die globale Ebene verwiesen. Es habe sich eine globale Umwelt entwickelt, und dies führe zu einer weltweiten Isomorphie des Organisierens. Der Hauptort der Rationalisierung der Umwelt ist die Weltgesellschaft (Meyer 1994, S. 41). Das Weltsystem hat nicht so etwas wie einen souveränen oder kollektiven Akteur (Meyer 1994, S. 45). Obwohl Meyer an dieser Stelle auf Wallerstein verweist, bezieht er sich doch substantiell nicht auf dessen Theorie. Vielmehr bleibt die ganze weitere Darstellung auf der Ebene der Beschreibung ohne den Versuch, die globalen Strukturbildungen kapitalismustheoretisch – wie bei Wallerstein – zu erklären.

Die Organisationen und Professionen des Weltsystems haben nach Meyer wenig Macht und wenig Verantwortung. Das Weltsystem besteht aus „Hunderten von Nationalstaaten", sehr vielen Firmen und einer Unzahl von legitimierten Personen und repräsentativen Gruppen und sehr schwachen kollektiven Akteuren. Dies gilt für Professionsgruppen wie für Weltorganisationen, z.B. die UN. Deshalb sucht Meyer nach einem Begriff, der diese Verhältnisse zu beschreiben in der Lage ist und findet ihn in Anlehnung an die Meadsche Kategorie des „generalisierten Anderen". Diese Kategorie bringe die typische institutionelle Struktur des Weltsystems insbesondere deshalb gut zum Ausdruck, weil sie „agency", aber nicht „actorhood" bezeichne (Meyer 1994, S. 46 f.). Die Institutionen seien

im wesentlichen nicht damit befaßt, Akteure zu kontrollieren oder sie zu bestimmten Entscheidungen zu bringen. Sie sind selbst keine Akteure, aber sie
beraten und leiten selbstinteressierte Akteure in allen möglichen Gebieten an: wie
man eine gute Gesellschaft organisiert, wie man sicher und effektiv in der natürlichen Welt lebt, wie man die Gesellschaftmitglieder respektiert usw. Insbesondere
spielen sie Meads Rolle des „generalisierten Anderen", indem sie nationale, organisationale und individuelle Akteure mit reflexiven Beschreibungen ihrer angemessenen Rollen versorgen. Genauso wie Mead es vorschlage, halten sie Identitäten, Strukturen und Rezepte für Handlungsroutinen bereit, die Sinn machen in
terms einer umfassenden universalisierten und rationalisierten community. Dies
ist die zentrale Rolle von Wissenschaften und Professionen. Ihre eigentliche
Stellung in der Welt ist in bezug auf Handlungen eher desinteressiert als interessiert, so daß ein amerikanischer Ökonom dem Staat von Turkistan Rat erteilen
kann, wie er sich am besten als rationaler kollektiver ökonomischer Akteur
strukturieren soll. Dies ist auch die zentrale Rolle der UN, der Weltbank, der
verschiedenen europäischen Organisationen usw. Sie sind regulatorische Andere,
die die Übereinstimmungen der langfristigen Ziele der wirklichen Akteure im
Lichte allgemeiner natürlicher und moralischer Gesetze managen, aber auch kon-
struieren. Die strukturelle Kapazität solcher Einrichtungen, selbst autoritativ zu
handeln, ist sehr begrenzt.

Die mit rationalisierten Anderen angefüllte Weltgesellschaft unterscheidet sich
dabei scharf von einer Welt mit starken zentralen kollektiven Akteuren. Eine
wirklich zentralisierte Welt würde eine einfachere und restriktivere Umwelt für
Nationalstaaten und Organisationen schaffen. Ein starkes Zentrum würde Verantwortung übernehmen und eine ganze Reihe von Kontrollen einführen (z.B.
bzgl. des Ozonproblems, der Menschenrechte, der Bildung oder der Förderung
nationaler Wirtschaften). Die „Anderen", die die Weltgesellschaft bilden, sind
davon ganz verschieden. Sie haben wenig Handlungsverantwortung. Ihre Rolle
besteht vielmehr in der Entwicklung rationalistischer Ideen für die Entwicklung
von Rechten und der Macht von Individuen, Organisationen und Nationalstaaten. All dies verbindet sich nicht mit einer Verantwortlichkeit für die Welt insgesamt. So können sich die Theorien und Ideologien von Modernität und Fortschritt rapide vermehren. Aus dieser Strukturierung heraus habe weltweit eine
Explosion der Organisierung stattgefunden (Meyer 1994, S. 52), ohne daß damit
etwa die Welt organisiert wäre, gerade das Gegenteil sei der Fall.

2.2.3 DiMaggio/Powell

Ähnlich wie Zucker argumentieren auch DiMaggio/Powell (1983) in ihrem
Startaufsatz „The iron cage revisited". Auch sie sind der Auffassung, daß die Entwicklung der Organisationsform historisch zunächst mit dem Argument der Effizienzsteigerung erklärbar sei, daß aber die heutigen Prozesse der Organisations-

bildung bzw. der Wandlungen der Organisationsstrukturen nicht mehr einem Effizienzimperativ folgten, sondern einem Streben nach „Isomorphie" (DiMaggio/Powell 1983, S. 147 ff.), also nach Strukturhomogenität. Organisationen sind, so die Autoren, eingelagert in „organisationale Felder" („organizational fields"), in denen ein Druck zur Vereinheitlichung organisationaler Formen besteht. Unter einem organisationalen Feld verstehen sie eine Gruppe von Organisationen, die einen erkennbaren Bereich „institutionellen Lebens" konstituieren: zentrale Lieferanten, Verbraucher, regulatorische Behörden und andere Organisationen, die ähnliche Güter produzieren. Es geht also nicht nur um Unternehmungen, die in Wettbewerb miteinander stehen, wie in dem population ecology approach, oder um Netzwerke interagierender Organisationen, sondern um die Gesamtheit relevanter Akteure. Ein institutionalisiertes Feld ist durch vier Merkmale gekennzeichnet: (1) die Häufigkeit der Interaktion von Organisationen, (2) die Existenz klar definierter interorganisationaler Strukturen von Dominanz und von Koalitionen, (3) ein hohes Maß an Informationsdichte (information load), mit der die Organisationen umgehen müssen und (4) die Entwicklung des Bewußtseins der organisationalen Akteure, daß sie in einen gemeinsamen Bereich involviert sind. In organisationalen Feldern institutionalisieren sich im Laufe der Zeit bestimmte Formen und Praktiken, die Legitimitätsgeltung erhalten. Sie werden aus diesem Grunde übernommen und nicht deshalb, weil sie effizient sind. DiMaggio und Powell unterscheiden drei Mechanismen isomorphischer Anpassung (DiMaggio/Powell 1983, S. 150):

1. Zwangsweiser Isomorphismus (politisch/rechtlich oktroyiert oder aus Legitimitätsgründen);
2. imitationaler Isomorphismus (Nachahmung von etablierten Praktiken);
3. normativer Isomorphismus (vor allem bedingt durch Professionalisierung).

In neuerer Zeit zeichnet sich bei beiden Autoren – auch in selbstkritischer Weise – eine Abkehr von solchen Versionen institutionalistischer Theoriebildung ab, die ihrer Meinung nach von einem „übersozialisierten" Modell der Organisationen ausgehen (DiMaggio 1988; Powell 1991, S. 183). Beide Autoren präferieren nun eine stärker ausgeprägte politische Perspektive, indem sie die Berücksichtigung von Macht, Interessen, Strategien und Akteuren einfordern. Insbesondere DiMaggio moniert, daß die institutionalistische Theorie häufig von einem strukturalistischen „metaphysischen Pathos" geprägt sei, das bereits durch die Wortwahl Interessen und Akteure ausblende (DiMaggio 1988, S. 4). Er sieht aber auch eine begrenzte Anwendbarkeit institutionalistischer Theorie vor allem (1) auf solche Phänomene, die so sehr extern bestimmt und intersubjektiver Art sind, daß kein Akteur sie in Frage stellen kann (z.B. Vertragsprinzipien), (2) auf Organisationstypen, deren Legitimität weniger effizienzbezogener als traditionaler Art ist (z.B. Kirchen), (3) auf Prozesse der Diffusion von Praktiken, die sich bereits in innovativen Organisationen etabliert haben bzw. auf Phänomene der Pfadabhängigkeit von Entwicklungen, (4) auf langfristige Prozesse (z.B. der Professionalisierung) und (5) für eine vergleichende Analyse von Nationalstaaten oder anderen Einheiten mit abgegrenzten institutionellen Strukturen, wo Interessenverteilungen ähnlich sind oder selbst von institutionellen Faktoren herrühren (DiMaggio 1988, S. 6 f.).

Die bisherige institutionalistische Theorie kann nach DiMaggio aber keine vollständige Theorie von Institutionen bieten. Insbesondere sind keine Aussagen möglich über die Ursprünge, die Reproduktion und die Erosion von institutionellen Praktiken und organisationalen Formen. Das Auftauchen neuer Formen wird nicht erklärbar, umkämpfte Formen ebenfalls nicht; es gehe immer nur um die Verbreitung und Reproduktion bereits etablierter Muster. DiMaggio bevorzugt demgegenüber einen politikorientierten Ansatz, in dem die jeweiligen Institutionalisierungen als Ergebnisse politischer Kämpfe interpretiert werden und insofern Manifestationen jeweiliger Machtverhältnisse sind (DiMaggio 1988, S. 13). Die Strategien der Institutionalisierung folgen dabei einer internen Logik der Widersprüchlichkeit in der Weise, daß eine erfolgreiche Institutionalisierung eine neue Gruppe von legitimen Akteuren hervorbringt, die vorherige Akteursgruppen und deren Institutionalisierungen in Frage stellt, delegitimiert und deinstitutionalisiert. Dies verweist u.a. auf elitentheoretische Ansätze, wie sie z.B. bei Eisenstadt (1990) zu finden sind. Schließlich deutet DiMaggio nur noch an, daß es noch auszuarbeitende Parallelen zwischen einer politisch orientierten institutionalistischen Theorie und dem in der marxistischen Tradition diskutierten Theorem des „falschen Bewußtseins" gebe (DiMaggio 1988, S. 17).

Auch Powell (1991) will inzwischen institutionalistische Argumentationen stärker in einen politisch-ökonomischen Kontext einbauen, ohne daß er aber (ebensowenig wie DiMaggio) etwa von einem ausgearbeiteten Bezugsrahmen einer „Kritik der politischen Ökonomie" ausginge; vielmehr nähert er sich einer strukturationstheoretischen Konzeption (vgl. dazu unsere Einleitung und den Beitrag von Ortmann, Sydow und Windeler in diesem Band) an. Zentral ist für ihn dabei die Fragestellung, warum bzw. durch welche Strukturen vermittelt Praktiken und Strukturen dauerhaft reproduziert werden, ohne daß sie im Lichte utilitaristischer Perspektiven als effizient gelten können (Powell 1991, S. 190 ff.). Er sieht im wesentlichen vier Argumentationslinien (Powell 1991, S. 191 ff.):

(1) Die Ausübung von Macht: Strukturkonservative Eliten, die von den institutionalisierten Mustern Nutzen ziehen, benutzen ihre institutionelle Macht, die Strukturen zu reproduzieren. Dies kann in der Abwehr von Neuerungen bestehen, in der Rekrutierungs- und Sozialisationspolitik dieser Gruppen wie auch darin, daß sie sich als professionals Anerkennung verschafft haben.

(2) Komplexe Interdependenzen: Institutionelle Teilkomplexe können so stark mit anderen Strukturen verkoppelt sein, daß sie allein deshalb ein großes Beharrungsvermögen aufweisen, weil ihre Änderung einen als übermäßig angesehenen Änderungsbedarf im Gesamtsystem nach sich zöge.

(3) „Taken-for-granted"-Annahmen: Institutionelle Praktiken gelten als „natürlich", selbstverständlich, bleiben unhinterfragt und werden so gar nicht zum Gegenstand von Enscheidungen.

(4) Pfadabhängige Entwicklungsprozesse: Hier verweist Powell insbesondere auf die in der Ökonomie, z.B. bei Arthur und David, viel diskutierten Prozesse der „Verriegelung" einmal etablierter Praktiken bzw. Technologien (vgl. dazu auch Ortmann 1995a), die z.B. dadurch zustande kommen können, daß in der Vergangenheit in eine Technologie sehr viel investiert wurde, daß sie trotz ineffizienten Gebrauchswertes sich so etabliert hat, daß sie weiterhin (z.T. sogar zunehmenden) Gewinn abwirft oder daß sie ein komplexes Netzwerk von weiteren Technologien oder Ausbildungsinstitutionen hervorgerufen hat usw.

An diesen Argumentationslinien und Beispielen sieht man allerdings, wie weit der Begriff der Institution bei Powell gefaßt ist; er meint im Grunde jegliche dauerhaft reproduzierte Praxis, also letztlich jegliche Strukturbildung. Dies zeigt sich auch an den Ausführungen des Autors zur Heterogenität und zum Wandel von Institutionen, die sich im wesentlichen in Aufzählungen erschöpfen.

Obwohl hier, wie zu Beginn betont, keine Rekonstruktion des institutionalistischen Diskurses insgesamt vorgenommen werden soll, ist es aber wohl doch informativ, zumindest noch auf zwei Aufsätze hinzuweisen, in denen sich die Autoren um eine kritische und theoretisch reflektiertere Auseinandersetzung mit der Thematik bemühen. Dabei handelt es sich um einen Artikel von Friedland/Alford sowie um eine Arbeit von Jepperson.

2.2.4 Friedland/Alford

Friedland/Alford (1991) wenden sich gegen die theoretischen Konzepte des ökonomischen Reduktionismus und wollen selbst ein nicht-funktionalistisches Konzept der Gesellschaft als potentiell widersprüchliches, interinstitutionelles System entwickeln. Institutionen sind dabei als materiell und symbolisch zugleich zu konzeptualisieren: „We conceive of institutions as both supraorganizational patterns of activity through which humans conduct their material life in time and space, and symbolic systems through which they categorize that activity and infuse it with meaning" (Friedland/Alford 1991, S. 232).

Institutionen lassen sich deshalb nicht als externe Umwelten von Organisationen verstehen. Sie sind vielmehr supraorganisationale Muster menschlicher Aktivität, durch die Individuen und Organisationen ihre materielle Subsistenz in Zeit und Raum produzieren und reproduzieren. Sie sind auch symbolische Systeme, Weisen des Ordnens von Realität und damit der Bedeutungszuschreibung zu Erfahrungen in Raum und Zeit. Friedland/Alford verfolgen damit also im Gegensatz zu einem kontingenztheoretischen ein konstitutionstheoretisches Modell. Dabei gehen sie implizit von einem differenzierungstheoretischen Ansatz aus, wenn sie zentrale Institutionen des gegenwärtigen kapitalistischen Westens unterscheiden: kapitalistischer Markt, bürokratischer Staat, Demokratie, Kernfamilie und christliche Religion; diese konfigurieren die individuellen Präferenzen und organisationale Interessen genauso wie *das* Verhaltensrepertoire, durch das man glaubt, sie erreichen zu können. Wie die Systemtheorie – auf die sie sich aber nicht beziehen – schreiben die Autoren keiner einzelnen institutionellen Ordnung a priori einen kausalen Primat zu.

Jede der wichtigsten institutionellen Ordnungen der gegenwärtigen westlichen Gesellschaften hat ihrer Vorstellung nach eine zentrale Logik – einen Set von materiellen Praktiken und symbolischen Konstrukten, die ihre organisierenden Prinzipien konstituieren und die den Organisationen und Individuen zur Elaborierung zur Verfügung stehen. Die institutionelle Logik des Kapitalismus sei Akkumulation und Kommodifizierung menschlicher Aktivität; diejenige des Staates sei Rationalisierung und Regulierung menschlicher Aktivität durch legale und bürokratische Hierarchien; diejenige der Demokratie sei Partizipation und die Ausdehnung der Kontrolle des Volkes über menschliche Aktivität; diejenige der Familie sei Gemeinschaft und die Motivierung menschlicher Aktivität durch unbedingte Loyalität gegenüber ihren Mitgliedern und ihren reproduktiven Bedürfnissen; diejenige der Religion oder auch der Wissenschaft sei Wahrheit, sei es weltliche oder transzendentale. Diese institutionellen Logiken sind symbolisch fundiert, organisationsförmig strukturiert, werden politisch verteidigt, sind technisch und materiell begrenzt, und sie haben deshalb je spezifische historische Schranken. Die jeweiligen institutionellen Ordnungen konvertieren/vercoden Aktionen mit Hilfe je eigener Symbolsysteme. Im Wege individueller oder organisationaler Zielverfolgung wird durch Referenz auf solche Bezugsrahmen Sinn erzeugt. Alle gesellschaftlichen Beziehungen haben zugleich einen instrumentellen und rituellen Gehalt. Die Routinen jeder Institution definieren die Ordnung der Welt und die Position des Akteurs in ihr (Friedland/Alford 1991, S. 250). Institutionen restringieren so einerseits die möglichen Ziele des Handelns und seine Mittel, sie versorgen aber die Individuen auch mit einem Vokabular von Motiven und einer Vorstellung des Selbst. Individuen, Gruppen und Organisationen versuchen aber auch, die institutionellen Ordnungen zu ihrem eigenen Vorteil zu nutzen. Das von den Autoren verfolgte Konzept von Kultur sei weder konsensuell noch funktionalistisch; deshalb müsse man die „politics of culture" untersuchen (Friedland/Alford 1991, S. 253). Die meisten interpretativen und kulturanthropologischen Ansätze vernachlässigen dagegen Politik. Diese Ansätze haben deshalb nach Friedland/Alford die Konsequenz, daß wir nicht die Prozesse verstehen,

„how people end up in these normalizing organizations, or the choices through which people became participants in these historically variant discourses an thereby contributed to that history. Without actors, without subjectivity, there is no way to account for change. And without institutional logics available to provide alternative meanings, subjects are unlikely to find a basis of resistance" (Friedland/Alford 1991, S. 253 f.).

Wir sollten nicht gezwungen werden, so die Verfasser, zwischen einer a-kulturellen Analyse von Macht und einer a-politischen Analyse von Kultur entscheiden zu müssen. Individuen können Symbole und Praktiken manipulieren und reinterpretieren. Individuen können sich auf differente institutionelle Logiken beziehen, um ihren Interessen nachzugehen. Auch Institutionen selbst enthalten Potentiale zu ihrer Veränderung. Überdies können Bedeutung und Relevanz von Symbolen umkämpft sein, es können neue Wahrheiten und neue Modelle daraus entstehen. Die Basis individueller und organisationaler Autonomie sowie die wesentlichen internen Spannungen stammen also von kontradiktorischen Beziehungen zwischen Institutionen (Friedland/Alford 1991, S. 255). Eine Handlung kann multiple Bedeutungen und Motivationen tragen. Es ist deshalb unwahrscheinlich, daß kapitalistische Wirtschaften, bürokratische Staaten oder Kernfamilien systemischen Gesetzen gehorchen, die ahistorisch spezifizierbar wären. Die meisten Institutionen in der gegenwärtigen Gesellschaft sind voneinander abhängig und widersprüchlich. Zudem gibt es beständige Konflikte und Dispute darüber, welche Institution für welche gesellschaftlichen Probleme zuständig sein soll: Staat, Wirtschaft, Familie oder Kirche. Institutionelle Widersprüche können politisiert werden. Dies kann zu Wandel führen, z.B. zu einem Einzug kontraktualistischer Elemente in Familie und Ehe oder demokratischer Elemente in die Unternehmungen (Mitbestimmung). Viele andere Konflikte lassen sich als Widersprüche zwischen den institutionellen Logiken verstehen, aus denen die Dynamik der Gesellschaftssystem resultiert. So sehr sich Friedland/Alford um eine Klarstellung der konstitutiven Funktionen von Institutionen für die Gesellschaft bemühen, so unklar bleibt aber doch ihr gesellschaftstheoretisches Grundkonzept. Ohne weitere Begründung zählen sie für wesentlich gehaltene Institutionen auf, die in relativer Autonomie existieren, sich gemäß je eigener Logiken reproduzieren sollen und von denen keine eine dominante Stellung innehabe. Alle wesentlichen mit einer solchen Vorstellung verbundenen Probleme bleiben in den Ausführungen ebenso ausgespart, wie Bezugnahmen auf entsprechende Diskurse in der Gesellschaftstheorie, sei es im Diskurs über Differenzierungstheorie oder in dem über eine Kritik der politischen Ökonomie. Trotzdem verweisen sie mit ihrer Vorstellung zu recht auf ein Problem, dem sich ein institutionalistischer Ansatz nicht entziehen kann, nämlich, in welcher Weise Differenzierungstheorie und Institutionentheorie in Beziehung zueinander gebracht werden können.

2.2.5 Jepperson

Jepperson (1991) versucht vor dem Hintergrund eines insgesamt undurchsichtig gewordenen Institutionenbegriffs, etwas Ordnung in die Diskussion zu bringen. Sein Vorschlag besteht im wesentlichen darin, den Begriff der Institution nicht für Einheiten oder Gebilde zu verwenden, sondern als Eigenschaftsbegriff gesellschaftlicher Sachverhalte. Institutionalisierung soll als eine bestimmte Klasse von

gesellschaftlich reproduktiven Prozessen konzeptualisiert werden, und zwar als
solche, die im Sinne von „production systems", „enabling structures", „social
'programs'" oder „performance scripts" wirken. Sie sind alle zeitlich wiederholte
Aktivitätssequenzen (Jepperson 1991, S. 144 f.), die allerdings durch tatsächliche
soziale Praxis gestört, verletzt, verändert werden können.

Der Institutionencharakter kommt einem Muster nicht an sich zu, sondern er
ist kontextabhängig (Wahlen sind in den USA institutionalisiert, in Hawaii wäre
ihre Einführung gerade institutionenzersetzend). Ob eine Einheit als eine Institution fungiert, hängt von den besonderen Kontexten ab; darüber hinaus ist nach
Strukturebenen zu unterscheiden: primäre Ebenen können in bezug auf sekundäre Institutionencharakter haben (das Betriebssystem eines Computers im Verhältnis zu einem Textverarbeitungssystem). Ob etwas eine Institution ist, hängt
zudem ab von der Stellung dieser Einheit innerhalb einer spezifizierten Beziehung. So ist in mancher Beziehung die Yale University eine stärkere Institution
für New Haven als für andere Gemeinden (z.B. als kulturelles Zentrum), in anderer Hinsicht ist aber Yale für New Haven viel weniger relevant als für andere
gesellschaftliche Einheiten (z.B. in wissenschaftlicher Hinsicht). Schließlich hängt
der Institutionencharakter von der relativen Zentralität ab; Zentren sind Institutionen in bezug auf Peripherien. Das Regime der internationalen polit-ökonomischen Koordination ist eher eine externe, objektive Bedingung (constraint) für
Ghana als für den Internationalen Währungsfonds. Ein Verband kann eher für
Nichtmitglieder als für Mitglieder eine Institution sein, wenn er für die Nicht-
Mitglieder eine unumstößliche soziale Tatsache darstellt. Institutionen sind aber
nicht nur restringierende Strukturen; „all institutions simultaneously empower and
control" (Jepperson 1991, S. 146). Jepperson hält den Unterschied zwischen Institutionalisierung und „action" für wesentlich: Wer aus Konvention an einem
sozialen Muster partizipiert, „handelt" nicht. Händeschütteln ist kein Handeln,
die Verweigerung des Handschlages aber schon. Wenn der Universitätsbesuch
zum Standardlebenslauf gehört, „handelt" einer eher, wenn er bewußt nicht zur
Universität geht: „The point is a general one: one enacts institutions; one takes
action by departing from them, not by participating in them" (Jepperson 1991, S.
149).

Andere Autoren verbinden nach Jepperson mit „Institutionalisierung" Legitimität, formale Organisierung oder Kontextualität. Solche Konnotationen sind
irreführend. Legitimität kann ein Ergebnis von Institutionalisierung sein, aber
auch illegitime Praktiken können institutionalisiert werden (z.B. organisiertes
Verbrechen, Korruption). Formale Organisationen können Institutionen tragen,
aber es ist willkürlich, Institutionalisierung mit formaler Organisierung zu identifizieren. Wieder andere Autoren definieren Institution als „Kultur" und meinen
damit normative Ideen, vorbewußte Verständigungen, Mythen, Rituale, Ideologi-
en, accounts. Eine solche Konzeptualisierung ist unklar, da die verschiedenen
gesellschaftlichen Kontrollformen mehr oder weniger institutionalisiert sein können; sie sind nicht an sich Institutionen. Institutionalisierung konzeptualisiert

man besser als eine abstrakte Eigenschaft, die viele verschiedene Formen gesell-schaftlicher Koordination charakterisieren kann.

Jepperson unterscheidet drei primäre Träger von Prozessen der Institutionali-sierung: formale Organisationen, Regimes (explizite Normierung und Kodifizie-rung durch Recht, Verfassung, Zentralisierung von Gewalt) und Kultur (entstan-dene Regelhaftigkeit). Deren Institutionalisierungsgrad läßt sich an ihrer Verletz-barkeit durch soziale Intervention ablesen: „An institution is highly institutional-ized if it represents a near insuperable collective action threshold, a formidable collective action problem to be confronted before affording intervention in and thwarting of reproductive processes" (Jepperson 1991, S. 151).

Je mehr eine Institution in das Netzwerk anderer Institutionen eingebunden ist und in je stärkerem Ausmaß sie eine „taken-for-granted-Eigenschaft" hat, desto weniger verletzbar ist sie. Institutionalistische Erklärungen unterscheiden sich von anderen Erklärungsstrategien, indem sie zugleich von einem hohen Ordnungsgrad gesellschaftlicher Strukturen ausgehen (und insofern „strukturali-stisch" angelegt sind) und von der Annahme eines hohen gesellschaftlichen Kon-struiertheitsgrades (und insofern „phänomenologisch" argumentieren).

3. Probleme der Bestimmung der Kategorie der Institution[6]

3.1 Der theoriestrategische Ort des Begriffs der Institution

Insofern institutionalistische Theorie von der Idee ausgeht, daß Organisationen Verkörperungen gesamtgesellschaftlicher Muster/Prinzipien/Praktiken/Struktu-ren sind, müßte sie die ihr zugrunde liegende Gesellschaftstheorie explizieren; „Institutionalismus" selbst ist noch keine Gesellschaftstheorie. Meist unterbleibt aber eine solche Explikation. Rudimentäre Hinweise gibt es aber bei Meyer, der sich einerseits wohl auf eine „Theorie der rationalistischen Moderne" im Sinne Max Webers bezieht, andererseits durch gelegentliche Hinweise auf Wallerstein sein Interesse am Weltsystemansatz bekundet.

Die Frage, was denn nun „eigentlich" Institutionen sind, ist ohne Sinn. Die Kategorie der Institution ist nicht kontextfrei definierbar, sondern kann einen Sinn nur im Rahmen einer Gesellschaftstheorie gewinnen (sei es der Weltsy-stemansatz, sei es Systemtheorie à la Parsons oder Luhmann, sei es einer phäno-menologischen Theorie à la Berger/Luckmann oder einer ausgeführten polit-ökonomisch-materialistischen Theorie). Erst in einem solchen Kontext ist be-stimmbar, welchen theoriepragmatischen Ort diese Kategorie einnehmen soll. Wozu könnte man denn die Kategorie der Institution überhaupt gebrauchen? Wenn man einmal versucht, die Motive der institutionalistisch arbeitenden Auto-

---

6 Keinesfalls geht es hier um eine Auseinandersetzung mit der unübersehbaren Literatur zu diesem Begriff; vgl. dazu die sehr informative Arbeit von Schmalz-Bruns (1989).

ren zusammenzufassen, so läßt sich der theoriestrategische Ort dieser Kategorie bei diesen Autoren etwa wie folgt umreißen:

– Die Kategorie der Institution soll auf verschiedene Weise eine Verbindung zwischen „Organisation" und „Gesellschaft" herstellen. Sie wendet sich vor allem gegen ahistorische und gesellschaftsfreie individualistische Rationalmodelle, welche Organisationen als Implementationen individueller Optimierungskalküle darstellen. Dem wird mit der Kategorie der Institution entgegengesetzt, daß schon die Definition von (individuellen wie korporativen) Akteuren gesellschaftlich konstruiert ist, daß Strategien, Motive, Ziele und Prozeduren nicht individuellen Kreationen entstammen, sondern bereits gesellschaftlich zumindest präformiert sind, in jedem Falle aber auf gesellschaftliche Akzeptanz stoßen müssen. Organisationen gelten dann nicht als jeweils optimale Produktionsstätten, sondern als historische gesellschaftliche Formen, die man nur als Teile der gesamtgesellschaftlichen Strukturen verstehen kann, nicht aber auf der Basis ihrer vermeintlichen Effizienz oder ihrer vorgeblichen Ziele. Die Effizienzunterstellung ist vielmehr Bestandteil der Ideologizität der Institutionen.

– Die Kategorie der Institution kann auch verwendet werden, um Gesellschaftsformationen zu unterscheiden und zu identifizieren. Die Institutionen verkörpern jeweils die wesentlichen Strukturelemente einer Gesellschaft, indem sie Mechanismen der Reproduktion, d.h. der Erzeugung von Persistenz gesellschaftlich dominanter Strukturen sind. Institutionen werden als überindividuell begriffen, d.h. der Einzelne kann sich ihnen nicht ohne weiteres entziehen. Da sie auf Dauer gestellt sind, sind sie von speziellen Situationen und Erfahrungen relativ unabhängig. Raum und Zeit übergreifend, entstammen sie nicht „lokaler Produktion"; sie gelten sozusagen „kontrafaktisch".

Soweit kann man wohl etwa, ohne die Auffassungen der im vorangegangenen Kapitel zitierten Autoren zu sehr zu verbiegen, einen Konsens feststellen. Allerdings heißt dies nicht, daß es nicht eine ganze Reihe ungeklärter Probleme mit dem Begriff der Institution gäbe. Einige von ihnen sollen im folgenden angesprochen werden.

3.2 Einige Probleme und Möglichkeiten der Begriffsbestimmung

(1.) Wenn man jegliche geronnenen, habitualisierten Konversationen (i.S. von Maturana 1985), alles, was zur Gewohnheit geworden ist (vom Handschlag bei der Begrüßung bis hin zum „militärisch-industriell-politischen Komplex"), als Institution bezeichnete, wäre der Begriff der Institution mit dem des Sozialen identisch. In diesem Sinne sind für Durkheim (1965) soziale Tatsachen Institutionen. Damit aber wäre nur der Gegenstand der Soziologie im Unterschied zu anderen Disziplinen bezeichnet, innerhalb der Soziologie hätte der Begriff keine Differenzierungskraft mehr. Zudem könnte man keine Unterscheidung mehr treffen zwischen Strukturen, die sich aus der empirischen Ko-Operation lebendiger Subjekte ergeben, und solchen Strukturen, die nicht aus der Erfahrung der Subjekte stammen, sondern als gleichsam gesellschaftlich vorgängige Strukturen mit Geltungsanspruch auftreten. Genau diese Unterscheidung aber visieren die Institutionalisten, allen voran Meyer/Rowan, aber auch Zucker und DiMaggio/Powell, an. Für sie alle gilt etwas als institutionalisiert, wenn es gerade nicht aus der Erfahrung der handelnden Subjekte stammt, wenn es nicht „lokal produziert" (Knorr Cetina 1990) ist, sondern – aus welchen Gründen zunächst auch immer – bloß ausgeführt bzw. als Grenze sozialen Handelns hingenommen wird. „Institution" meint dort also offenbar gegen lokale Opportunitäten dogmatisch durchsetzbare und nicht aus diesen „emergierte" Strukturen. Dies ist eine wichtige Einschränkung des Begriffsumfanges, der auch Möglichkeiten zu einer kritischen Analyse eröffnet.

(2.) Mit Punkt 1 ist ein weiterer verbunden: Begriffe können *sozialtheoretisch* oder *gesellschaftstheoretisch* bestimmt werden. Phänomenologische Sozialwissenschaft (Berger/Luckmann), allgemeine Anthropologie (Plessner, Gehlen) und Kulturanthropologie (Malinowski) legen diesen Begriff sozialtheoretisch an; Institutionen werden als die für die menschliche Gattung typischen Merkmale ihrer Sozialität, ihrer Produktions- und Reproduktionsfähigkeit angesehen. Demgegenüber fällt zumindest ethymologisch auf, daß dieser Begriffsgebrauch einer bestimmten (proto-) „modernen" Gesellschaft entstammt. Er bezeichnet vor allem zuerst herrschaftliche Rechtsakte mit absolut bindender Geltung: einen Teil des römischen Rechts, die Einsetzung in die Kirchenpfründe, die absolute Geltung der kirchlich-monopolistischen Auslegung der Bibel u.ä.m. (vgl. Dubiel 1976). Nun sagt natürlich die Wortgeschichte wenig über den möglichen gegenwärtigen Sinn aus, aber es zeigte sich offenbar ja zumindest historisch, daß ein neuer Begriff für einen (neuen?) Sachverhalt geprägt wurde. Offenbar scheint es einen Differenzierungsbedarf zu geben für verschiedene Arten von Mustern, Einrichtungen, Üblichkeiten, standardisierten Praxen; nicht ohne Grund hält die Sprache ja auch neben dem Begriff der Institution Ausdrücke wie „Sitten", „Gebräuche", „Regeln", „Gewohnheiten" u.a.m. bereit. Mir scheint, daß sich der Begriff der Institution sinnvoll auf strukturelle Besonderheiten solcher Gesellschaftsformationen beziehen läßt, die bestimmte Herrschaftskomplexe aus dem subsistenziellen Lebenszusammenhang ausdifferenziert haben. Institutionen dienen der herrschaftlichen (nicht: technisch-produktiven) Konstituierung und Regulierung aufgetrennter sozietaler Lebenszusammenhänge; sie repräsentieren die herrschenden Dogmen (Burisch 1973). Man kommt kaum an der Form der bürgerlichen Ehe vorbei, das Privateigentum ist heilig, der Schule kann sich keiner entziehen, die Gerichte haben stets das letzte Wort, das Personal des Staates hat alle Gewalt in seiner Hand, Forschung wird nur akzeptiert, wenn sie die Weihen anerkannter Forschungsorganisationen hat, der Papst hat immer Recht und derjenige, der in einer Hierarchie höher steht, auch; wer die deutsche Staatsbürgerschaft hat, ist mehr wert in diesem Staat als alle anderen; ohne Abitur biste nichts usw.

Es wird hier also eine *gesellschafts*theoretische Bestimmung der Kategorie der Institution präferiert. Allerdings kommt diese nicht umhin, sich der sozialtheoretischen Bedingungen der Möglichkeit von „Institutionen" zu versichern. Der Abweis einer sozialtheoretischen Bestimmung heißt ja „nur", daß Institutionen nicht zu den unabdingbaren Konstituenten von Sozialität gehören.

(3.) Wenn man aber, wie in weiten Teilen der Politikwissenschaft, als Institutionen die Beschreibungen gesellschaftlicher Strukturen durch gesellschaftlich hegemonial dominierende Menschen (Eliten) übernimmt und z.B. das Grundgesetz, den Staat, die Gewaltenteilung, die „FDGO", die „soziale Marktwirtschaft", den Parlamentarismus usw. als Institutionen bezeichnet, hat man noch keine *theoretische* Kategorie gewonnen, sondern man verwendet den Begriff der Institution als eine *Gegenstandsbezeichnung* der Theorie. Dabei „verdoppelt" man die Beschreibungen der gesellschaftlich hegemonialen Akteure. Die Gefahr der bloßen Affirmation besteht dann, wenn man diese Gegenstandsbezeichnung „for granted" nimmt und sie nicht soziologisch als politische Semantik mit bestimmten Funktionen analysiert. Die allgemeinere Frage lautet also: Soll der Institutionenbegriff einen durch politische Semantik konstituierten *Gegenstandsbereich der Theorie* bestimmen, oder soll der Institutionenbegriff als *theoretisch-analytische Kategorie* entwickelt werden, durch die eine alternative Beschreibung gesellschaftlicher Strukturen ermöglicht wird? Oder noch kürzer formuliert: Soll der Begriff der Institution als Realkategorie oder als analytische Kategorie verwendet werden? Wenn man nun den Institutionenbegriff nicht alltagssprachlich verwenden will, sondern auf ein theoretisches Sprachspiel „umschaltet", also z.B. auf Systemtheorie oder auf die Kritik der politischen Ökonomie, entsteht das Problem, daß man u.U. den Begriff der Institution gar nicht mehr vorfindet (statt dessen z.B. Kategorien wie „System" oder „Produktionsverhältnisse" oder „Überbau"). Damit aber fehlte eine Verbindung zwischen gesellschaftlicher Semantik, die von Institutionen spricht, und der Theorie, da beide eine unterschiedliche Gegenstandskonstitution vornehmen. Woher weiß man dann aber, wovon eigentlich in der Theorie die Rede ist? Man wählte zudem eine alternative Beschreibungssprache, ohne die gesellschaftlich empirisch dominanten „accounts" zum Gegenstand kritischer Analyse zu machen. Eine kritische Analyse muß aber beides miteinander verbinden: Sie muß die gesellschaftlich hegemonialen accounts nicht nur mit alternativen Beschreibungen konfrontieren, sondern sie muß auch die Funktion dieser accounts im gesellschaftlichen Reproduktionsprozeß zum Gegenstand ihrer Analyse machen, also z.B. den Druck, sich geltender semantischer Normalformen bedienen zu müssen.

(4.) Jede Gesellschaft reproduziert und strukturiert sich in einer „Dualität" von semantischen und materiellen Strukturen. Auf welcher Ebene ist der Institutionenbegriff anzusiedeln? Ist er auf symbolische Kommunikationsformen beschränkt oder bezieht er Ko-Operationspraxen mit ein? Soll dieser Begriff die symbolische Konstitution ko-operationaler Praxen fassen oder umgekehrt die materielle Konstitution gesellschaftlicher Symbol- und Bewußtseinsformen oder deren wechselseitige Konstitution oder gar nichts von diesen dreien, aber was dann? Meint dieser Begriff die legitimatorischen Formen in bezug auf gesellschaftlich herrschende Praxen/Strukturen oder die herrschenden Praxen/Strukturen selbst? So spricht z.B. Scott (1994b, S. 55) davon, daß der neue Institutionalismus in der Organisationssoziologie vor dem Hintergrund der „interpretativen Wende" der Sozialwissenschaften zu sehen sei, und Meyer/Rowan (1977) benutzen den Ausdruck „institutionelle Kontexte" in Differenz zu „technischen/relationalen Kontexten", um auf Institutionalisierungen als legitimatorische Konstrukte zu verweisen. Die Unterscheidung in symbolische und materielle Kontexte ist offenbar nicht nur „analytischer" Art. Vielmehr ist das Auseinanderfallen z.B. von „talk and action" (Brunsson 1989) eine reale Erfahrung wohl jeden (kompetenten) Subjekts. Nur, in welchem Ausmaße Äußerungen als „bloß" symbolisch (symbolische Politik, Schönrederei, offensichtliches Bemühen um political correctness, Trimmen eines records, z.B. eines Geschäftsberichts oder eines wissenschaftlichen Aufsatzes, auf Normalform usw.) enttarnend gedeutet oder doch „for granted" genommen werden, läßt sich allgemein nicht bestimmen. Ebensowenig kann man ohne empirische Forschung sagen, in welchem Maße Autoren an die von ihnen (vor allem öffentlich) selbst verwendeten sprachlichen Figuren glauben. Glaubt z.B. der Wirtschaftsminister an seine eigene Rhetorik der Marktwirtschaft? In welcher Weise halten die Autoren von Rechenschaftsberichten ihre Äußerungen für „richtige" Beschreibungen? Daß es sich nicht nur um analytische, sondern um gesellschaftlich real differenzierte Kontexte handelt, dürfte auch umgekehrt daran deutlich werden, daß reale Erfahrungen von symbolischen Beschreibungssystemen abweichen, ohne daß die Beschreibungen geändert würden. Die „Wirklichkeit" wird dann zwar anders erlebt, aber z.B. als unregelmäßige Ausnahme gedeutet. („Natürlich ist die Politik autonom, nur ausnahmsweise nehmen die Wirtschaftsbosse auf sie Einfluß". Und diese – vermeintliche – Ausnahme läßt sich dann lautstark skandalisieren.) Solange aber überhaupt noch in diesem Sinne real zwischen symbolischen und materiellen Strukturen unterschieden werden kann, solange ist auch noch Kritik möglich, d.h. ein Potential alternativer Beschreibungen vorhanden.

Die Thematik des Verhältnisses von symbolischen zu materiellen Kontexten hat in den Sozial- und Geisteswissenschaften eine lange Tradition, wenn man an die umfangreichen Diskurse der Wissenssoziologie und Ideologietheorie denkt. Diese Diskurse können hier nicht reproduziert und diskutiert werden. Aus materialistischer Sicht wäre es aber zu flach gegriffen, wollte man gesellschaftliche Wirklichkeit als bloß symbolisch konstruierte begreifen; „Desymbolisierungen" z.B. könnte es dann nicht geben, „Ideologien" auch nicht, und die Kategorien von „Legitimation" und „Sinngebung" wären „sinnlos". Es kann nur das desymbolisiert, ideologisiert, legitimiert, sinnhaft gemacht werden, was auf anderer Ebene bereits vorhanden ist und als solches auch (abweichend von herrschenden Deutungen) erfahren wird. Faktische Herrschaft bedarf so der Legitimation, „unauthentische" Sozialstrukturen bedürfen der ideologischen Deutung, den herrschenden Funktionszusammenhang irritierende Sachverhalte „müssen" desymbolisiert werden, nicht für sich selbst Sprechendes bedarf der „Sinngebung". Die Auftrennung von Haushalt und Betrieb dient angeblich der „Produktivität" und damit dem „Volkswohlstand", die Geschlechtertrennung hat dann einen „tiefen biologischen oder religiösen Sinn", die betriebliche Hierarchie gilt aus „Koordinationsgründen" als eine schlichte Notwendigkeit, die schulische Organisationsform dient vorgeblich der Emanzipation der Massen usw.

Hinzu kommt ein weiteres Problem: Zumindest im Alltag – aber auch in aller mir bekannten Literatur – bezeichnet der Institutionenbegriff nicht ein empirisch singulär und konkret vorfindbares Muster, sondern er meint stets einen „Idealtypus" (eher im Sinne von Schütz als von Weber), eine abstrakte Idee, nicht deren empirische Manifestation im Verhalten, sonst gäbe es ja auch keine Abweichung von institutionalisierten Mustern. Insofern ist eine „Institution" immer eine Abstraktion. Der Institutionenbegriff kann aber auch nicht nur auf der symbolischen-semantischen Ebene von „talk" und ex-post-Rationalisierungen angesiedelt werden; denn dann bezeichnete er nur Geschwätz. Die hier getroffene Unterscheidung soll noch einmal präzisiert werden: Es ist zu unterscheiden zwischen

(a) den Zeichen-, Symbol- oder Kommunikationssystemen, ihren Funktionen, Produktions- und Reproduktionsbedingungen (all' dies sind semantische Formen, die auch zur Lüge verwendet werden können). Diese haben die Funktion von Sinngebung, Weltinterpretation, Legitimation, Motivgenerierung usf.; an diesen kann man primär in expressiv-kommunikativer Hinsicht scheitern (falsche Zeremonie, Verletzung von Regeln der „political correctness" von Beschreibungen, Mißachtung formeller Regeln des Umgangs usw.); sekundär kann dies exististentielle Folgen haben (Verschließung von Ressourcenzugang u.ä.m.). Dies wäre wohl die Ebene, die vor allem Meyer u.a. durchweg meinen. „Realabstraktiv" könnte man ein solches symbolisches Kommunikationssystem dann nennen, wenn die Codes nicht mehr als Zeichen für etwas anderes genommen würden, sondern für die Sache selbst (der Preis ist der reale Wert, das Bildungszertifikat ist das Arbeitsvermögen, das Bruttosozialprodukt ist der Wohlstand, der theoretische Begriff ist die Wirklichkeit);

(b) den praktischen Lebens- oder Ko-Operationssystemen, ihren Funktionen, Produktions- und Reproduktionsbedingungen. An diesen Ordnungen scheitert man nicht durch Wahl nicht-akzeptierter Symbole, nicht auf kommunikativer Ebene, sondern man scheitert primär existentiell an den materiellen Strukturen von Herrschaft und ihren Verkörperungen in Systemen struktureller Gewalt. Man kann sich hier nicht durch Lüge retten, durch symbolische Vorspiegelung falscher Tatsachen, weil es auf dieser nicht-symbolischen Ebene gar keine Möglichkeiten der Lüge gibt. So reicht es z.B. beileibe nicht aus, sich heute einen Computer ins Büro zu stellen, um dem Rationalitätsmythos symbolisch zu entsprechen: man muß ihn auch tatsächlich bedienen und verstehen können, wenn man an realen gesellschaftlichen Verhältnisse partizipieren will. Gleiches gilt für viele Güter, wie

Autos, Fernseher, elektrischen Strom, Bankleistungen, die man nicht nur symbolisch verwenden kann.

Die von Meyer/Rowan beschriebene, theoretisch aber nicht weiter begründete Beobachtung, daß Organisationen sich sowohl in relationalen („technischen") als auch in symbolischen („institutionellen") Kontexten bewegen, und daß diese in ihrer Relevanz je nach gesellschaftlichem Bereich variieren können, scheint deshalb nicht einfach von der Hand gewiesen werden zu können, insofern sie damit auf die kontextuelle Doppelstruktur verweisen. Meyer et al. nehmen diese Idee in einem späteren Aufsatz wieder auf, wenn sie ausführen, daß es in der modernen Welt eine bislang nicht gekannte Diskrepanz zwischen realem Geschehen und institutionalisiertem Rationalitätsmythos gebe:

„In any complex society, there is bound to be considerable disjunction between ritual forms and practical affairs, but the universalization and high degree of abstraction of the cosmos – both ultimate moral authority and nature – makes this disjunction seen more inconsistent in the modern West than elsewhere and hence more of a pressure for further elaboration and change" (Meyer et al. 1994, S. 27).

Allerdings fehlt bei Meyer et al. ein Vorschlag, die tatsächlichen, „materiellen" Vergesellschaftungsprozesse auf theoretische Begriffe zu bringen. Diese Unterscheidung einer konstitutionellen Doppelstruktur wirft nämlich mehrere Fragen auf; zwei davon sind: Kann die Kategorie der Institution helfen, diese Struktur und ihre Funktionsweise in der gegenwärtigen Gesellschaft zu erhellen? Und: Wie ist das Verhältnis der beiden Kontexte zueinander zu konzeptualisieren?

(5.) Eines der Hauptargumente institutionalistischer Organisationssoziologie besteht – vor allem, wenn sie sich gegen die neoklassische Ökonomie wendet[7] – in der Bestreitung, daß Organisationen mit Hilfe der Kategorie der Effizienz zureichend beschrieben oder gar erklärt werden können. Organisationen bzw. bestimmte Organisationsformen sind danach nicht in der Welt, weil sie effizient sind, sondern weil sie institutionellen Anforderungen entsprechen. Aber, so könnte man – vielleicht etwas naiv – entgegnen, stimmt es denn eigentlich, daß Organisationen so sehr ritualistisch und so wenig effizienzbezogen sind? Läßt die Deutsche Bahn AG nicht pünktlich die Züge fahren und bedient sie nicht effizient Mobilitätsbedarfe? Löscht die Feuerwehr nicht permanent mit Erfolg Brände? Machen die Unternehmungen etwa nicht Milliardengewinne? Tötet das Militär nicht weltweit mit großem Erfolg? Gewinnen nicht laufend irgendwelche Parteien die Wahl? Haben Krankenhäuser nicht Millionen von Blinddärmen erfolgreich entfernt? Haben Schulen nicht Milliarden von Kindern Lesen, Schreiben und Rechnen beigebracht? Verwalten die Einwohnerämter nicht zuverlässig die Daten der Bevölkerung? Es ist durchaus nicht klar, in welcher Weise genau das institutionalistische Argument solchen Vorhaltungen entgegentreten würde. Gegen die

---

7 Vgl. dazu auch immer wieder und ausführlich Ortmann (1995a).

Unterstellung neoklassischer Theorie könnten etwa folgende Argumentationslinien von den Institutionalisten vorgebracht werden: Man kann nicht davon ausgehen, daß die kapitalistische Marktwirtschaft im Sinne der Selbstoptimierung der Geschichte eine zunehmende Verbesserung realer Input-Output-Relationen oder der Gebrauchswerte hervorbringt, weil (1) institutionelle Verfestigungen zu Phänomen wie „lock-in", Pfadabhängigkeit und zu bloß rituell übernommenen, nicht aber ökonomisch rational optimierten Produktionsformen führen (vgl. z.B. Powell 1991; Ortmann 1995a); weil (2) nicht die Gebrauchswertoptimierung, sondern die Tauschwertmaximierung institutionelles Prinzip ist, oder weil (3) es überhaupt keine außergesellschaftlichen Effizienzkriterien gibt, sondern diese selbst gesellschaftlich-kulturell mehr oder weniger kontingent institutionalisiert sind (vgl. Ortmann 1995a).

Solche Erklärungsstrategien ließen aber noch immer offen, was denn als Erklärungsprinzip an die Stelle der evolutionistischen Effizienzhypothese tritt. Man könnte deshalb auch anders ansetzen und darauf verweisen, daß Institutionen als ideologische Dogmen von vornherein keinerlei Produktivität besitzen. Diese Formen wären eher im Hinblick auf rechtfertigende, abschöpfende, restringierende oder ermöglichende Funktionen hin zu untersuchen. Dann könnte man z.B. zu argumentieren versuchen – wie es ja auch Meyer et al. bezüglich der Schulen tun (Meyer et al. 1992, S. 46) –, daß es für die Outputs gar nicht der Institution der formalen Organisation bedürfte, sondern daß diese ganz andere gesellschaftliche Funktionen habe, wie z.B. die der Herrschaftssicherung. Gerade die Formulierung der angeblichen Gegenbeispiele zeige, so könnte man dann fortfahren, wie sehr der Sprecher den verdinglichenden Akteurs- und Produktivitätsfiktionen institutioneller Ideologien aufgesessen sei, weil er Produktivität den „Organisationen" zurechnet, nicht aber lebendiger Ko-Operation, deren Erträge durch Organisation asymmetrisch angeeignet werden. Mit einer solchen Perspektive würde natürlich nicht unterstellt, daß „lebendige „Ko-Operation" gleichsam „formfrei" verlaufen könnte und die Form per se das Herrschaftliche sei. Es geht in diesem Zusammenhang ja nicht um Formen „an sich" – gerade einen solchen allgemeinen Institutionenbegriff halte ich für unfruchtbar –, sondern um eine höchst historisch-spezifische Form, nämlich die Organisationsform.

(6.) Gleich in verschiedenen Hinsichten wirft die Kategorie der Institution das Problem von „Agentschaft" („agency") auf, also die Frage nach dem Zusammenhang von Strukturen und Verhalten/Handeln bzw. die Frage nach den Trägern von „Institutionen". Dieser Fragenkomplex wird auch – wie oben dargestellt – in dem institutionalistischen Diskurs immer wieder thematisiert. Teils wird dem Institutionalismus „Strukturmetaphysik" vorgeworfen (wie von DiMaggio 1988), teils ist von strategischer Bezugnahme auf Institutionen die Rede (Meyer/Rowan), teils wird die politische Konstitution von Institutionen behauptet (Powell 1991), teils geht es um internalisierte „taken-for-granted"-Strukturen, die dem reflexiven Bewußtsein gerade nicht unmittelbar zugänglich sind (so wohl bei Zukker 1977), teils geht es um die Oktroyierung von Institutionen durch herrschende

Eliten (Powell 1991), teils ist von einer „rekursiven Beziehung" zwischen Strukturen und Handlungen die Rede (Ortmann 1995a, Giddens 1988). Diese Unklarheit spiegelt offenbar einerseits in epistemologischer Hinsicht die paradigmatische Unterschiedlichkeit allgemeiner soziologischer Theoriebildung wider; andererseits ist sie Ausdruck genau jenes realen gesellschaftlichen Problems, das es theoretisch zu fassen gilt, nämlich desjenigen der Dissoziierung von gesellschaftlichen Verhältnissen und den lebendigen Subjekten sowie des Problems der praktischen Resubjektivierung. Man kann nun nicht versuchen wollen, auf theoretischer Ebene gleichsam dasjenige herzustellen, was real gerade defizient ist: die subjektive Autorenschaft bezüglich gesellschaftlicher Verhältnisse. Deshalb scheitern alle einfachen Handlungstheorien von vornherein. Andererseits wäre es nur eine unkritische Verdopplung qua verdinglichendem Bewußtsein wahrgenommener Strukturen, wenn man gesellschaftliche Institutionen als verselbständigte Agenten oder als gleichsam naturgesetzlich funktionierend beschriebe. So erscheint es zunächst nur verständlich, wenn in der neueren Organisationstheorie mit Nachdruck und mit Recht gegen eine verdinglichende Konzeptualisierung des Phänomens der Organisation argumentiert wird. Statt dessen wird z.B. strukturationstheoretisch vorgegangen.[8] Die Gefahr besteht aber darin, Theorie und Gegenstand zu verwechseln oder, methodologisch formuliert, die Tatsache der doppelten Hermeneutik zu ignorieren. Eine wissenschaftliche Beschreibungssprache wird somit allzu leicht konfundiert mit der empirischen Alltagskonstruktion des untersuchten Sachverhaltes. So muß in diesem Zusammenhang die Frage lauten, wie es möglich ist, daß in der Alltagskonstitution von Organisationen diese tatsächlich sehr wohl „verdinglicht" werden. Auch hier hilft eine alternative theoretische Beschreibung allein nicht weiter; sie könnte die Realität nicht heilen. Auch das inzwischen viel verwendete Giddenssche strukturationstheoretische Lösungsangebot der „Dualität von Strukturen" bleibt nicht nur in bezug auf den Sachverhalt der doppelten Hermeneutik trotz aller Bemühungen in dieser Hinsicht unklar, sondern es stellt auch „nur" einen allgemeinen sozialtheoretischen Begriffsrahmen bereit, der über empirisch-historische Gesellschaften gerade keine Auskunft gibt. So ist es etwa fraglos richtig, daß Strukturen „ermöglichen *und* restringieren" (Giddens 1988, S. 77); es geht aber doch in der Gegenwartsgesellschaft gerade um die augenfällige Tatsache, daß Strukturen für manche vieles ermöglichen und für viele vieles restringieren.

Aber auch die für diese Theorie grundlegende Vorstellung, daß Strukturen und Handlungen „rekursiv" aufeinander bezogen seien, erscheint als problematisch. Zumindest der mathematische Rekursionsbegriff bezeichnet den (höchst speziellen) Fall, daß auf den Wert (das Ergebnis) einer Funktion diese Funktion immer wieder angewendet wird. Das heißt aber, daß es Rekursivität nur in bezug auf ein und dasselbe „System" geben kann, das sich rekursiv selbst (konvergent,

---

8 Stets am ausgeprägtesten bei Ortmann (insbes. 1995a) sowie Ortmann, Sydow und Windeler in diesem Band.

divergent oder stationär) reproduziert. Keinesfalls aber kann sich dieses Phänomen auf den Zusammenhang zweier verschiedener „Systeme" beziehen, etwa menschlichen Akteuren einerseits und gesellschaftlichen Strukturen andererseits, worum es bei dem vermeintlichen „Mikro-Makro-Problem" ja gehen soll.[9] Wenn in dieser Theorie von einer „rekursiven Beziehung zwischen Handlungen und Strukturen" die Rede ist, könnte „Handlung" nur als Element der Struktur selbst begriffen werden, die sich aus strukturell/systemisch definierten „Handlungen" selbst reproduziert. Dies aber wäre das – von dieser Theorie abgelehnte – Modell eines autopoietischen Systems im Sinne Luhmanns. Auf der anderen Seite wäre es fehlleitend anzunehmen, die Subjekte würden mit ihrem Verhalten auf („objektive") Strukturen Bezug nehmen; worauf sie allein Bezug nehmen können, sind ihre kognitiven Repräsentationen von Strukturen, subjektive Strukturbilder. Diese subjektiven kognitiven Repräsentationen mögen dann wieder in sich rekursiv „organisiert" sein, um sich durch diesen Mechanismus zu stabilisieren. Wenn man also das Rekursionsmodell streng weiterdenkt, landet man wohl unweigerlich bei der Figur der „strukturellen Kopplung" (i. S. Maturanas) autopoietischer Systeme.

Solche Probleme entstehen, wenn unklar bleibt, welche Beschreibungsperspektive man einnimmt. Wählt man die Perspektive einer „strategischen Handlungsanalyse", also die Akteursperspektive, gibt es keine „Dualität", wählt man die Perspektive eines „externen Beobachters eines Systems", gibt es keine „Handlungen", sondern Systemelemente bzw. -ereignisse, die man in ihrer Beziehung zueinander beschreiben kann. In beiden Fällen handelt es sich um unterschiedliche „Sprachspiele", die man nicht ineinander überführen kann. Dies ist wohl der eigentliche Sinn des Emergenzbegriffs (s.a. unten).

Es taucht ein weiteres Problem dann auf, wenn man von dem Theorem ausgeht, daß „die" Menschen Institutionen über „internalisierte" Muster, die gleichsam „eingelötet" (Bateson 1992c, S. 373) sind, reproduzieren. Man kann dann nämlich nicht mehr zwischen gesellschaftlichen Personengruppen unterscheiden. Zu leicht insinuiert dann der Institutionenbegriff, daß alle Subjekte gleichermaßen solche Muster „internalisiert" hätten und auch gleichermaßen an der Reproduktion der Institutionen mitwirkten. Dann gäbe es aber keine Herrschenden (Eliten) mehr, sondern nur noch Strukturen. Dem steht aber – zumindest auf der Ebene der naiven Alltagsbeobachtung – andere Erfahrungen entgegen. Dazu gehört die sehr skeptische Einstellung einer großen Zahl von Menschen zu den staatlichen „Institutionen" (Parteien, Wahlsystem, Parlament, Bundeskanzler; s.a. die geringen Wahlbeteiligungen), zu den Großkonzernen, zu den technologischen Produkten der modernen Wissenschaft, zur etablierten Medizin usw. Hier wird

---

9 Mir scheint es deshalb eher ein „Trick" zu sein, wenn die Strukturationstheorie mit dem Begriff der Handlung operiert. Es wird dann nämlich nahegelegt, „Handlung" zugleich als Element der gesellschaftlichen wie den subjektiven Struktur zu verstehen. Dies ist aber aus logischen, erkenntnis- und kognitionstheoretischen Gründen nicht möglich. Man hat also mit dem Rekursionsbegriff das Problem des Verständnisses der Verkopplung von Gesellschaft und Subjekt nicht gelöst.

deshalb ein Institutionenbegriff präferiert, der diese Erfahrungen der „Äußerlichkeit" widerspiegelt, ohne zu verkennen, daß diese von Alltagsakteuren formulierte Erfahrung noch nichts über den tatsächlichen Grad der Akzeptanz aussagt. So könnte es sein, daß jemand auf die staatlichen „Institutionen" schimpft, aber in den eigenen Handlungs- und Arbeitskontexten ganz ähnlichen Mustern folgt. Der kategoriale Apparat muß aber die Möglichkeit vorsehen, personelle Hauptträger der „Institutionen" von anderen zu unterscheiden. Dabei sind „die anderen" nicht *ex definitione* „Opfer" – nur die „Reproduktionsweisen" im Hinblick auf die „Institutionen" unterscheiden sich. Es wäre zu einfach, über den Begriff der „Mittäterschaft" alle in einen Topf zu werfen. Es gibt sehr unterschiedliche Formen der Mittäterschaft. Natürlich muß es – wenn es überhaupt zu gesellschaftlichem Verhalten kommen soll – irgendeine psychisch-kognitive Entsprechung in Relation zu gesellschaftlichen Verhältnissen, z.B. eine kognitive Repräsentation, geben, eine kognitive „Schnittstelle" gleichsam. Dies heißt aber noch nicht, daß die „institutionellen" Grundstrukturen definitorischer Bestandteil des „Selbst" geworden sein müssen. Genau darauf zielt ja auch das Konzept der Rollendistanz ab. Man kann natürlich weiter fragen, ob das – zweifellos existierende – Phänomen der Rollendistanz nicht ein Indikator für eine – schizogenetische – pathologische Gesellschaftsstruktur ist. Zu suchen wäre also nach den in den Subjekten verkörperten Korrelaten zu gesellschaftlichen Strukturen, die plausibel machen, warum Menschen an der Reproduktion dieser Strukturen mitwirken.

(7.) Eine weitere grundlegende Frage, die jegliche Variante institutionalistischer Theorie aufwirft, lautet, wie das Verhältnis von Gesamtgesellschaft zu ihren Teileinheiten bzw. das Verhältnis von Teileinheiten zueinander überhaupt zu konzeptualisieren ist. Das Problem beginnt bereits mit der Frage, was als „Gesamtgesellschaft" und was überhaupt als jeweilige „Teileinheit" begriffen werden soll. Dies sind Fragen nach Einheit, Differenz, Grenzen und Zusammenhängen. Angesichts der Tatsache, daß die entwickelte wissenschaftliche Sprache eine große Fülle von verschiedenen Konzepten für die Beschreibung von Zusammenhängen bereitstellt, ist es schon erstaunlich, wie wenig ausdrückliche Reflexionen man hier findet. So bleibt gerade die zentrale Frage, um die es in allen diesen Ansätzen geht, nämlich die des Verhältnisses von Organisation, Institution und Gesellschaft zueinander, letztlich unbeantwortet. Eine Auswahl aus der Menge an möglichen Zusammenhangsbeschreibungen mag zumindest das Spektrum andeuten, aus dem eine theoretische Figur zu wählen wäre. Die einzelnen Beziehungsmodelle können hier allerdings nicht hinsichtlich ihrer Voraussetzungen und Konsequenzen diskutiert, sondern nur hinsichtlich der Beziehungen zwischen den Kategorien der Institution und der Organisation exemplifiziert werden:

– *Kausalmodell* (Ursache-Wirkungs-Beziehungen): Die Institutionen determinieren die Organisationsstrukturen.

– *Teleologisches Modell* (Grund-Folge-Beziehungen): Da die Organisatoren den institutionellen Erwartungen entsprechen wollen, passen sie die Organisationsstrukturen diesen an.

– *Koevolutionsmodell* (Kovarianzbeziehungen): Institutionen und Organisationen bilden aufeinander bezogene Gestalten aus.

– *Rekursionsmodell:* Institutionen und Organisationen befinden sich zueinander in einer rekursiven Reproduktionsbeziehung.

– *Innen-Außen-Modell* (System-Umwelt-Beziehungen): Organisationen strukturieren sich auch unter Bezugnahme auf ihre institutionellen Umwelten.

– *Teil-Ganzes-Modell:* Organisationen sind Elemente institutioneller (Teil-) Systeme.

– *Text-Kontext-Modell:* Man kann die Bedeutung organisationaler Strukturen nur in Relation zu dem gesellschaftlichen Umfeld verstehen, in dem sie stehen.

– *Konstitutionsmodell:* Organisationen verkörpern institutionelle Strukturprinzipien.

– *Modell struktureller Kopplung:* Institutionen und Organisationen sind eigenständige Systeme, die im Kontext der gesellschaftlichen Umwelt in Relation zueinander ihre Strukturen produzieren.

– *Reproduktionsmodell:* Organisationen sind die gesellschaftlichen Orte der Reproduktion gesellschaftlicher Institutionen.

– *Kontroll- oder Steuerungsmodell:* Institutionen regulieren die organisationalen Strukturen und Prozesse.

– *Idee-Realisierungsmodell:* Organisationen setzen institutionelle Leitideen in die Wirklichkeit um.

– *Totalitätsmodell:* Institutionen und Organisationen sind funktionaler Ausdruck struktureller Grundprinzipien einer bestimmten Gesellschaftsformation; sie hängen nicht miteinander ("Interdependenz"), sondern gemeinsam im Ganzen zusammen.

Jegliches Inbeziehungsetzen von Einheiten setzt zunächst einmal ihre Trennung, ihre Unterscheidung, voraus. Eine solche Trennung impliziert bereits, daß die in Beziehung gesetzten Einheiten als zumindest „relativ autonom" kogniziert werden, daß also kein strenger Determismus zwischen diesen Einheiten unterstellt wird, weil man sie dann gar nicht unterscheiden könnte. Andererseits macht eine Inbeziehungsetzung aber nur Sinn, wenn keine absolute Autonomie angenommen wird. Die Unterscheidungen, die jeder Frage nach dem Zusammenhang von Einheiten notwendigerweise vorausgehen, werfen wieder das schon mehrfach benannte Problem der doppelten Hermeneutik auf: Hält man sich bei diesen Unterscheidungen an diejenigen (bewußten oder nicht bewußten) Differenzierungen und Einheitsbildungen der Alltagsakteure oder konstruiert man theoretisch-analytische Unterscheidungen? Die Alltagsunterscheidungen dürften dabei aber nicht, wie bereits gesagt, „for granted" genommen werden, sondern müßten Gegenstand der Analyse selbst sein.

Bei der Konzeptualisierung bzw. Beschreibung von Zusammenhängen unterlaufen immer wieder typische Denkfehler, die z.T. auf der Verwechselung von Begriff und Sache („Landkarte und Territorium") beruhen. Sehr häufig ist folgender Fehler zu finden: „Die hier vorgenommenen Unterscheidungen in A, B und C sind natürlich nur analytischer Art; in Wirklichkeit sind A, B und C interdependent." Konkret z.B.: „Die Unterscheidung in Politik, Ökonomie und Kultur ist nur analytischer Art, in Wirklichkeit beeinflussen sich diese Bereiche natürlich gegenseitig." Oder: „Die Unterscheidung in Psychisches und Soziales ist nur analytischer Art, in Wirklichkeit sind Psychisches und Soziales rekursiv aufeinander bezogen." Es dürfte klar sein, daß der Fehler darin besteht zu behaupten, „analytische Kategorien" würden „in Wirklichkeit" miteinander interagieren. Die analytischen Kategorien/Perspektiven werden also reifiziert bzw. Begriff und Sache verwechselt. Die Lösung des Problems könnte darin bestehen, für das Ganze eine analytische Kategorie zu gewinnen, die die Teilperspektiven nicht zusammenfügt, sondern synthetisierend aufhebt.

Ein weiteres Problem ist das der „Emergenz", das immer dann auftaucht, wenn man die viel gestellte Frage formuliert, wie denn Mikro- und Makroebene miteinander zusammenhängen (Individuum und Gesellschaft, Handlung und Struktur, Bewußtsein und Realabstraktion, Organisation und Gesellschaft, Organisation und Psyche usw.). Man muß zunächst erkennen, daß es sich bei diesem Problem um ein theoretisch und/oder gesellschaftlich konstruiertes Artefakt handelt. Für die „Wirklichkeit" ist dies wohl kein Problem, sonst würde sie nicht existieren. Wenn man davon ausgeht, daß die Schneidung von Emergenzebenen (z.B. Individuen, Handlungen, Organisationen, Gesellschaften, Nationen, Welt) eine empirisch vorfindbare Praxis der Alltagsakteure ist, kann man wieder wissenssoziologisch nach den Funktionen dieser Unterscheidungen fragen. Wenn man in der Theorie nach analytisch gebildeten Emergenzebenen unterscheidet, so entwickelt man für jede dieser Ebenen ein eigenes Sprachspiel. Dann kann man aber nicht mehr sinnvoll nach „dem Zusammenhang" der so unterschiedenen Emergenzebenen fragen, weil man ja dann wieder eine „realistische" Begriffsbildung unterstellen würde. Für den „Zusammenhang" benötigte man dann ein drittes Sprachspiel. Die Gegenfrage lautete sonst: Warum hast Du denn überhaupt diese analytischen Unterscheidungen so getroffen, wenn Dich doch eigentlich etwas ganz anderes interessiert, nämlich „der Zusammenhang"? Zudem hat es nur eine konventionalistische Scheinplausibilität, z.B. „gesellschaftliche Strukturen" auf einem *„höheren* Emergenzniveau" anzusiedeln als z.B. „Handlungen". Einer solchen Konvention liegt die i.d.R. unreflektierte Unterstellung zugrunde, aus „Handlungen" entstünden durch qualitativen Sprung Strukturen; es wird also ein Primat der „Handlungen" angenommen. Demgegenüber macht es – auf den zweiten Blick – weder logisch noch empirisch Schwierigkeiten, „Handlungen" auf einer „höheren Emergenzebene" als „Strukturen" zu lokalisieren. Handlungen

wären dann als (kognitive) Phänomene beschreibbar, die einem (sprachlichen)
Interaktionsbereich angehören, der aus den strukturellen Kopplungen sich ver-
haltender Subjekte heraus emergiert.[10] Oder in einer anderen Beschreibung: Insofern unter „Handlungen" bewußte Relationen zwischen einem menschlichen
Organismus und seiner Umgebung verstanden werden, ergibt sich – nicht nur
evolutionstheoretisch und ontogenetisch – zwingend, daß sie sich auf „höherem
Emergenzniveau" als die Kontexte, auf die sie sich beziehen, befinden müssen.
„Handlungen" sind dann, i.d.R. strukturell „überdeterminierte", aus einem strukturellen Zusammenhang herausgelöste „emergente" Zurechnungskonstrukte.

3.3 Fazit

Aus dieser Erörterung einiger Probleme mit der Kategorie der Institution resultiert nun noch kein theoretischer Entwurf, der alles besser machen würde, sondern eher der Umriß einer institutionalistisch informierten Organisationstheorie.
Die Institutionenkategorie soll helfen, Organisationen in der Gesamtstruktur der
historischen Gesellschaftsformation des modernen Kapitalismus zu verorten.
Allgemein lassen sich mit dem Begriff der Institution die wesentlichen Struktur-
ausprägungen einer Gesellschaftsformation bezeichnen; diese sind somit als jeweilige Verkörperungen der einen Typ von Gesellschaftsformation charakterisierenden dominanten Strukturprinzipien verstehbar zu machen. So läßt sich z.B.
die Institution des Privateigentums mit all' ihren rechtlichen und ideologischen
Kodifizierungen als strukturelle Ausprägung des Prinzips der Trennung von Gesellschaft und Subjekt und dem damit verbundenen Konstruktionsprinzip des
Individuums begreifen. Dabei ist zu beachten, daß der Begriff der Gesellschaftsformation überhaupt nur auf *bestimmte* menschliche Sozietätsformen anwendbar
ist, nämlich nur auf solche, die eine „Gesellschaft" i.e.S. ausbilden, d.h. ausdifferenzierte gesellschaftliche Bereiche, die eine Gestalt, eben eine „Formation",
bilden, die gegenüber den Subjekten einen „Objektivitätsüberhang" (Görg 1994)
vermitteln und insofern die reale Basis für Verdinglichungen bilden. Dies gilt
insbesondere dann, wenn es gelingt, die historische Kontingenz von Institutionen
doktrinär unkenntlich zu machen, um auf diese Weise das „Ende der Geschichte" (Fukuyama 1992) zu suggerieren. Verstärkt wird dies durch Ausdehnung der
funktionalen und räumlichen Reichweite der Institutionen sowie dadurch, daß die
in institutionellen Kontexten produzierten sozialen Tatsachen ein riesiges Ausmaß an „organischer Zusammensetzung" angenommen haben; man denke nur
an die unzählbar vielen Rechtsvorschriften, an die komplexen Verknüpfungen
von Organisationen, an die Vielzahl von Verträgen, an Qualifikations- und Sozia-
lisationsarbeit, kurz, an die große Menge toter Arbeit, die in den gesellschaftli-

---

10 Vgl. zu dieser theoretischen Konstruktion Maturana (1985).

chen Verhältnissen steckt. Es ist angesichts dieses Sachverhalts nicht nur einem „falschen Bewußtsein" zuzurechnen, wenn die meisten Menschen diese Verhältnisse wie eine „2. Natur" erleben, an der sich die lebendige Arbeit bzw. Lebenstätigkeit nur noch zu orientieren und bestenfalls „abzuarbeiten" vermag; für einige allerdings ist dies Spielmaterial und Arena für strategisches Handeln.

Institutionen sind relativ erfahrungsrestistente, gesellschaftlich hegemoniale Beschreibungen „idealtypischer" Art, die der Konfigurierung und (Re-)Interpretation von Ereignissen, Strukturen und Prozessen dienen, und sie haben insofern eine reproduktive Funktion im Hinblick auf die zentralen Strukturprinzipien und die aus ihnen resultierenden Strukturen. Institutionen stellen Formen gesellschaftlicher Strukturierung bereit und sind als solche nicht „produktiv", sondern formativ bzw. sinngebend. Institutionen lassen sich damit auch als die herrschenden „Dogmen" (Burisch 1973) bezeichnen. Diese Dogmen sind mit einer Art „profaner Heiligkeit" besetzt, was sich nicht nur an normativen Regeln „politisch korrekter" Sprache exemplifizieren läßt, sondern auch an einer ganzen Reihe von Sonderregeln und rituellen Beschwörungen. Dazu gehören z.B. der besondere Schutz der Nationalflagge, der Amtseid, der Schwur auf die Verfassung, der besondere Straftatbestand der Beleidigung im Amt, die permanente Beschwörung der „freiheitlich-demokratischen Grundordnung", die indoktrinären Formulierungen in Schulbüchern, die Unantastbarkeit des Privateigentums, die rituellen Formen der „Einweihung", der Gründungs- und Jubiläumszeremonien bei Organisationen usw. Institutionen lassen sich als Ideologien bzw. als „ideologische Versprechungen" deuten, in bezug auf welche dann reales Geschehen ggf. als Anomalie, als Versehen, als Irrtum usw. deklariert werden kann, „in Wirklichkeit" sei alles aber ganz anders, nämlich eigentlich so, wie das Versprechen es verspricht: „Eigentlich ist die Marktwirtschaft ideal, wenn bloß nicht die monopolistisch orientierten Unternehmer wären" und dergl. mehr. In dem Maße, in dem Institutionen herrschaftlich verteidigte, lokale Erfahrungen ignorierende Muster sind, lassen sie sich aus grundlagentheoretischer Perspektive als „Evolutionshemmer" bezeichnen. Sie verhindern rückgekoppelte Anpassungen sowohl an die Folgen gesellschaftlicher Aktivität als auch an autonome Wandlungen subjektiver, kooperationeller und natur-ökologischer Milieus. Dies mag auch der Sinn der Marxschen Vorstellung gewesen sein, daß die „Produktionsverhältnisse" der „Evolution" der Produktivkräfte hinterherhinken. Wenn Institutionen die „wesentlichen" Strukturprinzipien[11] einer Gesellschaftsformation verkörpern, so heißt dies, daß über sie auch die grundlegenden gesellschaftlichen Verhältnisbestimmungen vollzogen werden, und zwar die Verhältnisse in bezug auf die drei „Naturdimensionen": äußere Natur, innere Natur der Subjekte und gesellschaftliche Natur der Ko-Operationsverhältnisse.

---

11 Den Begriff des Strukturprinzips verwende ich – soweit ich sehe – in dem gleichen Sinne wie Giddens (1988, S. 240 ff.).

Wenn man vor diesem ganzen Hintergrund eine möglichst knappe Formel bilden wollte, könnte man formulieren: Eine institutionelle Analyse durchführen heißt, gesellschaftliche Sachverhalte durch Rekurs auf Strukturprinzipien der untersuchten Gesellschaftsformation zu erklären. Das Verhältnis von Institution zu Organisation ist nicht in einem kontingenztheoretischen Sinne zu verstehen, nach dem Institutionen für Organisation Umwelten oder Kontexte bilden, auf die sich die Organisationen einstellen müßten. Organisationen werden von mir aber auch nicht als Verkörperungen gesellschaftlicher Institutionen begriffen, sondern die Organisationsform selbst wird als eine wesentliche Institution der kapitalistischen Gesellschaftsformation verstanden. Es wird die „Institutionalität" von Organisation zum Thema gemacht. Eine institutionalistische Analyse von Organisationen fragt also danach, ob und inwieweit sich in der Organisationsform wesentliche Prinzipien dieser Gesellschaftsformation verkörpern und welche gesamtgesellschaftlich-strukturierende Funktion den Organisationen zukommt. Organisationen verhalten sich zu Institutionen nicht wie Bäume zum Wald (dies scheint aber ein passendes Bild für die meisten Institutionalisten zu sein). Die Institutionen sind nicht das ökologische Milieu von autopoietischen Organisationen, die wiederum „rekursiv" das Milieu mitkonstituieren, sondern Organisationen sind selbst ein Bestandteil der institutionellen Struktur der Gesellschaft und damit der Struktur von Herrschaft.

Eine Untersuchung der Institutionalität formaler Organisationen führt nicht zu einer kompletten Organisationstheorie; sie stellt insofern auch keine Alternative zu einer Verhaltensanalyse dar, z.B. zu einer „strategischen Handlungsanalyse" oder zu „mikropolitischen" Ansätzen. Vielmehr ist in diesem Zusammenhang an die Unterscheidung von Institution und Ko-Operation[12] zu erinnern. In der Ko-Operationsdimension geht es immer um das tatsächliche, wie auch immer vermittelte, Verhalten aneinander orientierter Subjekte und um die sich im Wege der Ko-Operation entwickelnden Kulturen, Lebensweisen und Lebensformen. Im Unterschied zu Ansätzen, die eine institutionelle und eine handlungsstrategische Analyse dadurch auseinanderhalten, daß sie die jeweils andere Seite „einklammern" (so z.B. bei Giddens 1988), also eine strenge perspektivische Trennung vornehmen, dürfte es von Bedeutung sein zu erforschen, in welcher Weise Institutionen und Ko-Operationsformen bzw. -inhalte aufeinander bezogen sind, wie also z.B. Institutionen Ko-Operation konditionieren oder in welcher Weise Ko-Operationsstrukturen und -prozesse Institutionen stützen oder konterkarieren. Die dafür notwendigen theoretischen Grundlagen können an dieser Stelle aber nicht mehr erarbeitet werden, gleichwohl wird auch dazu im nächsten Kapitel noch etwas gesagt werden.

---

12 Der Begriff der Ko-Operation wurde gewählt, um die mit dem Begriff der Interaktion verbundenen Konnotationen von kleinräumigen face-to-face-Beziehungen kopräsenter Subjekte zu vermeiden; er unterscheidet sich von „Kooperation", weil er nicht im Sinne von „guter Zusammenarbeit" verstanden werden soll. Vgl. dazu ausführlicher Türk (1995a).

4. Organisationen in der kapitalistischen Gesellschaftsformation

4.1 Der institutionelle double bind

Wie aus dem vorangegangenen Text schon deutlich geworden sein dürfte, wird hier davon ausgegangen, daß auch die gegenwärtige Gesellschaftsformation als „kapitalistisch" bezeichnet werden kann. Dies bedeutet, von der These auszugehen, daß ein kapitalismustheoretisches Modell[13] solche Phänomene kognitiv erzeugt, die mit wesentlichen Primärerfahrungen in der gegenwärtigen Gesellschaft übereinstimmen, z.B. der Erfahrung der systematischen Aneignung von Mitteln des Lebens durch relativ wenige zu Lasten relativ vieler Menschen auf der Welt oder der Erfahrung der ökologischen Gefährdung.

In weltgeschichtlicher Perspektive ist der moderne Kapitalismus ein einmaliges Phänomen: Es ist keine andere Gesellschaftsformation bekannt, die in diesem Umfang eine fast vollständige Unterwerfung nahezu aller Menschen des Globus unter ihre Strukturprinzipien erreicht hätte. Soweit nicht reell, so sind die meisten Menschen doch formell den Mechanismen der „ökonomischen Struktur"[14] des Kapitalismus subsumiert. Diese Subsumtion wird befördert durch eine universalistische Ideologie, die sich in den hegemonialen Beschreibungen der Institutionen ausdrückt. Institutionen sind dabei nicht nur ideelle Dogmen, sondern „praktische Ideologien", die sich in formalen Strukturen verkörpern, wie z.B. im „demokratischen Rechtsstaat", in Verfassungen und in der Institution des Privateigentums. Diese Institutionen sind durchweg getragen von der Idee bzw. dem Anspruch der Inklusion aller Menschen (z.B. formale Partizipationsrechte), und für diese Inklusion kämpfen seit Mitte des letzten Jahrhunderts jeweils Unterprivilegierte, die auch alle mitmachen und sich nicht etwa von den Systemimperativen befreien wollen. Diese Inklusion ist aber nicht nur formales Recht, sondern inzwischen auch Notwendigkeit. Wer sich verweigert, gilt als Systemfeind, wer faktisch nicht partizipiert, ist politisch, ökonomisch und ideologisch an den Rand gedrängt, muß dem folgen, was andere bestimmen, muß das essen, was übrigbleibt und muß mit seiner Theorie der Welt außerhalb der etablierten Diskurse bleiben. Auf der Basis dieser Inklusionsideologie und -praxis geraten alle auch in *materielle* Abhängigkeit von der ökonomischen Struktur und den mehr oder weniger krisenhaften Prozessen des Kapitalismus, der seine Versprechungen aber mitnichten einzulösen trachtet, weil er es prinzipiell gar nicht kann. Dies führt zu materiellen Exklusionen, die sich systemimmanent offenbar noch immer relativ

---

13 In dem folgenden Text wird nicht an jeder geeigneten Stelle darauf hingewiesen, wo Übereinstimmungen mit bzw. Abweichungen von institutionalistischer Theorie vorliegen; dies ist aus dem Gesamtzusammenhang des Artikels – bei Bedarf – aber relativ leicht zu ersehen.

14 Damit ist nach Marx die Totalität – nicht die Interdependenz – der Regulationsformen gemeint, also die Einheit dessen, was im allgemeinen „Politik", „Wirtschaft", „Wissenschaft" u. dgl. mehr genannt wird (vgl. dazu besonders prägnant Kosík 1967).

erfolgreich rechtfertigen bzw. desymbolisieren lassen. Die Rechtfertigung ist wiederum durch dieselbe Inklusionsideologie getragen, indem die Systematizität von Exklusionen geleugnet und ihre unabweisbare Existenz entweder als bloß temporäres oder vorläufiges Phänomen bezeichnet wird. Armut, Obdachlosigkeit, Deprivation oder Arbeitslosigkeit könne mehr oder weniger jeden einmal treffen, sei als Massenphänomen aber nur Ausdruck eines vorübergehenden Ungleichgewichts oder ein Zeichen noch vorhandener Unterentwickeltheit entweder der Subjekte oder ganzer Volkswirtschaften bzw. „Gesellschaften". Eine solche Beschreibung ist nicht nur im Alltag vorherrschend, sondern auch in den Sozialwissenschaften (z.B. in sog. Modernisierungstheorien).

Auf dieser Basis ist eine scharfe soziale Differenzierung von Lebens- und Artikulationschancen, von Verfügbarkeit über „Lebensmittel" auf globalem Niveau bis hin zu vollständigen Marginalisierungen, entstanden. Die zeitgenössische kapitalistische Gesellschaftsformation unterscheidet sich auch und gerade hinsichtlich dieser für den gegenwärtigen (globalen wie aber auch regionalen) Kapitalismus eigentümlichen Kombination von Inklusion und Exklusion von früheren Formen der Depravation, z.B. – kolonialer – Ausbeutung einerseits und bloßer Diskreditierung Fremder („Barbarisierung") andererseits.[15]

Im Wege der institutionellen Subsumtion saugt die kapitalistische Produktionsweise gleichsam immer weitere Lebensbereiche und Menschen auf.[16] Dabei machen die meisten Menschen aktiv mit. Dies wird durch die Illusion gestützt, durch Partizipation eine Besserstellung erreichen zu können (z.B. zunächst Einbezug der Arbeiter, dann der Frauen). Erreicht wird damit aber auf globaler Ebene nur, daß jeweils weniger Mächtige marginalisiert werden. Dieser totalitäre Inklusionsprozeß zerstört nicht nur subsistenzielle Lebensformen, sondern auch kulturelle Praxen und führt insgesamt zu einer Ausrottung kultureller Vielfalt, z.B. durch Zerstörung mehrerer tausend Sprachen. Die Rückgängigmachung der vermeintlichen „babylonischen Sprachverwirrung" führt zu einer kulturellen Homogenisierung, die die ökonomischen Akkumulationsprozesse begünstigt, das globale sozietale Adaptationspotential aber minimiert. Neu ist, daß diese Exklusion nicht strikt der insbesondere von Wallerstein (1989) beschriebenen Zentrum-Peripherie-Figur folgt, da es sich nicht mehr nur um Ausbeutung von Peripherien durch die Zentren handelt, sondern auch um die „Wüstung" nicht nur von Regionen, sondern großer Bevölkerungsgruppen und traditionaler Kulturen.[17]

---

15 Solche Sachverhalte scheinen Luhmann zunehmend zu irritieren; vgl. seine Aufsätze „Inklusion und Exklusion" (Luhmann 1995a) sowie „Jenseits von Barbarei" (Luhmann 1995b); sie gelten für ihn aber anscheinend eher als „Systemanomalien" denn als systematische Resultate der gegenwärtig herrschenden Produktionsweise; jedenfalls kann seine Theorie diese Phänomene nicht erzeugen.

16 Dies steht übrigens schon im „Kommunistischen Manifest".

17 Dies gilt auch für Zentrumsstaaten selbst, wenn man an die wachsenden Zahlen von Obdachlosen, armen Kindern, Alten und von jungen Leuten denkt, die in der formellen Ökonomie schlicht nicht mehr gebraucht werden. Die Zentrum-Peripherie-Figur beschreibt im

Die institutionelle Inklusion erlaubt keine Ausbeutungen mehr im Stile des 19. Jahrhunderts. Dies wäre ein zu offensichtlicher Bruch der ideologischen Versprechungen. Natürlich kommt Ausbeutung immer noch vor; wenn sie öffentlich gemacht wird, wird sie aber angeprangert, wie z.b. Kinderarbeit in der „Dritten Welt" oder die ausbeuterische Diskriminierung von Frauen. Viel mehr als Ausbeutung findet heute überwiegend und zunehmend Mehrwerttransfer statt. Es ist die Frage, ob es Sinn macht zu sagen, daß der Arbeiter in einer osteuropäischen Fabrik eines deutschen Konzerns ausgebeutet wird, wenn er nur ¼ des Lohnes des deutschen Arbeiters erhält; im Kontext „seiner" Volkswirtschaft steht er damit immer noch wesentlich besser da als ohne diese Arbeit. Lassen sich aber diese Gefälle auf Dauer nicht aufrechterhalten, fallen die jetzt beschäftigten Menschen in Grenzexistenzen zurück, weil sie nichts eigenes haben aufbauen können. Es handelt sich wohl eher um Entmächtigung, Subsumtion, Entmündigung, Entwürdigung.

Ein typischer Aufruf von Politikern – gleich welcher Parteizugehörigkeit – lautet heute: „Wir müssen für die Menschen mehr Erwerbsarbeitsplätze schaffen!" Man denke einmal nur einen Moment lang über die Implikate einer solchen Aufforderung nach, d.h. über die Struktur desjenigen Kontextes, in dem dieser Aufruf überhaupt nur Sinn machen kann. Die gesamte desolate Sinnlosigkeit und entwürdigende Gewaltförmigkeit des modernen Kapitalismus springt einem dann förmlich aus diesem Satz entgegen. Nicht nur, daß Politiker sich anmaßen, etwas vermeintlich Produktives herstellen zu können, impliziert dieser Aufruf, sondern die vollständige Entmächtigung und Entmündigung „der Menschen" (!) wird affirmiert. Zudem „müssen Erwerbsarbeitsplätze geschaffen" werden, es geht um formale Subsumtion, nicht etwa um Gebrauchswerte, nicht darum etwa, daß es Gebrauchswertdefizite gäbe, sondern um Reintegration in den systemischen Zusammenhang, um bloße „Beschäftigung" i.e.S. des Wortes, weil es außerhalb des Systems anscheinend nichts mehr gibt, bzw. „die Menschen" unfähig geworden sind – zumindest in der Sicht der Politiker –, selbst tätig zu sein.

Die zunehmende systemische Subsumtion entsteht durch Inklusion in ein monopolistisches oder auch oligopolistisches kapitalistisches Weltsystem, das die Lebensbedingungen weltweit in wachsendem Maße bestimmt. Grundlagentheoretisch formuliert handelt es sich um einen Prozeß der gewaltsamen Herstellung eines Ökosystems, das Bedingungen schafft, „die *nur* die herrschende, umweltkontrollierende Spezies sowie ihre Symbionten und Parasiten ernähren" (Bateson 1992b, S. 573), alle anderen werden Randexistenzen. Dabei handelt es sich um einen Vorgang zunehmender *globaler strikter Kopplung* des materiellen Lebens, also um die Entstehung eines „unintelligenten" Gesamtsystems. Diese Einschließung erfolgt *(1) politisch* vor allem durch die Institution der Staatsbürgerschaft oder gar „Weltbürgerschaft" sowie durch die damit verbundene Globalisierung politisch-

---

Zuge der Globalisierung und Vernetzung mächtiger Organisationen immer weniger ein topographisches Muster.

militärischer Gefährdungen auf der Basis weltpolizeilicher Ansprüche der polit-ökonomisch dominanten Zentren. Sie erfolgt *(2) ökonomisch* durch weltweite Nutzung von Arbeitskraft, wo immer sie komparativ billiger zu haben ist, durch zunehmende Monetarisierung und Kommodifizierung der Güterproduktion und -verteilung, d.h. der Vernichtung von Subsistenz und der wachsenden Abhängigkeit von Erwerbsarbeit, durch exponentiell gestiegene Ressourcenbeanspruchung der Zentrumsvolkswirtschaften sowie durch die Globalisierung ökologischer Gefährdungen. Die Inklusion erfolgt *(3) ideologisch* über den universalistischen Geltungsanspruch westlicher Prinzipien, deren Gleichheitsideologie und die imperialistische (obgleich i.d.R. „gutmeinende") Rede von der „Einen Welt" (die doch erst die „Eine" durch den westlichen Kapitalismus geworden ist), durch die Globalisierung und Gleichschaltung ideologischer Diskurse und Kämpfe, so daß sich kaum mehr jemand den Prinzipien der Reflexivität und Begründung zu entziehen vermag und man sich in dieser Hinsicht stets gegen die „Erfolge" der westlichen-kapitalistischen Institutionen verteidigen muß. Die Inklusion erfolgt *(4) psychisch* nicht zuletzt über die „Mittel der guten Abrichtung" (Foucault 1981), deren Ergebnis dasjenige bildet, was Foucault die „Disziplingesellschaft" genannt hat. Mit den von ihm beschriebenen Prozessen der Inkorporierung der strukturellen Prinzipien dieser Gesellschaftsformation in die Psychen und Körper der Subjekte vollzieht sich eine psychische Inklusion mit der Folge, daß Strukturen von Produktivität und Herrschaft für den einzelnen ununterscheidbar werden und sich so der reflexiven Verfügbarkeit entziehen. Gerade die moderne Organisation ist dafür das treffendste Beispiel (vgl. dazu auch den Beitrag von Neuberger in diesem Band), weil deren Produktivitätsfiktion sich so sehr in die Subjekte eingegraben hat, daß kaum jemand mehr sich vorstellen kann, wie es anders gehen könnte, und der Hinweis auf ihren basalen und nicht akzidentiellen Herrschaftscharakter allenthalben auf Ablehnung stößt.

Man kann versuchen, einen theoretischen Begriff der Extremform der Exklusion, der Marginalisierung, zu gewinnen, indem man sich klarmacht, was „Grenzexistenz" heißt. Grundlagentheoretisch formuliert handelt es sich um eine Situation, in der ein Lebewesen nicht mehr in der Lage ist, seine Beziehung zu seiner Umwelt reflexiv zu kontrollieren, sondern von seiner Umwelt determiniert wird, also streng mit ihr gekoppelt ist. *Ökonomisch* ist ein Lebewesen somit marginalisiert, wenn es durch die nur noch verfügbare *Grenz*menge an Subsistenzmitteln bestimmt ist, so daß z.B. die Nahrungssuche alles andere in den Hintergrund drängt und bezüglich der Nahrungswahl keine Alternative mehr bestehen. *Politisch* läßt sich von einer Marginalität sprechen, wenn Menschen die Entscheidungen anderer nur noch als Datum hinnehmen können und von ihnen determiniert werden. *Ideologisch* liegt Marginalität vor, wenn entweder eine Ausgrenzung aus den herrschenden Diskursen geschieht und alternative Diskurse unterbunden werden können oder wenn die von dem Subjekt verwendeten Deutungen und Wahrnehmungsmuster so „eingelötet" (Bateson 1992c) sind, daß jegliche Selbstreflexion ausgeschlossen ist und das Subjekt durch seine präformierte Struktur determiniert wird. *Psychologisch* läßt sich dann analog von einer Marginalität sprechen, wenn sich Zwangsvorstellungen so stark sedimentiert oder rigidisiert haben, daß das Subjekt nicht mehr in der Lage ist, reflexiv an Kommunikationen teilzunehmen und insofern auch von seinem Kontext determiniert wird.

Die Inklusion wird dadurch befördert, daß weite Teile der Weltbevölkerung zu *Objekten* von Politiken und Aktionen gemacht werden, sei es zu Objekten von Wirtschafts- und Sozialpolitik oder Entwicklungs- und Bevölkerungspolitik. Eine weltweite Entmündigung geht einher mit dem Alleinvertretungsanspruch universalistisch-partikularer ideologischer „Supersysteme" von Politik, Bildung, Wissenschaft und Wirtschaft, deren Funktionseliten Gewalt, Bildung, Wahrheit und Profitmachen auf „legitime" Weise monopolisiert haben (vgl. dazu ausführlicher Türk 1995c). Diese Gleichschaltung von historisch einmaligem Ausmaß entmutigt und unterbindet auch objektiv Versuche zur Selbst-"organisation", sie entzieht die dafür notwendigen Lebensgrundlagen, z.B. durch Exportzwang oder die Unmöglichkeit, sich den Imperativen der „Weltwirtschaft" zu entziehen. Man denke nur daran, daß der Kleinbauer in der Eifel mit dem Plantagenkapitalisten in Südamerika in einem System zusammenhängt. Diese Prozesse der Inklusion werden überdies begleitet und gestützt von den weltweit operierenden Massenmedien und der zunehmenden globalen informationellen Vernetzung, die beide selbst wieder Strukturen der Macht- und Kapitalakkumulation bislang ungeahnten Ausmaßes bereitstellen.

Es ist für die kapitalistische Gesellschaftsformation also wesentlich, daß sie eine widersprüchliche institutionelle Struktur ausbildet, die heute nicht mehr so einfach in einem „Antagonismus von Kapitalisten und Proletariat" auszumachen ist. Vielmehr haben wir einen auf globaler Ebene sich vollziehenden Strukturierungsprozeß von „inkludierender Exklusion", der nicht mehr bloß eine globale Zweiklassengesellschaft mit ausgebeuteten Lohnabhängigen produziert, sondern zu vielfältigeren Formen der politischen, ökonomischen und ideologischen Exklusion bis hin zu vollständigen Marginalisierungen (im millionenfachen Extremfall bis hin zum Hungertod) führt. Diese materiellen Exklusionen basieren dabei durchweg auf der formellen institutionellen Inklusion, und für ihre Legitimation gilt, wenn alle sonstigen Rechtfertigungsstricke reißen, das Prinzip der Selbstverschuldung. Die Gesellschaft gilt nicht mehr primär differenziert nach stratifizierenden Merkmalen wie Klasse, Kaste oder Stand, sondern jede/r gilt als formal frei, alles zu tun und zu werden, er/sie muß nur „qualifiziert genug" sein: jede/r, die/der Geld hat, kann am Wirtschaftsverkehr teilnehmen, jede/r, die/der politischen Einfluß erlangt, am politischen System, jede/r hat den gleichen Zugang zum Recht, jede/r kann sich bilden lassen usw. Man muß angeblich nur die „kommunikative Kompetenz" besitzen und die Spezialdiskurse beherrschen lernen. Eine Exklusion kann damit dem Konstrukt des Individuums zugerechnet werden: Arbeitslose und Sozialhilfeempfänger sind arbeitsscheu, die Leute in der „Dritten Welt" kriegen zu viele Kinder, können noch nicht so richtig mit der Marktwirtschaft umgehen und haben noch nicht die Prinzipien des Rechtsstaats verwirklicht, die Alten denken nur an Reisen und Vergnügen usw. „Marginalisierung" heißt also nicht – wie schon gesagt – „Barbarisierung", worauf Luhmann (1995b) zu Recht hinweist. Es geht nicht (oder nur mehr selten) darum, andere im Sinne einer Unterscheidung von „eigen – fremd" zu markieren, um daran die eigene Identität zu konturieren. Marginalisierung ist vielmehr ein Prozeß der Dislokation von Menschengruppen *innerhalb* des Systems. Es besteht ja gerade der Anspruch, für alle zuständig zu sein (was dann ja auch in letzter Konsequenz den Einsatz von militärischer Gewalt weltweit rechtfertigen soll). Gerade diese Situation macht es den Marginalisierten i.d.R. unmöglich, eigene Strukturen au-ßerhalb des „Systems" aufzubauen. In besonders hohem Grade betroffen sind insbesondere alle diejenigen, die von vornherein weder eine privilegierte Position erlangen noch sich „vom System" nutzen lassen können. So ist es nicht nur „ein Pech, produktiver Arbeiter zu sein" (Marx), sondern auch, nicht einmal mehr als ein solcher nutzbar zu sein.

Die strukturelle Widersprüchlichkeit von Inklusion und Exklusion besteht somit nicht nur zwischen „Ideologie" und „Wirklichkeit", zwischen „talk" und „action" – dies wäre vergleichsweise harmlos –, sondern in der notwendigerweise systematischen widersprüchlichen Konstitution der Institutionen der kapitalisti-schen Gesellschaftsformation selbst. „Systemische Subsumtion" heißt „formelle" Inklusion bei materieller Exklusion; wobei das Problem aber auch nicht vorrangig in der mangelnden Partizipation besteht; denn eine solche Problemsicht unter dem Motto: „Wir wollen auch mitmachen bei dem Kapitalismus" wäre nur Aus-druck der herrschenden Ideologie dieses Systems selbst.[18] Problem ist vielmehr der Sachverhalt der systemischen Subsumtion auf der Basis der Inklusionsideolo-gie und -praktiken selbst. Er ist deshalb ein Problem, weil er von dem Irrtum ausgeht, alle könnten Nutznießer der kapitalistischen Produktionsweise sein, alle könnten mindestens so leben wie die zwei Drittel Wohlhabenden in den Zentren der Welt, und nicht einmal für diese ist ausgemacht, daß ihr Leben so erstrebens-wert ist. Insofern man aber zeigen kann, daß diese Produktionsweise nur durch diese Gefällebildungen, durch Peripherisierung und Marginalisierung reprodukti-onsfähig ist[19] – nicht alle können Zentrum sein –, entbehren alle globalen Wohl-standshoffnungen dieser Art einer realen Grundlage – von den ökologischen Grenzen einmal ganz abgesehen. Wir haben also eine ideologisch gerechtfertigte faktische systemische Subsumtion, die aber wegen der systemnotwendigen Ex-klusionen zu materiellen Exklusionen in politischer, ökonomischer und ideologi-scher Hinsicht führt.

---

18 Dies formuliert sich leicht, aber es darf nicht zynisch gewendet werden; für die konkreten Menschen ist es sicher besser, wenn sie z.B. in Unternehmungen mitreden können oder wenn Frauen durch ihre Partizipationspolitik sich mehr Rechte – z.B. auf gleichen Lohn wie die Männer – im System erkämpfen. Aber was bedeutet dies für das Weltsystem insgesamt?
19 Vgl. dazu die Diskussion seit Rosa Luxemburg, z.B. bei Peters/Stolz (1991).

Es liegt also eine nahezu „klassische" „double-bind"-Situation[20] vor, die möglicherweise überhaupt typisch für die Institutionen in der kapitalistischen Gesellschaftsformation ist: Auf der Inhaltsebene wird die Inklusion im Sinne von Partizipation, Gleichheit usw. kommuniziert, auf der Beziehungsebene dagegen findet Exklusion und scharfe Stratifikation statt. Dieses Problem ist auch deshalb ein geradezu klassischer „Doppelbinder", weil so gut wie keine Chance besteht, aus dem Felde zu gehen, um „vom System frei gelassene Bereiche" (Adorno) aufzusuchen – wo sollten diese heute noch sein? Inwieweit die Identifizierung dieses Sachverhalts zur Erklärung von sozialen und psychischen Pathologien beitragen kann, vermag ich derzeit nicht zu beurteilen.

Im folgenden soll nun knapp skizziert werden, wie die Rolle von Organisation als Institution in diesem Kontext verständlich gemacht werden kann.[21]

4.2. Strukturprinzipien der kapitalistischen Produktionsweise

Das Phänomen der Institutionalität wurde bereits als ein Charakteristikum von „Gesellschaften" i.e.S. bezeichnet. Dieser Gesellschaftsbegriff verweist auf eine Doppelstruktur des Sozialen (Institution und Ko-Operation), oder anders formuliert: der Doppelstruktur von kontrafaktischen Dogmen und faktischen strukturellen Kopplungen lebendiger Wesen. Die moderne kapitalistische Produktionsweise läßt sich nun als eine besondere Struktur beschreiben, durch die dieser Doppelcharakter für die „Welteliten" akkumulativ nutzbar ist. Es ist in diesem Kontext vor allem die Organisationsform, die dabei die Funktion der Transmission und Transformation (z.B. von lebendiger Arbeit in „normalformatierte" organisationale Outputs wie „Waren", „Interessen", „Theorie", „Bildung"; von „lokaler Produktion"[22] in überlokale Bewegungsformen) moderiert und die typischen Strukturen von Selektivität und sozialer Ungleichheit reguliert. Eine solche These erfordert zunächst einmal die Umstellung der Perspektive, unter der auf das Phänomen „Organisation" geblickt wird. Üblicherweise nämlich wird Organisation als ein Faktor der „Produktiv*kräfte*" der Gesellschaft interpretiert (wenn auch nicht immer dieser Terminus verwendet wird). Hier ist statt dessen davon auszugehen, daß eine Form keine Produktivität besitzt, sondern diese allein substantieller lebendiger Arbeit zukommt. Eine Form dagegen ist bestimmt durch ihre formativ-selektive Funktion: sie ermöglicht und restringiert semantisch wie normativ Wahrnehmungen, Handlungen und Motive; wobei es von entscheidender

---

20 Vgl. vor allem Bateson, (z.B. 1992a [1956]). Man kann darüber streiten, ob sich das Batesonsche Kommunikationsmodell auf die „Makroebene" übertragen läßt; ich meine allerdings, daß es auch in diesem Kontext hilfreich ist.

21 Ich kann mich hier kurz fassen, weil an anderer Stelle Ausführlicheres dazu publiziert wurde (vgl. vor allem Türk 1995a).

22 Diesen Ausdruck verwendet Knorr Cetina (1990).

Bedeutung ist, wem die Struktur systematisch etwas ermöglicht und wen sie restringiert. Organisation ist deshalb als ein Moment der gesellschaftlichen Produktions*verhältnisse* zu betrachten. Wenn man nun wie hier davon ausgeht, daß Organisation ein wesentlicher, tragender Bestandteil der kapitalistischen Gesellschaftsformation ist, bleibt es nicht aus, daß man der „Organisation" sehr viel zumutet und aufbürdet; ich bin allerdings der Auffassung, daß dies nicht nur meine Theorie tut, sondern die Wirklichkeit, und daß genau darin der Sachverhalt liegt, der die institutionalistischen Organisationssoziolog/Innen motiviert.

Da institutionelle Analyse hier als Relationierung gesellschaftlicher Sachverhalte auf die Strukturprinzipien einer Gesellschaftsformation definiert wurde, muß man ein Konzept zur Beschreibung dieser Strukturprinzipien entwickeln. Dies geht nur in Form eines theoretischen Modells, weil Strukturprinzipien nicht beobachtbar, sondern vielmehr Abstraktionen sind. Eine ausführliche Entwicklung einer solchen theoretischen Konzeption verbietet sich hier aus Platzgründen. Da aber auf einen großen Umfang theoretischer Bemühungen zurückgegriffen werden kann, mögen knappe Hinweise ausreichen.

Spätestens seit den Kapitalismusanalysen von Marx sind es vor allem drei strukturelle Besonderheiten, die immer wieder – z.T. mit anderen Schwerpunktsetzungen in den theoretischen Erklärungen – hervorgehoben werden. Dies ist (1.) das Phänomen der *asymmetrischen Akkumulation* auf der Basis von institutioneller Gewinnorientierung und gesellschaftlicher Stratifizierung, sei dies mehrwerttheoretisch oder markttheoretisch gefaßt; dies ist (2.) das Phänomen der *Herausbildung einer quasi-verselbständigten gesellschaftlichen Apparatur*, einer „zweiten Natur" (in der Kritischen Theorie), einer „Überbausphäre" (bei Marx), einer „Gesellschaft" i.e.S. (z.B. bei Tönnies und bei Durkheim 1965), einer „disembedded" Struktur (vor allem bei Polanyi 1978 und bei Giddens 1988), einer Ausdifferenzierung „funktionaler Subsysteme" (bei Luhmann 1990), und dies ist (3.) das Phänomen einer historisch *spezifischen Form konsensueller Einbindung der Subjekte* in diese Gesellschaft, sei diese als „Gewöhnung" oder „Entfremdung" (bei Marx), als „Disziplin" (z.B. bei Max Weber 1964, z.B. S. 872 f., bei Oestreich 1969 oder bei Foucault 1981), als „Zivilisierung" (bei Elias 1974), als spezifische Anpassung von Persönlichkeitsstrukturen (bei Fromm 1979; Riesman 1958; Whyte 1958; Berger et al. 1975) oder als bestechliches „Konsumindividuum" (wie in der Kritischen Theorie) beschrieben. Gemeinsam ist diesen Beschreibungen die Abwesenheit von offensichtlicher Gewalt. In einfachster Modellform läßt sich die kapitalistische Gesellschaftsformation somit durch drei Strukturprinzipien kennzeichnen, die mit den Stichworten von „Akkumulation", „Auslagerung"[23] und „konsensuelle Einbindung/Disziplinierung/Zivilisierung" benannt werden können. Alle drei

---

23 „Auslagerung"/„disembedding" in diesem Sinne widerspricht nicht der Theorie der „embeddedness" der Ökonomie, wie sie z.B. von Granovetter (z.B. 1992) verfolgt wird. Es geht hier gerade darum zu sehen, daß und wie im modernen Kapitalismus die materielle Einbettung der Ökonomie desymbolisiert wird.

Prinzipien manifestieren sich vermittels Modi (man könnte wohl sogar sagen: der Institutionalisierung von Modi) der Trennung: der Trennung von Lebensbereichen, der Trennung von Produktion und Aneignung sowie der Trennung der Subjekte in Segmente von Rollen. Bezüglich jedes dieser drei Strukturprinzipien haben Organisationen eine wesentliche Funktion. Organisationen gelten als ausgelagerte legitime gesellschaftliche Orte der funktionalen Spezialisierung, der Akkumulation von Ressourcen und der entlastenden Rollentrennung bzw. Rollendistanz.

4.3 Auslagerung: Organisationen als institutionelle Elemente der „Zivilgesellschaft"

Von Anfang an waren die Organisationen der „zivilgesellschaftliche" Arm sich der Staatsform bedienender Eliten, und von Anfang waren sie umgekehrt der Modus, über den nicht-staatliche Eliten sich Einfluß auf Regierung und Gesetzgebung verschafften. Die Organisationsform ist der strukturell entscheidende Modus der „Zivilgesellschaft"[24]; Organisationen verkoppeln Staat und „Gesellschaft", indem sie implizite (ideologische bzw. legitimatorische) oder explizite (strategische) korporatistische Arrangements mit staatlichen Einrichtungen eingehen. Nahezu alle einzelnen Arten formaler Organisationen sind auffälligerweise staatlich geregelt (Vereinsgesetz, politische Parteien, Unternehmensformen, Verbände, Krankenhäuser, Schulen, Universitäten usw.). Es gibt keine „systemfeindlichen" formalen Organisationen (allenfalls sehr kurzfristig).[25] Aber es sind nicht nur diese korporatistischen Vernetzungen, die eine zivilgesellschaftlich-hegemoniale Funktion ausüben, sondern allein schon die Tatsache der organisationalen Einbindung des größten Teils der Bevölkerung – sei es als Personal, sei es als Mitglieder, sei es als Klienten – erzeugt durch alltägliche Praxis einen faktischen Konsens. Das jeweilige institutionelle Arrangement von Staat und nichtstaatlichen Organisationen läßt sich als „Organisationsregime" bezeichnen, und zwar sowohl auf nationaler als auch auf internationaler Ebene. Diese Modalitäten bilden in ihrer jeweiligen historisch-spezifischen Formation einen „hegemonialen historischen Block" (Kebir 1991, S. 74 ff.). Er bildet sich aus den konsensuellen Arrangements der jeweiligen Funktionseliten, die durchweg organisational alloziert und abgesichert sind. Sie erhalten ihre spezielle Legitimation aus der institutionell-ideologischen Auslagerung wesentlicher gesellschaftlicher Bereiche in sog. „funktionale Subsysteme".[26] Formale Organisierung ermöglicht erst praktisch eine solche auftrennende Dislokation in Verbindung mit einer monofunktionalen

---

24 Im *kritischen* Sinne Gramscis (vgl. vor allem Kebir 1991, S. 58 ff.).

25 Die „Mafia" z.B. ist nicht systemfeindlich, sondern parasitär, sie „lebt" gerade von den legitimen Strukturen des Systems.

26 Vgl. dazu ausführlicher und kritisch Türk (1995c).

Professionalisierung. Diese Subsystembildung in der herrschenden Semantik der Gesellschaft („Politik", „Wirtschaft", „Bildung", „Wissenschaft") dient dann zur Rechtfertigung ebenso monofunktionaler „Zielspezifizierungen" diesen Subsystemen zugeordneter Organisationen. Zugleich dient dieser Mechanismus der Exklusion aller derjenigen, die die „Organisationen" „mit Recht" auf die untersten Stufen oder gar vor die Tore verweisen können. Organisationen sind diejenigen gesellschaftlichen Modi, über die überhaupt die Exklusionen vollzogen werden. Dazu verfügen sie über eine Vielzahl an Selektionsoperationen, die alle ihre Grundlage in *einem* Charakteristikum von Organisation haben, der akkumulativen extroversen Orientierung bzw. der „Dreistelligkeit" formaler Organisation.

4.4 Akkumulation: Die kapitalistische „Triade" und die organisationale Dreistelligkeit

Organisationen sind keine Assoziationen, und sie sind keine Korporationen i.e.S. Weder sind sie Zusammenschlüsse derjenigen Menschen, die jeweils gemeinsame Belange zusammen regeln wollen (Assoziation), noch sind sie soziale Formen, innerhalb derer alle wesentlichen Belange einer Gruppe selbst reguliert werden (Korporation). Im Unterschied zur Assoziation richtet sich organisiertes Handeln vielmehr stets „nach außen", an bzw. gegen Dritte. Dies wird organisational vollzogen vermittels einer internen Hierarchisierung: Organisationale Eliten bedienen sich des Personals oder der Mitglieder, um extern „Mehrwert" zu realisieren.[27] Im Unterschied zu einer Korporation sind Organisationen formell monofunktional konstituiert. Organisationen werden historisch gebildet durch einen Prozeß, den Conze (1963) zutreffend als „Dekorporierung" beschrieben hat. Dadurch entsteht u.a. auch das Phänomen der sog. „Partialinklusion", das nicht nur für die Subjekte eine Rollentrennung und Rollendistanz ermöglicht, sondern organisationale Akteure jeweils von der Berücksichtigung der meisten „Weltbezüge" entlastet und Externalisierungen erlaubt. Diese Form von „Zwecksetzung" beruht auf der institutionalisierten Ignorierung der allermeisten Folgen organisationalen Operierens, d.h. der Unterbrechung von Reziprozitäten und Rückkopplungen. „Dekorporierung" heißt überdies, daß es keine „geborenen" und keine (formalen) Zwangsmitgliedschaften in den Organisationen gibt. Diese „Freiwilligkeit" ist auf der anderen Seite Basis der Bildung legitimer personeller Präferenzen in Organisationen. Man kann nun versuchen zu zeigen, daß und wie diese „Dreistelligkeit" ein wesentliches Strukturprinzip der kapitalistischen Produktionsweise verkörpert. Dies kann hier nur in einfachster Weise angedeutet werden.

---

27 Vermittels der Aktiengesellschaft wird Personal angewendet, um Mehrwert extern zu realisieren; vermittels Gewerkschaften werden Mitglieder instrumentalisiert, um gegen die Arbeitgeber Lohnforderungen durchzusetzen; vermittels der Schule wenden die Herrschenden Lehr- und Verwaltungspersonal an, um junge Leute zu sortieren usw.

Wenn man fragt, wie expropriierende Bereicherung möglich ist, so gibt es folgende logische Möglichkeiten:
(1.) Durch Raub: A ist stärker/listiger usw. als B und nimmt ihm etwas weg.
(2.) Durch Fron: A ist stärker als B, genießt in dieser Position Legitimität und kann B zu realer Mehrarbeit, die er abschöpft, zwingen (Ablieferung von Hühnern, Feldarbeit, Bau eines Wagens u.a.m.).
In den Fällen von (1.) und (2.) sind für die Bereicherungsstruktur grundsätzlich nur zwei verschiedene Akteurskategorien erforderlich.
(3.) Durch Warenzirkulation: A ist stärker usw. als B und läßt B (Mehr-)Produkte produzieren, die (A) verkauft, um sich mit dem Verkaufserlös andere Produkte (für Luxus, Konsum, Investition) zu kaufen. Da A eine Realisierung der Mehrarbeit (des Mehrwertes) nicht durch (Rück-) Verkauf der Produkte an B erreichen kann (woher sollte B das Geld dafür haben?), ist für diese Form der Bereichungsstruktur eine Drittpartei (C) erforderlich. Diese Drittpartei C muß eine „zuschießende" Funktion erfüllen. Dies ist auf unterschiedliche Weise möglich, z.B.:
– C ist in der Lage, Geld (Kredit) zu schöpfen, das C für den Kauf auf eigene Rechnung verwendet oder das C dem B vorstreckt, damit B die von ihm selbst produzierten Produkte teurer zurückkaufen kann. C wäre in diesem Falle eine Einrichtung, die letztlich nur die erforderliche Drittpartei vertritt, weil diese noch gar nicht existiert: zukünftige Arbeiter/Generationen, die den Kredit zurückzahlen müssen. (Je mehr zeitweilig andere Drittquellen verschlossen sind, desto höher werden die „Staatsverschuldung" und die Privatverschuldung sein.)
– C ist ein Akteur, der aus anderen Quellen Mittel (Gold oder Arbeitsprodukte) schöpft, die er im „heimischen System" einsetzt (aus Kolonien z.B.).

Die kapitalistische Produktionsweise hat zwangsläufig als Basis mindestens eine solche „triadische" Grundstruktur. Im Unterschied zur einfachen Warenzirkulation können die „Wirtschaftssubjekte" grundsätzlich nicht den gleichen Status (einfacher Warenproduzenten) haben; sie können weder alle Kapitalisten noch Lohnarbeiter noch „zuschießende Dritte" sein. Das kapitalistische System ist insgesamt als eine Struktur aufzufassen, die diese Dreiteilung zwischen aneignender Einheit, ausgebeuteter Einheit und „zuschießender Drittpartei" konfiguriert. Die erweiterte kapitalistische Warenproduktion ist damit stets eine offene Struktur und kein geschlossenes materielles Reproduktionssystem. Allein diese Charakteristik macht sie labil, krisenanfällig und spezieller Legitimationsweisen, Regulationen und Absicherungen bedürftig.[28] Gerade kapitalistische(r) Organisation

---

28 Die erweiterte, kapitalistische, Warenzirkulation darf deshalb nicht mit „Marktwirtschaft" glcichgesetzt werden. „Markt" ist eine utopische Fiktion bzw. Ideologie dieses Systems. Gemäß dem Wertgesetz (oder auch gemäß dem Gleichgewichtstheorem der Neoklassik, nach dem es im Gleichgewichtsfall keine Gewinne gibt und das deshalb den Fall einfacher Warenzirkulation modelliert) würde es ohne Gegenregulationen die für die Akkumulation notwendige Gefällebildung nicht geben. Ein wirklich „freier Welthandel" (den es nur modelltheoretisch geben kann) bedeutete das Ende des Kapitalismus.

und Markt sind un-kooperative (nicht-assoziative) Strukturen, die aber beide der Ideologie der Partizipation bzw. Inklusion unterliegen: jede/r könne am Markt teilnehmen, jede/r könne Organisationen angehören usw. Die universalistische Ideologie führt zwar zu einer Inklusion prinzipiell aller (institutionelle Subsumtion), aber dies erfolgt gemäß einer klassifikatorischen „Tripartionierung", die i.d.R. noch einen Rest materiell vollkommen Ausgeschlossener produziert. Zudem sind die Organisationen explizit legitimiert, beliebige Menschen auszuschließen. Sie können auf legitime Weise je eigene personelle Präferenzstrukturen ausbilden, was sich nicht nur auf die Kapazitäten und Qualitäten von Arbeitsvermögen im engeren Sinne bezieht, sondern auch auf Einstellungen oder allgemein: auf Persönlichkeitsstrukturen. Dem hält die herrschende Ideologie entgegen, daß doch jede/r, mit wem er/sie wollte, eigene Organisationen gründen könnte. Faktisch stehen aber selbst dem erhebliche strukturelle Restriktionen entgegen, welche die Organisationsfähigkeit von Bedürfnissen und damit auch die Chance, in der „politischen Arena" überhaupt präsent zu sein, begrenzen.[29] Jede Organisationsbildung führt nicht nur zu einer Assimilation an die herrschende polit-ökonomische Struktur (was sich bei den Arbeitern, den „Grünen", „den" Frauen z.B. erwiesen hat), sondern produziert wegen der begriffsnotwendigen extroversen Orientierung unweigerlich neue Ausgrenzungen und ökonomische bzw. politische Ausbeutungen.

4.5 Konsensuelle Einbindung: Die „organisationale Persönlichkeit"

Der moderne Kapitalismus zeichnet sich – zumindest in seinen Zentren – nicht durch offene Gewalt aus. Die institutionelle Subsumtion entspricht nicht der Sklaverei. Zumindest der überwiegende Teil der Bevölkerung muß nicht nur mitmachen, sondern ist konsensuell bzw. über korrespondierende Subjektstrukturen in die Gesellschaft eingebunden. Da, wie vorn angemerkt, es zumindest eine unklare Ausdrucksweise wäre, hier von einer „Internalisierung" der Institutionen zu sprechen, geht es eher um die Suche nach „psychischen Korrelaten" in den Subjektstrukturen in Korrespondenz zu Institutionen. Dieses Feld der Sozialwissenschaften ist recht gut bestellt, so daß hier angesichts des Platzmangels wenige Hinweise genügen mögen, um zu verdeutlichen, was gemeint ist. Gerade in bezug auf die Institution der Organisation im modernen Kapitalismus haben sich nämlich die Sozialgeschichtsbeschreibung, die Soziologie, die Psychologie und die Psychoanalyse seit mehr als hundert Jahren für die psychisch-mentalen Korrelate, für die Formkorrespondenz zwischen Organisationsform und Subjektform, interessiert. Eine umfangreiche theoretische und empirische Forschung belegt nicht nur die Zentralität der Organisationsform und ihre „Widerspiegelungen" im mo-

---

29 Vgl. dazu bereits Offe (1971), der Kritierien der Organisationsfähigkeit untersucht.

dernen Habitus, sondern auch die Restringiertheit und Pathologie besonders „gut" angepaßter Mentalitäten (bis hin zu Eichmann).

Ausnahmsweise möchte ich an dieser Stelle ein „name dropping" betreiben, weil eine ausführliche Erörterung hier nicht möglich ist (vgl. auch Türk 1984). Ich weise deshalb nur hin auf Sombarts „Bourgeois" (1913), auf Webers Untersuchungen zur „Wirtschaftsgesinnung" und zum „Fachmenschentum" (1964), auf Foucaults disziplinierte Subjekte (1981), auf die Zivilisationstheorie von Elias (1974), auf Fromms Konzept der „kapitalistischen Persönlichkeit" (1979), auf Riesmans „Außengeleitete" (1958), auf die Anpassungscharaktere von Presthus (1966), auf Whytes „organization man" (1958), auf Studien zu organisationstypischen Charakteren, insbesondere den Angestellten und Manager (z.B. MacIntyre 1981), auf Studien zur „Modalpersönlichkeit" der gegenwärtigen Gesellschaft von Inkeles/Smith (1974) oder Berger et al. (1975), auf die Kulturspezifizität der von Piaget formulierten „formal-operativen" kognitiven Struktur, auf Ortmanns (1995b) Untersuchung des Zusammenhangs von „Organisation und Psyche" sowie auf den Beitrag von Neuberger in diesem Band.

Drei Aspekte scheinen in diesem Zusammenhang von besonderer Bedeutung zu sein:

(1) Es läßt sich offenbar auf plausible Weise ein Zusammenhang zwischen der institutionellen Organisationsform und der Subjektform herstellen. Dieser Zusammenhang müßte aber noch stringenter herausgearbeitet werden. Ich habe zwar eine Reihe von Arbeiten genannt, das heißt aber nicht, daß sie alle so einfach in ein theoretisches Modell zu integrieren wären.

(2) Eine Gemeinsamkeit der im einzelnen beschriebenen psychischen Strukturen scheint darin zu bestehen, daß sie alle eine bestimmte Form von Trennung konfigurieren: Distanzformen, Rollentrennungen, Ichspaltungen, schizoide Strukturen, Entfremdungen, Rationalisierungen, Rigiditäten u.ä.m. Die Untersuchung solcher psychischen Strukturen kann damit auch die Funktionsweise bzw. die Funktionsbedingungen formaler Organisationen und ihrer Pathologien miterklären helfen.

(3) Es ist zu erwarten, daß die jeweiligen organisationalen „Eliten" vor allem Menschen mit solchen Persönlichkeitsausprägungen auswählen, die in besonderer Weise mit den Formcharakteristika der Organisation korrespondieren. Damit vollzieht sich eine spezifische Selektivität, die nicht nur institutionenverstärkend wirkt, sondern Menschen mit abweichenden Persönlichkeitsstrukturen exkludiert oder auf die unteren Ränge verweist.

4.6 Kapitalistische Strukturprinzipien und Organisationsprinzipien

Die organisationalen Selektivitäten lassen sich noch klarer fassen, wenn man untersucht, durch welche Strukturierungskonzepte Organisationen sozial konstruiert werden. Wie an anderer Stelle ausführlicher dargelegt (Türk 1995b), kann man empirisch drei Organisationsdimensionen ausmachen, durch deren spezifische Kombination das soziale Muster „Organisation" sozial produziert wird, nämlich „Ordnung", „Gebilde" und „Vergemeinschaftung". Diese Organisationsdimensionen lassen sich auch im Sinne von „Organisationsprinzipien" verstehen, nach denen jeweilige Selektionen, als Ein- und Ausschlüsse, vorgenommen werden. Diese Organisationsprinzipien sind keine theoretischen Abstraktionen wie die „Strukturprinzipien", sondern empirisch-hermeneutisch gewonnene Konzepte des Alltags, Konzepte, nach denen Alltagsakteure das soziale Muster „Organisation" durch koorientiertes Verhalten herstellen. Der Kontext „Organisation" entsteht bzw. wird reproduziert durch Applikation gelernter Prinzipien von Ordnung (z.B. Zweckrationalität, Hierarchie, Formalität, die Merkmale des Weberschen Idealtypus der Bürokratie als regulative Idee), von Gebildekonstruktionen (im Sinne korporativer Akteure/Subjekte: die Firma XY, die Universität AB usw.) und Vergemeinschaftungen (Wir, die Leute von BMW; Wir, die Professoren; Wir, die deutschen Facharbeiter).

Diese Organisationsprinzipien lassen sich versuchsweise mit den theoretisch gewonnenen Strukturprinzipien der kapitalistischen Produktionsweise verknüpfen, um dann zu sehen, was dabei herauskommt. Die Zellen der Tabelle müßten (über die „Strukturprinzipien") theoretisch interpretierbare Ergebnisse der empirischen Konstruktionsprinzipien formaler Organisationen aufweisen. Dies sei beispielhaft in der nachstehenden Übersicht durchgeführt:

Organisationsprinzipien \ Strukturprinzipien	Ordnung	Gebilde	Vergemeinschaftung
kapitalistische Triade	Klassifikationen von Menschen	Produktivitätszurechnungen	„Ethnisierung"
Auslagerung	Monofunktionalität, Externalisierung, Desymbolisierung	korporativer Akteur, juristische Person	Professionalisierung Elitenbewußtsein
konsensuelle Einbindung	Instrumentalismus, Angstabwehr, Rollentrennung	Loyalität, Entlohnung, Rollendistanz	Gruppenidentitäten, Corpsgeist

Übersicht: Organisationsprinzipien und kapitalistische Strukturprinzipien

Die begriffsexplikative „Kreuztabellierung" erzeugt offenbar wesentliche Phänomene organisationalen Operierens, die durch Rückbezug auf die theoretisch formulierten Strukturprinzipien verstanden werden können.

In der *Ordnungsdimension* konstituiert sich Organisation durch funktionale Klassifikationen und Selektionen. In allen Organisationen erfolgen typische Kategorisierungen von Menschen entlang ihrer Relation zur Organisation, sei es die Unterscheidung von Arbeitgeber, Arbeitnehmer und Klienten, diejenige von Leitung und Personal oder von Mitgliedern und Nicht-Mitgliedern, sei es die Unterscheidung von Status- und Beschäftigtengruppen bis hin zu feinsten Abstufungen oder dergleichen mehr. Organisationen stellen Klassifikationen bereit, die der Selbst- und Fremddefinition von mehr oder weniger beteiligten Menschen dienen und sogar Bestandteil der subjektiven Identitäten werden können (Student zu sein, Sozialhilfeempfänger, Arbeitsloser, Manager usw.). Damit sind zugleich Zuweisungen von Rechten und Pflichten verbunden, von Chancen und Restriktionen. Basal bleibt dabei stets die Unterscheidung von „Oben-unten/Innen-außen". Legitime monofunktionale Zwecksetzungen stellen weitere Ordnungskonzepte bereit. Sie dienen vor allem der Dislokation der Organisationen aus der Gesamtheit von Ko-Operationsbeziehungen. Nur so ist überhaupt das möglich, was „Rationalität" genannt wird. Sie erfordert stets eine Beschränkung auf möglichst wenige Leitperspektiven; nur das, was aus einem Zusammenhang herausgelöst wurde, kann Gegenstand von „Rationalisierung" werden.[30] Organisationen sind legitimiert, strenge „Schnitte in die Welt" zu legen und somit Externalitäten zu produzieren und Desymbolisierungen weiter Teile ihrer Kontexte vorzunehmen.

So wie juristische oder administrative Organisationen höchst spezifische Fallsubsumtionen vornehmen, so können etwa Unternehmungen profitorientierte Subsumtionen vollziehen. Diese „borniere" und teils rigide Perspektivität belohnt eine *instrumentelle* Einbindung der Subjekte, provoziert eine Utilitarisierung des Handelns, die sich z.B. in „Mikropolitik" äußert. Auf diese Weise kann ein Konsens auf dem Wege der Eröffnung von Arenen strategischen Handelns herbeigeführt werden, insbesondere dann, wenn in dieser Hinsicht bereits präformierte Charaktere ein befriedigendes Betätigungsfeld finden. Die Formalität von Organisationen kann aber auch zur Angstabwehr dienen, wie Untersuchungen zeigen (vgl. z.B. die Re-Analyse der Studie von Menzies durch Ortmann 1995b) und so eine pathologische Konsensualität erreichen.

In der *Gebildedimension* wird Organisation als eine eigenständige Einheit, u.U. sogar mit zugeschriebenem Subjek- bzw. Akteurscharakter konstituiert. Dies ist angesichts der kapitalistischen Triade notwendig, weil anders eine Zurechnung von Produktivität und der darauf beruhenden Berechtigung zur Aneignung und Akkumulation nicht hergestellt werden könnte. Damit wird ein Handlungskontext aus der Lebenswelt der Beteiligten ausgelagert und verdinglicht oder gar personalisiert. Die Erhaltung und die „Prosperität" dieser Einheit kann dann Gegenstand motivierten Handelns werden. Darüber hinaus entwickeln sich regelmäßig Loyalitäten dieser Personfiktion gegenüber und gerade nicht gegenüber lebendigen Subjekten. Man zeigt Dankbarkeit gegenüber „der Firma", die einen beschäftigt und entlohnt. Zugleich ermöglicht diese Konstruktion die organisationstypische Form der Verantwortungsentlastung durch Rollentrennung; man hat dieses oder jenes nur *als* entsubjektivierter Beamter oder Angestellter getan, nicht etwa „als Mensch". Diese gebrochene Konsensualität erleichtert Zustimmungen und Mittäterschaften.

---

30 Vgl. dazu für das Beispiel der von Bildung bzw. Lernen in Türk (1995a).

In der *Vergemeinschaftungsdimension* strukturiert sich Organisation über Prozesse sozialer Identitätsbildung und Schließung. So läßt sich etwa die exkludierende „Ethnisierung" (im Sinne Wallersteins 1989) derjenigen Menschen, die vermittels der kapitalistischen Triade marginalisiert werden, als ein solcher schließender Vergemeinschaftungsprozeß verstehen, durch welchen den marginalisierten Gruppen über einen „labeling-Mechanismus" askriptive Merkmale zugeschrieben werden, die eine Separierung, Diskriminierung und ggf. Diskreditierung zu legitimieren versuchen (Frauen sind halt anders, Schwarze sind eben weniger intelligent, Alte sind unflexibel, die Osteuropäer eignen sich am besten für Reinigungsarbeiten usf. – „natürlich" bei Anerkennung ihrer Gleichheit, aber sie sind halt anders). Auf der Gegenseite finden sich dann Muster der Ausbildung von „Statuskontrakten" (Max Weber) zwischen Professionals und von Elitenbewußtsein. Es bilden sich so Funktionseliten, deren bornierte Praxis auf der Verhaltensebene den disembedding-Prozeß reproduzieren. Dies wird durch eine Globalisierung der Kommunikation und Vergemeinschaftung der Funktionseliten verstärkt; man erinnere sich in diesem Zusammenhang auch an die Ausführungen von Meyer zu dem von ihm so benannten Phänomen der „otherhood". In der Vergemeinschaftungsdimension finden wir überdies die viel beschriebenen Strukturen organisationsbezogener Gruppenidentitäten, z.B. in der Form von „Corpsgeist" oder „Unternehmenskultur", die eine spezifische Form der konsensuellen Einbindung darstellen. Stets handelt es sich dabei auch um Schließungsprozesse, die mit Kooptationsmacht bezüglich der Rekrutierung neuer und Aussonderungsmacht bzgl. abweichender Mitglieder verbunden sind. Diese hier nur beispielhaft aufgezählten sozialen Mechanismen der Selektion ließen sich unschwer ergänzen und einer systematischeren Analyse zuführen, als es an dieser Stelle möglich ist.

5. Resümee

Eine institutionalistisch informierte und gesellschaftstheoretisch orientierte Organisationssoziologie kann dann einen Beitrag zum Verständnis der gegenwärtigen Gesellschaftsformation leisten, wenn sie fragt, inwiefern Organisationen wesentliche Prinzipien dieser Gesellschaftsformation verkörpern. Organisationen lassen sich dann als zentrale „Strukturmomente" (i.S. von Giddens 1988) begreifen, vermittels derer sich diese Gesellschaft strukturiert und reproduziert. Organisationen dienen dabei der asymmetrischen Akkumulation von Akkumulationspotentialen und der Strukturierung sozialer Ungleichheit. Organisationen sind ein Moment der widersprüchlichen Institutionenstruktur der kapitalistischen Gesellschaftsformation, die sich in dem Phänomen der inkludierenden Exklusion manifestiert.

Organisation als Institution?

Christof Wehrsig

1. Die doppelte Perspektive des Institutionalismus

Darin ist Klaus Türk zuzustimmen: Der Neue Institutionalismus ist für eine gesellschaftstheoretisch ambitionierte Organisationsforschung nicht zu umlaufen.
Er beansprucht schon deshalb Interesse, weil er Organisationen im Kontext von
Institutionen als kollektive Akteure 'dezentriert'. Er fragt nach ihren 'handlungs-
prägenden' und nach ihren 'handlungsbefähigenden' Bezügen zu und durch Institutionen zugleich (Schimank 1996). Auf diese zwischen System und Akteur
vermittelnde und daher jeweils hin und her richtbare Perspektive hat früh schon
Parsons (1994) aufmerksam gemacht. Das Verhältnis von Institution zu Organisation kann nicht einseitig als reproduzierende Konformität gedacht werden.
Ebenso ist ein subversiver Gebrauch der Institutionen durch opportunistische
Organisationen erwartbar, der Mehrdeutigkeiten zur Legitimation machtvoll nutzt
und darüber zur normativen Desintegration von Gesellschaft beitragen kann. Die
aus diesem Verhältnis resultierende Doppeldeutigkeit von institutionellen Analysen scheint daher ihre Plausibilität ebenso wie ihre ungenügende Klärbarkeit zu
beziehen. Auch die Akzentuierung als ein 'akteurs-zentrierter Institutionalismus'
(Mayntz 1988) scheint eher eine Problemanzeige als eine gesellschaftstheoretisch
befriedigende Lösung zu sein. Welchen theoretischen Gebrauch wird Türk vom
institutionalistischen Angebot also machen?

2. Ein 'institutionelles double bind'?

Ins Zentrum der Überlegungen wird von Türk die Frage gestellt: „worin das
strukturierende Moment der Organisationsform (der Organisationen) im Hinblick auf die Gesamtgesellschaft liegt"? Die damit getroffene Unterscheidung
von Organisationsform und Organisationen beinhaltet aber zunächst eine Zweideutigkeit. Zwei verschiedene Lesarten der getroffenen Differenzierung erscheinen möglich: Orientiert man sich beim Verständnis des Zusammenhanges des
Unterschiedenen an einem „Strukturationsmodell" Giddensscher Prägung, dann
erhält die „Organisationsform" den Status einer institutionalisierten gesamtgesellschaftlichen Strukturvorgabe, die für die Handlungsebene des Prozesses des
Organisierens Orientierungs- und Legitimationsfunktion hätte, vor allem aber im

Wege einer rekursiven Rückkoppelung Restrukturierungs- und Reinterpretations-effekte einschließen würde. Diese Konstruktion nutzt ersichtlich nicht nur eine, sondern eine doppelte Dualität (im Sinne von Nichtrückführbarkeit und Komplementarität). Sie verknüpft die Ebenendifferenz von Struktur und Handlungs-prozeß mit den unterschiedlichen Modi einer redundanten engen oder einer variablen losen Kopplung. Diese Unterscheidung erschließt sich aus der unterschiedlichen Plazierung von Reflexivität im Zyklus der Rekursion. Reflexivität ist dann temporalisiert. Sie hat entweder den zeitlichen Richtungsinn einer Antizipation oder den eines Nachvollzuges vergangenen Handels. Diese Konstruktion würde also die Dualität von „Struktur/Handlung" modalisieren und je nach Konstellation mit unterschiedlichen Zeithorizonten ausstatten.

Es lassen sich allerdings zwei Schwierigkeiten des Anschlusses an Giddens' Perspektive nennen. Organisationen haben offensichtlich und erstaunlicherweise für Giddens keinen gesellschaftstheoretisch interessanten Stellenwert. Das eher sozialtheoretisch ausgelegte Zweiebenenmodell „Struktur/Handeln" müßte in ein Dreiebenenmodell von „Gesellschaft/Organisation/Interaktion" (Luhmann) überführt werden, das dann mit zwei ineinandergreifenden Rekursivitäten arbeitet (hier geraten wir auf das Feld von Ortmann & Sydow).

Der zweite Einwand, auf den Türk setzt, betrifft das offene Verhältnis von Dualität und Rekursivität bei Giddens: Türk bezweifelt ihre Vereinbarkeit und erinnert an ein Verständnis von Rekursion, das diese als wiederholte Anwendung der gleichen Funktion auf das eigene Ergebnis denkt. Sie würde dann eine Prozeßform selbstbezüglicher (Ak)Kumulation bezeichnen, die keine Möglichkeit einer Transformation ihrer institutionellen Gegebenheiten einbegreift (zur Unterscheidung: Boudon 1980). Diese Bedeutungsverschiebung verweist schon auf ein anderes Formverständnis bei Türk.

Die zweite mögliche Lesart des Verhältnisses von „Organisationsform zu Organisation(en)" folgt einer Logik der Verschachtelung. „Organisationsform" bezeichnet dann die institutionalen Strukturmomente der Organisationen selbst. Organisationen werden so im Wege einer Selektionsverstärkung als Teilstrukturen einer gesellschaftlichen Teilstruktur sichtbar: Organisationen sind Institutionen in einem präformierenden institutionellen Kontext. Es ist diese Lesart, der m.E. Türk weitgehend folgt.

Heißt die Formel also „Organisation als Institution", so provoziert das die Frage, was denn die Eigenständigkeit der Organisation nach Form und Funktion ausmacht? Es ist diese Problemstelle, an der Klaus Türk die Theoriefigur eines „institutionellen double binds" plaziert. Das ist eine überraschende und einfalls-reiche Begriffsstrategie (im Anschluß an Bateson). Sie eröffnet eine gesellschafts-theoretische Perspektive der Widersprüchlichkeit. Das „double bind" besteht nämlich darin, daß es im Rahmen einer global gewordenen kapitalistischen Gesellschaftsformation zur Institutionalisierung einer „formellen" Inklusion kommt, die aber unausweichlich zu „materiellen" Exklusionen führt. Der entscheidende Transmissionsmechanismus in dieser „Teufelsmühle" (Polanyi) von Inklusion und

Exklusion ist aber die „Organisationsform". Der Funktionsweise aller Organisationen aller gesellschaftlichen Teilbereiche ist Selektivität eingeschrieben: „Jede Organisationsbildung ...produziert...unweigerlich neue Ausgrenzungen und ökonomische bzw. politische Ausbeutungen." Global sieht daher Türk sich einen Strukturierungsprozeß aufbauen, der von der Logik einer „inkludierenden Exklusion" angetrieben wird und auf eine „systemische Subsumtion" abgestellt ist. Dies ist eine Konstruktion von beeindruckender Geschlossenheit. Sie wird gesichert durch das gleichsinnige Ineinandergreifen von Struktur- und Organisationsprinzipien. Türk bringt diesen Zusammenhang zwar in die Darstellungsform einer Kreuztabellierung, tatsächlich sind die Variablen aber nicht unabhängig, sondern zeigen einen isomorph gebildeten Funktionszusammenhang: Die Struktur- sind ebenso Organisationsprinzipien. Beide weisen keine Gegenläufigkeiten auf, sondern folgen einer Logik der Verdichtung und Durchprägung. Diese Beobachtung erlaubt eine erste Einschätzung. Kehrt man zu der Frage zurück, wie der Neue Institutionalismus gesellschaftstheoretisch forciert genutzt werden kann, dann scheint es für Türk eher die Kohärenz und Geschlossenheit des alten Institutionalismus zu sein, der es erlaubt, Institution und Organisation vertikal zu integrieren, die zum bestimmenden Theoriemotiv wird.

3. Fazit

Versuchen wir abschließend, noch einmal das Zentrum der Argumentation von Klaus Türk in den Blick zu nehmen (dazu sind Ko-Referate als organisierte Bedenkenträger nahezu verpflichtet). Der Schnittpunkt des „institutionellen double binds" von Inklusion und Exklusion war die legitime, und insoweit institutionalisierte Selektivität, die Organisationen für ihre eigensinnige Produktion nutzen. Diese führt dann mit Türk zu einer „inkludierenden Exklusion". Die damit gesetzte Asymmetrie einer 'Inklusion zur Exklusion' versteht sich nicht von selbst. Sie läßt sich nicht aus der Double-bind-Konstruktion Batesons entnehmen. Der Widerspruch von Kommunikationsinhalt und analoger Mitteilungsform in der schizophrenen „Beziehungsfalle" läßt sich gerade nicht einseitig auflösen und in Indifferenz überleiten. Sein Modus ist daher eher der einer „exkludierenden Inklusion", der keine autonome Handlungsfähigkeit erlaubt und Metakommunikation ausschließt. Ist das auf das konstituierende Mitgliedschaftsverhältnis von Organisationen übertragbar, das auf der Basis einer Partialinklusion institutionalisiert ist?

Das angezeigte Problem wird vielleicht durch theoriehistorischen Rückbezug deutlicher. Das Modell der gegenwärtigen Inklusion/Exklusions-Debatte ist die Marxsche Beschreibung der Mechanismen der Bildung einer 'industriellen Reservearmee'. Zu deren Funktionalität gehört aber ersichtlich nicht nur die Marginalisierung (das war bei Marx der Fall des 'Lumpenproletariates', das wie 'Blei an den

Füßen des Proletariates' hing), sondern die Rekursion von temporärer Exklusion in nutzbare, veränderte Inklusion. Eine entscheidende Frage für die Dynamik von 'Exklusion' ist daher die Gleichgerichtetheit von Selektionsleistungen von Organisationen. Marx plazierte an dieser Stelle die wachsende 'organische Zusammensetzung' des Kapitals, die Arbeit durch Technologie substituiert – mit paradoxen Folgen. An eben dieser Stelle eines funktionalen Bezugspunktes für Exklusion plaziert Türk das Argument einer 'blinden' institutionellen Isomorphie, die zur insgesamt „inkludierenden Exklusion" einer globalen Verelendungstheorie führt.

Die Rückkopplungsmöglichkeit eines 'bewegenden Widerspruches' gesellschaftstheoretisch zuzulassen und zu beachten, erscheint mir soziologisch realitätsgerecht. Auf sie verweisen die Arbeiten von T.H. Marshall, der die Entwicklungsgeschichte sozialstaatlicher Gesellschaften als Transformation erodierender Exklusionen in eine schrittweise erweiterte Inklusion konstruiert. Dem kann man die Analysen von F. Ewald an die Seite stellen, die den Aufbau eines 'Vorsorgestaates' in Frankreich nachzeichnen, der die Tragbarkeit sozialer Risikolagen erst ermöglicht. In allen diesen Fällen sind es die Selektionen von Organisationen, die zum Ausgangspunkt von Transformationsprozessen werden, die wiederum bezeichnenderweise von darauf selektiv eingestellten Organisationen der Sozialversicherung und Sozialhilfe etc. getragen werden und die institutionellen Gegebenheiten für Organisationen darüber ändern.

Es scheint daher ein Akt hellsichtiger Selbstbeschreibung zu sein, wenn Klaus Türk das Benjamin-Motto, das er seinen Ausführungen voran stellt, halbiert. Die Erwägung Benjamins, daß Organisationen nicht nur Medien der Verdinglichung sind, könnte sich als triftig erweisen: 'Der Speer nur schließt die Wunde, die er schlug' (hätte er mit einer ihm vertrauten Dialektik antworten können).

Betriebliche Organisationsform und gesellschaftliche Regulation

Zum Problem des Verhältnisses von Organisation und Gesellschaft in polit-ökonomisch orientierten Ansätzen

Michael Bruch

> Nur wer überall auf dem Standpunkt der Zeit
> und des Raums steht, hat auch im Leben Takt
> und praktischen Verstand. Raum und Zeit sind
> die ersten Kriterien der Praxis.
> (Feuerbach 1842)

1. Einleitung

Die Struktur und Entwicklung der Organisationsform kapitalistisch verfaßter Wirtschaftsunternehmen stellt sowohl für die Arbeits- und Industriesoziologie als auch für Theorien, deren Interesse stärker auf die gesamtgesellschaftlichen Entwicklungstendenzen gerichtet ist, einen zentralen Forschungsgegenstand dar. Innerhalb dieser Theorien nimmt die Analyse der Arbeits- und Unternehmensorganisation nicht nur einen unterschiedlichen Stellenwert ein, sondern darüber hinaus liegt den unterschiedlichen Arbeiten eine je eigene Konzeptionalisierung des Verhältnisses von betrieblicher Organisationsform und gesellschaftlicher Strukturierung zugrunde. Der Bestimmung dieses Verhältnisses soll im folgenden anhand einer kritischen Diskussion der Labour Process Debate, des Social Structure of Accumulation-Ansatzes, Burawoy's Politics of Production-Ansatzes und der Regulationstheorie nachgegangen werden. Die Auswahl dieser Ansätze erklärt sich durch ihren gemeinsamen Bezug auf die Marxsche Theorie. Das Schwergewicht der Diskussion soll dabei auf der Frage nach den Anforderungen an eine gesellschaftstheoretisch fundierte Konzeptionalisierung des Verhältnisses von betrieblicher Organisationsform und gesellschaftlicher Strukturierung liegen. In diesem Zusammenhang wird es vor allem darauf ankommen zu zeigen, daß das Unternehmen bzw. die betriebliche Organisationsform nicht unhinterfragt als soziale Einheit oder Entität gefaßt werden kann, um sie dann nachträglich entweder in kontingenztheoretischer oder systemtheoretischer Weise auf ihre Kontexte oder Umwelt zu beziehen. Denn jenseits der mit einer nachträglichen Integration verbundenen theoretischen Probleme liegt dieser Vorgehensweise eine Realitätsvorstellung zugrunde, die selbst einer kritischen Überprüfung bedarf.

Hier hingegen soll mit der These gearbeitet werden, daß eine gesellschaftstheoretisch fundierte Konzeptionalisierung des Verhältnisses von betrieblicher Organisationsform und gesellschaftlicher Strukturierung nur innerhalb einer Vorstellung von Gesellschaft als Totalität erreichbar ist. Diese Vorgehensweise soll es ermöglichen, die Organisationsform als eine besondere Form der Strukturierung sozialer Verhältnisse bzw. menschlicher Kooperation auszuweisen, in der sich die gesamtgesellschaftlichen Verhältnisse artikulieren. Der Begriff der Artikulation soll hierbei darauf verweisen, daß die betriebliche Organisationsform nicht aus den gesamtgesellschaftlichen Verhältnissen ableitbar ist, sondern sich in korrespondierender Art und Weise mit diesen entwickelt.

2. Anforderungen an eine gesellschaftstheoretische Analyse der betrieblichen Organisationsform

Eine Analyse der Organisation, die diese weder als isolierte soziale Einheit oder Entität noch als abstraktes, rationalistisches Artefakt begreifen will, sondern als eine historisch spezifische Konfiguration der Produktion und Reproduktion des gesellschaftlichen Lebens, welche zugleich bestimmte Herrschafts- und Aneignungsformen verkörpert, kommt nicht umhin, die Organisation in ihrer gesamtgesellschaftlichen Vermitteltheit zu konzeptionalisieren. Um diesem Anspruch gerecht zu werden, darf die Organisation weder als selbstreferenzielles System, d.h. subjektlos, noch als rationalistische Zweck-Mittel-Beziehung, welche die innerbetrieblichen Macht- und Herrschaftsverhältnisse unberücksichtigt läßt, begriffen werden. Eine auf die gesellschaftliche Vermitteltheit sich stützende Analyse der Organisation begreift diese gerade nicht als isolierte Einheit, sondern als eine spezifische soziale Konstellation, die selbst konstitutiver Bestandteil der Gesellschaft ist, die ihrerseits wiederum zur Reproduktion ersterer beiträgt. Es handelt sich hierbei also um die Bestimmung eines Verhältnisses innerhalb eines Gewebes von Verhältnissen. Diese auf einer Vorstellung von Gesellschaft als Totalität basierende Vorgehensweise geht davon aus, daß

„isolierte Fakten ... Abstraktionen [sind, M. B.], künstlich herausgerissene Momente des Ganzen, die erst durch die Einreihung in das entsprechende Ganze Konkretheit und Wahrhaftigkeit erlangen. Ebenso ist das Ganze, in dem keine Momente unterschieden und bestimmt sind, ein abstraktes, leeres Ganzes" (Kosík 1967, S. 43).

Verdeutlicht werden kann diese Vorstellung des gesellschaftlichen Zusammenhanges an der von Marx in den „Grundrissen" vorgenommenen Unterscheidung zwischen Produkt und Kapital. Nach Marx liegt der Unterschied gerade darin, „daß als Kapital das Produkt eine bestimmte, einer historischen Gesellschaftsformation angehörige Beziehung ausdrückt" (Marx 1974, S. 176). Die hier unterstellte Notwendigkeit, die Analyse auf einer Vorstellung von Gesellschaft als Totalität zu gründen, ist, dies sei hier noch kurz angemerkt, nicht willkürlich, sondern dem spezifischen Charakter des Gegenstandes (hier der kapitalistischen Gesellschaftsformation) geschuldet. Denn wirkt der ökonomische Prozeß des Kapitalismus bis in die feinsten Verästelungen der Gesellschaft hinein, so muß auch eine Theorie, die sich auf einzelne gesellschaftliche Elemente oder Phänomene richtet, will sie nicht verdinglichend sein, „bis zu dem Untergrund gelangen, der aller Theorie und Praxis in dieser Gesellschaft gemeinsam ist" (Marcuse 1982, S. 281). Dies bedeutet jedoch auch, daß die Theorie selbst und ihre Angemessenheit immer nur eine historisch begrenzte Gültigkeit beanspruchen kann.

Als wesentlich für die Bestimmung dieser Beziehung erweist sich hier die Gesellschaft in ihrer historisch spezifischen Ausformung. Notwendig ist demgemäß ein Begriff von Gesellschaft, der diese nicht in abstrakt sozialtheoretischer, sondern in formationstheoretischer Weise, d.h. nicht ahistorisch, sondern raum-zeitlich konkret bestimmt. Eine formationstheoretische Analyse zielt also wesentlich auf die Herausarbeitung der jeweils historisch besonderen Form jener Verhältnisse, die die Menschen bei ihrer Produktion und Reproduktion ihres Lebens im Verlauf der Geschichte eingehen. Der historische Prozeß selbst wird hierbei als Abfolge von verschiedenen Gesellschaftsformationen begriffen, wobei die einzelne Gesellschaftsformation wiederum in historisierender Weise auf ihre inneren Wandlungsprozesse hin untersucht wird. Im Sprachgebrauch der Regulationstheorie hieße dies, die kapitalistische Gesellschaftsformation in eine Abfolge verschiedener Akkumulationsregime zu unterteilen.[1] Diese Weise des Bezugs auf Gesellschaft und die sie konstituierenden Momente stellt zunächst eine Bedingung der Möglichkeit der Entwicklung einer kritischen Perspektive auch und gerade auf Organisation dar, da diese in ihrer historischen Gewordenheit und damit in ihrer Veränderbarkeit begriffen werden kann. Darüber hinaus müßte gezeigt werden können, daß Organisation nicht als eine neutrale, rationale Form der effizienten Kooperation begriffen werden kann, sondern eine spezifische Form von Herrschaft im Kapitalismus darstellt.[2]

Die Analyse der Organisation kommt also unter dieser Perspektive nicht ohne eine Analyse der Gesamtgesellschaft aus, da sie selbst konstitutiver Bestandteil dieser ist und zugleich durch diese konstituiert wird. Eine gesellschaftstheoretische Untersuchung der Organisation benötigt demgemäß Konzepte der Veränderung, die die Entwicklung der Organisation nicht als isolierten Prozeß begreift, sondern den Zusammenhang von organisationaler und gesellschaftlicher Entwicklung herausarbeitet. So soll verdeutlicht werden, daß organisationale Veränderung nur als gesamtgesellschaftliche zu denken ist.

Die Konzeptionalisierung von Veränderung verläuft innerhalb historischmaterialistischer Analysen wesentlich über den Bezug auf die Figur des Widerspruchs. Der Widerspruch als Quelle der Dynamik gesellschaftlicher Entwicklung wird hier jedoch nicht als ontologisches Prinzip begriffen, sondern nimmt den zentralen Stellenwert deshalb ein, weil die bisherigen gesellschaftlichen Verhältnisse als widersprüchliche analysiert werden. Als allgemeine Denkfigur bezeichnet der Widerspruch zunächst die Einheit und den Kampf von Gegensätzen. Im

---

1 Siehe hierzu Aglietta (1979) und Lipietz (1990).

2 Vgl. dazu Türk (1995).

Unterschied zum logischen Widerspruch, der sich einzig im Denken vollzieht, bezeichnet der dialektische Widerspruch die den Dingen und Verhältnissen innewohnenden Widersprüche, die zugleich die Quelle der gesellschaftlichen Bewegung und Veränderung darstellen. Innerhalb einer formationstheoretischen Analyse sind diese als allgemeines Bewegungsprinzip bestimmten Widersprüche in ihrer historischen und gesellschaftlichen Konkretisierung zu bestimmen.[3] Die wesentliche Differenz zu anderen Konzepten gesellschaftlicher Entwicklung liegt hierbei darin, Veränderungen aus den historisch konkreten sozialen Verhältnissen selbst zu entwickeln und nicht auf äußere Ursachen oder abstrakte Prinzipien zurückzuführen.

Entgegen Konzeptionalisierungen, die aus der Endogenisierung der Veränderungsdynamik eine Zielgerichtetheit der geschichtlichen Entwicklung ableiten, wie dies bei bestimmten Interpretationen des „Historischen Materialismus" anzutreffen ist, käme es vielmehr darauf an, den prinzipiell offenen Charakter der historischen Entwicklung zu betonen und damit das Gewicht der Analyse auf die jeweilige gesellschaftliche Ausformung oder Konfiguration der widersprüchlichen Verhältnisse zu legen, d.h. zu untersuchen, wie für einen gewissen Zeitraum die als endogen bestimmten Widersprüche prozessierbar gemacht werden. Notwendig erscheint diese Vorgehensweise deshalb, weil so der sozio-politische Charakter der gesellschaftlichen Entwicklung betont und nicht einem abstrakten Prinzip oder einer historischen Gesetzmäßigkeit überantwortet wird. Denn: „Die Menschen machen ihre eigene Geschichte, aber sie machen sie nicht aus freien Stükken, nicht unter selbstgewählten, sondern unter unmittelbar vorgefundenen und überlieferten Umständen" (Marx 1969, S. 19). Diese Perspektive impliziert, daß die Analyse über die gesellschaftlichen Strukturen hinaus die politischen Prozesse, über die die Produktion und Reproduktion ersterer verläuft, berücksichtigen muß. Die gesellschaftlichen Veränderungsprozesse selbst bedürfen zudem einer Differenzierung. So sollte unterschieden werden zwischen gesellschaftlichen Transformationsprozessen, d.h. der Herausbildung einer neuen Gesellschaftsformation und Strukturveränderungen innerhalb ein- und derselben Formation.

Zusammenfassend ergeben sich aus diesen Überlegungen folgende Anforderungen an eine gesamtgesellschaftliche Analyse der Organisation bzw. der betrieblichen Organisationsform:

1. Die Organisation kann nicht als von der Gesamtgesellschaft isolierte soziale Einheit begriffen werden.
2. Die Analyse der Organisation und deren Modifikation muß als gesamtgesellschaftliche verfahren.
3. Die Bestimmung des Verhältnisses von Organisation und Gesellschaft sollte sich an einer Vorstellung von Gesellschaft als Totalität orientieren.

---

3 Siehe dazu Marx (1979, S. 128 und S. 512), Lipietz (1992) und Bader et al. (1975).

4. Organisation darf nicht als ein nach abstrakten, überhistorisch gültigen Effizienzkriterien konstruiertes Gebilde aufgefaßt werden.
5. Organisation ist als eine historisch spezifische Form der Strukturierung der gesellschaftlichen Produktion und Reproduktion zu begreifen.
6. Organisation muß als eine historisch bestimmte Herrschafts- und Aneignungsform ausweisbar sein.

Die in dieser Allgemeinheit formulierten Anforderungen an eine Analyse der Organisation bzw. des kapitalistischen Unternehmens bedürfen einer forschungspraktischen Konkretisierung, die zum Teil und in recht unterschiedlicher Form schon in einigen sozialwissenschaftlichen und industriesoziologischen Ansätzen vorgenommen wurde. Im weiteren soll auf diese, sich in unterschiedlicher Weise auf die kritisch materialistische Theorietradition beziehenden Theorieansätze hinsichtlich der Frage Bezug genommen werden, inwieweit diese den entwickelten Anforderungen nachkommen bzw. welche Defizite aus der Vernachlässigung dieser Anforderungen erwachsen.

3. Der Arbeitsprozeß als Mittelpunkt einer historisch-materialistischen Analyse

Eine Analyse der betrieblichen Organisationsform, die bestrebt ist, diese nicht als Resultat allgemeiner Effizienz- bzw.- Rationalitätskriterien zu begreifen, findet Anknüpfungspunkte in der historisch-materialistischen Theorietradition, die, wie in der Marxschen „Kritik der politischen Ökonomie" ausgeführt, die Form der produktiven Umwandlung der äußeren Natur in Gebrauchsgüter nicht nur in ihrer Allgemeinheit, sondern vor allem in ihrer historischen und gesellschaftlichen Formiertheit bestimmt. Demnach vollzieht sich die Produktion und Reproduktion des menschlichen Lebens nicht nur grundsätzlich als soziale, sondern stets innerhalb historisch spezifischer Verhältnisse, sogenannter Produktionsverhältnisse. Die Produktionsverhältnisse bezeichnen dabei die spezifische Art und Weise der gesellschaftlichen Produktion und Reproduktion. Diese Einsicht fand vor allem in den 70er Jahren über das Werk H. Bravermans (deutsche Fassung 1985), der in starker Anlehnung an die Marxsche Analyse des kapitalistischen Produktionsprozesses den Arbeitsprozeß wieder stärker ins Zentrum einer materialistischen Analyse stellte, Eingang zunächst in die angelsächsische Arbeits- und Industriesoziologie.[4]

An die Ausführungen Bravermans schloß sich eine vor allem in Großbritannien breit geführte Diskussion innerhalb der Industriesoziologie an. Diese als „Labour Process Debate" bekannt gewordene Debatte beschäftigt sich primär mit

---

4 Zur Bedeutung der Marxschen Theorie für die deutsche Industriesoziologie s. G. Brandt (1984).

der Frage nach der Struktur und Entwicklung des kapitalistischen Arbeitsprozesses. Die Analyse verbindet dabei polit-ökonomische mit handlungstheoretischen Überlegungen insofern, als die Organisationsform des Arbeitsprozesses und deren Entwicklung als Resultat permanenter Konflikte um die Arbeitsbedingungen konzeptionalisiert wird, wobei die Konflikthaftigkeit selbst aus dem antagonistischen Grundverhältnis von Kapital und Arbeit abgeleitet wird. Aufgrund des zentralen Bezugs auf die widersprüchlichen Handlungsziele und Handlungsweisen der Akteure kann die Labour Process Debate als handlungstheoretisch verfahrende Theorie begriffen werden.[5]

Die Bedeutung und Attraktion der Arbeit Bravermans für die industrie- und arbeitssoziologische Forschung in England erklärt sich aus den spezifischen Verhältnissen und Problemlagen dieser Disziplin Mitte der 70er Jahre, die ähnlich gelagert waren wie das von mir in der Einleitung skizzierte Problem: Die empirische Erforschung der industriellen Arbeit geht in England auf die späten 40er Jahre zurück, wobei sich das zentrale Interesse dieser Arbeiten weitgehend auf die Frage der Arbeitsproduktivität richtete. Littler bezeichnet deshalb die industriesoziologische Forschung zu dieser Zeit als „sociology of productivity" (Littler 1990, S. 46). Analog zu Industriesoziologien in anderen Ländern beschäftigte sich auch die englische primär mit dem männlichen Facharbeiter in den traditionellen Industrien. Die Forschung war wesentlich empirisch ausgerichtet, bezog sich eher willkürlich auf allgemeine Theorien, war zumeist arbeitsplatzbezogen und verfügte über keine adäquate Konzeptionalisierung des breiteren Kontextes von Ökonomie und Gesellschaft. Jenseits dieser inneren Schwächen war die Arbeits- und Industriesoziologie in eine Vielzahl von Unterdisziplinen unterteilt, wie etwa Managementstudien, Organisationstheorie, industrielle Beziehungen, Soziologie des Berufs etc..

Die Bravermanschen Ausführungen stellen im Gegensatz dazu den Versuch dar, die Struktur des Arbeitsprozesses unter monopolkapitalistischen Verhältnissen aus der Funktionsweise kapitalistisch verfaßter Gesellschaften zu entwickeln, d.h. den systematischen Zusammenhang von gesellschaftlicher Verfaßtheit und betrieblicher Organisationsform herauszuarbeiten. Formen der Arbeitsteilung, der Einsatz von Produktionstechnologien und Managementmethoden werden demgemäß bei Braverman im Zusammenhang mit der Entwicklung der Beschäftigungstruktur, der Klassenstruktur und Phasen kapitalistischer Entwicklung thematisiert und analysiert. Im Mittelpunkt sowohl der Bravermanschen Arbeiten als auch der der Labour Process Debate steht die Unterscheidung zwischen allgemeinem Arbeitsvermögen und konkreter Arbeitsverausgabung. Diese Unterscheidung thematisiert den für kapitalistische Produktionsverhältnisse spezifischen Umstand, daß die seitens des Kapitals erworbene Ware Arbeitskraft zunächst nur als abstraktes Arbeitsvermögen (Marx 1979, S. 181) vorliegt und zur

---

5 Vgl. dazu Lappe (1987).

Produktion von Wert und Mehrwert erst noch in konkret verausgabte Arbeit transformiert werden muß. Dieser Zusammenhang wird als Transformationsproblem bezeichnet und stellt die Basis für die Kontrolldebatte innerhalb der Labour Process Debate und des arbeitspolitischen Ansatzes[6] dar.

Obgleich über den Bezug auf das Transformationsproblem und damit mittelbar auf das widersprüchliche Verhältnis von Kapital und Arbeit ein Zusammenhang zwischen Arbeitsorganisation und Gesellschaft hergestellt wird, können m. E. die Arbeiten der Labour Process Debate nur bedingt als ein Versuch einer gesellschaftstheoretischen Fundierung der Organisationsform des Arbeitsprozesses gelten, da zum einen die gesellschaftlichen Zusammenhänge auf den Klassencharakter und den Akkumulationsimperativ reduziert werden und zum anderen in den meisten Arbeiten der Labour Process Debate keine systematische Bestimmung des Verhältnisses von Organisation und Gesellschaft vorgenommen wird, so daß sich die primäre Perspektive auf den Betrieb beschränkt. Deutlich wird dies an der weiteren Entwicklung der Labour Process Debate, die sich zunächst auf eine Auseinandersetzung mit Bravermans Ausführungen zum Transformationsproblem bezog.

Für Braverman wird das Transformationsproblem durch das Management in Form der Taylorisierung des Arbeitsprozesses zu lösen versucht. Über die Enteignung des unmittelbaren Produzentenwissens und die Trennung von ausführender und konzeptioneller Arbeit sichere sich das Management die Kontrolle über den unmittelbaren Produktionsprozeß. Arbeitsfragmentierung, Dequalifizierung und Technikeinsatz seien demgemäß gleichermaßen der Etablierung und Aufrechterhaltung von Kontroll- und Herrschaftsverhältnissen geschuldet und unter dieser Perspektive zu analysieren. Ist Braverman bezüglich der Hervorhebung der Bedeutung der Etablierung und Aufrechterhaltung von Macht- und Herrschaftsverhältnissen für die Struktur und Entwicklung der Arbeitsorganisation und der damit einhergehenden Kritik an jenen Interpretationen, die die Gestalt des Arbeitsprozesses auf die Optimierung der Produktivität zurückführen und damit die bestehenden Verhältnisse als notwendige bestimmen, zuzustimmen, so liegt die Schwäche Bravermans Analyse eher darin, die Entwicklung der kapitalistischen Vergesellschaftungsform und die damit einhergehende Organisationsform des Arbeitsprozesses als zu eindimensional eingeschätzt und konzeptionalisiert zu haben.

Die von Braverman hervorgehobene reelle Subsumtion der Arbeit unter das Kapital vollzieht sich eben nicht einzig über zunehmende Kontrolle, Arbeitsteilung und Dequalifizierung, sondern auch über Requalifizierung und Arbeitsintegration. Die theoretische Erfassung gerade dieser Vielgestaltigkeit, bedarf eines Begriffs, der in der Lage ist, die herrschaftsförmige Zurichtung arbeitsteiliger Ko-

---

6 Der Focus des „arbeitspolitischen Ansatzes" ist auf die betrieblichen Sozialbeziehungen als Teil der gesamtgesellschaftlichen Macht- und Herrschaftsverhältnisse gerichtet (s. Naschold 1983).

operation sowohl hinsichtlich ihrer allgemeinen Merkmale als auch ihrer je besonderen Ausformungen zu erfassen. Eine mögliche Theoretisierung dieses Problems liegt mit dem Türkschen Begriff der Organisation vor, der, wie noch auszuführen ist, mit diesem Begriff die spezifische Form von Herrschaft im Kapitalismus zu fassen versucht. Zudem handelt es sich, wie anhand der Burawoyschen Arbeiten noch zu zeigen sein wird, bei der Gestaltung der Organisationsform des Arbeitsprozesses keineswegs um einen einseitigen, vom Kapital oder dem Management dominierten Prozeß, sondern um einen zweiseitigen Prozeß, an dem die Beschäftigten als rational handelnde Akteure bewußt und aktiv teilnehmen.

Die Bravermanschen Ausführungen, die sich auf eine bestimmte Phase der kapitalistischen Entwicklung beziehen, werden dann problematisch, wenn sie bruchlos auf die Funktionsweise kapitalistischer Produktion überhaupt angewendet werden. Bezogen auf die innerbetrieblichen Herrschaftsverhältnisse muß unterschieden werden zwischen dem allgemeinen Herrschaftscharakter und der jeweiligen Ausformung von Herrschaft. Das Problem scheint mir hierbei vor allem das von Braverman angelegte Abstraktionsniveau zu sein, da er übersieht, daß die Marxschen Ausführungen zur kapitalistischen Produktionsweise als „idealer Durchschnitt" (Marx 1986, S. 839) oder „ideale(r) Ausdruck der wirklichen Bewegung" (Marx 1974, S. 217) gefaßt sind, die so nicht unmittelbar auf die Realität übertragbar sind und erst noch einiger Vermittlungsschritte bedürfen, um Aussagen über die reale Bewegung der kapitalistischen Produktionsweise machen zu können.

Die Bravermanschen Arbeiten führten innerhalb der Labour Process Debate nach einer ersten Phase der Zustimmung zu einer breiten Diskussion, die erhebliche Zweifel an seinen Ausführungen erkennen ließen. Eine ausführliche Darstellung der Kritik an Braverman findet sich bei Littler/Salaman (1982), Wood (1986) und Thompson (1985, 1987). Die Kritik an Bravermans Vernachlässigung der unterschiedlichen Gestaltung der betrieblichen Organisationsform führte innerhalb der Labour Process Debate jedoch zunächst nicht zu einer Auseinandersetzung mit dem Verhältnis zwischen Organisation und Gesellschaft, sondern im Gegenteil zu einer intensiven Beschäftigung mit dem Konzept der Managementstrategien, d.h. weiterhin einer Beschränkung auf den Betrieb. Dieses Konzept sollte es ermöglichen, der Frage nach der Vielgestaltigkeit der Kontroll- und Organisationsformen hinreichender als bisher nachzugehen.

So betont A. Friedman (1977), daß Unternehmensziele mit unterschiedlichen Strategien erreichbar seien. Aufgrund des spezifischen Charakters der Lohnarbeit (vermeintliche Notwendigkeit von Kontrolle und Integration) könne das Management auf ein Kontrollspektrum zurückgreifen, welches sich zwischen „direkter Kontrolle" und „verantwortlicher Autonomie" bewege.[7] „Direkte Kontrolle" ent-

---

7 Ein vergleichbares Konzept, welches auch mit einer Dichotomisierung arbeitet, wird von Fox (1974) vertreten, der Vertrauens-, Mißtrauens- und Kooperationsmuster in Unternehmen untersucht. Er unterscheidet dabei zwischen 'low discretion syndrom', welches wenig

ziehe dabei den Beschäftigten weitgehend jegliche Verantwortung und arbeite mit strikten Kontrollformen und Arbeitsvorgaben. „Verantwortliche Autonomie" setze auf die ideologische Einbindung der Beschäftigten.

Die jeweiligen Kontrollformen und die damit einhergehende Gestaltung der Unternehmensorganisation erscheinen hier als Resultat organisationsinterner Prozesse bzw. als ein Spektrum von Wahlmöglichkeiten, dem das Management die jeweils passende Strategie entnehmen könne. So zweifelhaft diese Vorstellung erscheint, so problematisch ist zugleich die auf das Unternehmen begrenzte Perspektive, die völlig übersieht, daß Managementstrategien nicht in Kontrollstrategien aufgehen, sondern in der Regel ganze Produktionskonzepte oder -modelle umfassen, die nicht aus organisationsinternen Prozessen hervorgehen, sondern wesentlich auf Veränderungen der makroökonomischen und gesamtgesellschaftlichen Verhältnisse zurückzuführen sind.

Eine Weiterentwicklung des Konzepts der Managementstrategie, welches die Widerstände der Beschäftigten und die daraus hervorgehenden Konflikte im Kontext makroökonomischer Strukturveränderungen thematisiert, stellt die Arbeit R. Edwards (1979) dar.

In einer historisch angelegten Betrachtungsweise parallelisiert Edwards die ökonomischen Strukturveränderungen und die damit einhergehenden Modifikationen der betrieblichen Organisations- und Kontrollformen. Die Wandlungen der Organisations- und Kontrollformen vollziehen sich dabei nach Edwards „weder in einschneidenden Brüchen, noch in einer stetigen und unvermeidlichen Entwicklung, sondern jeweils über die Lösung bestimmter Konflikte und Widersprüche in der Betriebsorganisation" (Edwards 1981, S. 27). Edwards unterscheidet dabei zwischen der Phase des Früh- bzw. Konkurrenzkapitalismus, in der die Beschäftigten in der Vielzahl von Kleinbetrieben der „direkten Kontrolle" des Unternehmers unterstehen, und der Phase des Monopolkapitalismus, in der die an Größe und Komplexität gewinnenden Unternehmen mit strukturellen Kontrollformen operieren. Als strukturell bezeichnet Edwards diese Kontrollformen, weil sie im Gegensatz zur „direkten Kontrolle" entweder als „technische Kontrolle" in die stoffliche Struktur des Arbeitsprozesses oder als „bürokratische Kontrolle" in die soziale Struktur der Organisation eingebettet sind.

Über die einzelnen Differenzen innerhalb dieser verschiedenen Konzepte hinaus teilen diese eine Gemeinsamkeit, die darin besteht, die Organisationsform selbst als unhinterfragte Gegebenheit zu behandeln bzw. zu unterstellen, es handele sich bei einer Organisation um ein neutrales soziales Gebilde und eine neutrale Form von Ordnung. So wird gerade nicht danach gefragt, inwiefern die Organisationsform selbst ein wesentliches Merkmal kapitalistisch verfaßter Gesellschaften darstellt, und obwohl gerade für die Arbeiten der Labour Process Debate das Phänomen der Herrschaft von besonderer Bedeutung ist, wird diese

---

Vertrauen beinhaltet, und 'high discretion', welches hohes Vertrauen beinhaltet (Fox 1974, S. 25 ff.).

primär als Ausdruck einer bestimmten Gestaltung der Arbeitsorganisation aufgefaßt und nicht in Erwägung gezogen, daß die Organisation selbst schon eine
spezifische Form der herrschaftsförmigen Strukturierung arbeitsteiliger Kooperation in kapitalistischen Gesellschaften darstellt (s. dazu Türk 1995a).

Die Labour Process Debate befaßte sich in ihrer weiteren Entwicklung jedoch
nicht mit dieser Problemstellung, sondern knüpfte vielmehr kritisch an die oben
angesprochenen Arbeiten an, wobei sich die Hauptstoßrichtung der Kritik auf
jene Konzepte richtete, die von einem kausalen Zusammenhang zwischen einer
bestimmten Phase kapitalistischer Entwicklung und der Form der Arbeits- und
Unternehmensstruktur ausgehen. So ist nach Littler/Salaman (1982) eher davon
auszugehen „that the linkage between the logic of capital accumulation and the
transformation of the labour process is an indirect and varying one" (S. 257).

Belegt wird diese Sichtweise durch Littlers vergleichende Studien zur Entwicklung der Organisationsform des Arbeitsprozesses in England, Japan und den
USA im Übergang vom Konkurrenz- zum Monopolkapitalismus (vgl. Littler
1982). In ihnen wird deutlich, daß aufgrund unterschiedlicher Rahmenbedingungen und nationaler bzw. kultureller Besonderheiten der Arbeitsprozeß und dessen
Organisationsform sehr unterschiedliche Gestalten annimmt.

Zu ähnlichen Ergebnissen kommen eher kulturalistisch angelegte Untersuchungen, die meinen nachweisen zu können, daß z.B. die Produktivität japanischer Unternehmungen auf eine spezifische betriebliche Organisationsform zurückgeht, die ihrerseits auf besonderen sozialen Integrationsformen beruhen, die
auf spezifische kulturellen Normen zurückgreifen (vgl. dazu Deutschmann 1989;
Befu 1985).

Anhand der hier grob skizzierten Ansätze wird deutlich, daß die Leistung der
Labour Process Debate vor allem darin besteht, hinsichtlich der Frage nach den
Bestimmungsgründen der Organisationsform des Arbeitsprozesses den Blick von
der Kapitallogik auf die Dimension von Macht und Herrschaft gelenkt zu haben.
Problematisch ist hierbei jedoch die Art und Weise, wie dies geschieht. Obgleich
die Labour Process Debate beansprucht, ihre Theorie des Arbeitsprozesses auf
der Basis der Marxschen Theorie zu formulieren, fällt sie selbst hinter die Leistungen der Marxschen Arbeiten zurück. Dies vor allem deshalb, weil sie die
Dimension der Herrschaft als eine zusätzliche einführt. Die Struktur der Arbeits-
und Unternehmensorganisation erscheint so als Resultat getrennter Logiken. Kapitalakkumulation und Herrschaft, eingebettet in unterschiedliche kulturelle und
ökonomische Rahmenbedingungen, verbunden mit der Berücksichtigung der
eingesetzten Produktionstechnologien ergibt so die Organisationsform des Arbeitsprozesses. Die Aufhebung der Trennung dieser Dimensionen, wie sie durch
Marx geleistet ist, findet hier nicht statt. Mit diesem Defizit geht einher, daß die
Labour Process Debate nicht in der Lage ist zu zeigen, daß die Organisationsform selbst eine spezifisch gesellschaftliche Form der herrschaftsförmigen Aneignung von Arbeitsprodukten darstellt. Hinzu kommt, daß sie aufgrund des zu
eng geschnittenen Analyserahmens das Verhältnis von gesellschaftlicher und be-

trieblicher Organisationsform nicht adäquat erfassen kann. Im letzteren Sinne ist wiederum Littler/Salaman (1982) zuzustimmen, daß „the subordination of labour real or otherwise, can not be understood at the level of the labour process" (S. 267).

4. Konflikt und Konsens – die Repolitisierung des Produktionsprozesses

Die Trennung von Organisation und Gesellschaft stellt innerhalb der sozialwissenschaftlichen Theoriebildung nur eine von vielen Trennungsmodi dar. Ein weiteres Beispiel hierfür ist die Trennung gesellschaftlicher Teilbereiche bzw. -systeme wie etwa die der Trennung von Politik und Ökonomie. Auffällig ist hierbei, daß diese Unterscheidung auch in Theorieansätzen anzutreffen ist, die sich selbst in der Theorietradition der Kritik der politischen Ökonomie verorten, die doch gerade bemüht ist zu zeigen, daß diese Unterscheidung so nicht existiert. Denn Basis und Überbau stellen bei Marx keine getrennten, unvermittelten gesellschaftlichen Teilbereiche dar, sondern sind als Artikulationsverhältnisse[8] gedacht. Das Burawoysche Konzept der „politics of production" greift diese Trennung kritisch auf und versucht, sowohl das Verhältnis von Organisation und Gesellschaft als auch das von Politik und Ökonomie neu zu konzeptionalisieren. Die Analyse der Struktur und Entwicklung des kapitalistischen Arbeitsprozesses erfolgt hierbei über die parallelisierende Betrachtung der organisationsinternen sozialen Prozesse, den „relations in production", und der die Organisation umschließenden Verhältnisse, den „relations of production", die unter Berücksichtigung ihrer jeweils historisch spezifischen Ausformung in Form sogenannter Fabrik- oder Produktionsregime zusammengeführt werden. Die Gestalt der Unternehmensorganisation erscheint somit nicht mehr allein als Resultat abstrakter ökonomischer Gesetzmäßigkeiten oder Effizienzkriterien, sondern es wird davon ausgegangen, „that the process of production contains political and ideological elements as well as purely economic moments" (Burawoy 1983, S. 587). Indem Burawoy sich gegen die „Überpolitisierung" des Staates, d.h. die Vernachlässigung seiner ökonomischen Fundierung, und die „Unterpolitisierung" des Produktionsprozesses richtet, macht er deutlich, daß die von mir angesprochenen Trennungsmodi so nicht aufrechtzuerhalten sind, will man nicht Gefahr laufen, die gesellschaftlich vorgegebenen Muster blind zu reproduzieren und damit einer Ideologisierung aufzusitzen, die es selbst zu hinterfragen gilt.

Der Versuch der Aufhebung der Trennung von Politik und Ökonomie bzw. von Basis und Überbau wird seitens Burawoys, wie Krebs/Sablowski (1992) her-

---

8 Dieser Begriff soll auf die Vorstellung verweisen, daß die einzelnen Elemente der gesellschaftlichen Totalität nicht in einem Determinationsverhältnis zueinander stehen, sondern sich gegenseitig ineinander ausdrücken oder artikulieren.

ausgearbeitet haben, methodisch durch die Verdopplung des Basis-Überbau-Schemas zu erreichen versucht. Danach haben „Staat und Ökonomie ... jeweils ihre eigene Basis und ihren eigenen Überbau. Der Staat wird selbst als gesellschaftliches Verhältnis, als ein Ensemble von Apparaten mit eigenen charakteristischen Arbeitsprozessen analysiert ..." (S. 122).

Die Analyse des Produktionsprozesses hat also wesentlich dessen politische Momente zu berücksichtigen. Der Produktionsprozeß erweist sich damit nicht allein als technische Input-Output-Beziehung, sondern als sozialer Prozeß, der politische und ideologische Effekte produziert, die einerseits in der Reproduktion bestimmter sozialer Verhältnisse und der damit verbundenen Erfahrungen und zum anderen in spezifischen politischen und ideologischen „Produktionsapparaten", die die Produktion regulieren, bestehen. Das Konzept der „politics of production" läßt sich jedoch nicht nur kritisch auf die Industriesoziologie beziehen, sondern darüber hinaus auch auf die neuere Organisationstheorie, die trotz der Berücksichtigung mikropolitischer Prozesse nach Burawoy versäumt hat, drei wesentliche Punkte bei ihren Analysen zu berücksichtigen:

1. Die Differenz zwischen der „politics of production" und den politischen Apparaten der Produktion, welche diese Politik formen.
2. Wie beide durch den Arbeitsprozeß und die Marktkräfte begrenzt werden und
3. wie sowohl die „politics of production" und die politischen Apparate an die Staatspolitik und die Staatsapparate angebunden sind und sich je nach deren Ausprägung unterscheiden (vgl. Burawoy 1985, S. 122).

Im Gegensatz zu Edwards, Friedman und Littler/Clawsen, die entweder wie Braverman die politischen Apparate ignorieren oder als dem Arbeitsprozeß innewohnend betrachten, faßt Burawoy diese als vom Arbeitsprozeß analytisch getrennte und ursächlich unabhängige auf. Sie bilden zugleich die Basis einer Periodisierung der kapitalistischen Produktionsweise, die nicht mehr wie noch etwa bei Edwards an verschiedenen Kontrollformen festgemacht wird, sondern anhand sogenannter Fabrikregime, die sich durch unterschiedliche Formen der Regulation der innerbetrieblichen Verhältnisse und durch unterschiedliche Formen der Staatsintervention unterscheiden. Die bisherige Entwicklung der kapitalistischen Produktionsverhältnisse läßt sich anhand dieser Kriterien in folgende Phasen einteilen:

1. Das „despotische Regime", bei dem aufgrund der Trennung von Kapital und Arbeit die Reproduktion der Arbeitskraft unmittelbar an den Produktionsprozeß gebunden ist.
2. Das „hegemoniale Regime", das durch die Trennung der Reproduktion der Arbeitskraft vom Produktionsprozeß und regulative Eingriffe seitens des Staates in den Produktionsprozeß gekennzeichnet ist.

3. Das „hegemonial despotische Regime", das vor allem auf der Kapitalmobilität und der Internationalisierung des Kapitals beruht. Es findet eine erneute Anbindung der Reproduktion der Arbeitskräfte an den Produktionsprozeß insofern statt, als nicht mehr die Angst vor Entlassung, sondern die vor Unternehmensschließung und Kapitalflucht im Vordergrund steht.

Die Gestaltung der Arbeitsorganisation stellt sich unter dieser Perspektive nicht mehr allein als Ergebnis von Managementstrategien bzw. des Einsatzes bestimmter Produktionstechnologien dar, sondern als Resultat staatlicher Interventionen und Regulationsweisen einerseits und Formen der Konfliktregulierung und Konsensbildung zwischen den Beschäftigten und dem Management andererseits.

Die Kontrolle des Produktionsprozesses, die innerhalb der Labour Process Debate vor allem im Zusammenhang mit dem Transformationsproblem thematisiert wird, ist nach Burawoy mit einem spezifischen Problem konfrontiert, das in der gleichzeitigen „Sicherstellung" (secure) und „Verschleierung" (obscure) der Mehrwertproduktion besteht. Die Kontrolle selbst wird damit politisiert und nicht mehr allein auf das Transformationsproblem zurückgeführt. Kontrolle als Herrschaftssicherung stellt sich damit auch nicht mehr wie bei Braverman primär als ein Enteignungsprozeß dar, sondern wird in hegemonietheoretischer Weise als eine Form der herrschaftsförmigen Einbindung der Beschäftigten in das kapitalistische Unternehmen gefaßt:

„The point is that capitalist control, even under the most coercive technology, rests on an ideological structure that frames and organizes 'our lived relationship to the world' and thereby constitutes our interests" (Burawoy 1985, S. 36).

Die Auseinandersetzungen zwischen den Beschäftigten und dem Management, die nach Burawoys eigenen empirischen Untersuchungen als sogenannte „games" (Burawoy 1985, S. 38) ausgetragen werden, stellen ein wesentliches Element des oben beschriebenen Zusammenhangs dar, und zwar insofern, als die games den Eindruck von Spielräumen bzw. Veränderungsmöglichkeiten erwecken und damit ideologische Effekte erzielen, die zur Konsensbildung beitragen.

„The ideological effect of playing the game is to take 'extraneous' conditions (such as having to come to work) as unchangeable and unchanging, together with a compensatory emphasis on the little choice and uncertainty offered in the work context. That is, the game becomes an ideological mechanism through which necessity is presented as freedom. ... Playing the game generates the legitimacy of conditions that define its rules and objektives" (Burawoy 1985, S. 38).

Die Repolitisierung der Analyse der Arbeits- und Unternehmensorganisation erweist sich bei Burawoy jedoch als doppeldeutig. Einerseits richtet sie sich gegen jegliche Form des ökonomischen Determinismus, wobei die gesellschaftliche Totalität nicht als „expressive" wie bei Braverman, sondern als „strukturierte" begriffen wird, bei der das gesellschaftliche Ganze als aus unterschiedlichen Teilen bestehend gedacht wird, die jeweils mit eigener Struktur und historischer Dynamik ausgestattet sind und die ökonomischen Verhältnisse zugleich ausdrücken und verschleiern. Zudem räumt Burawoy mit der Vorstellung der freien und unproblematischen Organisierung des Produktionsprozesses durch das Management auf. Die Gestalt des Arbeitsprozesses geht vielmehr aus den regelförmigen Auseinandersetzungen zwischen dem Management und der Belegschaft hervor, wobei letztere die Verhandlungsspielräume zur Durchsetzung ihrer Eigeninteressen nutzen. Letztlich erweist sich diese Form der Konsensbildung bei Burawoy indes als trügerisch, da diese wiederum nur als eine Form der Reproduktion der herrschenden Verhältnisse erscheint, bei der die Beschäftigten nicht allein wie bei Braverman der Macht des Managements wehrlos ausgeliefert sind, sondern als Beteiligte an den „games" selbst, wie es Mahnkopf ausdrückt, zu „Komplizen ihrer eigenen Ausbeutung" werden. „Manufacturing consent" bedeutet nach Mahnkopf demgemäß „nichts anderes, als daß unter den Bedingungen eines 'hegemonialen Fabrikregimes' unterschiedlichste Betriebspolitiken ... einen die bestehenden Herrschaftsverhältnisse stabilisierenden Konsens der Machtunterworfenen herstellen" (Mahnkopf 1988, S. 113).

Im Gegensatz zu Mahnkopf (1988), die Burawoy vorhält, „die Frage wie und in welchem Ausmaß die Kooperation von Kapital und Arbeit im konkreten Produktionsprozeß legitimationswirksame Effekte hat, in letzter Instanz der Kapitalakkumulation überantworte" (S. 113), scheint m.E. gerade in der Betonung des Umstandes, daß die Beschäftigten selbst an der Reproduktion der herrschenden Verhältnisse als bewußt handelnde Akteure beteiligt sind und sich diese nicht einzig hinter dem Rücken der Akteure vollzieht, die Stärke von Burawoys Arbeit zu liegen.[9]

Die Hauptschwäche Burawoys liegt m.E. eher darin, die in seinem Konzept angelegte Analyseperspektive nicht konsequent weiter verfolgt zu haben. Denn obgleich er deutlich macht, daß die herkömmliche Trennung von Politik und Ökonomie so nicht aufrechterhaltbar ist und dadurch die Grenzen der Organisation selbst verschwimmen, hält er letztlich doch an dieser Trennung fest. Obwohl die Rekonzeptionalisierung des Arbeitsprozesses in Form der Berücksichtigung dessen politischer und ideologischer Elemente eine umfassendere Perspektive auf die Strukturierung der Unternehmensorganisation ermöglicht, bleibt davon der Begriff der Ökonomie weitgehend unberührt. Eine weiterführende Analyse dürfte sich nicht darauf beschränken, der ökonomischen Dimension weitere hinzuzufügen, sondern müßte die Ökonomie selbst auf die sie konstituierenden und reproduzierenden sozialen Prozesse hin befragen.

---

9 Zu einer ausführlicheren Kritik s. Krebs/Sablowski (1992).

5. Die Kapitalakkumulation als soziale Struktur

Wenn das, was gemeinhin als Ökonomie bezeichnet wird, theoretisch und empirisch weder auf ein Set abstrakter Regelwerke oder Gesetzmäßigkeiten reduzierbar noch als ein geschlossenes System von der übrigen Gesellschaft abgrenzbar ist, so stellt sich die Frage, wie ein umfassenderer Ökonomiebegriff zu konzeptionalisieren wäre. Zur weiteren Erörterung dieser Frage möchte ich im folgenden auf die Arbeiten einer Gruppe us-amerikanischer Wissenschaftler eingehen, die sich selbst als 'Radicals' bezeichnen. Die Bezeichnung 'radikal', die als Selbstbeschreibung einer Gruppe von Wissenschaftlern im etablierten Wissenschaftsbetrieb, zumindest gemessen an der Verwendungsweise dieses Wortes im Deutschen, doch recht ungewöhnlich anmutet, relativiert sich, wenn man bedenkt, daß sich die Radikalität der Arbeiten dieser Gruppe zunächst aus ihrer strikten Zurückweisung paradigmatischer Annahmen der neo-klassischen Theoriebildung speist. Zugleich muß jedoch betont werden, daß sich ihre Kritik nicht auf die hegemoniale Wirtschafswissenschaft beschränkt, sondern diese verbunden ist mit einer Kritik der gesellschaftlichen Verhältnisse in den USA, die ihrer Ansicht nach durch soziale Ungleichheit, Rassismus, Sexismus, Imperialismus und nicht zuletzt durch die Irrationalität der kapitalistischen Produktionsweise gekennzeichnet ist. Mit dem Ziel des Versuchs einer Systematisierung dieser Kritikperspektive wurde 1968 die „Union for Radical Political Economics" gegründet, zu deren prominentesten Vertretern S. Bowles, R. Edwards, H. Gintis, D. Gordon, St. Marglin, M. Reich und Th. Weisskopf gehören.[10]

Die Arbeiten der Radicals lassen sich hinsichtlich ihrer Gegenstandbereiche m.E. in zwei Stränge unterteilen. Während der eine sich mit der Kritik an der auf neoklassischen Annahmen fußenden mikroökonomischen Theoriebildung befaßt, aus der eine 'radikale Theorie der Firma' hervorgegangen ist, bezieht sich der andere stärker auf makroökonomische Fragestellungen, aus denen ein alternatives Konzept der Analyse der kapitalistischen Produktionsweise entwickelt wurde, welches als „Social Structure of Accumulation-Ansatz" bezeichnet wird. Obwohl beide Stränge nicht einfach getrennt werden können, da beide auf den gleichen zentralen Annahmen beruhen, möchte ich mich im weiteren mit dem letzteren ausführlicher beschäftigen, da er für die mich hier interessierende Fragestellung von zentralerer Bedeutung ist.

Wie eingangs schon erwähnt, zeichnen sich die Arbeiten der „Radicals" dadurch aus, daß sie die Bedeutung von Macht, Hierarchie und Kontrolle für die Funktionsweise und das Verstehen der kapitalistischen Produktionsweise hervorheben. Ihre Hauptkritik an mikroökonomischen Theorien kapitalistisch verfaßter Unternehmen richtet sich demgemäß auf die Vernachlässigung dieser Kategorien bei der Analyse der Struktur und Entwicklung von Unternehmungen. Dabei

---

10 Siehe: Bowles/Edwards (1986), Bowles/Edwards (1985), Bowles/Gintis (1990), Bowles/Gordon/Weisskopf (1983), Reich/Devin (1981). Zu einem Überblick s. Rebitzer (1993).

knüpfen sie, wie auch die Arbeiten der Labour Process Debate, am Transformationsproblem bzw. der Unvollständigkeit des Arbeitsvertrages an.[11] Aus dieser Perspektive verbietet es sich, die Arbeitskraft als eine Ware wie jede anderen zu behandeln, die in unkomplizierter Art und Weise im Produktionsprozeß mit den anderen Produktionsfaktoren kombinierbar ist. In Abgrenzung zu Theoriekonzepten, die mit technisch-mechanistischen Vorstellungen von Unternehmungen arbeiten, setzen die „Radicals" ein die Konflikthaftigkeit betonendes, politisch-ökonomisches Konzept des kapitalistischen Unternehmens entgegen. Hieraus entwickeln sie ihre Kritik am Effizienzdeterminismus der herrschenden Betriebswirtschaftslehre, der vorgibt, daß sich die betrieblichen Strukturen und die Entscheidungen des Managements einzig an der Optimierung der betrieblichen Effizienz orientiere. Dieser hochgradig ideologischen Argumentationsweise, die schon von Meyer/Rowan (1977) als Fassadenbildung entlarvt wurde, setzen sie entgegen, daß die betrieblichen Organisationsstrukturen maßgeblich Resultat der Etablierung und Aufrechterhaltung von Macht- und Kontrollbeziehungen seien. Über den Verweis auf die Notwendigkeit der Kontrolle der Beschäftigten, die sich aus der Unbestimmtheit des Arbeitsvertrages ergibt, läßt sich zeigen, daß auch die sich gegen den Effiziendeterminismus richtende Transaktionskostentheorie in der Variante von Coase und Williamson zu falschen Ergebnissen kommt. Denn während für Coase und Williamson der Arbeitsvertrag und die damit verbundenen Verfügungsrechte als Argument dafür dient, den Arbeitsvertrag unter bestimmten Bedingungen als effizienteren Koordinationsmechanismus als den Markt auszuweisen, leiten die „Radicals" gerade aus der mit dem Arbeitsvertrag einhergehenden Notwendigkeit der Kontrolle und den dadurch entstehenden Kontrollkosten die Ineffizienz des kapitalistischen Unternehmens ab.[12] Die Kosten der Kontrolle erschöpfen sich dabei nicht in den Aufwendungen für die unmittelbare Überwachung der Beschäftigten. Die unterstellte Ineffizienz ergibt sich darüber hinaus aus der Tatsache, daß bei der Wahl des Technologieeinsatzes und der Organisationsform dann nicht die effizienteste Lösung gesucht wird, wenn sie das Kontroll- und Machtpotential des Managements schwächt. Die Plausibilität dieser Argumentation erweist sich jedoch insofern als problematisch, als sie weiterhin am Effizienzparadigma festhält. Die Radikalität der „Radicals" reduziert sich so letztlich auf die Kritik an der Vernachlässigung wesentlicher Elemente organisationaler Praxis. Denn indem sie die organisationalen Macht- und Kontrollstrukturen im Namen der Effizienz kritisieren, erwecken sie zum einen den Eindruck, es gäbe eine objektive Effizienz im Sinne eines 'one best way', und zum anderen fallen sie hinter die Erkenntnisse etwa von Meyer/Rowan zurück, deren Leistung ja gerade darin besteht, gezeigt zu haben, daß der Bezug auf ökonomische Effizienz seitens der organisationalen Eliten

---

11 Vgl. dazu Gintis/Bowles (1981).
12 Vgl. dazu Duda/Fehr (1986) und Ortmann et al. (1990).

dazu verwendet wird, ihr Handeln nach 'außen' zu legitimieren. Im Schlußkapitel werde ich unter Bezugnahme auf die Arbeit Marglins nochmals auf diesen Zusammenhang zurückkommen und meine Kritik anhand eines alternativen Organisationsbegriffs erörtern.

Zurückkommend auf die eingangs gestellte Frage nach einem umfassenderen Ökonomiebegriff, möchte ich mich im folgenden auf den zweiten Strang der „Radicals", der sich stärker mit makroökonomischen Fragen auseinandersetzt und aus dem der „Social Structure of Accumulation-Ansatz" hervorgegangen ist, eingehen. Der Ansatz ist bemüht, polit-ökonomische mit institutionen- und macht- bzw. konflikttheoretischen Überlegungen zu einer Theorie „Langer Wellen" bzw. „Phasen" kapitalistischer Akkumulation zu verbinden. Der zentrale Gedanke ist hierbei, daß „Lange Wellen" oder konjunkturelle Verläufe kein Resultat einer inneren Dynamik der Kapitalakkumulation sind, sondern daß der Akkumulationsprozeß durch institutionelle oder soziale Kräfte vermittelt wird, die durch kollektive soziale Aktivitäten bestimmt werden. In diesem Zusammenhang kritisiert Gordon (1980) sowohl an Analysen polit-ökonomischer Provenienz als auch neoklassischen Analysen, daß

„they have taken the basic structure of social relationships in capitalist societies for granted. They have attempted to account for alternation periods of economic prosperity and stagnation without properly considering the connection between the structure and contradictions of the social relationships conditioning capitalist accumulation and the 'purely' economic dynamics through which long cycles appear to manifest themselves" (Gordon 1980, S. 10).

Diesem analytischen Defizit versuchen die Vertreter des Social Structure of Accumulation-Ansatzes zu begegnen, indem sie auf die den Akkumulationsprozeß umgebenden sozialen und politischen Verhältnisse hinweisen. Der Begriff „Social Structure of Accumulation" bezeichnet dabei einen institutionellen Rahmen, innerhalb dessen Kapitalakkumulation stattfindet. Dieser Rahmen besteht aus Gesetzen, sozialen Gewohnheiten und Institutionen, die die Form der Profiterzeugung und der Kapitalakkumulation bestimmen.[13] Er strukturiert die Beziehungen oder Verhältnisse zwischen den und innerhalb der Klassen (vor allem zwischen den Hauptklassen), bestimmt die Rolle des Staates in der Ökonomie, das Verhältnis zwischen dem in- und ausländischen Kapital und zwischen dem kapitalistischen Sektor und anderen koexistierenden Produktionsweisen (vgl. Bowles/Edwards 1985, S. 94; Bowles et al. 1990, S. 8).

In diesem Sinne kann der Prozeß der Erzeugung von Mehrwert und Profiten nicht auf die Produktions- und Zirkulationssphäre begrenzt werden, sondern nur auf der Grundlage und im Rahmen einer sozial strukturierten Umwelt funktionieren und im Kontext dieser verstanden und analysiert werden. Dazu Gordon (1980):

---

13 Zum Institutionenbegriff siehe auch den Beitrag von Türk in diesem Band.

„Relative stability in the general social and economic environment affecting the possibilities for capital accumulation is a necessary condition for sustained and rapid accumulation; without such structural stability, the pace of accumulation in capitalist economy is likely to slacken" (S. 12).

Die Stabilität der sogenannten Umwelt des Akkumulationsprozesses wird durch eine Reihe von Institutionen gesichert. Diese begreift Gordon „as a set of social relationships whose relative stability and reproducibility permit the repeated fulfillment of an important socio-economic function (Gordon 1980, S. 36). Dieses Set sozialer Beziehungen besteht aus einer Reihe spezifischer Institutionen, die von Gordon in vier logische Kategorien eingeteilt werden und von der Konkurrenzstruktur über die Struktur des Geld- und Währungssystems bis hin zur Familien- und Ausbildungsstruktur all jene Verhältnisse thematisieren, die für eine gelungene Kapitalakkumulation notwendig sind. Ich möchte hier nicht weiter auf die einzelnen Institutionen, sondern auf die Konzeptionalisierung der Einheit der Social Structure of Accumulation eingehen.

Wenn die Social Structure of Accumulation als ein Set verschiedener Institutionen gefaßt wird, so stellt sich die Frage, wie diese einzelnen Institutionen zusammenhängen. Zwei mögliche Varianten können dabei nach Gordon gedacht werden. In Form einer schwachen Version wird von einer einfachen Aggregation der die Social Structure of Accumulation bildenden Institutionen ausgegangen. Diese summarische Vorstellung der Social Structure of Accumulation impliziert, daß Instabilitäten innerhalb einer einzelnen Institution zwar potentiell die Stabilität einer anderen Institution berühren kann, jedoch nicht notwendig zu einer fortschreitenden Instabilität der Gesamtstruktur führen müssen. Die starke, an Totalitätsvorstellungen anknüpfende Version geht davon aus, daß die Interdependenz der einzelnen Institutionen eine einheitliche interne Struktur bilden, wobei das Ganze mehr ist als die Summe seiner einzelnen Elemente. Diese Vorstellung einer gesellschaftlichen Totalität beinhaltet, daß Instabilitäten innerhalb einer Institution auf das Ganze zurückstrahlen und so die Gesamtstruktur destabilisieren.

Obgleich Gordon (1980) zur zweiten Version neigt, fehlen genauere Ausführungen zu der Frage, wie die einzelnen Elemente der Totalität miteinander in Beziehung stehen. Bezug genommen wird lediglich auf die verschiedenen Abstraktionsebenen, auf denen eine Betrachtung der Totalität angesiedelt werden kann, und es wird betont, daß der so verwendete Totalitätsbegriff nicht als expressiver mißverstanden werden darf. Auf der Ebene der 'konkreten Totalität' geht es vielmehr darum zu betonen,

„that a given social structure of accumulation aquires a specific internal unified (dialectical) form with an integrated internal structure and a determinate set of internal contradictions" (Gordon 1980, S. 18).

Obgleich dieser Totalitätsbegriff keinerlei Hierarchisierung beinhaltet, fällt bei der Durchsicht der Literatur auf, daß die Social Structure of Accumulation stets im Hinblick auf die Verwertungsimperative des Kapitals erörtert wird. Krisen können demgemäß zwar sowohl aus internen Widersprüchen der Social Structure of Accumulation als auch umgekehrt aus dem engeren Kontext der Ökonomie entstehen, letztlich geht die Krise jedoch immer aus einer Machtverschiebung zwischen Kapital und Arbeit hervor. Bowles et al. (1990) bezeichnen ihre Krisentheorie denn auch als „a theory of 'challenges to capitals control'" (S. 9).

Diese, wie Scherrer (1988) es nennt, „handlungstheoretische Endogenisierung ökonomischer Krisen" (S. 136), die wesentlich der Ablehnung der Werttheorie geschuldet ist, hat mehrere Konsequenzen. Zum einen wird damit eine „tendenziell ahistorische Sichtweise" befördert, die den „gesetzmäßigen Wellenverlauf des Kapitalismus von einer ökonomischen auf eine gesellschaftlich bestimmte Ebene" (Scherrer 1988, S. 136) verlagert. Ökonomische Krisen werden so letztlich immer im Sinne der „Profit-Squeeze-Theorie"[14] interpretiert, bei der zwar die Form, aber nie der Inhalt der Krise variiert. Hiermit verbunden ist die fehlende Auseinandersetzung und Theoretisierung der das Handeln der Akteure strukturierenden Momente. Der Status der Social Structure of Accumulation bleibt, wie Scherrer herausgearbeitet hat, „bei dieser handlungstheoretischen Deutung kapitalistischer Entwicklung im Unklaren" (S. 137). So bleibt die Frage offen, wie sich die Strukturen selbst reproduzieren und wie diese wiederum die Handlungsmöglichkeiten der Subjekte strukturieren und transformieren (vgl. Scherrer 1988, S. 137).

Jenseits der benannten Mängel besteht die Leistung der Vertreter des „Social Structure of Accumulation-Ansatzes" darin, den Blick für die scheinbar ausserökonomischen Momente und deren Bedeutung für den Akkumulationsprozeß des Kapitals geschärft zu haben. Hierin kann denn auch die Anknüpfung an die und der Versuch einer Weiterführung der Marxschen Theorie gesehen werden. Bei genauerem Hinsehen zeigt sich indes, daß der Ansatz letztlich weiterhin von einem harten ökonomischen Kern und einem auf diesen funktional bezogenen und ihn umschließenden Geflecht von Institutionen ausgeht. Diese Konstruktion entspricht gerade nicht den Marxschen Ausführungen, deren Bedeutung doch gerade darin zu finden ist, Anstrengungen unternommen zu haben zu zeigen, wie sich, ausgehend von der spezifischen gesellschaftlichen Formierung lebendiger Arbeit im Kapitalismus, dieses spezifische soziale Verhältnis in allen weiteren sozialen Verhältnissen verkörpert oder artikuliert.[15]

---

14 Die Profit-Squeeze-(Profit-Klemmen-)Theorie führt ökonomische Krisen auf eine Verschiebung innerhalb des ökonomischen und politischen Kräfteverhältnisses zugunsten der Lohnabhängigen zurück. D.h. es handelt sich hierbei um eine politische Form der Krisenerklärung.

15 Wichtig ist hierbei, daß diese Vorstellung nicht als deterministisch und schon gar nicht als ökonomischer Determinismus mißverstanden wird. Denn (a) beinhaltet die Herausarbeitung der zentralen Form der gesellschaftlichen Produktion und Reproduktion nicht die Vorstellung einer allseitigen Determination aller gesellschaftlichen Beziehungen durch dieses Verhältnis und (b) widersetzt sich gerade das Marxsche Denken einer isolierenden Betrachtungsweise der einzelnen Momente der gesellschaftlichen Praxis.

Die entscheidende Ursache für diese Defizite scheint in der Ablehnung der Werttheorie zu liegen. Denn interpretiert man diese nicht in einem quantitativen, sondern ihrem eigentlich Gehalt entsprechend in einem qualitativen Sinne, bei dem das Wertverhältnis als soziales Verhältnis gefaßt wird (Petry 1916), so gewinnt man einen Bezugspunkt, von dem aus sowohl sie Strukturierung des sozialen Handelns und der gesellschaftlichen Verhältnisse als auch die unterschiedlichen Krisenursachen betrachtet werden können.

6. Der Versuch einer formationstheoretischen Analyse der betrieblichen Organisationsform

> „Eine bestimmte Produktion bestimmt also bestimmte Konsumtion, Distribution, Austausch, bestimmte Verhältnisse dieser verschiedenen Momente zueinander. Allerdings wird auch die Produktion, in ihrer einseitigen Form, ihrerseits bestimmt durch die anderen Momente."
>
> (Marx 1981, S. 631)

> „Die bürgerliche Wirtschaftsweise ist bei allem Scharfsinn der konkurrierenden Individuen von keinem Plan beherrscht, nicht bewußt auf ein Ziel gerichtet; das Leben des Ganzen geht aus ihr nur unter übermäßigen Reibungen in verkümmerter Gestalt und gleichsam als Zufall hervor."
>
> (Horkheimer 1984, S. 24 f.)

Konnte mit den bisher vorgestellten Ansätzen gezeigt werden, daß die betriebliche Organisationsform weder aus allgemeinen Effizienzvorstellungen kooperativen Zusammenwirkens noch aus dem Einsatz bestimmter Produktionstechnologien ableitbar ist, sondern sich aus widersprüchlichen und konfliktorischen Prozessen heraus entwickelt, die nicht im Sinne einer Mikropolitik auf die Unternehmung bzw. die Organisation begrenzbar sind, sondern als gesamtgesellschaftliche Prozesse eine institutionell und hegemonial abgesicherte historisch spezifische soziale Konfiguration bilden, innerhalb derer die betriebliche Organisationsform nur ein Moment darstellt, so bleibt die Frage offen, wie diese Zusammenhänge innerhalb eines Theorieansatzes zusammengeführt werden können. Ein möglicher Versuch kann in der sogenannten „Regulationstheorie"[16] gesehen wer-

---

16 Wenn im weiteren von Regulationstheorie die Rede ist, so eher im Sinne eines Forschungsprogramms, da aufgrund der mittlerweile stark ausdifferenzierten Arbeiten, die sich zum Teil stark unterscheiden, nicht von einer homogenen Theorie gesprochen werden kann. Die im Folgenden vorgenommene Rekonstruktion der Regulationstheorie beansprucht demgemäß keine Vollständigkeit, sondern beschränkt sich auf die der Theorie zugrundeliegenden allgemeinen Grundüberlegungen. Zu einer ausführlichen Diskussion siehe Hübner (1989)

den, die die kapitalistische Gesellschaftsformation selbst als eine Abfolge sozialer Konfigurationen konzeptionalisiert, wobei davon ausgegangen wird, daß der temporäre Bestand einer sozialen Konfiguration über eine bestimmte Regulationsweise der sozialen Verhältnisse hergestellt wird.

Das Konzept ist dabei in zweifacher Weise durch den strukturalen Marxismus Althussers geprägt. Hinsichtlich der theoretischen Konzeptionalisierung der gesellschaftlichen Verhältnisse als widersprüchliche, knüpft die Regulationstheorie positiv an die Althussersche Vorstellung der gesellschaftlichen Totalität als „komplex strukturiertes Ganzes" (Althusser 1987) an. Das gesellschaftliche Ganze besteht dabei nach Althusser aus vier „relativ autonomen" Instanzen. Relativ autonom sind die ökonomische, politische, ideologische und theoretische Instanz deshalb, weil sie über eigene Praxisformen, Bewegungsgesetze und Widersprüche verfügen. Trotz ihrer relativen Autonomie besteht nach Althusser keine Gleichrangigkeit zwischen den Instanzen. Sie bilden vielmehr eine „Struktur mit Dominante", bei der die Ökonomie, zumindest innerhalb der kapitalistischen Gesellschaftsformation, die in letzter Instanz determinierende ist. Diese Vorstellung soll es, zumindest gemäß der Rezeption durch die Regulationisten, in Abgrenzung zu Konzepten einer alles dominierenden Kapitallogik ermöglichen, die widersprüchlichen gesellschaftlichen Verhältnisse zu resubjektivieren, d.h. auf die Individuen und Gruppen als Subjekte der gesellschaftlichen Veränderung zu verweisen. Gerade aber die weitere Entwicklung des Althusserismus führte nach Lipietz dazu, „den widersprüchlichen Charakter der gesellschaftlichen Verhältnisse selbst und damit die Autonomie von Individuen und Gruppen in diesen Verhältnissen, ihre Fähigkeit, sich als strukturtransformierende gesellschaftliche Subjekte zu konstituieren, zurückzuweisen" (Lipietz 1992, S. 11).

Ist der Kritik an Althusser soweit zu folgen, als die gesellschaftlichen Verhältnisse nicht als vollkommen hermetisches Ganzes, in dem die Subjekte einzig als Reproduzenten der herrschenden Verhältnisse fungieren, zu denken sind, so kann umgekehrt nicht von einer Autonomie der Individuen oder Gruppen im engeren Sinne gesprochen werden. Denn gerade innerhalb eines Konzepts von Gesellschaft als Totalität verbietet es sich, ein Moment der Totalität, sei es ein soziales Verhältnis oder ein Individuum, als autonom zu betrachten. Diese Vorstellungen von Totalität, dies sei hier nochmals betont, hat nichts mit deterministischen Konzepten, sei es hinsichtlich des Individuums oder der Gesellschaft, gemein. Es geht vielmehr darum, das wechselseitige Bedingungsverhältnis nicht aus den Augen zu verlieren. Oder, wie es Marcuse in bezug auf die Bedeutung der Analyse des Arbeitsprozesses formuliert: „Alle Menschen sind frei, aber die Mechanismen des Arbeitsprozesses beherrschen die Freiheit aller" (Marcuse 1982, S. 241).

---

und den Aufsatz von Krebs (1996). Eine weitere kritische Auseinandersetzung mit der Regulationstheorie findet sich bei Hirst/Zeitlin (1991), die in ihrem Aufsatz die Regulationstheorie aus der Perspektive des Konzepts der „Flexiblen Spezialisierung" diskutieren.

Die Vernachlässigung der gesellschaftlichen Widersprüche (aufgrund subjektiver Widerstände sowie des widersprüchlichen Charakters der Tauschverhältnisse) innerhalb des Althusserschen Konzepts der gesellschaftlichen Reproduktion nahmen die Regulationisten zum Anlaß, den Begriff der Reproduktion durch den der Regulation zu ersetzen. Das Konzept der Regulationstheorie kann demnach, Lipietz folgend, als eine dreifache Anstrengung begriffen werden:

„– zu zeigen, daß die kapitalistische Reproduktion nicht von selbst funktioniert;
 – zu zeigen, warum sie über lange Zeitperioden dennoch wie 'von selbst' läuft;
 – zu zeigen, warum nach Ablauf einer bestimmten Zeit eine große Krise zum Ausbruch kommt" (Lipietz 1992, S. 49).

Der Begriff der Regulation thematisiert also die Frage, wie sich in kapitalistisch verfaßten Gesellschaften, die keine zentrale Planungs- oder Steuerungsinstanz kennen, eine soziale oder gesellschaftliche Kohäsion herstellt und über welche sozialen Modalitäten sich die gesellschaftlichen Verhältnisse trotz und wegen ihres widersprüchlichen und krisenhaften Charakters reproduzieren.[17] Wie eingangs angesprochen, bedürfen die allgemeinen theoretischen Überlegungen zur Konstituierung und Transformation der gesellschaftlichen Verhältnisse einer forschungspraktischen Konkretisierung. Diese wird innerhalb der Theorie der Regulation über die Entwicklung sogenannter intermediärer Konzepte angestrebt, mittels derer die Analyse historischer Entwicklungsphasen kapitalistischer Gesellschaften vorgenommen wird. Zentral für die Analyse sind hierbei die folgenden Konzepte:

1. das Akkumulationsregime,
2. die Regulationsform bzw. -weise und
3. das Lohnverhältnis.

Als Akkumulationsregime, verstanden als ein spezifisches soziales Muster, begreift Lipietz

„ein(en) Modus systematischer Verteilung und Reallokation des gesellschaftlichen Produkts, der über eine längere Periode hinweg ein bestimmtes Entsprechungsverhältnis zwischen den Veränderungen der Produktionsbedingungen (dem Volumen des eingesetzten Kapitals, der Distribution zwischen den Branchen und der Produktionsnormen) und den Veränderungen in den Bedingungen des Endverbrauchs (Konsumnormen der Lohnabhängigen und anderer sozialer Klassen, Kollektivausgaben, usw.) herstellen" (Lipietz 1985, S. 120).

Diese Bestimmung des Akkumulationsregimes birgt zwei für die hier diskutierte Fragestellung interessante Aspekte. Zum einen erscheint die betriebliche Organisationsform hier, gefaßt als Produktionsnorm, in ihrer politischen Dimension, da

---

17 Zu einer Kritik am Begriff der Regulation siehe Hirst/Zeitlin (1991), S. 20 f.

der Begriff der Norm explizit auf die soziale und politische Genese der Organisationsform verweist. Zum anderen wird die betriebliche Organisationsform vermittelt über ihr Verhältnis zur Reproduktionssphäre bestimmt. D.h. die Herausbildung einer spezifischen betrieblichen Organisationsform muß stets im Zusammenhang mit einer ihr korrespondierenden gesamtgesellschaftlichen Strukturierung gesehen werden. Die innerhalb eines Akkumulationsregimes vorhandene gesellschaftliche Kohäsion stellt sich jedoch nicht von selbst her. Die Frage des Zustandekommens eines funktionierenden Akkumulationsregimes verweist deshalb auf das Problem der Regulation, welches in konkretisierter Form mit dem Begriff der Regulationsweise gefaßt wird. Die „Regulationsweise" bezeichnet dabei:

„die Gesamtheit institutioneller Formen, Netze und expliziter oder impliziter Normen, die die Vereinbarkeit von Verhaltensweisen im Rahmen eines Akkumulationsregimes sichern, und zwar sowohl entsprechend dem Zustand der gesellschaftlichen Verhältnisse als auch über deren konfliktuelle Eigenschaften hinaus" (Lipietz 1985, S. 121).

Innerhalb der Regulationsweise, die als Ensemble verschiedener Regulationsformen begriffen wird, kommt dem Lohnverhältnis eine besondere Bedeutung zu. Dieses beinhaltet die Form der Lohnbestimmung, d.h. Aushandlungsregeln des Grundlohns, die Form der Reproduktion der Lohnabhängigen und deren Nutzungsform als Arbeitskraft im Produktionsprozeß. Auch dieser Begriff verweist auf die Verschränkung der verschiedenen gesellschaftlichen Sphären, indem die der Produktionssphäre angehörenden Regeln und Normen in ihrer Korrespondenz zur Reproduktionssphäre und umgekehrt thematisiert werden.

Entlang der Veränderung des Lohnverhältnisses (vor allem bei Aglietta 1979), des Waren- und Geldverhältnisses unterscheiden die Regulationisten unterschiedliche Akkumulationsregime. Der Fordismus stellt ein solches Akkumulationsregime dar und bezeichnet den von den USA ausgehenden gesellschaftlichen Transformationsprozeß vor allem der Nachkriegsphase. Gekennzeichnet ist diese Phase durch einen Prozeß der „inneren Landnahme" (Lutz 1984), d.h. die Auflösung vor allem agrarischer Produktions- und Lebensweisen und die Verallgemeinerung des Lohn- und Warenverhältnisses, einen Rückgang der Reproduktionskosten der Arbeitskraft, eine beschleunigte Mechanisierung des Produktionsprozesses auf der Basis von economies of scale und die Etablierung von Massenproduktion und -konsumtion.

Die Transformation bzw. Restrukturierung der gesellschaftlichen Verhältnisse wird innerhalb der Regulationstheorie letztlich immer auf deren widersprüchlichen und konflikthaften Charakter zurückgeführt. Die gesellschaftliche Stabilität, die auf der Etablierung eines sozialen Musters, d. h. der Herstellung einer Kohärenz zwischen den Verhaltensweisen der Individuen und Gruppen beruht, ist somit stets nur eine relative, zeitlich begrenzte. In Analogie zu den Marxschen Ausführungen zum Widerspruch (s. Marx 1979, S. 118) gehen auch die Regulationisten davon aus, daß die Lösung der Widersprüche darin besteht, daß sie Formen finden, in denen sie sich bewegen können. Eine solche Prozessierbarkeit der Widersprüche wird durch die Regulationsweise hergestellt. Gesellschaftliche Umbrüche werden demgemäß auf die Auflösung geltender Normen und Verhaltensweisen zurückgeführt, wobei gemäß der Tiefe der gesellschaftlichen Umbrüche zwischen sogenannten „kleinen" und „großen" Krisen unterschieden wird. Kleine Krisen bezeichnen dabei Störungen innerhalb der Regulation, d.h. es findet eine Rückkehr zur herrschenden Regulationsweise statt. Große Krisen oder Krisen der Regulation hingegen stellen die Regulationsweise insgesamt in Frage und können zu einer grundlegenden Transformation der gesellschaftlichen Verhältnisse führen. Folgt man Lipietz, so ist in beiden Fällen „die Krise nur die andere Seite der Regulation: die eine erhält die ursprüngliche Konflikthaftigkeit der sozialen Verhältnisse, die andere drückt sie aus" (Lipietz 1985, S. 113).

Jenseits der Schwierigkeiten der empirischen Bestimmung des Fordismus (vor allem im Ländervergleich) kommt es mir hier vor allem darauf an, anhand dieser Ausführungen zu verdeutlichen, daß, wie es Leborgne/Lipietz (1990, 1994) nochmals explizit hervorgehoben haben, der Fordismus nicht auf ein technologisches Paradigma reduzierbar ist. Zentriert man die Analyse auf die betriebliche Organisationsform, so sind Aussagen über deren Gestalt und mögliche Formveränderungen jedoch auch nur, wie Coriat (1991, 1992) in seinen industriesoziologischen Studien gezeigt hat, über die Berücksichtigung der das Lohnverhältnis umgebenden institutionellen Arrangements möglich.

Besteht in der Hervorhebung der Bedeutung des institutionellen Arrangements bzw. der institutionellen Formen für die Gestalt und Entwicklung des ökonomischen Prozesses gerade die Leistung der Regulationstheorie und des Social Structure of Accumulation-Ansatzes, da damit die Gestalt der Arbeits- und Unternehmsorganisation nicht allein aus vermeintlich abgrenzbaren ökonomischen Gesetzmäßigkeiten abgeleitet wird, so besteht in diesem Punkt zugleich die zentrale Schwäche beider Ansätze. Denn sowohl in der Regulationstheorie als auch im Social Structure of Accumulation-Ansatz ist der Begriff der Institution bzw. der institutionellen Form nicht hinreichend entwickelt. Soll der Begriff all jene sozialen Beziehungen bezeichnen, die über einen gewissen Zeitraum hinweg Stabilität erlangen, oder sind es nur spezifische soziale Beziehungen, die mit diesem Begriff erfaßt werden sollen? Ist letzteres der Fall, so stellt sich die Frage nach dem Kriterium der Auswahl. Damit bleibt jedoch die Frage ungeklärt, was eigentlich das Besondere einer Institution ausmacht. Ohne eine Klärung dieses Problems und eine damit einhergehenden Historisierung gerät der Begriff der Institution jedoch schnell in unreflektierter und unkritischer Weise zu einem Merkmal von Sozialität überhaupt (s. hierzu die Türkschen Ausführungen in diesem Band). Hinzu kommt, daß in beiden Ansätzen, vor allem aber im Social Structure of Accumulation-Ansatz, keine klaren Kriterien erkennbar sind, welche und warum gerade diese Institutionen zum Set der Social Structure of Accumulation gezählt werden. Kotz (1990) folgend, kann so der Eindruck entstehen, daß all jene sozialen Phänomene Berücksichtigung finden, die in irgendeiner Weise die Kapitalakkumulation berühren.

7. Schluß

Ich habe mich in den vorangegangenen Ausführungen mit dem Verhältnis von Organisation und Gesellschaft beschäftigt, da dieses Problem eine, wie ich meine, sehr grundsätzliche und wichtige Frage berührt, und zwar die Frage nach der Wahl der adäquaten Analyseeinheit bei der Untersuchung sozialer Phänomene. Obwohl dies ein sehr grundlegendes Problem bezeichnet, kommt man m.E. auch bei der Beschäftigung mit Detailfragen oder gesellschaftlichen Teilaspekten nicht umhin, sich damit auseinanderzusetzen, da die Wahl der Analyseeinheit nicht nur Konsequenzen für die Wahl des analytischen Instrumentariums hat, sondern wesentlich dazu beiträgt, wie sich der zu untersuchende Gegenstand (das soziale Verhältnis) im Denken konstituiert. Alle Arbeiten zu den unterschiedlichsten Gegenstandsbereichen sind mit diesem Problem konfrontiert und treffen diesbezüglich entweder implizit oder explizit eine Entscheidung, die sich dann wesentlich auf ihr analytisches Vorgehen niederschlägt.

Wie ich in den vorangegangenen Ausführungen zu zeigen versucht habe, kann die Frage nach der Struktur der betrieblichen Organisationsform und deren Modifikation nur aus einer gesamtgesellschaftlichen Perspektive heraus gestellt und beantwortet werden; d.h. die Organisationsform muß als eine spezifische soziale Konfiguration und Artikulation der gesamtgesellschaftlichen Verhältnisse begriffen werden. Innerorganisationale Phänomene sind demgemäß nicht allein als Resultat mikropolitischer Prozesse zu begreifen, sondern darüber hinaus in ihrem systematischen Verhältnis zur gesamtgesellschaftlichen Strukturierung darzustellen. Die einzelnen hier diskutierten Ansätze haben zu dieser Problemstellung aus ihrer je besonderen Perspektive wichtige Erkenntnisse beigetragen. Wie jeweils ausgeführt, weisen die einzelnen Ansätze jedoch Mängel auf, die sie, gemessen an dem eingangs entwickelten Anforderungskatalog, als unzureichend erscheinen lassen. Die Regulationstheorie stellt diesbezüglich und im Vergleich zu den übrigen hier diskutierten Ansätzen das m. E. am weitesten entwickelte Konzept zur Verfügung, da sie den Versuch einer theoretischen Konzeptionalisierung der Mechanismen der Herstellung gesellschaftlicher Synthesis im Kapitalismus unternimmt. Einschränkend ist jedoch zugleich zu bemerken, daß sich in den meisten Arbeiten der Regulationstheorie dieser Versuch auf die Frage nach den Anforderungen an eine gelungene Kapitalakkumulation beschränkt. Diese Einschränkung ist jedoch nicht gleichbedeutend mit einer Ablehnung der Regulationstheorie überhaupt, sondern eher als ein Verweis auf ihre nicht ausgeschöpften Potentiale zu verstehen. Bezogen auf die hier diskutierte Problemstellung läßt sich jedenfalls festhalten, daß sich mit dem theoretischen Instrumentarium der Regulationstheorie die jeweilige betriebliche Organisationsform am ehesten als Artikulation der gesamtgesellschaftlichen Verhältnisse begreifen und darstellen läßt. Wiederum ist jedoch einschränkend hinzuzufügen, daß die Regulationstheorie selbst über keinen ausgearbeiteten Organisationsbegriff verfügt, der imstande wäre, die betriebliche und gesellschaftliche Strukturierung zugleich zu erfassen. Um diesen Anspruch einzulösen, bedarf es eines Begriffs der Organisation, der diese nicht, wie schon mehrfach betont, als allgemeines und neutrales Instrument der Koordinierung arbeitsteiliger Kooperation begreift, sondern als ein historisch spezifisches Strukturprinzip kapitalistisch verfaßter Gesellschaften. Obgleich in den diskutierten Theorien, vor allem in der Labour Process Debate, dazu Ansätze vorliegen, kommt der Organisationsbegriff hier in einer nur verengten Form zur Anwendung, und zwar:

- als Bezeichnung für ein soziales Gebilde, hier als kapitalistisch verfaßtes Unternehmen, und
- als Bezeichnung für eine je besondere Form der Gestaltung des Arbeits- und Produktionsprozesses.

Hierbei fällt auf, daß Organisation im Sinne der Gestaltung des Arbeits- und Produktionsprozesses primär unter der Perspektive der Entwicklung der Produktivität verhandelt wird. Obwohl die Labour Process Debate und die „Radicals" diesbezüglich eine Ausnahme darstellen, insofern sie herausgearbeitet haben, daß die Form des Arbeitsprozesses wesentlich der Etablierung und Aufrechterhaltung von Macht-, Kontroll- und Herrschaftsverhältnissen geschuldet ist, bezieht sich ihre Kritik primär auf die Gestaltung des Arbeitsprozesses. Organisation, als Verkörperung von Herrschaft selbst, bleibt weitgehend dethematisiert, so daß auch bezüglich der Labour Process Debate und der „Radicals" der Eindruck entstehen kann, bei Organisation handele es sich um ein neutrales Instrument der Koordinierung menschlicher Kooperation. Bezüglich dieses Zusammenhangs ist es jedoch wesentlich, zu verdeutlichen, daß Herrschaft im Kapitalismus unmittelbar in den gesellschaftlichen Produktions- und Reproduktionsprozeß eingelassen ist.[18] Dementsprechend führt eine Analyse, die Herrschaft als eine eigene Dimension neben anderen konzeptionalisiert, zu falschen Vorstellungen insofern, als damit der Eindruck entstehen kann, als trete zu einer neutralen Form von Technik und Arbeitsorganisation Herrschaft als eine zusätzliche hinzu.[19] Erkennt man demgegenüber an, daß Herrschaft ein konstitutives Element kapitalistischer Vergesellschaftung darstellt, und hält man daran fest, daß die Dialektik als Instrument der Analyse „die Tatsachen als Elemente einer bestimmten historischen Totalität" begreift, „von der sie nicht isoliert werden können" (Marcuse 1982, S.

---

18 Vgl. hierzu Burawoy (1985).
19 Daß dies nicht der Fall ist, kann bezüglich der Produktionstechnologien anhand der Ergebnisse der neueren Technikforschung gezeigt werden. Siehe hierzu Bijker et al. (1987), Hack (1988) und Noble (1977).

276), so fallen all jene Analysen, die sich selbst in der Tradition der Marxschen Theorie verorten, hinter die damit verbundenen und selbstgesetzten Ansprüche zurück.

Zu einer weiteren Erörterung der hier angesprochenen Fragestellung möchte ich abschließend noch auf einen Theorieansatz verweisen, der einerseits an die Ergebnisse der zuvor diskutierten Ansätze anknüpft, andererseits aber das soziale Phänomen der Organisation unter einer anderen Perspektive und auf einem höheren Abstraktionsniveau behandelt. Damit wechselt auch die inhaltliche Bestimmung des Begriffs der Organisation. Um die Verschiebung der Perspektive auf Organisation zu verdeutlichen, möchte ich kurz auf die einschlägige Arbeit Marglins zur Unternehmensorganisation eingehen und diese mit dem Organisationsbegriff Türkscher Prägung kontrastieren. Marglin (1977) beschäftigt sich in seinem Aufsatz „Was tun die Vorgesetzten" mit der Frage nach den Gründen des Kontrollverlustes der unmittelbaren Produzenten im Verlauf der kapitalistischen Entwicklung sowie mit der Frage nach dem sozialen Zweck kapitalistischer Hierarchie. Über die Rekonstruktion der Herausbildung erst des Verlagswesens und später des kapitalistischen Fabriksystems kann er zeigen, daß der Verlust der Kontrolle der unmittebaren Produzenten über den Produktionsprozeß und ihre Produkte nicht aus Bestrebungen nach einer effzienteren Gestaltung der Produktion ableitbar ist. Er kommt vielmehr zu dem Schluß, daß „der soziale Sinn hierarchisierter Arbeit ... nicht in technischer Rationalität, sondern im Akkumulationsinteresse des Kapitals" (Marglin 1977, S. 150) liegt. Von besonderem Interesse ist darüber hinaus, daß Marglin die Enteignung der Kontrolle der Produzenten über den Produktionsprozeß und die Produkte als Mittel der einseitigen Aneignung des Mehrprodukts nicht nur für den Kapitalismus, sondern auch für den Feudalismus (Übergang von der Hand- zur Wassermühle) und für die sich als sozialistisch bezeichnenden Gesellschaftsordnungen (Kollektivierung der Bauern in der Sowjetunion) nachweist.

„Unterm Sozialismus (zumal sowjetischer Prägung) war, nicht anders als unter Feudalismus und Kapitalismus, daß entscheidende Argument für eine bestimmte Organisation der Produktion keineswegs die — von außen erzeugte und unerbittlich fortschreitende – Technologie. Es war vielmehr die – im sozialen Zusammenhang selbst begründete – Möglichkeit zur Ausübung von Macht." (Marglin 1977, S. 194).

Der Türksche Organisationsbegriff knüpft einerseits an die Ergebnisse Marglins an, unterscheidet sich jedoch zugleich in einigen Elementen wesentlich von dem Gebrauch bei Marglin und geht über diesen hinaus. Während Marglin anhand der verschiedenen Produktionsformen zu zeigen versucht, daß die jeweilige Form der Organisation des Produktionsprozesses zur Ausübung von Macht und Kontrolle und letztlich zur Ausbeutung der unmittelbaren Produzenten dient, versucht Türk, die Argumentation Marglins aufnehmend, mit seinem Organisationsbegriff das hinter diesen verschiedenen Formen liegende allgemeine Prinzip von Organisation herauszuarbeiten. Der so gewendete Organisationsbegriff wird hier nicht mehr allein im Sinne strukturierenden Handelns begriffen, das sich auf die Herstellung einer bestimmten Form der Produktion richtet, sondern der Begriff dient hier zur Bezeichnung einer historisch spezifischen Form gesellschaftlicher Herrschaft. Im Unterschied zu Marglin, dessen Analyse sich auf einer Mikro- und Mesoebene bewegt, bezieht sich der Türksche Organisationsbegriff auf die Struktur der Makroebene. Dabei geht es gerade darum, den Zusammenhang zwischen der Herausbildung von Organisation im Sinne eines sozialen Gebildes mit der ihr eigenen Struktur und der gesamtgesellschaftlichen Strukturierung herzustellen. Die Mechanismen der Enteignung von Kontrolle, die Marglin auf der Ebene etwa der Fabrik beschreibt, lassen sich unter der Türkschen Perspektive nicht auf diese begrenzen. Sie stellen vielmehr das dominante Muster der Ausübung von Herrschaft in modernen Gesellschaften überhaupt dar. Daß Organisation in diesem Sinne begriffen werden kann, liegt – und damit komme ich auf das zuvor angesprochene Problem der Analyseeinheit zurück – an der im Vergleich zu Marglin geänderten analytischen Perspektive. Denn erst aus einer gesamtgesellschaftlichen Perspektive und einer anderen Schneidung der Gesellschaftsformationen wird es möglich, Organisation quer zum üblichen Sprachgebrauch als die dominante Form von Herrschaft in modernen Gesellschaften auszuweisen.

Die Kritik Marglins, wie die anderer Vertreter der „Radicals", richtet sich auf das Ergebnis von Organisierung bzw. auf eine bestimmte Organisationsstruktur und nicht auf Organisation selbst. Organisation wird dann kritisiert, wenn sie als Handlungsfolge etwa Hierarchie und Kontrolle hervorbringt. Damit gerät ihnen der Begriff der Organisation zu einem neutralen Begriff der Koordination menschlicher Kooperation. So fordert z.B. Liebau (1986) in seinem Beitrag zu den Arbeiten der „Radicals", daß sich die Betriebswirtschaftslehre in ihrer Kritik an den bestehenden betrieblichen Praxisformen nicht auf die Beanstandung bestimmten Managementsverhaltens reduzieren dürfe, sondern sich die Kritik auf den kapitalistischen Betriebstypus und dessen ökonomische Rationalität richten müsse. Die Konsequenzen, die Liebau daraus für eine kritische Betriebswirtschaftslehre zieht, faßt er folgendermaßen zusammen:

> „Die BWL müßte in diesem Fall nämlich systematisch auf die ökonomisch abträglichen Einflüsse der kapitalistisch bedingten Macht- und Kontrollstrategien des Managements aufmerksam machen und gesellschaftlich-ökonomisch überlegenere Betriebs- und Organisationsmodelle entwickeln." (Liebau 1986, S. 34).

Organisation erscheint hier also wieder als eine neutrale Form der Koordination arbeitsteiliger Produktion. Möglich wird dies m.E. dadurch, daß Organisation und kapitalistische Ökonomie als zwei getrennte Phänomene betrachtet werden und dabei übersehen wird, daß Organisation als Manifestation von Herrschaft im Kapitalismus zu gelten hat. In diesem Sinne verbietet es sich, zwischen guter und schlechter bzw. egalitärer und ungleicher Organisation zu unterscheiden. Denn begreift man Organisation als einen bestimmten Typus von Herrschaft, so stellen sich Kontrolle und Hierarchie nicht als negative Resultate von Organisation dar, sondern sie bilden vielmehr ein integrales Moment von Organisation selbst. Diese Differenz ist bedeutsam, da sie wesentliche Konsequenzen für Konzepte verändernder Praxisformen beinhaltet, die sich etwa gegen Auffassungen sperren, daß Hierarchie und Kontrolle durch eine innerbetriebliche Demokratisierung aufhebbar wären. Als Herrschaftsform ist Organisation nicht durch einzelne Veränderungen etwa der betrieblichen Praxis aufhebbar. Denn im Gegensatz zum Begriff der Macht bezeichnet der Begriff der Herrschaft im Sinne Webers und Marx' eine soziale Strukturierung, die einseitige Machtverhältnisse auf Dauer sicherstellt.

Mit Bezug auf Türk (1995) und Stolz/Türk (1992) läßt sich demgegenüber zeigen, daß es sich bei dem Phänomen der Organisation keineswegs um eine neutrale und ubiquitäre Form der Koordination von Kooperation handelt. Organisation stellt sich unter dieser Perspektive vielmehr als eine spezifische Form der „Fremdaneignung von Arbeitserträgen" und der „Fremdbestimmung von Arbeits- und Lebensbedingungen" (Türk 1995, S. 42) dar. Ökonomie und Herrschaft werden hier, ganz im Sinne von Marx und Weber, nicht als zwei getrennte Logiken aufgefaßt, sondern in dem Begriff der Organisation in ihrer Verwobenheit und Gleichzeitigkeit erfaßt.

Der Zusammenhang zwischen dieser spezifischen Form der Strukturierung menschlicher Kooperation und gesamtgesellschaftlicher Praxis wird dabei über den Nachweis hergestellt, daß es sich bei diesem Modus von Herrschaft um eine typische Form von Herrschaft im Kapitalismus handelt (s. dazu vor allem Türk 1995a). Stolz und Türk schließen hierbei an die Ergebnisse der Marxschen Kapitalismusanalyse an, gehen jedoch bei ihrer Rekonstruktion kapitalistischer Vergesellschaftung von geänderten Vorzeichen aus. Für sie hat dabei nicht die Kategorie des ökonomischen Werts, sondern die moderne Organisation als Basiskategorie bei der Analyse kapitalistisch verfaßter Gesellschaften zu gelten, wobei sie versuchen, die Konstitution und Entwicklung des Kapitalismus „als einen Prozeß der organisationsförmig vermittelten Konditionierung von 'Sozialität' zu rekonstruieren" (Stolz/Türk 1992, S. 68). Der Begriff der Organisation wird hier also im Vergleich zu den zuvor diskutierten Ansätzen in einer völlig verschiedenen Art und Weise gebraucht, da er nicht nur inhaltlich anders gefaßt, sondern auch auf einem höheren Abstraktionsniveau angesiedelt ist. Dem oben formulierten Anspruch, die betriebliche Organisationsform und deren Modifikation aus einer gesamtgesellschaftlichen Perspektive zu entwickeln, entspricht dieser Ansatz insofern, als Organisation und kapitalistische Gesellschaftsformation als konstitutiv gedacht werden.

Mit einer solchermaßen gefaßten Kategorie der Organisation soll ein spezifisches Strukturierungsprinzip des Kapitalismus benannt werden, welches es ermöglicht, einerseits diese Gesellschaftsformation von vorangegangenen zu unterscheiden und andererseits die Einheit in der Differenz der verschiedenen Ausprägungen des Kapitalismus seit seiner Entstehung zu benennen. Demgemäß findet die kapitalistische Produktionsweise ihren „paradigmatischen Ausdruck" (Türk 1995a, S. 127) nicht erst in den von Marx im Kapital analysierten Produktionsverhältnissen des 19. und 20. Jahrhunderts, d.h. „in 'Maschinerie und großer Industrie' mit reeller Subsumtion und Produktion des relativen Mehrwerts" (Türk 1995a, S. 127), sondern in Anlehnung an die Arbeiten Wallersteins[20] „in der Existenz hoch organisierter Zentren, die sich derivativ-dispositive Funktionen angeeignet haben, vermittels derer sie die Waren- und Geldströme so lenken können, daß sie sich in den Zentren akkumulieren" (Türk 1995a, S. 127). Diese spezifische Aneignungsform von Arbeitserträgen und Asymmetrierung von Machtverhältnissen schließt nach Türk jedoch nicht aus, daß in bestimmten Entwicklungsphasen des Kapitalismus, wie etwa im Fordismus, diese Form der Akkumulation „vermittels eigener Warenproduktion (sei es in der gesamten Produktionstiefe, wie in den Anfängen der FORD-Werke, sei es bloße Montage fremdbezogener Einzelteile, worauf es heute hinausläuft) durch die Kapitalisten" (Türk 1995a, S. 127) geschieht.

Für eine kritische, formationstheoretisch angeleitete Gesellschafts- und Kapitalismustheorie eröffnet dies eine geänderte Perspektive, die es erlaubt, den gewandelten Verhältnissen im fortgeschrittenen Kapitalismus Rechnung zu tragen. Denn Herrschaft läßt sich so nicht mehr nur über das Privateigentum an den Produktionsmittel begründen, sondern über eine spezifische Formierung menschlicher Kooperation, die ihren hegemonialen Charakter und damit ihren Bestand gerade daraus bezieht, als neutrale und ubiquitäre Form der Koordination von Kooperation gesehen zu werden. Dies drückt sich vor allem darin aus, daß die Annahme der Organisationsform, z.B. im Gegensatz zur freien Assoziation, kein Merkmal einer spezifischen Interessengemeinschaft oder Klasse ist, sondern, um im klassischen Bild zu bleiben, von Kapital und Arbeit bezüglich ihrer Selbstformierung gleichermaßen angewendet wird. Darüber hinaus bietet ein solcher herrschaftskritischer Begriff von Organisation die Möglichkeit, ein zusätzliches Kriterium bezüglich der Frage nach der Kontinuität und Diskontinuität gesellschaftlicher Entwicklung einzuführen. Auf dieser Folie stellt sich auch die Frage nach einer emanzipatorischen und freien gesellschaftlichen Praxis anders als in den klassischen Kapitalismustheorien. Es geht nicht mehr allein um die Überwindung des antagonistischen Verhältnisses von Kapital und Arbeit und die Frage einer nichtentfremdeten Organisationsform menschlicher Arbeit, sondern um eine Alternative zur Organisation als herrschaftsförmiger Praxis überhaupt.

---

20 Vgl. hierzu Wallerstein (1986) u. (1989).

Totalität und Kontingenz

Hans-Peter Krebs

1. Kontrastive Argumente und tendenzielle Überzeichnungen sind geeignete und zulässige Mittel zur Verdeutlichung theoretisch differenter Positionen. Wenn daher dieser Kommentar ein wenig holzschnittartig daherkommt, so ist das hauptsächlich dieser Form geschuldet. Von daher ergibt sich auch die Konzentration auf nur einen Punkt.

2. Die Frage der Organisation ins Zentrum zu stellen, wie das der Beitrag von Michael Bruch (und die jüngere organisationssoziologische Debatte) tut, ist durchaus verdienstvoll. Denn mit dieser Fragestellung gerät das oft unterbelichtete Verhältnis von Makro und Mikro wieder verstärkt ins Blickfeld. Damit bietet sich ein fruchtbares Forschungsfeld, wo „alte" und neue Überlegungen der Kritik der politischen Ökonomie ein produktives Dispositiv zur Analyse von aktuellen Entwicklungen bilden können. Eine Gefahr besteht jedoch darin, den Begriff der Organisation zu überfrachten und auf ihn einen allumfassenden Anspruch kritischer Gesellschaftstheorie gründen zu wollen: eine Art neuer Großtheorie (neben Habermas und Luhmann). Mit Hilfe ideengeschichtlicher Rekonstruktion wird Organisation als „historisch emergierende Verkörperung von Herrschaft", als „adäquate Sozialform des Kapitals" (Türk 1995d, S. 41, S. 44) verstanden. Organisation wird so zum Charakteristikum der „Organisationsgesellschaft" (Türk 1995d, S. 38, S. 84), die sich in zunehmender Tendenz alle sozialen Verhältnisse subsumiert. Wie leicht zu erkennen ist, impliziert dies geschichtsphilosophische Grundannahmen, die im wesentlichen – wenn auch kritisch – mit dem Weberschen Rationalitätskonzept begründet werden. Merkwürdigerweise fehlt der raumtheoretische Aspekt, der im „Zeitalter der Globalisierung" unverzichtbar scheint.

3. Aus einer solchen „Perspektive der Gesamtgesellschaft" (Türk 1995d, S. 41) riskiert man aber, allzu schnell Widersprüche und Gegensätze zu unterminieren. Oder aber die Widersprüchlichkeit wird zum Modus der Durchsetzung der historischen Tendenz, und das Ganze bekommt daher eher systemtheoretische Züge. Analog dazu scheint es auch fraglich, eine genealogisch-lineare Entwicklung in der industriesoziologischen Diskussion hin zur Frage der Organisation zu unterstellen. Vielmehr kann man bereits in der *labour process debate* grob zwei Richtungen der Argumente finden. Der eine Strang folgt der Subsumtionstheorie und verfolgt die These, daß Systemzwänge zunehmend repressiv auf die Akteure wirken und/oder diese ideologisch verblenden. In dem anderen Strang liegt die Betonung eher auf handlungstheoretischen Aspekten, wo Akteure aus ihren jeweiligen Situationen selbst Dispositive und Imaginationen entwickeln und so die Re-

produktion der Verhältnisse selbst generieren, diese dabei gleichzeitig transformieren, aber gerade deswegen auch verändern können. Die kritische Diskussion der unterschiedlichen industriesoziologischen bzw. politökonomischen Ansätze hinsichtlich ihrer jeweiligen Konzipierung von Organisation von Michael Bruch unterstellt aber geradezu, daß im Laufe der letzten Jahrzehnte die Organisationsfrage als zentrale Fragestellung aufscheint und sich begrifflich konkretisiert. Aus der Perspektive der geschilderten Widersprüchlichkeit in diesen Debatten ergibt sich aber ein ganz anderes Bild. Die unterschiedlichen Theoriestränge konzipieren Organisation (oder adäquate Fragen) auf jeweils Arten, die möglicherweise untereinander inkompatibel sind. Der Anspruch, mit dem Begriff der Organisation eine kritische Gesellschaftstheorie neu zu begründen, liefe damit Gefahr, einen theoretisch etwas schillernden Begriff als Ausgangskategorie zu verwenden. Tatsächlich verwendet Bruch den Begriff Organisation je nach Kontext einmal als gesamtgesellschaftliches Prinzip von Herrschaft, dann wieder als Formationstyp, d.h. als Form, einmal als Makro-, dann wieder als Mikrobegriff. Auch Türks Vermittlung von „Formalität" und „realer Zusammenarbeit" (Türk 1995d, S. 66) bleibt auf der bloß begrifflichen Ebene stehen.

4. Eine gewisse Widersprüchlichkeit der Argumentation bei Michael Bruch ergibt sich daraus, daß die Frage der Organisation in gesellschaftskritischer Perspektive vom Ansatz her eigentlich eher dem Strang Subsumtionstheorie zuzurechnen ist, aber in Bruchs Bewertung die interessante Frage zufriedenstellender von der Regulationstheorie beantwortet wird, die jedoch eher in den Strang Handlungstheorie gehört. Derart rekonstruiert stellt sich also das Problem, inwieweit beide Konzeptionen von Organisation überhaupt kompatibel sind. Ich vertrete nachfolgend die These, daß die Regulationstheorie einen differenten Zugriff auf Organisation hat, weil sie sich vom Theorietypus her wesentlich von einem Typus von Theorie unterscheidet, der in der Tradition der Subsumtionstheorie steht.

5. Aus meiner Perspektive zeichnen sich beide Theorietypen vor allem durch tiefgehende methodische Differenzen aus. Der Strang der Subsumtionstheorie stützt sich auf langfristige lineare Tendenzen, die von sozialen Akteuren lediglich beschleunigt oder gehemmt werden können. Die damit eingenommene geschichtsphilosophische Position drückt sich in einer Eigenlogik aus, die man mit Joachim Hirsch (1980, S. 12 f.) als Durchkapitalisierung bezeichnen kann. Sie impliziert jedenfalls die sozialphilosophische Verlängerung einer bestimmten Interpretation der Werttheorie auf die gesamte Gesellschaft. Soziale Konfliktualität ist diesem Prozeß insofern äußerlich, als sie nur hemmende oder beschleunigende Effekte hat. Letztlich liegt dem ein bestimmter Hegelmarxismus zugrunde, der die Realität des Begriffs überbewertet, das Logische dem Historischen vorzieht. Der Nominalismus Marxens bei seinen begrifflichen Konstruktionen sowie dessen permanente theoretischen Verschiebungen innerhalb seiner Kapitaltheorie wird dabei unterschätzt. Louis Althusser (1968) hatte diesen Theorietypus in den 60er Jahren als expressive Totalität kritisiert. Dagegen zeichnet sich die Regulati-

onstheorie – und hier vor allem Lipietz – insbesondere durch ihre Zurückweisung alles Systemischen aus, denn das Konkrete ist die „Zusammenfassung vieler Bestimmungen, also Einheit des Mannigfaltigen" (Marx 1953, S. 21), also ein synthetischer Vorgang. Die Art und Weise, wie mit dem Konkreten in der sozialen Praxis umgegangen wird, unterliegt selbst einer bestimmten Wissenspraxis. Theorien und Wissensformen wiederum sind Bestandteil von Kräfteverhältnissen und gehen vor allem in Form von routinisierten Wissenspraktiken, objektiven Gedankenformen und medial erzeugten Sachzwängen in den Alltagsverstand ein. In diesem Sinne richtet sich der Regulationsansatz gegen den rationalistischen Modellplatonismus der Ökonomen, gegen das Funktionalistische im Strukturalismus, gegen das Kapital als automatisches Subjekt in der Strukturtheorie, gegen die Metaphysik in der Geschichtsphilosophie und schon unmittelbar gegen Selbstregulation oder Selbstorganisation in der Systemtheorie. Statt dessen setzt sie auf soziale Akteure und auf geschichtliche Kontingenz und Praxis, gerade auch bei Theorien und Wissensformen. Wenn Marx Recht hat und Kapitalismus fundamental eine widersprüchliche Veranstaltung ist, wenn mit Rosa Luxemburg die Schranke des Kapitals das Kapital selbst ist, dann müssen diese Widersprüche immer neuen Lösungen zugeführt werden, indem die herrschenden Klassen „sämtliche gesellschaftlichen Verhältnisse fortwährend revolutionieren" (Marx/ Engels 1971, S. 465). Geschichte ist erfinderisch, und Menschen sind soziale Innovateure. Formationsspezifische Hegemonie muß jeweils konkret ausgearbeitet werden, muß ihre Organizität zum Alltagsverstand spezifisch ausarbeiten und kann sich nicht auf Rezepte verlassen. Insofern ist die Durchsetzung eines bestimmten Herrschaftsprojektes immer an Klassenkämpfe gekoppelt. Es geht eben nicht um einen Widerspruch zwischen „dem" Kapital und den (potentiell rebellischen) Subjekten, zwischen Systemimperativen und Sozialintegration.

6. Im Gegensatz zum Theorieprojekt der Organisationsgesellschaft beansprucht der Regulationsansatz, eine Theorie mittlerer Reichweite zu sein. Er stellt sich damit bewußt in die Tradition der Kritik der politischen Ökonomie und konzipiert eine integrale Ökonomie, die vor allem über die Arbeitsteilung eine jeweils spezifische Artikulation zu Staat, Ideologie, Geschichte erzeugt und so ihre dominante Stellung im Kapitalismus jeweils neu organisiert und reproduziert. Er übernimmt die wesentlichen Kategorien von Marx und verwendet sie als heuristische Begriffe, um sie in konkreteren Analysen immer mehr anzureichern, sie eventuell zu korrigieren oder zu verwerfen und der konkreten Gesellschaftsformation anzunähern. Eine solche Methodik ermöglicht es, die reale geschichtliche Bewegung mit in die theoretischen Überlegungen einzubeziehen; sie erfordert aber gleichzeitig auch jeweils spezifische theoretische Arbeit und kein Katechismus-Wissen. Zugleich wird dadurch ausgeschlossen, die kapitalistische Produktionsweise als total oder totalisierend aufzufassen, weil eine konkrete Gesellschaftsformation immer mehr als Kapitalismus ist. Jenseits seiner eigenen Widersprüchlichkeit und sedimentierter anderer Produktionsweisen kann letzterer nämlich seine eigenen Voraussetzungen nicht produzieren oder reproduzieren: Naturver-

hältnisse, Liebesverhältnisse und Geschlechterverhältnisse bleiben ihm in einer spezifischen Weise äußerlich.

7. Nicht die Totalität in ihrer zunehmenden Tendenz ist das Problem, sondern die über politische und ideologisch-hegemoniale Projekte spezifisch erzeugte jeweilige Dominanz der kapitalistischen Produktionsweise. Wenn der Schwerpunkt auf dem Typus der jeweiligen Subsumtion liegt, also der geschichtliche Charakter der kapitalistischen Entwicklung direkt zur Geltung kommen soll, müssen geschichtsphilosophisch unterlegte Annahmen zur Disposition gestellt werden. Jede Bezugnahme auf selbstlaufende Figuren wie eine „innere Logik" des Kapitalismus, eine Zusammenbruchslogik oder eine Logik seiner produktivistischen Überwindung müssen radikal hinterfragt werden. Vielmehr rücken formationsspezifische Ausarbeitung und Formierung der sozialen Arbeitsteilung ins Zentrum. Dabei spielen die von Intellektuellen betriebenen Produktions- und Distributionsformen von Wissenspraktiken im Sinne der Hegemonietheorie Antonio Gramscis eine entscheidende Rolle. Eine derartige Auffassung von Arbeitsteilung überwindet auch die von Türk zu Recht kritisierte Konzeption von Organisation als „neutralem, technischem Modus der effizienten Koordination von Ko-Operation" (Türk 1995d, S. 41).

8. Ich möchte in dem beschränkten Rahmen noch kurz auf die vorgenommene Annäherung von Produktionsnorm und Organisationsform eingehen. Bruch sieht hier einen Schnittpunkt zwischen beiden Ansätzen, „da der Begriff der Norm explizit auf die soziale und politische Genese der Organisationsform verweist". Eine solche Formulierung unterstellt ähnlich wie bei dem Ansatz von Habermas, daß sich die beteiligten Akteure über kommunikatives Handeln, das durchaus konfliktiv sein kann, auf eine Norm einigen. Das ist beim Regulationsansatz aber gerade nicht gemeint, sondern dort sind Produktions- und Konsumtionsnormen wesentlich eine Frage ökonomischer Prozesse, die keinen unmittelbaren Aushandlungsprozessen unterliegen. So bestimmen die Produktionsnormen, also z.B. die technische Zusammensetzung des Kapitals, die Exploitationsrate der Arbeit und die Länge des Arbeitstages (welche Produktionsverfahren verwenden wieviel fixes Kapital und wieviel Arbeitskraft ist dazu nötig – im gesellschaftlichen Durchschnitt) die organische Zusammensetzung des Kapitals, d.h. die Aufteilung zwischen C + V + M, womit auch die quantitativen Konsumtionsnormen der Hauptklassen bestimmt sind. Auf der Makroebene wird über das zirkulierende und an die Unternehmen zurücklaufende Geld und vermittelt über die allgemeine Profitrate das Kapital neu alloziiert, d.h. auch die gesellschaftliche Arbeit verteilt, die damit beschäftigt wird. Über bestimmte Prozesse (ungleichgewichtige Akkumulation, Intensivierung internationaler Konkurrenz, Blockade durch steigende organische Zusammensetzung, staatliche Innovationspolitik oder Steuer- und/oder Geldpolitik etc.) können betriebliche Restrukturierungen gefördert oder gebremst werden. D.h. in die Bestimmung der jeweiligen Produktions- und Konsumtionsnormen gehen unzählige Faktoren ein. Wenn man so will, ist die jeweils geltende Norm ein sozialer Effekt, an dem viele Ak-

teure (durchaus auch konfliktuell) beteiligt sind. Diese resultierenden Normen werden erst im Nachhinein anerkannt oder auch abgelehnt. Hier zeigt sich auch die spezifische Verkoppelung von Mikro/Makro „hinter dem Rücken der Akteure", die der Regulationsansatz deutlich machen will. Ein Sektor wie das Dritte Italien (mit seiner geringen Fertigungstiefe) kann sich keine kostspieligen Forschungsinnovationen erlauben und ist daher von „fremden" Geldgebern abhängig. Multinationale Konzerne wie Microsoft können langfristig angelegte, marktbeherrschende *joint ventures* und strategische Allianzen auf Kooperationsbasis mit anderen Soft- und Hardwarekonzernen eingehen. „Traditionelle" Konzerne (Automobil) können unter preiskompetitiven Aspekten zu *global players* werden, um international auf relativ homogenen und „gesättigten" Märkten über Preisdumpingstrategien und Zulieferabhängigkeiten Konkurrenten auszustechen. Jeweilige Strategien und Organisationsformen implizieren eine gesonderte „Personalpolitik", spezifische Standortpolitiken, Marktobservationsstrategien, unterschiedliche zeitliche Planungshorizonte, differente Kooperationsformen mit anderen gesellschaftlichen Kräften („Bündnis für Arbeit", lokaler Staat, großregionale und/oder semi-staatliche institutionelle Formen). Hinzu kommt, daß die Makro-Ebene für bestimmte Strategien mehr oder weniger förderlich sein kann und von daher Grundlagenforschung, sogenannte weiche Standortfaktoren, „Umbau" des Sozialstaates etc. unterschiedliche Gewichte bekommen.

9. Gegenstand des Regulationsansatzes bildet insofern die formationsspezifische Artikulation von Ökonomie und Geschichte. Unter Formationen werden nicht national-territoriale Räume im klassischen Sinne der Nationalökonomie verstanden. Ausgangspunkt sind vielmehr länderübergreifende Dimensionen einer globalen Konfiguration, wie sie sich z.B. im Fordismus herausgebildet haben. Sie weist den Ländern eine spezifische Stellung in der globalen Hierarchie zu. Hier zeigt sich die Bedeutung räumlicher Implikationen von bestimmten Entwicklungsmodellen, seien sie nun vom Typus des Fordismus, der Globalisierung oder der Regionalisierung. Wie die vor allem in den USA und Großbritannien stark an der Regulationstheorie orientierten GeographInnen zeigen, gelingt damit eine Annäherung an die Organisationsfrage über die formationsspezifische Artikulation von Akkumulationsregime und Regulationsweise. Im Zentrum liegen dabei Überlegungen, wonach die sich durch langanhaltende Prosperität auszeichnende Formation des Fordismus erodiert und länder- und regionenspezifische Umbrüche und Restrukturationen evoziert, die unter Einbeziehung territorialer, sozialer Innovationspotentiale zur Fragmentierung und Heterogenisierung des globalen Kapitalismus führt. Für ein solches Herangehen reicht aber eine ideengeschichtliche Herleitung nicht aus, vielmehr müssen hier sozialhistorische Analysen einbezogen werden.

10. Wir sind seit einigen Jahren Zeugen eines globalen Formationsumbruchs, der mit dem der Zwischenkriegszeit vergleichbar ist. Erste Instabilitäten wurden noch als konjunkturelle Einbrüche wahrgenommen, bis die sogenannte „neoliberale Konterrevolution" den routinisierten Alltags-Keynesianismus hinter sich ließ.

Mittlerweile haben es die „geistigen Führer" dieser Welt geschafft, mit Hilfe von fraglichen Ideologemen wie Globalisierung, Wettbewerb, Standortsicherung und Innovation das Projekt eines neuartigen Kapitalismus auf den Weg zu bringen. Dabei geht es nicht nur um eine quantitative Austeritätspolitik auf nationaler Ebene, sondern um Prozesse der Entgrenzung, der Entstofflichung in einer „Weltgesellschaft", wo zukunftsträchtige Politik und konsistente Regulationsformen noch kein Terrain haben. Wir erleben einen Umbruch aller Parameter, gewohnte politische Zuordnungen verschwimmen zusehends, Veränderungen der Raum-Zeit-Konstellationen brechen in den routinisierten Alltagsverstand ein. Mikro- und Makroebene werden nicht nur vom Modus her neu artikuliert, sondern deren räumliche Dimensionen werden selbst flexibilisiert. *Global players, joint ventures,* strategische Allianzen, Kartellabsprachen für ganze Kontinente, Kooperationen zwischen staatlichen Ebenen und Konzernen in der Grundlagenforschung etc. liegen quer zu Mikro/Makro. Dabei lassen die neuen Unternehmensformen mit ihrer territorialen Desintegration sowohl eine Intensivierung des Taylorismus zu (Zulieferindustrie in der Automobilindustrie), aber auch neue Produktivitätsschübe mit einem hochdotierten High-tech-Personal auf neuem Qualifikationsniveau und verbesserten Partizipationsoptionen (Spitzentechnologie). Neue Arbeitsbeziehungen reichen von prekarisierter Flexibilisierung in tayloristischer Manier bis hin zu Chancen für eine progressive Weiterentwicklung fordistischer Standards. Dennoch zeigt die Erosion der fordistischen Großorganisationen wie Gewerkschaften, Volksparteien und Arbeitgeberverbänden, daß die Regulationsweise und ihr institutionelles Gefüge selbst unter Druck geraten sind. Insgesamt zeichnet sich eine sozialräumliche Transformation der Ökonomie ab, die einem neuartigen Kapitalismus eine neue soziale Basis unterlegt, mit neuen Formen des sozialen Kompromisses, mit neuen repräsentationellen Räumen und politischen Parametern. Schon allein die globale ökologische Krise wird für neue Akkumulationsregimes und Regulationsweisen konstitutiv werden – in welchem Sinne auch immer.

11. Wie leicht zu erkennen ist, tritt die Organisationsfrage in vielen dieser Überlegungen zutage. Gleichzeitig wird aber auch deutlich, daß – verzichtet man auf die Annahme einer inneren Logik – in einem Formationsumbruch a priori noch kein einheitliches Organisationsmuster vorliegt. Vielmehr zeigen sich eher unterschiedliche Projekte des *trial-and-error.* Der Regulationsansatz zeigt somit auf seine Weise, wie man sich mit der Kritik der politischen Ökonomie der Organisationsfrage nähert. Organisation ist das soziale Konstrukt eines auf Klassenkämpfen basierenden, immer wieder neu auszuhandelnden Kompromisses. Die Dynamik dieser Konfliktualität ist selbst dynamisch, d.h. manchmal sind die Auseinandersetzungen relativ verstetigt und geregelt, manchmal treten sie offener zutage und verdichten sich zu Wegscheiden. Allerdings wird die Formierung eines neuen Kompromisses nach dem Fordismus höchstwahrscheinlich nicht mehr vorwiegend national ausgehandelt, sondern in zunehmender Tendenz durch komplexe globale Verhältnisse überdeterminiert. Ausgangspunkt der Analyse beim Regula-

tionsansatz ist dabei nicht Totalität, es wird kein totaler Anspruch formuliert. Zudem bleiben Verhältnisse außen vor und müssen noch einer expliziten Analyse unterzogen werden: Fragen der globalen Kultur, des Nationalen, des Rassismus, von institutioneller Politik, des Militärischen, des Geschlechterverhältnisses etc. Marx wollte sich ausgehend von seiner Kritik der politischen Ökonomie zu allen diesen Bereichen „hinaufarbeiten". Wie wir wissen, bricht das Manuskript ab. Vor dieser Aufgabe stehen wir heute immer noch – und sie stellt sich auch immer wieder neu. Denn nach Marx leben wir in einer dynamischen Gesellschaft. Und eine dynamische Gesellschaft braucht eine dynamische Theorie. Das, was sich fortwährend verändert, muß auch immer neu analysiert werden. Das ist – anders als zu Marxens Zeiten – mehr denn je ein disziplinübergreifendes Projekt. Und da stoßen wir schon wieder auf unsere Frage der Organisation. Vielleicht liegen ja in einer Organisationsform kritischer Wissenschaft, die disziplinäre Grenzen überwindet, auch emanzipative Potentiale. Potentiale, die für die Überwindung kapitalistischer Organisation hilfreich sind.

3 Handlungs-, System- und Strukturationstheorie

Rational Choice, Macht und die korporative Organisation der Gesellschaft

Peter Kappelhoff

Überblick

Der Versuch, organisationstheoretische Grundlagen aus einer allgemeinen Sozialtheorie abzuleiten, verspricht, den unvermeidlichen Verlust an konkreter Organisationsanalyse durch den Gewinn eines soliden Theoriefundaments, das weitgehend von den jeweiligen organisationstheoretischen Modeströmungen abgekoppelt ist, mehr als nur zu kompensieren. In diesem Sinne soll im folgenden versucht werden, das Potential der Rational Choice-Theorie für eine zu entwickelnde allgemeine Organisationstheorie auszuloten.[1]

Zunächst wird die Rational Choice-Theorie als allgemeine Sozialtheorie vorgestellt (1.). Dabei steht eine kritische Analyse des rationalen Handlungsmodells und des zugrunde liegenden methodologischen Individualismus im Vordergrund. Die Reichweite der Rational Choice-Theorie wird in bezug auf eine Analyse der Machtproblematik diskutiert, die für die zu entwickelnde Organisationstheorie von besonderer Bedeutung ist. Zusätzlich werden Aspekte einer Komplexitätstheorie erörtert, die die für den Mikro-Makro-Übergang erforderlichen systemtheoretischen Grundlagen enthält, ohne die soziale Systeme rational choice-theoretisch nicht analysiert werden können. Im Anschluß daran wird zunächst das

---

1 Ich spreche bewußt von der Rational Choice-*Theorie* und nicht von dem Rational Choice-*Ansatz*, um den Status einer allgemeinen, präzise ausformulierten Sozialtheorie zu betonen. Leider kann gegenwärtig nicht von einer einheitlichen Organisationstheorie gesprochen werden, sondern eher von einer bunten Mischung von organisationstheoretischen „Ansätzen", die oft nichts anderes darstellen als die mehr oder weniger systematische Ausarbeitung eines bestimmten Aspekts von Organisation. Solche theoretisch beschränkten und empirisch eng focussierten Ansätze aus der Sicht einer allgemeinen Sozialtheorie zu integrieren, ist eine vordringliche Aufgabe der Organisationstheorie. Die Leistungsfähigkeit der Rational Choice-Theorie in dieser Hinsicht soll in den folgenden Überlegungen deutlich werden (vgl. auch 4.).

allgemeine Problem sozialer Ordnung, also der gesellschaftlichen Organisation antagonistischer Kooperation, behandelt (2.). Dabei erscheinen traditionale Gemeinschaften und Märkte ebenso als Lösungen des allgemeinen Organisationsproblems wie formale Organisationen im engeren Verständnis der Organisationstheorie. Alle diese konkurrierenden und einander ergänzenden Organisationsformen können allgemein als soziale Tauschsysteme verstanden werden, die allerdings abweichend von der in der Institutionenökonomik üblichen Sichtweise als dynamische Ungleichgewichtssysteme analysiert werden müssen. In diesem Zusammenhang zeigt sich auch das Problem der Gestaltung der institutionellen Rahmenbedingungen und der Effizienz sozialer Organisationsformen in einem neuen Licht. Formale Organisationen werden in der Rational Choice-Theorie als soziale Tauschsysteme besonderer Art konzipiert, nämlich als korporative Akteure mit einer für sie konstitutiven Verfassung (3.). Fragen des organisationellen Designs erscheinen aus der konstitutionellen Perspektive als Gestaltungsprobleme der Verfassung, die wiederum auf die Interessen und Machtressourcen der beteiligten Akteure zurückverweisen.

Innerhalb der Rational Choice-Theorie konzentriert sich unsere Diskussion paradigmatisch auf die herausragenden Arbeiten von James S. Coleman, die neben einer allgemeinen Fundierung der Sozialtheorie als Rational Choice-Theorie (1991) auch eine kritische Analyse der modernen Organisationsgesellschaft vor dem Hintergrund der durch das Auftauchen der korporativen Akteure erfolgten Machtverschiebungen enthalten (1995). Die Darstellung soll die besondere Stärke der Rational Choice-Theorie in der handlungstheoretisch abgestützen Analyse von Machtstrategien in sozialen Interdependenzsystemen verdeutlichen, gleichzeitig aber auch die inhärenten Schwächen in der Erfassung des Gebildecharakters sozialer Organisationsformen und ihrer institutionellen Voraussetzungen herausarbeiten.

1. Die Rational Choice-Theorie als allgemeine Sozialtheorie

1.1 Allgemeine Grundlagen

1.1.1 Der sozialphilosophische Hintergrund

Jede Theorie wird durch die analytische Perspektive bestimmt, aus der sie ihren Gegenstand, im Falle der Sozialtheorie also die Gesellschaft, betrachtet. Grundlage der Rational Choice-Theorie ist die These, daß das Individuum der Gesellschaft vorgeordnet ist – Gesellschaft wird als Resultante zielorientierter Handlungen autonomer Akteure verstanden. Erst aus kulturvergleichender Sicht wird die Radikalität dieses fundamentalen Axioms deutlich, das das Individuum als den Ausgangspunkt und den Zweck gesellschaftlicher Organisation ansieht (für das Folgende vgl. Dumont 1991). Verständlich wird diese Vorstellung nur vor dem

Hintergrund der christlichen Tradition, die den Menschen als Ebenbild Gottes begreift. Die individuelle Seele erhält ihren Wert aus der Gotteskindschaft, der Mensch ist ein Individuum in seiner Beziehung auf Gott – also ein zunächst wesentlich außerweltliches Individuum. Für die Beziehung zur Gesellschaft bedeutet dies, daß das christliche Individuum aufgrund göttlicher Anordnung den legitimen Ansprüchen der politischen Obrigkeit genügt, das Individuum als Wert aber wesentlich außerhalb der gegebenen sozialen und politischen Ordnung verbleibt.

Dieser seltsamen Verbindung von Radikalismus und Konservatismus ist schon von Anfang an eine Spannung inhärent, die die in der Folge der Reformation insbesondere mit der Aufklärung stattfindende Wende zur Idee der Weltverbesserung, d.h. zu einem instrumentalistischen Gesellschaftsbild, zumindest als Denkmöglichkeit enthält. Insbesondere im Calvinismus findet der Durchbruch zu einer aktivistisch-handlungsorientierten Weltsicht statt. Dennoch bleibt für den modernen Artifizialismus, d.h. für die Allmachtsvorstellung, die Gesellschaft qua Willensakt auf gänzlich neue Fundamente stellen zu können, eine Sicht auf die Welt charakteristisch, die ihre Wertmaßstäbe weiterhin von außen erhält (vgl. Dumont 1991, S. 68). Auch Max Weber (1988, S. 98 ff.) betont, daß die soziale Arbeit des Calvinisten lediglich Arbeit *in majorem gloriam Dei* ist. Die geforderte Nächstenliebe hat einen eigentümlich unpersönlichen Charakter und fördert, indem sie einem abstrakten gesellschaftlichen Nutzen dient, den Ruhm Gottes. Die Säkularisierung dieser Vorstellungen in der Aufklärung findet vor allem in der Gesellschaftsphilosophie der schottischen Moralphilosophen ihren Ausdruck. Aus vertragstheoretischer Sicht erscheint die bürgerliche Gesellschaft als durch die freie Entscheidung autonomer Bürger konstituiert. Dem liegt ein naturrechtliches Verständnis des Individuums zugrunde, das mit unveräußerlichen Rechten ausgestattet und zur vernünftigen Durchsetzung seiner Interessen fähig ist. Auf der allgemeinsten Ebene umfassen diese Interessen die Garantie von Eigentumsrechten und die Sicherung der institutionellen Voraussetzungen einer Marktordnung. Darüber hinaus ist das entscheidende Organisationsprinzip des Besitzindividualismus die Selbstorganisation der Tauschbeziehungen durch die unsichtbare Hand des freien Marktes.

1.1.2 Die individualistische Fundierung der Rational Choice-Theorie

Zwar sieht auch die Rational Choice-Theorie die wechselseitige Bedingtheit von Individuum und Gesellschaft, beharrt aber dennoch auf einer strikt individualistischen Fundierung der Sozialtheorie. Das Zusammenspiel von gesellschaftlicher Makroebene und individueller Mikroebene wird mit Hilfe des in Abb. 1 wiedergegebenen Makro-Mikro-Makro-Schemas analysiert (MMM-Schema; vgl. Coleman 1991, S. 1 ff.). Dabei handelt es sich im wesentlichen um das Entwickeln der Prozeßlogik einer Interdependenz von Individuum und Gesellschaft aus individualistischer Sicht mit der Konsequenz, daß der nomologische Kern in Form der

Theorie rationalen Handelns ganz in der Mikroebene verankert ist. Durch den Makro-Mikro-Übergang werden lediglich die Randbedingungen spezifiziert, die für den rationalen Akteur auf der Mikroebene handlungsleitend sind. Die Handlung selbst folgt einem ahistorisch verstandenen abstrakten Optimierungskalkül. Durch das komplexe Zusammenwirken der Handlungen auf der Mikroebene ergibt sich dann in einem Transformationsschritt das Handlungsresultat auf der Makroebene.

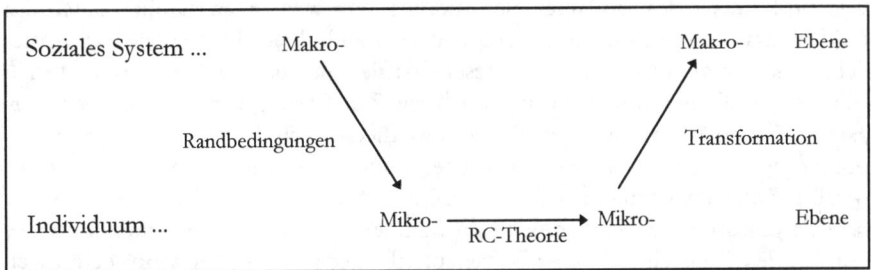

Abb. 1: Makro-Mikro-Makro-Schema

Das MMM-Schema legt gewissermaßen einen Schnitt durch die Realität und linearisiert dadurch die zyklische Prozeßlogik der wechselseitigen Bedingtheit von Individuum und Gesellschaft. Postuliert wird, daß nur Individuen handeln können, d.h. jede Erklärung sozialer Tatbestände letztlich auf individualistische Gesetzmäßigkeiten zurückgreifen muß. In letzter Konsequenz zwingt eine solche Position zu einer analytischen Priorität der Individualebene und zu einem Ausblenden der gesellschaftlichen Konstitution des Individuums. Damit erweist sich der methodologische Individualismus als sozialtheoretischer Ausdruck des oben eingeführten sozialphilosophischen Axioms der Vorordnung des Individuums vor die Gesellschaft. Eine Berücksichtigung der gesellschaftlichen Konstitution des Individuums würde das Bedingungsgeflecht zyklisch schließen und zu einer Theorie anderen Typs führen, nämlich letztlich zu einer Komplexitätstheorie, die Entwicklungsprozesse und Emergenzphänomene als Koevolution einer Vielzahl gleichberechtigter Ebenen systemtheoretisch erfaßt (vgl. 1.4).

Darüber hinaus erscheint mir eine weitere Konsequenz des fundamentalen Axioms bemerkenswert, die bei der Beurteilung der Rational Choice-Theorie bisher zu kurz gekommen ist. Die Konzentration des Blicks auf das autonome Individuum bedeutet eine Vorentscheidung für eine voluntaristische und damit gegen eine strikt verhaltenstheoretische Handlungstheorie. Wenn nämlich der entscheidende Freiheitsgrad sozialer Systeme in der Handlungsautonomie der Individuen gesehen wird, die die Gesellschaft als freie Handelnde erst konstituieren, kann diese Handlung selbst nicht deterministisch-lerntheoretisch aus früheren Systemerfahrungen abgeleitet werden. Die Entscheidung für eine voluntaristische Theorie rationalen Handelns ergibt sich also als weitere Konsequenz aus dem fundamentalen sozialphilosophischen Axiom.

Damit wird ein grundlegendes soziologisches Problem deutlich, das sich notwendig aus der Vorordnung des Individuums vor die Gesellschaft ergibt: Wie entsteht aus dem zielgerichteten Handeln vieler autonomer Individuen ein geordnetes gesellschaftliches Zusammenwirken? An der Art der Fragestellung zeigt sich, daß das Problem der sozialen Ordnung in dieser Radikalität eine direkte Konsequenz des analytischen Zugriffs auf Gesellschaft ist oder, wenn man so will, ein Artefakt des fundamentalen Axioms. Nur wenn man nämlich durch das fundamentale Axiom die Individuen zunächst außerhalb der Gesellschaft ansiedelt, stellt sich die Frage nach dem gesellschaftlichen Zusammenwirken der vielen Einzelrationalitäten in seiner ganzen Schärfe. Zur Lösung wird auf den Selbstorganisationsgedanken und letztlich auf das theologisch angehauchte Ordnungsprinzip der unsichtbaren Hand zurückgegriffen. Da die alternative Lösung einer gesellschaftlichen Formung von Interessen und einer den Individuen vorausgehenden gesellschaftlichen Ordnung im Rahmen des individualistischen Ansatzes nur um den Preis eines inneren Widerspruchs gedacht werden kann, ergibt sich die implizite Annahme einer prästabilierten Harmonie der Interessen als dritte Folgerung aus dem fundamentalen Axiom.

1.2 Der nomologische Kern

1.2.1 Das Rationalitätsprinzip

Das rationale Handlungsmodell in seiner allgemeinsten Form besagt, daß ein Akteur aus einer Menge von Handlungsalternativen diejenige auswählt, die gemäß seiner als konsistent vorausgesetzten Präferenzordnung optimal ist. Jedes Handeln, ob egoistisch oder altruistisch, ist in diesem Sinne rational; der Akteur der Rational Choice-Theorie handelt also nicht substantiell rational, sondern lediglich formal konsistent. Auch die mit dem Begriff der Wahl verbundene Vorstellung von Handlungsfreiheit erweist sich bei genauerem Hinsehen als irreführend, da die Entscheidung des Akteurs durch die im Rahmen des Modells extern vorgegebene konsistente Präferenzordnung determiniert ist. Der Akteur der Rational Choice-Theorie ist also nichts weiter als eine logische Leerstelle in einem formalen Optimierungskalkül. Dennoch ist das Rationalitätsprinzip als Heuristik faktisch, wenn auch nicht logisch, notwendig mit einem bestimmten Menschenbild verbunden: Der rationale Akteur ist aktivistisch, d.h. er versucht, zielgerichtet auf seine Umgebung einzuwirken. Sein Verständnis von Gesellschaft ist dabei grundsätzlich instrumentalistisch, d.h. gesellschaftliche Institutionen dienen letzlich der individuellen Bedürfnisbefriedigung und müssen daher unter Effizienzgesichtspunkten gestaltet werden.

Auch der liberale Grundgedanke einer von freien Bürgern im aufgeklärten Eigeninteresse vertraglich konstituierten Gesellschaft ist in dem Menschenbild führender Rational Choice-Theoretiker enthalten. Die Formung einer sozial effizienten Gesellschaft erscheint als Gestaltungsaufgabe von autonomen Individuen. Insbesondere Coleman hebt das humanistisch geprägte Menschenbild der Rational Choice-Theorie hervor, „das von zielgerichteten und verantwortlichen Akteuren ausgeht" (1991, S. 21). Nur wenn man „die Freiheit einzelner Personen, nach ihrem Willen zu handeln und die Beschränkungen, die die soziale Interdependenz dieser Freiheit auferlegt" (1991, S. 5) in Rechnung stellt, ist es möglich, „im Rahmen einer Sozialtheorie die Handlungen eines sozialen Systems oder einer sozialen Organisation zu bewerten" (1991, S. 5). An diesem Punkt wird deutlich, daß die Rational Choice-Theorie neben ihrer Affinität zum naturwissenschaftlich-mechanistischen Weltbild, die insbesondere über die mikroökonomische Herkunft vermittelt ist, auch in den für die Moderne konstitutiven sozialphilosophischen Traditionen verwurzelt ist (vgl. auch 1.1.2). Diese eigentümliche Spannung überträgt sich auf die Sozialtheorie von Coleman, die in ihren Kernaussagen betont positivistisch formuliert ist (vgl. insbesondere 1.3.2 und 2.2.1), gleichzeitig aber eine neue Sozialwissenschaft propagiert, die sich ihrer Verantwortung für die Gestaltung einer demokratischen Gesellschaft stellt, in der sich „natürliche Personen" frei entfalten können (vgl. insbesondere 1992, S. 426 ff.).

Es sei noch einmal besonders betont, daß das Rationalitätsprinzip rein formal betrachtet lediglich ein Tautologienschema oder, freundlicher formuliert, die forschungsleitende integrative Heuristik eines verzweigten Theorieprogramms (vgl. Suchanek 1994) darstellt, das sich jeder inhaltlichen Interpretation entzieht, aber gerade dadurch für inhaltliche Projektionen aller Art offen wird. Damit wird deutlich, daß die Attraktivität der Rational Choice-Theorie nicht in erster Linie auf dem schlichten und zugleich fragwürdigen (nämlich entweder inhaltlich leeren oder empirisch falschen) Postulat eines Konsistenzprinzips für menschliches Handeln beruht, sondern auf den sozialphilosophischen Implikationen des implizit transportierten Menschenbildes – und damit auch, wie das Postulat von der Vorordnung des Individuums vor die Gesellschaft zeigt, des daraus abgeleiteten instrumentalistischen Gesellschaftsbildes. Erst vor diesem Hintergrund wird die Schärfe der Auseinandersetzung um die Rational Choice-Theorie in der Form der neuen Institutionenökonomik (vgl. insbesondere Williamson 1990; North 1992a) und in ihren soziologischen Varianten (vgl. insbesondere Coleman 1991, 1995, 1994; Esser 1993b) verständlich.

Erschwerend für das Verständnis des nomologischen Kerns der Rational Choice-Theorie ist es, daß sich bei den verschiedenen Vertretern durchaus unterschiedliche Konkretisierungen des Rationalitätsprinzips finden, die sich nur schwer unter einem gemeinsamen theoretischen Dach versammeln lassen. Insbesondere kann das Rationalitätsprinzip evolutiv im Sinne der Als ob-Interpretation von Milton Friedman (1953b) oder subjektiv im Sinne von Weber (1980) interpretiert werden. Es ist klar, daß die evolutionstheoretische Interpretation im Grunde mit dem oben diskutierten rationalistisch-aktivistischen Menschenbild unvereinbar ist, das gewöhnlich als implizite Sozialtheorie in der Rational Choice-

Theorie enthalten ist (siehe Blaug 1986, S. 117; Bohman 1992, S. 216). Die treibende Kraft in evolutionstheoretischen Modellen ist nämlich nicht die rationale
Entscheidung freier und verantwortlicher Akteure, sondern die durch einen blinden Variationsmechanismus in Gang gehaltene Selektion optimal angepaßter Verhaltensstrategien. Eine weitere Variante der Interpretation des Rationalitätsprinzips ist die Theorie der beschränkten Rationalität in der Tradition von Herbert
Simon (1979), die zugleich auch eine Prozeßtheorie der Rationalität ist. Als solche
impliziert sie die Auflösung einer Entscheidung in eine Kette von Entscheidungen: Um entscheiden zu können, muß man bereits entschieden haben – z.B. über
die Definition der Situation, die zur Verfügung stehenden Handlungsalternativen
und die relevanten Bewertungsdimensionen. Damit sind schwierige und noch
weitgehend ungelöste konzeptuelle Probleme angesprochen, vor allem: Was ist
die Einheit der Entscheidung (und damit der Handlung), und wie kann die Gefahr eines infiniten Regresses durch ein Einbringen des Entscheidungsmodells in
das Entscheidungsmodell vermieden werden?

Offensichtlich sind hier Limitierungen der kognitiven Tiefe von Entscheidungsmodellen methodisch zwingend notwendig, die allerdings aus Sicht der
Rational Choice-Theorie nur theorieextern erfolgen können. In den eher verhaltenstheoretisch orientierten Versionen der Theorie beschränkter Rationalität
werden solche Limitierungen durch die Berücksichtigung der Ergebnisse der
kognitiven Psychologie über die beschränkte menschliche Informationsaufnahme- und -verarbeitungskapazität gewährleistet. Oft wird aber versucht, diese bis
auf den gemeinsamen Nenner einer individualistischen Orientierung völlig anders
geartete Theorietradition in Form von sog. Brückenhypothesen (vgl. z.B. Lindenberg 1990) in die Rational Choice-Theorie zu integrieren, die als positive
Heuristik den harten Rational Choice-Kern des Forschungspogramms schützen
sollen.[2] Im Grunde handelt es dabei aber eher um eine Immunisierungstrategie
(vgl. Albert 1991), da entweder die eigentliche Erklärungsleistung auf die Brükkenhypothesen übertragen wird (verhaltenstheoretische Version der Rational
Choice-Theorie), oder aber der Versuch unternommen werden muß, auch diese
verhaltenstheoretischen Beschränkungen wieder im Rahmen der Rational Choice-
Theorie zu erklären (vgl. z.B. Esser 1990), ein Versuch, der notwendig in einen
infiniten Regreß führt.

1.2.2 Rationalität in einer offenen Entscheidungssituation

Das Rationalitätsprinzip wird üblicherweise zur Erklärung im Sinne einer Rekonstruktion von Entscheidungen angewandt. Die Entscheidungsmodelle setzen da-

---

2 Brückenhypothesen sind also eigenständige Theorien, etwa aus dem Bereich der kognitven
  Psychologie oder auch der Wissenssoziologie, die erklären sollen, wie rationale Akteure ihre
  Situation definieren und damit überhaupt erst in die Lage versetzt werden, Entscheidungen
  zu fällen.

bei bereits Annahmen über die Analyse der Situation sowie die Generierung und Bewertung von Handlungsalternativen durch den Entscheidenden voraus, aus denen sich die eigentliche Entscheidung zwingend im Sinne der Entscheidungslogik durch Optimierung ergibt. Dieser Konzeptualisierung des Entscheidungsproblems in einem geschlossenen Modell steht die praktische Problematik echter Entscheidungen in einer zukunftsoffenen echten Entscheidungssituation gegenüber. Die Einschätzung der Situation ist ungewiß und nur vor dem Hintergrund eines ebenfalls problematischen Hintergrundwissens möglich. Handlungsalternativen liegen nicht auf der Hand und können eventuell durch strategisches Handeln zusätzlich generiert oder verändert werden. Folgen und Nebenfolgen müssen spezifiziert und bewertet werden – mit ebenfalls unklaren und daher zu spezifizierenden Bewertungsfaktoren. Dies alles erfordert zunächst einen mehr oder weniger großen Aufwand. Handeln, insbesondere rationales Handeln, das aus dem Rahmen der üblichen Handlungsroutinen ausbricht, erfordert Zeit, Motivationsenergie und Informationsverarbeitungskapazität – es ist antientropisch im Sinne von Amitai Etzioni (1986). Darüber hinaus ist es reflexiv mit variabler Tiefe, d.h. die Entscheidungsprämissen selbst können (wiederholt) kritisch geprüft oder sogar zu Disposition gestellt werden. Auch der Erfolg dieses Aufwandes ist immer unsicher, d.h. Entscheidungen lassen sich, auch bei Verwendung eines wie immer gearteten „rationalen" Entscheidungskalküls, in einer offenen Entscheidungssituation rational nicht endgültig rechtfertigen. Dieter Aldrup (1971) spricht in diesem Zusammenhang von der *ultima irratio* aller echten Entscheidungen.

Aus der Sicht des Kritischen Rationalismus kann das Ideal einer optimalen Entscheidung allenfalls als regulative Idee einer zu entwickelnden realistischen Entscheidungstheorie fungieren, analog zur Wahrheit in der Erkenntnistheorie. Wie Albert (1978) betont, ist eine echte Entscheidung nur vor dem Hintergrund einer rationalen Heuristik denkbar und erfordert die Verbindung von Kreativität und kritischer Methode. Im Gegensatz zur klassischen Rationalitätsauffassung liegt der Rationalitätscharakter einer Handlung also nicht primär in dem notwendig willkürlichen Element der Entscheidung selbst, sondern in der kritischen Prüfung, d.h. in der Möglichkeit, aus den dabei gemachten Fehlern zu lernen. Das gilt sowohl für die Entscheidung als auch für die diese steuernde rationale Heuristik. Nur im Falle einer solchen echten Entscheidung kann von einer rationalen Wahl im Sinne einer freien und verantwortlichen Entscheidung gesprochen werden. Die dem Begründungsdenken verpflichtete Utopie einer idealen Entscheidungslogik ist damit ebenso verfehlt wie der Versuch, die in Theorien beschränkter Rationalität thematisierten Grenzen menschlicher Vernunft (vgl. Simon 1979) im Rahmen von entscheidungslogischen Optimierungsmodellen rekonstruieren zu wollen.

Daraus ergeben sich schwerwiegende Konsequenzen für die individualistische Grundposition aller Rational Choice-Theorien. Die Reduktion des rationalen Akteurs auf eine logische Leerstelle im formalen Optimierungskalkül scheint nach dem Gesagten nicht mehr möglich. Damit stellt sich die Frage nach der

Konstitution des Individuums gerade im theoretischen Zentrum der Rational Choice-Theorie. Wenn der methodologische Individualist weiterhin darauf beharren will, daß nur Individuen handeln können und daher jede sozialwissenschaftliche Erklärung notwendig individualistisch sein muß, ist mehr denn je erklärungsbedürftig, was genau die Rational Choice-Theorie unter einem Individuum versteht – etwa ein sozial konstituiertes Bündel von Rahmenwissen (Frames), Handlungsroutinen (Habits) und rationalen Heuristiken. In letzter Konsequenz muß daher die entscheidende metatheoretische Voraussetzung der Rational Choice-Theorie, nämlich die analytische Vorordnung des rationalen Akteurs vor die Gesellschaft, aufgegeben werden. Der dadurch erzwungene Umbau der Rational Choice-Theorie wird sich an dem Konzept echter Entscheidungen von sozial konstituierten Individuen in zukunftsoffenen Entscheidungssituationen orientieren müssen – geschlossene entscheidungslogische Optimierungsmodelle gehören dann nicht mehr zum theoretischen Kern des Ansatzes, sondern zu den methodologischen Hilfstheorien.

1.3 Macht und Recht

Ausgangspunkt der Rational Choice-Theorie sind rationale Akteure, die die von ihnen kontrollierten Ressourcen einsetzen, um ihre Interessen bestmöglich durchzusetzen. Die Akteure werden dabei als souverän in einem doppelten Sinne verstanden: Zum einen werden ihre Interessen als extern gegeben vorausgesetzt; sie verfügen also über Interessensouveränität im gleichen Sinne wie die Haushalte in der mikroökonomischen Theorie über Konsumentensouveränität verfügen. Die gesellschaftliche Formung individueller Interessen und ihre Verankerung im gesellschaftlichen Wertsystem bleibt außerhalb der Betrachtung, es sei denn, man würde die Interessen selbst wieder zum Gegenstand einer rationalen Wahl machen – ein Unterfangen, das offensichtlich in einen infiniten Regreß führt.[3] Zum zweiten können die Akteure frei über ihre Ressourcen verfügen, allerdings nur im Rahmen der mit den Ressourcen verbundenen Verfügungsrechte. Die Rational Choice-Theorie setzt damit implizit eine institutionelle Ordnung voraus, die die Verfügungsrechte über die Ressourcen des Systems regelt.

Die gegebene Verteilung von Interessen und Ressourcen (Verfügungsrechten) auf die Akteure des Systems erzeugt Interdependenzen zwischen den Akteuren,

---

3 Die gängige Auffassung von Rational Choice-Theoretikern ist es daher, die Entstehung von Werten theoretisch über Brückenhypothesen, etwa lerntheoretischer oder evolutionstheoretischer, letztlich sogar soziobiologischer Art, zu erklären. Die Brückenhypothesen können aber nicht problemlos im Sinne von Hilfstheorien in die Rational Choice-Theorie integriert werden, sondern repräsentieren eigenständige, teilweise sogar konkurrierende Theorietraditionen, die nur um die Gefahr eines theoretischen Synkretismus integriert werden können, es sei denn, man würde sich um eine systematische Vereinheitlichung der theoretischen Grundlagen bemühen, wozu allerdings kaum Ansätze bestehen.

etwa wenn Akteur A an Ressourcen interessiert ist, die Akteur B kontrolliert. Bei doppelter Komplementarität der Bedürfnisse, wenn also B ebenfalls an Ressourcen interessiert ist, über die A verfügt, besteht eine reziproke Interdependenz und damit ein Anreiz zum Tausch, der beide Akteure besser stellt. Auch der Tausch ist wiederum an institutionelle Voraussetzungen gebunden, insbesondere an eine Rechtsordnung, die die Einhaltung der Tauschverpflichtungen garantiert. Die einem Tauschsystem zugrundeliegenden Interdependenzen bedeuten gleichzeitig Ressourcenabhängigkeiten (zum Resource Dependence-Ansatz vgl. auch den Beitrag von zu Knyphausen-Aufseß in diesem Band) und sind damit die Grundlage sozialer Macht. Je nach Art des Tauschsystems unterscheidet die Rational Choice-Theorie zwischen zwei Formen von Macht: Macht als Kaufkraft auf einem vollkommenen Markt und relationale Macht in einem Netzwerk verbundener Tauschbeziehungen. Wir behandeln im folgenden zunächst nur den einfacheren Fall eines vollkommenen Marktes, um die grundlegende Problematik der wechselseitigen Abhängigkeit von Macht und Recht in der Rational Choice-Theorie zu diskutieren (die Diskussion relationaler Macht in Tauschnetzwerken erfolgt in 2.1.2).

1.3.1 Macht als Verfügen über Ressourcen

Im Fall des vollkommenen Marktes kann wegen der idealisierenden Annahmen von der konkreten Struktur der Tauschbeziehungen abstrahiert werden; Macht besteht allein im Verfügen über mit Marktpreisen bewertete Ressourcen. Coleman (1994, S. 3 ff.) spezifiziert das Walrassche Modell des Marktgleichgewichtes der neoklassischen Mikroökonomik, indem er zusätzlich Cobb-Douglas-Nutzenfunktionen[4] annimmt. Dadurch erhält man als Lösungen im Marktgleichgewicht die folgenden linearen Gleichungen: Der Wert (relative Preis) v_k einer Ressource k ergibt sich in Abhängigkeit von der relativen Macht (Kaufkraft) $\{r_i\}_{i=1,\dots,n}$ und den relativen Interessen $\{x_{ki}\}_{i=1,\dots,n}$ der Akteure ($i = 1,\dots, n$) an der Ressource k als

$$v_k = \sum_{i=1}^{n} x_{ki} r_i \, ,$$

und für die Macht (Kaufkraft) r_i eines Akteurs i ergibt sich in Abhängigkeit von seiner Ressourcenausstattung $\{c_{ik}\}_{k=1,\dots,m}$ und dem relativen Wert (Marktpreis)

---

4 Die Verwendung von Cobb-Douglas-Nutzenfunktionen impliziert eine Einkommenselastizität der Nachfrage von eins (vgl. Coleman 1994, S. 12, 23, 36 f.), d.h. die Regel der proportionalen Ressourcenallokation. Dadurch wird das Modell linearisiert und mathematisch in der dargestellten Form überhaupt erst handhabbar.

$\{v_k\}_{k=1,\dots,m}$ der Ressourcen (k= 1,...,m):

$$r_i = \sum_{k=1}^{m} c_{ik} v_k .$$

Die Gleichungen sind dual, d.h. die Macht der Akteure und der Wert der Ressourcen im System bestimmen sich im Marktgleichgewicht wechselseitig.[5] Macht und Wert sind emergente Eigenschaften, die sich auf dem vollkommenen Markt durch Selbstorganisation herausbilden – sofern die unsichtbare Hand es so einrichtet (vgl. 1.4). Die Macht eines Akteurs hängt also von seiner Ressourcenausstattung und den Marktpreisen ab, die wiederum auf die Verteilung der Interessen im System zurückverweisen, wie in Abb. 2 schematisch dargestellt.

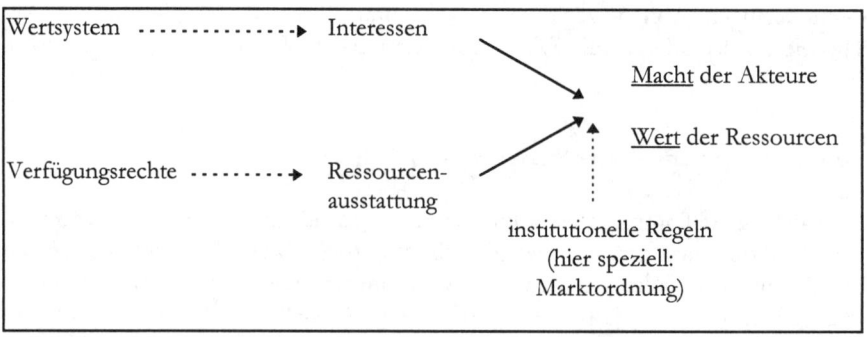

Abb. 2: Recht und Macht in der Rational Choice-Theorie (Einflüsse der institutionellen Rahmenordnung, die in der Rational Choice-Theorie externalisiert werden, sind durch gestrichelte Pfeile dargestellt)

Wir erkennen nun deutlicher, wie sich die in 1.1 diskutierte Vorordnung des Individuums vor die Gesellschaft (hier als Markt konzipiert) in der Rational Choice-Theorie konkret ausdrückt: Wertsystem, ursprüngliche Verteilung der Verfügungsrechte und die die Tauschhandlungen ermöglichende institutionelle Ordnung werden externalisiert, d.h. als gegeben vorausgesetzt und für die Analyse in die Randbedingungen verwiesen. Zwar können die Externalisierungen punktuell wieder aufgehoben werden, etwa wenn die Entstehung von sozialen Normen in den verschiedenen Varianten der Institutionenökonomik[6] zum Gegenstand einer Rational Choice-Erklärung wird, aber auch hier wird bereits eine bestehende

---

5 Wert und Macht werden durch die Lösung von Eigenwertgleichungen bestimmt. Bei geeigneten Voraussetzungen kann die Existenz, Eindeutigkeit und Stabilität einer Lösung nachgewiesen werden (vgl. Kappelhoff 1993, S. 102 ff).

6 Vgl. Coleman (1991) sowie die Beiträge von Wieland und von Pirker in diesem Band.

institutionelle Ordnung als Grundlage des Arguments vorausgesetzt (2.2). Theoriesystematisch führt der Versuch einer individualistischen Letztbegründung von Gesellschaft also in die bekannte Situation des Münchhausen-Trilemmas:[7] Entweder man riskiert den dogmatischen Abbruch in einer naturrechtlichen Axiomatik des Individuums, die im modernen Gewand meistens in soziobiologischer Verkleidung erscheint, oder man gerät in einen logischen Zirkel bzw. in einen infiniten Regreß.

1.3.2 Die Dialektik von Macht und Recht

Diese Problematik der individualistischen Fundierung wird besonders an der Ableitung der Macht als Verfügen über wertvolle Ressourcen (Kaufkraft) in einem Tauschsystem deutlich. Wie gesehen, ergibt sich die Macht der Akteure aufgrund einer systeminternen Bewertung ihrer Ressourcenausstattung bei vorausgesetzten Verfügungsrechten. Wie wird aber die von Coleman als Verfassung bezeichnete ursprüngliche Verteilung der Verfügungsrechte rational choice-theoretisch erklärt? Folgen wir der Argumentation von Coleman (1991, S. 56), so entstehen Rechte durch intersubjektiven Konsens, der sich darin äußert, daß alle Betroffenen den Rechtsanspruch eines Akteurs hinnehmen und in diesem Sinne anerkennen. Streng individualistisch geht Coleman dabei zunächst von einem „System von Privatwelten" aus, d.h., von einer „Struktur von Rechten ..., die für jeden Akteur des Systems subjektiv existiert" (1991, S. 62). Damit hat sich das Problem der Entstehung einer sozialen Ordnung auf die Frage verlagert, wie aus diesen verschiedenen privaten Sichtweisen von „Rechten" eine einheitliche Rechtsauffassung entsteht. Coleman postuliert hier „eine allgemeine Tendenz, die Sichtweisen verschiedener Personen über die Verteilung von Rechten mit der Zeit in Übereinstimmung zu bringen" (1991, S. 63) – ein Argument, das theoretisch nicht weiter begründet wird und letztlich an eine prästabilierte Harmonie der subjektiven Rechtsauffassungen appelliert.

Schaut man sich das Argument genauer an, so wird dabei zunächst einmal ein gemeinsames Verständnis der gesellschaftlichen Wirklichkeit, also ein intersubjektiv geteiltes Wissenssystem (vgl. Berger/Luckmann 1980) vorausgesetzt. Erst auf der Grundlage einer gemeinsamen Wirklichkeitskonstruktion kann nämlich überhaupt gefragt werden, worauf die Anerkennung konkreter Rechtsansprüche von Akteuren beruht. Die Antwort ist verblüffend einfach und in der Rational Choice-Theorie auch gar nicht anders denkbar: Der Konsens über ein Verfügungsrecht ergibt sich letzlich aus der Verteilung der Macht zwischen den beteiligten Akteuren (vgl. Coleman 1991, S. 67 ff.). Die Geltung eines Rechts als Folge

---

7 Der Versuch einer Letztbegründung führt notwendig entweder in einen infiniten Regreß, in einen logischen Zirkel oder zu einem dogmatischen Abbruch – also in das von Albert (1991, S. 15) so genannte Münchhausen-Trilemma.

der Anerkennung durch die Betroffenen bedeutet also lediglich, daß diese nicht über genug Macht verfügen, die Durchsetzung des Rechtsanspruches zu verhindern. Damit ist eine extrem positivistische Rechtsauffassung in der Rational Choice-Theorie verbunden, die „Rechte" an die aktuelle Machtbalance zwischen den Akteuren zurückbindet und Fragen der gerechten Verteilung von Rechten in das Wolkenkuckucksheim moralphilosophischer Spekulationen verweist – es sei denn, die aus diesen Spekulationen erwachsenden Ansprüche auf Verfügungsrechte sind machtpolitisch abgestützt. Wegen der zentralen Bedeutung des Arguments zitieren wir noch einmal Coleman (1991, S. 66):

> „In Hinblick auf die Rechtstheorie, die auf einem von Macht bestimmten Konsens basiert, kann man danach fragen, wie Rechte verteilt werden sollten. ... Aus unserer Theorie folgt, ..., daß die existierende Verteilung von Rechten die richtige ist. ... Die Theorie impliziert, daß Moralphilosophen, die die rechte Verteilung von Rechten erforschen wollen, im Wolkenkuckucksheim nach dem Stein der Weisen suchen."[8]

Allerdings räumt Coleman im Zusammenhang mit der Diskussion eines Beispiels über die Neuverteilung der Verfügungsrechte beim Rauchen durch veränderte Informationen über die Gefahren des Passivsrauchens ein, „daß Informationen beim Verändern von Rechten durch das Verändern von Überzeugungen eine Rolle spielen" und „daß in der Kontrolle von Informationen ein enormes Machtpotential liegt." (S. 69). Im weiteren verzichtet Coleman aber auf eine systematische Berücksichtigung der Wissensproblematik als einer zusätzlichen Dimension im strategischen Handlungskalkül. Schon der Versuch, auch nur eine rein manipulative Veränderung von Überzeugungen rational choice-theoretisch zu modellieren, würde dazu zwingen, den symbolischen Handlungsraum als variabel zu konzipieren und damit die Theorie mit einem zusätzlichen Freiheitsgrad auszustatten, der den engen Mechanismus der Rational Choice-Theorie sprengen würde. Dies gilt natürlich um so mehr, wenn man versuchen wollte, Prozesse diskursiver Verständigung als kommunikative Rationalität (vgl. z.B. Habermas 1981) rational choice-theoretisch zu erfassen.

Entscheidend für das Argument ist die theoriesystematische Notwendigkeit, Rechte in der Rational Choice-Theorie entweder zu externalisieren oder auf Macht als Voraussetzung der Durchsetzung von Rechtsansprüchen zu reduzieren. Ob man dies als logischen Zirkel oder infiniten Regreß begreift, ist letztlich irrelevant. Auf jeden Fall ist der Versuch gescheitert, eine eigenständige Theorie von Verfügungsrechten zu entwickeln, um so die Konzeption einer ursprünglichen

---

8 Noch einmal wollen wir darauf hinweisen, daß gemäß der Rational Choice-Theorie natürlich auch Moralphilosophen als Mitglieder eines konkreten Handlungssystems ihre Argumente zu Gehör bringen können - allerdings wird das Gewicht dieser Argumente durch die Macht bestimmt, die zu ihrer Unterstützung mobilisiert werden kann. In diesem Zusammenhang wird man unwillkürlich an die legendäre Frage Stalins erinnert, über wie viele Divisionen eigentlich der Papst verfüge.

Verfassung des Sozialsystems ohne Rekurs auf Machtprozesse einführen zu können. Macht und Recht sind in der Rational Choice-Theorie untrennbar miteinander verwoben und müssen dies wegen der eindimensionalen Anlage der Theorie auch notwendig sein.

1.4 Komplexität: Emergenz von unten, Konstitution von oben

Die Rational Choice-Theorie verspricht eine Verknüpfung von methodologischem Individualismus und theoretischem Institutionalismus (vgl. Popper 1962 sowie Agassi 1975). Da sich die Kerntheorie als Handlungstheorie auf die Mikroebene bezieht und die zu erklärenden Phänomene als Handlungszusammenhänge auf der Makroebene angesiedelt sind, müssen dazu zwei Übergänge bewältigt werden: Einmal der Makro-Mikro-Übergang, also die Konstitution der Randbedingungen des Handelns, und zum anderen der Mikro-Makro-Übergang, also die Emergenz von Systemeigenschaften auf der Ebene der Handlungszusammenhänge (vgl. das MMM-Schema der Erklärung in der Rational Choice-Theorie in 1.1.2). Da lokale Interdependenzen durchaus in den Handlungskalkül eines rationalen Akteurs Einzug finden können, ist die Rational Choice-Theorie grundsätzlich als strukturell-individualistisch zu charakterisieren (vgl. z.B. Ziegler 1986). So sind z.B. spieltheoretische Modelle struktureller Interdependenz durchaus in der Lage, Wechselwirkungen zwischen den Handlungsbedingungen der beteiligten Akteure zu berücksichtigen, so daß grundsätzlich auch die Eigendynamik dieser Wechselwirkungen thematisiert werden kann.[9] Allerdings müssen bei dieser positiven Einschätzung drei wesentliche Einschränkungen gemacht werden: Zum einen wird häufig mit dem Marktmodell ein Modell parametrischer Interdependenz verwendet, das auf einer einfachen Aggregationslogik beruht. Im Modell des Marktgleichgewichts orientieren sich die Marktteilnehmer nämlich allein an den als gegeben vorausgesetzten Gleichgewichtspreisen. Soziale Beziehungen zwischen den Marktteilnehmern werden im Modell des vollkommenen Marktes nicht weiter berücksichtigt; soziale Interdependenzen werden parametrisch aufgelöst (vgl. Kappelhoff 1993). Zum zweiten werden die spieltheoretischen Modelle struktureller Interdependenz schnell so komplex, daß sie analytisch nicht mehr handhabbar sind, wenn man nicht äußerst realitätsfremde Annahmen machen will, die die Anwendbarkeit dieser Modelle entscheidend einschränken. Schließlich wird fast durchgängig mit Gleichgewichtslösungen gearbeitet, ohne daß die sozialen Prozesse, die eventuell zu einem Gleichgewicht führen könnten, überhaupt in den Blick kommen.

Wenn man nicht einfach voraussetzen will, daß die strukturellen Interdependenzen zwischen den Marktteilnehmern durch Gleichgewichtspreise parame-

---

9 Allerdings ist der Begriff der Rationalität in Situationen struktureller Interdependenz nur noch kontextabhängig zu interpretieren (vgl. Coleman 1994, S. 333 ff.).

trisch aufgelöst werden, ist man gezwungen, Transaktionen im Ungleichgewicht zuzulassen, die sozialen Beziehungen zwischen den Marktteilnehmern zu berücksichtigen und, was das Schwierigste ist, eine Theorie rationalen Handelns unter diesen Bedingungen, also bei unvollkommener Information, Unsicherheit und strategischen Interdependenzen zu formulieren, die der Komplexität der Handlungssituation entspricht und gleichzeitig einfach genug ist, um überhaupt eine Chance zu bieten, den Mikro-Makro-Übergang modellieren zu können. Hier sollen im folgenden wenigstens kurz die Umrisse einer Komplexitätstheorie skizziert werden, die sich an der neueren Entwicklung des Selbstorganisationsparadigmas in der Mathematik, den Naturwissenschaften und der Evolutionsbiologie orientiert und die zumindest einige qualitative Schlußfolgerungen auch für die Bewältigung des Mikro-Makro-Übergangs in den Sozialwissenschaften zuläßt.

Soziale Handlungszusammenhänge müssen grundsätzlich als dynamische Ungleichgewichtssysteme konzipiert werden, die kooperative Elemente mit einer Tendenz zur Selbstverstärkung ebenso enthalten wie antagonistische Elemente latenten oder auch offenen Konflikts – und dies alles in Situationen, die durch Unsicherheit und unübersichtliche Interdependenzketten charakterisiert sind und in denen ständig neue Handlungsstrategien ausprobiert werden. Gerade diese ständige Produktion von Erstmaligkeit (vgl. 1.2.2) ist eine Eigenschaft von offenen strukturbildenden Systemen, die für ihre Anpassungsfähigkeit von entscheidender Bedeutung ist. Wie die Ergebnisse der neueren Systemtheorie zeigen, sind soziale Tauschsysteme als komplexe Systeme mit einer Vielzahl von ineinander verschachtelten positiven und negativen Rückkopplungsschleifen zur Selbstorganisation fähige Gebilde, die über eine komplexe interne Dynamik verfügen (vgl. Kappelhoff 1993). Neben stabilen Gleichgewichten können stabile Grenzzyklen und multistabile Bereiche ebenso auftreten wie chaotische Systemzustände. Darüber hinaus kann ihre Entwicklung sowohl durch äußere Zufallsvariationen als auch durch interne Mikrofluktuationen beeinflußt werden. Dadurch treten an sogenannten Verzweigungspunkten Systembrüche auf, die irreversible Entwicklungen auslösen und damit als Elemente der Geschichte des Systems verstanden werden können. Beispiele für solche Entwicklungen sind sowohl in der Markttheorie in Hinblick auf Netzwerkexternalitäten (vgl. z.B. Katz/Shapiro 1994) als auch in der Organisationstheorie in Hinblick auf die Entstehung von neuen Industrien (vgl. z.B. McGuire et al. 1993) thematisiert worden.[10] Im Zusammenhang

---

10 Positive (negative) Netzwerkexternalitäten entstehen, wenn das Handeln eines Akteurs positive (negative) Effekte für einen anderen Akteur hat, z.B., wenn der Nutzen eines Produkts von der Anzahl der Nutzer abhängt - so hängt z.B. der Nutzen eines Telefons von der Anzahl der Teilnehmer im Telefonnetz ab. Kommt es in einem solchen Zusammenhang zu einer Konkurrenzsituation zwischen mehreren Anbietern, die verschiedene, nicht miteinander kompatible technische Lösungen (z.B. Video-Systeme oder PC-Prozessoren) oder verschiedene Standardisierungen (z.B. die QWERTY-Tastatur oder ein bestimmtes Betriebssystem) vertreten, so können historisch kontingente Anfangsvorteile zu einer langfristigen Marktbeherrschung führen. Generell gilt, daß solche Entwicklungen durch Pfadabhängigkeit, Irreversibilität und multistabile Gleichgewichte charakterisiert sind - insbesondere muß

mit der Beurteilung der sozialen Effizienz von institutionellen Arrangements und speziell von Organisationsverfassungen werden wir auf diesen Punkt noch einmal zurückkommen (vgl. 3.2).

Die Bewältigung des Mikro-Makro-Übergangs verlangt also die Integration von systemtheoretischen Erkenntnissen in die Rational Choice-Theorie, die den individualistischen Erklärungsanspruch der Theorie weiter ausdünnen, da neben der individuellen Handlungslogik auf der Mikroebene auch die Eigengesetzlichkeit der Systemzusammenhänge eine entscheidende Bedeutung für die emergenten Makrophänomene hat (vgl. Kappelhoff 1995b). Hier ist durchaus eine Parallele zu der kritischen Diskussion um die neodarwinistische Synthese in der modernen Evolutionstheorie zu sehen, der zunehmend vorgehalten wird, mit ihrem genzentrierten Prinzip („Egoismus der Gene") nicht in der Lage zu sein, Entwicklungen der Makroevolution, etwa die Entstehung neuer Organisationsebenen wie der eukaryontischen Zelle, des funktional differenzierten Zellverbands oder des Gehirns erklären zu können.[11] Mit Recht wird argumentiert, daß die genzentrierte Evolutionstheorie um eine Komplexitätstheorie ergänzt werden muß, die etwa in der Lage sein sollte, denkmögliche Systemzustände als Attraktoren in einem morphogenetischen Raum zu bestimmen (vgl. z.B. Kauffman 1993; Lewin 1993).

Übertragen auf die Sozialtheorie bedeutet dies, daß Formen sozialer Organisationen zum Gegenstand einer solchen Komplexitätstheorie gemacht werden müssen. Dabei können soziale Tauschsysteme nicht allein als Netzwerke sozialer Interdependenzen verstanden werden, die sich aus den Interessen und verfügbaren Ressourcen der beteiligten Akteure ableiten lassen. Darüber hinaus muß berücksichtigt werden, daß ein Tauschsystem in ein sozialkulturelles System von allgemeinen Überzeugungen, von Werthaltungen und von institutionellen Regelungen, die die Verfügungsrechte und die Modalitäten des Tausches bestimmen, eingebettet ist und nur vor diesem Hintergrund funktioniert. Das Tauschsystem ist also einerseits durch seine institutionellen Voraussetzungen sozialkulturell konstituiert; andererseits bestätigt oder modifiziert es diese Voraussetzungen im Prozeß seines Operierens (vgl. 2.1). Damit ist der morphogenetische Raum, in dem sich ein Tauschsystem im Laufe seiner Entwicklung bewegt, von dem System selbst zumindest teilweise mitbestimmt.[12] In dieser Wechselwirkung der

---

sich nicht notwendig die effizienteste Lösung durchsetzen (vgl. z.B. Arthur 1988a sowie Ortmann 1995a, S. 253 ff.).

11 Vgl. etwa Griffiths/Gray (1994) oder generell die Diskussion um den Hauptartikel von Mayr (1994) in „Ethik und Sozialwissenschaften".

12 Dies gilt auch für die Evolution des Gehirns. Die spezifische Struktur der zerebralen Schaltkreise hängt auch von der individuellen Aktivität des Organismus und den Einflüssen der natürlichen und sozialen Umwelt ab. Dies betrifft insbesondere die evolutionär modernen Gehirnteile, die sich bis ins Jugendalter hinein in Wechselwirkung mit der Umwelt in einem selbstorganisierten Prozeß auf genetischer Grundlage entwickeln (vgl. Damasio 1995, S. 155 ff.). Das menschliche Gehirn ist also ein Produkt der Gen-Kultur-Koevolution (allgemein zur Gen-Kultur-Koevolution vgl. Boyd/Richerson 1985). Auch die neuronale Or-

Konstitution von oben und der Emergenz von unten konzentriert sich die Rational Choice-Theorie schwerpunktmäßig auf die Erklärung des Handelns unter
gegebenen Randbedingungen und damit auf die Emergenz von unten. Die Einbeziehung der Erklärung der Randbedingungen, also der Konstitution von oben,
in einen dynamischen Prozeß gegenseitiger Wechselwirkungen verlangt die Ergänzung durch Theorien, die die Entstehung und Veränderung von Überzeugungen, Werthaltungen und institutionellen Regeln gestattet. Auch dabei kann die
Rational Choice-Theorie wertvolle Hilfestellungen leisten. Versuche, diese Erklärlast allein der Rational Choice-Theorie aufzubürden, scheitern aber, wie im
nächsten Abschnitt noch im einzelnen zu belegen sein wird, an der damit verbundenen eindimensionalen Reduktion der sozialen Wirklichkeit und an dem
Problem des infiniten Regresses.

2. Die gesellschaftliche Organisation antagonistischer Kooperation

Aus der Sicht der Rational Choice-Theorie erscheint soziale Interaktion als
Tausch zwischen autonomen Akteuren (vgl. Kappelhoff 1993). Sozialer Tausch
kann als eine Form antagonistischer Kooperation angesehen werden, da die
Tauschpartner einerseits ein gemeinsames Interesse an dem Zustandekommen
des Tausches haben, da sie nur so einen Kooperationsgewinn erzielen können;
andererseits haben sie aber ein Interesse daran, die Tauschrate einseitig zu ihren
Gunsten zu verändern, um so den eigenen Tauschgewinn zum Nachteil des
Tauschpartners zu vergrößern. Tausch als antagonistische Kooperation autonomer Akteure kann gesellschaftlich auf unterschiedliche Weise als soziales Tauschsystem organisiert werden: einerseits durch normative Steuerung in einer traditionalen Gemeinschaft, andererseits durch marktförmige Selbstorganisation eigen-
interessierter Handlungen im Rahmen einer Marktordnung und schließlich durch
hierarchische Koordination von Positionen in einer bewußt konstruierten formalen Organisation. Formale Organisationen können also als spezifische Lösungen
des *allgemeinen* Problems der sozialen Organisation antagonistischer Kooperationen verstanden werden. Es ist daher sinnvoll, zunächst das theoriesystematisch
vorgeordnete allgemeine Problem sozialer Ordnung, also der gesellschaftlichen
Koordination antagonistischer Kooperation in einem sozialen Tauschsystem, aus
der Sicht der Rational Choice-Theorie zu behandeln, bevor wir uns den formalen
Organisationen als korporativen Akteuren, also der für moderne Gesellschaften
charakteristischen Organisationsform, zuwenden (3.).

---

ganisation des Gehirns ist also zumindest partiell sozial konstituiert - ein weiteres Argument
gegen den methodologischen Individualismus.

2.1 Soziale Tauschsysteme als sozial produktive Ungleichgewichtssysteme

2.1.1 Grundzüge sozialer Organisation

Um die grundlegenden Aspekte der Problematik sozialer Organisationen besser verstehen zu können, beginnen wir mit einem auf den ersten Blick zwar etwas abseitigen, dafür aber um so fundamentaleren Organisationsproblem, nämlich der Konstitution von sozialer Ordnung in einfachen Gesellschaften durch das Verwandschaftssystem. Wir folgen dabei der Analyse von Claude Lévi-Strauss (1984) über „die elementaren Strukturen der Verwandschaft". Danach kennzeichnet die symbolische Konstruktion von Verwandschaft als klassifikatorisches Verwandschaftssystem den Übergang von der biologischen Tatsache der Konsanguinität zur kulturellen Tatsache der Allianz. Durch Inzestverbot und Exogamieregeln wird eine soziale Knappheit erzeugt, die zum Austausch von Frauen zwischen Abstammungsgruppen zwingt. Aus den jeweils spezifischen Formen von Heirats- und Abstammungsregeln ergibt sich die fundamentale soziale Organisation als Struktur von Austauschbeziehungen bzw. als System von Allianzen zwischen Abstammungsgruppen. Das strukturprägende Prinzip der Gegenseitigkeit ist am besten im Falle der bilateralen Kreuzkusinenheirat zu erkennen, die eine *wechselseitige* Austauschbeziehung (Frauentausch) zwischen zwei Abstammungsgruppen impliziert.[13] Neben dieser direkten Reziprozität nach dem Prinzip des *do ut des* sind auch komplexere Organisationsformen auf der Grundlage der matrilateralen Kreuzkusinenheirat möglich. Dabei entsteht ein System *einseitiger* Tauschbeziehungen mit lediglich indirekter Reziprozität, das zyklisch geschlossen ist; es handelt sich also um eine echte multilaterale Tauschbeziehung zwischen mehreren Abstammungsgruppen, die nicht auf ein System bilateraler Beziehungen reduziert werden kann (vgl. Kappelhoff 1993, S. 8). Das Tauschsystem funktioniert als Ganzes oder überhaupt nicht; darin besteht die Einheit des Tauschsystems als eines Systems von Interdependenzen. Komplexere Tauschsysteme können auch Kombinationen beider Tauschformen enthalten, wie etwa der berühmte Kula-Ring (vgl. Malinowski 1979). Bei dem Kula-Tausch handelt sich es um einen zeremoniellen Tausch von zwei verschiedenen Arten von sozialen Wertgegenständen bzw. Prestigeobjekten, nämlich Armreifen und Halsketten, die sich jeweils in einem geschlossenen Zyklus einseitiger Tauschbeziehungen in gegenläufiger Richtung durch das Tauschsystem bewegen und damit lokal einen zeitverzögerten

---

13 Die Frauen der eigenen Abstammungsgruppe stellen jeweils Parallelkusinen, die der anderen Abstammungsgruppe dagegen Kreuzkusinen in dem klassifikatorischen Verwandschaftssystem dar (vgl. Kappelhoff 1993, S. 7). Die bilaterale Kreuzkusinenheirat schreibt die Heirat von Frauen aus der jeweils anderen Abstammungsgruppe vor. Der dadurch induzierte wechselseitige Frauentausch impliziert eine duale Organisation, die einfachste denkbare gesellschaftliche Organisationsform. Die matrilaterale Kreuzkusinenheirat schreibt die Heirat der Mutterbrudertochter vor - ein wechselseitiger Frauentausch ist in diesem Fall strukturell ausgeschlossen.

bilateralen Tausch von Armreifen gegen Halsketten konstituieren, wie schematisch in Abb. 3 dargestellt.

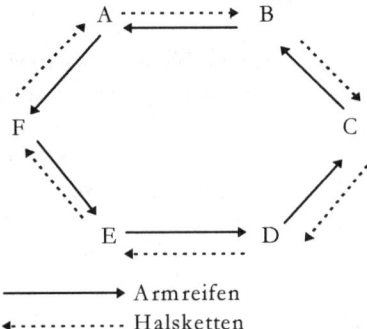

Abb. 3: Schematische Darstellung des Kula-Tausches

Das Kula ist ein riesiges Netz intertribaler Beziehungen in der melanesischen Inselwelt, durch das eine politische Friedensordnung in einem geographisch weitverzweigten Gebiet geschaffen wird, die ökonomischen und kulturellen Austausch zwischen den beteiligten Stammesgesellschaften erst möglich macht.

Wir fassen einige allgemeine Eigenschaften sozialer Organisationen durch Austauschbeziehungen in einfachen Gesellschaften zusammen – Marcel Mauss (1968) spricht in diesem Zusammenhang von einem System von Gaben (vgl. Kappelhoff 1995a):

1. Das System von Gaben ist die älteste Wirtschafts- und Rechtsordnung, die wir kennen. Die soziale Organisation ist gleichzeitig durch moralische Verpflichtungen und ökonomische Rationalität gekennzeichnet. Systeme von Gaben sind also einerseits allgemein durch Reziprozitäts- und Solidaritätsnormen und speziell durch eine Vielzahl spezifischer Tauschnormen geregelt, lassen aber durchaus einen Spielraum für strategisches Handeln und Verhaltensvariationen, die die Adaptivität des Systems als Ganzes sicherstellen.

2. Die Akteure handeln in der Regel als Repräsentanten von Gruppen (z.B. von Verwandschaftsgruppen oder Dorf- bzw. Stammesgemeinschaften). Dadurch entsteht eine in der Tiefe gestaffelte Sozialorganisation, in der die Einheiten der höheren Ebene intern wieder als Tauschsysteme zu verstehen sind. Auch komplexere Formen der Sozialorganisation sind, wie die zyklisch verbundenen einseitigen Tauschformen zeigen, nicht notwendig an eine Zentralautorität gebunden. Dennoch sind zentralisierte Tauschformen (redistributive Systeme im Sinne von Polanyi 1978) ein entscheidendes Element von komplexen Formen der Sozialorganisation, in denen sich Autorität und Moralität gegenseitig stabilisieren.

3. Systeme von Gaben sind mehr als nur Netzwerke miteinander verbundener

Tauschbeziehungen; sie sind Ausdruck einer globalen, nicht auf eine bilaterale Tauschlogik zu reduzierenden Sozialorganisation, deren Funktionsweise nur als Ganzes zu verstehen ist. Durch sein erfolgreiches Funktionieren reproduziert ein System von Gaben seine eigenen Grundlagen. Dies gilt sowohl für die soziale Organisation der zugrunde liegenden Tauschbeziehungen wie auch für die das Tauschsystem steuernde Tauschmoralität. Damit können Tauschsysteme am besten als *sozial produktive dynamische Ungleichgewichtssysteme* verstanden werden.

2.1.2 Positionale Macht

Strukturell kann ein Tauschsystem als Netzwerk von Tauschbeziehungen dargestellt werden. Mit Emerson (1976) definieren wir ein Netzwerk von Tauschbeziehungen als eine Menge miteinander *verbundener* Tauschbeziehungen und unterscheiden zwischen positiver bzw. negativer Verbundenheit, je nachdem, ob eine Transaktion in der einen Tauschbeziehung die Chance einer entsprechenden Transaktion in der anderen Tauschbeziehung erhöht bzw. vermindert. Negative Verbundenheit von Tauschbeziehungen ist charakteristisch für ökonomische Konkurrenzsituationen, während positive Verbundenheit Ausdruck von Ressourcenflüssen durch das System ist, etwa im Falle von Kommunikationsnetzwerken und insbesondere von einseitigen Tauschzyklen (vgl. auch Abb. 3). Im Unterschied zu der engen Definition von Emerson beschränken wir den Begriff des Tauschnetzwerkes also nicht auf bilaterale Tauschbeziehungen, sondern lassen ausdrücklich auch einseitige Tauschbeziehungen wie etwa einseitige Tauschzyklen, Systeme zentrierter Redistribution und generell alle Formen indirekten Tausches zu, die in ihrer Tauschlogik nur als globale Systeme zu verstehen sind.[14]

Soziale Organisationsformen können analytisch als komplexe Tauschsysteme betrachtet werden. Durch diese allgemeine Betrachtungsweise wird nicht schon rein definitorisch ein Gegensatz zwischen Systemen bilateralen und multilateralen Tauschs, zwischen Markt und Hierarchie und damit theoretisch zwischen Selbstorganisation und vertraglicher Konstitution, zwischen *ursprünglicher* und *konstruierter Sozialorganisation* aufgebaut, wie dies in den Arbeiten von Coleman (1991) und Viktor Vanberg (1982) geschieht.[15] Der Ansatz bleibt insbesondere offen für die

---

14 Die Untersuchung der Verbundenheitsstruktur von Organisationsprozessen ist die unabdingbare Grundlage einer jeden Analyse von Netzwerken in und zwischen Organisationen. Theoretisch wichtige Unterscheidungen, etwa die zwischen wechselseitiger, unabhängiger und globaler Existenzfähigkeit sowie die zwischen vorwärts und rückwärts gerichteter Kontrolle, können nur vor dem Hintergrund einer solchen Analye der Verbundenheitsstruktur von Organisationsprozessen sinnvoll getroffen und verfeinert werden (vgl. Coleman 1992, S. 134 ff.).

15 Nach Coleman (1991, S. 53 ff.) ist die ursprüngliche Sozialorganisation durch einfache (persönliche, bilaterale) soziale Beziehungen charakterisiert und die konstruierte Sozialorganisation durch komplexe (formale, multilaterale). Diese Gegenüberstellung ist im Lichte der

vielfältigen Formen sozialer Organisation, die *zwischen* Markt und Hierarchie eingeordnet werden, im Grunde aber Organisationsformen darstellen, die einer jeweils spezifischen Tauschlogik folgen, also *weder* Markt *noch* Hierarchie darstellen (vgl. Powell 1990), wie etwa marktanaloge Tauschformen in Organisationen (vgl. Eccles/White 1988) oder strategische Netzwerke in Märkten (vgl. Sydow 1992).

Die Struktur der Tauschnetzwerke bestimmt die Anzahl der Tauschalternativen und kann daher zum Ausgangspunkt einer operationalisierbaren Theorie relationaler Macht gemacht werden, wie sie von der Gruppe um Emerson entwickelt wurde (vgl. Emerson 1962; Cook/Emerson 1978; Cook et al. 1983; Cook/ Emerson 1984). Gibt man nämlich die idealisierende Voraussetzung eines vollkommenen Marktes auf und betrachtet reale Tauschnetzwerke, so hängt Macht nicht allein von der Verfügung über wertvolle Ressourcen und die dadurch induzierte Abhängigkeit anderer Akteure ab (Macht als Kaufkraft im Sinne von Coleman; vgl. 1.3), sondern auch von der Anzahl der verfügbaren Tauschalternativen und den Tauschalternativen der Tauschpartner usw., d.h. von der Struktur des Tauschnetzwerkes insgesamt. Dabei zeigt sich, daß in negativ verbundenen Tauschnetzwerken nicht, wie intuitiv einleuchtend, die zentralen Positionen über die meiste Macht verfügen, sondern die semiperipheren. Zur Illustration betrachten wir das in Abb. 4 dargestellte Tauschnetzwerk:

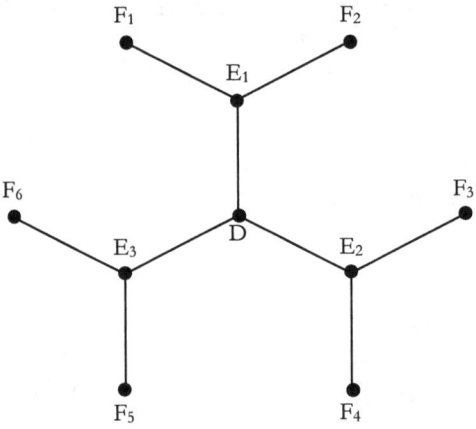

Abb. 4: Tauschnetzwerk (nach Cook et al. 1983)

Setzt man voraus, daß alle Akteure über die gleiche Ressourcenmacht verfügen, so erweist sich die semiperiphere E-Position als die mächtigste. Der D-Akteur ist

---

Diskussion in 2.1.1 nicht aufrechtzuerhalten und bedingt eine schiefe theoretische Perspektive, die zu entsprechenden Verzerrungen in der sozialkritischen Analyse der modernen Organisationsgesellschaft führt (vgl. insbesondere 3.3).

trotz seiner drei Tauschbeziehungen auf die E-Akteure angewiesen, da diese in den F-Akteuren über eine strukturell schwächere Tauschalternative verfügen. Letzlich ist die Position des zentralen D-Akteurs also ebenso machtlos wie die der peripheren F-Akteure. Für positiv verbundene Tauschnetzwerke gilt dagegen das intuitiv erwartete Ergebnis, d.h. die zentralste Position verfügt auch über die größte Macht.

Demnach wäre in unserem Beispielnetzwerk der D-Akteur am mächtigsten, da fast alle Ressourcenflüsse zwischen den anderen Akteuren im System durch die D-Position vermittelt werden. Bereits diese skizzenhafte Diskussion von Ergebnissen der relationalen Machttheorie zeigt, daß die Erweiterung des Machtbegriffs durch eine relationale Komponente für die Untersuchung von Macht in sozialen Organisationsformen, die von dem Ideal eines vollkommenen Marktes abweichen, von ausschlaggebender Bedeutung ist. Dies gilt für die Untersuchung von Machtbeziehungen innerhalb von Organisationen in gleicher Weise wie für die Untersuchung von Macht in interorganisationalen Netzwerken.[16]

2.2 Die Emergenz sozialer Normen und die Bedeutung sozialen Kapitals

2.2.1 Die Effizienz sozialer Normen

Solange alle Tauschsysteme idealtypisch als vollkommene Märkte betrachtet werden, sind theoretische Betrachtungen über die Struktur von Tauschbeziehungen und die sich daraus ergebenden Konsequenzen für die relationale Macht der Akteure gegenstandslos. Tauschbeziehungen sind in einer idealen Welt ohne Transaktionskosten kein theoretisch relevanter Faktor. Das soziale Optimum wird ohne „Reibungsverluste" erreicht, der vollkommene Markt ist sozial effizient. Dies gilt selbst dann, wenn externe Effekte bestehen, da die dazugehörigen Verfügungsrechte auf einem vollkommenen Markt ohne Probleme gehandelt werden können, so daß es zu einer effizienten Rechtsallokation kommt – es gilt das Coase-Theorem.[17] In einer realen Welt mit von Null verschiedenen Transaktionsko-

---

16 Allerdings argumentiert die Machtabhängigkeitstheorie der Emerson-Gruppe auf der Ebene von Netzwerken von Tauschbeziehungen, d.h. die elementare Analyseeinheit der Theorie ist die durch die verbundenen bilateralen Austauschbeziehungen implizierte Abhängigkeitsstruktur der Akteure untereinander. Eine explizite theoretische Ableitung der resultierenden Machtverteilungen aus dem strategischen Handlungskalkül der beteiligten Akteure fehlt bisher (vgl. Kappelhoff 1993). Damit wird noch einmal die für die Rational Choice-Theorie zentrale, aber überaus schwierig zu bewältigende Mikro-Makro-Problematik angesprochen (vgl.1.4). Selbst im Fall einer exakt spezifizierten Netzwerkstruktur erweist es sich als äußerst schwierig, aus Annahmen über das individuell rationale Verhalten der Akteure auf emergente Systemeigenschaften zu schließen.

17 Wird z.B. durch die Produktion in einem Unternehmen die Umwelt belastet, so stehen die Interessen des produzierenden Unternehmens denen der durch die Umweltverschmutzung betroffenen Akteure gegenüber. Überwiegen die machtgestützten Interessen des Unternehmens an der umweltverschmutzenden Produktion, so wird es auf jeden Fall produzie-

sten kann bei Vorliegen von externen Effekten das soziale Optimum verfehlt werden, nämlich immer dann, wenn die Kosten für den erforderlichen Tausch von Verfügungsrechten zu hoch sind.[18] Paradigmatisch ist hier der Fall eines N-Personen-Gefangenendilemmas, wo die resultierende Gleichgewichtslösung Pareto-inferior ist, zumindest solange nicht zusätzlich eine Kooperationsnorm vorausgesetzt wird und damit eine zusätzliche Systemressource eingeführt wird.[19] In solchen Fällen besteht das „Bedürfnis" nach der Schaffung einer sozialen Norm, durch die die Verfügungsrechte in Pareto-effizienter Weise respezifiziert, d.h. die externen Effekte internalisiert werden.

Auch Coleman (1991) folgt in seiner machtgestützten Rational Choice-Theorie bis hierher der üblichen Argumentation. Wegweisend für die weitere Diskussion ist dann aber die Unterscheidung zwischen konjunkten und disjunkten Normen. Bei einer konjunkten Norm sind Zielakteure (Adressaten) und Nutznießer identisch, wie z.B. bei einer Kooperationsnorm im Falle des N-Personen-

---

ren, unabhängig davon, wie die Verfügungsrechte verteilt sind. Liegen diese nämlich anfangs bei den betroffenen Akteuren, wird das soziale Optimum dadurch erreicht, daß das Unternehmen den betroffenen Akteuren diese Rechte abkauft - eine effizienzsteigernde Transaktion, da qua Annahme die machtgestützten Interessen des produzierenden Unternehmens überwiegen. Sind dagegen die machtgewichteten Interessen der betroffenen Akteure stärker, so wird es auf keinen Fall zu einer Umweltverschmutzung kommen, da die betroffenen Akteure gegebenenfalls in der Lage sind, dem Unternehmen die Eigentumsrechte für die Produktion abzukaufen. Das soziale Optimum wird also unabhängig von der ursprünglichen Verteilung der Verfügungsrechte erreicht - der vollkommene Markt sorgt stets für eine effiziente Rechtsallokation. Allerdings hat die Verfassung des Systems, also die ursprüngliche Verteilung der Verfügungsrechte, Einfluß auf die Machtverteilung (Kaufkraft der Akteure) und damit auf die Gestalt des erreichten Optimums. Auch hier besteht eine exakte Parallele zu einem vollkommenen Markt ohne externe Effekte, denn auch hier hängt das erreichte soziale Optimum von der Anfangsverteilung und damit von der Ressourcenmacht der Akteure ab (vgl 1.3).

18 Im Falle des in der vorangegangenen Fußnote diskutierten Beispiels wären hier zunächst einmal die Organisationskosten zu nennen, die die betroffenen Akteure aufbringen müßten, um dem umweltverschmutzenden Unternehmen als kollektiver Akteur gegenübertreten zu können. Darüber hinaus würden bei der vertraglichen Regelung der Rechtsallokation Anbahnungskosten (Informationsbeschaffung), Vereinbarungskosten (Aushandeln des Vertrags) und Kontrollkosten (Durchsetzung des Vertrags) entstehen.

19 Man kann allerdings fragen, welchen Sinn es macht, einen Zustand wechselseitiger Kooperationen als soziales Optimum zu bezeichnen, der zwar modelltheoretisch möglich ist, aber mangels einer Kooperationsnorm, also wegen fehlender sozialer Ressourcen, überhaupt nicht erreicht werden kann. Betrachtet man die soziale Situation als geschlossenes System mit vorgegebener Ressourcenausstattung, so ist der erreichte Pareto-inferiore Zustand notwendig *systemrelativ optimal.* Erweitert man umgekehrt das System durch Einführung zusätzlicher Ressourcen, wird auch ein vorher paretoeffizientes Marktgleichgewicht suboptimal, nämlich dann, wenn man die Kaufkraft (also die Ressourcenausstattung der Akteure) erhöht. Anders ausgedrückt: Im Falle des N-Personen-Gefangenendilemmas liegt die wechselseitige Kooperation außerhalb der Produktionsmöglichkeitskurve des Systems - einzig und allein durch den Übergang zu einem offenen System, das die zusätzliche Produktion einer Kooperationsnorm gestattet, kann das System Zustände höherer Effizienz erreichen. In letzter Konsequenz bedeutet dies, daß im Rahmen einer gegebenen Ressourcenausstattung jedes System notwendig sozial effizient ist, wenn man einen rationalen (und damit optimalen) Ressourceneinsatz voraussetzt.

Gefangenendilemmas. Die Kooperationsnorm, die eine individuelle Defektion auf Kosten aller anderen N-1 Akteure verbietet, gilt für alle Akteure gleichermaßen. Alle sind also Zielakteure der Kooperationsnorm, aber zugleich auch Nutznießer, da sie von dem normgerechten Verhalten aller anderen N-1 Akteure profitieren. In einem solchen Fall kann die Nutzenabwägung intrapersonell erfolgen: Jeder Akteur wird durch die Kooperationsnorm besser gestellt (wobei zunächst die Kosten für die Errichtung und Durchsetzung der Norm außer acht gelassen werden). Der Übergang von dem normlosen zu dem normativ geregelten Zustand ist Pareto-effizient. Daher kann ein sozialer Konsens über die Errichtung einer solchen Kooperationsnorm erreicht werden.

Anders im Fall einer disjunkten Norm, wo die Mengen der Zielakteure und der Normnutznießer voneinander verschieden (disjunkt) sind.[20] Betrachten wir etwa den Fall, wo sich Raucher als Zielakteure und Nichtraucher als Nutznießer einer Norm gegenüberstehen, die das Rauchen in Gegenwart von Nichtrauchern wegen der Gefahren des Passivrauchens verbietet. In diesem Fall führt eine intrapersonale Nutzenabwägung nicht weiter, da die neue Norm einige, nämlich die Nichtraucher als Nutznießer, besser und andere, nämlich die Raucher als Zielakteure, schlecher stellen würde. Die Etablierung einer neuen Norm bedeutet also im Gegensatz zum Fall der rein konjunkten Norm keinen Pareto-superioren Übergang mehr, durch den alle Akteure des Systems besser gestellt werden. Ganz im Gegenteil handelt es sich um einen reinen Zielkonflikt zwischen den Zielakteuren und den Normnutznießern, der nach der Machttheorie durch den Umfang der Ressourcen entschieden wird, den jede Seite zur Durchsetzung ihrer Interessen bereit ist einzusetzen. Überträgt man die Logik der Gleichungen aus 1.3.1 auf unser Problem (für eine exakte mathematische Analyse vgl. Coleman 1994, S. 153 ff.), so ist die Norm genau dann sozial effizient, wenn gilt:

$$\sum_{i \in N} x_{ki} r_i > \sum_{j \in Z} x_{kj} r_j \, ,$$

wobei x_{ki} das Interesse der Nutznießer ($i \in N$) an der Errichtung der Norm und x_{kj} das Interesse der Zielakteure ($j \in Z$) an der Verhinderung der Etablierung der Norm ausdrückt (wie in 1.3.1 bezeichnen r_i bzw. r_j die Macht der jeweiligen Akteure).

In diesem Zusammenhang ist es wichtig, sich noch einmal die Formel für den Wert eines Ereignisses im System zu vergegenwärtigen (1.3.1) – der Systemwert ist gerade die Summe der machtgewichteten Interessen. Eine rein disjunkte Norm ist also genau dann sozial effizient, wenn ihr systemübergreifender Wert positiv ist, wenn also der Wertzuwachs der Normnutznießer größer ist als der Wertverlust der Zielakteure. Das bedeutet: Käme es zu einem offenen Konflikt

---

20 Natürlich sind zwischen den beiden Extremen einer rein konjunkten und einer rein disjunkten Norm einer Reihe von Zwischenformen denkbar (vgl. Coleman 1991, S. 318 ff.).

über die Etablierung der Norm, würden die Nutznießer mehr Ressourcen für die Errichtung der Norm mobilisieren können als die Zielakteure dagegen. *Soziale Effizienz ist also immer nur relativ zur Machtverteilung im System zu interpretieren.* Erweitert man den Colemanschen Machtbegriff um den von Emerson eingeführten relationalen Aspekt, eine Erweiterung, die sich theoriesystematisch wegen der Abweichung vom Ideal eines vollkommenen Marktes und dem Zulassen von Transaktionskosten im Modell geradezu anbietet, so wird deutlich, daß gerade die soziale Einbettung ökonomischer Aktivitäten, insbesondere in Form von vorhandenen Tauschbeziehungen und Zugangsbeschränkungen, einen wesentlichen Einfluß auf die Entstehung von Normen, d.h. auf die Gestaltung der institutionellen Rahmenordnung hat.

Damit verbunden ist die Einsicht, daß sich die Theorie einer machtgestützten Lösung von Interessenkonflikten gut dazu eignet, auch Prozesse der Machtakkumulation zu erklären. Wenn die Durchsetzungsfähigkeit bei der Gestaltung einer neuen institutionellen Ordnung von der aktuellen Machtverteilung abhängt, werden die neuen Normen vor allem die Interessen der Mächtigen widerspiegeln, d.h. zu einem weiteren Machtzuwachs führen – zumindestens in der Ex ante-Kalkulation. Durch die Berücksichtigung relationaler Aspekte der Macht läßt sich also zwanglos der Übergang vom Marktmodell zur mikropolitischen Analyse von intraorganisationellen Konflikten, zur strategischen Analyse von Organisationsnetzwerken und zur Durchsetzung von Interessen kleiner Gruppen in der rent seeking society (vgl. z.B. Weede 1984) vollziehen, wobei unter Machtrenten dann nicht nur Monopolprofite im engeren Sinne zu verstehen sind, sondern alle spezifischen Vorteile, die sich aus einer strategischen Position für die machtgestützte Durchsetzung von Einzelinteressen ergeben.

Da soziale Effizienz immer nur systemrelativ vor dem Hintergrund einer gegebenen Machtverteilung zu beurteilen ist,[21] sind selbst auf einem vollkommenen Markt Effizienzfragen immer auch Machtfragen, da sich der Wert von Ressourcen durch die kaufkräftige Nachfrage, in der Terminologie von Coleman also durch die machtgewichteten Interessen, bestimmt. Auf unvollkommenen Märkten ist zusätzlich der relationale Charakter von Märkten relevant. Die strategische Durchsetzungsfähigkeit im Machtkampf ist also eine Determinante, die zur Beurteilung der sozialen Effizienz von institutionellen Regelungen in Rechnung gestellt werden muß. Allerdings weist die Coleman-Lösung hier einen inneren Widerspruch auf. Einerseits wird auch für den Fall unvollkommener Märkte eine machtgewichtete Interessenaggregation als Effizienzkriterium verwendet, andererseits bleibt der Machtbegriff, zumindest was den explizit ausformulierten Teil der Theorie angeht, auf das Modell des vollkommenen Marktes beschränkt. In

---

21 Wie wir in der abschließenden Diskussion sehen werden, hält Coleman diesen radikalen Positivismus allerdings nicht konsequent durch, insbesondere dann, wenn er kritisch die Problematik der Konzentration korporativer Macht in der modernen Gesellschaft diskutiert (vgl. 3.3).

diesem Punkt stellt die Theorie der Tauschnetzwerke, insbesondere in Form der relationalen Machttheorie von Emerson, eine geeignete Ergänzung dar. Darüber hinaus müssen in einer langfristigen Perspektive die institutionellen Regeln selbst als Machtfaktor berücksichtigt werden, denn, wie gesehen, sind disjunkte soziale Normen Ausdruck machtgestützter Interessen, deren Durchsetzung auf diese Weise dauerhaft abgesichert wird.

Grundsätzlich stellt sich in diesem Zusammenhang die Frage, wie die verschiedenen Aspekte von Macht in einem einheitlichen Machtbegriff zusammengefaßt werden können. Damit berühren wir eine fundamentale Prämisse der Rational Choice-Theorie, die bisher noch nicht explizit gemacht wurde und deren ausführliche Erörterung den Rahmen dieses Aufsatzes bei weitem sprengen würde – nämlich die Voraussetzung einer einheitlichen Wertdimension. Wegen der Existenz des Geldes als eines generalisierten Tauschmediums ist diese Annahme im ökonomischen Kontext relativ unproblematisch – zumindestens solange man sich auf marktgängige Kosten und Erträge beschränkt. Durch die in der Rational Choice-Theorie propagierte Erweiterung der mikroökonomischen Sichtweise auf nichtökonomische Kontexte werden aber weitgehend ungelöste Probleme der Verrechnung unterschiedlicher Wertdimensionen aufgeworfen, die sich zudem auf vollkommen verschiedene Tauschsphären beziehen können. Hat z.B. eine Handlung neben den geldwerten Konsequenzen auch Folgen für die soziale Reputation eines Akteurs und möglicherweise auch für seine persönliche Identität, so ist das Reden von den mit der Handlung insgesamt verbundenen Kosten und Nutzen nur ein Überdecken fundamentaler theoretischer Probleme.

Besonders die im Zusammenhang mit Theorien funktionaler Differenzierung entwickelte Typologie generalisierter Tauschmedien macht die gesellschaftstheoretische Tragweite der Wertproblematik für eine Rational Choice-Theorie deutlich, die über den im engeren Sinn ökonomischen Bereich hinaus eine allgemeine Theorie sozialen Handelns sein will. So unterscheidet etwa die auf Parsons aufbauende neofunktionalistische Systemtheorie die Tauschmedien Geld, Autorität, gemeinschaftliche Bindung und Argument, die jeweils den ökonomischen, politischen, gemeinschaftlichen und sozialkulturellen Subsystemen der Gesellschaft zugeordnet sind (vgl. z.B. Münch 1982). Diese Medien sind symbolisch generalisiert und in den jeweiligen Subsystemen durch verbindliche Regeln des Gebrauchs institutionalisiert: Geld regelt ökonomischen Tausch, Autorität ist die Grundlage herrschaftlicher Ordnung, gemeinschaftliche Bindung motiviert zu solidarischem Handeln und Argumente dienen der diskursiven Durchsetzung von Sinndeutungen und Werten. Wie man sieht, sind zwar alle Medien generalisiert und motivierend für eine bestimmte Klasse von Handlungen, aber eben nur subsystemspezifisch vor dem Hintergrund verbindlicher institutioneller Regelungen. Wie diese spezifischen handlungsmotivierenden Kräfte zu einem nochmals generalisierten abstrakten Konzept von Macht auf der Grundlage einer allgemeinen Bewertungsdimension zusammengefaßt werden können, ist umso weniger einzusehen, je „tauschferner" die jeweiligen Medien konzipiert sind.

2.2.2 Soziales Kapital und die Durchsetzung sozialer Normen

Soziale Effizienz ist zwar eine notwendige, aber keineswegs auch eine hinreichende Voraussetzung für das Entstehen einer Norm. Bei der sozialen Realisierung effektiver Normen stellt sich nämlich zusätzlich das Problem der sozialen Organisation von Sanktionen bei Normverletzungen. Effektive Sanktionen bei Normverletzungen stellen selbst ein öffentliches Gut dar, da alle Nutznießer der Norm von der Sanktionierung profitieren, jeder einzelne Nutznießer aber selbst am besten gestellt ist, wenn die Sanktionskosten durch die anderen Nutznießer aufgebracht werden. Bei der Durchsetzung der Normen stellt sich also das von Coleman so genannte Trittbrettfahrerproblem zweiter Ordnung (vgl. Coleman 1991, S. 350 ff.).[22] Um es zu überwinden, muß bereits eine soziale Organisation der Normnutznießer existieren, d.h. es muß schon ein effektiver sozialer Sanktionsmechanismus vorhanden sein, auf dem der zu entwickelnde neue Sanktionsmechanismus aufbauen kann. Voraussetzung dafür sind soziale Beziehungen zwischen den Normnutznießern, die ein enges Netz wechselseitiger Verpflichtungen und sozialer Kontrolle schaffen, also soziales Kapital im weiter unten spezifizierten Sinne darstellen. Eine alternative Lösung des Trittbrettfahrerproblems ist die Etablierung einer externen Sanktionsinstanz, wobei wiederum ein Organisationsproblem zweiter Ordnung gelöst werden muß.

Eine effektive Alternativlösung ist die Internalisierung der fokalen Norm durch die Zielakteure selbst, da dadurch die soziale Kontrolle in die Zielakteure verlagert wird. Aus Sicht der Rational Choice-Theorie stellt sich dabei aber die Frage, was rationale Akteure dazu motivieren sollte, sich selbst die mit einer Internalisierung verbundenen inneren Sanktionen aufzuerlegen. Schlüssige Antworten sind hier nicht in Sicht, vielmehr scheint klar zu sein, daß in diesem entscheidenden Punkt die Grenzen der Rational Choice-Theorie erreicht sind (vgl. Coleman 1991, S. 379 ff.). Auch soziobiologisch fundierte Theorien wie die von Robert Frank (1992) versprechen hier keinen grundsätzlichen Fortschritt. Letzlich scheint ein Rekurs auf Theorien, die die moralische Konstitution des Individuums durch die Gesellschaft thematisieren, unumgänglich (vgl. insbesondere die Diskussion des Zusammenhangs von funktionaler Differenzierung, Moral und Individualismus in der Gesellschaftstheorie Durkheims bei Müller 1986).

Die Überwindung des Trittbrettfahrerproblems zweiter Ordnung bei der Durchsetzung effektiver Normen erfordert soziales Kapital, d.h. eine soziale Organisation auf seiten der Normnutznießer, die den erforderlichen Sanktionsmechanismus unterstützen kann. Der Begriff des sozialen Kapitals hat in der

---

22 Soziale Normen ermöglichen es, eine Kollektivgutproblematik zu bewältigen und das damit verbundene Trittbrettfahrerproblem erster Ordnung zu lösen - allerdings nur um den Preis, daß bei der Durchsetzung der Norm erneut ein Kollektivgutproblem entsteht: Das ursprüngliche Trittbrettfahrerproblem wird also lediglich in ein Trittbrettfahrerproblem zweiter Ordnung transformiert.

modernen Rational Choice-Theorie eine entscheidende Bedeutung.[23] Das soziale Kapital einer Gemeinschaft umfaßt alle sozialen Ressourcen, die die Gemeinschaft befähigen, Probleme sozialer Organisation zu bewältigen. Diese funktionalistische Charakterisierung macht deutlich, daß eine konkrete Bestimmung des sozialen Kapitals schwierig ist, da der Begriff selbst nur allgemein in bezug auf seine Funktionen definiert ist. Zunächst einmal gehört zum sozialen Kapital sicher das in den sozialen Beziehungen einer Gesellschaft enthaltene soziale Vertrauen sowie das zugrunde liegende Netz gegenseitiger Verpflichtungen. Neben diesem sozialen Kapital im engeren Sinne können aber auch alle bereits institutionalisierten Normen zum sozialen Kapital im weiteren Sinne gerechnet werden, ebenso wie die als legitim anerkannten Herrschaftsbeziehungen.

Soziales Kapital kann nicht individuell zugerechnet werden; es ist in dem Geflecht sozialer Beziehungen und der institutuionellen Ordnung einer Gemeinschaft enthalten. Damit werden einmal mehr grundlegende Probleme des methodologischen Individualismus sichtbar. Wie die Diskussion um die Durchsetzung von Normen gezeigt hat, muß soziales Kapital, also eine soziale Organisation als Ressource, bereits vorhanden sein, um das Trittbrettfahrerproblem zweiter Ordnung zu überwinden. Damit ist, mit Durkheim gesprochen, klar, daß Soziales letztlich nur durch Soziales erklärt werden kann und daher der Ansatz eines der Gesellschaft vorgeordneten Individuums verbunden mit einem vertragstheoretischen Verständnis von Gesellschaft theoretisch nicht haltbar ist. Die Emergenz sozialer Organisation durch Selbstorganisation in einem rückgekoppelten System ist in Abb. 5 noch einmal im Überblick dargestellt.

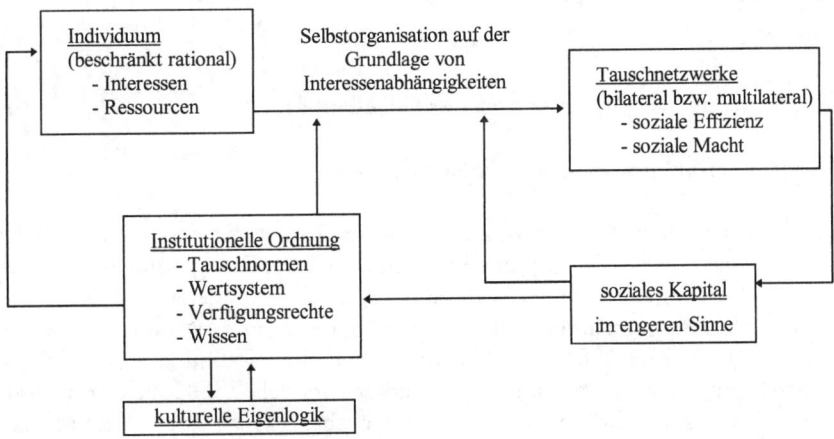

Abb. 5: Soziale Organisation als rückgekoppeltes System

---

23 Die Bedeutung sozialen Kapitals wird auch in der Organisationstheorie zunehmend erkannt (vgl. z.B. den Begriff des Organisationskapitals bei Sadowski 1991 sowie die Diskussion der Bedeutung sozialen Kapitals in strategischen Netzwerken bei Sydow et al. 1995, S. 27 ff.).

Wenn man das Individuum durch den schematisch angedeuteten Rückkopplungs-
prozeß gewissermaßen in das System zurückholt, kann die Beziehung zwischen
Individuum und Gesellschaft nicht mehr fundierungstheoretisch allein aus der
individuellen Handlungslogik entwickelt werden. Das scheinbar selbstverständlich
klingende Postulat des methodologischen Individualismus, nach dem es ausschließlich Individuen sind, die handeln können, bleibt solange inhaltlich leer, wie
nicht genau geklärt ist, was denn eigentlich die „Individuen" sind, denen allein die
Fähigkeit zum Handeln zugeschrieben wird. Eine Antwort auf diese Frage im
Rahmen der Rational Choice- Theorie ist nicht in Sicht, es sei denn, man gäbe
sich damit zufrieden, „Individuen" als logische Leerstellen in einem Optimierungskalkül zu betrachten und die Erklärlast weiterhin in die „Randbedingungen"
zu verlagern (vgl. 1.2.2 und 3.3).

Es bleibt daher eine im Rahmen der Rational Choice-Theorie weitgehend ungelöste Frage, wie genau eigentlich Individuen als rationale Akteure Element bzw. Teil
eines sozialen Systems sein können. Nur wenn eine Antwort auf diese Frage
gefunden werden kann, ist eine theoretische Integration von Rational Choice-
Theorie und Selbstorganisationsparadigma denkbar (vgl. 1.4), eine Aufgabe, die
zu den wichtigsten und interessantesten der gegenwärtigen Theorieentwicklung
gehört (vgl. auch Suchanek 1994, S. 13). Wie die Diskussion der Entstehung sozialer Normen gezeigt hat, hat die Externalisierung wesentlicher Theoriedimen-
sionen durch die Rational Choice-Theorie jedenfalls um so höhere Kosten, je
umfassender in sachlicher, sozialer und zeitlicher Hinsicht die Interdependenzen
werden, denen sich die Rational Choice-Theorie in der Soziologie und auch in der
Institutionenökonomik gegenübersieht.

3. Die korporative Organisation der Gesellschaft

3.1 Organisationen als soziale Tauschsysteme

Die Zielgerichtetheit des Organisationshandelns gehört zu den grundlegenden
Definitionsmerkmalen der Organisation. Ohne Übertreibung kann gesagt werden, daß die Vorstellung von Organisationen als zielgerichteten sozialen Systemen der kleinste gemeinsame Nenner aller klassischen Organisationstheorien
darstellt (vgl. Vanberg 1983). Das Zielmodell der Organisation kann als eine naheliegende Erweiterung des rationalen Handlungsmodells auf Kollektive verstanden werden. Dabei wird sowohl der Handlungsbegriff wie auch der Rationalitätsbegriff einfach auf die nächsthöhere Ebene der Komplexität übetragen. Man
kann das Zielmodell als den Versuch betrachten, die *Einheit* der Organisation als
soziales Gebilde quasi definitorisch sicherzustellen. Die Organisation wird zum
Instrument zur Durchsetzung von Zielen, die extern gesetzt und auf dem Befehls-
wege autoritativ in Organisationshandeln umgesetzt werden. Diese Verbindung von

Zielmodell und Befehlsmodell hat ihre Wurzeln in der Herrschaftssoziologie von Weber (1980), in der der Idealtypus der Bürokratie als effizientes Instrument zur Durchsetzung der jeweiligen Ziele eines Herrschers konzipiert wurde.

Dagegen wird die Organisation in der sich entwickelnden Organisationstheorie als autonomes soziales Gebilde verstanden, das sich seine Zwecke selbst setzt. Damit stellt sich natürlich sofort die Frage, was denn genau unter einem Organisationsziel zu verstehen ist. In der kritischen Auseinandersetzung mit dem Zielmodell der Organisation (vgl. insbesondere Luhmann 1964, 1968) werden u.a. die Vielfalt, Widersprüchlichkeit und Wandelbarkeit von Organisationszielen, die mangelnde praktische Relevanz von Organisatonszielen als Anleitung zum Organisationshandeln, die Vernachlässigung der inneren Prozesse der Organisation und vieles mehr hervorgehoben. Der grundlegende Fehler des Zielmodells liegt aber in seiner individualistischen Prämisse, d.h. in dem Versuch, die individuelle Handlungsrationalität unmittelbar auf ein soziales Gebilde zu übertragen, ein für das Zielmodell der Organisation unauflösbarer Widerspruch im Theorieansatz. Für jede aus der Rational Choice-Theorie zu entwickelnde Organisationstheorie stellt sich daher die doppelte Frage nach der Möglichkeit, wie soziale Gebilde in einer individualistischen Theorie konzipiert werden können, und nach der Übertragbarkeit des individuell rationalen Handlungsmodells auf die Ebene sozialer Gebilde.

Mit Vanberg (1992) kann man zwischen eher marktorientierten Vorstellungen unterscheiden, die die Firma als einen Zusammenhang von bilateralen Verträgen sehen (vgl. z.B. Fama 1980), und den eher den Gebildecharakter betonenden Theorien der Teamproduktion (vgl. z.B. Alchian/Demsetz 1972), die grundsätzlich mit der Vorstellung von Organisationen als konstitutionellen Systemen kompatibel sind, diese allerdings, wie auch Vanberg bemerkt, letztlich ebenfalls in Marktzusammenhänge auflösen. Meiner Meinung nach liegt der Grund dafür in der implizit reduktionistischen Sichtweise, wie sie für alle Ansätze der neuen Institutionenökonomik charakteristisch ist, die wie selbstverständlich im mikroökonomischen Bezugsrahmen denken und soziale Zusammenhänge im individuell-rationalen Handlungskalkül auflösen. Markt und Hierarchie können dann zwar abstrakt als Form der Steuerung ökonomischer Abläufe gegenübergestellt werden (vgl. Williamson 1975), die Frage danach, wodurch sich Märkte und Organisationen als soziale Gebilde auszeichnen, verschwindet aber völlig aus dem theoretischen Blickfeld. (Dazu s. auch den Beitrag von Pirker in diesem Band.) Damit erübrigt sich für diese Ansätze auch die Frage, ob und in welcher Hinsicht Organisationen handeln können, und was gegebenenfalls die Rationalität dieser Handlungen ausmacht.

Gemäß meiner Auffassung sind Organisationen als Systeme strukturierter Interdependenzen zunächst einmal soziale Tauschsysteme, wenn auch von besonderer Art. Dabei erweist es sich als nützlich, daß der Begriff des Tauschsystems nicht auf Netzwerke bilateraler Tauschbeziehungen eingeengt wurde, sondern auch Formen einseitig indirekten und redistributiv zentrierten Tauschs umfaßt (vgl. 2.1). Der allgemeine Begriff des Tauschsystems unterläuft damit die unfruchtbare Gegenüberstellung von Markt und Hierarchie und fragt zunächst nach der konkreten Struktur der Tauschbeziehungen, wobei durchaus marktähnliche Elemente in hierarchisch strukturierten Organisationen wie auch hierarchisierte Netzwerke in netzartig strukturierten Märkten denkbar sind – man denke nur an Profitcenter in Unternehmen (vgl. z.B. Eccles/White 1988) und zentrierte Organisationsnetzwerke auf Märkten (vgl. z.B. Sydow 1992). Entscheidend für den Gebildecharakter von Tauschsystemen ist die systemische Verbundenheit der zugrunde liegenden Interdependenzen, sei es in einer isolierten Tauschdyade, in einem geschlossenen Tauschzyklus wie z.B. dem Kula-Ring oder in einem komplexen System wie einer Organisation mit einer variablen Mischung aus netzartigen und hierarchischen Tauschformen, die darüber hinaus auf verschiedenen Ebenen subsystemartig integriert sein können. Diese Sicht von Organisationen als Tauschsystemen hat also den Vorteil, den Gebildecharakter von Organisationen zu betonen und die grundlegenden theoretischen Überlegungen, die zu der Sichtweise von Tauschsystemen als institutionell eingebetteten dynamischen Ungleichgewichtssystemen mit einer jeweils spezifischen Tauschmoralität geführt haben, auch für die Organisationsanalyse fruchtbar zu machen.

3.2 Organisationen als konstitutionelle Systeme

Formale Organisationen sind aber auch soziale Gebilde in einem spezifischen Sinn: Sie sind nicht nur soziale Tauschsysteme, sondern auch *korporative Akteure* (vgl. Coleman 1979, 1986, 1995), also handlungsfähige Einheiten, die die Interessen ihrer Prinzipale (Eigner) durch kollektive Entscheidungen in Organisationsziele übersetzen und durch ihre Agenten in Organisationshandeln umsetzen können. Grundlage eines korporativen Akteurs ist eine *Verfassung*, die das Zustandekommen und die Ausführung von kollektiven Entscheidungen regelt. Der konstitutionelle Ansatz versucht also, an einer individualistischen Fundierung der Sozialtheorie festzuhalten und zugleich Organisationen als korporative Akteure ernst zu nehmen.[24] Der schwierige Mikro-Makro-Übergang soll dabei durch verfassungsmäßig geregelte Formen der kollektiven Entscheidung bewerkstelligt werden, durch die die individuellen Interessen der Prinzipale in Organisationsziele transformiert werden, die dann für die Agenten der Organisation handlungsleitend sind. Organisationshandeln wird also, wenn auch in einem komplexen Vermittlungsprozeß, letztlich auf die Interessen der Prinzipale zurückgeführt. Inwieweit dieses trotz seiner inneren Komplexität eher schlichte Modell zur Erklärung von konkretem Organisationshandeln geeignet ist, muß im Lichte der grundlegenden Einwände, die bereits gegen das Zielmodell der Organisation

---

24 Neben den bereits zitierten Arbeiten von Coleman wird der konstitutionelle Ansatz vor allem von Vanberg (1982, 1983, 1992) vertreten.

vorgebracht wurden, bezweifelt werden. Zusätzlich müssen im konstiutionellen Ansatz komplexe Entscheidungsprozesse untersucht werden, um so das für eine individualistische Sozialtheorie zentrale Problem des Mikro-Makro-Übergangs zu bewältigen.[25] Dennoch ermöglicht es der konstitutionelle Ansatz, wie im folgenden gezeigt werden soll, einige grundlegende Probleme der Organisationstheorie genauer zu beleuchten.

Um Kooperationsvorteile zu ermöglichen, schließen sich individuelle Akteure zusammen, indem sie individuelle Verfügungsrechte qua Verfassung auf ein Kollektiv übertragen. Dabei stellen sich bei der Etablierung einer Verfassung im Grunde formal genau die gleichen Fragen, die bereits im Zusammenhang mit der Entstehung sozialer Normen diskutiert wurden, nämlich die nach der sozialen Effizienz von Verfassungen und nach dem zur Durchsetzung von Verfassungen erforderlichen sozialen Kapital. Tatsächlich betrachtet Coleman (1995, S. 3 ff.) auch soziale Gemeinschaften als korporative Akteure mit einer impliziten Verfassung, nämlich mit den für die Gemeinschaft konstitutiven Normen. Indem bestimmte Rechte auf die Gemeinschaft als korporativem Akteur übertragen werden, wird eine Herrschaftsordnung geschaffen, die im Falle einer impliziten Verfassung durch informelle Sanktionen durchgesetzt wird. Explizite Verfassungen in stärker formal organisierten sozialen Systemen, den korporativen Akteuren im eigentlichen Sinne, beinhalten zusätzlich immer auch die Errichtung einer Leitungsinstanz, die für die Duchsetzung der kollektiven Entscheidungen verantwortlich ist. Korporative Akteure sind grundsätzlich *herrschaftliche Gebilde*. Dabei ist die verfassungsmäßige Rechtsallokation letztlich von den machtgewichteten Interessen der Akteure in der doppelten Rolle als Nutznießer und Zielakteure abhängig. „Das Interesse jedes einzelnen Akteurs zugunsten einer Rolle als Nutznießer oder Zielakteur enhält je nach der Macht dieses Akteurs an Gewicht. ... Zur Lösung dieses Interessenkonfliktes [wird] die Rechtsallokation angestrebt, die von den gewichtigsten Interessen befürwortet wird. Die Lösung wird ohne offenen Konflikt erfolgen, wenn die schwächere Seite ihre relative Stärke richtig einschätzt. Dagegen wird sie nach einem offenen Konflikt erfolgen, wenn die schwächere Seite ihre relative Stärke ausreichend überschätzt" (Coleman 1995, S. 29).[26]

Von besonderer Bedeutung ist hier wieder die Unterscheidung zwischen einer konjunkten und einer disjunkten Verfassung, die parallel zu der Unterscheidung

---

25 Außerdem erweist sich die Zurückführung der Organisationsziele allein auf die Interessen der Prinzipale als zu restriktiv (vgl. auch die Erweiterung des konstitutionellen Ansatzes weiter unten und die Kritik in 3.3).

26 Es geht also nicht um eine in einem sozialphilosophischen Sinne gerechte Verfassung, sondern um eine effektive Verfassung auf der Grundlage einer gegebenen Machtverteilung. In Abgrenzung etwa zur Theorie der Gerechtigkeit von Rawls betont Coleman ausdrücklich, daß „der Übergang von den normativen Überlegungen der politischen Philosophie zu einer positiven Sozialtheorie das Lüften des Schleiers des Nichtwissens" (1992, S. 29) erfordert.

zwischen konjunkten und disjunkten Normen (siehe 2.2.1) getroffen wird. Bei einer konjunkten Verfassung ist eine optimale Verfassung im Sinne *individueller Optimalität* ohne interpersonalen Nutzenvergleich denkbar, nämlich dann, wenn jeder einzelne Akteur durch die Errichtung einer Verfassung besser (oder doch zumindest gleich gut) gestellt ist. Diese Konstellation trifft z.B. auf den Fall der einfachen Teamproduktion zu, der paradigmatischen Situation, vor deren Hintergrund die Organisationsproblematik in der Institutionenökonomik gewöhnlich diskutiert wird. Ausgangspunkt der Diskussion ist dabei die Annahme, daß alle Teammitglieder von der Kooperation profitieren und daher der Errichtung einer Verfassung freiwillig zustimmen. Dagegen kann es bei einer disjunkten Verfassung zu einer Situation kommen, die von Coleman als *erzwungene Optimalität* bezeichnet wird (1995, S. 40 ff.). Dabei werden die verfassungsrechtlichen Regeln aus der Sicht der Nutznießer der Verfassung entworfen, entsprechen aber nicht den Interessen der Zielakteure. Aus Mangel an Macht ist es den Zielakteuren aber nicht möglich, die Einführung der Verfassung wirksam zu verhindern. Wie Coleman besonders hervorhebt, „kann eine erzwungene Optimalität eine größtenteils, wenn auch nicht völlig, willkürliche Rechtsallokation hervorrufen" (1992, S. 43), – die Macht der Nutznießer schafft Verfassungsrecht auf Kosten der Zielakteure.

Besonders interessant ist in diesem Zusammenhang der Hinweis auf explizite Verfassungskonflikte im Falle einer disjunkten Verfassung. Wie Coleman nämlich richtig sieht, kann es in Rational Choice-Theorien eigentlich überhaupt nicht zu Konflikten kommen, wenigstens dann nicht, wenn alle Akteure ihre Machtchancen richtig einschätzen. Erst wenn es zu Fehleinschätzungen im Hinblick auf die beteiligten Interessen und die dahinterstehenden Machtressourcen kommt, sind Konflikte denkbar. Kommt es aber aufgrund von Fehleinschätzungen[27] zu einem offenen Konflikt über Verfassungsnormen und damit auch über Machtansprüche, kann es durchaus passieren, daß nach der Entscheidung über den Verfassungskonflikt aufgrund der dann gegebenen Rechtsallokation (und damit auch Machtverteilung) eine Verfassung ex post sozial effizient wird, die es ex ante nicht war (vgl. Coleman 1995, S. 42). Dies bedeutet, daß in offenen Entscheidungssituationen, in denen Machtansprüche erst durchgesetzt und institutionell verankert werden müssen, eine Zone der Unsicherheit existiert, in der je nach der Einschätzung der Situation durch die Akteure multiple Gleichgewichte möglich sind, die, und das ist der theoretisch entscheidende Punkt, ex post allesamt sozial effizient sein können.

Kritisch ist wiederum anzumerken, daß soziale Effizienz nur relativ zu einer gegebenen Machtverteilung beurteilt werden kann. Hat sich eine Verfassung ein-

---

27 Allerdings wird die Frage, wie es zu solchen von einer als objektiv unterstellten Situation abweichenden Einschätzungen bzw. Fehleinschätzungen kommen kann, rational choice-theoretisch nicht thematisiert. Dies würde auch allenfalls über Brückenhypothesen aus dem Bereich der kognitiven Psychologie und vor allem der Wissenssoziologie möglich sein, die den engen Theorierahmen der Rational Choice-Theorie sprengen würden.

mal durchgesetzt, ist sie auch sozial effizient, da sie durch die von ihr legitimierten Machtverhältnisse gestützt wird. In diesem Sinne enthält auch die Machttheorie von Coleman die Möglichkeit einer *self-fulfilling prophecy* – zumindest in sozialen Situationen, in denen Unklarheiten über die tatsächlichen Machtverhältnisse bestehen. In solchen Situationen sind soziale Prozesse pfadabhängig und führen zu Machtverteilungen, die ex post stabil sind, also im Sinne der neueren Systemtheorie ein lock in darstellen (vgl. 1.4). Damit ist der Begriff der sozialen Effizienz in der positiven Sozialtheorie Colemans weitgehend leer. In einem spezifischen Sinn kann der Begriff nur für Systeme verwendet werden, in denen weitgehende Einigkeit über die grundlegenden Machtansprüche und die diese stützenden verfassungsrechtlichen Regelungen besteht. Die Erklärungsleistung verlagert sich dabei von der Machtarithmetik der Rational Choice-Theorie zu einer wissenssoziologischen Analyse der zugrunde liegenden Überzeugungssysteme und deren Vermittlung durch Sozialisationsinstanzen.

Aus der Sicht der Gründer besteht das Problem der Organisation darin, daß sie als Prinzipale die Nutzungsrechte über die eingebrachten Ressourcen an die Agenten der Organisation übertragen, über die sie qua Verfassung nur mittelbar Kontrolle ausüben können. Nur dadurch verfügt die Organisation als korporativer Akteur über die erforderliche Handlungsfähigkeit, um die Kooperationsgewinne zu erwirtschaften, um deretwegen sie geschaffen wurde.[28] Die dadurch verursachten Machtverschiebungen innerhalb der Organisation machen es erforderlich, das bisher auf die Gründerperspektive eingeengte Modell der Ressourcenzusammenlegung noch einmal zu überdenken und zu erweitern. Organisationen als korporative Akteure können demnach nicht mehr in erster Linie als Verlängerung der Handlungsrationalität ihrer Prinzipale betrachtet werden. Es sind soziale Gebilde, die intern als ein System von Positionen herrschaftlich durch eine zentrale Leitungsinstanz koordiniert werden und die extern als ein Schnittpunkt unterschiedlicher Interessen erscheinen.

Bezogen auf ein Wirtschaftsunternehmen bedeutet dies, daß die Firma nicht einfach eine Verlängerung der Handlungsrationalität der Eigner darstellt, sondern ein soziales Gebilde eigener Art, dessen wirtschaftliche Existenzfähigkeit von der Bewältigung einer Vielzahl von Ressourcenabhängigkeiten bestimmt wird. Neben der Beziehung zu den Anteilseignern gerät damit auch die Regelung der Beziehungen des korporativen Akteurs zu seinen Arbeitnehmern, zu seinen Kunden, zu seinem organisatorischen Umfeld und schließlich auch zur Gesamtgesellschaft gleichberechtigt in das Blickfeld des konstitutionellen Ansatzes (vgl. auch den Stakeholder-Ansatz von Freeman 1984). So können etwa unterschiedliche Formen der Berücksichtigung von Arbeitnehmerinteressen in Wirtschaftsunternehmen im

---

28 Diese weitgehende Übertragung von Rechten an die Agenten der Organisation ist in der Organisationstheorie in den verschiedensten Zusammenhängen thematisiert worden, so von Michels als das eherne Gesetz der Oligarchie in bezug auf Verbände und von Berle und Means als Revolution der Manager in bezug auf Wirtschaftsunternehmen.

Rahmen des konstitutionellen Ansatzes behandelt werden. In ähnlicher Weise kann untersucht werden, ob und wie die Berücksichtigung der Interessen von Kunden oder des gesamtgesellschaftlichen Umfeldes im Unternehmen institutionalisiert werden sollte, wobei sich die oben diskutierten Fragen der sozialen Effizienz in einem erweiterten Sinne als Fragen nach der gesellschaftlichen Verantwortung des Unternehmens stellen würden (vgl. Coleman 1995, S. 300 ff.). Anknüpfungspunkte an den institutionellen Ansatz in der Organisationstheorie (vgl. Powell/DiMaggio 1991 sowie den Beitrag von Türk in diesem Band) liegen hier auf der Hand.[29] Dabei steht aus Sicht der Rational Choice-Theorie auch hier die soziale Effizienz alternativer institutioneller Arrangements im Zentrum des theoretischen Interesses – natürlich immer bezogen auf eine bestehende Machtverteilung. Auf jeden Fall muß auch in diesem erweiterten Kontext die Machtfrage analysiert werden, um im Rahmen der positiven Rational Choice-Theorie erklären zu können, welche Interessen nach ihrem Machtgewicht in der Verfassung eines korporativen Akteurs Berücksichtigung finden. Wie die weitergehenden gesellschaftskritischen Überlegungen von Coleman (1995, S. 271 ff.), denen wir uns nun zuwenden wollen, zeigen, gilt dies selbst dann, wenn man die Rational Choice-Theorie reflexiv-kritisch wendet und eine neue Sozialtheorie entwirft (vgl. insbesondere 1992, S. 427 ff.), die der fortschreitenden Erosion sozialen Kapitals und der damit einhergehenden Entmachtung natürlicher Personen durch korporative Akteure Einhalt gebieten soll.

3.3 Die Macht der korporativen Akteure

Die Spaltung des Atoms des Privateigentums in Nutzungs- und Profitrechte läßt die Machtproblematik in einem neuen Licht erscheinen. Wenn die Frage, wem die

---

29 Diese Sichtweise unterläuft gleichzeitig die unglückliche Trennung in technische und institutionelle Umwelten und die damit verbundene Organisationstypologie, die Organisationen danach unterscheidet, ob sie primär mit Problemen einer effizienten Koordination von Arbeitsprozessen und marktlichem Austausch konfrontiert sind, oder ob die Beschaffung institutioneller Legitimität in einer organisationalen Umwelt, die von Rationalitätsmythen beherrscht wird, im Vordergrund steht (vgl. Meyer/Rowan 1977). Diese Typologie, die sich implizit an der Unterscheidung zwischen Profit- und Non Profit-Organisationen orientiert, wird in der Rational Choice-Theorie durch einen einheitlichen Organisationsbegriff ersetzt, d.h. durch den in einem komplexen organisationalen Umfeld agierenden korporativen Akteur, für den die oben angeführte Unterscheidung lediglich als analytische zu begreifen ist (vgl. auch DiMaggio/Powell 1991b). Damit kann auch weiterhin mit einem einheitlichen Rationalitätsbegriff operiert werden, der auf beide Bereiche anwendbar ist und auch die gleichzeitige Bewältigung beider Problematiken in einem einheitlichen Rationalitätskalkül in den Blick bekommt. Dabei ist zu berücksichtigen, daß Rationalität grundsätzlich, also sowohl im technischen wie auch im institutionellen Problembereich, sozial konstituiert ist und somit immer nur im Rahmen allgemeiner Weltbilder und Überzeugungssysteme sowie einer konkreten Situationsinterpretation verstanden werden kann - das hat nichts mit Rationalitätsmythen (Meyer/Rowan 1977) zu tun. Die daraus abgeleitete verfehlte Gegenüberstellung von Legitimität und Effizienz ist also lediglich einem eingeengten Rationalitäts- und damit auch Effizienzbegriff geschuldet.

Organisation gehört, anders beantwortet werden muß als die Frage, wer die Organisation kontrolliert, muß das Problem der Zurechnung der Organisationsmacht auf Prinzipale und Agenten neu überdacht werden. Zunächst ist festzustellen, daß durch die Organisationsgründung ein zusätzliches Potential eines gebündelten Ressourceneinsatzes geschaffen wurde, die Gesamtmacht im System also zunimmt. Weiterhin verändert sich die Machtbalance, weil ein Teil der Macht der Prinzipale auf die Agenten übergeht. Letzlich stellt sich die für eine individualistische Sozialtheorie entscheidende Frage, ob sich die Macht der Organisation vollständig individuell auf Prinzipale und Agenten zurechnen läßt, oder ob ein Residuum an Macht übrig bleibt, das allein der Organisation als korporativem Akteur zukommt, ein Effekt, der den theoretischen Rahmen einer individualistischen Sozialtheorie sprengen würde.

Die Position von Coleman in diesem Punkt ist zumindest zwiespältig. Zum einen kann an der grundlegend individualistischen Ausrichtung seiner Sozialtheorie kein Zweifel bestehen. Zum anderen finden sich in seiner kritischen Analyse der modernen Organisationsgesellschaft, in der er die Freiheitsrechte der natürlichen Personen durch eine Machtverschiebung hin zu den korporativen Akteuren bedroht sieht, aber durchaus Passagen, in denen die korporativen Akteure als Gebilde eigener Art, mit eigenen Interessen und einer eigenen Handlungsautonomie, gesehen werden. So bezeichnet Coleman „natürliche Personen als Randgrößen für korporative Akteure" und fährt fort: „Eine Person kann einen Machtverlust erleiden, ohne daß eine andere Person einen entsprechenden Gewinn verzeichnet. In der Gesellschaft ist die Gesamtsumme der Macht zwischen Personen nicht mehr konstant, und zwar wegen dieser neuen Kategorie von Akteuren, die in sich Macht besitzen – Macht, die im korporativen Akteur ihren Sitz hat und nicht irgendeiner, mit diesem korporativen Akteur verbundenen Personen zukommt" (1979, S. 23). Wie Coleman richtig sieht, wird durch die Gründung der Organisation eine neue Interessenlage geschaffen: „So entsteht mit der Bildung des korporativen Akteurs eine neue Kategorie von Interessen, und zwar hauptsächlich Interessen, die darauf gerichtet sind, den korporativen Akteur von den Beschränkungen zu befreien, die ihm die Souveräne auferlegt haben. In vielen Bereichen konnten sich diese Interessen erfolgreich durchsetzen und die Ressourcen der Korporation ihrem Ursprung noch weiter entfremden" (1979, S. 31). Im Sinne einer individualistischen Interpretation könnte man nun argumentieren, daß die Macht zwar auf die Organisation, damit aber letztlich auf die Manager in einem Unternehmen oder die Funktionäre in einem Verband übergegangen sei. Auch dieses Argument findet man bei Coleman, allerdings mit einer entscheidenden Einschränkung: „Doch auch die Körperschaft muß Nutzungsrechte an ihren Ressourcen ihren Agenten übertragen. Somit geht ein Teil der Macht zurück an Personen, doch die Macht ist anders verteilt, als sie es vor der Investition in die Körperschaft war" (1992, S. 185). Interessant ist vor allem der Hinweis in dem Zitat, daß nur *ein Teil* der Rechte von den korporativen Akteuren wieder an die Agenten zurückfließt.

Grundlegend für die weitere Argumentation von Coleman ist die Unterscheidung zwischen privaten Handlungen von natürlichen Personen und Handlungen von Agenten eines korporativen Akteurs. Korporative Akteure sind handlungsfähige soziale Gebilde mit eigenen Interessen und Rechten; handeln Agenten im Namen eines korporativen Akteurs, so sind nicht sie haftbar, sondern die Körperschaft als juristische Person. Die korporative Macht ist demnach weitgehend losgelöst von den jeweiligen Inhabern der Leitungspositionen der korporativen Akteure; sie ist primär in der Leitungsebene der Organisationen verankert, also in den Positionen, denen die Verfügungsrechte über die Ressourcen zugeordnet sind. So beantwortet Coleman die Frage nach den eigentlichen Spielern im korporativen Machtspiel wie folgt:

„Es sind nicht die Manager der Unternehmen, Gewerkschaften oder Verbände, denn diese Manager sind selbst nur Personen, deren Dienstleistung von den korporativen Akteuren in Anspruch genommen werden. Die korporativen Akteure, die Organisationen sind es, die ihre Macht von Personen erhalten und diese Macht für korporative Zwecke einsetzen. Sie sind die Hauptakteure in der Sozialstruktur der modernen Gesellschaft" (1979, S. 35 f.).

Noch deutlicher kommt dieses Argument in dem hypothetischen, aber durchaus denkmöglichen Beispiel eines auf seine Managementfunktionen reduzierten Wirtschaftsunternehmens zum Ausdruck. Coleman hat dieses Beispiel bereits in der „asymmetrischen Gesellschaft" (1986) angeführt und greift später in seinem Hauptwerk „Grundlagen der Sozialtheorie" (1995) noch einmal darauf zurück – man kann also zu Recht behaupten, daß dieses Beispiel einen zentralen Platz im Denken von Coleman einnimmt. Das von Andrew Hacker (1964) erfundene Unternehmen „American Electric" ist vollautomatisiert und wird von zehn Managern geleitet, die auf weitere ausführende Arbeiter und Angestellte verzichten können. Weiterhin ist „American Electric" Alleineigentümer seiner Aktien, so daß das Unternehmen nicht durch Prinzipale kontrolliert wird. Das Unternehmen hat massiven Einfluß zugunsten eines Gesetzes genommen, das die Einfuhr elektrischer Geräte einschränkt. Der in unserem Zusammenhang entscheidende Auszug aus einem fiktiven Dialog in einem Untersuchungsausschuß des amerikanischen Senats zwischen einem Senator und einem Aufsichtsratsmitglied des Unternehmens beginnt mit der Frage des Senators nach der politischen Verantwortung (Coleman 1995, S. 303 [nach Hacker 1964]):

„Senator: Soweit ich es also sehe, haben Sie diesen ganzen politischen Druck nur in Ihrem eigenen Interesse und dem Interesse Ihrer neun Vorstandskollegen inszeniert. Sie haben fast 6 Millionen Dollar vom Kapital dieses Unternehmens ausgegeben, um Ihre persönlichen politischen Vorlieben durchsetzen zu können."

„Aufsichtsratsmitglied: Ich fürchte, Herr Senator, daß ich Ihnen jetzt widersprechen muß. Wir zehn zahlen uns Jahr für Jahr Jahresgehälter von 100.000 Dollar aus, und keiner von uns erhält irgendwelche Prämien oder Gehaltserhöhungen, wenn die Gewinne in einem bestimmten Jahr einmal höher als üblich liegen sollten. Alle Einkünfte werden sofort wieder dem Unternehmen zugeführt. Das möchten wir mit allem Nachdruck klarstellen. Im Grunde betrachten wir uns gewissermaßen als öffentliche Bedienstete. Zweitens könnte ich nicht behaupten, daß die Entscheidung, politisch aktiv zu werden, unserem persönlichen Wunsch entsprochen hätte. Mindestens acht von uns zehn haben den von uns unterstützten Gesetzentwurf privat nicht befürwortet. Als Einzelperson waren die meisten von uns der Ansicht, er sei nicht gut – läge nicht im nationalen Interesse. Aber wir haben im Interesse des Unternehmens gehandelt, und in diesem Falle war es der richtige Weg."

„Senator: Und mit „Unternehmen" meinen Sie nicht Aktionäre oder Arbeitnehmer, weil es keine gibt. Ebenso wenig meinen Sie die zehn Aufsichtsratsmitglieder, weil sie offensichtlich Geschäftsführer mit festem Gehalt sind, die von der Maschine eingestellt werden, damit sie ihre Angelegenheiten regeln. Wenn diese Maschine politisch aktiv wird – oder auf irgendeine andere Art und Weise öffentlich tätig wird – , besitzt sie Interessen, die sich von den persönlichen Interessen ihrer Manager grundlegend unterscheiden können. Ich fürchte, ich finde dies alles sehr verwirrend."

„Aufsichtsratsmitglied: Für Sie, Herr Senator, mag es verwirrend sein, aber ich möchte behaupten, daß es für uns bei American Electric immer ganz einfach gewesen ist. Wir tun nur die Arbeit, für die wir eingestellt wurden – wir nehmen die Interessen des Unternehmens wahr."

Das Beispiel macht deutlich, daß eine entwickelte Aktiengesellschaft nicht mehr gemäß dem Modell der Ressourcenzusammenlegung aus der Gründerperspektive analysiert werden kann. Damit entfällt die Möglichkeit, die Interessen des Unternehmens mit Hilfe eines Mechanismus der kollektiven Entscheidung aus den Interessen der Anteilseigner abzuleiten. Bleiben also die Agenten des korporativen Akteurs, insbesondere die Manager der Leitungsebene, als mögliche Träger externer Interessen. Hier macht nun das Beispiel deutlich, daß der korporative Akteur als ein autonomer Interessenträger zu verstehen ist, der in einem komplexen internen und externen Interdependenzzusammenhang steht, in dessen Kontext spezifische Unternehmensinteressen aus dem Globalziel der Existenzfähigkeit des Unternehmens abgeleitet werden müssen – natürlich nicht durch das Unternehmen selbst, sondern durch seine Agenten. Allerdings handeln diese Agenten als Positionsinhaber im wahrgenommenen Interesse des Unternehmens, wobei ihre eigenen Interessen als natürliche Personen, wenn man diese von Coleman getroffene problematische Abgrenzung hier zunächst einmal übernimmt, weitgehend irrelevant sind.[30] Letztlich ist auch hier entscheidend, daß die Organisation als korporativer Akteur in einen spezifischen Interessenzusammenhang eingebettet ist, der für die Agenten handlungsleitend ist.

---

30 Natürlich ist es immer möglich, die Interessen von Positionsinhabern so abzuleiten, daß sie letztlich als Interessen von natürlichen Personen erscheinen. So könnte man argumentieren, daß Manager ein Interesse an persönlicher Macht haben, das sie dazu veranlaßt, eine solche Position anzustreben. Weiter hängt ihre professionelle Reputation und damit ihr beruflicher Marktwert von dem Erfolg ab, den sie bei der Führung der Geschäfte als Agent eines korporativen Akteurs haben. Allerdings ergibt sich aus dieser Interessenlage lediglich eine generelle Motivation zur optimalen Durchsetzung der Organisationsinteressen, aber keine Spezifikation konkreter Organisatonsinteressen.

Damit wird einmal mehr die für individualistische Sozialtheorien grundlegende These der Vorordnung des Individuums vor die Gesellschaft, nun für den organisatorischen Kontext, in Frage gestellt. Dabei erweist sich der Rekurs auf den unklaren und schwer zu präzisierenden Begriff der „natürlichen Person" als nicht besonders hilfreich. Theoretisch fruchtbarer ist es dagegen, an den grundlegenden Tatbestand der sozialen Konstitution des Individuums anzuknüpfen. Dabei fällt auch ein erhellendes Licht auf die kritische Deutung der Beziehung zwischen Individuum und Organisation in der Moderne, die ja nicht nur von Coleman als eine Vereinnahmung und gleichzeitige Entmachtung der „natürlichen Person" durch die korporativen Akteure gesehen wird. Sieht man dagegen das Individuum als grundsätzlich sozial konstituiert an, läuft die kritische Gegenüberstellung von Individuum als „natürlicher Person" und als Agent eines korporativen Akteurs letztlich ins Leere. Auch die „natürliche Person" in der von Coleman so genannten ursprünglichen Sozialorganisation ist nur aus ihren Mitgliedschaften in sozialen Gruppen zu verstehen, ist also in soziale Interessenzusammenhänge eigener Art eingebettet und handelt oft als deren Vertreter (2.1).

Ein archimedischer Punkt, an dem der Hebel der Kritik ansetzen könnte, ist durch einen Rekurs auf eine wie auch immer verstandene „natürliche Person" sicherlich nicht zu finden. Letztere ist lediglich eine gängige Metapher, hinter der sich gewöhnlich sozialromantische Wunschvorstellungen in der Tradition von Rousseau oder von Marx verbergen. Gerade für eine kritische Theorie der Gesellschaft ist es daher unverzichtbar, ihre normativen Grundlagen offenzulegen, um auch diese einer kritischen Diskussion zugänglich zu machen. Eine solche kritische Diskussion wird aber ohne Bezug auf eine realistische Anthropologie, in der auch die Erkenntnisse der Soziobiologie (vgl. Voland 1993) und der evolutionären Psychologie (vgl. Tooby/Cosmides 1992) berücksichtigt werden, nicht möglich sein.[31] Gerade hier hat die Rational Choice-Theorie ein bisher weitgehend unausgeschöpftes Potential, da sie wegen der weitgehenden formalen Strukturähnlichkeiten über hervorragende Anschlußmöglichkeiten an evolutionstheoretische Ansätze verfügt.

Für die Moderne charakteristisch bleibt die weitgehende Differenzierung von persönlichen und sozialen Handlungsbezügen, die sich in der nur noch partiellen Einbindung des Individuums in soziale Funktionszusammenhänge ausdrückt. Hier zeigt sich eine grundlegende Schwierigkeit der Rational Choice-Theorie, die

---

31 In diesem Zusammenhang sind auch die Ergebnisse der modernen Neurobiologie von Interesse. So entwickelt Damasio (1995) eine Theorie menschlicher Vernunft, die auch die Ebene der Gefühle berücksichtigt. Ohne Gefühle ist kein vernünftiges Handeln möglich: „Im Idealfall lenken uns Gefühle ... in einem Entscheidungsraum an einen Ort, wo wir die Instrumente der Logik am besten nützen können" (S. 13). Damasio weist die enge Verknüpfung von Denken und Fühlen im Gehirn und damit die Beschränkung einer rein kognitiven Psychologie nach und zeigt darüber hinaus, daß Geist und Körper eine engere Einheit bilden, die für die Konstitution des Selbst fundamental ist, als dies eine dualistisch-rationale Philosophie in der Tradition von Descartes zuzugestehen bereit ist.

über kein theoretisches Instrumentarium verfügt, um diese beide Ebenen analytisch zu trennen und theoretisch wieder in Beziehung zu setzten, wie dies in der Systemtheorie z.B. mit dem Konzept der Interpenetration von Persönlichkeits- und Sozialsystem im allgemeinen Handlungssystem bei Parsons geschieht, oder, noch radikaler, in dem Konzept der Koevolution psychischer und sozialer Systeme bei Luhmann (s. dazu auch den Beitrag von Martens in diesem Band). Welche Konsequenzen sich aus der Berücksichtigung solcher Denkfiguren für die Rational Choice-Theorie ergeben würden, ist noch völlig unklar. Auf jeden Fall würde sich aber die Zurechnungsproblematik von Macht in komplexen Handlungszusammenhängen in einem völlig neuen Licht zeigen.

4. Ausblick

Die Rational Choice-Theorie betrachtet formale Organisationen als korporative Akteure, also als soziale Gebilde eigener Art, mit eigenen Interessen und mit einer eigenen Handlungsautonomie ausgestattet. Die Rationalität des Organisationshandelns kann also nicht unmittelbar als Verlängerung der Handlungsrationalität der Prinzipale verstanden werden. Korporative Akteure erscheinen aus der Binnenperspektive als ein System von Positionen, das durch eine zentrale Leitungsinstanz herrschaftlich koordiniert wird, und aus der Außenperspektive als ein Schnittpunkt unterschiedlicher Interessen. Korporative Akteure sind als Organisationsform im institutionellen Rahmen der modernen Gesellschaft verankert; sie gelten als juristische Personen mit eigenen Rechten und Pflichten. Gesellschaftskritisch ist hervorzuheben, daß sich durch die zunehmende Dominanz korporativer Akteure in der Moderne die Machtbalance zuungunsten der „natürlichen Personen" verschoben hat. Aufgabe einer neuen Sozialtheorie ist es daher, Vorschläge für institutionelle Reformen der Verfügungsrechte zu machen, durch die die Handlungsautonomie der „natürlichen Personen" gestärkt wird (vgl. Coleman 1995, S. 426 ff.).

Aus theoriesystematischer Sicht kann festgestellt werden, daß die Rational Choice-Theorie über ein beachtliches Potential verfügt, um im engeren Sinne ökonomische Theorien der Organisation zu integrieren. Hier sind in erster Linie der Principal-Agent-Ansatz, der Transaktionskosten-Ansatz und der Resource-Dependence-Ansatz zu nennen. Darüber hinaus können auch die stärker institutionell ausgerichteten Theorien wie der Property Rights-Ansatz (vgl. Posner 1986) oder die neue Institutionenökonomik im engeren Sinne (vgl. North 1992a) als spezielle Versionen der Rational Choice-Theorie verstanden werden, da sie die soziale Effizienz alternativer institutioneller Regelungen aus mikroökonomischer Sicht beurteilen. Selbst der mikropolitische Ansatz (vgl. Küpper/Ortmann 1988), der sich kritisch mit einem ökonomistisch verengten Verständnis von Rationalität auseinandersetzt, kann als Variante der Rational Choice-Theorie verstanden werden, zumindest insoweit, als er auf individuell-rationalen Machtstrategien basiert.

Damit ist klar, daß die Rational Choice-Theorie mit Recht als ein progressives Forschungsprogramm im Sinne von Lakatos (1974) angesehen werden kann. Dennoch muß gefragt werden, ob mit der in der Rational Choice-Theorie vorgenommenen Verallgemeinerung des mikroökonomischen Ansatzes zu einer allgemeinen Sozialtheorie längerfristig nicht auch alle Probleme importiert werden, die dazu geführt haben, daß die Neoklassische Ökonomik längst als ein degeneratives Forschungsprogramm anzusehen ist. Die Schwächen der Rational Choice-Theorie als einer allgemeinen Sozialtheorie liegen dabei vor allem in den folgenden Punkten:

1. Der methodologische Individualismus wird zwar programmatisch mit einem theoretischen Institutionalismus verbunden, engt aber dennoch die theoretische Reichweite der Rational Choice-Theorie entscheidend ein. Erklärungen von Makro-Phänomenen sind methodologisch nur im Sinne der Emergenz von unten erlaubt. Eine gleichberechtigte Berücksichtigung der Konstitution von oben ist aber nur mit Hilfe einer Komplexitätstheorie möglich, die auch der Makroebene sozialer Organisation eine eigenständige Erklärkraft zubilligt. Unabhängig davon könnte eine so erweiterte Rational Choice-Theorie sozialphilosophisch an einem normativen Individualismus festhalten.
2. Die Einengung der Handlungstheorie auf das Rationalitätsprinzip ist nur um den Preis einer rein formalen Interpretation möglich, die die Begriffe der „Rationalität" und der „Wahl" inhaltlich entleert. Versuche, auch die in der Handlungssituation enthaltenen Limitierungen rational choice-theoretisch zu erklären, überfordern das reflexive Potential des Rational Choice-Ansatzes und führen letztlich in einen infiniten Regreß. Erfolgversprechend scheint in diesem Zusammenhang eine verhaltenstheoretische Erweiterung der Rational Choice-Theorie zu sein, die auch die Möglichkeit der Integration genuin normgeleiteten Handelns eröffnen würde.

Trotz dieser Einschränkungen ist die Rational Choice-Theorie die meiner Meinung nach derzeit am weitesten entwickelte, am präzisesten modellierte und am ehesten zum Zwecke einer empirischen Überprüfung operationalisierbare Sozialtheorie. Um dies einzusehen, genügt in unserem Zusammenhang ein Vergleich des Konzepts des korporativen Akteurs mit konkurrierenden Entwürfen anderer Sozialtheorien, etwa der Luhmannschen Systemtheorie, die Organisationen als Sozialsysteme ansieht, die ihre Autopoesis auf rekursive Entscheidungszusammenhänge gründen, oder der Giddensschen Sozialtheorie, die Organisation als reflexive Strukturation begreift, ganz zu schweigen von gesellschaftskritischen Versuchen, die den schlichten Hinweis auf eine „McDonaldisierung" der Gesellschaft als einen hinreichenden Ersatz für eine theoretische Analyse der modernen Organisationsgesellschaft halten.

Wie oft noch? Wie lange noch?

Hartmut Esser

Die Theoriediskussionen in den Sozialwissenschaften sind derzeit von einer interessanten Doppelstruktur gekennzeichnet: Auf der einen Seite drängen die sog. Rational-Choice(RC)-Ansätze in unterschiedlichen Anwendungsbereichen anscheinend unaufhaltsam vor. Sie sind gegenwärtig sogar dabei, eine der heiligsten Bastionen der Soziologie einzunehmen – die Kultursoziologie –, nachdem eine andere Festung schon lange genommen wurde: die Erklärung sozialer Ordnung. Auf der anderen Seite mehren sich aber auch die Anzeichen, daß dieses Vordringen nicht ohne weiteres hingenommen wird. Dieser Widerstand ist bislang eine nicht unverständliche Reaktion derjenigen Teile der Sozialwissenschaften gewesen, die auf ihre Fahne die Unmöglichkeit individualistischer Erklärungen kollektiver Prozesse geschrieben hatten. Peter Kappelhoff vertritt in seinem Papier ebenfalls eine ausgesprochen kritische Position, ohne daß er durch diese professionsspezifischen Rücksichten dazu gezwungen wäre. Um so wichtiger ist es, seine Argumente zur Kenntnis zu nehmen.

Im folgenden möchte ich meinen Kommentar seiner Thesen vor allen Dingen auf den ersten Teil seines Beitrages beschränken, da sich die speziellen Ausführungen in den Folgekapiteln immer wieder um einige der zentralen Thesen drehen, die er in dem ersten Teil formuliert. Im wesentlichen sind es vier Argumente, die er gegen die RC-Theorie (RCT) vorbringt. Erstens würde in der RCT eine ontologische Vorordnung des Individuums vorgenommen, die nicht zu rechtfertigen sei. Zweitens zwinge der Ansatz zu Annahmen einer prästabilisierten Harmonie der sozialen Prozesse und der Gesellschaft ganz allgemein. Alle Versuche, die Mängel der ersten und der zweiten Annahme zu beseitigen, führten in logische Widersprüche oder in einen infiniten Regreß. In diesem Zusammenhang kritisiert er drittens insbesondere das Konzept der sogenannten Brückenhypothesen. Und schließlich sei es viertens notwendig, für eine fruchtbare Erklärung sozialer Prozesse einen grundlegenden Umbau der RCT vorzunehmen, wobei dem Verfasser offensichtlich eine Integration von systemtheoretischen Überlegungen, auch solcher, die etwa Niklas Luhmann vorschlägt, mit der RCT vorschwebt.

Die Behauptung einer zwingenderweise ontologischen Vorordnung des Individuums vor der Gesellschaft verbindet Kappelhoff mit einer Reihe von zusätzlichen Annahmen: In der RCT werde notwendigerweise das autonome Subjekt vorausgesetzt. Dies sei die Folge der zwingenden Ausblendung der sozialen Konstitution individueller Akteure sowie der Linearisierung von an sich zyklischen Prozessen in der RCT. Bereits diese Aufzählung zeigt, daß es sich hier um Vorhaltungen handelt, die innerhalb des Ansatzes der RCT eigentlich schon seit sehr langer Zeit als widerlegt oder durch inzwischen vorgenommenen Umbauten des Ansatzes als ausgeräumt gelten können. Weder die Autonomie des Subjektes noch die Ausblendung der sozialen Konstitution noch die „Linearisierung" zuungunsten einer „zyklischen Prozeßlogik" sind dem Ansatz der RCT inhärent. Es ist geradezu das Gegenteil der Fall: Die interessantesten Anwendungen der RCT finden im Rahmen von Modellen der ungeplanten Entwicklung statt, einschließlich des Einbaus von Rückkopplungen, Diffusionsvorgängen und evolutionären Abläufen.

Den Verfasser hat offensichtlich – wie so viele vor ihm – die Bezeichnung „Rational Choice" in Verbindung mit der Position des methodologischen Individualismus verwirrt. „Individualismus" ist in diesem Zusammenhang lediglich eine Bezeichnung einer theoretischen Entscheidung: Daß die „allgemeinen" Gesetzmäßigkeiten bei der Analyse und Erklärung kollektiver Prozesse, wenn überhaupt, auf der Ebene individueller Akteure und eben nicht auf der Ebene kollektiver Prozesse zu finden sein werden. Nach allem, was Kappelhoff über kollektive Prozesse schreibt, müßte er diesem Satz auch zustimmen können. Auch die Behauptung, daß die RCT nicht die Konstitution der Persönlichkeiten menschlicher Akteure erklären könne, ist unverständlich. Eine frühe Spezialform der RCT, die von George Caspar Homans vertretene verhaltenstheoretische Soziologie, hatte gerade mit ihrer lerntheoretischen Komponente gezeigt, daß die Ausführung von Handlungen die vorherige Erklärung der Entstehung von Bewertungen und Erwartungen erfordert und über die Lerntheorie auch möglich macht. Gerade George Caspar Homans hatte zum Ende seines Lebens sogar des öfteren darauf hingewiesen, daß es zwischen seinem verhaltenstheoretischen Ansatz und dem RC-Ansatz keinerlei Widerspruch gäbe. Im Gegenteil: Das Lernen kann sogar als eine Variante der RC-Erklärung gelten. Es ist die „rationale" Selektion von Erwartungen und Bewertungen nach entsprechenden Erfahrungen des Organismus in einer Umgebung. Insofern ist auch der Versuch von Kappelhoff, die sogenannte „voluntaristische" gegen „verhaltenstheoretische" Handlungstheorien auszuspielen, gegenstandslos. Gerade die neueren Entwicklungen in der Einstellungstheorie der kognitiven Sozialpsychologie zeigen, daß es hier in der Tat keinerlei grundsätzlichen Unterschied zwischen verhaltenstheoretischen S-R- und voluntaristischen S-O-R-Theorien gibt.

Unverständlich ist auch die Behauptung, daß die RCT notwendigerweise nur effiziente Gleichgewichte und Prozesse, die zu einem selbststabilisierenden Gleichgewicht führten, analysieren könnte. Hat nicht gerade Raymond Boudon, einer der Hauptvertreter des Ansatzes seit mittlerweile über fünfundzwanzig Jahren, in seinen Analysen etwa der soziologischen Theorien des sozialen Wandels und in seiner Kritik gerade der funktionalen Modelle des sozialen Wandels gezeigt, wie mit Hilfe der RCT alle logisch auch nur denkbaren Sequenzen von Wandel analysierbar werden? Gleichgewichte sind dabei nur ein Spezialfall des Wandels. Ungleichgewichte, Pfadabhängigkeiten, Irreversibilitäten und dergleichen, die Kappelhoff als Sachverhalte darstellt, die innerhalb des RCT nicht zu untersuchen wären, gehören seit langem dazu. Verwiesen sei nicht zuletzt auf die Arbeiten von Douglass C. North, der sogar das von Kappelhoff vorgebrachte QWERTY-Beispiel als Paradigma für die von ihm vertretene Theorie des institutionellen Wandels heranzieht. Und Douglass C. North ist ohne Zweifel einer der wichtigsten Vertreter der RCT.

Einer längeren Diskussion bedürfte die von Kappelhoff vorgebrachte Darstellung des Konzeptes der Brückenhypothesen. Damit wird in der RCT der Sachverhalt angesprochen, daß der uninterpretierte Kalkül einer jeden, nicht nur einer „rationalen", mikrotheoretischen Handlungstheorie selbstverständlich jeweils empirisch interpretiert werden muß und mit gewissen strukturellen Variablen in der „Umgebung" des Akteurs verbunden werden muß. Diese Mischung aus empirischer Interpretation und struktureller Füllung der handlungstheoretischen Variablen kann auf verschiedene Weise vorgenommen werden. Geläufig sind in der Methodologie der RCT im wesentlichen zwei Vorgehensweisen: eine eher theorieorientierte, die mit dem Konzept der sozialen Produktionsfunktionen gewissermaßen deduktiv auf der Grundlage eines reichen Hintergrundwissens die Verbindungen herstellt. Oder es wird eine induktiv-empirische Überbrückung vorgenommen, bei der etwa Befragungsdaten die Werte der unabhängigen Variablen der Handlungstheorie füllen sollen. Die Brückenhypothesen haben insofern immer nur einen deskriptiven Charakter. Insofern können sie wahr oder falsch sein. Aber es sind keine Theorien. Selbst theoretisch „erklärt" werden müssen sie für ihre Funktion in den soziologischen Erklärungen der RCT nicht. Freilich könnte man sich auch dies zur Aufgabe machen. Dann – und nur dann – wird es notwendig, gewisse Theorien zur Erklärung heranzuziehen, etwa, warum Alter, Geschlecht oder soziale Schicht etwas mit gewissen Erwartungen und Bewertungen zu tun haben sollen. Welche Theorien das sind, ist zunächst völlig gleichgültig. Es müssen auch keineswegs selbst Theorien des „rationalen Handelns" sein, mit denen die Existenz gewisser Brückenbeziehungen selbst erklärt werden soll. Das muß man ebensowenig, wie man etwa zur Erklärung des Fallens eines Steines unbedingt mit der Gravitationstheorie erklären müßte, warum ein Stein genau auf eine Höhe von einem Meter gekommen ist, wenn er von dort fallengelassen wurde.

Es gibt - kurz gesagt - wenigstens an dieser Stelle nirgendwo den Zwang für einen infiniten Regreß. Beschreibungen sind natürlich - ebenso wie Theorien - nie endgültig zu validieren. Die von Kappelhoff in diesem Zusammenhang genannten Probleme würden im übrigen, wenn es sie denn gäbe, jede andere Erklärung auch haben.

Vor diesem Hintergrund erscheint der Vorschlag, daß es zu einem „Umbau" der RCT und einer Integration mit systemtheoretischen Ansätzen kommen müsse, einigermaßen befremdlich und sogar unverständlich. Der Vorschlag, gewissermaßen die Makroebene durch eine Systemtheorie und die Mikroebene durch die RCT auf irgendeine Weise zusammenzubringen und damit die gesuchte integrierende Theorie zu gewinnen, muß sogar als ein Rückschritt gewertet werden.

Den gleichen Vorschlag hatte noch seinerzeit Habermas mit seiner Trennung von System und Lebenswelt und der Forderung einer Systemtheorie für die eine Sphäre und einer Handlungstheorie für die andere Sphäre gemacht. Dies ist von methodologischer Seite von Alfred Bohnen überzeugend kritisiert worden. Die dort nachzulesenden Argumente lassen sich sämtlich auch gegen den Vorschlag von Kappelhoff vorbringen. Die Analyse und Erklärung von Selbstorganisation, Rückkopplung, zyklischen Prozessen usw. sind, um es noch einmal zu wiederholen, im RC-Ansatz nicht nur „möglich". Es ist vielmehr eines der Hauptanwendungsfelder des Ansatzes in vielen inhaltlichen Anwendungen.

Um es kurz zu machen: Kappelhoff rennt mit seinen Forderungen – was diese Aspekte angeht – weit offene Türen ein. Und mit seinen Vorhaltungen – insbesondere der, daß der Ansatz die wechselseitige Konstitution von „psychischen" und „sozialen" Systemen nicht erklären könne – übersieht er das, was in dem Ansatz seit langem praktiziert wird.

Eine abschließende Bemerkung sei noch erlaubt. Die RCT ist nicht aus Zufall oder gar – davon gehe ich jedenfalls aus – aus methodologischer Borniertheit entstanden. Das Hauptmotiv für ihre Entwicklung und Anwendung, wohl auch für ihre derzeitige Verbreitung, ist vielmehr der nicht gerade ermutigende Zustand alternativer Ansätze in den Sozialwissenschaften. Die von Kappelhoff an vielen Stellen offensichtlich favorisierte mathematische Systemtheorie steht damit nicht in Widerspruch. Sie hätte nur einen wichtigen Nachteil: Ihr fehlt der „Sinn". Gerade deshalb gehen ja auch die Modellierungen sozialer Prozesse im Rahmen der RCT stets nur in einem Wechselspiel von Makro-Mikro-Makro-Sequenzen, deren kollektive Ergebnisse dann durchaus und fruchtbringend in dynamischen Modellen der mathematischen Systemtheorie beschreibbar sind.

Welche Handlungstheorie bei diesen vertiefenden Erklärungen angewandt wird, ist im übrigen dann ebenfalls zweitrangig. Aber auch hier muß natürlich gefragt werden: Welche Alternative hätte Kappelhoff zu den derzeit verwandten Varianten der RCT, die ja mit dem neoklassischen Modell des homo oeconomicus nur noch wenig gemein haben, vorzuschlagen? Auf die neueren Entwicklungen einer kognitiven Anreicherung der RCT und der Berücksichtigung begrenzter Rationalität geht Kappelhoff nicht weiter ein. Sonst hätte er gesehen, daß auch hier keineswegs das Münchhausen-Trilemma droht – wenigstens nicht aus logischen Gründen.

So interessant und erhellend der Beitrag von Kappelhoff in den inhaltlichen Feldern, insbesondere der Organisationssoziologie und der Tauschtheorie auch ist: Seine Vorhaltungen berühren zum allergrößten Teil Debatten, die seit langem geführt und auch entschieden worden sind. Daß dies oft bei Soziologen nicht angekommen oder gar angenommen worden ist, verwundert nicht weiter. Verwundern kann nur, daß die gleichen Irrtümer und widerlegten Vorhaltungen auch außerhalb dieses Lagers ein derart zähes Leben haben.

Organisation und gesellschaftliche Teilsysteme

Wil Martens

1. Organisation und Gesellschaft als soziale Systeme

Organisations- und Gesellschaftstheorie widmen sich, auch in der Systemtheorie, weitgehend eigenen, speziellen Bereichen und Problemen. Daran hat man sich gewöhnt. Diese Lage kontrastiert jedoch scharf mit der ebenfalls gewohnten Einsicht, daß wesentliche Entwicklungen und Probleme moderner Gesellschaft – wie die Konstitution und Reproduktion von Staat, Wirtschaft, Erziehung und Wissenschaft, wie Ghettobildung, Umweltzerstörung, Arbeitslosigkeit und Überbelastung der Familien – mit Organisation verbunden sind.[1] In diesem Aufsatz versuche ich, auf der Grundlage der Systemtheorie diesen Kontrast zu mildern.

In den fünfziger Jahren beginnt eine Reihe von Organisations- und Gesellschaftswissenschaftlern, sich bewußt und explizit der – damals auf allgemeinster Ebene formulierten – Systemtheorie zu bedienen. Verwendet werden die kombinierten Schemata von Innen und Außen einerseits, von strukturierten Ganzheiten und ihren Teilen andererseits. Innen und Außen nennt man System und Umwelt, und Systeme werden als Einheiten mit emergenten Eigenschaften betrachtet, zusammengesetzt aus Elementen und Teilsystemen. Eine Theorie, die diese abstrakten Schemata bewußt verwendet, wird als Systemtheorie bezeichnet (vgl. Parsons 1951; Beer 1959; Katz/Kahn 1966; Checkland 1981; Luhmann 1984; Ackoff 1994).

Wenn man die genannten Schemata als Ausgangspunkt nimmt, sind immer noch sehr verschiedene Theorien und Problemstellungen möglich. Davon zeugt die vielschichtige und bunte Literatur systemtheoretischer Betrachtungen organisationaler und gesellschaftlicher Phänomene. Sie zeugt auch davon, daß es recht schwierig ist, die Systemtheorie für soziale Systeme, hier für Organisation und Gesellschaft, zu spezifizieren und interpretieren.

In der systemtheoretischen Organisations- und Managementwissenschaft hat sich in den letzten Jahrzehnten aber gerade in dieser letzten Hinsicht einiges geändert. Zu erkennen ist eine globale Tendenz zur Vereinheitlichung des begrifflichen Instrumentariums. Die Distanz zu den bislang dominierenden, mechanischen und biologischen Begriffen und Modellen ist stetig gewachsen. Wenn

---

1 Von daher hat die Rede von der „Organisationsgesellschaft" (neuerlich u.a. Zucker 1983; Perrow 1991) auch ihre Berechtigung, bedeutet aber noch keine Gesellschaftstheorie. Sie beschreibt nur bestimmte (wichtige) Teile der Gesellschaft, nicht diese Gesellschaft selbst.

man sich auf Vorbilder aus anderen Bereichen bezieht, dann auf diejenigen der Biologie, deren Objekte den sozialen Entitäten viel ähnlicher sind als die kybernetischen Maschinen, die man zuvor als Bezugspunkt genommen hatte. Aber sogar zur Biologie wird mehr Distanz gehalten, und mehr und mehr wird ein genuiner Zugang zur Organisation als sozialem System gewonnen. Gleichwohl gibt es noch genug ernst zu nehmende Probleme, vor allem, weil man sich einem analytischen und kontrollorientierten Ansatz – wegen seiner Affinität zu „praktischen" Betriebsproblemen, die „sozio-technischen" Systeme betreffend – nicht vollends entziehen kann oder will.

Die Spezifikation der Organisationen als besondere soziale Systeme spielt auch in der (allgemeinen) Soziologie eine Rolle. Vor allem Luhmann hat explizit versucht, nicht nur die Spezifität sozialer Systeme, sondern auch diejenige der Organisation zu bestimmen – eine von den Organisationswissenschaftlern weitgehend ignorierte Problematik. Er betont die Eigenständigkeit des sozialen Systems Organisation, das er als eine spezifische – d.h. von anderen Arten sozialer Systeme unterscheidbare – kommunikative Einheit betrachtet. Dabei wird aber die Organisation nicht als einziger Referenzpunkt genommen. Organisation ist Moment der Gesellschaft und die moderne Organisation ein typisches Moment der modernen, in spezialisierte Teilsysteme ausdifferenzierten Gesellschaft.

Für eine Diskussion des Verhältnisses von Organisation und Gesellschaft bietet die Forschung in den Organisations- und Managementwissenschaften kaum Anknüpfungsmöglichkeiten. Die Organisationstheorie hat fast ausschließlich Organisation oder Betrieb als Referenzpunkt ihrer Überlegungen genommen und sodann die Gesellschaft als Umwelt thematisiert, die der Organisation bestimmte Möglichkeiten und Probleme aufgibt. Dadurch kann die Organisation, erstens, nicht mehr als Teil der Gesellschaft wahrgenommen werden; zweitens ist mit diesem Umweltbegriff als Ausgangspunkt kein angemessener Begriff der Gesellschaft mehr denkbar. Wer nicht nur auf Organisation, sondern auch auf Gesellschaft als Ganzes Bezug nehmen will, muß ein anderes Referenzsystem, nämlich die Gesellschaft, verwenden und die Gesellschaftstheorie zu Rate ziehen.

Die Ergebnisse und Probleme der systemtheoretischen Management- und Organisationswissenschaft zu den angedeuteten Themen werden in Abschnitt 2 dargelegt. Was die systemtheoretische Gesellschaftstheorie bezüglich des Verhältnisses von Organisation und Gesellschaft bietet, erörtere ich, ausschließlich am Beispiel Luhmanns, in Abschnitt 3. Die Errungenschaften und Probleme, die in der diskutierten Organisations- und Gesellschaftstheorie aufgezeigt werden, bilden im 4. Abschnitt, dem letzten dieses Beitrags, den Ausgangspunkt für eine Neubearbeitung einiger zentraler Themen. Dazu gehören solche basale Fragen wie: „Was ist eine Organisation?" „Was ist Gesellschaft, und was sind gesellschaftliche Teilsysteme?" Nur wenn über diese Fragen eine gewisse Klarheit erreicht worden ist, ist es sinnvoll, zu anderen Fragen überzugehen, z.B. zu Fragen der „Selbstorganisation", der Art und Weise, in der in der modernen Gesellschaft Organisation und gesellschaftliche Teilsysteme einander wechselseitig produzieren, und zu Fragen des Zusammenhangs von spezialisierten Organisationen und gesellschaftlichen Problemen. Bei der Diskussion dieser letzten Fragen wird sich zeigen, daß die neuere Systemtheorie durchaus relevante Unterscheidungen und Argumentationen für eine Theorie von Organisationen in modernen Gesellschaften bereitstellt.

2. Organisations- und Managementwissenschaft: Steuerung und Selbstorganisation

2.1 Die Komplexitätsproblematik analytischer Systemtheorie

Die systemtheoretisch orientierte Organisationswissenschaft, wie sie vor allem im Rahmen von Managementwissenschaft und Betriebswirtschaftslehre entwickelt wird, ist stark von der sogenannten *analytischen* Systemtheorie, und zwar vor allem in ihrer kybernetischen Form, angeregt worden (siehe dazu u.a. Beer 1959; Checkland 1981, Kap. 3 und 4; Malik 1986, S. 27 ff.). Diese Art Systemtheorie verwendet den Begriff des Systems für jeglichen Variablenzusammenhang, der von irgendwelchen Wissensproduzenten von anderem – der Umwelt – abgetrennt wird. Sie erforscht diese Variablen auf ihren eigenen Zusammenhang und auf ihr Verhältnis zu den – Parameter genannten – Eigenschaften in der Umwelt.[2]

Dabei werden dauerhafte körperliche Einheiten als Träger der in ihren zeitlichen Änderungen erforschten Eigenschaften – der Variablen – vorausgesetzt (Schwegler 1992, S. 28). Man nennt diese Träger die Elemente eines Systems. Sie werden als Entitäten betrachtet, die die Substrate der Variablen bilden. Sie kommen selbst nicht in den Blick, werden vorausgesetzt, sind nicht selbst Forschungsobjekt (vgl. Ashby 1956, S. 1). Interessiert sind die Kybernetiker an den regelmäßig sich ändernden Eigenschaften der Elemente, an dem gesetzmäßigen Zusammenhang der Variablen. Angenommen wird, daß die Variablen sich gesetzmäßig verhalten, voneinander empirisch, in einer nicht zufällig-beliebigen Weise, abhängig sind. In der Terminologie von Foersters (1984, S. 10) handelt es sich in der klassischen Kybernetik um „triviale Maschinen". Variablensysteme werden als beherrschbare, kontrollierbare, gesetzmäßige Zusammenhänge betrachtet. Aufgrund der Kenntnisse dieser Gesetzmäßigkeiten können Systeme im voraus konstruiert und dann praktisch realisiert werden.[3]

---

2 Vgl. Ashby (1956, S. 40): „We should pick out and study the facts that are relevant to some main interest that is already given". Und: „Usually the discovery involves the ... method for the defining of a system, ... listing the variables that are to be taken into account."

3 Im Grunde ist dies das Modell eines *naturwissenschaftlichen* Variablenzusammenhanges, so urteilt Schwegler (1992, S. 28 ff.). Seine Beschreibung der Grundform früherer Systemtheorie stimmt weitgehend mit Husserls Beschreibung der „modernen, mathematischen Naturwissenschaften" in seiner „Krisis der Europäischen Wissenschaft" (1954, S. 28 ff.) überein.

Für die Organisations- und Managementwissenschaft bedeutet das, daß Menschen, Mittel und Maschinen als Elemente von über Information gesteuerten Transformationsprozessen gedeutet werden.[4] Die im Zusammenhang des Prozesses sich ändernden Eigenschaften dieser Elemente sind die Variablen des Systems. Dabei kommen faktisch nur diejenigen Eigenschaften der Elemente in Betracht, die für die Transformation und die Regulierung/Steuerung der letzteren relevant sind.

Eines hat sich in dieser Sicht der Dinge mit Blick auf Organisationen bald herausgestellt. Man begriff, daß infolge der Komplexitätsproblematik organisierter Gebilde nicht jeder Zusammenhang von einem Gestaltenden im voraus konstruiert und dann praktisch realisiert werden kann. Die – u.a. von der Umwelt „geforderte" – Komplexität verbietet es, eine Organisation völlig zu „formalisieren" und zu planen. Eine derartige Vorgehensweise würde die Varietät eines Systems angesichts der Umwelt derart beeinträchtigen, daß es auf die relevanten Umweltänderungen – solche Störungen, die den Wert der als wichtig angesehenen Variablen des Systems über bestimmte Zulässigkeitsgrenzen zu treiben drohen – nicht mehr adäquat reagieren könnte. Denn dafür fehlt es einer zentralen, planenden und kontrollierenden Leitung notwendigerweise an Informationsverarbeitungs- und Kommunikationskapazität.

An der Stelle, wo die Organisationssoziologie schon früher die Existenz informeller Organisation empirisch-faktisch neben den formalisierten Verhältnissen aufgedeckt hat (u.a Roethlisberger/Dickson 1939), spricht die Systemtheorie von der Notwendigkeit der Selbstregulierung und Hierarchisierung (so u.a. Beer 1966; Mesarovitch 1970; Hoffmann 1976, S. 224 ff.). Sie meint damit das Phänomen, daß aus der Perspektive der Leitung Organisationsteile gewissermaßen nicht bis ins Detail bestimmt, sondern ihrer eigenen Regulierung überlassen werden. Selbstregulierung eines Organisationsteils tritt so als Gegensatz zu seiner Steuerung durch die zentrale Leitung der gesamten Organisation auf. Mit dieser Vorgehensweise setzt die Systemtheorie das Nicht-Formalisierte nicht in einen Gegensatz zur formalen Organisation, wie es in erster Linie die Organisationssoziologie tat, sondern integriert diesen nicht formalisierten Teil – die Selbstorganisation – in ihr Konzept der Organisation als Ganzes.[5]

Die derart gedachte Organisation gilt dann aber doch weitgehend als in einem konstruierenden Entwurf bestimmbar. Das gestaltende Entwerfen selbst wird keineswegs als Selbstorganisation, sondern als Konstruktion bestimmt. Es handelt sich klar um Leitung und um das Tun von Experten, die, im Besitz von Kenntnissen der Komplexitätsproblematik, bestimmen, wie Tätigkeiten und

---

4 Eine ähnliche Einschätzung dieser früheren Systemtheorie findet man u.a. bei Checkland (1981) oder Malik (1986). Beispiele sind u.a. Beer (1959); Adam (1959); Ulrich (1968); In 't Veld (1975).

5 Das tun dann auch die sogenannten „strukturalistischen/neo-weberianischen" Organisationssoziologen. Vgl. dazu Etzioni (1964, S. 41 ff.); Perrow (1979, S. 139 ff.).

Kommunikations- und Informationsverarbeitungskapazität verteilt und gestaltet werden müssen. Eine Organisation gilt so als ein über Konstruktion gestifteter, stabiler Variablenzusammenhang. Wenn die Umwelt dazu Anlaß gibt, wird der jeweils vorliegende Gleichgewichtszustand verlassen, um über einen Veränderungsprozeß einen neuen stabilen Zusammenhang zu schaffen.[6]

Die in der skizzierten Vorgehensweise immer noch implizierte Reduktion von Menschen und sozialen Zusammenhängen auf (komplexe) triviale Systeme wird nicht konsequent durchgeführt. Zum Beispiel gelangt das Konzept des viablen Systems und der dafür notwendigen Funktionen wie Produktion, Abstimmung, Kontrolle, Intelligenz und Politik (Beer 1979), soweit es Intelligenz und Politik betrifft, schon über den Interpretationsrahmen der kybernetischen Maschine hinaus. Diese letzteren Funktionen beziehen sich auf die selektiven Prozesse der Umweltwahrnehmung bzw. der „Beschaffung" von Werten und Zielen, die den Modellen der Umwelt und des Inneren der Organisation Rechnung tragen müssen. Das aber sind keine trivialen Angelegenheiten. Soweit Intelligenz und Politik als allgemeine Funktionen interpretiert werden, die auf jeder Organisationsebene wirksam sind, gibt es eine gewisse Bewegung weg von gesetzmäßigen Variablenzusammenhängen. Das Wissen um diese Funktionen bot lange Zeit[7] keinen Anlaß, den grundbegrifflichen Rahmen der Theorie zu revidieren. Die beiden Momente – Gesetzmäßigkeit und Interpretation – stehen vielmehr begrifflich unvermittelt nebeneinander, wobei die „naturwissenschaftliche" Komponente überwiegt. Sie dominiert auch die Interpretation kommunikativer Prozesse, die weitgehend auf die syntaktische Dimension der Varietät reduziert werden und in der Analysen „interpretativer" und „politischer" Prozesse fehlen (vgl. Jackson 1989, S. 433 ff.). Die Vermittlung „naturwissenschaftlicher" und „sozialwissenschaftlicher" Ansätze ist meines Erachtens nur möglich, wenn zwischen technischen, psychischen und sozialen Systemen unterschieden und dann nach der Beziehung dieser Systeme gefragt wird. Das geschieht zunächst jedoch nicht. Man macht keinen klaren Unterschied zwischen den Systemarten, und die Interpretation der Organisation – oder besser des Betriebs, weil immer eine Gesamtheit aus technischen und sozialen Prozessen vorschwebt[8] – ist der Haupttendenz nach technisch ausgelegt.

---

6 Siehe für eine Darstellung und Kritik dieses Interpretationsmusters organisationalen Wandels: Schreyögg/Noss (1995).

7 Das hat sich erst in den letzten Jahren geändert. Beers „viable system model" wird zunehmend aus „hermeneutischer Perspektive" interpretiert. Vgl. Espejo/Harnden (1989); Espejo (1994).

8 In der Organisations- und Managementforschung wird meist nicht klar zwischen Organisation und Betrieb unterschieden (siehe u.a. Fürstenberg 1961; Heinen 1990; Staehle 1992; Probst 1993). Solange man keinen klaren Begriff von Organisationen als sozialen Systemen hat, gerät die damit einhergehende Vermengung von Organisation als sozialem System und Betrieb als Einheit aus sozialem und technischem System nicht in den Blick. Ich versuche im folgenden, beide auseinanderzuhalten.

2.2 Selbstorganisation und Autonomie

Neuerdings gibt es im Rahmen von Systemtheorie und Kybernetik eine allgemeine Tendenz, Organisationen und Betriebe nicht mehr mit Hilfe mechanistischer Begrifflichkeit zu betrachten, und demzufolge auch die Design- und Entwicklungsprozesse anders zu begreifen und gestalten. Diese Tendenz tritt in zwei verschiedenen Formen auf. Die *1.* Form könnte man als eine Radikalisierung des oben dargestellten Komplexitätsarguments begreifen, sie betont die Nicht-Trivialität bestimmter Systemarten. Die *2.* Form betont den interpretativen Charakter psychischer und sozialer Aktivitäten. Bei einzelnen Autoren findet man beide Argumentationsfiguren vertreten. Im folgenden werden sie idealisiert dargestellt.

ad. 1: Personen und soziale Systeme werden nicht mehr als (komplexe) triviale Systeme modelliert, sondern gelten eindeutig als nicht-trivial.[9] Sie ändern sich aufgrund ihrer Erfahrungen, wobei die Lernprozesse durch die innere Struktur der Systeme bestimmt werden. Diese Systeme sind für externe Beobachter prinzipiell unvorhersehbar. Ihre Leistungen können nicht einfach im voraus konstruiert, geplant und dann gesteuert werden. Planungs- und Organisationsprozesse haben infolge dieses Ausgangspunkts ihre Grenzen nicht mehr nur in den Komplexitätsgefällen von Umwelt, Organisation und Management, sondern auch in der *prinzipiellen* Unvorhersehbarkeit, Unplanbarkeit und Unsteuerbarkeit der Personen und Verbände, die man gerade steuern möchte (Malik 1986; Probst 1985, 1987; Wimmer 1989, 1991; Kirsch 1992; Kasper 1990, 1991; Espejo 1994; Willke 1995a). Es treten immer unvorhersehbare Änderungen auf, die nur in rekursiven Aktionen und Interaktionen zu neuer – vorläufiger – Stabilität und Vorhersehbarkeit gebracht werden können.

Strukturen werden in Organisationen selbst konstituiert. Denn, so wird jetzt anerkannt, soweit es zu regelmäßigen Zusammenhängen von Stimuli und Responses (Variablenzusammenhängen) kommt, geschieht das durch wechselseitige Stabilisierung interagierender Personen und Gruppen, die – über Interaktionen – zu immer neuen Gleichgewichten kommen.[10] Es ist nur folgerichtig, daß nun auch die Konstruktions- und Gestaltungsprozesse von Strukturen als Selbstorganisation betrachtet werden. Vollkommen formal organisieren, d.h. planen und kontrollieren, kann man sie offenbar nicht.

Unter dem einen Nenner der Selbstorganisation werden oft zwei grundverschiedene Sachverhalte vorgestellt. Einerseits spricht man von Selbstorganisation, wenn man – wie eben dargestellt – betonen will, daß die Strukturen einer Organisation von dieser Organisation selbst, d.h. durch rekursive Interaktionen, geschaffen und stabilisiert werden. Dann handelt es sich um einen allgemeinen theoreti-

---

9 Zu diesen Begriffen von Foerster (1984, S. 8 ff.).
10 Das formuliert schon Weick (1979, S. 112 ff.), wenn er von sich wiederholenden Verhaltenszyklen spricht.

schen Begriff der Selbstorganisation. Andererseits spricht man auch von Selbstorganisation mit Bezug auf dezentralisierte Einheiten, industrielle Demokratie und spontane Ordnung. Im letzteren Falle handelt es sich um eine normative Frage, wobei Selbstorganisation in einen Gegensatz zu Zentralisation, Kontrolle, Planung usw. gebracht wird. Dabei aber verbleiben immer Merkmale der Organisation, die von der Leitung, zentral, planerisch usw. bestimmt werden. Das führt zu der Position, es gebe in der Mehrzahl moderner Organisationen eine Mischung aus Selbst- und Fremdorganisation (u.a. Probst 1985; Jackson 1982). Manchmal ist im Rahmen der letzteren Auffassung auch von Pathologien der Selbstorganisation die Rede. Als pathologisch gelten spontane Organisierung ganz ohne Design, Kontrolle und Intervention, aber auch ein allzu großes Maß an Autonomie von Management und Stabsabteilungen (Probst 1985, S. 172 f., 1987; Jackson 1989; Malik 1986; Kirsch/zu Knyphausen 1991, S. 92 ff.).[11] Partizipation und Selbststrukturierung haben, obwohl man in einem Atemzug davon spricht, nichts mit Selbstorganisation im theoretischen Sinne zu tun.

Über Führung, Gestaltung und Steuerung denkt man zunehmend mit Hilfe des Begriffs der Selbstreferenz nach. Selbstreferenz versteht man dabei als die Eigenschaft eines Systems, das sich selbst betrachtet und sich seine eigene Logik und Identität schafft. Durch die Führungs- und Gestaltungsprozesse bezieht ein System sich auf sich selbst, versucht es explizit und deliberativ, seine eigenen Strukturen zu bestimmen und so selbst seine Ausrichtung vorzunehmen. In diesem Sinne spricht man von Selbststeuerung und sozialen, selbstreferentiellen Systemen (u.a. Probst 1987, 1993; Kasper 1991). Wenn man das tut, spricht man über Gestalten und Organisieren im Sinne des ersteren der beiden oben dargestellten Konzepte, des *theoretischen* Selbstorganisationskonzepts.

Schließlich wird der Einfluß der Umwelt als ein von der Organisation selbst geschaffenes Moment der Organisation betrachtet. Die Art und Weise, in der man die Umwelt wahrnimmt und auf sie reagiert, erscheint als Resultat sich über rekursive Schleifen stabilisierender Interaktionszyklen lernender Personen. Die Art der möglichen Umweltkontakte hängt von den durch systeminterne Interaktionen aufgebauten Potenzen für solche Kontakte ab (vgl. Probst 1993, S. 457 ff.; Wimmer 1989, S. 139; Kasper 1991, S. 66 f.). Oder wie es Schreyögg (1991) formuliert: Es betrifft Selektionsleistungen eines Organisationssystems, mit deren Hilfe dieses System sich von seiner Umwelt abgrenzt und sie teilweise für relevant, teilweise für irrelevant erklärt. Der Selektionsprozeß ist aber niemals gesichert.

In diesen Analysen von Selbstorganisation, Leitung und Umwelteinfluß bleiben die verschiedenen interpretativen Leistungen, die im Rahmen von Selektion

---

11 Mit Recht bezweifeln Kieser (1994, S. 209 f., S. 225) und Jackson (1982, S. 24 ff.), ob prozeßorientierte und Partizipation fördernde Ansätze, wie sie in St. Gallen und auch von Checkland vertreten werden, tatsächlich zu anderen Organisationsstrukturen mit z.B. mehr Demokratie und Selbstbestimmung führen.

und Stabilisierung von Strukturen, Führungsformen und Umweltwahrnehmung notwendig Verwendung finden, weitgehend unbeleuchtet. Gerade sie aber machen die Form aus, in der Komplexität in Organisationen bearbeitet wird. Aufmerksamkeit finden sie im sogenannten „soft systems thinking".

ad 2: Die „soft and critical systems thinkers", die den interpretativen Charakter psychischer und sozialer Leistungen betonen, leugnen durchaus nicht, daß es sich dabei um Selektionen handelt, die aus einer unüberschaubaren Fülle an Möglichkeiten eine Auswahl treffen. Sie betonen aber, anders als die auf Komplexitätsprobleme konzentrierten Autoren, die sinnhaft-interpretierende, sozial-kulturelle Seite dieser Selektionen. Vertreter dieser Position (u.a. Checkland 1981; Checkland/Scholes 1990; Ackoff 1974, 1994; Churchman 1971; Ulrich 1988b; Jackson 1991) formulieren aber weniger noch als die Vertreter der komplexitätsorientierten Variante eine explizite Theorie der Organisation. Auf der Grundlage einiger Voraussetzungen über menschliches Interpretieren, Handeln und Interagieren haben sie vor allem eine Interventionsmethodologie zur Unterstützung interaktiv verlaufender Selektionsprozesse ausgearbeitet (vgl. Jackson 1982).

Die Prämissen dieser Methodologie lauten folgendermaßen: Die selektive Ordnung entsteht unter Bezugnahme auf interpretative Schemata, Weltanschauungen und kulturelle Muster. Die Orientierung an diesen Schemata usw. ist der Mechanismus, der eine Auswahl aus dem unendlichen Raum von Wahrnehmungen, Handlungen und Kommunikationen ermöglicht. Interpretative Schemata, Weltanschauungen und kulturelle Muster festigen sich im Rahmen wiederholter Interaktion. In diesen Interaktionen wird unter Bezugnahme auf vorhandene Schemata, Weltanschauungen und kulturelle Muster über die Ziele, Mittel und Transformationprozesse eines Betriebes entschieden. In der „critical systems theory" (Ulrich 1988b; Jackson 1994; Flood/Jackson 1991) wird betont, daß sich in den Interaktionen vor allem die Interpretationsmuster und Weltanschauungen der Mächtigen durchzusetzen drohen. Wenn auch mehr implizit, liegt doch auch in dieser Interpretation moderner Organisationen der Akzent auf der Selbstreferentialität und Autonomie der organisationalen Interaktionszusammenhänge. Dabei wird allerdings dem Rekurs der verschiedenen Akteure auf Kultur – Interpretationsmuster, Weltanschauungen – eine zentrale Rolle attestiert.

Die Interventionsmethodologie selbst betrifft Vorgehensweisen im Rahmen organisationaler Interaktionen. Sie legt u.a. nahe, die Verschiedenheit der Interpretationen von Umwelt und Betrieb sichtbar und explizit zu machen. Das Explizitmachen der verschiedenen Bilder und Weltanschauungen der organisationalen Akteure liefert die Basis für eine Diskussion, in der man versucht, zur Formulierung eines Problems und seiner Lösung zu kommen. Manchmal wird auch systematisch überprüft, ob Problem und Lösung im Rahmen vorherrschender Kultur und Machtverhältnisse überhaupt eine Chance haben, sich durchzusetzen (so Checkland/Scholes 1990). Im Falle der „critical systems theory" wird zudem betont, daß in den Organisationen wegen asymmetrischer Machtverteilungen meist eine Verzerrung der Interaktionen und damit ein einseitiges Ergebnis droht.

Mit Hilfe einer Positionen und Interessen explizierenden, „aufklärerischen" Methodologie versucht man, dieser Tendenz entgegenzuarbeiten (Jackson 1991).

Das scheinen mir für moderne Organisationen durchaus plausible Interpretations- und Unterstützungsvorschläge zu sein. Sie lassen aber völlig offen, weshalb es eine Diversität an Interpretationen, Weltanschauungen usw. in modernen Organisationen gibt, ob es sie vielleicht geben muß, und wie man aufgrund dieser Diversität dennoch zu einer Einheit kommt. Fragen, die sich auf das Verhältnis von Organisation und Gesellschaft beziehen, werden kaum gestellt, obwohl das doch auf der Hand läge bei der Betonung der sozialen und ideologischen Eingebundenheit der Interpretationen von Organisation und Umwelt.

In dem Moment, in dem man den bislang skizzierten Theorie- und Methodologiestand erreicht hat, stellen sich mindestens drei weitere Fragen. Erstens: Gibt es nicht noch andere „Merkmale" von Organisationen, die selbstreferentiell und autonom von einer Organisation geschaffen werden, als die bisher erörterten? Zweitens wecken die Ausführungen über die Merkmale, Gestaltung und Entwicklung von Organisationen Neugier, was für eine Entität das ist, die sich so weitgehend selbst bestimmen, steuern und gestalten kann. Drittens möchte man mehr über die Einheit der verschiedenen Interpretationsmuster erfahren – vor allem über die Prozesse, die dazu führen. Die beiden ersten – eng zusammenhängenden – Punkte werden im folgenden Abschnitt erörtert. Die Frage nach der Einheit verschiedener Interpretationsmuster wird in Abschnitt 4 aufgegriffen.

2.3 Autopoiesis

Autoren, die die Fragen nach Art und Autonomie der Organisation ernsthaft stellen, versuchen sie oft unter Berufung auf die Theorie zu beantworten, die Niklas Luhmann über sich selbst produzierende und organisierende soziale Systeme vorgelegt hat (u.a. Wimmer 1989; Kasper 1990, 1991; Willke 1995a). Diese Theorie impliziert an wichtigen Stellen einen Bruch mit der Tradition der analytischen und kybernetischen Systemtheorie der Organisation, die oben erörtert wurde. In einer Theorie autopoietischer sozialer Systeme à la Luhmann werden die sozialen Einheiten als solche – so wie sie für sich selbst und für Beobachter als reale, tatsächliche Einheiten erscheinen – in den Blick genommen. Das ist ein Abschied von der analytischen Theorie, die sich auf die Darstellung problemorientierter Variablensysteme konzentriert (dazu Luhmann 1984, S. 16 f., 30 f.).

Wenn man der tatsächlichen Einheit von Organisationen – d.h. der Einheit von Phänomenen, die für uns als reale, operativ immer wieder produzierte Entitäten da sind – wirklich Rechnung tragen will, kann man nicht mehr davon ausgehen, daß Menschen die Elemente sozialer Systeme sind, vielmehr müssen die Operationen als die tatsächlichen Elemente solcher Systeme dargestellt werden. Die Eigendynamik und operative Logik sozialer Systeme lassen sich in ihrer Besonderheit erst erfassen, „wenn soziale Systeme vorbehaltlos als systemisch konstituierte soziale Tatsachen analysiert und begriffen" und die Menschen in die Umwelt sozialer Systeme gestellt werden (Willke 1993, S. 202 f.). Dann aber muß auch die besondere Einheit dieser aufeinander bezogenen Operationen begrifflich erfaßt werden.

Soziale Systeme bestimmen die genannten Autoren in Anschluß an Luhmann als Einheiten zusammengehöriger Kommunikationen, die sich in ihrer wechselseitigen, rekursiven Bezogenheit – d.h. unter Voraussetzung vorheriger und erwartbarer weiterer Kommunikationen – (re)produzieren. Der Fortgang von Kommunikation zu Kommunikation wird durch den Kommunikationszusammenhang selbst geregelt. Soziale Systeme sind autopoietisch, sie (re)produzieren ihre Einheit, ihre Strukturen und ihre Elemente in einem operativ geschlossenen Prozeß. Ein soziales System liegt dann vor, wenn Kommunikationen sich in einem geschlossenen Prozeß rekursiv aufeinander beziehen, d.h. sich wechselseitig produzieren (vgl. Willke 1993, S. 67 ff.; Kasper 1991, S. 9 ff.).[12] Damit wird das soziale System – und soweit die Organisation als ein soziales System verstanden wird, auch die Organisation – endgültig als eine eigenartige und eigenständige Einheit bestimmt. Geklärt ist, was ein soziales System ist und was es nicht ist. Jedenfalls ist es keine Menge aufeinander bezogener Menschen, Maschinen und Mittel. Und auch die Menschen allein können auf dieser Grundlage nicht als Elemente sozialer Systeme betrachtet werden. Psychische und organische Systeme – Menschen – gibt es in der Umwelt sozialer Systeme. Ihre Operationen besitzen ebenfalls eine eigene Logik – der das psychische System kennzeichnende Fortgang der Gedanken z.B. ist durch Bezug auf vorausgegangene und weitere Gedanken bestimmt (u.a. Luhmann 1985).

Als Folge dieser Bestimmung der Organisation als soziales System wird der Begriff der Selbstorganisation anders gefaßt. Er bezieht sich nun ausdrücklich auf die Organisation als solche. Die Organisation produziert ihre Elemente und Strukturen selbst, sonst gibt es sie einfach nicht. Das folgt konsequent aus der Weiterentwicklung der in den Theorien der Selbstorganisation im Keime schon enthaltenen Gedanken, führt aber zu einer Reihe von Problemen. Denn mit diesen Schlußfolgerungen werden die Grenzen des bislang verwendeten Begriffes der Selbstorganisation faktisch überschritten. Im Vorhergehenden wurden – abgesehen von Selbstorganisation als normativer Leitidee einer herbeizuführenden „Demokratie" – implizit drei „Formen" von Selbstorganisation unterschieden, die sich alle noch mit der analytischen Konzeption eines Variablensystems vereinbaren lassen. Erstens gab es Selbstorganisation als Element des Entwurfs der Organisationsstruktur. Diese Form wird veranlaßt durch die Einsicht in die un-

---

12 Vor allem Kasper (1991) versucht, in Anschluß an Luhmann auch die Spezifität der Organisation als besondere Art Sozialsystem zu bestimmen. Das geschieht bei Luhmann selbst aber etwas ausführlicher und mit etwas anderer Betonung. Um Wiederholungen zu vermeiden, diskutiere ich die Spezifität der Organisation im nächsten, Luhmanns Theorie gewidmeten Abschnitt.

terschiedlichen Komplexitäten von Umwelt, Organisation und Leitung. Zweitens gab es – die Komplexitätsidee radikalisierend – Selbstorganisation als Folge der prinzipiellen Unvorhersehbarkeit und Unplanbarkeit der Elemente und Teile von Organisationen. Strukturierung kann dann nur in der Form interaktiver Selbststabilisierung stattfinden. In der dritten Gestalt geht es um Selbstorganisation in dem Sinne, daß auch noch die Öffnung gegenüber der Umwelt und die Leitung und Gestaltung der Organisation Momente der sich auf sich selbst beziehenden autonomen Organisation sind.

In den Vorschlägen von u.a. Kasper, Willke und Wimmer, Organisationen nun als Einheiten selbstproduzierter Kommunikationen zu betrachten, wird ein Schritt über diese Fassungen des Begriffs der Selbstorganisation hinaus getan, der sich nicht mehr mit dem bislang zugrunde gelegten analytischen Bezugsrahmen vereinbaren läßt. Die Darstellung der Organisation als eines selbstproduzierten und selbstgenügsamen Zusammenhanges von Kommunikationen bedeutet eine prinzipiell andere Vorstellung der Organisation, als in der analytischen Tradition vorausgesetzt wurde. Sie bricht mit der Vorstellung, es handele sich um eine aspektmäßige Relationierung der dauerhaften, körperlichen Elemente Mensch, Maschinen und Mittel. Wenn man eine Organisation als eine Einheit zusammengehöriger Kommunikationen betrachtet, kann man sie nicht gleichzeitig als einen stabilisierten – zeitweilig „gesetzmäßigen" – Zusammenhang von Eigenschaften von Menschen, Maschinen und Mittel auffassen. In den Vorschlägen von Kasper, Willke und Wimmer wird daher die grundlegende Idee des von einem interessierten Beobachter definierten analytischen Variablensystems verlassen. Dadurch erst kann das soziale System als solches erscheinen, es erscheint als eine reale, eigenständige Einheit und wird als solche auch nicht mehr mit „technischen" Operationen verquickt.

Mit diesem Resultat, der ausschließlichen Konzentration auf das soziale System als eine eigenständige Einheit, die in den auf Luhmanns Theorie basierenden organisationstheoretischen Arbeiten vorliegt, verschwindet also der „technische" Zusammenhang von menschlichen und maschinalen Operationen aus dem Blick. Die technische Seite des Betriebes – dazu gehört auch die Arbeit – erscheint in der Theorie nur noch als Kommunikationsthema. Sie ist nicht mehr selbst Thema der Organisations- und Managementwissenschaft, und auch die Verbindung des „technischen" und des „sozialen" Teils des Betriebes wird nicht mehr gedacht. Einsicht in den Zusammenhang dieser verschiedenartigen Operationen aber ist für eine praktisch interessierte Organisations- und Managementwissenschaft, die die technisch-organisatorischen Zusammenhänge der Betriebe erforschen und besser bzw. rationaler gestalten helfen möchte und daraus auch ihre Anerkennung bezieht, unverzichtbar. Denn es sind gerade die zusammenhängenden technischen und sozialen Operationen – die Betriebe –, die die gesellschaftlich anerkannten Resultate und Probleme und damit die (Nicht-)Viabilität der Organisationen zur Folge haben (s. hierzu auch den Beitrag von Braczyk in diesem Band).

Wenn man diese grundsätzliche Kluft zwischen der „analytischen" Theorie der Selbstorganisation und der Theorie autopoietischer sozialer Systeme überblickt, ist es logisch, daß sie bislang nicht integriert wurden. Ihre einfache Integration ist eben unmöglich. Man kann vor diesem Hintergrund auch gut verstehen, warum die Luhmannsche Variante von Betriebswirten wie Kirsch, zu Knyphausen und Probst gerade in diesen Hinsichten abgewiesen wird.[13] Diese Autoren haben zwar bestimmte Theoreme des anfänglichen Modells der systemtheoretischen Organisationswissenschaft modifiziert und besonders die Grenzen der Steuerung von Organisationen schärfer betont. Sie haben aber das Modell des Variablenzusammenhangs, den man gezielt steuern/ändern will, erhalten, weil es einen besseren Zugang zu den praktischen Organisationsproblemen erlaubt als das konkurrierende soziologische Modell Luhmanns. Der Gedanke, die Elemente von Organisationen seien die körperlich vorgestellten Menschen – und meistens auch Maschinen und Mittel –, ist ein integraler Bestandteil dieses Modells. Das ist vor allem nützlich, weil es erlaubt, die Operationen von Menschen, Materialien und Maschinen selektiv zusammenzudenken und darauf basierend gezielt zu beeinflussen. Das ist für Organisationen wichtig, weil gerade diese Leistung von ihnen verlangt wird. Produktions- und Dienstleistungsorganisationen – Betriebe – werden im Alltag tatsächlich als sozial-technische Einheiten betrachtet, behandelt und bewertet. Das reflektiert die Managementwissenschaft, und ihre Überlegungen spielen ihrerseits eine wichtige Rolle in den Bemühungen, eine im Rahmen gesellschaftlicher Anforderungen als wertvoll erfahrene soziotechnische Einheit zu gestalten.[14]

Damit befindet sich die systemtheoretisch angeregte Organisations- und Managementwissenschaft in einem schizophrenen Zustand. Einerseits ist für die praktisch mit Organisationen/Betrieben befaßten Organisationsforscher die Möglichkeit, den Zusammenhang von sozialen und technischen Prozessen zu denken, von großem Gewicht; sie ist unverzichtbar. Eine soziologische Betrachtungsweise, die das nicht kann, ist daher immer unzureichend. Die von Luhmann vorgeschlagene Theorie sozialer Systeme scheint dazu nicht fähig zu sein. Andererseits ist aber ebenfalls klar, daß eine einfache Zusammenfügung technischer und sozialer Operationen nicht genügt. Damit verschwindet die Eigenständigkeit und Autonomie des Sozialen aus dem Blick – die doch auch von den Manage-

---

13 Die Ablehnung der Luhmannschen Theorie nimmt verschiedene – geradezu verwirrende – Formen an: Man kritisiert die „Menschlosigkeit" der Organisation (Kirsch 1992, S. 249 ff.); die „autopoietische Organisation" wird zum Grenzfall erklärt, die vor allem mit spezifischen Selbstbeschreibungen zusammenhängt (Kirsch/zu Knyphausen 1991, S. 92 ff.); man knüpft einerseits an Luhmanns Thesen an (Probst 1987, S. 76 ff.), unterscheidet aber andererseits die kommunikativ-symbolische und die substantiell-materielle Ebene der Organisation (1987, S. 91 ff.). Organisation gilt dabei generell als selektives Systemsteuerungsinstrument (siehe u.a. Schreyögg 1991, S. 280 ff.), wobei es sich letztendlich durchaus um die umweltgerechte Transformation von Input in Output handelt, was sich mit Luhmanns Theorie jedenfalls so nicht vereinbaren läßt.

14 Vgl. dazu schon den soziotechnischen Systemansatz, z.B. Staehle (1973).

mentwissenschaftlern anerkannt wird, wenn sie davon sprechen, daß die Öffnung für die Umwelt, die eigene Identität, die Interpretationsmuster, die Gestaltung der Operationen, die Führung usw. in rekursiven Interaktionszyklen im sozialen System erst geschaffen werden. Aus dieser unbefriedigenden Situation kommt man nur heraus, wenn es möglich ist, soziale und technische Systeme und ihre Verbindung derart zu konzipieren, daß sowohl die Eigenständigkeit und Selbstproduktion des Sozialen als auch seine Verbindung mit einem technischen System im Betrieb gedacht werden kann. Dazu werde ich im Abschnitt 3 zuerst analysieren, ob das diesbezügliche Defizit der Luhmannschen Theorie einen grundsätzlichen oder bloß akzidentellen Mangel dieser Theorie betrifft und wo die Ursachen der Probleme in der Theoriearchitektur angesiedelt sind. Zuvor muß aber noch beschrieben werden, wie die Gesellschaft in der systemtheoretischen Organisationswissenschaft aufscheint.

2.4 Organisation und Gesellschaft

In der systemtheoretisch orientierten Organisationstheorie finden sich kaum Bemühungen, das Verhältnis von Organisation und moderner Gesellschaft darzustellen. Die Gesellschaft scheint die Organisationswissenschaftler nicht besonders zu interessieren; die Organisation ist ihr einziger Referenzpunkt. Aus ihrer Perspektive gibt man sich zufrieden mit der Andeutung einiger Eigenschaften moderner Gesellschaften, die gerade für die Einzelorganisationen, die irgendwelche Strategien und Ziele realisieren wollen, interessant und wichtig sind. Die Gesellschaft wird als Umwelt thematisiert, die der Organisation bestimmte Möglichkeiten und Probleme aufgibt.

Einer ernsthaften Erforschung des Verhältnisses von Organisation und Gesellschaft stellt diese Position zwei Hindernisse entgegen. Erstens ist die Begriffswahl so angelegt, daß die Organisation nicht mehr als Teil der Gesellschaft wahrgenommen werden kann, obwohl allseits anerkannt wird, daß sie genau dies ist. Zweitens ist, nimmt man den Umweltbegriff als Ausgangspunkt, kein angemessener Begriff der Gesellschaft mehr möglich. Denn letztere erscheint dann eben nur mehr als Inbegriff der Anstalten, die für die als Referenzpunkt gewählte Organisation Probleme, Möglichkeiten und Restriktionen darstellen. Im besten Falle findet man dann bei der Aufzählung derjenigen Umweltbereiche, mit denen eine Organisation interagiert und strukturell gekoppelt ist und die ihr Probleme und Möglichkeiten bieten, die Unterscheidung von Ökonomie, Recht und Politik (Probst 1993, S. 296 ff.) oder Hinweise auf die neue Lage in Europa (Malik 1994).

In den letzten Jahrzehnten richtet sich das Interesse von Organisations- und Managementforschung nicht mehr in erster Linie auf „inhaltliche" Merkmale der Umwelt, wie „Rigidität des Rechts", „Strenge der Umweltpolitik", „unternehmensfreundliche Gewerkschaften" usw. – obwohl auch sie für die einzelne Organisation gewiß noch als wichtig gelten –, sondern vielmehr auf hochgeneralisierte

Merkmale wie Komplexität, Turbulenz, Unsicherkeit usw. der jeweiligen Organisationsumwelt.[15]

Die heutige Organisationstheorie glaubt offenbar, Organisationen müßten sich nicht in erster Linie mit ganz bestimmten Problemen, sondern mit allen ihnen aufgegebenen Problemen überhaupt auseinandersetzen können. Natürlich müssen sie auch die gerade in einem bestimmten Augenblick anfallenden Probleme lösen können. Aber auf diese einzelne Probleme darf man sich gerade nicht konzentrieren und festlegen. Nicht das Einzelproblem, sondern der Wechsel der jeweils auftretenden Probleme erscheint als die schwierigste Aufgabe. Mittels generalisierter Problemlösungskapazität – Varietät – sollen Organisationen sich darauf einstellen. Jede Organisation muß durch Ermöglichung vieler Systemzustände auf einen schnellen und unvorhersehbaren Wechsel von Umständen, Zielen und Operationen vorbereitet sein. Das Problem ist dann die Kombination von Redundanz und Varietät. Das bedeutet, man muß sich so auf zielgerichtetes und effizientes Operieren festlegen, daß die Festlegungen irgendwie leicht auswechselbar sind, und dies sowohl auf der operativen als auch auf der strategischen Ebene. Die Änderungen selbst werden meist als Lernprozesse thematisiert. Insgesamt resultiert diese Betrachtungsweise in dem Bild der „entwicklungsfähigen Organisation" (Probst 1993), der „responsiven Organisation" (Espejo/Schwaninger 1993), des „evolutionären Managements" (Kirsch 1992) oder der „lernenden Organisation" (Schreyögg/Noss 1995).

Was das aber für eine Gesellschaft ist, die Probleme, Änderungen, Turbulenzen, Komplexitäten usw. vorgibt, und daß gerade auch die sich ändernden Organisationen eine wichtige Ursache der Änderungen sind, auf die sie reagieren, bleibt im Rahmen dieser Fragestellung ungeklärt. Ebenso bleiben die gesellschaftlichen Probleme, mit deren Produktion und Bearbeitung die Organisationen beschäftigt sind, als solche undiskutiert. Sie erscheinen nur, soweit angenommen wird, daß sie für die Organisationen eine Bedeutung besitzen, wie das z.B. mit ökonomischer Destabilisierung, einer sozialistischen Regierung, der Vereinigung Europas usw. der Fall sein kann. Schließlich werden auch die gesellschaftlichen Bestimmungen der Organisationen, die mit ihrer hauptsächlichen Orientierung auf jeweils eines der spezialisierten gesellschaftlichen Teilsystemes zusammenhängen – einer Orientierung, die eine Organisation zur politischen, wissenschaftlichen, militärischen usw. Organisation macht –, in der systemtheoretischen Organisationslehre normalerweise übergangen.

Diese Konturen einer um die Gesellschaft weitgehend unbekümmerten, ausdifferenzierten Organisationstheorie – die im übrigen so nicht nur im Rahmen der Systemtheorie vorliegt – sind Ausdruck einer Phase moderner gesellschaftlicher Entwicklung, in der die Zielgerichtetheit und einseitige gesellschaftliche Spezialisierung von Organisationen im großen und ganzen als unproblematisch

---

15 Ganz in diesem Sinne greift auch die Kontingenztheorie auf die Umwelt „zu" (vgl. dazu z.B. Kieser/Kubicek 1992; Staehle 1994, S. 47 ff.).

galten. Unter dieser Bedingung können Organisationen sich auf sich selbst – ihre Rentabilität oder Viabilität – konzentrieren und ihre gesellschaftliche Bestimmtheit wie auch die eigene gesellschaftliche Aufgabe als unproblematisch betrachten. Das gilt als legitim, weil die Resultate auf gesellschaftlichem Maßstab überwiegend positiv bewertet werden.[16] Darauf arbeitet denn auch die Organisationswissenschaft hin. Eine derartige Organisationstheorie verstärkt ihrerseits den Organisationszentrismus, indem sie die jeweilige Organisation als Mittelpunkt der Welt beschreibt und Begriffe und Programme bereitstellt, die auf dieser Grundlage die Welt als Umwelt, d.h. als Gegenstand und Mittel darstellen und bearbeitbar machen. Die Lage hat sich in den letzten Jahren natürlich etwas geändert. Es gibt inzwischen eine – sei es auch als solche meist implizit bleibende – Debatte über die Verbindung von Organisationen und gesellschaftlichen Teilsystemen. Es ist nicht mehr selbstverständlich, welche Güter und Dienste im öffentlichen Bereich unter politischer Regie produziert werden und welche der Wirtschaft zufallen müssen. Jeder kennt inzwischen auch die Klagen über die unintendierten Folgen der Entwicklung spezialisierter Organisationen und gesellschaftlicher Teilsysteme, z.B. für die Integration der Personen in die Gesellschaft, die Überbelastung der Familien, die Zerstörung der Umwelt usw. In diesen Debatten und angesichts dieser Probleme steht die Organisations- und Managementwissenschaft aber weitgehend mit leeren Händen da.[17]

Im Kontext der Organisationswissenschaft bildet der Versuch Willkes, die Verbundenheit von Gesellschaft und Organisationen näher zu bestimmen, eine Ausnahme. Er macht diesen Versuch, weil er meint, daß z.B. eine „sinnvolle Intervention nur dann möglich ist, wenn dem Eingriff ein zumindest in den Grundlagen angemessenes Bild der Realität moderner komplexer Gesellschaften zugrundeliegt" (Willke 1995a, S. 39). Diese Grundlagen betreffen in seinen Augen vor allem vier Punkte. Die moderne Gesellschaft ist *erstens* ein den Individuen gegenüber weitgehend verselbständigtes System, das aus Kommunikationen besteht. Soziale Systeme haben daher ihre eigene Logik und Gesezmäßigkeiten, die von Individuen und auch von Organisationen nicht so ohne weiteres geändert werden können. *Zweitens* besteht die moderne Gesellschaft aus einer Reihe weitgehend spezialisierter und ausdifferenzierter Teilsysteme. Es handelt sich dabei um die Absonderung, Spezialisierung und Autonomisierung teilbereichs-spezifischer Kommunikationen, in denen jeweils Spezialsprachen verwendet werden, die es ermöglichen, schnell und effizient über bestimmte „Sachen und Probleme" zu kommunizieren (Willke 1995a, S. 59). Diese Gesellschaftsstruktur – funktionale Differenzierung und Spezialisierung – hat einerseits eine gesteigerte Fähigkeit zur Lösung bestimmter gesellschaftlicher Probleme, andererseits aber auch neue Problemen zur Folge (Willke 1995a, S. 46 f.). *Drittens* spielen für Willke Or-

---

16 Prominenteste Ausnahme: die Folgen industrieller Arbeit für die Arbeitenden.

17 Wenn sie sich um diese Probleme kümmert, dann meist unter der doch etwas einfachen Prämisse, das sei vorteilhaft für z.B. die Unternehmen (vgl. Schwaninger 1995).

ganisationen im Rahmen der Bearbeitung gesellschaftlicher Probleme eine wichtige Rolle. Sie sind jeweils auf die Verwendung einer Spezialsprache und damit die Bearbeitung eines Problembereichs spezialisiert. Deshalb sind Unternehmen (Wirtschaft), Parteien (Politik), Gerichte (Recht), Krankenhäuser (Gesundheitssystem) usw. „zwar jeweils Organisationen", aber sie funktionieren aufgrund der verschiedenen Kontexte nach ganz unterschiedlichen Regeln (Willke 1995a, S. 59). *Viertens* sind Organisationen nicht nur Problemlöser; sie sind auch die Ursache gesellschaftlicher Probleme, wie Umweltverschmutzung, Arbeitslosigkeit, Gesundheitsrisiken, Flüchtlingsbewegungen, Kriminalität (Willke 1995b, S. 294). Zu weiten Teilen sind sie, genauso wie die Problemlösungsbeiträge, Ausfluß der einseitigen Spezialisierung moderner Organisationen. Insgesamt seien die modernen Gesellschaften von Großorganisationen beherrscht. Sie gelten ihm dabei als korporative Akteure, die sich selbst Operationen zurechnen und denen von Personen und anderen korporativen Akteuren auch Operationen zugerechnet werden (Willke 1993, S. 189 ff.).

Mit solchen Überlegungen wird, im Vergleich zur übrigen systemtheoretischen Organisationswissenschaft, ein wichtiger Schritt in Richtung auf eine Vermittlung von Organisation und moderner Gesellschaft getan. Vor allem die Betonung des Einflusses der Organisationen in der Gesellschaft und der Verbundenheit von Spezialisierung auf gesellschaftlicher und organisationaler Ebene sind hier wichtig. Es bleiben aber immer noch viele Fragen offen. Warum sind vor allem Organisationen – und nicht andere soziale Systeme – so wichtig, wenn es um die Verwendung der spezialisierten Sondersprachen geht? Wie kommt es z.B., daß die eine Organisation dauerhaft eine besondere Empfindlichkeit für ökonomische, eine andere aber für rechtliche Probleme aufweist? Werden die besonderen Empfindlichkeiten gleichzeitig in einer Organisation kombiniert und integriert, oder sind die Organisationen total einseitig spezialisiert? Wie ist das eine oder das andere möglich? Sind Organisationen vor allem vom gesellschaftlichen Kontext geprägt oder konstituieren vor allem sie vielleicht diesen „Kontext"? In den folgenden Abschnitten werde ich versuchen, diese Fragen zu beantworten.

Insgesamt hat die neuere systemtheoretische Organisationsforschung zwar Fortschritte in Richtung auf eine gehaltvolle Theorie gemacht. Es wäre jedoch immer noch zu viel, schon von einer gelungenen Organisations- und Betriebstheorie zu sprechen. Dafür wird erstens die Besonderheit der Organisation noch zu wenig reflektiert. Zweitens fehlt das begriffliche Rüstzeug für eine Erfassung des Betriebes als einer Einheit aus sozialen und technischen Prozessen. Schließlich wird der gesellschaftiche Gehalt der Organisation – d.h. die Organisation als produktives und produziertes Teil der Gesellschaft – noch zu wenig und unvollständig thematisiert. Es liegen hinsichtlich des ersten und dritten Problems Beiträge vor allem von Luhmann vor, die einerseits einen strengen Organisationsbegriff zu formulieren versuchen und andererseits die Verschränkung von Organisation und Gesellschaft explizit zum Thema machen. Wir müssen prüfen, inwiefern sie die angedeuteten Defizite beheben.

3. Organisation, Medium und Gesellschaft: Zur Rekonstruktion der Luhmannschen Theorie moderner Organisation

3.1 Das soziale System, die Kommunikation und der Mensch

Im Vergleich zu den praxisorientierten, auf Gestaltung und Steuerung soziotechnischer Zusammenhänge orientierten Organisationstheorien gibt Luhmanns Theorie eine bemerkenswert strenge Bestimmung des Organisationbegriffes. Er begreift die Organisation als eine besondere, eigenständige soziale Einheit und klärt, was das bedeutet: Die Organisation ist eine Einheit aufeinander bezogener Kommunikationen, und zwar eine, in der die Kommunikationen die Form der Entscheidung haben. Bei seinen Theorieentscheidungen, (a) die Kommunikation als Element sozialer Systeme zu betrachten und (b) psychische und organische Operationen aus dem Bereich des Sozialen auszuschließen, müssen wir kurz verweilen. Sie bilden die Grundlage seines Versuchs, das Spezifische der Organisation als solcher begrifflich zu erfassen.

(a) Kommunikationen werden von Luhmann bestimmt als emergente Einheiten, die aus der Synthese dreier Selektionen – Information, Mitteilung und Verstehen – resultieren (1984, S. 193 f.). Die weiteren Bestimmungen dieser Selektionen machen klar, daß Luhmann bei dieser Begriffsbestimmung eine genuine Kommunikation vor Augen hat, d.h. er bezieht sich auf Operationen, die im Alltag als Prototyp der Kommunikation gelten: Sprechen, Schreiben etc. Es handelt sich dabei um codierte Ereignisse (1984, S. 197), wobei der Mitteilende sich von einem Hörer, Leser usw., der Mitteilung und Information unterscheidet, beobachtet weiß und Selektionen aufgrund dieses Wissens gesteuert werden (1984, S. 184).

Allein schon durch diese Begriffsbestimmung gerät die nicht als solche bekanntgegebene, „nicht-ausdifferenzierte" kommunikative Dimension sozialen Handelns aus dem Blick. Die in rekursiver Bezogenheit aufeinander und auf „genuine" Kommunikationen stattfindenden sozialen Handlungen sind aber gleichzeitig Produktion *und* Kommunikation. Während sie einen Sinn realisieren, übermitteln sie ihn. In diesem Sinne konstituieren soziale Handlungen zusammen mit genuinen Kommunikationen soziale Systeme (s. dazu ausführlicher: Abschnitt 4.2).

Die Stellung sozialer Handlungen im Rahmen sozialer Systeme wird vollends unkenntlich durch Luhmanns Vorschlag, Handlung als zugerechnete Kommunikation zu verstehen und der Handlung als dem tatsächlichen *Realisieren* – im Sinne von: Praktizieren – eines Sinnes keinen Platz mehr in der Theorie zu reservieren.[18] Eine Kommunikation wird Luhmann zufolge zugerechnet, weil sie als sol-

---

18 Außer in sich selbst widersprechenden Passagen, in denen einerseits behauptet wird, es gebe durchaus nichtkommunikatives Handeln, das als Information bzw. als Thema von Kommunikation behandelt werden kann, und andererseits Handlungen, die als Mitteilungskomponente der Kommunikation vorkommen (Luhmann 1984, S. 227). Beides läßt sich m.E. nicht

che nicht die Operation einer Person ist, sondern zwei Personen verbindet. Sie wird im Rahmen sozialer Systeme zugerechnet, weil dadurch ein Adressat für Nachfolgekommunikationen gewonnen wird (Luhmann 1984, S. 227 ff.). Wenn der Handlungsbegriff für die Zurechnung von Kommunikation reserviert ist, wird es aber sehr schwierig, noch über das nachzudenken, was uns immer schon als Handlung gilt: die mehr oder weniger klar umgrenzten Verhaltenseinheiten einer Person, die mit – ebenfalls mehr oder weniger klar umgrenzten – Erlebniseinheiten dieser Person verbunden sind. Ohne Handlungsbegriff kann es schließlich auch keinen Begriff der sozialen Handlung geben. Denn die soziale Handlung betrifft eben nicht eine (prototypische) Kommunikation, sondern eine Handlung mit kommunikativen Eigenschaften (s. dazu auch den Beitrag von Ortmann, Sydow und Windeler in diesem Band). Und die sozialen Handlungen – d.h. die einen Sinn realisierenden Tätigkeiten, die als sinnhafte Tätigkeiten auf rekursiv damit verbundene sinnhafte Tätigkeiten bezogen sind – sind, trivial genug, in Organisation und Betrieb sehr wichtig.

(b) Soziale Systeme produzieren sich selbst, meint Luhmann, soweit und nur soweit sie die Unterscheidung von Kommunikation (Innen) und Nicht-Kommunikation (Außen) zugrunde legen.[19] Immer ist auch klar, und sogar besonders scharf im Falle der Organisation, daß nur ganz bestimmte Kommunikationen zu irgendeinem sozialem System gehören, nicht einmal alle Kommunikationen der Mitglieder (1988c, S. 171). Eben deshalb ist es unumgänglich – jedenfalls, wenn man an Systemtheorie festhalten will – , *die Menschen* (psychische und organische Systeme) explizit in die Umwelt sozialer Systeme zu plazieren. Luhmann radikalisiert diese These der Eigenständigkeit selbstreferentieller psychischer und sozialer Systeme bis zu der Behauptung, sie bestünden völlig überschneidungsfrei, gänzlich getrennt, nebeneinander (u.a. 1988a, S. 892 f., 1992, 1995).

Diese These hat, so wurde schon angedeutet, viel Widerspruch hervorgerufen. Die Kritik betont vor allem, daß Kommunikation nicht ohne (psychisches) Bewußtsein und (organisches) Verhalten auskommen könne und auch, daß ein Akteur oder Subjekt der Kommunikation notwendig sei (vgl. Martens 1991; Schwinn 1995a; vgl. auch Luhmann 1993a, S. 35). Man könnte zugespitzt sogar sagen, daß die Kommunikation faktisch aus der Theorie verschwindet, wenn sie nicht aus psychischen und organischen Komponenten bestünde, die allerdings im Hinblick auf ihre Funktion in sozialen Systemen geordnet sind.

Ich möchte diese Diskussionen hier nicht wiederaufnehmen oder zusammenfassen, sondern nur kurz auf einen Aspekt hinweisen, der im Rahmen der in diesem Aufsatz erörterten Probleme relevant ist. Er betrifft die Gründe Luhmanns, sich in die schwierige Position einer Kommunikation ohne Komponente

---

mit der These der „Handlung als Zurechnung von Kommunikation im Rahmen asymmetrisierender Selbstbeschreibung" vereinigen. Siehe für eine kritische Rekonstruktion von Luhmanns Handlungsbegriff: Esser (1993a).

19 Vgl. Luhmann über Selbstreferenz sozialer Einheiten (u.a 1984, S.60 ff., 599 ff.).

und innere Ordnung zu manövrieren. Seine Stellungnahme beruht wahrscheinlich
darauf, daß er sich nicht vorstellen kann, daß psychische und körperliche Zustände und Ereignisse als solche in der Kommunikation funktionieren können (Luhmann 1992c, S. 140). Dem liegt die theoretische Voraussetzung zugrunde, daß
etwas nicht gleichzeitig „etwas" und „anderes" sein könne, weil das eine Paradoxie beträfe. Seine allgemeine Ablehnung der Identität einer Differenz (siehe u.a.
1993b, 1991, S. 939) führt im übrigen nicht nur bei der begrifflichen Erfassung
des Verhältnisses von „Mensch" und „Sozialsystem" zu Problemen. Diese theoretische Voraussetzung, die es verbietet, daß eine Kommunikation gleichzeitig
Verhalten und Erfahrung ist, macht es für Luhmann auch unvorstellbar, daß
transformierendes Handeln gleichzeitig Kommunikation ist. Wenn diese beiden
angedeuteten „Verschränkungen" ausgeschlossen sind, ist es aber auch schwierig,
die Einheit der technischen und kommunikativen Prozesse im Betrieb begrifflich
zu fassen, die wir andererseits jedoch tagtäglich zum Ausgangspunkt des Handelns und Kommunizierens machen, und die auch Luhmann wahrscheinlich nicht
bestreiten möchte. Schließlich verstellt die genannte Theorievoraussetzung auch
den gedanklichen Weg zu Organisation und Gesellschaft als *„unitas multiplex"*.
Man kommt vielmehr nur noch zu einem reinen Nebeneinander von Teilsystemen. Diese Probleme werden in Abschnitt 4.2 weiter diskutiert.

3.2 Organisation, Entscheidung, Mitgliedschaft: Die differentia specifica von Organisationen

Organisationen sind Luhmann zufolge eine besondere Art sozialer Systeme. Die
Spezifität der Organisation ist für Luhmann operativ bestimmt durch eine besondere, basale, systembildende Operation. Hier wie an anderen Stellen seiner Theorie wird von einem operativen Verständnis der Systembildung und Grenzziehung
ausgegangen (z.B. 1984, S. 60 ff.). Für jede Systemart gibt es eine besondere basale, systembildende Operation. Die besonderen basalen Operationen der Organisationen sind für Luhmann *Entscheidungen*. Sie sind ihm zufolge eine besondere
Form der Kommunikation. Organisationen sind dann solche Sozialsysteme, die
rekursive Entscheidungszusammenhänge einrichten und darauf ihre Autopoiesis
gründen. Die Systemart Organisation bildet sich mit typischen, artspezifischen
Elementen, mit Entscheidungen, aus. Die System*art* Organisation erkennt man
daran, daß sie mit der Operations*art* Entscheidung operiert (Luhmann 1988c).

Die Besonderheit der Entscheidung besteht erstens darin, daß im Falle der
Entscheidung nicht bloß eine Kommunikation selektiert, sondern daß sie aus
einer Reihe bekannter Möglichkeiten – aus expliziten Alternativen – selektiert
wird. Eine Entscheidung ist die Selektion einer Kommunikation, die irgendwie als
kontingent – d.h. anders möglich – thematisiert wird (1981, S. 339). Zweitens
bringt Luhmann den Entscheidungsbegriff mit dem Erwartungsbegriff in Verbindung. Entscheidungen gibt es dann, wenn an Handlungen gerichtete, klare Er-

wartungen vorliegen. Nun meint das natürlich nicht, daß immer dann Entscheidungen vorliegen, wenn es Erwartungen gibt (1984, S. 400). Letzteres ist ja meistens der Fall. Jedes soziale Gebilde, das Strukturen aufweist, kennt Erwartungen. Soweit diese Erwartungen bloß befolgt werden, ist von Entscheidungen noch nicht zu sprechen. Davon kann erst die Rede sein, wenn es Anlässe gibt, die Erwartungen nicht zu befolgen. Dann erst erkennt und empfindet man die Erwartungen als solche und die damit verbundenen möglichen Sanktionen. Erwartungen werden als Erwartungen erkannt, und eben das ergibt den in den modernen Gesellschaften empfundenen Entscheidungsdruck.[20] Einen so bestimmten Entscheidungsdruck gibt es in Organisationen jederzeit, weil dort immer klare, meist explizit kommunizierte, formale Erwartungen unwahrscheinlicher – d.h. außer im Kontext einer Organisation kaum vorstellbarer – Kommunikationen existieren.

Als weitere Bestimmung der Spezifität der Organisation führt Luhmann die *Mitgliedschaftsregel* an (u.a. 1975a, S. 11 ff.; 1987, S. 41; 1988c, S. 171; 1990a, S. 672 f.). Damit meint er einen Differenzierungsmechanismus, der bestimmt, welche Handlungen unter welchen Aspekten als Entscheidungen im System zu gelten haben, und zwar eben durch die Festlegung, wer als Mitglied des Systems angesehen und in welchen Rollen die Mitgliedschaft ausgeübt werden kann (1988c, S. 171). Diese Angelegenheiten werden im System selbst, also in und durch organisationale Entscheidungen, bestimmt. So differenziert eine Organisation sich als ein autonomes, rekursiv geschlossenes System aus.[21]

Mit der Mitgliedschaftsregel wird ohne Zweifel ein wichtiger Differenzierungs- und Festlegungsmechanismus moderner Organisationen benannt. Sie wird aber nicht nur in Organisationen, sondern auch in anderen sozialen Systemen – wie Familie und Freundeskreis – zur Differenzierung verwendet. Nur können diese Systeme nicht so leicht – oft fast gar nicht – über den Inhalt dieser Regel und ihre Anwendung auf Personen *entscheiden* und sie so formal etablieren. Die Mitgliedschaftsregel als solche ist meines Erachtens aber nicht für Organisation artspezifisch. Die Mitgliedschaftsregel ist Luhmann zufolge außer für die Grenzziehung auch für die Motivationsbeschaffung wichtig, weil mit Mitgliedschaft Konditionen verbunden werden (können). Diese Konditionen können – bewußt gezielt auf Motivationsbeschaffung – selektiv mit den (verschiedenen) Stellen verbunden werden. Die Konditionierung der Mitgliedschaft erfüllt eine wichtige Funktion im Rahmen der Produktion unwahrscheinlicher Kommunikationen. Mitgliedschaft kann je nach ihrer Attraktivität mehr oder weniger scharf konditioniert werden. Die Konditionierung attraktiver Mitgliedschaft hat als Effekt, daß eine Organisation ein hochgradig unwahrscheinliches, zum Beispiel hochspe-

---

20 Siehe Luhmann (1984, S. 400); kritisch dazu, weil der Entscheidungsbegriff das Tun und die Routine tendenziell aus der Organisation verschwinden lassen, Becker et al. (1988, S. 106).

21 Im nächsten Abschnitt zeige ich, daß es eine ganze Reihe von Selbstbeschränkungen in Organisationen gibt, wobei Mitgliedschaft vor allem im Rahmen der Produktion von Attraktivität eine wichtige Rolle spielt.

zialisiertes Verhalten mehr oder weniger sicherstellen kann (Luhmann 1987, S. 41). Dabei spielen die Medien Geld und Macht eine wichtige Rolle. Die mit Mitgliedschaft verbundenen Belohnungen ändern sich der Möglichkeit nach in ebensoviele negative Sanktionen, wenn das verlangte Verhalten nicht geleistet wird (vgl. Luhmann (1975b, S. 104 f.).

Obwohl ich glaube, daß auch Luhmann die Rolle von Macht im Hinblick auf Organisationen noch unterschätzt, ist seine Theorie in dieser Hinsicht viel gehaltvoller und realistischer als die oben diskutierten systemtheoretischen Organisationstheorien. In ihnen sind Attraktivität und Macht meistens kein Thema, weshalb auch ungeklärt bleibt, warum die Mitglieder einer Organisation die Anforderungen der Organisation erfüllen möchten.

In jüngerer Zeit schlägt Luhmann vor, die konkrete Organisation als eine Kombination von *Stellen, Programmen und Personen* aufzufassen (1988a, S. 309). Damit wird gewiß etwas Wichtiges getroffen, denn in der Tat wird in Organisationen die Varietät in wichtigem Ausmaß durch genau diese Reihe immer rigiderer Festlegungen eingeschränkt. Dennoch bezweifle ich, ob es den Kern der Besonderheit konkreter organisierter Sozialsysteme trifft. Zu diesem Zweifel führt die Überlegung, daß es nicht nur über diese Bestimmungen zu Sebstbeschränkungen und Selbstfestlegungen kommt, sondern auch über eine Vielzahl anderer Formen, wie Strategien, Produkte, Ziele usw., die zudem ausgewechselt werden können. Im Lichte dieser Überlegungen scheint es richtiger, die Organisation über die ausdrückliche und legitimierte Möglichkeit der explizit kommunizierten multiplen Festlegung zu kennzeichnen als durch bestimmte – im Laufe der Geschichte zwar prominente, aber durchaus nicht einzige – Formen der Selbstfestlegung.

Insgesamt stimmt Luhmanns Deutung der Einheit der Organisation nachdenklich. Wenn meine Überlegungen zutreffen, genügt es nicht, dafür Entscheidung heranzuziehen. Denn die bestimmt im günstigsten Falle die spezifische Art des Elements dieses sozialen Gebildes – nicht die besondere Art des Gebildes als solches. Auch Mitgliedschaftsregel und die Konstellation von Stellen, Programmen und Personen überzeugen weder als Bestimmung der Art noch als Bestimmung der besonderen Einheit, die jede Organisation ist. Damit ist die Organisation als Einheit nicht gekennzeichnet. Diese Kennzeichnung muß die allgemeine und die konkrete Form dieser sozialen Einheit als solche betreffen.

3.3 Gesellschaftliche Differenzierung

Die Einsicht, daß über Organisationen sonst unwahrscheinliche Handlungszusammenhänge realisiert werden können, macht es verständlich, daß sie bei der für moderne Gesellschaften typischen, spezialistischen Differenzierung eine wichtige Rolle spielen (Luhmann 1987; 1990c, S. 672 ff.). Organisationen machen, u.a. durch Konditionierung der Mitgliedschaft, für ausdifferenzierte Funktionssysteme charakteristische, hochspezialisierte Verhaltensweisen erwartbar und koordinierbar. Um diese Rolle der Organisation in modernen Gesellschaften angemessen verstehen zu können, muß jedoch zunächst der Gesellschaftsbegriff Luhmanns geklärt werden.

Luhmann sieht die moderne Gesellschaft in erster Linie als eine funktional differenzierte Gesellschaft. Die *Gesellschaft* bestimmt er als die Gesamtheit aller rekursiv aufeinander bezogenen Kommunikationen, und aus dieser Begriffsbestimmung wird der Schluß gezogen, es gebe heutzutage nur noch *eine* Gesellschaft, die Weltgesellschaft (u.a. 1975c, S. 51 ff.; 1984, S. 585 f.; 1993a, S. 571 ff.). Die Weltgesellschaft ist funktional differenziert; sie „ist, soweit es um Systemdifferenzierung geht, durch einen Primat funktionaler Differenzierung gekennzeichnet" (1993a, S. 572). Der Begriff der Funktion betrifft die Beiträge, die die Systeme zur Lösung von Gesellschaftsproblemen leisten. Die Systeme, so Luhmann, sind jeweils auf die Bearbeitung eines besonderen Gesellschaftsproblems spezialisiert. In diesem Sinne beziehen sie sich auf die Gesellschaft als eine Einheit und erhalten von daher ihre Legitimation. Funktionale Spezialisierung bedeutet dann, daß jedes gesellschaftliche Teilsystem ein spezifisches Problem bearbeitet. Die Wirtschaft betreut das Problem der Knappheit, das Recht das Problem der Erwartungssicherung (Stabilhalten normativer Erwartungen) usw.

Ausdifferenzierung bedeutet, daß sich ein Bereich aufeinander bezogener Kommunikationen ausbildet, die sich an einer bestimmten Leitunterscheidung orientieren. Gerade dadurch spezialisieren sie sich auf die spezifische Beobachtung bestimmter Gegenstände.[22] Luhmann interpretiert die gesellschaftlichen Teilsysteme daher als autopoietische soziale Systeme, die sich jeweils an einer besonderen, systemspezifischen Unterscheidung orientieren und gerade dadurch ihre Besonderheit produzieren (u.a. 1987, S. 22). Alle an der Leitunterscheidung eines Systems orientierten Kommunikationen werden als dem betreffenden System zugehörig beobachtet und beschrieben, und jede Operation eines Systems ist so an der Identität des Systems orientiert. Die Elemente des Rechtssystems sind die Kommunikationen, die die Unterscheidung 'Recht/Unrecht' verwenden, alle Kommunikationen, die sich an der Leitunterscheidung 'Zahlen/Nichtzahlen' orientieren, sind Elemente des Wirtschaftssystems, und zum Wissenschaftssystem gehören alle Kommunikationen, die mit 'wahr/unwahr' operieren.

Die dadurch, also operativ, produzierte Differenzierung gesellschaftlicher Teilsysteme ist eine funktionale Differenzierung in dem Sinne, daß die Verwendung der Leitunterscheidung zugleich die Bearbeitung eines spezifischen Problems der Gesellschaft als Ganzes bedeutet (vgl. Luhmann 1984, S. 83 ff.; S. 404 ff.; zusammenfassend Schwinn 1995b, S. 204 ff.).

---

22 Diese These, wie selbstverständlich sie auch sei, ist übrigens nicht mit Luhmanns Theorie vereinbar. Systeme, deren Operationen *eine* Leitunterscheidung verwenden, können nicht selbst über die Auswahl zwischen verschiedenen Leitunterscheidungen entscheiden. Dazu: Martens (1995, S. 309 f.).

Die Ausbildung funktionsspezifischer Teilsysteme ist dabei keine Abtrennung von der Gesellschaft, sondern ein evolutionäres, über Schaffung funktionaler Äquivalente und deren Bewährung stattfindendes Geschehen *in* der Gesellschaft. Die Möglichkeiten und Grenzen dazu werden Luhmann zufolge im Rahmen der vorausgesetzten Einheit der Gesellschaft abgetastet. Die Möglichkeiten betreffen die Hoffnung auf bessere Lösungen gesellschaftlicher Probleme. Die Grenzen der Autopoiesis der Teilsysteme befinden sich dort, wo sie den Reproduktionsprozeß des Ganzen stören. Denn damit gefährden die Teilsysteme sich selbst.[23]

Die Form, in der Luhmann zufolge die Einpassung eines autopoietischen Teilsystems in die Gesellschaft, d.h. in seine Umwelt mit anderen autopoietischen Systemen, realisiert wird, ist die Form der Reflexion. Ein System verhält sich dann „rational", wenn es seine Auswirkungen auf die Umwelt an den Rückwirkungen auf sich selbst kontrolliert (1984, S. 640 ff.; 1986, S. 254 ff.; vgl. Willke 1993, S. 273 ff.). Die Rationalität steckt darin, daß auf diese Weise eine wechselseitige Anpassung von interdependenten Systemen möglich ist, die einander sonst (zer)stören könnten. Reflexion ermöglicht eine reziproke Selbstbeschränkung der Möglichkeiten von Systemen im Hinblick auf die Lebensnotwendigkeiten anderer Systeme und damit gerade des eigenen Systems. In diesem Konstitutionsprozeß des Ein- und Anpassens der Teilsysteme wird das Gesamtsystem der Gesellschaft als solches aber niemals in die Reflexion einbezogen. Die jeweils eigene Systemperspektive wird in der Reflexion nicht gesprengt. Man beschränkt sich nicht wegen der Gesellschaft als solcher; das ist auch nicht möglich, weil es die in dieser Reflexion nur in Form der Teilsysteme gibt.

Diese Beschreibung moderner Gesellschaften enthält entweder ein wichtiges Theorieproblem oder ein wichtiges praktisches Problem, vielleicht auch beides. Ersteres ist der Fall, wenn doch operative und/oder reflexive Bezüge auf die Gesellschaft als eine emergente, eigenständige Einheit vorliegen, die eine Rolle spielen bei der Konstitution gesellschaftlicher Teilsysteme. Dann braucht die Theorie einen Begriff der eigenständigen Einheit der Gesellschaft, und dieser Begriff liegt bei Luhmann gerade nicht vor (siehe oben, S. 20; so auch Schwinn 1995b, S. 206 f.). In dem Falle, daß tatsächlich keine Bezüge zur Gesellschaft als einer Einheit vorliegen, stellt sich ein praktisches Problem. Wenn die gesellschaftlichen Teilsysteme sich ausschließlich auf sich selbst und auf die „umliegenden" anderen spezialisierten Teilsysteme – aus eigener Perspektive und auf Grund der Reaktionen dieser anderen Systeme – orientieren können, ist es ihnen offensichtlich unmöglich, sich noch auf die Gesellschaft als Ganzes zu orientieren.

---

23 Es bleibt natürlich die Frage: „Wer oder was sorgt sich denn um diese Möglichkeiten und Gefährdungen?" Denn die Politik oder die Wirtschaft könnten durchaus den Reproduktionsprozeß (zer)stören, ohne daß ihr dabei Grenzen gesetzt würden. Ohne einflußreiche Organisationen, die sich für gesellschaftliche Teilsysteme oder für die Gesellschaft als solche verantwortlich halten, läßt sich weder die Nutzung von Möglichkeiten, noch die Abwehr von Gefahren für die Gesellschaft so recht denken (vgl. für den „mangelnden Akteurbezug": Schimank 1985).

„In this case reflection occurs only on the level of subsystems because only subsystems are observed and acted on in the environment of other subsystems. The unity of the entire society as the unity of the totality of all system-environment differences within the system slips from view. ... Society itself can be brought to reflection only through its environment" (Luhmann 1990c, S. 419 f.).

Wenn das stimmt, ist die Bearbeitung der gesellschaftlichen Problematik, aus dem die Teilsysteme ihre Rechtfertigung ziehen, nicht garantiert. Denn es wäre sehr gut möglich, daß die miteinander interagierenden Systeme sich in einer Drift von der bestehenden Einheit der Gesellschaft weg bewegen. Das nun wäre kein Problem, bestünde die Gesellschaft nur aus den funktional spezialisierten Teilsystemen und würde man für ihre Viabilität auf diese evolutionäre Drift vertrauen können. Die Gesellschaft besteht aber nicht nur aus spezialisierten Teilsystemen.[24] Soweit man sich also nur auf die Teilsysteme orientiert, orientiert man sich nur auf einen Teil der Gesellschaft, und eine Kluft zwischen den Orientierungen der Teilsysteme und den Problemen der Gesellschaft als Ganzes ist wahrscheinlich. Die Frage ist dann, ob sich Einheit nicht auch anders durchsetzt oder durchsetzen kann als über die oben angedeutete Form der Reflexion. Dazu wäre dann aber ein gehaltvollerer Gesellschaftsbegriff als der Luhmannsche erforderlich. Denn wenn Gesellschaft als Einheit aller rekursiv aufeinander bezogenen Kommunikationen und als Gesamtheit der Teilsysteme bestimmt wird, ist ein sinnvoller Bezug auf die Einheit der Gesellschaft offenbar nicht möglich.

3.4 Medien und Organisation

Die Ausdifferenzierung gesellschaftlicher Teilsysteme bringt Luhmann vor allem mit Medien und Organisation in Verbindung. Er beschreibt Medien und Organisation als zwei funktionale Äquivalente für die Erzeugung der Spezialisierung gesellschaftlicher Teilsysteme. Den Medien wird auch eine wichtige Rolle bei der Konstitution moderner Organisationen zugeschrieben.

Das Wort Medium wird abkürzend verwendet für „symbolisch generalisierte Kommunikationsmedien". Unter diesem Titel thematisiert Luhmann Geld, Wahrheit, Liebe, Macht und zuweilen auch Glauben, Kunst und Grundrechte. Die Medien symbolisieren den Zusammenhang von Selektion und Motivation. Sie sollen die Selektion der Kommunikation so konditionieren, daß die Befolgung des Selektionsvorschlages sichergestellt wird (Luhmann 1984, S. 222). Medien machen die Annahme von Kommunikationen wahrscheinlicher. Es handelt sich um generalisierte Symbole, die in der Kommunikation verwendet werden, um die Ablehnungswahrscheinlichkeit der Kommunikation zu mindern. Geld z.B. sym-

---

24 Und schon gar nicht aus Teilsystemen, die nur aus den Operationen bestehen, die allein den Leitcode verwenden. Die daraus resultierende Distanz zur Theorie Luhmanns mit Bezug auf die Probleme der Gesellschaft bleibt hier unerörtert. Hier wird nur eine gewisse Inkonsistenz der Luhmannschen Theorie selbst diskutiert.

bolisiert Knappheit, Macht symbolisiert Sanktionen. Akzeptanzförderung geschieht dadurch, daß diese allgemeinen Symbole die Kommunikation begleiten (1987, S. 40). Die „eigentliche" Kommunikation wird angenommen – d.h. als Prämisse für weitere Selektionen akzeptiert –, weil sie von einer Medien-Kommunikation begleitet wird, durch die davon Kenntnis gegeben wird, daß erstere rechtens ist, wahr ist, daß bei Nichtbefolgung des Befehls Strafe droht, usw. (1984, S. 222; 1975b, S. 6).

Medien bestehen, auf ihr eigentliches Substrat reduziert, „aus entkoppelten, voneinander unabhängigen Ereignissen" (1988b, S. 305). Beispiele solcher Ereignisse sind Zahlungen (im Rahmen des Mediums *Geld*), die Geschehnisse zwischen Liebenden, die sich im Medium der *Liebe* in traumhafter Unbestimmtheit aneinanderreihen; und die Anforderungen und Befehle, die durch *Macht* (d.h. Erzwingungsmöglichkeiten) als Medium gedeckt, aber weiter unabhängig voneinander sind. Im Falle der Organisations- und der Teilsystembildung handelt es sich darum, daß die Medien die sonst unwahrscheinlichen Ordnungen der funktional spezialisierten Teilsysteme der Gesellschaft und der Entscheidungszusammenhänge der Organisationen ermöglichen.

Für die Bildung gesellschaftlicher Teilsysteme sind die Medien sehr wichtig. Ihre Kommunikationen werden weitgehend über Kommunikationsmedien abgewickelt. Luhmann meint sogar, daß die „Chancen zur Bildung sozialer Systeme auf die (den Medien) entsprechenden Funktionen hindirigiert" werden (1984, S. 222). Daher ließe sich die Ausdifferenzierung von Teilsystemen wie Wirtschaft (Geld), Politik (Macht) und Wissenschaft (Wahrheit) erklären. Zu den ausdifferenzierten, selbstreferentiellen, geschlossenen Funktionssystemen gehören die über Medien abgewickelten Kommunikationen. Luhmann spricht von einer Kongruenz von Medium und Funktionssystem (1987, S. 45). Im Zentrum seiner Theorie gesellschaftlicher Differenzierung stehen also nicht Organisationen, sondern Medien und ihre Rolle bei der Gestaltung von spezialisierten Funktionssystemen. Für die unwahrscheinliche Ordnung der Organisationen nun sind vor allem die Medien Geld und Macht wichtig. In dieser Hinsicht verweist Luhmann darauf, so sahen wir bereits, daß Geld eine wichtige Rolle bei der „Beschaffung" der Attraktivität der Mitgliedschaft von Organisationen spielt. Nur vermittelt über Geld gebe es eine derartige Attraktivität, daß sich damit strenge Anforderungen verbinden lassen. Macht spielt im Inneren der Organisation eine wichtige Rolle, weil die entsprechende symbolische Begleitung der Weisungen und Programme ihre Befolgung erst wahrscheinlich macht. Die letzte, im Hintergrund lauernde Sanktion ist dabei der Verlust der Mitgliedschaft und der damit verbundenen Bezahlung. So wird die Ordnung der Organisationen durch ein Zusammenspiel von Geld und Macht „erklärt".

Die über Medien geschaffene Ordnung moderner Organisationen ist wichtig für die Bildung der die Funktionssysteme charakterisierenden, spezialistischen Verhaltensweisen. Medien und Organisation sind in einem gewissen Sinne funktionale Äquivalente für die Schaffung der Spezialisierung gesellschaftlicher Teilsysteme (Luhmann 1987, S. 41). Das zeigt sich erstens an dem Zusammenspiel von Medium und Organisation bei der Schaffung ungewöhnlicher, anspruchsvoller Ordnungen in den Funktionssystemen, deren Kommunikationen über Medien vermittelt sind. In einem gesellschaftlichen Teilsystem gibt es für Luhmann stets nur ein einziges Medium, dagegen viele Organisationen (1987, S. 42). Organisationen prägen ihren Mitgliedern vor allem die teilsystemischen *Programmstrukturen* – d.h. die Operationalisierungen des Code, in denen seine Anwendungsbedingungen spezifiziert werden – ein. Die Programme werden mit Hilfe anderer als den Leitunterscheidungen eines Systems angefertigt. Ohne solche weiteren operationalisierenden Unterscheidungen können Codes nicht angewendet werden (Luhmann 1993a, S. 189 ff.). Die Medien dagegen sind vor allem für die Akzeptanz des Code zuständig.

Zweitens gibt es Funktionssysteme wie Erziehung und Recht, die kein eigenes Medium besitzen, sich aber dennoch zum ausdifferenzierten Funktionssystem ausgebildet haben. In diesen Systemen ist vor allem Organisation für die Spezialisierung und Ausdifferenzierung verantwortlich (vgl. 1988b, S. 304). Organisation schafft hier die unwahrscheinliche Ordnung. Das geschieht dann zwar mit Hilfe von Geld und Macht – eben weil es Organisationen betrifft –, die Systembildung selbst ist hier aber nicht um ein systemeigenes Medium herum zentriert.

Diese Thesen zur Rolle der Organisation bei der Ausdifferenzierung der Teilsysteme lassen sich meines Erachtens nicht mit den dargestellten Hauptthesen – das Verhältnis von Code, Medium und Systembildung betreffend – in Einklang bringen. Das Problem besteht darin, daß Luhmann Programme und Organisationen, in denen verschiedenen Unterscheidungen verwendet werden, schlechthin als Momente von nur an einem bestimmten Code orientierten Teilsystemen darstellt. Die ausdifferenzierten Teilsysteme, so wurde oben klar, werden durch *einen* bestimmten Code verwendende Operationen produziert. Programme und systemspezifische Organisationen versucht Luhmann als Momente derart gedachter Systeme darzustellen. Die konditionierende Semantik der Programme, so heißt es, sei an einem und nur einem Code ausgerichtet (1993a, S. 192). Die Operationen dieser Programme sind – einzeln oder insgesamt – faktisch aber oft explizit und dominant an ganz anderen Unterscheidungen orientiert (vgl. Münch 1991, S, 172 ff.; Martens 1995, S. 311; Schimank 1996, S. 164 ff.) Auch für die Organisationen eines Teilsystems macht Luhmann geltend, sie seien integraler Teil des jeweiligen Teilsystems. Das führt zu Widersprüchen. So wird z.B. einerseits für das Wirtschaftssystem behauptet, es sei die Gesamtheit der Zahlung/Nichtzahlung von Geld verwendenden Kommunikationen, andererseits aber auch, daß alle Handlungen und Kommunikationen einer Wirtschaftsorganisation – die doch gewiß nicht sämtlich Zahlung/Nichtzahlung von Geld verwendende Kommunikationen sind – zur Wirtschaft gehören (vgl. Luhmann 1988a, S. 308). Daß Programme und Organisationen in Luhmanns Theorie verzerrt und einseitig dargestellt werden, ist nicht – wie Schimank (1996, S. 166) meint – einer mehr oder weniger zufälligen, faktisch weitgehenden Vernachlässigung des empirischen Phänomens der Orientierungsdiversität geschuldet, sondern die Folge der für diese Theorie grundlegenden Bestimmung: die gesellschaftlichen Teilsysteme seien aus den einen bestimmten Code verwendenden Kommunikationen aufgebaut.

Wenn das stimmt, muß das Verhältnis von Organisation und spezialisierten Teilsystemen offenbar anders konstruiert werden, als es von Luhmann vorgeschlagen wird. Das Verhältnis von Organisation, Medium und differenzierter Gesellschaft verdient es, neu durchdacht zu werden. Das geschieht im nun folgenden Abschnitt.

4. Verschiedenheit und Verschränkung von Person, Organisation und Gesellschaft

4.1 Ein „kleiner" Aufgabenkatalog

In diesem Abschnitt werden die folgenden Themen und Probleme aus den vorangehenden Abschnitten neu aufgegriffen:

Erstens wird die Bestimmung des sozialen Systems in einigen Punkten neu formuliert. Dabei werden die Begriffe der Einheit, der Elementaroperation sozialer Systeme und des Verhältnisses des sozialen Systems zum Menschen diskutiert (4.2).

Zweitens werden die Umrisse einer modifizierten systemtheoretischen Organisationstheorie angedeutet. Dazu werden die spezifische Einheit der Organisation und einige ihrer weiteren heutigen Bestimmungen dargestellt. Für eine Darstellung der spezifischen Einheit der Organisation genügen die Kriterien der Entscheidung und der Mitgliedschaftsregel nicht. Da muß etwas anderes probiert werden. Im Anschluß daran wird versucht zu klären, welche anderen Selbstbeschränkungen/Abgrenzungen als Mitgliedschaftsregeln und Rollenbestimmungen es im Rahmen der Bestimmung der Grenze und der Identität einer Organisation gibt. Abschließend wird die Problematik der Akzeptanz von Entscheidungen erörtert (4.3).

Drittens stelle ich die Frage, wie Organisationen sich unter Beibehaltung ihrer Selbstorientierung auf spezialisierte gesellschafliche Teilsysteme und auf die Gesellschaft als solche orientieren können und eben dadurch diese Systeme (re)produzieren. Das erfordert eine erneute Betrachtung dessen, was Gesellschaft und ihre Teilsysteme sind (4.4).

Viertens wird analysiert, wie die moderne Organisation auf gesellschaftlicher Ebene Geld und Macht voraussetzt. Es handelt sich vor allem um die Rolle der gesellschaftlichen „Medien" Macht und Geld bei der Konditionierung der Mitgliedschaft. Umgekehrt wird andiskutiert, welche Rolle Organisationen bei der Produktion der Medien spielen (4.5).

Schließlich bereitet die Erörterung dieser Themen den Boden für eine Diskussion des Verhältnisses von Organisation und gesellschaftlichen Problemen und insbesondere der gesellschaftlichen Verantwortlichkeit von Organisationen (4.6).

4.2 Soziale Systeme: Handlung, Kommunikation, Einheit und Person

(a) Handlung und Kommunikation. In Luhmanns Theorie gelten, so wurde oben dargestellt, Kommunikationen als Elemente sozialer Systeme, werden Handlungen auf zugerechnete Kommunikationen reduziert. Diese beiden Entscheidungen machen, so zeigte sich, eine angemessene Würdigung des Unterschiedes von sozialer Handlung und Kommunikation und daher der Einheit des Betriebs unmöglich.

Um diese Probleme zu vermeiden, schlage ich vor, Handlungen, soziale Handlungen und Kommunikationen voneinander zu unterscheiden. Gemeinsam haben sie ihre Zusammensetzung aus Sinn und Verhalten. Das wird im allgemeinen Begriff der Handlung festgehalten. Sinn kann man als eine aus dem Gesamtablauf der Erlebnisse herausgehobene und mit Aufmerksamkeit bedachte Erlebniseinheit bestimmen. Verhalten ist jedes Operieren oder Tun. *Handlungen* sind mehr oder weniger klar umgrenzte Verhaltenseinheiten einer Person, die mit — ebenfalls mehr oder weniger klar umgrenzten — Erlebniseinheiten dieser Person verbunden sind (vgl. dazu Schütz 1974, S. 44 f., 50 f., 74 ff.). Es gibt Handlungen, die nicht als solche von einer anderen Person wahrgenommen und interpretiert werden. Sie haben keine kommunikative Dimension und sind deshalb bloß Handlungen. Eine Handlung ist sozial, soweit sie einen Sinn vermittelt, d.h. sobald sie als *Mitteilung behandelt* wird.

Im Falle der *sozialen Handlung* macht (sic!) das Verhalten einen Sinn (ich zimmere einen Bücherschrank) und teilt ihn eben dadurch mit. Der Sinn wird dadurch für andere bekanntgemacht, daß man das Sinnhafte tut. Dieser Sinn kann aufgrund der Wahrnehmung des Verhaltens und ihrer Placierung in einem Kontext rekonstruiert werden. Man schließt dann auf Sinn auf seiten des sich verhaltenden Systems. Wenn Handlungen so wahrgenommen und interpretiert werden, haben sie eine kommunikative Dimension, sind sie soziale Handlungen.

Kommunikationen sind eine besondere Art — eine Teilmenge — sozialer Handlungen. Der Kommunizierende gibt durch Verhalten einer anderen Person mit Absicht einen Sinn bekannt. Das Kommunizierte (der Sinn) wird nicht selbst getan, sondern mitgeteilt. Ich sage: „Ich zimmere einen Bücherschrank", aber zimmere ihn (noch) nicht. Im Falle der Kommunikation wird ein Sinn also *als solcher* repräsentiert, symbolisiert und mitgeteilt. Eine Kommunikation ist eine besondere soziale Handlung, deren Verhaltensseite in erster Linie als Repräsentanz von Information — als Mitteilung — interpretiert wird. Das Verhalten ist Zeichen und Symbol: Es gilt konventionell als Repräsentanz von Sinn, und als solches verbindet es die Erlebnisse zweier Personen.[25]

Aufgrund der vorgeschlagenen Begrifflichkeit können die sozialen Handlungen in den *Betrieben* der Organisation zugerechnet werden. Daß die Tätigkeiten in Betrieben sinnhafte Operationen sind, die als solche wahrgenommen werden und Einfluß auf andere, dadurch eben verbundene Handlungen und Kommunikationen nehmen, wird auf diese Weise begrifflich gefaßt. Soziale Handlungen haben dies mit konventionellen Kommunikationen gemein: Sie werden vom Wahrnehmenden als sinnhafte Operationen interpretiert, deren Sinn entschlüsselt werden muß, damit angemessen reagiert werden kann. Die interpretierten sozialen Handlungen gelten als Mitteilungen, und darauf richten sich die Antizipationen der Handelnden. Eine Handlung paßt dieser Argumentation zufolge nicht nur in einen technischen Transformationszusammenhang, sondern auch in einen sozialen Zusammenhang. Wie in einer über „konventionelle" Kommunikation verlaufenden Interaktion nehmen auch die sozialen Handlungen Einfluß aufeinander, im Sinne einer Bestätigung oder Widerlegung der Kategorisierung und Normierung der Behandlung der „Dinge", mit denen man zu tun hat. Eine Handlung ist in Interaktionssystemen Symbol einer (psychischen) Bedeutung und gleichzeitig auch normative Bewertung und Sanktion.[26] Insgesamt, so legt die bisherige Analyse nahe, funktioniert die Handlung in drei verschiedenen Zusammenhängen: In einem technischen, einem psychischen und einem sozialen. Gerade auf dieser Grundlage kann man nun den Betrieb als Einheit denken: Einheit der in den Handlungen verschränkten sozialen und technischen Systeme.

Exkurs: Zur Differenz des Identischen. Diese Überlegungen (be)treffen einen Punkt von allgemeiner Bedeutung, nämlich die Problematik der „Selbigkeit des Differenten" und der „Differenz des Selbigen". Die These ihrer Möglichkeit ist nicht nur bedeutsam für die oben erörterte begriffliche Erfassung der verschiedenen Aspekte von Handlungen, sondern auch für die im Folgenden diskutierten Themen der Stellung des Menschen mit Bezug auf das Soziale und der „Überlappung" oder „Überschneidung" verschiedener gesellschaftlicher Teilsysteme. Die These der „Selbigkeit des Differenten" wird von Luhmann bestritten. In seinen Augen betrifft sie – weil in einem Zuge das Unterschiedene als dasselbe bezeichnet wird – eine Paradoxie. Hier wird die Meinung vertreten, daß man durchaus sinnvoll von der Einheit oder Selbigkeit einer Differenz reden kann, wenn nur ein

---

25 Vgl. den Symbolbegriff bei Whitehead (1958). Eine etwas ausführlichere Diskussion der Begriffe „Handlung", „soziale Handlung" und „Kommunikation" findet sich bei Martens (1995, S. 312 f.).

26 Vgl. Parsons: „Stable interaction implies that acts aquire 'meanings' which are interpreted with reference to a common set of normative conceptions" (1961, S. 41). Normativität heißt dabei, „establishing some distinctions between desirable and undesirable lines of action" (Parsons 1977, S. 168). Sie betrifft sowohl die Kategorisierung von Handlungen und Objekten als auch die Kriterien für die Bewertung der Handlungen (1961, S. 42).

Unterschied zwischen einem *Gegenstand als solchem* und seinen *Eigenschaften* gemacht wird.

Unter der Bedingung, daß man sagen kann, was ein Gegenstand als solcher ist, kann man über gleichzeitig gegebene verschiedene Eigenschaften dieses Gegenstandes reden. Die verschiedenen Bestimmungen eines Gegenstandes sind dann ungleich in dem Sinne, daß sie einerseits einen Gegenstand selbst – ein Objekt oder Ereignis als solches – und andererseits die Eigenschaften oder weitere Bestimmungen desselben betreffen. Hinwendung z.B. zur Organisation und Hinwendung zur Größe oder Zentralisation derselben erscheinen als verschieden: Größe und Zentralisation sind nichts für sich, sondern Eigenschaften des Gegenstands Organisation.

Wenn man sich nacheinander den verschiedenen Bestimmungen eines Gegenstandes zuwendet, bleibt dieser Gegenstand selbst Thema und erscheinen die Bestimmungen in ihrer Einheit als die verschiedenen Bestimmungen dieses Gegenstandes (vgl. Husserl 1985, S. 124 ff.). Wenn man dagegen alle Bestimmungen einfach und unterschiedslos nebeneinander setzt, den Gegenstand als solchen in diesem Sinne mit Eigenschaften desselben verwechselt, gibt es keinen Gegenstand mehr, der als Substrat verschiedener Eigenschaften fungieren kann. Dann wirken die Aussagen, daß eine Handlung Kommunikation sein kann und daß sie gleichzeitig eine technische und eine soziale Bedeutung haben kann, paradoxal.

Für jedes Objekt und jedes Ereignis gibt es viele mögliche – mit Verwendungsweisen zusammenhängende – Bedeutungen (vgl. Ellis 1993). Eine Handlung als solche ist weder technisch noch sozial. Technizität und Sozialität sind Eigenschaften, die einer Handlung in technischen und sozialen Zusammenhängen zuwachsen.

(b) Soziale Einheiten. Durch die zusammenhängende Sequenz seiner sozialen Handlungen und Kommunikationen entsteht ein soziales System und reproduziert es sich selbst. Für jedes soziale System gilt dabei, daß Verschiedenes unternommen und über viele Themen kommuniziert wird. Jedes Sozialsystem ist die Einheit vieler verschieden orientierter, d.h. verschiedene Unterscheidungen verwendender sozialer Handlungen und Kommunikationen. Für eine Familie, einen Freundeskreis, aber auch für einen Fußballverein und ein Elektronikunternehmen läßt sich das leicht zeigen.

Handlungs- und Kommunikationszusammenhänge eines Freundeskreises oder einer Familie können vieles betreffen. Es werden z.B. Ausflüge unternommen, Autos werden ausgeliehen, man liefert einander Produkte und zahlt dafür, es wird gemütlich gegessen und Bier getrunken, und man hilft einander bei der Erziehung der Kinder. Während dieser Aktivitäten, aber auch sonst, wenn man sich trifft, wird über die verschiedensten Themen geredet: über die Arbeit, die Familien, die Wirtschaft, die Preise der Waren, das Bier, die Gesundheit; man urteilt über Wahrheit und Unwahrheit und vieles mehr. Alle diese sozialen Handlungen und Kommunikationen sind Momente der (Re)Produktion des Freundeskreises oder der Familie.

Diese sozialen Handlungen und Kommunikationen werden auch in jedem Moment davon mitbestimmt, daß sie im Rahmen des Freundeskreises oder der Familie stattfinden und nicht im Rahmen eines anderen sozialen Verbandes. Obwohl sie in erster Linie an Unterscheidungen wie Bier/andere Getränke, gesund/ungesund usw. orientiert sind und diese Orientierung bezeichnen, läuft die Orientierung an z.B. der Einheit der Familie immer mit. Diese letztere Orientierung ist für die System(re)produktion (mit)verantwortlich, obwohl sie meist nicht in den Vordergrund tritt und nicht explizit bezeichnet wird. Nur wenn irgendeine Anschauung dieses *einheitlichen sozialen Gegenstandes* auf diese Weise mitläuft, ist System(re)produktion die Folge wiederholter Verwendung verschiedenartiger Differenzen. Nur dann weiß man auch, welche Handlungen und Kommunikationen – auch der Mitglieder der Familie – außerhalb des Sozialsystems Familie ablaufen. Dazu brauchen der Freundeskreis oder die Familie durchaus nicht immer mit Aufmerksamkeit bedacht – d.h. aktiv unterschieden – zu werden.

Die Anschauung eines einheitlichen sozialen Gegenstandes ist das Resultat konstituierender Kognitionsleistungen. In einer passiv verlaufenden Synthesis verschiedener Erlebnisse werden die dem Bewußtsein gegebenen Gegenstände über Assoziation als Einheiten konstituiert (vgl. Husserl 1963, S. 79 f.). So werden im Rahmen des alltäglichen, operativen Handelns und Kommunizierens aus Erlebnissen von irgendwie als zusammenhängend empfundenen Handlungen und Kommunikationen soziale Gegenstände oder soziale Systeme konstituiert. Diesen sozialen Entitäten kann man sich aktiv zuwenden, man kann nach ihren Eigenschaften fragen, sie beschreiben usw.

Diese Überlegungen klären, daß und wie ein soziales System aus an verschiedenen Unterscheidungen orientierten Handlungen und Kommunikationen zusammengesetzt und dennoch eine Einheit sein kann. Die Einheit eines Systems wird durch die Orientierung aller Selektionen an einem als solchen unterschiedenen sozialen Gegenstand geschaffen, was keineswegs ausschließt, daß jeweils eine andere Unterscheidung im Vordergrund steht. Die akzeptierten Operationen – d.h. die als Moment der Einheit Familie wahrgenommenen und behandelten Handlungen und Kommunikationen – gehören zum System, die anderen eben nicht. Die Einheit eines Sozialsystems kann in einer aktiven Erfassung und Explikation des sozialen Systems als eines einheitlichen Gegenstandes vieler Bestimmungen reflektiert werden. Das gilt, so werde ich zeigen, auch für funktional spezialisierte Organisationen und gesellschaftliche Teilsysteme.

(c) Die Stellung der Person. Meiner Ansicht nach gibt es in der heutigen Theorielage mit Bezug auf das Verhältnis von sozialen Systemen einerseits und psychischen und organischen Systemen andererseits nur eine Möglichkeit: die These der völligen Trennung von Systemen mit derjenigen der Überschneidung von Systemen zu kombinieren (vgl. Martens 1991, 1992a, explizit S. 143). Mit der Entscheidung, Organisationen als emergente Einheiten zusammengehöriger Handlungen und Kommunikationen zu interpretieren, werden die Personen in die Umwelt sozialer Systeme verwiesen, während doch gleichzeitig klar ist, daß es

gerade ihre Operationen sind, die die sozialen Einheiten produzieren. Die sozialen Systeme und auch die Einzelkommunikationen sind nicht auf psychische und organische Operationen reduzierbar, dennoch muß man annehmen, daß es eine Verschränkung beider Systeme gibt. Wenn man anders vorgeht, entstehen unauflösbare Widersprüche und Probleme. Trotz erheblicher Anstrengungen entkommt auch Luhmann nicht dem Widerspruch, einerseits faktisch zu beschreiben, daß Kommunikationen aus körperlichen und psychischen Operationen zusammengesetzt sind, und andererseits zu betonen, daß sie radikal von ihnen getrennt sind, nicht einmal partielle Überschneidung kennen (vgl. Martens 1991). Zudem haben die Kommunikationen in seiner Theoriestrategie keine innere Zusammensetzung mehr, verblassen sie zu phantasmagorischen Entitäten.

Die Lösung kann nur lauten, daß es sich bei Kommunikation um einen emergenten Gegenstand handelt, der aus einer eigenartigen Verbindung psychischer und körperlicher Operationen verschiedener Personen resultiert. Dazu muß es allerdings möglich sein, die gleichen Operationen als „etwas" und gleichzeitig „anderes" zu bestimmen, und zwar so, daß die Elemente psychischer Systeme – sagen wir Erfahrungen – gleichzeitig Komponenten von Kommunikationen sind. Diese These läßt sich aufgrund des oben dargestellten Gedankens der „Selbigkeit des Differenten" verteidigen. Es geht auch in diesem Falle offenbar nicht *nur* darum, daß „etwas gleichzeitig etwas und anderes ist". Dann könnte man noch mit Recht einwenden, man könne sich nicht vorstellen, daß psychische und organische Ereignisse als solche in der Kommunikation funktionieren können (so Luhmann 1992c, S. 140). Man kann aber sagen, daß eine Erfahrung *als solche* ein psychisches Ereignis ist. Wenn man sich auf die Eigenschaften einer Erfahrung konzentriert, bleibt man dem Ereignis, dessen Eigenschaften es betrifft, als Substrat zugewendet. Sie gelten als Eigenschaft dieses Ereignisses. Eigenschaften können, so sahen wir, im Rahmen von umfassenderen Prozessen, Zielen und Wertsetzungen funktionieren und entstehen. Das ist der Fall, wenn eine Erfahrung im Rahmen der Kommunikation funktioniert. Dadurch bekommt das psychische Ereignis eine neue, vom kommunikativen Zusammenhang her kommende, Eigenschaft: Sie wird Komponente einer Kommunikation. In dieser Betrachtung bleibt man der Erfahrung als Gegenstand zugewendet, und „Komponente einer Kommunikation" ist eine Bestimmung derselben.

Dabei „überschneiden" sich zwei Systeme, indem *ein* Ereignis im Rahmen von *zwei* Systemen funktioniert und dort zwei Bedeutungen hat. Im psychischen System ist eine Erfahrung ein Element, das mit anderen Erlebnissen, gemäß einer psychischen Logik, verbunden ist. Im Rahmen des Kommunikationssystems hat dieselbe Erfahrung eine andere Bedeutung, nämlich eine *Komponente* einer Kommunikation zu sein, die sich, der Logik eines Kommunikationssystems folgend, mit anderen Komponenten dieser Kommunikation verbindet und so erst ein *Element* eines Kommunikationssystems konstituiert.

4.3 Die Organisation: Formbestimmtheit, Selbstfestlegung, Entscheidung und Akzeptanz

Organisationen werden im alltäglichen Handeln und Kommunizieren als einheitliche soziale Gegenstände, d.h. als Entitäten betrachtet. Sie gelten aber nicht nur als soziale Einheiten, sondern als eine besondere Art sozialer Einheiten. Eine individuelle Organisation (re)produziert sich aus einem beschränkten Repertoire zusammenhängender Handlungen und Kommunikationen. Es muß nun geklärt werden, was für eine besondere Art von Einheit im Falle der Organisation vorliegt und wie die jeweils besonderen Gestalten solcher Einheiten (re)produziert werden.

Die Form der Organisation. Was eine Organisation ist – die besondere Art dieser sozialen Einheit –, kann nicht durch einen Verweis auf die Art ihrer basalen Operationen oder auf die Mitgliedschaftsregel bestimmt werden. Operationstyp und Mitgliedschaft sind durchaus wichtig, sie informieren als solche aber nicht über die besondere Form der sozialen Einheit, die im Falle der Organisation vorliegt.[27] Im Alltag erscheinen die rekursiv aufeinander bezogenen Handlungen und Kommunikationen – aufgrund passiver Konstitution und aktiver Erfassung – als *ein* organisierter Gegenstand – eine Organisation –, und deshalb wird dieser Gegenstand auch als Einheit betrachtet, behandelt und bezeichnet. Wenn das richtig ist, muß es möglich sein, die Art sozialer Einheit, die eine Organisation ist, zu bestimmen.

Nicht jede Einheit aus Handlungen und Kommunikationen betrachten wir als Organisation. Eine Familie oder ein Freundeskreis ist eine soziale Entität, sie ist meist aber kein organisiertes Sozialsystem, sie gilt nicht als Organisation. Die spezifische Eigenheit einer Organisation liegt darin, daß sie eine soziale Einheit ist, deren Handlungen, Kommunikationen und ausdifferenzierten Handlungs- und Kommunikationskonstellationen auch über große raum-zeitliche, inhaltliche und kulturelle Distanzen hinweg, in bewußter Ausrichtung, „genau gekoppelt" sind. Solche hochunwahrscheinlichen, fernkoordinierten Einheiten werden weitgehend durch die Beziehung von Operationen und Operationskonstellationen auf explizite, formale Selbstbeschränkungen produziert. Diese organisierten Sozialsysteme besonderer Form pflegen wir Organisationen zu nennen.

Die „genaue Kopplung" von Handlungen und Kommunikationen darf nicht mit dem in der Organisationstheorie verwendeten Begriff der „engen Kopplung"

---

27 Unhaltbar scheint mir eine Stellungnahme wie diejenige Morgans (1986, S. 12 f., S. 340 ff.), der aus den verschiedenartigen Bestimmungen der Organisation den Schluß zieht, daß es einen „richtigen Organisationsbegriff" nicht geben kann. Die Frage „Was ist eine Organisation?", die wir gerade zu beantworten versuchen, scheint ihm daher illegitim. Diese Position läßt sich deswegen nicht halten, weil selbst Morgan und seine relativistischen Leser irgendwie schon wissen müssen, was eine Organisation ist, denn seine Metaphern beanspruchen sämtlich nichts Geringeres, als Metapher *für Organisation* (nicht für Menschen Tische, usw.) zu sein, die wir als eine Maschine, eine Arena usw. betrachten können.

verwechselt werden. Eher noch handelt es sich um eine „lose Kopplung" im Sinne Orton/Weicks (1990): eine Kombination von Interdependenz und Unabhängigkeit. Die für moderne (Groß-)Organisationen typische Art der „genauen Kopplung" kann aber besser gefaßt werden, wenn man sich die Kombination von (relativ) viel größerer Präzision und Selektivität klarmacht, mit der die Anschlußfähigkeit und Wiederholbarkeit von Handlungen und Kommunikationen in Organisationen sichergestellt wird. Ausgewählte Handlungen und Kommunikationen sind untereinander „eng" (d.h. vielfältig und genau), mit anderen aber „lose" (d.h. sehr selektiv und genau) verknüpft.

Die für Organisationen typische – genau gekoppelte, fernkoordinierte – Gestalt kann es nur geben, wenn Handlungen und Kommunikationen tatsächlich auf formalisierte Selbstbeschränkungen abgestellt werden. Ohne Modelle eines normativ-präskriptiven Zusammenhanges von Handlungen und Kommunikationen und deren Verbindung mit den technischen Operationen des Betriebs gibt es keine moderne Organisation und keinen Betrieb.[28] Wer sich die mit Fernkoordination und genauer Kopplung verbundene Leistungsfähigkeit von Organisationen und Betrieben wünscht, kann auf formale Entwürfe nicht verzichten.

Selbstfestlegungen. Die formalen Selbstbeschränkungen einer Organisation sind explizit kommunizierte steuernde Gestaltungsversuche dieses Sozialsystems selbst. Umfassende formalisierte Entwürfe sozialer und technischer Ordnung erscheinen, obwohl sie eine Form der Selbststrukturierung der Organisation sind, für einzelne Abteilungen, Arbeitsgruppen und Personen immer gewissermaßen als eine Fremdvorgabe, denen sie sich – soweit die „Formalitäten" in der Organisation genügend legitimiert und machtunterstützt sind – nur anpassen können, wenn sie nicht aussteigen wollen. Aus ihrer Perspektive erscheint die Formalstruktur immer unter dem Zeichen der Fremdorganisation. Was in diesem, politischen, Sinne als Selbstorganisation und was als Fremdorganisation erscheint, ist also Sache des Referenzpunktes.

Jede Beschränkung, jede Festlegung einer Organisation ist also eine *Selbstfestlegung* und *Selbstbeschränkung.* Das gilt sowohl für die innere Ordnung (die Strukturen) einer Organisation als auch für die Ordnung der Relationen mit Systemen in der Umwelt. Damit ist aber noch nicht bestimmt, welche Festlegungen bezüglich welcher Eigenschaften der Organisation gewählt werden können und normalerweise gewählt werden. Eine Organisation kann sich in vielerlei Hinsicht beschränken und tut das faktisch auch immer. Die Festlegungen betreffen immer sowohl die Interpretation von Phänomenen als auch die Konstitution von Aktionsordnungen. Sie werden geschaffen durch die Konstitution, Identifikation und Bezeichnung von realen und nicht-realen Gegenständen und die Setzung von Relationen zwischen ihnen. Durch diese Prozesse legt eine Organisation sich auf

---

28 Es gibt bekanntlich sehr verschiedene „Muster" solcher normativen Modelle: „Taylorismus", „Fordismus", „Lean", „professionelle Bürokratie", „Adhocracy", um nur einige zu nennen.

einen Bestand selbstdefinierter Interpretations-, Handlungs- und Kommunikationsordnungen fest. Auch die formalen Selbstbeschränkungen, darauf hat Baecker (1993) nachdrücklich hingewiesen, können sehr verschieden sein. Sie beschränken sich durchaus nicht auf Mitgliedschaftsregel und Stellen einer Organisation, sondern betreffen auch die Produktprogramme und Marktsegmente, die Bestimmung von Kernkompetenzen, die gezielte Aufmerksamkeit für bestimmte Merkmale der Umwelt usw. Für Organisationsbildung, und vor allem für die konkrete Gestaltung einer Organisation, ist es wichtig, daß Organisationen *selbst* über den Inhalt und über die Anwendung ihrer Mitgliedschaftsregel *entscheiden* können. Das gibt der Organisation Spielraum bei ihrer Selbstgestaltung.

Ein wichtiger Teil der Selbstfestlegungen betrifft nicht unmittelbar die Merkmale der Organisationen selbst. Innerhalb der Organisation legt man sich auf bestimmte Interpretationsmuster, Wertsetzungen, Ziele, Handlungsprogramme, technische Ausstattungen usw., auch mit Bezug auf nicht-soziale Phänomene, fest. Diese Festlegungen werden solchen Gegenständen gegenüber in und durch das Handeln wirksam. Das ist der Fall, weil die Kommunizierenden auch Handelnde sind. In ihrer Kommunikation und in der kommunikativen Dimension ihrer Handlungen legen sie sich auf bestimmte Interpretationen der Elemente der Organisation, aber auch auf bestimmte Interpretationen von technischen Prozessen, Objekten usw. fest und behandeln diese Gegenstände aufgrund dieser Interpretationen, Wert- und Zielsetzungen.

Die organisationalen Selbstfestlegungen sind also zweierlei Art: a) die internen Selbstfestlegungen, die die Themen und Verbindungen im Rahmen von Kommunikation und sozialem Handeln, d.h. die Bestimmungen der sozialen Einheit selbst, betreffen, und b) die externen Selbstfestlegungen, die andere Objekte betreffen, denen gegenüber man sich im Rahmen der Interaktion festlegt. Durch letztere Beschränkungen wird übrigens auch die weitere Interaktion selbst festgelegt, weil sie unumgänglich zum Thema sozialer Auseinandersetzung werden. Für beide Arten der Selbstfestlegung gilt aus dem Gesichtspunkt betrieblicher Viabilität, daß eine Organisation sich nicht zu stark beschränken darf. Es muß genügend Varietät bleiben, um auf die Varietät der Umwelt reagieren zu können, und die gewählte Selbstbeschränkung darf die Wahl neuer Selbstbeschränkungen nicht verhindern. D.h. eine Ordnung muß sowohl in sozialer wie auch in technischer Hinsicht daraufhin geprüft werden, ob sie die Entwicklung neuer Ordnungen erleichtert oder erschwert.

Auf eine Selbstbeschränkung möchte ich hier noch ausdrücklich hinweisen; sie ist bedeutsam für die Klärung des Verhältnisses von Organisation und Gesellschaft. Es geht dabei um die Spezialisierung moderner Organisationen – z.B. von Wirtschafts- und Gesundheitsorganisationen – auf Teilhabe an einem spezialisierten gesellschaftlichen Teilsystem. Wie für die übrigen Bestimmungen einer Organisation gilt hier, daß Organisationen sich auf verschiedene gesellschaftlich anerkannte Leistungen orientieren und spezialisieren können. Auch in dieser Hinsicht treffen sie eine Auswahl aus verschiedenen Alternativen und legen sich dadurch für einige Zeit fest. Die gesellschaftliche Spezialisierung, deren Natur im nächsten Abschnitt genauer bestimmt wird, ist eine Form der Selbstbestimmung und Selbstbeschränkung. Für Unternehmen gilt z.B., daß sie sich selbst die Beschränkung auferlegen, rentabel zu sein, d.h. Produkte, Organisationsformen, Vernetzungen und technische Prozesse auszuwählen, von denen erwartet wird, daß sie den anfangs vorhandenen Geldwert, und damit die zukünftigen Zahlungsmöglichkeiten, vergrößern.[29] Für solche dauerhafte Spezialisierungen und für deren Auswechslung sind die modernen Organisationen wegen ihrer expliziten, formalen, von Geld und Macht unterstützten Ordnungen und wegen des Wissens, daß immer auch andere Orientierungen und Programme dominieren könnten, besonders geeignet.

Entscheidung. Die absichtlich und explizit in Organisationen zirkulierenden Gestaltungs- und Steuerungskommunikationen machen diese unumgänglich zum Entscheidungszusammenhang. Die „formalisierenden" Kommunikationen bringen explizit formulierte Erwartungen hervor, die hochunwahrscheinliche, artifizielle und als solche auch schwer zumutbare Handlungs- und Kommunikationsordnungen betreffen. Man weiß, und dieses Wissen wird durch die formalen Kommunikationen gerade gestiftet oder doch beträchtlich geschärft, daß es andere Ordnungsmöglichkeiten gibt. Auch ohne explizit formulierte Alternativen weiß man in der modernen Gesellschaft, in der es viele verschiedene Organisationsformen sowie Handlungs- und Kommunikationsordnungen nebeneinander gibt, daß die vorgeschlagene Ordnung nicht die einzig mögliche ist. Die Kombination von Unwahrscheinlichkeit, Unzumutbarkeit und Kontingenz der vorgeschlagenen Ordnung einerseits und von mit der vorgeschriebenen und erwarteten Ordnung verbundenen Belohnungen und Sanktionen andererseits schafft Erwartungs- und Entscheidungsdruck.

In den letzten Jahrzehnten hat sich der den Organisationen ohnehin eigene Entscheidungsdruck noch verstärkt. In immer mehr Organisationen reflektiert und kommuniziert man explizit über das formale Organisieren von immer mehr Eigenschaften des Betriebes. Nicht nur bei der Auswahl von Produkten, Produktionsstrukturen und technischen Ausstattungen, sondern auch bei der Auswahl von globalen Organisationsstrukturen, Produktmerkmalen, Strategien, Kernkompetenzen, Human-Resource-Programmen, Kontrolleinrichtungen, Informationsstrukturen, Beziehungen zu anderen Organisationen usw. werden verschiedene Alternativen erwogen. Kurz, mehr und mehr Aspekte der Organisation werden explizit gestaltet und gesteuert, werden einer deliberativen Rationalisierung unterzogen, erscheinen ausdrücklich als kontingent.[30]

---

29 Soweit Betriebe im Wirtschaftssystem funktionieren wollen, ist Rentabilität natürlich ein „institutioneller Imperativ", den sie sich aber *selbst* auferlegen müssen.

30 Management- und Organisationswissenschaften mit ihren immer neuen, modischen Ordnungs- und Managementkonzepten tragen beträchtlich zu diesem Bewußtsein der Kontingenz, und damit zur Verstärkung des Entscheidungsdrucks, bei.

Die Akzeptanz der Entscheidungen. Im Falle hochunwahrscheinlicher, unzumutbarer sozialer Ordnungen, deren Kontingenz bekannt ist, ist es bemerkenswert, wenn es dennoch zu einem hohen Maß an Erwartbarkeit von Handlungen und Kommunikationen kommt. So sehr in der Organisationsforschung auch mit einem gewissen Recht auf Irrationalität, informelle Prozesse und Strukturen sowie auf mikropolitisches Gerangel in Organisationen hingewiesen wird, es bleibt unbestreitbar, daß in modernen Betrieben meist genau gekoppelte, erwartbare und verläßliche Ordnungen anzutreffen sind. Das bedarf einer Erklärung.

Eine wichtige Rolle bei der Ermöglichung organisierter, genau gekoppelter Fernkoordination spielt die oben schon angedeutete Konditionierung der Mitgliedschaft. Sowohl das zukünftige Mitglied als auch die Organisation verbinden Anforderungen mit der Besetzung irgendwelcher Stellen in der Organisation. Auf die Bedeutsamkeit dieser Konditionierung wird in den sonst sehr verschieden argumentierenden Theorien von Marx, Simon und Luhmann einstimmig hingewiesen. Konditionierung, daran zweifeln diese Autoren nicht, setzt voraus, daß es irgendwie attraktiv sein muß, sich den Regeln einer Organisation zu fügen und Anforderungen und Anweisungen zu befolgen. In Sachen Attraktivität kann man die bei Verlust der Mitgliedschaft drohenden Deprivationen betonen, wie es z.B. Marx tut, oder die positiven Folgen der Mitgliedschaft, wie es vielmehr Simon tut. Man kann auch versuchen, beide Seiten im Blick zu behalten.

Dann sieht man, daß moderne Organisationen sich systematisch und planmäßig um die Beschaffung von Akzeptanz für ihre Entscheidungen bemühen. Dafür werden aufwendige Abteilungen und Programme eingerichtet. In enger Verbindung mit dem technischen System des Betriebes werden die Beschaffung von *Legitimation*, die Konditionierung von *Belohnung* und die Verteilung von *Macht* organisiert (Martens 1992b). Die Beschaffung von Legitimation geschieht vor allem durch die systematische Befolgung von Prozeduren. Betriebswirtschaftliche Berechnungen, Marktforschung, Berater, Rücksprache mit der Belegschaft, Berufung auf allgemein anerkannte Werte wie Beschäftigung, Umwelt usw. haben alle als Resultat, daß eine vorgeschlagene Ordnung als modern und rational erscheint (vgl. Meyer/Rowan 1977; Brunsson 1989; Ortmann et al. 1990; Ortmann 1995a). Sie schließen den Kontingenzraum und machen damit einen Vorschlag mehr oder weniger unabweisbar. Belohnungen werden in Aussicht gestellt – und teilweise gewährt – für die Fälle ordnungsgemäßen und ordnungsfördernden Handelns und Kommunizierens. Macht wird ausgeübt, indem negative Sanktionen in Aussicht gestellt – und manchmal praktiziert werden. Letztendlich droht Beendigung der Mitgliedschaft (vgl. Hickson et al. 1971; Luhmann 1975b). In Organisationen wird der Verteilung der Überwachungs- und Sanktionsmöglichkeiten als Bedingung einer bestimmten Orientierung und Ordnung große Aufmerksamkeit gewidmet (dazu u.a. Mintzberg 1983). Wie Belohnungen werden Sanktionen in erster Linie kommunikativ angedeutet. Gerade dadurch können sie als Orientierungspunkte des Verhaltens fungieren.

Legitimation, Belohnung und Macht in Organisationen sind von gesellschaftlichen Einrichtungen abhängig. Die Attraktivität der Mitgliedschaft besteht vor allem im damit verbundenen Erwerb des Zahlungsmittels Geld, das auf gesellschaftlicher Ebene funktioniert. Die Möglichkeit des Besitzes muß durch Recht und Macht gewährleistet sein – auch das ist eine notwendige gesellschaftliche Bedingung. Geld kann man mit Luhmann als ein symbolisch generalisiertes Medium bestimmen. Ähnliches gilt für Macht. Macht, im Sinne einer symbolisch repräsentierten Drohung negativer Sanktionen, spielt in Organisationen eine wichtige Rolle und ist als ein symbolisch generalisiertes Kommunikationsmedium auf allgemein gesellschaftlicher Ebene placiert.

In diesem Sinne ist die moderne Organisation für einige wichtige Strukturen auf allgemeine gesellschaftliche Bedingungen angewiesen. Nur wenn auf der Ebene der Gesellschaft die Medien Geld und Macht (re)produziert werden, kann darauf in den organisationalen Kommunikationen und Handlungen zurückgegriffen werden und können die „eigentlichen" Kommunikationen durch Geld und Macht betreffende, „mitlaufende Kommunikationen" begleitet werden. Umgekehrt, so werden wir sehen, spielt Organisation aber auch eine sehr wichtige Rolle bei der Konstitution dieser Medien. Das Verhältnis von Organisation und Medium diskutiere ich, im Anschluß an die Erörterung des Verhältnisses von gesellschaftlichen Teilsystemen und Organisation, in Abschnitt 4.5.

4.4 Organisation und Gesellschaft: Teilsysteme und spezialisierte Organisationen

Ausgangspunkt der nun folgenden Argumentation sind zwei Thesen, über die in den Organisations- und Gesellschaftswissenschaften, soweit ich sehe, weithin Einverständnis herrscht und die aufgrund der bisherigen Überlegungen präzisiert werden können. Die *erste* betrifft die Gesellschaft. Die modernen Gesellschaften sind Gesellschaften, in denen es spezialisierte gesellschaftliche Teilsysteme gibt, die vor allem auf die Lösung eines besonderen gesellschaftlichen Problems orientiert sind, dabei aber neue Probleme produzieren. Die *zweite* These betrifft Organisationen: Viele moderne Organisationen sind vor allem auf ein gesellschaftliches Teilsystem orientiert.

Für beide Thesen sei zunächst genauer angegeben, was sie bedeuten. Auf dieser Basis klärt sich dann, daß die spezialisierten Organisationen in modernen ausdifferenzierten Gesellschaften eine zentrale Rolle spielen. Sie sind weitgehend verantwortlich für die (Re)Produktion spezialisierter gesellschaftlicher Teilsysteme. Moderne Gesellschaften sind nicht bloß Organisationsgesellschaften, sondern *Gesellschaften, die von Konstellationen spezialisierter Organisationen dominiert werden.*

Moderne Gesellschaften sind soziale Einheiten. Wie für andere soziale Einheiten gilt für die Einheit Gesellschaft, daß sie nur besteht, wenn die sozialen Handlungen und Kommunikationen auf sie orientiert sind. Das heißt, sie müssen durch eine direkte oder indirekte Bezugnahme auf ein – sei es implizites, sei es explizites – „Modell" der Gesellschaft mitbestimmt werden. Moderne Gesellschaften sind keine einfachen, homogenen Einheiten. Davon zeugt die verbreitete Rede der verselbständigten, spezialisierten Teilsysteme der Gesellschaft, deren einseitige Rationalität einerseits als Segen, andererseits als Problem und sogar mögliche Bedrohung der Gesellschaft als solcher angesehen wird. Die gesellschaftlichen Teilsysteme setzen einander gerade wegen ihrer Spezialisierung wechselseitig voraus. Wenn die Spezialisierung der Systeme Probleme produziert, besteht die Tendenz, diese in neuen spezialisierten Systemen zu bearbeiten (vgl. Fuchs/Schneider 1995). Die moderne Gesellschaft kann deshalb in einer wichtigen Hinsicht als eine Einheit ausdifferenzierter spezialisierter gesellschaftlicher Teilsysteme betrachtet werden. Es handelt sich dann darum, diese Gesellschaft als eine Einheit zu verstehen, wo sie doch gleichzeitig aus ausdifferenzierten, spezialisierten Teilsystemen besteht. Dabei nehme ich zudem an, daß es kein eigenes System für die Bewältigung des Problems der Einheit verschiedener Teilsysteme gibt. Auch das politische System ist ein, sei es auch besonderes, spezialisiertes Teilsystem (vgl. Willke 1993; Luhmann 1986; Mayntz/Scharpf 1995). Im Alltag erfassen wir die Gesellschaft immer schon als eine Einheit verschiedener Teilsysteme. Offenbar haben wir jeweils schon eine Idee davon, was die Gesellschaft als Einheit ist, genauso wie wir eine Idee davon haben, was eine Organisation als Einheit ist, wenn wir uns auf ihre verschiedenen Abteilungen beziehen.

Gesellschaftliche Einheiten der beschriebenen Art gibt es heutzutage mehr oder weniger nur auf der Ebene der nationalen Gesellschaften. Wenn man sich auf das Recht, auf die Wirtschaft, die Politik, das Gesundheits- oder das Erziehungswesen bezieht, bezieht man sich darauf eben als unterschiedlich bestimmte Teilsysteme nationaler Gesellschaften, nicht irgendeiner Weltgesellschaft. Es gibt zwar einige 'weltumfassende' Systeme im Rahmen von Ökonomie, Wissenschaft, Sport und vielleicht Religion. Diese bestehen aber alle auch im Rahmen und auf der Basis einer nationalen Gesellschaft – das heißt in Interdependenz mit den anderen ausdifferenzierten Teilsystemen, deren Einfluß man leicht unterschätzt (vgl. Hirst/Thompson 1995). Eine Weltgesellschaft im Sinne einer *Einheit* autonomer, spezialisierter und interdependenter gesellschaftlicher Teilsysteme aber gibt es nicht.[31] Wohl aber können die genannten 'weltumfassenden' Systeme die nationalen Gesellschaften gefährden, wenn sie die Neigung zeigen, ihre eigene Rationalität ohne Rücksicht auf die Einheit der nationalen Gesellschaften voll zur Geltung zu bringen, und ihnen dies gestattet wird. Wenn die Einheit nationaler Gesellschaften als Bezugspunkt verblaßt oder verlorengeht, auf nationaler Ebene

---

31 Vgl. Willke (1995b, S. 284). Dagegen meint Stichweh (1995, S. 32), daß eine Regionalisierung des Gesellschaftsbegriffs nicht konsistent gedacht werden kann, weil es eine Soziologie Frankreichs, Englands, usw. nicht gibt. Das mag schon richtig sein, bedeutet aber durchaus nicht, daß es die nicht geben könnte und schon gar nicht, daß es eine allgemeine Soziologie der (verschiedenen) nationalen Gesellschaften nicht geben könnte. Gerade um sie scheint sich Parsons bemüht zu haben.

nicht mehr angestrebt wird, droht möglicherweise eine Desintegration heutiger Gesellschaftlichkeit, während eine neue Einheit auf der Ebene der Welt – anders als in der Form internationaler Beziehungen – durchaus nicht in Sicht ist.

Bislang war unspezifisch von Spezialisierung auf einen Beitrag zur Lösung eines gesellschaftlichen Problems die Rede. Was die Begriffe „gesellschaftliches Problem" und „Spezialisierung" dabei bedeuten, muß jetzt soweit bestimmt werden, daß sie einen Rückhalt geben für die weitere Argumentation. Der Begriff *„gesellschaftliche Probleme"* darf auf keinen Fall eng interpretiert werden – gemeint ist nicht nur: „Probleme der Gesellschaft als solcher". Es handelt sich bei weitem nicht nur um Probleme mit dem Fortbestand und der Viabilität eines Gesellschaftssystems, vielmehr um alle Probleme, die innerhalb einer Gesellschaft als Probleme für die Gesellschaft auftreten. Das heißt, gesellschaftliche Probleme betreffen diejenigen „Aufgaben", die als relevante Bezugspunkte für die Strukturierung der Gesellschaft diskutiert und anerkannt werden. In diesem Sinne sind die jetzige und zukünftige Knappheit von Gütern und Diensten, die Erwartungssicherheit bezüglich des sozialen Handelns und Kommunizierens, das „Nicht-Wissen" um „Gesetzmäßigkeiten" von Natur und Gesellschaft, die (relative) Armut als Folge der Nichtteilhabe an bestimmten gesellschaftlichen Teilsystemen usw. Probleme der Gesellschaft.[32] Probleme der Gesellschaft werden also in und von der Gesellschaft produziert, brauchen aber nicht nur diese selbst zu betreffen. Funktional spezialisierte gesellschaftliche Teilsysteme sind dann Systeme, die sich auf einen Beitrag zur Lösung der genannten Probleme orientieren und auch tatsächlich einen Beitrag dazu leisten.

Damit ist geklärt, worauf die gesellschaftlichen Teilsysteme sich orientieren. Was Spezialisierung in diesem Zusammenhang bedeutet, wie sie produziert wird und wie die Systeme aussehen, die sich spezialistisch orientieren, ist damit allerdings nicht geklärt. Ganz allgemein kann man zur *Spezialisierung* sagen, daß sie auftritt, wenn eine besondere Art der Hinwendung, Wahrnehmung und Behandlung bestimmter Objekte und Ereignisse in sozialen Systemen mehr oder weniger stabil überwiegt. Die Stabilisierung von Hinwendung, Wahrnehmung und Behandlung findet in sozialen Zusammenhängen, in Interaktionen statt. Eine bestimmte Orientierung – und eben nicht eine andere – überwiegt in einem Sozialsystem, weil ihre Bedeutsamkeit in den und durch die Kommunikationen und Handlungen des Systems bestätigt wird. Beim dauerhaften spezialisierten Umgang mit Gegenständen spielen spezielle Sprachen, die einen bestimmten Aspekt, bestimmte Eigenschaften und Werte von Gegenständen und Handlungen symbolisch vergegenwärtigen und vertreten, eine wichtige Rolle. Das trifft vor allem

---

32 Es handelt sich dabei um „moderne" Probleme. Das Problem der Knappheit z.B. besteht nicht in gewissen älteren Gemeinschaften, in denen Regeln, Zeremonien und Mythen die Produktion, die Verwendung und den Austausch von Gütern fixiert und keine alternativen Verwendungsmöglichkeiten außer den „zeremoniell" geregelten zugelassen haben (vgl. Baudrillard 1973; Luhmann 1988a, S. 177 ff.).

für moderne Gesellschaften zu, in denen besondere Orientierungen vielfach durch spezialwissenschaftliche Gesichtspunkte und Sprachen angeleitet und festgehalten werden und zu spezialistisch angeleitetem Wahrnehmen und Handeln führen.[33] Man darf aber nicht vergessen, daß die sozialen Handlungen hier immer eine wichtige Rolle spielen bei der Bestätigung oder Mißbilligung bestimmter Wahrnehmungs- und Handlungsweisen.

Die modernen, ausdifferenzierten, spezialisierten gesellschaftlichen Teilsysteme bilden sich also vor allem dann aus, wenn im Rahmen der Formulierung und Bearbeitung eines gesellschaftlichen Problems in bestimmten Interaktionsbereichen spezielle Codes und Semantiken Dominanz über andere Codes und Semantiken erlangen. Das geschieht im Zusammenhang mit der Gestaltung spezialisierter Organisationen,[34] in denen die Dominanz eines spezifischen Codes sich durchsetzt. Ein spezialisiertes gesellschaftliches Teilsystem entsteht dann, wenn sich ein zusammenhängendes Ganzes von gleich orientierten Organisationen ausbildet – das aber nicht selbst eine Organisation ist. Eine derartige Ausdifferenzierung ist nur möglich, wenn „der Rest der Gesellschaft" sie akzeptiert und sich auf die Spezialisierung einstellt. Luhmanns These, daß das nur geschieht, wenn Problembearbeitung und Codeverwendung sich treffen, scheint mir durchaus plausibel (so Luhmann 1993a, S. 71 f.; vgl. Schimank 1996, S. 156 f.)

Die weitere Erläuterung dieser Thesen kann nun mit der Bemerkung beginnen, daß gesellschaftliche Teilsysteme selbst vor allem zwar aus spezialisierten Organisationen zusammengesetzt sind. Nicht umsonst spricht man von Wirtschafts-, Erziehungs-, Rechts-, Militärorganisation usw.. Spezialisierung sowie Vereinheitlichung gesellschaftlicher Teilsysteme verlaufen über diese Organisationen. In Organisationen kommt es zur *dauerhaft spezialisierten Einheit* sehr verschieden orientierter Handlungen und Kommunikationen. Dadurch sind die modernen Organisationen überwiegend an der Teilhabe an einem spezialisierten gesellschaftlichen Teilsystem orientiert und werden diese Teilsysteme produziert. Damit ist gemeint, daß sie, soweit es um den Bezug auf die Gesellschaft geht, im stabilisierten Zusammenhang mit anderen Organisationen vor allem ein bestimmtes gesellschaftliches Problem bearbeiten. Sie tun das, indem ihre Handlungen und Kommunikationen dominant und dauerhaft an bestimmten Unterscheidungen orientiert sind. Die Dominanz einer besonderen Unterscheidung – d.h. die Wahrnehmung und Behandlung von bestimmten Gegenständen in immer einer bestimmten Hinsicht – macht ihre gesellschaftliche Spezialisierung aus. Dominanz aber gibt es nur im Rahmen von Diversität.

---

33 Wissenschaften betreffen „aspektmäßige" Hinwendungen zu und Wahrnehmungen von Gegenständen, die daran bestimmte Eigenschaften und Werte hervorheben, die als Variablen in Zusammenhang mit anderen Variablen gebracht werden. Vgl. Husserl (1954).

34 Die Wichtigkeit von Organisationen für die Bildung spezialisierter gesellschaftlicher Teilsysteme betont auch Türk (1995a, S. 155 ff.).

Die Kommunikationen und Handlungen der Organisationen gesellschaftlicher Teilsysteme – einer Wirtschaftsorganisation, eines Krankenhauses oder einer Schule – sind nicht ausschließlich an einer Leitunterscheidung – Haben/Nicht-Haben, gesund/krank usw. – und der darauf gerichteten Semantik orientiert. Das wird wohl von niemand bezweifelt. Es gibt innerhalb dieser Organisationen viele an ganz anderen (Leit-) Unterscheidungen, Semantiken und Programmen orientierte Handlungen und Kommunikationen. Professionelles Handeln und Kommunizieren, das sich in einem Krankenhaus nicht an medizinischen, sondern vor allem an z.B. technischen, juristischen, chemischen, betriebswirtschaftlichen, pädagogischen, sozialwissenschaftlichen usw. Unterscheidungen und Programmen orientiert, liefert ein gutes Beispiel dafür. Die „legitime Indifferenz" (Tyrell 1978, S. 183 f.) gegenüber anderen als der systemspezifischen Hinsicht der Wahrnehmung und Behandlung von Gegenständen ist also immer schon relativiert.

Dennoch kann man sagen, daß Organisationen und gesellschaftliche Teilsysteme – obwohl die sie konstituierenden Elemente und sozialen Systeme äußerst heterogen orientiert sind – sich durch eine *spezifische* Einheit im Sinne der *Dominanz einer Orientierung* auszeichnen und sich dadurch von anderen sozialen Systemen unterscheiden. Sie wenden sich vielen verschiedenen Gegenständen vor allem in einer bestimmten Hinsicht zu. Wirtschaftsorganisationen (Unternehmungen) z.B. sind dominant an den Unterscheidungen Haben/Nicht-Haben und rentabel/nicht-rentabel orientiert.[35] Obwohl eine Wirtschaftsorganisation eine Mischung von unterschiedlich orientierten Kommunikationen und Handlungen kennt, muß der Zusammenhang dieser Operationen dennoch in erster Linie auf Rentabilität orientiert sein, um die Reproduktion des Geldhabens – den Kapitalkreislauf – zu garantieren. Eben das macht ihren Charakter als Wirtschaftsorganisation aus.[36]

Wenn die wirtschaftliche Orientierung dominiert, spricht man von Wirtschaftsorganisation. Es gibt daneben Organisationen, aber auch andere Sozialsysteme, die sich zwar durch wirtschaftliche Codierung und Programmierung anleiten lassen, in ihren Handlungszusammenhängen aber gewiß nicht dominant wirtschaftlich orientiert sind: Krankenhäuser und Forschungsinstitute zum Beispiel. Ihre dominante Orientierung folgt z.B. den Unterscheidungen gesund/ungesund und wahr/unwahr, und daher gehören sie zu den Teilsystemen für Gesundheit resp. Wissenschaft.

Die Frage ist also, wie kommt es innerhalb einer Organisation zur Dominanz einer bestimmten Konstellation von Leitunterscheidung/Semantik/Programmen,

---

35 Anders Hutter (1989), der die Leitunterscheidung der Wirtschaft als Wert/Kosten bestimmt.

36 Es handelt sich in dieser Auffassung gesellschaftlicher Teilsysteme also weder um die einseitige „Herausbildung einer einspurigen Eigengesetzlichkeit", die Münch (1994, S. 388) Luhmann vorwirft, noch schlechthin um eine „Kombination von gegensätzlichen Gesetzmäßigkeiten" oder „Interpenetration", wie sie von ihm als Alternative vorgestellt wird, sondern um Dominanz im Rahmen von Diversität.

und damit zur *besonderen* Einheit einer spezialisierten Organisation? Das ist durchaus keine einfache Angelegenheit.[37] Ich erörtere sie kurz für Unternehmen. Erstens gibt es dort solche Handlungen und Kommunikationen, die sich – auf der Grundlage bereits durch Geldpreise bezeichneter ökonomischer Werte – explizit und dominant an der Gewinnung besserer Zahlungsmöglichkeiten in der Zukunft, an der Leitunterscheidung rentabel/nicht-rentabel orientieren. Dazu werden bestimmte Teile der Welt unter wirtschaftlichem Gesichtspunkt kategorisiert und mit Rentabilität in Verbindung gebracht. Dafür verwendet man weit ausgearbeitete Programme. Zweitens müssen Handlungen (und damit zusammenhängende Materialien und Prozesse), die nicht schon durch den 'Markt' mit Preisen versehen sind, mit Geldpreisen verbunden werden. Es werden, vermittelt über rechnerische Konventionen, einer Handlung und ihrem Input und Output fiktive Preise 'angeklebt'.[38] Die durchgehende Begleitung des Handelns mit Geldpreisen muß dann aber auch tatsächlich handlungsmitbestimmend sein, ohne aber die Aufmerksamkeit für andere professionelle Leitunterscheidungen zu gefährden. Dazu werden Rückübersetzungen der 'Geldsprache' in 'Sachsprachen' vorgenommen: Sie führen zu Handlungs- und Kommunikationsprogrammen, die mehr oder weniger wirtschaftlichen Kriterien genügen, die aber in sachgemäßen Semantiken verfaßt sind. Darin braucht die Orientierung auf bessere Zahlungsmöglichkeiten nicht einmal mehr sichtbar zu sein.

Diese Dominanz der Wirtschaftssemantik läßt sich aber nur begreifen, wenn die Verlockungen und Drohungen (die Sanktionen), die mit der Akzeptanz bzw. Nicht-Akzeptanz der darauf basierenden Kommunikationen verbunden sind, in Betracht gezogen werden. Dafür gibt es die oben beschriebenen 'akzeptanzfördernden' Legitimationen, Belohnungen und Bestrafungen und die auf sie hinweisenden Kommunikationen, die zur Ausführung der vom Wirtschaftscode mitbestimmten, ansonsten aber durchaus verschieden orientierten Programme anregen.

Die spezialisierten Organisationen beschreiben sich selbst durchaus als konstitutive Teile, z.B. der Wirtschaft, und orientieren sich auf Teilhabe an dieser gesellschaftlichen Teileinheit. Dabei ist bekannt, daß die Dominanz einer Unterscheidung – der dominanten Hinsicht, in der Objekte und Ereignisse wahrgenommen und behandelt werden – mit der Teilnahme an gerade diesem Teilsystem, z.B. der Wirtschaft, zusammenhängt. Das gleiche gilt schließlich für die spezialistisch orientierten Programme spezialisierter Organisationen.

---

37 Ausführlicher zu dieser Problematik: Martens (1989, S. 150 ff.). Knorr Cetina (1992, S. 414) weist für die Wissenschaft auf das gleiche Problem hin.

38 Die Betriebswirtschaftslehre behandelt diese Fragen als Probleme der Bewertung und Zurechnung von Kosten und Leistungen (vgl. z.B. Albach 1988b). Zur nicht-technischen, regulierenden Rolle wirtschaftlicher Informationssysteme siehe u.a. Ansari/Euske (1987).

4.5 Generalisierte Kommunikationsmedien und Organisation

Generalisierte Kommunikationsmedien auf gesellschaftlicher Ebene sind für moderne Organisationen äußerst wichtig. Die Attraktivität der Mitgliedschaft einer Organisation besteht zu einem wichtigen Teil im damit verbundenen Erwerb des Zahlungsmittels Geld. Die rechtmäßige und machtförmige Unterstützung des Habens ist dafür notwendige Bedingung. Die Verbindung von Organisation und Medien wird im folgenden, wenn auch nur kurz, in zwei Richtungen analysiert. Zunächt beschreibe ich die Bedingtheit der Organisation durch die gesellschaftlichen Medien. Dann wird die Aufmerksamkeit auf die Rolle der Organisationen für den Bestand der Medien gerichtet. Schließlich wird die von Luhmann aufgeworfene Frage, ob Medien und Organisation funktionale Äquivalente sind, kurz diskutiert.

Das „Geldobjekt" als solches hat bekanntlich keinen „Gebrauchswert", und nur seine gesellschaftliche Funktion, immer als Ausdruck relativer Werte und Mittel des Austausches zu dienen, verschafft ihm Bedeutung (so schon Marx 1969a, S. 109 ff.). Geld ist ein durch Interaktionen als Symbol herausgehobenes – d.h. konventionell als Vertreter geltendes – Objekt. Geld ist ein anerkanntes, transferierbares Zeichen, dessen Einlösung für „intrinsisch wertvolle" Güter und Dienste erwartbar und in gewisser Weise sogar garantiert ist. Der Preis deutet an, daß man ein Gut für eine bestimmte Geldmenge tatsächlich haben kann. Dabei ist Geld generalisiert, weil es eine sehr große Menge Güter und Dienste – all diejenigen, die man für einen Geldpreis erwerben kann – vertritt. Festgehalten werden muß allerdings, daß es sich beim Gelde nicht um ein bloßes Symbol, wie z.B. ein geschriebenes oder gesprochenes Wort, handelt. Die Geldzahlung ist nicht nur die Andeutung eines Abwesenden, wie das für eine sprachliche Äußerung gilt, sondern hier wird das Symbol – und damit das Versprechen der Verfügung über die abwesenden Güter – tatsächlich weitergegeben. Wer das Symbol weggibt, verfügt nicht mehr über die Möglichkeit, die abwesenden Güter zu erwerben. Das gilt auch für Giralgeld und seine Derivate. Die Zahlung ist eine soziale Handlung, allerdings eine Handlung mit hohem kommunikativem Gehalt. Geld ist offenbar nicht nur etwas Kommunikatives, sondern auch ein Objekt des Handelns. Es wird hier tatsächlich etwas ausgetauscht, nicht bloß kommuniziert; Geld ist Kommunikations- und Tauschmedium.[39]

Ähnlich kann man die generalisierte Drohung mit Sanktionen, in letzter Instanz mit Gewalt (Macht), und die Bekanntgabe und Erwartung, daß etwas als Recht bzw. Unrecht gilt, beschreiben. Auch diese Erwartungen – wie die Erwar-

---

39 Für Parsons sind die Medien Austauschmedien; Luhmann bestimmt sie dagegen als Kommunikationsmedien. Siehe dazu Künzler (1989). Die Differenz hängt mit der Handlungs- bzw. Kommunikationstheorie bei den resp. Autoren zusammen. Daß es schwierig ist, Geld nur kommunikationstheoretisch zu interpretieren, zeigt Michael Hutter (1994). Auch er kommt schließlich ohne Bezug auf Tausch nicht aus. Siehe z.B.: „Payment, the monetary aspect of transactions, is a communicative event" (Hutter 1994, S. 121).

tung, ein Gut für Geld kaufen/verkaufen zu können – werden symbolisch angedeutet. Wie die Güter und Dienste im Falle des Geldes, sind auch hier die tatsächlichen Sanktionen und die Rechtsprechung und Rechtsausführung nicht
„anwesend". Sie werden mittels eigens dafür verwendeter Zeichen angedeutet.
Auf die Kommunikation einer drohenden Sanktion reagiert man – sie bewegt
einen z.B zur Annahme eines Vorschlags – wie auch auf die Bekanntmachung
eines Preises, der zum Kauf bzw. Verkauf motiviert. In gewissem Maße können
auch Macht und Insignien der Macht weitergegeben werden.

Das muß hier als Andeutung dieser eigenartigen, generalisierten Symbolisierungen genügen, die von Parsons und Luhmann Medien genannt worden sind.
Diese Überlegungen machen erstens klar, daß und wie allgemeine Symbolisierungen von ökonomischem Wert, Macht und Recht Einfluß nehmen können auf die
Beziehungen innerhalb von und zwischen Organisationen sowie auf die Beziehungen von Organisationen mit anderen sozialen Systemen und mit Personen.
Generalisierte Medien erleichtern es, bestimmte Angebote, Austausche, Aufträge
usw. in Betracht zu ziehen und zu akzeptieren, andere dagegen nicht. Damit ermöglichen sie unwahrscheinliche, u.a. auf funktional spezialisierte gesellschaftliche Teilsysteme gerichtete Ordnungen moderner Organisationen. Zweitens ist es
einleuchtend, daß diese Symbolisierungen auf einer gesellschaftlichen Ebene
anerkannt sein müssen, damit sie wirksam verwendet werden können. Dazu bedürfen sie der alltäglichen, praktisch-operativen Verwendung in bezug auf Gegenstände und Situationen, für die sie, ebenfalls konventionell, als geeignet angesehen werden.[40] Ihre aufmerksamkeits- und akzeptanzfördernde Wirkung innerhalb von Organisationen ist von dieser global-gesellschaftlichen Akzeptanz abhängig.

Es besteht aber nicht nur eine Abhängigkeit der Organisationen von den Medien, sondern auch umgekehrt eine weitgehende Abhängigkeit der Medien von
Organisation. Medien werden nicht nur im alltäglichen Handeln und Kommunizieren (re)produziert; ihre Reproduktion erfordert gezielte Anstrengungen. Auch
in diesem Falle werden die erforderte Richtung und Zielstrebigkeit über die Form
der Organisation realisiert. Die Medien, die irgendwie eine Rolle spielen bei der
Akzeptanz von Handlungs- und Kommunikationsangeboten, werden selbst von
spezialisierten Organisationen organisiert und „instand gehalten". Auch in dem
Sinne ist die moderne Gesellschaft eine organisierte Gesellschaft. Organisationen
stellen die Bedingungen her für das Funktionieren der Organisationen und der
gesellschaftlichen Teilsysteme.

So gibt es für die Wirtschaft die Banken, in erster Linie die Nationalbanken.
Sie stehen in einer organisierten Verbindung mit den übrigen Banken und bilden
zusammen ein weitgehend organisiertes Netzwerk. Ohne dieses Organisationsge-

---

40 Ob ein Medium geeignet ist, um in einer Situation verwendet zu werden, wird ebenfalls in
der Interaktion bestimmt. Die Meinungen darüber können sich durchaus ändern. Siehe den
letzten Abschnitt.

flecht würde es keine umfangreiche, an Geld gebundene Erwartungswahrschein-
lichkeit geben, keine Stabilität der Währung, keine zirkulierenden Geldeinheiten,
keine Regeln des Austausches usw. (vgl. Goodhardt/Schoenmaker 1995).

Ähnliches gilt für die umfangreichen Organisationsnetzwerke, die für die
(Re)Produktion und Anwendung von Macht und Recht sorgen. Ohne Polizei,
Bundeswehr und Ministerien gibt es heute keine Macht als Medium. Ohne Staats-
anwaltschaft, Gerichte usw., kurz, ohne richterliche Organisation, gibt es kein
modernes Recht, auf das man sich im Alltag für potentielle Konflikt- und Zwei-
felfälle beziehen kann. Anders gesagt, ohne diese Organisationen kann nicht
allgemein in begleitenden Symbolisierungen daran erinnert werden, daß es andere
als „eigentliche" Gründe gibt, um eine Handlung oder Kommunikation als
Grundlage des eigenen Handelns und Kommunizierens zu akzeptieren, eben die
sonst erwartbaren Operationen der organisierten Rechtsprechung oder die Sanktionen der dazu berufenen staatlichen Organisationen. Auch wenn geklärt ist, daß
Organisationen für die Herstellung von Medien wichtig sind, bleibt immer noch
die Frage, ob die These Luhmanns: „Organisation und Medien sind für die (Re-)
Produktion ausdifferenzierter, funktional spezialisierter gesellschaftlicher Teilsysteme weitgehend funktionale Äquivalente" (Luhmann 1987, S. 41), nach den
vorhergehenden Analysen noch einleuchtet. Das glaube ich nicht. In Luhmanns
Auffassung tragen Organisation und Medium beide zur Realisierung einer unwahrscheinlichen – in diesem Falle einer funktional spezialisierten – Ordnung bei,
können sie einander in dieser Hinsicht ersetzen.

Die bisherigen Überlegungen haben nun klargemacht, daß die auf gesellschaftlicher Ebene (re)produzierten Medien eine Bedingung für die Realisierung
der unwahrscheinlichen funktionalen Spezialisierungen von Organisationen sind.
Erst diese dauerhaften organisationalen Spezialisierungen schaffen die funktional
spezialisierten gesellschaftlichen Teilsysteme, die einen Beitrag leisten (müssen)
zur Lösung gesellschaftlicher Probleme.

Eine nähere Betrachtung der Wirkung der Medien bezüglich anderer als organisierter sozialer Systeme bestätigt die Ansicht, daß Medien und Organisationen
hinsichtlich der Konstitution spezialisierter gesellschaftlicher Teilsysteme durchaus keine funktionalen Äquivalente sind. Man kann sich im Rahmen verschiedener sozialer Systeme auf das Geldsymbol und die damit verbundenen Kommuni-
kations- und Austauschmuster orientieren. Das aber schafft noch *keine dauerhafte,
spezialistische Orientierung* auf die Lösung von Knappheitsproblemen. So werden
die Orientierung auf das Haben von Geld und das Muster der Geldzahlung für
einen Dienst oder ein Gut in Interaktionen zwischen Familien und Unternehmen, zwischen Unternehmen, zwischen Teilen eines Unternehmens, zwischen
Freunden und zwischen staatlichen Behörden und Individuen usw. verfolgt. Diese
sozialen und psychischen Systeme orientieren ihre Aktionen auf die Bedeutung
des Geldes und das damit zusammenhängende Muster der Geldzahlung. Die
Orientierung am Gelde und der Vollzug der Geldzahlung bedeutet aber durchaus
nicht, daß Personen und Verbände sich in diesen Operationen in erster Linie auf

das Geldhaben orientieren. Es bedeutet bloß, daß die Orientierung auf das Geldhaben hier irgendwie mitspielt. Diese Überlegung gilt natürlich a fortiori für die Personen und sozialen Systeme als solche. Sogar wenn es systematisch über Geldzahlungen verlaufende Austausche zwischen Verbänden gibt, bedeutet das durchaus noch kein ausdifferenziertes spezialistisches System der Wirtschaft. Beteiligung am Vollzug dieser geldvermittelten Austausche ist Moment jedes der genannten Systeme. Es ist eine Operation der Unternehmung, der Staatsbehörde, der Familie, usw. und wird von der Logik dieser Systeme dominiert. Sogar in den Geldzahlungen selbst dominiert diese Logik: Die Austausche werden meist eben nicht von einer ökonomischen Logik bestimmt. Ein spezialisiertes Wirtschaftssystem bildet sich erst aus, wenn ein soziales System dauerhaft von der Logik der Geldhabens zur Knappheitsbewältigung dominiert wird. Diese Spezialisierung und Ausdifferenzierung sind vor allem eine Sache der Organisation. Die Medien Geld und Macht spielen dabei allerdings eine besondere Rolle.

Über miteinander verbundene Wirtschaftsorganisationen z.B. wird die Knappheitsproblematik bekämpft: Durch die Institutionalisierung des Einsatzes von Geldmitteln für das finanzielle Wachstum kommt es zum Wachstum der Güter und Dienste, und zwar so, daß auch in Zukunft die Versorgung der Bedürfnisse erwartet werden kann. Ohne Institutionalisierung von Investition und Rentabilität, ohne die Interpretation von Gegenständen als Kapital usw. und ohne die Handhabung dieser Interpretation in der Behandlung der Gegenstände gibt es keine moderne Wirtschaft. Zudem müssen u.a. die Zugriffsrechte geregelt werden, nicht nur im Sinne einer Regelung, wie sie schon im Zahlungsmuster eingebaut ist, die besagt, daß der Preis bezahlt werden muß, den der Käufer und Verkäufer freiwillig vereinbaren (vgl. Commons 1936). Sondern dazu gehört auch, daß die Zugriffsmöglichkeiten der wirtschaftlich Stärksten ((z.B. (Quasi-)Monopolisten)) in Grenzen gehalten werden, und daß die Einkommen der Gesellschaftsmitglieder mehr oder weniger gesichert werden. Ohne solche Regeln und Maßnahmen kann es keine über das Geldzahlungsmedium geregelte Wirtschaft geben (vgl. Hirst/Thompson 1995, S. 425 ff.).

Unter u.a. diesen Bedingungen kommt es zur ausdifferenzierten Wirtschaft, von der angenommen wird, sie bearbeite vor allem ein besonderes gesellschaftliches Problem: die Knappheit von Gütern und Diensten. Davon erwartet man sich, vor allem auch für die Zukunft, eine zumindest passable Lösung dieser Knappheitsproblematik, und gerade durch diese Erwartung wird das Wirtschaftsproblem der Gesellschaft „gelöst".

4.6 Organisation und gesellschaftliche Probleme

Die Art der Orientierung von Handlungen und Kommunikationen braucht, wenn die bisherige Argumentation stimmt, in Organisationen keine ausgemachte Sache zu sein. Die Kategorisierung und Behandlung von Objekten und Ereignissen können im Rahmen rekursiver Bezugnahme der Handlungen und Kommunikationen aufeinander bestätigt oder umgekehrt zweifelhaft werden. Eine Änderung der dominanten Orientierung oder der Gewichtung der vertretenen Orientierungen ist durchaus möglich. Das schafft Möglichkeiten für die Bekämpfung unintendierter Folgen teilsystemischer Spezialisierung. Die Wahrnehmung und sodann vor allem die Diskussion der Folgen bestimmter – z.B. wirtschaftlicher – Orientierungen können durchaus zu Änderungen in der relativen Gewichtung und schließlich zur Auswechslung der (dominanten) Unterscheidungen und Programme führen. Über die Angemessenheit und Relevanz der Orientierungen von Kommunikationen und Handlungen kann in den sozialen Verbänden, Organisationen und Teilsystemen kommuniziert und verhandelt werden. Man kann z.B. darüber kommunizieren, ob in einer vorliegenden Situation vorbeugende Maßnahmen gegen Umweltschäden wichtiger sind als die maximale Sicherung von Zahlungsmöglichkeiten oder umgekehrt. Solche Kommunikationen können mehr oder weniger weitgehende Orientierungs- und Handlungsfolgen haben, wie sich etwa an der sogenannten Privatisierung staatlicher Organisationen, der gewachsenen Aufmerksamkeit für Umweltfragen oder der Schrumpfung des Sozialstaats leicht studieren läßt.[41]

Die Dominanz einer Unterscheidung in einer Organisation oder eines ausdifferenzierten gesellschaftlichen Teilsystems bedeutet auch durchaus nicht, daß andere Unterscheidungen keine Rolle spielen, ganz im Gegenteil. Organisationen und gesellschaftliche Teilsysteme können, eben als Folge ihres komplexen inneren Baus und ihrer Möglichkeit, über die Verwendung von Unterscheidungen und deren Folgen zu kommunizieren, Zahl und Gewicht ihrer Orientierungen ändern und ihre Orientierung an einer dominanten Unterscheidung sogar wechseln. Eine Organisation kann Aufmerksamkeit für Arbeitsqualität, rechtliche Probleme, Umweltfragen, Rentabilität usw. entwickeln, verstärken oder verringern und diesbezügliche Programme entwickeln.[42] Sie kann sich also auf die Probleme anderer gesellschaftlicher Teilsysteme beziehen und diesen Bezug in den organisational verwendeten Unterscheidungs- und Programmvorrat aufnehmen.[43] Das gilt schließlich auch für den Bezug auf die Gesellschaft als solche. Ihre besondere

---

41 Mit Bezug auf den Sozialstaat: „On redécouvre ainsi qu'il y a une politique de la politique, c'est a dire un débat et un conflit interminables autour de ce qui est politique et de ce qui ne l'est pas. ... Une confrontation sans fin en vue d'étendre ou de restreindre l'éventail des problèmes susceptibles d'être portés et pris en charge sur la scène politique" (Levasseur 1995, S. 58).

42 Dabei können die Interventionsmethoden, die im Rahmen von „Soft Systems" (u.a. Checkland) und „Critical Systems" (u.a. Jackson) entwickelt worden sind, durchaus hilfreich sein. Dazu müßten diese Methoden dann allerdings explizit auf gesellschaftliche Verantwortlichkeit hinweisen.

43 Vgl. Hutter (1989), der den Aufbau und die Erhaltung von Gesprächskreisen („Konversationskreisen") zwischen Organisationen aus dem Rechtssystem einerseits und dem Wirtschaftssystem andererseits beschreibt, in denen sich Erwartungen ausbilden und man sich sowohl der Rechts- als auch der Wirtschaftscodierung bedient.

Einheit und ihre Integrationsprobleme können durchaus zum Bezugspunkt organisationalen Entscheidens gemacht werden, sowohl in Wirtschafts-, Erziehungs- und Rechtsorganisationen als auch in den Organisationen, die die Interessen (der spezialisierten Organisationen) eines gesellschaftlichen Teilsystems auf gesellschaftlicher Ebene vertreten und verteidigen – wie zusammenarbeitende Gewerkschaften und Unternehmerverbände, das Bundesverfassungsgericht, kooperierende Kirchen usw. (vgl. Willke 1993, S. 204 ff.).

Die Lösung ökologischer, juristischer, psychischer und gesellschaftlicher Integrationsprobleme erscheinen z.B. für Wirtschaftsorganisation und Wirtschaftssystem dann nicht notwendigerweise als eine Sache lediglich 'anderer' Systeme. Sie können als Folge ihrer inneren Diversität selbst Aufmerksamkeit für diese Gesellschaftsprobleme entwickeln und die diesbezüglichen Unterscheidungen verwenden. Teilweise geschieht das auch. In den Organisationen der spezialisierten gesellschaftlichen Teilsysteme werden dann unter Beibehaltung der Spezialisierung viele gesellschaftliche Probleme unterschieden und Gegenstände und Sachverhalte in mehreren Hinsichten betrachtet und behandelt. Das kann sich natürlich nicht in einem einzigen Teilsystem ereignen. Die Verstärkung der Aufmerksamkeit für andere als wirtschaftlicher Orientierungen in den Unternehmen und im Wirtschaftssystem muß in Interaktionen mit den anderen Teilsystemen bestätigt werden. Es müssen sich *in Interaktionen neue stabile Muster und Erwartungen ausbilden.* Das bedeutet, daß Organisationen, wie z.B. Unternehmen, dazu aufgefordert werden, Rechenschaft über verschiedene Resultate und Folgen ihres Tuns – ökologische, rechtliche, psychische usw. – abzulegen. Aber nicht nur das; sie müssen sich dafür *verantwortlich* halten.[44] Das ist im Rahmen der hier vorgelegten Analyse organisationaler und gesellschaftlicher Spezialisierung nicht nur eine moralische Forderung, sondern durchaus eine Möglichkeit, einige weithin erkannte gesellschaftliche Probleme zu bekämpfen.[45]

Die Folge dieser Entwicklung in Richtung auf eine explizite Hervorhebung verschiedener Formen der Wahrnehmung und Behandlung von Gegenständen in einer Organisation und in einem gesellschaftlichen Teilsystem ist gewiß nicht gleichbedeutend mit Entdifferenzierung und Rückfall ins „Prémoderne". Organisationen und Teilsysteme können bei aller Orientierungspluralität durchaus einer dominanten Unterscheidung und der Lösung eines besonderen gesellschaftlichen Problems zugewandt bleiben.

---

44 Siehe für den Unterschied von Rechenschaft (accountability) und Verantwortung (responsibility) Selznick (1992, S. 345).
45 Man kann also – anders als Münch (1991, S. 175 f.) meint – durchaus an den Theoremen der Autopoiesis und der funktionalen Differenzierung moderner Gesellschaften festhalten, ohne die Möglichkeit einzubüßen, über „die wirklichen Gefahren und Chancen der modernen Gesellschaft" etwas zu sagen.

Zur Verknüpfung von Gesellschafts- und Organisationstheorie

Uwe Schimank

Man kann zweifellos Organisations- ohne Gesellschaftstheorie betreiben, und umgekehrt. Man kann aber auch beides miteinander zu verknüpfen versuchen und sich davon für beides Erkenntnisgewinne versprechen (vgl. auch Schimank 1994). Wenn man dies tut, liegt es sehr nahe, sich wie Wil Martens Niklas Luhmanns systemtheoretischer Perspektive zuzuwenden. Dann lassen sich zwei Fragestellungen unterscheiden, aber auch – nachdem man ihnen je für sich nachgegangen ist – wieder aufeinander beziehen:

1. Was bedeutet das massenhafte Vorkommen formaler Organisationen in fast allen Teilsystemen der funktional differenzierten modernen Gesellschaft?
2. Was heißt es für eine formale Organisation, in einem ganz bestimmten – und keinem anderen – Teilsystem angesiedelt zu sein?

Zu beiden Fragerichtungen steuert Martens wichtige und teilweise über Luhmann hinausweisende Überlegungen bei. Ich möchte stichwortartig einige zentrale Punkte herausgreifen und wiederum über Martens hinaus weitertreiben.

ad 1. Luhmann ist, wie Martens breit behandelt, zunehmend zu der Einsicht gelangt, daß die funktionale Differenzierung der modernen Gesellschaft außer von symbolisch generalisierten Kommunikationsmedien auch von formalen Organisationen getragen wird. Die funktional differenzierte Gesellschaft ist nicht etwa zufälligerweise, sondern zwangsläufig auch eine „Organisationsgesellschaft". Medien verstärken die Selektivität der teilsystemkonstituierenden binären Codes, während Organisationen eine wichtige Form der Fixierung teilsystemischer Programmstrukturen sind. Genauer: Formale Organisationen stellen über ihre Mitgliedschaftserwartungen die Beachtung unwahrscheinlicher und veränderlicher Programmstrukturen dauerhaft und personenunabhängig sicher. Diese Programmstrukturen enthalten im übrigen auch viele Komponenten, die aus der Umwelt des jeweiligen Teilsystems stammen. So sorgt z.B. die Rechtsabteilung eines Unternehmens dafür, daß dieses seine wirtschaftlichen Operationen unter Beachtung rechtlicher Regeln ausübt. Damit tragen formale Organisationen auch Fremdreferenz in die zunächst einmal selbstreferentielle Geschlossenheit codegeprägter Kommunikationen hinein. Organisationen sind hierdurch zentrale Orte struktureller Kopplung zwischen Teilsystemen, also ein entscheidender Mechanismus gesellschaftlicher Integration. Martens sieht dies ebenfalls, meint allerdings, das gegen Luhmann – und in diesem Punkt auch gegen mich – einwenden zu müssen. Aber hier gibt es keinen Dissens.

Diese sich beim „neuen" Luhmann findende Vorstellung der Funktionalität, ja funktionalen Unentbehrlichkeit formaler Organisationen für die teilsystemischen Operationen ist allerdings nur die eine Seite der Medaille. Ihr steht die oftmals empirisch beobachtbare Dysfunktionalität organisatorischen Geschehens für das betreffende Teilsystem gegenüber – z.B. die bürokratische Behinderung der Forschung in vielen Forschungsinstituten. Um derartige Phänomene theoretisch in den Griff zu bekommen, bietet sich ein Rückgriff auf den „alten" Luhmann, nämlich sein Konzept der Systemebenen von Interaktion, Organisation und Gesellschaft an. Die Ebenenverschachtelung sorgt zwar zum einen „von oben nach unten" für eine dreistufige Reduktion von Komplexität durch immer spezifischere Handlungsprägungen. Zum anderen können aber gegenläufig „von unten nach oben" Spannungen in dieses Gefüge hineingetragen werden, weil die jeweils unteren Ebenen nicht bloß gleichsam trichterförmig von oben vorgegebene Ordnungsvorgaben kleinarbeiten und so weitergeben, sondern dort auch eigenständige Strukturgenerierung stattfindet. Von Interaktion ganz abgesehen läßt sich für formale Organisationen feststellen, daß sie immer auch teilsystemische Handlungslogiken konterkarieren können – sei es aus mikropolitischen Interessenkämpfen in Organisationen, sei es aufgrund organisatorischer Reproduktionserfordernisse.

ad 2. Ich habe in der ersten Fragerichtung hauptsächlich Gemeinsamkeiten der gesellschaftlichen Teilsysteme hinsichtlich ihrer Durchorganisierung akzentuiert. Die nun anzusprechende zweite Fragerichtung hebt demgegenüber auf Unterschiede zwischen den Teilsystemen ab. Die Organisationstheorie ist üblicherweise darum bemüht, allgemeine Merkmale formaler Organisationen herauszuarbeiten. Das empirische Paradigma dafür haben im wesentlichen Unternehmen und Verwaltungen abgegeben – was schon zwei in vielen Hinsichten ganz verschiedene Arten von Organisationen sind, und zwar aufgrund ihrer Einbettung in zwei sehr andersartige gesellschaftliche Teilsysteme. So manche organisationstheoretischen Kontroversen erklären sich u.a. daraus, daß die einen, wenn sie allgemein von Organisation sprechen, Unternehmen, die anderen Verwaltungen im Hinterkopf haben. Die nach wie vor vergleichsweise spärlichen Untersuchungen über Schulen, Krankenhäuser, Forschungsinstitute, Sportvereine, Fernsehsender etc., also Organisationen weiterer gesellschaftlicher Teilsysteme, zeigen immerhin eines: daß es neben unbestreitbaren teilsystemübergreifenden Gemeinsamkeiten formaler Organisationen wichtige Unterschiede gibt, die sich auf Unterschiede zwischen den gesellschaftlichen Teilsystemen zurückführen lassen.

Luhmanns Theorie gesellschaftlicher Differenzierung bietet für eine Ausarbeitung teilsystemspezifischer Organisationstheorien, die dann auch komparativ angelegt sind, eine sehr geeignete Basis. Denn diese gesellschaftstheoretische

Perspektive ermöglicht es, die auch von Martens beklagten gängigen ad-hoc-Cha-rakterisierungen der Umwelt von Organisationen zu überwinden. Diese Verle-genheitsformeln, die entweder – wie z.b. „Komplexität" oder „Unsicherheit" – viel zu abstrakt oder aber umgekehrt viel zu konkret ausfallen, sind in der Tat – wie Martens formuliert – einem fehlenden „Begriff der Gesellschaft" geschuldet. Wie es anders geht, zeigt Luhmann z.b. dort, wo er aus den Eigentümlichkeiten des Wissenschaftssystems bestimmte Probleme herleitet, denen sich For-schungsinstitute im Verhältnis zu ihren Mitarbeitern gegenübersehen (vgl. Luh-mann 1990a, S. 672 ff.). Generell müßte es also darum gehen, Strukturmuster und Probleme einer formalen Organisation auch darauf zurückzuführen, wie der Code und die zentralen Programmkomponenten des betreffenden gesellschaftli-chen Teilsystems beschaffen sind. Man steuerte dann im ersten Schritt auf eine Theorie von Forschungsorganisationen neben einer Theorie von Bildungsorgani-sationen neben einer Theorie von Wirtschaftsorganisationen u.s.w. hinaus – und könnte im zweiten Schritt instruktive Vergleiche der verschiedensten Aspekte formaler Organisationen über die Teilsysteme hinweg anstellen, z.B. hinsichtlich der differierenden Chancen, durch organisationsinterne Karriereaussichten zum Engagement in der Organisation zu motivieren.

Eine solche organisationstheoretische Vorgehensweise könnte möglicherweise auch wieder die „technischen" Aspekte organisatorischen Geschehens einbezie-hen, die Luhmann – wie Martens ihm zu Recht vorhält – rigoros ausblendet, wenn er formale Organisationen nur noch als autopoietische Kommunikations-zusammenhänge begreift. Worauf es ankäme, wäre eine Spezifizierung der sachli-chen bzw. kognitiven Strukturen des – wenn man so sagen darf – „Arbeitsgegen-standes" einer Organisation. Der sozio-technische Ansatz der Organisationsfor-schung hat hierzu zumindest für industrielle Produktion in Unternehmen einiges entdeckt. Analog dazu müßte man die „technische" Dimension z.B. der kernphy-sikalischen Forschung oder der Produktion von Nachrichtensendungen beleuch-ten, um die Zusammenhänge mit den Organisationsmerkmalen von Großfor-schungseinrichtungen oder Fernsehanstalten aufzudecken (s. für Ansätze in dieser Richtung Perrow 1970; Whitley 1984). Klar ist, daß in dieser Hinsicht über die Differenzen zwischen Teilsystemen hinaus auch noch erhebliche Varianzen in-nerhalb jedes Teilsystems bestehen, etwa zwischen den Organisationsformen geräteintensiver naturwissenschaftlicher Großforschung und denen des leseinten-siven geisteswissenschaftlichen „armchair research".

Bei diesen Andeutungen zu zwei komplementären Forschungsprogrammen, denen sich die Organisationstheorie zuwenden könnte, sofern sie Martens' An-knüpfung an Luhmann aufgriffe, muß ich es hier bewenden lassen. Ich hoffe, es ist zumindest deutlich geworden, daß sich die Mühe durchaus lohnen könnte.

Organisation als reflexive Strukturation

Günther Ortmann, Jörg Sydow, Arnold Windeler

Wenn wir „Organisation" sagen, operieren wir mit einer fundamentalen Zweideutigkeit. Gemeint sein kann der Prozeß des Organisierens oder aber dessen Resultat, die „Organisiertheit" sozialen Handelns und sodann ein System organisierten Handelns. Diese Zweideutigkeit durch Sprachregelungen zu beseitigen, wäre nicht nur ein vergebliches Unterfangen, weil sie viel zu tief in die Sprache eingelassen ist – es wäre auch unklug. Man ist besser beraten, der Sprache den Kredit einer „Weisheitsvermutung" einzuräumen und zu fragen, warum sie diese Doppeldeutigkeit – nicht nur im Deutschen – so hartnäckig bewahrt. Dann kommt man schnell jener Rekursivität menschlichen Handelns auf die Spur, die darin liegt, daß wir handelnd genau diejenigen Strukturen als Resultat hervorbringen, die sodann unser weiteres Handeln ermöglichen und restringieren. Anthony Giddens (1976, 1979, 1984a) wollte diese Doppelbedeutung von Erzeugen und Erzeugnis unter dem Titel „Strukturation" ausdrücklich erhalten, und sein Konzept der Dualität von Strukturen löst den landläufigen Dualismus von Handlung und Struktur, ihre bloße Entgegensetzung, in die zirkuläre Figur der Rekursivität auf. Strukturen sind Medium und Resultat des Handelns. Sie sind selbst in Organisationen zunächst nur „mitlaufendes" Resultat – im Sinne einer nicht intendierten und reflektierten Nebenfolge des Handelns. Strukturen bringen wir oft genug hervor, ohne es zu wollen und ohne darauf zu achten. Wenn aber der Blitz der Reflexion darauf fällt – auf Strukturation als Erzeugen und Erzeugnis –, wenn wir zu stutzen und zu fragen beginnen – „Was wiederholt sich da eigentlich? Da gibt es doch ein Muster: Was ist das für eins? Wie kriegen wir das wieder hin? Oder: Geht das nicht auch anders?" – und Strukturation reflektiert praktizieren, dann wird aus Strukturation – in nuce – Organisation. Organisation ist Strukturation, die ihre Naivität, ihre Naturwüchsigkeit, ihre Unschuld verloren hat – reflexive Strukturation.

Diese reflexive Strukturation findet ihre Zuspitzung in der *Formalität moderner Organisation,* in formalen Verfassungen und Verfahren, denen bei der Handlungskoordination große Bedeutung zukommt. Davon versprechen sich nicht zuletzt die Organisatoren eine kollektive Sicherung und Steigerung individueller Reflexivität und Rationalität. Ob diese sich wirklich einstellt, wem sie nützt und zu wessen Lasten sie geht, ist dann eine zweite Frage. Auch Märkte können Gegenstand solcher Organisationsbemühungen sein – etwa mit dem Resultat strategischer Unternehmungsnetzwerke (s. u., Abschnitt 3.5). Schließlich sind auch jene weitergespannten Modi interorganisationaler Handlungskoordination, die im Anschluß an Hollingsworth governances genannt werden können, zum Teil Resultat reflexiver Strukturation. (Vgl. den Beitrag von Braczyk in diesem Band. Braczyk selbst

spricht von diskursiver Koordination.) Das Merkmal formaler Verfaßtheit indes –
man denke an Regeln förmlicher Mitgliedschaft – ist bei Unternehmungsnetzwerken deutlich schwächer ausgeprägt als bei Organisationen und fehlt im Falle
von governances nahezu völlig.

Zweideutig ist der Organisationsbegriff auch insofern, als er heutzutage einen
Sachverhalt aus unterschiedlichsten historischen Epochen und Gesellschaften
betrifft: Wenn Ptah-hotep, Wesir des Königs Issi, ungefähr 2700 vor Christi Geburt „bewährte Praktiken" des Pyramidenbaus auf Papyrusrollen festhielt (Kieser
1993b, S. 63), dann war dies das Resultat einer, wie wir heute sagen würden, Reflexion auf die Strukturation des Pyramidenbaus, die in der Formulierung von
Regeln und regelmäßigen Praktiken mündete. Organisation an sich aber, *sans
phrase*, ist ein Begriff der Moderne, der sich erst einstellt im Zuge dessen, was
man in der Soziologie „Modernisierung" nennt – die Ablösung sozialer Praxis
von Religion und Tradition durch Rationalisierung.[1] Erst damit auch gewinnt die
Rede von „Organisationen als Institutionen" – gemeint sind meist soziale Systeme namens Organisationen – ihr historisches Substrat, und irgendwie haben
diese Organisationen einen ins Auge fallenden Anteil an der Genese des Kapitalismus (und umgekehrt; provokant dazu: Türk 1995a und sein Beitrag in diesem
Band). Träger dieser Reflexion aber sind längst nicht mehr nur einzelne Leute –
Subjekte, personale Akteure, Individuen –, sondern, rekursiv genug, organisierte
Systeme etwa der Wissenschaft, Verwaltung und Wirtschaft, um nur einige zu
nennen, korporative Akteure, in deren Strukturen – Regeln und Ressourcen – das
geballte Reflexionswissen der Moderne eingelagert, vielleicht darf man sagen:
eingeschrieben ist. Mit Ritsert (1981) können wir in diesem letzteren Fall auch
von Systemreflexivität sprechen. Während Subjektreflexivität den denkenden und
handelnden Rückbezug des Individuums auf sich selbst meint, ohne den reflexive
Strukturation nicht gedacht werden kann, meint Systemreflexivität in unserem
Zusammenhang eine überindividuelle, nämlich organisationale Reflexivität, also

---

1 Wenn Ulrich Beck (1986) aber von reflexiver Modernisierung spricht, von Modernisierung
   der Industriegesellschaft im Unterschied zu – einfacher – Modernisierung der Tradition,
   dann schlägt er damit lediglich vor, die unendlich vielen rekursiven Schübe und Stufen der
   ungewollten Reflexe und Selbstinfragestellungen der Moderne und sodann ihrer Reflexion –
   Reflexion der Reflexion der Reflexion der ... – in zwei große Schübe oder Stufen aufzutei-
   len. Reflexiv in dem Sinne, wie wir diesen Begriff hier verwenden, war aber natürlich schon
   die einfache Modernisierung, ja: in dieser Reflexivität bestand/besteht geradezu ihr Kern.
   Daß wir es heute mit Rück-Wirkungen, mit rekursiven Spätfolgen und mit einer Reflexion
   auf das (reflexive) Projekt der Moderne zu tun haben, gilt allerdings auch für Organisationen und Organisationstheorie, denen am Ausgang dieses Jahrhunderts so ziemlich alle
   Selbstverständlichkeiten abhanden gekommen sind, die eben noch den Bestand ihrer
   Grundüberzeugungen ausgemacht hatten (und damit fast die Funktion von Tradition er-
   füllten): one-best-way-Denken; Taylorismus; Massenproduktion und Großkonzern als *die*
   adäquaten organisationalen Formen der Organisation der Produktion; Bürokratisierung als
   ehernes Gesetz; die strikte Trennbarkeit von Organisation und Markt und überhaupt die
   Steuer- und Machbarkeit von Organisationen: auf all diese – vermeintlichen? – Resultate
   „einfacher" Reflexion wird heute – reflektiert. Vgl. zum Konzept reflexiver Modernisierung
   und reflexiver Produktion auch Beck/Giddens/Lash (1994).

eine in sich zurückgehende Bewegung über Individuen und individuelles Denken und Handeln hinweg, in deren Verlauf organisationales Wissen hervor- und in neue rekursive Schleifen organisationalen Handelns eingebracht wird.[2]

1. Grundzüge der Strukturationstheorie: Organisation, Reflexivität und Rekursivität

Organisationen, verstanden als Systeme organisierten Handelns, reproduzieren sich in einer solchen Sicht also über das – mehr oder minder zweckgerichtete – Handeln kompetenter Akteure. „Knowledgeable agents" (Giddens) beziehen sich in ihren Interaktionen auf Strukturen, auf Sets von Regeln und Ressourcen und auf andere strukturelle Merkmale ihres Handlungsfeldes, Eigenschaften, die das Handlungsfeld durch dieses strukturierte Handeln zugefügt bekommt – zum Beispiel starre Abteilungsgrenzen, rigide Arbeitsteilung, eine hohe Fehlerrate bei herkömmlicher Massenproduktion, Diskriminierung der Beschäftigten, asymmetrische Einkommensverteilungen, um nur einige zu nennen. Indem die Akteure darauf rekurrieren, reproduzieren sie also diese Strukturen und strukturellen Eigenschaften – und ganze soziale Systeme wie Unternehmungen oder Unternehmungsnetzwerke. Das tun sie oft durchaus mit Absicht, ohne jedoch alle Konsequenzen ihres Tuns zu übersehen und kontrollieren zu können.

Organisationen werden dabei über *organisationale Praktiken* gekennzeichnet, über in Organisationen wiederkehrend praktizierte Formen des Handelns, und nicht allein über formale Strukturen, strukturelle Eigenschaften oder Input-Output-Relationen, auch nicht nur über Kommunikation oder Entscheidung. Organisationale Strukturen existieren überhaupt nur im Handeln der Akteure – und sodann, als eine virtuelle Ordnung, in ihren Erinnerungen und Erwartungen. Organisationen sind für uns diejenigen sozialen Systeme, innerhalb derer das Handeln mittels Reflexion, und zwar mittels *Reflexion auf seine Strukturation*, gesteuert und koordiniert wird. Die Formulierung und Etablierung von Regeln und die Bereitstellung von Ressourcen erfolgt reflektiert, das heißt: die Strukturation ist im Falle von Organisationen – gleichwohl nur partiell intendiertes – Resultat einer um Zweckmäßigkeit bemühten Reflexion.

Für Giddens (1984a, S. 5) agieren Akteure immer *reflexiv*. Das heißt, sie beziehen sich in ihrem Handeln mehr oder minder überlegt auf ihr eigenes, vergangenes, gegenwärtiges und zukünftig erwartetes Verhalten ebenso wie auf das anderer und auf die Strukturen des Handlungsfeldes. Von Organisieren aber sprechen

---

2 Wir halten also die Hegelsche Figur eines in sich geschlungenen Kreises, „in dessen Anfang, dem einfachen Grund, die Vermittlung das Ende zurückschlägt" (Hegel 1969, S. 504), in der Lesart, die Ritsert ihr abgewinnt, für eine Denkfigur, die der Rekursivität organisationaler Konstitutionsprozesse gerecht wird – eine Lesart ohne jedwede Entfaltungsdialektik oder Teleologie.

wir erst, wenn diese Reflexivität der Gestaltung dieser Strukturen gilt, von Organisationen im – modernen – Sinne organisierter sozialer Systeme erst dann, wenn Formalität – formale Verfaßtheit und Regulation – als differentia specifica hinzukommt.

Im Anschluß an Giddens' Akteursmodell ist schon auf der Ebene individuellen Handelns immer das Zusammenspiel dreier Handlungsschichten zu berücksichtigen:

– individuelle[3] und organisationale Formen des „reflexiven Überwachens und Steuerns" („Schließt mein Handeln gut an das des anderen an? Ging es so? Das muß ich nächstes Mal anders machen! Was jetzt? Was werden die anderen tun. Achtung, da kommt einer von rechts! Muß ich den grüßen?"),
– die „Rationalisierung" des Handelns (im Sinne der Entwicklung eines alltagstheoretischen Verständnisses der Akteure für die Gründe ihres Handelns: „Das habe ich getan (so und so getan), weil ..."),
– die bewußte oder unbewußte „Motivierung" des Handelns durch Bedürfnisse der Wunscherfüllung oder Angstvermeidung. (Aber: Giddens hält einen großen Bereich menschlichen Handelns für nicht direkt motiviert. Vieles tun wir „aus Routine", „aus Gewohnheit".)

Man kann hier schon sehen, wie sich bekannte Diskurse der Organisationsforschung anschließen lassen: solche um Steuerung und Überwachung, solche um organisationale Ideologien und solche um Motivation (vgl. zu solchen Diskursen z.B. Staehle 1994).

Akteure kontrollieren für Giddens aber niemals vollständig die Prozesse sozialer Reproduktion. Vieles ist ihnen verschlossen, in vielerlei Hinsicht agieren sie als kompetente Akteure auf der Basis lediglich „praktischen", impliziten Wissens. Sie wissen, wie man es macht, vielleicht besser: sie *wissen es zu tun*, sie *verstehen sich darauf*, ohne daß sie genau explizieren können, wie und warum sie es tun (müssen). Sie handeln ferner aufgrund unerkannter Voraussetzungen und produzieren dabei unintendierte Folgen. Die Resultate zumal kollektiven, etwa organisationalen Handelns fallen oft anders aus als intendiert war.

Kompetente Akteure beziehen sich in ihrem Handeln *rekursiv* auf Strukturen und schreiben sie durch genau dieses Handeln fort – wenn auch nicht immer unverändert. Genau das meint ja *Rekursivität*: die iterative Anwendung einer Operation/Transformation – hier: der Operation „Strukturieren" – auf ihr eigenes Resultat – hier: das Resultat „Struktur". Anders ausgedrückt: Rekursivität heißt, daß der Output einer Operation/Transformation als neuer Input in eben diese Operation/Transformation wieder eingeht, und genau das ist es, was mit der *im* und *durch das* Handeln (re-)produzierten Struktur geschieht: Sie ist (mitlaufendes)

---

3 Zur individuellen Ebene vgl. unten, den Abschnitt 2.6.

Resultat des Handelns und geht in weiteres Handeln als sein „Medium" ein.[4] Strukturen *ermöglichen* den reflexiv handelnden Akteuren daher, in Interaktionssequenzen kompetent zu handeln, und *schränken* die Handlungsmöglichkeiten gleichzeitig *ein*. Diesen restringierenden *und ermöglichenden* Aspekt sozialer – auch: organisationaler – Strukturen möchten wir besonders betonen angesichts verbreiteter Auffassungen, die einseitig den restriktiven Charakter von Strukturen thematisieren. Wir können die Sache sogar noch zuspitzen: Die Ermöglichung *basiert* auf der Restriktion. (Zeitlich koordiniertes Handeln etwa basiert auf Handlungsrestriktionen, wie sie uns durch Pünktlichkeitsregeln, Zeitpläne etc. auferlegt werden.) Mit modernen Organisationen hat es dabei zunächst nur insoweit eine besondere Bewandtnis, als diese restringierenden und ermöglichenden Strukturen – Regeln und Ressourcen – reflexiv etabliert und durch Formalisierung festzuschreiben versucht werden. Formalität meint dabei zunächst: förmliche Feststellung. Die in der Formalstruktur angegebenen Verpflichtungen, Erwartungen, Rechte und Ressourcen beziehen sich, auch und vor allem das ist sodann mit Formalität gemeint, weder auf konkrete Inhalte und Situationen, (sondern auf verallgemeinerbare „Fälle") noch auf konkrete Personen, sondern auf Positionen („Stellen"), Abteilungen, Fachbereiche etc., schließlich auf die Körperschaft selbst (etwa als juristische Person) und begründen in diesem Sinne formale Beziehungen zwischen Positionen/Organisationseinheiten/Organisationen, nicht aber konkrete Beziehungen zwischen Personen. Daß die letzteren Beziehungen allerdings auf diese Weise formalisiert und formiert werden (sollen), verweist auf die Machtdimension formaler Organisation und auf die Ausdehnbarkeit der Macht durch ihre Ablösung von konkreten Personen (Coleman 1991, 1995). In der Formalstruktur sind ferner Zurechnungsweisen angegeben, die es erlauben, den Strom des Handelns zu interpunktieren, aus dem Strom praktischen Eingreifens in die Welt abgegrenzte Akte, eben: Handlungen zu machen, sie in „Zuständigkeiten" der einen oder der anderen Abteilung, in Ursachen und Wirkungen, Kosten und Leistungen etc. zu zerlegen und Identität und Grenze einer Organisation zu konstituieren.[5]

Giddens unterscheidet drei zunächst nur analytisch trennbare *Dimensionen des Sozialen*: Auf der Ebene sozialer *Strukturen* heißen diese Dimensionen Signifikation, Legitimation und Domination. Kommunikation, Sanktion und Macht heißen sie, wenn das entsprechende Handeln bzw. die entsprechende *Interaktion* gemeint ist (Abb. 1). Die Akteure vermitteln in ihren Interaktionen die Handlungs- mit der Strukturebene, indem sie die Regeln und Ressourcen unter situativen Um-

---

4 Dazu mehr bei Ortmann (1995a, S. 81 ff. und passim), wo auch deutlich gemacht wird, daß die Nutzung der Rekursionsfigur nicht etwa implizieren soll, das Soziale ließe sich auf Mathematik reduzieren.

5 Daß damit Schnitte in die Welt gelegt, soziale Zusammenhänge abgeschnitten, ausgeblendet, „desymbolisiert" werden, betonen Stolz und Türk (1992a).

ständen situationsspezifisch und nach Maßgaben ihrer Biographie und Kompetenz, also auf ganz besondere Weise, zu *Modalitäten* ihres Handelns machen.

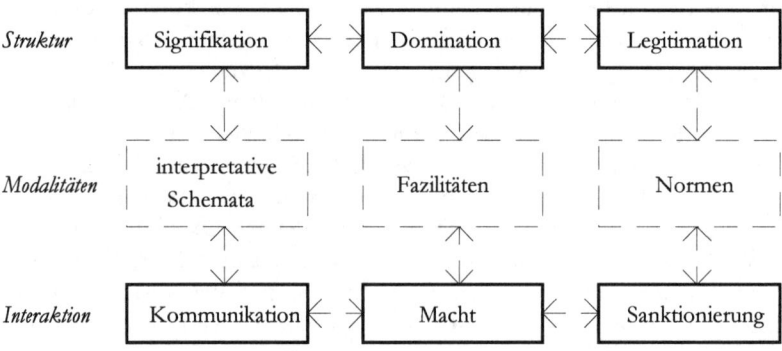

Abb. 1: Die Dimensionen der Dualität von Struktur (Giddens 1984a, S. 29)

Wenn Mitglieder in Organisationen miteinander *kommunizieren*, dann beziehen sie sich reflexiv und rekursiv auf strukturelle Formen – Regeln im Sinne verallgemeinerbarer Verfahren – der *Signifikation*, die sie auf diese – immer situative, besondere – Weise zu Modalitäten ihres Handelns machen. Sie üben in einer Interaktion *Macht* aus, indem sie sich auf organisationale Ressourcen beziehen, die sie als Machtmittel (Fazilitäten) in die Interaktionssequenz einbringen. Sie *sanktionieren*, indem sie ihrem Handeln *Normen* unterlegen und das Handeln anderer auf der Basis von Normen bewerten und beurteilen, die sie aus einem reflexiven Rekurs auf die Arten und Weisen der *Legitimation* gewinnen, in Organisationen etwa auf Praktiken der Bewertung von Personen, Leistungen, Prozessen, Kauf- und Verkaufsverhalten usw.. Und indem sie all das tun, (re-)produzieren sie die organisationalen Strukturen: die Signifikations-, Legitimations- und Herrschaftsstruktur – die bestehenden Regeln und Ressourcen.

Wir fassen zusammen: Die Strukturen sozialer Systeme lassen sich mit Giddens analytisch in zwei Arten von Regeln und zwei Arten von Ressourcen zerlegen:

1. *Regeln der Sinnkonstitution (Signifikation)* begründen das, was man eine *kognitive Ordnung* eines sozialen Systems bzw. hier: einer Organisation nennen kann. Giddens faßt darunter alle diejenigen Aspekte, die mit der Interpretation der Welt als Grundlage von Handeln zusammenhängen. Das bezieht sich in Organisationen beispielsweise auf Interpretationsschemata, auf Symbole, Mythen etc.. Auch sinnlich-ästhetische Aspekte von Organisationen, etwa die Architektur oder genereller: die Attraktivität von Handlungen und Handlungsge-

genständen, sind Teil dieser kognitiven Ordnung (Ortmann et al. 1990, S. 31 ff.).

2. *Regeln der Sanktionierung sozialen Handelns (Legitimation)* begründen die *normative Ordnung* einer Organisation. Am Aufstieg und Fall der Organisationskultur als möglichem Gegenstand reflexiver Strukturation – sprich: organisatorischer Gestaltung – läßt sich ersehen, daß *machbare* kognitive und normative Ordnungen auch in Organisationen nur die Spitze eines Eisbergs sind.

3. *Allokative Ressourcen* ermöglichen Akteuren die Kontrolle materieller Aspekte sozialer Situationen, z.B. die Verfügung über Produktionsfaktoren, produzierte Güter oder Geld.

4. *Autoritative Ressourcen* erlauben dagegen, Macht über Menschen auszuüben, zum Beispiel durch die Festlegung von Arbeitsabläufen, -zeiten und -entgelten.

Giddens' Strukturationstheorie, die wir damit in einigen wichtigen Grundlinien angedeutet haben, betrachten wir als eine Art sozialtheoretischen Theorierahmen – manche sprechen auch von einer Meta-Theorie – für sozialwissenschaftliche Forschung. Er bedarf der Ergänzung durch gesellschafts- und, in unserem Falle, organisationstheoretische Bausteine. Dazu kommen wir jetzt.[6]

2. Organisation als reflexive Form der Strukturation

Mit Organisationen ist das so eine Sache. Kaum jemand, der ihre unerhörte Relevanz für die moderne Gesellschaft bestritte, wie unter anderem die allerdings etwas betagte Rede von der Organisationsgesellschaft indiziert – und kaum jemand unter den Autoren „großer Theorie", mit den wichtigsten Ausnahmen: Luhmann und Coleman, der der modernen Organisation in seiner Theoriearchitektur einen dem entsprechenden Platz einräumte: nicht Parsons,[7] nicht Haber-

---

6 Eine ausgearbeitete Gesellschaftstheorie indes, gar eine Theorie der modernen Gesellschaft steht nach unserer Auffassung derzeit nicht zur Verfügung und wird auch von Giddens nicht geboten. Wir halten uns in dieser Hinsicht daher sehr zurück und beschränken uns auf spärliche Verweise, betreffend das erwerbswirtschaftliche Prinzip in einer kapitalistischen Wirtschaft (Abschnitt 2.1) und die enorme Ausdehnung der technischen, organisatorischen und ökonomischen Möglichkeiten der Zeit-Raum-Bindung als Charakteristikum der Moderne (Abschnitt 2.4). Organisationstheorie, da sie es mit Organisationen als Phänomenen der Moderne zu tun hat, leistet allerdings selbst einen Beitrag zu einer Theorie der modernen Gesellschaft, an der wir also eben ein bißchen mitbauen, ohne bereits die genaue Stelle und den Stellenwert von Organisationstheorie darin angeben zu können. (Wir können nicht auf die fertige Theorie der Moderne warten, um dann die Organisationstheorie darin nur noch „einzubauen", sondern müssen auch diesmal rekursiv verfahren: einem – hoffentlich – kreativen Zirkel von Gesellschafts- zu Organisationstheorie *und zurück* folgend und ihn wieder und wieder durchlaufend.)

7 Vgl. immerhin Parsons (1956/57).

mas, nicht Bourdieu und auch nicht Giddens.

Wohl aber gibt es im Falle der Strukturationstheorie eine wachsende Zahl von Autoren und Arbeiten, die sie für die Organisationsforschung fruchtbar zu machen versuchen. Das hatte von dieser Theorie her gesehen nahegelegen, weil die drei hier als zentral herausgestellten Konzepte Giddens': Reflexivität, Strukturation und Rekursivität, im Begriff der Organisation auf zwanglose und einleuchtende Weise zusammentreffen, wenn man *Organisation als reflexive Strukturation* bestimmt, und zwar in genau jenem Doppelsinn rekursiven Erzeugens („Organisieren") eines Erzeugnisses („Organisiertheit", Organisation als soziales System), von dem oben die Rede war. Dort, wo Reflexion Licht auf Strukturen und Strukturation wirft und in die Praxis des Strukturierens wie in deren Resultate eingeht, haben wir es mit Organisation zu tun. *In Organisationen ist Reflexivität institutionalisiert*, nämlich die Reflexion auf die Strukturation kollektiven Handelns – was nicht heißen soll, daß sie ein Ausbund an Rationalität wären. Die Arbeits-, Management- und Organisationswissenschaften dieses Jahrhunderts, zumal die Betriebswirtschaftslehre, sind dabei bereits Gestalten der Reflexion der Reflexion, wenn auch Gestalten einer früh stillgestellten Reflexion insofern, als sie lange auf die Suche nach universellen oder situativen one best ways beschränkt blieb. Am Ausgang dieses Jahrhunderts allerdings hat sich das Kontingenzbewußtsein noch einmal beträchtlich geschärft und noch das Produktionsparadigma tayloristischer Massenproduktion und darüber hinaus das one-best-way-Denken überhaupt ergriffen.

Die Nutzung der Strukturationstheorie für die Zwecke der Organisationstheorie hatte aber auch von letzterer her gesehen nahegelegen. Denn *erstens* bedurfte und bedarf die Organisationstheorie dringend einer sozial- und gesellschaftstheoretischen Fundierung, und zwar um so dringender angesichts einer Entwicklung, die auch anderswo – etwa in der Industriesoziologie, der Technikforschung, der Ökonomie – zu beobachten ist, zu einer geradezu explosionsartig wachsenden Zahl theoretischer Perspektiven und Paradigmen, die kaum miteinander kommunizieren, so daß die Warnung vor der Zersplitterung und gar „Auflösung der Organisationsforschung" (Friedberg 1995, S. 96) nicht ganz unberechtigt ist. Nun eignen sich die von Giddens in Anschlag gebrachten Dimensionen des Sozialen – Signifikation, Legitimation und Herrschaft – nach unserem Eindruck recht gut, diese auseinanderdriftenden Theorieperspektiven vorsichtig zu integrieren: interpretative, kulturalistische, institutionalistische, macht-, herrschafts- oder kontrolltheoretische und ökonomische Ansätze der Organisationsforschung.[8]

Zweitens erlaubt das Konzept der Strukturation mit seiner Idee der Dualität und Rekursivität von Struktur einen, wie wir finden, gelassenen Umgang mit Kontroversen, die bekanntlich auch in der Organisationstheorie notorisch sind,

---

8 Wie die Fragen der Ökonomie mit Hilfe dieser Dimensionen sinnvoll thematisiert werden können, zeigen wir im folgenden Abschnitt.

die wir aber allmählich hinter uns lassen sollten: den Kontroversen in der Frage „Handlung *versus* Struktur" (oder System), die in der Organisationstheorie oft genug nach der einen *oder* der anderen Seite beantwortet worden ist – nach der Seite der Handlung resp. Entscheidung etwa von Simon und der Carnegie-Mellon-Schule, nach der Seite der Struktur etwa von den Theorien struktureller Kontingenz, in denen das Handeln von Akteuren eine so unterschätzte Rolle spielt. Giddens' Strukturbegriff mit seinen beiden Bestandteilen, Regeln und Ressourcen, bietet dabei besonders günstige Zugänge zu organisationstheoretischen Fragen. Das mag sich für den Regelbegriff von selbst verstehen – die Relevanz organisationaler Regeln scheint ja auf der Hand zu liegen –, bedarf aber einer sorgsamen Explikation auf dem Wege präziser Bestimmungen zum Begriff der Regel. Es gilt aber sodann auch und gerade für den Ressourcenbegriff, der im Rahmen politischer und ökonomischer Organisationsanalysen unverzichtbar ist – man denke nur an den resource dependence approach der Organisationsforschung, an den resource based view des Strategischen Managements, an die mikropolitische oder strategische Organisationsanalyse, die ohne einen Begriff von Machtressourcen nicht auskommt, und generell an die Sicht der Unternehmung als Institution der Transformation von Produktionsfaktoren in Produkte.

Drittens legt das Konzept der Rekursivität es nahe, auch das Verhältnis von Organisationen zu supraorganisationalen Institutionen in seinem Lichte zu betrachten, das heißt, neben dem Einfluß dieser Institutionen auf Organisationen auch den umgekehrten Einfluß von Organisationen auf die vielfältigen institutionellen Bedingungen organisationalen Handelns in Rechnung zu stellen – eine Ergänzung des neuen Institutionalismus, deren Bedeutung wir hoch veranschlagen.

Viertens besteht eine Eigentümlichkeit des Giddensschen Strukturbegriffs in der Betonung der Raum-Zeit-Bindung als einem entscheidenden Effekt, ein Gesichtspunkt, dessen Relevanz heute schlagend klar wird angesichts von, beispielsweise, just-in-time-Produktion in regionalen und globalen Netzwerken. *Fünftens* erlaubt das Konzept organisationaler Strukturen, die – außer in Erinnerungs- und Erwartungsspuren – ihre Existenz nur im Handeln haben und die daher immer unter der Spannung des Handelns stehen, ein zwangloses Verständnis nicht nur organisationaler Stabilität und Trägheit, sondern auch organisationalen Wandels, und dies mit Blick sowohl auf die einzelne Organisation und deren intendierte Veränderung – Stichwort 'Reorganisation' – als auch auf einen möglichen unintendierten Wandel einer Organisation oder der „Gattung Organisation" resp. besonderer Arten von Organisationen, einschließlich der Fragen ihres Ursprungs, ihrer Genese – Stichwort 'Evolution'. *Sechstens* läßt sich an Giddens' Handlungskonzept eine theoretische Bestimmung des Verhältnisses von Organisation und Psyche anschließen, die es erlaubt, mit jenen dramatis personae zu rechnen, welche die Organisationen doch erst hervorbringen und verändern – und die doch auch ihrerseits ein bißchen Geschöpfe der Organisation sind. Auf diese sechs Problemkreise – sicher nicht die einzigen, auch nicht perfekt systematisch geordnete, aber doch besonders wichtige Desiderata einer sozialtheoretischen Fundierung der Organisationstheorie – wollen wir nun näher eingehen.

2.1 Die Dimensionen des Sozialen und die Rolle der Ökonomie

Alles organisationale Handeln, das sei noch einmal betont, spielt sich in allen drei Dimensionen des Sozialen zugleich ab: Ein bestimmtes Organisationsvokabular wird immer wieder als Set von Deutungsmustern benutzt und eben dadurch als Moment der kognitiven Ordnung einer Organisation reproduziert. Die „Gesetze" der formalen Organisation, die formalen Regeln, Bewertungsverfahren, Führungsstile, aber auch informelle Standards etwa guter Arbeit werden angewandt, befolgt (oder unterlaufen) und eben dadurch als Legitimationsordnung der Organisation reproduziert (oder unterhöhlt). Die Arbeitsorganisation impliziert eine Form der Herrschaft über (die Arbeit der) Menschen und wird durch wiederholte Praktizierung als autoritative Ressource reproduziert. Know-how und Technik erlauben Herrschaft über Natur und Materie und werden via wiederholter Anwendung als allokative Ressourcen reproduziert. Allgemein: Organisationales Handeln impliziert den Rekurs auf ein Set organisationaler Deutungsmuster und Normen, organisatorischer Regeln und Ressourcen, die einer Organisationsstruktur entstammen, die auf diese Weise – durch Anwendung der organisationalen Regeln und Ressourcen – rekursiv reproduziert, unter Umständen dabei modifiziert wird.

Nun suggeriert die Abb. 1 auf den ersten Blick ein Nebeneinander dieser Dimensionen des Sozialen, mit dem wir nicht zufrieden sein können. Vielmehr stellt sich die Frage – und es ist in vieler Hinsicht die aufregendste Frage der Organisationstheorie: *In welchem Verhältnis stehen kognitive, Legitimations- und herrschaftliche Dimension zueinander? Daß* sie einander, gelinde gesagt, tangieren, wissen wir alle: Unsere Normen hängen von unserem Weltverständnis, von unseren Deutungsmustern ab und umgekehrt; unsere Deutungsmuster, Begriffe und Situationsdefinitionen etablieren sich mit Macht und sind umgekehrt mächtige Mittel der Machtausübung; und ebenso hängt, was als legitim gilt, von den Machtverhältnissen ab, wie umgekehrt Normen als Machtinstrumente fungieren. Auch in dieser „horizontalen" Richtung, im Verhältnis der Dimensionen des Sozialen, rechnen wir also mit rekursiven Konstitutionsverhältnissen, und wir deuten diese Verhältnisse in Abb. 2 durch Pfeile an, die gegenüber der Abb. 1 nur noch einmal diese rekursive Zirkularität hervorheben.

Wo kommt bei alledem die Ökonomie ins Spiel?

Ökonomie in traditioneller Manier als Umgang mit und Kampf um knappe Ressourcen aufzufassen, wäre für Giddens zu eng – Knappheit wäre eher, mit J.R. Commons (1936, S. 243), selbst als institutionelle Hervorbringung aufzufassen, als institutionelle Knappheit.

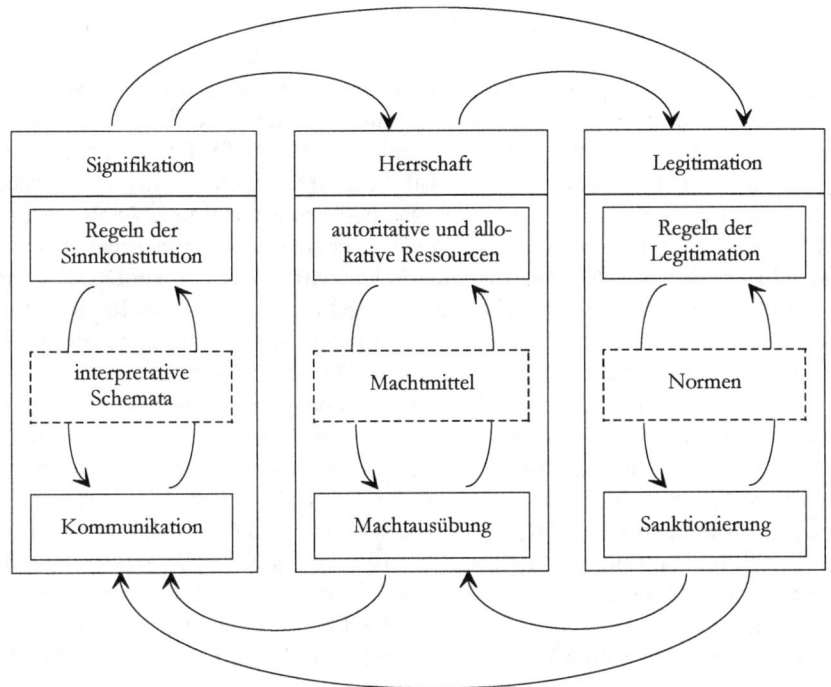

Abb. 2: Rekursivität zwischen den Dimensionen des Sozialen[9]

Eine allgemeine, sozialtheoretische Bestimmung von Ökonomie muß weiter gefaßt sein und ist es bei Giddens (1984a, S. 34), der die inhärent konstitutive Rolle
allokativer Ressourcen bei der Reproduktion „sozialer Totalitäten", seien dies nun
ganze Gesellschaften oder Organisationen, als differentia specifica der Sphäre des
Ökonomischen auffaßt. Diese Sphäre erfährt ja erst in der Moderne jene institutionelle Ausdifferenzierung, die uns so selbstverständlich geworden ist. Moderne
ökonomische Institutionen – Geld und Kredit, Arbeits-, Produkt- und Finanzmärkte, Wettbewerb, Unternehmungen bezeichnen ja in höchstem Maße historische institutionalisierte Praktiken – sind durch eine Dominanz der (Re-)Produk-
tion allokativer Ressourcen gekennzeichnet, und für viele Organisationen, erst
recht natürlich für Unternehmungen, dürfte das eine angemessene Charakterisierung sein. Wir können dann von Wirtschaftsorganisationen sprechen. Im Falle
der kapitalistischen Unternehmung dominieren gar Praktiken *profitabler* (Re-)Pro-
duktion. Das können wir als Ausgangspunkt für eine strukturationistische Theo-

---

9   Für eine ähnliche Darstellung vgl. Ortmann (1995a, S. 368); dort auch ausführliche Erläute-
    rungen am Beispiel schlanker Produktion.

rie der Unternehmung nehmen, die der Ökonomie ihr Recht gibt, ohne die Unternehmung auf reine Ökonomie zu reduzieren. Das erwerbswirtschaftliche Prinzip, wie Gutenberg es genannt hat, stellt keine anthropologische Konstante, kein psychisch, sondern ein „institutionell verankertes Regulativ dar, ohne das das System nicht funktionsfähig wäre" (Gutenberg 1973, S. 9). Diese institutionelle Dominanz bedeutet aber keineswegs, daß die anderen Dimensionen des Sozialen in den und für die ökonomischen Praktiken bedeutungslos wären. Auch mit Blick auf Regeln und Ressourcen in und von Wirtschaftsorganisationen haben wir es vielmehr mit der in Abb. 2 angedeuteten Rekursivität zwischen den Dimensionen des Sozialen zu tun. Ökonomische Praktiken gehen einher mit der Reproduktion nicht nur von allokativen und autoritativen Ressourcen, sondern auch von Regeln der Signifikation und der Legitimation. Besonders deutlich manifestiert sich dies in der Aufrechterhaltung der durch Kostenrechnungs- und Buchhaltungssysteme geprägten kognitiven und normativen Ordnung; einer Ordnung, die rekursiv dafür Sorge trägt, daß die (ökonomischen) Praktiken als wirtschaftlich erkannt und bewertet bzw. solange modifiziert (rationalisiert) werden, bis sie jener Ordnung in etwa entsprechen (vgl. Sydow et al. 1995, S. 33 ff.). Wie sehr von den allokativen und autoritativen Ressourcen einer Organisation die Regeln der Sinnkonstitution und der Legitimation abhängen und umgekehrt, läßt sich zum Beispiel auch daran zeigen, daß Konzepte der Organisation der Produktion wie tayloristische Massenproduktion oder schlanke Produktion niemals nur die Produktionstechnik „an sich" betreffen – Fließband, Computereinsatz, Automation, Lagerflächen und -technik, Transporttechnik –, sondern immer den praktischen Umgang damit, und das impliziert sofort: Fragen der Herrschaft über Menschen, der Legitimation, etwa: der Fairneß im Umgang mit Menschen, und der Signifikation. (Was ist lean production? Was heißt Gruppenarbeit? Welche Rechte und Pflichten hat ein Maschinenbediener? Und so fort.)

„Rules cannot be conceptualized apart from resources, which refer to the modes whereby transformative relations are actually incorporated into the production and reproduction of social practices. Structural properties thus express forms of *domination* and *power*" (Giddens 1984a, S. 18).

Es deutete sich eben schon an, daß wir ferner die Dimension der Herrschaft, gemäß der Unterscheidung zwischen autoritativen und allokativen Ressourcen, noch einmal diffenzieren können in Politik und Ökonomie, sofern dabei nur präsent bleibt, daß damit nicht eine *reine* – von den übrigen Dimensionen des Sozialen gereinigte – Ökonomie gemeint ist, sondern die mehr oder minder weitgehende institutionelle Ausdifferenzierung zweier Sphären, in denen es das eine Mal primär um Herrschaft über Menschen und die (Re-)Produktion autoritativer Ressourcen, das andere Mal primär um Herrschaft über Natur und Materie und die (Re-)Produktion allokativer Ressourcen geht. Auch innerorganisational ist diese Unterscheidung der Praxis durchaus geläufig, wie die – kritisch gemeinte –

Rede von „politischen Entscheidungen" in Unternehmungen genau dann indiziert, wenn sich Macht- gegen ökonomische Gesichtspunkte durchgesetzt haben. Wir können dann nach dem rekursiven Verhältnis auch zwischen diesen beiden Dimensionen untereinander fragen – der Einsatz von Machtmitteln mag die Effizienz und/oder den Gewinn steigern, wie umgekehrt ökonomische Ressourcen die Macht über Menschen vermehren. Und wir können nach ihrer beider Verhältnis, nun getrennt nach Politik und Ökonomie, zu den Deutungsmustern und Normen fragen, mittels derer wir uns das Sein und das Sollen in Organisationen zurechtlegen. Auf diese Ausdifferenzierungen gehen wir hier nicht näher ein, sondern verweisen, am Beispiel von Recht und Politik, abschließend nur noch darauf, daß organisationales Handeln nicht nur in einem rekursiven Konstitutionsverhältnis zu organisationalen, sondern auch zu supraorganisationalen Strukturen steht – zur institutionellen Umwelt, wie wir mit dem neuen Institutionalismus sagen können. Es wird durch letztere restringiert und ermöglicht – man denke an die politische und rechtliche Regulation der Telekommunikation oder der TV-Märkte, an Arbeitsschutzgesetze, Mitbestimmungsrecht etc. –, und es wirkt auf diese supraorganisationalen, im Beispiel: politischen und rechtlichen Strukturen zurück. Dies letztere geschieht nicht immer, aber oft genug in strategischer Absicht – um nämlich Einfluß auf jene restringierenden und ermöglichenden Strukturen zu nehmen. Organisationen versuchen, „ihre" – die sie betreffenden – Regulationen zu regulieren: Regulation der Regulation, rekursive Regulation. Ortmann und Zimmer (1997) sprechen dann von „strategischer Institutionalisierung".

2.2 Institutionen und Institutionalisierung

Es ließe sich zeigen, daß diese Art der Einflußnahme, etwa via Lobbyismus, unter Einsatz kommunikativer, normativer, politischer und ökonomischer Mittel vonstatten geht und daß sie auf alle genannten Dimensionen des Sozialen zielt: auf die Veränderung von Interpretationen und interpretativen Schemata,[10] auf Einfluß auf Legitimitätsvorstellungen und Normen[11] und auf Beeinflussung der politischen und ökonomischen Bedingungen. „Rückkehr der Gesellschaft in die Organisationstheorie", das heißt dann auch: Thematisierung dieses enormen Einflusses von Organisationen, und besonders Unternehmungen, auf die institutionelle, besonders aber die regulatorische Verfaßtheit der Gesellschaft insgesamt. Diesem Thema hat immer schon ein bestimmtes Interesse der Betriebswirt-

---

10　Betreiber von Fernsehsendern nehmen Einfluß auf die Frage, was Werbung *bedeutet* – *ist* teleshopping Werbung? Dann dürfte es täglich eine maximale Sendezeit nicht überschreiten. Oder: *Ist* video on demand Rundfunk? Dann unterliegt es den zeitlichen Restriktionen für Werbung.

11　Um beim Beispiel von eben zu bleiben: *Soll* privates Fernsehen erlaubt oder verboten sein? *Soll* Werbung im Fernsehen erlaubt, verboten oder zeitlich begrenzt sein?

schaftslehre gegolten. Heute dominieren bei der Behandlung der einschlägigen Fragen – Wie wirken sich Umweltschutzgesetze, Bilanzrichtlinien, Kapitalmarktrecht, Bankenregulierung, Kartellgesetzgebung u.v.a. auf (die Effizienz von) Unternehmungen aus? – Property-Rights-Theorie, Transaktionskosten- und Agencytheorien, Politische Ökonomie und public choice theory, wie an dem instruktiven Sammelband von Sadowski, Czap und Wächter zu „Regulierung und Unternehmenspolitik" (1996) soeben studiert werden kann. Meist gilt das Interesse allerdings der Wirkungsweise, besonders den Effizienzwirkungen, bestimmter Regulierungen. Die betriebswirtschaftliche Fragerichtung führt von einer irgendwie als gegeben angenommenen oder unterstellten Regulation zu ihren Auswirkungen auf Unternehmen und „die" Wirtschaft. Der Einfluß in umgekehrter Richtung – von den Unternehmen auf jene Regulationen –, so sehr er auf der Hand liegt, ist sehr viel seltener Thema.[12] Eine strukturationstheoretische Betrachtung aber muß Institutionen und Regulationen von Anfang an als – restringierendes und ermöglichendes – *Medium und als Produkt* des Handelns analysieren, und das heißt *auch*: als Produkt eines strategischen Handelns, das die Effekte von Institutionalisierungsprozessen und Regulationen im Lichte wohlverstandener Interessen kalkuliert und zu beeinflussen trachtet.

Entlang der Giddensschen Dimensionen des Sozialen lassen sich gesellschaftsweite institutionelle Ordnungen – symbolische, politische, ökonomische, rechtliche Institutionen – unterscheiden und in diesem rekursiven Konstitutionsverhältnis zum Handeln, und nun speziell: zum Handeln von Organisationen als korporativen Akteuren, bedenken. Das bindet die Institutionen und institutionellen Ordnungen enger ans Handeln, enger an strategisches Handeln und daher enger an ökonomische und andere Interessen und sodann an Macht, Konflikt und Politik zurück, als das im Neo-Institutionalismus vielfach üblich ist. Und wenn wir Institutionen dabei mit Giddens (1984a, S. 17) als diejenigen gesellschaftlich auferlegten, regelmäßigen Praktiken bestimmen, die innerhalb gesellschaftlicher Totalitäten die größte Ausdehnung in Zeit und Raum aufweisen (für Näheres s. die Einleitung von Ortmann, Sydow und Türk, Abschnitt 3,), dann ist vielleicht auch Bedenken Rechnung getragen, wie sie etwa von Türk und auch

---

12　Vgl. aber in dem erwähnten Sammelband von Sadowski, Czap und Wächter den aufschlußreichen polemischen Beitrag von Wenger (zum Einfluß mächtiger Interessen auf das Kapitalmarktrecht), der auf die public choice theory und hier insbesondere die theory of rentseeking (Tullock 1967) zurückgreift; zum Teil ähnlich, aber moderater argumentierend der Beitrag von Walz in demselben Band; zu den herangezogenen Theoriegrundlagen die Einführung von Sadowski, ebd. Vgl. ferner die beeindruckende Arbeit von Hutter (1989), der Transaktionskosten- und Systemtheorie zu einer „selbstreferentiellen Theorie der Wirtschaft" und der „Produktion von Recht" verbindet.

　　Richard Nelson erörtert in diesem Band (in Abschnitt V.C seines Beitrages) Wege solcher rekursiven Regulation, die manchmal ganze Industrien in ein Lock In ihres status quo führen können. All die beteiligten Theorieansätze können einander bereichern und ergänzen.

Nelson in diesem Band geäußert werden: der Institutionenbegriff sei zu unbestimmt, um wirklich fruchtbar zu sein.

Gesellschaftlich auferlegte regelmäßige Praktiken – diese Bestimmung indes nötigt zu einer weiteren Klärung des darin enthaltenen Regelbegriffs.

2.3 Regeln, Ressourcen und Modalitäten

Regeln – und zwar solche der Sinnkonstitution ebenso wie solche der Legitimation – bestimmt Giddens ganz einfach als *verallgemeinerbare Verfahrensweisen der Praxis*. Als solche, als „generalizible procedures applied in the enactment/reproduction of social practices" (Giddens 1984a, S. 21), „stecken" sie *im* Handeln der Akteure (und sodann in ihrer Erinnerung) – nirgends sonst. Verbal formulierte Regeln, wie sie in Gesetzbüchern stehen oder in Organisationsanweisungen, Stellenbeschreibungen etc., also in den 'blueprints' formaler Organisationen, sind in diesem Sinne keine Regeln, sondern „codified interpretations of rules" (Giddens 1984a, S. 21). Spiele in Organisationen, auf die wir unten (s. Abschnitt 2.5) noch zurückkommen, beruhen zum guten Teil auf (Spiel-!)Regeln im Sinne praktizierter Prozeduren, die gerade *nicht* kodifiziert sind.

Wir erhalten mit alledem nicht sehr auffällige, aber sehr wichtige Unterscheidungen, die sich oft nicht mit der üblichen organisationstheoretischen Terminologie decken:

1. *eine regelmäßige Praxis*, organisationale Praktiken, in denen
2. *Regeln* im Sinne verallgemeinerbarer Verfahren „stecken", die
3. *formuliert* sein können als „kodifizierte Interpretationen von Regeln" (geschriebene Gesetze, formale Organisations„regeln"), und schließlich
4. über die Regeln (und Ressourcen, s.u.) hinaus weitere *strukturelle Eigenschaften* oder Strukturmerkmale sozialer Systeme, die durch jene regelmäßige Praxis hervorgebracht, reproduziert und verändert werden, selbst aber weder Regeln noch Ressourcen sind: zum Beispiel Arbeitsteilung, Hierarchie, der raumzeitliche Zusammenhang der Interaktionen, Zentralisierung, kurz, all das, was in der Organisationstheorie üblicherweise Struktur heißt, aber *nicht* Struktur im engeren Sinne von Regeln und Ressourcen ist, wie wir den Terminus bestimmt haben.

Mit Regeln aller Art hat es dabei die eigenartige Bewandtnis, daß sie nicht noch selbst die Art und Weise ihrer Anwendung regeln können und daher strenggenommen erst *in* dieser situativen Anwendung sich vollends entscheidet, was sie – auch und gerade für das Geschehen in Organisationen – bedeuten. Das ist für formale – explizit formulierte – „Regeln" (besser: Kodifikationen von Regeln), die in der Organisationstheorie traditionell eine so große Rolle spielen, besonders wichtig. Die nur scheinbar sekundäre, nämlich aus der formalen „Regel" abgeleitete Anwendung ist in Wirklichkeit durchaus konstitutiv für den Sinn dieser „Regel", und der Begriff der informellen Organisation verweist ja darauf, daß diese vermeintlich so marginale Anwendung von allergrößter Wichtigkeit für das Funktionieren einer jeden Organisation ist, auch und gerade dann, wenn die Anwendung in einer Abweichung, im Unterlaufen, ja, sogar dann, wenn sie in der Verletzung des formalen „Regel"werkes besteht.[13] Diesem „Regel"werk haftet, so kann man mit Alfred Schütz (1974) auch sagen, notwendigerweise eine gewisse Leere an, die der (Er-)Füllung in der und durch die Anwendung bedarf. Das gilt für Regeln der Sinnkonstitution ebenso wie für solche der Legitimation, die eben erst unter situativen, kontextuellen Umständen ge-/erfüllt, ergänzt/ersetzt werden können, mit den Indizes des Hier und Jetzt versehen, dabei aber, im konkreten Handeln, ihrer Typik beraubt werden.

Die derart ge-/erfüllten, hic et nunc von jemand mit spezifischer Biographie und Kompetenz in Anschlag gebrachten Regeln und Ressourcen heißen bei Giddens *Modalitäten*. Sie bezeichnen dieser Interpretation zufolge[14] die Stelle der Vermittlung zwischen Handlung und Struktur (zwischen Subjekt und Objekt), und es ist daher das Schütz-Erbe Giddens' in dieser Lesart von einiger Bedeutung für die bekanntlich umstrittene Frage, ob Giddens diese Vermittlung gelungen ist.[15] Wenn wir hier als Beispiel stets die Konstitution von Sinn mittels Deutungsschemata und die mitlaufende (Re-)Produktion einer kognitiven Ordnung als entsprechender struktureller Dimension angeführt haben, so gilt dies alles doch gleichermaßen für die Konstitution von Legitimität mittels Normen und die mitlaufende (Re-)Produktion einer Legitimationsordnung – und für jedes praktische Eingreifen in die Welt mit Hilfe von Machtmitteln (im weitesten Sinne) und die mitlaufende (Re-)Produktion einer Herrschaftsordnung. Letzteres geschieht ja unter Rekurs auf Ressourcen, die eine bestehende Herrschaftsordnung zur Verfügung stellt, und jede Verfügung unter situativen Umständen impliziert eine

---

13　Das ist ein zentraler Gesichtspunkt im Buch Erhard Friedbergs (1995), das unserer strukturationstheoretischen Sicht sehr nahe steht. In Organisationen wird *notwendigerweise* beständig den offiziellen Gesetzen zuwidergehandelt – und *auf diese Weise* das weitere organisationale Prozedieren auch dort gewährleistet, wo diese Gesetze durch Zielkonflikte, Starrheit, zu große oder zu geringe Allgemeinheit etc. geprägt sind. Für eine wunderbare Fallstudie dazu vgl. Bensman/Gerver (1963).

14　Sie ist entwickelt von Stephan Duschek (1995), dem wir so manche Klärung, betreffend das Schütz-Erbe Giddens' und weiterführende Anschlußmöglichkeiten, zum Beispiel an ethnomethodologische Forschung, verdanken. Daß Zeichen – und, da und soweit es selbst eine kommunikative Dimension hat, Handeln! – indexikalisch im Sinne von „kontextabhängig" sind, heißt ja: erst ihre Füllung mit den Indizes des Jetzt, Hier und So „macht" ihren Sinn. Giddens' Modalitäten sind die mit jenen Indizes versehenen strukturellen Handlungsbedingungen: situativ ge-/erfüllte, ergänzte/ersetzte Regeln und Ressourcen. All das ist daher sozial- und organisationstheoretisch höchst relevant, nicht etwa nur für Konversationsanalysen und face-to-face-Interaktion.

15　Dabei ist zu bedenken, daß Giddens' Handlungsbegriff nicht dem Schützschen gleicht und, grob gesagt, des letzteren bewußtseinsphilosophische Fundierung hinter sich läßt (vgl. Giddens 1993a, S. 29 ff.).

analoge Bewegung von einer Leere – der irgendwie noch leeren Allgemeinheit von Ressourcen als Mittel für typische, aber nicht konkret festgelegte Zwecke – zu der Fülle des Jetzt, Hier und So, die ihm der Anwender erst in praxi verleiht.[16]

Daß Giddens' Strukturbegriff so näher bestimmte Ressourcen mit umfaßt, betrachten wir, wie oben erläutert, gerade mit Blick auf Organisationen und besonders auf Unternehmungen, als großen Vorzug. Man beachte, daß dieser Ressourcenbegriff sich der Opposition materiell-immateriell entzieht, auch wenn es manchmal anders scheint:

„Some forms of allocative resources (such as raw materials, land, etc.) might seem to have a 'real existence' in a way which I have claimed that structural properties as a whole do not. But their 'materiality' does not affect the fact that such phenomena become resources, in the manner in which I apply that term here, only when incorporated within processes of structuration" (Giddens 1984a, S. 33).

Daß wir Ressourcen zu solchen erst machen müssen, daß wir sie in rekursiven Schleifen organisationaler Praxis erst als – sozial bedeutsame – Ressourcen hervorbringen müssen, um sie als solche nutzen zu können, ist eine Einsicht, die sowohl im resource dependence approach der Organisationsforschung als auch im resource based view des Strategischen Managements durchaus enthalten ist und, wie man dort sehen kann, erhebliche Konsequenzen für die Praxis von Organisation und Management hat (s. dazu den Beitrag von zu Knyphausen in diesem Band).

2.4 Die Bindung von Zeit und Raum

Strukturen, also Regeln und Ressourcen, „binden", in Giddens' Terminologie, Zeit und Raum.[17] „Instantiiert" in situierten Praktiken sorgen sie für deren zeiträumliche Ausdehnung, Institutionalisierung und für eine Globalisierung, die durch bestimmte Formen der Lokalisierung und Regionalisierung ergänzt, ersetzt, aufgefangen oder korrigiert werden kann. Techniken der Lagerung, der Bewässerung, der Konservierung, des Transports, inzwischen besonders der Informati-

---

16 Auch das hat, vielleicht überraschend, Schütz für den Fall des „Geräts" gezeigt: eines Erzeugnisses, das in weiteren rekursiven Schleifen menschlicher Praxis zum Zwecke des Erzeugens verwendet wird (vgl. Schütz 1974, S. 281 f.). Zur damit angelegten Rekursivität von Zweck und Mittel – nicht einfach werden die („zweckmäßigen") Mittel aus den Zwecken abgeleitet und an ihnen gemessen, sondern auch im Lichte neuer Mittel Zwecke neu gesehen, neu entdeckt, neu gesetzt – vgl. Ortmann (1995a, S. 84, Fn. 3, S. 112 ff.); sie unterminiert – dekonstruiert – jedwede Affirmation von Ökonomie, sofern diese mit feststehenden Bedürfnissen, Präferenzordnungen und Zwecken operieren muß, wie Ortmann (1995a, S. 98 ff.) am Verhältnis von „Rekursivität, Produktivität, Viabilität" zu zeigen versucht hat.

17 Zum time binding vgl. auch Luhmann (1984, S. 175, S. 300 ff.), der ebenfalls, unter Rekurs auf Korzybski (1949), Zeitbindung auf Strukturbildung zurückführt.

onsspeicherung und -verarbeitung und der Kommunikation sorgen dabei erst für jene enormen Möglichkeiten der Raum-Zeit-Ausdehnung, mit denen wir heute konfrontiert sind. Organisationen sind Medium und Resultat der Entwicklung gerade solcher Techniken: Sie ermöglichen oder fördern die Technikentwicklung, die ihrerseits die Entwicklung, Ausbreitung und Macht von Organisationen in der Gesellschaft massiv forciert. Bei „Speicherung" denkt Giddens mit Blick auf die Moderne auch und vor allem an die Speicherung autoritativer Ressourcen im Gedächtnis, in der Form der Schrift und heute mittels Computertechnik, aber eben auch an die Form der Organisation, die die Möglichkeiten dazu beträchtlich steigert. Die Herkunft dieses besonderen Akzents (dazu Giddens 1979, S. 198 ff.) aus einer Tradition, die von Husserl über Schütz und Heidegger bis zu Derrida[18] die Zeitlichkeit und Räumlichkeit menschlicher Existenz zum prominenten Gegenstand der Reflexion gemacht hat, dürfte die Rezeption in Deutschland erschwert haben und weiter erschweren. Das wird sich jedoch ändern in Zeiten, da Gegensätze wie global - lokal die Spanne und zerreißende Spannung räumlich andeuten, die darin steckt. Die kleine Molkereigenossenschaft in Ostfriesland, mit deren Trockenmilch – Monate oder Jahre nach deren Produktion? – die Kinder im südlichen Afrika beglückt werden, ist ein Standardbeispiel für das, was Giddens (1990, S. 64 ff.) „time-space distanciation" nennt – die Globalisierung der Moderne, eine Globalisierung, die sich zunächst naturwüchsig ereignet und erst dann Gegenstand der Reflexion wird, und zwar auch der Reflexion auf die Strukturation weltweit operierender Unternehmungen und Unternehmungsnetzwerke.

Wie sehr es bei der Organisation immer um raum-zeitliche Organisation geht – um Produktionszeiten, um Arbeits- und Fehlzeiten, um die Betriebszeit, um just-in-time, um Nachtarbeit und Überstunden, um Taktzeiten, Vorgabezeiten, Rüstzeiten, Pausenzeiten; und um Fertigungs-, Nacharbeits- und Lagerflächen, Transport- und Kommunikationswege, outsourcing, regionale und globale Netzwerke –, bedarf keiner Erläuterung. Die Moderne hat es zu Unternehmungen gebracht, die einerseits nahezu verschwunden sind, „hollow", „virtuell", und andererseits weltweit operieren; die von ihren lokalen Kontexten abgelöst werden – „disembedded" – und deren Wiedereinbettung erst via Organisation, Informations- und Kommunikationstechnik verläuft.

---

18 Von Heidegger und Derrida stammt besonders Giddens' Bestimmung von Struktur als „intersection of presence and absence", als „virtual order", die in die Reproduktion situierter Praktiken in Zeit und Raum einbegriffen ist. Regeln und Ressourcen sind in diesem Sinne außerhalb von Zeit und Raum, ausgenommen in ihren „instantiations" im Handeln und in ihrer „coordination as memory traces" (Giddens 1984a, S. 16 f.). Sie sind insofern durch eine „Abwesenheit des Subjekts" gekennzeichnet – ganz so, wie „Sprache" ohne Subjekt ist. Im Handeln aber haben sie ihre eigentliche Existenz – sie erhalten sie durch jene (Er-)Füllung, Ergänzung und Ersetzung, von der oben mit Schütz die Rede war. Zu Giddens' Derrida-Erbe vgl. Ortmann (1996).

Die große Aufmerksamkeit der Giddensschen Sozialtheorie für „Zeit, Raum und Regionalisierung", sein darauf zugeschnittener Begriff von Struktur und Strukturation und sein scharfer Blick dafür, daß der Begriff der time-space distanciation direkt mit der Theorie der Macht zusammenhängt (Giddens 1984a, S. 258), daß mit anderen Worten Raum-Zeit-Ausdehnung via Organisation eine grundlegende Bedeutung für die Ausdehnung der Macht hat: auch das macht seine Theorie so attraktiv für die organisationstheoretische Forschung.

2.5 Organisationaler Wandel

Organisationaler Wandel mag mehr oder minder intendiert oder nichtintendiert sein. Im ersteren Falle wollen wir von Reorganisation, im zweiten von Evolution sprechen. „Evolution" mag sich auf die einzelne Organisation,[19] dann aber vor allem auf die Gattung und auf Populationen von Organisationen beziehen. Natürlich gibt es Zusammenhänge: Evolution geht auch über Reorganisation vonstatten, deren faktische Konsequenzen im übrigen nie ganz intendiert sind. Evolution verläuft aber auch über von vornherein ungeplanten Wandel und über Auslese. Evolution, wie wir den Begriff verwenden, impliziert nicht schon eine wie immer definierte Höherentwicklung.

Intendiertheit des Wandels im Falle der *Reorganisation* heißt, daß er beabsichtigt ist, nicht aber, daß er so wie beabsichtigt realisiert wird. Gegen rationalistische Textbook-Versionen von Reorganisationen haben wir (Ortmann et al. 1990, S. 391 ff.) das von Lévi-Strauss entlehnte Bild der bricolage, der Bastelei, gesetzt – ein produktives Handeln, das an einem unfertigen Werk mit einem begrenzten Vorrat – einem Bastelkasten – an Mitteln arbeitet. Begrenzte Rationalität, in Abhängigkeit von *Gelegenheiten* wechselnde Ziele – man denke an jene Gelegenheiten, die durch neue Techniken gestiftet werden – und ein Werkzeugcharakter der Mittel für einen nur zum Teil durch Zwecke bestimmten Typus von Arbeiten: das sind die wichtigsten Eigenschaften des Bastelns wie der Reorganisation, die an der Struktur von Organisationen, an ihren Regeln und Ressourcen, Veränderungen vornimmt, in einem politischen Prozeß, der die Metaphorik des einsamen Bastlers am Ende doch hinter sich läßt. Reorganisation ist die bewußte, reflexive Re-Strukturation des Handlungsfeldes „Organisation", die auf Veränderung ihrer Regeln und Ressourcen zielt und sich in allen Dimensionen des Sozialen abspielt: als Versuch, etablierte Signifikations-, Legitimations- und Herrschaftsstrukturen zu verändern. Das unterliegt wie alles organisationale Handeln der Rekursivität von Struktur. Reorganisation – wie auch resistance to change – muß sich daher eben jener Machtmittel bedienen, die die (noch) gegebene Organisationsstruktur zur Verfügung stellt. Auseinandersetzungen um Restrukturierungen sind auch

---

19 Wie in den Konzepten des evolutionären Managements von Ulrich, Probst, Malik und von Kirsch; vgl. Kieser (1993a, S. 268 ff.) und den Beitrag von Martens in diesem Band.

deshalb oft so heftig, weil sie die Machtverteilung in künftigen Runden organisationaler Spiele regulieren. Widerstände gegen Reorganisationen interpretieren wir mit Giddens und Crozier/Friedberg daher nicht als Ausdruck von Irrationalität, Dummheit und Trägheit der menschlichen Natur, sondern als organisational induziertes Phänomen: als ganz im Gegenteil in der Regel durchaus rationales Agieren von Spielern eines etablierten Routinespiels,[20] die sich in dessen Strukturen – Spielregeln und Ressourcenverteilungen – gut eingerichtet und bewährt haben und nun, angesichts eines Innovationsspiels, das die alten Spielstrukturen tangiert und vielleicht gerade zerstören, jedenfalls verändern soll, mit Abwarten, Bremsen oder résistance reagieren – nicht selten übrigens mit guten Gründen auch unter organisationalen Gesichtspunkten. Diese Sicht der Dinge nimmt Reorganisationsprozessen viel von jener wohlgeordneten Rationalität, die ihnen Lehrbücher zu attestieren pflegen und die sich nicht nur in unbeeinträchtigten Zweck-Mittel-Hierarchien und dementsprechend „rationalen" Schrittfolgen und Phasenschemata auszudrücken pflegt, sondern auch in der mehr oder minder ungebrochenen Vorstellung, auch die Resultate von Reorganisationsprozessen seien angemessen als Resultate intendierten Handelns zu begreifen.

Auch wenn man von einem solchen Bild rationaler und beherrschter Reorganisation Abschied genommen hat, läßt sich die derart bedrohte Rationalität retten durch wie immer rationalistische, sozial-darwinistische Konzepte der *Evolution.* Dann sorgen nicht vernünftige Reorganisatoren, wohl aber Umwelt, Auslese und/oder Anpassung für das Überleben vernünftiger, womöglich optimaler Organisationsformen. Auf die Kritik solcher Vorstellungen, wie sie von Veblen über den population ecology approach bis in manche Varianten des Neoinstitutionalismus tradiert sind, brauchen wir hier nicht näher einzugehen, weil das anderswo, etwa von Kieser (1993a) und von Nelson in diesem Band überzeugend geleistet worden ist. Wir möchten nur knapp darauf hinweisen, daß Giddens (1984a, S. xxvii f., 228 ff.) dieser Art Evolutionismus in den Sozialwissenschaften und jedweder derart verstandener Theorie des sozialen Wandels *eine scharfe Absage erteilt.* Seine wichtigsten Gründe sind: 1.) Die Menschen machen ihre Geschichte zwar nicht aus freien Stücken, aber doch in Kenntnis eben dieser Geschichte, als reflexive Wesen, und verändern die Geschichte in Abhängigkeit von ihrem Wissen. Analoges ließe sich übrigens von Organisationen sagen (vgl. Kieser 1993a, S. 255 f.). 2.) Weder „Gesellschaften" noch „Organisationen" (dazu wiederum Kieser 1993a, S. 257) eignen sich als jene eindeutig und vom Geschichtsverlauf selbst unabhängig bestimmbaren evolutionären Grundeinheiten, um deren Evolution es aber gerade zu gehen hätte. Auch Darstellungen organisationalen Wandels müssen eine ganz andere Form besitzen und, kurz gesagt, mit Begriffen wie Episoden, Koinzidenzen, kritischen Schwellen des Wandels operieren, mit Kontingenz, Notwendigkeit *und* Zufall rechnen (vgl. auch Giddens 1984a, S. 244 ff.), die den

---

20 Zur Unterscheidung von Routine- und Innovationsspielen vgl. Ortmann et al. (1990, S. 464 ff.).

Wandel in bestimmte Verläufe, Trajektorien, zwingen kann. Pfadabhängigkeit – „organizational tracks" (Greenwood/Hinings 1988) – ist ein wichtiges Konzept in diesem Zusammenhang, weil es die eigenartige Mischung aus Zufall – „small events" in den Anfängen – und Notwendigkeit – „lock in" im weiteren Verlauf – recht gut zu fassen erlaubt, welche die „Evolution" von Organisation in bestimmte Richtungen bringt. [21] Nicht die Helden eines universellen Effizienzprinzips – „survival of the fittest" – tragen dieser Darstellung zufolge den Sieg davon, sondern glückliche Gewinner, die leicht auch Verlierer hätten werden können, die aber nun, da sie gewonnen haben, über die Mittel verfügen, ihren Sieg auszubauen: die anderen auf Dauer vom Markt zu verdrängen, für die eigene Effizienz allmählich zu sorgen und, nicht zuletzt, die Erfolgskriterien und die Geschichte so umzuschreiben, daß ihr Sieg als Heldentat der Effizienz erscheint: The winner takes it all. Kein Zufall daher, daß path dependency den Beitrag Richard Nelsons in diesem Band wie ein roter Faden durchzieht.

Strukturation meint schließlich: Strukturiertheit *und* Strukturieren. Stabilität und Wandel treten darin prinzipiell gleichberechtigt auf. Das ist vielleicht der größte Vorzug einer durch Giddens inspirierten Organisationstheorie: daß sie beides, die manchmal so rasanten Veränderungen und die manchmal schier verzweifeln machende Trägheit von Organisationen zu denken erlaubt – ebenso wie die Verwicklung, daß Wandel ohne Stabilität (beispielsweise als gültig erachtete Interpretationsschemata und sichere Zugriffsmöglichkeiten auf Ressourcen) gar nicht möglich ist (et vice versa). Für beides stellt die Strukturationstheorie selbstverständlich nur einen Theorierahmen bereit, innerhalb dessen die Rigidität und der Konservatismus organisationaler Strukturen – oder eben ihre Veränderbarkeit – theoretisch bearbeitbar werden. Sie liefert nicht – kann und will auf ihrer Ebene der Allgemeinheit nicht liefern – diese Bearbeitung selbst für den besonderen empirischen Fall. Theoretisch bearbeitbar aber werden Stabilität, Beharrung, Verkrustung, Blockierung, Unbeweglichkeit, weil sie als Resultat rekursiver Reproduktion entziffert werden – als Resultat beständiger Bewegung.

---

21 Vgl. dazu Arthur (1989, 1990), David (1986, 1990), North (1990, S. 76, S. 93 ff.), Ortmann (1995a, S. 151 ff.). Path dependence meint, daß die Richtung von Prozessen von ihrem Verlauf und von „small events" abhängt, sozusagen ein Schritt vom vorangehenden, und nicht von Anfang an – etwa durch die Marschzahl „Effizienz" – bestimmt ist. Nicht setzen sich organisatorische Lösungen notwendig durch, weil sie effizient sind, (sondern aufgrund kontingenter Umstände und small events) wohl aber können sie effizient (gemacht) werden, weil sie sich durchgesetzt haben. Für dem entsprechende nicht-ökonomistische Skizzen des Siegeszuges der Computertechnik sowie der Genesis systemischer Rationalisierung und schlanker Produktion vgl. Ortmann (1995a, S. 172 f., S. 210 f., S. 408 f.); für eine allgemeine Erörterung des Verhältnisses von Kontingenz, Zufall und Notwendigkeit im Zusammenhang mit der Entwicklung der Formen der Produktion unter Rekurs auf Stephen Jay Gould (1994) vgl. Ortmann (1995a. S. 9 ff.).

2.6 Organisation und Psyche

Spätestens mit Chester Barnard (1938) ist klar: Handlungen, nicht Personen sind die Elemente von Organisationen – ein Konsens, der nicht etwa leugnen will, daß Personen „für Organisationen wichtig" sind, sondern darauf insistieren möchte, a.) daß keine Organisation die *ganze* Person mit *all* ihren Aktivitäten subsumiert, daß es b.) eben ihre – organisationalen – *Aktivitäten* sind, die organisiert werden und ihrerseits die Organisationen (re-)produzieren, *nicht*, zum Beispiel, die Charaktereigenschaften von Personen, ihre Hoffnungen, Zweifel, ihre Abneigung gegen Knoblauch, ihre geheimen Gedanken, ihre Laster und Tugenden, und daß aber c.) *alle* organisationalen Aktivitäten als Elemente von Organisationen genommen werden und nicht etwa nur produktive Arbeit, um ein Beispiel zu nennen, das älteren Versionen sowohl des Marxismus als auch der Betriebswirtschaftslehre (vgl. dazu den Beitrag von Witt in diesem Band) entnommen ist.

Wie aber dann theoretisch fassen, daß und wie Personen „für Organisationen wichtig" sind – und, nota bene, umgekehrt? Die Psyche, die Motive, die Leistungsbereitschaft, die Angst, die Zu- und die Abneigungen, schließlich, um es in jenen Begriff zu fassen, zu dem in der ökonomischen Theorie dies alles zusammenschießt, ohne dort indes behandelt zu werden: die Bedürfnisse[22] der handelnden Personen – wie können sie vorkommen in unserem sozial- und organisationstheoretischen Entwurf?

Daß es für die erforderlichen näheren Bestimmungen nicht genügt, sich an dieser Stelle etwa die Psychoanalyse als die gleichsam zuständige Disziplin additiv hinzuzudenken – schließlich porträtiert sie doch „das einzelne Individuum in seiner unverwechselbaren Identität, in seiner lebenssituativen und lebensgeschichtlichen Individualität" (Lorenzer 1976, S. 19) –, rührt nun daher, daß nicht *reale* Interaktionen und Objektbeziehungen, sondern die *in die Persönlichkeit eingelassenen* zwischenmenschlichen Verhältnisse Gegenstand der Psychoanalyse sind, drastischer formuliert: „die innere Welt der Phantasieszenen" (Lorenzer 1976, S. 24 f.). Es geht der Psychoanalyse um Erlebnisentwurf, nicht um Ereignisermit-

---

22 Donald McCloskey (1990, S. 97 ff.) zögert nicht, von Begehren zu sprechen. „The economy depends today on the promises made yesterday in view of the expectations about tomorrow. ... A correct economics ... is historical and philosophical, a virtual psychoanalysis of the economy, adjusting our desires to the reality principle" (McCloskey 1990, S. 109). Daß dieser Begriff, Begehren, im Fachjargon unverzüglich durch ungefährlichere ersetzt zu werden pflegt – Geschmack, Bedarf, Präferenzen, Nutzenfunktionen –, erlaubt es, die Bedürfnisse draußen zu halten, exogen, und sodann von ihnen abzusehen: wie befremdlich angesichts der zitierten Bestimmung McCloskeys. Strukturationstheorie legt, wie das folgende – es sind nahezu wörtliche Auszüge aus Ortmann (1995c, S. 253 ff.; vgl. auch Ortmann 1995b) – zeigen wird, eine Endogenisierung der Bedürfnisse nahe: die rekursive Produktion von Bedürfnissen durch Produktion und Konsum. Daß die Orthodoxie dies nicht wahrhaben kann, oder nur an ihren Rändern, ändert nichts an der unerhörten Wichtigkeit dieser Rekursivität. Unerhört ist vielleicht das falsche Wort. Nicht erhört – tatsächlich ging es zum einen Ohr rein, zum anderen raus – wurden mit dieser Einsicht zum Beispiel Marx, Veblen und Keynes.

lung.[23] Interaktionen aber, als Element des Sozialen figurierend, sind Ereignisse. Daran läßt sich unmittelbar Psychoanalyse nicht anschließen. Hoffnung auf Vermittlung speist sich erst aus der Einsicht,

„daß die Erlebnisfiguren genetisch aus realer Interaktion stammen, die basalen Interaktionsformen immer der innere Niederschlag von Interaktionen sind und zudem die Interaktionsformen als Verhaltens- und Handlungsentwürfe funktional auf reales Interagieren bezogen sind" (Lorenzer 1976, S. 25).

„Zwischenmenschliche Verhältnisse *in* der Persönlichkeit", das soll also heißen:

„Von den kollektiven Sozialstrukturen gelangen wir über die vermittelnden Figuren des Interaktionsspiels in folgender Weise hinaus und ins Individuum hinein: Das ... Zusammenspiel in der Mutter-Kind-Dyade beeinflußt den kindlichen Organismus, stellt dessen Verhaltensreaktionen ein, d.h., es schlägt sich im kindlichen Organismus nieder. ... Interaktion wird als Interaktionsengramm niedergelegt, um sodann als Verhaltens*entwurf* instrumentalisiert zu werden. Aus Interaktionen hervorgegangen, bestimmen diese Verhaltensentwürfe die nachfolgenden Interaktionen. Genetisch wie funktional sind sie auf Interaktionen bezogen, sie werden von den Interaktionen bestimmt, um weitere Interaktionen zu bestimmen; sie sind als einregulierte Regulatoren aber dem Individuum *innerlich*.

Als innere Regulatoren gehören sie eindeutig nicht auf die beobachtbare Ebene von Interaktionserscheinungen, sondern sind Bausteine des gesellschaftlich formbestimmten *Wesens* der Persönlichkeit. Diese in die Persönlichkeit eingelagerten, die Persönlichkeit in ihrem Wesen ausmachenden Verhaltensentwürfe wurden 'bestimmte Interaktionsformen'[24] genannt. Die bestimmten Interaktionsformen sind die gesellschaftlichen Verhältnisse *im* konkreten Individuum" (Lorenzer 1976, S. 20 f.; Hervorh. i. Orig.).

Sie sind, wie man sieht, Resultate eines rekursiven (Re-)Produktionsprozesses: aus Interaktionsprozessen hervorgegangen, in neue Interaktionen maßgeblich eingehend, und: als Interaktionsengramm fixiert, um sodann in der Form von Interaktionsentwürfen auf's Handeln bezogen zu werden – was jene Fixierung rekursiv stabilisiert. Lorenzers „bestimmte Interaktionsformen" bezeichnen die Ebene der Vermittlung zwischen Handeln und Persönlichkeitsstruktur. Dank Lorenzers Umformulierung psychoanalytischer Begriffe in die Begriffe der Interaktionsformen – wohlgemerkt: gemeint sind mit dieser etwas mißverständlichen Wortwahl Interaktionsentwürfe oder -muster *im* Individuum, nicht Formen realer Interaktion – können wir ein an Sozial- und Organisationstheorie anschließbares Bild des Individuums entwerfen, dessen schematische Darstellung etwa wie in Abb. 3 aussieht.[25]

---

23 Dazu und sodann zur Rolle der Psychoanalyse in der Sozialforschung s. auch Leithäuser/Volmerg (1988, hier z.B. S. 36 f., S. 45, S. 55 ff.).
24 Lorenzer zitiert hier seine Arbeit „Symbol, Interaktion, Praxis" (1971).
25 Lorenzer (1976, S. 30) wählt eine etwas andere, sehr viel komplexere Darstellungsform.

„Die Interaktionsformen (Interaktionsentwürfe; die Verf.) können nur in Interaktionen erscheinen, seien es imaginierte oder real ablaufende Szenen" (Lorenzer 1976, S. 25). Psychoanalytische Leistung bleibt aber Erlebnis-, nicht Ereignisrckonstruktion.

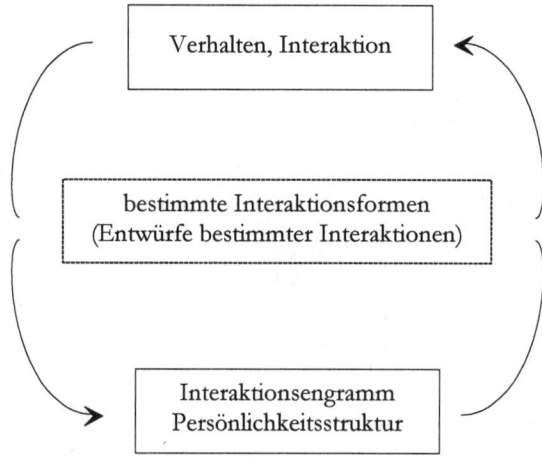

Abb. 3: Individuum: Interaktion, Interaktionsentwürfe, Persönlichkeitsstruktur

Wenn hier und bei Lorenzer von Interaktionsengrammen und Persönlichkeitsstruktur die Rede ist, dann ist damit auch so etwas wie eine kognitive Struktur impliziert, die im Rahmen der Psychoanalyse jedoch nicht im Mittelpunkt steht. Beides, die Wünsche und Ängste einerseits und so etwas wie Vernunft andererseits, ist in Giddens' Handlungsmodell berücksichtigt, das ja drei Ebenen der Bewußtheit der Handelnden unterscheidet:

> discursive consciousness
> practical consciousness
> unconscious motives/cognition (Giddens 1984a, S. 7),

und sowohl der reflexiven Überwachung und „Rationalisierung" (im Sinne von: alltagstheoretischer Begründung) als auch der Motivation des Handelns Rechnung trägt:

„I distinguish the reflexive monitoring and rationalization of action from its motivation. If reasons refer to the grounds of action, motives refer to the wants which prompt it. However, motivation is not as directly bound up with the continuity of action as are its reflexive monitoring or rationalization. Motivation refers to potential for action rather than to the mode in which action is chronically carried on by the agent. ... For the most part motives supply overall plans or programmes – 'projects', in Schutz's term – within which a range of conduct is enacted. Much of our day-to-day conduct is not directly motivated" (Giddens 1984a, S. 6).

Das können wir mit Lorenzer also genauer, nämlich rekursivitäts- und strukturationstheoretisch fassen: als Verhältnis von Interaktionsengramm („motives supply overall plans or programmes"), die sich nur indirekt, und bestimmten Interaktionsentwürfen, die sich direkt auf Interaktionsszenen beziehen.

Psychologischen Zugang aber brauchen wir nicht nur zu den Wünschen, Ängsten und Motiven, sondern auch zur Kognition einschließlich ihrer unbewußten Anteile.

Für eine Verbindung von kognitiver Psychologie und symbolischem Interaktionismus, die an die rekursiv gebauten Modelle des Funktions- und des Situationskreises von Jakob und Thure von Uexküll anschließen, entnehmen wir Hinweise der instruktiven Arbeit von Brauner (1994). Brauners dynamisches, zirkuläres Interaktionsmodell mit seiner strukturationstheoretischen Anlage – Rekursivität von Interaktion und kognitiver Struktur (cognitive maps, mentale Modelle) – stellt eine kognitionspsychologisch ausgearbeitete Version des Grundgedankens dar, den wir hier darlegen möchten. Bezüge zu Anthony Giddens' Handlungskonzept sind unübersehbar, besonders die Nähe der „mentalen Handlungskontrolle" (Brauner 1994, S. 103 ff.) zu Giddens' „reflexive monitoring of action". Brauners Modell macht klar, und darin hat es eine nicht zufällige Gemeinsamkeit mit Giddens' Akteursmodell, daß wir unsere individuellen kognitiven Landkarten der Welt in iterativen und rekursiven Schleifen der Praxis – der praktischen Anwendung und Reflexion dieser cognitive maps – hervorbringen und verändern. Beide bieten daher Anschlußmöglichkeiten an die vielversprechendsten Ansätze einer nicht rationalistisch präokkupierten Kognitionspsychologie, wie sie etwa in Gestalt des Neisserschen Wahrnehmungszyklus und seiner Verarbeitung durch Karl Weick vorliegt, beides schöne Beispiele für ein Denken in Begriffen der Rekursivität – diesmal zwischen Wahrnehmen und Handeln (Neisser 1979; Weick 1985, S. 223 ff.; vgl. auch Conrad/Sydow 1984, S. 73 ff.). Neissers Wahrnehmungsschemata sind Resultate eines Wahrnehmungslernens, die in die neuen Akte der Wahrnehmung als aktive, informationssuchende (individuelle) Strukturen eingehen und eben dadurch rekursiv reproduziert und eventuell modifiziert werden. Anschlüsse an Fragen des organisationalen Lernens liegen auf der Hand und sind bei Weick ausgearbeitet. Nicht nur Lorenzers Interaktionsentwürfe, sondern auch diese Neisserschen kognitiven Strukturen zählen wir zur Persönlichkeitsstruktur handelnder Personen, und wir sind nun vorbereitet, die beiden Darstellungen sozialer und individueller Strukturation aneinander anzuschließen. Man sieht dann, daß *der Ort der Vermittlung zwischen Individuum und Gesellschaft –* resp. Organisation – die *Interaktion*[26] ist (Abb. 4).

---

26 Im Sinne sozialen Handelns, das, wie bei Max Weber, am vergangenen, gegenwärtigen oder für künftig erwarteten Verhalten anderer sinnhaft orientiert ist. Vgl. für nähere Bestimmun-

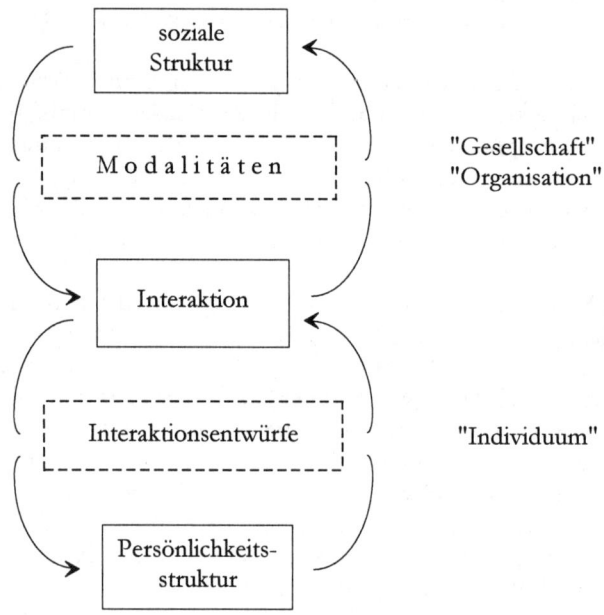

Abb. 4: Individuum und Gesellschaft: Strukturation und Vermittlung

Jede Interaktion ist zugleich individuelles und soziales Handeln, und: Erlebnis und Ereignis, das Erleben des In-die-Tat-Umsetzens eines Interaktionsentwurfs und das Geschehen sozialer Praxis im Medium sozialer Strukturen. Daß jede Interaktion beides zugleich ist, impliziert nicht, daß beides dasselbe ist, und daß beides etwas sehr Verschiedenes ist, impliziert nicht, daß es nicht auf nachvollziehbare und angebbare Weise miteinander zusammenhängt, im Gegenteil: Keine „bestimmte Interaktionsform" im Sinne Lorenzers, die zu ihrer Realisierung in der Interaktion das Medium sozialer Strukturen vollends verlassen könnte, und: keine soziale Praxis, die nicht irgendwie die Realisierung individueller Interaktionsentwürfe wäre.

Jede Interaktion impliziert ferner nach der Seite der sozialen Strukturen hin: (Re-)Produktion und Institutionalisierung (incl. Modifikation), nach der Seite des

---

gen und für Abweichungen von Weber: Ortmann (1995a, S. 295, Fn. 4). Wenn man an die Stelle der oberen Hälfte der Abb. 4 das Schichtenmodell von Scott (1994b, S. 57) setzt, sieht man die Anschlußfähigkeit unseres Modells an einen soziologischen Neo-Institutionalismus, dessen besonderes Interesse gesellschaftsweiten Institutionen und governance structures sowie organisationalen Feldern gilt, zu denen die soziale Struktur aus unserem Schema sich entwickelt.

Individuums: Sozialisation und Internalisierung, ohne daß wir mit gelingenden und gar einander harmonisch entsprechenden Prozessen der Sozialisation/Internalisierung einerseits und der Reproduktion/Institutionalisierung andererseits a priori rechnen könnten. ((Und wenn sie im Sinne einer gegenseitigen Entsprechung „gelingen", dann muß uns das Resultat keineswegs gefallen, wie man sich am Fall der Barnardschen Organisationspersönlichkeit klarmachen kann. Deren Konformität ging in Barnards Paradebeispiel, einer Telephonistin bei der New Jersey Bell Telephone Company, ziemlich weit. Sie wählte eigens eine untergeordnete Position in einem Außenbezirk, weil sie dort während der Arbeit das Haus ihrer kranken Mutter beobachten konnte. Als eines Tages das Haus in Brand geriet, blieb sie an ihrem Platz, sah mit an, wie das Haus abbrannte, und zeigte, mit Barnard zu sprechen, „außerordentlichen 'moralischen' Mut" und „hohe Verantwortlichkeit" im Hinblick auf die organisationale Norm ununterbrochener Dienstbereitschaft (Barnard 1970, S. 221). Fußnote Barnards: Die Mutter wurde gerettet.))

Es sind daher die Interaktionen, diese Umschlagplätze der Vermittlung von Individuum und Gesellschaft (resp. Organisation), nicht lediglich als Sozialisationsagenturen (Lorenzer 1976, S. 44) zu charakterisieren, sondern immer zugleich, mit Blick auf die Gesellschaft, als Orte der (Re-)Produktion sozialer Strukturen und Institutionen.

3. „Anwendungen"

Seit einer frühen Diskussion im 'Administrative Science Quarterly', seitdem nämlich Ranson et al. (1980) erste Grundüberlegungen der Strukturationstheorie einem breiteren Kreis von Organisationsforschern bekannt gemacht haben und Willmott (1981) in einer kritischen Stellungnahme sogleich wichtige Klarstellungen getroffen hat, nimmt die Anzahl von organisationswissenschaftlichen Publikationen, die sich strukturationstheoretischer Konzepte bedienen, stetig zu. Und wenn Whittington (1992) von der Organisationsforschung vor kurzem noch ein „putting Giddens into action" verlangt, so bezieht sich das vor allem auf Giddens' substantielle Forschungsarbeiten, weniger auf die als formale Sozialtheorie konzipierte Strukturationstheorie. Diese wird mittlerweile auf ein recht breites Spektrum organisationaler – und neuerdings interorganisationaler – Problemstellungen „angewandt": das Arbeitsverhalten von Managern, die politische Dimension von Organisationskultur, den strategischen Wandel von Organisationen, die organisationale Einbettung und Nutzung des Rechnungswesens und – last but not least – den Informationstechnikeinsatz in Organisationen und interorganisationalen Netzwerken. Die Abb. 5 gibt einen Überblick über die mittlerweile vorliegende Fülle von Studien, aus der wir im folgenden eine – notwendigerweise etwas willkürliche – Auswahl treffen mußten.

Individuum	
Arbeitsverhalten von Managern	*Willmott 1984, 1987; Whittington 1992; Walgenbach 1994; Walgenbach/Kieser 1995*
Entrepreneurship	*Bouchikhi 1993*
Organisation und Psyche	*Ortmann 1995b,c*
Gruppe	
Gruppenarbeit	*Poole et al. 1986; Schwabe 1995*
Organisation	
Eignung der Strukturationstheorie als Metatheorie oder Theorierahmen der Organisationsforschung	*Scott 1994b; Weaver/Gioia 1994, 1995; De Cock/Rickards 1995; Reed 1996*
Organisation und Management allgemein	*Reed 1992; Whittington 1992; Becker/Ortmann 1994; Walgenbach 1995*
Gestaltung von Organisationsstruktur	*Ranson et al. 1980; Willmott 1979; Mehan 1978; Burns/Flam 1987; Sandner/Meyer 1994; Küpper/Felsch 1997*
Bedeutung und Wirkungsweise organisationaler Regeln und Routinen	*Mills/Murgatroyd 1991; Pentland/Rueter 1994*
Organisationskultur	*Riley 1983; Spybey 1984; Knights/Willmott 1987; Filby/Willmott 1988; Mumby 1988; Pekruhl 1996*
Organisationale Kommunikation und Konversation	*McPhee 1985; Mumby 1988; Yates/Orlikowski 1992; Boden 1994; Krippendorf 1994; Orlikowsky/Yates 1994; Hahne 1998*
Reproduktion organisat. Trägheit	*Kilduff 1993*
Identität von Organisationen	*Sarason 1995*
Organisationales Lernen	*Tenkasi/Boland 1993; Hanft 1996*
Bürokratie als moderne Form der Überwachung	*Dandeker 1990*
Rechnungswesenpraktiken in Organisationen	*Roberts/Scapens 1985; Capps et al. 1989; Macintosh/Scapens 1990; Roberts 1990; Boland 1993; Manicas 1993*
(Informations-)Technikeinsatz in Organisationen	*Barley 1986; Bouchikhi 1990; Contractor/Eisenberg 1990; Ortmann et al. 1990; Poole/DeScantis 1990; Walsham/Han 1990, 1993; Orlikowski/Robey 1991; Coombs et al. 1992; Orlikowski 1992; DeScantis/Poole 1994; Ortmann 1995a; Schwabe 1995; Roberts/Grabowski 1996*
Probleme industrieller Beziehungen in Innovationsprozessen	*Schönbauer 1983; Windeler 1989; Ortmann et al. 1990; Bundesmann-Jansen/Frerichs 1995*
strategisches Management	*Whittington 1989, 1993; Prescott et al. 1993; Bekker/Ortmann 1994; Ortmann/Zimmer 1997; Zimmer 1996; Zimmer/Ortmann 1996; Becker 1996*
strategisch-organisatorischer Wandel	*Pettigrew 1985, 1987; Whipp/Clark 1986; Clark/Stanley 1988; Eraly 1988; Empter 1988; Whittington 1989; Smith et al. 1990; Lewis/Seibold 1993; Jöns 1995*
spez. unter den Bedingungen der Transformation in Ostdeutschland	*Lang/Alt 1995*
Reorganisation der Produktion	*Ortmann 1994, 1995a; Pekruhl 1996*
Mikropolitik in Organisationen	*Ortmann et al. 1990; Schienstock 1993b; Neuberger 1995; Küpper/Felsch 1997*
Personalentwicklung/Arbeitsmarkt	*Hanft 1995; Felsch 1996; Kock 1994*
Vertrauen und Kooperation	*Gondek et al. 1992; Ortmann 1994*

interorganisationales Netzwerk	
Organisation von Unternehmungsnetzwerken	*Knight et al. 1993; Alexander 1995; Sydow et al. 1995; Sydow 1996; Sydow/ Windeler 1996; Windeler 1997*
Autonomie und Abhängigkeit in Unternehmungsnetzwerken	*Windeler/ Sydow 1995*
Konstitution von Vertrauen in Netzwerkbeziehungen	*Loose/ Sydow 1994; Sydow 1998*
Redundanz, Multiplexität und lose Kopplung in Netzwerken	*Staber/ Sydow 1995*
Wissensorganisation in Netzwerken	*Sydow/ van Well 1996*
Management von Franchisenetzwerken	*Sydow/ Kloyer 1995*
Branche/Region	
Entwicklung von Industrieregionen	*Gregory 1982; Schönbauer 1987*
Organisation von Börsen	*Abolafia/ Kilduff 1988*
Nahrungsmittelindustrie	*Smith 1984*
Wandel von Branchenstrukturen	*Huff et al. 1994*

Abb. 5: Strukturationstheorie und Organisation – Synopse bislang vorliegender Studien

Wir setzen „angewandt" in Anführungszeichen, weil wir das Verhältnis dieser formalen Sozialtheorie zu einer substantiellen Organisationsforschung als eines rekursiver Konstitution und somit wechselseitiger Korrektur verstanden wissen wollen – nicht als Anwendung einer fix und fertigen Theorie, die dann nur noch unverändert jeweils konkreten Gegenständen zu applizieren wäre.

Denn ebenso wie die „Anwendung" der Sozialtheorie eine Neukonzeptualisierung der Organisationsforschung verlangen kann – und tatsächlich verlangt –, kann Organisationsforschung prinzipiell einen Beitrag zur Formulierung resp. Modifikation einer allgemeinen Sozialtheorie (etwa der von Giddens) und erst recht einer Theorie der (modernen) Gesellschaft leisten.

Zwei umfangreiche Sammelbände (Bouchikhi et al. 1995; Bryant/Jary 1996) behandeln über die zahlreichen mittlerweile vorliegenden Einzelpublikationen hinaus das Verhältnis von Strukturationstheorie und Organisationsforschung – ein (weiteres) Indiz dafür, daß sich die Strukturationstheorie als Organisationstheorie zu etablieren beginnt.[27]

Dabei ist die Perspektive, die diese Theorie auf Organisation und Organisationen eröffnet, Organisationsforschern nicht unvertraut. Denn vor allem die

---

27 Als Anzeichen dafür werten wir auch eine Anzahl lesenswerter Dissertationen und Habilitationsschriften, die strukturationstheoretisch inspiriert sind, zum Beispiel von Schönbauer (1983), Empter (1988), Maier (1991), Pries (1991), Birke (1992), Walgenbach (1994), Hanft (1995), Jöns (1995), Becker (1996) und Felsch (1996). Vgl. auch Windeler (1997).

mittlerweile als etabliert geltende neoinstitutionalistische Organisationstheorie öffnet sich – wenn auch zunächst nur zaghaft – strukturationstheoretischen Überlegungen (s. schon die Einleitung sowie den Beitrag von Türk in diesem Band). Zudem weist Child (1995) auf die Ähnlichkeit strukturationstheoretischer Konzepte mit seinem für die Entwicklung der Organisationsforschung so wichtigen Beitrag über „the role of strategic choice" (Child 1972) hin. Daß auch Alfred Kieser (1995a; vgl. auch Walgenbach 1995) sich behutsam auf strukturationstheoretisches Gedankengut zubewegt, haben wir in der Einleitung zu diesem Band, am Ende ihres 2. Abschnitts, schon als eine folgerichtige Theorieentwicklung interpretiert. Kieser (1994), Powell/DiMaggio (1991) und Scott (1994b) – es ist nicht ganz unerheblich, wer da alles Wasser auf die Mühlen der Strukturationstheorie lenkt.

3.1 Mikropolitik und die Organisation der Produktion

Organisationale Entscheidungsprozesse, nicht zuletzt solche, in denen über die Reorganisation der Produktion entschieden wird, werden in einer (mikro-)politischen Perspektive, anders als vom überwiegenden Teil der Betriebswirtschaftslehre (s. jetzt aber Sadowski/Pull 1997) und der Industriesoziologie, als politikhaltig, immer kontingent sowie von abteilungsspezifischen und persönlichen Interessen gesteuert begriffen. Dabei folgten zunächst noch stark personalisierenden Konzeptionen der Mikropolitik (z.B. Bosetzky 1977) sehr bald solche, die ein organisationstheoretisches, auf den Ansatz von Crozier und Friedberg (1979) rekurrierendes Konzept organisationaler Politik propagierten und auf die Analyse von Reorganisationsprozessen anwandten (vgl. insbes. Küpper/Ortmann 1986; Ortmann et al. 1990).

Die von Ortmann (1987) formulierte Forderung, mikropolitische Ansätze (darüber hinaus) strukturationstheoretisch zu fundieren, wird zunehmend – und das nicht nur von ihm selbst – einzulösen versucht (vgl. z.B. Empter 1988; Ortmann et al. 1990; Windeler 1992; Neuberger 1995). Vor allem geschieht dies mit Bezugnahme auf aktuelle Fragen der Produktionsorganisation, wie sie mit Schlagworten wie „Lean", „Business Process Reengineering", „Kaizen" u.ä. verbunden werden (vgl. Ortmann 1994, 1995a). Der strukturationstheoretisch geschärfte (politische) Blick richtet sich dabei nicht nur auf Fragen von Macht, Herrschaft und Interessen, auch wenn diese notwendig im Vordergrund mikropolitischer Ansätze stehen, sondern darüber hinaus auf das subtile Zusammenspiel aller drei Strukturdimensionen im Handeln der organisationalen Akteure: Die Durchsetzung von Interessen ist beispielsweise darauf angewiesen, daß sich Akteure sensibel auf herrschende Regeln der Bedeutungszuweisung und Sinnkonstitution (über interpretative Schemata) und auf Regeln der Legitimation (über Normen) beziehen. Diese Strukturen restringieren das Handeln – das Arbeitshandeln in der Produktion genauso wie das Organisieren eben der Produktionsbedingungen. Gleichzeitig ermöglichen sie es aber auch, nicht zuletzt weil sie es restringieren. Gerade angesichts dieser Dualität von Struktur darf jedoch die starke Nötigung für die Arbeitenden – wie für die Organisatoren ihrer Arbeit, die allerdings über andere Freiheitsgrade verfügen – nicht übersehen werden, trotz aller mit modernen Formen der Produktion verbundenen Freiheiten letztlich den im doppelten Sinne herrschenden Strukturen, etwa dem regulativen „erwerbswirtschaftlichen Prinzip" (Gutenberg 1983) oder der auf Hierarchie gegründeten Autorität Vorgesetzter, angesichts markt- bzw. hierarchieinduzierter Sanktionen sich zu fügen.

Über diese Dualität von Struktur hinaus lenkt die von der Strukturationstheorie herausgestellte Rekursivität sozialer Praxis den Blick auf die strukturierten und sich strukturierenden Prozesse in der Produktion. Am Beispiel der japanischen Produktionsorganisation und unter Rekurs auf die berühmt gewordene MIT-Studie (Womack et al. 1991) wird gezeigt, wie zum einen strukturelle Bedingungen der schlanken Produktion Arbeiter veranlassen, ein Managementsystem mitzutragen, „das sie hilflos der Intensivierung der Arbeit, höherer Verfügbarkeit über die Arbeitszeit, höherer Arbeitseinsatzflexibilität und pufferlosem Personaleinsatz aussetzt und ihnen außerdem noch die eigenen Potentiale an Innovationsfähigkeit und Eigenverantwortlichkeit so erfolgreich abverlangt" (Ortmann 1994, S. 170); zum anderen, wie diese Strukturmerkmale der Produktionsorganisation – zum Beispiel Personalbeurteilungs- und Gratifikationssysteme, aber auch die damit interagierenden Normen, Werte, Schemata und Ideologien (also das, was man gemeinhin als Organisationskultur bezeichnet) – rekursiv reproduziert werden.

3.2 Informationstechnikeinsatz als Strukturation

Ein wichtiges Anwendungsgebiet der Strukturationstheorie ist auch der organisationale Einsatz von Informationstechnik (s. noch einmal Abb. 5). Mit Hilfe dieser Theorie gelingt es, vorherrschende subjektivistische und objektivistische Technik-Konzeptualisierungen miteinander zu vermitteln.

Insbesondere Orlikowski (1992; Orlikowski/Robey 1991) macht deutlich, daß Einsatz und Nutzung von Informationstechnik in Organisationen weder von formalen Regeln oder anderen Kontextfaktoren 'determiniert' werden, noch daß – umgekehrt – Informationstechnik einen deterministischen Einfluß auf die Organisation hat. Einsatz und Nutzung von Informationstechnik sind vielmehr Ergebnis von Strukturationsprozessen, in denen Technik und Organisation in vielfältiger Weise und in jeweils spezifischen Kontexten zusammenwirken. Technik restringiert und ermöglicht Handeln und Organisieren – und ähnelt hierin anderen Strukturdimensionen. Umgekehrt kann in Organisationen – beispielsweise mit mikropolitischen Mitteln – auf Technikeinsatz und -nutzung Einfluß genommen werden. Die – so! – angewandte Technik setzt rekursiv zukünftigen Einflußstrategien einen Rahmen, ermöglicht sie aber vielleicht auch erst.

Rekursivität und Dualität von Struktur spiegeln sich aber nicht nur in Technikeinsatz und -nutzung, sondern auch in ihrer Entwicklung, die zum großen Teil selbst in (anderen) organisationalen Kontexten stattfindet und den Anwendern, konfrontiert mit dem entsprechenden Produkt, oft nicht transparent ist. Orlikowski (1992) spitzt dies zu der These von der „duality of technology" zu, nach der Technik einerseits sozial konstituiert ist, andererseits eine konstitutive Rolle in der Reproduktion von Strukturen übernimmt, weil sie selbst signifikatorische und normative Regeln – oft nur verdeckt – inkorporiert und allokative und autoritative Ressourcen zur Verfügung stellt, auf die sich Akteure in ihren Interaktionen beziehen können (und ggf. sogar müssen). Beispielsweise eröffnet moderne Informations- und insbesondere Kommunikationstechnik Akteuren zusätzliche Möglichkeiten der Sozialintegration über eine größere räumliche Distanz oder verstärkt den ökonomischen Nutzen von (Tele-) Heimarbeit.

Im Zuge von Technikentwicklung, -einsatz und -nutzung, die allesamt als Strukturationsprozesse zu begreifen sind, beziehen sich die Akteure auf technische und andere Strukturen und reproduzieren diese in all ihren drei Dimensionen: Signifikation, Legitimation und nicht zuletzt Herrschaft. Ähnliche Strukturationsprozesse vollziehen sich im übrigen auch bei der Anwendung von Informationstechnik in interorganisationalen Kontexten, obgleich sie mit zusätzlichen Schwierigkeiten konfrontiert sind (vgl. dazu Sydow et al. 1995, S. 68 ff., S. 211 ff.).

3.3 Strategisches Management: Die Rekursivität von Strategie und Struktur

Die drei strukturationstheoretischen Grundkonzepte: Reflexivität, Dualität und Rekursivität, erlauben auch einen anderen Blick auf das strategische Management, hier vor allem auf das für das Verständnis von Organisationen zentrale Verhältnis von Strategie und Struktur sowie auf das neuerdings unter dem Begriff des resource-based view wieder neu diskutierte Verhältnis interner organisationaler Ressourcen und externer marktlicher Verwertungserfordernisse und -möglichkeiten.

Lange Zeit hat der Streit darüber, ob nun tatsächlich die Organisationsstruktur der Strategie folgt, ob – umgekehrt – die Strategieentwicklung und vor allem -umsetzung von der Organisationsstruktur bestimmt ist oder aber ob sowohl die Strategie als auch die Struktur von einer dritten Variablen (z.B. Managementmoden) abhängt, die Strategie- und Organisationsforschung beherrscht (vgl. zu dieser Diskussion z.B. Staehle 1994, S. 426 ff.). In der Praxis des strategischen Managements hingegen haben die Akteure wohl schon immer erkannt, was auch eine strukturationstheoretische Perspektive aufzuhellen vermag: den rekursiven Zusammenhang von Strategie und Struktur. Strukturen bilden im Lichte dieser Theorie genauso den Ausgangspunkt der „Strategieformation" (Mintzberg 1978), wie sie rekursives Erzeugnis genau dieser sind. Dabei ist der Zusammenhang von Strategie und Struktur keineswegs einfach zirkulär, sondern eben rekursiv: das eine ist ohne das andere nicht möglich und setzt zugleich dem anderen – wenn auch kontingente – Bedingungen. Wie Mintzberg (1978) unterstreicht auch eine strukturationstheoretische, auf organisationale Praktiken gerichtete Perspektive die hohe praktische Bedeutung emergenter, d.h. nicht notwendig intendierter Strategie. Auf diese Weise geraten ihr auch die für das Verständnis von Organisationen so wichtigen unintendierten Folgen des strategischen Managements in den Blick. Vergleichbar dem Ansatz der „strategic choice" betont eine strukturationstheoretische Perspektive auf Strategie die Handlungsmöglichkeiten des Managements (vgl. auch Child 1995). Diese resultieren allerdings aus ihrer Sicht – genauso wie die Handlungsrestriktionen – aus Strukturen, auf die sich die Akteure beziehen (müssen), und die immer rekursives Ergebnis früherer strategischen Wahlen und somit nicht beliebig sind.

Von besonderer Bedeutung ist dabei, daß das Topmanagement über einen privilegierten Zugriff auf vielfältige Regeln und Ressourcen verfügt. Auf diese Weise gelingt es ihm mehr als anderen Akteuren, organisationale Strategien – trotz der Bedeutung übergeordneter Sozialstrukturen wie der kapitalistischen Marktwirtschaft, der Zugehörigkeit zu privilegierten Ethnien und einem nach wie vor oft patriarchalen Verständnis von Autorität – zu „wählen" und sich – trotz aller 'dialectic of control' – gegenüber Internen wie Externen durchzusetzen (Whittington 1989). Dies gelingt ihm selbst dann, wenn die gewählten Strategien von dem Pfad abweichen, auf den das regulative erwerbswirtschaftliche Prinzip Unternehmungen – und immer häufiger auch öffentliche Betriebe – zu verpflichten scheint. Dazu allerdings ist es erforderlich, daß das Management diese Sozialstrukturen durch ein entsprechendes sensemaking signifikatorisch wie normativ reproduziert und so seine Herrschaft gegenüber anderen Akteuren absichert.

Der resource-based view des strategischen Managements (vgl. z.B. Barney 1991; Grant 1991; zusammenfassend: zu Knyphausen 1993; Rasche/Wolfrum 1994 sowie den Beitrag von zu Knyphausen in diesem Band) setzt einen Kontrapunkt zu dem bis vor einigen Jahren die Diskussion dominierenden und in industrieökonomischen Konzepten verankerten market-based view von Porter (1983, 1989): Dauerhafte Wettbewerbsvorteile werden Unternehmungen weniger von Marktstrukturen ermöglicht als durch eigene nutzenstiftende und schwer imitierbare, auf jeden Fall organisationsinterne Fähigkeiten zur Ressourcenkombination. Genauso wie die reflektierteren Beiträge zum ressourcenbasierten Ansatz sowie schon ältere Grundüberlegungen zum strategischen Management (vgl. dazu Staehle 1994, S. 581 ff.) betont auch eine strukturationstheoretische Perspektive, daß es letztlich immer und überall auf das rekursive Zusammenspiel von Markt *und* Organisation *und* weiterer Institutionen wie zum Beispiel rechtlichen Regelungen ankommt. Im Gegensatz vor allem zu den meisten vorliegenden organisationstheoretisch fundierten Beiträgen zum strategischen Management bezieht eine strukturationstheoretische Perspektive ferner die Möglichkeit mit ein, Märkte nicht nur durch neue Produkte und Dienstleistungen, sondern auch, wie in Abschnitt 2.1 angedeutet, durch Versuche strategischer Institutionalisierung und rekursiver Regulation zu schaffen und abzusichern (dazu Ortmann/Zimmer 1997; Zimmer 1996).

3.4 Accounting als soziale Konstruktion von Realität

Das Rechnungswesen scheint – zumindest auf den ersten Blick – um eine objektive Abbildung organisationaler Realität bemüht. Die konventionelle, überwiegend positivistische und auf technische Effizienzbetrachtungen ausgerichtete Accounting-Forschung stützt diesen Schein, wenn sie die Subjektivität der Akteure, der Accountants ebenso wie der Nutzer der vom Rechnungswesen zur Verfügung gestellten Informationen, ausblendet und zudem noch den jeweiligen sozialen bzw. organisationalen Kontext ignoriert, in dem die Akteure Rechnungswesendaten generieren, kombinieren und vor allem interpretieren.

Das Rechnungswesen und das mit seiner Hilfe produzierte, zumeist sehr selektive Abbild organisationaler Ereignisse ist aber nicht nur Gegenstand subjektiver Interpretation und Konstruktion, sondern auch Objekt politischer Einflußnahme (vgl. Horváth 1982; Covalevski/Dirsmith 1986). Insbesondere das Top-Management versucht, die Kontolle darüber zu erlangen bzw. zu behalten, wie die Daten im grundsätzlich politischen Verwendungszusammenhang zu sammeln, zu aggregieren und zu verstehen sind. Diese Versuche gewinnen angesichts der konkreten gesellschaftlichen Situation, in der von machtvollen Akteuren zunehmend eine in umfangreichen Rechenwerken zum Ausdruck kommende Rationalisierung wirtschaftlichen Handelns gefordert wird, immer mehr an Bedeutung. Allerdings ist schon aufgrund der Giddensschen 'dialectic of control' nicht zu erwarten, daß die vom Management mit Hilfe derartiger Accounts intendierte Kontrolle umstandslos gelingt. Schließlich muß es nicht nur die vielfältigen Adressaten der Rechnungswesendaten von seiner Interpretation überzeugen, sondern sich u.U. auch – im Konfliktfall – gegen die von Professionsnormen der Accountants abgesicherte Sichtweise durchsetzen. Darüber hinaus verfügen die Akteure, die in dieser Hinsicht kontrolliert werden sollen, über vielfältige Möglichkeiten, bereits das Zustandekommen des Rechenwerks in ihrem Interesse zu beeinflussen.

Im Zentrum einer strukturationstheoretischen Analyse von Rechnungswesen in Organisationen, die diese Subjektivität, Kontextualität und Politikhaltigkeit von Accounting mit einfängt, stehen konkrete „management accounting practices" (Macintosh/Scapens 1990). Mit diesen Praktiken tragen die Akteure einerseits zur Reproduktion von Strukturen bei, andererseits werden die Praktiken durch diese

Strukturen auch mit-geformt. Zu den für die Accounting-Praktiken besonders relevanten Strukturen zählt das in einer Organisation implementierte Rechnungswesen-, Budgetierungs- bzw. Controllingsystem (Roberts/Scapens 1985), auch wenn es selbst – genauso wie die von ihm dokumentierten Daten – erhebliche Spielräume für „interpretative Akte" (Boland 1993) eröffnet. Dieses System benutzen Manager und andere Interessierte, um vergangene Ereignisse zu analysieren, ihnen Bedeutung zuzuweisen und Sinn zu geben, um den Strom organisationalen Handelns in distinkte Akte und sodann diese Akte und ihre Resultate in Ursachen (Produktionsfaktoren, Kosten) und ihnen zuzurechnende Wirkungen (Produkte, Leistungen, Erlöse) zu zerlegen, und nicht zuletzt, um zukünftige Ereignisse zu prognostizieren; aber auch, um bestimmte Werte und Ideale darüber zu vermitteln, was in der Organisation als gut und richtig bzw. als schlecht und falsch zu gelten hat, etwa indem entsprechendes Handeln positiv oder negativ sanktioniert wird. Dies schließt auch die Rechtfertigung eigenen, etwa im Zusammenhang mit der Implementierung oder Nutzung des Controllingsystems[28] stehenden Handelns mit ein. Mit Blick auf die Herrschaftsdimension stellen derartige Systeme schließlich Machtmittel, zum Beispiel Wissen über Rationalisierungspotentiale, zur Verfügung, die das Management zur Machtausübung nutzen kann (vgl. Macintosh/Scapens 1990).

Die machtvolle Durchsetzung einer bestimmten Sicht- und Interpretationsweise, beispielsweise eine bestimmte „Lesart" der Bilanzkennzahlen, kann in strukturationstheoretischer Perspektive dabei dem Management nur dann gelingen, wenn sie den in der Organisation und auch in der Organisationsumwelt – in der Gesellschaft – im doppelten Sinne 'herrschenden' Regeln der Signifikation und Legitimation gerecht wird. Gerade die Gesellschaft verlangt von Organisationen, sofern sie von ihr Ressourcen akquirieren und letztlich ihr Überleben sichern wollen, Objektivität und Rationalität zu symbolisieren – und das, wie es scheint, in zunehmendem Maße (s. dazu auch den Beitrag von Türk in diesem Band); genau dies kann durch die Implementierung und Verwendung „anerkannter Verfahren" des Rechnungswesens erreicht werden (Meyer 1986b).

Organisationen können nicht zuletzt deshalb existieren, weil sie derartige Verfahren verwenden. Aber dadurch, daß sie sie verwenden und so verwenden, wie es stakeholder und Gesellschaft von ihnen verlangen, reproduzieren sie die herrschenden Accounting-Praktiken in der Organisation – und damit auch in der Gesellschaft. Die Aufnahme etwa sozialer oder ökologischer Bewertungskriterien in diese Praktiken erscheint genau deshalb so unwahrscheinlich, infolge eines sich vollziehenden gesellschaftlichen Wandels jedoch nicht unmöglich.

Das Rechnungswesen leistet auf diese Weise jedenfalls nicht nur einen Beitrag zur interpretativen Konstruktion organisationaler Realität, sondern auch zur Reproduktion der Organisation als (sinnvolle, mächtige und anerkannte) gesell-

---

28 Für den Fall der Ersetzung des offiziellen, formell etablierten Controllingsystems durch ein inoffizielles, faktisch genutztes vgl. Friedberg (1995, S. 149 f.) mit Rekurs auf Pavé (1989).

schaftliche Institution. Dieser Doppelcharakter von Organisation, einerseits Datenquelle für das Rechnungswesen, andererseits sozialer Handlungskontext für Generierung, Interpretation und Verwendung der Daten zu sein, wird in strukturationstheoretischer Perspektive wirklich deutlich.

Eine solche Perspektive auf die Accounting-Praktiken in Organisationen nimmt im Ergebnis Subjektivität sowie Kontextgebundenheit von Handeln auf, insbesondere auch die Wirksamkeit der 'herrschenden' Strukturen für das Handeln. Dabei vermittelt sie Handlung und Struktur über das Theorem der Dualität und Rekursivität von Struktur und geht damit sowohl über Ansätze des Behavioral Accounting (vgl. dazu z.B. Birnberg 1993) als auch über situative Ansätze hinaus, die – von der Rechnungswesenforschung erst mit zeitlicher Verzögerung aus der Organisationsforschung übernommen – zwar den organisationalen Kontext zu erfassen suchen, dafür aber menschliches Handeln weitgehend ausblenden (vgl. Hopper/Powell 1985).

3.5 Interorganisationale Netzwerke

Organisieren transzendiert heute, wenn etwa ganze Funktionskomplexe ausgelagert und die Funktionswahrnehmung in strategischen Allianzen koordiniert wird, immer mehr die Grenzen einzelner Organisationen. Manchmal wird gar die Frage nach der „Auflösung der Unternehmung" (Picot/Reichwald 1994) gestellt. Bezugspunkte des Organisierens werden dann interorganisationale Netzwerke. Sie stellen ein institutionelles Arrangement von rechtlich selbständigen, wirtschaftlich jedoch eng miteinander in Beziehung stehenden, mehr oder weniger ent-grenzten Organisationen dar (Picot et al. 1996). Diese Organisationen mögen – wie im Falle von Unternehmungsnetzwerken – nach Gewinn streben oder aber dem Non Profit-Bereich angehören. Die Beziehungen zwischen den Netzwerkorganisationen bzw. -unternehmungen sind typischerweise komplex-reziprok, eher kooperativ denn kompetitiv und relativ stabil (vgl. Sydow 1992; Semlinger 1993). Im Vergleich zu marktlicheren Organisationsformen weisen interorganisationale Netzwerke stärker institutionalisierte Beziehungen auf, die sowohl Ergebnis als auch Medium intensiverer interorganisationaler Interaktion sind. Diese Beziehungen erlauben auf der einen Seite einen schnelleren und offeneren Informationsaustausch, verlangen aber auf der anderen Seite auch nach Vertrauen und Loyalität. Im Vergleich zu stärker hierarchisch ausgelegten Organisationsformen, wie der vertikal integrierten Unternehmung oder dem Stammhauskonzern, sind interorganisationale Netzwerke loser gekoppelt; vor allem bleiben die in sie eingeschlossenen Organisationen dem „Markttest" (Mac Millan/Farmer 1979) unterworfen. Derartige Netzwerke werden unter den gegenwärtigen gesellschaftlichen Verhältnissen sowohl dazu benützt, eine interorganisationale Zusammenarbeit *aller* in sie eingeschlossenen Organisationen zu gestalten, als auch um die Kontrolle und Herrschaft einer einzelnen Organisation über andere in Zeit und Raum auszudehnen bzw. zu verfestigen. In Organisations- und Industriesoziologie geht man mehr und mehr dazu über, der Ebene der Organisation resp. des Betriebes eine andere Analyseebene hinzuzufügen, auf der man es mit so etwas wie systemischer Rationalisierung, industrial orders, regional development (dazu Storper/Scott 1992), organizational fields und governance structures zu tun hat – überorganisationalen Modi und Netzwerken der Handlungskoordination (vgl. den Beitrag von Braczyk in diesem Band).

Aus strukturationstheoretischer Perspektive entstehen solche Netzwerke, oder auch nur einzelne Netzwerkbeziehungen, als intendiertes oder nicht-intendiertes Ergebnis interorganisationaler Praktiken, sind also Resultat von Reorganisation und/oder Evolution (vgl. auch Sydow et al. 1995; Windeler 1997). Eine solche Perspektive lenkt dabei den Blick auf die Möglichkeiten und Grenzen der reflexiven Strukturation umfassenderer Sozialsysteme, also nicht mehr allein auf die Organisierung etwa einer einzelnen Unternehmung, sondern ganzer Unternehmungsnetzwerke. Dabei stehen notwendig die unterschiedlichen Interessen, die die im Netzwerk interagierenden korporativen Akteure mit diesen Praktiken verbinden, im Vordergrund – in Verbindung mit zumeist ungleichen Macht- und Ressourcenverteilungen, damit einhergehender stets prekärer Autonomie der Netzwerkorganisationen, der Gleichzeitigkeit von Kooperation und Wettbewerb und nicht zuletzt dem Spannungsverhältnis von Vertrauen und Kontrolle. Damit steht eine solche Sichtweise in starkem Kontrast zum Beispiel zu manchen systemtheoretischen Ansätzen, die Netzwerke nicht nur als Ergebnis von *Selbst*organisation, sondern auch als Resultat ausschließlich gleichberechtigter und vertrauensvoller Kooperation konzipieren (vgl. z.B. Weber 1994a) und damit zu einem scheinbar randständigen Phänomen machen.

Des weiteren hebt eine strukturationstheoretische Perspektive die Bedeutung von im Netzwerk und in der Gesellschaft vorhandenen allokativen und autoritativen Ressourcen sowie vor-herrschender Regeln der Signifikation und Legitimation für die Reproduktion der Interorganisationsbeziehungen als Netzwerkbeziehungen hervor. Gleichzeitig betont sie die durch diese Strukturen sowie insbesondere durch die Netzwerkbeziehungen erweiterten – und immer gleichzeitig auch beschränkten – Handlungsmöglichkeiten der korporativen und personalen Akteure, etwa im Sinne der reflexiven Schaffung von Möglichkeiten einer interorganisationalen Ressourcennutzung durch eine entsprechende Gestaltung der Beziehungen (vgl. dazu Windeler/Sydow 1995).

Schließlich lenkt eine strukturationstheoretische Perspektive den Blick auf die widersprüchlichen Anforderungen, die einerseits aus Praktiken resultieren, die nach wie vor an der Einzelorganisation orientiert sind, die andererseits aber die einzelne Organisation transzendieren (müßten) und statt dessen das interorganisationale Netzwerk zum Bezugspunkt erheben (müßten).

Beispiele sind neben der Selektion von Netzwerkpartnern, der Allokation von Aufgaben und Ressourcen im Netzwerk und der Regulation der Netzwerkaktivitäten

– inner- und zwischenbetriebliche Mitbestimmungspraktiken (vgl. z.B. Däubler 1993), die orientiert an (Einzel-) Betrieb und Unternehmung zu kurz greifen, oder

– die etablierten Praktiken des Rechnungswesens, die, (noch) an der Einzel- oder Konzernunternehmung orientiert, darüber entscheiden, was als ökonomischer Erfolg zu gelten hat und was nicht (vgl. Sydow et al. 1995, S. 36 ff.).

Sobald all dies zum Gegenstand von Reflexion und sodann Organisation – reflexiver Strukturation – wird, kommt man nicht umhin, diese in sich widersprüchlichen Anforderungen aufzunehmen und womöglich aufzulösen.

4. Kritik und Ausblick

Trotz der beachtlichen Verbreitung strukturationstheoretischer Forschung gerade innerhalb der Organisationstheorie gibt es, besonders im deutschsprachigen Raum, spürbare Reserven und Defizite in der Giddens-Rezeption. Das liegt nicht nur daran, daß das Feld, das er bestellt, hierzulande von Habermas und seinen Schülern besetzt ist, die sich allerdings zu Organisationen kaum geäußert haben (und wenn, dann überwiegend im Sinne der Luhmannschen Systemtheorie). Sondern Giddens selbst hat dem in gewissem Sinne Vorschub geleistet. Nicht nur hat er bis heute weit über zwanzig Bücher geschrieben, was es selbst gutwilligen Lesern erschwert, seinen Gedankenentwicklungen zu folgen. Vielmehr beschleicht gerade den mit Giddens' Arbeiten noch unvertrauteren Leser ein Eindruck, den Bernstein (1989, S. 27) so umrissen hat:

„One sometimes feels that Giddens is not always in control of the material he is discussing. Where one expects detailed explication and justification, too often there is repetition and 'eloquent' variation. Temperamentally, Giddens is foxlike in his approach to issues, although his systematic ambitions require him to be like the hedgehog. Given the sheer variety of topics, themes and thinkers he treats, one can understand why he tells us [of his book 'Constitution of Society':] 'This was not a particularly easy book to write and proved in some part refractory to the normal ordering of chapters' ([Giddens, 1984a,] xxxv.)."

Ungenauigkeiten und Ungereimtheiten, betreffend Terminologie und Begriffsbildung, sind nicht nur von Kritikern wie Archer (1990) und Stinchcombe (1990) zu Recht angemahnt worden. Die deutsche Fassung des *magnum opus*, „Die Konstitution der Gesellschaft" (1988), mit ihren gravierenden Übersetzungsmängeln, hat die Lage da nicht verbessert. Das Glossar dieses Werkes enthält aber auch im englischen Original seltsame terminologische Abweichungen vom Text des Buches. Kategoriale Unstimmigkeiten gibt es bei Giddens etwa bei der Bestimmung autoritativer und allokativer Ressourcen, einer sinnvollen Unterscheidung, die er aber bisweilen mit den Distinktionen „materielle/immaterielle Ressourcen" resp.

„technische/organisatorische Ressourcen" zu konfundieren scheint (Ortmann 1995a, S. 299, Fn. 9). Bernstein (1989, S. 30, 33) moniert Defizite im Umgang mit der Begründung von Normen und in puncto kritischer Qualität der Theorie (so auch Joas 1988, S. 23; für eine Erwiderung Ortmann 1995a, S. 226 ff.). Gerstenberger (1988) bemängelt die Gültigkeit historischer Befunde, eine Kritik, deren Relevanz für den sozialtheoretischen Kern der Strukturationstheorie noch gesondert zu diskutieren wäre. So verwundert es nicht, daß Giddens' Schriften zwar große Aufmerksamkeit erfahren, gleichzeitig aber heftige Kontroversen auslösen (s. für Überblicke die Sammelbände von Held/Thompson 1989; Clark et al. 1990; Bryant/Jary 1991, 1996).

Viele Kritiken kreisen um unterschiedliche Lesarten des grundlegenden Theorems der Dualität von Struktur. Archer (1990, S. 27) wirft Giddens zum Beispiel vor, sein Konzept der Strukturation oszilliere um zwei auseinanderdriftende Bilder: Auf der einen Seite stehe die Hyperaktivität des Akteurs, der elementar zur Instabilität von Gesellschaft beitrage; auf der anderen Seite wiesen die strukturellen Merkmale der Gesellschaft eine rigide Kohärenz auf, so daß der Gesichtspunkt der Stabilität überzogen werde. Dagegen hat Outhwaite (1990) eingewandt, daß Archer damit genau jene Entgegensetzung von Handlung und Struktur in Giddens' Texte hineinliest, um deren Behebung es letzterem gerade zu tun ist. Kießling (1985, S. 232 ff.) referiert eine „Standardkritik", die Giddens subjektivistische Verkürzungen vorwirft, kommt aber seinerseits zu dem entgegengesetzten Urteil, die Theorieanlage leide an einem objektivistischen Überhang (ebd., S. 179 ff.; zu einer knappen Anti-Kritik s. Gondek 1989).

Die Diskussion der Vermittlung von Handlung und Struktur hält an. Eher verwunderlich ist, daß in den theoretischen Kontroversen eine genauere Diskussion der Mechanismen der Vermittlung unterbleibt und insbesondere der bedeutsamen Frage der *Modalitäten* in Giddens' Theorem der Dualität von Struktur wenig Beachtung geschenkt wird. Obwohl auch unsere Ausführungen hierzu nicht das letzte Wort sein werden, meinen wir doch, in Abschnitt 2.2 zumindest den Weg für eine weitere Diskussion dieses Konzeptes angedeutet zu haben.

Unserer Ansicht nach könnten weitere Klärungen der Vermittlung von Handlung und Struktur das Zusammenspiel von Theorieentwicklung und empirischer Forschung befruchten – wenn man die Ansprüche nicht zu hoch schraubt:

„The concepts of structuration theory, as with any competing theoretical perspective, should for many research purposes be regarded as sensitizing devices, nothing more. That is to say, they may be useful for thinking about research problems and the interpretation of research results" (Giddens 1984a, S. 326 f.).

Ein Blick auf die Landschaft der aktuellen empirischen Organisations- und Netzwerkforschung lehrt, wie sehr diese durch theoretische Inspiration gewinnen könnte. Giddens' Strukturationstheorie liefert einen solchen inspirierenden Theorierahmen – vorausgesetzt, daß wir uns nicht darauf beschränken, ihn mit Empirie füllen zu wollen, sondern die konstitutive Rolle dieses „Füllens" für jenen Rahmen und die beträchtlichen Chancen mitbedenken, Erkenntnisse anderer Theorietraditionen und bewährter organisationstheoretischer Konzepte aufzunehmen und produktiv zu verarbeiten. Das eröffnet dann auch Chancen auf Kommunikation zwischen vermeintlich inkommensurablen Diskursen – man denke nur an die interpretative Organisationsforschung, den ökonomischen und den soziologischen Neo-Institutionalismus oder auch an ausgesprochen strukturalistische resp. handlungstheoretische Ansätze wie auch die klassische betriebswirtschaftliche Organisationslehre. Dann wird zur Selbstverständlichkeit, daß im Zuge seiner Erfüllung ein solcher Rahmen auch ergänzt, vielleicht gar ersetzt werden wird – in einem Prozeß prinzipiell unabschließbarer Kritik.

Die Theorie der Strukturation als Metatheorie der Organisation?

Margit Osterloh und Simon Grand

1. Einleitung

Giddens' Theorie der Strukturation der Gesellschaft als eines permanenten Prozesses der Reproduktion bestehender und der Schaffung neuer sozialer Praktiken behandelt zentrale Themen der Organisationstheorie. Sie sucht eine Reihe von bislang als unvereinbar angesehene Dualismen zu handhaben, ohne diese aufheben zu wollen: z.B. Stabilität versus Wandel, Top down- versus bottom up-Verfahren beim organisationalen Wandel, formale versus informale Organisation, organisatorisches Dilemma zwischen Innovation und Routine, Aufbau- versus Ablauforganisation. Diese praktischen Fragen spiegeln sich in bisher als unvereinbar geltenden oder nur unter einer theorienpluralistischen Perspektive zu handhabenden theoretischen Paradigmen wider, wie sie in den 80er Jahren in den Klassifikationen von Burrell/Morgan (1979) oder Astley/Van de Veen (1983) diskutiert wurden. Giddens' Theorie verspricht, die Inkommensurabilität dieser Paradigmen in der Organisationstheorie zu überwinden. Mit dem Versprechen der Vermittlung zwischen theoretisch widersprüchlich erscheinenden Paradigmen ist auch die Aussicht auf eine Vermittlung zwischen methodisch bisher unvereinbaren Zugangsweisen der Sozialwissenschaftlerinnen und -wissenschaftler zu ihrem Gegenstandsbereich verknüpft, die in der Unterscheidung der Teilnehmer- versus der Beobachterperspektive zum Ausdruck kommt.

Ortmann, Sydow und Windeler knüpfen in ihrem Beitrag zu diesem Band daran die Hoffnung, daß die Theorie der Strukturation zur Metatheorie der Organisationstheorie werden könne. Zugleich stellen sie die Forderung nach praktischer Umsetzung der Theorie der Strukturation. Unser Beitrag erläutert im ersten Teil, wie wir „putting Giddens into action" verstehen. Im zweiten Teil zeigen wir, daß die Theorie der Strukturation ihrem eigenen Selbstverständnis nach keine Metatheorie sein kann.

2. Was heißt „putting Giddens into action"?

Organisationsforschung als problemorientierte betriebswirtschaftliche Forschung muß zweierlei Probleme lösen, das Analyse- und das Designproblem.

a) Das *Analyseproblem* besteht darin, geeignete theoretische Bezugsrahmen zur Explikation der Entstehung und Veränderung von Organisationsstrukturen und -abläufen beizutragen. Diese können auf verschiedenen Ebenen angesiedelt sein (Osterloh/ Grand 1994):

– *Modelle*: Modelle enthalten logisch-analytische Operationen und Aussagen über deren empirische Anwendungsbedingungen (vgl. Friedman 1953a). Modelle beschränken sich nur auf wenige Schlüsselvariablen, d.h. auf wenige dekontextualisierte „strong links" (Mayer 1993). Nur diese werden einer genaueren Analyse unterworfen (Porter 1991). Hingegen werden die „weak links" meist nur in Form von ad hoc-Überlegungen einbezogen, ohne explizit ins Modell eingeführt zu werden.
– *Frameworks* oder *maps*: Sie entstehen im Zusammenwirken von verschiedenen dekontextualisierten Modellen und kontextspezifischen Konzepten. Dabei haben die Modelle die Funktion, auf relevante Zusammenhänge innerhalb vielschichtiger Phänomene aufmerksam zu machen. Weil ein Modell immer nur wenige „strong links" behandelt, werden für die Generierung möglicher Variablensets alternative Modelle herangezogen. Die Konzepte sollen auf „weak links" aufmerksam machen, die in den Modellen nicht explizit berücksichtigt werden.

b) Das *Designproblem* besteht darin, geeignete Werkzeuge für das Lösen praktischer Probleme zur Verfügung zu stellen, sowie darin, den Problemlösungsprozeß kritisch zu reflektieren. Hierbei ist nicht Rezeptwissen im Sinne von dekontextualisierten „one best way"-Lösungen gemeint. Vielmehr geht es darum, aus den theoretischen Bezugsrahmen „Redeinstrumente" abzuleiten (vgl. Scherer 1995, S. 287 ff.). Diese haben die Aufgabe, Orientierungsmuster zum Verständnis komplexer Situationen zur Verfügung zu stellen oder bereits vorhandene implizite Orientierungsmuster transparent und argumentationszugänglich zu machen. „Redeinstrumente" in diesem Sinne können u.E. nur „frameworks" oder „maps" sein. Sie stellen keine „Gesetze" zur Verfügung, sondern nur Strukturierungsinstrumente. Dies bedeutet, daß die Unsicherheit und Ambiguität, in der sich Organisationen bewegen, nicht in einer unpräzisen Sprache ihre Entsprechung finden sollte, wie dies etwa Astley/Zammuto (1992) fordern. Vielmehr muß die Organisationstheorie präzise Bezugsrahmen liefern, um „vor Ort" und kontextbezogen Mißverständnisse und Interessendivergenzen klären zu können. Gerade die Artikulation und Handhabung von Dualitäten und Paradoxien erfordert eine exakte Sprache.

Wie steht es nun mit den Redeinstrumenten bei Ortmann, Sydow und Windeler? Sie zeigen an mehreren Beispielen den rekursiven Zusammenhang zwischen Signifikation, Herrschaft und Legitimation auf. Zweifellos ist die Frage nach dem Verhältnis von kognitiver, Legitimations- und Herrschafts-Dimension die aufregendste der Organisationstheorie. Es bleibt aber offen, was daraus im Sinne einer Stützung der Praxis folgt. Werden keine konkreten „maps" als Strukturierungshilfe für die Lösung praktischer Probleme zur Verfügung gestellt, dann kommt die Berufung auf Rekursivität nicht über die Feststellung hinaus, daß alles von allem abhängt. Zugestanden sei allerdings, daß die Idee der Rekursivität neue theoretische Fragestellungen auslöst.

3. Statt einer Metatheorie: Die strategische und strukturelle Analyse

Die Nützlichkeit von „maps" als Strukturierungshilfe wird auch von Ortmann (1995a, S. 355 ff.) gesehen. Er stellt zugleich die Frage nach den Auswahlkriterien für verschiedene „maps", denn schließlich gibt es eine „Fülle von Möglichkeiten, die Landschaft so oder auch anders zu kartographieren" (S. 360). Als Auswahlkriterium nennt er Viabilität, d.h. „ein pragmatisches, im Diskurs zu erfüllendes Kriterium der Wahrheit, nämlich: der intersubjektiven Geltung" (S. 123).

Diskurse erfolgen aus der Teilnehmerperspektive (vgl. Habermas 1981). Andererseits erhebt Giddens (1984a) den Anspruch, daß die Theorie der Strukturation zwischen der Teilnehmer- und der Beobachterperspektive vermittelt und zugleich eine kritische Distanz zu beiden Perspektiven ermöglicht. Eine ausschließliche Orientierung an der Teilnehmerperspektive ohne eine kritische Analyse der nichtintendierten Handlungsfolgen aus der Beobachterperspektive beraubt die Sozialwissenschaft ihrer kritischen Funktion. Auf dieser besteht Giddens nachdrücklich. Die Sozialwissenschaft hat nur dann eine Existenzberechtigung, wenn sie als kritische Instanz Orientierungshilfen zur Verfügung stellt, die über das Alltagswissen hinausgeht.[1]

Um diesem Anspruch gerecht zu werden, schlägt Giddens ein Vorgehen vor, das er „strategische und strukturelle Analyse" nennt (vgl. Giddens 1984a, S. 327 ff.):

– Die *strategische Analyse* ist verstehend orientiert. Mit ihr verschafft sich der Sozialwissenschaftler oder die Sozialwissenschaftlerin einen Zugang zu den Wissensinhalten der Akteure. Es geht dabei um die Rekonstruktion der gesellschaftlichen Wirklichkeit aus der Perspektive der handelnden Subjekte in hermeneutisch-interpretativer Einstellung. Die strategische Analyse kommt aber nicht über das Alltagswissen hinaus. Sie kann deshalb kein kritisches Wissen zur Verfügung stellen, das die Laien auf nichtintendierte Nebenwirkungen ih-

---

1 Vgl. auch Habermas (1981, Band II, S. 224 f.). Diesen wichtigen Aspekt heben Kießling (1988) und Walgenbach (1995) in ihrer Interpretation der Giddensschen Theorie besonders hervor, während Ortmann et al. (in diesem Band) sowie Ortmann (1995a) darauf leider nicht eingehen.

res Handelns aufmerksam macht. Die strategische Analyse aus der Teilnehmerperspektive muß deshalb um eine Analyse aus der Beobachterperspektive ergänzt werden.

- Die *strukturelle Analyse* soll die nicht-intendierten Nebenwirkungen aufdecken, die dem handelnden Subjekt verborgen sind. Sie wird vom Wissenschaftler oder von der Wissenschaftlerin in erklärender Absicht aus der Beobachterperspektive an den Untersuchungsgegenstand herangetragen. Erst durch die strukturelle Analyse wird Wissen generiert, das den Laien aus ihrer Alltagspraxis heraus nicht zur Verfügung steht. Die strukturelle Analyse produziert damit kritisches Wissen aus der Beobachterperspektive. Anders als beispielsweise die Ethnomethodologie vertritt Giddens nicht eine „ethnomethodologische Indifferenz" (Garfinkel 1973) gegenüber den Inhalten der Interpretationsleistungen der Handelnden und vermeidet damit das, was Habermas (1981, Band I, S. 164) als die „methodologische Anstößigkeit" von Ansätzen bezeichnet, die nur die Teilnehmerperspektive berücksichtigen.

Dieses Vorgehen hat nichts mit einer Metatheorie zu tun: Eine Metatheorie müßte verschiedene Zugangsweisen unter einem gemeinsamen Dach integrieren können. Sie müßte angeben können, für welchen Fall welche Teilmodelle oder „maps" anzuwenden wären, d.h. sie müßte sämtliche „weak links" enthalten und Regeln aufstellen können, nach denen diese innerhalb der Teilmodelle zu „strong links" werden. Sie müßte im Sinne von Esser (in diesem Band) ein Reduktionsprogramm entwickeln. Allerdings würde eine solche Metatheorie durch die Vielzahl der zu berücksichtigenden Variablen explodieren. Damit könnte Theorie *erstens* nicht mehr die Aufgabe erfüllen, Komplexität zu bewältigen. Eine Theorie, die aus allen „weak links" potentielle „strong links" macht, kann es deshalb nicht geben. *Zweitens* würde eine solche Theorie ausschließlich aus der Beobachterperspektive operieren. Dieser Position ist jedoch spätestens seit der sprachpragmatischen Wende in den Sozialwissenschaften der Boden entzogen, und sie wird auch von Giddens (1984a, S. xxxvi) dezidiert abgelehnt.

Statt dessen ist er immer bemüht, die Dualität zwischen struktureller und strategischer Analyse zu erhalten. So ist die Sozialwissenschaft für die Durchführung strategischer Analysen auf die vorgängig produzierte strukturelle Analyse angewiesen, die den strukturellen Inhalt in „Reinkultur" darstellt (vgl. Kießling 1988, S. 163).[2] Giddens sieht die Funktion disziplinärer Sprachen darin, die Sozialwissenschaften nicht völlig mit ihrem Gegenstand verschmelzen zu lassen (Giddens 1984a, S. 351). Je aufschlußreicher diese allerdings seien, desto wahrscheinlicher würden sie in das Handeln eingehen. Sie würden dadurch zu vertrauten Prinzipien des sozialen Lebens (Giddens 1984a, S. 351). Damit ist ziemlich genau das bezeichnet, was oben mit „mapping" beschrieben wurde.

---

2 Gemeint ist wohl ein idealtypischer Referenzrahmen im Sinne von Max Weber (1956, S. 1 ff.).

„Mapping" wird wie die strategische Analyse aus der Teilnehmerperspektive betrieben und ist zugleich auf die strukturelle Analyse aus der Beobachterperspektive angewiesen. Es „sieht gewissermaßen zu, wie aus den für sich abstrakten und subjektlosen Strukturen Wirklichkeit wird" (Kießling 1988, S. 164). Zwischen beiden Arten der Analyse vermitteln die sogenannten Modalitäten. Sie stehen als „knowledgeable capacities", d.h. als reflexive Instanz der Akteure zwischen der bloßen Reproduktion und Verfestigung der strukturellen Merkmale und dem kritischen Nachvollzug der theoretisch-disziplinären Referenzrahmen (Giddens 1984a, S. 28).[3] Giddens eröffnet dabei gleichzeitig die Möglichkeit, die neuerdings in der Organisationstheorie intensiv diskutierte „tacit dimension" (vgl. Nonaka 1994) einzubauen und an wichtige Theoriestränge der Soziologie anzuschließen, etwa an die Konzepte „habitus" und „sens pratique" bei Bourdieu (1979). So werden präzise Referenzrahmen für den Diskurs um praktisch relevante Problemdefinitionen und -handhabungen gegeben, welche zugleich an das lebensweltliche Handlungswissen der Akteure anschließen *und* über dieses hinausführen. Gleichzeitig wird deren Verhältnis zu theoretischem Wissen explizit mitreflektiert.

---

3   Vgl. dazu auch den Begriff der „doppelten Hermeneutik" von Giddens (1976, 1984a).

4 SYMBOLISCHE UND KOGNITIVE ANSÄTZE

Symbolism and Organization Studies

Barbara Czarniawska-Joerges

Preface

The roots of organization theory can be traced back to several disciplines, mostly within social sciences: economics, sociology, political sciences, and psychology. This initial mixture of influences continues in the present development of organization theory, and in studies informed by it. If anything, the eclecticism of organization theory grows, as sources of inspiration multiply, recently including also anthropology and literary theory. The positive effect of this state of affairs is an unusually high level of creativity and experimentation, both less encouraged in the parental disciplines, where norms are stricter and rules more clearly formulated. The negative effect is a relative lack of self-reflection, of awareness of the discipline's possibilities and limitations. A successful advancement of any theoretical field requires both; creativity and experimentation need to be reinforced and consolidated by reflection and analysis. This article is such reflection directed toward one of the developments acquiring a distinct place in organization theory since the 1980s: symbolist organization studies. It is based on the assumption that a historical insight into the roots of symbolism and the routes by which it came to organization studies will help to incorporate it more fully into the body of organization theory. It is this author's belief that such an incorporation will be highly advantageous for understanding the phenomenon of organized life, so central to the contemporary world.

1. Origins: Symbolism as a Reaction to Realism and Beyond

"Symbolist movement, literary and artistic movement that originated with a group of French poets in the late 19th century, spread to painting and the theatre, and that influenced the European and American literatures of the 20th century to varying degrees. Symbolist artists sought to express individual emotional experience through the subtle and suggestive use of highly symbolized language" (Encyclopædia Britannica 1990, p. 458).

1.1 Les Symbolistes

I shall start with a brief and simplified description of what is considered the
Symbolist movement in literature on the assumption that a full and nuanced
characterization lies beyond the scope of this essay, but that a sketch of it is
necessary in order to understand its follow-up in organization theory. Attributed
in the first place to a group of French poets[1] inspired by Baudelaire, this late
nineteenth century movement is seen as represented in French poetry by Stéphane Mallarmé, Paul Verlaine, Arthur Rimbaud; in Russian poetry by Aleksandr
Blok; in the novel by Joris-Karl Huysmans and Andrej Bely; and in the theatre by
Maurice Maeterlinck, Villiers de L'Isle-Adam, Paul Claudel, August Strindberg
and Alfred Jarry. Although its influences reverberated through most modernist
writing[2], the twentieth century authors considered to be under the direct influence of the movement are Paul Valéry, W.B. Yeats, T.S. Eliot, James Joyce and
Virginia Woolf.

The movement started as a reaction against the "flat" descriptive tendencies
of realism and naturalism: Zola and Mallarmé stood at opposite extremes. Poetry,
art, and literature were to be "evocative" (Priestley 1960). Eco (1989) speaks of
"suggestiveness", quoting Mallarmé's programmatic statement "Nommer un
objet, c'est supprimer les trois quarts de la jouissance du poème qui est faite du
bonheur de deviner peu à peu; le suggérer, voilà le rêve", (Mallarmé 1976, p. 392),
as an example of a deliberate step aimed at opening the work to free responses
from the public. Clearly enchanted with modern physics and with all kinds of
extravagant experiments reaching beyond linear logic to embrace paralogy and
rupture, symbolism admired speculative sciences and detested the pedestrian
empiricism. Irony often replaced oracular rhetoric (Frye 1973).

Symbolism stood against fixed meanings, and put symbol in its center as a
communicative medium – to communicate between the subjective experience
and the social inheritance of a culture, in a play of ambiguity and shifting interpretations which has no definite "key" or "code" to it. Valéry's dictum that "il n'y
a pas de vrai sense d'un texte" continued to shock and perplex until quite recently. Symbolists insisted on "literal meaning", not seeing symbols as representing "something else" but as instead acquiring meaning from other symbols in the
same poem or text (Frye 1973). Coherence, or, in the symbolists' parlance, "a
unity of mood", was the main aspect of understanding a poetic text. In its differ-

---

1 Its influence on painting and other arts is also traced through poetry (see e.g. Delevoy
   1978), and all of it is often connected to the fin-de-siecle atmosphere. "Symbolism was less
   a school than the atmosphere of a period", says the jacket to Delevoy's book, and the
   author himself makes an analogy between the present interest in symbolism and "the
   thought of the dangerous and possibly fatal transition through the junction of two stretches
   of time" (1978, p. 12).
2 In some readings, however, modernism was a step backward in relation to symbolism,
   which was properly taken up by postmodernism only (Porter 1990a).

ent versions, Symbolism exhibited mystical tendencies, bowing to Romanticism in its aversion to Positivism, to the influence of Wagnerian music and Impressionist painting in the emphasis on "tonalities", "colors", harmonies, and disharmonies, to the belief in the supremacy of art over other ways of cognition and expression, and to an idealist ontology.

As a result of that, Symbolism is often confused with Romanticism, not least in organization studies. Laurence Porter points out that, while Romanticism relied on conventional vehicles, invented original codes and questioned metalanguage, Symbolism invented both vehicles and codes, and negated the possibility of a metalanguage (Porter 1990a). Romanticism "assailed the absurdity and errors of existing institutions, seeking to reform them or replace them with others" (1990, p. 8), sharing this ambition with the contemporary critical theory, while Symbolism "saw all institutions as relative to time and place and circumstance" (Porter 1990a, p. 8.). Finally, "Romanticism preserved a robust optimism about its ability to apprehend an ultimate truth and to communicate it, be it only eventually and to only a happy few" (Porter 1990a, p. 11). Symbolism admitted the impossibility of perfect communication but, now and then, this led either to despair, or to comedy, like in the theatre of the absurd, or else to a skillful dramatization of this impossibility.

Among all the debates on and around symbolism, there is an agreement on one common trait: that it recurrently deploys a set of metaphors which can be seen as a system (Porter 1990a). This emphasis on metaphoric rather than analogous thinking, together with the use of metaphor as a structuring device rather than as an ornament, made symbolism attractive to a certain kind of social thought and writing. Having said that, however, I must hasten to add that it is certainly not the only element which has been borrowed. To make the list more complete, however, it is necessary to stop treating symbolism as a homogenous movement and take a brief look at some of its variations.

1.2 Stéphane Mallarmé: fashion and text

> ... tout, au monde, existe pour
> aboutir à un livre.
> *Quant au livre*, Stephane Mallarmé

Among various figures of Symbolistes, one who receives most attention, not least in terms of his influence on literary theory and social sciences, is Stéphane Mallarmé. In this context it is important to point out his influence on critical movements of the 1960s and 1970s, such as psychoanalytic and thematic criticism, structuralism, semiotics and deconstruction (Johnson 1994). His principal literary discovery was the eclipse of the author by the work:

"It is largely by learning the lesson of Mallarmé that critics like Roland Barthes came to speak of "the death of the author" in the making of literature. Rather than seeing the text as the emanation of an individual author's intentions (...), structuralists and deconstructors followed the paths and patterns of the signifier, paying new attention to syntax, spacing, intertextuality, sound, semantics, etymology, even individual letters. In each case, Mallarmé had been there before them ..." (Johnson 1994, p. 9).

It is in fact those investigations which took Mallarmé beyond his poetry – he singlehandedly wrote and published 8 issues of the journal La Derniére Mode and wrote the bits and pieces of theoretical musings, put together as Divagations and Le Livre, which were of importance to the literary theory in the first place, and to social science in the second.

Last but not least, it is worthwhile to note that Mallarmé's work was replete with paradoxes – by design or by default is for biographers to judge. His kind of paradoxes – striving for self-effacement and for fame, rebelling against received ideas but with totalitarian undertones, relativizing and acknowledging a taste for universalism, mixing irony and deadly seriousness, proposing literal interpretation together with a search for transcendental meaning – are all now part of what is so sweepingly called "postmodernism".

1.3 Andrej Bely and symbolic realism

The fact that symbolism can hardly be presented as a coherent "movement" with a "program" leads to a feverish need to solidify and harmonize, to iron out all these inconsistencies and innumerable variations. The price to pay is simplification, and the main victim of it is the relationship between realism and symbolism, which tends to be presented as one of mutual exclusion.

That this was not so is especially visible in the essays of Bely, who, from claiming the absolute difference of symbolism from anything else, ended up with defending "symbolic realism" and "realist symbolism" – to some critics a proof of confusion (Pollak 1987), but to a reader of especially "The Silver Dove" (1910) and St. Petersburg (1913-1914) a quite fitting presentation of his works. The relevance of Bely's works in the present context is not limited to his acknowledgment of the value of realism. Symbolism was for him not so much a matter of a literary preference, as an epistemology, a theory of knowledge:

"The search for a system of symbolism did not merely involve finding one ready-made rational formula, but rather a long, and at times, tedious picking of one's way through all schools of thought, including idealism, positivism, and especially the then-burgeoning study of psychology. (...) This search was to lead him through the strangest combinations of likes and unlikes. Plato, Heraclitus, Pythagoras, Leibniz, Kant, Schopenhauer, Herbert Spencer, Nietzsche, Erich von Hartmann, Wilhelm Wundt, Madame Blavatsky, Rudolf Steiner – these represent but a partial list of the various sources of knowledge which Belyj attempted to assimilate during his lifetime" (Cioran 1973, p. 42).

Although Bely, like Mallarmé and others, failed to arrive at a final system of symbolism, contenting himself with a method of "symbolization", which was among elements to be taken up by Bakhtin and then by literary theory and social sciences, it is interesting to review these attempts at integration based on a belief of transcendental knowledge, recognizable also in the works of such symbolically-oriented authors as Carl Jung and Mircea Eliade, together with typical connections to the occult, to the Orient and to Greek mythology and philosophy – in short, a search for the universal mind. All these motifs, and more, will reverberate in the symbolist social science of our times. The works of Mallarmé and of Bely constitute perhaps the borders of the wide berth in which various symbolists' attempts can be located: they meet in the crucial points, but also differ widely. It is difficult, however, to coherently characterize all that lies between them.

1.4 Above all, the rebels

When at its weakest, symbolism was mystifying, idealizing, and subjectivizing. The search for meaning in the Text (observe the enchantment with capital letters) acquired in some renditions a touch of totalitarian greed for "the whole meaning" (Brandell 1958; Johnson 1994). Nevertheless, whoever is out to condemn what seems to be a New Age-like nonsense in symbolism, would do well to remember that "the appeal to symbols as an instrument of knowledge aims at discovering, or rather recovering, some modality of reality hitherto buried in cultural silt" (Delevoy 1978, p. 8). Symbolists always want to see themselves as rebels of some kind.

Thus, one of the characteristics of symbolism, perhaps typical of every new movement but of special interest in the present context, was its violent reaction against rigid canons in poetry. Priestley went so far as to suggest that this negative reaction was the most solid root of the movement:

"Yet it was never a very positive movement, nor indeed much of a movement at all, in the usual meaning of the term, suggesting a definite group with a common programme. Its poets shared dislikes rather than likes. All were equally contemptuous of what might be called official verse, traditional, descriptive, moralising, school-book stuff. They detested the pseudo-scientific naturalism of popular novelists and playwrights and the kind of criticism that praised it. In their various ways they all wanted to take poetry out of the heavy materialism of the age, now in its final phase. They were all rebels of one sort or another" (Priestley 1960, p. 217).

This can be indeed a perfect description of symbolism in social sciences in general, and organization studies in particular. When one bends down, however, to see where such a rebellion can lead, it becomes clear that the directions may well be opposite. All this, claims Eco, has to do with the ambiguity incorporated in the Greek etymology of the word "symbol":

"Originally a symbol was a token, the present half of a broken tablet or coin or medal, that performed its social and semiotic function by recalling the absent half to which it could have been potentially reconnected. (...) But the present half of the broken medal could have been reconnected, and the ghost of its absent companion, furthermore, the ghost of the imagined original wholeness, encouraged other senses of "symbol". Thus the verb symballein came to mean to meet, to try an interpretation, to make a conjecture, to solve a riddle, to infer from something imprecise, because incomplete, something else that it suggested, evoked, revealed but did not conventionally say" (Eco 1985, p. 385).

Thus two very different ways of using the term "symbolic" and of "doing symbolism": one wants to establish what it is, exactly, that a symbol stands for, the other wants to show the process of symbolizing. In the first case, the symbols are assumed to be irrevocably related to their meaning by a decisive convention; in the second, they are being related to "imprecise clouds of meanings, which they leave continually unexploited or unexploitable ..." (Eco 1985, p. 384). These two ways coexist in organization studies, sometimes on the same page, and can be distinguished, as Yanow (1992) points out, by a choice of a research question: between "What does it mean?" and "How does it mean? "

2. Symbolism in Social Sciences[3]

On the way to organization theory it is necessary to review symbolist influences in those social sciences which are the building stones of organization theory itself: political sciences, sociology and anthropology.[4]

2.1 Political sciences

The most obvious example of symbolic approaches to political sciences is dramatic theory, as there are many references to various kinds of dramatic theory in political sciences, and not necessarily of a metaphorical character. These are cases of an analogy, not metaphor, as Merelman pointed out, since "politicians use dramatic devices" (Merelman 1969, p. 216). There are good reasons to reach directly for the theory of dramatic appearances, from Aristotle to Stanislavski. But, for obvious reasons, the analogy is limited, as politics has some but not all traits of the theatre. Worse still, the encounter between the two theories seemed problematic to Merelman:

---

3 The classification which follows concerns texts rather than authors (for instance, Merelman is a sociologist) and is arbitrary like all such classifications.

4 Psychology was never much influenced by symbolism, being interested in "mental representations" rather than in sign systems. Psychoanalysis, on the other hand, is an important influence but will be treated here as a general cultural impact rather than a "social science" in itself.

"It seems clear that dramatic theory can provide us with a perspective on politics that highlights formerly obscured aspects of the political process ... Yet, the writer confesses a lingering dissatisfaction ... The state of dramatic theory – indeed, the whole field of aesthetics – leaves a systematic reader depressed ... theories of literature, of which dramatic theory is a branch, agree little on fundamental definitions, modes of inquiry, or goals for research. There are virtually as many answers to the questions "What do we mean by drama?" and "What is it that makes a drama great?" as there are commentators on drama.

Furthermore, what answers there are come couched in the metaphysical terminology or in vague aphorisms which themselves function as little more than rhetoric" (Merelman 1969, p. 240).

I quote this lamentation at some length because it illustrates well the clash between the two ways of reading symbols, and a dissatisfaction which will be repeated many a time in later studies. No such dissatisfaction is to be found, however, in works of the author who made most to introduce the symbolic perspective to political sciences – Murray Edelman (1964, 1971, 1977, 1988). Evoking such inspirations as George Herbert Mead, Lev Vygotsky and Kenneth Burke, Edelman carried his theory right to the works of Michel Foucault and Jacques Derrida, in order to create the image of political life as hyperreal for its actors, and as resisted with indifference by its spectators. "Recognition of the power that springs from indifference to political appeals is a precondition for understanding the effectiveness of political symbolism" (Edelman 1988, p. 8). Taking this stance leads to radical consequences that few have yet dared to follow:

"Accounts of political issues, problems, crises, threats and leaders now become devices for creating disparate assumptions and beliefs about the social and political world rather than factual statements. The very concept of "fact" becomes irrelevant because every meaningful political object and person is an interpretation that reflects and perpetuates an ideology. Taken together, they comprise a spectacle which varies with the social situation of the spectator and serves as a meaning machine: a generator of points of view and therefore of perceptions, anxieties, aspirations and strategies" (Edelman 1988, p. 10).

The political spectacle thus exploits a set of symbols – signifiers – which continuously construct and re-construct the meaning of present events, history and future expectations, the subjectivity of the spectators and the significance of prominent social groups.

In between Merelman's version of symbolism which wishes to scientify it and the radical version of Edelman there is at least a decade not, in general, sympathetic to symbolism, but admitting some ambivalence. Symbolism was present via influences from psychoanalysis, from Freud to Laswell, from anthropology (see below), and from literary theory. However, there was a visible tendency to treat symbols, myths, rituals, etc. as "prescientific" (read: primitive) – as "falsifying" the truth and reality. This ambivalence was present even in the early works of Edelman, as Hogenson (1987) showed in his interesting review article, but vanished later in favor of understanding and acceptance of the ambiguities and contradictions in myths, symbols and dramatic rituals. This is not equivalent to giving up hope for a liveable democracy or for a good life, but expresses an urgent need to change the received way of speaking about politics. "Either we do away with the state as we have known it or it does away with us", says Apter (1985, p. 307) at the end of his fascinating discussion of the new mytho/logics in a postmodernist vein.

A similar process of radicalization – from symbols as remnants of primitive social order, through symbols which stand for precise meanings, to a power-play of signifiers – took place in another traditionally symbolist strand of political sciences: rhetorical analysis. One could say that rhetoric is political science, and go all the way to the ancient Greeks to prove it. In times closer to our own, one might mention the psychoanalytical analysis of Harold Lasswell (1930), who had exerted a strong influence on many generations to follow, and Burke's dramatistic analysis (Burke 1945).

When hard times descended on all symbolist approaches, political science resisted. As John S. Nelson put it beautifully, "The engines of modernization devastated respect for rhetoric elsewhere but diminished it only slowly in political theory" (Nelson 1987, p. 211). He claimed that, as a consequence, political sciences missed the new "rhetorical turn" until the late 1980s, with the exception of Edelman. Whatever the history, at present the political sciences are keenly not only analyzing the rhetoric of politics, but also the rhetoric, and thus politics, of political science (Shapiro 1987). The analysis of rhetoric is helped by analyses of politics from communication studies (for the narrative approach, see Fisher 1984, 1987) and marketing (Laufer/Paradeise 1990; Diamanti 1994). The latter equally often lean toward semiotic analysis, though, whereas the rhetorical analysis of politics goes hand in hand with its dramatic conceptions.

2.2 Sociology

When connecting sociology to symbolism, the name of Kenneth Burke acquires more weight than that of Stéphane Mallarmé. To begin with, Burke introduced the French symbolists to American literary criticism. To continue, he introduced literary theory to the Anglo-Saxon social sciences. In terms of his own work, he could also be compared with Bely – minus the latter's mysticism and narcissism. As a person who set a practical example in US literary criticism, "[a]t one time or another Kenneth Burke has done almost everything in the repertoire of modern criticism, and generally a number of things in conjunction" (Strelka 1968, p. 4). And indeed, Burke's "dramatism" (Burke 1945) can be shown to have strong parallels with Bely's "symbolization".

It is not my intention here to present Burke's thought and its impact on social sciences – this has been done successfully before (Overrington 1977a, b). It is enough to remind the reader that he postulated analyzing symbolic action in

terms of a dramatic pentad (act, agent, scene, agency and purpose). He acknowledged his proximity to G.H. Mead by suggesting an extension to a hexad (by the
inclusion of Mead's "attitude", Burke 1966), and considered Goffman's idea of
"impression management" (Goffman 1959) as close to his own. Lyman and Scott
(1975) started from Burke, Goffman and Evreinoff (also taken up by Goffman)
in order to analyze theatre in sociological terms and social life in terms of theatre.

But sociology has also a symbolist strand which is called by this name: symbolic interactionism, and its close cousin, institutionalism. This kind of symbolism, as far as I could establish, has nothing to do with les symbolistes, but all to
do with American pragmatism. Both institutionalism and symbolic interactionism
can be traced back to the Chicago school of pragmatism: Veblen, Dewey, but in
the first place George Herbert Mead (Baldwin 1986). Although Mead spent the
years 1888-1891 in Germany, the only influences of relevance were those of
Wundt, Hegel[5] and, possibly, the Romantics. "Symbolic" in symbolic interactionism stands for a kind of humanist improvement on behaviorism: the core of
Mead's discontent with John Watson was the fact that the symbolic meanings of
communication were not included in Watson's behaviorism, thus failing to grasp
what was truly human – the social.

The consequences of it can be seen in the brand of institutionalism which assumes that organizations are "open, natural systems" (best known in Scott's
variation of institutionalism, 1981) as opposed to treating them as "cultural,
closed systems" (as in Luhmann's theory of communication, Luhmann 1990b)
and this kind of naturalist symbolism is best developed in ethnomethodology
(Sacks 1992, Silverman/Torode 1980).

Does it hurt to mix "naturalist symbolism" with a "culturalist symbolism"?
According to Luhmann (1990), the attempts to mix behavioralism with phenomenology, like in the version of symbolic interactionism presented by Denzin
(1992) are misconceived ("this fusion cannot succeed and amounts to enormous
hybridization of incompatible kinds of theory"; Luhmann 1990b, p. 119). This is
not the place to try to assess this statement, but one might point out that, in
practice, hybrids are usually much more viable than anybody could suspect. The
organization studies in focus here include both examples of uneasy mixing, like
some cases of the new institutionalism, and of very creative mixing, like in some
cases of constructivist institutionalism. After all, "[t]here is certainly nothing
novel about juxtaposing the most diverse methods of the most disparate national
origins systematically and in equality" (Strelka 1968, p. 4) – an opinion which, in
most positive terms, was applied to Kenneth Burke. At any rate, new institutionalism, symbolic interactionism and ethnomethodology continue their paths,
sometimes claiming separation, sometimes joining their efforts (see Pow-
ell/DiMaggio 1991). The Chicago tradition is very much alive.

---

5 It was also Hegel and Wundt who provided the most important ingredients for Bely's particular brand of symbolism (Cioran 1973).

But naturalist symbolism is not the only one present in US sociology. Already in 1977, Richard H. Brown was proposing "an aesthetical view of sociological knowledge" (p. 1), that is, treating sociological texts as if they were "novelistic, poetic, or dramatic texts" (p. 7). In this fundamental work Brown did not mention Bakhtin, who appeared only in his later texts (1987). But it was Bakhtin who suggested the need for a "poetics for sociology" (Bakhtin/Medvedev 1928) and who, through his ideas of the dialogic relationship to the world and the carnival sense of the world, inspired much of the symbolist approaches in social sciences, himself inspired by the Russian Symbolism. One element worth stressing here, as it joins almost all the symbolists, is their insistence on the importance of language; in this case "the 'utterance', which involves the relation between the self and other persons; it is a living word exchanged between existing people, and it can only be properly understood in the full range and richness of the moral and social meanings contained in discourse." (Frank 1986, p. 58). And it is in the space between Russian symbolism and the poetics of sociology where the concept of symbolic realism can be best explained.

Brown (1977) intended to contrast "symbolic realism" with "scientific realism": the former acknowledged that reality is built of symbols, the latter denied it. But what is, after all, realism from a symbolist perspective? Surely not an adversarial worldview, but instead a textual strategy, consisting in evoking the other meaning of "symbol" which Eco mentions: a promise that the other part of the token exists and can be produced upon request. Scientific realism, says Latour (1988) is nothing more and nothing less than a promise in a text, that there exist other texts which corroborate what a given text says: "data", "proofs", or just "other texts" – references to other authors. When Agatha Christie wrote "4.55 to Paddington", she did not need to enclose the British Rail timetable, or to reference it. Were she writing a piece of research, it would have been necessary. Yet there is no doubt that Christie actually had in mind a concrete train, well-known to her in her experience, whereas many people who write about timetables or railways as such might never have been on a train. It is "empiricism" which might be questioned here, not "realism".

This way of conceiving of realism takes us, however, back to Europe and directly into constructivism in its many variations. One of them is constructionism. The contemporary analysts of symbolism point toward the French philosopher Michele Serres as "the most brilliant renovator of symbolical thought in this latter part of the twentieth century" (Delevoy 1978, p. 8). His influence on sociology and through it on organization studies is sometimes referred to as a "sociology of translation" (Robson 1991; Ezzamel 1994), practised mainly by two French sociologists, Michel Callon and Bruno Latour.

Latour (1986b) contrasted the model of diffusion (of ideas, innovations and social forms) with that of translation, according to which "the spread in time and space of anything – claims, orders, artefacts, goods – is in the hands of people; each of these people may act in many different ways, letting the token drop, or modifying it, or deflecting it, or betraying it, or adding to it, or appropriating it" (p. 267). It is important to emphasize that the meaning of "translation" in this context far surpasses the linguistic interpretation: it means "displacement, drift, invention, mediation, creation of a new link that did not exist before and modifies in part the two agents" (Latour 1993b, p. 6). The notion of translation is central to studies of science and technology described as constructionist (Knorr Cetina 1994).

In Knorr Cetina's rendition, constructionism has obvious common grounds with social constructivism, Luhmann's cognitive constructivism (Luhmann 1990b), and with deconstructionism. Social constructivism focused on documenting the social grounds of apparently objective events by revealing the intricate interactionist work that went into constructing them. Constructionism went one step further in claiming that "to study the construction of reality today means to study epistemic practice" (Knorr Cetina 1994, p. 3). It opted, however, for a re-defined realism, as against the idealism of cognitive constructivism.

The differences and similarities with deconstructionism are among the most interesting. Common points are many: "Constructionism has emphasized and empirically documented contingency and negotiation, rupture and discontinuity, and heterogeneity and fragmentation in social events" (Knorr Cetina 1994, p. 8). The most important differences are two. First, constructionism does not limit itself to language and texts, but assumes a wider concept of practice which includes non-verbal communication and a non-human agency. Second, instead of a deconstructivist desperation over the impossibility of fixed meaning, constructionists show how the fiction of meaning is achieved.

One can say that, as clearly as constructionists espouse the symbolist heritage, it is their attitude to what came after – that is, modernism – which is different. "We have never been modern", assures Latour (1993a). And Knorr Cetina convincingly shows why, unless one had a personal stake in the Modern Project, the dawn of post-modernity is really a beginning of a past-modernity. "If science, and modern institutions in general, do not run on facts, this is no reason for despair and resignation – it is rather cause to investigate the ways in which these institutions, if they do not run on facts, run on fictions" (1994, p. 5). Fictionality, she says, is a routine aspect of social life and this is worth investigating.

How does constructionism relate to another strand of importance in contemporary sociology? The proliferation of writings on the place of postmodernism in the social sciences in general and in sociology in particular is such that even a short survey would take too much space. As usual, the recourse lies in classifications. It has been suggested that postmodernism is basically an expression of intellectuals' disenchantment with modernism (Baumann 1991). A somewhat opposite view would have it as a celebration, a poeticization of our culture, manifest in the "desire to be as polymorphous in our adjustments as possible, to recontextualize for the hell of it" (Rorty 1991, p. 110). While both theories are plausible and convincing, there is also a third possibility, suggested by Knorr

Cetina, of seeing postmodern thinking in sociology as "a movement sustained by developments within sociology which imply a rupture with Enlightment thinking, a negation of many of the definitive features which have been associated with the modern" (1994, p. 1).

Sociology was, however, also influenced by the postmodern thinking coming from outside the discipline, especially from literary theory; I will take up such influences in direct relation to organization studies.

2.3 Anthropology

One could claim that, with the few positivist exceptions, all anthropologists were and are symbolists par excellence. Nevertheless, while the works of e.g. Malinowski were mostly called to attention in research marked as "functionalist", the adjective "symbolist" invariably tends to evoke at least two names: Lévi-Strauss and Victor Turner. While Turner's way of conceiving of rituals relates both to psychoanalysis and theatre – two tendencies mentioned before – Lévi-Strauss is worth more attention in the present context.

It has been well documented that Lévi-Strauss was strongly influenced by the Symbolistes: he read them, quoted them, and analyzed them. And even if he did not, says Boon (1972), it would be easy to demonstrate structural affinities between the two approaches. Symbolists tended to take an "anthropological" or ethnological approach, which is not defined by the study object – primitive societies – but by treating the study object as "other", nevertheless open for communication and therefore demanding from the knowledge-seekers to transform themselves (Boon 1972). The study objects are subjects themselves; they talk, but they do not talk the same language. In order to reach them, it is necessary to learn their language and/or teach them a foreign one. The symbolic system of language – texts – makes contact possible.

One can thus say that while anthropologists approached strange cultures, the Symbolistes estranged themselves from their own in order to grasp it better – a feat repeated later on by Garfinkel (1967) and imitated in organization studies.

The work of Lévi-Strauss is as immense as that of his interpretors'. Depending on the valuative stance, his ideas might be seen as leading to a mystification of a "universal mind", a reification of "structures", a fanciful idealism, or else, as initiating the jokes and plays of poststructuralism, the understanding of the importance of language, and the rejection of crude empiricism. Accordingly, one can find works inspired by Lévi-Strauss which go in either of those directions, which might make for a final affinity between the anthropologists and the Symbolistes.

There were also attempts to find a middle road, to attempt integration, like in the type of anthropology represented by Abner Cohen (1974, 1981) which perhaps for that reason influenced numerous organization studies. Cohen perceived

Geertz's interpretive anthropology, to which I turn next, as not systematic enough; Lévi–Strauss as systematic but ignorant of the social in favor of the aggregated individual. Unlike many other anthropologists (e.g. Leach 1982) who thought an anthropological approach to complex western organizations meaningless, Cohen suggested that this is possible, by joining the strength of sociology with the strength of anthropology, that is, the study of power with the study of symbols. The connection of the two will demonstrate the instrumentality of symbols, which escapes the scrutiny of research focused on subjective experience:

"For the individual, symbols are fundamental mechanisms for the development of selfhood and for tackling the perennial problems of human existence, like life and death, good and evil, misery and happiness, failure and misfortune. Although they can be said to be phenomena sui generis existing in their own right and observed for their own intrinsic values, they are nearly always manipulated, consciously and unconsciously, in the struggle for, and maintenance of power between, individuals and groups. They may be said to be 'expressive', but they are at the same time instrumental" (Cohen 1974, pp. x-xi).

Thus the utmost importance and the ambiguous role of symbols in times of change. Used by people in power, very often for the purpose of mystification, symbols stand for conservation and resistance to change. By the same token, however, they are the most powerful change vehicles, and an additional complication consists in the fact that nobody has dominion over symbols – everybody can create them, launch them, or oppose them, but nobody can control the process of symbolization.

The insights of political anthropology are very relevant to organization studies, and the fact that their influence is not more visible has to be explained in terms of the ideology they carry: a critical perspective and power analysis were never mainstays of organization studies. Even in the case of public administration, where the topic of power enters naturally into the discussion, it is limited to legitimate political power, and is rarely extended to the micropower of organizations. It is interpretive anthropology that influenced organization studies most.

Interpretive anthropology is represented most visibly by Geertz (1973, 1988) but also by younger authors (see e.g. Clifford/Marcus 1986; Marcus/Fischer 1986), who skillfully incorporate postmodern thought into their way of doing ethnographies. Super-symbolist anthropology is viewed with wary eyes, and there is a preference for a kind of a "symbolic realism" which comes almost naturally to ethnographic writing:

"The confinement of interpretive analysis in most of contemporary anthropology to the supposedly more "symbolic" aspect of culture is a mere prejudice, born out of the notion, also a gift of the 19th century, that "symbolic" opposes to "real" as fanciful to sober, figurative to literal, obscure to plain, aesthetic to practical, mystical to mundane, and decorative to substantial" (Geertz 1980, pp. 135-136).

If the dichotomy is abolished (or ironically preserved, like in the oxymoronic formulation "symbolic realism"), the impact of "symbolizations" (actions of symbolizing rather than reified symbols) can be judged not on the basis of their correspondence to reality but on the extent to which they enhance somebody's – an actor's or a researcher's – perception and understanding of the phenomena to which they relate.

Anthropology in this version comes across not as a science of the occult, the primitive, the non-scientific, but as a discourse whose main aim and central characteristic is dialogization – a conversation with the Other. Both Tyler (1986) and Marcus (1992) quoted Bakhtin when propagating the idea of polyphony, or variegated speech – ethnographies where different people speak their own languages and none of them is privileged. The symbolist approach becomes then a matter of skill in dealing with languages and vocabularies – and it is in this version that anthropological influence on organization studies is most felt today.

3. Organization Theory

3.1 The classics

A study which is often seen as a precursor of symbolism in organization theory is that of the Tennessee Valley Authority, by Philip Selznick (1949). First, there was a general idea of the symbolic aspect of organization: "In its capacity as symbol, the organization derives meaning and significance from the interpretations which others place upon it" (pp. 19 f.). Second, there was the idea of leaders as providers of meaning, which was later developed by Pfeffer (1977) and Smircich and Morgan (1982). Selznick also analyzed the role of organizational language. What distinguished him from most of the contemporary symbolists was the fact that he perceived the symbolic and concrete realms as separate and contrasting: "Yet however significant its symbolic feature may be, TVA is and must be more than idea. It is a living organization in a concrete social environment" (Selznick 1949, p. 20). Chicagoan pragmatism, perhaps as a result of its encounter with the European phenomenology and hermeneutics, thus developed a branch which divided the world in two: "facts" and "symbols". This dualism led then to many interesting permutations.

Selznick himself, in his later work (1957, 1966), contrasted "organization" – a rational, and thus human-made tool – and "institution" – a natural product of social needs and pressures. An organization can become "institutionalized" if it becomes infused with value "beyond the technical requirements of the task at hand" (1966, p. 415), and thus can "symbolize the community's aspirations, its sense of identity" (p. 416). An interesting ambiguity arises: on the one hand, organizations are "technical facts", whereas institutions stand for "symbolical value". When, however, an organization becomes infused with value and a symbol itself, it stands in opposition to the "real, living" institution.

Less complex was the reasoning of Antonio (1979) who, in his extraordinary analysis of Roman bureaucracy, launched a thesis that organizational efficiency put an end to the Roman Empire. In a Weberian vein, organization, representing bureaucracy, is a symbolic system, which, driven by its own need for perfection, can become decoupled from "real life" and detrimental to it.

The opposite view would have it that the "symbolic aspect" is more "real". In words of Trice, Belasco, and Alutto (1969), "determination of the actual substantive (i.e., manifest) efficiency of effectiveness with which personnel activities are conducted may have less relevance for an understanding of how institutional maintenance is achieved that would an analysis of the latent or symbolic value of such activities" (p. 41). The authors proposed, in the spirit of the anthropological tradition, to seriously treat organizational ceremonials and rites of passage. The well-known study of a US high school by Jacquetta Hill Burnett (1969) fulfilled this suggestion, tying the school rituals with the students' economic system, but still contrasting the rites and ceremonies with the economic system and efficiency. This dualism vanished in universalist approaches, where symbolic and natural are one and the same. Such studies share Lévi-Strauss' interest in the universal pattern of thought, or action, to the detriment of the local context.

This development also explains why there are so few examples of symbolic organization studies to be found in older works: they were too context-bound. As Waldo pointed out in 1961, it is the modern organization theory which puts a strong emphasis on universality. About 1960, it became unimportant whether an organization under study was public or private, whether it produced goods or services, and in which country it was located. Interestingly enough, the majority of work constituting the core of modern organization theory probably comes from the public sector (see e.g. Simon 1947), mostly from studies of schools and universities, where access was easy, but also from other agencies whose studies were sponsored by the government. It is, however, impossible to track them down: the language of universality carefully erased any local marks. Symbolism, such as there was, erased the origins of the token's other part. In that sense, one can say that it truly developed only in the last decade or so.

3.2 Organizational culture and symbolism

The most popular type of symbolist organization studies, organization culture is becoming more and more peripheral, but one of the results is that the whole trend can be better grasped and described. Several analyses are available (see e.g. Alvesson/Berg 1992) and several classic texts exist already (Turner 1971; Deal/Kennedy 1982; Frost et al. 1985; Schein 1985; Frost et al. 1991). Nevertheless, the tentative classification of approaches to organizational culture suggested by Smircich in 1983 still holds. She found then three distinct approaches: cross-cultural management (culture as an independent variable; often understood as national and not organizational culture), corporate culture (culture as a dependent variable; basically a synonym for "organizational climate"), and culture as a main metaphor for organizations. While the two first approaches existed both before and after the organizational culture vogue, it is the third one which is relevant in this context.

During the twenty or so years of its popularity, the organizational culture wave developed and multiplied. The reifying and simplifying approaches (culture as a tool) co-exist with mystifying and idealizing ones (culture as the unconscious) and those which see cultures as symbolic orders, thus opting for "culture studies" rather than "study of cultures". Smircich herself recommended focusing on symbols rather than "cultures" (1985, p. 66).

Many researchers did just that, and from the beginning. In the edited volume from 1983, Morgan, Frost, and Pondy wrote a manifesto of organizational symbolism. They claimed that traditional organization theory, heavily reliant on organistic and mechanical metaphors, failed to grasp the importance of the symbolic realism, seen the fact that:

"Members of an organization are able to use language, can exhibit insight, produce and interpret metaphors, are able to vest meaning in events, behavior, and objects, seek meaning in their lives – in short, can act symbolically. This symbolic capacity is enhanced by their association in formal organizations so that institutions develop a history, a common point of view, and a need to process such complexity through symbolic means" (Morgan et al. 1983, p. 4).

In this introductory article, the authors referred to an earlier work by Pondy and Mitroff (1979), and then to symbolist works in other disciplines, mentioning among others Barthes, Blumer, Burke and his follower Duncan, Jung, and Susanne Langer. They also reviewed already existing studies of organizational symbolism, announcing the directions which fully developed later on: language and text analyses, including meta-analysis of organization theory language (Morgan 1986), hermeneutics and structuralism, culture studies[6], dramaturgical approaches, critical symbolist approaches, cybernetic approaches, psychoanalytical approaches, and combinations of all the above.

A special issue of the Journal of Management, edited by Peter Frost (1985), took a similar view, but emphasized more clearly the social constructivism version of symbolism, and chose to focus on its critical, emancipatory version which asks the question of whom symbols serve.

In a volume presenting "the state of art" seven years later, Turner, evoking Gadamer and the romantic metaphor of a quest for a missing part of the token,

---

6 Depending on who is attempting the review, organization culture is presented as a stream within organizational symbolism or vice versa.

presented the movement towards symbolism as a rebellion against the overly rational view of organization, as a search for "something lost" (Turner 1990). What is lost, however, perhaps never existed, making the quest an activity in its own right. Thus the ambiguity of symbols and the way they symbolize is reproduced in the symbolist trend itself. It gains legitimacy from the "precise" meaning of the symbol, but it spends it on what is the true power of symbolism: admiring ambiguity. This quest, however, is not merely play: "Symbols and symbolic actions frequently refer to issues which are central not only to organizations, but also to society and to social life. Matters of identity and selfhood on the one hand, and matters of existence, of life and death, fortune and misfortune on the other are pursued in symbolic discussions" (Turner 1990, p. 4). The symbolic quest looks not only for the meaning lost in organizations, but also in organization science.

3.3 New institutionalism, ethnomethodology and constructionism

New institutionalism (DiMaggio/Powell 1983; Zucker 1988b; March/Olsen 1989; Powell/DiMaggio 1991; Scott/Meyer 1994) took the topics of old institutionalism a step further. The contrast between "technical facades" and "real life" has been solved, according to the anthropological prescription of Trice et al., by Meyer and Rowan (1977) claiming that formal structures serve as symbols of rationality, legitimating the organizations' otherwise messy proceedings. Ethnomethodological insights are also incorporated (Zucker 1987, 1991): all we deal with are accounts of two kinds, those which follow the logic of consequentiality (rational choice), and those which follow the logic of appropriateness (March/ Olsen 1983, 1989). The first gives legitimacy, the second rules the action; change is achieved via routines (Pondy/Huff 1985). Both legitimation rules and routine practices are, however, created and maintained in organization fields (DiMaggio 1983). DiMaggio proposed the term "field" as a public sector equivalent of "industry", borrowing the term from Bourdieu to connote sets of organizations which share a common purpose and an arena of strategy and conflict (where the actual interactions can be less or more intense). State policies, aimed at individual organizations (and issued under the auspices of individual rational choice theory), become processed in the field, and only this field interpretation has an actual impact on particular organizations, and moreover in directions difficult to predict.

In spite of a great many contradictions and different approaches, new institutionalism is united in one aspect: conceiving of social (and thus organizational) life as a collective production and reproduction of symbols.

More radical, organizational constructionism joins in an innovative way the influences coming from new institutionalism with these emanating from studies of science and technology; it explores, in the best Burkean way, the interstices of several cultural traditions (US, French, and German, further enriched by a local context). It takes up Knorr Cetina's professed interest in "a wider notion of fiction as registers and symbolic technologies embedded in or constitutive of the performance of modern institutions" (1994, p. 7). The difference is that it focuses not on science institutions but on other kinds of epistemic practice, such as e.g. accounting and managerial knowledge. The production of knowledge is not seen as an immaterial, idealist system of abstraction: its power lies in that it is presented as production of facts. Budgets, annual reports or organizational structures deal with facts, but the key to understanding the modern institutions on which public administration rests lies in establishing how these facts are routinely produced and maintained.

The latest phenomenon of bringing financial accounting and related techniques into the world of public administration (and most dramatically so, to medical services), produced at least two important realizations: of the entirely constructed character of accounting practices (Robson 1991, 1992; Merino 1993) and of the awesome work that must be put into the practices of public administration and health services to make them "accountable" (Ashmore et al. 1989; Preston et al. 1992; Humphrey/Olson 1995).

Another trend – hopefully, a developing one – conceives of organizations not as islands in an ocean of unspecified "environment" but as but one kind of actant in action nets, as in Latour's (1992, 1993b) story of a high-tech public transportation project or Abrahamson's (1996) and Røvik's (1996) studies of managerial fashion, which all show how change in organization is connected to disembedded and re-embedded ideas which circulate around the world on global communication channels.

3.4 Text analysis: Rhetorical analysis and narrative approaches

The rapprochment between literary theory and social sciences also has its echos in organization studies. To begin with, there is an increasing number of rhetorical analyses. The question of rhetoric was first raised unsystematically in various works inspired by Kenneth Burke (of which the best known is perhaps Mangham and Overington's "Organizations as Theatre", 1987), and more systematically in works originating in communication studies (especially work by Cheney, such as "Rhetoric in an Organization Society", 1991). There is also an increasing interest in the rhetoric of accounting (Thompson 1991; Arrinton/Schweiker 1992). Organization studies in a public-sector context offer several attempts at rhetorical analysis, probably due to their proximity to the political sciences, where such tradition is well established. Examples of such studies are Huff (1983), Cumberlidge (1986), Hood and Jackson (1991), and Yanow (1992). It is probably correct to conclude that although there is (as yet) no consolidated effort at rhetorical analysis in organization studies as it is, for instance, in economics (McCloskey 1985), there are attempts to analyze the rhetoric of the field (Harrison 1995; Liley

1995; Linstead 1995; Prasad 1995; Rose 1995) and the rhetoric of the discipline (Höpfl 1995; Watson 1995). One common premise in such attempts, and one which distinguishes most contemporary rhetorical analyses from their classical forerunners, is a lack of belief in fixed meaning and thus of easily predictable effects of the various rhetorical devices and strategies. Their use discloses more about the authors/users than about the reactions of the readers/audiences. And this note permeates most text analyses in organization studies.

Another result of the closing of the gap between social sciences and literary theory is giving the narrative an increasingly central place in organization theory. Narrative enters organizational studies in at least three forms: organizational research that is written in a story-like way ("tales from the field", to paraphrase Van Maanen's 1988, expression), organizational research which collects organizational stories ("tales of the field") and organization research which conceptualizes organizational life as story-making and organization theory as story-reading (interpretive approaches) (Czarniawska-Joerges 1995).

The narrative form of organization studies is easiest to find in case studies: research cases, educational cases and fictive cases, which all exploit, with full intention, the structure of narrative. The status of the case is half-way between fact and fiction; it is assumed that the case originated in actual research, but it is also taken for granted that the description is heavily stylized in order to satisfy the demands of the classroom.

Bearing this in mind, one finds it less surprising that even novels are increasingly often referred to by those who investigate organizational worlds. Literary texts appear in the reading lists of management schools. Harvard Business Review encourages its readers to "read fiction to the bottom line" in order to find managerial wisdom there (DeMott 1989), a suggestion that had been formulated long before by Dwight Waldo (1968). The title of an insightful article by Alvarez and Merchán (1992) summarises these advantages very well: narrative fiction can play an important role in the development of imagination for action. Yet another possibility is to provide readers with close readings of novels from the standpoint of organization analysis (Czarniawska-Joerges/de Monthoux 1994). Although the students of organizations will no doubt profit enormously from reading novels themselves, there is an extension of the space of shared meanings that more focused readings can offer. This "something" is the explicit connection between the narrative and the logo-scientific mode of knowing.

The most well-known point of entrance of the narrative to organization study is, however, visible in the heightened activity of story collecting. Although the most common early references are Clark (1972) and Mitroff and Kilmann (1975), the institutionalization of the topic of organizational stories in organization theory can be safely located at some point in the early 1980s, as best exemplified in the works of Joanne Martin and her collaborators (e.g. Martin 1982; Martin et al. 1983). Such organizational stories from the field were usually treated analytically by field researchers. Of recent, however, they are increasingly re-told in a slightly stylized way, in the belief that such stories can teach young students the practices of the field much more successfully than the scientific models. In this context at least two examples, both of which focus on Anglo-Saxon organizations, are worth mentioning, namely Frost, Mitchell and Nord (1978 and subsequent editions afterwards) and Sims, Gabriel and Fineman (1993).

Boland and Tankasi (1995) pointed out that many well-known studies from the 1980s conceived organizational narratives as artifacts forever petrified in the organizational reality, "out there", waiting to be "collected". In time, however, the convention grew broader, as it began to include other attempts, such as Boje's (1991) and Boland and Tankasi's own efforts, which accentuate the process of story-telling as the never-ending construction of meaning in organizations.

Finally, there are also attempts to treat organizing as narration (Czarniawska 1997). After all, it can be safely said that narratives are a natural form of organizational communication (Fisher 1987) if the word "natural" is used in the meaning of "unreflective, easily coming to mind". Fieldwork tends to reveal it constantly: much against the picture inherited from the empiricists, while in the field, we do not collect "data", but accounts – coded in words and numbers, but nevertheless some kind of stories. Organizing seems to consist in narrativizing (Corvellec 1996), and so does this specific kind of organizing which is called research.

The last kind of text is then the researchers' interpretations. There is already a strong tradition of interpretive organization studies, mentioned by Burrell and Morgan (1979) and made distinct by Putnam and Pacanowsky (1983), Lincoln (1985) and Jones, Moore and Snyder (1988). Although the approach is somewhat differently cut, most of the contributions in books dedicated to organizational symbolism (Pondy et al. 1983; Turner 1990) were of an interpretive persuasion. An anthology dedicated to organizational artifacts (Gagliardi 1990) presented a whole array of interpretive approaches, although it also hosted non-interpretive contributions. The point of all these efforts, however, is not to come with "improved" stories from the field, but rather with a kind of alternative or competitive stories in order to engage in a dialogue with the field. In such a dialogue, both genres – the one of theory and the one of practice – can develop.

3.5 Postmodernism and organization studies

When organizational symbolism was emerging as a trend, the presence of postmodern thought was little felt in organization studies. This has changed. One might attempt a provisional classification and say that the word "postmodern" usually denotes a special kind of attitude, a sensibility which takes its roots in one or another kind of disenchantment with what Lyotard calls "The Modern Project" (1979). It comes in two versions: a despairing and a celebratory one. The former concentrates on a feeling of disorientation, meaninglessness and fragmentation (Wilson 1991). The latter is an attitude of scepticism towards the so-lutions of modernism ("more control, better control") combined with the reali-zation that actions aimed at wringing order out of disorder seem to be necessary, albeit at best only temporarily successful.

The term "postmodernist", on the other hand, might be better used in the narrow meaning of a literary form of aesthetic sensibility, developed as a follow-up and on the basis of modernism as a trend (Fokkema 1984). There are many points of connection between the two. One can claim that postmodern sensibil-ity produced postmodernism. But the two do not coincide completely: the post-modern sensibility can find expression in surrealism, magic realism, modernism (see for example a plea for "modernist ethnography", Marcus 1992), and, in its celebratory version, in many such forms at once.

In organization theory, the postmodern attitude is more visible than post-modernist writing. It expresses itself in radical doubt of the correspondence theory of truth, a problematization of representation, and a focus on language as the medium of world-creation, thus forcing an obligation of self-reflection. The texts addressing this new development, true to its spirit, explore rather then de-scribe, and fantasize rather than proscribe (see e.g. Parker 1992; Cooper/Burrell 1988; Cooper 1989; Hassard/Parker 1993; Hassard 1994; Jeffcutt 1994; Linstead 1993; Linstead et al. 1996). As yet, there are no organization studies which might be seen as "postmodernist" but this is, no doubt, a question of time. Readers who might wonder how such a text might look, are referred to Travers (1990) for one of the most successful attempts within organization theory.

3.6 Symbolist ways of studying organizations and their role in theory and practice

3.6.1 Hermeneutic and constructionist organization studies

The reader unfamiliar with the symbolist approach may appreciate a more de-tailed illustration of how such studies are conducted and what kind of results they bring. As mentioned before, two types of such studies might be discerned, here called hermeneutic, i.e. those attempting to find the meaning behind the organizational symbols, and constructionist, i.e. those trying to show how mean-ing is produced in organizations. Among many variations of both, I chose the works of Bowles (1989, 1990, 1991, 1993) as representative for the hermeneutic strand, and some of my own work (Czarniawska-Joerges/Wolff 1991; Czarniaw-ska-Joerges/Jacobsson 1995) to represent the constructivist strand.

Martin L. Bowles' main inspiration is the work of Carl G. Jung. He claims that while the church was the main source of meaning in the pre-industrial societies, its place in the industrial societies has been usurped by work organizations that, however, failed to fulfill the role they attempted (Bowles 1989; see Sievers 1986, 1994 for a more dramatic formulation of the same claim). Following the ideology of "scientific rationalism", Work Organization emptied the social life of its mystery, eradicated myths and symbols, and established the priority of economic and technical over existential goals and strivings. The results are the feeling of meaninglessness, alienation, fragmentation and the demise of community. Social life allowing no vacuum, organizations are actually filled with myths, rituals and symbols, as any observer can notice. The traditional managerial ideology, however, falls short of the symbolic needs of organizational members. An alternative, "creative mythology of organizations" is needed, and emerging, according to Bowles (1989). In order to discover and to describe it, one has to explore the role of the unconscious.

In his later work, "The Gods and the Goddesses" (1993), Bowles explored the images of archetypes as they are reflected in organizational life. Assuming that "the life forms or archetypes can be thought of as the 'Gods' which mankind has worshipped in different guises from antiquity onwards" (pp. 395-396), Bowles proceeds to locate the Greek deities in contemporary organizations. Thus Zeus stands for power-centered action, holding the central place in the contemporary mythology as he did in the antique one. Apollo represents regulatory control and "the emphasis currently given to financial and accounting control in organizations, the attempt to turn all values, including human, into numbers, is reflective of an Apollonian consciousness" (p. 407). Athena promotes the effectiveness of action at the expense of the ethical dimension. These three gods of rationality are complemented by their "shadow side": Poseidon, Aries and Hades, who stand for the repressed aspects of contemporary organizations. Hermes incorporates both sides at once, standing for entrepreneurship and communication, but also for tricks and self-interest. There are also gods and goddesses who do not find a proper place in the contemporary organizations' pantheon. These are Demeter, Aphrodite, and Artemis, who represent various aspects of femininity (motherhood, love, independence of patriarchy), and Dionysos and Hephaestus (wildness and craftsmanship).

This kind of analysis, says Bowles, can help individuals to find the meaning in their organizational experience, and even to reform organizations into a shape more to their liking:

The gods and goddesses, the plurality of ideas, feelings, ennervations and experiences that these archetypal patterns represent, inform us of the paucity of human meaning, imagination and existence in the age of organizations. What this analysis suggests, however, is that the social world is constituted in particular ways, according to particular structures of consciousness. To the extent that we as human beings exercise some agency over our world, the potential exists, by attempting to address and honor alternative structures of consciousness (other gods), to create opportunities for social change and improvement (1993, p. 413).

The work of a constructionist slant which I did together with my colleagues can be usefully contrasted with the writings of Bowles as it contains enough similarities to highlight differences. In "Leaders, Managers and Entrepreneurs On and Off the Organizational Stage" (Czarniawska-Joerges/Wolff 1991) we started from an observation that, whereas some kind of a hero-worship seems to be always present in modern organizations, the kind of hero changes in time. Thus the postwar period in Europe and the USA has witnessed a strong interest in the leaders in the 1960s, in the "down-to-earth" managers in the 1970s, in the entrepreneurs in the 1980s, and in the leaders again in the 1990s. In order to understand these shifts, we tried to trace the symbolism attributed to those organizational figures, and then to locate them in the stream of organizational history (management fashion) and in the concurrent events in society at large. We concluded noticing the possible usefulness of the theatre-metaphor in studying organizations.

"Political Organizations and Commedia dell'Arte" (Czarniawska-Joerges/Jacobsson 1995) took up the same topics and radicalized them. We used the theatre-metaphor, and specifically commedia dell'arte to structure the material from our field study. This step, we argued, produced unexpected insights available to us by the way of analogy. We showed how organizational actors shape and manipulate meaning by use of time-honored "masks" and stereotyped actions. We also returned to the issue of central characters, this time being able to tie our reading to a more general cultural analysis, in the spirit of Alisdair MacIntyre. There is a strong and long-lived dramatic tradition which consists of a stock of characters immediately recognizable to the audience, who determine the possibilities of plot and action. Each culture and each époque has its own specific stock of characters. These are of importance not only in theatre, but also in the "theatre of life", as Goffman (1974) would have put it. Reading the organizational events through such cast of characters and connected plots is more than a metaphor: it is a legitimate use of the shared cultural repertoire. Organizational actors and organizational researchers have access to the same stock of devices for creating meaning.

As mentioned before, there are many similarities between the two approaches, as indeed there need to be if one is to speak about both of them under a common denomination. The central role of "archetypes" or "characters" is noticed in both, and the creation of meaning is put into focus. But while the hermeneutic approach concentrates on the results of the construction of meaning ("What does it mean?"), the constructionist approach puts into the light the process itself ("How has it come to mean that?"). Knorr Cetina's categories and fictions are handy in finding answers to that latter question. How do things acquire names in organizations? What fictions are needed for the on-going production of categories (leadership, culture)?

Consistent with it is also the practical attitude of the researcher: while Bowles approached organizations with a ready interpretive device (Greek mythology), we started by observing puzzling developments in the field, and then looked for a device which might help to comprehend them. Field studies are of crucial importance for constructionists, not because of any "empirical data" that they might provide, but because this approach adopts an anthropological stance of curiosity about the "Other".

While we saw the organizational meaning production as an on-going process, ever-changing in spite of the stability of the institutionalized repertoire, Bowles perceived it as possibly moving in leaps, e.g. from managerialism to a democratic organization. To us, meaning is never constructed for good; what can be described is only the (changing) pattern of its making. To Bowles, meaning seems to have been constructed long ago, and only its elements can be exchanged. Thus while both approaches notice the paradox of simultaneous stability and change, the sources of stability are conceived differently, and so are the mechanisms of change. For Bowles, stability arises from the deep structure (the collective unconscious); for us, it resides in the surface, in the present institutional order and in the sediments of the earlier orders, in routines and habitual behavior. For Bowles, the change must be revolutionary, at least in the sense of the unconscious revealed at the conscious level; for us, change might happen as a result of a repeated error, although an analytical reflection might be of help.

These two examples should be enough to draw for the reader the space occupied by symbolist approaches. There are many more radical than the two above, and many in between them. The existing variety speaks well of the vitality and the scope of possibilities of the emerging trend, as I shall try to show in the concluding section.

3.6.2 The common ground

At this point the reader may start doubting my initial thesis, that the symbolist organizational studies originated in a literary movement. Many of the supposed followers have never admitted any direct contact with that movement, although indirect connections are easy to trace. Above all, being "scientists", they usually looked to philosophy, not literature for inspiration. Thus a complete list of influences must include Plato and the Sophists, Hegelian idealism, Husserlian phenomenology, Cassirer's theory of symbols, American pragmatism, Derrida, Foucault, Serres and Rorty. However, it should be clear by now that les Symbolistes serve in the first place as a metaphor for what the symbolist social sciences wanted to achieve: freedom from positivist methods, and a replacement of natural science's determinism with an acknowledgment of the symbolic "nature" of social life. Some, like Mallarmé, turned their attention to the very process of symbol production; others tried to put together various insights about the role of symbols in human life, more like Bely. The classification of authors into categories is not an issue here, however.

As it transpires from the examples quoted here, symbolist organization studies can be seen as following two different directions. One – let us call it nostalgic – is toward idealization, enchantment (or its special case, disenchantment) and even mystification, along the way chosen by Bely. Another – let us call it past-modern – tries to get out of old dichotomies of ideal-material, subjective-objective, symbolist-realist, by firmly establishing the materiality of symbols and symbolism of everyday life; the virtuality of reality. Mallarmé can stand as a symbol for this direction. Together, however, they stand for different ways of looking at the practice of organizing, which is changing while the researchers are attempting to describe it. The symbolist wave thus responds to both the demands from the field, from practitioners who desire a more sophisticated reflection to accompany the growing complexity of their practice; and to the discipline's aspiration to extend its repertoire of devices.

A reader might want to know at this point how visible and how significant the phenomenon discussed here really is. Are symbolist organization studies a limited event, or a torrent on its way to becoming a mainstream? The answer is somewhat complicated, and before I embark on it, I would like to point out that, although the analysis above and below follows substantive lines, it is based on a scrutiny of the last five years' production of the following journals: Academy of Management Journal, Academy of Management Review, Accounting, Organizations and Society, Administrative Science Quarterly, Journal of Management, Journal of Management Studies, Journal of Public Policy, Organization Studies, Organization Science (for as long as it existed), and Public Administration Review. This indicates an Anglo-Saxon bias, although not necessarily in terms of research reviewed, but in terms of the publications. Publications in French, Italian or German were barely skimmed, and no Scandinavian publications are included. Also, non-symbolist works dealing with symbolic action, quite frequent before "organizational symbolism" became a legitimate approach (see e.g. Bonazzi 1983), were not represented.

Within this sample, there is no doubt that the symbolist turn is on the way up in organization studies and management theory. Also, while the picture presented here might lead to an impression of fragmentation and dispersed efforts, this is mostly due to the way this text is written and its informative function. On the other hand, it may reflect the situation in the field, in that in spite of many wishful predictions, fragmentation rather than accumulation and production of "grand theories" might be the state of affairs typical for our times and the organization theory we produce.

Kommentar:

Living in a Post-Social Society

Karin Knorr Cetina

Barbara Czarniawska-Joerges has given us an excellent overview and critical analysis of symbolism within and outside organization studies. By tracing symbolic approaches to organizations back to "les symbolistes" in literature and by embedding these approaches within the field of symbolic analyses of human behaviour and human institutions in sociology, anthropology and political science, she has shown us how deeply the concern with the symbolic today penetrates all social and behavioral sciences. The paper surveys a variety of concepts, analogies, interpretative assumptions and methodological preferences which comprise the turn to the symbolic in current developments. About them Czarniawska-Joerges raises a number of important questions; it is to one of these questions that I will address myself in the rest of this comment. The question turns on the recent rapprochement between literary theory and the social sciences: why the recent rapprochement? Did earlier sociologists, anthropologists, political scientists and others not notice the symbolic constitution of social life? Are "past-modern" organization studies and other past-modern analyses which focus on the symbolic just exemplifying an epistemic shift, a reaction to the modern project with its universalist scientific ambitions and positivistic beliefs from which these analyses distantiate themselves? Czarniawska-Joerges makes some suggestions along these lines. But she also suggests that the practice of organizing is itself changing while the researchers are attempting to describe it.

I want to maintain that it is this change which lies at the heart of the matter. The turn toward literature and symbolic approaches in organization studies – like the turn toward cultural studies in sociology in general – is at least partly rooted in existence, in the changed nature of organizations, and it draws its significance from these developments. One can maintain that we live in what I called elsewhere "post-social" societies (Knorr Cetina 1996); societies "creolized" by forms of practice which can no longer be adequately described in the terms we used in sociology in the past. These are societies in which the duality of capital and labor no longer appears as the organizing principle of large segments of social life; in which the orientation toward "global" processes at least partly implies a loss of concern for and responsiveness to the social field in which global players are embedded; in which social policies and socialist doctrine are no longer accepted as solutions to the problems we confront; in which the state increasingly attempts to disengage itself from its role as welfare agent and social security provider; in which, to put it in Foucauldian terms, pastoral power appears on the verge of being replaced by yet unspecified forms of new regulations. These are also societies in which the habitus and functioning of individuals change in ways which jeopardize the universal relevance and applicability of the notion of a social actor – for example, we might have to supplement this notion by that of a libidinal subject. Finally, these are societies in which the organizations which interest Czarniawska-Joerges have increasingly dissolved their old corporate structures, and replaced them with networks of profit centers, conglomerates of small enterprizes related through outsourcing etc. In other words, many organizations are no longer "structures" in the old sense but have become "groups", and notions of management have changed accordingly.

Some of these changes, I maintain, point to a deeper role of knowledge in society. We can no longer assume today what differentiation theory has proposed for so long: that knowledge production is centered in a particular function system, science. Knowledge production is everywhere; for example, every major bank employs scores of "analysts", "specialists", and "economists" who produce credit analyses, analyses of stock and bond markets, of regional economies, whole countries, infrastructures and the like, and who generally map the world in which the bank moves. The increasingly massive presence of knowledge in society has been noted before (e.g. Bell 1973; Stehr 1994; Drucker 1993). Yet these works often focus on the changed nature of economic reproduction through its becoming based on technology and knowledge. In other words, these studies do not bring out the implications to which I am pointing here: the nesting of knowledge structures into social structures, and the reorganization of social processes in ways compatible with the presence of knowledge processes. A knowledge society of the kind we experience, I want to maintain, leads to a creolization of the social by structures which are not intrinsically social, but linked to epistemic objects (objects of knowledge) and their unfolding requirements, and to "epistemic cultures" (Knorr Cetina, forthcoming).

The point is related to another which I want at least to mention. The changes I gestured at in the beginning are not in my view consequences of or identical with a general process of individualization (Beck 1986) and atomization (Baudrillard 1985). What the thesis of individualization ignores are the binding relationships and affiliations human beings – in a knowledge society, but also apart from it – develop and enjoy with objects. In other words, the thesis of individualization ignores the non-human component of people's libidinal involvements, and relegates these to the sphere of instrumental action. Instrumental relationships were penetratingly described by Heidegger (1986) in his depiction of the workshop. Yet does the workshop analogy with its connotations of craftsmanship and ready-to-hand transparent instruments which are not themselves the objects of work capture the features of a knowledge society? I think not. What we need to look at is the difference between science/knowledge and craft/skills. While I cannot sketch these differences here, I can say that understanding them is crucial, and has a bearing on how we define – and what we include in – "human" relationships. I have argued elsewhere that objects may be the risk-winners of the relationship crises and risks which are today associated with human relationship (Knorr Cetina 1995). But current relationship risks may only reenforce a tendency that has long been present and may have to do with the rise of modern science: a tendency towards long term alignements and associations with objects in non-instrumental, libidinal ways. Callon (1986) and Latour and Johnson (1988) have argued that we must address objects as actors if we want to unterstand the production of knowledge. My argument is about object-relations and about objectualization in general in contrast to individualization. Objectualization implies, from another angle, what I argued before: a nesting of objectual structures (often related to knowledge production) into social structures.

How do these excursions relate to our original question about the turn toward literature and cultural studies in organizational sociology? A post-social society is not one without sociality. It is one in which the forms and terms of sociality change, in the ways I have gestured at before. Could it be that dissociated, deregulated network-like organizational conglomerates whose central functions of strategic importance are dispersed and which are largely made up of professionals also run on new regimes of coordination? Could it be that these regimes are better understood in terms of analogies provided by texts, narration, symbols etc., rather than by the analogy of social structure? Consider the case of international stock and money markets which are constituted by electronic connections; through them buyers and sellers interact largely through written electronic messages, supplemented by oral phone communications. The traders may be single individuals or smallish investment firms. The transaction costs are low, the firms may not have large numbers of employees, they do not need expensive buildings in expensive locations, the firms are not tree-like structures of department elaborately linked through lines of command. In these cases, the structures of the global market system are not global macrostructures but microstructures of written and oral conversation. Conversations can be studied interactionally, but they also lend themselves to literary analogies and rhetorical as well as narrative investigation.

To conclude: Czarniawska-Joerges has mapped out for us the symbolic turn in organization studies and in the social sciences in general. I have argued that this symbolic turn should not be seen only as an intellectual reaction against the modern scientific project and its inadequacies but that it is also rooted in existence, in the changing nature of contemporary organizations and institutions. While not all varieties of symbolic analyses may be sustained in these ways, some are, and some provide pointers to these developments and tools for analyzing them. The question Czarniawska-Joerges asks at the end of her paper about the significance of the new organization studies may thus get a more affirmative answer: the symbolic turn is significant, not perhaps in each and every detail in which single studies theorize organizations but as a movement that points to and catches up post-social developments in social life.

Cognitivism in Organization Studies

Antonio Strati und Davide Nicolini

1. Introduction

One today discerns renewed interest in cognitivism among organizational analysts. As far as European scholars are concerned, mention should primarily be made of efforts by the *Journal of Management Studies*, which, in 1989 and 1992, devoted special issues to themes related to this approach to organizational study. But the interest is widespread, as the survey conducted by Susan Schneider and Reinhard Angelmar and published in *Organization Studies* (1993) confirms. It is with a passage from this essay (Schneider/Angelmar 1993, p. 348) that we wish to begin. The logic that apparently underpins and sustains the entire structure of organizational cognitivism is the following:

"people think (=cognitive psychology), managers are people (=organizational behaviour), therefore managers must think (= managerial cognition); and managers happen to think in organizations while they are engaged in assorted organizational tasks (e.g. decision-making, strategic or otherwise, negotiations, performance appraisal, etc.) (= cognition in organization)."

Although sketchy, this brief outline is nonetheless serviceable. The argument thus framed directs the scholar's attention to one specific feature among the many that combine to make up the complexity of the life of an organization. It is a feature not represented by knowledge of turnover, nor of the size of the workforce, nor of the hierarchical or physical structure; *for it is organizational thought.*

The core of analysis conducted by cognitivist-based organizational studies is research which seeks to understand how people think in organizations, how they fashion knowledge out of experience, how they use this knowledge to organize themselves and other people. An example that may serve as a rapid introduction to these topics – however diversified they may be – is that with which Giovan Francesco Lanzara begins his exploration of the notion of 'negative capability' (1993, p. 9-10). A few hours after the disastrous earthquake in Irpinia, Italy, in 1980, while the emergency services were still in chaotic disarray, in the main square of a village reduced to a heap of rubble, a local youth set up a rudimentary apparatus for making coffee, which he served to anyone who chanced upon his improvised bar. By the next day his customers had swelled to a crowd and he had to call in two friends to help him meet demand. He also diversified his product by serving warm milk to children. Very soon the open-air bar had become a meeting-place for the villagers, and its customers gathered there not just to refresh themselves but to swap stories and to plan action. What was the origin of this act of organizational planning – one performed, moreover, in the immediate aftermath of the disaster? From what specific skills, from what knowledge of the action to take in an extraordinary situation did it stem? It was action 'invented' by the youth in that particular context; an invention which operated on several levels, from giving new meaning to the coffee routine to the creation of a new network of relations in an external environment appropriate to the action.

2. The Innovative Contribution of Cyert and March

At the origins of organizational cognitivism, as originally framed by Richard Cyert and James March in their book of 1963, was an endeavour to challenge the conventional conception of the firm, to undermine consensus on that concept, and to dispute the motivational and cognitive assumptions on which it was based. Three strands of thought dominated organizational theories at the time. The first was the sociological strand comprising the analyses of Durkheim, Pareto, Weber and Michels with their emphasis on the division of labour and bureaucracy. The second, that of social psychology, was narrower in its scope and studied, mainly experimentally, the effect of a restricted set of independent variables on the efficiency of an organization. The third strand, that of the theory of administration, examined centralization and decentralization, and questions of co-ordination that could be traced back to the social and political philosophers of antiquity. It had been severely criticised for its excessive formalism and lack of applicability by Chester Barnard (1938) and Herbert Simon (1947).

The theory of organizational behaviour proposed by Cyert and March was based on two main assumptions: that of a corpus of exhaustive categories, and that of concepts of relation. Central to their theory was analysis of the decision-making process in organizations conducted in terms of organizational goals, organizational expectations and organizational choice. The goals of an organization change as the organizational coalition is modified by the entrance and exit of its members. These goals are evoked by problems. If operative, they pertain to those sub-units of the organization appointed to decide, and they are influenced by previous goals and performances. The expectations of an organization are the outcome of deductions; that is, they result from extrapolations or hopes formed on the basis of the information yielded by research carried out internally to the firm. The organizational choice is influenced by the definition of the problem, by standard decision-rules, by the order in which these latter are considered by that component of the organization which decides among alternatives acceptable in terms of the goals that the organization has set itself. The core of Cyert and March's theory of the decision process consists of a restricted set of concepts of relation, of which the following four are the most important: (i) quasi conflict resolution, since the organizational coalition consists of subjects who (with the exception of non-operational goals) pursue diverse goals; (ii) living with uncertainty; (iii) the search (closely correlated with choice) stimulated by a problem and conducted in order to find a solution to it; (iv) organizational learning. In the latter case, according to Cyert and March, it would be overly simplistic to assume that organizations learn in the same way as people do. But the point is that, over time, the behaviour of the organization is elastic. Consequently, the analyst must examine the experience of the organization, how it learns to give attention to particular aspects of the external environment and to specific criteria of performance evaluation, how it learns to ignore others, how it adjusts its search rules in directions already shown to be fruitful.

In the epilogue to the second edition of their book (1992), Cyert and March write that the bulk of their argument is based on three correlated, but largely independent, ideas. The first of them is bounded rationality: the notion that individuals are significantly constrained by limits on information and on their ability to calculate. The second is that the rules, forms and practices used by organizations in the external environment evolve slowly and haphazardly; hence they do not stem solely from factors operating within external contexts, like competition in this or that market, but are instead the outcome of a process of organizational adaptation. The third idea is that of unresolved conflict; that is, the assumption that organizations comprise multiple actors with conflicting interests that are not entirely resolved by the work contract, and by virtue of which the interests of the organization and those of the groups and people who work for it are constantly negotiated and renegotiated.

As Cyert and March pointed out, none of these ideas was new, but the study of organizations had yet to make use of them. Consequently, a significant proportion of organizational analyses and theories of the last thirty years may be viewed as elaborations on these ideas. However, before we go any further, we must look for cognitivist scholars 'ante litteram'; the reason being the obviousness of the fundamental premises of cognitivism in organizational analysis: namely, that managers are people and that for this reason they think; and that they happen to do so while engaged in organizational tasks. Hence one may deduce that, albeit in particular or ambiguous form, most organization scholars, and especially those examining strategic management, have had to demonstrate the truth and generality of this statement.

3. Cognitivism 'ante litteram'

Let us see whether this is the case of one of the principal roots of organization theory: Scientific Management as proposed by Frederick W. Taylor. Daniel Nelson (1984) writes that during the first thirty years of this century in the United States, Taylorism was the driving force behind the movement to rationalize work, and that this way of conceiving the life of organizations greatly stimulated the modernization of American industry. Taylor was an engineer, not a social psychologist. His focus on people in terms of their organizational beliefs, their work ideologies, their information flows, therefore, did not stem from intellectual training as a psychologist. However, organizational thought, scientifically based on assumptions concerning the individual, on beliefs and work ideologies, on myths concerning firms' destiny, is already present in Taylor's work (1911) at the beginning of the century.

Combining two strands of analysis – Taylor's thought and cognitivist study of organizations – may seem inappropriate. Yet it prompts the following considerations:

(a) *Cognition pervasiveness.* Organizational thought is a pervasive element of organizational life, and this has been evident ever since Taylor developed his theories focusing on the requirement to change the mentalities of both managers and workers in order to launch the scientific and modern managerial revolution.

(b) *Managerial level.* Taylor gave priority to the managerial level in his theory; even when his analysis was conducted at the subordinate level of the organization, it was the latter level that predominated. Cognitivist research on organizations has studied first and foremost how managers think while they manage. Hitherto, despite growing interest in cognition in organizational life, most research and debate has remained at this level.

(c) *Scientificness.* From Taylor we have inherited not only organizational thought but the scientific organization. In both cases, though, we find ourselves confronted by a 'scientific' method, since the intention is to measure the organizational event or aspect studied. The notion alone of drawing a map, in the case of the cognitivists, or of analysing motions, in that of Taylorism, evokes the image of a scientific finding, infinitely reproducible, in which the error is weighted.

(d) *Diverse organizational metaphors.* Taylor drew heavily on the language of the early twentieth-century physical sciences. It was on these he based his view of organizational issues; and he saw their language as ideally representing the themes and problems of organizational life. His thought was inspired by the mechanisms of identifying, understanding, integrating, oiling. The model and the metaphor that lies at its basis is that of the traditional machine (Anfossi 1971). A different metaphor sustains organizational cognitivism: that of the brain. This, however, introduces an entirely different framework, because the metaphor of the brain obliges us to view the organization itself as a cognitive system – as something, therefore, able not only to act but to think (Morgan 1986). Nonetheless, although the primary intention has been to eschew mechanistic stimulus/response processes in rendering organizational processes analogous to those of the brain – an image, though, that has modified over the years – cognitivist analysis has acquired problematic and misleading connotations. One such case we have just seen: the view of the brain as also the head, as the management of organizations, as planning and strategy distinct from execution. Another is the attribution of thought to organizations. It is the people within organizations who think. A third problem is the adjective 'cognitive' itself (Eden 1992, p. 261), since it suggests the existence of a close connection between thought, as represented by study, and the organizational phenomenon under examination. The brain as a metaphor helps to resolve neither these dilemmas nor those that we shall meet later (Strati 1994).

4. Interpretation and Representation in the Cognitive Sciences

Cognitive sciences are a recent area of analysis, and they use an approach which addresses old epistemological questions and seeks to base its contribution to knowledge on empirical research. Considerable changes have taken place in the cognitive sciences. As Howard Gardner (1993) writes, whereas intelligence tests were highly fashionable forty years ago, and whereas Piaget's theories enjoyed astounding success twenty years ago, today the interest of scholars is mainly in a new form of study often termed the 'psychology of information processing' or 'cognitive science'; a discipline which uses methods developed by experimental psychologists to furnish, for example, the maximum amount of detail on the mental steps followed by a child when eating food. To do so, it investigates the process from the initial information provided by the eye and ear to that provided by the mouth and hand. In effect, the expression 'cognitive science' as used in the 1970s had been coined earlier at a symposium on information theory held in 1956 at the Massachusetts Institute of Technology, and it has been given numerous (Gardner 1985).

The end of the Second World War saw development of the so-called 'cybernetic' phase of cognitivism, which shifted the study of mental phenomena from philosophy and psychology to the operations of logic, symbolic calculus and mathematical formalism (McCulloch 1965). This raised a challenge against the influence of behaviourism in psychology and partly revived the introspective method that the spread of behaviourism had superseded. It involved, that is, renewed emphasis on theories developed in mathematics, in logic, and in the study of nerve cells and of human and mechanical feedback mechanisms. People were described in terms of "projects" (hierarchically organized processes), of images (the total available knowledge of the world), of goals and "other mentalistic conceptions" (Gardner 1985) and their minds were viewed as physical entities able to elaborate, transform and develop symbols (Simon 1969) in analogous fashion to a computer.

Artificial intelligence, moreover, may be considered the most accurate interpretation of cognitivist theories. Herbert Simon, Marvin Minsky and Noam Chomsky were only some, though important, proponents of this science, so-called in order to validate the mind as a subject of study and thereby proceed by operating on symbols, which by virtue of their possession of physical and semantic value entail that, even if one addresses only their physical form, thereby ignoring their semantic value, one is nevertheless constrained to the latter. In sociological as well as other terms, this was a moment of crucial importance in the history of contemporary Western thought and of the invention of new technologies: from the rise of systems theory to the creation of computers, from computational logic in psychological processes to the logic of the self-organizing system, to games theory. In the 1960s, however, the various disciplines that occupied themselves with the mind were largely non-communicating. In the second half of the 1970s cognitive science arose as a new area of study. On it converged contributions from artificial intelligence, psychology, linguistics, philosophy and neuroscience. Those years also saw the publication of a periodical, *Cognitive Science*, and the first studies that sought to define and circumscribe this interdisciplinary 'humus'.

4.1 Cognitivism as computation of symbolic representations

The intuition that underpins cognitivism is that, in its essential features, intelligence – which includes human intelligence – so closely resembles a computer that cognition can in fact be defined as the computation of symbolic representations (Varela et al. 1991). Essentially, therefore, the intention is *to assign causal properties to people's desiderata, convictions and volition*; that is to say, to establish whether they are representative or above all intentional, physically possible, and capable of generating behaviour.

The computer was undoubtedly the favourite tool of cognitive science. But one should also bear in mind its importance as a metaphor in psychology, for example, when behaviourist orthodoxy was ousted and stimulus/response chaining was abandoned in favour of models based not only on interaction but also on intentionality. Experimental studies were conducted on the mind, notably those on the existence and flexibility of the imagination (Shepard/Metzler 1971; Kosslyn 1980), those on cognitive representations of ends and goals (Miller et al. 1960), or those on the textual representation or social schema as the depiction of a social system (Schank/Abelson 1977).

Although the computer is the key feature of cognitivism, cognitive science is based on the assumption that it is legitimate – and indeed necessary – to posit a separate level of analysis, which may be called the level of "representation". When a scientist works at this level, s/he is dealing with representative entities like symbols, rules and images – the matter of the representation which lies midway between input and output – while also exploring the ways in which these representative entities are united, transformed or contrasted. This level is necessary to explain the variety of human behaviour, thought and action (Gardner 1985).

4.2 Interpretation and inner representations

Two meanings attach to the term 'representation' in cognitive science. The first is the notion of cognition as due to some specific interpretation or representation of the world. In this case the representation is conceptualized as interpretation. The other view of representation explains it in terms of a hypothesised system which acts on the basis of inner representations.

The former of these two conceptions – wherein everything susceptible to interpretation is pertinent to something else – is the weaker one, in that it does not entail adoption of a distinct and habitually accepted epistemological or ontological position with the semantic value of maps which, however elegant, represent other realities.

The latter is the much stronger conception of representation. The assumption is that the world is preordained, and that its characteristics can be specified prior to any cognitive activity. Hence, in order to explain the relationship between this cognitive activity and a pre-established world, one hypothesises the existence of mental representations within the cognitive system (Varela et al. 1991). This, therefore, is a theoretical delineation of cognitivism in which reality is pre-existent and the world is pre-established. Although cognitive phenomena belong to the world, they do so only to a certain extent. Knowledge of this pre-established world stems from the ability to represent its essential features, and from the capacity for action made possible by these representations. The notion of representation encapsulates a complex phenomenon; a process which on the one hand draws upon, and on the other reconstructs, independent elements found in an external environment with pre-established characteristics.

4.3 The mind as a network of relations

More recently, the cognitive sciences have distanced themselves from the idea that the representation is the fundamental intuition, and also from the view that the environment is extrinsic and independent. The latter notion has been progressively pushed into the background, and at centre stage now stands the image of the mind as a network of relations. This network does not transform inputs into outputs; nor does it manufacture thoughts in the same way as factories make cars. The difference is that the brain uses self-modifying processes which cannot be separated from their products. In particular, the brain manufactures memories which alter the world in which we subsequently think. The main activity of the mind consists in making changes to itself (Minsky 1985) and not in producing representations of a predetermined and external world. In other words, the output of the processes activated by the brain coincides with these same processes; processes which loop back on themselves to produce networks which are not subject to heteronomous mechanisms of control, but which rely on their own capacity for self-organization.

This introduces the topic of a mind whose foundations do not lie externally to it; a topic that we shall not dwell upon, except to point out that the directions followed by those cognitivist scholars to have given importance to it either relate to the philosophical and semantic inquiries of pragmatism (Rorty 1979; Putnam 1987), poststructuralism (Derrida 1967; Foucault 1966), postmodernism and weak thought (Lyotard 1979; Vattimo 1985), or to other, non-European, traditions of philosophical thought. Varela, Thompson and Rosch have moved in this latter direction by drawing on the theories of Madhyakima. This, they point out, is because, unlike the Buddhist tradition, contemporary Western thought has not created a connection or a middle way between the loss of the foundation of the self and the loss of the foundation of the world. Indeed, one witnesses a fragmentation of the self in cognitive sciences due to their endeavour after scientific objectivity. Despite the interest aroused by interpretationism as a profound and penetrating critique of objectivism, doubt has never been cast on a mind independent of objects; nor, moreover, has the well-foundedness of the concept and interpretation been doubted. In contemporary Western thought, a lack of foundations has a negative connotation, as if existence and truth were being denied to both the world and experience.

5. Cognitivism in Organizations: A Wide Range of Organizational Issues

The interest of cognitivists has tended to focus on decision processes, also strategic ones, and on information flows (Galbraith 1974; Lyles/Mitroff 1980). This is not to imply, though, that clear and definite relations have been identified between these processes and cognition. Moreover, a number of studies have highlighted an image of the organization as a multicephalic organism (Pondy/Mitroff 1979) or as a mind (Sandelands/Stablein 1987), thereby further complicating the cognitivist description of organizational life.

5.1 Typical features of cognitivism

In order to illustrate the nature of the organizational issues addressed by cognitivist scholars it is necessary to specify certain typical features of cognitivism beginning with analyses that examine the single individual, since this analytical level, as we shall see, is simultaneously the key to and the source of major critical perplexity. Typical features of cognitivism are:
- *cognitive structures*, i.e. the representations of knowledge that contain and organize information. In these structures, categories constructed on the similarity of attributes provide the basis for more complex ones, namely 'constructs'

(developed for hierarchical relations), causal systems (developed for cause/effect relations), and scripts (developed for temporal relations);

- *cognitive processes*, i.e. the various modalities assumed by knowledge search, selection and retention;
- *cognitive style*, i.e. the differences in the cognitive structure or process which persist through the units of analysis. In this sense, the term 'cognitive complexity' refers to the extent to which elements are integrated or diversified within a construct.

5.2 Cognitivist issues about organization

Schneider and Angelmar's survey (1993) is especially useful here, because it articulates the base notions of cognitivism – cognitive structure, process and style – at its three levels of analysis: individual, group and organization. But it should be immediately pointed out that, however much one may seek to give precision to the distinction, neither does cognitivism manage to escape the indeterminateness of the boundaries between structure and process. Nevertheless, by preserving this distinction, and by adding to it the third of the above three features – cognitive style – one gains an overview, albeit a partial and succinct one, of the issues addressed and the routes followed by this approach at the levels of the individual, the group and the organization.

At *the individual level*, the cognitive structures that emerge are causal maps and cognitive maps (Bougon et al. 1977; Hall 1984; Weick/Bougon 1986; Eden 1992), scripts (Gioia/Poole 1984; Lord/Kernan 1987), beliefs (Sproull 1981), implicit theories (Walton 1986), distilled ideologies (Salancik/Porac 1986), taxonomic mental models (Porac/Thomas 1990). Cognitive processes are those of hindsight (Staw 1981), justification (Chatman et al. 1986), assimilation and adjustment (Gioia 1986). Cognitive styles are the acquisition and evaluation of information (Myers-Briggs Inventory 1962), managerial schemes of reference (Shrivastava/Mitroff 1983), field independence (Gul 1984), the repertory grid (Walton 1986).

At *the group level*, cognitive structures are basic assumptions (Bion 1961), coincident meanings (Gray et al. 1985), negotiated beliefs (Walsh/Fahey 1986). Cognitive processes are group thought (Janis 1972) and analysis of strategic assumptions (Mitroff et al. 1979). Cognitive styles are integrative capacity (Driver/Streufert 1969), consensus (Walsh et al. 1988), diversification of the connection (Ginzberg 1990).

At *the level of the organization*, cognitive structures are decision rules (Cyert/March 1963), cognitive systems (Weick 1969), cognitive cause maps (Weick 1969; Bougon et al. 1977) congregate vs. aggregate cognitive maps (Bougon 1992), symbols (Bougon et al. 1977), myths (Boje et al. 1982), interpretative system (Daft/Weick 1984), basic assumptions (Schein 1985), the mind (Sandelands/Stablein 1987), formative contexts (Unger 1987; Ciborra/Lanzara 1990), the memory

(Walsh/Ungson 1991). Cognitive processes are search, selection and retention (Weick 1969), making sense (Weick 1969), attributions (Bettman/Weitz 1983), learning (Levitt/March 1988). Cognitive styles are comprehensiveness (Frederickson 1984), characteristic modes of perceiving and believing (Schein 1985), schemes of reference (Shrivastava/Schneider 1984), socio-cognitive interorganizational analysis (Dunn/Ginzberg 1986).

Most of these works have been published in the last ten years and in prestigious journals like *Academy of Management Review, Administrative Science Quarterly, Journal of Management Studies,* a fact testifying that the credibility of the approach has now been ratified. One also notes the crucial contribution of certain scholars, notably Karl Weick and James March, who have exerted a profound influence on theories of organization, and the constant research of scholars like Michel Bougon and those who have taken part in the intiatives and researches of the University of Bath (UK). The salient feature of these works is their emphasis – which derives from cognitive psychology – on the individual, on his/her thought and on his/her learning. And also evidenced are the notions of cognitive map, script, meaning attribution, beliefs, basic assumptions and learning. These concepts have been developed using both quantitative and qualitative methodologies of analysis, and by drawing upon non-psychological approaches to the study of organizational life.

6. How to Uncover Organizational Cognitive Processes

If cognitivism exists at the level of the organization, how can it be observed? Analysis of the literature shows that two main methods of empirical analysis have been used: causal maps and construct analysis. On occasion the two methods have also been used in combination. Both of them, however, derive from cognitive psychology and from research into individual cognition.

6.1 Causal maps

A causal map is a particular form of cognitive map. Originally introduced by Tolman (1948), the cognitive map seeks to represent the network of relations among meanings that actors utilize to make sense of the world that surrounds them, and which guides them in their action and social interactions. Causal maps consist of a grid of concepts connected by logico-causal operators. According to Weick and Bougon (1986), knowledge of the causal maps with which individuals and groups orient their action is of crucial importance. Causal maps, in fact, owe their potency to the epistemic primacy of the category of causality, but above all to the fact that organizations are viewed as having a purpose. It follows that causal connections provide a powerful language with which to describe the presuppositions of organizational action. The construction of causal maps to describe organizations is therefore based on two premises: first, the notion that whatever ties an organization together is that which holds its thoughts together (Weick/Bougon 1986, p. 102); second, the fact that these connections can be viewed as institutionalized chains of relations between means and ends which can be described in terms of logico-causal relations of the type "if … then".

Although causal maps were originally intended for use at the individual level, they have on several occasions been employed for the analysis of group and organizational phenomena. However, the question of how collective causal maps can be constructed is still open, and it raises a number of problems that have only partially been resolved. In the organizational literature, four different types of supra-individual causal map can be identified:

– *assemblage*. Maps are plotted by straightforwardly matching the schemes of dyadic interaction that regulate the action of group members (Hall 1984);

– *aggregate cognitive map*. This is constructed by an external observer (the researcher or consultant), who seeks to synthesise the group's shared perception out of individual causal maps (Eden et al. 1983);

– *average map*. It is derived 'artificially' by calculation of the average of the relationships between givens, means and ends. In this case it is possible to specify both the group's 'average' cognitive map and the standard deviation from it of each individual component (Bougon et al. 1977);

– *congregate cognitive map*. This is a causal map based on the notion of cryptic labels. It consists of the participants' full aggregate cognitive maps connected only and exclusively by labels drawn from the social system map. The key idea is that participants congregate into a social system by minimal connection via a few but crucial congregating labels (Bougon 1992).

Traditionally, concept networks have been represented by graphical diagrams in which (usually) arrows indicate the direction of the cause-effect relation. The use of graphs, and in general the graphical approach in the study of networks, has always provoked criticism. On the one hand, such graphs tend rapidly to become over-complicated and incomprehensible. On the other, they give rise to conceptual errors (Krachardt 1990; Lomi 1991) on which, however, we shall not dwell except to point out that they have been followed by strictly mathematical methods, and also by dedicated software like the COPE developed at the University of Bath (UK) and the CMAP2 by Laukkanen (1994) to compare individual cognitive maps.

6.2 Construct analysis

Construct analysis is the other method widely used by scholars of cognitivism in organizations. Based on Kelly's personal construct theory, it is designed to represent individual and collective modes of sense attribution (Kelly 1955; Fransella/Bannister 1977). Kelly starts from the assumption that every person constantly endeavours to make sense of the world that surrounds him or her. To this end, each individual continuously constructs and reconstructs a set of implicit theoretical 'frameworks' akin to implicit theories about the world. Kelly is careful to stress that this does not imply that these theories are explicitly and formally articulated in the mind, only that each social actor's meaning systems have a distinct organization (Polanyi 1958). These meaning systems can be brought to light by operating on their base elements, i.e. the constructs. The latter, in fact, are finite in number and hierarchically ordered. They should not be viewed as 'concepts', even less as 'things'. Rather, from a dynamic perspective, they should be regarded as basic dimensions of appraisal. In other words, personal constructs constitute semantic operators with which to draw distinctions in the domain of meaning. They are, that is, criteria employed in simultaneously defining similarities and differences among the "things of the world". In this sense, constructs are by definition bi-polar, because they must contextually and simultaneously specify what they include and what they exclude (Kelly 1955. See also Bateson 1972, 1979).

Kelly's theory comprises a certain number of postulates and corollaries, and it is grounded in a methodology elaborated with the specific purpose of highlighting portions of people's meanings systems: the Repertory Grid. Although there exist different versions of this method of surveying, identifying, organizing and measuring the relations among personal constructs (Fransella/Bannister 1977), it consists essentially in asking interviewees to describe the similarities and differences among elements that they have previously indicated as relevant to a particular issue. A grid is then plotted and the interviewee is asked to compare each element with each of the constructs thus produced, assigning a value from a given scale according to the appropriateness of the use of the construct in relation to each element.

Kelly's theory and the various versions of the Repertory Grid are intended for use at the individual level of analysis. However, several scholars have pointed out that at least two of the original corollaries to Kelly's theory – the corollary of 'sociality' (to the extent that one person construes the construction person of the other, s/he may play a role in a social process of the other person) and that of 'communality' (to the extent that one person employs a construction of experience which is similar to that employed by the other, his or her psychological processes are similar to those of the other person) – make both the theory and the Repertory Grid suitable for use at the collective level. However, doubts similar to those raised by causal maps apply to this second method as well (Eden 1988, p. 2). Wacker has suggested three different ways in which the Repertory Grid approach can be extended to the collective level:

– the *additive* method based on the simple gathering and ordering of the constructs identified by members of the group according to their frequency:

- the *ideal-typical* method, which seeks to identify the hypothetical map typical of an ideal group member (and its modal variations);
- the *interpretive* method, which involves intervention by an external observer who synthesises a collective map showing the relations among the group members' constructs.

Dunn and Ginzberg (1986) have instead proposed a strictly mathematical approach to the construction of 'collective grids', developing a set of indices and algorithms for the purpose. According to these two authors, the principal advantage of Kelly's method is that it is easily reproducible and therefore potentially controllable. It avoids the problems raised by comparison among constructs because it gives detailed specification to their form. Moreover, it enables the researcher to evidence subjective modes of signification before subjecting them to manipulation and evaluation, so that the result is effectively the participants' reference system, and not confirmation of some specific *a priori* theory which is nothing but an extension of the researcher's own reference system (Dunn/Ginzberg 1986, p. 971).

7. Methodological Issues of the Cognitivist Approach

Attempts to identify and describe organizational cognitive processes encounter specific methodological problems related to the nature itself of the object of inquiry:

1) The methods and instruments used in the cognitive analysis of organizations share with every other tool of social inquiry the property that *they alter the phenomena to which they are applied.* Even research conducted within an orthodox functionalist framework by now accepts the notion of the 'Heisenberg effect' (Schwarz/Jacobs 1979): namely that whenever an observer of social phenomena enters the 'reality' under investigation in order to gather the 'data' that s/he needs, distortion occurs in the 'field' of analysis owing to the presence itself of the observer; distortion which precludes discovery of the entire 'truth' of the phenomenon concerned. Much stronger and more convincing arguments in this regard have been advanced by the advocates of participant observation and naturalistic research, who contend that the influence of the researcher-observer goes well beyond that of mere interference, because they reject the idea of a social reality lying beyond this distorting filter (Bantz 1983, p. 63 ff.).

Interestingly, these issues are magnified in their importance by the particular sphere of action occupied by cognitive methods of organizational analysis. Here the 'subject matter' of the researcher are the (more or less shared) processes of meaning attribution that make coordinated action by an organization's members possible. Since meanings systems are 'invisible' to those who use them, if they are to be brought to the surface they must be translated into a different context or, which is the same thing, projected against a theoretical background which throws them into sharper relief.

2) In addition to the interpretative problem just discussed there are, in the case of cognitive analysis of the organization, the several modifications induced in the processes examined by the research itself. This effect derives from *the non-conscious and non-intentional (automatic) nature of cognitive processes at the level of the organization*. Several scholars have pointed out that a distinctive feature of these cognitive processes is their marked tendency to persevere. Fiske and Taylor (1984) have shown that the prestructured ways in which we give meaning to the world around us tend to persist despite all evidence to the contrary. Every attempt to induce change by means of rational argument – that is, by acting at the intentional level by endeavouring to convince subjects of the goodness of alternative solutions – proves wholly ineffective, despite their apparent acceptance of change (Lord/Foti 1986).

One may therefore conclude that the methodologies used in cognitive analysis of organizations have a twofold status: they are tools of study and analysis and *simultaneously* the means by which change can be introduced into organizations. Revealing the cognitive foundations of their organizational action to the members of an organization triggers a 'back-talk' process which introduces changes, although not in a deterministically plannable manner (Unger 1987; Bamberg/Schön 1983; Ciborra/Lanzara 1990; Lanzara 1993). A second conclusion concerns the ontological status of cognitive representations of organizational action: are they 'true' representations of what goes on in the minds of an organization's members, or are they only constructs fashioned by the external observer?

The opinions on the matter expressed by researchers into organizational cognitive processes can be arranged along a continuum. At one extreme are located substantially 'realist' positions according to which cognitive maps capture organizational thought with greater or lesser success (Fiol/Huff 1992). At the other extreme lie 'nominalist' beliefs according to which such maps are only weak graphical representations of other representations – that is, "the graphic representation of a discourse" (Cossette/Audet 1992, p. 331). There is also a third position, which we may call 'conventionalist', argued especially by the University of Bath group and maintaining that maps are merely artefacts created, not in order to capture the cognitive processes of the actor or of the group, but to produce a cathartic experience which has the additional value of altering thought processes (Eden et al. 1992, p. 321).

8. A Classification of Cognitive Methods of Organizational Analysis

The foregoing discussion serves as an introduction to more detailed examination of the methods used in the analysis of cognitive processes in organizations. Table

1 groups the methods to have been particularly influential in the literature according to two criteria:

– the *methodological orientation* that gives priority to the understanding of organizational phenomena versus the methodological orientation that favours intervention in organizational life;
– the *level of obtrusiveness*, which is operationalized using three parameters:
– the period of time that the researcher must spend within the organization in order to complete his/her analysis (from short to long);
– the way in which the interaction is structured (one-way or two-way, from tightly to loosely structured);
– whether the methodology provides feedback to the organization's members.

Since the literature does not give quantitative information, the continuum has been arbitrarily divided into three categories (low, average, high).

Obtrusiveness	*Understanding oriented*	*Action oriented*
Low	DOCUMENTAL CAUSAL MAPPING (Axelrod 1976; Narayanan/Fahey 1990; Huff 1990) COMPUTER MODELLING OF THE POLICY MAKING PROCESS (Hall 1976, 1984)	
Average	CAUSAL MAPPING (Bougon et al. 1977; Roos/Hall 1980; Ford/Hegarty 1984; Cossette/Audet 1992; Lanzara 1993; Laukkanen 1994; Markoczy/Goldberg 1995) REPERTORY GRID (Wacker 1981; Brown 1992) DISTILLED IDEOLOGIES (Salancik/Porac 1986) NETWORK ANALYSIS (Dunn/Ginzberg 1986) ANALYSIS OF THE ORGANIZATIONAL IMPLICIT THEORIES (Brief/Downey 1983) VERBAL PROTOCOLS ANALYSIS (Isenberg 1986)	MIND (Ramaprasad/Poon 1985) SURFACING BUSINESS STRATEGIES (Bowman/Johnson 1991)
High	CAUSAL MAPPING USING THE SELF-Q TEST (Bougon 1983; Weick/Bougon 1986; Bougon et al. 1990; Bougon 1992; Nicolini/Fabbri 1994)	ORGANIZATIONAL LEARNING (Argyris/Schön 1978) OSR (Finney/Mitroff 1986) INTERACTIVE CAUSAL MAPPING (Eden et al. 1983; Langfield-Smith 1992)

Table 1: Levels of obtrusiveness in understanding or action oriented cognitive methods

In the sections that follow we shall illustrate, first, methods with low levels of obtrusiveness; that is, those based on a brief presence in the organization by the researchers, no interaction with its members, and no feedback envisaged by the methodology. We shall then describe the methods with average levels of obtrusiveness; that is, those methods based on a brief or average presence in the organization by the researchers, structured and non-participatory interaction with its members, and no feedback envisaged by the methodology. Finally, we shall consider methods with a high level of obtrusiveness; that is, ones based on an average-to-long period of time spent by the researchers in the organization, loosely structured or participatory interaction, and one or more feedback cycles envisaged as an integral part of the methodology.

8.1 Cognitivist methods with *low* levels of obtrusiveness

This category comprises methods for the analysis of cognitive processes in organizations with a low level of obtrusiveness and which do not involve interaction with members or participation in organizational life. Consequently, they are methods applied at a mere documentational level.

One of the most authoritative studies of collective decision processes based on documentary evidence is certainly that conducted by the political scientist Robert Axelrod and his colleagues (1976). These authors constructed and conducted detailed study of the causal maps of a certain number of decision-makers and politicians, developing and simultaneously perfecting a reasonably reliable method for documentary codification.

Axelrod sets out four essential conditions for the production of good causal maps:

- The method must be non-obtrusive. That is, it must be applied to material which ensures that the analyst does not work with documents deliberately created to furnish an image of the actor different from his/her effective behaviour.
- The maps should be derived from data, not from the researcher's pre-existing assumptions. Concepts should not be defined *ex ante* but according to the material examined.
- Cognitive maps should comprise complete reasoning, so that options, goals, main variables and chances constitute an organic whole;
- The maps should accurately depict the assertions (and the relations among them) made by the decision-makers. The original words used by the actors should be preserved as far as possible.

This last point highlights the main shortcoming of the method: namely that maps based on documentary materials accurately represent what the actors *say* (their assertions) and not what they think. According to the proponents of documentary mapping, we should not allow ourselves to be misled by the term 'cognitive'. The purpose of the approach is not to yield inferences about what decision-makers or organizational actors really believe; it serves merely to establish an order among the statements gathered.

This obviously exposes the method to a number of criticisms: firstly, there are criticisms more directly centred on the sincerity of the speakers and their intentional strategy; secondly, those connected with what psychologists call "impression management" (Cialdini/Petty 1981; Fiske/Taylor 1984); thirdly, more specifically hermeneutic criticisms related to the fact that it is impossible to reconstruct the cognitive and affective context of the discussion, so that certain things may have been taken for granted, or they may have been said for reasons to do with the dynamics of the group concerned (this applies especially to the construction of collective maps); and yet others besides. Further problems arise if the documents used for the codification are transcripts of oral discussions or conversations. In this case, the absence of direct knowledge of the communicative context further complicates the work of both the codifier and of those seeking to interpret the cognitive map.

Finally, a number of limitations derive from the accessibility of source material, since sufficiently complete reports are not always available. Further constraints are imposed by the causal maps themselves, given that they require – if they are constructed according to the method proposed by Axelrod – the introduction of certain simplifications in order to enhance their representative clarity. The results, which require hours of tedious work to produce, often turn out to be static and linear representations of what are instead dynamic and complex processes (Stubbart/Ramaprasad 1988). In particular, causal maps derived from documents very often lack 'loops' with which to introduce ambiguity and contradiction into the scheme.

Although at the level of the organization document-based cognitive maps are inefficient instruments with which to uncover meanings systems, they prove quite useful when seeking to identify variations in these systems over time, and to study the adaptive (or anti-adaptive) consequences of these variations. Hall (1976, 1984), for example, carried out an important longitudinal study on the presuppositions and decision-making paths of the managers of two high-circulation magazines over more than a decade. Using book-keeping documents (reports by the board of directors) as his source material, Hall was able to show interesting correlations between the sales volume of the two companies and their managements' ability to 'understand' changes in the type of magazine preferred by the public. Other studies using the technique introduced by Axelrod have been carried out by Narayanan and Fahey (1990), who used a cognitive approach to study the reasons for the decline of a radio and television factory, and by Huff (1990), who studied the way in which a large American automobile company perceives and gives meaning to the environment.

8.2 Cognitivist methods with *average* levels of obtrusiveness

Classified in this category are methodologies which require moderate interaction between the researchers (or consultants) and the members of the organization. The form and duration of the interaction – which is usually based on structured interviews or questionnaires – indicates that here the level of analysis is closer to that of functionalist social research than that of participant sociology or ethnography. However, the presence of interaction allows a distinction to be drawn between methodologies oriented to theoretical research and methodologies specifically devised in order to reveal and change organizational processes.

8.2.1 Methodologies oriented to the understanding of organizational phenomena

A first group of methods with a low level of obtrusiveness and oriented to the exploration of organizational processes apply the causal map technique to accounts furnished by organizational members. However, in this case many of the problems discussed with regard to documentary analysis are avoided, because it is the researchers themselves who gather data *in loco* by means of questionnaires, interviews, and brief discussions with the actors concerned. In some studies (Bougon et al. 1977; Diffenbach 1982) the maps are conducted by the researchers; in others (Roos/Hall 1980; Ford/Hegarty 1984), a third actor – a group of peers in one case, a group of students in the other – is asked to construct the maps on behalf of the researchers in order to restrict (or at any rate keep under control) researcher interference in the process.

The Repertory Grid has also been used at this level of obtrusiveness. Wacker (1981) has used analysis of personal constructs to construct 'maps' which, by combining the causal map and the personal construct techniques, seek to establish the differences among the cognitive infrastructures of different organizational subgroups and the way in which they change over time. Dunn and Ginzberg (1986) attempted to combine the Repertory Grid with network sociology, furnishing six indices with which, for comparative purposes, the constructs of different individuals or groups can be measured: the number of constructs used, their specific function in the overall structure, the degree of connection, their desirability, semantic distance, centrality. Brown (1992) has also used a combination of the two methods, with results that show their strengths and weaknesses.

Further constructs and metaphors of cognitive character aimed at capturing "the organization's universe of meaning" warrant consideration. Salancik and Porac (1986), two of the most active researchers at work in the cognitive area, have proposed an interesting construct which, although a variant of causal maps, is subtly critical of them. These two authors contend that maps are based on an overly atomistic conception of the notion of causality. Claiming that social and organizational actors act on the basis of decisions consequent on covariate analysis of elements within the context (if...then...; but seeing that also...then...) is, to say the least, incomplete. According to Salancik and Porac, actors do not take account of (and do not remember) all the bivariate data, only concise and summary conclusions which are retained in the form of "distilled ideologies". And it is these latter, and not a complex algorithm of bivariate analysis, that organizational actors use to select their strategies of action. Researchers should therefore concentrate on revealing these "holistic" constructs or "causal instances" of particular organizational contexts. In their article Salancik and Porac then go on to highlight a number of such "ideologies" gathered by means of short interviews in a specific organization. They also seek to provide empirical proof for the validity of their assertions by using their results to make predictions that the contents of the constructs highlighted will induce actors to prefer some options over others (subsequently confirmed by direct interview). However, their use of the term "ideology" as synonymous with "coherent set of beliefs or convictions" has been criticised. Although this substitution preserves the idea of a precategorial attribution of meaning, it neglects the fact that the notion of ideology presupposes a conflict among groups (or classes) propounding antagonistic patterns of meaning attribution (Weiss/Miller 1987).

A further construct is constituted by the "implicit theories of organizing" (Brief/Downey 1983; Downey/Brief 1986). This construct is based on the psychological theories of Heider (1958), who views human beings as akin to "applied scientists". In practice, the central idea is that every member of an organization develops assumptions on its mode of being. "Implicit theories" therefore constitute the cognitive mechanisms which translate the organizational structure into behaviours. Three methods have been proposed to identify these theories: the gathering of organizational stories (Weick/Browning 1986); the collecting of organizational cases (Argyris/Schön 1978); analysis of verbal protocols (Isenberg 1986). To be noted is that, although the latter technique has been developed to describe decision-making paths for the construction of expert systems, it has also been proposed as a technique with which to shed light on the "organizational thoughts" of subjects (Ericsson/Simon 1984).

8.2.2 Methodologies oriented to action in organizational life

Although many of the techniques examined in the previous section can be used for consultation or organizational intervention, some of them, with a moderate level of obtrusiveness, have been specially designed for this purpose, being instruments that concentrate specifically on corporate strategy. Bowman and Johnson (1991) have developed, and introduced with a certain amount of success, a method intended to aid discussion on strategic issues which is based on the representation of the discrepancy between the organization's declared strategy and that one that it actually adopts. The method is based on simplification and immediacy: the divergent views, expressed in current and wholly understandable theoretical language, are translated into relatively simple but very explicit graphs which provide the basis for subsequent detailed discussion and comparison. A similar approach has been adopted by Ramaprasad and Poon (1885), although they instead use a computerized technique to produce influence diagrams in a strategic context. Their program, called MIND, works as a sort of simulator which enables decision-makers to 'see' their decision-making paths and therefore 'shows' alternative options at the same time.

8.3 Cognitivist methods with a *high* level of obtrusiveness

The methodologies belonging to this category seek to dig deep into the cognitive aspects of organizations. All the methods examined require prolonged interaction between the researcher or consultant and the members of the organization, and they all use sophisticated methods to circumvent individual and collective defences so that they can penetrate as deeply as possible into collective cognitive mechanisms.

The results of these approaches often have major effects on organizational actors. They frequently arouse surprise (Eden et al. 1983), consternation, discouragement and anxiety (Argyris/Schön 1978), or individual and collective stress (Finney/Mitroff 1986). Very often, they bring to the surface elements that should have been left unexpressed, or they raise issues that the organization as a whole had sought to ignore in order to avoid the inevitable consequence of introducing change.

8.3.1 Methodologies oriented to the understanding of organizational phenomena

The Self-Q Test is a sophisticated technique developed by Michel Bougon in order to compile individual and organizational causal maps (Bougon 1983; Weick/Bougon 1986; Bougon et al. 1990). It aims to forestall the problems of researcher access and influence which, as we have seen, severely restrict the validity of the 'data' used to construct causal maps. The Self-Q Test is non-directive and non-reactive, because it transfers the bulk of responsibility for the conduct and validation of the data-gathering process and the construction of the map from interviewer to interviewee. Application of the technique has shown that it helps rather than hinders the collection of relevant information. The method is based on the creation of a self-exploratory 'setting' which prevents the tendency of actors to repeat, even individually and in private, the theories profounded at the official level in the organization.

The Self-Q Test is administered in four stages. A preliminary interview is conducted to collect, non-manipulatively, concepts. A second meeting is held to verify these concepts, which are then divided into classes and classified in order of importance. At the third meeting the causal linkages among concepts emerge. At the fourth meeting the researcher verifies whether the map makes sense to the actor who has compiled it (Bougon 1983, p. 182). Thanks to certain of its features – minimal interference, high level of feedback, use of the organizational actors' expressions and language – the Self-Q Test is the cognitive technique that comes closest to sophisticated ethnographic methods of data gathering.

Less straightforward and more controversial is application of Bougon's more recent reflections (1992) on the possibility of constructing a congregate map which organizes, by means of cryptic nodes, the individual maps plotted using the Self-Q Test. The problem lies in the circular definition given by Bougon to 'cryptic node'. To identify the cryptic nodes, which are the nodes that connect individual maps, he first suggests that one should look for the nodes that effectively connect individual maps. But his further suggestions do little to resolve these doubts, because, by directing the search for key informants within the organization, as the gatekeepers of the cryptic nodes, they effectively annul the self-exploratory nature of the Self-Q Test.

In order to eliminate this circularity, Nicolini and Fabbri (1994) have developed a non-obtrusive approach based on identification of synonymies among nodes by the actors involved in the Self-Q Test. The problems that emerge from their study, however, raise serious questions concerning the entire approach, its validity and effectiveness.

8.3.2 Methodologies oriented to action in organizational life

Argyris and Schön (1978) have been the first to propose the use of cognitive maps to intervene in organizational relations, the aim being to provide organizational members with support. The two authors view organizations as cognitive artifacts made up of individual representations and official public maps. The members of any organization use two different kinds of maps to orient themselves in their organizational action: "exposed" maps, which are often set out in official and public documents; and maps "in-use", which are the ones actually utilized in day-to-day interaction. Overt theories provide the reference framework with which organizational actors justify their actions should these be questioned, but it is theories in-use that guide the workings of their organization. Maps in-use are constantly reconstructed by means of cognitive elaboration at the individual level, and they are the outcome of the effort made by each member to locate him/herself within the organization, continually adjusting to the changes brought about by this same effort of each organizational member. These maps are often left implicit, both because they are not 'visible' to individual members and because their incongruity with overt and official maps is perceived as a potential threat. Bringing them to the surface not only helps to give 'organizational' form to the difficulty (or problem) that has prompted the organization to call in the consultants; it also provides a preliminary idea of the changes that may be necessary, and of how they may be accomplished.

Interventions using the approach developed by Argyris and Schön take the form of "action learning" events (Revans 1982). Members learn to 'know' their organization and are thus enabled to produce changes. The emphasis is on the process of knowledge acquisition, not on its product, by means of interviews, group meetings, and the study by participants of especially significant cases with positive or negative outcomes. These cases are discussed in small groups, thus providing material for further and deeper discussion which leads to a collective diagnosis and the suggestion of possible remedies.

The same overall logic – that of inducing the members of an organization to interact with a representation of themselves – is also the basis of the OSR (organizational self-reflection) method devised and experimented with by Finney and Mitroff (1986). Here too, the object of the surfacing process is corporate strategy. The various phases of the intervention help the managers to bring out the inevitable discrepancies between official strategies and effective everyday action, thereby fostering the process of change. Eden and his colleagues (Eden et al. 1983; Eden 1988; Ackermann et al. 1991) have used, for interpretative purposes, an approach which combines causal maps, the basic principles of the Repertory Grid, and the modelling techniques of operational research. In particular, this group of English researchers have used cognitive maps compiled at the individual level as nodes for "meta-maps" at the collective one. With the support of a dedicated computer program (COPE, in Eden et al. 1983, 1992), the consultant is able to construct and discuss these shared maps with the organization's members. Both the process of compiling the maps and the collective work of assembling them by means of the computer are important moments of discovery and discussion. The collective map, which comprises references to concepts contained in the maps of the individual organizational members, is discussed and modified jointly with the consultant, whose task it is to encourage negotiation of the nature, definition and meaning of the problem to be solved. In fact, the bulk of the process consists not so much in a search for solutions as in the negotiation of a shared definition of the problem and of its causes, as well as negotiation of the system of values, expectations and goals within which the situation under examination appears to be 'problematic'.

9. Cognitivism and New Currents of Thought in Organizational Theory

We may consider now whether and to what extent cognitivism has helped to change and innovate organization theories and organization studies. The reference, of course, is to the period in which cognitivist work in organizational settings has been most intense, namely the last few years.

One is struck, in fact, by the recent surge of interest in organizational thought. Indeed, the organizational literature has presented many facets in its short life, but cognitivism has not been conspicuous among them. This is borne out by examination of the theoretical underpinnings of works which conduct relatively broad-gauge examination of the corpus of organizational theories. These are surveys based on distinctions among diverse notions: rational, structural and interactionist models (Gross/Etzioni 1985); closed, open and natural systems (Scott 1992); schools (Airoldi/Nacamulli 1979) articulated by interpretative and normative conceptual schemata, field of inquiry, method and its protagonists; industrial, bureaucratic and organizational issues (Bonazzi 1989); metaphors (Morgan 1986); research programmes (Reed 1992); sociological paradigms (Burrell/Morgan 1979; Evered/Louis 1981; Hassard 1993), theoretical paradigms and research methods (Strati 1996). In none of these areas does organizational thought play a prominent role. Furthermore, inspection of the essays collected by Linda Smircich, Marta Calàs and Gareth Morgan in a special issue of the *Academy of Management Review* devoted to new intellectual currents in organization theory (1992) reveals that cognitivism is not allocated a place of its own. Nor, for that matter, can it be used to delineate important features of organization theories, as Silvia Gherardi (1993) does when she reflects on the complexity of decisions in organizational settings and proposes an interpretation 'in stages' of theoretical contributions in this area.

9.1 The crisis of the dominance of a paradigm positivistic and rationalist

In the late 1970s and early 1980s the theoretical assumptions of organizational theory were subverted, too (Zey-Ferrel/Aiken 1981). Criticisms were brought to bear against the structural approach to organizations, both by those who had used the comparative quantitative structural approach and its application to contingency theory, and by those extraneous to this dominant approach. The intellectual roots of contingency theory raised the question of rationality and the ways in which the works of Max Weber had been read and learned. Organizational analyses focused on the characteristics and properties of aggregates rather than of individuals and groups. The size of organizations (usually based on the size of the workforce), relations between blue-collar and white-collar groups, centralization processes, the degree of formalization of organizational life – these were some of the organizational features connected with aspects of the environment that attracted the attention of scholars, and of sociologists of the organization in particular. Hence derived complex and ever more sophisticated models which were subjected to constant revision.

What did these critics claim? That the dominant perspective gave too rational a description to organizations; that it confused efficiency with rationality; that people in organizations do not always act rationally; that there is no one single rationality of the organization in the abstract sense, only the organizational rationalities of the coalitions dominant within them; that people, not organizations, have motivations and objectives; that not everyone is aware of organizational goals, not everyone is willing to accept them, not everyone understands them thoroughly. Organizational actors are diverse, numerous; they have aspirations, values and interests which render their coexistence and co-operation complex, multi-faceted, paradoxical and constantly negotiated.

9.2 New intellectual currents in the study of organizations

After the 1980s, although an alternative paradigm failed to emerge, the structuralist paradigm no longer predominated and several other approaches and lines of analysis were developed. 'Soft' analyses (of the mind, symbols, the collective and social construction of organizational reality) gained ground over 'hard' analyses (of strong relations, like technological or market changes, large aggregates like populations of organizations). A demarcation line was drawn between 'before' the paradigmatic breakdown and 'after'. What emerged afterwards is evidenced by the following two attempts at systemization.

Stefano Zan (1988) singles out six emerging currents of thought. First, longitudinal analysis, with its interest in the temporal dimension, from the history of organizations to organizational time, from the life-cycles of organizations to the notion of 'phase'. Second, interorganizational analysis, a particularly innovative and fertile line of inquiry in which the object of analysis is no longer the individual organization but a network of organizations, and which focuses its attention on the set of environmental conditions that influence them. Third, organizational economics, a promising and wholly alternative approach born under the aegis of economics which studies transaction costs and their reduction, and which has undermined many traditional concepts by defining as an organization every stable form of transaction, like the market, the clan and the hierarchy. A fourth current of thought studies organizational culture and learning on the basis of three distinct notions of culture: culture as a variable independent of the organization, the organization as culture, and the close connection between culture and the concept of organizational learning centred on action theory. The fifth strand is decision theory, which although classical, rather than new, has critically revised its underlying assumptions. The sixth approach, that of the logics of organizational action, has yet to be defined.

Silvia Gherardi (1990) sets out seven methods of analysis to have emerged since the paradigmatic crisis: organizational learning; interpretationist interactionism; longitudinal analysis and life histories; cultural approach and organizational symbolism; the cognitive approach; the semiotic approach; and the dramaturgical approach.

Although the two typologies have common and overlapping elements, they do not depict a monolithic process. Put otherwise, we are still far from defining an alternative paradigm, because "not competition for a new paradigm but acceptance of fragmentariness as richness" (Gherardi 1990, p. 273) challenges the dominant rationalist and positivist conceptualization. Of the two typologies, only Gherardi's overtly cites cognitivism as an emerging method of analysis. Which prompts a more general and final consideration: if one considers broad-gauge examinations of organization theories, approaches and methods, it is apparent that this method of investigating organizational life is not central to the dynamics of study and research in organizational settings.

9.3 Cognition, learning and culture in organization

In order to highlight the specificity of organizational cognitivism further, we may return to Silvia Gherardi's (1990) typology of emerging methods of analysis and examine certain of the characteristics that distinguish cognitivism in organizations in the light of both the organizational learning approach and the organizational culture and symbolism approach. When examined more closely, the domains investigated by the cognitive approach on the one hand, and the organizational learning approach on the other, are only apparently similar. And this is also the case of the organizational culture and symbolism approach, although confusion on the matter is often evident in the literature (Strati 1992, 1995).

9.3.1 Cognitivist approach and organizational learning

We begin by considering organizational learning, the investigative strategy of which is to identify the process whereby a co-operative system develops its theories of action, changes them over time by learning to adjust action, and generates new theories-in-use. In the case of cognitivism, the subjects of organization action are people; in that of organizational learning, they are co-operative systems. In the former case, the first question addressed is how people think, how they structure experience into knowledge. In the latter, it is how the co-operative system develops its theories of action. Again, cognitivism examines how people use experience structured into knowledge to organize themselves and others; organizational learning studies how the co-operative system modifies its theories, learns to adjust action and generates new theories. Finally, whereas in the former case the emphasis is on different states of organizational experience, in the latter the researcher is interested in the process.

What, then, is studied in organizational life? In the former case, the cognitive schemata with which people represent themselves, others, events and contexts. In the latter, theories-in-use. These latter are studied at a given moment, and then again at a later stage in order to identify the process by which they are developed by the co-operative system. This entails study of 'double-loop learning' processes, because the focus of analysis is not on identifying and correcting organizational shortcomings, nor on solving the problems of the organization, but on how this requires the redefinition of assumptions and norms. In the former case, instead, action in the life of organizations is viewed as based on thought.

9.3.2 Cognitivist approach and organizational symbolism

Whereas in the cognitivist approach one does not know what is thought until one hears what is said, so that the articulation process significantly influences organizational understanding, this is not the case of organizational symbolism. In the latter approach the researcher's attention focuses on the *ethos* (i.e. on the principles that inspire the unwritten rules of the organizational culture), on the *logos* (i.e. on the organization's definitional discourse), and on *pathos* (i.e. on the emotional dimension, sense perception, aesthetics in the organization). Moreover, the study of collectives in their construction of the organizational everyday life, and the principles of *logos, pathos* and *ethos* of organizational life, jointly constitute the basis for the arguments brought by the symbolic approach against cognitivism.

In the organizational culture and symbolism approach, researchers are concerned to single out the symbolic relations whereby collectives as such (and not as aggregates or groups), even large collectives, construct the reality of organizations. Thus, they do not ground their analysis on the individual level, which points up an important distinction with respect to the cognitive approach, even though the latter is often considered to be a component of the cultural and symbolic approach.

9.4 Society and organizations

The key issue of the collective is one reason for the dissatisfaction felt by researchers propounding the cognitivist hypothesis as described in previous sections of this chapter; the hypothesis, that is, which holds that most empirical studies conducted at a higher level of analysis are based on measurements made on individuals. Attributing individual cognitive phenomena to the other levels of an organization is a controversial operation. There are conflicting opinions as to the validity of aggregating individual cognitive maps and then asserting that the outcome represents organizational cognitive phenomena. Aggregate measurement and global measurement are intrinsically different, in fact, and they employ different procedures.

This is a crucial issue, for it concerns how the cognitivist approach deals with the relationships which elapse between the organization and society at large. Accordingly, we consider two different ways in which these relationships can be understood: the first taken from Michel Bougon, the other from Dennis Gioia.

9.4.1 Mapping the social system

We have seen that also Michel Bougon (1992) poses the problem of collective cognitive maps. How long, he enquires, will researchers persist in their failure to distinguish between an aggregation of individual maps, produced by merging and overlapping them, and congregate cognitive maps in which, on the contrary, the connections among individuals are minimal, so that the cognitive maps remain essentially separate, intact, idiosyncratic and correlated only and exclusively by variables drawn from the map of the social system? The theoretical implications of this point are important; and they further illustrate the distinctions between cognitivism and the cultural and symbolic approach in the study of organizations. According to Bougon, the congregation of individuals into a social system is not brought about – as often assumed by the cultural and symbolic approach (Alvesson/Berg 1992; Pfeffer 1981; Smircich 1983) – by the sharing of meanings, since in most cases the meanings of the congregation elements – the labels – are private and idiosyncratic to each participant.

9.4.2 Organization ethics and society moral

Dennis Gioia's focus is on script schemas. Cognitive schemas are frameworks which organizational actors may use in order to structure organizational events (Gioia/Poole 1984); that is, to impose a structure upon them which will aid their understanding. Scripts are more specific: they deal with the particular organizational situation or event, and provide organizational actors with both a framework to understand and a guide for action (Gioia/Manz 1985). Thus, script schemas contain the interweaving of the appropriate procedural knowledge and the pragmatic response to the specific situation. They are useful because they save the energy spent by individuals on processing everyday information and events, for they are held in memory, based as they are on tacit, experiential or vicarious knowledge. Their automatic processing is, incidentally, highly influential on the perception and definition of organizational phenomena which may require different, more active and accurate analysis (Gioia/Ford 1995). Gioia demonstrates his argument by citing the "living case" of the Pinto Fire (1992).

The Pinto was an economical American car manufactured by Ford in the early 1970s. At the time, Gioia was in charge of all recalls of Ford cars reported as dangerous to customers or defective. It was found that when the Pinto was struck from behind at even very low speeds, it exploded in flames, because the gas tank was located at the back of the car and easily ruptured. People died, but they were very few in number when compared with the problems of the other Ford cars. Moreover, economical cars manufactured by Ford's competitors proved to be just as dangerous at slightly higher speeds. At two separate meetings of the Ford Recall Committee, Gioia proposed that all the Pintos produced to date should be recalled. On both occasions the decision-makers put the matter to the vote, and none of them voted in favour of the recall of the Pinto car, not even Gioia himself. "To do the job 'well' there was little room for emotion", Gioia (1992, p. 382) wrote twenty years later.

"Allowing it to surface was potentially paralyzing and prevented rational decisions about which cases to recommend for recall. On moral grounds, I knew I could recommend most of the vehicles on my safety list for recall (and risk earning the label of a 'bleeding heart'). On practical grounds, I recognized that people implicitly accept risks in cars. We could not recall all cars with 'potential' problems and stay in business. I learned to be responsive to those cases that suggested an imminent, dangerous problem."

His actions were both legal, according to the American law of the time, and ethical, depending on the accepted codes of conduct in his profession. But they were not moral; that is, that they did not respond to his inner conscience and to what may be called his 'societally significant standards'. These societal standards were not included in the organizational script schemas, they "did not fit an existing script" (Gioia 1992, p. 385). Rather, the existing script schemas prevented consideration of the Pinto fire risk in moral terms. In other words, organizational scripts may preclude societal ethics while enhancing organizational ones.

10. Conclusions

The main conclusion concerning the intellectual contribution of cognitivism to organization studies can be summed up in the following dictum: *the elements that hold the organization together are the most cryptic ones*. In other terms, the 'glue' of the organization is ambiguity (Cohen/March 1974). Once again, therefore, at issue is how to handle ambiguity in organization, how to study it, how to extract meaning from it (Gherardi 1995). Because people peremptorily assume that others agree with them, as we learn from the cognitivist approach to the study of organizations.

Other conclusions can be drawn concerning the novelty of this approach and its innovative power in the light of recent changes in organization studies and theories. The first is that organizational cognitivism has made a significant contribution to the paradigmatic breakdown in organization studies brought about by the pioneering studies of Cyert and March and Karl Weick in the 1960s. Secondly, it has greatly benefited from the fact that this caesura in organization studies was characterized by the radical endeavour of the study of organizational cultures and of the symbologies of organizational life (Martin/Frost 1996; Turner 1992).

A more general consideration concerns the relationship between the organization and society. The cognitivist approach is grounded in social psychology, and it gives priority to the clinical analysis of organizational phenomena studied mainly at the level of the individual. This does not prevent its findings from being generalized, which insulates the approach from the criticism that it conducts organizational analysis only at the micro level. It is acknowledged, in fact, that important cognitivist constructs like scripts, group thought or basic assumption, together with the principal methods of causal map and repertory grid, can refer to almost any organization. Accordingly, the cognitivist approach occupies a specific and circumscribed position in the sociology of organisation and among organization theories: that of *the approach by which one can measure organizational actors' thoughts* (Strati 1996). Indeed, cognitivism in organizations can be viewed as based on three approaches: a) the study of the mind, which positions it among the so-called 'soft' analyses of organization; b) the quantitative analysis of organizational life which measures people's organizational thoughts; c) a distinctive and specific methodology with which to conduct such measurement, which both legitimizes the approach as scientific and augments the pervasiveness of measurement in organization studies.

Finally, the last and more general conclusion is that the cognitivist approach can exploit, with the consequent benefits and costs, the ambiguities and ambivalences inherent in the fact that it rests on a both generally and generically acceptable premise, namely that people happen to think while they are engaged in creating and reconstructing organizational life.

Acknowledgement

This chapter is the outcome of joint work by the two authors. However, sections 6, 7 and 8 were written by Davide Nicolini, while sections 1, 2, 3, 4, 5, 9, and 10 were written by Antonio Strati. We are indebted to Silvia Gherardi who read and commented on a first version of this chapter. This work is part of a project by the Research Unit on Organizational Learning and Cognition in the Dipartimento di Sociologia e Ricerca Sociale of the University of Trento, Italy.

Kommentar:

Kognitivismus in der Organisationsforschung

H. Peter Dachler

Die Autoren halten in ihren Schlußfolgerungen fest, daß die kognitive Perspektive der Organisationsforschung dazu beigetragen habe, das strukturalistische, 'mechanistische' Paradigma in Frage zu stellen und aufzuweichen. Auch habe der Kognitivismus zum besseren Verständnis der Beziehung zwischen Organisation und Gesellschaft beigetragen. Es habe sich gezeigt, daß die Grundkonzepte, wie z.B. 'scripts' oder 'basic assumptions' zusammen mit den aus dem Kognitivismus entwickelten Methoden, wie z.B. die Analyse von 'causal maps', sich auf Organisationen im allgemeinen beziehen und nicht nur Mikroprobleme einzelner Organisationen zu erforschen versuchen. Wir wollen der Frage nachgehen, in welcher Weise anstehende Unklarheiten und Problemstellungen im Kontext des Kognitivismus tatsächlich geklärt und gelöst werden und inwieweit die Ansprüche des Kognitivismus in der Organisationsforschung eingelöst werden.

Erkenntnistheoretische Fragen, ein Stiefkind der Organisationsforschung?

Im methodologischen Begründungsprozeß der Organisationsforschung dominiert immer noch der tradierte Grundgedanke, daß begründetes Wissen im Gegensatz zu Meinungen vom 'Abbildungsprozeß' der erforschten Realität abhängt. Begründungsfragen werden gestellt und beantwortet, als wären die grundsätzlichen Annahmen, die bedeutungsgebenden, im Kontext der Gesellschaft erschaffenen, meist impliziten Vorverständnisse sowie die Wertvorstellungen, die im fragenleitenden 'Paradigma' mitgedacht werden, unabhängige Problemstellungen. In der Wissenschaftstheorie, unter dem Gesichtspunkt des Entdeckungszusammenhangs besprochen, werden sie oft als Themen betrachtet, die in das Arbeitsgebiet der Philosophie oder der Ethik gehören oder ein spezielles Problem der Psychologie seien (Popper 1982). Fragen über Sinn und Zweck der gestellten (und eben der nicht gestellten) Forschungsfragen, Fragen bezüglich dessen, was als verläßliches Wissen verstanden wird, oder Fragen, bezüglich welcher Vorstellungen gewisse Beobachtungen als wissenschaftliche Daten zugelassen werden, während andere mögliche 'Daten' als Fehlerquelle abgewertet werden, finden im Rahmen der Methodenrigorosität im Begründungszusammenhang ihre Beantwortung. Die stiefmütterliche Behandlung des Entdeckungszusammenhangs im wissenschaftlichen Unternehmen läßt eine zentrale Problematik unbeachtet, nämlich daß der Sinn und die Bedeutung der Methoden und des damit gewonne-

nen Wissens grundsätzlich aus den epistemologischen Grundfragen des Entdek-
kungszusammenhangs entstehen. Die immer fragwürdigere 'Fiktion' bleibt bestehen, daß die wissenschaftlichen Diskussionen im Begründungs- und Anwen-
dungszusammenhang den Sinn und Zweck der Methodik und der gewonnen
Erkenntnisse festlegten und somit auch über die Objektivität und die Wertproblematik wachten. Zum Beispiel zeigt aber die von der feministischen Erkenntnistheorie aufgeworfene Objektivitätsfrage sehr klar, inwieweit die dominierenden
sozialwissenschaftlichen Forschungsergebnisse nur die Stimme einer priviligierten
'Sprachgemeinschaft' in unseren Gesellschaften repräsentieren (z.B. weiße, westlichen Prioritäten zugeneigte Männer, aus oberen Schichten der Gesellschaft).
Andere Stimmen, mit anderen Prioritäten und Problemverständnissen, die die
Anliegen weniger priviligierter Sprachgemeinschaften oder Randgrupppen in
unserer Gesellschaft (Frauen, Arbeitslose, Ausländer usw.) kundtun, kommen
kaum zu Wort. Ihre Fragen werden aus der Sicht der priviligierten Ontologie als
unrealistisch (miß)verstanden (Harding 1990). Diese Diskussion beinhaltet einerseits eine 'Gerechtigkeitsfrage' wie auch die Forderung nach einer demokratische-
ren Wissenschaft (Feyerabend 1983). Andererseits geht es aber auch um die
Möglichkeit einer 'Welterweiterung' (Knorr Cetina 1989) aufgrund eines Diskurses zwischen verschiedenen, potentiell sinnvollen Standpunkten, im Gegensatz
zur Vorstellung einer 'wahren', 'objektiven' Erkenntnis der Welt.

Die stiefmütterliche Behandlung epistemologischer Fragen zeigt auch im Beitrag von Strati und Nicolini wichtige Konsequenzen. Obwohl sich der Kognitivismus im allgemeinen und dessen Anwendungen in der Organisationsforschung
seit Cyert und March und unter Einbezug phänomenologischer Vorstellungen
stark verändert hat und sich unterschiedliche Perspektiven bezüglich epistemologischer Problemstellungen entwickelt haben, bleibt ein zentraler Anspruch der
kognitivistischen Organisationsforschung uneingelöst. Wie Strati und Nicolini
richtigerweise feststellen, hat sich mit dem Kognitivismus kein neues 'Paradigma'
entwickelt. In verschiedenen Hinsichten kann man die Vermutung nicht von der
Hand weisen, daß zentrale Beiträge des Kognitivismus im Grundsätzlichen nur
'mehr desselben' geblieben sind. Zur Diskussion steht die Frage, inwieweit die
kognitivistische Organisationsforschung die für sie konstitutive Problematik des
'In-Beziehungen-Seins' des Menschen und die im Sozialen verankerten Verständnisse von Individuum und Organisation genügend, wenn überhaupt berücksichtigt hat. Im Rahmen dieses Kommentars können nur zwei miteinander verbundene Thematiken herausgegriffen werden. Erstens möchte ich die Schwierigkeiten aufzeigen, die sich der Kognitivismus mit den unhinterfragten Annahmen des
methodologischen Individualismus eingehandelt hat in Hinblick auf den sozialen
Charakter von Wissen und die kognitive Verarbeitung oder Repräsentationspro-
zesse. Zweitens soll gefragt werden, inwieweit die kognitivistische Organisationsforschung ihrem Anspruch überhaupt gerecht werden kann, einen wichtigen
Beitrag zur Klärung des Zusammenhangs zwischen Organisation und Gesellschaft zu leisten.

Die entitative Perspektive des Kognitivismus

Im ganzen Beitrag, von der in der Einführung dargestellten Logik des Kognitivismus in der Organisationsforschung bis zum Versuch von Strati und Nicolini, die kognitive Perspektive in der Organisationsforschung von Ansätzen des organisationellen Lernens, der Organisationskultur und des organisationellen Symbolismus abzugrenzen, steht das Individuum als Analyseeinheit im Mittelpunkt. Alle Fragen, die sich auf die soziale Vernetztheit des Individuums in Organisation und Gesellschaft beziehen und die versuchen, individuelles Wissen, individuelle Eigenschaften und Verhaltensweisen mit dem Phänomen 'Organisation' und 'sich organisieren' in Verbindung zu bringen, entstehen aus der Grundvorstellung eines als Entität verstandenen, individuellen (oder aggregierten) Akteurs. Sinn und Bedeutung der durch den Kognitivismus eingebrachten Konzepte und Analysemethoden können in den meisten Fällen nur verstanden werden, wenn von der impliziten Annahme ausgegangen wird, daß es sich bei Individuen sowie ihrer inneren und äußeren Umwelt um Entitäten handelt (Dachler/Hosking 1995). Menschen können von ihrer inneren und äußeren Umgebung aufgrund der jeweiligen Eigenschaften und Verhaltensweisen abgegrenzt werden. Im Kontext der immer noch mitgedachten Unterscheidung von Geist und Materie ist der Akteur Subjekt. Somit werden Interaktionen zu Subjekt-Objekt Beziehungen, durch die Menschen wie auch Organisationen, als Aggregation von Individuen gedacht, ihre objekthaften Umwelten gegenseitig nach ihren Vorstellungen, Prioritäten und Interessen gestalten (Sampson 1985). Interessant ist in dieser Beziehung die in der Einführung als selbstverständlich vorausgesetzte Fokussierung auf das Denken und Entscheiden von Managern, als wären die wieder sozusagen das Gehirn und das Handlungsinstrument einer vergegenständlichten Organisation. Kognitionen, seien sie konzipiert als gedankliche Karte, 'script' oder durch eine andere Methapher für den kognitiven Inhalt von Interpretationen oder kognitiver Verarbeitung, bleiben 'Besitztümer' von Individuen und wirken sich auf ihre Interaktionen mit anderen aus, wie sie auch von Beziehungen beeinflußt werden. Wie Strati und Nicolini es ausdrücken „... cognitivist-based organizational studies ... seeks to understand how *people* think in organizations, how they *fashion* knowledge out of experience, how they *use* this knowledge to *organize themselves* and *other people*".[1] Das Subjekt ist aktiv und besitzt die kognitiven Voraussetzungen, andere zu organisieren. Die Vorstellung von Ordnung als maßgebende Eigenschaft einer Organisation hat ihren Ursprung immer beim handelnden und wissenden Subjekt. Ordnung wird geschaffen von Subjekten. Objekte werden organisiert. Die Vorstellung des motivierten und wissenden Subjektes ist aller-

---

1 Ich habe die Hervorhebung dem Zitat beigefügt, um zu zeigen, daß die verwendeten Ausdrücke ein wissendes Subjekt als Entität voraussetzen, welches Wissen aus den Erfahrungen mit der 'objekthaften' Umwelt gestaltet und es benützt, um sich selber, d.h. seine auch vergegenständlichte innere Umwelt sowie seine äußere Welt zu organisieren.

dings nur sinnvoll, wenn gleichzeitig davon ausgegangen wird, daß das Objekthafte weniger wissend, weniger motiviert und deshalb 'ordnungsbedürftig' sei. Die Gestaltung der sozialen Welt wird grundsätzlich ähnlich verstanden wie die Gestaltung der natürlichen Welt.

Im Kontext einer solchen Wirklichkeit bleiben viele Fragen offen. Was Interaktionsprozesse über die deterministische Funktion hinaus eigentlich sind, wie sich das Individuum von seinen irgendwo im Gehirn aufbewahrten Kognitionen unterscheidet, welchen ontologischen Status Konstrukte wie 'group thought' oder kollektives Wissen und Verständnis haben, werden kaum als zentrale Fragen thematisiert und bleiben deshalb in den meisten Fällen unbeantwortet. Es ist nicht erstaunlich, wie Strati und Nicolini bedauernd feststellen, daß die Organisationsforschung der letzten Jahre den kognitivistischen Vorstellungen von organisationellem Denken keine prominente Rolle eingeräumt haben. Auch in Zusammenfassungen der neueren Organisationstheorien (z.B. Smircich et al. 1992) wird der kognitiven Organisationsforschung keine eigene Stellung zugesprochen. Die Selbstverständlichkeit der impliziten, epistemologischen Annahmen im kognitivistischen Ansatz der Organisationsforschung widerspricht neueren Projekten der Organisationsforschung. Wie später noch auszuführen ist, verhindert die 'privilegierte Ontologie' der kognitivistischen Organisationsforschung, daß zaghaft sich bildende, alternative Verständnismöglichkeiten bezüglich technologischer und gesellschaftlicher Entwicklungen zu Wort kommen (z.B. in Hinblick auf Flexibilisierung, virtuelle Organisationen, interkulturelle Mißverständnisse und Konflikte).

Vernachlässigte Vorstellungen sozialer Prozesse in Organisation und Gesellschaft

Denken, Wissen und Erkenntnisgewinnung des Individuums sind für den Kognitivismus die zentralen Thematiken, die es zu untersuchen gilt. Und wie oben kurz aufgezeigt, erhalten die spezifischen Fragen und Methoden des Kognitivismus ihren Sinn und ihre Bedeutung im Kontext der impliziten, als selbstverständlich verstandenen und deshalb kaum hinterfragten Annahmen des entitativen Individualismus. Im Rahmen dieser Vorannahmen ist es äußerst schwierig zu verstehen, wie sich individuelles Wissen und Denken sowie individuelle Erkenntnisgewinnung von gemeinsam gehaltenem Wissen, von organisationellem Lernen und von sozialer Erkenntnisgewinnung unterscheidet. Alle Aggregationsmodelle, aufgrund derer von Individuen auf Kollektivitäten geschlossen werden sollte, haben sich bis jetzt als äußerst unergiebig gezeigt. Dem Kognitivismus in der Organisationsforschung ist es kaum möglich, die Aussage, daß die Kollektivität mehr als die Summe der einzelnen Individuen sei, plausibel zu erklären. Durch die grundsätzliche Subjekt-Objekt Vorstellung von Beziehungen wird Kommunikation zu einem 'Sender-Empfänger'-Problem. Aus individualistischer Sicht bleibt wenig Grund, die Sprache in den Mittelpunkt von Wissen und Denken zu stellen. Syntax und Semiotik der Sprache haben jedoch bezüglich des Inhaltes kognitiver Strukturen eine wichtige Bedeutung. Die im Alltagsverständnis und in Organisationen so zentralen Prozesse des 'sich-gegenseitigen-Verständigens', des Mißverstehens und anderer Prozesse, die das Verständnis (Wissen) über das, was gilt, in sozialen Beziehungen gestalten, haben jedoch kaum eine epistemologische Grundlage. Dadurch können diese Fragen auch nur mit großen Schwierigkeiten sinnvoll gestellt werden. Der starke Fokus auf Inhalte bezieht sich hauptsächlich auf Einflußfaktoren und Konsequenzen. Verhindert werden aber die Fragen nach Sinn und Bedeutung des Inhaltes. Jede individuelle oder gruppenbezogene Aussage, sei es durch einen gesprochenen Text, ein Verhalten, eine Geste ist in sich selber sinnlos. Sie erhält nur Sinn, wenn sich andere in irgendeiner Weise mit dieser Aussage koordinieren. Dies ist auch der Fall, wenn die Koordination sich durch 'Nichts-sagen' ausdrückt, was ja auch ein Verhalten und somit eine Koordination darstellt.

Der Inhalt ist also immer ein Interpretationsprozeß, der sich aus Beziehungen, Verweisungen auf schon erzählte Narrationen in Organisationen, im Alltag und in der Gesellschaft aufgrund von Sprache ergibt. Mit dieser epistemologischen Ausgangslage, die ja auch 'nur' eine soziale Konstruktion ist, ergeben sich aber nun Möglichkeiten ganz anderer Fragestellungen. So kann erkannt werden, daß Denken, Wissen und Erkenntnisgewinnung nicht nur in individuellen Gehirnen aufbewahrt und verarbeitet wird. Wissen kann auch in sozialen Abläufen und Verständnisprozessen 'lokalisiert' sein. Erkenntnisgewinnung kann als soziale Konstruktion von Wirklichkeiten verstanden werden. Und man kann sich Denken grundsätzlich auch als impliziten Diskurs mit anderen Aussagen von Individuen oder mit allgemeinen, in der Gesellschaft erzählten Geschichten vorstellen. Dadurch wird Sprache zu einem nicht mehr hintergehbaren Prozeß (Vaassen 1996). Anstatt von Metaphern, wie 'Bildern des inneren Auges' (Entität!) auszugehen, als könnten wir etwas bildlich abspeichern, wird erkennbar, daß auch das, was wir als Bild zu erfahren meinen (z.B. die kognitive Karte eines Arbeitsweges), eigentlich nur eine sich sehr schnell und 'automatisch' abwickelnde Erzählung ist. Man erzählt sich, wie man zum Arbeitsplatz kommt, z.B. aufgrund von „Straße nach links, an der Kirche vorbei" usw. (Schmidt 1987b; Gergen 1994; Hosking et al. 1995).

Der Versuch von Strati und Nicolini, die kognitive Perspektive in der Organisationsforschung von anderen, mehr an Kollektivitäten ausgerichteten Ansätzen zu differenzieren, wie organisationelles Lernen, Symbolismus in Organisationen oder Organisationskultur, mag zwar unterschiedliche, forschungsleitende Ziele aufgezeigt haben. Aber bezüglich der grundsätzlichen epistemologischen Voraussetzungen ist diese Differenzierung nur sehr beschränkt sinnvoll. In allen drei Ansätzen, von den sich der Kognitivismus differenzieren will, ist der entitative Individualismus immer noch vorherrschend. In den dominierenden Vorstellungen besitzen Organisationen eine Kultur, deren Eigenschaften, Ursprung und Auswirkungen neben vielen anderen Eigenschaften der Organisation (z.B. ihrer

Struktur) untersucht werden. Im Kontext des entitativen Individualismus erscheint die Vorstellung, daß eine Organisation keine Kultur besitzt, sondern eine *Kultur ist*, als wenig sinnvoll (Smircich 1983). Die Idee einer Kultur als der integrierende Kontext, in dem sozialer Diskurs überhaupt möglich ist, widerspricht den Grundvorstellungen des Kognitivismus. Dazu zitieren Strati und Nicolini die Ausführungen von Bougon (1992), daß die Einbettung von Individuen in soziale Systeme nicht durch gemeinsam verstandene Bedeutungen entstehen können. Dies sei der Fall, weil in den meisten Fällen der Sinn der Bezeichnungen für die unterschiedlichen Aspekte eines gemeinsamen Verständnisses jedem Mitglied zu eigen und idiosynkratisch sei. Auch wenn ein solches Argument im epistemologischen Kontext des entitativen Individualismus sinnvoll erscheint, wird es äußerst schwierig, plausibel erklären zu können, wie unter den behaupteten Voraussetzungen Interaktionen und Diskurs unter Mitgliedern und zwischen unterschiedlichen Gruppierungen überhaupt möglich wären.

Auch den Untersuchungen zu Symbolen *in* Organisationen liegt in den meisten Fällen ein entitatives Organisationsverständnis zugrunde. Symbole sind 'Indikatoren' von gewissen Verständnissen, die als Inhalte der Organisation eigen sind. Der Prozeß der Symbolgestaltung, deren konstant sich ändernde Bedeutung und deren Aufrechterhaltung durch verschiedene soziale, kommunikative Prozesse steht kaum zur Debatte. Auch bezüglich der dominierenden Ansätze über organisationelles Lernen wird wohl von lernenden sozialen Systemen geredet. Bei genauerem Hinsehen aber sind es wieder die individuellen Mitglieder, die lernen. Dabei wird den Managern (als Gehirn der Organisation?) besondere Beachtung geschenkt (z.B. Argyris 1992; Dachler 1994). In diesem Sinn ist der Kognitivismus in der Organisationsforschung nur sehr beschränkt von system-orientierten Ansätzen zu unterscheiden.

Nicht zuletzt muß auch gezeigt werden, daß Sinn und Bedeutung der kognitiven Methoden, wie sie in Tabelle 1 von Strati und Nicolini zusammengefaßt werden, nicht nur einem entitativen, individualistischen Vorverständnis entspringen, sondern daß auch noch eine beachtliche, dem Realismus verschriebene Epistemologie vorherrscht. Grundsätzlich werden Methoden aus einem Subjekt-Objekt Verständnis heraus begründet. Der Forschende/Beratende stellt die Fragen aus seiner Sicht und seinem Verständnis, was auch mit noch so viel traditioneller Partizipation der Erforschten nicht überwunden werden kann. Schlußendlich ist es der Forschende, der entscheidet, wie die endgültige Interpretation in den Publikationen erzählt wird und welche der vielen möglichen Thematiken nicht zu Wort kommen. Nur in diesem Kontext ist es überhaupt sinnvoll, zwischen mehr oder weniger 'obtrusive methods' zu unterscheiden. Unter der Annahme, daß das Ausmaß, mit dem sich der Forschende in den Forschungsprozeß einbringen muß, den 'wahren' Inhalt und dessen Zuverlässigkeit gefährden kann, müssen die verschiedenen Methoden auf ihre 'obtrusiveness' untersucht hin werden. Solange Handlung als 'Output' von kognitiven Inhalten (Verständnis) gesehen wird, ist es sinnvoll, zwischen verständnis-orientierten und handlungs-orientierten Methoden zu unterscheiden. Wir können aber auch von der möglichen Annahme ausgehen, daß eine Handlung vorerst eine Aussage darstellt (z.B. eine theory-in-use), deren Sinn und Bedeutung nur durch eine gewisse Koordination von anderen zu einer 'Wirklichkeit' wird. Dann ist es auch möglich zu fragen, welche Verständnisse und Interpretationen im Netz der sozialen Beziehungen gewisse Schlußfolgerungen bezüglich gewisser Handlungen (z.B. Strategien; vgl. Bowman/Johnson 1991) als plausibel oder weniger plausibel erscheinen lassen. Aus dieser Sicht wird die doch oft gemachte Unterscheidung zwischen verständnis-orientierten und handlungs-orientierten Methoden weniger sinnvoll. Die gemeinsamen, durch soziale, kommunikative Prozesse sich entwickelnden Verständnisse im Forschungsprozeß sind Fragestellungen, die fast gänzlich in der kognitiven Organisationforschung ausgeklammert werden.

Zusammenfassend kann festgehalten werden, daß der Kognitivismus in der Organisationsforschung die Beziehungen zwischen Organisation und Gesellschaft nur in sehr eingeschränkter Hinsicht plausibel machen kann. Nicht die Generalisierbarkeit der Konzepte und Methoden auf Organisationen im allgemeinen, wie Strati und Nicolini argumentieren, trägt viel zum Verständnis von Gesellschaft und Organisation bei. Die Generalisierbarkeit von Konzepten und Methoden ist nur ein Problem im Kontext des methodologischen Individualismus und des inhärenten Realismus, der in dieser Perspektive immer noch eine Verständnisrolle spielt. Im Kontext der unhinterfragten epistemologischen Annahmen ist der Kognitivismus konservativ. Er trägt dazu bei, daß alternative Erklärungsmöglichkeiten, die für die neuen Anforderungen an Organisationen und Gesellschaft vielleicht nützlicher wären, nur mit großen Schwierigkeiten wahrgenommen und angewendet werden können.

5 Nachbarschaftsbeziehungen: Betriebswirtschaftslehre, Psychologie und Industriesoziologie

Organisation und Gesellschaft in der Theorie der Unternehmung

Frank H. Witt

1. Zur Verbindung der Theorie der Unternehmung mit der Theorie der Gesellschaft

Was immer man sich unter „Wirtschaften" konkret vorstellt, es ist nur in der Gesellschaft möglich, und wirtschaftliches Handeln ist damit zugleich auch immer soziales Handeln. Umgekehrt gilt nicht, daß soziales, also, einer Definition Webers folgend, sinnhaft auf das Handeln anderer bezogenes Handeln, immer auch wirtschaftliches Handeln ist. Akzeptiert man diesen Grundsatz, dann wäre eine betriebswirtschaftliche Theorie der Unternehmung immer nur so gut, wie sie an den Erkenntnisstand der Theorie der Gesellschaft angepaßt und anschlußfähig ist.[1]

Die betriebswirtschaftliche Theoriebildung schließt den gesamten Prozeß der Leistungserstellung, des Absatzes und der Finanzierung ein, sie ist damit allgemeine Theorie der Produktion: „Der Sinn aller betrieblichen Betätigung besteht darin, Güter materieller Art zu produzieren oder Güter immaterieller Art bereitzustellen" (Gutenberg 1971, S. 1). Es ergibt sich in diesem Punkt eine Übereinstimmung mit der Parsons (1956) folgenden Organisationssoziologie und -psy-

---

[1] Eine derartige These entbehrt keineswegs einer sachlichen Grundlage, denn als für die Zukunft der Betriebswirtschaftslehre wichtig genannt werden „gesellschaftliche" Themen wie „Globalisierung der Wirtschaft", „Intensivierung des internationalen Wettbewerbs", „Ausbreitung der sozialen Marktwirtschaft", „zunehmende Frauenarbeit" und „ökologisches Bewußtsein" (Albach 1993, S. 18). Keineswegs wird unterstellt, die Betriebswirtschaftslehre könne diese Probleme allein lösen, denn: „Es handelt sich um Probleme, deren Lösung einen interdisziplinären Ansatz verlangt" (Albach 1993, S. 22). D. h. selbstverständlich nicht, daß die Betriebswirtschaftslehre ihre Eigenständigkeit als Wissenschaft aufgeben muß, gefordert ist lediglich, wie Gutenberg (1989, S. 158) formulierte, „Kommunikation auf der Basis höchstmöglichen interdisziplinären Sachverstandes".

chologie (Katz/Kahn 1978), welche Unternehmungen und öffentlichen Betriebe
über die Produktion von Gütern und Leistungen im Austausch gegen dafür benötigte Ressourcen als eine spezifische Ordnung sozialen Handelns von anderen
Organisationstypen abgrenzt. Organisationssoziologie und betriebswirtschaftliche
Theoriebildung stehen damit, soweit sie sich dabei an den durch die genannten
und andere „Klassiker" repräsentierten Auffassungen orientieren, bei allen ver-
bleibenden Unterschieden in der Begriffsbildung und Methodologie, hinsichtlich
der Verknüpfung von Organisation bzw. Unternehmung und Gesellschaft vor
durchaus ähnlichen Problemen.

2. Zur Bedeutung der Theorie der Unternehmung im Kontext der Betriebswirtschaftslehre

Bei der Theorie der Unternehmung bzw. der ökonomischen Theorie der Produktion (Gutenberg 1929, 1951) handelt es sich um die traditionellen Theoriegrundlagen der deutschsprachigen betriebswirtschaftlichen Forschung. Die Fortsetzung
dieser Tradition und ihre Verbindung mit der angloamerikanischen, ökonomischen Organisationstheorie (Barnard 1938; Simon 1947; March/Simon 1958;
Cyert/March 1963; Thompson 1967) und mit der auf den durch Coase (1937)
begründeten Transaktionskostenansatz zurückgehenden neuen Institutionenökonomie (Williamson 1975, 1990) läßt sich nach wie vor als Kernbestand des
„Mainstreams" in Forschung und Lehre beschreiben. Damit sind Entwicklungen,
die auf die „verhaltenswissenschaftliche Öffnung" des Fachs (Köhler 1966; Heinen 1968; Ulrich 1968; Meffert/Kirsch 1970; Kirsch 1971; Kortzfleisch Hg. 1971)
Ende der 60er, Anfang der 70er Jahre zurückgehen, nicht rückgängig gemacht.
Im Gegenteil, es haben sich neben der wirtschaftswissenschaftlichen Forschungstradition eine Vielzahl anderer, zumeist verhaltenswissenschaftlich ge-
prägter oder multidisziplinär operierender Ansätze der Betriebswirtschaftslehre,
die das für Managementhandeln relevante Teilwissen aus verschiedenen Disziplinen miteinander kombinieren, als Management- und Führungslehre (Wunderer
1988) herausgebildet. Die Relativierung der bis dahin die Betriebswirtschaftslehre
dominierenden „Produktionstheorie" Gutenbergs ist sicher auch eine Folge des
Ausbaus der Forschungskapazitäten an den Hochschulen im deutschen Sprach-
raum und hat damit nicht nur inhaltliche, sondern auch wissenschaftssoziologi-
sche Gründe. Gegen Ende der 60er und Anfang der 70er Jahre wurden mehr
Arbeitsmöglichkeiten geschaffen und Rollenanforderungen ausdifferenziert, als
theoretisch integriert werden konnten.

Die Rezeption einer Reihe von Ergebnissen und Ansatzpunkten der angloamerikanischen Management- und Organisationsforschung hat vor diesem Hintergrund zu einer Entwicklung beigetragen, die „zu einer zunehmenden Loslö-
sung des fachlichen Interesses vom ökonomischen Traditionsbestand der Betriebswirtschaftslehre geführt hat" (Bleicher 1988, S. 111). Folglich kann „von

einem Grundkonsens über Ziele, Inhalte und Methoden kaum noch gesprochen werden. DIE Betriebswirtschaftslehre gibt es damit allenfalls noch als Institution, in der Bezeichnung von Lehrstühlen, Verbänden und anderen professionellen Einrichtungen" (Bleicher 1988, S. 110).

Jahr	1953	1970	1980	1989
Hochschul- lehrerstellen	31	128	482	639

Abb. 1: Professuren für Betriebswirtschaftslehre an wissenschaftlichen Hochschulen in Deutschland (Bundesrepublik), Österreich und der dt. Schweiz. Quellen: Gaugler/Ling 1980; Schneider 1987, S. 151; Gaugler/Koppert 1990.

Für individuelle wissenschaftliche Interessen, eigene Beiträge und Reputationskarrieren mag dies durchaus noch ausreichen, lokale Orientierungen übergreifende Synthesen lassen sich kaum noch vorantreiben. Die Vielfalt von Theorieansätzen, Fallstudien und Daten mit entsprechenden Graden empirischer Bewährung explodiert bei laufender Modifikation und kurzfristigen Reaktionen auf jeweils „neue" Themen und Phänomene (Organisationskultur, lean production, virtuelle Unternehmung etc.). Damit werden übergreifende Theorien, die sich als Zusammenfassung und Beherrschung betriebswirtschaftlichen Wissens verstehen lassen, oder auch nur gegeneinander anschlußfähige Beiträge zunehmend unwahrscheinlich. Auch wenn der infolge der verhaltenswissenschaftlichen Öffnung entstandene Pluralismus in der betriebswirtschaftlichen Forschung insgesamt gesehen eher nützlich denn schädlich ist, bleiben eine Annäherung in den methodologischen Grundfragen und aneinander anschlußfähige Begriffsverwendung eine noch zu lösende oder wenigstens immer wieder in Angriff zu nehmende Aufgabe im Rahmen der betriebswirtschaftlichen Theoriebildung (Staehle 1988). Der Fortentwicklung der Theorie der Unternehmung kommt dabei eine zentrale Rolle zu (Albach 1988a). Wir gehen im folgenden davon aus, daß sich die Orientierung des „Mainstreams" der deutschsprachigen betriebswirtschaftlichen Forschung nach wie vor aus dem produktivitätsorientierten Ansatz der Betriebswirtschaftslehre bzw. der Produktionstheorie Gutenbergs ableiten lassen (Albach 1993), und stellen diesen Ansatz daher in den Mittelpunkt der Analyse von Ansatzpunkten zu einer ihre Integration in die Gesellschaft einschließenden Theorie der Unternehmung.

3. Rückblick: Zur Tradition der Theorie der Unternehmung in der betriebswirtschaftlichen Forschung

Die Theoriegeschichte der Betriebswirtschaftslehre ist mit sich verändernden Bezugspunkten der Argumentation bereits mehrmals neugeschrieben und umgedeutet worden (Schönpflug 1954; Hundt 1977; Schneider 1987; Witt 1995), wobei der „erste Methodenstreit" (Weyermann/Schönitz 1912; Schmalenbach 1912), der „zweite Methodenstreit" sowie die „verhaltenswissenschaftliche Öffnung" der Disziplin seit den 60er Jahren kritische „Ereignisse" bezeichnen, die Diskontinuitäten in der Theorieentwicklung markieren, welche das Maß an Kontingenz für plausible Interpretationen beschränken. Der in diesem Kapitel unternommene Rückblick konzentriert sich auf die Ansätze zu einer Theorie der Unternehmung in der Zeit zwischen dem ersten und zweiten Methodenstreit sowie zwischen diesem und der verhaltenswissenschaftlichen Öffnung. Die Analyse der aktuellen Theorieentwicklungen bleibt den folgenden Abschnitten vorbehalten.

In der Zeit vor und während des Zweiten Weltkriegs wurde die betriebswirtschaftliche Forschung durch das von Schmalenbach entwickelte Konzept einer an gemeinwirtschaftlichen Zielen, insbesondere an der bestmöglichen, d.h. in einem technischen Sinne ergiebigsten und daher den allgemeinen Wohlstand mehrenden Produktion orientierten Lehre der Gestaltung von Produktionsprozessen dominiert (Schmalenbach 1912, 1926). Nicklisch (1920, 1932) entwickelte mit dem Konzept der Unternehmensorganisation als in die „umfassende Volksgemeinschaft" einzugliedernde „Gemeinschaft" arbeitender Menschen eine über die pragmatischen Ziele Schmalenbachs hinausreichende allgemeine theoretische Grundlegung der normativen Richtung der Betriebswirtschaftslehre. Die Grundlage der Darstellung betriebswirtschaftlicher Probleme ist damit das durch die gemeinsame Anerkennung oberster Werte und das mit der Zweckmäßigkeit der gesellschaftlichen Ordnung selbst gegebene Verständnis des einzelnen als Teil eines sinnvollen Ganzen.

Im Unterschied zu Schmalenbach und Nicklisch entwickelte Rieger in seiner Einführung in die Privatwirtschaftslehre (1928) eine Theorie der Unternehmung auf der Grundlage zunehmender Arbeitsteilung und sozialer Differenzierung als Charakteristika der Wirtschaft in der modernen Gesellschaft: „Der Produzent in dem wirtschaftenden Menschen trennt sich vom Konsumenten in ebendemselben Menschen und geht eigene Wege. Während er als Konsument nach wie vor im Haushalt, in der eigenen Familie wurzelt, gehört seine Arbeitskraft vielfach einer ganz anders gearteten Wirtschaftseinheit an: Es hat sich eine förmliche Trennung zwischen Konsum- oder Verbrauchswirtschaften und Produktions- oder Erzeugerwirtschaften herausgebildet" (Rieger 1928, S. 13). Mit der Ausdifferenzierung von Produktions- und Verbrauchswirtschaften differenzieren sich auch die Interessen, in bezug auf die Handlungen miteinander verknüpft werden. Für die Produktion charakteristisch ist das Interesse an der Erzielung eines (möglichst hohen) Einkommens, für den Verbrauch charakteristisch ist das Interesse an der (möglichst optimalen) Befriedigung von Bedürfnissen durch konsumptive Einkommensverwendung. Typisch für die moderne, arbeitsteilige, in Produktions- und Verbrauchswirtschaften differenzierte Wirtschaft ist der faktische, weitgehend von normativen Prämissen freie Ausgleich dieser entgegengesetzten Interessen am Markt. Der „Gegenstand der Privatwirtschaftslehre", die Unternehmung, konstituiert sich erst durch die Einbindung der Produktionswirtschaft in

eine marktorientierte Geldwirtschaft, durch die die für den Unternehmer spezifische Möglichkeit der Einkommenserzielung entsteht, nämlich der Ausnutzung
von Preisdifferenzen an den Beschaffungs- und Absatzmärkten (Arbitragege-
winn), wobei die Produktion und Bereitstellung von Gütern und Leistungen vor-
ausfinanziert wird und damit wegen der Möglichkeit von Preisschwankungen ein
Risiko in bezug auf das eingesetzte Kapital besteht. Die Unternehmung als Erkenntnisobjekt der Privatwirtschaftslehre ist damit gegenüber dem Betrieb als
technisch-organisatorische Einheit der Produktion, gegenüber dem traditionellen
Handwerk als Auftragsproduktion ohne erhebliches Kapitalrisiko und gegenüber
dem öffentlichen Betrieb als politisch bestimmten Zwecken dienende Einrichtung abgegrenzt (Rieger 1928, S. 33 ff.). Riegers Festhalten an der institutionellen
Aufgliederung der Wirtschaft in Unternehmen und Märkte als Ausgangspunkt für
die Entwicklung einer systematischen Privatwirtschaftslehre führte dazu, daß ihm
die Aufnahme in den von Schmalenbach gegründeten Verband der Hochschul-
lehrer für Betriebswirtschaftslehre verweigert wurde (Hasenack 1958). Die Ausgrenzung derjenigen, die in der Kapitalrentabilität und in der durch die Funktion
der Erzielung von Unternehmereinkommen bestimmten institutionellen Form
des erwerbswirtschaftlich arbeitenden Betriebs den eigentlichen Bezugspunkt
betriebswirtschaftlicher Theoriebildung gesehen hatten, bedeutete das Ende des
ersten Methodenstreits.

Die bis zum Ende der NS-Diktatur und zum Neu- bzw. Wiederaufbau der
Hochschulen nach dem Zweiten Weltkrieg wirksame Abgrenzung der Betriebswirtschaftslehre gegenüber der Privatwirtschaftslehre wurde in der von Gutenberg geführten Untersuchung zur Theorie der Unternehmung umgangen. Obschon die Habilitation Gutenbergs „Die Unternehmung als Gegenstand der betriebswirtschaftlichen Theorie" (1929) in den beiden Standardwerken der „normativen Richtung" der Betriebswirtschaftslehre, Schmalenbachs „Dynamische Bilanz" (8. Aufl. 1933) und Heinrich Nicklischs „Der Betrieb" (1932), keine Er-
wähnung fand und damit für die weitere Entwicklung der deutschsprachigen
Betriebswirtschaftslehre zunächst ohne Belang blieb, stellt sie nicht nur in dieser
Hinsicht eine einmalige Abstraktions- und Theorieleistung der deutschsprachigen
betriebswirtschaftlichen Forschung dar. In den als Rückblick auf sein Werk nach-
gelassenen Schriften beschreibt Gutenberg die mit der damaligen Theorie der
Unternehmung verbundene Absicht „als Versuch, den Gegenstand der Betriebswirtschaftslehre so zu bestimmen, daß alle betriebswirtschaftlich wichtigen Probleme in ihm einen gemeinsamen Bezug haben" (Gutenberg 1989, S. 42), was
voraussetzt, „daß dieser Gegenstand nur im Ganzen der Unternehmung und
nicht in einer Spezialität an ihr bestehen könne" (Gutenberg 1989, S. 42). Gutenberg bezeichnete alles andere, was er im Verlaufe seiner weiteren wissenschaftlichen Karriere erarbeitet habe, gemessen am Anspruch der Theorie der Unternehmung als „Stückwerk" (Gutenberg 1989, S. 43).

Die Erfassung von betriebswirtschaftlichen Grundvorgängen, die das „Real-
objekt Unternehmung" als Gegenstand der betriebswirtschaftlichen Theorie

konstituieren, erfolgt unter der Voraussetzung, „daß die Organisation der Unternehmung vollkommen funktioniert" (Gutenberg 1929, S. 26), was damit begründet werden kann, daß Organisation doch nur einen Sinn in Hinsicht auf ein Objekt hat, „das von ihr mit organisatorischen Elementen durchsetzt wird" (Gutenberg 1929, S. 25). Die Semantik von „Organisation" weicht hier, wie auch in der späteren Produktionstheorie, vom üblichen Sprachgebrauch in den Sozialwissenschaften ab. Organisation besitzt lediglich einen dem betriebswirtschaftlichen Handeln nachgeordneten, instrumentellen Charakter, d.h. sie wird als Ergebnis und nicht als Kontext betriebswirtschaftlichen Handelns interpretiert.

Die Methodik seiner Untersuchung beschreibt Gutenberg (1929, S. 26 ff.) als „*reguläre Als-Ob-Konstruktion*" im Sinne der Philosophie Hans Vaihingers (1922), die der in der Nationalökonomie gebräuchlichen, durch Heinrich von Thünen beschriebenen Theoriebautechnik der „isolierenden Abstraktion" (Gutenberg 1922) insofern nahekommt, als jeweils systematisch alle Umstände ausgeschlossen werden, die zu „faktischen Abweichungen" von den Regelmäßigkeiten führen könnten. Diesbezüglich bemerkenswert ist die reflektierte Unterscheidung zwischen den auf die Körperwelt der Mechanik bezogenen Naturgesetzen und den „Regelmäßigkeiten" der Betriebsabläufe, die den Gegenstand der betriebswirtschaftlichen Theorie bilden (Gutenberg 1929, S. 29). Intendierte oder nichtintendierte und zufällige Abweichungen sind zugelassen. Daß faktische Abweichungen in der Analyse als solche identifiziert werden können, ist wiederum nur möglich unter der Annahme der *Existenz von Regeln* bzw. der Existenz einer *Grundstruktur der Unternehmung* im Sinne einer allen Unternehmungen gemeinsamen, ursächlichen Zweckform (Gutenberg 1929, S. 41).

Die Grundstruktur der Unternehmung entsteht als unmittelbare Folge der Verbindung dreier Grundelemente, des *Rationalprinzips* (1), aufzufassen als Eigenschaft der Menschen, zwischen den Folgen alternativer Handlungen durch Abwägen, Messen und Vergleichen die jeweils bevorzugte auszuwählen, des *psychophysischen Subjekts* (2), aufzufassen als am Rationalprinzip orientierte Geschäfts- und Betriebsleitung, und des *wirtschaftlichen Materials* (3), aufzufassen als quantitativ erfaßbare Sach- und Leistungsgüter, Betriebsmittel und Arbeitsleistungen (Gutenberg 1929, S. 29 ff.). Diese drei Grundelemente, ohne deren Kombination eine Betriebswirtschaft unmöglich existieren könnte, sind – gemessen an der der Untersuchung zugrundeliegenden Absicht – „noch zu sehr vom Erfahrungsobjekt Unternehmung her gedacht" (Gutenberg 1929, S. 38). Neben Unvollkommenheiten in der praktisch-organisatorischen Realisierung von Betriebsabläufen kommen als Ursache von „faktischen Abweichungen" auch die unterschiedliche Beschaffenheit und Befähigung des psycho-physischen Subjektes als Geschäfts- und Betriebsführung in Betracht. Weil aber Hemmungen und Störungen, die aus ihm in empirisch unterschiedlichem Maße erwachsen, nicht Gegenstand einer allgemeinen betriebswirtschaftlichen Theorie der Unternehmung sein können, wird das psycho-physische Subjekt aus der weiteren Untersuchung ausgeschlossen. „Wir betrachten also nunmehr, unter Verwendung einer regulären Als-Ob

Konstruktion, die Dinge so, als ob das Rationale sich unmittelbar mit seinen Inhalten, dem Material ... träfe, als ob ein psycho-physisches Subjekt gar nicht vorhanden sei" (Gutenberg 1929, S. 41 f.). Da diese Formulierung mißverstanden werden kann, vergleicht Gutenberg das Verfahren der Als-ob-Konstruktion mit dem in der von Husserl (1928) entwickelten Phänomenologie gebräuchlichen Verfahren der Einklammerung, „worin zum Ausdruck kommen soll, daß das Subjekt zwar da ist, und Berücksichtigung findet, aber als eigene Problemquelle ausgeschlossen bleibt" (Gutenberg 1929, S. 42).

Die Neutralisierung sämtlicher in Betracht kommenden Nebenumstände ermöglicht es, den Gegenstand der betriebswirtschaftlichen Theorie näher zu bestimmen, was notwendig ist, da vernünftiges Handeln nicht schon betriebswirtschaftliches Handeln ist. Von betriebswirtschaftlichem Handeln zu sprechen setzt einen spezifischen und allgemein bestimmbaren Zweck bzw. eine diesbezügliche *Generalisierung von Zwecken* voraus. Gutenberg unterscheidet demnach zwischen der möglichen Vielzahl menschlicher Handlungszwecke im Sinne individueller Motive und einem betriebswirtschaftlichen Endzweck: „Treten nun aber Zwecke in großer Anzahl auf, gleichgültig, ob es sich um solche handelt, denen noch andere übergeordnet sind oder nicht, und sind sie vor allem inhaltlich voneinander verschieden bestimmt oder bestimmbar, so können es auch nicht ihre Inhalte sein, in denen ihr Gemeinsames als Zweck besteht" (Gutenberg 1929, S. 31). Da das betriebswirtschaftliche Material, welches als spezifisch betriebswirtschaftlicher Zweckinhalt des Rationalprinzips allein in Betracht kommt, weder allein aus Geldsummen noch allein aus den transformierten Gütern und Einsatzfaktoren besteht, bedarf der zunächst provisorisch mit „Ausnutzen von Preisdifferenzen" (Gutenberg 1929, S. 12) angegebene Zweck betriebswirtschaftlicher Betätigung der Präzisierung: „Dasjenige also, was den Charakter von Mitteln zu einem betriebswirtschaftlichen Endzweck (Geldertrag) trägt, ist nicht die Geldsumme Kapital, auch sind es nicht die konkreten Güter, sondern es ist ihr Umwandlungsprozeß von einer Form in die andere" (Gutenberg 1929, S. 43). Damit ist der *Kapitalumwandlungsprozeß* von Geld in Ware und nach erfolgter Transformation wiederum in Geldertrag als allgemeiner Bezugspunkt der betriebswirtschaftlichen Theorie bestimmt.

Keineswegs außer acht läßt Gutenberg die Möglichkeit, die praktisch-oganisatorischen Probleme der Realisierung dieses Umwandlungsprozesses in die Betriebswirtschaftslehre auch dann einzubeziehen, wenn sie zuvor in das Blickfeld des technologischen Wirkungsgrades, der Volkswirtschaftslehre, der Soziologie, der Ethik oder Psychologie gerückt werden müssen (Gutenberg 1929, S. 24, S. 38). Als in die Betriebswirtschaftslehre zu integrierende relevant sind solche Erkenntnisse aber nur aufgrund der Auswirkungen auf den Kapitalumwandlungsprozeß. Änderungen der für den Betriebsprozeß relevanten Umstände und Daten haben zur Folge, „daß das Verhältnis der Kapitalquoten zueinander und damit der Umwandlungsprozeß G - W - G alteriert wird" (Gutenberg 1929, S. 43). Die Unternehmung als Objekt der theoretischen Betriebswirtschaftslehre ist damit bestimmt als ein „Komplex von Quantitäten, die in wechselseitigen Abhängigkeitsverhältnissen stehen (funktional gebunden sind) und Quoten an einem Kapitale darstellen" (Gutenberg 1929, S. 44). Die Konkretisierung des aus der Anwendung des Rationalprinzips auf das betriebswirtschaftliche Material hergeleiteten Wirtschaftlichkeitsprinzips ist sowohl in der Form des „Ertragsprinzips" (privatwirtschaftlich) als auch in der Form des Prinzips der „plandeterminierten Leistungserstellung" (gemeinwirtschaftlich) möglich (Gutenberg 1929, S. 32 ff.).

Als Grund dafür, daß er nach einer insgesamt zwölfjährigen Unterbrechung seiner akademischen Karriere die Arbeit an der Theorie der Unternehmung oder ihrer Konkretisierung nicht wiederaufnahm, wird in den Rückblicken Gutenbergs zur Theorie der Unternehmung angegeben, daß es „unzweckmäßig" war, den Begriff der Kapitaldisposition als „einheitsschaffendes Moment der Untersuchung" zu verwenden (Gutenberg 1989, S. 46). An dessen Stelle trat in den Grundlagen der Betriebswirtschaftslehre die – für erwerbswirtschaftliche oder gemeinwirtschaftliche Betriebe gleichermaßen charakteristische – *Produktivitätsbeziehung* als Beziehung zwischen Faktoreinsatz und Faktorertrag (Gutenberg 1957, S. 25).

Das diesbezügliche Konzept der Grundlagen der Betriebswirtschaftslehre, Band 1, „Die Produktion" (1951), Band 2 „Der Absatz" (1955), Band 3, „Die Finanzen" (1969), hatte Gutenberg bereits in den 40er Jahren in Verbindung mit der Unterscheidung zwischen den erwerbswirtschaftlich arbeitenden Unternehmungen und den einer übergeordneten Wirtschaftsplanung verpflichteten Betrieben entwickelt. Die Umgestaltung der Wirtschaft und ihre Verpflichtung auf die (Kriegs-) Ziele des nationalsozialistischen Staates nahm Gutenberg vergleichsweise nüchtern zur Kenntnis: „Die Produktionsmenge ist nunmehr also nicht Mittel maximaler Gewinnerzielung sondern Selbstzweck. ... Der Preis hat nur noch die Aufgabe, die Grundlagen dieser betriebsmaximalen Leistungserstellung zu sichern" (Gutenberg 1942, S. 309). Man hatte sich auf den einfachen Fall der am Leistungsmaximum orientierten einzelwirtschaftlichen Steuerung zu konzentrieren.

Rückblickend mögen solche Überlegungen als Dokumente beängstigender Normalität unter extremen und subjektiv kaum nachvollziehbaren Bedingungen gelten; für den Wiederaufbau und die inhaltliche Neuorientierung der betriebswirtschaftlichen Forschung nach Kriegsende bedeutsam ist, daß Gutenberg keinen Anlaß hatte, seine *Theoriepolitik* zu ändern. In dem durch das Erscheinen des ersten Bandes der Grundlagen der Betriebswirtschaftslehre, „Die Produktion" (1951), ausgelösten zweiten Methodenstreit, trat Konrad Mellerowicz (1952, 1953a, 1953b) neben anderen (Sandig 1953; Seischab 1954) als Hauptgegner Gutenbergs auf. Gutenberg konnte den Vorwurf, entgegen dem eigenen Anspruch die „Systemneutralität" der betriebswirtschaftlichen Analyse dadurch zu verletzen, daß sich die theoretische Analyse fast ausschließlich auf den Fall der erwerbswirtschaftlich arbeitenden Unternehmung beschränkt, leicht zurückweisen. Es genügte der Hinweis auf die Differenzierung zwischen Betrieben, die entsprechend dem erwerbswirtschaftlichen Prinzip arbeiten, und Betrieben, die Einschränkungen in ihrer Autonomie hinsichtlich einer internen Entscheidung über Produktionsmengen und Preise unterliegen. Sei es, daß sie dabei dem Prinzip plandeterminierter Leistungserstellung folgen, oder sei es, daß die Entscheidungsfreiheit durch ein aus der jeweiligen Wirtschafts- und Gesellschaftsordnung oder Not- und Ausnahmesituationen abzuleitendes Angemessenheitsprinzip eingeschränkt wird, es gilt, daß der Fall der erwerbswirtschaftlich arbeitenden Unternehmung der komplizierteste Anwendungsfall betriebswirtschaftlicher Theorie ist (Gutenberg 1953). Auch später hat Gutenberg die Ansicht, daß es sich bei der Betriebswirtschaftslehre um eine normative Wissenschaft handelt, zurückgewiesen: „denn die Normen sind Bestandteil der Strukturen, sind also mit dem Gegenstand selbst gegeben" (Gutenberg 1963, S. 127).

Im Verhältnis zur normativen Richtung der Betriebswirtschaftslehre läßt sich der Bedeutungswechsel zentraler Kategorien der Analyse betriebswirtschaftlicher Prozesse auf die Kurzformel der Trennung von Kausalschema der einzelbetrieblichen Steuerung (= Kombinationsprozeß der produktiven Faktoren) und (gesellschaftlicher) Wertordnung bringen. In der Tradition der normativen Richtung wurde betriebswirtschaftliches Handeln durchgängig in einem Zweck-Mittel-Schema interpretiert, wobei der Eigenwert der Zwecke „Wirtschaftlichkeit" die Mittelwahl „Rationalität" bestimmen sollte. Gutenbergs Grundlagen orientieren die Analyse betriebswirtschaftlicher Prozesse statt dessen an der Differenz von Ursache und Wirkung im Kombinationsprozeß der produktiven Faktoren. Das Verhältnis von Faktoreinsatz (Ursache) und Faktorertrag (Wirkung) wird als systemindifferenter, d.h. von den durch die jeweilige Wirtschafts- und Gesellschaftsordnung determinierten institutionellen Handlungsbedingungen unabhängiger Sachverhalt, als *Produktionsfunktion*, interpretiert. Die betriebswirtschaftlichen Produktionsfunktionen bezeichnen nichts anderes als Substitutionsregeln für den Austausch einzelner oder mehrerer Faktoren, zu denen Entscheidungsmodelle (Theorie des dispositiven Faktors) als Voraussetzung einer vernünftigen Gestaltung der betrieblichen Prozesse entwickelt werden (Gutenberg 1971, S. 131 ff.). Damit wird, mit entsprechenden Konsequenzen für den Organisationsbegriff der Betriebswirtschaftslehre, Produktion zum Ausgangspunkt für Organisation, die durch den dispositiven Faktor an die Erfordernisse der Produktion angepaßt wird. Die Menge von brauchbaren Strukturen, Handlungen und Entscheidungen wird dadurch eingeschränkt, daß nur aus Anlaß von Produktion Dispositionsfreiheit (Managementbedarf) entstehen und daraufhin für verschiedene denkbare Konstellationen in idealtypischer Weise untersucht werden kann, wie die Funktion der Produktion optimiert und, damit verbunden, die Erreichung der an die institutionellen Bedingungen geknüpften Betriebs- bzw. Unternehmungsziele gewährleistet werden kann. Das begriffliche Inventar der Gutenbergschen Tradition baut auf der Unterscheidung (Gutenberg 1971, S. 11 ff.) zwischen Arbeitsleistungen, Betriebsmittel und Werkstoff als Elementarfaktoren und der Geschäftsleitung einschließlich der rationalen Planung sowie der diese gestaltend vollziehenden (instrumentellen) Organisation als *derivative Komponenten* des dispositiven

Faktors auf. Als intuitives Urteilsvermögen und über das Direktionsrecht institutionell verankerte, wirksame Willensursache betriebswirtschaftlicher Prozesse aus dem Kausalschema der betriebswirtschaftliche Analyse ausgenommen ist die in den Persönlichkeiten der Geschäfts- und Betriebsführung wurzelnde *originäre Komponente* des dispositiven Faktors (Gutenberg 1971, S. 131 f.). An die Stelle der funktionalen Analyse tritt hier die Ableitung der Notwendigkeit einer letztverantwortlichen, sei es in der Form einer Einzelperson oder sei es einer als Team agierenden, Geschäfts- und Betriebsleitung.

Das Konzept der Grundlagen umfaßt neben der Produktion noch die nachgeordneten Funktionen des Absatzes und der Finanzierung, wobei diesen im betriebswirtschaftlichen Entscheidungsprozeß im Falle von Engpässen die Priorität zukommen kann (Gutenberg 1955). Grundsätzlich dienen sie allerdings der Ermöglichung der Produktion von Gütern und Leistungen im Austausch gegen dazu benötigte Ressourcen, für den sich je nach Betriebstyp unterschiedliche Optimalitätskriterien – Gewinn, Planerfüllung oder Angemessenheit – ergeben. Der Theorie der Unternehmung (1929) und der Produktionstheorie (1951) Gutenbergs gemeinsam ist die *Exklusion des Individuums*. In der Produktionstheorie werden die betriebswirtschaftlichen Entscheidungsmodelle aus einem institutionell „gegebenen" Unternehmungsziel abgeleitet. Dabei findet weder die „homo oeconomicus"-Fiktion vollkommen rationaler Entscheider noch das Modell eines vollkommenen Wettbewerbs Anwendung. In beiden Fällen wäre eine Theorie der einzelwirtschaftlichen Steuerung, mangels Bedarf oder mangels Spielraum, unnötig.

Obschon sich eine Reihe von inhaltlichen Bezügen im Œuvre Gutenbergs in Hinsicht auf die Ergebnisse der angloamerikanischen Management- und Organisationsforschung finden, sind sie in der Regel, etwa wie die Kritik an den unter dem Stichwort „Human Relations" entwickelten Konzepten der Menschenführung in Organisationen, ohne systematische Bedeutung. Gutenberg spricht dabei den Techniken der betrieblichen Menschenführung ab, den grundsätzlichen Konfliktgrund zwischen Unternehmensführung und abhängig Beschäftigten beseitigen zu können, der sich aus dem Herrschaftsverhältnis ableiten läßt, durch das sich die Beziehungen zwischen den beiden Gruppen definiert (Gutenberg 1962, S. 55 f.).

Von systematischer Bedeutung hingegen ist die ablehnende Stellungnahme Gutenbergs (1971, S. 288 ff.) zu der von Simon (1947) auf der Basis des Anreiz-Beitrags-Modells der Organisation (Barnard 1938) und des Konzeptes beschränkter Rationalität entwickelten verhaltenswissenschaftlichen Entscheidungstheorie sowie ihrer anschließenden Erweiterung durch das Modell der opportunistischen Alternativenwahl (March/Simon 1958), in dem Individuen für gewöhnlich nach zufriedenstellenden Lösungen suchen. In diesem Modell des menschlichen Entscheidungsverhaltens ersetzt „*satisficing*", also die Problemlösung durch Suche nach einer befriedigenden, die Suche nach einer optimalen Alternative, „maximizing", immer dann, wenn eine Problemlösung unmittelbar von der Menge und Qualität der zur Verfügung stehenden Informationen und der nur begrenzten Informationsverarbeitungskapazität abhängig ist.

Gutenbergs Grundlagen der Betriebswirtschaftslehre sprechen mit Blick auf derartige Entscheidungssituationen eine offenkundig unsinnige Empfehlung aus, nämlich den Genauigkeitsgrad und die Menge an Informationen zu wählen, bei der „die Differenz zwischen Bruttogewinnerwartung und Informationskosten ein Maximum ist" (Gutenberg 1971, S. 285). Es handelt sich aber um ein Problem der Entscheidungsfindung, das prinzipiell nicht optimal gelöst werden kann, denn ehe eine Entscheidung über die Beschaffung von Informationen getroffen werden kann, werden Informationen darüber vorausgesetzt, wie sich die noch gar nicht bekannten Informationen auf den Bruttogewinn auswirken werden. Die von Gutenberg „axiomatisch-deduktiv" entwickelten Entscheidungsmodelle greifen erst, wenn im Verfahren der Ableitung eine nicht rational erfaßbare, intuitive Grundsatzentscheidung getroffen worden ist. Möglichkeiten, das der traditionellen Betriebswirtschaftslehre zugrunde liegende Theoriekonzept zu erweitern und zu aktualisieren, werden durch diesen blinden Fleck stark beschränkt.

4. Relativierung der Unternehmens- und Produktionstheorie: Verhaltenswissenschaftliche Öffnung und Finalisierung der betriebswirtschaftlichen Forschung

Die Relativierung der Gutenbergschen Grundlagen durch die 'verhaltenswissenschaftliche Öffnung' vollzog sich über die Kritik, insbesondere von Heinen (1963, 1968, 1971) sowie Meffert und Kirsch (1970), am „zu engen Organisationsbegriff" der traditionellen Betriebswirtschaftslehre und ihrer Distanz zur Praxis des Entscheidungsverhaltens in Organisationen. Dem instrumentellen Organisationsbegriff Gutenbergs setzte Heinen die Kurzformel entgegen: „Die Unternehmung *ist* eine Organisation", statt, wie es bei es bei Gutenberg hieß, „Die Unternehmung *hat* eine Organisation". Folge war eine Öffnung der Betriebswirtschaftslehre gegenüber den Begriffen und Analysemethoden der Organisationssoziologie, insbesondere auch gegenüber der durch Barnard (1938) und Simon (1947; March/Simon 1958) geprägten verhaltenswissenschaftlichen Entscheidungstheorie: „Der Ausgangspunkt der Analyse ist neu. Das Unternehmungsziel wird nicht mehr als gegeben unterstellt; statt dessen bleibt völlig offen, welche spezifischen Zielsetzungen Unternehmungen verfolgen" (Heinen 1963, S. 56). Heinen versprach sich davon einen mehrdimensionalen, inhaltsreicheren und realitätsnäheren Blick auf die betrieblichen Entscheidungsprozesse. Indes wird man daran zweifeln können, daß es tatsächlich „völlig offen" ist, welche spezifischen Zielsetzungen Unternehmungen verfolgen. Daß Gutenberg den betrieblichen Entscheidungsprozeß ausgehend von seiner institutionellen Einbettung in das Wirtschafts- und Gesellschaftssystem analysierte und die Betriebswirtschaft im übrigen gleichfalls als mehrdimensionale, soziale, technische und wirtschaftliche Einheit konzeptualisierte (Gutenberg 1957, S. 31) und damit eine dem Begriff der Organisation als Entscheidungszusammenhang gegenüber ebenso komplexe, aber konkretere Morphologie des Gegenstandes der Betriebswirtschaftslehre zugrunde legte, blieb unberücksichtigt. Ein Vergleich zwischen Organisationstheorien und der Betriebswirtschaftslehre Gutenbergs muß sich diesbezüglich am Inhalt des Betriebs- und Produktionsbegriffs und *nicht* an dem instrumentellen Organisationsbegriff orientieren, der dem faktortheoretischen Analyseschema entspricht.

Die 'verhaltenswissenschaftliche Öffnung' der Betriebswirtschaftslehre beruhte auf einer sachlich neuen Auffassung vom Betrieb bzw. der Unternehmung als Organisation, die aber auch gleichzeitig eine Verschiebung des Erkenntnisinteresses weg von den Strukturen betriebswirtschaftlichen Handelns und hin zu dem Entscheidungsverhalten von Individuen bedeutete. Ihm Kuhnschen Sinne wäre diesbezüglich von einer *Inkommensurabilität* zwischen der traditionellen, Gutenbergschen Betriebswirtschaftslehre und den im Zuge der verhaltenswissenschaftlichen Öffnung entstandenen Ansätze zu sprechen, wobei die Produktion und Reproduktion des Kontextes des Entscheidungsverhaltens eher unklarer denn deutlicher zu einer Fragestellung der neuen Theorieansätze wurde (Nagaoka 1980, S. 255 f.).

Die inhaltliche Auseinandersetzung mit den Gutenbergschen Grundlagen wurde begleitet von methodologische Überlegungen. Köhler (1966) nahm die von Albert (1964) geforderte Übertragung der Methodologie des Kritischen Rationalismus von den Natur- auf die Sozialwissenschaften zum Anlaß zu prüfen, ob es sich bei der Betriebswirtschaftslehre Gutenbergs um ein erfahrungswissenschaftliches Aussagensystem handelt, also um eine Theorie, aus der sich entsprechend dem durch Karl R. Popper (1935) definierten Abgrenzungskriterium falsifizierbare Hypothesen ableiten lassen. Bekanntlich setzt Falsifizierbarkeit den Gesetzescharakter einer Aussage voraus, und eine derartige Aussage ist um so inhaltsreicher, je mehr empirische Beobachtungen sie ausschließt (Popper 1935, S. 3 ff.). Köhlers diesbezügliche Kritik richtet sich in der Hauptsache auf das erwerbswirtschaftliche Prinzip: „Im Rahmen unserer Überlegungen geht es um die Frage, ob sich die generelle Aussage 'Alle Unternehmer streben nach größtmöglichen Gewinn' für Erklärungszwecke als fruchtbar erwiesen hat, oder ob sie durch eine Einschränkung auf 'reine' Typen bzw. durch das Anfügen sonstiger modifizierender Bemerkungen aufrechterhalten wird und sodann kaum mehr empirischen Gehalt aufweist" (Köhler 1966, S. 164).

Der Kritik Köhlers steht aber entgegen, daß Gutenberg es abgelehnt hat, Regelmäßigkeiten in den Ergebnissen menschlichen Handelns – und solche sind sowohl bezüglich des Kapitalumwandlungsprozesses als auch bezüglich der Organisation der Produktion zu beobachten – als quasi naturgesetzliche Abläufe zu betrachten. Darüber hinaus findet sich in dem Œuvre Gutenbergs keine für die Theoriekonstruktion relevante Annahme über die individuellen Motive von Unternehmern, so zu handeln, wie sie handeln. Zudem ignoriert Köhler, daß auch die verhaltenswissenschaftliche Entscheidungstheorie zwischen Motiven von

Individuen und Organisations- bzw. Unternehmungszielen unterscheidet, wobei Simon zunächst davon ausgeht, daß Organisationen Ziele verfolgen, die gesellschaftlich allgemein akzeptiert sind. Für Unternehmungen wird explizit das Gewinnziel genannt (Simon 1947, S. 112 f.). Später stellt Simon dazu klar, daß es, da Handlungsziele nur selten eine Einheit bilden, von Vorteil ist, „den Begriff des 'Organisationszieles' auf die Bedingungen zu beziehen, die durch die ... Verhaltenserwartungen in einer Organisation beschrieben werden können und die nur in einem indirekten Zusammenhang mit den persönlichen Motiven des Individuums stehen, welches diese Rolle ausfüllt" (Simon 1964, S. 1). Bei Unternehmern und Führungskräften wird man diesbezüglich annehmen können, daß das Gewinnziel einer solchen generalisierten Verhaltenserwartung entspricht und abweichende Ziele begründungsbedürftig sind. Warum sollten, bei dieser Sicht der Dinge, Unternehmungen nicht nach größtmöglichen Gewinn streben, wobei es natürlich nicht schadet, sich auch zu anderen, edleren Unternehmungszielen zu bekennen (Ortmann 1976).

Trotzdem war die Kritik an den Grundlagen zumindest in den 70er Jahren erfolgreich. Mit der „verhaltenswissenschaftlichen Öffnung" wurde nicht einfach ein Theoriezusammenhang, die Gutenbergschen Grundlagen, durch einen anderen, die verhaltenswissenschaftliche Entscheidungstheorie (von Barnards Anreiz-Beitrags-Modell der Organisation, 1938, bis hin zur Theorie der dominanten Koalition von Cyert und March, 1963), ersetzt. Statt dessen werden die traditionellen Theoriegrundlagen den neuen methodologischen Grundsätzen so gut es geht, und es geht nur schlecht, angepaßt und andere Traditionen in bunter Mischung und ohne Prüfung auf Konsistenz zur Bildung von Modellen und zur beliebigen Bewährung in der Praxis aufgenommen. Die von Heinen verfaßte „Einführung in die Betriebswirtschaftslehre" (1968) stellt den Bezug zur betriebswirtschaftlichen Forschung über einen losen Zusammenhang von Textbeispielen aus unterschiedlichen Forschungstraditionen her – darunter das Ideengut des „Scientific Management" Taylors, der „Human-Relations-Bewegung" und der „modernen Organisationstheorie". Diese werden neben der traditionellen Betriebswirtschaftslehre für die „neue" und „moderne" entscheidungsorientierte Betriebswirtschaftslehre als vorausgehende Entwicklungslinien vereinnahmt (Heinen 1968, S. 27 ff.).

Das zweite Kapitel der Einführung Heinens „Der wirtschaftende Mensch als Gegenstand der Modellbildung" unternimmt eine Abgrenzung lediglich auf der Grundlage von Annahmen über Rationalität und Autonomie individuellen Handelns. Heinen sieht den Bezugspunkt der betriebswirtschaftlichen Theoriebildung dabei weder in dem sozialpsychologischen Modell des „homo sociologicus", im Sinne einer Betrachtung des Menschen als Spielball unbewußter Antriebe und gesellschaftlicher Erwartungen, noch in dem in den Wirtschaftswissenschaften verbreiteten Konzept des „homo oeconomicus" als einem strikt nach dem Rationalprinzip handelnden Individuum, sondern in dem Problem der Auswahl von Alternativen (Heinen 1968, S. 36). Das Modell des „homo sociologicus" engt den diesbezüglichen Handlungsspielraum des Individuums zu sehr ein, für den „homo oeconomicus" dagegen existiert das Problem der Bewertung von Alternativen aufgrund vollständiger Information und Voraussicht einfach nicht. Der Bezugspunkt der entscheidungsorientierten Betriebswirtschaftslehre ist damit als Problem der Alternativenbewertung bei beschränkter Rationalität und Unsicherheit bestimmt (Heinen 1968, S. 35).

Die entscheidungsorientierte Betriebswirtschaftslehre sagt im Gegensatz zu der Betriebswirtschaftslehre Gutenbergs nichts über Herkunft und Zusammenhang der alternativen Möglichkeiten aus, über die jeweils zu entscheiden ist. Sie muß statt dessen auf exemplarischen Fällen aufbauen, die deskriptiv als Modellabläufe gesammelt werden können. Die mit Gutenberg traditionell am Wirtschaftlichkeitsprinzip orientierte betriebswirtschaftliche Analyse wird dementsprechend als Grundlage der Formulierung präskriptiver Entscheidungsmodelle in die entscheidungsorientierte Betriebswirtschaftslehre integriert. Die deskriptive Entscheidungsanalyse geht von den „tatsächlich" vorhandenen Präferenzen bzw. Entscheidungsprämissen von Individuen aus, die präskriptive Analyse unterstellt eine bestimmte einheitliche Präferenzordnung, vorzugsweise im Hinblick auf die Verwirklichung des erwerbswirtschaftlichen Prinzips in Form der Gewinnmaximierung.

Im Kontext der Diskussion um Praxisbezug und Finalisierung der betriebswirtschaftlichen Forschung entwickelten sich von der erfahrungswissenschaftlichen Programmatik der entscheidungs-, verhaltens- und systemorientierten Betriebswirtschaftslehre abweichende Ansätze zu einer (gesellschafts-)kritischen Betriebswirtschaftslehre, deren gemeinsamer Bezugspunkt die von den Handelnden jeweils nicht mitintendierten, gleichwohl im Sinne der historisch-materialistischen Gesellschaftstheorie faktisch erfolgende Reproduktion der ökonomischen Handlungs- und Lebensbedingungen war (Heiligenstadt et al. 1973; Hundt 1977, S. 31 ff.). Grundsätzlich sind Erkenntnisse daher abhängig vom Klassen- bzw. sozialen Standpunkt des Beobachters und von den damit verbundenen Interessen. Die Finalisierung der betriebswirtschaftlichen Forschung und die Substituierung des von Gutenberg strukturell beschriebenen Zusammenhangs von erwerbswirtschaftlichem Prinzip und betriebswirtschaftlichem Handeln durch eine Vielzahl denkbarer und in empirischen Untersuchungen belegter Ziele bot genügend Anlaß für eine Ideologiekritik der entscheidungsorientierten Betriebswirtschaftslehre. Werner Kirsch stellt gegenüber der in kritischer Absicht geäußerten Auffassung, daß empirisch ermittelte Unternehmungsziele Ideologien sind (Ortmann 1976), fest, daß es sich auch bei Ideologien um reale Sachverhalte handelt, und sieht im Sinne einer *erweiterten Finalisierung der Wissenschaft* die Aufgabe der Betriebswirtschaftslehre darin, an der *Produktion von Ideologien* mitzuwirken: „Es ist nicht einzusehen, weshalb eine angewandte Betriebswirtschaftslehre, die mit der Entwicklung von Methoden und Systemkonzeptionen der Unterstützung der Führung möglicherweise zur 'Stabilisierung' der jeweiligen Machtverhältnisse beiträgt, nicht auch Philosophien entwickeln kann, die als von der Praxis aufgegriffene Ideologien ähnliche Effekte besitzen. Tatsächlich tut sie das, und es sind vielfach Autoren mit einem hohen wissenschaftlichem Renommee, die sich auch als Management-Philosophen profilieren" (Kirsch 1977, S. 277).

Der St. Gallener Systemansatz[2] nimmt in der Frage der Finalisierung der Wissenschaft und der Bildung von Unternehmungszielen eine ähnliche Position ein. Die Unternehmung wird als ein zweckgerichtetes produktives soziales System und vieldimensionale Ganzheit beschrieben, die Betriebswirtschaftslehre als Lehre von der Gestaltung und Führung solcher Systeme aufgefaßt (Ulrich 1968, 1971, 1988). Anders als in den verhaltens- und entscheidungsorientierten Ansätzen ist das Problem der Unternehmungsziele jedoch nur von untergeordneter Bedeutung, denn der übergeordnete Bezugspunkt der Argumentation ist die Bestandserhaltung sozialer Systeme durch Anpassungsprozesse an die für sie relevante Umwelt. Darin eingeschlossen ist der Zielbildungsprozeß, wobei davon ausgegangen wird, daß nur solche Ziele gebildet werden können, die den Ansprüchen der Organisationsumwelt und der Organisationsmitglieder genügen.

Der weitergehende Versuch, über die marxistische Gesellschaftstheorie soziale Bedingungen in die Konstitution betriebswirtschaftlichen Wissens einzubauen (Hundt 1977), führte in das Dilemma eines vom jeweiligen sozialen Standpunkt abhängigen und in seiner Qualität (wahr/falsch) nur relativ zu diesem Standpunkt zu beurteilenden Wissens. Perspektive und Problemstellung gehen in dieses Wissen ein und variieren je nach gesellschaftlichem Standort und Interesse des Beobachters. Eine entsprechende Ausdifferenzierung der Betriebswirtschaftslehre, zum Beispiel über das Konzept der arbeitsorientierten Einzelwirtschaftslehre (Koubek 1977), blieb denn auch ebenso ohne nachhaltige Wirkung auf die Entwicklung der betriebswirtschaftlichen Forschung, wie der Versuch des Brückenschlags zwischen der strukturorientierten Betriebswirtschaftslehre Gutenbergs und den nachfolgenden, an der Analyse individuellen Entscheidungsverhaltens orientierten Ansätzen (Nagaoka 1980; Kappler 1980).

Der Finalisierung der betriebswirtschaftlichen Forschung entspricht auch die Adaption des *situativen* (Pugh/Hickson et al. 1968; Kieser/Kubicek 1976) bzw. des *kontingenztheoretischen Ansatzes* (Lawrence/Lorsch 1967) für die betriebswirtschaftliche Forschung. Mit der empirischen Organisationsstrukturforschung auf der Grundlage dieser Ansätze verbanden sich ursprünglich große Hoffnungen einer systematischen Erfassung von Determinanten des Unternehmenserfolges. Inzwischen überwiegt eine relativierende (Kieser/Kubicek 1992) oder kritische Betrachtung (Frese 1992) des Potentials des situativen bzw. kontingenztheoretischen Ansatzes, die sich auf die Ableitung von Effizienzaussagen aus empirisch vergleichenden Untersuchungen zur Abhängigkeit von Strukturvariablen der Organisation von den Gegebenheiten in der für sie relevanten Umwelt stützen. Die erhoffte Verallgemeinerbarkeit von Effizienzaussagen zum Verhältnis von Organisationsstruktur und Organisationsumwelt blieb aus.

---

2 S.a. den Beitrag von Martens in diesem Band.

Unabhängig vom konkreten Gegenstand ist für die Einschätzung des situativen bzw. Kontingenzansatz von Bedeutung, daß der Annahme von Lawrence/ Lorsch, derzufolge für verschiedene Teilbereiche von Organisationen spezifische Teilbereiche der Organisationsumwelt relevant sind und organisatorische Effizienz über selektive Angepaßtheit der Organisation an ihre Umwelt („close fit") definiert werden kann, die gegenteilige Hypothese gegenübergestellt werden kann. Diese besagt, daß organisatorische Effizienz primär von Variablen abhängt, die ein Maß für Konsistenz, d.h. der Anpassung verschiedener Organisationsteile aneinander, darstellen. Die einleuchtende Begründung dafür ist, daß Anpassung eine Leistung der Organisation ist und damit Konsistenz voraussetzt. Damit bleibt offen, ob die Organisationsstruktur durch das erforderliche Maß an Konsistenz (Konsistenz-Effizienz-Hypothese) oder durch das erforderliche Maß an Differenzierung und Umweltanpassung (Kontingenz-Effizienz-Hypothese) bestimmt wird (Frese 1992, S. 155 ff.; Staehle 1994, S. 58 ff.).

Zu den neueren Entwicklungen in der betriebswirtschaftlichen Forschung gehört darüber hinaus ein multidisziplinäres Vorgehen, d.h. die Bearbeitung verschiedenartiger Problemstellungen aus der betriebswirtschaftlichen Praxis mit den dafür am besten geeigneten theoretischen Modellen bzw. einer ganzen Reihe von verschiedenartigen Modellen (Kirsch 1992; Kieser 1993c). Das wirft die Frage auf, wie und aufgrund welcher Annahmen derartige Komposita ausgewählt werden – durch Intuition oder vermöge einer weiteren, aber dann ungenannten Theorie? Aus der Unternehmung als Gegenstand der betriebswirtschaftlichen Theorie wird im Zuge dieser Entwicklung immer mehr eine Black Box, über die man gar nichts mehr zu wissen glaubt.

5. Ansatzpunkte zu einer modernen Theorie der Unternehmung

Impulse zu einer erneuten intensiven Beschäftigung mit der Theorie der Unternehmung in der betriebswirtschaftlichen Forschung sind insbesondere von der neuen Institutionenökonomie, dem von Williamson formulierten Transaktionskostenansatz, der „property rights" und der „principal agent theory" ausgegangen (Picot 1982, 1989; Ebers/Gotsch 1993; Schneider 1985b, 1987). Der im Untertitel dieses Bandes angedeutete Trend zur Rückkehr der Gesellschaft scheint sich damit nicht zu bestätigen. Tatsächlich begründen die institutionenökonomischen Ansätze die Konstitution der Unternehmung als Ordnung sozialen Handelns allein aus dem Nutzenstreben von Individuen heraus.[3]

Der für die betriebswirtschaftliche Analyse bedeutendste Ansatz ist sicher der

---

3 Also nicht gesellschaftstheoretisch; siehe dazu die Beiträge von Pirker und Kappelhoff in diesem Band sowie speziell den Überblick zur zeitgenössischen Theorie der Unternehmung bei Schoppe et al. (1995). Es handelt sich dabei um eine Vorordnung des Individuums gegenüber der Gesellschaft bzw. jedweder Form sozialer Ordnung.

Transaktionskostenansatz, der Effizienzaussagen mit einem Modell der Erklärung
der Genese der für die betriebswirtschaftliche Theoriebildung relevanten Institutionen verbindet und damit die Entstehung und Differenzierung von Unternehmung und Markt sowie der lateralen Kooperation zwischen Unternehmungen als
„hybride institutionelle Arrangements" zwischen den beiden Grundformen
Markt und Hierarchie zu begründen sucht (Williamson 1991). Die Erklärung der
Entstehung von Unternehmungen und Märkten erfolgt aufgrund der allgemeinen
Annahme beschränkter Rationalität und der Gefährdung der Abwicklung von
Transaktionen, die als Übertragung der Nutzungsrechte an Gütern und Leistungen interpretiert werden, durch die Gefahr opportunistischen Verhaltens des
Transaktionspartners (Williamson 1990, S. 35 ff.). Entscheidend dafür, ob Transaktionen über den Markt oder innerhalb einer Hierarchie (Organisation) abgewik-
kelt werden, sind zwei weitere Bedingungen: Faktorspezifität und Transaktions-
häufigkeit (Williamson 1990, S. 89 ff.). Wenn das Zustandekommen von Transaktionen hohe partnerspezifische Investitionen erfordert, dann sind diese nicht
über den Markt, sondern lediglich in einem System vereinheitlichter Kontrolle
gegenüber opportunistischem Verhalten hinreichend geschützt. Der Markt bietet
dagegen hinreichenden Schutz vor Opportunismus, wenn ausreichend viele Alternativen bezüglich der Abwicklung der Transaktion mit anderen bestehen, also
im Umkehrschluß keiner der Transaktionspartner erhebliche Vorleistungen erbringen muß. Weiter sieht der Transaktionskostenansatz bei gelegentlichen oder
seltenen Transaktionen mit mittlerer Faktorspezifität die Bildung von dreiseitigen
Kontrollsystemen, beispielsweise die Überwachung der Bauausführung durch
einen Architekten oder, bei häufigen Transaktionen, längerfristig angelegte Kooperationen der Transaktionspartner, vor, die einen dritten Typ zwischen Markt
und Hierarchie angesiedelter Entscheidungsabhängigkeiten bzw. gegenüber Markt
und Hierarchie hybrider institutioneller Arrangements wahrscheinlich machen
(Williamson 1991).

Effizienzaussagen über institutionelle Arrangements basieren auf der Annahme eines langfristig wirksamen Institutionenwettbewerbs (Williamson 1990, S.
26), also auf adaptiver Rationalität ex post facto durch Selektion durch die Umwelt. Daß gleichzeitig angenommen wird, daß es zwischen Wettbewerb, d.h. der
Abwicklung von Transaktionen über Märkte, und Kooperation Substitutionsbe-
ziehungen gibt, Wettbewerb also eine im Sinne Chandlers (1977) durch Managementhandeln beeinflußbare Variable ist, schmälert den Aussagewert des Hinwei-
ses auf einen langfristig wirksamen Institutionenwettbewerb erheblich. Einge-
standenermaßen bleibt die Frage nach der Art des letztendlich wirksamen Selek-
tionsmechanismus offen: „Die Argumentation verläßt sich in einer ganz allgemeinen Weise implizit darauf, daß der Wettbewerb eine Auslese zwischen mehr
oder weniger effizienten Methoden liefert und die Ressourcen zugunsten der
erstgenannten verlagert. ... Diese intuitive Feststellung würde freilich aus einer
gründlicher ausgearbeiteten Theorie des Selektionsprozesses Nutzen ziehen"
(Williamson 1990, S. 26).

Theorie Merkmal	Transaktionskosten	Property Rights	Principal Agent
Definition des Unternehmens	Hierarchische Kontrolle	Teamproduktion	Agentur des Prinzipals
Untersuchungsgegenstand	Transaktionsbeziehungen	Verfügungsrechte	Prinzipal-Agent-Beziehung
Rationalität	beschränkt, unvollständige Information und begrenzte Verarbeitungskapazität		
Weitere Verhaltensannahmen	Opportunismus ex ante und ex post	Shirking (Mogeln), resourceful, evaluative, maximizing man	moral hazard, Möglichkeit feindseliger Auswahl von Alternativen
Handlungsvoraussetzungen, Strukturen	Rechtliche und technologische Ausgangsbedingungen gegeben (postkonstitutionelle Ansätze)		
Einflußgrößen	Faktorspezifität Unsicherheit, Transaktionsatmosphäre, Transaktionshäufigkeit	Verteilung und Durchsetzbarkeit von Verfügungsrechten	Asymmetrische Informatonsverteilung, Risikoneigung
Verträge	Unvollständig	Vollständig	Vollständig
Gestaltungsvariable	Wahl des Koordinationsmechanismus (Markt, Hierarchie oder Hybridform)	Verfügungsrechtsstrukturen	Vertragsgestaltung

Abb. 2: Vergleichende Darstellung von Transaktionskosten-, Property Rights- und Principal Agent-Theorie (in Anlehnung an Schoppe et al. 1995, S. 294)

Selbst der Institutionenökonomie wohlgesonnene Autoren halten die analytischen Schwächen des Transaktionskostenansatzes für unüberseh- und nicht kompensierbar (North 1993). Insbesondere führen Spezialisierungsvorteile und Synergien innerhalb von – und Externalitäten zwischen nebeneinander – existierenden institutionellen Arrangements zu einer pfadabhängigen und inkrementalen Entwicklung von Veränderungen. Die wechselseitige Beeinflussung korrespondierender Wahrnehmungsmuster von Akteuren sorgt dafür, daß Chancen zur Minimierung von Transaktionskosten nur in Abhängigkeit vom eingeschlagenen Entwicklungspfad gesehen und damit meistens übersehen oder auch bewußt nicht realisiert werden.

Aus diesen und anderen Einwänden[4] ergibt sich eine weitreichende Unabhängigkeit der Bildung und Veränderung von institutionellen Arrangements vom Evolutionsprinzip der Minimierung von Transaktionskosten. North resümiert

---

4 Vgl. die Beiträge von Ortmann/Sydow/Türk, Wieland und Pirker in diesem Band.

knapp: „Die meisten in der Geschichte und viele der gegenwärtig existierenden Institutionen sind mit dem für ihre Entwicklung notwendigen Maß an Zustimmung nicht durch niedrige Transaktionskosten an Kapital und anderen Märkten ausgestattet worden" (North 1993, S. 11). Nicht zu bestreiten ist dagegen das Potential zur Ableitung die betriebswirtschaftliche Theoriebildung anregender Problemstellungen, denn schließlich handelt es sich bei der Frage nach einer Erklärung dafür, wieso Unternehmungen, Märkte und Kooperationen im Sinne hybrider institutioneller Arrangements existieren, um eine für die Disziplin grundlegende Fragestellung.

6. Integration der Unternehmung in die Gesellschaft

Betriebswirtschaftslehre und Gesellschaftstheorie sind, jedenfalls soweit es den in diesem Beitrag charakterisierten Kernbestand betriebswirtschaftlicher Unternehmungstheorie anbelangt,[5] eher fernliegende Gegenstände. Bevor mögliche Gründe für eine systematische Annäherung benannt werden können, ist herauszuarbeiten, welche Konzeption der Eingliederung der Unternehmung in die Gesellschaft den hier zugrunde gelegten historischen und aktuellen Ansätzen zur Theorie der Unternehmung explizit oder implizit unterstellt wird.

Schmalenbachs Konzept der Betriebswirtschaftslehre als Kunstlehre lag keine explizite Vorstellung von der Unternehmung als Ordnung sozialen Handelns zu Grunde, die moralische Aufforderung zu gemeinwirtschaftlich orientiertem Handeln bleibt der einzige Bezugspunkt der Integration der Unternehmung in die Gesellschaft (Schmalenbach 1912, 1926). Nicklischs Entwurf einer allgemeinen Betriebswirtschaftslehre (1932) komplettiert in dieser Hinsicht die normative Richtung der Betriebswirtschaftslehre, da er explizit auf einer Darstellung der Integration der hierarchisch und zweckmäßig gegliederten Betriebsgemeinschaft in die als umfassende Volksgemeinschaft konzipierte Gesellschaft beruht. Die Bedingung für die Inklusion von Individuen und Gruppen von Individuen in die Gesellschaft ist demnach, daß jeder Einzelne in der Lage ist, die Zweckmäßigkeit des Ganzen, dessen Teil er ist, zu erkennen und bereit ist, sein Leben nach dieser Einsicht einzurichten. Mangelnde Einsicht und abweichender Wille dienen dementsprechend als Begründung für das Erfordernis, Sozialordnungen in herrschende und beherrschte Teile zu differenzieren, aber es handelt sich dabei letztlich auch nur um eine Zuspitzung des Problems: Die Führer der Gemeinschaften müssen über die richtige Einsicht und den dazu komplementären guten Willen

---

5 Es gibt Ausnahmen, u.a. Ulrich (1986), Kirsch (1990; 1992) und Ortmann (1995a), die allerdings in den theoriesystematischen Intentionen und in den Anknüpfungspunkten, so Ulrich mit der Theorie des Kommunikativen Handelns (Habermas 1981), Kirsch mit ebenderselben und der Theorie sozialer Systeme (Luhmann 1984) sowie Ortmann mit Strukturationstheorie (Giddens 1984a) unterschiedliche Wege beschreiten. Zu Giddens vgl. auch die Übersicht in dem Beitrag von Ortmann, Sydow und Windeler in diesem Band.

verfügen, um das Ganze repräsentieren zu können. Dies wird man kaum noch für eine akzeptable Beschreibung der Funktionsweise der modernen Gesellschaft halten, die neben anderem deshalb das Prädikat modern verdient, weil sie auf eine Repräsentation des Ganzen durch eines seiner Teile und eine einheitliche Weltanschauung verzichten kann.

Riegers Ansatz zur Theorie der Unternehmung beruht auf der Voraussetzung einer funktional differenzierten Gesellschaft. In der historischen Betrachtung zu Beginn seiner Einführung in die Privatwirtschaftslehre (Rieger 1928) werden „unverbundenes Wirtschaften" und „verbundenes Wirtschaften" einander gegenübergestellt. Der Begriff „verbundenes Wirtschaften" kennzeichnet die Selbstversorgungswirtschaft mit weitgehender sozialer Einheit von Produktion und Verbrauch in einem auf die Gebrauchseigenschaft der Güter bezogenen, durch Ausübung von Macht hierarchisch gesteuerten Handlungszusammenhang. „Unverbundenes Wirtschaften" ist gekennzeichnet durch Trennung von Produktions- und Verbrauchswirtschaften bei hoher Abhängigkeit der Wirtschaftseinheiten voneinander, durch Orientierung des Handelns in den Produktionswirtschaften am Geld als Maß der Tauscheigenschaft von Produkten sowie durch einen via Preise gesteuerten Austausch von Waren zwischen den verschiedenen Wirtschaftseinheiten. Zur Differenzierung zwischen Unternehmern und abhängig Beschäftigten weist Rieger lediglich auf die Besonderheit der Art der Einkommenserzielung hin, die für den Unternehmer mit dem spezifischen Risiko der Änderung von Preisen auf den Absatz- und Beschaffungsmärkten verbunden ist. Implizit mag man schließen, daß eine Differenzierung zwischen Unternehmern und abhängig Beschäftigten, neben anderem, insbesondere durch Kapitalmarktunvollkommenheiten und verschiedenartige Risikopräferenzen bedingt ist.

Gutenbergs Theorie der Unternehmung von 1929 liegt keine historische Rekonstruktion der Entwicklung der Institutionen der modernen, arbeitsteiligen Wirtschaft zugrunde. Eine funktionierende Geldwirtschaft und die Einbettung der Unternehmung in Absatz- und Beschaffungsmärkte wird vorausgesetzt. Anders als Rieger behält er sich für die betriebswirtschaftliche Theorie vor, auch Betriebe, die nach dem Prinzip der plandeterminierten Leistungserstellung arbeiten, mit zu ihrem Gegenstand zu zählen. Die Unternehmerfunktion ist darüber hinaus nicht mehr an eine konkrete Person und an das Einkommensmotiv gebunden. An die Stelle der Unternehmerpersönlichkeit tritt das psychophysische Subjekt bzw. in den späteren „Grundlagen der Betriebswirtschaftslehre" der dispositive Faktor. Die an die Theorie der Produktion angegliederten Überlegungen zur Eingliederung der Unternehmung in die Gesellschaft knüpfen diese an eine *statische Zuordnung* von Betriebstyp und „systembedingten Tatbeständen" im Sinne einer jeweils gegebenen Wirtschafts- und Gesellschaftsordnung. Aus der Eingliederung der Unternehmung in die soziale Marktwirtschaft ergibt sich die Stellung des dispositiven Faktors als einheitliches Willenszentrum der Unternehmung. Die Konzeption des dispositiven Faktors als einheitliches Willenszentrum (sei es in der Form eines Einzelunternehmers oder sei es als Team oder Koalition) und seine Untergliederung in die produktiven Teilfaktoren Planung und Organisation auf der einen und das rational nicht faßbare Element der Intuition auf der anderen Seite gilt in der modernen Theorie der Unternehmensführung als kaum noch anschlußfähiger Bestandteil der Gutenbergschen Betriebswirtschaftslehre (Schreyögg 1991).

Die sich im Zuge der „verhaltenswissenschaftlichen Öffnung" des Fachs aus-differenzierenden Alternativen zur produktionsorientierten Analyse der Unternehmung haben in dieser Hinsicht nur in beschränktem Umfang zu Verbesserungen des Theorieinventars geführt. Überlegungen zur Integration der Unternehmung in die Gesellschaft beziehen sich in der Regel auf die Anpassung des Systems an seine Umwelt, also auf Umweltselektion und Synchronisation der Organisations- bzw. Unternehmungsentwicklung mit der Umwelt.[6] In den Hintergrund tritt damit der Prozeß der Selbstselektion von Handlungen, d.h. die aktive Rolle der Unternehmung im Hinblick auf gesellschaftliche Veränderungen. In Unternehmungen ist ein großer Teil der gesellschaftlichen Dynamik verankert, da hier Anpassung vor allem in der Form von Forschung und Entwicklung betrieben wird und damit sowohl intendierte als auch unintendierte Veränderungen der sozialen Wirklichkeit herbeigeführt werden. Dies läßt sich ohne große Anstrengung als rekursive Wechselwirkung beschreiben, so daß eine Anpassung an etwas „Gegebenes" im Sinne eines unabhängigen Satzes von Variablen nicht erfolgt.

Die auf der Verbindung mit der neuen Institutionenökonomie beruhenden Ansätze zu einer modernen Theorie der Unternehmung haben der betriebswirtschaftlichen Forschung die Möglichkeit eröffnet, sich der Frage nach ihrem Gegenstand wieder substantiell, d.h. in realwissenschaftlicher Analyse und nicht lediglich in Beratungen über Konventionen zum Erkenntnisobjekt und zu Wissenschaftsprogrammen des Fachs zu stellen. Schließlich handelt es sich um den Versuch zu erklären, unter welchen Bedingungen sich Unternehmungen, Märkte oder auf Dauer angelegte Kooperationen (hybride Institutionen, Unternehmungsnetzwerke) als voneinander zu unterscheidende Mechanismen der Koordination von Handlungen herausbilden. Die Grundannahmen der institutionenökonomischen Analyse sind dabei im wesentlichen dieselben wie in der von Hobbes bereits 1651 formulierten Gesellschaftstheorie. Grundlage jeder Form sozialer Ordnung ist demnach die rationale Selbstbindung des Individuums durch Verträge. Bedingungen dafür sind begrenzte Voraussicht (beschränkte Rationalität), die einschließt, daß bekannt ist, daß die Individuen um die mangelnde Verläßlichkeit eigener Zusicherungen und der anderer wissen (Gefahr opportunistischen Verhaltens) und daher bereit sind, eine wirksame Kontrolle der Einhaltung von Verträgen und die damit verbundene Asymmetrierung von Macht zu tolerieren, wenn der bestehende Zustand vorteilhafter erscheint als der zu befürchtende Zustand, im Extremfall der gesetzlose Naturzustand (Hobbes 1984, S. 94 ff.; Witt 1995, S. 306 ff.). Von den institutionenökonomischen Ansätzen wird das von Hobbes entwickelte sozialtheoretische Modell

---

6 Ähnlich den in Abschnitt 4 diskutierten Modellen zur Bildung von Unternehmungszielen.

auf einen postkonstitutionellen Zustand und damit auf die Ausgestaltung von Beziehungen zwischen Individuen in einer schon bestehenden Sozialordnung angewandt. Es geht dann nicht mehr um Leben oder Tod, um die Gesellschaftsordnung insgesamt oder Anarchie, sondern lediglich um die Entscheidung etwa zwischen hierarchischer, marktlicher oder in langfristigen Kooperationsbeziehungen koordinierter Abwicklung von Transaktionen.

7. Rückkehr der Gesellschaft?

Die Frage scheint überflüssig. Schließlich hat die betriebswirtschaftliche Forschung sich mit der Institutionenanalyse ein sozialtheoretisches Theorieinventar erschlossen, das es ihr erlaubt, die aktuelle gesellschaftliche Entwicklung zu beobachten und eigenständig Rückschlüsse auf die Relevanz derselben für ihren Gegenstandsbereich zu ziehen. Ökonomische Betrachtungsweisen gewinnen nicht nur in der betriebswirtschaftlichen Forschung (Albach 1993), sondern auch in der interdisziplinär operierenden Management- und Organisationsforschung (Staehle 1994, S. 65) deutlich an Boden. Wir führen das auf zwei Phänomene zurück, die in aller Munde sind. Das eine ist als Globalisierung der Wirtschaft bekannt und besitzt neben dem geographisch-demographischen durchaus auch den Sinn, auf die Verlagerung von Handlungsbereichen aus dem Bereich der Regulierung durch politische Organisationsformen in den der Wirtschaft hinzuweisen (Rock/Witt 1995). Das andere populäre Stichwort heißt Informationsgesellschaft, und auch hier stehen wirtschaftliche Aspekte der Entwicklung im Vordergrund. Das zeigt sich schon allein daran, daß man die Informationsgesellschaft, um sie überhaupt erkennen zu können, von der Industriegesellschaft unterscheidet, also verschiedene historische Gesellschaftsformationen über die Produktionsweise typisiert.

Für die Unterscheidung zwischen der Industriegesellschaft und der Informationsgesellschaft in erster Linie relevant ist nicht allein die Information als Gegenstand der Produktion, sondern das Tempo der Veränderung der Wissenbasis auch der materiellen Produktion (Willke 1995c, S. 231 ff.). Die Beschleunigung der Entwicklung von Technologien, Produkten, Dienstleistungen, Absatzwegen und Märkten führt dazu, daß das zur Strukturierung von Produktion und Austausch notwendige Wissen nicht mehr über die traditionellen Institutionen des Bildungswesens vermittelt, auf berechenbare Berufskarrieren von auf Dauer in Organisationen inkludierten Individuen projiziert und dann in einem stabilen Kontext von intra- und interorganisationalen Beziehungen angewandt und auf Märkten verwertet werden kann. Selbstverständlich handelt es sich bei der „Globalisierung der Wirtschaft"[7] und der „Wissensabhängigkeit der Produktion"[8]

---

7 Ein statistisch belegbares Phänomen: seit dem Ende des 2. Weltkriegs liegt das Wachstum des internationalen Handels beständig über dem der Produktion von Gütern und Dienstleistungen. Demzufolge hat sich das Welthandelsvolumen gegenüber 1950 verfünfzehnfacht,

nicht um radikal neue Phänomene. Adam Smith und Karl Marx haben sich des
Phänomens der internationalen Arbeitsteilung bereits vor über 200 und 150 Jahren angenommen, und sie sind ebenso zu unterschiedlichen Ergebnissen gekommen, wie sich das derzeit in der Forschung andeutet. Dennoch beharren wir auf
der Hypothese einer Veränderung der Bedingungen der Produktion, die die Organisations- und betriebswirtschaftliche Forschung gleichermaßen herausfordert.

Bezüglich der neueren, an informationsökonomischen Problemen orientierten
und an die Institutionenökonomik angelehnten Ansätze zur Fortentwicklung der
Theorie der Unternehmung ist einzuräumen, daß sie insoweit insuffizient sein müssen, als die oben angedeuteten Schwierigkeiten der Operationalisierung und Quantifizierung von Informations- und/oder Transaktionskosten bestehen (Schneider
1985, S. 1242 ff.; Witt 1995, S. 236 ff.). Dennoch ist es gerade den Wirtschaftswissenschaften, also der Volkswirtschaftslehre und der Betriebswirtschaftslehre, gelungen, einen vergleichsweise hohen Grad an öffentlicher Beachtung und Anerkennung der wissenschaftlichen Interpretation und Begleitung gesellschaftlicher Wandlungsprozesse, wie zum Beispiel der Transformation der Wirtschafts- und Gesellschaftssysteme der mittel- und osteuropäischen Staaten (Albach 1994) oder des
weltweiten Deregulierungsprozesses des Telekommunikationssektors, zu erringen
(Jäger 1993; Burr 1995). Die Bewertung des Erfolges des mit der Fortsetzung der
wirtschaftswissenschaftlichen Tradition in der betriebswirtschaftlichen Forschung

---

das Volumen der Produktion hat sich im gleichen Zeitraum versechsfacht (Quelle: WTO
Annual Report 1995).

8 In aller Munde, aber ungleich schwerer zu belegen. Rechnungen, die behaupten, daß sich
das „Weltwissen" alle fünf Jahre verdoppelt, beziehen sich allein auf die Speicherkapazität
von Rechnern, die Programme der Medien, die Menge an bedrucktem Papier etc.. Das heißt
aber noch lange nicht, daß tatsächlich über ein „Mehr" an Wissen verfügt und soziale Praktiken dadurch bestimmt werden. Wir unterstellen, daß das, wenn auch in einem weit geringeren, aber dennoch signifikanten Ausmaß so ist und gehen darüber hinaus auch davon aus,
daß beide Phänomene miteinander zusammenhängen. Wir unterstellen weiter, daß die Ausweitung technologischer Kapazitäten zur Kommunikation und selbstverständlich auch die
des Transportes physischer Güter logische und reale Voraussetzung der Globalisierung der
Wirtschaft sind. Ferner wird angenommen, daß wirtschaftliches Handeln sich auf die Produktion und den Austausch von Gütern und Leistungen sinnhaft bezieht und sich nicht nur
begrifflich, sondern gleichzeitig auch empirisch von anderen Formen sozialen Handelns
unterscheiden läßt. Wir folgen damit einer Beschreibung der modernen Gesellschaft als
funktional differenzierte Gesellschaft sensu Parsons (1976) oder sensu Luhmann (1984).
Damit ist nicht ausgeschlossen, sondern impliziert, daß es Konflikte, Ungleichgewichte,
Elend und Katastrophen sowie Verantwortlichkeiten dafür gibt und daß die Dominanz der
Organisationsförmigkeit der Koordination von Handlungen damit etwas zu tun haben kann
(Türk 1995a). Die Begründung für eine Konjunktur ökonomischer Betrachtungsweisen aktueller gesellschaftlicher Entwicklungen liegt insbesondere darin, daß die Weltwirtschaft als
Teilsystem der Weltgesellschaft einen evolutionären Vorsprung im Sinne von Tempovorteilen hinsichtlich der Möglichkeit der Koordination sozialen Handelns besitzt. Das heißt, daß
wirtschaftliches Handeln weltweit schneller koordiniert und organisiert werden kann als politisches, und daß der Schluß, den Ökonomen daraus ziehen, nämlich die Lösung von immer mehr Problemen der Koordination sozialen Handelns unter wirtschaftlichen Gesichtspunkten zu sehen, an den eigentlichen Strukturproblemen der Weltgesellschaft vorbeigehen
könnte.

eingeschlagenen Weges wird durch die mangelnde internationale Anerkennung der Leistungen deutschsprachiger Forscher insoweit nicht relativiert, als dafür die „Sprachbarriere" und die andersartige Institutionalisierung bzw. Gliederung der Forschung in Disziplinen dafür verantwortlich zu machen ist (Simon 1993). Gemäß ihrer Außenwirkung und ihren eigenen Kriterien für die Bewertung der wissenschaftlichen Entwicklung, „Wenn-Dann-Aussagen, Wertfreiheit, raum-zeitlose Gültigkeit, Objektivität und Falsifizierbarkeit" (Albach 1993), ist die Entwicklung der modernen Betriebswirtschaftslehre damit durchaus positiv zu beurteilen.

In Fortsetzung dieser Linie lassen sich auch Defizite des Inventars an Theoriemitteln der betriebswirtschaftlichen Forschung erkennen. Dies betrifft unter anderem den Umstand, daß eine Theorie der Produktion nicht mehr allein und vermutlich in Zukunft immer weniger eine Theorie der Einzelwirtschaft bzw. der Integration von Unternehmen in Marktprozesse sein kann. Ein Umstand, der mittlerweile nahezu unbestritten ist: „Der globale Wettbewerb bedingt die Entwicklung neuer Formen der Kooperation von Unternehmungen. Die Grenzen der wirtschaftlichen Einheit 'Unternehmung' werden fließend. Zu der Beschreibung dieser neuen Gebilde, ... , hat die Betriebswirtschaftslehre das Instrument des Netzwerkes aus den Sozialwissenschaften übernommen" (Albach 1993, S. 19). Damit wird die betriebswirtschaftliche Theoriebildung in ihrer Substanz mit der Unklarheit über die angemessene Form einer Theorie der Unternehmungsnetzwerke und entsprechenden Theoriedefiziten (Sydow 1992, S. 224 ff.) konfrontiert.

8. Schlußbemerkung

Der in diesem Band weiter gezogene Blickwinkel des interdisziplinären Diskurses gestattet es, Schlaglichter auf die Entwicklung der betriebswirtschaftlichen Forschung zu werfen, die den Horizont der Kritik weiter stecken, als dies im Rahmen des Selbstverständnisses der Betriebswirtschaftslehre als Wissenschaft (Gutenberg 1957; Albach 1993) möglich ist. Die Behandlung von komplexen Problembeständen wie der Globalisierung der Wirtschaft, der Intensivierung des internationalen Wettbewerbs, der Ausbreitung der sozialen Marktwirtschaft und der zunehmenden Frauenarbeit, die in Reflexionen zur Zukunft der Betriebswirtschaftslehre (Albach 1993) für wichtig gehalten werden, setzt voraus, daß die Forschung sich über Entwicklungen in den anderen Sozialwissenschaften nicht nur auf dem laufenden hält, sondern ihre eigenen Theoriemittel entsprechend revidiert. Das dürfte einer Wissenschaft, die sich methodologisch auf die simple Konfrontation von Hypothese und einer davon unabhängig existierenden Wirklichkeit (Praxis), an der diese Hypothesen scheitern oder sich bewähren können, konzentriert, auch weiterhin schwerfallen.[9] Ein Urteil, das m.E. nicht mit den unbestreitbaren Erfolgen und der

---

9 Konstruktivistische Erkenntnistheorien besagen demgegenüber, daß alle Erkenntnis der Welt Konstruktion von Erkenntnis in der Welt ist (Maturana 1985; Schmidt 1987a; Luhmann 1990a). Sie plädieren nicht mehr, wie die traditionelle Epistemologie, für eine hierar-

Aktualität betriebs- wie volkswirtschaftlicher Analysen auf der Grundlage der klassischen Theoriemittel der Wirtschaftswissenschaften, gerade im Zuge beschleunigten sozialen Strukturwandels, in Widerspruch steht. Denn wirtschaftliches Handeln läßt sich besser beobachten und quantifizieren als andere Formen sozialen Handelns, da sich seine Folgen in der Regel in der Veränderung von Geldgrößen zeigen, Korrelationen lassen sich, auch wenn gelegentlich Willkür in der Zuordnung vermutet werden kann,[10] leichter beobachten und ex post oder ex ante zur Bestätigung oder Widerlegung erfahrungswissenschaftlicher Sätze in der Form von „Wenn-Dann-Aussagen" heranziehen. Viele Erkenntnisgebiete der betriebswirtschaftlichen Forschung sind diesbezüglich bereits nahezu erschöpfend behandelt.[11] Insgesamt gesehen besitzt die Forschung damit einen direkten Zugang zu dem, was in einem positivistischen Sinne der Fall ist. Aber ob sie damit auch in einem analytisch-kritischen Sinn in der Lage ist aufzuklären, was „dahinter" steckt, bleibt ungewiß.[12] Ob die betriebswirtschaftliche Forschung in dieser Hinsicht von den in diesem Band im Zusammenhang mit der Kritik von Theorien der Organisation ins Spiel gebrachten sozial- und gesellschaftstheoretischen Optionen profitieren kann, dürfte davon abhängen, ob empirische Forschungsprojekte auf der Grundlage dieser Ansätze ein nachvollziehbares 'Mehr' an Hintergründen und Gestaltungsmöglichkeiten der sozialen Wirklichkeit erbringen.

---

chische Position oberhalb der Welt und außerhalb der Gesellschaft. Die Frage nach den Bedingungen der Möglichkeit von Erkenntnis verschiebt sich dann aus dem Jenseits transzendental- und subjektphilosophischer Überlegungen in das Diesseits neurologischer und psychologischer Theorien der Wahrnehmung und Verarbeitung von Wahrnehmungen (Maturana 1985) sowie auf Bemühungen der Wissenssoziologie, darüber aufzuklären, wie aus Wahrnehmungen Berichte über Wahrnehmungen und aus diesen mehr oder weniger begrenzt gültige Wahrheiten werden (Knorr Cetina 1988; Luhmann 1990).

10 Das gilt nicht nur in bezug auf Prognosen, sondern auch ganz praktisch bei der Frage der Konstruktion solcher Verschiebungen in Geldgrößen – wozu sonst Theorie und Praxis des Rechnungswesens? Es handelt sich mithin nicht um objektive Gegebenheiten, die einfach entdeckt werden können.

11 Die Erkenntnismöglichkeiten bezüglich der typischen Verläufe von Produktionsfunktionen in Einzelunternehmungen sind mit der Produktionstheorie Gutenbergs weitgehend ausgeschöpft. Dies gilt auch hinsichtlich der „neuen Produktionsformen" bzw. hinsichtlich der „flexiblen Spezialisierung", bei Gutenberg abgebildet durch die Produktionsfunktion vom Typ C. Mit Spannung sieht man hingegen der Übertragung der Produktionstheorie und der Theorien des Rechnungswesens auf die Steuerung von Unternehmungsnetzwerken entgegen (Picot et al. 1996).

12 Die Betriebswirtschaftslehre ist insofern auch eher eine Wissenschaft des „Als-Ob" in dem von Gutenberg in Anlehnung an Vaihinger definierten Sinn geblieben, nur hat sie anscheinend vergessen, daß es sich hier um Konstruktion von Wirklichkeit handelt. Die Theorien der rationalen Wahl und Vertragstheorien sind nicht auf die historische Entwicklung der Gesellschaft bezogen, sondern ordnen ihr Konzept von individuellem Handeln und Rationalität dieser vor. Vgl. den Beitrag von Türk in diesem Band.

Kommentar:

Die Versprechen der Neuen Unternehmenstheorie

Dieter Sadowski

Der Beitrag von Witt in diesem Band untersucht, wie gesellschaftliche Probleme in der Unternehmenstheorie reflektiert werden, und fragt, ob neuere institutionenökonomische Ansätze sich nicht dazu anbieten, das Verhältnis von Unternehmen und Gesellschaft stärker zu explizieren, als es bisher möglich und üblich war.

Weitgehend geht es Witt darum, eine Vielzahl von organisationstheoretischen Ansätzen daraufhin zu prüfen, ob sie geeignet sind, die bisherigen Theoriegrundlagen der betriebswirtschaftlichen Forschung zu substituieren oder zumindest so zu ergänzen, daß sich für die traditionellen und die zeitgenössischen Problemstellungen der betriebswirtschaftlichen Forschung ein gemeinsamer Bezugsrahmen ergibt. Das ist verdienstvoll, um Studierenden eine Übersicht zu verschaffen oder ein Handbuch zu verfassen. (Allerdings dramatisiert Witt die gegenwärtige Unübersichtlichkeit, da – leider – nicht mit jedem der zitierten 639 betriebswirtschaftlichen Professoren eine neue Forschungsperspektive einhergeht.) Es wäre nach meinem Dafürhalten allerdings unbedingt notwendig und noch verdienstvoller gewesen, die zeitgenössischen Problemstellungen zu benennen und dann den Erklärungsgehalt unterschiedlicher Theorieentwürfe daran zu messen. Dieser Mangel wird nicht durch Anmerkung 1 geheilt; die Unterlassung ist überdies folgenreich, da sich Witt so nicht zu konkreten wissenschaftlichen Vorschlägen zwingt, sondern in unbestimmte, teils metawissenschaftliche Überlegungen auszuweichen erlaubt.

Zunächst zu seinem Überblick über das Verhältnis von Betriebswirtschaftslehre und Organisationstheorie. Wieviele verschiedene Ansätze sich auch unterscheiden lassen, Allgemeine Betriebswirtschaftslehre und die Unternehmenstheorie insbesondere haben stets auch solche Probleme bearbeitet, die sich in *organisationslosen* Ein-Personen-Unternehmen stellen. Die funktionale Betrachtung von Absatz, Finanzierung, Rechnungswesen, wie sie die auf Marktabhängigkeiten abstellende mikroökonomische Unternehmenstheorie verfolgt, ist – dank der konstruktiven Kraft Gutenbergs die Produktion nicht nur einschließend, sondern auf ihr gründend – heute eine in Forschung und Ausbildung elementare Perspektive, und zwar in Deutschland wie in den USA, wo die empirische Orientierung von *managerial and industrial economics* deutlich entwickelter ist. *Hinzu* treten gerade bei der Betrachtung großer Unternehmen Fragen, die sich aus Informationsunvollkommenheiten ergeben: eher instrumentell, wenn es um Planungs- und

Kontrollprozeduren geht, eher theoretisch in der neueren Unternehmenstheorie, wenn Delegations- und Motivationsprobleme studiert werden.

Eine gewisse Knappheit in der Literaturdarstellung empfinde ich im Hinblick auf die neueren organisations- und institutionenökonomischen Ansätze der Unternehmenstheorie (Vertragstheorien, Agency-Theorien), die auch den Blick dafür öffnen, daß öffentliche und nichtgewinnorientierte Unternehmen, auch Forschungsorganisationen und Universitäten, nach Regeln betriebswirtschaftlicher Kunst analysiert werden können. Was den Stand der Diskussion angeht, hätte vielleicht das folgende Zitat aus der Einleitung eines neueren betriebswirtschaftlichen Lehrbuchs zu weiterem Nachdenken angeregt: „Im Rahmen der diesem Lehrbuch zugrundeliegenden Konzeption konnten die Bereiche der Unternehmensführung, der Organisation und des Controlling nicht zusammenhängend behandelt werden; die zugehörigen Probleme werden jeweils dort angesprochen, wo sie auftauchen" (Kistner/Steven 1994) – vielleicht sind die unterschiedlichen Ansätze schon ineinander aufgegangen?

In vieler Hinsicht stimme ich Witts historischen Charakterisierungen von Etappen und Methoden, Betriebe und Unternehmen zu erfassen, zu: Gutenbergs methodische Entscheidung, von (instrumentellen) Organisationsfragen zu abstrahieren und seine resultierenden systematischen Schwierigkeiten mit dem dispositiven Faktor; die Unspezifität von Heinens und Ulrichs Orientierungsrastern; die mangelnde Produktivität marxistischer Ansätze – all das leuchtet mir ein, aber unglücklicherweise lösen solche Würdigungen nicht das Problem, das sich Witt selbst stellt. Er weist betriebswirtschaftliche *terra incognita* aus, aber er erschließt sie nicht. Auch die in Anmerkungen gedrängten Zitate im Schlußabschnitt zitieren nur vorgängige erkenntnistheoretische Programme. Die Verweise auf die – in ihrem Ausmaß durchaus zweifelhafte – Globalisierung der Wirtschaft, die wachsende Informationsgesellschaft oder Unternehmensnetzwerke einerseits, auf einige neuere informationsökonomische Organisationstheorien andererseits haben geringe argumentative Kraft.

Gerade den Lesern, die seine konstruktivistische oder interpretative Sicht sozialwissenschaftlicher Praxis teilen, bietet Witt meines Erachtens wenig. Eine genauere Lektüre Luhmanns hätte ihn vorsichtiger machen können – und zur Suche einer Antwort auf einer anderen Betrachtungsebene anregen sollen:

„Reflexionstheorien sind stets unsicherer als die Sachtheorien, die als Forschungsprogramme akzeptiert sind. Das heißt auch, daß das wissenschaftlich konstruierte Wissen sich nicht auf Wissenschaftstheorie ‚gründen' läßt. ... In Reflexionstheorien ... gibt es auch keine ‚Prinzipien' oder ‚Grundlagen' zu entdecken, sondern nur weitere Unterscheidungen ... . Der Konstruktivismus informiert weder die Gesellschaft im Ganzen noch den Einzelmenschen über die Welt (auch wenn er recht hat, auch deren Orientierungen als Konstruktion zu beschreiben)" (Luhmann 1992b, S. 700).

Ich denke, daß einige der verstreuten Hinweise Witts, wo die Theorie organisatorischer und institutioneller Probleme von Unternehmen unser Verständnis vermehren könnte, seinem selbstgestellten Problem angemessener und hilfreicher sind und auch Hinweise auf die Rückführung der Gesellschaft in die Betriebswirtschaftslehre bieten: so der Verweis auf Coleman – und die hier nicht genannte Differenz von individiduellen und korporativen Akteuren; oder die ebenfalls hier nicht erwähnten Arbeiten zur Theorie des Rechts: Je stärker wirtschaftliches Handeln rechtsabhängig ist, um so eher bieten betriebswirtschaftliche Rechtsanalysen Aufschluß über die politische und gesellschaftliche Einbettung von Unternehmenshandeln (vgl. etwa Sadowski et al. 1996).

Die Rational-Choice-Perspektive Colemans, auch die Organisationstheorie Aokis, eröffnet dem mikroökonomischen Betriebswirt viel leichter die Behandlung von Problemen der Betriebs- und Unternehmensverfassung, als sie dies für verhaltenswissenschaftlich orientierte Organisationsforscher tut. Sie erzeugt nicht nur „anschlußfähige" Einsichten, eine für Witt herausragende Leistung, sondern sie tut dies auf vergleichsweise sparsame Weise – ein mir wichtiges ästhetisches Kriterium guter wissenschaftlicher Konstruktionen.

Trotz dieser Differenzen teile ich die Einschätzung Witts, daß sich die betriebswirtschaftliche Forschung mit der Institutionenanalyse ein sozialtheoretisches Inventar erschlossen habe, das es ihr erlaube, die aktuelle gesellschaftliche Entwicklung zu beobachten und eigenständig Rückschlüsse auf die Relevanz derselben für ihren Gegenstandsbereich zu ziehen – aber noch stichhaltiger und hilfreicher als solche abstrakten Einschätzungen wären für uns alle konkrete Exempel.

Auf dem Weg zu einem ressourcenorientierten Paradigma?

Resource Dependence-Theorie der Organisation und Resource-based View des Strategischen Managements im Vergleich

Dodo zu Knyphausen-Aufseß

1. Einleitung

Die Resource Dependence-Theorie der Organisation und die Resource-based View des Strategischen Managements sind zwei Forschungsansätze, die – wie die Bezeichnungen deutlich machen – den Begriff der *Ressource* in den Mittelpunkt ihrer Überlegungen stellen. Befinden wir uns in wichtigen sozialwissenschaftlichen Forschungsdisziplinen auf dem Weg zu einem „Ressourcenorientierten Paradigma"? In den siebziger Jahren dominierte in der Organisationstheorie der kontingenztheoretische Ansatz. Der amerikanische Organisationssoziologe G. Carroll (1988, S. 1) kommentiert diese Phase wie folgt:

„Although its adherents continue working at a feverish pace, the once hegemonic contingency theory of organization has been deposed by a paradigmatic revolution. The beginnings of the revolution can be dated sometime around 1975, a period marked by the appearence of four new seminal theoretical statements about organizations: (1) the book on transaction cost economics by Oliver Williamson (1975), *Markets and Hierarchies;* (2) the article on the population ecology of organizations by Michael T. Hannan and John Freeman (1977); (3) the article on institutionalized organizations by John Meyer and Brian Rowen (1977); and (4) the book on resource dependence theory by Jeffrey Pfeffer and Gerald Salancik (1978), *The External Control of Organizations."*

Man sollte annehmen, daß die hier genannten Veröffentlichungen auch im Bereich des Strategischen Managements Bedeutung besitzen, einer Disziplin, die „immer schon" eine starke Affinität zur Organisationstheorie besitzt (vgl. zum Überblick zu Knyphausen-Aufseß 1995).[1] In einem 1994 veröffentlichten, im Bereich des Strategischen Managements als Meilenstein anzusehenden Konferenzband wird dies denn auch explizit bestätigt; in dem einleitenden Überblicksbeitrag von R. Rumelt, D. Schendel und D. Teece (1994b, S. 33) heißt es hierzu – mit Blick auf die Resource Dependence-Theorie – erläuternd:

---

1 Tatsächlich hat das Strategische Management einen ganz wesentlichen Impuls aus der Organisationssoziologie erhalten, nämlich durch das von P. Selznick 1957 publizierte Buch *Leadership in Administration: A Sociological Interpretation.*

„Who or what determines what organizations do? The resource dependence model argues that much of what organizations do is determined by outsiders – by those parties who control the flow of critical resources upon which the organization depends. The strategic activities of management, according to this perspective, are those of accomodating or finding ways to insulate the organization from the demands of those who control critical resources. Resource dependence explains mergers, joint ventures, diversification, and board memberships in this way, and scholars working in this tradition have provided empirical support for these claims. Note that there is an affinity between resource dependence theory and transaction cost theory. Both are concerned with the governance of critical transactions, and both are concerned with the power of one party to damage the other.

Resource dependence theory also speaks to the distribution of power within organizations. Power, it is argued, is possessed by those who can influence the flow of critical resources from external sources and by those who have influence over the flow of discretionary resources. Thus, power in a consulting firm resides in those who can generate new business or influence clients, and great power in universities can be wielded by those who control relatively small discretionary funds."

Zwei Bemerkungen hierzu sind angebracht.

Erstens muß festgestellt werden, daß die Autoren dieses Zitats zu den *ganz wenigen Autoren* im Bereich des Strategischen Managements gehören, die die Bedeutung der Resource Dependence-Theorie herausstellen. Ein Blick durch die Veröffentlichungen im *Strategic Management Journal*, dem wohl wichtigsten Organ in dieser noch relativ jungen Disziplin, zeigt, daß die Resource Dependence-Theorie bestenfalls beiläufig,[2] wenn überhaupt, zitiert wird, jedenfalls kaum zum Gegenstand eines systematischen Theorientests gemacht wird. (Boyd [1990] ist eine Ausnahme.) Pfeffer und Salancik haben ihrerseits auch wenig Anstrengungen unternommen, die Themen aufzuarbeiten, die im Bereich des Strategischen Managements diskutiert werden; Pfeffers neuere Arbeiten sind eher im Bereich „Leadership" sowie einzelnen Aspekten eines „Human Resource Managements" zuzuordnen; Salancik hat in den letzten Jahren ebenfalls keine für den vorliegenden Zusammenhang einschlägigen Arbeiten vorgelegt.[3]

Zweitens ist bemerkenswert, daß R. Rumelt, D. Schendel und D. Teece – Autoren, die zu dem Ressourcenorientierten Ansatz des Strategischen Managements zweifellos große Sympathien aufweisen,[4] selbst nicht auf die Idee kommen, eine Brücke von der Resource Dependence-Theorie zu dem Ressourcenorientierten Ansatz zu schlagen – sie betonen statt dessen die Verbindungen zur

---

2　Von den Autoren, die man dem ressourcenorientierten Ansatz des Strategischen Managements zuordnen kann, ist eigentlich nur J. Barney hervorzuheben, der 1984 – in einer Zeit, als dieser Ansatz allerdings noch kaum entwickelt war – vergleichende Bezüge zur Resource Dependence-Theorie hergestellt hat. Siehe Ulrich/Barney (1984).

3　Beiträge, die prinzipiell für das Strategische Management von Bedeutung sind, aber in recht entlegenen Zeitschriften veröffentlicht worden sind und entsprechend anderen Forschungskontexten zuzuordnen sind, sind Taylor/Kissling (1983) sowie Sheppard (1995).

4　Zumindest D. Teece würde statt von „Resource-based View" allerdings lieber wohl von einem „Dynamic Capabilities Approach" sprechen. Siehe hierzu Teece et al. (1992).

Transaktionskostentheorie. Daraus kann man schließen, daß diese Verbindungen alles andere als offensichtlich sind; vielleicht muß man sogar den Verdacht aufkommen lassen, daß beide Theorieansätze trotz des von beiden vorgenommenen Bezuges auf die „Ressourcen" geradezu entgegengesetzte, sich jedenfalls widersprechende Zugänge zu ihrem Objektbereich eröffnen. Dies könnte allerdings in dem Maße produktiv sein, wie sich die beiden Ansätze an den Stellen, an denen sie je für sich Lücken aufweisen, komplementär ergänzen.

Im folgenden werden die Verdachtsmomente, aber auch die sich möglicherweise ergebenden Optionen einer komplementären Zusammenführung beider Ansätze geprüft. In Abschnitt 2 wird versucht, zunächst die generelle Perspektive der beiden Ansätze zu charakterisieren. Abschnitt 3 behandelt die Erfolgsmaßstäbe, die für Unternehmen als prägend angesehen werden, Abschnitt 4 den Begriff der Ressource und die damit im Zusammenhang stehenden Bedingungen zur Generierung eines haltbaren Wettbewerbsvorteils. In Abschnitt 5 wird konkretisierend wenigstens *ein* Forschungsgegenstand diskutiert, der in beiden Ansätzen gleichermaßen Bedeutung besitzt – das Thema „Diversifikation". In Abschnitt 6 wird auf die im vorliegenden Band ja besonders interessierende Frage der „Rückkehr der Gesellschaft" eingegangen, die an die hier im Mittelpunkt stehenden Ansätze genauso wie an alle anderen Ansätze der Organisationstheorie und des Strategischen Managements gestellt werden kann. Abschnitt 7 gibt ein kurzes Fazit.

2. Generelle Perspektive – Umwelt oder Unternehmen?

Die Resource Dependence-Theorie betrachtet Organisationen bzw. Unternehmen aus einer *externen* Perspektive. Diese Perspektive wird schon in den ersten Sätzen des Buches von Pfeffer und Salancik (1978, S. 1) unmißverständlich hervorgehoben:

„The central perspective of this book is that to understand the behavior of an organization you must understand the context of that behavior – that is, the ecology of the organization. ... Organizations are inescapably bound up with the conditions of their environment. Indeed, it has been said that all organizations engage in activities which have as their logical conclusion adjustment to the environment (Hawley, 1950: 3)."

Pfeffer und Salancik wollen sich mit dieser Perspektive abheben von der etablierten Organisationstheorie, die stärker auf die interne Perspektive fokussiert sei: Im Vordergrund stünden Individuen, denen man organisationales Handeln zurechnen könne und die umgekehrt auch organisationales Handeln beeinflussen könnten. Dieser allzu vereinfachenden Grundkonzeption gelte es etwas entgegenzusetzen. Zwar gebe es schon Ansätze zu einer „Open System-View" (Katz/ Kahn 1966; Thompson 1967); diese Ansätze erforderten aber eine erheblich stärkere Ausarbeitung, als sie bisher vorgelegt worden sei. Insbesondere bedürfe die Annahme einer Revision, daß die Umwelt etwas Unveränderliches, von außen Vorgegebenes sei, das zudem für die Organisation gleichsam „objektiven" Charakter habe; statt dessen seien die selektiven und interpretativen Leistungen der Organisation in bezug auf ihre Umwelt(en) in die theoretische Analyse mitaufzunehmen.

Beinahe 10 Jahre später wird die grundlegende Perspektive von J. Pfeffer noch einmal reformuliert, in einem Aufsatz, der den programmatischen Titel trägt: *Bringing the Environment Back In: The Social Context of Business Strategy* (Pfeffer 1987b). Pfeffer muß sich hier allerdings insofern mit veränderten Ausgangsvoraussetzungen auseinandersetzen, als im Rahmen des Strategischen Managements Entwicklungen stattgefunden haben, die die Umweltperspektive sehr stark in den Vordergrund stellen. Dies betrifft zum einen die Ausarbeitung des populationsökologischen Ansatzes, auf den ja auch in dem Zitat zu Beginn dieses Beitrages hingewiesen wurde (Hannan/Freeman 1977). H. Mintzberg (1990) hat diesen Ansatz unter die Headline einer „Environmental School of Strategy Formation" subsumiert und damit die Perspektive dieses Ansatzes klar benannt. Zum anderen betrifft dies aber all die Forschungsbeiträge, die auf der Porterschen Interpretation des „Structure-Conduct-Performance-Paradigmas" der Industrieökonomie aufbauen (Porter 1980). Die Entwicklung des 1980 gegründeten *Strategic Management Journal* ist wesentlich durch diese Beiträge geprägt worden (siehe zu Knyphausen-Aufseß 1995).[5]

In dieser Situation scheint Pfeffers Plädoyer – auf den ersten Blick jedenfalls – nicht allzu spektakulär zu sein, und in der Tat hätten einige Argumentationsmuster unmittelbar einem industrieökonomischen Lehrbuch entnommen werden können, nämlich erstens die starke Betonung der Marktmacht, die die Profitabilität der Unternehmen entscheidend bestimmt, und zweitens die Hervorhebung der Strukturkomponente, die sich auch in der orthodoxen Industrieökonomie findet. Bain, der Ziehvater der orthodoxen Industrieökonomie, ging davon aus, daß die Branche, nicht das Unternehmen (und auch nicht die Wirtschaft als Ganzes), die Ebene konstituiere, auf der die theoretische Analyse ansetzen müsse (vgl. Bain 1956), eine Sichtweise, für die später von Schmalensee (1985) und anderen auch empirische Belege gesammelt worden sind (siehe zum Überblick zu Knyphausen 1993). Ganz in diesem Sinne heißt es dann auch bei Pfeffer (1987, S. 126):

„... that there is probably more variation in profits or other measures of performance between industries than within. Ironically, most of the research and thinking on strategy seeks to achieve competitive advantage or compare performance variation across individual units. But this is not

---

5 Diese Aussage schließt nicht aus, daß in diesen Beiträgen immer wieder Annahmen auftauchen, die mit dem „Structure-Conduct-Performance-Paradigma" keineswegs kompatibel sind. Pfeffer liegt deshalb nicht ganz falsch, wenn er in dem gleich folgenden Zitat seine Vorstellung über den richtigen „Level of Analysis" *gegen* etablierte Sichtweisen in Theorie und Praxis des Strategischen Managements zur Geltung bringt.

where most of the variation or the strategic action is. ... [T]he critical factor may be the particular sector or institutional environment itself and how and why it came to be structured the way it is. Thus, .. [an] analysis of intersector variation in profits may be couched at precisely the right level of analysis, and the idea that strategy be analyzed at the sector or industry level of analysis is similarly useful."

Allerdings differenziert sich Pfeffer (1987b, S. 121) insofern von dem Porter-Ansatz bzw. dem diesem zugrunde liegenden „Structure-Conduct-Performance-Paradigma", als er die relevanten Umwelt-Aktoren nicht nur als „gesichtslose Wettbewerber" begreifen will, mit denen man sich nur in indirekter Weise abstimmen kann. Unternehmen agieren nicht nur abstrakt auf einem Markt; vielmehr versuchen sie sehr gezielt, die Verhaltensweisen anderer Aktoren zu beeinflussen. Dies schließt auch die andere Seite des Wettbewerbs ein – die Kooperation. Industrieökonomen sprechen hier bekanntlich eher von „Kollusion"; damit meinen sie eine implizite Preisabsprache, die in der Tat keinerlei „Face-to-Face"-Kommunikation zwischen den Beteiligten voraussetzt. Der Resource Dependence-Theorie kommen demgegenüber auch direkte Formen einer „kollektiven Strategie" ins Visier – Joint Ventures, strategische Allianzen usw. Mit ihrer Hilfe können Unternehmen Umweltunsicherheit reduzieren und sich – zumindest zu einem Teil – jene Ressourcen beschaffen, die sie zum Überleben benötigen. In Abschnitt 4 wird hierauf noch zurückzukommen sein.

Pfeffer (1987b, S. 121) weist neben der sozialen Einbettung der Organisation in ein System anderer Unternehmen/Organisationen auch auf die historische Einbettung hin – „[organizations] are embedded in the sense that they have a history". Auch unter diesem Aspekt lassen sich einige Parallelen zur Industrieökonomie herstellen; nur kann man sich dabei nicht auf die orthodoxe Industrieökonomie à la Bain beziehen, sondern muß Entwicklungen der „neuen" Industrieökonomie (Tirole 1988) aufnehmen, die den Blick statt auf die Strukturmehr auf die Verhaltenskomponente richten und dabei unter Verwendung der Spieltheorie durchaus Aspekte einer „Pfadabhängigkeit" beleuchten (vgl. zu Knyphausen 1993). Parallelen ergeben sich aber auch zu dem Ressourcenorientierten Ansatz des Strategischen Managements, der auf die Pfadabhängigkeit der Ressourcengenerierung immer wieder hinweist, um verständlich zu machen, warum eben- diese Ressourcen nicht von anderen Unternehmen spontan imitiert werden können. Auch hierauf wird in Abschnitt 4 noch kurz zurückzukommen sein.

Bestehen unter dem Aspekt der Einbettung in einen historischen Kontext durchaus gewisse Parallelen zwischen der Resource Dependence-Theorie und dem Ressourcenorientierten Ansatz des Strategischen Managements, so muß festgestellt werden, daß unter dem anderen Aspekt – der Einbettung in einen Kontext sozialer Aktoren – beide Ansätze eine diametral entgegengesetzte Perspektive einnehmen. Der vorhin ins Spiel gebrachte industrieökonomische Ansatz eignet sich als Referenzbasis, mit deren Hilfe die Unterschiedlichkeit der Perspektiven beleuchtet werden kann. Die Ausgangsüberlegung des ressourcenorientierten Ansatzes läßt sich nämlich wie folgt umreißen (Barney 1991; Lado et al. 1992): Nachdem die Forschungen zum Strategischen Management im Anschluß an das bahnbrechende Buch von M. Porter (1980) – *Competitive Strategy.*

Techniques for Analyzing Industries and Competitors – und das durch dieses Buch in den Blick gebrachte Structure-Conduct-Performance-Paradigma der Industrial Organization-Forschung in den achtziger Jahren vor allem auf die Analyse der Gefahren und Gelegenheiten der technologisch-ökonomischen Umwelt zentriert worden seien (Porter 1981), sei es nun an der Zeit, sich auch den anderen Komponenten zu widmen, die die frühen Protagonisten des Strategischen Managements (gemeint sind hier vor allem die Vertreter der Harvard Business School um K. Andrews) noch im Auge gehabt hätten. Neben den Werten der Manager und den allgemeinen Anforderungen der gesellschaftlichen Umwelt seien dies vor allem die *Stärken und Schwächen des Unternehmens*, und zwar deshalb, weil nur von hier aus das thematisiert werden könne, worauf das Strategische Management überhaupt ausgerichtet sei, nämlich die Möglichkeit der Erlangung und Aufrechterhaltung von Wettbewerbsvorteilen (vgl. etwa Selznick 1957; Ansoff 1965).

Sicherlich muß in Rechnung gestellt werden, daß beide Ansätze – die Resource Dependence-Theorie und der Ressourcenorientierte Ansatz des Strategischen Managements – sich immerhin dort treffen, wo sie die „Gesichtslosigkeit" bzw. die „Gleichmacherei" der industrieökonomischen Betrachtung kritisieren (vgl. aus ressourcenorientierter Perspektive Nelson 1991, S. 64 ff.). Darüber hinaus gibt es für beide Ansätze keinerlei Anlaß, die von ihnen eingenommene Perspektive zu verabsolutieren. Für den Ressourcenorientierten Ansatz des Strategischen Managements liegt dies schon deshalb nahe, weil sonst der Anschluß an den klassischen Bezugsrahmen der Harvard Business School – in dem die Gefahren und Gelegenheiten der Umwelt eben *auch* thematisiert werden – seinen Sinn verlieren würde. In der Tat betonen verschiedene Autoren immer wieder die Komplementarität des industrieökonomischen Ansatzes – als Inbegriff eines umweltorientierten Zugangs zum Strategischen Management – und des Ressourcenorientierten Ansatzes (vgl. z. B. Collis 1991a, b; Amit/Schoemaker 1993; Collis/Montgomery 1995, S. 119; Grant 1995, S. 114). Diese Offenheit muß nur in Richtung auf die Resource Dependence-Theorie erweitert werden. Als Fazit dieses Abschnitts ergibt sich also: Beide Ansätze nehmen in der Tat eine sehr unterschiedliche, genauer: eine entgegengesetzte Grundperspektive ein. Der in Abschnitt 1 formulierte Verdacht findet insofern eine Bestätigung. Zugleich ist aber eben auch offensichtlich, daß gerade wegen dieser unterschiedlichen Grundperspektive sich beide Ansätze ergänzen. Aus dem Blickwinkel des derzeit so populären Ressourcenorientierten Ansatzes des Strategischen Managements könnte eine im Vergleich zum industrieökonomischen Ansatz stärkere Bezugnahme auf die bislang weitgehend unbeachtet gebliebenen Resource Dependence-Theorie durchaus Vorteile bieten, weil sich der ressourcentheoretische Ausgangspunkt beibehalten ließe. Dieser Ausgangspunkt bedarf dabei freilich einer genaueren Klärung. In Abschnitt 4 wird darauf zurückzukommen sein.

3. Erfolgsmaßstäbe – Überleben oder Gewinn?

Seit T. Parsons (1956) ist in der Organisationstheorie eine Sichtweise weit verbreitet, derzufolge Organisationen als zielgerichtete Sozialsysteme anzusehen seien, als Instrumente, die ihrerseits der Erreichung der Ziele verschiedener „Stakeholder" dienen sollen. Es liegt nahe, diesen Aspekt auch im vorliegenden Zusammenhang zu beleuchten, zumal gerade auch im Bereich des Strategischen Managements nahezu alle Untersuchungen auf eine Performance-Verbesserung des Unternehmens ausgerichtet sind (vgl. zu Knyphausen-Aufseß 1995, S. 207).

Pfeffer und Salancik (1978, S. 23 f.) zeigen sich gegenüber der von Parsons ins Spiel gebrachten Ziel-Perspektive allerdings vom Grundsatz her eher skeptisch eingestellt: Für sie sind Organisationen weniger zielgerichtete Sozialsysteme als Interessenkoalitionen im Sinne von Cyert und March (1963), Koalitionen, für deren Prozesse des Interessenausgleichs vorgegebene Zielvorstellungen keine relevante Restriktion darstellen. Das schließt nicht aus, daß eine Art „Ersatzziel" definiert wird, nämlich das *Überleben des Systems*.[6] Kurz und knapp heißt es: „This book discusses how organizations manage to survive. Their existence is constantly in question, and their survival is viewed as problematic. How managers go about ensuring their organization's survival is, what this book is about" (Pfeffer/ Salancik 1978, S. 2).

Das Überleben des Systems kann operationalisiert werden durch das Kriterium der *Effektivität*, ein Kriterium, dessen Erreichungsniveau auch *gemessen* werden kann (vgl. Pfeffer/Salancik 1978, S. 62 ff.). Ganz allgemein kann organisatorische Effektivität als ein externer Maßstab der Erfolgsbeurteilung angesehen werden, der die Fähigkeit benennt, aus der Perspektive der „Stakeholder" – derjenigen, die *Ressourcen* zur Verfügung stellen, auf die das Unternehmen angewiesen ist – akzeptable Ergebnisse und Aktivitäten zu generieren. Dazu gehört etwa die Fähigkeit, Kunden zum Kauf von Produkten bei hinreichend hohen Preisen zu motivieren, oder die Fähigkeit, Handlungsspielräume gegenüber dem Staat aufrechtzuerhalten, indem man Steuern zahlt und sonstige rechtliche Rahmenbedingungen einhält (vgl. Pfeffer/Salancik 1978, S. 11).

Pfeffer und Salancik unterscheiden den externen Maßstab der Effektivität von dem internen Maßstab der *Effizienz*. Beide Maßstäbe seien im Prinzip unabhängig voneinander – es gebe Organisationen, die effektiv und effizient sind, aber auch solche, die effektiv, aber nicht effizient, und solche, die effizient, aber nicht effektiv sind (1978, S. 35). Effizienz bezeichne dabei ein reines Input/Output-Verhältnis; „[i]t asks how much is produced at what cost. What is produced is not considered. Efficiency is relatively value free" (1978, S. 34, umgestellt). Auf Be-

---

6 Die differenzierteste Diskussion des Verhältnisses von Zielbildung und „Systembedürfnissen" (auf die Pfeffer und Salancik unglücklicherweise keinerlei Bezug nehmen) findet sich wohl immer noch bei N. Luhmann (1968). Zur Diskussion des „Überlebens"-Konzeptes vgl. Kirsch (1990, S. 181 ff.; 1992, S. 301 ff.).

wertungen von außen – durch diejenigen, die Ressourcen zur Verfügung stellen – müsse bei der Messung keinerlei Bezug genommen werden.

Die hier dargestellte Konzeption ist, das sei hier angemerkt, nicht unproblematisch. Sicherlich kann man sagen, daß ein Produktionsprozeß, der den gleichen Output hervorbringt, bei einzelnen Inputfaktoren, aber unter sonst gleichen Bedingungen, Einsparungen erbringt, effizienter ist als der Referenzprozeß. Wenn aber die „sonst gleichen Bedingungen" nicht gegeben sind, kann die Beurteilung schon schwieriger werden. Abbildung 1 zeigt ein Beispiel, das auf M. Itaki (1991) zurückgeht. Beide Firmen produzieren den gleichen Output, die Produktionsprozesse setzten aber unterschiedliche Faktoreinsatzverhältnisse voraus. Die Frage, welcher Produktionsprozeß effizienter ist, kann nur beantwortet werden, wenn man eine Bewertung vornimmt, die die Kompensation für die Überlassung von Ressourcen (bzw. darauf bezogenen Verfügungsrechten) durch externe Akteure widerspiegelt. Die Abbildung verdeutlicht dies für einen Zwei-Länder-Fall: Je nachdem, wie die Eigentümer der Produktionsfaktoren entlohnt werden, wann diese also die Kompensation für die Leistungsabgabe als akzeptabel betrachten, wird in dem einen Fall (Land A) Unternehmen 1 und in dem anderen Fall (Land B) Unternehmen 2 „effizienter" sein. „Effizienz" und „Effektivität" sind in diesem Szenario offensichtlich nicht so unabhängig voneinander, wie Pfeffer und Salancik dies unterstellen.

	Input Units Firm 1	Input Units Firm 2	Unit Prices	Country A Input Value Firm 1	Country A Input Value Firm 2	Unit Prices	Country B Input Value Firm 1	Country B Input Value Firm 2
Labor	10	12	200	2,000	2,400	100	1,000	1,200
Steel	1,000	800	1	1,000	800	1,5	1,500	1,200
Petroleum	100	140	1	100	140	1	100	140
Total	---	----	----	3,100	3,340	---	2,600	2,540

Abb. 1: Ein Beispiel zum Zusammenhang von Effektivität und Effizienz (Quelle: Itaki 1991, S. 454)

Was hat der Ressourcenorientierte Ansatz des Strategischen Managements diesem – wie sich gezeigt hat: problematischen – Konzept eines Erfolgsmaßstabes entgegenzusetzen? Nun, grundsätzlich wird davon ausgegangen, daß Unternehmen nicht nur überleben, sondern *Gewinne* machen wollen – und zwar solche, die „übernormal" sind, das heißt das Niveau überschreiten, das bei vollkommenem Wettbewerb (auf Produkt- *und* Faktormärkten) erreicht werden kann. Grundlage dafür sind unterschiedliche Ausstattungen an Ressourcen und Fähigkeiten der Unternehmen. Wie in Parenthese zu dem dargestellten Konzept der Resource

Dependence-Theorie schreibt M. Peteraf (1993, S. 180):

„A basic assumption of resource-based work is that the resource bundles and capabilities underlying production are heterogeneous across firms. One might describe productive factors in
use as having intrinsically differential levels of 'efficiency'. Some are superior than others. Firms
endowed with such resources are able to produce more economically and/or better satisfy
customer wants."

Die Operationalisierung des hier angesprochenen Effizienzbegriffs erfolgt im
Rahmen des Ressourcenorientierten Ansatzes durch das Konzept der *Rente*.[7] Die
Sprechweise ist dabei allerdings nicht einheitlich. M. Peteraf (1993) sowie Mahoney und Pandian (1992, S. 364) unterscheiden insgesamt vier Rentenarten (Ricardo-Rente, Monopolrente, Unternehmerrente und Quasi-Rente) und verwenden
den Renten- statt den Gewinnbegriff, um deutlich zu machen, daß ihre Existenz
keinen neuen Wettbewerb induziert, der den Gewinn wieder aufzehrt (Peteraf
1993, S. 180, Fn. 4). Collis (1991b, S. 2 ff.) differenziert hingegen nur zwischen
zwei Rentenarten – der Ricardo-Rente und der Quasi-Rente – und setzt die Quasi-Rente mit „Gewinnen" gleich. Die folgenden Ausführungen halten sich an die
zuerst genannte Terminologie.

Die *Ricardo-Rente* beruht auf dem Vorhandensein eines fixen Produktionsfaktors, der gar nicht oder jedenfalls nicht kurzfristig ausgedehnt werden kann. Das
Vorhandensein dieses Produktionsfaktors begründet einen Wettbewerbsvorteil
gegenüber der Konkurrenz, zum Beispiel eine vorteilhafte Kostenposition (nied-
rigere Durchschnittskosten). Abbildung 2 verdeutlicht die Situation.

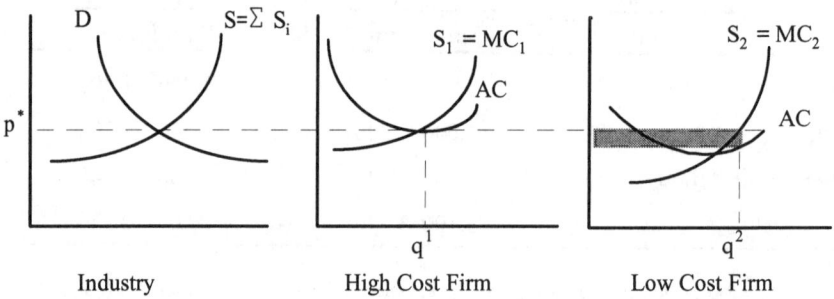

Abb. 2: Konzept der Ricardo-Rente (verändert übernommen aus: Peteraf 1993, S. 181)

Die Branche insgesamt befindet sich in einem Gleichgewicht von Angebot
(S=supply) und Nachfrage (D=demand). Der Preis gleicht den marginalen Kosten und – bei Unternehmen mit einer vergleichsweise nachteiligen Kostenposition – den Durchschnittskosten (AC=average costs). Bei dem Unternehmen, das

---

7 J. Kay (1993, S. 19 ff.) spricht statt von „Rente" von einem „Added Value".

über den knappen Produktionsfaktor verfügt, liegen demgegenüber die marginalen Kosten (MC=marginal costs) über den Durchschnittskosten. Der grau schraffierte Bereich zeigt die diesem Faktor zurechenbare Rente – die Ricardo-Rente – an. Das Unternehmen verhält sich nach wie vor als Preisnehmer, nicht etwa als Monopolist. Die Existenz einer Gleichgewichtssituation bedeutet, daß neue Konkurrenz nicht zu befürchten ist. In dem Maße, in dem die Konkurrenten den knappen Produktionsfaktor nicht beschaffen können, bleibt auch die vorteilhafte Einkommenssituation bestehen.

Die *Monopolrente* beruht nicht auf der Knappheit eines Produktionsfaktors, sondern auf einer bewußten Beschränkung der angebotenen Menge. Dies ist die Situation, die durch die Industrieökonomie beschrieben wird, wobei natürlich nicht nur von strikten Monopolen, sondern auch von oligopolistischen Wettbewerbssituationen ausgegangen wird. Die Wettbewerber können hier durchaus homogen sein; durch explizite oder implizite Absprachen gelingt es ihnen, solange eine Monopolrente zu erwirtschaften, wie neue Wettbewerber von einem Markteintritt abgehalten werden können. Damit wird die Frage nach den *Markteintrittsbarrieren* virulent, mit der sich die Industrieökonomie und – im Bereich des Strategischen Managements – auch der schon erwähnte M. Porter (1980) so intensiv auseinandergesetzt haben.

Die *Unternehmerrente* resultiert aus unterschiedlichen Erwartungen über den Wert eines Produktionsfaktors in einer späteren Verwendung. Wären die Erwartungen bei allen Marktteilnehmern gleich, bestünde also keinerlei Unsicherheit über die mit einem Faktor verbundenen Ertragspotentiale, würden alle Faktoren, die überhaupt über einen Markt handelbar sind, genau das kosten, was sie später einbringen. Es bestünde kein Spielraum zur Erzielung eines Gewinnes. Von einer Situation der Unsicherheit kann dagegen der profitieren, der die Zukunft besser als die Konkurrenz voraussehen kann, der eine bessere „Vision" hat (vgl. Rumelt 1987). Je größer die Unsicherheit ist, desto größer sind die Ertragschancen, die sich dem Unternehmer bieten, der diese Unsicherheit absorbiert.

Die *Quasi-Rente* schließlich benennt die Differenz aus der erstbesten und der zweitbesten Verwendung eines Produktionsfaktors (vgl. Klein et al. 1978). Ein Manager, der über spezifische Erfahrungen in einer Branche bzw. in einem dieser Branche zuzurechnen den Unternehmen verfügt, wird in diesem Unternehmen eine höhere Produktivität erreichen als in einem Konkurrenzunternehmen aus derselben Branche oder gar in einem Unternehmen aus einer anderen Branche. Für das Unternehmen besteht ein Anreiz, diesen Mitarbeiter im Unternehmen zu halten, sofern dieser Mitarbeiter sich die mit seiner Produktivität verbundenen Erträge nicht (jedenfalls nicht vollständig) in Form eines entsprechend höheren Gehaltes auszahlen läßt. Umgekehrt wird er aber auch von sich aus ein Interesse daran besitzen, im Unternehmen zu bleiben, da er in einem anderen Unternehmen eben nicht die gleiche Produktivität erreicht und entsprechend dort gar keine Grundlage für Forderungen nach einem höheren Gehalt besitzt. Die Interessen von Unternehmen und Manager sind insofern durchaus gleichgerichtet – ein

Umstand, der insbesondere aus dem Blickwinkel der Agency-Theorie (Castanias/ Helfat 1991), aber auch aus dem Blickwinkel der hier mehr interessierenden Resource Dependence-Theorie durchaus bemerkenswert sein dürfte, wird hier doch von einer Art „Nullsummenspiel", d. h. von einer Konfliktsituation, ausgegangen, in dem bzw. in der sich die verschiedenen „Stakeholder" über die Verteilung der Ressourcen auseinandersetzen. Allerdings muß hier angemerkt werden, daß auch bei gleichgerichteten Interessen der Verteilungskonflikt um die „Quasi-Rente" noch nicht ausgestanden ist – ein Gesichtspunkt, auf den im nachfolgenden Abschnitt noch kurz zurückzukommen sein wird.

Interpretiert man das Rentenkonzept mit all seinen Varianten als einen Versuch der Operationalisierung eines intern ausgerichteten Erfolgsmaßstabes, so muß auch hier – analog zur Resource Dependence-Theorie – festgestellt werden, daß dieser interne Erfolgsmaßstab auf Bewertungen von außen angewiesen bleibt. Renten mögen zwar auf dem Vorhandensein von knappen Produktionsfaktoren, oder wie man auch sagen kann (siehe den nachfolgenden Abschnitt): auf dem Vorhandensein *spezifischer Ressourcen* beruhen, *realisiert* werden sie aber auf den Produktmärkten – dadurch daß Kunden die Produkte auch kaufen (vgl. Collis 1991b, S. 6; Kay 1993, S. 125 ff.). Erst dann ergeben sich Möglichkeiten, Renten tatsächlich auch zu verteilen – an die Aktionäre, aber auch an andere Interessengruppen (insb. die Arbeitnehmer).

Diese Hinweise mögen schon andeuten, daß die zunächst offenbar werdende Gegensätzlichkeit der Argumentationen der beiden Ansätze – bei der Resource Dependence-Theorie überwiegt die externe, bei dem Ressourcenorientierten Ansatz die interne Perspektive – am Ende vielleicht doch gar nicht so einschneidend ist und/oder es doch zumindest Gesichtspunkte gibt, unter denen sich die beiden Perspektiven ergänzen. In dem Maße, in dem es dem Unternehmen nicht gelingt, einen „Added Value" – eine ökonomische Rente – zu produzieren, wird auch das Überleben des Unternehmens gefährdet sein, weil die Unterstützung der „Stakeholder" auf Dauer verlorengeht. Je kritischer die Aktionäre[8] sind – es gibt gegenwärtig viele Anzeichen dafür, *daß* sie kritischer geworden sind –, desto mehr ist das Unternehmen darauf *angewiesen*, profitabel zu arbeiten. „Überleben" und „Erzielen übernormaler Gewinne" *sind letztlich ein- und dasselbe* – oder können es zumindest sein.

Es ist, so kann man alternativ argumentieren, keine Frage, daß das Konzept der „übernormalen Gewinne", das der Ressourcenorientierte Ansatz verfolgt, einen stärker normativen Appeal besitzt als das Konzept des bloßen Überlebens, wie es die Resource Dependence-Theorie im Auge hat. Aus einer deskriptiven Perspektive wird man freilich feststellen müssen, daß Unternehmen diesem normativen Appeal nicht immer gerecht werden, daß ökonomische Renten gar nicht

---

8 Aktionäre haben bessere Möglichkeiten, Unterstützung zu entziehen, als beispielsweise die Arbeitnehmer, weil es im allgemeinen andere Möglichkeiten der Kapitalanlage gibt. Die Suche nach einem alternativen Arbeitsplatz ist demgegenüber viel problematischer.

erzielt werden und es statt dessen nur darum geht, das Überleben zu sichern und dafür die notwendigen Ressourcen zu beschaffen. Die zum Zeitpunkt der Abfassung dieses Beitrages gerade aktuelle Krise um die Bremer *Vulkan-Werft* ist dafür ein gutes Beispiel: Gelingt es nicht, staatliche Gelder und/oder eine ausreichende Unterstützung durch die Banken zu mobilisieren, wird das Unternehmen in den Konkurs gehen müssen. Die Resource Dependence-Theorie gibt in unmittelbarer Weise das Werkzeug an die Hand, diese Situation zu analysieren. Eine längerfristige Unterstützung durch die relevanten „Stakeholder" wird allerdings nur zu gewinnen sein, wenn ein Konzept vorgelegt werden kann, das den potentiellen „Added Value" des Unternehmens offenlegt. An der Orientierungsfunktion, die der Ressourcenorientierte Ansatz des Strategischen Managements zu erfüllen sich anschickt, führt kein Weg vorbei.

Es zeigt sich also, zusammenfassend, daß beide Ansätze allein genommen nicht ausreichend für die theoretische Strukturierung sind – sie müssen tatsächlich *als sich ergänzende* Ansätze begriffen werden. Die weitere theoretische Arbeit sollte dies im Auge behalten.

4. Ressourcen, Märkte und langfristig haltbare Wettbewerbsvorteile

Wenn wir von der Idee eines „ressourcenorientierten Paradigmas" sprechen, ist es offensichtlich, daß der Begriff der „Ressource" einer Klärung bedarf. Da beide Theorieansätze – die Resource Dependence-Theorie und der Ressourcenorientierte Ansatz im Strategischen Management – diesen Begriff in ihrem Namen führen, ist er letztlich auch der nächstliegende Ansatzpunkt für einen Vergleich beider Ansätze.

In der ursprünglichen Theorieexposition von Pfeffer und Salancik (1978) findet sich keine explizite Definition des Ressourcenbegriffs. Ansätze zu einer solchen Definition werden aber in einer späteren Veröffentlichung von Pfeffer (1992, S. 87) gegeben; dort heißt es kurz und sehr allgemein: „Resources can be almost anything that is perceived as valuable – from building contracts to press exposure to control over systems and analysis."

Eine – auf den ersten Blick jedenfalls – ganz ähnliche Definition findet sich bei B. Wernerfelt, der wohl als erster die einschlägigen Ideen von E. Penrose (1959) aufgegriffen und zu einer „Resource-based View of the Firm" zusammengefaßt hat (Wernerfelt 1984). Dort heißt es beinahe ebenso kurz und ebenso allgemein:

„By a resource is meant anything which could be thought of as a strength or weakness of a given firm. More formally, a firm's resources at a given time could be defined as those (tangible and intangible) assets which are semipermanently tied to the firm. Examples of resources are: brand names, in-house knowledge of technology, employment of skilled personnel, trade contracts, machinery, efficient procedures, capital etc." (Wernerfelt 1984, S. 172, ohne Literaturverweis).

Freilich ist die Terminologie im Rahmen des Ressourcenorientierten Ansatzes nicht einheitlich. Irritationen können insbesondere daraus entstehen, daß neben dem Ressourcenbegriff noch Begriffe wie „Organizational Capabilities", „Core Competences" (Prahalad/Hamel 1990), „Strategic Assets" u.a.m. auftauchen, deren Beziehung zueinander ungeklärt ist (vgl. für Klärungsversuche aber Grant 1995, S. 121 ff. sowie Amit/Schoemaker 1993, S. 35 f.). Teece et al. (1992, S. 17, Fn. 9) wollen in dieser Situation den Ressourcenbegriff am liebsten abschaffen und durch den Begriff der „Strategic Assets" ersetzen – was sie dann nicht davon abhält, den Begriff der *Dynamic Capabilities* in den Mittelpunkt ihres Ansatzes zu stellen (siehe oben, Fn. 4). Abgesehen von diesen terminologischen Problemen stellt sich natürlich die Frage, welche Rolle den Ressourcen in den beiden Theorieansätzen zugedacht wird. Im Rahmen der Resource Dependence-Theorie sind Ressourcen Mittel, die die Organisation braucht, um sich selbst zu erhalten. In den Worten von Pfeffer und Salancik (1978, S. 258):

„To survive, organizations require resources. Typically, acquiring resources means the organization must interact with others who control those resources. In that sense, organizations depend on their environments. Because the organization does not control the resources it needs, resource acquisition may be problematic and uncertain. Others who control resources may be undependable, particularly when resources are scarce. Organizations transact with others for necessary resources, and control over resources provides others with power over the organization. Survival of the organization is partially explained by the ability to cope with environmental contingencies; negotiating exchanges to ensure the continuation of needed resources is the focus of much organizational action."

Die Vorstellung, daß Organisationen Ressourcen von außen beziehen und dafür Leistungen abgeben müssen, spiegelt die austauschtheoretischen Grundlagen wider, wie sie von Autoren wie Emerson (1962) oder Blau (1964) gelegt worden sind (s. den Beitrag von Kappelhoff in diesem Band). Das zentrale Paradigma ist das des Marktes: Kunden geben Geld dafür, daß sie von dem Unternehmen ein Produkt erhalten, das ihnen einen Nutzen erbringt, der den gezahlten Preis rechtfertigt. Dieses Paradigma lasse sich im Prinzip auch anwenden auf andere Beziehungen zwischen Individuen und Gruppen; so hätten etwa March und Simon (1958) gezeigt, daß das Verhältnis zwischen Organisation und Mitarbeitern sich auf den Zielpunkt eines Anreiz/Beitrags-Gleichgewichts orientiert, das dem Marktgleichgewicht von Produktpreis und -leistung analog ist. Eine Qualifikation sei allerdings notwendig:

„The difference between these organizational markets of influence and markets in economics is in the extent to which the activities and behaviors exchanged are stable, repeated continually over time. ... Our point is that once established, patterns of interaction are likely to persist if, for no other reason, the persistence of interaction patterns reduces uncertainty for the participants. It should be clear that not all coalition participants provide contributions that are equally valued; some are valued more, others less. Those coalition participants who provide behaviors, resources, and capabilities that are most needed or desired by other organizational participants come to have more influence and control over the organization, for one of the inducements received for contributing the most critical resources is the ability to control and direct organizational action. It is in this sense that we subtitled this section 'organizations as markets for influence and control'" (Pfeffer/Salancik 1978, S. 26 f.).

Die Unterscheidung zwischen „organisatorischen" und „ökonomischen" Märkten ist auf den ersten Blick recht vage; die Frage ist doch, unter welchen Bedingungen ein ökonomischer Anreiz zur Stabilisierung von Tauschbeziehungen besteht. Aus dem Blickwinkel der Transaktionskostentheorie würde man an dieser Stelle etwa auf das Argument der „Asset Specifity", aber auch auf zusätzliche Argumente wie „Häufigkeit" oder „strategische Bedeutung" der Transaktionen hinweisen (siehe etwa Picot 1991). Freilich ist hier nicht mehr die Rede davon, daß Organisationen Märkte *sind*, im Gegenteil: Markt und Organisation werden als *gegenüberliegende Eckpunkte* eines Spektrums unterschiedlicher Transaktionsarrangements begriffen. Auf den zweiten Blick muß festgestellt werden, daß diese Argumente in der Resource Dependence-Theorie durchaus ihre Entsprechung finden. Ein Anreiz zur Stabilisierung von Tauschbeziehungen besteht demnach immer dann, wenn die Abhängigkeit der Organisation von einer Ressource hoch ist. Für die Beurteilung der Ressourcenabhängigkeit sind drei Aspekte von Bedeutung (Abb. 3), nämlich (1) die Wichtigkeit der Ressource, (2) die Verfügungsgewalt über die Allokation und den Gebrauch der Ressource und (3) die Konzentration der Ressourcenkontrolle (vgl. Pfeffer/Salancik 1978, S. 45 ff.).

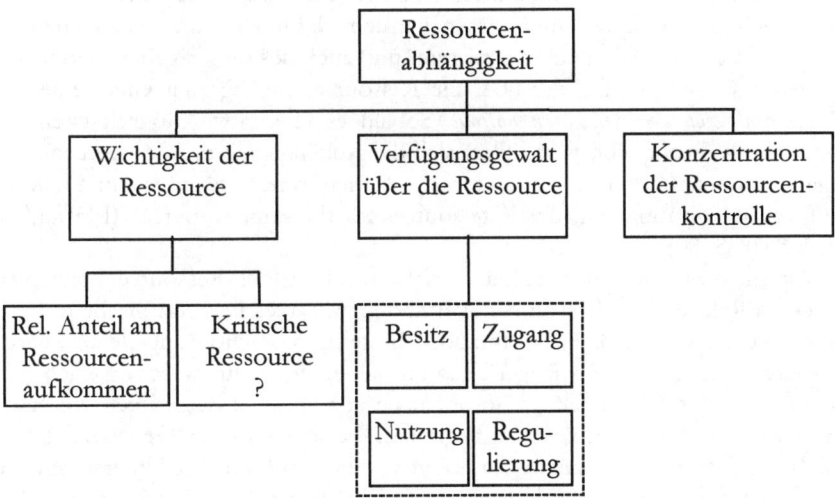

Abb. 3: Determinanten der Ressourcenabhängigkeit (Resource Dependence-Theorie)

Die *Wichtigkeit der Ressource* hängt einerseits von ihrem relativen Anteil an der Gesamtheit aller relevanten Ressourcen ab – man denke etwa an einen Rohstoff, dessen Einkauf einen wesentlichen Teil des Beschaffungsvolumens insgesamt ausmacht – und andererseits von dem Ausmaß, in dem es sich um eine *kritische* Ressource handelt, deren Nicht-Vorhandensein möglicherweise die gesamte Organisation lahmlegt. Ein Beispiel ist hier die Stromversorgung, deren Ausfall so kritisch ist, auch wenn es sich bei dem Strom vom Beschaffungswert her doch häufig eher um eine unbedeutende Ressource zu handeln scheint.

Die *Verfügungsgewalt über die Allokation und den Gebrauch von Ressourcen* kann auf unterschiedlichen Faktoren beruhen. Zu nennen ist zunächst der *Besitz* der Ressource. Ein Individuum, das ein bestimmtes Wissen besitzt, kann im allgemeinen auch darüber verfügen. Allerdings sind zur Absicherung der Verfügungsgewalt nicht selten rechtliche Vorkehrungen zu treffen; man denke etwa an die Patentierung, die immer dann von Bedeutung ist, wenn das Wissen leicht kopiert werden kann, also zum Beispiel in der Chemieindustrie, wo erfolgreiche Medikamente von den Konkurrenten leicht „nachgemischt" werden könnten (vgl. Levin et al. 1987). Eine alternative Quelle der Verfügungsgewalt kann in der *Zugangskontrolle* liegen, wie sie zum Beispiel eine Sekretärin hat, die die Gesprächstermine mit ihrem Chef vermittelt. Auch kann von Bedeutung sein, *wer eine Ressource tatsächlich nutzt* – Arbeiter müssen Maschinen bedienen; wenn sie streiken, verliert die Ressource für ihre Besitzer – den Unternehmer – jeden Wert (es sei denn, es können kurzfristig Ersatzkräfte beschafft werden). Schließlich spielt auch die *Möglichkeit der Regulierung des Besitzes, des Zugangs und der Nutzung von Ressourcen* eine Rolle; davon können etwa Automobilunternehmen ein Lied singen, die ihre Maschinen gerne auch am Sonntag laufen lassen würden, dafür aber die entsprechenden Zugeständnisse der Arbeitnehmervertreter und auch des Gesetzgebers benötigen. Der letzte Gesichtspunkt, der über die Ressourcenabhängigkeit entscheidet, ist die *Konzentration der Ressourcenkontrolle*. Sobald es alternative Möglichkeiten der Ressourcenlieferung gibt, vermindert sich die Abhängigkeit des Ressourcennachfragers. „Concentration of resource control, then, refers to the extent to which the focal organization can substitute sources for the same resource" (Pfeffer/Salancik 1978, S. 50).

Kommen wir nun zu einer näheren Betrachtung des Ressourcenkonzeptes, wie es im Rahmen des Ressourcenorientierten Ansatzes im Strategischen Management verwendet wird. Die Grundidee besteht, wie schon angedeutet, darin, Ressourcen als Quelle von längerfristig zu haltenden Wettbewerbsvorteilen (um noch einmal mit Wernerfelt [siehe oben] zu sprechen: „assets which are semipermanently tied to the firm") zu begreifen, die ihrerseits zur Generierung von Renten in dem in Abschnitt 3 vorgestellten Sinne führen. Im Unterschied zur Resource Dependence-Theorie wird aber nicht eine austauschtheoretische Perspektive eingenommen, die auf das Funktionieren von (vollkommenen oder unvollkommenen) Märkten setzt und davon ausgeht, daß Ressourcen von außen erworben werden können. Wettbewerbsvorteile entstehen dem Ressourcenorientierten Ansatz zufolge vielmehr gerade da, wo *Faktormärkte versagen* (Barney 1986).[9] Fähigkeiten eines Unternehmens sind häufig nicht auf Blaupausen vorhanden, sondern in die Tiefenstrukturen der organisatorischen Lebenswelt eingeschrieben; sie können nur über ein zeitraubendes „Learning by Doing" angeeignet werden. Nelson und Winter (1982, S. 99 ff.) charakterisieren auf dieser Linie Unternehmungen als Inbegriff von Entscheidungsroutinen, die sehr weitgehend den Charakter eines „Tacit Knowledge" im Sinne von Polanyi (1967) besitzen und darum nur evolutionär ausselektiert bzw. fortvariiert, nicht aber zum Gegenstand bewußter Transaktionen gemacht werden können.

Mit Arrow (1971, S. 152) könnte man zusätzlich etwa auf den paradoxen Umstand verweisen, daß ein Wissen nur dann bewertet werden kann, wenn es bekannt ist, gerade dann aber für einen potentiellen Käufer keinen Wert mehr darstellt, für den er einen Preis zu zahlen bereit ist. Kurzum, insbesondere die intangiblen Ressourcen entziehen sich dem „Strategic Factor Market" (Barney); sie können nur *im Unternehmen selbst* entwickelt werden, und dafür ist im allgemeinen Zeit erforderlich. „[S]trategic asset *stocks* are *accumulated* by choosing appropriate time paths of *flows* over a period of time" (Dierickx/Cool 1989, S. 1506).

Zwei Gesichtspunkte sollten vor dem Hintergrund einer solchermaßen erweiterten Theorievorstellung festgehalten werden: die *Heterogenität* und die *Immobilität* der Unternehmensressourcen. Darüber hinaus ist wichtig, daß das Unternehmen sich die mit der Ressourcennutzung verbundene (Quasi-)Rente auch aneignen kann, die Rente also nicht von einzelnen Schlüsselpersonen (z. B. den Chefingenieuren in einem Forschungslabor) abgeschöpft wird. Der „Residual Owner" muß, mit anderen Worten, genügend Verhandlungsmacht besitzen, um seinen „Profit" zu realisieren (vgl. Collis 1991b, S. 13 ff.). Erst wenn diese Voraussetzung gegeben ist,[10] kann man danach fragen, welche weiteren Bedingungen erfüllt sein müssen, damit die möglicherweise vorhandenen Wettbewerbsvorteile auch langfristig zu halten sind, die supranormalen Gewinne also nicht durch die angelockte Konkurrenz aufgezehrt werden. Barney (1991, S. 105 ff.; ähnlich Grant 1991, S. 111 ff.; 1995, S. 136 ff.) nennt insgesamt vier Bedingungen. Zum einen müssen die Ressourcen tatsächlich *einen Wert besitzen*, das heißt in diesem

---

9 Bei funktionierenden Faktormärkten kann ein übernormaler Gewinn nur dann zustande kommen, wenn es einen „Unternehmer" gibt, der die Ertragspotentiale eines Produktionsfaktors besser einschätzen kann als andere und darum den Faktor „zu billig" einkauft. Siehe hierzu noch einmal die Erläuterungen zum Konzept der Unternehmerrente in Abschnitt 3, oben.

10 Lazonick (1993, S. 18 ff.) argumentiert, daß amerikanische Top-Manager in den achtziger Jahren zunehmend in der Lage gewesen sind, die „Managerial Rent" für sich zu vereinnahmen, sie also immer weniger Wert für das Unternehmen geschaffen haben – ein maßgeblicher Grund für die (aus der Sicht der Aktionäre) unbefriedigende Ertragssituation in dieser Zeit.

Fall: Effizienz und Effektivität des Unternehmens verbessern.[11] Zum zweiten müssen diese Ressourcen *knapp* sein; wenn jeder sie hat, kann das Unternehmen sich von seiner Konkurrenz nicht absetzen. Drittens dürfen diese Ressourcen auch *nicht substituierbar* sein: Es darf nicht *ähnliche* Ressourcen geben, die die benötigten Leistungen annähernd gleichwertig erfüllen können (man denke etwa an eine alternative Führungsmannschaft, deren Mitglieder einen anderen Führungsstil bevorzugen, damit aber im Ergebnis genauso erfolgreich sind), und es dürfen auch keine *anderen* Optionen offenstehen, mit denen der gewünschte Effekt erzielt wird (ein gut funktionierendes Planungssystem mag unter Umständen die ingeniösen Einfälle eines „Leaders" ebenso generieren können).

Die vierte Bedingung ist etwas komplizierter zu fassen; es geht um „Imperfect Imitability" (Barney) bzw. „Barriers to Imitation" (Reed/DeFillippi 1990): Die Fähigkeiten des einen Unternehmens dürfen durch ein anderes Unternehmen nicht ohne weiteres kopierbar sein (vgl. auch Lippman/Rumelt 1982; Williams 1992; Dierickx/Cool 1994, mit vielen Beispielen). Vier Quellen für solche Barrieren kommen hier in Betracht.

1. Zunächst ist auf die immanente Zeitlichkeit sozialer Systeme, auf ihre Historizität oder „Path Dependency" hinzuweisen. Unternehmen haben eine idiosynkratische Geschichte, die beispielsweise zu einer ganz spezifischen Unternehmenskultur geführt hat und als solche nicht wiederholbar ist. Ein Konkurrent mag versuchen, Elemente einer solchen Unternehmenskultur gleichsam „vom grünen Tisch aus" einzuführen; das System wird darauf aber in unterschiedlicher und prinzipiell kaum vorhersehbarer Weise reagieren, je nachdem, in welchem aktuellen Zustand – als dem Ergebnis eines historischen Prozesses – es sich gerade befindet.

2. Dann können „kausale Ambiguitäten" auftreten; es ist also möglicherweise gar nicht bekannt, worin die besondere Fähigkeit eines Unternehmens eigentlich genau besteht, und entsprechend ergibt sich natürlich auch kein Anhaltspunkt für eine Imitation. Allerdings darf auch das bevorteilte Unternehmen selbst seine Fähigkeit nicht zu genau kennen, weil sonst die Gefahr etwa der Abwerbung von Schlüsselpersonen bestehe, die das Wissen auch für ein anderes Unternehmen verfügbar machen.

3. Restriktiv kann sich auch eine hohe soziale Komplexität auswirken; es mag dann durchaus bekannt sein, worin der Wettbewerbsvorteil besteht, aber es gibt keine Mittel, um diesen Vorteil zu reproduzieren, etwa weil das relevante Wissen auf zu viele, sich in spezifischer Weise ergänzende Personen verteilt ist und eine geblockte Abwerbung nicht zu realisieren ist.

---

11 Es ist fraglich, ob diese Bedingung tatsächlich als *Voraussetzung* eines haltbaren Wettbewerbsvorteils zu interpretieren ist; vieles spricht dafür, hierin die *Konsequenz* des Vorhandenseins eines Wettbewerbsvorteils zu sehen.

4. Schließlich gilt auch an dieser Stelle das schon erwähnte Argument der „Asset Specifity", demzufolge ein Unternehmen Ressourcen in einer Weise an sich binden kann, die eine Kontinuität der Beziehung wünschenswert erscheinen läßt (so mag etwa der Zukauf von Hardware-Komponenten anderer Hersteller zu Kompatibilitätsproblemen führen, die es natürlich besser zu vermeiden gilt). Solche spezialisierten Beziehungen sind im allgemeinen das Ergebnis von Investments, die auch dem Konkurrenten prinzipiell offenstehen. Für das etablierte Unternehmen besitzen diese Investments allerdings den Charakter von „Sunk Costs", und eben deshalb besteht dann doch eine nicht so leicht zu behebende Asymmetrie zwischen den Wettbewerbern.

Es dürfte offensichtlich sein, daß sehr viele der hier genannten Punkte den Argumenten entsprechen, die auch durch die Resource Dependence-Theorie herausgearbeitet werden (siehe noch einmal Abbildung 3, oben). Insofern ist die Unterschiedlichkeit der beiden Ansätze im Hinblick auf die hier behandelten Argumente gar nicht so groß. Allerdings muß festgestellt werden, daß der Ressourcenorientierte Ansatz des Strategischen Managements die Schwierigkeiten vermeidet, die sich aus der in der Resource Dependence-Theorie vorzufindenden Konfusion von Markt und Organisation bzw. Unternehmen ergeben. Ein „ressourcenorientiertes Paradigma" sollte sich hier eher der Argumentation des Ressourcenorientierten Ansatzes des Strategischen Managements anschließen. Umgekehrt muß allerdings gefragt werden, ob nicht der Ressourcenorientierte Ansatz des Strategischen Managements das Wertschöpfungs- bzw. Innovationspotential des Marktmechanismus etwas unterschätzt. R. Langlois (1992a) hat am Beispiel der Personal Computer-Industrie gezeigt, daß einzelne Unternehmen in den siebziger und achtziger Jahren aus eigener Kraft gar nicht die notwendigen Ressourcen bzw. Fähigkeiten aufbringen *konnten*, um ein State-of-the-Art-Produkt auf dem Markt anzubieten; man mußte sich vielmehr externer Quellen bedienen, die zusammengenommen ein Wertschöpfungs- bzw. Innovationsnetzwerk konstituierten:

„In entering the PC market in the early 1980s, IBM understood both (1) that the market possessed a high level of capabilities and (2) that IBM's own capabilities were severely lacking. This latter was the case partly because the company had focused on larger computers and did not possess all the capabilities necessary for smaller machines. But it was also and more importantly because the company's hierarchical structure, internal sourcing procedures, and elaborate system of controls made it too inflexible to respond well to rapidly changing markets. As a result, IBM chose in effect to disintegrate vertically into the production of PCs. They spun off a small group of executives and engineers, exempted them from IBM internal sourcing and other procedures, and treated them as, in effect, a venture-capital investment. The original IBM PC was in fact almost completely assembled from parts available in the market, very few of which were produced in IBM plants. IBM's motives for *disintegration* were in this regard strikingly similar to Henry Ford's motives for *integration*: the need to access quickly capabilities that would not otherwise have been available in time" (Langlois 1992b, S. 119).

Aus dem Blickwinkel des Ressourcenorientierten Ansatzes wird man hier einwenden können, daß gerade das *IBM*-Beispiel zeigt, daß *langfristig* keine Wettbewerbsvorteile aufgebaut werden konnten, andere Unternehmen (*Compaq, Dell*
u.a.m.) vielmehr das Produkt imitiert und dann häufig billiger angeboten haben.
Und in den Jahren, als *IBM* eine marktbeherrschende Stellung gehabt *hat*, habe,
so könnte weiter argumentiert werden, der Wettbewerbsvorteil von *IBM* nicht in
dem Angebot eines besseren Produktes gelegen, sondern in den Marketingfähig-
keiten, die dieses Unternehmen im Bereich der Großrechner und Minicomputer
– das heißt: *unternehmensintern* – aufgebaut hatte. Dem kann man allerdings wieder
entgegenhalten, daß *IBM diesen* Vorteil in dem zur Verfügung stehenden Zeitfen-
ster nur nutzen konnte, *weil* es möglich war, die technologischen Fähigkeiten von
außen – über den Marktmechanismus – hinreichend schnell zu beschaffen. Interne Perspektive und externe Perspektive scheinen sich, so gesehen, doch zu *ergänzen*; auch die Betrachtungsweise der Resource Dependence-Theorie macht durchaus ihren Sinn.

Die Resource Dependence-Theorie ist im vorliegenden Zusammenhang
schließlich auch deshalb interessant, weil sie den Blick lenkt auf die Zwischenformen des Spektrums von Markt und Hierarchie. In Abschnitt 2 ist kurz erläutert worden, daß die Resource Dependence-Theorie sich von der aus der Industrieökonomie herrührenden Vorstellung „gesichtsloser" Wettbewerber lösen will
und dabei auch Formen der *Kooperation* – strategische Allianzen, Joint Ventures
usw. – betrachtet. In der Tat scheinen diese Kooperationsformen in technologie-
intensiven Industrien auch für Großunternehmen wie *Siemens, IBM, Toshiba* usw.
der einzige Weg zu sein, das notwendige Know-how zu beschaffen (siehe – am
Beispiel der Computerindustrie – Gomes-Casseres 1993). Ganz entgangen ist
dieser Gesichtspunkt dem Ressourcenorientierten Ansatz allerdings nicht. So
zeigt beispielsweise die Studie von Hamel (1991), über welche Fähigkeiten Unternehmen verfügen müssen, wenn sie aus internationalen strategischen Allianzen
tatsächlich etwas lernen wollen. Weitere Forschungsarbeit wäre hier aber sicher
sehr wünschenswert.

5. Empirische Forschungsgegenstände: Beispiel „Diversifikation"

Nachdem die vorhergehenden Ausführungen sich mit einigen konzeptionellen
Gesichtspunkten beschäftigt haben, unter denen ein Vergleich der Resource De-
pendence-Theorie und des Ressourcenorientierten Ansatzes des Strategischen
Managements durchgeführt werden kann, ist es an der Zeit, sich auch empiri-
schen Fragestellungen zuzuwenden, die durch beide Ansätze erfaßt werden.
Konkret bietet es sich an, das Thema „Diversifikation" herauszugreifen, ein
Thema, das zumindest als *ein* wichtiger Forschungsgegenstand im Rahmen der
Resource Dependence-Theorie und als der wohl *zentrale* Forschungsgegenstand

im Rahmen des Ressourcenorientierten Ansatzes angesehen werden kann. Dieses Thema ist zudem deshalb von besonderem Interesse, weil es in der Vergangenheit auch aus der Perspektive anderer Theorieansätze besonders intensiv erforscht worden ist, ohne zu einem auch nur einigermaßen robusten Wissensbestand zu führen (vgl. Ramanujam/Varadarajan 1989, Hoskisson/Hitt 1990). Man kann also fragen, welchen Beitrag die beiden hier interessierenden Ansätze zu einer Auflösung der (immer noch) „wachsenden Konfusion" (Reed/Luffman 1986) leisten.

In der Tat nehmen beide Ansätze den unklaren Forschungsstand zum Ausgangspunkt ihrer Überlegungen. Pfeffer und Salancik (1978, S. 126 ff.) müssen sich dabei naturgemäß auf die in den sechziger und frühen siebziger Jahren vorgelegten Arbeiten beziehen. Auffällig erscheint ihnen hier die Tatsache zu sein, daß das häufig postulierte Motiv der Performance-Steigerung durch das verfügbare Datenmaterial nicht gedeckt wird. Es muß also ein anderes Motiv geben, ein Motiv, das Pfeffer und Salancik (1978, S. 127) wie folgt umschreiben:

„Diversification can be viewed as another organizational response to the environment. It is a strategy for avoiding interdependence. Diversification buffers the organization against the potential effects of dependence by putting the organization into another set of relationships that are presumably different. Diversification is a way of avoiding the domination that comes from asymmetric exchanges when it is not possible to absorb or in some other way gain increased control over the powerful external exchange partner. Diversification is most likely to be used when exchanges are very concentrated and when capital or statutory constraints limit the use of merger or other strategies for managing interorganizational relationships."

Konkretisieren läßt sich diese allgemeine Überlegung durch die Hypothese, daß die Diversifikation positiv mit dem Umsatzanteil korreliert, den ein Unternehmen mit einem einzigen oder mit einigen wenigen Kunden realisiert. In diesem Fall besteht eine hohe Ressourcenabhängigkeit, die das Unternehmen abschwächen möchte. Ein Beispiel, in der dieser Fall von Bedeutung sein könnte, ist eine Situation, in der der Staat als Hauptabnehmer für die Produkte eines Unternehmens auftritt. Pfeffer und Salancik (1978, S. 127) verweisen hier darauf, daß für ein Sample aus 13 Branchen des verarbeitenden Gewerbes sich eine statistisch signifikante Korrelation von .58 bzw. .55 (je nach verwendetem Diversifikationsmaß) zwischen dem Anteil der Geschäfte mit der Regierung am Gesamtgeschäft und dem Diversifikationsgrad nachweisen läßt. Darüber hinaus machen sie auch auf die Untersuchung von Aharoni (1971) aufmerksam, die zu einem ähnlichen Ergebnis geführt hat.

So klar diese Ergebnisse erscheinen mögen, so zweifelhaft ist die weitere Argumentation von Pfeffer und Salancik (1978, S. 133 ff.). Nachdem sie zunächst ja davon ausgegangen sind, daß mit der Diversifikation keine systematisch-positiven Effekte auf die Profitabilität verbunden sind, versuchen sie im folgenden nämlich zu zeigen, daß die Diversifikation (die durch internes Wachstum, aber auch durch eine externe Akquisition erfolgen kann) zumindest *eher* zu einer Ergebnisverbesserung führt als eine vertikale oder horizontale Unternehmensübernahme. Bei einer vertikalen oder horizontalen Unternehmensübernahme ist der Optionenspielraum begrenzt; in Anbetracht des Interesses, Ressourcenabhängigkeiten bzw. die damit verbundenen Unsicherheiten zu reduzieren, kommen nur solche Firmen als Übernahmekandidaten in Frage, mit denen tatsächlich auch Interdependenzen bestehen. Bei der Diversifikation kommt demgegenüber eine größere Anzahl von Akquisitionskandidaten in Betracht, so daß hier auch unter Profitabilitätsgesichtspunkten selektiert werden kann. Die Untersuchung, die Pfeffer und Salancik auf der Grundlage eines Datensets der Federal Trade Commission für den Zeitraum von 1950 bis 1968 durchführen, bestätigt genau dies: „that firms acquired for horizontal expansion or vertical integration are less profitable than firms acquired for diversification" (S. 134).

Wenn das hier vorgestellte Argument zutrifft, müßte man freilich auch argumentieren können, daß eine „verbundene" Diversifikation in verwandte Produktbereiche weniger profitabel ist als eine „unverbundene", konglomerate Diversifikation. Hier besteht nämlich noch einmal ein zusätzlicher Optionenspielraum, der es erlaubt, noch profitablere Investitionschancen auszuwählen. Die empirische Literatur, die zu dieser Frage – ob verbundene oder unverbundene Diversifikation profitabler ist – vorgelegt worden ist, stützt eine solche Hypothese allerdings in keiner Weise. So weist zum Beispiel die bekannte Untersuchung von Porter (1987) darauf hin, daß in den siebziger und achtziger Jahren viele Akquisitionen, die in unverbundenen Produktbereichen vorgenommen worden sind, ganz offensichtlich wenig erfolgreich gewesen sind – die übernommenen Unternehmen wurden nach kurzer Zeit wieder abgestoßen. Die Untersuchungen von Shleifer und Vishny (1991) zeichnen ein ähnliches Bild.

Vielleicht sollte man in dieser für die Resource Dependence-Theorie doch etwas ungemütlichen Situation doch besser wieder zu der ursprünglichen These zurückgehen, daß Diversifikation in keinem systematischen Zusammenhang zur Profitabilität des Unternehmens steht und darum andere Ansatzpunkte für die Erklärung des Diversifikationsverhaltens gefunden werden müssen. Oben wurde gezeigt, daß sich hierfür das Argument der Reduktion von Ressourcenabhängigkeit und der damit verbundenen Unsicherheit anbietet. Im Hinblick auf die Frage, ob verbundene oder unverbundene Diversifikation vorteilhafter ist, kann dann wiederum auf die Vorziehenswürdigkeit der unverbundenen, konglomeraten Diversifikation verwiesen werden, nun aber eben nicht aus Gründen einer höheren Profitabilität, sondern weil auf diese Weise *das Risiko der Geschäftstätigkeit abgesenkt wird* und der Strom der Erträge im Zeitablauf relativ gleichmäßig fließen kann – ein Umstand, der das Management vor einem Entzug von Unterstützung durch die Aktionäre schützt. Die von Shleifer und Vishny (1991) beigebrachte Evidenz für das Akquisitionsverhalten der Unternehmen in den sechziger und frühen siebziger Jahren kann durchaus als Beleg für diese Hypothese herangezogen werden. Allerdings scheint sich in den achtziger Jahren dann doch eine veränderte Grundstimmung bei den Aktionären durchgesetzt zu haben, die diese

Art des Akquisitionsverhaltens nicht länger honoriert. Statt des Aufbaus von Konglomeraten ist nunmehr die Refokussierung der Geschäfte die Hauptzielrichtung des beobachtbaren Akquisitions- bzw. Diversifikationsverhaltens (siehe hierzu auch Markides 1995). Die Resource Dependence-Theorie bedarf hier sicherlich einer Weiterentwicklung, um diese Veränderung der beobachtbaren Verhaltensweisen theoretisch einzufangen.

Was hat der Ressourcenorientierte Ansatz des Strategischen Managements all diesen Überlegungen und Forschungsergebnissen entgegenzusetzen? Nun, klar sollte zunächst sein, daß dieser Ansatz sich vor dem Hintergrund der in Abschnitt 3 entwickelten Zielkonzeption nicht ganz so leicht damit abfinden kann, daß Diversifikationsaktivitäten generell keinen positiven Beitrag zur Ergebnisverbesserung erbringen sollen. Insofern ist der diffuse Forschungsstand zum Thema „Diversifikation" auch aus der Perspektive dieses Theorieansatzes alles andere als befriedigend. Die Grundhypothese, die endlich zu robusten Forschungsergebnissen führen soll, läuft dann natürlich darauf hinaus, einen Zusammenhang zwischen der Profitabilität des Diversifikationsverhaltens mit der dabei realisierten Art und Weise der Ressourcennutzung herzustellen. In den Worten von C. Montgomery (1994, S. 167 f.):

„The resource view argues that rent-seeking firms diversify in response to excess capacity in productive factors, here called resources. ... The resource view suggests that a firm's level of profit and breadth of diversification are a function of its resource stock. Montgomery and Wernerfelt (1988) noted that a firm's resources differ in specifity. They argue that more specific resources, such as productive skills in biotechnology, may only efficiently be applied in a small number of industries, but may yield higher marginal returns due to their specifity. In contrast, less specific factors, such as standard-issue milling machines, may transfer further and provide the basis for a widely diversified firm, but support lower rents because they are in wider supply. This has important implications for predictions made by the resource view. Because firms are different, they will have different optimal levels of diversification. For a firm with less specific resources, profits may be maximized at a relatively high level of diversification even though a firm with more specific resources could obtain absolutely higher profits with less diversification."

Abbildung 4 gibt einen Überblick über empirische Untersuchungen, die vor dem Hintergrund des Ressourcenorientierten Ansatzes durchgeführt worden sind. Im Tenor laufen diese Untersuchungen alle darauf hinaus, daß eine Diversifikation dann die Performance des Unternehmens verbessert, wenn Ressourcen produktiv geteilt werden können. In einer anderen Terminologie könnte man sagen, daß die Ausnutzung von Synergien (bzw. „Economies of Scope"), *wenn* sie denn vorhanden sind, das Unternehmensergebnis verbessern. Dieses ist nun allerdings kein allzu spektakuläres Ergebnis; auch andere Untersuchungen, die nicht explizit auf einem ressourcenorientierten Bezugsrahmen aufbauen, kommen zu diesem (aber nicht nur zu diesem) Resultat.

Autor(en)	Forschungsfrage/Hypothesen	Dataset	Ergebnisse
Montgomery & Wernerfelt (1988)	Trifft es zu, daß ein Unternehmen, das über überschüssige, nicht marktlich verwertbare Ressourcen verfügt, je höhere Durchschnittsrenten (Tobins q) erzielt, je verbundener der Zielmarkt ist?	Verschiedene Datenbasen, N = 167; Jahr: 1976	Positive Beantwortung der Forschungsfrage; dabei auch der Versuch, alternative Erklärungsansätze (z.B. die „Free-Cash-FlowHypothese" von Jensen) auszuschließen.
Chatterjee (1990)	Frage nach dem ex ante erwartbaren Diversifikationsverhalten. Direkter Markteintritt ist zu erwarten bei Verbundenheit des Zielmarktes (H1) und bei hoher Eigenkapitalausstattung und relativ niedrigem Aktienkurs (H2). Bei umgekehrter Konstellation zu H2 ist Akquisition zu erwarten (H3), dito bei hoher Konzentration der Zielindustrie (H4). Die Wachstumsrate der Zielindustrie sollte demgegenüber keine Rolle spielen (H5).	Verschiedene Datenbasen, 45 zufällig ausgewählte Fortune 500-Unternehmen mit 144 Diversifikationsaktivitäten; Jahre 1961 - 1966	Alle Vorzeichen des Modells stimmen mit den Prognosen überein; H1 allerdings nicht signifikant. Die Nichtsignifikanz des Einflusses der Wachstumsrate der Zielindustrie entsprach den Erwartungen des Modells.
Montgomery & Hariharan (1991)	Welche Faktoren beeinflussen das Diversifikationsverhalten großer Unternehmen? Entgegen der traditionellen Theorie der Markteintrittsbarrieren wird postuliert, daß nicht nur Industriefaktoren, sondern auch die Ressourcen des Unternehmens sowie Interaktionseffekte zwischen Industrie- und unternehmensbezogenenen Effekten das Diversifikationsverhalten erklären.	FTC Line of Business, 366 Unternehmen; Jahre 1974 - 1977	Starke Unterstützung der Ausgangshypothese. Insbesondere die bisherige Breite der Aktivitäten sowie die Verkaufs- (Werbung/Umsatz) und die F&E-Intensität bzw. deren Passung zu den Anforderungen der Zielindustrie bestimmen maßgeblich das Diversifikationsverhalten. Profitabilität und Wachstum der Zielindustrie haben keinen signifikanten Einfluß.
Chatterjee & Wernerfelt (1991)	H1: Überschüssige physische Faktorkapazitäten führen zu verbundener Diversifikation. H2: Intangible Ressourcen führen zu verb. Diversifikation. H3A: Interne Mittel und ungenutzte Schuldenkapazitäten führen zu unverbundener Diversifikation. H3B: Kapitalerhöhungen werden eher zu verb. Diversifikation genutzt. H4: Ex post erfolgreichere Unternehmen erfüllen eher die Ex ante-Hypothesen.	Trivet Establishment Data Base, COMPUSTAT, CSRP, N = 118; Jahre 1981 - 1985	H3B konnte nicht bestätigt werden, alle anderen Hypothesen ließen sich bestätigen, H1 allerdings nicht signifikant.
Markides & Williamsen (1994)	Grundthese: Die Vorteile einer verbundenen Diversifikation zeigen sich am deutlichsten bei einer dynamischen Betrachtungsweise, die nicht nur die Nutzung, sondern auch die Generierung von Ressourcen weiterentwickelt. Daraus abgeleitet: 2 Hypothesen.	200 zufällig ausgewählte Fortune 500-Unternehmen (1981); TRIVET, Geschäftsberichte	Verbundene Diversifikation ist positiv mit der Performance korreliert. Die Betrachtung dynamischer Effekte führt zu einer Verstärkung des Zusammenhanges.
Robins & Wiersema (1995)	Welcher Zusammenhang besteht zwischen der Verbundenheit der Geschäfte eines Unternehmens (--> Gemeinsamkeit von Ressourcen bzw. Fertigkeiten) und der Performance?	COMPUSTAT, Census of Manufactures, FTC Line of Business, TRIVET; 88 zufällig ausgewählte Fortune 500-Unternehmen (keine Single Business Firms); keine Zeitangaben	Das zugrunde gelegte Modell, das auf einer neuartigen Meßvorschrift für die Verbundenheit der Geschäfte basiert, führt zu deutlich besseren Erklärungen als alternative Modelle.

Abb. 4: Forschungsarbeiten zum Thema „Diversifikation" aus der Perspektive des Ressourcenorientierten Ansatzes des Strategischen Managements

Eine wirkliche Verbesserung der bislang diffusen Forschungslage ergibt sich nur dann, wenn man zeigen kann, daß die bisherigen Untersuchungen methodische Defizite aufweisen, die man beheben kann. Anknüpfungspunkte können hier bei der Operationalisierung sowohl der abhängigen (Performance) als auch der unabhängigen Variablen (Diversifikation) gesucht werden.

Die Performance des Unternehmens kann sowohl unter Aspekten des Unternehmensgewinnes als auch unter Risikoaspekten gemessen werden. Aus dem Blickwinkel der Resource Dependence-Theorie könnte man im Hinblick auf die Alternative „verbundene versus unverbundene Diversifikation" argumentieren, daß, selbst *wenn* man einen positiven Zusammenhang zwischen verbundener Diversifikation und Performance nachweisen kann, der signifikant stärker ist als bei der unverbundenen Diversifikation (wenn es diesen dort überhaupt gibt), daraus sich noch nicht die Vorteilhaftigkeit dieser Diversifikationsvariante ableiten läßt; es müssen eben zusätzlich auch noch Risikoaspekte berücksichtigt werden, die ganz offensichtlich besser durch eine unverbundene Diversifikation abgedeckt werden. Normalerweise muß man wohl von einem positiven Risk/Return-Zusammenhang ausgehen;[12] das aber bedeutet, daß ein Trade Off stattfinden muß, der je nach Disposition der Entscheidungsträger das eine Mal zu einer Präferenz für die verbundene und das andere Mal zu einer Präferenz für die unverbundene Diversifikation führen kann.

Letztlich kann diese Kritik wohl nur aufgefangen werden, wenn es gelingt, *risikoadjustierte* Erfolgsmaßstäbe zu finden. Dieser Weg ist allerdings im Rahmen des Ressourcenorientierten Ansatzes des Strategischen Managements (im Gegensatz etwa zu den Agency-theoretisch geleiteten Untersuchungen, die häufig auf der „Event"-Methode basieren) bislang kaum gegangen worden; die meisten Untersuchungen verwenden rechnungswesenorientierte Erfolgsmaßstäbe wie den „Return on Investment" oder den „Return on Assets".

Eine Ausnahme bilden lediglich die Arbeiten von Wernerfelt und Montgomery (1988) bzw. Montgomery und Wernerfelt (1988), in denen mit *Tobins q* gearbeitet wird, definiert als Kapitalmarktwert des Unternehmen geteilt durch den Wiederbeschaffungswert der Anlagegüter.

Ein anderer Weg zur Verbesserung der Performance-Messung, der allerdings die Risikokomponente nicht explizit einbezieht, ist neuerdings von Markides und Williamson (1994) vorgeschlagen worden. Wörtlich schreiben sie (S. 150):

„The way researchers have traditionally thought of relatedness is limited. This is because it has tended to equate the benefits of relatedness with the static exploitation of economies of scope. While we would not deny that economies of scope are an important short-term benefit of related diversification, we believe the real leverage comes from exploiting relatedness to create

---

12 Ein negativer Zusammenhang zwischen Risiko und Ertrag – das sog. „Risk/Return-Paradox" – ist von Bowman (1980) festgestellt worden. Aus der Vielzahl der Folgeuntersuchungen vgl. z.B. Figenbaum/Thomas (1986); Wiseman/Bromiley (1991); Jegers (1991); Kim et al. (1993).

and accumulate *new* strategic assets more quickly and cheaply than competitors (rather than simply amortizing existing assets – i. e., reaping economies of scope). To predict how much a strategy of related diversification will contribute to superior, long-run returns it is necessary to distinguish between four types of potential advantages of related diversification. ... We term these four potential advantages of related diversification 'asset amortization', 'asset improvement', 'asset creation' and 'asset fission' respectively."

Vor dem Hintergrund dieser Ausführungen ist man am Ende dann freilich doch etwas überrascht, wenn bei der empirischen Prüfung des Modells ein ganz traditioneller Erfolgsmaßstab – *Return on Sales* – verwendet wird, zumal dieser nicht mit einem Zeitindex versehen wird, der den Langfristcharakter der mit der Diversifikation verbundenen Effekte widerspiegelt. Auch die hier vorgelegte Untersuchung kann deshalb den Eindruck nicht vertreiben, daß der Ressourcenorientierte Ansatz des Strategischen Managements eine wirkliche Verbesserung der Forschungsmethodik noch nicht hervorgebracht hat, ein Ausweg aus der „wachsenden Konfusion" also noch nicht gefunden ist.

Auch eine Verbesserung der Meßvorschrift für die unabhängige Variable – die Diversifikation bzw. genauer: den Grad der Verbundenheit der Diversifikation – liegt erst in den Anfängen. Die meisten der bislang vorliegenden Studien gehen hier von dem amerikanischen SIC[13]-System aus und nehmen als „verbundene" Diversifikationsaktivitäten solche, die auf relativ „benachbarte" Produktgruppen abzielen. Die Produkt/Markt-orientierte relative „Nachbarschaft" im SIC-System sagt aber, so kann man argumentieren, nichts aus über die Ähnlichkeiten der Ressourcen, die diesen Produktgruppen zugrunde liegen. Robins und Wiersema (1995) haben deshalb vorgeschlagen, den Grad der Verbundenheit zwischen zwei Geschäften anhand der zwischen diesen Geschäften stattfindenden Technologieflüsse zu messen. Sofern diese Technologieflüsse hoch sind, kann dies zumindest als *indirekter* Indikator dafür genommen werden, daß die für den erfolgreichen Geschäftbetrieb notwendigen Ressourcen bzw. Fähigkeiten ähnlich sind. Daten und eine entsprechende Auswertungsprozedur sind von Scherer (1982) bereitgestellt worden; Robins und Wiersema entwickeln aber eine Methodologie, wie einige Schätzfehler, die mit dieser Prozedur verbunden sind, reduziert werden können. Die Resultate sind den Autoren zufolge vielversprechend:

„The most important finding of the research is that the resource-based approach to modeling interrelationships among businesses developed in this study appears to provide real insight into the multibusiness firm. Indirect indicators of underlying shared strategic assets can help to explain variability in corporate financial performance. Corporations with more highly interrelated business portfolios outperform firms with lower levels of portfolio 'relatedness'" (Robins/Wiersema 1995, S. 292).

Insgesamt muß festgehalten werden, daß die Diversifikationsforschung im Rahmen des Ressourcenorientierten Ansatzes des Strategischen Managements sicher-

---

13 SIC = *S*tandard *I*ndustrial *C*lassification; amtlicher Code zur Klassifikation von Industrien.

lich noch einer erheblichen Weiterentwicklung bedarf, will sie zu überzeugenden Resultaten kommen. So gesehen besteht durchaus eine ähnliche Situation wie in der Resource Dependence-Theorie, an deren Weiterentwicklung und empirischer Prüfung im Hinblick auf das Diversifikationsthema gegenwärtig allerdings wohl kaum gearbeitet wird. Wie dem aber auch sei, ein weiteres Mal sollte klar sein, daß beide Ansätze auch unter dem hier diskutierten Gesichtspunkt von sehr unterschiedlichen Ausgangspunkten ausgehen. Klar sollte aber auch sein, daß *beide* Ansätze interessante Aspekte beleuchten, sie sich also abermals – bis zu einem gewissen Ausmaß wenigstens – ergänzen können.

6. Rückkehr der Gesellschaft?

Die Organisationstheorie weist natürliche Bezüge zur Gesellschaftstheorie auf. Wir sprechen heute vielfach von einer „Organisationsgesellschaft" (Gabriel 1979), um zum Ausdruck zu bringen, daß das Wohl einer Gesellschaft weitgehend durch die Operationen von Organisationen bestimmt wird. Es ist deshalb naheliegend zu fragen, welche Aussagen einzelne Ansätze der Organisationstheorie zur Rolle von Organisationen in der Gesellschaft machen.

Das Strategische Management ist auf den ersten Blick im wesentlichen daran interessiert, dem Manager Hilfestellungen zu geben, wie er die ökonomische Performance seines Unternehmens verbessern kann. Auf den zweiten Blick sollte aber klar sein, daß diese Performance durchaus davon beeinflußt werden kann, inwieweit von den Aktivitäten des Unternehmens positive oder negative Konsequenzen auf die Gesellschaft insgesamt ausgehen. Die Zeit, in der sich Unternehmen auf das Prinzip der gesellschaftlichen Funktionsspezialisierung zurückziehen konnten – nach dem Motto: das Beste, was ein Unternehmen für eine Gesellschaft tun kann, ist, hohe Gewinne zu machen! (Friedman 1970) – ist vorbei (Kirsch/zu Knyphausen-Aufseß 1988); das haben die jüngsten Affären um das Unternehmen *Shell* deutlich gezeigt (vgl. Rumpf 1996). Es ist deshalb keineswegs überraschend, wenn auch in dem in Abschnitt 4 angesprochenen Bezugsrahmen der Harvard Business School die Frage der gesellschaftlichen Institutionalisierung des Unternehmens als ein Eckpfeiler der Strategiebestimmung herausgearbeitet wird.

Wie also wird der gesellschaftliche Bezug in den beiden hier interessierenden Theorieansätzen hergestellt?

Nun, was die Resource Dependence-Theorie angeht, so muß festgestellt werden, daß trotz des soziologischen Flairs, das diese Theorie ausstrahlt, ein expliziter Bezug zu gesellschaftsbezogenen Fragestellungen *gar nicht* hergestellt wird. Auf implizitem Wege kann man allerdings folgern, daß eine Organisation, die überlebt, offenbar auch genügend Unterstützung durch ihre „Stakeholder" – zu denen etwa die Konsumenten, aber auch die Arbeitnehmer und die Gesellschaft insgesamt gerechnet werden können – bekommt. Würde eine Organisation den Interessen dieser Stakeholder nicht entgegenkommen, würde sie Widerstände zu spüren bekommen, die das Überleben gefährden.

Freilich ist die Gleichgewichtsposition des Unternehmens ein Reflex der Macht, die sie gegenüber ihren Stakeholdern besitzt. In Abschnitt 3 ist ein Bezugsrahmen vorgestellt worden, der die Ressourcenabhängigkeit einer fokalen Organisation erklärt. Dieser Bezugsrahmen kann natürlich auch verwendet werden, um die Abhängigkeit der Stakeholder von der Organisation zu analysieren. Ob man *Shell* aus Nigeria ausweist, weil von den Aktivitäten des Unternehmens Gefährdungen für die Umwelt ausgehen, wird zum Beispiel davon beeinflußt werden, welche alternativen Arbeitgeber existieren, die den Verlust der Arbeitsplätze kompensieren. In dem Maße, in dem dies nicht der Fall ist, wird *Shell Nigeria* möglicherweise „überleben", obwohl die Bedürfnisse vieler vom Handeln des Unternehmens Betroffener nicht hinreichend berücksichtigt werden. So gesehen bietet also der Theorieansatz von Pfeffer und Salancik (1978) eine sehr brauchbare Grundlage für eine „Rückkehr der Gesellschaft" in die Organisationstheorie; nur müßte auf dieser Grundlage tatsächlich auch aufgebaut werden, indem zum Beispiel einschlägige empirische Forschungsdesigns entwickelt und ausgetestet werden. Dies ist nach meiner Kenntnis bislang nicht geschehen.

Auch der Ressourcenorientierte Ansatz des Strategischen Managements bietet implizit eine Leerstelle an, an der gesellschaftliche Bezüge des organisatorischen Handels thematisiert werden könnten. Prinzipiell kann nämlich auch die gesellschaftliche Legitimität als eine Quelle von Wettbewerbsvorteilen, als Ressource interpretiert werden. In diesem Sinne versuchen zum Beispiel Unternehmen aus der Chemieindustrie (so die *BASF*), ihre Beiträge zum Umweltschutz zu dokumentieren und öffentlich zu machen, um sich von Wettbewerbern wie der *Hoechst AG*, die derzeit immer wieder für Umweltskandale sorgt, zu differenzieren. Es ist leicht einzusehen, daß ein solcher Prozeß der Legitimationsgewinnung viel Zeit beanspruchen kann, der Aufbau eines solchen Wettbewerbsvorteils also keine Trivialität ist. Ist der Ruf erst einmal ruiniert, kann die Wettbewerbsposition auf längere Zeit gefährdet sein – wie sich am Beispiel der *Hoechst AG*, aber auch von *Shell* vielleicht noch zeigen wird.[14]

Neben diesen impliziten Argumenten – implizit deshalb, weil hierzu konkret noch keine Untersuchungen vorgelegt worden sind – gibt es im Rahmen von Arbeiten, die dem Ressourcenorientierten Ansatz des Strategischen Managements zugerechnet werden können, auch explizite Hinweise auf Fragen der gesellschaftlichen Wohlfahrt. So heißt es bei J. Williams (1990, S. 44; vgl. ähnlich auch Barney 1991, S. 116):

---

14 Die hier gewählten Formulierungen dürften noch einmal vor Augen führen, wie nah die Erfolgsmaßstäbe der Resource Dependence-Theorie einerseits und des Ressourcenorientierten Ansatzes des Strategischen Managements andererseits am Ende doch zusammenliegen können!

„Is the search for rents consistent with long run welfare maximization? The overwhelming evidence is affirmative. In the airline industry, deregulation has led to more innovation, lower prices, and more choices (and also some monopoly rents). In telecommunications and financial services, deregulation has been accompanied by an increase in quantity, quality, and lower prices. One need only compare the diversity of Western economies to their East European counterparts to affirm the overwhelming welfare differences that arise between economic systems where the search for rents is circumscribed vs. where it is allowed to proceed. Strategists may or may not have economic welfare as their concern, but through their actions, they improve it."

Der letzte Satz dieses Zitats macht freilich deutlich, daß mit dieser Konzeption der Ressourcenorientierte Ansatz letztlich wieder an die vorhin schon als überwunden geglaubte neoklassische Sichtweise der gesellschaftlichen Vorteilhaftigkeit der Funktionsspezialisierung anknüpft. Ein Theoriefortschritt ist hier nicht zu erkennen. Vielleicht wäre man in dieser Situation gut beraten, sich Anregungen auch von anderen Theorieansätzen zu holen, um die interessierenden Fragestellungen fruchtbarer thematisieren zu können. Die Resource Dependence-Theorie könnte hierfür durchaus ein vielversprechender Kandidat sein – wenn man die bislang eher implizit in ihr steckenden Einsichten hinreichend ausbaut.

7. Fazit

Die vorstehenden Ausführungen sollten deutlich machen, daß es im Bereich des Strategischen Managements Ansätze zu einem ressourcenorientierten Paradigma gibt, auf dessen Grundlage theoretische und empirische Fragestellungen in fruchtbarer Weise abgearbeitet werden können. Soweit es den Ressourcenorientierten Ansatz des Strategischen Managements im engeren Sinne betrifft, ist dies weitgehend erkannt worden; führende Autoren in diesem Bereich berufen sich hierauf. Das Potential der Resource Dependence-Theorie von Pfeffer und Salancik ist demgegenüber noch weniger erkannt worden. Es kann kein Zweifel daran bestehen, daß dieser Theorieansatz im Vergleich zum Ressourcenorientierten Ansatz unter vielen Gesichtspunkten von sehr unterschiedlichen, ja entgegengesetzten Positionen ausgeht. Gerade deshalb aber sollte es auch Möglichkeiten geben, Fragestellungen, die durch den Ressourcenorientierten Ansatz weniger beleuchtet werden, vor dem Hintergrund dieses Theorieansatzes bearbeiten zu können, die ressourcenorientierte Sichtweise also beizubehalten und doch ihre Reichweite zu erhöhen. Die vorstehenden Ausführungen sollten hierzu einige Anregungen geben.[15] Ergänzungen sind jederzeit möglich. So ist etwa daran zu

---

15 Einige Autoren im Bereich des Strategischen Managements betonen explizit die Notwendigkeit, die ökonomisch geprägten Theorieangebote des „Mainstreams" durch verhaltenswissenschaftliche, das heißt: durch eher sozialwissenschaftlich geprägte Theorieansätze zu unterfüttern (vgl. etwa Barney 1992; Zajac 1992). Die Ausführungen im Text können als ein

denken, daß der Ressourcenorientierte Ansatz für sich in Anspruch nimmt, die alte, auf Arbeiten der Harvard Business School (Learned et al. 1965; Andrews 1971) zurückgehende Dichotomie zwischen Strategien*formulierung* und Strategien*implementierung* zu überwinden (vgl. Schendel 1992a, b; Pettigrew 1992, S. 6), gleichzeitig aber doch wenig Anhaltspunkte gibt, wie die in der Prozeßforschung immer wieder in Anschlag gebrachte Problematik der Macht- bzw. Interessendurchsetzung theoretisch bearbeitet werden kann. Hier scheint die Resource Dependence-Theorie auf den ersten Blick viel ergiebiger zu sein,[16] und dementsprechend sollte sich das Strategische Management diesem Erkenntnispotential auch nicht verschließen.

Umgekehrt kann auch kein Zweifel daran bestehen, daß in umgekehrter Richtung der Ressourcenorientierte Ansatz des Strategischen Managements viele Gesichtspunkte enthält, die ihn auch organisationstheoretisch interessant machen. Am offenkundigsten ist dies vermutlich im Bereich *des organisatorischen Lernens*, das als eine spezifisch organisatorische Fähigkeit begriffen wird, die zu einer wesentlichen Grundlage langfristig haltbarer Wettbewerbsvorteile werden kann (vgl. Dosi et al. 1992, S.191 ff.; zu Knyphausen-Aufseß 1995, S. 99 ff.). Die Organisationstheorie bzw. -soziologie könnte sicherlich etwas lernen, wenn sie die im Bereich des Strategischen Managements zu diesem und anderen Themenfeldern vorgelegten, durch den Ressourcenorientierten Ansatz geleiteten Arbeiten mehr Beachtung schenken würde, als sie dies bislang getan hat.

Plädoyer dafür gelesen werden, bei dieser Unterfütterung die Resource Dependence-Theorie nicht zu vergessen.

16 Siehe hierzu noch einmal das Zitat von Rumelt et al. (1994b) in Abschnitt 1, oben.

Theorien organisatorischer Ressourcen

Georg Schreyögg

Die Ressourcenabhängigkeit ist seit knapp 30 Jahren eines der zentralen Themen der Organisationstheorie; sie versteht sich als Gegenpol zu den allzu deterministischen Kontingenztheorien der Organisation. In der Industrieökonomie profiliert sich seit einigen Jahren die sog. ressourcenbasierte Theorie der Firma; auch sie will einen Kontrapunkt setzen, und zwar zu den dort vorherrschenden marktzentrierten Erklärungsansätzen. Um Potential und Bedeutung der beiden Ansätze für eine Weiterentwicklung der Organisationstheorie abschätzen zu können, möchte ich – im Unterschied zu zu Knyphausen-Aufseß – nicht den direkten Vergleich der beiden Ansätze als Ansatzpunkt wählen, sondern die Theorietraditionen, denen sie entstammen und von denen sie sich absetzen. Ich denke, daß dadurch eine Reihe zusätzlicher Aspekte deutlich wird, die für die Beurteilung der beiden Ansätze wertvoll sein können.

1. Die Ressourcenabhängigkeits-Theorie

Den Grundstein für diesen Ansatz haben einerseits Cyert/March (1963) gelegt mit ihrer Betonung der Unsicherheitsreduktion als eines der Zentralmotive einer Theorie der Unternehmung und andererseits Thompson (1967) mit seinem Theorem interorganisationaler Abhängigkeit. Pfeffer/Salancik (1978) haben diese Gedanken aufgegriffen und zu einem eigenständigen theoretischen Gebäude entwickelt. Der Ansatz stellt in Anlehnung an die Systemtheorie das *Problem* der Erhaltung des Systembestandes in den Vordergrund und sieht in der umweltbedingten Unsicherheit bzw. den daraus resultierenden Störungen das vorrangig zu lösende Problem. Die Besonderheit des Ansatzes kann man in drei Punkten zusammenfassen:

(1) Die weitläufigen System/Umwelt-Beziehungen werden auf ein einziges Thema reduziert: die Ressourcenabhängigkeit. Gemeint ist im Sinne eines Input/Output-Modells die Sicherung des erforderlichen Inputs und des Abflusses der erstellten Outputs. In den Vordergrund rückt die Frage von Abhängigkeit und Macht.

(2) Die Umwelt wird nicht wie in den meisten anderen Organisation/Umwelt-Theorien abstrakt, sondern konkret gefaßt. Genauer: die Umwelt wird insti-

tutionell verstanden, sie besteht aus identifizierbaren Institutionen (Unternehmen, Behörden, Gewerkschaften usw.). Das System/Umwelt-Verhältnis wird dadurch zu einem interorganisationalen Verhältnis; interessant wird der System-zu-System-Bezug.

(3) Die Art des Organisation/Umwelt-Bezuges wird komplex thematisiert. An die Stelle der schlichten Determinierung der Organisation durch die Umwelt („Kontingenztheoretisches Paradigma", vgl. dazu im Detail Schreyögg 1995) tritt eine *interaktive* Perspektive: Macht und die Mobilisierung von Gegenmacht, Abbau von Umweltabhängigkeit usw. Nicht mehr die Anpassung an das Widerfahrnis Umwelt nach festgelegten Mustern (z.B. Burns/Stalker 1961; Lawrence/Lorsch 1967), sondern die Wahl von Maßnahmen zur Abwehr der Abhängigkeit bildet das theoretische Zentrum. Insofern ist die Ressourcenabhängigkeitstheorie auch eine Theorie der strategischen Wahl unter Restriktionen; allerdings werden eben die Restriktionen als potentiell selbst wieder veränderbar gedacht.

Der Ressourcenabhängigkeits-Ansatz stellte Ende der 70er Jahre einen signifikanten Fortschritt innerhalb der Organisation/Umwelt-Debatte dar und bietet – wie noch zu zeigen ist – bis heute eine interessante theoretische Perspektive. Er überwindet den orthodoxen Strukturdeterminismus der Kontingenztheorie durch eine Interaktionsperspektive, die eine interessante Verknüpfung von Akteur, System und institutioneller Umwelt bietet. Der Handlungshorizont wird weit über die Strukturgestaltung hinaus gezogen und bezieht in neuer Verknüpfung eine Reihe von Umweltbearbeitungsstrategien mit ein, die von der Kooptation über das Joint Venture bis zur Akquisition reichen.

Der Ansatz vermeidet auch die voreilige Schließung des Handlungsspielraums durch Reaktionstheoreme, wie sie z.B. dem strategic choice von Child (1972) zu eigen ist; er läßt vielmehr – ähnlich dem unternehmensstrategischen Ansatz (vgl. stellvertretend Bower et al. 1991) – Raum für Alternativen bzw. funktionale Äquivalente. Der Ansatz durchbricht damit auch das dominierende kausalanalytische Denkmuster.

Ein weiterer Vorzug des Ansatzes, dessen Tragweite erst in den letzten Jahren voll erkannt wird, ist der quasi natürliche Einbau der interorganisationalen Perspektive mit der Konkretisierung von Unsicherheit als Ressourcenabhängigkeit. Trotz dieser Vorzüge hat dieser Ansatz – darauf weist ja auch zu Knyphausen-Aufseß hin – sich nicht auf breiter Front durchsetzen können; es ist zwar einer der Organisationstheoretikern gut bekannten Ansätze geworden, aber keine dominante Schule und schon gar keine Modetheorie. Woran mag das liegen? An mangelnder Aufmerksamkeit? Ist es ein verstecktes Juwel, das nach kurzem Polieren strahlend erscheinen wird? Dies erscheint mir eher unwahrscheinlich; es handelt sich zwar um ein Juwel, aber es strahlt nur matt, und zwar aus folgenden Gründen:

(1) Der Vorteil der Konkretisierung wird teuer – vermutlich zu teuer – bezahlt. Die Verengung der Organisation/Umwelt-Beziehungen auf nur ein Thema, den vertikalen Ressourcenfluß, erweist sich schlußendlich als zu eng, zu einfach, um die vielfältigen Grenz-Bezüge faßbar zu machen. So bleiben z.B. die ganzen „horizontalen" Bezüge eines Unternehmens, also die unmittelbaren und die mittelbaren Wettbewerber als Unsicherheit verursachende Faktoren so gut wie ausgeschlossen; sie finden nur in der Sicherung des Outputabflusses eine matte Berücksichtigung. Zuviel Evidenz steht gegen eine solche monothematische Rekonstruktion des Umweltbezuges.

(2) Obwohl als genuin strategisch im Sinne offener Alternativen und prozessual im Sinne veränderlicher Handlungsweisen konstruiert, bringen die Autoren, insbesondere aber Pfeffer (1982, 1987), Hypothesen des Ansatzes immer wieder in ein kausalanalytisches Format. Genauer: Zum Zwecke „rigoroser" Testung werden einzelne Aussagen des Ansatzes in Kausalhypothesen transferiert. Diese Schließung läuft der offenen Logik des Ansatzes diametral entgegen (dieselbe Problematik zeigt sich beim unternehmensstrategischen Ansatz; vgl. Schreyögg 1992). Ein solches Hin und Her zwischen deterministischen Kausalhypothesen und dem Denken in funktionalen Äquivalenten und Handlungsspielräumen läßt die Substanz des Ansatzes zu sehr verschwimmen.

(3) Das theoretische Fundament des Ressourcenabhängigkeits-Ansatzes bleibt zu sehr Stückwerk. Er bezieht sich auf die Systemtheorie, aber der genaue Bezug bleibt unklar. Er bezieht sich auf Macht und machtvolle Beziehungen, läßt aber die Genese der Macht völlig offen. Er bezieht sich auf Ressourcen, macht aber den Leistungserstellungsprozeß nicht zum Thema.

So stellt sich der Ansatz insgesamt als theoretisch nicht sehr zwingend dar; ein plausibles und aufschlußreiches Konzept mit sehr vielen Anschlußmöglichkeiten, das jedoch noch eines sauberen kraftvolleren theoretischen Fundamentes bedarf.

2. Der ressourcenbasierte Ansatz

Wird in der Ressourcenabhängigkeits-Theorie der Zu- und Abfluß von Inputs und Outputs zum theorieleitenden Problem, so interessiert sich die ressourcenorientierte Theorie der Unternehmung in erster Linie für die Eigengenerierung von kritischen Ressourcen, und das heißt dort, von solchen Ressourcen, die einen dauerhaften Wettbewerbsvorteil gegenüber Konkurrenten desselben Geschäftsfeldes garantieren. Im Zentrum steht also nicht die Interaktion von Unternehmung und Umwelt, sondern die *interne* Generierung singulärer Ressourcen. Erst bei der Betrachtung ihrer Wirkungen wird die Umwelt ins Spiel gebracht. Dabei wird jedoch weniger der (vertikale) Wertschöpfungsfluß zum bestandskritischen Fokus, sondern vielmehr der Wettbewerb im Gütermarkt und der Aufbau einer dauerhaften, profitablen Differenz zu den Wettbewerbern im Sinne der „monopolistischen Konkurrenz" (Chamberlin 1950).

Der ressourcenbasierte Ansatz ist konstruiert als eine Theorie extranormaler Profite bzw. unvollkommener Faktormärkte. Ausgehend von der Fiktion vollkommener Faktormärkte wird die Existenz unterschiedlicher und nichttransferierbarer Ressourcen als möglicher Fall eingeräumt (Barney 1986). Über unvollkommene Faktormärkte ist in der Volkswirtschaftslehre schon viel gearbeitet worden, das Neue am ressourcenbasierten Ansatz ist die Spezifikation solcher Ressourcen, deren Auftreten eine Marktunvollkommenheit nach sich zieht (Barney 1991; Peteraf 1993). Als die vier zentralen Kriterien werden Werthaftigkeit, Seltenheit, Nicht-Imitierbarkeit und Nicht-Substituierbarkeit bestimmt. Gedacht wird dabei in erster Linie an personale und organisatorische Ressourcen, weniger an maschinelle oder Kapitalressourcen, weil letztere leicht zu standardisieren seien.

Die *interne* Perspektive der ressourcenbasierten Unternehmenstheorie folgt im wesentlichen der traditionellen betriebswirtschaftlichen Sichtweise, wonach Unternehmen auch innerhalb einer Branche – etwa durch ausgezeichnete Führung oder gutes Marketing – signifikante Unterschiede aufweisen und systematisch ausbilden können. Die (potentielle) Differenz zwischen Betrieben ist konstitutives Paradigma der Disziplin und insofern auch keine aufregende Botschaft.

Der ressourcenbasierte Ansatz wurde jedoch im Rahmen der Volkswirtschaftslehre, genauer der Industrieökonomik, entwickelt und stellt dort eine gehörige Provokation dar. Die Pointe liegt in der Aufkündigung des Marktimperativs, in der Aufgabe der Idee, die relevanten Ausprägungen eines Unternehmens seien durch die Marktstruktur bestimmt und insofern homogen. Für die einzelnen Unternehmen wird – und an dieser Stelle laufen der Ressourcenabhängigkeits-Ansatz und die ressourcenbasierte Unternehmenstheorie zusammen – ein *erheblicher* Handlungsspielraum mitgedacht, der je spezifische Ressourcen auszubilden erlaubt. Wollte die Volkswirtschaftslehre diesen Ansatz wirklich ernst nehmen, müßte sie einen Großteil ihrer Theorien revidieren, basieren diese doch zwingend auf einer weitgehenden Gleichförmigkeit betrieblichen Handelns; betriebsindividuelle Abweichungen werden als letztlich irrelevante Oszillationen um das vom Markt vorgegebene Verhalten begriffen (vgl. dazu auch die frühere Debatte um eine empirische Theorie des Preisbildungsspielraums von Unternehmen: administrierte versus determinierte Preise; Lanzilotti 1958; Kahn 1959). Es ist verständlich, daß aus diesen Gründen diesem Ansatz eine große Aufmerksamkeit zuteil wird; das Faktum, daß er zur Mode geworden ist, sollte ihm nicht zum Nachteil gereichen. Schließlich haben Moden auch wichtige positive Funktionen.

Auch für die Theorie der Unternehmensstrategie bietet der ressourcenbasierte Ansatz wichtige neue Einsichten zum Aufbau von Wettbewerbsvorteilen; lenkt er doch den Blick gerade auf solche Unternehmensbereiche (Personalpolitik, Organisation), die lange Zeit für die Konzipierung von strategischen Wettbewerbsvorteilen als nicht sehr bedeutsam galten (allenfalls für ihre Implementation).

Wie ist der Ansatz organisationstheoretisch einzuschätzen? Wo liegen seine Potentiale aus dieser Perspektive?

Zunächst einmal ist der Verweis auf die interne Generierung strategisch wichtiger Ressourcen von hohem Interesse, werden doch hier organisatorische Prozesse in das Zentrum gerückt. Entfaltet wird das Argument – wie von zu Knyphausen-Aufseß ausführlich dargestellt – an den Kriterien, die Ressourcen vor anderen als strategische auszeichnen. Neben den ohnehin immer schon diskutierten Kriterien (vgl. Thompson 1967): Knappheit und Nicht-Substituierbarkeit[1] interessiert die „mangelnde Imitierbarkeit". Für die Erklärung ihrer Genese wird – in diesem theoretischen Kontext etwas überraschend – auf weit verzweigte organisatorische Zusammenhänge verwiesen: Historizität des organisatorischen Kontextes, kausale Ambiguität und soziale Komplexität des organisatorischen Wissens. Barney (1991), Peteraf (1993) und andere Vertreter des ressourcenbasierten Ansatzes verweben hier sehr geschickt und instruktiv organisationstheoretische Erkenntnisse und industrieökonomische Konzepte.

Der ressourcenbasierte Ansatz macht Gebrauch von der Theorie organisationalen Lernens, insbesondere von dem Konstrukt des impliziten organisatorischen Wissens, von der Theorie der Unternehmenskultur, vor allem ihrer Betonung historisch gewachsener Praktiken und Verfahrensweisen, und schließlich von Organisationstheorien, die auf die Entstehung und Bedeutung *emergenter* organisatorischer Prozesse und deren Bedeutung für die Funktionstüchtigkeit von Systemen verweisen (informale Organisation, spontane Kooperation usw.).

Wenn zu Knyphausen-Aufseß am Ende seines Beitrages die Organisationstheorie ermahnt, sie könne sehr viel von dem ressourcenbasierten Ansatz lernen, wenn sie ihm nur endlich einmal mehr Aufmerksamkeit schenken würde, so ist daran zweifellos richtig, daß man immer von anderen lernen kann, hier vor allem von der Verzahnung der Ressourcenanalyse mit der Theorie unvollkommener Faktormärkte. Der Unterton indessen ist falsch gesetzt, suggeriert er doch, als würden hier zwei separate Theoriekomplexe nebeneinanderstehen, die wieder einmal voneinander keine Kenntnis nehmen wollen. Dies ist ersichtlich nicht der Fall. Die Industrieökonomie hat zur Entwicklung des ressourcenbasierten Ansatzes (erfreulicherweise) umfänglichen Gebrauch von organisationstheoretischen Erkenntnissen gemacht und diese nicht etwa am Rande, sondern für das zentrale Argumentationsstück („Nicht-Imitierbarkeit" singulärer Ressourcen) verwendet. Insofern handelt es sich hier um eine originelle Anwendung der modernen Organisationslehre. Barney (1991, S. 116) als Hauptprotagonist des ressourcenbasier-

---

1 Etwas kurios ist das vierte Kriterium „Werthaltigkeit"; es soll anzeigen, ob mit den betreffenden Ressourcen tatsächlich eine Wertsteigerung möglich ist. Zurecht weist zu Knyphausen-Aufseß darauf hin, daß Barney (1991) hier tautologisch argumentiert; die Wirkung kann nicht in die Definition der (unabhängigen) Bedingungsvariablen eingebaut sein.

ten Ansatzes betont selbst diesen Sachverhalt nachhaltig: „These resources include a broad range of organizational, social, and individual phenomena within firms that are subject of a great deal of research in organization theory and organizational behavior."

Eine Weiterentwicklung des zentralen Aussagenbereichs des ressourcenbasierten Ansatzes führt unweigerlich noch tiefer in die bezeichneten Gebiete der Organisationstheorie hinein. Insoweit ist der Ansatz mehr eine Bestärkung der Bedeutung und der vielfältigen Verwendbarkeit organisationstheoretischer Erkenntnisse, als daß er selbst ein großes Potential *als* Organisationstheorie hätte.

Für die Zukunft bedürfte es allerdings einer eingehenderen Analyse, ob eine so umstandslose Verschiebung der Theoriestücke konzeptionell tatsächlich trägt. Dies ist vor allem eine Frage des Rationalitätsbegriffes. Kann man einen theoretischen Rahmen, der auf der Prämisse individueller Nutzenmaximierung fußt, ohne weiteres mit kollektiven Konstrukten, wie sie etwa die Unternehmenskultur oder das Konzept des impliziten organisatorischen Wissens darstellen, kombinieren? Möglicherweise liegt in der Reflektion gerade dieser exemplarischen Wissensintegration ein wichtiger Impuls für die organisationstheoretische Diskussion.

Individualisierung und Organisierung
Die wechselseitige Erzeugung von Individuum und Organisation durch Verfahren

Oswald Neuberger

> Das Geständnis der Wahrheit hat sich ins Herz
> der *Verfahren* eingeschrieben, durch die die Macht
> die *Individualisierung* betreibt.
>
> (Foucault 1983, S. 77)

1. Individualisierung und Organisierung als Konstitutionsprozesse

Die Organisationspsychologie scheint die zuständige Disziplin zu sein, wenn es darum geht, den Zusammenhang von Mensch und Organisation zu reflektieren. Ein Blick in die gängigen Lehrbücher belehrt eines anderen: In ihren Hauptströmungen ist die Organisationspsychologie ein durch und durch pragmatisches Fach, die sich über das, was ihr den Namen gegeben hat – die Beziehung zwischen Organisation und Psyche – wenig Gedanken macht; sie könnte von einem Betriebswirt lernen (Ortmann 1995b). Natürlich haben sich auch vereinzelt Sozialpsychologen mit organisationstheoretischen Fragen befaßt (z.B. Karl Weick), aber sie wurden kaum rezipiert, und das gilt genauso für die interessanten Anregungen, die von PsychoanalytikerInnen (vor allem der Tavistock-Gruppe) stammen. Die 'kognitive Wende', die sich mit frames und maps, Kategorisierung, künstlicher Intelligenz, Expertensystemen, Wissensmanagement etc. auseinandersetzt, thematisiert ebenso originär psychologische Fragestellungen, wie es die (Wieder-)Entdeckung der Emotionen in Organisationen (Fineman 1993) tut – aber all das bleibt randständig. Im Mittelpunkt organisationspsychologischer Veröffentlichungen steht neben allgemeinen motivations- und führungspsychologischen Modellen, die überwiegend auf der Traditionslinie der Neo-Human-Relations-Bewegung liegen, die Entwicklung, Prüfung und Anwendung von Verfahren, Techniken, Instrumenten, z.B. solchen der Selektion (Eignungsdiagnostik, Assessment Center), der Arbeits- und Organisationsanalyse [s. die nahezu unüberschaubare Vielfalt von Systemen, die Schettgen (1995) präsentiert] und der Modifikation, sei sie nun auf Arbeitsmittel und -umwelten oder auf Personen, Gruppen und Organisationen (Personal-, Team- und Organisationsentwicklung) gerichtet.

Die Organisationspsychologie ist eine instrumentalisierte Disziplin, und aus eben dieser Perspektive will ich sie untersuchen, indem ich in den Mittelpunkt meiner Analyse die *Verfahren* stelle (synonym gebrauche ich: Disziplinen, Techniken, Methoden, Instrumente, Routinen, Praktiken, Prozeduren, Systeme, Programme u. ä.). *Die* Organisationspsychologie existiert nicht, es gibt vielmehr ein buntes Sammelsurium von Techniken und Methoden, die den Flickerlteppich des Fachs ausmachen. Deswegen werde ich im folgenden nicht sammelreferatsartig die Verfahren vorstellen, sondern aus einer Metaperspektive fragen, wie das Individuum und die Organisation durch Verfahren wechselseitig erzeugt werden.

Als wichtigsten Gewährsmann für meine Überlegungen werde ich Foucault heranziehen. Daß seine Überlegungen für die Organisationstheorie nützlich sein können, haben mehrere AutorInnen vorgeführt (z.B. Ortmann 1984; Townley 1993, 1994; Burrell 1988; Cooper/Burrell 1988; Knights 1990; Knights/Willmott 1989; Pelzer 1995; für die feministische Literatur s. zusammenfassend Rastetter 1994).

Meine theoretische Intuition habe ich in der Abb. 1 visualisiert. Ich unterscheide dabei drei Analysefelder (Gesellschaft, Organisation, Individuum), die ich aus den verkürzenden Perspektiven von Institution, Verfahren und Handlungen betrachte. Daß man auch Organisationen als Institutionen sehen kann (s. Türk in diesem Band), ja sogar das moderne Individuum als Institution (s. Meyer 1986a), lasse ich außer Acht. Weil es mir nicht um Entitäten (das Individuum, die Organisation) geht, sondern um die Mechanismen oder Prozesse der Erzeugung ihrer scheinbaren Dinglichkeit, bemühe ich mich um die Aufklärung von Individuali*sierung* und Organi*sierung*. Dabei differenziere ich jeweils zwei gegenläufige Einflußrichtungen, so daß ich insgesamt vier Bewegungen zu untersuchen habe:

Individualisierung

Individualisierung(1):
Die Konstitution des Individuums mittels Verfahren (Foucault, Elias).

Individualisierung(2):
Die Individualisierung (oder 'Humanisierung') der Organisation: sie soll auf die Bedürfnisse und Fähigkeiten der Individuen 'maßgeschneidert' werden (siehe die sogenannte 'Humanisierung-der-Arbeit'-Bewegung; aber auch Schanz, Röllinghoff, Ruppert, Ryf).

Organisierung

Organisierung(1):
Verorganisierung der Person als Herstellung des organisationsförmigen oder -tauglichen Subjekts; meist überwiegen hier die organisationskritischen Texte, die entfremdende und pathologisierende Wirkungen analysieren (Marx, Adorno, Weber, Elias, Argyris, Presthus, Türk).

Organisierung(2):

> Der 'Prozeß des Organisierens' (Weick) beschreibt, wie das verfahrengestützte Handeln der Individuen jenen geordneten Dauerprozeß konstituiert, den man Organisation nennt.

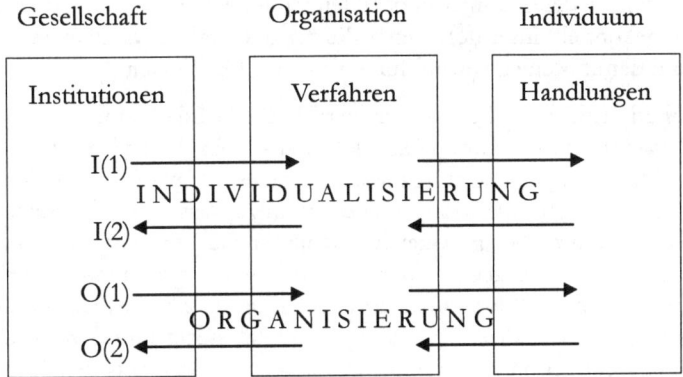

Abb. 1: Individualisierung und Organisisierung

In der Abb. 1 werden Individuen in ihrer Eigenschaft als Handelnde gesehen, die Verfahren anwenden und auf die Verfahren angewandt werden. Verfahren produzieren – über die (Inter-)Aktionen, die sie stimulieren, orientieren und regulieren – Individuen, die die Verfahren bestimmungsgemäß(!) anwenden und/oder taktisch nutzen. Die Fiktion des frei wählenden souveränen Subjekts wird mit der des Funktionärs oder 'executive' gekoppelt, der nun aber keineswegs behavioristischer Reaktionsautomat ist, sondern *im Rahmen von* vorgegebenen, ausgewählten, interpretierten und locker gekoppelten Routinen seinen Handlungsspielraum im doppelten Sinn erhält. Individuen andererseits – als die einzigen, die konkrete, lebendige Arbeit leisten können – (re-)produzieren in ihren verfahrensbestimmten (Inter-)Aktionen jene Muster, Abläufe und Zusammenhänge, durch die abstrakte gesellschaftliche Institutionen konkretisiert oder real werden.

Die Betonung des Stellenwerts der Verfahren leistet mehrfaches:

a) Die einseitige Verklärung entweder der Akteure (Individuen) oder des Systems (Organisation) wird überwunden.

b) Die *Vermittlung* wird betont: Verfahren sind sowohl Mitte wie Mittel. Sie sind Mitte, weil sie 'zwischen' Institution und Handlung stehen und keinem von beiden ausschließlich angehören; sie sind Mittel, weil sie beiden zur Verfügung stehen, um die jeweiligen Zwecke zu erreichen.

c) Sie sind im Foucaultschen Sinne Disziplinen, weil sie verstreute, lokale und heteromorphe Wissen-Macht-Komplexe sind, die unsichtbar und 'normal' das Denken und Handeln der Akteure bestimmen.

d) Verfahren erzeugen – auf und von Personen angewandt – nicht nur Leistungen und Artefakte, sie formen auch die Charakteristika und Beziehungen der Personen, die sie anwenden.

e) Verfahren existieren immer in der Mehrzahl, sie sind meist nicht eng, sondern locker gekoppelt, interpretationsbedürftig und -fähig, wählbar und gestaltbar. Sie sind damit Medien sowohl für Zwang wie für Freiheit.

Im organisationstheoretischen Diskurs wird Individualisierung meist auf dem Hintergrund von Person-Environment-, Job-Man- oder Individual-Organization-Fit diskutiert. Individuum und Organisation passen demzufolge idealerweise wie Schlüssel und Schloß zusammen. Diese stimmige Passung kann entweder durch sorgfältige Selektion einer geeigneten Person für die gegebene Organisation bzw. Stelle oder umgekehrt durch die Wahl der richtigen Organisation für eine vorhandene Person erfolgen [(diese Grundgedanken liegen z.B. Fiedlers Leader-Match-Konzept zugrunde (Fiedler et al. 1979)]. Dahinter steckt immer noch die Auffassung von einem ursprünglichen Substrat, das – wie Ton – plastisch verformbar ist und alle möglichen Gestalten, die der Schöpfer intendiert, annehmen kann. Die Grenzen der Formbarkeit (Eigenwerte, Eigensinn) werden selten diskutiert.

Man kann die Stimmigkeitsbeziehung auch dynamisieren; das Individuum (oder die Organisation) werden so lange umgeformt, bis sie zueinanderpassen. Wenn sich beide aufeinander zuentwickeln, spricht man von Ko-Evolution, Parallelentwicklung, Kollusion etc. Als Resultat der permanenten wechselseitigen Modelung bildet sich im Laufe der Zeit eine Formgleichheit (Isomorphismus) zwischen Individuum und Organisation heraus.

2. Die Polarität Individuum und Organisation

2.1 Referenzbegriffe zum Pol 'Individuum'

Um mich dem Thema anzunähern, werde ich zunächst die zur Charakterisierung der Polarität immer wieder benutzten Begriffe skizzieren. Beispiele für Synonyme und Varianten, die in verschiedenen Titeln zum Ausdruck kommen, sind z.B. „Personality and organization" (Argyris 1957); „L'acteur et le systeme" (Crozier/Friedberg 1979); „Individuum und Organisation" (Presthus 1966; Adorno 1979; Stolz/Türk 1992b; Kieser 1980; Schlump 1990; Gebert 1988); „Man and Organization" (Child 1973); „Subjekt und Organisation" (Richert 1994); „Organisation und Psyche" (Ortmann 1995b); „Mensch und Organisation (Mundo)" (Sievers); „Mensch und Arbeit" (Zeitschriftentitel); „Mensch und Management" (so der Titel einer Buchreihe) ...

Subjekt

In diesem Terminus kommt die Doppeldeutigkeit des Problems sehr gut zum Ausdruck: Einerseits ist das Subjekt das Unterworfene (subiectum), andererseits aber genau das Gegenteil: die eigenmächtige Instanz der Unterwerfung; der Souverän ist die Apotheose des autonomen bürgerlichen Subjekts, dasjenige, was sich selbst und damit der Welt zugrunde liegt (Luhmann 1994, S. 44), der rational entscheidende homo oeconomicus als das zur Ehre der wirtschaftswissenschaftlichen Altäre gekommene Kunstprodukt. Als Herrscher (Souverän) gestaltet, unterwirft und beherrscht der einzelne die Natur, die anderen und nicht zuletzt sich selbst. Subjektivierung ist aber nicht nur die Herstellung dieses zwieschlächtigen Untertanen-Souveräns, sondern auch (im Gegensatz zur radikalen Entäußerung in Objektivierung und Verdinglichung) die Erschließung eines privilegierten Zugangs zur eigenen Innerlichkeit, also Innenschau und Selbstbezüglichkeit. Subjektivierung meint überdies die Zentrierung der Geschehnisse auf den einzelnen, so als ob der Lauf der Dinge in ihm seine Grundlage, sein Ziel und seine Vollendung fände.

Individuum

Zunächst ist damit im Sinne von Singularisierung und Atomisierung nur das *vereinzelte* Wesen benannt: Das Individuum ist die letzte unteilbare Einheit – und der Baustein – der Gesellschaft. Als solches Einzel-Wesen ist es abgetrennt von allen anderen; ein homo clausus (Elias), der nachträglich mit anderen in Verbindung gesetzt wird und so Gesellschaft synthetisiert. In der Dynamisierung dieses Konzepts haben sich Konnotationen angelagert, die diese Vereinzelung als erstrebenswertes Ziel menschlicher Existenz (der christlich-bürgerlichen Epoche) erscheinen lassen: Individuierung, Individuation, Individualisierung (s.a. Luhmann 1988b). Der Einzelne wird heroisch der Masse, den Allzuvielen, der namenlosen Gesellschaft gegenübergestellt, aus deren Vereinnahmung er sich befreit und über deren Nivellierung er sich erhebt „als geprägte Form, die lebend sich entwickelt." Die andere Variante wird unten noch erörtert werden: Im Sinne der Pluralisierung der Lebensstile geht es um die Freiheit zu einer Bastel- oder Wahlbiografie, zur aufgenötigten Wahrnehmung der „Multi-Optionalität", die die Gesellschaft heutzutage bietet.

Ein weiterer Akzent wird durch das Suffix *privat* gesetzt. Das Privatindividuum ist das von der Gesellschaft abgetrennte oder abgelöste, das in scheinbarer Autonomie seinen Geschäften nachgeht, sich – völlig unkommunitaristisch – um seine Sache kümmert und diese Exklusivität auch noch für bewahrens- und verteidigenswert hält.

Mensch

Dieser Sammelbegriff begegnet einem im Organisationsdiskurs vorzugsweise dann, wenn es darum geht, etwas in den Mittelpunkt zu stellen oder zum Zweck zu erklären. Nicht der konkrete einzelne ist gemeint, sondern das Gattungswesen. „Der Mensch" wird naturalisiert oder naturrechtlich moralisiert, also entweder mit bio- oder psychologischen Grund-Bedürfnissen oder mit universellen unveräußerlichen Menschenrechten ausgestattet.

Der Mensch wird zum Maß der Dinge, oder die Dinge werden gar in Kategorien des Menschlichen verstanden (Anthropomorphisierung). Humanisierung zielt auf die menschengerechte Gestaltung der (gesellschaftlichen, organisationalen) Bedingungen, die dem Gestaltersubjekt als fremde oder gar feindliche gegenübergestellt werden. Daß der Mensch zum Beispiel als Frau oder Mann, als junger oder alter, als Ausländer oder Einheimischer etc. vorkommt, entging lange Zeit der Aufmerksamkeit der ökonomischen Theorie.

Person

In der Persönlichkeits(!)psychologie wird darunter jene leib-seelische Einheit verstanden, die Gegenstand diagnostischer Vermessung und Abbildung in Eigenschaften ist. Als moralische oder juristische Konstruktion betont der Personbegriff das Überwinden des bloß kreatürlichen Zustands und bezeichnet die selbstbestimmte Formung zum kompetenten und verantwortlichen Handlungszentrum und -adressaten. Die Spuren der Arbeit an sich (Charakter) markieren die einmalige und unverwechselbare *Persönlichkeit*. Personalisierung und Personifizierung beschreiben den Prozeß der Herstellung dieser Besonderheit. Gegenüber 'Person' ist 'Personal' eine Art Schwundstufe, weil damit das vereinheitlichte Aggregat der zum Kollektivsubjekt umgebildeten einzelnen gemeint ist. Das Neutrum Personal ist dienendes subiectum der Herrschaft.

Selbst

Als Selbst gilt der Identitätskern, der entweder den vom 'generalisierten Anderen' widergespiegelten Erwartungen entspricht oder aber in mühe- und konfliktreicher Entwicklungsarbeit (Selbstverwirklichung) im unaufhebbaren Widerspruch zu den gesellschaftlichen Erwartungen entfaltet oder konstruiert wird. Das Konzept der *Identität* formuliert den Anspruch auf ein Beständiges im Wandel, auf Einheit der Vielfalt, auf Ursache von Wirkungen, auf Differenz zu Totalität usw. Das Selbst stellt die idiosynkratische Besonderheit dieser Einheit von Differenzen der Schablonenhaftigkeit des Rollenträgers gegenüber.

Akteur

Dieser Name steht für den Versuch einer möglichst neutralen Bestimmung eines *Handlungs*zentrums. Er hat den Vorzug, mit verschiedenen Inhalten gefüllt werden zu können: Individuen, Gruppen, Organisationen etc. sind (evtl. kollektive) Akteure. Hier ist der Weg dann nicht mehr weit zu Surrogatbegriffen wie Aufgaben- oder Leistungsträger oder gar Position oder Rolle. Akteur ist, wer den Dingen und Institutionen als Beweger und Gestalter gegenübersteht und sie (re-) produziert.

Seele, Psyche, psychisches System

Diese Konzepte fungieren im üblichen organisationstheoretischen Diskurs als Platzhalter für den Subjekt-Akteur, jenes mit Innerlichkeit und Tat-Kraft ausgestattete dynamische Zentrum, das 'Reize', Informationen oder Kommunikationen verarbeitet und eine gewisse Widerspenstigkeit gegen Versuche seiner systemischen Vereinnahmung zeigt, die vor allem auf seine Bewußtheit, zuweilen aber auch auf seine Triebhaftigkeit, Irrationalität, Emotionalität etc. zurückgeführt wird.

Resümee

Es ist mit diesen kurzen Andeutungen hoffentlich schon sichtbar geworden, daß – je nach Ausgangs- und Gegenbegriff – ganz andere Inhalte thematisch werden, wenn Individualisierung als Synomym benutzt wird, um die höchst unterschiedlichen Prozesse abzudecken, die mit den verschiedenen Ankerbegriffen angedeutet wurden. Zu sagen, was das 'Individuum' (oder der Mensch, das Subjekt usw.) *ist* (oder gar: in Wirklichkeit ist), wäre essentialistisch. Was man unter Person, Mensch, Individuum etc. verstehen will oder soll, erschließt sich aus den Differenz- und Gegenbegriffen, die ein unendliches Netz von Verweisungen, Analogien, Beziehungen bilden. Allein wie sich die Begriffe *unterscheiden*, liefert Information: dem Subjekt kontrastiert z.B. das Objekt, dem Individuum die Totalität, der Person die Masse, dem Menschen Gott (oder die Tiere, die Dinge), dem Selbst die Rolle oder Norm, der Seele der Körper, dem Akteur das System ...

2.2 Organisation als Gebilde und Prozeß

Der Gegenbegriff, der im folgenden im Mittelpunkt steht, ist Organisation. Spezialnamen für das *organisationsförmige* Individuum sind Mitglied, Arbeitnehmer, Arbeits- oder Fachkraft (Faktor Arbeit), Lohnabhängiger, Mitarbeiter, Positionsinhaber, Humanressource oder Humankapital, Intrapreneur, Aufgaben- oder

Leistungsträger usw. Im Grunde handelt es sich dabei um einschränkende Vor-Namen, die an die genannten Familienbegriffe angehängt werden müßten. Was oder wie das Individuum durch die Organisation wird und wie die Organisation durch das Individuum konstituiert und modifiziert wird, soll Gegenstand der folgenden Überlegungen sein. In ihrem Zentrum steht die Frage nach der *Konstitution* des Individuums und der Organisation, wobei, das sei vorab festgehalten, der Schwerpunkt der Ausführungen auf dem Individuumspol liegen wird. Woher kommt es? Wer erzeugt es? Ist es – vollgerüstet wie Athene – die fertige Kopfgeburt der WissenschaftlerInnen oder gar ein Naturdatum? Weil ich das Individuum als Produkt und Produzent betrachten werde, muß ich auch Bezug nehmen auf das, was das Individuum – im Doppelsinn – produziert.

Analog der von Coase und Williamson vorgeschlagenen Ersetzung der Frage „Why firms?" durch die Frage „How firms?" (Granovetter 1990, S. 102) eröffnet die Umstellung von „Was ist die Organisation/das Individuum?" auf „Wie wird etwas Organisation/Individuum?" neue Perspektiven, weil an die Stelle der Bestandsfrage die Konstitutions- oder Strukturationsfrage bzw. die Einsicht in die Bedingtheit des Bedingenden (Adorno 1979, S. 748) tritt. Dann entfällt auch die Frage nach dem überzeitlichen 'Wesen' von Organisation, und es kann z.B. untersucht werden, auf welche Weise historisch-spezifische Organisations*formen* (Taylorismus, Fordismus, neue Produktionskonzepte, systemische Rationalisierung, lean production, fraktale Fabrik, Selbstorganisation) und bestimmte Menschenbilder (rational man, organization man, complex man) entstehen und sich erhalten. Organisationen gelten im entsprechenden Diskurs als stabilisierte und legitimierte Ordnungen, die als Einheiten symbolisiert und erlebt werden; durch sie bzw. in ihnen werden Ressourcen dauerhaft zusammengelegt und instrumentalisiert. Einheit und Ordnung werden ermöglicht und beschränkt durch die verfahrensbestimmten Inter-Aktionen konkreter Menschen, die sich, ihre Beziehungen und ihre Leistungen in fluktuierenden Kontexten gestalten.

Auch der Organisationsbegriff wird in verschiedenen Bedeutungen verwendet, die sich für die Entgegensetzung von Individuum und Organisation als relevant erweisen:

1. *Organisation als Organisat*
   Organisationen werden entweder als reale Gebilde (Einheiten mit eigenständiger Existenz und Wirkkraft) oder bloß als Konstrukte, nämlich Wahrnehmungen oder mentale Erzeugnisse bzw. Tat-Sachen beschrieben. Zwei Sichtweisen sind verbreitet:
   a) Von *außen* gesehen ist Organisation eine Form, die sich von ihrer Umwelt abgrenzt. Dies ist der Sinn der Rede von 'Organisation *sein*': Organisation als abgegrenztes Gebilde, Container von Menschen, Konfiguration von Positionen, fremdbestimmte, auferlegte 'Struktur', formgebende Zwangsapparatur.

b) Aus der *Binnen*-Perspektive meint 'Organisation sein' Ordnung und Struktur *haben*: Organisation als verinnerlichtes Programm, das sich z.B. in Denkhaltungen, Handlungsmustern, Erwartungsstrukturen etc. manifestiert.

2. *Organisation als Prozeß*
Die prozessuale Beschreibung (Organisieren!) betont, daß Organisation nichts Dingliches und Fertiges, sondern ein Geschehen ist. Organisation wäre nicht, wenn sie sich nicht entwickelte, und deshalb existiert sie nur im Vollzug, in der Schöpfung. Organisationsentwicklung ist Existenzbedingung und Dauerzustand, nicht Sonderaktion!

Auch wenn das Konstrukt Organisation 'in letzter Instanz' auf Handlungen von Menschen zurückgeführt wird, wird dennoch mit seiner Verdinglichung gerechnet: Organisation kann sich den Menschen gegenüber verselbständigen und ihnen sogar fetischhaft als fremde Gewalt gegenübertreten: Organisationen kontrollieren dann das Arbeitsversprechen ihrer Mitglieder, das in Analogie zum Gebrauchswertversprechen der Waren gesehen werden kann. Arbeitsorganisationen werden zu Mitteln oder gar Subjekten, die das Transformationsproblem lösen; sie konstituieren (durch 'Stellenschneidung', Rolle, Funktionszuschreibung ...) das Arbeitsvermögen, sie überwachen es und sie formen es. Im Arbeitsvertrag wird ein Tausch-Versprechen gegeben, das dann im alltäglichen Gebrauch eingelöst werden muß und erst dort konkretisiert werden kann.

Die Wortbedeutung von Organisation leitet sich her von 'Werkzeug' oder 'Instrument'. Instrumentierung ist die Voraussetzung der Instrumentalisierung der Menschen 'in' der Organisation. Die abstrakten Strukturmerkmale der Organisation (zum Beispiel Formalisierung, Konfiguration, Strukturierung, Differenzierung oder Spezialisierung, Entscheidungszentralisation, Integration usw.) konkretisieren sich – das zeigen die Operationalisierungen der Aston-Group in aller wünschenswerten Klarheit – in den vorgesehenen, vorgeschriebenen oder angewandten Verfahren, Praktiken oder Techniken. In ihrer Summe charakterisieren diese Verfahren die Organisation. Zugleich aber – und dieser Gedanke soll hier weiterverfolgt werden – sind sie die Mittel der Individualisierung: sie erzeugen das Individuum, das sie sowohl beherrschen wie befreien.

Individualisierung ist der Organisierung nicht entgegenzusetzen, denn sie *ist* einerseits Organisierung (im Sinne der passenden Auswahl und Zurichtung von Menschen), weil sie die Erzeugung und Stabilisierung von Unterschieden zwischen und innerhalb von Menschen bewirkt und den so Besonderten (scheinbar) eigenständige Interessen, Fähigkeiten und Orientierungen implantiert, die dazu dienen, fremde Logiken (jene von Institutionen, Strukturen, Verfahren, Koalitionen) zu exekutieren; dieser impliziten Trivialisierung ist der andere Aspekt von Individualisierung entgegengesetzt, der die Chance bezeichnet, im Geflecht der nur partiell koordinierten und nie völlig und eindeutig bestimmten Praktiken

Spielräume für Objekt-, Beziehungs- und Selbstgestaltung wahrzunehmen.

Meist wird bei der Behandlung der Individuums-Organisations-Polarität die Organisation als das Übermächtig(end)e dargestellt, dem sich die Person zu fügen oder anzupassen hat. Türk (1976) hat die überfordernden Zumutungen durch Organisation als Grundlagen möglicher Pathologien erkannt: 'die' Organisation übersteigt die Bewältigungskompetenzen der Individuen, weil und wenn sie überkomplex, übersteuert und überstabil ist. Nicht zufällig hat die Standing Conference on Organizational Symbolism die *Drachenmetapher* benutzt, um das Verschlingende und Überwältigende der Organisation zu charakterisieren (Sievers 1990). Geht es um den Person-Organization-Fit, wird der Person meist der Part des Ein- und Anzupassenden zugeschrieben.

Wie im Untertitel schon angeführt, werde ich versuchen, die wechselseitige Erzeugung von Individuum und Organisation als verfahrensvermittelt zu beschreiben: Gesellschaftliche Institutionen erzeugen die Handlungsformen der Individuen, die mittels der Verfahren, sie benutzen (müssen), um ihre Interessen zu verfolgen, die Institutionen reproduzieren. Von den vier Konstitutionsprozessen, die in Abb. 1 skizziert sind, konzentriere ich mich auf Individualisierung(1); an diesem Beispiel will ich die konstitutionelle Bedeutung von Verfahren demonstrieren. Auf dieser Grundlage gehe ich dann abschließend (nur noch knapp) auf die anderen drei Prozesse ein. Im Hauptteil werde ich auf Überlegungen von Foucault zurückgreifen, um die Herstellung des produktiven Individuums zu erhellen und mich dabei vor allem auf seine genealogischen Ausführungen stützen, in denen besonders die Rolle der (diskursiven und nichtdiskursiven) *Praktiken* hervorgehoben wird.

3. Verfahren als Mittel der Individualisierung und Organisierung

3.1 Verfahren im Personalwesen

Das Rückgrat der Organisation sind Routinen, Verfahren, Techniken, Instrumente etc. Die Dynamik und die Produktivität einer Organisation sind – worauf Türk (1995, passim) nicht müde wird hinzuweisen – durch 'lebendige, konkrete Arbeit' und durch die Inter-Aktion und Kooperation der Akteure bestimmt, aber diese 'Physiologie' der Arbeit wird ermöglicht durch spezialisierte 'Organe' der Arbeit: Verfahren. Es ist ein Allgemeinplatz zu sagen, daß es 'Arbeit an sich' (reine Bewegung, Veränderung und Energieverausgabung) nicht gibt: sie ist kontextualisiert, verwendet Mittel und ist immer schon formbestimmt. Und es sind nicht zuletzt Verfahren, die diese Konkretisierung und Formbestimmung leisten. Begründung und Zusammenhang der Routinen und Techniken liegen allerdings nicht in ihnen selbst, sondern in den Zielen oder in fundamentaleren (oder abstrakteren) Institutionen, die als gesellschaftliche Muster zu verstehen sind, aus deren Reservoir sich Organisationen bedienen (müssen).

Bei der Disziplinierung spielen die Disziplinen (Verfahren, Techniken, Praktiken etc.) die entscheidende (Vermittler-)Rolle. Sie sind Produkt und Medium der gesellschaftlichen Institutionen. Wenn immer wieder festgestellt wird (so z.B. in Türks Beitrag zu diesem Band), daß in der Soziologie schon fast alles 'Institution' genannt wurde, dann gilt ähnliches auch für Verfahren, Routinen, Techniken, Handlungsregeln etc. Um ein Beispiel zu geben:

„Unter 'Regeln' verstehen wir die Routinen, Prozeduren, Konventionen, Rollen, Strategien, organisationalen Formen und Technologien, um die herum politische Aktivität strukturiert ist. Wir verstehen darunter auch die Glaubensüberzeugungen, Paradigmen, Codes, Kulturen und Wissensbestände, die diese Rollen und Routinen umgeben, stützen, ausarbeiten und die ihnen widersprechen" (March/Olsen 1976, S. 22). Deshalb darf keine präzise Abgrenzung erwartet werden, allenfalls eine Akzentsetzung. Minimalbestimmungen für 'Verfahren' sind:

- Es gibt typisierte Auslöse- und Einsatzbedingungen (Einsatz-Orte, Einsatzzeiten, Gelegenheiten; Reichweiten und Personenkreise sind spezifiziert).
- Handlungsinhalte und -abfolgen sind vorgeschrieben (häufig, aber nicht notwendig formalisiert, kodifiziert, dokumentiert).
- Die Anwendung ist sanktionsbewehrt (gegen Regelverletzung und Kooperationsverweigerung geschützt).
- In Begründungsabsicht werden häufig offizielle Funktionen für das Handlungssystem (z.T. auch für die Ausführenden und die Betroffenen) genannt; neben den technischen Funktionen lassen sich auch symbolische aufzeigen.
- Verfahren sind auf Dauer und auf Wiederholung angelegt (also keine einmaligen Aktionen).

Beispiele aus dem Personalbereich, die durch analoge Instrumente und Methoden aus jedem anderen Funktionsbereich ersetzt werden könnten:

- Besprechungen, Gesprächsrunden, Meetings, Zirkel;
- Anträge auf Leistungen (z.B. Urlaub, Höherstufung, Entschädigung usw.);
- Beschwerdewesen;
- Analysen, Gutachten, Stellungnahmen;
- Entgeltsysteme;
- Akquisitions-, Allokations- und Beförderungspraktiken;
- Auswahlverfahren, Prüfungen;
- Zeitmanagement (Zeiterfassung, Zeitbewirtschaftung);
- Beurteilungsverfahren;
- (Leistungs-, Anwesenheits-, Ergebnis-, Qualitäts-)Kontrollen; Revisionen;
- Erhebungen, Befragungen;

- Informationssysteme;
- Ausbildungs- und Entwicklungsmaßnahmen;
- Vorschlags- und Verbesserungswesen;
- Planungsprozeduren;
- Entlassung.

Personalwesen gilt angesichts seiner Verfahrensbesessenheit als atheoretische Disziplin, als Sammelsurium von Techniken und Instrumenten zur Bewältigung von Alltagsaufgaben: ein Mülleimer, in den andere betriebliche Funktionen Probleme entsorgen, bzw. eine Afterwissenschaft, die nachdenkt, was Praxis vormacht. Die stete Klage über die Theorielosigkeit des Personalwesens kann man aber ins Konstruktive wenden. Im Mülleimer der Mittel muß man suchen, um aus ihnen die implizite Theorie rückzugewinnen, denn Theorie ist nicht etwas Abgehobenes oder Übergestülptes, sie steckt in den Mitteln als der Sinn, den sie bezwecken.

Die Bedeutung der Verfahren für die Konstitution der Disziplin(!) Personalwesen zeigt sich an der Frage, wer sie beherrscht. Wer Herr des Verfahrens wird, macht andere von sich abhängig. Bei Jedermann-Verfahren (die z.B. von Hilfskräften administriert werden können oder automatisiert bzw. programmiert von selbst ablaufen) gibt es keine unmittelbare Abhängigkeit mehr von Professionellen. Nur wenn ein Verfahren kompliziert, intransparent, im Ausgang unsicher und störanfällig ist, erfordert es Expertise und verleiht damit Macht, die gesteigert wird, wenn die Verfahrensbeherrschung monopolisiert werden kann. Wenn eine Disziplin keine speziellen Verfahren mehr hat, die sie und durch die sie *allein* beherrscht, dann wird sie strategisch unwichtig. Denn die Problem- und Konfliktlösungen, die von der Verfahrenskompetenz erwartet werden, können von anderen oder auf andere Weise bereitgestellt werden.

Genau diese Erosion der Verfahrensherrschaft zeigt sich im Personalwesen. Die Klagen über die Bedeutungsverluste des Personalwesens haben einen realen Grund in der zunehmenden Unverfügbarkeit spezialisierter (unkopierbarer, unsubstituierbarer, professionalisierter, komplexer) Verfahren bzw. der Forderung, im Prozeß der Verschlankung vieles an die Linie abzugeben oder auszugliedern. Was dann noch bleibt, sind oftmals Allerweltskompetenzen, deren Anwalt und Adressat Personalwesen ist, das dann mit Handlungsmaximen wie 'Seid nett zueinander!', 'Entwickelt euch!', 'Kooperiert!', 'Seid effizient!' zur Sozialanstalt oder Moralinstanz mutiert.

Die rekursive Kehrseite der Disziplinierung: man beherrscht eine Disziplin und wird eben deshalb durch sie beherrscht. Etwas verrichten heißt, dadurch aus- und eingerichtet werden. So werden (professionelle) Disziplinen geschaffen, deren Ziel es ist, die Verfahren, die auf die anderen angewandt werden sollen, zu perfektionieren und exklusiv zu halten. Professionen und Professionelle disziplinieren sich selbst (in diesem umfassenden Sinn), um andere disziplinieren zu können. Damit zeigt sich das Janusgesicht der Verfahren: Zum einen verleihen sie den HerrInnen der Verfahren Macht, die auch sie selbst beherrscht; zum anderen sollen sie – angewandt auf die 'Subiecta' – diese zu produktiven Individuen machen, die unterm routinisierten Verfahrensdiktat tun und werden, was sie machen und sein sollen. Aus den genannten Beispielen lassen sich typische Erscheinungsformen und Eigenheiten von Verfahren ableiten:

– Organisationale Verfahren residieren nicht nur als Handlungsprogramme in den Köpfen der Akteure, sie sind auch materialisiert in Formularen, Agendas, Manualen, Anweisungen, Prüflisten, Tabellen, (Software-)Programmen etc.
– Verfahren müssen eingeübt werden und können erst durch/mit Erfahrung beherrscht und genutzt werden; es werden nicht selten für sie spezielle Schulungen eingerichtet. Verfahrensbeherrschung kann zertifiziert und arbeitsmarktrelevante Qualifikation werden (zumindest für den internen Arbeitsmarkt).
– Prinzipien und Strukturen von Verfahren werden meist veröffentlicht; die kompetente Handhabung erfordert jedoch Übung und verschafft privilegiertes Wissen und Können.
– Verfahren erlauben Spiel-Raum und Variations- bzw. Ausgestaltungsmöglichkeiten. Verfahren müssen bzw. dürfen nicht unbedingt 'aufs Wort' oder 'auf den Buchstaben' genau ausgeführt werden.
– Verfahren konkretisieren bzw. verwirklichen Handeln. Sie sind die sichtbaren Formen des Handelns.
– Verfahren kommen immer in Mehrzahl vor, sie hängen miteinander zusammen und voneinander ab. Sie sind locker gekoppelt mit anderen Verfahren, so daß z.T. die Möglichkeit der Wahl bzw. Substitution oder des Gegeneinander-Ausspielens besteht.
– Verfahren bieten Schutz, Rückendeckung, Berufungsmöglichkeit, Rechtfertigung; sie bieten und versperren Ausreden, Entschuldigungen, Begründungen. Sie schreiben Verantwortung zu und entlasten von Verantwortung.
– Verfahren zwingen zu bestimmtem Handeln (wenn z.B. zu bestimmten Zeitpunkten und in vorgeschriebener Form Aufstellungen, Untersuchungen, Ergebnisse, Anträge usw. vorgelegt werden müssen).
– Verfahren regulieren und begrenzen Interaktionen; sie vernetzen und relationieren Handelnde.
– Verfahren orientieren Informationssuche und Wirklichkeitsabbildung.
– Verfahren strukturieren die Zeit und füllen die Zeit aus (sorgen für Beschäftigung).
– Verfahren distanzieren und schützen vor Intimität und Emotionalität.

3.2 Verfahren als lebendige Abstraktion

In ironisierender Wendung gegen Ortmann et al. (1990) stellt Türk (1995a) fest, daß in Organisationen die Abstraktion tobt und nicht das Leben. Er meint damit das Regime entfremdender Zumutungen, das er dem 'realen', 'konkreten', 'lebendigen' Leben gegenüberstellt. Dazu kann man wie in dem bekannten Rabbi-Witz sagen: Ortmann hat recht, Türk hat recht, und wer sagt, daß nicht sein kann, daß beide recht haben, hat auch recht.

Im ordentlichen Gewirr der Verfahren tobt das Leben, weil der Vollzug der Verfahren das aktive, lebendige Ausfüllen der abstrakten Form verlangt. Die Akteure vollziehen nicht blind die systemspezifischen Operationen, sondern haben erwünschte wie unerwünschte Gefühle, Bedürfnisse, Interessen, Pläne, Verpflichtungen, Beziehungen, Erfahrungen etc., die das Programm der herrschenden Koalition kontaminieren. Als 'ganze Menschen' sind sie jedoch weder Subjekt, noch Objekt der Organisation. Nicht Objekt, weil die Organisation sich nur für einen Teil dessen interessiert, was sie als Menschen können, wollen, brauchen; nicht souveränes Subjekt, weil ihnen die Verfahren, in deren Rahmen sie agieren, entlastende und belastende Beschränkungen und Möglichkeiten vorgeben.

Auch wenn das Management in Verwertungs- und Herrschaftsabsicht von den Organisationsmitgliedern nur Leistung will, sind sie als wie auch immer geformte, abgetrennte, entfremdete *Menschen* gegenwärtig. Notwendigerweise, allerdings oft ungewollt kommt es bei ihnen und durch sie zu Zu-Taten und Mit-Leiden. Organisationen wollen keineswegs kannibalistisch den 'ganzen Menschen' (Totalinklusion), aber sie bekommen einerseits mehr und anderes als sie wollen (z.B. 'dysfunktionale' Gefühle, Beziehungen, Stress, Sabotage) und andererseits zu wenig (an Einsatz, Leistung, Qualität ...).

Weil die Arbeitskraft nur in Teilen benötigt wird, muß man die Voraussetzung zu dieser Teilung durch Praktiken schaffen, die man einzeln und nacheinander erwerben und ausbilden kann. Die Partialisierung des Menschen ist der selektiven Aneinanderreihung von Praktiken geschuldet. Das Verweigern allseitigen Tätigseins ('morgens ein Jäger ... abends ein Kunstrichter...') bedeutet zum einen Abtrennung von anderen Menschen und eigenen Möglichkeiten, denn Arbeitsintensivierung behindert im allgemeinen umfassende Entwicklung, weil Fertigkeit und Meisterschaft Einseitigkeit bedeuten. Zum anderen aber erlaubt die Abtrennung auch völlig neue Äußerungsmöglichkeiten, weil nicht mehr alle möglichen Vernetzungen des 'ganzen Menschen' berücksichtigt werden müssen. Die Schnitte in Organisationen dienen nicht nur der Amputation, sondern auch der Transplantation.

Arbeitskraft ist doppelt gebunden: einmal an die Verfahren, die sie sowohl einschnüren wie freisetzen, zum anderen an die Menschen, die sie besitzen und vermieten (der Verkäufer der Ware Arbeitskraft bleibt ihr Eigentümer). Wer die Objekt- und Meta-Verfahren kontrolliert, kontrolliert die Arbeitskraft. Meta-Verfahren sind Verfahren, die regeln, welche Verfahren anzuwenden sind. Oft sind Metaverfahren nicht kodifiziert, sondern als Unternehmenskultur präsent.

Werte-Infusion sorgt für den Geist, in/mit dem die Verfahren zu handhaben sind: dieser Geist ist die Abstraktion aus Erfahrungen mit Verfahren. Werte werden durch Praktiken geformt, erzeugt, bestätigt; was sie wieder und wieder tun bzw. zu tun gezwungen werden, formt die Menschen. Wer jagt, wird anders als der, der sammelt, wer bedient, anders als jemand, der berät oder der brät. Nicht allein das Objekt formt die Menschen (Man ist, *was* man ißt), sondern der erlernte und praktizierte – in Praktiken sich vollziehende – Umgang damit: Man ist, *wie* man ißt (à la Elias).

Auch in funktional weniger differenzierten Gesellschaften gibt es reg(ul)ierende Verfahren, die die Gemeinschaft zusammenhalten (z.B. Rituale, Zeremonien, Riten). Sie bezeichnen, bewältigen und verschleiern die wichtigsten Probleme, denen sich eine Gesellschaft oder Gemeinschaft gegenübersieht. Man tut nicht irgendetwas (das wäre der sprichwörtliche blinde Aktionismus), sondern will etwas Bestimmtes erreichen oder verhindern, und zu diesem Zweck wendet man Verfahren an, erwirbt sich Meisterschaft darin, bewährt damit sie und sich. Wendet man diese These aufs Personalwesen an, dann wird das, was besonders stark mit Verfahren überzogen ist, auch als besonders bedeutsamer Konfliktbereich erkannt: Im Arbeitsrecht werden z.B. zentrale Konfliktfelder reguliert (Vertragsverhältnisse, Koalitionsfreiheit, Mitsprache, Mitbestimmung, Information, Kündigung etc.), in Tarifverträgen werden die Entgeltfindung und -höhe festgelegt, in Betriebsvereinbarungen werden Rahmengesetze (Arbeitszeit, Sozialplan etc.) ausgefüllt; Arbeitsordnungen regeln Verhaltensstandards. Damit wird die Person als Rechtssubjekt geschaffen oder als Bettler um einen Arbeitsplatz oder als Produktionsfaktor, der Geld wert ist, oder als Gegner, mit dem man verhandelt ...

Verfahren werden jedoch nicht einfach auf Subjekte angewandt, die sich in allem ihrem Diktat zu fügen haben und damit objektiviert werden, vielmehr profitieren Verfahren vom Mittun der Betroffenen, das sie sogar voraussetzen und anreizen müssen. Aus Kontrollperspektive ist es ideal, wenn im Eliasschen Sinne aus Sach- und Fremdzwängen Selbstzwänge geworden sind, oder extremer, in der Sprache der Psychopathologie: wenn Handlungszwänge zu wiederkehrenden unverstandenen Zwangshandlungen geworden sind (Beispiele: Gehorsam, Arbeitssucht). Zumindest muß es gelingen, die Befolgung der Verfahrensregeln als vorteilhaft und sinnvoll erscheinen zu lassen, denn desto geringer ist der Kontrollaufwand und desto höher die Eigensteuerung.

Eine solche Sichtweise bleibt jedoch äußerlich, sie bezieht sich primär auf Beschränkungen. Verfahren bieten andererseits auch Chancen und Möglichkeiten. Eine Rolle muß *gespielt*, ein Verfahren *angewandt*, ein Instrument *eingesetzt*, eine Maschine *bedient*, eine Arbeitsanweisung *ausgeführt* werden. Die Zustimmung zur freiwilligen Knechtschaft wird aktiv erzeugt und gibt das stolze Gefühl, das System der Zwänge zumindest zum Teil überlistet zu haben, um gerade dadurch aber umso enger an sie gekettet zu sein (Burawoy 1979). Nur in diesen Vollzügen verwirklicht sich Organisation; als 'reine Struktur' wäre sie weniger als ein Skelett, denn dieses – obgleich erzeugt und erhalten durch den gesamten lebendigen

Organismus – existierte eine Zeitlang auch ohne ihn. Nicht so die Organisation (siehe: Strukturation).

Durch konkretes Handeln wird die formale Ordnung verlebendigt und bestätigt oder entwickelt. Handlungen sind geformt; dennoch sind sie nie identische Replikate ihrer selbst oder detailgetreue Ausführungen vorgezeichneter Pläne. In der Praxis der Inter-Aktionen verschränken sich die verfahrensformatierten Intentionen und Motive der Akteure mit den 'institutionellen Imperativen', die in ebendiese Programme, Instrumente, Verfahren, Systeme usw. eingelassen sind und ausgeführt (praktiziert!) werden müssen, um Ergebnisse zu erzeugen und Anschlußhandeln zu ermöglichen.

Normalerweise hat eine Arbeitskraft mehrere Aufgaben auszuführen, bei denen es jeweils mehrere Wege der Lösung und mehrere Kriterien zur Bewertung des Vorgehens und des Erfolgs gibt. Zumindest hat sie die Möglichkeit, sich – wenn schon nicht durch aktive Sabotage – durch Verweigerung des Mitdenkens und Eingreifens bei Störungen bemerkbar zu machen. Damit kann sie sich punktuellen und pedantischen Kontrollen entziehen, allerdings um den Preis, einen bestimmten Standard (Menge, Qualität, Verfügbarkeit, Kalkulierbarkeit etc.) langfristig zu garantieren. Verfahren erfordern und ermöglichen, auch weil sie im Plural existieren, Spiele. Deshalb ist 'negotiated order' möglich, die man sich aber nicht als Ergebnis einer Verhandlungssituation nach Art von Tarifgesprächen vorstellen darf. Assoziationsträchtig sind evolutionsbiologische Modellvorstellungen: Bestehende Verfahren werden (gezielt, keineswegs zufällig!) variiert oder mutiert; Reaktionen anderer Beteiligter selektieren überlebensfähige (nicht: optimale) Formen, die dann im kollektiven Gedächtnis als zulässige Praktiken gespeichert werden. Eine Ordnung entsteht als Ergebnis fortwährender Fluktuationen, Tests, Innovationen, Korrekturen, Experimente – eine Ordnung, die wiedererzeugt werden muß; nur wenn *spezifische* Un-Ordnung droht, wird Ordnung von ihren Nutznießern (an)erkannt.

Um mit Beispielen aus Menzies' Krankenhausstudie (1974) zu argumentieren: Die Schwestern müssen mit PatientInnen sprechen, Kranke waschen, Medikamente herrichten und austeilen, ärztliche Visiten vorbereiten, begleiten, nachbereiten ... *Daß* all dies geschieht, ist abstrakt(!) geregelt; *wie* es geschieht, liegt im Ermessen der Schwestern. Dieses „Wie" prägt ebenso wie das „Daß". Verfahren sind überdies nicht gleich gültig, sie werden – *reflexiv* – selbst wiederum Prüfungs-Verfahren(!) unterzogen. Es kommt gewissermaßen zur Adjektivierung dessen, was geschieht, z.B. in den Kategorien schnell, gut (fehlerfrei!), teuer, effizient, effektiv, schön, befriedigend, moralisch, nützlich, ...

Wenn eine der Krankenschwestern in Menzies' Studie mit den abverlangten Spaltungen nicht mehr zurechtkommt und hohe Fehlzeiten hat: wie kann diese Beschreibung in Termini „Individuum und Organisation" reformuliert werden? Die Krankenschwester erfüllt Aufgaben (=Erwartungen), indem sie Verfahren anwendet (PatientInnen waschen, Betten machen, Medikamente verabreichen, mit PatientInnen, Angehörigen, KollegInnen, ÄrztInnen, Oberschwestern etc.

sprechen ...). Dabei plant sie nicht nur effektive und effiziente *Handlungen*, sondern gestaltet *Beziehungen*, erlebt *Gefühle*, hat *Bedürfnisse*, und all dies ist an die vorgezeichneten Formen der Handlungen gekoppelt. Beziehungen, Gefühle, Bedürfnisse sind nicht freigestellt ('rein individuell'), sondern normiert oder zumindest kanalisiert. Bei den Verfahren gibt es einen zulässigen Set, aus dem gewählt werden kann; anderes ist entweder nicht erlaubt bzw. sogar verpönt oder tabuisiert oder aber mit Mehraufwand an Durchführungsenergie oder Begründungen verbunden. Weil sie eine prägende Lebensgeschichte und Zukunftserwartungen hat, weil sie neben ihrem Arbeitsleben auch ein davon abgetrenntes (=privates) Leben hat, ist eine Krankenschwester mit einer Vielzahl teils konsistenter, teils konkurrierender Selbstbilder, Ansprüche, Zwänge, Verbote etc. konfrontiert, die aus den unterschiedlichsten sozialen und materiellen Beziehungen stammen (Kinder, Partner, Eltern, FreundInnen; Wohnung, Auto ...). Es gäbe vieles zu tun, zu fühlen, zu wollen – und sie hat – *in und wegen ihrer Arbeit* – keine Zeit und Gelegenheit und Kraft und Kompetenz dazu. Es besteht somit immer die Möglichkeit, die Handlungs*formen* anders ausfüllen, z.B. indem fassadäres Engagement gezeigt wird. Ritualismus, Schablone, Dienst nach Vorschrift, innere Kündigung, Es-ruhiger-angehen, Identifikation zurücknehmen etc. sind Varianten des oberflächlichen Mitmachens, das die Erfüllung von Verpflichtungen vorspielt, ohne aber die stets erforderlichen Leistungen des Mitdenkens und Überbrückens zu erbringen.

Sind jene Rigiditäten und Protestformen, die bei Menzies' Krankenschwestern beobachtet werden, individuell oder organisational bedingt? Darauf gibt es zwei Antworten:

Sie sind *organisational* bedingt, weil die Organisation 'Krankenhaus' als Kürzel steht für die Ordnung (Gliederung, Gesetzmäßigkeit, Trennung), die die Festlegung auf eine berufliche Dauer-Tätigkeit (Handlungs- und Interaktions*form*) mit sich bringt. Diese Tätigkeit wäre anders vorstellbar: kein Zeitdruck, viel Selbstbestimmung (in Arbeitsinhalt, -zeit, -bedingungen), Möglichkeiten zur supervidierten Reflexion des eigenen Tuns, Gleichwertigkeit mit dem ärztlichen Personal, hohes Einkommen ... Dies bedeutete eine andere Organisierung durch Individualisierung: Die von Türk (1995a) differenzierten drei Dimensionen könnten polarisiert werden: Ordnung mit Eigenleben, Gebilde mit Netzwerk, Vergemeinschaftung mit Individualisierung.

Sie sind *individuell* bedingt, weil nicht das Krankenhaus handelt, sondern die Krankenschwester im Rahmen von vorgefundenen und mitgestalteten Kontexten und im Rahmen von Handlungs- und Interaktions*formen* (s.a.: Rollen, Institutionen, Habitus). Sie entscheidet, ob sie weitermacht wie bisher oder sich noch mehr anstrengt, ob sie protestiert, kündigt, die Ordnung subvertiert oder pervertiert ... Alle Optionen sind mit Konsequenzen verbunden, die nicht nur das Weiter-Handeln, sondern ihre Gefühle, Bedürfnisse, Beziehungen und ihr Selbstbild betreffen.

4. Individualisierung

Bevor ich die in der Abb. 1 skizzierte 'Individualisierung(1)' darstelle, will ich noch kurz auf einen aktuellen Diskussionszusammenhang eingehen, der unter dem Leitmotiv der 'Individualisierung' steht.

4.1 Die Individualisierungs-Debatte

In öffentlichen und sozialwissenschaftlichen Diskursen gibt es Moden, die das Standardrepertoire von Themen scheinbar neu kombinieren und diese Innovation als aktuelles Muß aufnötigen. Zu den Lieblingssujets gehört das Verhältnis zwischen Individuum und Gesellschaft (oder Institution, Organisation). Mal dominiert jener Pol, der den stummen Zwang der Verhältnisse betont, dann sein Widerpart, der die demiurgische Gestaltungskraft des Subjekts hervorhebt. In gegenwärtigen, postmodernen Zeiten hat wieder einmal Individualisierung Konjunktur. Während aber zu den Hochzeiten der Subjektphilosophie das Subjekt als Weltenschöpfer und Souverän gedacht wurde, wird es jetzt eher zum Bastler degradiert: die neue Unübersichtlichkeit liefert eine Menge von Modellen oder Entwürfen, die der einzelne zu seiner Patchwork-Identität (Keupp 1989) collagiert.

Die aktuelle Individualisierungsdebatte (Beck/Beck-Gernsheim 1994) betont denn auch die Doppelperspektive dieser „riskanten Freiheiten", denn zum einen wird die *„Auflösung* vorgegebener sozialer Lebensformen" (Beck/Beck-Gernsheim 1994, S. 11), traditioneller lebensweltlicher Kategorien, Leitbilder, Orientierungsrahmen diagnostiziert, zum anderen aber festgestellt, daß in der modernen Gesellschaft auf den einzelnen *neue* institutionelle Anforderungen, Kontrollen und Zwänge zukommen, und zwar „institutionelle Vorgaben mit dem besonderen Aufforderungscharakter, sein eigenes Leben zu führen" (Beck/Beck-Gernsheim 1994, S. 12).

Im öffentlichen Diskurs ist ein zivilisationskritischer Ton unüberhörbar; zur aktuellen Gesellschaftsdiagnose gehört, was die Konservativen aller Epochen über ihre Zeitgenossen festgestellt haben: Werte- und Sittenverfall, Nivellierung, Vermassung, Verdummung, Inaktivität, Verunsicherung und Desorientierung, leichte Verführbarkeit und Lenkbarkeit (kein 'Charakter'). In diese Liste paßt auch Individualismus im Sinne von Egoismus und Autismus, Asozialität, narzißtischer Selbstbespiegelung, Bindungslosigkeit, Vereinzelung und Vereinsamung; dieses Verständnis von Individualismus hebt sich deutlich von jenem früheren aristokratischen Individualismus der schöpferischen und herrischen 'great men' ab, den z.B. Max Weber (s. Haferkamp 1989) durch die Rationalisierung der Welt bedroht gesehen hat.

Wenn die überkommenen und stabilisierenden Institutionen verfallen und es wieder auf den entscheidenden einzelnen entscheidend ankommt, dann werden alte Oppositionen wieder neu aktiviert. Hitzler konstatiert

„... daß sich derzeit zwar (wieder einmal) die *Formen* des Verhältnisses von Institution und Individuum wandeln, daß aber gerade im Schatten dieses Formwandels eine neue Qualität der Domestizierung, Funktionalisierung, Disziplinierung der vielen einzelnen durch die in Institutionen geronnenen (kollektiven) Macht-Interessen entsteht. Schlagwortartig verdichtet: die totale Institution wird symptomatischerweise von der Sozialisationsorganisation abgelöst, und von der Disziplinargesellschaft führt die zivilisatorische Entwicklung zur Kontrollgesellschaft" (Hitzler 1994, S. 447).

In seiner Entgegnung im gemeinsam verfaßten Aufsatz erkennt Koenen (1994, S. 451 ff.) in postmoderner Lockerheit auf die Wiederauferstehung der alten Polaritäten: David und Goliath, Arbeit und Kapital, Kasperl und Krokodil, Lebenswelt und System, Asterix und Römer, Herr und Knecht. Und immer sei es in diesen Erzählungen das Individuum, das gegen die Gesellschaft antritt und letztendlich doch gewinnt. Er nennt das „Subjektmythen, also Mythen, deren Held ein *Subjekt* darstellt" (S. 451). Während früher Individuierung und Institutionalisierung gleichzeitig gesteigert wurden, weil nämlich die Freisetzung der Individuen in der modernen Arbeitsteilung und der gesellschaftlichen Konkurrenz deren Subjektivität und Produktivität zur Geltung brachte, so daß deshalb ihre institutionelle Einbindung umso effektiver – wenn auch vielleicht latent – gestaltet werden mußte (Koenen 1994, S. 457), sei die Situation nun anders:

„Demgegenüber wird heute zunehmend eine Depotenzierung dieses Verhältnisses, eine Art Niveauverlust notiert. Der Erosion der Institutionen scheint eine Krise der Individuen, wenn nicht der Individualität zu entsprechen. Diese entsteht, wie Beck (1986) eindrucksvoll dargetan hat, in der *Verallgemeinerung der Form* der Individuierung. In dem Maß, wie alle versuchen, sich zu individuieren, schwindet der soziale Hintergrund, vor dem allein sich Individuationen deutlich abheben könnten" (Koenen 1994, S. 457).

Ähnlich argumentiert Kohli (1994), wenn er die klassische 'Institutionalisierung des Lebenslaufs', der gekennzeichnet war durch Kontinuität, Sequenzialität und Biographizität („im Sinne eines Codes von personaler Entwicklung und Emergenz"; Kohli 1994, S. 220) mit seiner aktuellen 'Biographisierung' kontrastiert:

„Im bisherigen Regime ist die Entfaltungsdynamik des Individualitätscodes in der institutionellen Struktur des Lebenslaufs gebunden. Im sich neu abzeichnenden Regime ist es die eigene Individualität selber, die an diese institutionelle Stelle gerückt ist – oder besser gesagt: die permanente Suche nach ihr. Sich zu suchen, sich zu finden, zu sich stehen ist das, was die Orientierung in der Welt verbürgen soll ... Es gibt also eine neue stabile Handlungsstruktur (diejenige der Suche bzw. Reflexion), aber mit instabilem Handlungsresultat. ... In der individualisierten Lebensform wird man seinen Produzentenstolz vielleicht nicht mehr daraus ziehen, kontinuierlich und kompetent an der Herstellung bestimmter Güter mitgearbeitet zu haben, sondern daraus, schon eine Reihe von Umstrukturierungen und Brüchen bewältigt zu haben" (Kohli 1994, S. 233 f.).

In einer knappen Formel hat Hitzler das Problem mit der wieder eingeschmuggelten Souveränität des Untertanen-Subjekts auf den Punkt gebracht:

„Es geht um die (bange) Frage, was geschieht, wenn das Individuum aufhört, die Institutionen zu beglaubigen, die das Individuum beglaubigen" (Hitzler 1994, S. 460), und zuversichtlich beantwortet er seine eigene rhetorische Frage: „Kann das *Individuum* (und sei es nur für einen historischen Moment) heraustreten aus dem (selbst miterbauten und -erhaltenen) Gehäuse der institutionellen Hörigkeit, kann es die eingelebten Verläßlichkeiten (für einen Augenblick) verlassen – und sie damit aber auch schon desavouieren? Es kann es – und es geschieht offenbar auch" (Hitzler 1994, S. 462).

Um dieses alte Problem, das Durkheim 'institutionalisierten Individualismus' genannt hat (s. Habermas 1988, S. 337) geht es auch in diesem Beitrag: Wie kommt es, daß das Individuum, während es immer autonomer wird, immer mehr von der Gesellschaft (oder: der Organisation oder der organisierten Gesellschaft) abhängt?

4.2 Individualisierung(1): Das individualisierte Subjekt

4.2.1 Zur Genealogie der Macht bei Foucault

Foucault hat sich zeitlebens mit Fragen der Konstitution des modernen Individuums auseinandergesetzt. In der Archäologie des Wissens hat er jene Entwicklungen freigelegt, die zum (heutigen) Begriff des Individuums als handlungs- und zurechnungsfähigem einzelnen geführt haben; in der Genealogie der Macht hat er jene diskursiven und nichtdiskursiven Praktiken der Abtrennung, Identifikation, Kategorisierung, Benennung und Bewertung beschrieben, mit denen dieses Individuum (re-)produziert wird.

Foucaults Behandlung von *Individualisierung* in wenigen Strichen zu skizzieren, gleicht dem Versuch, ein Phantombild von Proteus zu zeichnen: Es gibt wohl wenige Sozialtheoretiker, die ihre Positionen so häufig und so radikal in Frage gestellt und revidiert haben wie Foucault. Foucault selbst hat dazu Stellung genommen:

„Man frage mich nicht, wer ich bin, und man sage mir nicht, ich solle der gleiche bleiben: das ist eine Moral des Personenstandes, sie beherrscht unsere Papiere. Sie soll uns freilassen, wenn es sich darum handelt, zu schreiben" (Foucault 1973, S. 30).

Auch Fink-Eitel (1992) stellt Foucaults Philosophie „... als ein verwirrendes Labyrinth, als gleichsam anonymen, vielstimmigen, veränderlichen und diskontinuierlichen Prozeß offenen theoretischen Experimentierens vor" und behauptet, „... man könne sie nur so angemessen verstehen, nämlich als das heterogene Ganze einer irritierend beweglichen Entwicklung – und eben nicht als ein einheitlich integriertes oder gar geschlossenes System. Genau das aber scheint sie inzwischen [in den Auslegungen der Interpreten, O.N.] geworden zu sein" (Fink-Eitel 1992, S. 20).

Fast alle Kritiker weisen auf Brüche, Widersprüche, Unklarheiten, Umkehrungen usw. hin, und immer wieder findet sich das Resümee, Foucaults Ansätze könnten als widerlegt, inkonsistent, widersprüchlich etc. gelten. Dies ist für mich kein Grund, auf die Nutzung seiner Einsichten zu verzichten. Würde man allein solche sozialwissenschaftlichen Autoren lesen, die unbestritten sind, wären unsere Lehrbücher Leerbücher. Es kommt nicht auf das Finden ewiger Wahrheiten, sondern auf das Lernen aus Irrtümern an. Das sog. Scheitern von Foucault bringt ebenso Gewinn wie das Scheitern von Marx oder Freud oder Weber.

Um mit den Umkehrungen in den Texten von Foucault fertig zu werden, wird versucht, sein Werk zu periodisieren. Am häufigsten werden – einem Vorschlag Foucaults (1986a, S. 10) folgend – drei Phasen differenziert, die um bestimmte Hauptwerke herum gruppiert werden: die *'archäologische' Formierung des Wissens* [Leittexte: 'Die Ordnung der Dinge' (zuerst 1966), 'Archäologie des Wissens' (zuerst 1969)], die *Genealogie der Macht* [Leittexte: 'Überwachen und Strafen' (zuerst 1975); 'Sexualität und Wahrheit, Bd. I: Der Wille zum Wissen' (zuerst 1977); 'Mikrophysik der Macht' (1976)], und die subjektive Wende zur „Ästhetik der Existenz" bzw. *Ethik der Lebensführung* [Leittexte: 'Sexualität und Wahrheit, Bd. II: Der Gebrauch der Lüste' (zuerst 1984), 'Sexualität und Wahrheit, Bd. III: Die Sorge um sich' (ebenfalls 1984), 'Das Subjekt und die Macht' (1987)].

Den archäologischen und genealogischen Ansatz bezeichnet Foucault selbst als „Ethnologie der eigenen Kultur". In der Archäologie geht es ihm um die Freilegung jener autonomen Diskurs- und Wissensformationen, auf denen die (Human-)Wissenschaften aufbauen. Die Genealogie deckt die *Herkunft* jener Dispositive der Macht auf, die das Handeln der Subjekte 'kapillar' und produktiv lenken bzw. die Subjekte selbst als Individuen konstituieren. In der ethischen Phase wird im Rückgriff auf die antiken Lebenskünste darüber reflektiert, wie souveräne individuelle Selbstverhältnisse zu begründen sind.

In der Archäologie analysiert Foucault die jeweils historisch spezifische, durch *diskursive Praktiken* konstituierte *Episteme*, worunter – dem Paradigma-Begriff von Kuhn nicht unähnlich – das System der für eine Epoche charakteristischen Ordnung der Erkenntnisverfahren, ein „welterschließender Deutungsrahmen" (Kögler 1994, S. 41) verstanden wird.

Ich werde mich im folgenden auf die genealogische Phase konzentrieren, weil mein Hauptanliegen ist, die Foucaultschen Ansichten über die 'Verfertigung' des Individuums zu diskutieren und zu nutzen. Denn im Unterschied zu naturalistisch-ontologischen Positionen geht Foucault nicht davon aus, daß die gegebene Entität 'Individuum' einer unabhängigen oder gar feindlichen (sozialen) Umwelt gegenübertritt und in der Auseinandersetzung mit ihr geformt wird, sondern daß das Individuum durch die Gesellschaft bestimmt ist.

Der Zentralbegriff der genealogischen Phase ist Macht. Ich werde zunächst die Grundlinien des Foucaultschen Machtverständnisses (dieser Phase) skizzieren, um mich dann der 'Herstellung des Individuums' – der Individualisierung – zuzuwenden.

Zunächst ein längeres Foucault-Zitat aus „Dispositive der Macht. Recht der Souveränität/Mechanismus der Disziplin" (1978), in dem er fünf „methodologische Vorkehrungen beim Studium von Herrschaft und Unterwerfung" empfiehlt:

1. „Es geht nicht darum, die regulierten, legitimen Formen der Macht in ihrem Kern, in ihren möglichen allgemeinen Mechanismen und ihren konstanten Wirkungen zu analysieren, sondern darum, die Macht an ihren äußersten Punkten, an ihren letzten Verästelungen, dort, wo die Kanäle haarfein sind, zu erfassen; die Macht also in ihren regionalsten, lokalsten Formen und Institutionen anzugehen, besonders dort, wo sie die Rechtsregeln, die sie organisieren und begrenzen, überspringt und sich so über sie hinaus verlängert, sich in Institutionen eingräbt, sich in Techniken verkörpert und sich Instrumente materiellen, möglicherweise auch gewaltsamen Eingreifens gibt" (S. 80).

2. „Die zweite methodologische Vorkehrung bestand darin, die Macht nicht auf der Ebene der Intention oder der Entscheidung zu analysieren, nicht zu versuchen, sie von ihrer Innenseite her anzugehen, nicht die labyrinthische und unbeantwortbare Frage zu stellen: 'Wer also hat die Macht und was hat er im Sinn, oder wonach strebt der die Macht hat?' Es ging vielmehr darum, die Macht dort zu analysieren, wo ihre Intention – wenn es eine Intention gibt – völlig im Innern realer und konkreter Praktiken aufgeht, darum, sie in ihrer äußeren Fassade zu analysieren ... Mit anderen Worten: anstatt sich zu fragen, wie der Souverän an der Spitze erscheint, sollte man herauszufinden versuchen, wie sich allmählich, schrittweise, tatsächlich, materiell, ausgehend von der Vielfältigkeit der Körper, Kräfte, Energien, Materien, Wünsche, Gedanken usw. die Subjekte konstituiert haben. Man muß die materielle Instanz der Unterwerfung in ihrer subjektkonstituierenden Funktion erfassen. Es wäre das genaue Gegenteil dessen, was Hobbes im Leviathan versucht hat ... Anstatt nun diese Frage der zentralen Seele zu stellen meine ich, daß man versuchen müßte, die peripheren und vielfältigen Körper zu analysieren, d.h. die Körper, die von den Machtwirkungen als Subjekte konstituiert werden" (S. 80 f.).

3. „Dritte methodologische Vorkehrung: ... Die Macht muß als etwas analysiert werden, das zirkuliert oder vielmehr als etwas, das nur in der Art einer Kette funktioniert. Sie ist niemals hier oder dort lokalisiert, niemals in den Händen einiger weniger, sie wird niemals wie ein Gut oder wie Reichtum angeeignet. Die Macht funktioniert und wird ausgeübt über eine netzförmige Organisation. Und die Individuen zirkulieren nicht nur in ihren Maschen, sondern sind auch stets in einer Position, in der sie diese Macht zugleich erfahren und ausüben; sie sind niemals die unbewegliche und bewußte Zielscheibe dieser Macht, sie sind stets ihre Verbindungselemente. Mit anderen Worten: die Macht wird nicht auf die Individuen angewandt, sie geht durch sie hindurch ... Tatsächlich ist das, was bewirkt, daß ein Körper, daß Gesten, Diskurse, Wünsche als Individuen identifiziert und konstituiert werden, bereits eine erste Wirkung der Macht. Das Individuum ist also nicht das Gegenüber der Macht; es ist, wie ich glaube, eine seiner ersten Wirkungen" (S. 82 f.).

4. „Wichtig ist also nicht, so meine ich – und dies wäre dann die vierte methodologische Vorkehrung – eine Art Deduktion der Macht vom Zentrum ausgehend zu vollziehen und herauszufinden zu suchen, bis wohin sie sich nach unten hin fortsetzt, in welchem Maße sie

sich reproduziert, bis hin zu den molekularsten Elementen der Gesellschaft. Man muß vielmehr eine *aufsteigende* Analyse der Macht machen, d.h. von den unendlich kleinen Mechanismen ausgehen, die ihre Geschichte, ihren Ablauf, ihre Technik und Taktik haben und dann ergründen, wie diese Machtmechanismen von immer allgemeineren Machtmechanismen und von Formen globaler Herrschaft besetzt, kolonisiert, umgebogen, transformiert, verlagert, ausgedehnt usw. wurden und werden" (S. 83 f.).

5. „Fünfte methodologische Vorkehrung: es ist sehr wohl möglich, daß die großen Machtmaschinerien mit ideologischen Produktionen einhergingen ... aber ich glaube nicht, das das, was an der Basis entsteht, Ideologien sind: es ist zugleich sehr viel weniger und sehr viel mehr. Es sind konkrete Instrumente der Herausbildung und Akkumulation von Wissen, es sind Beobachtungsmethoden, Registriertechniken, Untersuchungs- und Forschungsverfahren, Kontrollapparate. All dies bedeutet, daß die Macht über diese subtilen Mechanismen nur dann ausgeübt werden kann, wenn sie ein Wissen oder vielmehr Wissensapparate entwickelt, organisiert und in Umlauf setzt, die keine ideologischen Gebäude sind" (S. 87).

In diesem Text wird an verschiedenen Stellen deutlich gemacht, daß 'Macht' nicht vorgestellt werden darf als sicherer und stabiler Besitz, sondern sich in vielfältigen und wechselnden Kräfteverhältnissen zeigt, daß sie nahezu unmerklich in alltäglichen Praktiken verborgen ist und daß sie nicht negativ-repressiv, sondern positiv-produktiv wirkt. Es gibt kein Machtzentrum mehr und keine machtfreie und unabhängige Stelle, alles ist machtdurchtränkt, macht-voll. Keine Machtposition ist auf Dauer und unumkehrbar gesichert. Macht durchdringt alle Praktiken und Verhältnisse 'von innen her':

„Die traditionelle Macht ist diejenige, die sich sehen läßt, die sich zeigt, die sich kundtut und die die Quelle ihrer Kraft gerade in der Bewegung ihrer Äußerung findet. Jene aber, an denen sich die Macht entfaltet, bleiben im Dunkeln; sie empfangen nur soviel Licht von der Macht, wie diese ihnen zugesteht: den Widerschein eines Augenblicks. Ganz anders die Disziplinarmacht: sie setzt sich durch, indem sie sich unsichtbar macht, während sie den von ihr Unterworfenen die Sichtbarkeit aufzwingt. In der Disziplin sind es die Untertanen, die gesehen werden müssen, die im Scheinwerferlicht stehen, damit der Zugriff der Macht gesichert bleibt. Es ist gerade das ununterbrochene Gesehenwerden, das ständige Gesehenwerdenkönnen, ... was das Disziplinarindividuum in seiner Unterwerfung festhält" (Foucault 1991, S. 241).

Moderne Macht – das entwickelt Foucault vor allem in 'Überwachen und Strafen. Die Geburt des Gefängnisses' – zielt auf den einzelnen und seinen Körper, der nicht hingerichtet (oder gefoltert), sondern abgerichtet oder zugerichtet wird, denn es geht um „die Herstellung von effektiv einsetzbaren, das System tragenden und somit 'ertragreichen' Individuen" (Kögler 1994, S. 91).

Das entscheidende Produkt moderner Macht ist das Individuum, das durch die 'Disziplinen' erzeugt wird.

4.2.2 Individualisierung als organisierte Disziplinierung. Die Herstellung des produktiven Subjekts

Wenn Foucault vom disziplinierten Individuum spricht, dann meint er also nicht das geknechtete Subjekt feudaler Macht, sondern das *produktive* Individuum, das durch Konditionierung dazu gebracht wurde, die ehemals externe Steuerungsinstanz in sich aufzurichten und sich selbst in Regie zu nehmen.

Individualisierung wird betrieben mit Hilfe der „Mittel der guten Abrichtung" (Foucault 1991, S. 220 ff.). „Die Disziplin 'verfertigt' Individuen: sie ist die spezifische Technik einer Macht, welche die Individuen sowohl als Objekte wie Instrumente behandelt und einsetzt" (Foucault 1991, S. 220). Und dazu bedient sie sich „einfacher Instrumente: des hierarchischen Blicks, der normierenden Sanktion und ihrer Kombination im Verfahren der Prüfung" (Foucault 1991). Die hierarchische Überwachung äußert sich im 'zwingenden Blick', nämlich den „kleinen Techniken der vielfältigen und überkreuzten Überwachungen, der Blicke, die sehen, ohne gesehen zu werden" (Foucault 1991, S. 221). Als perfekteste Manifestation beschreibt Foucault denjenigen Disziplinarapparat, „der es einem einzigen Blick ermöglichte, dauernd alles zu sehen" (Foucault 1991, S. 224); das Benthamsche Panoptikum ist die architektonische Konkretisierung einer solchen Apparatur, deren Pointe ist, daß – wenn der Überwacher unsichtbar bleibt – die Überwachten nie wissen, ob und wann sie überwacht werden, so daß sie sich potentiell immer überwacht fühlen, die Überwachung quasi internalisieren und als äußere Instanz somit überflüssig machen. Diesem architektonischen Design entsprechen als moderne Äquivalente Personalinformationssysteme (Ortmann 1984); Hitzler (1994, S. 448) zitiert in diesem Zusammenhang auch Gilles Deleuzes Begriff des 'elektronischen Halsbands', das Benthams Panoptikum abgelöst habe. Zusätzlich zur Überwachung aus der Zentralperspektive beschreibt Foucault die Entwicklung zahlreicher Rollen von Beobachtenden, die auf Teilfunktionen spezialisiert sind und sich gegenseitig beobachten, so daß es nicht mehr *einen* zentralen Beobachter ('Großer Bruder') gibt, sondern letztlich alle einander beobachten und jeder beobachteter Beobachter, permanent überwachter Überwacher ist (Foucault 1991, S. 228). „Das erlaubt es der Disziplinarmacht, absolut indiskret zu sein, da sie immer und überall auf der Lauer ist, da sie keine Zone im Schatten läßt und da sie vor allem diejenigen pausenlos kontrolliert, die zu kontrollieren haben; und zugleich kann sie absolut 'diskret' sein, da sie stetig und zu einem Gutteil verschwiegen funktioniert" (Foucault 1991, S. 229).

Die normierende Sanktion ergänzt den hierarchischen Blick: „Im Herzen aller Disziplinarsysteme arbeitet ein kleiner Strafmechanismus ... Die Disziplinen etablieren eine 'Sub-Justiz'; sie erfassen einen Raum, der von den Gesetzen übergangen wird; sie bestrafen und qualifizieren Verhaltensweisen, die den großen Bestrafungssystemen entwischen" (Foucault 1991, S. 230). Diese Justiz verfolgt und sanktioniert die 'kleinen' Verfehlungen: sie ist „eine Mikro-Justiz der Zeit (Verspätungen, Abwesenheiten, Unterbrechungen), der Tätigkeit (Unaufmerksamkeit,

Nachlässigkeit, Faulheit), des Körpers ('falsche' Körperhaltungen und Gesten, Unsauberkeit), der Sexualität (Unanständigkeit, Schamlosigkeit)" (Foucault 1991, S. 230). Strafbar – und zwar mit relativ kleinen Strafen und korrigierenden Übungen geahndet – wird alles, was nicht konform ist. Es geht also nicht um die großen Verbrechen und Missetaten, sondern 'nur' um die kleinen Abweichungen, die Verletzungen ungeschriebener Gesetze, die Mißachtung von Gewohnheiten und Gruppennormen. So wird auf Dauer eine generelle Gefügigkeit und Gelehrigkeit erzeugt. Sie wird weit besser als durch Bestrafung durch ein abgestuftes System von kleinen Belohnungen erreicht. Diese Belohnungen setzen Differenzierungen voraus und bekräftigen sie.

Foucault geht davon aus, daß dieses System *„normend, normierend, normalisierend"* wirkt (Foucault 1991, S. 236), und diese Funktionstrias kann – abgestuft – jedem Verfahren unterstellt werden: Individuen werden *genormt* (vereinheitlicht, standardisiert), so daß idiosynkratische Abweichungen irrelevant werden. Individualisierung ist also gerade nicht die Steigerung der Unterschiede zwischen den Menschen, sondern ihre Nivellierung. Individuen werden zudem *normiert*, d.h. an Durchschnitts- oder Idealwerten gemessen und auf der Basis der Abweichung von der Norm eingestuft, belohnt, bestraft, korrigiert; und sie werden schließlich *normalisiert*: das, was mit ihnen geschieht, wird als üblich, gewöhnlich, alltäglich, normal etabliert, es wird zur Selbstverständlichkeit, von der man kein Aufhebens macht, die man – weil sie in Fleisch und Blut übergegangen ist – gar nicht mehr als Besonderheit erkennt und gegen die man somit auch nicht opponieren oder rebellieren kann.

Fink-Eitel nennt es eine der „provokantesten Thesen Foucaults, daß das Gefängnis die Delinquenz, die es zu beseitigen vorgibt, zugleich auch miterzeugt" (Fink-Eitel 1992, S. 77). Es differenziert die Verbrecher von den Gesetzestreuen, schließt sie aus (aus der Gesellschaft) und ein (in das Gefängnis) und macht sie durch Besonderung zu besonder(t)en und 'anderen', die durch die Sonderbehandlung stigmatisiert werden.

Analog könnte man fragen: Erzeugen Organisationen jene Faulheit, jenen Ungehorsam und jenes Desinteresse, zu dessen Kontrolle sie geschaffen wurden? Die Verfahren, die zur Bewältigung derartiger 'Fehlentwicklungen' eingesetzt werden (z.B. Überwachung, Motivationsprogramme, Leistungslohn usw.), wären daraufhin zu untersuchen, ob oder wie sie gerade dadurch, daß sie *gegen* bestimmte Mängel gerichtet werden, diese ins Bewußtsein rücken und zur Machtentfaltung nutzen; die Profiteure bestimmter Verhältnisse haben deshalb ein Interesse am Weiterbestehen von Problemen, denn diese sind es, die ihnen die Gelegenheit zur Machtdemonstration und -stabilisierung geben. Auf diese Weise kann man sich auch das Zustandekommen anderer organisationaler Teufelskreise vorstellen. Ein Beispiel: Eine tayloristische Arbeitsanalyse führt zu Zerstückelung der Arbeit und diese zu Desinteresse, Nicht-Mitdenken, Sorglosigkeit und Unsorgfältigkeit, wogegen als Rezept selbstverstärkend noch mehr Taylorismus eingesetzt wird. Jene detaillierte Überwachung, die mit der Unfähigkeit und Unzuverlässigkeit der Arbeitenden begründet wird, erzeugt (erst) diese Symptome, weil gerade durch enge Kontrolle den Arbeitenden Erfahrungssammlung und Verantwortungsübernahme verweigert werden.

4.3 Das Beispiel AC: Ein Verfahren der Prüfung

Als Beispiel für ein personalwirtschaftliches Verfahren soll das Assessment Center herausgegriffen werden (s. Kompa 1995; Fisseni/Fennekels 1995; Jeserich 1981; Veil 1995). Es handelt sich dabei um eine eignungsdiagnostische Prozedur, mit deren Hilfe vor allem Führungskräftenachwuchs identifiziert werden soll. Assessment Centers unterscheiden sich in mehrfacher Hinsicht von den üblichen Selektionsverfahren, die sich auf *einzelne* Instrumente (Tests, Lebenslauf, Referenzen, Arbeitsproben) verlassen, die von Personal-ExpertInnen administriert und ausgewertet werden: Bei ACs werden gleichzeitig *mehrere* KandidatInnen (meist 12) mit Hilfe *mehrerer* – vor allem situativer – Verfahren (Postkorb, Präsentationen, Rollenspiele, Gruppendiskussionen usw.) geprüft und dabei von *mehreren* BeobachterInnen (erfahrene und spezielle geschulte Führungskräfte) beobachtet und von ihnen auf *mehreren* Eignungsdimensionen eingestuft. Diese Einzelurteile werden von den BeobachterInnen anschließend – meist aufgrund von Diskussionen – zu einem Gesamturteil aggregiert, das als Grundlage für Einstellungs- oder (Be-)Förderungsentscheidungen dient.

Bemerkenswert ist dieses Verfahren deshalb, weil es über Jahrzehnte hinweg als besonders valide gegolten hat. Erst in jüngster Zeit häufen sich die kritischen Stimmen, die für eine umfassendere Bewertung plädieren und vorschlagen, neben der Selektionsgüte auch noch andere Effekte und Bedingungen zu berücksichtigen. Dabei wird vor allem auf die vielen Neben-Wirkungen hingewiesen: Es haben sich auf AC spezialisierte Beratungsfirmen etabliert; viele Firmen haben ohne gründliche Prüfung ACs eingeführt und evaluiert (sind also anscheinend 'isomorphistischen' Moden gefolgt); ACs wurden als Instrumente der Stärkung von Personalabteilungen gegenüber den Linienvorgesetzten bezeichnet, die durch das komplizierte Verfahren entmündigt wurden; die Beobachter-Schulungen wurden als Personalentwicklungsmaßnahmen für schulungsresistente Führungskräfte eingesetzt; die Berufung als BeurteilerIn wurde als Statussymbol, Eignungsprobe oder Karrierevorentscheidung genutzt oder angestrebt; ACs wurden als Personalmarketing-Instrument gebraucht (zur Positionierung eines Unternehmens als modern und anspruchsvoll, zur Lenkung von Bewerbungen); die Institution AC und die eigenschaftsbezogenen Beurteilungen dienten der Bekräftigung des Great-Man-Mythos; weil es selten systematische Anforderungsanalysen für bestimmte Zielpositionen und Zeiträume gab, wurde vermutet, daß es eher um 'Gesinnungskooptation', denn um Bestenauslese gehe; aber auch die Bestenauslese wurde als wenig sinnvoll hingestellt, wenn das Unternehmen den 'Besten' nicht adäquate Karriere- und Arbeitsmöglichkeiten einzuräumen in der Lage ist; wobei insbesondere bei externer Rekrutierung Rivalität und Frustration bei KandidatInnen des internen Arbeitsmarkts entstand ...

Das *Verfahren* AC ist in hohem Maße routinisierbar und standardisierbar. Es bedient einerseits – wie soeben gezeigt – eine große Zahl von organisationalen Institutionen, die sie andererseits reproduziert (Stellung der Personalabteilung: Linie vs. Stab; Einsatz von Führungskräften als AssessorInnen: Hierarchieprinzip; aufwendige Selektion des Nachwuchses: Bekräftigung des Leistungsprinzips; differenzierte und quantifizierende Beurteilung: Verwissenschaftlichung und Rationalisierung eines schlechtstrukturierten Problems; Hinzuziehung externer Beratungsfirmen: Betonung von Expertise, Immunisierung gegen Kritik etc.).

ACs sind geradezu Idealbeispiele für Prüfungen, mit deren subjektivierenden und individualisierenden Funktionen sich Foucault intensiv beschäftigt hat. So stellt z.B. Honneth (1989) fest, daß Foucault der Prüfung einen besonders prominenten Platz einräumt, weil er in ihr „gewissermaßen die institutionelle Quelle jener neuzeitlichen Denkweise erblickt, die den Menschen als ein individuiertes Subjekt begreift" (Honneth 1989, S. 208).

Um es mit Foucaults Worten zu sagen:

„Die Prüfung kombiniert die Techniken der überwachenden Hierarchie mit denjenigen der normierenden Sanktion. Sie ist ein normierender Blick, eine qualifizierende, klassifizierende und bestrafende Überwachung. Sie errichtet über den Individuen eine Sichtbarkeit, in der man sie differenzierend behandelt. Darum ist in allen Disziplinaranstalten die Prüfung so stark ritualisiert. In ihr verknüpfen sich das Zeremoniell der Macht und die Formalität des Experiments, die Entfaltung der Stärke und die Ermittlung der Wahrheit. Im Herzen der Disziplinarprozeduren manifestiert sie die subjektivierende Unterwerfung jener, die als Objekte wahrgenommen werden, und die objektivierende Vergegenständlichung jener, die zu Subjekten unterworfen werden" (Foucault 1991, S. 238).

Im einzelnen nennt Foucault folgende Wirkungen der Prüfung:

1. *Die Prüfung kehrt die Ökonomie der Sichtbarkeit in der Machtausübung um.* Die traditionelle Macht ist diejenige, die sich sehen läßt, die sich zeigt, die sich kundtut ... Ganz anders die Disziplinarmacht: sie setzt sich durch, indem sie sich unsichtbar macht, während sie den von ihr Unterworfenen die Sichtbarkeit aufzwingt ... Es ist gerade das ununterbrochene Gesehenwerden, das ständige Gesehenwerdenkönnen, ... was das Disziplinarindividuum in seiner Unterwerfung festhält" (Foucault 1991, S. 241).

2. *Die Prüfung macht auch die Individualität dokumentierbar.* ... Die Prüfung stellt die Individuen in ein Feld der Überwachung und steckt sie gleichzeitig in eine Netz des Schreibens und der Schrift; sie überhäuft sie und erfaßt sie und fixiert sie mit einer Unmasse von Dokumenten" (Foucault 1991, S. 243). Neben der 'Formalisierung des Individuellen' leistet die Verschriftlichung auch noch „Die Korrelierung dieser Elemente, die Speicherung und Ordnung der Unterlagen, die Organisation von Vergleichsfeldern zum Zwecke der Klassifizierung, Kategorienbildung, Durchschnittsermittlung und Normenfixierung (Foucault 1991, S. 244 f.). Auf diese Weise konstituiert sich einerseits „das Individuum als beschreibbarer und analysierbarer Gegenstand", und „andererseits baut sich ein Vergleichssystem auf, das die Messung globaler Phänomene, die Beschreibung von Gruppen, die Charakterisierung kollektiver

Tatbestände, die Einschätzung der Abstände zwischen den Individuen und ihre Verteilung in einer 'Bevölkerung' erlaubt" (Foucault 1991, S. 245).

3. *Die Prüfung macht mit Hilfe ihrer Dokumentationstechniken aus jedem Individuum einen 'Fall':* einen Fall, der sowohl Gegenstand für eine Erkenntnis wie auch Zielscheibe für eine Macht ist. Der Fall ist nicht mehr wie in der Kasuistik oder in der Jurisprudenz ein Ganzes von Umständen, das eine Tat qualifiziert und die Anwendung einer Regel modifizieren kann; sondern der Fall ist das Individuum, wie man es beschreiben, abschätzen, messen, mit anderen vergleichen kann – und zwar in seiner Individualität selbst; der Fall ist aber auch das Individuum, das man zu dressieren oder zu korrigieren, zu klassifizieren, zu normalisieren, auszuschließen hat usw." (Foucault 1991, S. 246).

Für Foucault „ ... zeigt die Prüfung das Heraufkommen einer neuen Spielart von Macht an, in der jeder seine eigene Individualität als Stand zugewiesen erhält, in der er auf die ihn charakterisierenden Eigenschaften, Maße, Abstände und 'Noten' festgelegt wird, die aus ihm einen 'Fall' machen. Letzten Endes steht das Examen im Zentrum der Prozeduren, die das Individuum als Effekt und Objekt von Macht, als Effekt und Objekt von Wissen konstituieren" (Foucault 1991, S. 247). Ähnlich wie andere Prüfungen (z.B. Personalbeurteilung oder 'Mitarbeitergespräch', MbO-Reviews, Innenrevision, Qualitätskontrolle, Arbeitszeugnis etc.) macht auch das AC das Unsichtbare sichtbar oder noch extremer: macht etwas sichtbar, was *so* gar nicht existiert, schafft Klassifizierungen und Maßstäbe, mit deren Hilfe die vorhandenen MitarbeiterInnen qualifiziert und unter Druck gesetzt werden können und verbindet Wissen und Macht, weil die Diagnose zur Behandlung (Plazierung, Schulung, Selbstselektion) genutzt wird; dies kommt besonders deutlich in der Verballhornung von AC in 'assassination center' zum Ausdruck, durch die im Personaler-Slang die stigmatisierende Wirkung eines Versagens im AC drastisch bezeichnet wird.

Das fortwährende Gesehen-, Klassifiziert-, Taxiert- und Selektiertwerden ist die Umkehrung des feudalen Prinzips aufsteigender Individualisierung, bei der zum einmaligen Great Man bewundernd emporgeblickt wurde:

„In einem Disziplinarregime hingegen ist die Individualisierung 'absteigend': je anonymer und funktioneller die Macht wird, um so mehr werden die dieser Macht unterworfenen individualisiert ... wenn man den gesunden, normalen, gesetzestreuen Erwachsenen individualisieren will, so befragt man ihn immer danach, was er noch vom Kinde in sich hat, welcher geheime Irrsinn in ihm steckt, welches tiefe Verbrechen er eigentlich begehen wollte. Alle *Psycho*logien, -graphien, -metrien, -analysen, -hygienen, -techniken und -therapien gehen von dieser historischen Wende der Individualisierungsprozeduren aus" (Foucault 1991, S. 248 f.).

Wenn die Macht (als Sammelname für lebensprägende Einwirkungen) sich in den Alltagspraktiken versteckt hält, muß man

„... aufhören, die Wirkungen der Macht immer nur negativ zu beschreiben, als ob sie nur 'ausschließen', 'unterdrücken', 'verdrängen', 'zensieren', 'abstrahieren', 'maskieren', 'verschleiern' würde. In Wirklichkeit ist die Macht produktiv; und sie produziert Wirklichkeit. Sie produziert

Gegenstandsbereiche und Wahrheitsrituale: das Individuum und seine Erkenntnisse sind Ergebnisse dieser Produktion" (Foucault 1991, S. 250).

Angewandt auf das Assessment Center zeigt sich einerseits die Richtigkeit der Diagnose, zugleich aber auch die Übertreibung der Schlußfolgerungen. Das letztere vor allem deshalb, weil gerade am Beispiel dieser Prüfprozedur sichtbar wird, daß das einzelne (Disziplinar-)Verfahren nicht für sich gesehen werden darf: es ist – um mit Foucault zu reden – in das Netz verstreuter, diskontinuierlicher, vielfältiger anderer Verfahren, die von Interessenten gehandhabt werden, eingebaut. Sowohl die Subjekte der Verfahren (die Anwender) wie ihre Objekte (die Behandelten) haben Zugang zu konkurrierenden und korrigierenden Verfahren – und genau dies macht die Unmöglichkeit des 'panoptischen' Blicks und der gesamthaften Kontrolle aus. Die diagnostischen Urteile im AC haben weder unbedingte Validität, noch halten sich *alle* Betroffenen und Beteiligten *immer* an *alle* vorgesehenen Konsequenzen (siehe z.B. Ablehnungen von Vertragsangeboten, Beförderungen von 'Durchgefallenen').

Das ändert jedoch nichts an der prinzipiellen Richtigkeit der Foucaultschen Analyse des Individualisierungsprozesses: Wer sich bereiterklärt, als Beurteiler oder Beurteilte an einem AC teilzunehmen, macht damit deutlich, daß er oder sie davon überzeugt ist (zumindest aber: sich protestlos fügt in das Vor-Urteil), daß es auf den einzelnen ankommt, daß sich Individuen in relevanten stabilen Eigenschaften unterscheiden, daß diese erkennbar, beurteilbar und auf andere Situationen generalisierbar sind, daß man sich von seiner besten Seite zeigen muß etc. Kurz: auf der Bühne der Untersuchung gibt man das Individuum, als das man vorausgesetzt wird, und man wird auch in weiteren Akten dieses Dramas in eben dieser Rolle festgehalten (z.B. wenn es um Beförderung, Bezahlung, Beurteilung, Entlassung usw. geht). ACs erzeugen nicht nur (neue) Rollen und Stellen, sondern auch neue Identitäten, z.B. das subiectum, das sich abschätzen lassen muß, den Souverän, der taxiert. Sie institutionalisieren den Geständniszwang (man muß richtig antworten, wenn man gefragt wird, am besten die eigenen Mängel ungefragt zugeben), schulen aber andererseits auch in impression management: man wird eingeübt in die Praxis der Inszenierung von Rationalität und Kompetenz. Das Individuum wird eingerichtet als eines, das sich der Autorität (Hierarchie) zu unterwerfen und ihren Urteilsspruch zu akzeptieren hat. Die Auswahl ist Zeichen der Zugehörigkeit und Ansporn sowie Selbstverpflichtung, als Individuum so zu funktionieren wie diejenigen, die ausgewählt haben.

4.4 Kritik am Konzept der Disziplinarmacht

Mit seinen Konzepten der Disziplinar-, Bio- und Pastoralmacht hat Foucault immer wieder die Spezifik des modernen Individuums zum Ausdruck bringen wollen: Es ist Produkt der auf es angewandten Verfahren, deren Logik es verinnerlicht hat. Darum ist es produktiv nutzbar.

Unter der Hand substanzialisiert und subjektiviert Foucault die Disziplinen (die Vielzahl der Verfahren zur Messung, Bewertung, Behandlung und Abrichtung) zu *der* Disziplin, wobei diese vielgestaltige Einheit zugleich als kapillares verteiltes Macht-Netz wirkt, ortlos und d.h. überall ist. Die Disziplin oder die Disziplinarmacht wird funktionalistisch interpretiert: sie erzeugt – unbemerkt, aber umso effektiver – Wirkungen der Kontrolle, Normierung, Normalisierung. Unverkennbar ist eine Tendenz zur Universalisierung der Macht, die nicht mehr repressiv wirkt (da wäre der Gegenpol des Unterdrückers evident), sondern produktiv ist, d.h. in die Produzenten als Trieb-Kraft installiert sind und ihnen somit keine Distanzierung und kein Widerstand mehr erlaubt. Es ist diese lähmende Atopie der Macht, die viele Kritiker als größtes Problem des Foucaultschen Machtkonzepts identifiziert haben:

„Wenn man nur das Vermachtungsmodell zuläßt, stellt sich nämlich auch die Sozialisation nachwachsender Generationen im Bilde fintenreicher Konfrontationen dar. Dann kann aber die Vergesellschaftung sprach- und handlungsfähiger Subjekte nicht zugleich als Individuierung begrifffen werden, sondern einzig als fortschreitende Subsumption von Körpern, lebendigen Substraten unter Machttechnologien" (Habermas 1988, S. 337).

Habermas konstatiert das Fehlen eines sozialintegrativen Mechanismus wie der Sprache im System von Foucault und behauptet, dieser kompensiere diesen „grundbegrifflichen Engpaß" dadurch, „daß er den Begriff der Individualität ganz von Konnotationen der Selbstbestimmung und Selbstverwirklichung reinigt und auf eine durch Außenreize produzierte, mit beliebig manipulierbaren Vorstellungsinhalten belegte *Innenwelt* reduziert" (Habermas 1988, S. 337). Und er resümiert:

„Gewiß, solange wir nur mit Subjekten rechnen, die Objekte vorstellen und behandeln, die sich an Objekte entäußern oder sich auf sich selbst als Objekte beziehen können, ist es nicht möglich, Vergesellschaftung als Individuierung zu begreifen ... (Foucault] setzt an die Stelle der individuierenden Vergesellschaftung, die unbegriffen blieb, den Begriff einer *parzellierenden Vermachtung*, der den zweideutigen Erscheinungen der Moderne nicht gewachsen ist. Aus dieser Perspektive können vergesellschaftete Individuen nur als Exemplare wahrgenommen werden, als die standardisierten Erzeugnisse einer Diskursformation – als gestanzte Einzelfälle" (Habermas 1988, S. 343).

Dieser Diagnose schließt sich Gans an: „Da für Foucault die Individuen jedoch restlos zu *verfertigten* Produkten abstrakter Machtverhältnisse verkommen, kann er dem Individuum niemals in seiner konkreten Lebenspraxis, und sei sie noch so zum Scheitern verurteilt .... gerecht werden" (Gans 1993, S. 262). An anderer Stelle fährt er fort:

„Die Macht ist somit die 'Gesamtstrategie', welche als eine anonyme Substanz nicht die Macht von Individuen über Individuen oder von Klassen über Klassen, mithin die Macht des Menschen über den Menschen sein soll, sondern eine diesen schon immer instrumentalisierende Substanz ... Wird aber alles zu Beziehungen der Macht, so verliert dieser Begriff jeden Erklärungswert" (Gans 1993, S. 264).

Nach Gans

„... basiert Foucaults Genealogie der lokalen und zufälligen Ereignisse auf einer selbst ungeschichtlichen substantialistischen Ontologie. Genealogischer Relativismus und substantialistische Ontologie verweisen bei Foucault so aporetisch aufeinander. ... Als Resultat erwies sich in beiden Fällen eine dogmatische, weil selbstimmunisierte und somit unkritisierbare, Ontologisierung der diskursiven Regeln auf der einen und der strategischen Macht auf der anderen Seite zu zeitlosen Substanzen, welchen auf der empirischen Ebene radikal vereinzelte Ereignisse gegenüberstehen" (Gans 1993, S. 266).

Auf den Mechanismus der Individualisierung geht Honneth näher ein:

„Der eigentliche Mangel der Argumentation Foucaults besteht darin, daß sie aus sozialen Einflüssen, die sie selbst als bloß äußerlich auf die Subjekte einwirkende Zwangsverfahren hinstellt, zunächst die Bildung einer psychischen Erlebnisqualität des Menschen deduziert und anschließend daran direkt die Vorstellung von der 'menschlichen Seele' gekoppelt sein läßt. Wenn nun Foucault sich tatsächlich die Entstehung der menschlichen Subjektivität so zurechtlegen sollte, dann kann ihn dazu nur eine sehr krude Version von Behaviorismus verleitet haben, der sich die psychischen Vorgänge als eine Folge von unentwegten Konditionierungen darstellen: der Mensch würde unter dem Druck, den Geständniszwänge und Wahrhaftigkeitsverpflichtungen auf ihn ausüben, dort Motive und Erlebnisse in sich zu entdecken haben, wo 'an sich' nichts dergleichen existiert" (Honneth 1989, S. 210).

Honneth entlarvt den scheinbaren Handlungstheoretiker Foucault als einen verkappten Systemtheoretiker, denn ihm stellt sich „der Lebenszusammenhang entwickelter Gesellschaften, in paradoxer Verkehrung des handlungstheoretischen Grundansatzes seiner Machttheorie, nach dem Modellvorbild totaler Institutionen dar" (Honneth 1989, S. 199).

Auch Fink-Eitel erkennt einen Monismus der Macht bei Foucault:

„Macht ist nicht, wofür sie bislang immer gehalten wurde, kein souveränes Herrschaftszentrum, das sein Gesetz von oben nach unten durchsetzt. Sie ist kein Eigentum und keine bloße Potenz, kein Vermögen oder Mittel, das es einem erlaubt, irgendwelche Zwecke durchzusetzen. Macht ist der Krieg aller gegen alle, der Gesamtzusammenhang ereignis- und augenblickshafter Konfrontationen von Körper zu Körper, das komplexe, dezentrierte Netzwerk einzelner, lokaler, antagonistischer Kraftverhältnisse. ... Widerstand ist das zu einem Kraftverhältnis gehörige 'Gegenüber' der Macht, die Gegen-Macht, die sich ihrerseits zu einer Globalstrategie vernetzen *kann* (z.B. einer Revolution). Alles ist Macht. Foucaults Theorie ist ein Monismus der Macht auf

der Basis eines unendlichen, offenen Pluralismus lokaler, ungleicher und instabiler Kraftverhältnisse" (Fink-Eitel 1992, S. 88).

Habermas und Honneth zwängen den 'beweglichen Experimentator' Foucault in
Großsysteme (Anti-Subjektphilosophie, Systemtheorie) und werden ihm damit
nicht gerecht, weil sie seine vielfältigen Umkehrungen und Differenzierungen
einer zuspitzenden Kritik willen außer acht lassen. Vor allem aber trifft diese
Kritik nur – wie Habermas und Fink-Eitel betonen – die Generalisierungen der
Foucaultschen Machttheorie, nicht aber seine Analysen der Disziplinar*praktiken*.
Allein schon die banale Tatsache, daß der Autor (!) Foucault die Disziplinarpraktiken und -strategien aufdecken konnte, zeigt, daß sie nicht lückenlos sind und
nicht unbemerkt alles und jeden überwachen und transformieren. Von Habermas
und Honneth wird jener Schritt Foucaults, der von der repressiven Zwangsmacht
der totalen Institution zur produktiven Mikrophysik der Disziplinarmacht führt,
nicht als grundlegender Wandel anerkannt. Damit wird die Foucaultsche Indivi-
dualisierungsthese im Kern zurückgewiesen. Foucault ging nicht davon aus, daß
ein bereits entfaltetes, zu Selbstbestimmung und Selbstverwirklichung fähiges
Subjekt in die Fänge totalisierender Machtapparate gelangt und durch Anwendung simpler behavioristischer Konditionierungstechniken entfremdet worden
sei. Im Gegenteil: Gerade weil das reflexive, selbstbewußte, sich selbst beobach-
tende Individuum hergestellt wurde [durch die alltäglichen Praktiken des zwingenden Blicks, der norm(alis)ierenden Sanktion, der sowohl klassifizierenden wie
wertenden (Selbst-)Prüfung], wurde es möglich, von der uneffektiven absolutisti-
schen Fremdkontrolle auf die zivilisationstypische Selbstkontrolle umzustellen.

Durch Information über das Individuum wird dieses seiner Geheimnisse ent-
kleidet und berechenbar; als 'diszipliniertes' wird es zunächst gezwungenermaßen
von außen, dann aber – selbsttätig – von innen her in Form gebracht: diese InFormation deformiert, zumindest aber konformiert sie. Die Selbstbeherrschung ist
nicht Ausdruck von Autonomie, sondern verinnerlichte Fremdherrschaft jener
gesellschaftlichen Institutionen, die mittels konkreter Verfahren den Alltag der Individuen regulieren, indem sie ihrem Handeln Form (und damit: Inhalt) geben. Es ist
dieses geprägte organisierte Handeln, das die Institutionen (re-)produziert. Dabei ist
es nicht nötig, von einem totalitären Drahtzieher-Modell der Macht auszugehen, im
Gegenteil: ein Modell, das den handlungstheoretischen Ausgangsgedanken der
Foucaultschen Genealogie zugrunde legt, kann auf ein durch parsonianischen
Wertekonsens integriertes und stabilisiertes Gesellschaftsmodell verzichten. Das
Individuum ist in der genealogischen Phase Foucaults zunächst Untertan, mehr
noch: factum, weil durch die Praktiken, die auf es angewandt werden, konstituiert.
Insofern verschwindet der Mensch als Gestalter-Herr-Gott: dieser Gott, als der sich
der Mensch imaginiert hatte, ist, wie schon Zarathustra verkündete, tot. Vom Got-
teskomplex geheilt, ist das Individuum aber zugleich mehr als ein Produkt ratten-
psychologischer Konditionierung, wenn und weil es jene Macht, die durch es hin-
durchgeht, im enthierarchisierten Inter-Net der Macht ausübt. Individuelle (und

kollektive) Akteure sind durch Institutionen aufeinander bezogen, die sie durch ihre verfahrensgestützten Entscheidungen und Handlungen konfliktreich entwickeln. Daß Gesellschaften, Institutionen, Organisationen, Verfahren und handelnde Individuen wie gehabt weitermachen, ist nicht gesagt.

Wie angekündigt, habe ich mich ausführlich mit der Konstitution des Individuums durch Verfahren beschäftigt. Ich werde deshalb – aus Platzgründen – abschließend nur noch kurz auf die weiteren in Abb. 1 skizzierten Konstitutionsprozesse eingehen und mich dabei auf die Entwicklung der Kerngedanken und Angaben zu relevanter Literatur beschränken.

5. Individualisierung(2): Die Individualisierung der Organisation

Ebenso wie durch Verfahren der Auslese, Beurteilung, Bezahlung, Beförderung, Kontrolle usw. die Fiktion des einmaligen und besonder(t)en Individuums erzeugt wird, gibt es spiegelbildlich auch die Fiktion der individualisierten Organisation. Zum einen ist damit die Unverwechselbarkeit der 'Organisationspersönlichkeit' gemeint, die Barnard schon 1938 beschworen hat und die als Vorläufer für das gelten kann, was heute Unternehmenskultur oder Corporate Identity genannt wird. Betrachtet man die Empfehlungen, die zum 'culture management' oder zur 'Identitätspolitik' gegeben werden, dann erkennt man auch hier das Bemühen, das Design, das Erscheinungsbild, den Auftritt(!), die Kommunikation, das Verhalten etc. so zu stilisieren, daß nach innen das Bewußtsein, nach außen der Eindruck von Einmaligkeit, Einheit, Geschlossenheit, Konsistenz und Kontinuität erweckt wird (s. Neuberger 1994b). Der Zwang, eine bestimmte Identität durchzuhalten, den Knights/Willmott (1990) treffend Identitätsfetischismus genannt haben, tobt sich auf organisationaler Ebene besonders plakativ aus. Daß die Imaginierung der Identitätsmerkmale mit Phantasien über die passenden Individuen verbunden ist, versteht sich von selbst. Umso größer ist für die Macher immer wieder die Enttäuschung, wenn sie erkennen müssen, daß sich die Individuen nicht umstandslos nach Plan designen lassen – nicht etwa deshalb, weil sie lernunfähig oder eigensinnig sind, sondern weil die Ideologie der Übereinstimmung und Einheit an einer Wirklichkeit scheitert, die in sich widersprüchlich ist und sich nur fassadär harmonisieren läßt.

Wichtiger für den vorliegenden Diskussionszusammenhang ist ein anderes Verständnis von individualisierter Organisation, das tiefer und facettenreicher ansetzt. Es geht aus von methodologischem Individualismus (setzt also die Existenz des autonomen Individuums schon voraus) und sucht in einer buchstäblich angemessenen Gestaltung der Organisation optimale Bedingungen für die Entfaltung und Nutzung der individuellen Potenzen zu schaffen. Konzepte wie Ulichs 'differentielle Arbeitsgestaltung' (Ulich 1987) oder Schanz' 'individualisierte Organisation' (Schanz 1977; Ruppert 1994) bezeichnen diese Absicht aus arbeitspsychologischer bzw. organisationstheoretischer Perspektive. Dabei laufen zwei Ansätze zusammen: Individualisierung läßt sich erreichen durch Organisationsgestaltung 'ad personam' oder 'per personam': Der erste Fall betont (eher) Fremdbestimmung: eine in ihren Fähigkeiten und Interessen erkannte (dia-gnostizierte) Person bekommt jene Bedingungen eingeräumt, die optimale Leistung (und womöglich Zufriedenheit) versprechen. Im zweiten Fall überläßt man es der Person, von deren Qualität man ganz allgemein überzeugt ist, sich selbst jene Bedingungen zu suchen oder zu schaffen, in denen sie sich am besten entfalten und für die Organisation (die substanzialisiert wird) nützlich sein kann (aktuelle Vokabeln dafür sind z.B. empowerment und intrapreneurship).

Röllinghoff (1995, 1996) hat in differenzierter Weise Probleme, Bedingungen und Grenzen individualisierter Organisation untersucht, so daß an dieser Stelle auf die Thematik nicht mehr ausführlich eingegangen werden muß. Röllinghoff belegt anhand einer eigenen Studie sowie am Beispiel von Untersuchungen unter anderem von Miner (1985, 1987), Granovetter (1974, 1995) und Nicholson/West (1988), daß ein nicht unerheblicher Teil von Stellen in Organisationen durch die jeweiligen StelleninhaberInnen in bedeutsamem Umfang (re-)definiert, ja sogar neu geschaffen wird, so daß zumindest für sie das Programm einer rationalen, aus der Gesamtzielsetzung abgeleiteten Stellenbildung als Mythos entlarvt wird (vgl. auch Sydow 1989).

6. Organisierung(1)

Als Organisierung(1) wurde in Abb. 1 jener Prozeß bezeichnet, durch den die Produktion des organisationsförmigen oder -tauglichen Individuums besorgt wird. Vieles von dem, was oben zur Herstellung des Disziplinarindividuums gesagt wurde, läßt sich auch hier plazieren, wenn man den Focus wechselt. Bei Organisierung(1) wird von einer vorgängigen und übermächtigen Organisation ausgegangen, die den 'überwältigenden Zwang der Verhältnisse' repräsentiert und die Individuen ihrem Diktat unterwirft (zu sub-iecta macht). Organisation setzt sich absolut und erzwingt die Deformation der Subjekte. Charakteristisch für diesen Strang der Debatte ist, daß vorwiegend organisationskritisch argumentiert wird. Symptomatisch dafür ist der oben schon erwähnte Versuch Türks (1976), 'Grundlagen einer Pathologie der Organisation' zu entwickeln. In Vertiefung und Fortführung human-relations-inspirierter Autoren (wie etwa Argyris) erkennt Türk auf die überkomplizierenden, übersteuernden und überstabilisierenden Tendenzen von Organisation, die er – zum damaligen Zeitpunkt – im wesentlichen mit bürokratischer Organisation gleichsetzt. Die Entstellung und Entfremdung des Individuums durch Organisation setzt das Bild oder zumindest die Möglichkeit eines heilen, gesunden, 'natürlichen' Individuums voraus, das durch die Zumutungen der Formalorganisation verformt und beschädigt wird. Der repressive Zugriff auf die Person erfolgt durch die Verfahren, Techniken und Instrumente der Organisation, die nach fremdem Willen oder ahumanen Logiken angewandt werden.

Konzentriert man sich nicht auf das befürchtete oder beklagte Ergebnis (den zugerichteten, außengeleiteten, angepaßten, marketingmäßigen 'organization man'), sondern auf die Verfahren der Produktion dieses Individuums, dann wird sichtbar, daß sich die Einseitigkeit des Entwicklungspfads hin zu fugenloser Unterwerfung und Umbildung nicht bestätigen läßt. Funktionieren in Organisationen hat immer schon – auch in taylorisierten oder bürokratisierten Organisationen – Mitdenken und Mittun vorausgesetzt und zugelassen. Gerade weil es viele konkurrierende und nur locker miteinander abgestimmte Verfahren gibt, die auf widersprüchliche und oft nur vage bekannte Situationen anzuwenden sind, gibt es Freiheitsgrade für die Akteure. Die Sozialisation zum organisationstauglichen Subjekt ist deshalb widersprüchlich: gefordert wird *auch* das interpretierende, lernfähige, situationsangepaßte, kreative Subjekt. Die Person geht nicht auf in einem Leben für die Organisation, sondern – eine Trivialität – sie sucht ihr eigenes Leben zu leben. Diese Einsicht liegt wohl auch der subjekttheoretischen Wende Foucaults zugrunde. In seiner genealogischen Phase hatte er die Hermetik mikrophysikalischer Disziplinar-, Bio- und Pastoralmacht postuliert; sowohl über die in die Disziplinarverfahren und -institutionen eingelassene strukturelle *Herrschaft* wie auch die Allgegenwart agonaler *Macht*verhältnisse schienen für das durch sie zugleich produzierte und unterworfene Individuum keinen Widerstand zuzulassen. In Rückwendung auf die Ethik des Subjekts hat Foucault jedoch eine Alternative aufgezeigt.

Foucault hat in der letzten Phase seines Schaffens, die Fink-Eitel (1992) – nach Wissen (Archäologie) und Macht (Genealogie) – unter das Leitthema Subjekt (Ethik der Lebenskunst) gestellt sieht, einen Ausweg gesucht aus der unentrinnbaren Unterwerfung unter die mikrophysikalischen Praktiken der Disziplinarmacht. Am Beispiel des modernen Umgangs mit Sexualität, den er mit dem der griechischen Antike kontrastiert, zeigt er, daß es bei uns wohl eine scientia sexualis (den Wissen-Macht-Komplex des Sexualitätsdispositivs) gab, aber keine 'ars erotica', die spielerisches, maßvolles und selbstbeherrschtes Genießen kultiviert. Dabei geht es nicht mehr um effizientes Herstellen, wie es durch die produktive Disziplinar- und Biomacht und die fürsorgende Pastoralmacht gesichert wird, sondern um die 'Sorge um sich' und die selbstbestimmte Möglichkeit, sein Leben zum (Kunst-)Werk zu machen. Lebens-Führung ist eben nicht mehr alternativen- und lückenlos programmiert durch Überwachung, Sanktionierung, Prüfung und Zurichtung des 'sujets', sondern als ein reflexives Selbst-Verhältnis charakterisiert.

Aus einer organisationalen Perspektive darf dies nicht als Plädoyer für egoistisches mikropolitisches Kalkül gesehen werden, denn damit würde genau jene 'governmentality' bestätigt, die Foucault (aus government und rationality gebildet) als Leitmotiv westlicher Lebenstechnik bezeichnet hatte. 'Der Gebrauch der Lüste' und 'Die Sorge um sich' thematisieren die Kunst, sich zu sich zu verhalten (und nicht als diszipliniertes Objekt zu funktionieren).

Damit wird Subjektivität nicht mehr etwas, was durch die Disziplinarmacht schablonenhaft oktroyiert wird, sondern eine Eigenleistung, in der auch die kommunikativen und reflexiven Potenzen berücksichtigt werden, die Foucault früher außer Acht gelassen hatte. Eigen-Sinn wird dabei nicht funktionalisiert und instrumentalisiert (etwa als Ressource zur Innovation und Transformation erstarrter organisationaler Strukturen), sondern als Spielen mit Möglichkeiten, dem eigenen Leben eine gute Gestalt zu geben. Einer Organisationslehre, die auf Effizienz und Rentabilität eingeschworen ist und Corporate Identity auftragsgemäß zu designen verspricht, mag das als praxisferne Spinnerei vorkommen. Geht man aber davon aus, daß Identität nicht angelegt ist, sondern *sich*(!) entwickelt, dann könnten moderne dezentrierte, vernetzte, emergente Strukturen die Möglichkeit der Individualisierung durch Organisierung bieten.

7. Organisierung(2)

Mit Organisierung(2) ist die Herstellung der Organisation durch das verfahrensgestützte Handeln der Individuen gemeint. Dieser 'Prozeß des Organisierens' setzt ebenfalls das handlungsmächtige Individuum voraus. Aber es wird nicht unbedingt als Rationalakteur konzipiert; ein solches Konstrukt würde allein – ohne Rückgriff auf Institutionen und Verfahren – nicht mehr erklären können, wie es zu koordininiertem Simultanhandeln und vorweggenommenen Handlungsanschlüssen kommt. Für Organisierung(2) ist die Organisation kein Ding oder gar Fetisch mehr, dessen Dimensionen man messen kann; ihr Objektstatus wird radikal in Frage gestellt. Statt der Struktur steht nun die Strukturation im Mittelpunkt des Interesses. Im Giddensschen Sinn ist Struktur 'dualitär' zu konzipieren (nicht dualistisch, denn dies würde die alte Subjekt-Objekt-Dichotomie reproduzieren): Strukturen sind Medien und Bedingungen der (Inter-)Aktion und existieren nur durch ihre 'instantiation' im Handeln (s. dazu auch den Beitrag von Ortmann, Sydow und Windeler in diesem Band). 'In' Organisationen handelt aber nicht nur der allwissende und allmächtige 'dispositive Faktor', sondern jeder einzelne. Damit entsteht das Problem der KoOrientierung, KoOrdination und KoOperation. Ob man das Problem nun systemtheoretisch (wie Luhmann) oder sozialbehavioristisch (in Termini 'doppelter Interakte' oder 'wechselseitiger Äquivalenzstrukturen' wie Weick) löst, ist im vorliegenden Zusammenhang sekundär. Entscheidend ist, daß ohne Verfahren (Praktiken, Routinen, Programme, Instrumente), die quasi als Rückgrat oder Prothesen fungieren, dieses denkentlastete Handeln nicht vorstellbar wäre. Um Kant zu paraphrasieren: Verfahren ohne Pläne wären blind, Pläne ohne Verfahren leer. Damit wird auch deutlich, daß hier nicht einem Monismus der Verfahren das Wort geredet wird, sondern daß Verfahren als *ein* Steuerungsinstrument in Organisationen eingeführt werden, die in Konkurrenz zu gleichzeitig wirkenden anderen Medien stehen.

Kommentar:

Die Rolle der Macht in der Beziehung von Person und Organisation

Manfred Bornewasser

Organisationen stellen von Personen gebildete, über Positionen, Aufgaben und zyklisch wiederkehrende Abläufe geordnete, stabile Einrichtungen dar, die auf Ziele hin orientiert und gegenüber vielfältigen externen Einflüssen offen sind (vgl. z.B. Katz/Kahn 1978). Es ist diese konstante Struktur oder Ordnung, die der abgegrenzten Organisation einerseits innere Stabilität verleiht, sie andererseits aber auch variabel erscheinen läßt gegenüber verschiedensten externen Inputs, handele es sich nun um neue Mitarbeiter, neue Logistiksysteme für materielle Ressourcen oder die Einrichtung einer neuen Marketingabteilung. Eine zentrale Aufgabe aller Organisationen besteht darin, Neues in Bestehendes zu integrieren und sich dabei fortlaufend zu entwickeln.

Organisation als Prozeß

Neuberger stellt diese traditionelle Sichtweise teilweise in Zweifel. Er beschäftigt sich mit der Frage, wie Personen zu betrieblichen Organisationen als solchen geordneten Einheiten relationiert sind. Seine Antwort: Personen werden über vielfältigste Verfahren miteinander vernetzt. Diesen Prozeß der dynamischen Verfahrensanwendung als einem geordneten, koorientierten und koordinierten Netz von miteinander verknüpften Handlungen kennzeichnet Neuberger als Organisation. Durch die dynamische Nutzung von vermittelnden Verfahren werden Organisation und Person prozeßhaft konstituiert, wechselseitig bestätigt und letztendlich auch fortlaufend verändert. Organisation ist Prozeß, keine verdinglichte „Konfiguration von Positionen" oder gar „Zwangsapparatur".

In seiner „theoretischen Intuition" des Wechselspiels von Individualisierung und Organisierung bringt Neuberger den Prozeßcharakter auf den Punkt: Über Verfahren werden einmal Personen durch die Organisation konstituiert und dadurch gleichzeitig im Interesse der Organisation verorganisiert, umgekehrt aber auch Organisationen konstituiert und gleichzeitig entsprechend den Bedürfnissen und Interessen der arbeitenden Personen quasi verindividualisiert. Über solche vermittelnden Verfahren und Prozesse (gemeint sind z.B. Fertigungstechniken, das Instrument des Assessment Centers, Methoden der Leistungsbewertung, Kontrollroutinen oder Logistiksysteme, in denen immer wieder verschiedene Personen interdependent aufeinander bezogen werden) wird damit wechselseitig und fortwährend Einfluß auf die beteiligten Interaktionspartner ausgeübt. Personal- und Organisationsentwicklung werden „Dauerzustand, nicht Sonderaktion". Diese Betrachtungsweise ist in der Organisationspsychologie einerseits nicht ganz neu, andererseits in ihrer machtorientierten Prägung jedoch vor allem theoretisch auffallend und gewagt. Die klassische organisationstheoretische Unterscheidung von Aufbau- und Ablauforganisation kommt ebenso in den Sinn wie die Differenzierung etwa von Dienstleistungsqualitäten nach Produkt, Struktur und Prozeß (vgl. Gaitanides 1992; Maleri 1994). Hier wird davon ausgegangen, daß Organisationen auch prozeßhaft strukturiert sind. Alle modernen Reengeneeringkonzeptionen konzentrieren sich ganz auf die Optimierung von Prozessen, aber eben auch und vor allem über Schnittstellen hinweg, wo Personen und Positionsinhaber mit unterschiedlichen Aufgaben und Entscheidungskompetenzen miteinander interagieren und dabei ihre eigenen und die Interessen des Unternehmens, die deckungsgleich, partiell überlappend oder gänzlich voneinander verschieden sein können, verfolgen. Neuartig ist die starke Konzentration auf die Macht als der entscheidenden Einflußgröße, die die Beziehung zwischen Person und Organisation charakterisiert.

Verfahrensmacht: Personen als fremdbestimmte Instrumente

Neuberger verfolgt mit seiner radikalisierten Sicht ein bestimmtes Ziel, das er nicht direkt benennt, das sich aber eindeutig aus dem Kontext ergibt. Mit seiner Intuition der prozessualen Konstituierung von Organisation und Individuum strebt er an, zwei der Organisationspsychologie scheinbar inhärente Grundannahmen zu umgehen: daß nämlich Organisationen den Individuen vorgegebene konstante Größen darstellen (die sich etwa in der Aufbauorganisation niederschlagen) und daß in Organisationen an Positionen gebundene soziale Macht gegenüber Individuen ausgeübt wird. Beiden Überlegungen sagt Neuberger den theoretischen Kampf an.

Neuberger kippt mit seiner Analyse die soziale Macht, indem er auf eine scheinbar weniger unangenehme Macht rekurriert, die von technischen Verfahren ausgeht. Er ersetzt also Macht durch Macht, wenn er Organisationen mit institutionalisierten Verfahren gleichsetzt, die Personen scheinbar gegen ihre Willen prozeßhaft miteinander verknüpfen und dabei immer wieder neu konstituieren. Es sind die Verfahren und nicht die Positionen von Personen, von denen Macht, und zwar sachliche, disziplinierende Macht ausgeht, die nicht repressiv-negativ wie in sozialen Kontexten, sondern produktiv-aufbauend und damit positiv wirkt. Macht wird damit von einer Vielzahl von negativen Konnotationen befreit und braucht nicht länger (z.B. im Namen der Selbstentfaltung oder der Beseitigung von Entfremdung) bekämpft zu werden. Macht ist Ausdruck wechselseitiger, gleichberechtigter Einflußnahme, die unbemerkt und völlig normal erfolgt. Den Anstoß für diese theoretische Verschiebung der sozialen Macht hin zu einer alle

Beteiligten sachlich-disziplinierenden, abstrakten Verfahrensmacht gibt der Gewährsmann Foucault.

Trägt die theoretische Intuition?

Es geht hier nicht darum, den Ansatz von Foucault detaillierter zu analysieren. Foucault ist Beiwerk. Es geht um die theoretische Intuition Neubergers, der kreativ, aber auch provozierend genug ist, selbst gescheiterte Ansätze in scheinbar verwertbaren Teilen in seine Überlegungen einzubeziehen. Hier stellt sich allerdings eine entscheidende Frage: Trägt diese Intuition? Kommt Neuberger tatsächlich ohne einen Bezug zu stabilen Aufbau- und sozialen Machtstrukturen aus oder führt er sie am Ende doch wieder heimlich durch die Hintertür ein? Es spricht einiges dafür, skeptisch zu sein.

Zunächst einmal fällt in der Argumentation auf, daß er seine theoretische Intuition, wie sie in Abb. 1 skizziert ist, nicht voll entfaltet. Er begnügt sich damit, die Individualisierung, d.h. die Konstituierung der Person durch institutionalisierte Verfahren ausführlich darzustellen. Alle anderen konstitutiven Prozesse werden weitgehend ausgespart. Dies stellt einerseits keinen dramatischen Verlust dar, zumal die vier Prozesse der Individualisierung und der Organisierung vor allem durch einen latenten Perspektivenwechsel unterschieden werden, also in der Sache auf lediglich zwei Prozesse zurückzuführen sind. Andererseits ist schon interessant, daß Neuberger der Individualisierung oder Verorganisierung so breiten Raum einräumt, während er die Organisierung oder Verindividualisierung stiefmütterlich vernachlässigt. Sicherlich nicht zufällig wird dabei das Individuum vornehmlich als Opfer stilisiert und kommt in seiner gestaltenden Täterrolle kaum vor. Ja, er begreift die „Verindividualisierung" sogar als Programm der Humanisierung oder als Organisationsgestaltung „ad personam" oder „per personam", wobei auffällt, daß Personen „jene Bedingungen eingeräumt" werden (von wem denn?), „die optimale Leistung (und womöglich Zufriedenheit) versprechen". Trotz Handlungssprache agiert hier kein eindeutig benannter Akteur mehr, bleibt unklar, wer wodurch so betroffen ist, daß neue Arbeitsbedingungen geschaffen werden. Es passiert halt.

Zum zweiten fällt auf, daß Neuberger sich insgesamt schwertut, Akteure anzusprechen. Dahinter verbirgt sich seine Vorliebe für Prozesse und damit die Furcht vor jeder Art von Verdinglichung, der er ebenso wie jeder Substanzialisierung geflissentlich zu entgehen versucht, ohne zu sagen, was er bzgl. einer Organisation darunter genau versteht und wo eine solche Verdinglichung anfängt und wo sie aufhört. Liegt eine Verdinglichung erst dann vor, wenn Organisationen sich Menschen gegenüber verselbständigen (was heißt das konkret?) oder auch dann schon, wenn angenommen wird, daß Vorgesetzte, Stäbe, die Linie oder das Personalwesen, also mit sozialer Macht ausgestattete Instanzen, Verfahren einsetzen? Neuberger vermeidet es weitgehend, organisationale Mitglieder in ihren unterschiedlich bewerteten Positionen zu benennen. Er rekurriert lieber auf den eher quantitativ und differentiell relevanten Begriff des Individuums oder auf positionsneutrale Akteure. Im AC treffen aber nicht Beobachtete und Beobachter zusammen, sondern Bewerber, die noch nicht dazugehören und vielleicht gern dazugehören möchten, und geschulte Führungskräfte, die dazugehören und letztlich darüber mitentscheiden, ob der Bewerber eingestellt wird oder nicht. Der Einsatz des AC-Verfahrens ist ebenso an Machtbefugnisse gebunden wie es eine soziale, aber auch geregelte und damit eine für alle Beteiligten kontrollierbare Machtsituation schafft.

Die Furcht vor Verdinglichungen ist verständlich. Sie endet aber völlig überraschenderweise bei den Verfahren. Die Verfahren werden als vorgegebene Mittel verstanden, spezifische Zwecke zu erreichen. Sie instrumentalisieren Personen zur Erreichung solcher Zwecke. Sie begründen sich nicht aus sich selbst, sondern aus Zielen oder „fundamentaleren Institutionen" heraus, die als „gesellschaftliche Muster zu verstehen sind, aus deren Reservoir sich Organisationen bedienen (müssen)". Wer oder was hier Organisationen sind, bleibt völlig unklar. Ferner werden Verfahren sogar materialisiert, z.B. als Qualitätshandbücher in den Schrank der Vorgesetzten gestellt, sie werden wie eine Norm veröffentlicht, und Mitarbeiter berufen sich im Bedarfsfall z.B. auf Führungsrichtlinien. Hier stellt sich plötzlich das vertraute, traditionelle Bild wieder ein: Der fortlaufende inhaltliche Prozeß der Konstituierung erfolgt doch wieder in einer stabilen, formgebenden Hülle, die jetzt aber nicht mehr z.B. Aufbau, sondern Verfahren heißt. Und so wie in einer gegebenen Aufbauorganisation das Leben in den Abläufen tobt, so tobt nunmehr das Leben im „ordentlichen Gewirr der Verfahren", weil der Vollzug der Verfahren die „lebendige Ausfüllung der abstrakten Form verlangt". Scheinbar nimmt Neuberger an, daß das Verfahren vor Verdinglichung geschützt sei, weil es abstrakt ist und erst durch den immer wieder neuen prozeßhaften Vollzug konkret wird. Jedoch ist zum einen kaum zu übersehen, daß Personen sich für Verfahren entscheiden, Verfahren anwenden und auch die Anwendung spezifischer Verfahren vorschreiben, zum anderen sollte klar sein, das auch ein AC oder ein Zertifizierungsverfahren genauso abstrakte und gleichzeitig konkrete (Quasi)-Dinge sind wie eine hierarchisch gegliederte und differenzierte Aufbaustruktur. Wie die Aufbauorganisation erfahren auch die Verfahren ihre Verdinglichung in eindeutigen Artefakten und Symbolen: Man kann die Zentren der Macht im Unternehmen ebenso leicht identifizieren wie die „HerrInnen der Verfahren".

Wie schwer es selbst Neuberger fällt, in der skizzierten theoretischen Position konsequent zu argumentieren, zeigt sich nicht zuletzt auch darin, daß disziplinärer Zwang und freie Wahl gelegentlich völlig unvermittelt und widersprüchlich nebeneinander stehen: Verfahren disziplinieren, eröffnen aber auch Handlungschancen; beherrschen, lassen aber auch die Wahl zwischen (locker verkoppelten oder partiell koordinierten) Alternativen zu. Und warum Neuberger dem Personalwesen gerade „Verfahrensbesessenheit" vorwirft, bleibt angesichts seiner theoretischen Intuition unverständlich.

Fazit: Wenig Erkenntnisgewinn, viele Kontaminierungen

Neuberger hält seine radikale theoretische Intuition nicht konsequent durch. Er stellt nur unzureichend dar, zu welch neuen, vorteilhaften Erkenntnissen und methodischen Konsequenzen die skizzierte dynamische Position führt. Er ist offensichtlich nicht bereit, sich allein auf die mit dieser Position verknüpfbaren Aussagen zu beschränken und den Preis für seine Radikalität zu zahlen. Das verwundert nicht, denn

- er gibt das konkrete Konzept der sozialen Macht auf, um sich einem diffusen, fast leeren Konzept abstrakter Macht zu verschreiben;
- er trennt sich von einem in der Organisationspsychologie bewährten Handlungskonzept, um ein krudes und von dunkelsten Begriffen durchsetztes behavioristisches Konzept zu übernehmen;
- er entwickelt ein theoretisches Organisationskonzept, das ihn sowohl von bewährten Positionen und Differenzierungen wegbringt als auch wenig praxisrelevante Perspektiven eröffnet;
- er verwirft theoretisch ein Konzept der Person als intentionalem System und konstituiert Individuen als willenlose Instrumente, die extern und intern normiert werden.

Neuberger erzielt mit seiner theoretischen Intuition kaum Vorteile. Er ersetzt lediglich eine Machtvorstellung durch eine andere und nimmt bedenkliche begriffliche Kontaminationen in Kauf, um die Intuition der gleichberechtigten Konstituierung zu wahren. Er gewinnt mit seiner radikalen theoretischen Position wenig, aber er verliert viel, ich meine zuviel.

Der Grund für diese Unzulänglichkeiten liegt – positiv betrachtet – einmal darin, daß Neuberger die beiden skizzierten Grundannahmen niemals ernsthaft aufgibt. Er selber konstituiert Organisationen traditionell, vor allem dann, wenn er sich kritisch gegen die soziale Macht wendet. Der Grund liegt zum anderen – negativ betrachtet – in einer völlig einseitigen Überzeichnung der kritischen Relation als einer Unterdrückungsbeziehung. Der von ihm eingeführte Verfahrensbegriff weist viel zu viele Relationen zum personellen Handeln auf, als daß hier theoretisch überzeugend von einem deterministischen Geschehen zwischen Organismen gesprochen werden könnte. Die Verfahren werden als technische Direktiven mit normativem Charakter beschrieben, auf die man sich berufen kann. Dabei ist unbestritten, daß Normen auf Normgeber und Normadressaten verweisen, also immer an spezifische Positionen und Zielsetzungen gebunden sind.

Der hier verwendete Verfahrensbegriff kennzeichnet somit Praktiken, die von Personen in spezifischen Situationen rational, intendiert und begründbar zur Erreichung von spezifischen Zielen eingesetzt werden. Verfahren sind handlungsbasiert, es sind Mittel, die von intentionalen Systemen (vgl. Dennett 1983) zu bestimmten Zwecken eingesetzt werden und von Interaktionspartnern auch als zielführende Mittel akzeptiert werden können, gelegentlich auch akzeptiert werden müssen. Deshalb werden sie eingeübt. All diese Kennzeichen verweisen auf soziale Handlungskontexte, in denen konkrete Personen mal als Gewinner und mal als Verlierer agieren und gegebenenfalls auch Rechenschaft ablegen müssen. Wer kennt die geeigneten Verfahren im angesprochenen Reservoir der Möglichkeiten, wer wählt Verfahren aus, wessen Begründung ist stichhaltig, wer entscheidet, wann ein Verfahren ausgetauscht wird, wem eine Chance gegeben wird, sich einzuüben, wann ein Verfahren hinreichend beherrscht wird? Alle diese konkreten Fragen lassen nicht die Flucht in reichlich dunkle Konstruktionen wie „subiectum", das Management, das Personalwesen, Interessenten, „HerrInnen von Verfahren", „ganze Menschen", Individuen oder gar Körper zu. Es sind Personen in Positionen, die aufgrund von erworbener Kompetenz und Erfahrung begründete Entscheidungen treffen, die andere Personen nicht oder noch nicht treffen können, weil sie über zuwenig Verfahrenskompetenz verfügen oder auf der Grundlage von verhandelbaren Konventionen keine Entscheidungen treffen dürfen, oftmals sogar nicht treffen wollen. Gerade ein Konzept wie das des „lean management" macht doch sehr deutlich, daß in vielen Unternehmen ein Prozeß in Gang gekommen ist, Mitarbeiter sehr viel stärker als bisher in Entscheidungen einzubinden und damit althergebrachte Konventionen aufzugeben. Wer ein wenig praktisch orientiert ist, weiß, daß dies von vielen Mitarbeitern nicht nur begierig als längst überfällig gewordene „Befreiung" von Zwängen aufgenommen, sondern anfänglich sogar oft als eine verängstigende Belastung abgelehnt wird. Auf solche Ambivalenzen der Beziehung geht Neuberger bedauerlicherweise überhaupt nicht ein.

Organisationen schaffen Nutzen für vertraglich gebundene Personen

Organisationen sind von Personen getragene Einrichtungen, die in der Lage sind, komplexe Verfahren zielleitend und nutzbringend für alle Mitglieder anzuwenden. Diese Anwendung wird gewöhnlich - an statusrelevante Positionen gebunden - in allen relevanten Aspekten normativ geregelt. Dies bedeutet jedoch nicht, daß Gesellschaften oder betriebliche Organisationen auf ihre Mitglieder einseitig Zwang ausüben. Vielmehr ist davon auszugehen, daß unter der Voraussetzung von Rationalität Personen bewährte Verfahren normalerweise akzeptieren und sie bereitwillig mittragen. Das ist auch der Kern der Konformität. Liegt eine solche Akzeptanz nicht vor, so können sich Personen verweigern, Kritik an Verfahren üben, alternative, bessere Instrumente vorschlagen oder auch kündigen (vgl.

Hirschman, 1979). In diesem Sinne können Organisationen einerseits nicht nur als Machtinstrumente gesehen werden, andererseits sollte ihr aus der Struktur resultierender Vorsprung gegenüber dem Newcomer und ihre Innovationsbereitschaft gegenüber dem Experten als Vorteil erkannt werden. Auch Selektions- und Prüfungsleistungen sowie CI-Maßnahmen sind keine einseitigen Maßnahmen der Machtausübung, sondern schaffen eine Voraussetzung, sich wechselseitig zu orientieren, passende Mitarbeiter und Organisationen auszuwählen und psychisch und ökonomisch kostenträchtige Fehlentscheidungen zu vermeiden. Neuberger neigt dazu, die soziale Macht in Organisationen hinsichtlich ihrer negativen Auswirkungen zu überschätzen.

Eine wesentlich realistischere Sicht findet sich in betriebswirtschaftlichen, arbeitsökonomischen Lehrbüchern, in denen wie selbstverständlich davon ausgegangen wird, daß sich am Arbeitsmarkt Personen treffen und einen nutzenorientierten Austausch betreiben. Hier werden Personen als Vertragspartner begriffen, die für ihre Beziehung ein optimales „Match" aushandeln und sich wechselseitig vor opportunistischem Verhalten der Gegenseite zu schützen suchen (vgl. Franz 1994; Lazaer 1995). Gerade differenzierte Forschungsarbeiten zum Wertewandel zeigen, daß es hier zu erheblichen Veränderungen gekommen ist: Pflicht- und Akzeptanzwerte haben an Bedeutung verloren, hingegen hedonistische und Selbstentfaltungswerte an Relevanz für die Einstellung gegenüber der Arbeit, dem Arbeitsvertrag und dem Unternehmen gewonnen (vgl. Klages et al. 1992).

Während Neuberger ein einseitig negatives Bild von Personen in Organisationen zeichnet, sollte auch in der Organisationspsychologie der realistische Versuch unternommen werden, einen fundierten Beitrag dazu zu leisten, wie die Organisationsvorsprünge von sozialen Systemen für die einzelnen Mitglieder besser genutzt werden können, ohne daß dabei illegitime Macht ausgeübt und Mitglieder über ein zumutbares Maß hinaus geschädigt werden. Das von Neuberger arg attackierte Personalwesen leistet dazu erhebliche Beiträge, die sicherlich theoretisch, methodisch und praktisch zu verbessern sind (vgl. Neuberger 1994). Dazu kann die kritische Rezeption arbeitsökonomischer Beiträge ebenso dienen wie die Entwicklung eines adäquaten Machtkonzepts, das dem Ansatz der Passung oder des „Matches" gerecht wird und z. B. auch Prozesse der Identifikation und der Unternehmensbindung berücksichtigt (vgl. z.B. Heinen 1987). Macht ist ein wichtiges Faktum in allen Organisationen, aber sie ist nicht so zentral und auch nicht so einseitig, wie dies Neuberger anzunehmen scheint. Es kommt darauf an, Macht so zu verteilen, daß sie konstruktiv zur Erreichung eines gemeinsamen Unternehmenszieles gebündelt und gerichtet wird und damit zum vertraglich festgelegten Nutzen aller Organisationsmitglieder eingesetzt wird.

Organisation in industriesoziologischer Perspektive *

Hans-Joachim Braczyk

1. Einleitung

Industriesoziologie in Deutschland entwickelt sich weniger als Bindestrich-Sozio-
logie denn als Soziologie der Industriegesellschaft (Schmidt 1980). Unter diesem
Anspruch behandelt die Industriesoziologie die Organisation vornehmlich als
Betrieb. Das entspricht ihrer Denktradition. Eine eigenständige Theorie der Organisation schien entbehrlich, auch gefährlich. Denn lange galt: Wer sich auf den
Gegenstand Organisation einläßt, verkürzt die Analyseperspektive und schneidet
gesellschaftliche Zusammenhänge der Produktion ab, die in den Grenzen der Organisation nur unzureichend erkannt werden können. Industriesoziologie wähnte
sich immer frei von solchen vermeidbaren Einschränkungen des Denkens. In
industriesoziologischer Perspektive erscheint der Betrieb als Ort der Umsetzung
von Interessen an Produktivitätssteigerung und Kapitalverwertung. Schon Max
Weber bestimmte den Betrieb als „doppelten Knotenpunkt kapitalistischer Rationalität". Darin reflektierte sich zum einen der immer schon betriebsübergrei-
fende, gesellschaftliche Prozeß der Rationalisierung. In dieser Hinsicht galt der
Betrieb als der Ort, der wesentlich unter dem gestaltenden Einfluß gesellschaftlicher Prozesse steht. Zum anderen muß der Betrieb als der konkrete Ort sozialen
Handelns von gesellschaftlich höchst unterschiedlich ausgezeichneten Akteuren
gesehen werden. Unternehmer, Manager, Arbeiter und Angestellte werden nicht
im und auch nicht durch den Betrieb hervorgebracht. Der Betrieb ist in dieser
Perspektive der gesellschaftliche Ort, wo Technik und Arbeitskraft genutzt werden (s. dazu auch Schmidt 1985, S. 722).
   Industriellen Wandel und die sozialen Folgen rekonstruiert Industriesoziologie
überwiegend aus den Veränderungen technisch-organisatorischer Arrangements
und eher ausnahmsweise als Ausdruck von konkreten betrieblichen Handlungskonstellationen. Der Betrieb ist schließlich Geltungsbereich von sozialen Ordnungen. Diese regeln die sozialen Beziehungen zwischen Vorgesetzten und Beschäftigten. Der Betrieb bietet die Schnittstellen zu den Spezialitäten gesellschaftlich geteilter Arbeit. Die vorzugsweisen Gegenstände der Industriesoziologie –
Technik, Qualifikation, Arbeitsorganisation usw. – werden zwar zunehmend auch
als Ausdruck bzw. in Abhängigkeit von organisationalen Entscheidungen und

---

* Für Anregungen zur Überarbeitung einer früheren Fassung und konstruktive Kritik danke
  ich Martin Heidenreich, Christian Kerst und Bernd Steffensen.

Handlungen interpretiert. Allerdings sind die vorherrschenden industriesoziologischen Forschungskonzepte hinsichtlich der Relevanz und Funktionsweise von Organisationen noch nicht so weit ausgebaut, daß die Schwierigkeit als behoben angesehen werden könnte, Organisationen als blinde Exekutoren/mechanistisch operierende Transformatoren von organisationsextern erzeugten Imperativen erscheinen zu lassen.

Es ist wichtig, an den Stand neuerer Organisationsforschung und -theorie anzuschließen. Was kann Industriesoziologie dabei gewinnen? Organisation ist selbst ein wesentlicher Bestandteil der Industriegesellschaft. Organisation und Institution – wobei die Unterscheidung zwischen beiden Begriffen im aktuellen Diskurs oftmals verlorengeht – bewirken zugleich Festlegungen und Öffnungen in bezug auf den Wandel der Industriegesellschaft hin zur Informations- bzw. Wissensgesellschaft.

Mit gewissem Recht kann gesagt werden, daß Organisationstheorie und Industriesoziologie, in Deutschland zumal, nahezu entgegengesetzte Entwicklungen durchlaufen haben. Das kann am gesellschaftstheoretischen Anspruch und an der zurückliegenden Theoretisierung der Forschungsbefunde erkannt werden. Industriesoziologie bezieht die Gesellschaft bzw. gesellschaftliche Tatbestände in ihr Forschungsprogramm ein und fragt von hier aus nach jeweils aktuellen betrieblichen Ausformungen und Umsetzungen. Organisationstheorie blendete aus ihrem Reflexionsbereich die Gesellschaft mehr oder minder strikt aus. Während die Industriesoziologie vom Standpunkt gesellschaftstheoretischer Rückversicherung vor allem die empirische Gegenwartsforschung vorangebracht und das empirische Wissen von den Voraussetzungen und Folgen der Industrialisierung enorm erweitert hat, kamen in der Organisationstheorie verstärkt Kumulationen von theoretisch gesicherten Ergebnissen und zudem eine zunehmende Inklusion der Gesellschaft in den organisationstheoretischen Fokus in Gang. Dieser Gedanke strukturiert die nachfolgende Ausarbeitung.[1] Unter dem starken Einfluß der institutionalistischen Ausrichtung in der Organisationsforschung ist es zu recht anspruchsvollen Theorieentwürfen gekommen, von denen vermutlich auch die Industriesoziologie profitieren kann. Die nachstehenden Überlegungen sind als Anreiz dazu entwickelt worden.

Zunächst möchte ich deutlich machen, daß die Industriesoziologie auf eine besondere und oftmals starke Weise vor allem in der Zeit nach dem Zweiten

---

1 Selbstverständlich weiß auch ich, daß das Verhältnis von Industriesoziologie und Organisationstheorie so einfach nicht ist, wie meine These von der gegenläufigen Entwicklung der beiden Fächer es nahelegt. Im vollen Umfang der Disziplin kam es selbstverständlich in der Industriesoziologie zu zahlreichen Anstrengungen, die Eigenart und Eigenständigkeit von Organisationen der Wirtschaft zum Anlaß für Erweiterungen bzw. Umstellungen von Forschungsprogramm und Theoriedesign zu nehmen. Hierauf kann jetzt nicht eingegangen werden. In diesem Artikel stehen die Hauptlinien, gleichsam die Trajektorien der industriesoziologischen Forschung in Deutschland unter Beobachtung, die bis heute mit der kognitiven, historischen und sozialen Identität (dazu: Lepenies 1981, S. 1; darauf Bezug nehmend: Braczyk et al. 1982, S. 18 ff.) des Faches verbunden sind.

Weltkrieg wichtige Schneisen auf dem Weg zur Organisation geschlagen hat, ohne jedoch für sich in der Organisation ein intellektuell, methodisch und politisch attraktives Objekt erblickt zu haben. Das kann am besten nachvollziehbar gemacht werden, indem ich die wichtigsten und folgenreichsten Thematisierungen der industriesoziologischen Forschung vergegenwärtige und die theoretischen Implikationen für die Stellung der Organisation im industriesoziologischen Forschungsprogramm markiere. Demensprechend ist der nachfolgende 2. Teil aufgebaut. Industriesoziologie ging und geht auf die Organisation zu aus korrespondierenden Interessenperspektiven auf den Betrieb, die Branche, die Technik, Arbeitsorganisation und Qualifikation, Konflikt, Arbeitsmarkt und Lebensform. Damit ich meinen Gedanken für den Leser halbwegs nachvollziehbar niederschreiben kann, halte ich das gelegentliche, bewußt selektive und in diesem Sinne instrumentelle Heranziehen von Belegstellen oder Literaturhinweisen für nützlich. Es sei aber ausdrücklich gesagt: Dieser Beitrag steht jeglichem Bemühen um systematische und vollständige Inblicknahme der Forschungs- und Theorieentwicklungen in Industriesoziologie und Organisationsforschung fern. Auf dem Fahrplan meiner Gedankenreise wären im Prinzip zahlreiche Stationen der Organisationsforschung und -theorie vorzusehen. Diese kann ich aber getrost übergehen, denn in den Beiträgen zu diesem Band sind alle wesentlichen Einsichten – und selbstverständlich noch viele weitere – bereits vorgestellt, die ich im Zusammenhang mit meinen Überlegungen für wichtig ansehe. So bleibt dieser Artikel auf hoffentlich vertretbare Weise einseitig industriesoziologisch. Eine Aussage läßt sich dahingehend zusammenfassen, daß bei dem in den letzten Jahren erstarkten Interesse industriesoziologischer Forschung an „governances", also an Ordnungskonstrukten (etwa: Produktionskonzept, Einverständnishandeln, Sozialverfassung, industrial orders usw.), mehrere Gründe auch die Aufnahme organisationstheoretisch angeleiteter Analyse in das industriesoziologische Forschungsprogramm nahelegen. Diese These wird in den Abschnitten 3 bis 8 entfaltet. Obwohl in weiten Teilen der industriesoziologischen Forschungspraxis Organisation zunehmend reflektiert und in die theoretischen Arbeiten eingebaut wird, ist das für die kognitive und soziale Identität des Faches bisher nicht sehr folgenreich geworden. In der betriebsförmig organisierten Forschung, in den wichtigsten Instituten, deren Ergebnisse und Interpretationen in der akademischen Diskussion und Lehre nach wie vor bedeutsam und stilbildend wirken und in der öffentlichen sowie arbeits- und industriepolitischen Debatte weiterhin – auch aus vielen guten Gründen – den Ton angeben, könnte diese Tendenz durchaus noch konsequenter und mit weiterem Gewinn aufgenommen und in eigenen Arbeiten fortgesetzt werden. Im Kern halte ich die Analyse von governances im Sinne von sachlichen und sozialen Beherrschungsformen der Produktion für eine der interessantesten und anforderungsreichsten Aufgabenstellungen gegenwärtiger industriesoziologischer Forschung. Es ist nicht ganz einfach, hierbei den Wünschen und Anregungen der Herausgeber dieses Bandes zu folgen und die Überlegung mit der Giddensschen Theoriekonstruktion der Dualität von Struktur einigermaßen überzeugend zu entfalten. Ich glaube auch nicht, daß mir das schlüssig gelungen ist. Wenn es denn aber zu einer kleinen und fruchtbaren Auseinandersetzung um die vor uns stehende Herausforderung sowie einigen kritischen Kommentaren käme, die hülfen, über diese Schwierigkeit hinwegzukommen, hätte sich ja das Scheitern gelohnt.

2. Arbeit, Technik, Betrieb, Produktion

Als Soziologie der Industriegesellschaft gewinnt die Industriesoziologie ihre besondere Stärke aus der Aufnahme gesellschaftlicher Thematisierungen von Phänomenen industriegesellschaftlicher Entwicklungen. Aus Thematisierungen beziehen die Forscher gleichsam Anweisungen für aktuelle und problemorientierte empirische Untersuchungen.

Organisation war der Industriesoziologie häufig suspekt. Organisation, das war eine Hülle, die die wahren Verhältnisse im Betrieb zu verschleiern drohte. Industriesoziologie hat sich es selbst als besondere Leistung angerechnet, die Dinge und Tatbestände eben unverhüllt freigelegt zu haben. Theoretisch war ihr der Betrieb – etwa im Vergleich zur Organisationstheorie – vergleichsweise unbedeutend. Es gibt selbstverständlich zahlreiche Ausnahmen. Der frühe Versuch von Altmann und Bechtle (1969), Betrieb gesellschafts- und systemtheoretisch fruchtbar zu machen, gehört dazu. Auch die späteren Anstöße von Christof Wehrsig (1984, 1986, Wehrsig et al. 1987; Wehrsig/Tacke 1992) und Ulrike Berger (1984) zur Hinwendung auf eine system- bzw. organisationstheoretische Umstellung der industriesoziologischen Forschungsperspektive belegen, daß das Fach nicht so klar und eindeutig strukturiert ist, wie die hier vorgestellten Thesen es nahelegen mögen. Als Soziologie der Industriegesellschaft nahm die Industriesoziologie den Betrieb vor allem empirisch sehr ernst. Hier vollzog sich beispielsweise der Wandel der Arbeit. Am Ort des Betriebes mußte erforscht werden, welchen Zuschnitt die menschliche Arbeit im Prozeß der Rationalisierung erhält und welchen Stellenwert Arbeit in der Gesellschaft hat. Damit hängt zusammen, daß Industriesoziologie perspektivisch auf Trendentwicklungen abstellte. Insofern nahm Industriesoziologie betriebliche Entwicklungen und Vorgänge exemplarisch für den gesellschaftlich ablaufenden Prozeß der Rationalisierung, der Technisierung (Automatisierung etc.). Hierbei stand der Betrieb als Organisation sui generis, die keiner weiteren systematischen Differenzierung unterworfen werden mußte als der Unterscheidung zwischen groß- und kleinbetrieblicher Produktion.

Weil die großbetriebliche Form der Nutzung von Arbeit und des Technikeinsatzes als die reine Ausdrucksweise des modernen Kapitalismus galt, richteten Industriesoziologen ihre Aufmerksamkeit vor allem auf den Großbetrieb. Weitgehend Einigkeit herrschte im industriesoziologischen Selbstverständnis darüber, daß Gegenwart und Zukunft der industriellen Arbeit am besten durch das Studi-

um des Großbetriebs erfaßt werden könnten. Demgegenüber erschien die klein-
und mittelbetriebliche Arbeitsweise als weniger modern und kaum als zukunfts-
fähig. Eine solche Auffassung wird zwar heute kaum noch vertreten. Aber verkennen sollte niemand: Aus der frühen Faszination am Großbetrieb und der
großbetrieblichen Produktionsweise bezog die Industriesoziologie wichtige Ori-
entierungs- und Bewertungsgesichtspunkte, die noch immer für den Zuschnitt
der Forschung und die Aussagen über die Ergebnisse bedeutsam sind. Damit mag
zusammenhängen, daß wichtige industrielle und demokratische Institutionen der
Bundesrepublik mit der großbetrieblichen Produktion sehr eng assoziiert sind.
Das Institut der paritätischen Unternehmensmitbestimmung im Aufsichtsrat, die
Einrichtung des Arbeitsdirektors als eines gleichberechtigten Vorstandsmitglieds
in der Unternehmensleitung, stehen in einem historischen und politischen Zusammenhang mit Bemühungen, in den Entscheidungszentren der großbetrieblich
strukturierten Grundstoffindustrien eine von Arbeitnehmern und Gewerkschaften beeinflußte demokratische Kontrolle zu verankern. Die Montanmitbestimmung schien den Anfang einer gesellschaftsweiten Institutionalisierung von
Kontroll- und Mitbestimmungsrechten zu bilden. Die Montanindustrie schien in
den frühen Nachkriegsjahren das Experimentierfeld sozialstruktureller und institutioneller Entwicklungen Westdeutschlands abzugeben. Nicht von ungefähr
konzentrierten sich die Klassiker der Industriesoziologie dieser Zeit auf die großbetrieblich organisierte Kohle- und Stahlindustrie. Die Arbeiten von Otto Neuloh
(1956), von Popitz et al. (1957), von Pirker et al. (1955) sowie die Betriebsklimastudien des Frankfurter Instituts für Sozialforschung (Frankfurter Beiträge 1955;
Friedeburg 1963) zeugen davon. Montanindustrie und die Implementation der
Montanmitbestimmung sowie die spätere Verabschiedung der Betriebsverfassung
wurden zu Synonyma einer institutionellen Erneuerung von Wirtschaft und Politik, die eine Wiederholung der soeben abgeschüttelten Barbarei auf immer verhindern sollte. Die äußerst starke Konzentration des industriesoziologischen
Forschungsinteresses auf die Verankerung von Arbeitnehmer- und Gewerk-
schaftsrechten in Betrieb und Gesellschaft erforderte nahezu zwangsläufig die
„Versuchsanordnung" Großbetrieb. Die großbetriebliche Produktion speziell in
den Schlüsselindustrien hat in Deutschland eine besondere Tradition, weshalb
Industriesoziologie auch wichtige politische und historische Gründe dafür hatte,
ihr Forschungsinteresse hauptsächlich darauf zu lenken. Die großbetriebliche
Produktion übte aus zahlreichen Gründen Faszination auf die Industriesoziologie
aus. Die historische Entwicklung einer von Großunternehmen und Konzernen
getragenen, gegenüber England und Frankreich aufholenden Industrialisierung
und die damit verbundene politisch-ökonomische Bedeutung der Konzentration
von wirtschaftlicher Macht sowie Ansätze zu einer Konzertierung mit politischer
Macht standen allemal im Hintergrund für die Einschätzung, daß die großbetriebliche Produktion für die weitere industrielle und gesellschaftliche Entwicklung des Landes eine herausgehobene Bedeutung behalte werde. Die Industriesoziologie mußte, so vermutlich das verbreitete Selbstverständnis zwischen 1950

und 1970, im Grunde nur erforschen, welche technischen, wirtschaftlichen, arbeitsorganisatorischen und sozialstrukturellen Weichenstellungen im (Groß-)Betrieb geschahen, um über die zentralen Parameter und die Richtung der weiteren gesellschaftlichen Entwicklung instruiert zu sein. Die großbetriebliche Produktion im Sinne lokaler Konzentration von Material und Menschen schien das selbstverständliche Korrelat zum modernen Leben in verdichteten Ballungsräumen und vermittelte deshalb 'auch eine weitere Rechtfertigung dafür, daß die Ursachen und Erscheinungsformen des sozialen Lebens in der modernen Gesellschaft vorzugsweise am Fall der großbetrieblichen Produktion bzw. ein wenig zeitversetzt am Beispiel großer Verwaltungen und Bürokratien (Pirker 1963; Jaeggi/Wiedemann 1963) erkannt werden könnten. Damit ist eine bedeutende Schneise hin zur Organisation identifiziert, die Industriesoziologie schon früh geschlagen hat. Der Betrieb wird vor allem als gesellschaftlicher, genauer: als gesellschaftlich bestimmter und bestimmbarer Ort gesehen.

Gleichwohl nahm der Betrieb als Organisation im Forschungsprogramm der Industriesoziologie nach 1945 eine systematisch nachrangige Stellung ein. Industriesoziologie entwickelte sich vorrangig in der Auseinandersetzung mit gesellschaftlichen Thematisierungen. Automatisierung, Mitbestimmung, soziale Lage von Industriearbeitern, der Konflikt zwischen Kapital und Arbeit, technischer und arbeitsorganisatorischer Wandel bilden jeweils zeitbezogene Themen, in denen Spannungen und Erwartungen vornehmlich organisierter Interessen sich bündeln. Industriesoziologie nahm diese Themen auf und suchte vor allem durch zahlreiche empirische Studien Antworten auf drängende Gegenwartsfragen und daran anschließende Perspektiven auf die künftige Entwicklung der Industriegesellschaft zu eröffnen.

Konzentration von Macht und großbetriebliche Produktion waren eng miteinander verknüpft. In der unmittelbaren Nachkriegszeit setzte sich Industriesoziologie mit den Bemühungen und Wirkungen einer politisch verordneten Entflechtung von Unternehmenskonglomeraten und Kapitalkonzentrationen auseinander. Die Beschäftigung mit den Institutionen der Montanmitbestimmung und der Betriebsverfassung machten den Kern industriesoziologischer Forschung und Debatte dieser Zeit aus. Deutlich wird hieran: Die Industriesoziologen folgten der gesellschaftlichen Thematisierung von Macht und demokratischer Kontrolle in der Engführung Betrieb – Gesellschaft auf die großbetriebliche Produktion und begriffen den Betrieb lediglich als Ort, an dem über außerbetriebliche, genuin gesellschaftliche Probleme entschieden würde. Die Implementation von Regulierungsstrukturen im Betrieb, die eine Beteiligung von Arbeitern und Gewerkschaften an den wichtigsten Entscheidungen ermöglichte, schien zumindest im Kern den gesuchten Lösungsansatz auszumachen. Zwar ging es nach dem Geschmack der Forscher, die sich ja in hohem Maße (gesellschafts-)politisch definierten, mit der Mitbestimmung nicht weit genug – die Überführung der Unternehmen wenigstens der sogenannten Schlüsselindustrien in Gemeineigentum war auch in den Gewerkschaften und in der SPD noch die „bessere" Option –, aber das machte im Grunde nur einen graduellen Unterschied aus und änderte an der Orientierung auf die Idee Mitbestimmung – bei Entscheidungen nämlich – nichts Nennenswertes. Gedankenführend bei den institutionellen Reformbemühungen war die Prämisse der Interessenbindung von Entscheidungen, wobei erneut die betrieblich vorausgesetzte Prägung von Interessen für diesen Ansatz maßgeblich ist. Insofern schien nichts näherliegend, als den im Betrieb „natürlicherweise" zur Geltung kommenden Kapitalinteressen die Arbeiterinteressen gleichsam institutionell zuzuschalten. Damit mußte die Aussicht auf eine gesellschaftlich vernünftigere, demokratischere und auf Vermeidung von Krieg und Kriegsunterstützung ausgelegte (gesellschaftliche) Organisation von industrieller Tätigkeit und industrieller Arbeit steigen. Die Rollendefinition der Arbeitsdirektoren in der Eisen- und Stahlindustrie, die nach der Montanmitbestimmung gleichberechtigte Mitglieder des Vorstandes sind, macht dies anschaulich. Sie haben am Ende die Personalressorts übernommen. Das ist weder gesetzlich vorgeschrieben, noch war es Praxis von Anfang an. Die Aushandlungen zwischen Kapitalvertretern und Gewerkschaftern brachten eben den Standard hervor, daß sich der Arbeitsdirektor – so benannt, weil er den Faktor Arbeit in der Unternehmensleitung repräsentiert – mit dem Einstellen, Einsetzen und Entlassen von Arbeitern (und Angestellten) zu beschäftigen habe. Das Gesetz selbst sagt nichts gegen einen Arbeitsdirektor als technischen oder Finanzvorstand.

Industriesoziologie nahm mit den Mitbestimmungsuntersuchungen sehr früh die Probleme der Macht und Kontrolle in Organisationen auf. In der unmittelbaren Nachkriegszeit präsentierten sich diese Probleme in den Themen der Entflechtung, der Mitbestimmung und der Demokratisierung der Wirtschaft. Diese Themen wurden vornehmlich unter dem Gesichtspunkt der entscheidungsrelevanten Verankerung von gesellschaftlich vorgeprägten Interessen im Betrieb abgearbeitet. Damit war die industriesoziologische Perspektive der damals herrschenden Auffassung in der Organisationslehre geradezu entgegengesetzt. Soweit letztere die Organisation bzw. den Betrieb als abgeschlossene Einheit betrachtete, mußte ihr der Gedanke einer gesellschaftlich induzierten Beeinflussung oder gar (Mit-)Steuerung des Betriebs als abwegig erscheinen. Demgegenüber betonten die Industriesoziologen die herausragende Bedeutung von gesellschaftlich vorgezeichneten sozialstrukturellen Merkmalen und vorgeprägten Interessen, die im Betrieb zur Geltung kämen. Im Vergleich dazu erschienen betrieblich erzeugte Differenzierungen und soziale Phänomene nachrangig. Die Industriesoziologen konnten hiervon um so eher absehen, als es sich nämlich nach damals gängiger Arbeitsteilung um Gegenstandsbereiche der Arbeits- und Betriebssoziologie handelte.

Der frühe industriesoziologische Forschungsansatz zur Problematik von Macht und Kontrolle in Organisationen mag aus heutiger Sicht etwas einfach erscheinen. Die Implikationen waren dennoch bemerkenswert. Da ist zunächst der Gedanke, daß wirtschaftliche Macht nicht eindeutig von den Kräften des wirtschaftlichen Systems bestimmt und umgrenzt ist. Die Institutionen der Mitbestimmung und der Betriebsverfassung sind wesentlich vom Motiv der Vermeidung mißbräuchlicher Nutzung von wirtschaftlicher Macht her zu verstehen. Soweit die Industriesoziologie diesen politischen Anspruch ernst nahm und mit ihren empirischen Arbeiten zur Umsetzung und Verbreitung der Arbeitnehmer- und Gewerkschaftsbeteiligung beizutragen suchte, identifizierte sie indirekt mit dem Unternehmen den Ort, an dem wirtschaftliche Macht zu einem herausragenden Thema und Problem der gesellschaftlichen Erneuerung avancierte. Wirtschaftliche Macht selbst wurde eher als unausweichlicher Tatbestand hingenommen. In der Sicht der Reformer und der meisten beteiligten Industriesoziologen – verglichen mit deren heutiger Zahl eine verschwindend kleine Gruppe – lag die Herausforderung darin, gerechte Verteilungen von Machtpositionen unter den Repräsentanten und Funktionsträgern von Kapital und Arbeit zu erreichen. Das Problem wirtschaftlicher Macht wurde vor allem als eines der Teilhabe an der Macht und der Kontrolle darüber gesehen.

Der Wirtschaftsprozeß selbst hingegen, seine innere Dynamik und die Feinheiten des mit diesem verbundenen technisch-organisatorischen Wandels wurden weitgehend als zwangsläufig, vorprogrammiert, zumindest vorgezeichnet verstanden, und erst recht wurde der einzelnen Unternehmung bzw. dem Betrieb keine irgendwie nennenswerte Einflußchance darauf zugestanden. Selbstverständlich entstanden auch unangenehme Folgen dessen, was dann bald technisch-wissenschaftlicher Fortschritt – seit dem Richta-Report (1968) auch Revolution – hieß. Und genau diese Folgen, insbesondere die unerwünschten, gerieten unter das Suchraster der sich thematisch breit ausfächernden industriesoziologischen Forschung. Industriesoziologie setzte sich schon sehr früh damit auseinander, ob und in welcher Hinsicht Machtteilung und Kontrolle über wirtschaftliche Macht in gesellschaftlicher Hinsicht sich auswirkt. Damit konzeptualisierten die Forscher das Problem der Macht in einem wesentlich weiteren Rahmen als die Betriebssoziologie und die damals herrschende Organisationsforschung. Das ist ein markanter Punkt im Verlauf der industriesoziologischen Auseinandersetzung mit den Auswirkungen der technisch-organisatorischen Entwicklungen. Sehr deutlich kann einerseits erkannt werden, daß die Industriesoziologen den Betrieb als Organisation – im Sinne eines, wie es dann später heißt: sozialen Systems – systematisch unterschätzten. In mindestens gleichem Maße unterschätzten die Organisationslehrer und -forscher den Einfluß der Gesellschaft – wie immer als Umwelt der Unternehmung gefaßt – auf die Organisation. Das Phänomen Organisation vergegenwärtigten sich die Industriesoziologen jedoch im engeren Sinne vornehmlich als Arbeitsorganisation. Arbeitsorganisation wurde in einem Beziehungsdreieck mit Technik und Qualifikation gesehen.

2.1 Das Interesse am Betrieb

In industriesoziologischer Forschung nimmt der Betrieb üblicherweise die Rolle
eines Mikrokosmos der Industriegesellschaft ein. Am Ort Betrieb zeigt sich konkret, wie die Zwänge der modernen Gesellschaft zur Geltung kommen, wie die
Menschen damit zurecht kommen und welche Folgen dem zuzurechnen sind.
Ziemlich unerheblich ist dabei, in welchem theoretischen Konzept die Verursa-
chung dieser Zwänge gedacht wird. In der Tradition der Marxschen Theorie haben wir es eher mit der Produktivkraftentfaltung, im wesentlichen der Technisierung und Automatisierung, zu tun, die durch den Zwang zur Kapitalverwertung
im Konkurrenzmechanismus gleichsam dauerhaft in Gang bleibt. Marx selbst hat
dem Betrieb im Sinne einer Organisation keine nennenswerte Beachtung geschenkt. Zwar zeugen die in der soziologischen Lehre oft gern so genannten
„industriesoziologischen Kapitel" aus dem ersten Band des Kapital (Kapitel 10
bis 13) von Marxens Interesse an einer systematischen Auseinandersetzung mit
den Interdependenzen zwischen Technik, betrieblicher und gesellschaftlicher
Arbeitsteilung. Marx beließ es aber dabei, den für ihn wichtigen Umstand der
Etablierung der kapitalistischen Produktionsweise im Sinne eines gesellschaftlichen Herrschaftsverhältnisses herauszuarbeiten. Die Vergegenständlichung der
Herrschaft in der Fabrik der „Großen Industrie" dadurch, daß der Bewegungs-
und Kraftapparat der Produktion von seiner subjektiven Basis abgelöst und in der
Maschinerie systematisch eine objektive Grundlage erhält, war in Marxens Augen
der logische und historische Schlußpunkt einer funktionalen und sozialen Unterwerfung der Arbeit unter das Kapital. Damit wird der Betrieb als konkrete Voll-
zugsstätte der Produktivkraftentwicklung und der gesellschaftlichen Herrschaft
identifiziert. Und obwohl Marx sich über die Bedeutung und die Formen der
Kooperation sehr im klaren war, behandelte er das Zustandekommen von Kooperation als gänzlich problemlosen Fall von Herrschaftsausübung. Transaktionsprobleme als spezifische Eigenschaften von Organisation tauchen in diesem
Zusammenhang bei ihm nicht auf. Die Akteure kommen bei Marx nur als Cha-
raktermasken vor, mehr oder minder als gelenkte Ausführungsorgane. In dieser
Konzeptualisierung kann der Gedanke an eine Konstellation Betrieb oder Organisation, als einem relativ autonomen sozialen Raum mit eigenen Rationalitäten,
Dispositionschancen, Handlungsregeln usw., gar nicht erst aufkommen. Das
durchaus starke Marxsche Erbe in der deutschen Industriesoziologie mag mit
dazu beigetragen haben, daß in den großen und das Fach beherrschenden Forschungsarbeiten dem Betrieb als Organisation keine besondere Aufmerksamkeit
geschenkt worden ist.

Im Anschluß an Max Weber standen die Chancen für eine differenzierte Behandlung und Analyse des Betriebs zwar ungleich günstiger, sie sind aber bis
heute nur vereinzelt genutzt und insgesamt noch nicht ausgeschöpft worden.
Webers Angebote für die Industriesoziologie sind bis heute attraktiv. Auch ihm
dankt die Nachwelt sogenannte „industriesoziologische" Schriften. Seine eigenen

eher arbeitswissenschaftlichen Untersuchungen auf dem Hintergrund seiner gedanklichen Auseinandersetzung mit der Kraeplin-Schule (Weber 1924b) sind vermutlich davon motiviert, konkrete Ausformungen und Praktiken der Mathematisierbarkeit und Berechenbarkeit der (betrieblichen) Welt zu studieren. Weber beschäftigte sich hier im Hinblick auf formale Rationalität mit Feinheiten organisationalen Handelns, die nicht mehr so ohne weiteres als dem Betrieb vorgeordnet gewertet werden können. Zudem zeigte Weber in seiner methodologischen Einleitung zu den Untersuchungen des Vereins für Sozialpolitik über Auslese und Anpassung der Arbeiterschaft ein immerhin anderes Verständnis von Betrieb, als ihm üblicherweise zugeschrieben wird (Weber 1924a, b). Die späteren Auslegungen insbesondere angelsächsischer Autoren, Weber hätte den Betrieb als geschlossenes System angesehen, sind damit nicht vereinbar. Ausdrücklich gab er in den methodologischen Überlegungen die Anweisung, empirisch herauszufinden, welche Spezialitäten die Arbeiterschaft in den Betrieb einbringen und welche Formungen die Arbeiter durch den Betrieb erfahren würden. Mindestens stellte Weber ein Beeinflussungs- und Modifizierungspotential der Industriearbeiter im Hinblick auf die Organisation der Leistungsabforderung in Rechnung. Weber ging offenbar von der Tatsache folgenreicher Wechselbeziehungen zwischen Betrieb und Gesellschaft aus, die sogar eingehender Untersuchungen bedürften. Wie kann diese Sichtweise mit der Behauptung vereinbart werden, Weber hätte den Betrieb als geschlossenes System aufgefaßt?

Aus ihrem „klassischen" theoretischen Erbe bezog die Industriesoziologie einerseits Anweisungen dazu, die in der Gesellschaft verankerten, überbetrieblich wirksamen Kräfte und Mechanismen der Industrialisierung und Rationalisierung vor allem in den Blick zu nehmen. Industriesoziologie schloß das Geheimnis und die Wirkungen der industriegesellschaftlichen Wandlungen von einem dezidiert gesellschaftstheoretischen Blickwinkel auf. Der Betrieb war ihr darin der empirisch wichtigste Ort, an dem sich der konkrete Zustand und Verlauf des Prozesses erkennen lassen sollte. In theoretischer Perspektive gewann der Betrieb indessen nicht jenen Stellenwert, von dem aus es gerechtfertigt oder gar wünschenswert erschienen wäre, zu einer Theorie des Betriebes bzw. der Organisation vorzudringen.

2.2 Das Interesse an der Branche

Die Industriesoziologen haben selbstverständlich frühzeitig erkannt, daß Industrialisierung nicht einfach als ein einheitlicher, in sich widerspruchsfreier Prozeß angesehen werden kann und daß deshalb Differenzierungen innerhalb dieses gesellschaftlichen Prozesses stattfinden, die für die weitere Ausformung der Industriegesellschaft weitreichende Folgen haben können. Die Ursachen hierfür wurden vornehmlich in den sogenannten stofflichen Besonderheiten der Produktion identifiziert. So wurde alsbald sektor- und subsektorbezogenen Ausfor-

mungen der Industrialisierung und Auswirkungen der Rationalisierung zunehmende Aufmerksamkeit geschenkt. Am klarsten baute das Soziologische Forschungsinstitut (SOFI) in Göttingen einen eigenständigen, stark sektorspezifi-
schen Forschungsansatz aus. Die methodische Kombination von Branchenanalyse und betrieblicher Untersuchung kann wohl als konsequenteste Entwicklung
bzw. Umsetzung einer Perspektive auf strukturierende Wirkungen durch wirt-
schaftssektorielle Besonderheiten gelten. Überdies kann namentlich Martin
Baethge, Horst Kern, Michael Schumann und Otfried Mickler, die den For-
schungsbetrieb am SOFI maßgeblich gestaltet und Grundsteine für eine entsprechende Forschungsausrichtung gelegt haben, das Verdienst zugerechnet werden,
damit zugleich einen Standard industriesoziologischer Forschung etabliert zu
haben. Tatsächlich erlangen diejenigen Forschungsarbeiten in der Industriesoziologie die vergleichsweise größte Beachtung, die ihren Forschungsgegenstand
sektorspezifisch differenzieren. Nahezu durchgängig hält sich im Fach die Annahme, daß vor allem die stofflichen Besonderheiten der Produktion in Rechnung zu stellen seien, wenn es auf die Erklärung von differenten industriellen
Entwicklungstrends ankomme (statt vieler: Pries et al. 1990; Weißbach 1990). Die
Verhältnisse in der Chemieindustrie sind eben anders als in der Elektroindustrie,
und diese unterscheiden sich wiederum grundlegend von jenen im Fahrzeugbau
und der Maschinenindustrie. In der Zwischenzeit wissen wir selbstverständlich
auch gut über andere Industriezweige Bescheid, nachdem es nicht mehr ganz so
attraktiv ist, im Bergbau und in der Kohle- und Stahlindustrie den Fortgang von
Industrialisierung und Rationalisierung zu verfolgen. Sektorspezifische Untersuchungen sind mittlerweile so zahlreich, daß hier nur wenige Beispiele erwähnt
werden können: Döhl et al. (1989); Deiß et al. (1989) über die Möbelindustrie;
Gebbert (1991, 1992); Kerst (1996), Töpsch (1994) zur Druckindustrie und Knesebeck (1983, 1984) zur Bekleidungsindustrie, siehe auch die Sammlung von Beiträgen über die Automobilindustrie von Deiß/Döhl (1992).

Sektorale Marktbedingungen, Technikentwicklungen und Arbeitsmärkte bilden denn auch die bevorzugten Variablen im industriesoziologischen Untersu-
chungsdesign. Dieses kann als Denkmodell einer zunehmend gestuften Konkretheit, gemäß der Kaskade: Industrialisierung, sektor- und teilsektorspezifische
Industrialisierung, betriebliche und teilbetriebliche Technisierung aufgefaßt werden. Hierbei ist wohl in aller Regel der Gedanke leitend, daß die jeweils höhere
Stufe der Kaskade hinsichtlich der Kausalität und Optionalität des technisch-
organisatorischen Wandels auch einen höheren Rang repräsentiert. Der Betrieb
und betriebliche Teilprozesse erscheinen darin dann selbstverständlich als nachrangige Positionen, mit denen nur geringfügiger theoretischer Wert im Blick auf
die Erklärung des Wandels verbunden ist.

Erst in dieser nachrangigen Position kann der Betrieb Interesse auf sich ziehen, etwa in der Frage, ob und in welcher Hinsicht betriebliche Spielräume bei
der Kombination von Technik, Organisation und Arbeitskraft offenstehen, wie

sie genutzt werden und mit welchen Folgen die Nutzung jeweils einherzugehen scheint.

2.3 Das Interesse an der Technik

Die sektor- und teilsektorspezifische Auffächerung des Industrialisierungsprozesses findet im Nachvollzug von Techniklinien eine nahezu natürliche Ergänzung und Fortsetzung. Vorschub leistet da noch das vorwiegende Interesse an der Charakteristik und am Wandel der Produktionstechnik. Von hier aus öffnet sich ein weites Feld für inter- und intrasektorale Unterscheidungen zwischen Mechanisierungs- und Automatisierungsgraden. Bis heute hat sich unter Industriesoziologen eine Faszination an dem Gedanken der Korrespondenz von Technikstufen, Arbeitsformen und Qualifikationsanforderungen erhalten.

Technik steht paradigmatisch für Produktivkraft. Und Produktivkraftentfaltung ist ohne Technik nun einmal undenkbar. Technikentwicklung wird allerdings – um es erneut zu betonen – vornehmlich in sektoralen Kontexten und sektoral spezifiziert rekonstruiert. Obwohl Technik in der Industriesoziologie die herausgehobene Variable bildet, ist mit Technik konzeptionell eine Ambivalenz verbunden, die im Zusammenhang mit einer Reflexion auf den Betrieb als Organisation ziemlich bedeutsam ist. Deutlich wird diese Ambivalenz vor allem in den Arbeiten zu den mikroelektronisch gestützten Informations- und Kommunikationstechnologien. Als Instrumente weiträumiger und fast universeller Technisierungsstrategien in der Produktion, in Verwaltung und Planung werden die IuK-Technologien identifiziert, und in dieser Bestimmung werden sie als vornehmstes Mittel der Effizienzsteigerung angesehen – im Konzept der systemischen Rationalisierung noch überhöht im Sinne einer neuen Stufe des gesellschaftlichen Rationalisierungsprozesses (Baethge/Oberbeck 1986). Die Industriesoziologie erkennt die IuK-Technologien zugleich als interpretationsbedürftige technische Artefakte. In dieser Bestimmung präsentiert sie die Technik als Anlaß zu und Gegenstand von Aus- und Verhandlungen, in denen über Einsatz- und Nutzungsformen befunden wird zwischen zudem höchst unterschiedlichen Kontrahenten im Betrieb (Littek/Heisig 1986, 1991; Heidenreich 1993, 1995; Schmidt 1989). Betrieb ist hier keineswegs nur mehr Ort der Umsetzung vorausgesetzter Prozesse der Technisierung. Industriesoziologie öffnet mit dieser Ambivalenzbestimmung Wege vom Betrieb zur Organisation, ohne allerdings die Konsequenz einer organisationstheoretischen Fundierung des Faches zu ziehen. Von hier aus ist es immerhin nicht mehr weit zum Ansatz der sozialen Konstruktion des Technischen (Rammert 1991; Weingart 1989).

Zweige der Techniksoziologie, wie etwa die Ausrichtung von Werner Rammert an der Technikgenese, der Innovationsforschung, etwa die Arbeiten von Asdonk et al. (1991, 1992), in der Fortsetzung mit Wolfgang Krohn (Kowol/Krohn 1994, 1995), sind hierfür gute Beispiele. Findet doch darin eine aussichtsreiche Fortführung und Entfaltung des Gedankens der Politikhaltigkeit von Technisierungen statt. Fortan steht Technisierung analytisch in einem erweiterten Rahmen des Interessenbezugs. Nicht mehr nur oder gar ausschließlich Interessen an der Produktivitätssteigerung regieren die Technisierung. Status- und Funktionsinteressen von Akteuren in formal und informell vernetzten Beziehungen und Machtkonstellationen erweisen sich zumindest als einflußreich, wenn nicht treibend hinsichtlich der Entwicklung, des Einsatzes und der Nutzung von IuK-Technologien (Lullies et al. 1990; Ortmann 1990; Ortmann et al. 1990).

Ein solcher Befund stellt für das industriesoziologische Betriebskonzept eine harte Belastungsprobe dar. Der Einfluß von Akteurskonstellationen im Betrieb auf die Entwicklung, den Einsatz und die Nutzung von Technik bestärkt selbstverständlich die Zweifel an der Annahme eines gerichteten und von irgendwoher instruierten Rationalisierungsprozesses. Technisierung im Sinne eines gesellschaftlichen Prozesses wird zu einem Emergenzphänomen. Die unterstellte Rationalität im gegebenen Technikeinsatz und in den Formen der Techniknutzung sowie im Übergang zu „höheren" Technikstufen ist jetzt nicht mehr in dem Betrieb vorangestellten Funktionsbestimmungen enthalten. Sie ist jeweils immer betrieblich erzeugt und zunächst auch nur einzelbetrieblich gültig. Das weitet die Bedeutung des betrieblichen Geschehens in dieser Frage erheblich. Mit der Umsetzungsrolle ist es jetzt nicht mehr getan. Der Betrieb bringt hervor! Und zwar bringt er die Rationalitätskriterien hervor, an denen Entwicklung, Einsatz bzw. Nutzung von Technik bestimmt werden. Damit dreht sich die Frage nach der Technisierung fast um. Während es ausgehend von der Annahme, der Betrieb nehme im Prozeß von Technisierung und Rationalisierung einen deutlich nachgeordneten Rang ein, konsequent war, danach zu fragen, mit welchen Wirkungen und Folgen der Betrieb Technik inkorporiert, drängt sich nunmehr die Frage in den Vordergrund, unter welchen institutionellen, organisationalen, kulturellen Voraussetzungen und Bedingungen Technik überhaupt entsteht, eingesetzt und genutzt wird. Die Tatsache der Technisierung selbst und der Umstand, daß sich oftmals bestimmte Techniklinien (Trends) herausbilden, werden zu Erscheinungen, die Erklärungen verlangen. Damit rückt der Betrieb mehr und mehr ins Rampenlicht. Je greller dieser be- und ausgeleuchtet wird, um so deutlicher müssen wir erkennen: viel Licht, viel Schatten; was transparent schien, ist jetzt opak. Die Voraussetzung „Betrieb als Ort der Umsetzung von Technisierungsprozessen" erweist sich selbst als außerordentlich voraussetzungsreich. Zug um Zug verwandelt sich der Betrieb in Organisation.

2.4 Das Interesse an Arbeitsorganisation, Qualifikation und Produktionsarbeit

Organisation zählt in der industriesoziologischen Forschung seit je zu den bevorzugten Forschungsgegenständen, allerdings in der einschränkenden Bestimmung von Arbeitsorganisation. In diesem Sinne ist Arbeitsorganisation Teil des Betriebes. Im Hinblick auf die Ausgestaltung der Arbeitsorganisation und bezüglich der damit verbundenen Konsequenzen für die Anforderungen an die Qualifikation, die funktionale und soziale Differenzierung der Produktionsarbeiter machte Burkart Lutz (1976), vornehmlich angeregt von seinen international vergleichend angelegten Studien, beispielsweise schon sehr früh auf nicht-technische Ursachen von erheblichen Varianzen aufmerksam. Zwar führte er selbst hierfür hauptsächlich politische Systemspezifikationen und kulturelle Traditionen in einer nationalen Rahmung an. In seinen und vielen Arbeiten des ISF München in den siebziger Jahren (siehe etwa Altmann et al. 1978; Bechtle 1980) wurden jedoch Arbeitsorganisation und Qualifikation und ebenso Technik als Gegenstände betrieblicher Strategien gefaßt. Der Betrieb ist hierbei nicht nur mehr Ort der Umsetzung von und Anpassung an Technik usw. Vielmehr bezeichneten die Münchener Forscher für die Bestimmung von Arbeitsorganisation und Qualifikation vier Elemente: Konkurrenz, Autonomie, Kontingenz und Macht (Altmann et al. 1978, S. 154 ff.). In der Konkurrenz mit anderen Unternehmungen vermitteln sich gesellschaftliche und betriebliche Interessen an der Kapitalverwertung. Der gesellschaftliche Produktionsprozeß wird in bzw. durch die Wechselwirkung zwischen Konkurrenz und Autonomie reguliert. Wenn Autonomie gilt – in welchen Grenzen auch immer –, sind die Regulierungsgrößen des gesellschaftlichen Produktionsprozesses im voraus nicht bestimmbar. Deshalb muß Kontingenz in Rechnung gestellt werden. Und schließlich wird ein Verhältnis der Machtasymmetrie zwischen Kapital und Arbeit unterstellt, welches der Reproduktion – unter der Bedingung der Kontingenz verfügbarer Arbeitskraft – bedarf, und schon aus diesem Grund reflektiere Arbeitsorganisation das Bemühen, eine „qualifikatorisch-intelligente und politisch-entscheidungsmäßige Verfügung über den Produktionsprozeß durch die kooperierende Arbeitskraft" (156) auszuschließen. Somit steht Arbeitsorganisation in einer instrumentellen und funktionalen Beziehung zu Technik und Qualifikation. Zugleich wird Arbeitsorganisation als Machtverhältnis ausgewiesen. Beide Seiten verhalten sich kontingent zueinander, wie im übrigen auch aus der autonomen Sicht des Betriebes die Bemühungen, sich in der Konkurrenz zu bewähren, kontingent sind.

Hiermit wurde ein anspruchsvolles Betriebskonzept vorgestellt. Die vier Elemente Konkurrenz, Autonomie, Kontingenz und Macht könnten als Bausteine einer industriesoziologisch begründeten Theorie der Organisation gedient haben. Ein Programm dazu bestand auch. In der Folge dieser frühen Überlegungen arbeitete Günter Bechtle die Idee aus, „Betrieb als Strategie" zu konzipieren. Es ist überhaupt eine der wenigen industriesoziologischen Arbeiten aus den siebziger und frühen achtziger Jahren mit klarer Ausrichtung auf eine systemtheoretische Fundierung der Industriesoziologie unter Aufnahme organisationstheoretischer Elemente und wahrscheinlich die einzige mit nennenswertem Erinnerungswert. Bechtles Vorschlag, Organisationsforschung, Luhmanns Systemtheorie und Politische Ökonomie symbiotisch zu nutzen im Interesse einer gehaltvollen Theorie der Organisation und der gesellschaftlichen Produktion ist allerdings von wenigen Rezipienten nur verstanden, in weiteren Arbeiten kaum aufgenommen und auch von ihm selbst dann nicht mehr konsequent fortgeführt worden.

Rationalität und Rationalisierung erscheinen unter Berücksichtigung von Konkurrenz, Autonomie, Kontingenz und Macht in einem anderen Licht. Entwicklung, Einsatz und Nutzung von Technik und Arbeitskraft sind demzufolge von diesen Elementen her zu rekonstruieren. Ein derartiger Zugang ist mit Annahmen über einen vorausgesetzten gesellschaftlichen Prozeß zunehmender Rationalisierung nur hinsichtlich der formalen Rationalisierung vereinbar. Damit wird die Aufmerksamkeit verstärkt auf organisationale und institutionelle Faktoren und Mechanismen des fortdauernden Industrialisierungsprozesses gelenkt. Die neueren industriesoziologischen Arbeiten tragen dem zunehmend Rechnung. Die Rekonstruktion technisch-organisatorischen Wandels erfolgt nunmehr sehr vielversprechend aus der Perspektive von Organisationen respektive Organisationsdomänen, worin die Problematik der institutionellen Verankerung von Trajektorien und des Wandels begrifflich enthalten ist (z. B. Kerst 1996).

Die frühe Öffnung in der industriesoziologischen Forschung für eine Theorieorientierung weg vom Betrieb und hin zur Organisation verläuft indessen eigenartigerweise parallel zu einer erstaunlich stabil bleibenden Konzentration der Forschung auf ausführende Arbeit in der Produktion. Diese Engführung ist mit der deutlich vor Augen stehenden Komplexität organisationalen Handelns nicht mehr vereinbar. Bislang ist es noch nicht zu einer organisationstheoretisch inspirierten bzw. fundierten Industriesoziologie gekommen, worin der Tatbestand der Organisation in die gesellschaftstheoretisch und gesellschaftspolitisch inspirierten Fragestellungen integriert worden wäre. Selbstverständlich weichen zahlreiche und richtungsweisende Arbeiten von diesem Pfad ab.[2]

Der einschränkende Blick auf die industrielle Produktion und die Industriearbeiter ist aber auch mit den Ergebnissen des wirtschafts- und sozialstrukturellen Wandels der Gesellschaft unverträglich. Die Fixierung der Industriearbeiterschaft bzw. der industriellen Arbeit (eingeschränkt auf Fertigung, Montage, Verfahrensprozesse) verspricht längst keinen hinreichend breiten Aufschluß des industriegesellschaftlichen Wandels mehr. Martin Baethge beklagt dieses auch. Sein Lösungsvorschlag sieht in wichtigen Dimensionen eine scharfe Trennung zwischen Arbeiter- und Angestelltentätigkeiten bis hinein in die Forschungsanalytik

---

2 Die Arbeiten von Wolfgang Littek und seinen Kollegen über Angestelltenkulturen etwa oder die dezidierte Ausrichtung des Forschungsinteresses von Gert Schmidt und Martin Heidenreich auf die Schnittstelle zwischen Angestellten und Arbeitern sind in diesem Zusammenhang zu nennen. – Hiervon zu unterscheiden sind Theorieentwürfe und Forschungsansätze, in denen die Tradition der Industriesoziologie gleichsam nur noch in der Kritik daran fortlebt und prominente Forschungsgegenstände des Fachs von vornherein in einem systemtheoretischen respektive organisationstheoretischen Rahmen fokussiert werden. Die Arbeiten von Ulrike Berger, Christof Wehrsig und Hajo Weber markieren diese Entwicklung sehr gut.

und die theoretische Konzeption vor (Baethge 1996). Das kann aber auf dem Hintergrund des industriesoziologischen Selbstverständnisses nicht befriedigen, wonach Industriegesellschaft und industriegesellschaftliche Entwicklungen Gegenstand des Faches sind. Entweder liegt der einheitliche Grund gesellschaftlicher Arbeit in Elementen und Prozessen, die dem Betrieb vorgelagert sind. Dann müßte auf gesellschaftlicher Ebene angebbar sein, aufgrund welcher Umstände die gesellschaftliche Arbeit kategorial unterteilt wird in Arbeiter- und Angestelltentätigkeit und welcher gesellschaftliche Mechanismus die seit Jahren anhaltende Umstrukturierung zwischen den beiden Arbeitsarten bewirkt. Oder die Hauptgründe der Strukturbildung und Differenzierung der Arbeit müssen konzeptionell in den Betrieb verlegt werden, mit der Konsequenz, die kategoriale Trennung zwischen Arbeiter- und Angestelltentätigkeiten auf dieser Ebene ausreichend verständlich machen zu müssen. Vermeiden kann man dann nicht mehr, den Betrieb als Organisation zu konzipieren und dort den Grund für die Einheit und die Differenz der Arbeitsarten zu vermuten. Nur noch über die primäre Beschäftigung mit Organisation erschlösse sich ein befriedigender Zugang zur Erkenntnis und Aufklärung über die weitere industriegesellschaftliche Entwicklung. Auch Michael Schumann u. a. (1994, S. 657) argumentieren in ihrem Trendreport, wie ich sehe, recht ähnlich. Das Neue, sagen sie, sind nicht eigentlich die neuen Arbeits- und Qualifikationsanforderungen, das Neue sei der neue Betrieb! Damit wird die Arbeits-, Organisations- und Technikanalyse verwiesen auf die Auseinandersetzung mit organisationalen Entscheidungen, Handlungen und Folgen dieser Handlungen, auf institutionalisierte Ordnungen von Organisationen. Schumann u. a. wenden ihre empirisch gestützte Einsicht, die wir sehr ernst nehmen müssen, zumal sie von einem Großen des Faches vorgetragen wird, ins Programmatische. Hiermit deutet sich eine Re-Orientierung auch unter den namhaftesten und einflußreichsten industriesoziologischen Forschern an. Markiert ist immerhin ein Verzweigungspunkt hin zu einer organisationstheoretisch inspirierten Industriesoziologie.

2.5 Das Interesse an der Konfliktregulierung

Mit einem anhaltenden Interesse an der Regulierung des Kapital-Arbeit-Verhältnisses bewegte die Industriesoziologie sich vornehmlich auf einer außerbetrieblichen institutionellen Ebene. Einerseits thematisierten die Industriesoziologen hinsichtlich der industriellen Beziehungen schon recht früh extraorganisatorische Umstände weitreichender Beeinflussung und Konditionierung einzelbetrieblicher Entscheidungen. Insoweit wurden sowohl Grenzen der Organisation als auch deren Durchlässigkeit sehr klar. Mindestens hätten Industriesoziologen mit der Auffassung von der Organisation als einer umweltoffenen Entität nie sonderlich große Probleme gehabt. Andererseits interessierten die sozialen Beziehungen im Betrieb hierbei ausschließlich unter dem Aspekt der Interessenauseinandersetzzung und der Konfliktregulierung zwischen den Betriebsparteien. Zudem bevorzugten Industriesoziologen die Perspektive auf die Beschäftigten. Ausgehend von der Prämisse der Machtasymmetrie zielten Forschungen zu industriellen Beziehungen vornehmlich auf die Beantwortung der Frage, ob und unter welchen Umständen und verbunden mit welchen Nebenfolgen die Industriearbeiterschaft bzw. ganz allgemein abhängig Beschäftigte die aus dem Abhängigkeitsverhältnis resultierenden Interessen durchzusetzen und abzusichern vermögen. Wenn auch die Forschungsanstrengungen auf ein theoretisches Konzept industrieller Beziehungen (etwa Müller-Jentsch 1986, 1998) zuliefen, blieben die Vertreter der Kapitalseite empirisch und theoretisch hierbei ziemlich unterbelichtet. Erneut macht sich hier die bevorzugte Thematisierung von Arbeitnehmerinteressen und sozialen Lagen von abhängig Beschäftigten bemerkbar.

Neuere Arbeiten vor allem zu Veränderungen betrieblicher industrieller Beziehungen enthalten dagegen weitergehende Aufschlüsse von organisatorischen Kontexten. Dazu trugen die zahlreichen Arbeiten von Gerd Schienstock (1991, 1993a) zur Organisation und zum Management ebenso bei wie die schon zu Beginn der achtziger Jahre aufgelegten Forschungen zur Arbeitspolitik am Wissenschaftszentrum Berlin (WZB) (Jürgens/Naschold 1983; Hildebrandt/Seltz 1989), die ja teilweise stark von der labour process debate inspiriert waren.[3] Insgesamt ist es gerechtfertigt, von einer zunehmenden organisationstheoretischen Anregung der Forschungen zu industriellen Beziehungen zu sprechen. Die Beobachtungen einer wachsenden Bedeutung von aushandlungs- und abstimmungsintensiven Prozessen auf der betrieblichen Ebene führten deutlich näher an organisationstheoretische Konzepte heran. Allerdings muß bei dieser Konvergenz wohl ein nicht unbedeutender Unterschied beachtet werden. Während in industriesoziologischer Perspektive Aushandlungs- und Verhandlungsintensität zwischen den Betriebsparteien vor allem durch den technischen Wandel bedingt erscheinen und insofern als ein relativ neues Phänomen aufgefaßt wurden, mit dem sonst nicht gerechnet werden müßte, wird dieser Umstand in der Organisationstheorie viel grundsätzlicher rekonstruiert und mit den Konstitutionsbedingungen der Organisation in Verbindung gebracht. Insofern stellt sich eine organisationstheoretische Fundierung der – betrieblichen – industriellen Beziehungen in industriesoziologischer Sicht nicht als zwingend dar. Die Ergebnislage macht dies aber wahrscheinlicher als noch in den siebziger und achtziger Jahren.

2.6 Das Interesse am Arbeitsmarkt

Der Arbeitsmarkt stellt eine Schlüsselinstitution der kapitalistischen Gesellschaft dar. Im Konzept industriesoziologischer Forschung und Theoretisierung nimmt

---

3 Siehe hierzu den Beitrag von Michael Bruch in diesem Band.

der Arbeitsmarkt denn auch einen vorrangigen Platz ein. Struktur, Dynamik und Regulierung des Arbeitsmarktes liefern wichtige Orientierungsrößen für einzelbetriebliches Handeln. Im Vergleich dazu erscheint der Betrieb konzeptionell als weniger prägend. Vermutlich beruhte die Prämisse, der Betrieb sei Ort der Umsetzung gesellschaftlich präformierter Interessen, auch auf der besonderen Stellung des Arbeitsmarktes im industriesoziologischen Forschungsprogramm.

Eine der beeindruckendsten Arbeiten hierzu ist Burkart Lutz' Buch „Der kurze Traum der immerwährenden Prosperität" (1984). Darin rekonstruiert er die Abhängigkeit der Arbeitsmarktentwicklung vom gesellschaftlichen Akkumulationsprozeß. Die Auflösung einer noch vor dem Zweiten Weltkrieg nennenswerten Subsistenzwirtschaft, die Zunahme der abhängig beschäftigten Erwerbspersonen einschließlich eines wachsenden Anteils der Frauenerwerbsarbeit und schließlich strukturelle Grenzen für die Ausdehnung der Beschäftigung unter der nun erreichten Bedingung, daß nahezu alle Erwerbspersonen formell und reell auf abhängige Beschäftigung angewiesen seien, markierten Lutz zufolge das Ende eines Traums von der immerwährenden Prosperität.

Die damit verbundene Formung des gesellschaftlichen Arbeitskörpers und die innere Differenzierung bildeten wichtige Voraussetzungen für Prozesse der betrieblichen Arbeitsmarktsegmentierung, an denen Industriesoziologie sehr früh Interesse entwickelt und wozu das Fach wichtige Beiträge geleistet hat. Die Untersuchungen zur Herausbildung und Stabilisierung von betrieblichen Stamm- und Randbelegschaften erhellen die Wechselbeziehungen zwischen einzelbetrieblichen Strategien und der gesellschaftlichen Institution des Arbeitsmarktes. Vor allem diese betriebsbezogene Arbeitsmarktforschung bildete eine gute Grundlage für Untersuchungen von organisationalem Handeln und Entscheiden in Bezug auf die zentrale, regulierende Institution des Arbeitsmarktes. Sowohl die Reproduktion dieser Schlüsselinstitution kapitalistischer Gesellschaften als auch deren partielle und instrumentelle Überformung durch strategisches Handeln lokaler Arbeitsmarktparteien, die selbst wiederum ihre Rationalitätsmaßstäbe in Relation zu den organisationalen Handlungskontexten entwickeln, in denen sie sich befinden, bezeichnen wesentliche Austauschbeziehungen zwischen Organisationen und ihren Umwelten.

Die Interdependenz zwischen Arbeitsmarkt und betrieblichen Arbeitskraftstrategien stellt hinsichtlich einer Soziologie der Industriegesellschaft vermutlich einen der wichtigsten Gegenstände für die Forschung und in gesellschaftspolitischer Hinsicht einen bedeutsamen sozialstrukturellen Ausschnitt dar. Hier sind die reproduktiven Zusammenhänge zwischen Handlungs- und Strukturebene nachvollziehbar, und an dieser Stelle können die wechselseitig bedingten Ausgestaltungen von betrieblichen und gesellschaftlichen Formen der Arbeit, gleichsam die inneren Verweisungen von betrieblichen Sozialformen und gesellschaftlichen Ordnungsstrukturen, aufgewiesen werden. Beziehungen zwischen der deutschen Sozialstruktur und Produktionskonzepten, „Formen der Produktion" (Ortmann 1995a) können aus dieser Interdependenz erklärt werden. Die Fachberuflichkeit in Ausbildung und Arbeitskrafteinsatz wird in dieser Austauschbeziehung erzeugt und stabilisiert (Kern/Sabel 1994). Tragende Elemente des industriellen Konsensmodells der deutschen Nachkriegszeit entstehen hieraus.

Die hohe sozial- und systemintegrative Bedeutung der Facharbeit und Facharbeiterschaft ist beispielsweise in diesem Zusammenhang zu sehen. Der Aufbau von Ingenieurschulen bzw. -akademien und deren Entwicklung hin zu Fachhochschulen bildeten beispielsweise eine spezielle Ausformung der Beziehungen zwischen betrieblichen Arbeitskräfteeinsatzformen, Rekrutierungsstrategien und Arbeitsmarktdifferenzierung und zeigen zugleich eine institutionelle Verankerung und normative Vorprägung von Berufsverläufen und Karrierewegen an. Besonders sensibel für diesen Zusammenhang zeigte sich immer wieder Burkart Lutz, der in frühen Studien am Fall des Ingenieurs schon die Hypothese plausibel machte, daß ein besonderes berufsfachliches Angebot auch seine eigene Nachfrage schaffe (Kammerer et al. 1973).

In diesen Arbeiten und Überlegungen wurden Grundsteine zu einer Erhellung des Problems reproduktiver Schließungen gelegt. Allerdings ist der Umstand einer inneren Beziehung zwischen Sozialstruktur und Institution, die wesentlich von den Eigenschaften des Produktionskonzeptes bestimmt wird, damals nicht erkannt worden. Um diese innere Beziehung erkennen zu können, muß es wohl erst eine substantielle Veränderung von betrieblichen Produktionskonzepten geben. Eine solche war zu dieser Zeit noch kaum in Sicht und hatte auch in der theoretischen Diskussion keinen Platz.[4] Heute werden diese institutionellen und sozialstrukturellen Interdependenzen im Zusammenhang mit den Organisationsreformen vieler Unternehmungen ersichtlich. In einem noch nicht solide abgeschätzten Umfang erweist sich beispielsweise der Bedarf an Ingenieuren auch vom betrieblichen Statusaufbau und von der normativen Festschreibung der sozialen Arbeitsteilung abhängig. Das trägt zur Aufweichung von produktivkrafttheoretischen Erklärungen der Beobachtung steigender betrieblicher Bedarfe an Ingenieuren bestimmten fachlichen Zuschnitts bei. In der gegenwärtigen Phase des organisatorischen Wandels steht somit auch das deutsche Nachkriegsmodell der Sozialintegration der Industriearbeiterschaft via sozialen Aufstieg zur Disposition, weil die Unternehmungen den betrieblichen Ordnungsrahmen substantiell verändern und dabei die funktionalen, statusmäßigen und normativen Voraussetzungen für eine breite Sozialintegration aufgestiegener Facharbeiter – sei es der ersten oder zweiten Generation – einschränken.[5]

---

4 Das hat sich stark verändert. Auf diesen Punkt wird weiter unten zurückzukommen zu sein. Denn die Konsequenzen dieses Zusammenhangs führen uns bis zu der neueren Debatte über paradigmatisierte Entwicklungspfade und Lock Ins.

5 Ein eigentlich schon tiefer Einschnitt in den reproduktiven Zusammenhang von Institution und Sozialstruktur auf der Grundlage von Prämissen des Produktionskonzepts wird in der Öffentlichkeit kaum bemerkt und auch in der Fachliteratur – soweit ich sehe – selten diskutiert. Unter Einrechnung des Umstands, daß dieser reproduktive Zusammenhang sich sowohl intra- als auch intergenerativ herstellt, muß die gegenwärtig dramatisch abnehmende

Mit einigem Recht kann behauptet werden, daß die gegenwärtigen Problementwicklungen theoriestrategische Entscheidungen im industriesoziologischen Forschungsprogramm empfehlenswert machen. Wir haben es gegenwärtig mit einem herrschaftsinduzierten institutionellen Wandel mit weitreichenden sozialstrukturellen Konsequenzen zu tun. Da müßte sich ein allgemeines organisationstheoretisches Konzept als vorteilhaft erweisen, in dessen Rahmen dieser, vornehmlich ja auf der betrieblichen Ebene stattfindende Prozeß rekonstruiert werden kann.

Spätestens an dieser Stelle wird ersichtlich, daß es in der Industriesoziologie Wege zu zwei unterschiedlichen Auffassungen über ein Konzept der Soziologie der Industriegesellschaft gibt. Die eine Auffassung bindet die industriesoziologische Forschungsperspektive an die Beobachtung von Entscheidungs- und Handlungsfolgen. Eine problematische Implikation davon ergibt sich, wenn die Eigenschaften der in reproduktiven Schließungen hervorgebrachten institutionellen und sozialstrukturellen Interdependenzen als Bezugsgrößen zur Bewertung von Entscheidungs- und Handlungsfolgen herangezogen werden. Das bedeutete dann nichts anderes als eine – gedankliche – Petrifizierung von historisch entstandenen Institutionen und Sozialformen, deren Bestand erheblich von einer bestimmten Form der Produktion abhängt. Deshalb ist die Auffassung von der vornehmlichen Folgenbeobachtung mit dem Risiko behaftet, just jenen Zusammenhang zwischen betrieblichen und gesellschaftlichen Entwicklungen auseinanderzureißen, um dessen Einheit willen die Konsequenz einer organisationstheoretischen Fundierung der Industriesoziologie weitgehend unterblieben war. Die andere Auffassung impliziert den Einbezug einer theoretischen Vergegenwärtigung des Betriebs als Organisation. Vornehmlich sind Entscheidungen und Handlungen demgemäß als Resultat organisationalen Handelns zu rekonstruieren, und erst von hier aus wäre nach den Folgen zu fragen. Organisationales Handeln ist immer mit bestimmten Herrschaftsformen verbunden. Demnach hätte der Akzent gegenwärtiger industriesoziologischer Analyse zunächst auf den sozialen, herrschaftlichen Formen der Koordinierung wirtschaftlichen Handelns und Entscheidens zu liegen, sowohl innerhalb von als auch zwischen Organisationen. Im Anschluß erst würde es Sinn machen, soziale Folgen aufzuklären.

Neigung junger Menschen gesehen werden, ein – klassisches – Ingenieurstudium aufzunehmen. Sowohl an namhaften Fachhochschulen als auch an technisch orientierten Universitäten ist die Zahl der Studienanfänger in Ingenieurfächern auf ein Drittel des Niveaus der Vorjahre geschrumpft. Dieser Rückgang zeigt selbstverständlich nicht einen in diesem Umfang verringerten Bedarf an Ingenieuren an. Er dürfte vielmehr Ausdruck der (Über-?)-Reaktion von Vertretern der jüngeren Generation auf das Signal sein, daß der ehedem stabile Zusammenhang zwischen Industrialisierung, Fachberuflichkeit und sozialem Aufstieg über Bildungsteilhabe mittlerweile auch in den Kernbereichen der Wirtschaft fragil geworden ist.

2.7 Das Interesse an Lebensformen

In den letzten Jahren kommt es vermehrt zu analytisch orientierten Arbeiten zur Subjektivität und zur Subjektivierung der Arbeit. Je stärker die Subjektivität der Arbeit akzentuiert wird und je mehr diese in funktionale Zusammenhänge mit neuen Formen der Arbeit gerückt wird, um so voraussetzungsreicher wird das industriesoziologische Betriebskonzept. Die Rekonstruktion der Veränderung betrieblicher Herrschaftsformen wird zunehmend angewiesen sein auf die konsequente Anwendung der Einsicht, daß Machtbeziehungen und Herrschaftsverhältnissen immer eine Reziprozität unterliegt (siehe hierzu beispielsweise Schmidt/Braczyk 1984). Wenn sich nun bei relevanten Gruppen von Beschäftigten die Voraussetzungen ändern, unter denen sie zur Einordnung in betriebliche Machtbeziehungen und Herrschaftsformen bereit sind, dann dürfte dies den Zuschnitt dieser Beziehungen und Formen selbst betreffen, und damit wäre man erneut im Zentrum betrieblicher Ordnungsstrukturen angelangt. Somit führen das erstarkte Interesse in der Industriesoziologie an den die Arbeitswelt einschließenden Lebensentwürfen von abhängig Beschäftigten und die Erforschung von neuen Lebensformen – vielleicht ungewollt – hin zur Organisation. Veränderte und möglicherweise weiterreichende Ansprüche von Arbeitnehmern an die Autonomie und das Niveau der Arbeit, an die Erfüllung von gesellschaftlichen Standards von Umwelt- und Sozialverträglichkeit mögen bestehende Machtbeziehungen und Herrschaftsformen aufbrechen. Mit den Formen, in denen diese Ansprüche befriedigt bzw. abgewehrt werden, werden die Machtbeziehungen und Herrschaftsformen allenfalls umgeformt, aber sie verschwinden nicht. Zahlreiche Untersuchungen der letzten Jahre tragen mindestens indirekt zur Machtanalyse von Organisationen bei, und ich glaube, daß man von diesen über die Struktur und den Wandel von organisationalen Machtbeziehungen und Herrschaftsformen viel lernen kann.

Die schon in den frühen achtziger Jahren begonnenen feinsinnigen Untersuchungen von Hanns-Georg Brose u.a. (1987a, 1987b) zur Erosion von normalen Erwerbsbiographien können retrospektiv als vorzügliche Vorbereitungen auf eine Auseinandersetzung mit diesem Problem gedeutet werden. Was passiert mit den Machtbeziehungen und Herrschaftsformen im organisationalen Kontext, wenn das Abnorme Standard wird? Mit dem Ausdruck „Zeitpioniere" bringen Hörning et al. (1990) begrifflich schon forscher die darin eingeschlossene Attacke gegen das dem Normalerwerbsleben gemäße betriebliche Ordnungsregime zum Ausdruck. Implikationen organisationaler Herrschaft enthält das Konzept der Rationalisierung der Lebensführung von Voß (1994). Martin Baethges (1991) Studien über Jugendliche enthalten hinreichend viele Anregungen zur Verknüpfung seiner Beobachtungen und Interpretationen mit herrschaftstheoretischen Rekonstruktionen von betrieblichen Ordnungen. Michael Behr (1995) geht noch einen Schritt weiter und skizziert die Möglichkeit einer organisierten Gemeinschaft in

Arbeitsorganisationen, die nach seinen Überlegungen wesentlich von den veränderten Ansprüchen vornehmlich jüngerer Beschäftigter getragen wird.

Unter Hinzunahme von Untersuchungen und Interpretationen des Wertewandels in der Gesellschaft können die mit neuen Lebensformen verbundenen Herausforderungen auch sektoral und funktional differenziert werden. Danach konzentrieren sich die neuen organisationalen Zumutungen, soweit sie lebensforminduziert sind, auf die neuen, vornehmlich unternehmensbezogenen Dienstleistungen und auf Tätigkeiten, für die normalerweise eine höhere Bildung und Ausbildung vorausgesetzt ist (s. etwa: Heidenreich 1996). Demnach müßte ein organisationaler „Regimewechsel" vor allem in den Sphären der unternehmensbezogenen Dienstleistungen zu beobachten sein. Hierauf haben wir bereits vor längerem hingewiesen und auch schon einige Anregungen zur Deskription der Organisationsformen in diesen Bereichen vermittelt (Behr et al. 1990). In einem tatsächlich radikalen Sinn führt die Thematisierung von neuen Lebensformen zur Beschäftigung mit Organisationsformen.

3. Eine integrierende Perspektive: Governance

Eine beachtliche Thematisierungskompetenz versetzt die industriesoziologische Forschung in die Lage, ausgehend von der Beobachtung gesellschaftlicher Entwicklungen im Zusammenhang mit Industrialisierung, Technisierung, Tertiarisierung und seit kurzem auch Globalisierung zunehmend organisationale Tatbestände in den Blick zu nehmen. Das sind selbstverständlich immer Ausschnitte aus der komplexen Gestalt von Organisationen. Deutlich wird daran, daß die weithin geteilte industriesoziologische Prämisse, der Betrieb sei Ort der Umsetzung von gesellschaftlichen Interessen an Produktivitätssteigerung und Herrschaftssicherung die aktive Rolle von Organisationen und organisationalen Akteuren einschließen muß. Zudem ist „Umsetzung" auch im Sinne von „Hervorbringen" zu verstehen, oder die Sichtweise auf die Umsetzung ist zu ergänzen um die Hypothese, daß Umsetzung entscheidend das Produkt von Entscheidungen und Handlungen organisationaler Akteure ist. Der Betrieb – im Sinne von Organisation – setzt sich mit gesellschaftlichen Entwicklungen, soweit sie ihn zu betreffen scheinen, auseinander, und er ist ebenso Verursacher von Entwicklungen, mit denen der Betrieb sich auseinanderzusetzen hat. Welche Anstöße für die Industriesoziologie einerseits und für die Organisationstheorie andererseits könnten hiervon ausgehen? Die Ermunterung dazu, das eine zu tun und das andere nicht zu lassen.

Die industriesoziologische Thematisierungskompetenz könnte für die Organisationsanalyse fruchtbar gemacht werden, und die Organisationstheorie könnte dazu beitragen zu erklären, daß etwa Rationalisierung, Technisierung und Globalisierung nicht nur als vorausgesetzte und höherrangige gesellschaftliche Prozesse sich im Betrieb durchsetzen bzw. dort betriebsspezifisch umgesetzt werden, sondern daß und wie diese Prozesse wesentlich von Organisationen induziert werden. Dann gäbe es auch eine Chance, das gegenwärtig weit verbreitete industriesoziologische Interpretationskonzept „systemische Rationalisierung" (Altmann et al. 1986; Altmann/Sauer 1989) zu einem theoretischen Erklärungsansatz auszubauen. Dazu müßten ergänzend zu der Beobachtung des manageriellen Vollzugs und der Arbeitsfolgen von systemischer Rationalisierung Genese, Mechanismen der Verbreitung und institutionelle Faktoren der Verbindlichmachung von Imperativen systemischer Rationalisierung für das Handeln organisationaler Akteure in das industriesoziologische Forschungsprogramm aufgenommen werden. Mit anderen Worten, es muß erklärt werden, was als gegeben vorausgesetzt wird.

Wie kommt es zu Trends, Mustern gleichartigen Verhaltens und Entscheidens, dominanten Strategien usw., wenn organisationales Handeln im Prinzip ergebnisoffen ist und immer auch anders ausfallen kann? Was gibt überhaupt Anlaß dazu, die Beobachtungen von organisationalen Rationalisierungsanstrengungen unter dem einheitlichen Gesichtspunkt des Systemischen zu interpretieren? Wieso kommt es zu Technikentwicklungen und Nutzungsformen der Technik, die kontextspezifisch gleich ausfallen? Und warum unterscheiden sich Organisationen hinsichtlich ihrer Kultur, ihrer technischen Exzellenz, ihrer einzelwirtschaftlichen Performanz, ihrer Nutzung der Humanressourcen so erheblich voneinander? Der Grund für die Gemeinsamkeiten und Unterschiede ist in den sozialen Ordnungen von Organisationen verankert. Diese Ordnungen ermöglichen einerseits Verengungen auf wenige Handlungsoptionen und tragen damit wesentlich dazu bei, daß überhaupt Anschlußhandlungen zustande kommen können. Und sie eröffnen einen Horizont von Möglichkeiten, die notwendigen Entscheidungen und Handlungen auf vielfältige Weise zu treffen und zu vollziehen. Homogenität und Varietät sind zwei Seiten derselben Medaille.

3.1 Intraorganisationale Ordnung

Industriesoziologisch ist die soziale Ordnung der Organisation interessant. Diese ist selbst Teil übergreifender Ordnungen, die in der Forschung und Theoriebildung als Regulationen, Steuerungsmuster, industrial orders, governances, kollektive Ordnungen, Regimes, Sozialverfassungen bezeichnet werden. Diese Begriffe belegen häufig nur ähnliche, selten identische Sachverhalte, auf unterschiedlichen Aggregationsniveaus. Gemeinsam ist ihnen jedoch der Umstand, daß die Autoren, die diese Begriffe hervorbringen bzw. verwenden, an institutionellen bzw. kulturellen Gebilden und Konfigurationen interessiert sind. Es verbindet sie der Anspruch auf die Hypothese, daß Handelnde für bestimmte Handlungskonstellationen und Problemstellungen, in der Wirtschaft zumal, sich jeweils einen Ordnungsrahmen schaffen. Ein Ordnungsrahmen reflektiert in der Regel Formen der sachlichen und sozialen Beherrschung in einem ziemlich genau abgegrenzten Geltungsbereich (Betrieb, Unternehmung, Verband, Teilsektor usw.) und besteht aus einem Ensemble von Prämissen, Regeln und Normativen. Beispiele für Prämissen sind die Prinzipien tayloristischer Arbeitsgestaltung. Die Verankerung dieser Prinzipien auf der Ebene der Ordnung ist es, die in arbeitspolitischen Diskursen zwischen Akteuren aus unterschiedlichen Abteilungen, Organisationen und wirtschaftlichen Sektoren überhaupt eine Verständigung über Taylorismus ermöglicht, jeder weiß oder meint zu wissen, was gemeint ist, und jedem steht eine Interpretationsfolie zur Beschreibung seiner eigenen Verhältnisse zur Verfügung. Zugleich wird dadurch, daß die Prinzipien im Ordnungsmodell „abgelegt" sind, auch nachvollziehbar, weshalb in der Praxis der Betriebe hinsichtlich der Implementation, der Strenge der Befolgung und der sozialen Folgen „des" Taylorismus immer wieder beachtliche Unterschiede festgestellt worden sind. Das Formulieren und selbst das gesellschaftsweite Institutionalisieren von tayloristischen Handlungs- bzw. Gestaltungsgrundsätzen darf – wie sonst auch nicht – mit der Durchsetzung bzw. Befolgung nicht gleichgesetzt werden. Beispiele für Regeln sind angewandte Rechtskonstruktionen für die Ausgestaltung von Arbeits- und Lieferverträgen, die Übernahme von Tarifregelungen, das informelle Procedere des internen Arbeitsmarktes, formelle und informelle Betriebsvereinbarungen. Beispiele für Normative sind Absichtserklärungen und Bekenntnisse, etwa die gesellschaftlich erwarteten Ausbildungsleistungen zu erbringen, auch Behinderte einzustellen, auf eine ökologisch verträgliche Produktion umzustellen, auf die Herstellung kriegswaffentauglicher Artefakte zu verzichten.[6]

Ein Ordnungsrahmen verleiht in seinem Geltungsbereich dem Entscheiden und Handeln bevorzugte Richtungen und Bandbreiten und erschwert es den Beteiligten, auf andere Möglichkeiten auszuweichen. Diese Erfahrung macht ganz praktisch jeder selbsternannte und enthusiastische „Reformer", der kraft Einsicht und besserem Durchblick in der Organisation Ordnungen etablieren möchte, die mit dem geltenden Ordnungsrahmen unvereinbar sind. Es gibt Berichte darüber, daß „aufgeklärte" Manager schon in den 60er Jahren vom Taylorismus lassen und Arbeitsformen in den Betrieben einführen wollten, die denen der Gruppenarbeit und der Koordination über Zielvereinbarungen, wie sie seit den frühen 90er Jahren öfter praktiziert werden, recht ähnlich sind. Sie scheiterten an der etablierten Ordnung. Außer der kognitiven Einsicht in die – vermeintliche – Überlegenheit einer post-tayloristischen Arbeitsordnung stand den Reformern damals nichts zur Verfügung. Es fehlten noch der Problemdruck einer schwindenden Wettbewerbsfähigkeit und die zugespitzte Erfahrung, daß der geltende Ordnungsrahmen für die andauernde Viabilität (Ortmann 1995a) der Organisation mehr hinderlich denn förderlich sein kann. Nach außen erfüllt ein solcher Ordnungsrahmen Abschirmfunktionen gegenüber Eingriffen in das geordnete Gebiet.

---

6 Letzter Punkt ist im Sinne einer Selbstbindung in den Statuten der Firma Freudenberg verankert, einem Unternehmen mit mehr als DM 4 Milliarden Umsatz.

3.2 Interorganisationale Ordnung

Die Abschirmfunktion von Organisationen muß auf der institutionellen Ebene
beobachtet werden. Es ist demgegenüber eher zweitrangig, ob dieser Funktion
auch auf der organisatorischen Ebene Korrelate entsprechen.[7] Mit Ausnahme
von gesellschaftlich anerkannten Mächten (z.B. Recht, Gesetz, Regulierungs- und
Strafverfolgungsbehörden, auch Tarifvertragsparteien) sind Eingriffe untersagt
und Zutritte im Prinzip genehmigungspflichtig. Außerhalb ihres Geltungsbereichs
bilden solche Ordnungen Schnittstellen zu anderen Ordnungen. Das ist eine
Voraussetzung dafür, daß Repräsentanten verschiedener Ordnungen überhaupt
miteinander so kommunizieren können, daß der Austausch füreinander sinnhaft
gestaltet werden kann. So kann man sich ein Gebilde von unterschiedlichen Ordnungen vorstellen, von denen einige in einem vertikalen und andere in einem
horizontalen Verhältnis zu anderen stehen. Betriebliche Ordnungen, solche der
Unternehmung, daran anschließende Verbandsordnungen können mehr oder
minder lose miteinander verkettete Ordnungen darstellen. Einige von diesen
stehen mit Ordnungen aus anderen gesellschaftlichen Teilbereichen in Verbindung, etwa mit solchen der Politik und der Wissenschaft. Ein Geflecht von teils
sehr lose, teils eng aufeinander bezogener Ordnungen ist demnach in Rechnung
zu stellen, die das Entscheiden und Handeln von individuellen und kollektiven
Akteuren in einem spezifischen Sinn lenken. Der technische Wandel, die Rationalisierung, die Lösung industrieller Konflikte, der Niedergang von ganzen Indu-
striesparten und das Entstehen neuer Wirtschaftszweige geschehen unter der
Herrschaft solcher Ordnungen und Ordnungskonstellationen.

Eine der interessantesten Aufgaben in der gegenwärtigen industriesoziologischen Forschung besteht darin, die jeweils entscheidende Konstellation von Ordnungen herauszufinden, unter der Organisationen, Gewerkschaften und Politik
sowie Wissenschaft den wirtschaftlichen Strukturwandel und den technischen
und sozialen Wandel hervorbringen und zu zeigen, ob hierbei partiell oder in
Gänze neue Ordnungen entstehen, und schließlich wäre dann zu untersuchen, ob
und welche Spannungen zwischen neuen und alten Ordnungen entstehen und
welche Konsequenzen damit verbunden sind.[8]

Mit diesen Fragen ist zugleich klargestellt, daß die Ordnungen selbst dem historischen Wandel unterliegen. Sie entstehen immer durch eine bestimmte soziale
Praxis, und ihre Funktionsweise trägt dazu bei, daß diese Praxis wiederholt und

---

7 Viel hängt wohl davon ab, ob diese Differenz zwischen Organisation und Institution akzeptiert wird. Tacke und Japp (1996) gehen hier einen anderen Weg. Sie schlagen vor, die Beobachtung von Rationalisierung auf Risiko umzustellen. Der Umgang mit Risiko – ganz ebenso wie mit Rationalisierung – stellt sich auf der Organisationsebene jedoch anders dar als
auf der Ebene der Institution.

8 Die programmatische Auslegung des 1995 beschlossenen Forschungsschwerpunktes der
Deutschen Forschungsgemeinschaft „Globalisierung und Regionalisierung ... " enthält diesbezüglich einige vielversprechende Wegweisungen.

über eine mehr oder minder lange Dauer ausgeübt werden kann. Die soziale Praxis kann sich aber entscheidend ändern, und in solchen Fällen ist es immer fraglich, ob die geltende soziale Ordnung die veränderte soziale Praxis mehr unterstützt oder behindert. Nicht immer wird es dann zur Herausbildung einer neuen Ordnung kommen. Genauso gut kann eine neue soziale Praxis am Fortbestand einer sozialen Ordnung scheitern. Die Entscheidungen und Handlungen, die zu jenen sozialen Tatbeständen führen, für die sich vor allem die Industriesoziologie interessiert, kommen unter der Herrschaft solcher Ordnungen zustande.

3.3 Beherrschungsformen der Produktion

Organisationen schaffen sich ihre eigenen Ordnungen. Aber sie sind darin nicht ganz frei. Abgesehen von den regulierenden Eingriffen durch Recht und Gesetz, Tarifverträgen usw. verhindern die erforderlichen Austauschbeziehungen zwischen einer Organisation und ihrer Umwelt, daß sie sich eine beliebige Ordnung geben kann. Denn hierbei sind immer irgendwelche Kompatibilitätsanforderungen im Hinblick auf andere Ordnungen zu erfüllen. Deren Beachtung bringt Einschränkungen mit sich. – Im übrigen dürften die externen Kompatibilitätsanforderungen an organisationale Ordnungen einen zusätzlichen Grund für deren Beharrungsvermögen liefern.

Diese Ordnungen können – wie gesagt – auf unterschiedlichen Ebenen identifiziert werden, und sie werden auf jeweils unterschiedliche Weise bezeichnet und interpretiert. Kern und Schumann (1984) haben beispielsweise den Begriff des Produktionskonzepts durchaus im Sinne eines Ordnungsrahmens für die Nutzung von Technik und Arbeitskraft in der Produktion eingeführt und von vornherein eine überbetriebliche, sektorale Geltung des alten, tayloristischen Produktionskonzepts unterstellt. Hierbei ließen sie sich von dem Gedanken einer funktionalen Entsprechung zwischen Produktionskonzept, Technik, Arbeitsorganisation und Qualifikation leiten. Dieser Grundgedanke führte sie schließlich schon zu Beginn der achtziger Jahre zu der Erwartung, daß unter der Bedingung veränderter Vorstellungen im Management über den Einsatz und die Nutzung von Technik und Arbeitskraft das geltende Produktionskonzept hinderlich werden könnte und demzufolge ein neues Produktionskonzept – also eine neue Ordnung – das alte ablösen würde. Ihr damaliges Motiv ist heute noch anregend, nämlich an der Vermutung einer zunehmenden Spannung zwischen sozialer Praxis im Betrieb einerseits und institutionalisierter betrieblicher Ordnung andererseits anzusetzen. Aus heutiger Sicht erschiene indessen die Fragestellung nicht mehr überzeugend, nämlich den Spuren einer primär gesellschaftlich induzierten Technikentwicklung in betrieblich kontextuierten Nutzungszusammenhängen zu folgen. Vielmehr müssen Technikentwicklung, Technikeinsatz und Techniknutzung ebenso wie die Rekrutierung, Positionierung, Gratifizierung und Qualifizierung von Arbeitskraft (Braczyk et al. 1982) aus der Perspektive geltender Ordnungen im Sinne von Beherrschungsformen rekonstruiert werden. Was ist damit gemeint? Formen der Beherrschung der sachlichen und sozialen Mittel der Produktion. Als solche entstehen sie aus verbindlichen Interpretationen der sozialen Praxis in der Auseinandersetzung mit den sachlichen und sozialen Mitteln der Produktion (Produktion im weitesten Sinn des Wortes). In ihnen finden Kodifizierungen und Konventionen ebenso wie partielle Einverständnisse zwischen den Beteiligten ihren Niederschlag. Formen der Beherrschung der Produktion stellen immer irgendwelche Versuche der formellen „Zurichtung" der Produktionsfaktoren und der formellen Zurechnung von Ursache-Wirkungs-Beziehungen zwischen Input und Output dar. Nie absolut, sondern immer nach Maßgabe der geltenden Ordnung werden Technik, Organisation, Arbeitskraft und Qualifikation gestaltet und genutzt.

Spätestens an dieser Stelle ist zwischen einem zentralen Gedanken der Giddensschen Strukturationstheorie und der Weberschen Auffassung von der formalen Rationalität eine Verbindungslinie zu ziehen. Nach Giddens entstehen und manifestieren sich soziale Strukturen nur insoweit, als sie durch das soziale Handeln selbst hervorgebracht und durch Orientierung der Handelnden an diesen Strukturen reproduziert werden. Auch der Wandel ist nichts anderes als ein Prozeß der modifizierenden Reproduktion einer gegebenen sozialen Praxis. Ordnungen im Sinne sachlicher und sozialer Beherrschung der Produktion sind von Max Weber als Ausdrucksformen formaler Rationalität gefaßt worden. Es sind – durchaus im Einklang mit Auffassungen des sozialen Konstruktivismus – Konstruktionen der Kalkulierbarkeit, der Berechenbarkeit, der Vorhersagbarkeit sowohl in bezug auf die sachlichen als auch hinsichtlich der personellen Ressourcen der Produktion. Wenn Weber von zunehmender formaler Rationalisierung als einem anhaltenden Prozeß im modernen Kapitalismus spricht, dann steht ihm dabei nicht etwa ein gerichteter und unvermeidlich ablaufener Prozeß einer zunehmenden Steigerung der Effizienz vor Augen, sondern eine Ausbreitung und Verstetigung von Modi formaler Beherrschung der Produktion. Selbstverständlich zeigt er sich in diesem Zusammenhang besonders interessiert an der modernen Buchführung, die für ihn ein vorzügliches Beispiel für die formale Repräsentanz der Produktionsfaktoren abgibt. Die formale Repräsentanz bildet ihrerseits die Grundlage für die Kommunikation über die und Interpretation der Produktionsabläufe, ihrer inneren Durchdringung und weiteren – formalen – Rationalisierung. Was jeweils als formal-rational gilt, ist Ausdruck und Ergebnis von sozialer Interaktion im Hinblick auf die Gestaltung der Produktion und unterliegt somit dem historischen Wandel. Deshalb ist beispielsweise erklärlich, weshalb noch vor zehn Jahren die japanische Produktionsweise in der Mehrheit der deutschen Unternehmen als undurchführbar galt und weshalb tayloristische und fordistische Produktionskonzepte heute in den gleichen Unternehmen als Inkarnationen der Verschwendung angesehen werden. Es macht eben einen gewaltigen Unterschied, ob im betrieblichen Ordnungsrahmen die Prämisse verankert ist, daß Kopf- und Handarbeit strikt und institutionell voneinander zu trennen sind und die materielle Arbeit im Anschluß durch exklusiven Einsatz der Kopfarbeit zu rationalisieren ist, oder ob der betriebliche Ordnungsrahmen die Vorgabe enthält, daß alle im Betrieb mobilisierbaren Kräfte unabhängig von Status- und Funktionsunterschieden für die kontinuierliche Verbesserung der Produktion genutzt werden müssen. Formale Rationalität und formale Rationalisierung gehören notwendig zu den organisationalen Ordnungen. Der Schlüssel zum Verständnis des technischen und sozialen Wandels liegt in der Decodierung dieser Ordnungen. Weder bricht ein technischer Wandel über die Organisation herein, noch wird sie von einem übergeordneten Rationalisierungsprozeß behaucht, der sie derartig betört, daß sie sich diesem unterordnet und dem weiteren Verlauf folgt. Als Organisation der Wirtschaft muß jede Unternehmung im Blick auf das Wirtschaftssystem seine Operationen auf Zahlungsfähigkeit ausrichten. „Die Anbindung der Organisation an das Funktionssystem relativer Preise über die unternehmensinterne Codierung Aufwand/Ertrag schließt nicht aus, daß in ihr auch nach anderen Logiken entschieden wird, sei es die formaler Organisation oder kontingenter Individualität, sei es die der Politik oder der Moral. Im Gegenteil: Multireferentialität ist die konstitutive Eigenart von Mesosystemen ... Die Wirtschaft ist ein informationell und semantisch geschlossenes System, ihre Organisationssysteme sind genau das nicht" (Wieland 1996, S. 81).

Organisationale Ordnungen im Sinne von Beherrschungsformen der Produktion werden, wie nach Giddens (1988) zu interpretieren, von den Akteuren selbst hervorgebracht, bestätigt, reproduziert und verändert. Organisationale Ordnungen im gleichen Sinne repräsentieren immer auch historisch variable Exempel formaler Rationalität, die im Grunde nichts anderes als eine jeweils etablierte Sichtweise von bester Zweckmäßigkeit ist. Die Versuchung ist groß, jetzt noch einen Schritt weiter zu gehen und diese Bestimmung der Beherrschungsformen der Produktion mit der Weberschen Herrschaftstheorie zu verknüpfen. Dennoch sprechen zwei Überlegungen dagegen. Der Tatbestand der Herrschaft ist bei Weber ausgezeichnet als soziale Form der wahrscheinlich erfolgreichen Willensübertragung auf einen Kreis wohl definierter Personen, eingegrenzt auf einen zuvor bestimmten Zweck. Organisationale Ordnung als Beherrschungsform der Produktion ist demgegenüber zugleich weiter und unspezifischer gefaßt. Weiter, weil ausdrücklich die Beherrschung der sachlichen Komponenten der Produktion eingeschlossen ist und damit die jeweiligen Zuschneidungen von Expertise – die „qualifikatorisch-intelligente" (Altmann et al. 1978) Beherrschung der Produktion – als Elemente der Ordnung anzusehen sind. Nicht nur Effizienz in Hinsicht auf formale Rationalität, sondern auch Effektivität bestimmt sich noch aus der Perspektive des Ordnungsrahmens.[9] Hervorzuheben ist demnach der Umstand, daß

---

9 Die konsequenteste „ordnungstheoretische" Auslegung der Beherrschungsformen haben Piore/Sabel (1985) und Gary Herrigel (1993, 1996) vorgestellt. Sie postulieren einen ursächlichen Zusammenhang zwischen Beherrschungsform und Technologie. Das wird umstritten bleiben. Allerdings bringen die Autoren starke Argumente vor.

die Beherrschungsform der Produktion eben auch die Beherrschung der Technik umschließt – bzw. den legitimen Anspruch darauf -, die unter dem geltenden Ordnungsrahmen hervorgebracht bzw. eingesetzt wird. Diese im Vergleich zur präzise eingegrenzten Bestimmung von Herrschaft durch Max Weber wesentlich weitere Bestimmung enthält zudem absichtlich eine vergleichsweise große Unschärfe hinsichtlich der sozialen Form der Willensübertragung und der Aussicht darauf, daß die Herrschaftsunterworfenen fremden Willen befolgen werden. Das von Weber unterstellte Interesse der Herrschaftsunterworfenen daran, gehorchen zu wollen, kann nicht als alleinige Prämisse in die Beherrschungsformen der Produktion eingehen. Hinzu kommt das Kalkül des Scheiterns, weshalb auch die Formen der Konfliktregelung Bestandteile des Ordnungsrahmens sind. Die zweite Überlegung hängt mit der exponierten Stellung der Weberschen Herrschaftstheorie und mit den drei Idealtypen von Herrschaft zusammen. Eine unmittelbare Anwendung auf die Rekonstruktion von organisationalen Ordnungen würde von vornherein mit zu vielen Mißverständnissen und Mißinterpretationen belastet. Beherrschungsformen haben selbstverständlich etwas mit Herrschaft zu tun, und dies soll im folgenden auf dem Umweg über den angelsächsischen Begriff der governance ausgedrückt werden. Dieser Begriff steht im Zentrum zahlreicher Bemühungen in Politikwissenschaft, Politischer Ökonomie, Wirtschaftsgeographie, Industriesoziologie und Organisationstheorie zur Rekonstruktion von Ordnungsregimes, die das wirtschaftliche Handeln und Entscheiden auf organisationaler, inter- und supraorganisationaler Ebene maßgeblich koordinieren. Im folgenden stütze ich mich auf Campbell, Hollingsworth und Lindberg (1991), ohne ihnen jedoch in allen Einzelheiten zu folgen, zumal sie governances hauptsächlich in sektoralen Grenzen betrachten.

3.4 Reichweite von Governances

Begrifflich überspannt governance distinkte Modi der Handlungskoordination wie Markt, Hierarchie, Netzwerke, Professionen. Zumeist werden diesen Modi jeweils besondere Leistungsmerkmale zugeordnet, wobei die Annahme gilt, daß diese immer nur bei Vorliegen spezifischer Bedingungen ausgeschöpft werden können (Håkansson/Johanson 1993). Insofern kann man von kontextspezifischen Koordinationen reden. Governances werden unter dem Aspekt der Interessenabstimmung und der Interessenabsicherung analysiert. Zuweilen unterliegt den Typisierungsbemühungen zahlreicher Autoren auch die Vermutung, daß zwischen dem Problembezug und der Koordinationsform ein deutlicher, zuweilen funktionaler Zusammenhang besteht (z.B. zusammenfassend und systematisierend: Gotsch 1987). Seltener wird die umgekehrte Richtung ausgearbeitet, daß nämlich die Spezifik der governance selektiv auf Art und Inhalt von Problemlösungen einwirkt. Am deutlichsten haben das Piore und Sabel in der Entfaltung des Idealtyps (im Sinne der Weberschen Fassung von Idealtypen) flexibler Spezialisierung getan. Sie konzipieren die governance zugleich als Resultat von Interessenabstimmungen, impliziten Einverständnisses und von Vereinbarungen zwischen relevant Beteiligten sowie als Mechanismus für die Ordnung der sozialen Teilung der Arbeit. Im Lichte ihrer Ausarbeitungen erhalten Theorien und Interpretationen von Taylorismus und Fordismus einen spezifisch anderen Sinn. Taylorismus und Fordismus sind dann nicht als Funktionen einer bestimmten Stufe der Produktivkraftentwicklung oder eines jeweils erreichten Reifegrades eines gesellschaftlichen Rationalisierungsprozesses zu deuten, sondern müssen als Folge der – allerdings kollektiv relevanten – Entscheidung für einen ganz bestimmten Typus der Produktion sowie deren Durchsetzung gelten. Standardisierte Massenproduktion und flexible Spezialisierung repräsentieren zwei distinkte Ordnungsrahmen für die inhaltliche Gestaltung der Produktion.[10] Jenseits einer vielleicht wenig ertragreichen Auseinandersetzung mit der Reichweite des Konzepts der flexiblen Spezialisierung, mit einer oftmals normativen Auslegung und einer m.E. nicht immer überzeugenden empirischen Illustration bleibt der Ansatz grundlegend und fruchtbar. Die Ökonomie wird von Akteuren in Handlungskontexten und unter Bedingungen von Interessen- und Akteurskonstellationen gestaltet, wirtschaftliche Akteure bringen governances zur Ordnung ihrer wirtschaftlichen Belange in Abhängigkeit von der sozialen Praxis hervor, die sie entfaltet haben. Diese Sichtweise impliziert die Möglichkeit der Koexistenz vieler Ordnungen, sie ist offen für die theoretische Integration der Beobachtung, daß oftmals Zufälle in der Wahl von technischen und organisatorischen Mitteln eine Rolle spielen, und sie legt den Blick frei auf die Ambivalenz, wenn nicht Dialektik, von wirtschaftlichem Handeln und sozialer Ordnung.

Governances können für die industriesoziologische Forschung das Scharnier bilden, mit dem die Thematisierung von gesellschaftlichen Problementwicklungen und die Untersuchung organisationalen Handelns verbunden werden können. Zwei unterschiedliche Zugangswege ergeben sich für die Analyse. Zum einen kann danach gefragt werden, für gleichsam welches Gebiet[11] eine gegebene governance gilt. Nach den bisherigen Überlegungen würde eine organisationale governance für die Regulierung von Handeln und Entscheiden in einer individuellen Organisation gelten. Zum anderen kann danach gefragt werden, welcher sektoralen oder räumlichen Ausdehnung die entsprechende governance entspricht. Damit würde dem Begriff der governance von vornherein ein komplexeres Gebiet als die individuelle Organisation zugewiesen. Vielleicht könnte von „Ordnungs-Netzwerken" gesprochen werden, wenn dabei mitgedacht wird, daß in den Netzwerken von Ordnungen alle denkbaren Ordnungsformen – eben nicht nur Netzwerke – vorkommen können. Zum Beispiel wird man nicht auf

---

10 Die Frage nach der funktionalen Komplementarität zwischen standardisierter Massenproduktion und flexibler Spezialisierung kann in diesem Zusammenhang vernachlässigt werden.

11 Der Titel von R. Edwards' Buch „Contested Terrain" gibt eigentlich eine brauchbare Metapher her.

den ersten Blick sagen können, wie die governance für die Wirtschaft Baden-Württembergs aussieht, aus welchen Ordnungen sie zusammengesetzt ist, wie diese miteinander verknüpft sind und welche Bereiche der Wirtschaft diese im wesentlichen abdecken. Sie können vermutlich auch nicht ex ante bestimmt werden, sondern müssen für den jeweiligen Untersuchungsfall empirisch rekonstruiert werden.

Das individuelle organisationale Handeln ist industriesoziologisch nicht interessant. Das ist es nur dann, wenn sich darin allgemeine bzw. verallgemeinerbare Vorgänge, Wirkungen und Folgen des Handelns sichtbar machen lassen, was wahrscheinlich nur äußerst selten möglich sein wird. Demnach wäre industriesoziologisch wohl in der Regel die Frage relevant, welche governance einem bestimmten räumlichen oder sektoralen Gebiet entspricht und welche Regulierungsleistungen mit dieser verbunden sind.

4. Skizze einer regionalen governance – Das Beispiel Baden-Württembergs

Die Regionalökonomie – bzw. beträchtliche Teile davon – von Baden-Württemberg wies in den letzten 30 Jahren eine überdurchschnittliche Performanz und soziale Wohlfahrtsentwicklung auf. Zur Erklärung dieser Entwicklung sind zahlreiche Variablen herangezogen worden. Dazu zählten die Industriestruktur (Fahrzeugbau, Maschinenbau, Elektrotechnik, Chemie, wobei die Hauptverwaltungen der Unternehmen bzw. die Zentralen deutscher oder europäischer Niederlassungen ihren Sitz in Baden-Württemberg hatten, einschließlich nennenswerter Anteile ihrer F&E-Kapazitäten), die in einer bestimmten weltwirtschaftlichen Entwicklungsphase eine anhaltend günstige Nachfrage angezogen hätte, kulturelle Faktoren (Mentalität, schwäbischer Pietismus und Tüftlersinn), eine lange Tradition der staatlichen Gewerbeförderung, eine ausgesprochen starke Neigung zahlreicher Unternehmen, ihre Geschäftsstrategien auf die Bedienung und Besetzung von Marktnischen zu konzentrieren, relativ hoch integrierte regionale Liefer- und Leistungsverflechtungen der ansässigen Firmen, ein dichtes Netz von Wissenschafts-, Forschungs-, Transfer- und Beratungseinrichtungen zugunsten der wirtschaftlichen Entwicklung, eine flächendeckende, regional akzentuierte berufliche Aus- und Weiterbildung, ortsnahe, oftmals genossenschaftlich organisierte Finanzdienstleistungen. Zudem werden eine überwiegend enge und problemoffene Austauschbeziehung zwischen der Wirtschaft und der Landespolitik, namentlich der Landesregierung, und eine spezifische, Rationalisierung und Innovation anregende Politik der organisierten Tarifparteien zu den Besonderheiten des „Baden-Württemberg-Modells" gerechnet. All diese Faktoren bildeten den Interpretationen namhafter Forscher zufolge Bestandteile eines Ensembles der industriellen Regulation, das es den Unternehmen Baden-Württembergs erlaubte, im nationalen und internationalen Wettbewerb zumeist technologisch und ertragsmäßig führende Positionen einzunehmen (Herrigel 1993; Best 1990). Mit dieser wirtschaftsstrukturellen und institutionellen Ausstattung geriet das Land zu Beginn der neunziger Jahre in eine Krise, die sich deutlich von den zuvor erlebten Krisen unterscheidet (Braczyk et al. 1995, 1996; Heidenreich/Krauss 1996). Experten aus Politik, Wirtschaft und Wissenschaft einigten sich relativ schnell darauf, diese neue Krise nicht als lediglich konjunkturinduziert mißzuinterpretieren. Vornehmlich erachteten die Beobachter strukturelle Ursachen (an erster Stelle die hohen Lohnnebenkosten, sodann die Dominanz reifer Industrien, Schwächen in Zukunftstechnologien und High-Tech-Bereichen, schwach ausgebaute Dienstleistungen), in geringerem Maße wurden auch institutionelle Ursachen debattiert (Zukunftskommission 1993). Die Aufforderungen an die Firmen, ihre Organisationsstrukturen nach dem Modell der „lean production" neu zu gestalten, ist ein Beispiel dafür (ebda.). Seither ist ein konsequenzenreicher organisatorischer Wandel in den Unternehmungen im Gange, ohne ersichtliche, ko-variierende Maßnahmen in den Ordnungen der soeben summarisch erwähnten Unterstützungseinrichtungen für die Wirtschaft (Braczyk 1996). Spannungen, gar Brüche im regionalen Ensemble von organisationellen Ordnungen sind wahrscheinlich bzw. zeichnen sich bereits ab. Das Problem der governance der baden-württembergischen Regionalökonomie scheint sogar vornehmlich und in größerem Umfang als bisher angenommen darin zu liegen, daß sie die wirtschaftlichen Entscheidungen und Handlungen der wirtschaftlichen Akteure nicht mehr auf erfolgreiche Kurse zu lenken vermag. Wenn – regionale – governances in nennenswertem Umfang Mißweisungen produzieren, kann das erhebliche Verschärfungen von ohnehin akuten Anpassungs- bzw. Umstellungsproblemen in der Wirtschaft zur Folge haben. Am Beispiel des Ruhrgebietes hat Gernot Grabher (1993) diesen Gedanken unter Rekurs auf das Theorem der Verriegelungen exemplifiziert. Im Kern geht es somit bei der Analyse von governances um die Frage, ob die Akteure einer Region, die ihre eigene governance ja zu einem erheblichen Anteil selbst hervorbringen, auch die Kraft haben, die selbstgeschaffene Ordnung unter veränderten Handlungsumständen auch zu reformieren. Damit sind Probleme der Perzeption, der Interpretation, der normativen Ausrichtung, der Legitimation, und der Ressourcenallokation verknüpft. Diese Probleme müßten sich der individuellen Organisation, der Kommunikation zwischen Organisationen und dem Austausch mit intermediären Institutionen und der Politik und der Wissenschaft und Forschung stellen, allerdings auf jeweils unterschiedliche Weise.

Regional- und Innovationsforscher stellen auf der Grundlage empirischer und vergleichender Untersuchungen oftmals auf den Umstand ab, daß der wirtschaftliche und verbunden damit auch wohlfahrtliche Erfolg einer Region erheblich von dem Vorhandensein und der Wirkungsweise zahlreicher Unterstützungseinrichtungen für die Wirtschaft abhängen (Porter 1990b; Scott/Bergman 1995, Scott 1998; Cooke 1996). Wäre dies eine hinreichende Bedingung, dann dürfte es beispielsweise nicht zu den krisenhaften Zuspitzungen in der baden-württembergischen Regionalökonomie gekommen sein. Denn kaum eine Region ist damit

besser und reichhaltiger ausgestattet als Baden-Württemberg. Der Zuschnitt einer
governance, deren Adäquanz mit den aktuellen Anforderungen an wirtschaftliche
Entscheidungen (einschließlich der Innovations- und Investitionspolitik von
Unternehmungen) ist vermutlich der kritische Punkt, um den sich industriesoziologische Analysen zu drehen hätten.

Das fruchtbare Zusammenführen von Organisationsforschung mit Industriesoziologie hat damit auf der Ebene der Analyse von governances zu erfolgen.
Diese These wird im folgenden durch forciertes gedankliches Nachzeichnen von
weitreichenden Veränderungen organisationaler governances untermauert, wie sie
in den zurückliegenden Jahren der Restrukturierung beobachtet werden konnten.
Von hier aus kann plausibel gemacht werden, erstens, daß governances das wirtschaftliche Handeln und Entscheiden erheblich beeinflussen und zweitens, daß
Organisationen die Gestaltung der ihre Entscheidungen und Handlungen „len-
kenden" regionalen governance nicht voll in der Hand haben, sondern auf Ko-
Aktion anderer Akteure (Wissenschaft, intermediäre Instanzen, Gewerkschaften
und Politik) angewiesen sind.

5. Diskursive Koordination wirtschaftlichen Handelns und Entscheidens

Im gegenwärtigen Transformationsprozeß institutioneller Mechanismen wirtschaftlichen Handelns und Entscheidens kann die Relevanz des organisationalen
und darüber hinaus des regionalen Ordnungsrahmens besonders gut nachvollzo-
gen werden. Viele Firmen haben seit einigen Jahren begonnen, ihre eigenen Ord-
nungsmodelle zu reformieren. Das haben sie nicht leichtfertig getan. Im Gegenteil: Die Rationalisierung der organisationalen governance kann als die ultima
ratio organisationalen Handelns angesehen werden. Wenn dies geschieht, nicht
nur vereinzelt, sondern schon im Sinne eines relevanten gesellschaftlichen Prozesses, dann dürften hierfür handfeste und schwerwiegende Gründe vorliegen.
Die Wahrnehmungen der organisationalen Akteure laufen zunehmend auf eine
Konstellation von Wettbewerbsbedingungen zu, die offenkundig neue Strategien
verlangen. Auf der perzeptiven Ebene kommt es vermutlich nur zu geringen
Unterschieden zwischen den Beobachtern in den Organisationen der Wirtschaft,
zumindest soweit die dominierenden Sektoren Fahrzeugbau, Maschinenbau,
Elektrotechnik/Elektronik und Chemie betroffen sind. An die mehr oder minder
einheitlichen Wahrnehmungen schließen sich indessen unterschiedliche und teilweise weit auseinandergehende Interpretationen der Beobachtungen an. Verein-
facht können diese danach unterschieden werden, ob die organisationalen Akteure weiterhin von der Gültigkeit und der Richtigkeit des sie umgebenden Ordnungsrahmens überzeugt sind oder ob sie es nicht sind. Im ersten Fall legen sie
den Akzent auf die Wiederherstellung des status quo ante, der ihnen bisher berechenbare Grundlage für erfolgreiches wirtschaftliches Handeln war. In der zu-

rückliegenden Phase äußerte sich diese Haltung nahezu ausschließlich in konsequenten Kostensenkungsprogrammen, zumeist begleitet von drastischen Verringerungen des Personalbestandes. Im zweiten Fall laufen die Interpretationen der organisationalen Akteure darauf hinaus, daß sie in der veränderten Wettbewerbskonstellation eher dann eine Chance auf Viabilität haben, wenn sie aus der bislang konstant gesetzten Größe des organisationalen Ordnungsrahmens eine variable Größe machen. Allerdings spricht sehr viel dafür, daß diejenigen Organisationen, die einer solchen Interpretation den Vorzug gegeben haben, dieses nicht kraft besserer Einsicht getan haben, sondern daß selbst noch spezifische Marktkonstellationen diese Deutung begünstigt haben.

Um das zu verdeutlichen, ist ein Rekurs auf eine wesentliche Unterscheidung von Herrschaftsformen hilfreich, die Max Weber zwischen Herrschaft kraft Autorität und Herrschaft kraft Interessenkonstellation getroffen hat, wobei er den zweiten Begriff nicht weiter ausgebaut hat (Weber 1972, S. 542 f.). Eine Herrschaft kraft Interessenkonstellation kann zum Beispiel ausgeübt werden, wenn ein Unternehmen in monopolistischer oder vergleichbarer Lage seinen Willen einem anderen Unternehmen „mitteilen" kann. Im Restrukturierungsprozeß der ausgehenden achtziger und der neunziger Jahre ist dies hinreichend oft der Fall gewesen, vornehmlich zwischen Unternehmungen der Automobilindustrie. Die Nachfragemacht eines oder weniger Endhersteller gegenüber ihren Zulieferern reichte offenbar aus, diese dazu zu bewegen, eine nahezu gänzlich neue soziale Praxis der betrieblichen Arbeitsteilung, der Qualifizierung, des Personaleinsatzes und der institutionellen Regulierung der Produktion anzustreben. Der entscheidende Motivator hierfür war die Umstellung von Mechanismen der Marktkoordination. Die marktmächtigen Nachfrager legten für die Produkte selbst die Preise fest, ohne sich nennenswert von den Kostenkalkulationen ihrer Zulieferer beeindrukken zu lassen. Insofern die Zulieferer sich auf die neuen Konditionen einließen, und vielen blieb dazu kaum eine Alternative, mußten sie erkennen, daß wichtige Bausteine des institutionellen Aufbaus der inneren Ordnung in ihren Firmen ziemlich wertlos erschienen und damit auch tendenziell überflüssig. Deren Abschaffung und Ersetzung durch neue Mechanismen etwa der Herstellung von Berechenbarkeit und der Koordination von Arbeitshandlungen gerieten auf die Tagesordnung, konnten jedoch nicht ohne weiteres umgesetzt werden. Diese Firmen brauchten eine neue Rahmung für die Ausrichtung ihrer Entscheidungen. Ihre marktmächtigen Kunden gaben sie ihnen, indem sie ihnen langfristige Verträge bzw. Geschäftsbeziehungen in Aussicht stellten, unter der Bedingung, daß die gesetzten Preisziele und mit diesen noch Qualitäts- und Lieferzeitziele usw. auch erreicht und eingehalten würden (Braczyk/Schienstock 1996).

Herrschaft kraft Interessenkonstellation gibt den Anstoß zur organisatorischen Umstrukturierung vieler Firmen. Jedoch: Auch diese Herrschaftsform ist offen für unterschiedliche Weisen der Willensübertragung. In der neueren Phase der organisatorischen Veränderungen wird diese Beherrschungsform verstärkt und überwiegend über Zielvereinbarungen umgesetzt. Zielvereinbarungen zwischen Marktkontrahenten stellen mittel- bis langfristige Bindungen her. Koordination über Zielvereinbarungen enthält wesentlich ein diskursives Element. Sie sind sehr kommunikations- und aushandlungsintensiv. In Zielvereinbarungen werden weitreichende Festlegungen zwischen den Marktpartnern getroffen, die das Produkt, den Herstellungsprozeß für das Produkt und die Umstände betreffen, die diesen beeinflussen. Wir nennen diesen Typus diskursive Koordinierung. Bei diskursiver Koordinierung stimulieren nicht die Preise die Marktbeziehungen. Sie kommen vielmehr dadurch zustande, daß der Auftragnehmer dem potentiellen Auftraggeber gegenüber die Kompetenz für überzeugende Problemlösungen tatsächlich nachweist oder glaubhaft machen kann. Auf dieser Grundlage bilden die Akteure Konventionen, schließen Verträge und stabilisieren ihre Erwartungen hinsichtlich zahlreicher Parameter von Produkt und Prozeß. Hierzu finden die Kontrahenten die passenden Preise bzw. handeln diese – zumeist auf der Grundlage einer zeitlich stabilisierten Machtasymmetrie – aus. Insofern nehmen Preise in der Koordination von Marktbeziehungen durch Zielvereinbarungen eine spezifisch dominierende, gleichwohl nachgeordnete Funktion ein. Sie werden von den Kontrahenten nicht als abgeleitete, sondern als konstante Größen behandelt. Zu diesen fixierten Größen müssen die jeweiligen Auftragnehmer die kostenmäßig passenden Herstellungsprozesse (er-)finden. Das ist die Nahtstelle, an der Marktkoordinierung und organisationale Koordinierung ineinandergreifen und an der erkennbar wird, daß beide Ordnungsschemata nicht folgenlos für das jeweils andere variiert werden können.

Die Praxis der diskursiven Koordinierung bringt den institutionellen Aufbau von Organisationen auf den Prüfstand. Dies betrifft die Zuschneidung von Arbeitsteilung und Kompetenzen, und dies betrifft sogar die impliziten und expliziten Verhaltens- und Leistungserwartungen der Organisation an ihre Mitglieder. An dieser Nahtstelle bündeln sich gleichsam Zwänge und Motive, Ursachen und Wirkungen, Voraussetzungen und Folgen einer veränderten sozialen Praxis des Wirtschaftens (im Sinne von Handeln und Entscheiden). Zum Bewußtsein kommen sowohl die Notwendigkeit wie die Veränderlichkeit von Ordnungen, von geordneten und von zu ordnenden Gebieten. Überzeugend und konsequent spricht E. Friedberg (1995) in diesem Zusammenhang von „lokalen Ordnungen". An diesen, um es erneut zu sagen, ist vornehmlich die Organisationsforschung interessiert. Industriesoziologisch sind die Übergänge von einer lokalen Ordnung auf die andere, die Kompatibilisierungen zwischen ihnen und das Entstehen, Stabilisieren, Beharren und Verändern von verbundenen Ordnungen (im Sinne komplexer governances) zentraler Forschungsgegenstand. Und zwar im Hinblick auf Ursachen, Begleitumstände, Wirkungen und Folgen wirtschaftlichen, technischen, politischen und sozialen Wandels.

Die Koordination der Marktbeziehungen über Zielvereinbarungen zwischen rechtlich unabhängigen Unternehmen steht empirisch und logisch am Anfang der organisatorischen Restrukturierung der letzten Jahre. Das reicht selbstverständlich noch nicht aus, um zu einer neuen organisationalen governance zu kommen. Zur

Wahrnehmung und Interpretation der veränderten Außenverhältnisse und der internen Handlungsbedingungen muß noch eine normative Ausrichtung, eine normative Reinterpretation der organisationalen Ordnung hinzukommen. Die damals breite Debatte über die japanische Produktionsweise und „Lean production" lieferte hierfür das erforderliche Leitbild. Aus einer, gleichsam ideellen, Ordnungsvorstellung heraus, die die Akteure aus der Botschaft der Lean production ableiteten und der sie ihre eigenen Sinndeutungen hinzufügten, begannen sie, ihre bisherige Praxis der Beherrschung der Produktion neu zu betrachten und zu bewerten (siehe hierzu die theoretische Interpretation von Ortmann 1995a). Die häufig im Zusammenhang mit sogenannten kulturellen Revolutionen im Betrieb einhergehenden normativen Verankerungen der neuen Ordnungsvorstellungen tragen entscheidend zur Umwertung der alten Ordnung bei. Zugleich etablieren die Akteure damit neue Maßstäbe für die Rechtfertigung der veränderten Beherrschungsformen der Produktion. Im Lean-Prozeß wurde eine verstärkte Akzentuierung von funktionaler Autorität (Hartmann 1964) zu Lasten von formaler Autorität in Gang gesetzt, ohne daß letztere bedeutungslos würde. Dennoch muß eine Veränderung der Legitimierung von Autoritätsformen registriert werden.

Betroffen sind auch, um es in den Worten von Anthony Giddens zu sagen, die Rechtfertigungsformen für den Einsatz der allokativen Ressourcen. Schon die normative Verankerung des neuen Blicks auf Verschwendung stellt den Ressourceneinsatz in einen neuen Handlungskontext. Mit der neuen Praxis (Gruppenarbeit, kontinuierliche Verbesserung der Produktion, Verzahnungen von Marketing, F&E und Fertigung usw.) entsteht dafür zudem ein neuer Unterbau. Allmählich entspricht die Praxis der vorausgehenden Interpretation und normativen Erwartung, so daß die Akteure mit ihrer veränderten Praxis die neuen Normen selbst bestätigen. Je mehr diese Praxis sich konsolidiert, um so stärker machen sich die veränderten Anforderungen an die Rechtfertigung des Ressourceneinsatzes bemerkbar, zumal in den operativen Teilbereichen alle Beteiligten ohnehin wegen der zunehmenden Geltung der Norm jedweden Ressourceneinsatz hinsichtlich seines Beitrags zur prozeßbezogenen bzw. gesamten Wertschöpfung kritisch zu überprüfen und gegebenenfalls in Frage zu stellen beginnen. Einerseits ist ja gewollt, daß beispielsweise die jetzt im Sinne des Wortes aktivierten Beschäftigten die entstehenden Gemeinkosten der Produktion senken bzw. weitgehend vermeiden, indem sie die Funktionen überprüfen, neu bewerten, selbst ausführen, abschaffen usw. Andererseits stoßen sie nunmehr an Ordnungsgrenzen.

Das Ausschöpfen des Verbesserungspotentials der Beschäftigten wird zunehmend daran gebunden, daß ihre Dispositionsmöglichkeiten erweitert werden. Analog zur Marktkoordination über Zielvereinbarungen auf der Grundlage langfristiger Geschäftsbeziehungen setzt sich diese Koordinationsweise im Innern der Organisation fort. Die Koordination in Hierarchien wird verstärkt auf den Modus der Zielvereinbarungen zwischen Unternehmensleitung und Management und zwischen Management und Beschäftigten, schließlich zwischen Beschäftigten und Beschäftigten verlagert. Hierbei wiederholen sich Elemente der Marktkoordination durch Zielvereinbarungen, allerdings in organisationaler Einkleidung. Die Erfolgsbedingung der mittel- bis langfristigen Geschäftsbeziehung zwischen den Marktpartnern taucht hier wieder auf. Denn in dem Maße, wie die Leistungserwartung an die Beschäftigten von der strikten Ausführung vorgegebener Anweisungen verlagert wird auf eigenständig zu erbringende Problemlösungen (z.B. im institutionalisierten kontinuierlichen Verbesserungsprozeß), impliziert dies Lösungen, die auch die Wegrationalisierung des eigenen Arbeitsplatzes einschließen. Die Konsequenzen sind erheblich. Es wird im Grunde unsinnig, die Allokation der Arbeitskraft an Definitionen von Stellen bzw. Arbeitsplätzen zu orientieren. Erfolgsvoraussetzung der neuen organisationalen Ordnung wird jetzt vielmehr die organisationale Verankerung sicherer mittel- bis langfristiger Bindung der Beschäftigten an die Organisation bzw. die Gewährung langfristiger Beschäftigung. An diesem durchaus wichtigen Punkt kann der Zusammenhang zwischen organisationaler Ordnung, deren Verbindung mit dem Ordnungsgefüge der industriellen Beziehungen und der Ordnung der Berufe einerseits und der Logik des (veränderten) sozialen Handelns in der Praxis andererseits illustriert werden. Arbeitsplatz und Stellenbeschreibung sind Kategorien jener Ordnung, die gerade umgestoßen wird. Das gleiche trifft auf die Kategorie des Leistungslohns zu. Die funktionale Struktur der Organisation, die Gliederung in Abteilungen des Denkens, Planens, Steuerns und Kontrollierens einerseits und in Sphären der Ausführung andererseits widerspricht dem Ansatz zur diskursiven Koordinierung, weshalb diese Struktur auch in der Praxis mehr oder weniger drastisch revidiert wird. Es ist unmittelbar einleuchtend, daß im Wandlungsprozeß beständig das Problem von kognitiven Dissonanzen aufkommt: Der Konflikt zwischen alter und neuer Ordnung (im Sinne normativer Konzepte) wird im wahrsten Sinne des Wortes praktisch durchlebt und in der Praxis der Akteure aufgehoben. Zugleich stoßen die Akteure an Grenzen benachbarter bzw. ihre organisationale Ordnung überlagernder Ordnungen. Während die neue betriebliche Praxis des Arbeitseinsatzes aus funktionalen Gründen höchste Einsatzelastizität jedes einzelnen nahelegt, geben geltende Bestimmungen der Arbeitsregulierung wesentlich engere Grenzen vor. Gesetzliche und tarifvertragliche Regelungen büßen gleichsam die vordem gegebene – bzw. von den Beteiligten unterstellte – Kompatibilität[12] progressiv ein. Analog verhält es sich mit den Berufsordnungen. Diese sind – wie immer vermittelt – konsolidierter Ausdruck von zum gesellschaftlichen Standard institutionell verdichteten organisationalen Gestaltungen der sozialen Arbeitsteilung. Die vermehrte und offenbar in der Praxis weiter zunehmende Orientierung des Arbeitseinsatzes an Prozessen bzw. Prozeßabschnitten – im Kontrast zu den zuvor vorherrschenden Weisen der Orientierung an (berufs-)fachlichen Aufgaben bzw. Verrichtungen – droht die Konkordanz aufzulösen zwischen den Aufgabenstrukturen in den Organisationen und den Berufsrollen, worauf wiederum das

---

12   Friedberg (1995) spricht in diesem Zusammenhang von Kongruenz.

Bildungssystem vorbereitet. Besonders exponiert sind hierbei die Kategorien der industriellen Facharbeit und der Ingenieurtätigkeit. Aus der Verarbeitung der aus alledem resultierenden Spannungen erst ergeben sich die Möglichkeiten der Stabilisierung und Verallgemeinerung neuer individueller und miteinander verbundener organisationaler governances.

Je stärker das Gewicht von Zielvereinbarungen in der Organisation wird, umso mehr leiden auch die Rechtfertigungsformen für die Ausübung formaler Autorität, und umso eher wird durch diese Praxis Druck auf die Rechtfertigung der bisher etablierten Formen der Entscheidung über allokative Ressourcen erzeugt. Im Koordinierungsmodus durch Zielvereinbarungen werden notwendig diskursive Elemente mitgeführt. Diese betreffen eine erhebliche Aushandlungsintensität hinsichtlich zu vereinbarender Ziele und im Blick auf die Methoden und Verfahren, mit denen die Beteiligten glauben, die Ziele erreichen zu können. Dazu kommt ein Rechtfertigungsdiskurs bezüglich der vorrangigen herrschaftlichen Formen in der Organisation und bezüglich der Verwendung von materiellen und personellen Ressourcen. Der Ausgang dieser Rechtfertigungsdiskurse ist selbstverständlich offen und auch von Unternehmung zu Unternehmung, von Betrieb zu Betrieb und von Abteilung zu Abteilung unterschiedlich.

Diskursive Koordinierung kommt, wie gesagt, nicht ganz freiwillig zustande. Vielmehr sind die extra- und intraorganisationalen Handlungsbedingungen so gestaltet, daß einer oder einige wenige andere zu einer bestimmten Praxis, nämlich der Zielvereinbarung, dadurch motiviert werden können, daß ihnen diese Praxis für sich selbst aussichtsreicher bzw. gewinnträchtiger erscheint als die Fortsetzung der bisherigen Praxis. Im Hintergrund steht Herrschaft kraft Interessenkonstellation. Sowohl in der Beziehung zwischen Unternehmungen und Betrieben als auch in den intra-organisationalen Beziehungen wird deshalb die Scheidung in Gewinner und Verlierer wahrscheinlich. Diskursive Koordinierung ist vermutlich als besondere Verhandlungs- und Gesprächsform alleine gar nicht tragfähig, insbesondere dann nicht, wenn es darum geht, diesen Modus zwischen den Beteiligten auf Dauer zu stellen. Das Interesse daran muß – ganz ebenso wie in der Marktbeziehung – von Gewinnanreizen angeregt werden. Das stellt die organisationale governance auf eine ernsthafte Probe.

Diskursive Koordinierung führt in der Konsequenz zur Ergebnisverantwortlichkeit von einzelnen bzw. Gruppen von Beschäftigten. Insofern wird es für den Fortbestand des bestehenden Ordnungsrahmens wie für die Etablierung eines neuen wesentlich, ob darin entsprechende Anreiz- und Sanktionssysteme enthalten sind, die eine Ergebnisverantwortlichkeit unterstützen. Zu Anfang war das selbstverständlich kaum der Fall. Aber im weiteren Verlauf der organisatorischen Restrukturierung zeigte sich auch, daß die neuen governances in dieser Hinsicht die geringste Konsistenz aufwiesen. Wenn man sich klarmacht, daß dies der systematische Ort ist, an dem die Regulierungsansprüche und die Regulierungskompetenzen der organisierten Tarifparteien eingreifen, kann dieser Befund zunächst kaum Überraschungen auslösen. Dies soll aber für den Fortgang der Argumentation hier keine weitere Rolle spielen. Für die Überlegungen zur Relevanz von governances ist es indessen wichtig, diese Stelle als Ort der Verschränkung von unterschiedlichen governances zu registrieren. Exemplarisch kann an der Nahtstelle zwischen Betrieb und Tarifvertrag für die industriesoziologische Forschung demonstriert werden, daß einerseits die organisationale Analyse offenbar zur Grundvoraussetzung wird, und daß andererseits industriesoziologisches Forschungsinteresse erst dann halbwegs befriedigt werden kann, wenn die Naht- bzw. Schnittstellen zwischen verschiedenen governances auf unterschiedlichen Ebenen und diese verschiedenen governances selbst in die Untersuchungen einbezogen werden. Schließlich wird beispielhaft ersichtlich, daß die Lebenstüchtigkeit einer organisationalen governance von einem bestimmten Punkt an nicht mehr nur von den Akteuren in dieser Organisation bestimmt werden kann. Extraorganisationale Ordnungen greifen in die organisationale ein, und in solchen Fällen kann es kritisch werden, wenn interne und externe Ordnungen in bezug auf die Koordinierung von Handeln und Entscheiden konträre Anreize aussenden. Das ist beispielsweise dann der Fall, wenn der Tarifvertrag vorsieht, daß jemand nach der verausgabten Leistung entlohnt wird (typisch für Formen des Leistungslohns), und wenn die organisationale governance verlangt, daß nur diejenige Arbeitsleistung entgolten wird, die auch einen Wertschöpfungszuwachs ermöglicht bzw. erbracht hat (von den Meßschwierigkeiten kann hier nicht gehandelt werden).

6. Akteurskonstellationen

Governances bewähren sich unter wechselnden Akteurskonstellationen. Sie weisen ein Mindestmaß von Elastizität auf. Damit können Schwankungen von Interessen- und Machtlagen überbrückt und relativ stabile Bedingungen fürs Handeln und Entscheiden geboten werden. Hier ist der Punkt, an dem eine systematische Unterscheidung zwischen Macht und Herrschaft angebracht ist. Governances sind bisher als soziale und sachliche Beherrschungsformen der Produktion bestimmt worden. Von diesem Umstand der Beherrschung sind Machtbeziehungen und Machtformen zu unterscheiden. In der Fachdiskussion ist in den letzten Jahren der Kategorie der Macht gegenüber derjenigen der Herrschaft aus vielen guten Gründen der Vorzug gegeben worden. Die Erfahrungen mit der jüngsten organisatorischen Restrukturierung machen jedoch eine differenzierte Verwendung beider Begriffe empfehlenswert. Macht spielt in der Herausforderung von Herrschaftsformen eine wesentliche Rolle, ohne daß Macht und Herrschaft in eins übergehen würden.

Governances stellen institutionalisierte Praktiken vor, während Macht entweder eher fluide soziale Beziehungen in und außerhalb von Organisationen strukturiert oder – als soziales Phänomen – Ausdruck des Umstandes ist, daß eine bestimmte soziale Konstellation nicht unter die regulierenden Einflüsse einer Beherrschungsform „gezwungen" werden kann. Das Bemühen, eine etablierte governance weiterhin in Geltung halten zu wollen bzw. eine neue Ordnung in einem bestimmten Gebiet einzuführen, kann von aktuellen Machtbeziehungen erheblich beeinflußt werden. Beispielsweise stellte sich in der laufenden Restrukturierung in vielen Firmen das Problem, daß insbesondere mittlere Manager sich diesem Prozeß widersetzten. Im Vergleich zu ihren bisherigen Positionen erschien ihnen kaum eine persönliche Gewinnaussicht für den Fall einer erfolgreichen Einführung einer neuen Ordnung. Zugleich kontrollierten zahlreiche Manager im Prozeß der Neuorganisation prozeßrelevante Ungewißheitszonen (Crozier/Friedberg 1979) in ausreichendem Maße, um sich einerseits erfolgreich und andererseits legitimierend der neuen Ordnung entgegenzustellen. Es ist mehr eine Dialektik zwischen Macht und Herrschaft, als daß beide Formen ineinander übergingen. Die Analyse von Akteurskonstellationen und genaue Untersuchungen der Bedeutung der Macht in Organisationen, wie sie beispielhaft von Friedrich Weltz (1996) vorgetragen worden sind, erweisen sich im Zusammenhang mit Forschungen zur governance als entscheidender Baustein.

7. Arenen und Gegenstandsbereiche der Handlungs- und Interessenabstimmung

Unter dem Regime von geltenden governances finden innerhalb und außerhalb von Organisationen Handlungs- und Interessenabstimmungen zwischen höchst unterschiedlichen Funktionsträgern hinsichtlich sehr unterschiedlicher Gegenstandsbereiche statt. Governances sind in diesem Artikel ausgezeichnet als Formen der Koordination, die zur einen Seite hin eine beträchtliche Varianz von Handlungen und Entscheidungen ermöglichen und zur anderen Seite auf Anschlußkommunikationen gewissermaßen verengen und diese kanalisieren. Man könnte sagen, daß damit die Anpassung von Ordnungen an Ordnungen bezeichnet wird. Im Betrieb sind beispielsweise verschiedenartige Formen der sachlichen Beherrschung der Produktion verankert. Sie werden – mehr oder minder gut – den interpretierten Bedürfnissen etwa in Marketing, F&E, Arbeitsvorbereitung, Fertigung, Montage, Instandhaltung, Betriebsmittelplanung, Controlling, Personalverwaltung usw. angepaßt. Formale Rationalität ist diejenige soziale Konstruktion, mit deren Hilfe unter und zwischen diesen Beherrschungsformen kommuniziert werden kann und Handlungen untereinander abgestimmt werden können. Zunehmende formale Rationalisierung bezeichnet den Umstand, daß Handlungen und soziale Interaktionen irgendwelchen Maßstäben der Zurechenbarkeit, der Bewertung und der Kompatibilisierung zugeordnet werden. Soziale Rationalität ist die Ebene, von der aus organisationale Akteure ihre Sichtweisen und Bewertungen von technisch-funktionaler Effektivität und von ökonomischer Effizienz festlegen. „Der Prozeß sozialer Rationalisierung bringt unter dem Aspekt der Berechenbarkeit auch Integration von widerstreitenden funktionalen und kulturellen Momenten und Herstellung von Kompatibilitäten hervor" (Braczyk 1992, S. 84). Eingeschlossen ist allemal der prozedurale Aspekt von – begrenzter – Rationalität, den Simon (1976b) hervorgehoben hat.

Die eingeübte Bezugnahme in Organisationswissenschaft und Industriesoziologie auf „Umwelt" suggeriert meistens scharfe Trennungen zwischen geordneten Gebieten. Diese bestehen, und diese bestehen nicht. Selbstverständlich sind Organisationen voneinander und gegen andere Externalitäten deutlich abgegrenzt. Aber Umwelt präsentiert sich der Organisation nicht diffus als etwas Nicht-Dekodierbares. Umwelt ist häufig schon einbezogen in die Entscheidungsfindung, und zwar speziell im Blick auf die Verträglichkeit organisationaler Entscheidungen mit organisationsexternen Ordnungen, die für die Organisation in irgendeiner Hinsicht wichtig sind. Die Definition von Qualifikationsanforderungen beispielsweise wird in den Betrieben oftmals dann überbetrieblich gefaßt, wenn diese unter geltenden Berufs- und Ausbildungsordnungen strukturiert werden. Am Beispiel zahlreicher Gegenstandsbereiche können derartige Kompatibilitätsanforderungen an organisationale Handlungen und Entscheidungen sichtbar gemacht werden. Die meisten etablierten lokalen, regionalen und nationalen governances scheinen diese Kompatibilitätsanforderungen für gewöhnlich zu befriedigen. Selbstverständlich geschieht das nicht nach Maßgabe einer höheren Macht. Vielmehr ergeben sich die Kompatibilitäten zwischen beteiligten Ordnungen aus der Interaktion von Akteuren, deren Interesse oder Aufgabe es ist, die jeweiligen Überschneidungsbereiche ihrer Ordnungen zu gestalten. Deshalb sind das Hervorbringen von Ordnungen und das Kompatibilisieren nur als Prozesse von teilweise erheblicher Dauer – in der Konsequenz als permanente Prozesse – vorzustellen. Wenn eine Volkswirtschaft, eine Regionalökonomie, ein wirtschaftlicher oder industrieller Sektor, eine Unternehmung in wirtschaftlicher bzw. wohlfahrtlicher Hinsicht eine vergleichsweise hohe Performanz erbringen, dann ist das mit sehr hoher Wahrscheinlichkeit dem Zuschnitt und der Kompatibilität der für das jeweilige Gebiet geltenden governance(s) zu danken. Die Ergebnisse der Forschungen beispielsweise zu den „klassischen" industrial districts (Pyke/Sengenberger 1992; Best 1990; Leonardi/Nanetti 1994) unterstreichen dies ebenso wie neuere Arbeiten, in denen das district-Konzept auf regionalökonomische Problementwicklungen angewendet wird (Scott/Bergman 1995; Scott 1996; Amin/Thrift 1992). Zahlreiche Forscher, Politiker und Berater beziehen exakt aus diesem Umstand die Berechtigung zum institution-building, um weniger erfolgreichen Gebieten bzw. Sektoren und Unternehmen aufzuhelfen (Cooke 1996). Der Grund dafür, weshalb sie viel öfter scheitern als erfolgreich sind, liegt ziemlich genau darin, daß sie glauben oder auch nur glaubhaft machen, governances könnten problemlos geklont und andernorts transplantiert werden. Für die Forschung springen bei solchen Ansätzen ungewollt recht kostengünstige Tests auf entsprechende Hypothesen heraus. Die Theoriearbeit wird überdies von der

Erinnerung daran gefördert, daß es „auch" in der Praxis Schwierigkeiten macht, wenn Struktur und Handeln mit Beliebigkeit miteinander in Beziehung gesetzt bzw. voneinander separiert werden. Die Differenz zwischen ihnen besteht vielmehr nur in deren Einheit.

Ein derart hohes Maß an Gleichklang, Konvergenz und in gewissem Sinn durchaus an „fitness" industrieller Ordnungen wie in den erfolgreichen industrial districts ist normalerweise eher unwahrscheinlich und ist als die Ausnahme anzusehen, die erklärt werden muß. Bei einem hohen Grad an „fitness" wird der Umstand kaschiert, daß eine governance im Grunde aus mehreren governances zusammengesetzt ist. „Fitness" suggeriert Einheitlichkeit.

Es ist zweifelhaft, daß sich die soziale Praxis in den jeweils geordneten Gebieten zu gleicher Zeit in gleiche Richtungen entwickelt. Wenn in Gebieten mit verbundenen Ordnungen unterschiedlich starke wirtschaftliche, industrielle, technische, soziale oder politische Wandlungen im Gange sind, wird es wahrscheinlich, daß sich vormals hohe Kompatibilitäten zwischen verbundenen governances verringern und deshalb Spannungen und Gegensätze zwischen den Handlungsorientierungen und Entscheidungen der jeweils betreffenden Akteure aufkommen. Dadurch können Wandlungen vergleichsweise langwierig, schwierig, kostenträchtig und konfliktreich verlaufen, und die Konsequenz kann sein, daß Unternehmungen, Teilsektoren, ganze Wirtschaftszweige, Regionen usw. von allgemeinen Entwicklungen auf globalem Maßstab abgehängt werden.

Im Deutschland der neunziger Jahre sind derartige Spannungen und Gegensätze gleichsam an der Tagesordnung. Sie geraten unter der etwas mißweisenden Thematisierung von vermeintlichen oder tatsächlichen Standortnachteilen auch an die Öffentlichkeit. Die dominierende Standortdebatte entstellt jedoch oftmals die dahinterliegenden Probleme. Während in Deutschland im großen und ganzen bis weit in die achtziger Jahre hinein zwischen verbundenen Ordnungen hohe Kompatibilität vorherrschte bzw. immer wieder hergestellt worden war, gerieten die Konstellationen in den Neunzigern zunehmend aus den Fugen. Das ließe sich an den Beispielen von Lean production und Lean management, der dualen Berufsausbildung, der industriellen Beziehungen, der Reorganisation von Forschung und Entwicklung in Wissenschaft und Wirtschaft auch einigermaßen plastisch machen. Hiermit sind zugleich unterschiedliche Gebiete mit je eigenen Ordnungen benannt, die jede für sich selbstverständlich ein gewisses Maß an Elastizität für die Handlungsanpassung an veränderte Umstände bieten. Selten, wahrscheinlich nie, steht so ein Gebiet im gesellschaftlichen Gefüge vollständig autonom. Vielmehr sind die Ordnungen der Gebiete, man kann sie auch Arenen nennen, mehr oder minder stark miteinander verkoppelt. Deshalb auch kamen die organisatorischen Umstrukturierungen (neue Produktionskonzepte, Lean production, Business reengineering usw.) in vielen Firmen der Wirtschaft nicht so zügig voran, und sie breiten sich längst nicht so rasch aus, wie zunächst vermutet worden war. Hierin sind sich die Beobachter über alle Interpretationsdifferenzen der Restrukturierung einig. Die Erfassung und Analyse von governances kann im übrigen von den großen Einteilungen der Gesellschaft in funktional differenzierte Teilsysteme kaum angeleitet werden, denn jedes dieser Teilsysteme besteht aus zahlreichen Gebieten mit eigenen, oftmals aufeinander bezogenen, vielleicht sogar „abgestimmten" Ordnungen, die gleichwohl an jeweils eigene Geltungsbedingungen gebunden bleiben, die sich in Abhängigkeit von der sozialen Praxis, die diese Geltungsbedingungen und Ordnungen hervorgebracht hat, zu unterschiedlichen Zeitpunkten in unterschiedlich langen Fristen in unterschiedliche Richtungen verändern können. Analysen von governances hätten zudem den Tatbestand der Organisation in Rechnung zu stellen. Governances, die industriesoziologisch untersuchenswert sind, dürften in der Regel Komposita aus verschiedenen organisationalen Ordnungen repräsentieren.

Wenn man sich jedoch homogene Ordnungen von Betrieben, Unternehmen, Wirtschaftssektoren, Verbänden usw. vorstellt, bleibt das Bild von den zusammengesetzten oder miteinander mit unterschiedlicher Kohäsion verbundenen Ordnungen viel zu grob. Selbst die organisationale Ordnung eines Betriebs ist nicht einheitlich gestaltet, sie steckt normalerweise voller Widersprüche, und vor allem: In eine solche, zusammengesetzte Ordnung greifen andere funktions- und themen- bzw. fallbezogen ein, ohne jedesmal das gesamte Gefüge zu erschüttern. Zudem wirken formell kodifizierte Regeln in diesen Zusammenhängen ebenso wie informelle Praktiken; gleichermaßen können diese Elemente von governances sein. Den ersten Aspekt mögen die bislang schon öfter herangezogenen Beispiele der Berufsausbildungsordnung und der Tarifverträge deutlich machen. Den zweiten mag die folgende Anekdote illustrieren: Ein Konzernunternehmen liefert auch in einem erheblichen Umfang und regelmäßig an das Verteidigungsministerium. Das ist zunächst nur die Konkretisierung einer Marktbeziehung. Das gleiche Unternehmen stabilisiert diese Marktbeziehung mit der Praxis, regelmäßig ein bestimmtes Kontingent von Offizieren der Bundeswehr in Führungspositionen einzustellen, die zeit- bzw. altersbedingt aus dem Militärdienst ausscheiden. Diese Praxis ist eine geordnete Praxis und Bestandteil der Unternehmens-Governance, obwohl jemand größte Schwierigkeiten hätte, in den Dokumenten der Firma eine entsprechende Anweisung dafür zu finden.

In der Gesamtheit des Gefüges von formellen und informellen Regeln und Praktiken entsteht dadurch ein ziemlich fein gesponnenes, sehr elastisches Gewebe von miteinander verknüpften, zuweilen eng verzahnten Ordnungen. Dieses erlaubt sowohl synchrone als auch diachrone lokale Veränderungen auf den jeweils spezifisch geordneten Gebieten, jedenfalls in einem bestimmten Umfang. Dieser Umfang ist wohl ex ante nie vorhersagbar, er muß vielmehr empirisch bestimmt werden. Um sich eine Heuristik für die Binnenelastizität von governances zurechtzulegen, kann die Unterscheidung zwischen Optionen und Alternativen genutzt werden. Während Optionen begrifflich den Möglichkeitshorizont für Handlungen und Entscheidungen unter dem Regime einer geltenden governance bezeichnen, sind Alternativen als jene Möglichkeiten anzusehen, die unter der geltenden governance ausgeblendet (gewissermaßen nicht zulässig) sind und von den meisten beteiligten Akteuren großenteils auch gar nicht gesehen werden können. Den Optionen korrespondiert in aller Regel konkretes Gestaltungswissen. Das ist in dem Sinne zu verstehen, daß die unter einer bestimmten governance handelnden Akteure auch das operative Wissen darüber entwickelt haben bzw. daß dieses ihnen zugänglich ist, um die optionalen Wege unter der geltenden governance fürs Handeln und Entscheiden auch ausfüllen zu können. Wenn die governance beispielsweise „vorschreibt", Planen und Ausführen strikt voneinander zu trennen und verschiedenen Rollenträgern in der Organisation zuzuweisen, dann weiß eigentlich jeder Beteiligte, wie er diese „Vorschrift" umsetzen muß. Denn sie korrespondiert weitestgehend mit seiner tagtäglichen Praxis. Und in aller Regel wird er ohnehin in der vorangegangenen Bildung und Berufsausbildung bzw. seinem Studium genau jene Kenntnisse in allgemeiner Form erworben haben, die er für die tagtägliche Praxis zur Gestaltung von Planung einerseits und Ausführung andererseits braucht. Mit Alternativen verhält es sich dagegen grundsätzlich anders. Wenn die Alternative beispielsweise heißt, Planung und Ausführung in möglichst viele Arbeitsaufgaben zu integrieren, dann dürfte neben der Aufforderung, der soeben erwähnten „Vorschrift" zuwiderzuhandeln, noch erschwerend hinzukommen, daß die Beteiligten eigentlich gar nicht wissen, wie sie diese Aufgabe konkret gestalten sollen. Das macht unabhängig von den damit zumeist auch zusammenhängenden Herausforderungen von Machtbeziehungen und Interessenverletzungen die große Schwierigkeit für alle Pioniere grundlegenden Wandels aus. Alternativen zur geltenden governance können zunächst häufig nur im Modus von recht unverbindlichem Orientierungswissen kommuniziert werden (Braczyk 1992, S. 67 ff.). Aber Orientierungswissen vermag wahrscheinlich nur Stimuli dafür zu vermitteln, daß sich Akteure unter einer geltenden Ordnung überhaupt mit anderen Möglichkeiten beschäftigen. Vermutlich bedarf es erst noch der Überhöhung zu einem Leitbild (Deutschmann 1996) und damit zugleich zu einer Verengung der Alternativen auf einen denkbaren und nachahmungsfähigen Pfad (Ortmann 1995a), um Alternativen zur bestehenden Ordnung allmählich zu verwirklichen. Erneut wird die Schleife vor Augen geführt: Governances zu verändern bedeutet, eine neue Kongruenz zwischen Prämissen, Kognitionen, Normen, Regeln, Konventionen, Verfahren und sozialer Praxis herzustellen.

In der gegenwärtigen Phase des industriellen Wandels kann diese Problematik besonders gut nachempfunden werden. Die organisatorischen Umstrukturierungen in zahlreichen Firmen gerieten oftmals in interne Schwierigkeiten, weil ein Wechsel der governance selbstverständlich nur in umwegreichen und langwierigen Prozessen möglich ist, weil in solchen Phasen die Organisationsmitglieder besonders selten – wenn überhaupt jemals – an einem Strang ziehen, weil in einigen Fällen das Neue schon etabliert ist, aber mit dem Alten konfligiert, weil benachbarte bzw. verbundene Ordnungen nicht simultan und kohärent geändert werden usf. (dazu Ortmann 1995a).

8. Unternehmung, Verband, Institution, Politik

Verbundene Ordnungen werden auf relativ komplex strukturierten Gebieten wirksam. Sie umfassen die Kommunikation zwischen Unternehmungen, Verbänden, öffentlichen und privaten Einrichtungen und der Politik. Die meisten Organisationen haben Anteil an anderen Gebieten, die zwar nicht ihrer eigenen governance unterliegen, aber aufgrund der Eigenart ihrer governance Zugang zu diesen ermöglichen. Industrie- und Handelskammern sind beispielsweise Teil der Wirtschaft, aber kein Wirtschaftsunternehmen, sie üben auf zahlreichen Handlungsfeldern zwingende Ordnungsfunktionen in der Wirtschaft und gegenüber anderen Instanzen (Gemeinden, Kreisen, Landesregierungen usw.) aus, und sie bieten darüber hinaus Dienstleistungen an, die höchst unterschiedlich genutzt und abgerufen werden. Sektorale Wirtschafts- und Fachverbände erfüllen nie nur reine Interessenvertretung und Dienstleistungsfunktionen für die Mitgliedsfirmen; ihre Wirkungsweise ist in der Regel auch eine der Ordnung. Das muß durchaus weitreichend verstanden werden. Im Vollzug der Interessenvertretung entwickeln die Akteure Deutungen über die Anforderungen der Interessenvertretung, bringen Sprachregelungen hervor, die der internen und externen Darstellung und Kommunikation dienen, und dabei kommt es immer auch zur Bevorzugung von bestimmten Perspektiven, zur Nachordnung anderer und schließlich zum Ausschluß bzw. zur Ausblendung von wieder anderen Sichtweisen, die nach jeweils gegenwärtigem common sense nicht „sachgerecht" erscheinen. Derartige Ordnungen können sowohl innovationsstimulierende als auch innovationsbremsende Wirkungen hervorrufen. Den Fachverbänden der Wirtschaft wird gern eine fördernde und vorwärtstreibende Rolle im Innovationsprozeß zugeschrieben. Übersehen werden darf dabei aber nicht, daß damit zugleich auch eine kanalisierende und einengende Funktion einhergehen kann oder sogar immer verbunden ist. An zahlreichen Beispielen kann diese einengende und nicht gerade innovationsfreundliche Wirkung von Fachverbänden verdeutlicht werden. Ihren Mitgliedsfirmen gegenüber treten sie oftmals mit glaubhaft gemachter fachlicher Autorität auf und ordnen ganz erheblich die Art und Weise der sachlichen Beherrschung der Produktion mit der Folge der Bevorzugung ganzer Techniklinien und der – zumindest für Zeiträume von einigen zehn Jahren – Diskreditierung von alternativen Techniklinien.

Die Politik hat selbstverständlich erheblich an der Konstituierung, der Kontinuität und dem Wandel von governances teil. In nationaler Rahmung schließt das die Zuweisung von Eigentums- und Statusrechten ein; in lokalen, regionalen und nationalen Kontexten sind es zahlreiche Förderpolitiken und konkrete Einrichtungen, Beschaffungsrichtlinien und -praxen, die selbst wieder mit der Konstituierung von Wirtschaft zu tun haben (Lindberg/Campbell 1991). Die Formen der direkten und indirekten Verschränkung von Politik und Wirtschaft sind kontingent und sehr stark kontextspezifisch. Wenn man die Perspektive der Beobachtung von sektoral geschnittenen governances auf regionale umstellt, kann man zudem eine erstaunliche Bandbreite von Beteiligungen an und Gestaltungen von governances durch die Politik erkennen, die wiederum erheblich sind für das Beschäftigungsvolumen, die Innovations- und Wettbewerbsfähigkeit der Wirtschaft einer Region, das Wohlfahrtsniveau usw. (Braczyk et al. 1996). Auch dies ist für die industriesoziologische Analyse folgenreich. Sowohl die bisher bevorzugten Gegenstände der industriesoziologischen Forschung, wie etwa Arbeitsformen, Qualifikationsanforderungen, Belastungsstrukturen, Beschäftigungsrisiken, industrieller Konflikt, als auch die vermehrt im Fach akzeptierten bzw. eingeforderten Problemstellungen der Wirtschaftlichkeit und Wettbewerbsfähigkeit (von Unternehmungen, Sektoren, Regionen) (Weber 1994b, 1995; Springer 1996) können nur noch in der Perspektive auf governances mit Aussicht auf zusätzlichen Erkenntnisgewinn bearbeitet werden. Der Wandel von territorial definierten und vertikal integrierten Unternehmen hin zu kontinental definierten und dezentral-funktional operierenden selbständigen Unternehmen wirft praktisch wie theoretisch die Frage nach der Wirksamkeit und den Folgen von Koordination und Steuerung auf. Es handelt sich um Umgestaltungen der sozialen Arbeitsteilung im großen Stil, in deren Verlauf neue Erwerbs- und Beschäftigungsformen entstehen. Zugleich ist ein gehöriger Bedarf zum weiteren Ausbau von governance-Theorien erkennbar. Die vielerorts diskutierten Tendenzen und Folgen der Globalisierung der Wirtschaft (Flecker/Schienstock 1991, 1994) werfen zudem Fragen nach den Handlungsgrenzen und der Handlungsfähigkeit von lokalen, regionalen und nationalen Akteuren auf (Kohler-Koch 1996). Die interessanten Untersuchungen über industrial districts, die aufgrund von Globalisierungstendenzen Transformationen unterworfen waren, zeigen diesen Bedarf sehr deutlich an (Amin/Thrift 1994).

In den industriell geprägten Regionen vollziehen sich mehr oder minder schleichende Wandlungen, die gegenwärtig von einer deutlichen Schrumpfung von Fertigungsindustrien gekennzeichnet sind, und zahlreiche Revitalisierungsansätze der Politik zielen darauf, kompensierend für die Beschäftigungs- und Wohlfahrtsverluste Positionen im globalen Spiel um Datenautobahn und Multimedia zu besetzen. Telearbeit und Telekooperation geraten hierbei in den Blick, die wiederum Fragen nach der governance aufwerfen.

Industriesoziologie kommt weder am Tatbestand noch an der Theorie der Organisation vorbei. Ihre bisherige Stärke der frühzeitigen und nachhaltigen Thematisierung von neuen respektive problematischen Entwicklungen der industriellen Gesellschaft kann die Industriesoziologie vor allem dann bewahren, wenn sie die Theorie der Organisation in einen industriesoziologischen Theorierahmen einbaut. Ein solcher muß intra- und interorganisationale Beziehungen, Strukturierungen und Regulierungen von Wirtschaftsorganisationen umspannen. Er muß gültig sein für Unternehmungen schlechthin und darf nicht allein sektorspezifisch oder technisch konstituiert sein. Und er muß das Zusammenspiel von Wirtschaft, intermediären Instanzen und Politik auch zum Bezugspunkt der Analyse machen.

Kommentar:

Zwischen Betrieb und Organisation – neuere Aussichten für die Industriesoziologie

Gert Schmidt

Vor 10 Jahren haben Hans-Joachim Braczyk und ich in einem längeren Rezensionsartikel in der SOZIOLOGISCHEN REVUE zu Horst Kerns und Michael Schumanns „Das Ende der Arbeitsteilung?" (1984) einen „erheblichen Modernisierungsdruck" für die Industriesoziologie konstatiert (Heft 3, 1986). Eine durch industrielle Produktion und tayloristisch-fordistische Rationalisierungsprogramme sowie durch mit kapitalistischer Wertschöpfung verknüpfte Herrschaftsformen über viele Jahrzehnte relativ stabil beobachtbare Wirklichkeit des Sozialen – Zitat eines prominenten Forschers im Fach „Man wußte grundsätzlich, wo es langgeht!" – zeigte sich in neu-eigenartiger Weise erwartungswiderständig: Nicht nur, daß bestimmte Entwicklungen verzögert oder durch veränderte historische Rahmenbedingungen und wegen aktueller politischer Ereignisse etwas anders verliefen, der Wandel des Gesellschaftlichen, speziell auch der Wandel des Gesellschaftlichen der Arbeit, erschien „gründlicher": Nahegelegt wurde den sozialwissenschaftlichen Industrie- und Arbeitsforschern die „Große Frage" der Gesellschaftsformation. Das analytische und begriffliche Instrumentarium – metaphorisch: die Optik – der Industriesoziologen, so etwa ihr Verständnis von Arbeit, die Herrschaftsbegrifflichkeit, das Rationalisierungskonzept, der Rekurs auf Marx insbesondere –, erwiesen sich als überholungsbedürftig. Lächerlich macht sich zudem heute jeder Experte, der behauptet, er wisse „wo es langgeht"! Die sog. arbeitspolitische Wende, die Öffnung und Differenzierung des Rationalisierungskonzeptes über diverse Unsicherheitssemantiken und die Einübung des Forschungsinteresses für „soziale Rationalisierung", sowie Formeln wie „Bounded Rationality", die Herauslösung des Topos Management aus allzu beengender gesellschaftstheoretischer Fixierung und die „Zulassung" des Gegenstandes „Unternehmens-/Organisationskultur" signalisieren, wie auch der Verlust des Leitbildes „Klassengesellschaft" ganz allgemein und die Anziehungskraft von Formeln wie „Neo-Industrialisierung" und „Post-Industrialismus", Resultate eines „Modernisierungsdruckes", der im Laufe der 80er Jahre und dann mit Beginn der 90er Jahre über die neuen Stichworte „Globalisierung", „Transformation sozialistischer Industriegesellschaften" und „Strukturkrise des westeuropäischen Modelles wohlfahrtsstaatlicher Integration" verlängert und verstärkt wird (s. ausführlicher hierzu: Schmidt 1996).

So haben sich denn einerseits in der relevanten Literatur die gesellschaftlichen und organisationalen Veränderungen in „Gegenlesungen" von über viele Jahr-

zehnte hinweg eingeübten Paradigmen und Gedankenführungen niedergeschlagen – deterministische und an Ableitungslogik orientierte Argumentationen haben unverkennbar an Bedeutung verloren. Andererseits wird die gegenwärtige
Organisations- und Arbeitsforschung von vielfältigen Bemühungen geprägt, „beyond the classics" theoretisch-analytisch neu Fuß zu fassen, indem zum einen
neue Differenzsemantiken systemtheoretischer Provenienz erprobt werden (vgl.
etwa: Wehrsig/Tacke 1992) oder die Giddenssche Strukturationstheorie 'eingeholt' wird (Sydow et al. 1995) und indem zum anderen „bewährte" Analysekonzepte – etwa Macht, Konflikt, Interesse etc. – gesellschaftstheoretisch deutlich
entlastet neu angesetzt werden (s. Friedberg 1995).

Vor dem Hintergrund der skizzierten Sachlage (ver)sucht Hans-Joachim
Braczyk Halt zu finden für Industriesoziologie. Des Autors Wegweisung – auch
Botschaft – ist einfach und komplex zugleich: Soziologische Arbeits- und Industrieforschung bedarf der „Organisation"; einer analytisch und thematisch entfalteten originären Perspektive bezüglich Organisation. Das Argument wird zweistufig angesetzt. Die erste Stufe „arbeitet" fachhistorisch-literarisch: Die „laboristische" und an Marx orientierte Industriesoziologie der 50er und 60er Jahre „lebte" von einem theoretisch unterbestimmten, quasi „naturwüchsig" verstandenen,
Betriebsbegriff – und dieser ward in seinen situativen, arbeitsstrukturellen,
macht- und herrschaftsbezogenen sowie politischen Assoziationen vorzüglich abgebildet am industriellen Großbetrieb. Mit Interesse für den relativen Ertrag des
„naturwüchsigen" Betriebsbegriffes in einem 'soften' analytischen Setting–Betrieb:Akteure:Gesellschaftliche Rahmenbedingungen – rezipiert Braczyk wichtige
„Stücke" der Forschungsliteratur: Die „starken" Befunde der industriesoziologischen Forschung der Nachkriegszeit zur Facharbeiterfrage etwa, zur Dynamik des
Arbeitsmarktes und zur Relevanz von Branchen, zu Qualifikationsaspekten und
zum Topos Konfliktregulierung, zu Neuen Produktionskonzepten und zur Technikbedeutung werden verfolgt – und immer wieder „entdeckt" der Autor das
Defizit eines angemessenen theoretisch verfügten Betriebsbegriffes. Der Industriesoziologen Vorbehalte wider das Angebot der zeitgenössischen Organisationssoziologie korrespondiert nicht ein entsprechend entfalteter Begriff von Betrieb! Negativ gestärkt zeigt sich der Befund mit Blick auf das einzige anspruchsvolle Betriebskonzept in der deutschen Industriesoziologie nach 1945; mit Blick
auf den sog. Münchner Betriebsansatz, dem angestrengten Versuch, „Betrieb als
Strategie" zu fassen. Dieser hoffnungsvolle – Organisationsforschung, Systemtheorie und politische Ökonomie verknüpfende – Ansatz wurde, so Braczyk,
leider nur von wenigen verstanden und im Fach gewissermaßen „liegengelassen"
– auch vom Hauptautor, Günter Bechtle, selbst (Bechtle 1980).

Die zweite Stufe von Hans-Joachim Braczyks Argumentationsprogramm für eine „organisatorisch" gestärkte Industriesoziologie ist im engeren Wortsinne „konstruktiv-konstruierend": Der neuen politikwissenschaftlichen Forschung entnimmt
Braczyk die Formel „Governance" in der Absicht, über ihre spezifische industriesoziologische „Aus-Legung" analytisch neuen Zugriff auf die großen (klassischen)

Themen von Ordnung, Herrschaft und Macht zu erhalten; Formen normativer Regulierung und interessenbezogener Handlungskoordination – Markt, Hierarchie, Netzwerke, Allianzen und Professionen etwa – verweisen auf „Governance", und gegenwärtig aktuelle Entwicklungen industrieller Produktion sind als Differenzierungen von „Governance-Strukturen" identifizierbar. Eine herausgehobene Bedeutung hat die Nutzung des – sicher noch präzisierungsbedürftigen – Governance-Konzeptes ganz offensichtlich in Forschungen mit regionalem Zuschnitt – und in den letzten Jahren hat solche Forschung im Kontext von „Standortfrage", „Globalisierungseffekten" und „Deindustrialisierung" durchaus geboomt.

Für den Autor bietet die Governance-Perspektive der Industriesoziologie allerdings auch spezifische theoretische Anschluß-Chancen: Das Fach, dem tradierte gesellschaftstheoretische Vergewisserungen/Versicherungen verlorengegangen sind, wird mittels forcierter Sichtung „Organisationaler Ordnungen im Sinne von Beherrschungsformen der Produktion" eine Anlehnung an Anthony Giddens' Strukturationsansatz nahegelegt – die Anlehnung an eine Theorieperspektive, die in der neueren sozialwissenschaftlichen Organisations- und Industrieforschung in Deutschland insbesondere durch die Arbeitsgruppe um Günther Ortmann forciert wurde (Ortmann et al. 1990).

Braczyk sieht in Giddens' Theoriestrategie und ihrer „Aufnahme" bei Günther Ortmann, Jörg Sydow u.a. und in einer Weiterführung der Anstöße von Michel Crozier und Erhard Friedberg sowie von Friedrich Weltz' die wohl derzeit wichtigsten Potentiale für eine Umsetzung des nachhaltigen „Modernisierungsdruckes", dem Industriesoziologie ausgesetzt ist. Für konzeptionelle Anstrengungen mit diesen Vorgaben halten Industriesoziologen einerseits die klassischen Themen wie Herrschaft, Konflikt und Arbeitssituation präsent und präparieren das Fach andererseits nicht zuletzt für den notwendigen fruchtbaren Dialog mit der aktuellen Organisationstheorie, die manche Vertreter hat, die Industriesoziologie ihrer vorgeblich „alt-europäischen" Thematik und ihrer traditionalen Begrifflichkeit wegen, oder auch wegen ihres schlichten Empirismus, ganz gerne „aufs Altenteil" setzen würden (Tacke/Japp 1996).

Die Konkurrenz zwischen Organisationsforschung und Industriesoziologen ist nicht neu, und Industriesoziologen haben in der Vergangenheit sich immer wieder von „klassischer" und modern-sytstemtheoretischer Organisationsanalyse anregen lassen. Auch sind die Überlappungsbereiche ja erheblich. Mit dem hier vorgelegten großen Essay hat Hans-Joachim Braczyk aus der Sicht der Industriesoziologie und gewissermaßen auch *für* die Industriesoziologie neue Positionen bezogen für eine Rezeption organisationstheoretischer Fragestellungen und Konzepte.

Zum Schluß

Institution und Evolution in der Organisations-theorie
Ein Interview mit Walter W. Powell

Im Jahre 1991 erschien das einflußreiche Buch *The New Institutionalism in Organizational Analysis*, herausgegeben von Walter W. Powell und Paul J. DiMaggio. Mehr als andere aus dieser organisationstheoretischen Perspektive verfaßte Arbeiten verweist dieses Buch auf mögliche Verbindungslinien zwischen dem soziologischen Institutionalismus auf der einen Seite und der Evolutionstheorie, der Strukturationstheorie und der ökonomischen Theorie auf der anderen. Dieses weit rezipierte Buch hat viele interessante Fragen aufgeworfen und zu kritischen Kommentaren animiert. Diese bildeten den Ausgangspunkt für ein Interview, das *Günther Ortmann* mit einem der Herausgeber des Bandes, Walter W. Powell, im Sommer 1996 in Indianapolis, Indiana, geführt hat – im Rahmen eines Forschungsaufenthaltes, der von der Deutschen Forschungsgemeinschaft unterstützt wurde.

Frage (F): Ausgehend von Ihrem Buch *The New Institutionalism in Organizational Analysis*, wo sehen Sie wichtige Weiterentwicklungen des neo-institutionalistischen Ansatzes der Organisationstheorie?

Antwort (A): Vor dem Erscheinen dieses Buches hielten viele Organisationsforscher institutionalistische Argumentationen für primär mit Konformität und der Frage befaßt, warum Organisationen einander imitieren, warum sie darin bestimmten Moden folgen und warum bestimmte Aktivitäten reifiziert und institutionalisiert werden. Insofern betrachteten einige, vor allem Kritiker, den institutionalistischen Ansatz in erster Linie als ein Modell von Diffusionsprozessen, das heißt, als eine Erklärung dafür, warum sich bestimmte Arten organisationaler und interorganisationaler Praktiken verbreiten. Der Band von 1991 trug dazu bei, daß man begann, aus institutionalistischer Sicht verstärkt über die Verschiedenartigkeit von Organisationen und auch den organisationalen Wandel nachzudenken. Die Beiträge regten darüber hinaus zum Nachdenken über die Frage an, unter welchen Bedingungen Organisationen multiplen, konkurrierenden Anforderungen ausgesetzt sind und in welchen Sektoren Organisationen sowohl starkem institutionellen Druck als auch einem starken technischen Druck (im Sinne von Effizienzdruck, d. Übers.) ausgesetzt sind. Das Gesundheitswesen ist ein solches Beispiel, wie in Richard Scotts Arbeiten deutlich wird; meine gegenwärtigen Forschungsarbeiten in der Biotechnologie sind ein weiteres Beispiel hierfür. Ich denke also, daß das Buch eine Diskussion über organisationalen Wandel ausgelöst hat, die wirklich Tempo aufgenommen hat. Mit einem meiner Schüler, Dan Jones, bereite ich gerade die Herausgabe eines Nachfolgebandes für das 1991er Buch vor (*Bending the Bars of the Iron Cage: Institutional Dynamics and Processes*). Eine bedeutende Anzahl von Beiträgen in diesem Band wird sich mit Mustern organisationalen Wandels aus im wesentlichen institutionalistischer Perspektive befassen.

Ich glaube, mit dem 1991er Buch sind noch einige weitere Ziele erreicht worden. Es hat einem Dialog zwischen organisationsökologischer und institutionalistischer Forschung auf die Sprünge geholfen. Dies spiegelt sich darin wider, daß mehr und mehr institutionalistisch orientierte Forscher begonnen haben, „eventhistory"-Modelle zu benutzen, um Wandel im Zeitablauf zu erklären, und ökologische Sichtweisen des Wettbewerbs ernster zu nehmen. Ich glaube nicht, daß dieser Einfluß sehr auf Gegenseitigkeit beruht hat. Einige Ökologen behaupten zwar, Prozesse der Institutionalisierung zu untersuchen, aber ich bin immer noch nicht ganz damit einverstanden, wie sie Legitimität und Legitimation konzeptualisieren.

Wirklich interessante Forschungsarbeiten hat es, finde ich, zu dem gegeben, was man die Logik des Organisierens nennen könnte. Einige folgen dem von Friedland und Alford verfaßten Kapitel („Bringing Society Back In") in unserem Buch. Es gibt auch ein wunderbares neues Buch von Frank Dobbin (1994) über Industriepolitik am Beispiel der Eisenbahnen in Frankreich, England und den USA, das gerade mit dem Max Weber-Preis der Sektion Organisation der American Sociological Association (ASA) ausgezeichnet worden ist. Sein Buch ist wirklich faszinierend, weil es zeigt, wie sich bestimmte Konzeptionen sozialer Kontrolle und sozialer Ordnung in Industrien entwickeln und durch Professionen und den Staat verstärkt werden. Mehr noch, solche Konzeptionen sind sogar angesichts konkurrierender Modelle und aktueller Erfahrungen sehr einflußreich. Wenn man zum Beispiel aufgefordert würde, die französischen mit den US-amerikanischen Eisenbahnen in puncto staatlicher Finanzierung zu vergleichen, wäre die naheliegende Antwort natürlich, daß die Eisenbahnen in Frankreich von der Regierung, die in den USA hingegen durch Privatkapital finanziert wurden. Tatsächlich aber ist es genau umgekehrt: etwa 40 % der Finanzmittel für die amerikanische Eisenbahn kam von der US-Regierung, in Frankreich waren es hingegen nur etwa 15 %. Und doch ist unsere Vorstellung davon, wie Arbeit in diesen zwei Ländern organisiert wird, so eindeutig und unerschütterlich, daß die Logik des Organisierens für die USA ganz klar lautet: Der Markt muß den Prozeß gesteuert haben. Und in Frankreich muß es der Staat gewesen sein, weil doch alle Eisenbahn-Spuren nach Paris führen müssen. Und doch zeigt Dobbin, daß dies nicht mit den historischen Tatsachen übereinstimmt, sondern es zu einer Reinterpretation der Geschichte im Rahmen distinkter Logiken des Organisierens kommt.

F: Ich habe aus dieser Antwort herausgehört, daß Sie sich mehr und mehr für die Evolution, und vor allem für die Art und Weise der Integration institutionalistischer und evolutionstheoretischer Ansätze, interessieren.

A: Sicherlich, Nelson und Winter haben großen Einfluß gehabt, und die jüngeren Arbeiten von Nelson über evolutionäres Denken sind immens nützlich und widmen der entscheidend wichtigen Rolle von Institutionen im Prozeß der Innovation große Aufmerksamkeit. Sein Argument zielt darauf, wie Fähigkeiten und Routinen mit bestimmten Technologien verknüpft sind, wie Technologie mit Institutionen ko-evolviert, und welchen Einfluß Institutionen auf die evolutionäre Entwicklung haben. Also paßt diese Arbeit, wie ich finde, gut zum neo-institutionalistischen Gedankengut, und hier ist der Einfluß tatsächlich reziprok. Sehen Sie sich Nelsons Beitrag im *Journal of Economic Literature* (in diesem Band wieder abgedruckt) oder sein Kapitel im kürzlich erschienen Handbook of Economic Sociology an. Beide Arbeiten nehmen ausführlich Bezug auf Ideen aus der Soziologie, der Technikgeschichte und der Organisationstheorie.

F: In Ihrem zusammen mit Gerald F. Davis (1994) verfaßten Beitrag sympathisieren Sie mit evolutionstheorischem Gedankengut, wenn Sie sagen, daß Organisationsökologen mit ihrer Selektionslogik nicht zwangsläufig die Idee des „survival of the fittest" implizieren. Ich frage mich allerdings, ob viele evolutionstheoretische Ansätze nicht doch im Kern einem Optimierungsdenken verhaftet sind. Zumindest kann man diesen Eindruck bekommen, wenn man Oliver Williamson liest, bei dem es ein gerüttelt Maß dieser Selektionslogik gibt, stimmt's?

A: Ich denke wirklich, man muß die verschiedenen Annahmen auseinanderhalten, die den unterschiedlichen institutionstheoretischen Ansätzen zugrunde liegen. DiMaggio und ich haben dies in der Einleitung zu *The New Institutionalism in Organizational Analysis* versucht. Der soziologische Ansatz ist zum Beispiel viel eher mit den Ideen eines Douglass North als mit jenen eines Oliver Williamson vereinbar. Williamson geht davon aus, daß es eine recht rigide Auslese durch die Umwelt gibt, hat aber niemals genau ausgeführt, wie das funktioniert. Nichtsdestotrotz wird impliziert, daß die Umwelt suboptimale Organisationsformen über einen ebenfalls nicht spezifizierten Zeitraum selektiert. Zwar mag die Umweltselektion bei ihm nicht so eisern wie in einem neoklassischen Rahmen sein, trotzdem geht er davon aus, daß Organisationen, denen die Minimierung ihrer Transaktionskosten nicht gelingt, irgendwie suboptimal sind.

Aber in vielen Forschungsarbeiten der evolutionären Ökonomik, besonders in denen, die der Pfadabhängigkeit von Entwicklungen Rechnung tragen, zeigen Institutionalisten wie North ein Gespür dafür, daß sich Organisationsformen im Zeitablauf zwar verändern und entwickeln, sie aber nicht notwendigerweise ein Produkt optimaler Gestaltung sind, und daß der Zusammenhang von Umweltselektion und dem Spektrum an Organisationsformen bei weitem nicht so eng ist, wie manche vermuten. Vergleichbare Ideen finden sich auch bei Brian Arthur (1990) und Paul David (1986). Sie sind der Ansicht, daß es mehrfache potentielle Gleichgewichte und viele verschiedene Entwicklungspfade gibt und daß das frühe Auftreten von „increasing returns" es einigen, vielleicht weniger optimalen Technologien ermöglicht, andere im Wettbewerb zu schlagen. Beispiele dafür sehen wir bei Software, bei Computern und beim Fernsehen. In einer ganzen Reihe organisationaler Felder gibt es unglaublich hohe Lernkosten und soziale Arrangements, die es den weniger optimalen Technologien erlauben, den Markt zu erobern. Diese Argumente sind sehr gut vereinbar mit institutionalistischem Gedankengut in der Organisationstheorie. Ich vermute, ein anderes Gebiet von gemeinsamem Interesse läge in der Arbeit über die Entwicklung von Standards.

Es gibt also viele Möglichkeiten für eine Konvergenz institutionalistischen Denkens und evolutionstheoretischer Arbeit. In mancher Hinsicht sind die Ökonomen dabei in Führung. Ihre Arbeit hat zu einem Nachdenken über technologischen Wandel geführt und Soziologen und Managementwissenschaftler, einschließlich Strategieforscher, davon überzeugt, dem Kontext genauere Beachtung zu schenken, in dem sich neue technologische Entwicklungen vollziehen.

Gegenwärtig befasse ich mich sehr mit der Untersuchung der Evolution der biotechnologischen Industrie. Schon wenn man sehr allgemein auf diese Industrie schaut, ist sie in mancherlei Hinsicht ganz eigenartig. In Deutschland, Frankreich und der Schweiz gibt es hochkompetente, erfolgreiche pharmazeutische Großunternehmen, aber eigentlich gar keine kleinen wissenschaftsorientierten Biotech-Unternehmen. In den USA gibt es eine üppige biotechnologische Industrie, einschließlich einer zunehmenden Vermehrung kleiner Unternehmen. Man könnte diese Verteilung irgendwie durch Überprüfung der Unternehmungskompetenzen erklären, aber daran glaube ich nicht. Man muß aus einer weiteren Perspektive über nationale Innovationssysteme nachdenken: Wie sehen die Finanzierungsbedingungen aus, zum Beispiel im Hinblick auf die Verfügbarkeit von Venture Capital? Welche Beziehung besteht zwischen Universitäten und dem Ideenfluß aus den Bio-Wissenschaften in die Industrie? Wie leicht ist es für führende Professoren, eigene Unternehmen zu gründen und dabei ihre Positionen an der Universität zu behalten? So fördert die institutionelle Infrastruktur in den USA auf viele Weisen den Ideenfluß von den Universitäten in kleine Unternehmen, und Wagniskapital und Rechtsanwaltskanzleien helfen bei der Finanzierung dieser Ideen und bei der Organisation der kleinen Unternehmen. Gleichzeitig findet man in Frankreich, Deutschland und der Schweiz verschiedene Arten regulatorischen und institutionellen Drucks, der die Entstehung kleiner wissensbasierter Unternehmen behindert.

F: Ich möchte auf die Konzepte von Arthur und David zurückkommen, die Sie schon in ihrem 1991er Buch als wichtige Ansätze erwähnen. Sind diese Konzepte in der Organisationstheorie oder Wirtschaftssoziologie in letzter Zeit weiter ausgearbeitet resp. in sie integriert worden? Ich denke dabei vor allem an Pfadabhängigkeit, „increasing returns" und verwandte Konzepte.

A: Diese Frage ist ein bißchen schwierig zu beantworten, denn die Rede von der Pfadabhängigkeit gehört, denke ich, mittlerweile zur Standardausdrucksweise in großen Teilen der Sozialwissenschaften, nicht nur in der Wirtschaftssoziologie, sondern auch in den politischen Wissenschaften und insbesondere in der politischen Soziologie, soweit diese sich mit den Beziehungen zwischen Staat und Industrie befaßt.

Wenn man eine Antwort auf die schwierigere Frage sucht – nämlich: Versucht man Lock In wirklich zu messen und darüber nachzudenken, wie diese Konzepte zu operationalisieren und zu verfeinern und weiterzuentwickeln sind? –, dann würde ich sagen, dazu wird weniger geforscht. Und doch geht die Arbeit voran. Einer meiner Kollegen an der University of Arizona untersucht gerade die Feu-erversicherungs-Branche im 19. Jahrhundert. Mark Schneiberg ist fasziniert von der Tatsache, daß die Organisation der Feuerversicherung für die USA untypisch zu sein und mehr dem europäischen, korporatistischen Modell zu entsprechen scheint. Diese Industrie ist damals weder vom Staat noch durch den Markt orga-nisiert worden, sondern durch Genossenschaften. Teil seines Arguments ist, daß anfangs, im 19. Jahrhundert, als viele Städte durch Feuer verwundbar waren und praktisch jede größere amerikanische Stadt eine dramatische Feuersbrunst erlebt hat, eine genossenschaftliche Governance einige Haftungsprobleme lösen konnte. Seine Beschreibung läuft also darauf hinaus, daß die Form der Genossenschaft verriegelt (locked in) wurde und alternative Arrangements aus dem Rennen warf, die damals in Hinblick auf ihre Entwicklungsmöglichkeiten ausgereizt waren.

Es gibt also diese Art von wirtschaftssoziologischer Forschung. Wenn man allerdings die Ideen von Brian Arthur ernst nimmt – d.h.: können wir die „increa-sing returns" dokumentieren und wirklich zeigen, wie die Lernkurve für eine bestimmte Technologie zunächst einmal steiler verläuft? –, da gibt es, glaube ich, nicht allzu viel Forschung.

F: In seinem Aufsatz „Transaction Cost Economics and Organization Theory" behauptet Oliver Williamson (1996) unter Bezugnahme auf David und Arthur, Granovetters These, eine Industrie sei das Ergebnis sozialer Konstruktion, redu-ziere die Ökonomisierung bis zur Bedeutungslosigkeit. Mein Eindruck ist aber ganz im Gegenteil: Was Arthur und David wirklich tun, ist, die historische Evo-lution aus einer ökonomischen Perspektive zu analysieren. Ich bin deshalb mit Williamsons Behauptung nicht sehr glücklich. Was halten Sie davon?

A: Ich denke tatsächlich, daß es da einige bemerkenswerte Entwicklungen gibt. Lassen Sie mich ein wenig ausholen. Man könnte sich zum Beispiel die QWER-TY-Story anschauen und sie als Darstellung des ultimativen Triumphes einer bestimmten Tastaturanordnung lesen. Tatsächlich liegt die Stoßkraft der Kritik von Liebowitz und Margolis (1990, 1995) an Davids Arbeit darin, zu sagen: Du liegst falsch, langfristig gesehen hat sich QWERTY eben durchgesetzt. Aber was heißt langfristig? Wir wissen, daß es alle möglichen verschiedenen Tastaturen gibt, zum Beispiel zweigeteilte, mit Vokalen auf der einen und Konsonanten auf der anderen Seite. Es gibt sehr viele verschiedene Möglichkeiten. Was aber die QWERTY-Story geschafft hat: Sie hat uns die Augen dafür geöffnet, daß ent-scheidende Aspekte sozialer Strukturen, manchmal unintendiert, die Evolution einer bestimmten Technologie prägen.

Das ist also wirklich eine faszinierende Debatte. Man kann diese Story, wie Williamson das offenbar gerne möchte, so lesen, als ginge es im QWERTY-Fall nicht um Ökonomisierung. Nachdem sich diese Anordnung erst einmal etabliert hatte, war es einfach kostengünstiger, bei QWERTY zu bleiben. Ein Organisations- oder Wirtschaftssoziologe wird nicht so sehr die Tastatur, sondern die Rolle der gesellschaftlichen Infrastrukturen, einschließlich Schulen für Schreibkräfte und deren Schulungshandbücher, im Mittelpunkt sehen und davon Notiz nehmen, wie diese Infrastrukturen potentiell effizientere Alternativen aus der Betrachtung ausgeschlossen haben.

Ich glaube, es ist sehr schwierig, wirklich zu bestimmen, ob etwas überlegen im Sinne von Effizienzsteigerung ist oder überlegen in dem Sinne, daß es besser zu den institutionellen Arrangements paßt, die sodann als Wegbereiter des Fortschritts fungieren. In meiner Arthur- und David-Lesart besteht ihr Konzept der „increasing returns" darin, daß man aus einer besseren Anpassung an eng verbundene soziale Arrangements wirtschaftliche Vorteile ziehen kann, so daß eine Technologie leicht aufgenommen wird und einen viel schnelleren Start hat.

Man kann dann behaupten, und Williamson würde das vielleicht tun, daß dies letztlich heißt: „anything goes", alles kann irgendwie sozial konstruiert werden. Eine solche Kritik ist in zweierlei Hinsicht nicht ohne Ironie. Erstens dürfte Williamsons Bezugnahme auf Pfadabhängigkeit als eine Art sozial-konstruktivistisches Argument Paul David schwer beleidigen, der nicht gerade ein Sympathisant der britischen und französischen sozialkonstruktivistischen Arbeiten ist. Zweitens heißt Pfadabhängigkeit nun wirklich ganz und gar nicht, daß alles möglich ist, sondern daß es die Bedingungen zu analysieren gilt, unter denen „increasing returns" auftreten. Ein Teil des Kriegsgeschreis scheint darum zu gehen, ob die Analyse sich um die Reduzierung von Transaktionskosten oder um die sozialen Strukturen dreht. Also, meines Erachtens werden da die ersten Friedensflaggen aufgezogen.

F: Aber wie Sie wissen, lautet Williamsons Antwort, daß Sie selbst, Granovetter, David und Arthur und andere der Ökonomie nicht genügend Rechnung tragen. Und mit Bezug auf die neo-institutionalistischen Beiträge von Meyer und Rowan (1977) sowie Powell und DiMaggio (1991) mag er Recht haben. Oder wie sehen Sie das?

A: Ich sehe hier zwei Fragen. Lassen Sie mich den Unterschied deutlich machen. Die erste Frage lautet, wie Sie es ausgedrückt haben: Nehmen sie die Ökonomie ernst oder nicht? Die zweite Frage ist: Nehmen sie Ökonomisierung ernst? Ich bin der Meinung, daß zwischen diesen beiden Fragen ein wichtiger Unterschied besteht. Die eine Frage betrifft wirtschaftliche Aktivität; die andere aber Transaktionskostenminimierung. Viele denken, daß alle wirtschaftlichen Aktivitäten von anderen entscheidenden Überlegungen als der Reduzierung von Transaktionskosten getrieben sind. In meiner Arbeit über die biotechnologischen Industrie kommt es ganz entscheidend auf Lernen an. Eines der Zeichen des Fortschritts im Neo-Institutionalismus ist es, daß wir einigen Implikationen der frühen Beiträge widerstanden haben, die auf scheinbar nicht-rationales Verhalten abstellten. Ich denke, DiMaggio und ich haben uns immer auf ein arationales Verhalten in dem Sinne bezogen, daß es eine in mancher Hinsicht törichte Aufgabe ist, in einer sich rasch ändernden Welt unter Bedingungen der Unsicherheit nach einem Optimum suchen. Insofern spielen wir wahrscheinlich die Bedeutung einer Transaktionskostenökonomisierung herunter. Aber deshalb ignorieren wir sicherlich nicht die Ökonomie, obwohl ich glaube, daß neuere institutionalistische Arbeiten ihr ohne Frage deutlich mehr Aufmerksamkeit widmen als die früheren Beiträge.

Die zweite Frage berührt den Punkt, daß viele der neueren institutionalistischen Arbeiten in der Wirtschaftssoziologie der Tatsache Rechnung zu tragen versuchen, daß es neben Transaktionskosten noch viele andere relevante Kosten zu berücksichtigen gilt. In der biotechnologischen Industrie, in der ich zur Zeit forsche, kostet es enorm viel, die Arbeit mit Hilfe interorganisationaler Kooperation zu organisieren. Die Gefahr des Opportunismus ist beträchtlich, die Transaktionskosten sind deshalb potentiell ganz dramatisch. Dennoch sind die Unternehmen bereit, diese zu tragen, weil Lernen viel wichtiger für sie ist als die Einsparung administrativer Kosten. Genauer gesagt, befinden sich diese Unternehmen in „high-speed learning races" (Powell et al. 1996).

Ein altes Sprichwort lautet: „You can be penny wise but pound foolish." Das heißt, die langfristigen Vorteile des Lernens und des Schritthaltens mit der technologischen Entwicklung wiegen die Einsparungen an Koordinationskosten bei weitem auf. Nachdem ich das ausgesprochen habe, ist es, glaube ich, nur fair zu sagen, daß es in der Organisationstheorie eine Theorierichtung gibt, zu der die institutionalistische Theorie einmal gehört hat und zu der manche Arbeiten von Jim March und Karl Weick zählen, die damit ein wenig spielerisch umgehen. In einer Hinsicht ist das ein Argument für Experimentieren und Lernen; aber in anderem Licht besehen ist es eine Art Enthüllungsliteratur, die sich über manche organisationale Praktiken und über das Ausmaß lustig macht, in dem Kurzsichtigkeit und Schrullen (faddishness)[1] reale organisationale Tendenzen sind.

F: In diesem Zusammenhang (Williamson, Stellenwert der Ökonomie) haben wir (vor diesem Interview) über Commons und den Artikel gesprochen, den Andrew Van de Ven (1993) über ihn verfaßt hat. Wird die Arbeit von Commons in der amerikanischen Organisationslehre wirklich anerkannt, vielleicht sogar in zunehmendem Maße?

---

1 Anm. d. Übers.: Weick hat (1976) darauf hingewiesen, daß lose Kopplungen in Organisationen schrullige Antworten auf ihre Umwelt zur Folge haben können, und (1977) für manche Organisationen Eigenschaften wie diese in Erwägung gezogen: garrulous (geschwätzig), clumsy (unbeholfen), superstitious (abergläubisch), hypocritical (scheinheilig), monstrous (unförmig, abscheulich), octopoid (krakenhaft), wandering (abschweifend) und grouchy (miesepetrig).

A: Es gibt da eine interessante Frage, wie sich nämlich Wissenschaftler auf ihre „Ahnen" beziehen. Robert Merton hat davon gesprochen, das wir alle auf den Schultern von Riesen stehen. Williamson behauptet, daß Commons einen großen Einfluß auf seine Arbeiten gehabt hat. Van de Ven geht zurück und liest Commons erneut und sagt, er könne einen solchen Einfluß nicht sehen, jedenfalls nicht so wie Williamson selbst. Van de Ven argumentiert, daß Commons mehr von einem Institutionalisten an sich hat, und findet bei ihm, implizit, sogar das Argument der Koevolution. Manche Leute schauen sozusagen gern zurück, spüren intellektuellen Abstammungen nach. Ich schätze, ich habe es mehr mit Arbeit, die vorwärts weist. Mir fallen mindestens ein Duzend jüngere Überblicksartikel ein, in denen Leute versuchen, Konvergenz- oder Divergenzpunkte zwischen verschiedenen Theorietraditionen auszumachen, die unter der losen Bezeichnung „institutionalistisch" daherkommen und in denen Forschungswege vorgeschlagen werden, die auf schon Erreichtem aufbauen.

Der ökonomische Institutionalismus, wie das Werk von Doug North, der Rational-Choice-Institutionalismus in der Politologie von Ken Shepsle und Eleanor Ostrom, der historische Institutionalismus von Peter Hall und Theda Skocpol, die organisationstheoretischen Arbeiten von Meyer und Scott, DiMaggio und mir, sie alle stimmen in einigen Kernpunkten überein. Ich habe also den Eindruck, daß die Art stilisierter Differenzen, die manchen so bedeutend vorkommen, in Wirklichkeit überhaupt nicht wichtig sind, wenn man ernsthafte Spieler an einen Tisch bekommt. Viele betrachten beispielsweise Shepsles Untersuchung des amerikanischen Kongresses als eine Rational-Choice-Arbeit. Das stimmt schon, aber sie ist, finde ich, auch sehr mit der Frage beschäftigt, wie Regeln konstruiert werden, wie Regeln sich so entwickeln, daß sie zu den Kommittee-Strukturen passen, so daß die Resultate oder Designs Seniorität begünstigen. Diese Arbeit finde ich sehr plausibel, und sie ist im großen und ganzen mit dem soziologischen Institutionalismus vereinbar.

F: Auf dem diesjährigen Kongreß (1996) der American Sociological Association werden Sie über Entwicklungsmuster der kapitalistischen Unternehmung im 21. Jahrhundert referieren. Ich nehme an, das ist Teil des Versuchs, ökonomische Fragen innerhalb Ihres Ansatzes stärker zu berücksichtigen?

A: Ja und nein. Dies wird die zentrale Kongress-Veranstaltung zur Form (nature) der Unternehmung im 21. Jahrhundert sein. Es gibt ein Papier von David Stark über die post-sozialistische Unternehmung, und ich bin dabei, über die sogenannte kapitalistische Unternehmung zu schreiben. Beide Papiere greifen eine Reihe ähnlicher Fragen auf. Die erste lautet: Gibt es eine Art allgemeiner Konvergenz zwischen den Gesellschaften? Produzieren globale Interdependenzen, internationaler Handel und Kapitalbewegungen gemeinsame oder relativ ähnliche Modelle für die Organisation des Wirtschaftslebens? Und wie würde solche Konvergenz zustandekommen – durch Regulation, durch eine Mischung von „best practices", durch gemeinsames Eigentum? Am Ende aber weisen wir eine allgemeine Konvergenzthese zurück und argumentieren, daß die Volkswirtschaften der Industriegesellschaften und der neu entstehenden Länder von unterschiedlichen institutionellen Ausgangssituationen starten und über unterschiedliche Fähigkeiten verfügen. Diese Fähigkeiten und Institutionen sind günstig für bestimmte Organisationsformen und ungünstig für andere. So erhalten Sie ganz unterschiedliche Muster. Die USA beispielsweise liegen vorn im High-Tech-Bereich, die Briten sind sehr gut in der Werbung, die Deutschen recht gut im Bereich Chemie und Automobile, die Japaner in der Miniaturisierung etc. Diese industriellen Fähigkeiten reflektieren sehr stark die soziale Infrastruktur, die bestimmte Industrien in ihrer Entwicklung unterstützt.

Die zweite These in beiden Papieren bezieht sich auf neue Logiken oder Modelle des Organisierens, in denen Netzwerke eine viel prominentere Rolle spielen als Hierarchien. Allerdings weisen wir auch das funktionalistische Argument zurück, Netzwerke seien irgendwie leichtfüßiger, schneller als Hierarchien. Statt dessen bemühen wir uns, darauf zu achten, welche gesellschaftlichen Bedingungen zu verschiedenen Zeitpunkten eine Organisationsform im Gegensatz zu einer anderen begünstigen. Ziel ist es folglich zu erklären, inwiefern die soziale Infrastruktur die Entwicklung bestimmter Organisationsformen fördert. In meiner Arbeit bemühe ich mich außerdem sehr um die Frage, wie soziale und politische Arrangements die Wahrscheinlichkeit von Fairneß-, Solidaritäts-, Vertrauens- oder Gerechtigkeitserwägungen nennenswert erhöhen und welche Settings diese Diskussionen ersticken.

Wieder also gibt es eine große Aufmerksamkeit für wirtschaftliches Organisieren, aber auch mehr Nachdenklichkeit in der Frage, wie die Wahl einer wirtschaftlichen Organisationsform durch politische und soziale Faktoren bedingt wird. Um deutlich zu machen, wie die Organisationssoziologie enger mit der evolutionstheoretischen Ökonomie verknüpft werden könnte, möchte ich mit einem Beispiel schließen. Die erste Hälfte der Woche habe ich damit verbracht, mit graduierten Studenten zusammen herauszufinden, wie man etwas schafft, das Ökonomen schon immer sehr gut hinbekommen haben, nämlich Patente als Indikatoren für Innovationsaktivität zu nutzen, dann aber darüber nachzudenken, wie ich mein organisationssoziologisches Wissen dabei einbringen kann. Statt nur Patente zu zählen, wollen wir zusehen, wer welche Patente zitiert, die Muster der gegenseitigen Zitationen untersuchen und so ein Verständnis nicht nur davon bekommen, wer was patentieren läßt, sondern auch davon, wer Patente schafft, die von anderen beachtet werden. Dann werden wir die Ergebnisse der Patent-Untersuchung in unsere Karte der interorganisationalen Netzwerke eintragen, die wir schon untersucht haben. So bringen wir es zu anderen Einblicken in Netzwerke als Ökonomen, aber ich wäre niemals darauf gekommen, Patente in die Untersuchung einzubeziehen, wenn ich nicht die Literatur zur Innovationsökonomie dazu gelesen hätte.

Aus dem Amerikanischen von Jörg Sydow und Günther Ortmann

VERZEICHNISSE

Autorinnen und Autoren des Bandes

Bornewasser, Manfred, Prof. Dr., Professor für Sozialpsychologie, Arbeits- und Organisationspsychologie am Institut für Psychologie der Ernst-Moritz-Arndt-Universität Greifswald, *Arbeitsschwerpunkte:* Soziale Identität in Organisationen, Alkohol und Gewalt, Personal- und Organisationsentwicklung, Qualitätsmanagement und Kundenorientierung im Krankenhaus.

Braczyk, Hans-Joachim, Prof. Dr., Professor für Industriesoziologie am Institut für Sozialforschung der Universität Stuttgart und Mitglied des Vorstandes der Akademie für Technikfolgenabschätzung in Baden-Württemberg in Stuttgart; dort Leiter des Bereichs Technik, Organisation, Arbeit; *Arbeitsschwerpunkte:* Innovationen in Organisationen, Soziologie der informationstechnischen Vernetzung, Technikfolgenabschätzung.

Bruch, Michael, Dipl.-Soziologe, Wissenschaftlicher Mitarbeiter an der Professur für Soziologie, insbesondere Soziologie der Organisation am Fachbereich Gesellschaftswissenschaften der Bergischen Universität - Gesamthochschule Wuppertal; *Arbeitsschwerpunkte:* Kritik der politischen Ökonomie, neuere Kapitalismustheorien.

Czarniawska-Joerges, Barbara, Prof. Dr., Professor of Management at Gothenburg Research Institute (GRI), School of Economics and Commercial Law, Gothenburg University/Schweden, *Arbeitsschwerpunkte:* Control processes in complex organizations, big city management. In terms of methodological approach, she combines institutional theory with the narrative approach to field studies.

Dachler, Peter, Prof. Dr., Professor für Arbeits- und Organisationspsychologie in der betriebswirtschaftlichen Abteilung der Hochschule St. Gallen; *Arbeitsschwerpunkte:* Realitätsgestaltung in Organisationen, interkulturelle Beziehungen und Kommunikation, organisationelles Lernen, Wissensmanagement und Beurteilungsprozesse.

Esser, Hartmut, Prof. Dr., Professor für für Soziologie und Wissenschaftslehre an der Fakultät für Sozialwissenschaften der Universität Mannheim; *Arbeitsschwerpunkte:* Soziologische, sozialpsychologische und ökonomische Handlungstheorie, Migration.

Grand, Simon, Dr., Mitarbeiter am Institut für betriebswirtschaftliche Forschung der Universität Zürich; *Arbeitsschwerpunkte:* Organisationstheorie, Internationales Management, Methodologie der Sozialwissenschaften.

Kappelhoff, Peter, Prof. Dr., Professor für Empirische Wirtschafts- und Sozialforschung am Fachbereich Wirtschaftswissenschaften der Bergischen Universität - Gesamthochschule Wuppertal; *Arbeitsschwerpunkte:* Sozialtheorie, insbesondere RC-Theorie und Theorien sozialer Systeme; soziale Strukturanalyse, insbesondere Netzwerkanalyse; methodische Probleme von Selektionsmodellen in Evolutionstheorie und Soziologie.

Knorr Cetina, Karin, Prof. Dr., Professorin für Kultursoziologie, insbesondere Methoden der qualitativen Sozialforschung an der Fakultät für Soziologie der Universität Bielefeld; *Arbeitsschwerpunkte:* Wissenssoziologie (epistemische Kulturen), soziologische Theorie (postsoziale Entwicklung), Kultursoziologie.

Knyphausen-Aufseß, Dodo zu, Prof. Dr., Professor für Allgemeine Betriebswirtschaftslehre, insbesondere Internationales Management an der Wirtschaftswissenschaftlichen Fakultät der Friedrich-Schiller-Universität Jena; *Arbeitsschwerpunkte:* Internationales Management, Strategisches Management und Management des Wandels, Hochtechnologieindustrien, Unternehmensgründungen, Organisationstheorie.

Krebs, Hans-Peter, Magister der Philosophie und Promovend am Fachbereich Gesellschaftswissenschaften der Johann-Wolfgang-Goethe Universität in Frankfurt/M.; *Arbeitsschwerpunkte*: Französische Regulationstheorie, Ideologie- und Staatstheorie, Kritik der politischen Ökonomie.

Martens, Wil, Dr., Drs. Soziologie, Dr. rer. pol., Dozent für Theorie sozialer Systeme an der Katholischen Universiteit Nijmegen (Niederlande); *Arbeitsschwerpunkte:* Soziologische Theorie, Organisationstheorie, Wirtschaftssoziologie.

Nelson, Richard R., Ph.D., Goerge-Blumenthal-Professor für International and Public Affairs, Business and Law an der Columbia University, New York; *Arbeitsschwerpunkte:* Langfristiger ökonomischer Wandel, technologische Entwicklung, Evolutionstheorie.

Neuberger, Oswald, Prof. Dr., Professor für Psychologie mit Schwerpunkt Personalwesen an der Wirtschafts- und Sozialwissenschaftlichen Fakultät, Institut für Sozioökonomie, der Universität Augsburg; *Arbeitsschwerpunkte:* Personalführung, Mikropolitik.

Nicolini, Davide, social and organizational research member of the Research Unit on Organizational Cognition and Learning based at the Dept. of Sociology and Social Research of the University of Trento (Italy). Now at the Tavistock Institute in London; *Arbeitsschwerpunkte:* Organizational learning and knowledge processes, the understanding of the thinking and sense-making processes in the organization, and the phenomena of technological innovation.

Ortmann, Günther, Prof. Dr., Professor für Betriebswirtschaftslehre und Organisation an der Hochschule der Bundeswehr Hamburg; *Arbeitsschwerpunkte:* Organisations- und Unternehmungstheorie, strategisches Management, interorganisationale Kooperation.

Osterloh, Margit, Prof. Dr., Professorin für Betriebswirtschaftslehre, insbesondere Organisationslehre am Institut für betriebswirschaftliche Forschung der Universität Zürich; *Arbeitsschwerpunkte:* Organisation, Innovations- und Technologiemanagement, Wissenschaftstheorie, Frauen in der Unternehmung.

Pirker, Reinhard, Dr. der Sozial- und Wirtschaftswissenschaften (Volkswirtschaftslehre), Universitätsassistent am Institut für Volkswirtschaftstheorie und -politik der Wirtschaftsuniversität Wien, derzeit Research Fellow am Judge Institute of Management Studies der Universität Cambridge/UK; *Arbeitsschwerpunkte:* institutionelle/evolutorische Ökonomie, methodische Grundlagen und Geschichte der ökonomischen Theorie.

Powell, Walter W., Professor of Sociology, Department of Sociology, University of Arizona, Tuscon; *Arbeitsschwerpunkte:* Neoinstitutionalistische Organisationstheorie, empirische Netzwerkforschung auf dem Feld der Biotechnologie.

Sadowski, Dieter, Prof. Dr., Professor für Betriebswirtschaftslehre am Fachbereich IV, Wirtschaftswissenschaften, der Universität Trier und Direktor des Instituts für Arbeitsrecht und Arbeitsbeziehungen in der Europäischen Gemeinschaft; *Arbeitsschwerpunkte:* International vergleichende Personalökonomie privater und öffentlicher Organisationen; Ökonomie des Arbeitsrechts.

Schimank, Uwe, Prof. Dr., Professor für Soziologie an der Fernuniversität - Gesamthochschule Hagen; *Arbeitsschwerpunkte:* Soziologische Theorie, Wissenschafts-, Sport-, Organisationssoziologie.

Schmidt, Gert, Prof. Dr., Professor für Soziologie am Institut für Soziologie der Philosophischen Fakultät I der Friedrich-Alexander Universität Erlangen-Nürnberg; *Arbeitsschwerpunkte:* Soziologische Theorie, Industrie- und Arbeitssoziologie.

Schreyögg, Georg, Prof. Dr., Professor für Organisation und Führung am Institut für Management am Fachbereich Wirtschaftswissenschaft der Freien Universität Berlin; *Arbeitsschwerpunkte:* Strategische Entscheidungsprozesse, Unternehmenskultur.

Strati, Antonio, researcher and teacher in sociology of organization at the Universities of Trento and Siena, Italy; *Arbeitsschwerpunkte:* Symbolism, cultures and aesthetics in organizations; he is currently writing a book entitled „Aesthetics in Organizational Life", to be published by Sage.

Sydow, Jörg, Prof. Dr., Professor für Allgemeine Betriebswirtschaftslehre am Fachbereich Wirtschaftswissenschaft der Freien Universität Berlin; *Arbeitsschwer-*

punkte: Management- und Organisationstheorie, industrielle Beziehungen und Unternehmungskooperation.

Türk, Klaus, Prof. Dr., Professor für Soziologie, insbesondere Soziologie der Organisation am Fachbereich Gesellschaftswissenschaften der Bergischen Universität - Gesamthochschule Wuppertal; *Arbeitsschwerpunkte:* Theorie und Geschichte von Organisation.

Wehrsig, Christof, Dr., Akademischer Oberrat an der Fakultät für Soziologie der Universität Bielefeld; *Arbeitsschwerpunkte:* Organisationstheorie und Gesellschaftstheorie der Organisationen.

Windeler, Arnold, Dr., Wissenschaftlicher Mitarbeiter an der Professur für Allgemeine Betriebswirtschaftslehre am Fachbereich Wirtschaftswissenschaft der Freien Universität Berlin; *Arbeitsschwerpunkte:* Industriesoziologie, Organisationstheorien und interorganisationale Netzwerke.

Wieland, Josef, Prof. Dr., Professur für Allgemeine Betriebswirtschaft mit Schwerpunkt Wirtschafts- und Unternehmensethik an der Fachhochschule Konstanz; Privatdozent an der Universität Witten/Herdecke; *Arbeitsschwerpunkte:* Neue Institutionen- und Organisationsökonomik, Organisationstheorie, insbesondere Unternehmenskultur, Unternehmenskommunikation, Unternehmensethik, Dogmen- und Theoriegeschichte.

Witt, Frank, Dr., Hochschulassistent am Fachbereich Wirtschaftswissenschaft und im Forschungsinstitut für Telekommunikation (FTK) an der Bergischen Universität - Gesamthochschule Wuppertal; *Arbeitsschwerpunkte:* Dienstleistungs- und Medienökonomie, Unternehmungstheorie.

Literaturverzeichnis

Abernathy, W./Utterback, J.M. (1975): A Dynamic Model of Process and Product Innovation. In: Omega 3 (6), S. 639.

Abolafia, M.Y./Kilduff, M. (1988): Enacting Market Crisis: The Social Construction of a Speculative Bubble. In: Administrative Science Quarterly 33 (2), S. 177-193.

Abrahamson, E. (1996): Technical and Aesthetic Fashion. In: Czarniawska-Joerges, B./Sevón, G. (Hrsg.): Translating organizational change. Berlin, S. 117-137.

Ackermann, F./Cropper, S./Eden, C./Cook, J. (1991): Cognitive mapping for the policy analysis in the public sector. Paper presented at the Academy of Management Meeting. Miami, Florida. August 1991.

Ackoff, R. (1974): Redesigning the future. Chichester.

Ackoff, R. (1994): Systems Thinking and Thinking Systems. In: System Dynamics Review 10, S. 175-188.

Adam, A. (1959): Messen und Regeln in der Betriebswirtschaft. Würzburg.

Adorno, T.W. (1954): Individuum und Organisation. In: Neumark, F. (Hrsg.): Individuum und Organisation. Darmstädter Gespräch. Darmstadt, S. 21-35.

Adorno, T.W. (1976): Veblens Angriff auf die Kultur. In: Adorno, T. W.: Prismen. Kulturkritik und Gesellschaft. Frankfurt/M., S. 82-111.

Adorno, T.W. (1979): Individuum und Organisation. In: Thiedemann, R. (Hrsg.): Soziologische Schriften I. Frankfurt/M., S. 440-456.

Agassi, J. (1975): Institutional Individualism. In: British Journal of Sociology 26, S. 144-155.

Aglietta, M. (1979): A theory of capitalist regulation. The US experience. London.

Aharoni, Y. (1971): The Israeli manager. Israeli Institute of Business Research, Tel Aviv University.

Airoldi, G./Nacamulli, R. (Hrsg.)(1979): Teoria organizzativa d'impresa. Etas Libri. Milano.

Albach, H. (1986): (Rezension von:) Scott, W.R.: Grundlagen der Organisationstheorie. In: Zeitschrift für Betriebswirtschaft 56, S. 1045-1046.

Albach, H. (1988a): Betriebswirtschaftslehre als Wissenschaft vom Management. In: Wunderer, R. (Hrsg.): Betriebswirtschaftslehre als Management- und Führungslehre. 2. Aufl., Stuttgart, S. 99-108.

Albach, H. (1988b): Kosten, Transaktionen und externe Effekte im betrieblichen Rechnungswesen. In: Zeitschrift für Betriebswirtschaft 58, S. 1143-1170.

Albach, H. (1989): Vorwort. In: Albach, H. (Hrsg.): Organisation: mikroökonomische Theorie und ihre Anwendungen. Wiesbaden, S. 17-24.

Albach, H. (1993): Betriebswirtschaftslehre als Wissenschaft. In: Zeitschrift für Betriebswirtschaft Ergänzungsheft 3/93, S. 7-26.

Albach, H. (Hrsg.)(1994): Globale soziale Marktwirtschaft – Ziele, Wege, Akteure. Wiesbaden.

Albert, H. (Hrsg.)(1964): Theorie und Realität. Tübingen.

Albert, H. (1978): Traktat über rationale Praxis. Tübingen.

Albert, H. (1991): Traktat über kritische Vernunft. Tübingen.

Alchian, A.A. (1950): Uncertainty, Evolution and Economic Theory. In: Journal of Political Economy 58 (3): S. 211-221.

Alchian, A.A. (1969): Corporate Management and Property Rights. In: Manne, H. (Hrsg.): Economic policy and the regulation of corporate securities. Washington.

Alchian, A.A. (1984): Specificity, Specialization and Coalitions. In: Zeitschrift für die gesamte Staatswissenschaft 140, S. 34-49.

Alchian, A.A./Demsetz, H. (1972): Production, Information Costs, and Economic Organization. In: American Economic Review 62, S. 777-795.

Alchian, A.A./Demsetz, H. (1973): The Property Right Paradigm. In: Journal of Economic History 33, S. 16-27.

Alchian, A.A./Woodward, S. (1987): Reflections on the Theory of the Firm. In: Journal of Institutional and Theoretical Economics 143 (1), S. 110-136.

Alchian, A.A./Woodward, S. (1988): The Firm is Dead; Long Live the Firm – A Review of O.E. Williamson's The Economic Institutions of Capitalism. In: Journal of Economic Literature 26, S. 65-79.

Aldrich, H.E. (1979): Organizations and environments. Englewood Cliffs, NJ.

Aldrich, H.E./Fiol, C.M. (1994): Fools Rush in? The Institutional Context of Industry Creation. In: Academy of Management Review 19 (4), S. 645-670.

Aldrup, D. (1971): Das Rationalitätsproblem in der politischen Ökonomie. Tübingen.

Alexander, E.R. (1995): How organizations act together - Interorganizational coordination in theory and practice. Australia etc.

Alexander, J.C. (Hrsg.)(1985): Neofunctionalism.

Beverley Hills.

Althusser, L. (1968): Für Marx. Frankfurt/M.

Althusser, L. (1987): Für Marx. Frankfurt/M.

Altmann, N./Bechtle, G. (1969): Betriebliche Herrschaftsstruktur und industrielle Gesellschaft. München. Institut für Sozialwissenschaftliche Forschung.

Altmann, N./Bechtle, G./Lutz, B. (1978): Betrieb – Technik – Arbeit. Elemente einer soziologischen Analytik technisch-organisatorischer Veränderungen. München/Frankfurt/M.

Altmann, N./Deiß, M./Döhl, V./Sauer, D. (1986): Ein „Neuer Rationalisierungstyp" – neue Anforderungen an die Industriesoziologie. In: Soziale Welt 37, S. 191-207.

Altmann, N./Sauer, D. (Hrsg.)(1989): Systemische Rationalisierung und Zulieferindustrie. Frankfurt/M.

Alvarez, J.L./Merchán C.C. (1992): The Role of Narrative Fiction in the Development of Imagination for Action. In: International Studies of Management & Organization 22 (3), S. 27-45.

Alvesson, M./Berg, P.O. (1992): Corporate culture and organizational symbolism. Berlin.

Amin, A./Thrift, N. (1992): Neo-Marshallian Nodes in Global Networks. In: International Journal of Urban Regional Research, S. 571-587.

Amin, A./Thrift, N. (Hrsg.)(1994): Globalization, institutions, and regional development in Europe. Oxford.

Amit, R./Schoemaker, P.J. (1993): Strategic Assets and Organizational Rent. In: Strategic Management Journal 14, S. 33-46.

Anderson, P.W. et al. (Hrsg.)(1988): The economy as an evolving complex system. Redwood City, Cal.

Andrews, K. (1971): The concept of corporate strategy. Homewood, Ill.

Anfossi, A. (1971): Prospettive sociologiche sull'organizzazione aziendale. Milano.

Ansari, S./Euske, K. (1987): Rational, Rationalizing and Reifying Uses of Accounting Data in Organizations. In: Accounting, Organizations and Society 12, S. 549-570.

Ansoff, I. (1965): Corporate strategy. New York.

Antonio, R.J. (1979): The Contradiction of Domination and Production in Bureaucracy: The Contribution of Organizational Efficiency to the Decline of the Roman Empire. In: American Sociological Review 44, S. 895-912.

Aoki, M. (1984): The co-operative game theory of the firm. Oxford.

Aoki, M. (1990): Toward a Model of the Japanese Firm. In: Journal of Economic Literature 28, S. 1-27.

Aoki, M./Gustafson, B./Williamson, O.E. (Hrsg.) (1990): The firm as a nexus of treaties. London.

Apter, D.E. (1985): The New Mytho/logics and the Specter of Superfluous Man. In: Social Research 52 (2), S. 269-307.

Archer, M. (1990): Human agency and Social Structure: A Critique of Giddens. In: Clark, J./ Modgil, C./Modgil, S. (Hrsg.): Anthony Giddens: Consensus and controversy. London, S. 73-84.

Argyris, C. (1957): Personality and organization. New York.

Argyris, C. (1982): Reasoning, learning and action: Individual and organizational. San Francisco.

Argyris, C. (1992): On organizational learning. Cambridge, Mass.

Argyris, C./Schön, D.A. (1978): Organizational learning. Reading, Mass.

Arrington, E.C./Schweiker, W. (1992): The Rhetoric and Rationality of Accounting Research. In: Accounting, Organizations and Society 17 (6), S. 511-533.

Arrow, K.J. (1971): Essays in the theory of risk bearing. Chicago.

Arrow, K.J. (1974): The limits of organization. New York/London.

Arrow, K.J. (1985): The Economics of Agency. In: Pratt, J.W./Zeckhauser, R.J. (Hrsg.): Principals and agents: The structure of business. Boston, S. 138-159.

Arthur, W.B. (1988a): Self-Reinforcing Mechanisms in Economics. In: Anderson, P.W./Arrow, K.J./ Pines, D. (Hrsg.): The economy as an evolving complex system. Redwood City, S. 9-31.

Arthur, W.B. (1988b): Competing Technologies: An Overview. In: Dosi. G. et al. (Hrsg.): Technical change and economic theory. London, S. 590-607.

Arthur, W.B. (1989): Competing Technologies. Increasing Returns and Lock-In by Historical Events. In: Economic Journal 99, S. 116-131.

Arthur, W.B. (1990): Positive Rückkopplung in der Wirtschaft. In: Spektrum der Wissenschaft, 13, S. 122-129.

Asdonk, J./Bredeweg, U./Kowol, U. (1991): Innovation als rekursiver Prozeß. Zur Theorie und Empirie der Technikgenese am Beispiel der Produktionstechnik. In: Zeitschrift für Soziologie 20 (4), S. 290-304.

Asdonk, J./Bredeweg, U./Kowol, U. (1992): Die mikropolitische Arena technischer Innovation. Eine Untersuchung zur Technikgenese im Bereich der Produktionstechnik. Forschungsgruppe Technikentwicklung USP Wissenschaftsforschung. Universität Bielefeld.

Ashby, W. (1956): An introduction to cybernetics. London.

Ashmore, M./Mulkay, M./Pinch, T. (1989): Health efficiency: A sociology of health economics. Milton Keynes.

Astley, W.G./Van de Ven, A.H. (1983): Central Perspectives and Debates in Organization Theory. In: Administrative Science Quarterly 28, S. 245-273.

Astley, W.G./Zammuto, R.F. (1992): Organization Science, Managers, and Language Games. In: Organization Science 3 (4), S. 443-460.

Axelrod, R.M. (Hrsg.)(1976): The structure of decision: Cognitive maps of political elites. Princeton, N.J.

Bader, V.-M./Berger, J./Gannsmann, H. u.a. (1975): Krise und Kapitalismus bei Marx. 2 Bände. Frankfurt/M.

Baecker, D. (1993): Die Form des Unternehmens. Frankfurt/M.

Baethge, M. (1991): Arbeit, Vergesellschaftung, Identität. Zur zunehmenden normativen Subjektivierung der Arbeit. In: Soziale Welt 42 (1), S. 6-19.

Baethge, M. (1996): Zwischen Computer und Kunden – Rationalisierung und neue Arbeitskonzepte in den Dienstleistungen. In: Braczyk, H.-J./Ganter, H.D./Seltz, R. (Hrsg.): Neue Organisationsformen in Dienstleistung und Verwaltung. Stuttgart, S. 15-28.

Baethge, M./Oberbeck, H. (1986): Zukunft der Angestellten. Neue Technologien und berufliche Perspektiven in Büro und Verwaltung. Frankfurt/M.

Bain, J. (1956): Barriers to new competition. Cambridge, Mass.

Bakhtin, M./Medvedev, P.N. (1928/1985): The formal method in literary scholarship. A critical introduction to sociological poetics. Cambridge, Mass.

Baldwin, J.D. (1986): George Herbert Mead. A unifying theory for sociology. Beverly Hills, Cal.

Bamberg, L./Schön, D.A. (1983): Learning as Reflective Conversation with Materials: Notes from Work in Progress. In: Art Education, S. 68-73.

Bantz, C.R. (1983): Naturalistic Research Tradition. In: Putnam, L.L./Pacanowsky, M.E. (Hrsg.): Communication and organizations. An interpretive approach. Beverly Hills, Cal., S. 55-72.

Barley, S. (1986): Technology as an Occasion for Structuring: Evidence from Observation of CT Scanners and the Social Order of Radiology Departments. In: Administrative Science Quarterly 31, S. 78-108.

Barnard, C.J. (1938): The functions of the executive. Cambridge, Mass.

Barnard, C.J. (1970): Die Führung großer Organisationen. Essen.

Barney, J. (1986): Strategic Factor Markets: Expectations, Luck, and Business Strategy. In: Management Science 32, S. 1231-1241.

Barney, J. (1991): Firm Resources and Sustained Competitive Advantage. In: Journal of Management 17, S. 99-120.

Barney, J. (1992): Integrating Organizational Behavior and Strategy Formulation Research: A Resource-Based Analysis. In: Advances in Strategic Management 8, S. 69-96.

Barney, J./Ouchi, W.G. (Hrsg.)(1986): Organizational economics. San Francisco.

Baron, D.P. (1995): The Economics and Politics of Regulation: Perspectives, Agenda, and Approaches. In: Hanushen, E.A. (Hrsg.): Modern political economy. Old topics, new directions. Cambridge, S. 10-62.

Barzelay, M./Smith, R.M. (1987): The One Best System? A Political Analysis of Neoclassical Institutionalist Perspectives on the Modern Corporation. In: Samuels, W.J./Miller, A.S. (Hrsg.): Corporations and society. New York etc., S. 81-110.

Basalla, G. (1988): The evolution of technology. Cambridge.

Bateson, G. (1972): Toward an ecology of mind. New York.

Bateson, G. (1979): Mind and nature. New York.

Bateson, G. (1992a): Vorstudien zu einer Theorie der Schizophrenie. In: Bateson, G.: Ökologie des Geistes. 4. Aufl., Frankfurt/M., S. 270-301.

Bateson, G. (1992b): Auswirkungen bewußter Zwecksetzung auf die menschliche Anpassung. In: Bateson, G.: Ökologie des Geistes. 4. Aufl., Frankfurt/M., S. 566-575.

Bateson, G. (1992c): Die logischen Kategorien von Lernen und Kommunikation. In: Bateson, G.: Ökologie des Geistes. 4. Aufl., Frankfurt/M., S. 362-399.

Baudrillard, J. (1973): Le miroir de la production. Tournai.

Baudrillard, J. (1985): The Masses: The Implosion of the Social in the Media. In: New Literary History 16 (3), S. 577-89.

Baum, J.A.C./Singh, J.V. (1994): Evolutionary dynamics of organizations. New York.

Bauman, Z. (1991): Modernity and ambivalence. Oxford.

Bechtle, G. (1980): Betrieb als Strategie. Frankfurt/M.

Beck, U. (1986): Risikogesellschaft. Auf dem Weg in eine andere Moderne. Frankfurt/M.

Beck, U./Beck-Gernsheim, E. (1994): Individualisierung in modernen Gesellschaften – Perspektiven und Kontroversen einer subjektorientierten Soziologie. In: Beck, U./Beck-Gernsheim, E. (Hrsg.): Riskante Freiheiten. Individualisierung in modernen Gesellschaften. Frankfurt/M., S. 10-39.

Beck, U./Giddens, A./Lash, S. (1994): Reflexive modernization. Cambridge.

Becker, A./Küpper, W./Ortmann, G. (1988): Revisionen der Rationalität. In: Küpper, W./Ortmann, G. (Hrsg.): Mikropolitik. Opladen, S. 89-113.

Becker, A./Ortmann, G. (1994): Management und Mikropolitik. Ein strukturationstheoretischer Ansatz. In: Hofmann, M./Al-Ani, A. (Hrsg.): Neue Entwicklungen im Management. Heidelberg, S. 201-253. Wiederabgedruckt in: Ortmann, G. (1995a): Formen der Produktion. Opladen, S. 43-80.

Becker, A. (1996): Rationalität strategischer Entscheidungsprozesse. Ein strukturationstherotisches Konzept. Wiesbaden.

Beer, S. (1959): Cybernetics and management. London.

Beer, S. (1966): Decision and control. London.

Beer, S. (1979): The heart of enterprise. Chichester.

Befu, H. (1985): Conflict and non-Weberian bureaucracy in Japan. Revised version of a contribution to the Third International Symposium on Japanese Civilization. Osaka/Otsu.

Behn, R.D. (1992): Management and the Neutrino: The Search for Meaningful Metaphors. In: Public Administration Review 52 (5), S. 409-419.

Behr, M. (1995): Regressive Gemeinschaft oder zivile Vergemeinschaftung? Ein Konzept zum Verständnis posttraditionaler Formen betrieblicher Sozialintegration. Manuskript Universität Erlangen.

Behr, M./Braczyk, H.-J./Gebbert, C./Kerst, C./Niebur, J. (1990): Arbeitsbedingungen im Dienstleistungssektor. RKW. Eschborn.

Bell, D. (1973): The coming of post-industrial society. A venture in social forecasting. New York.

Benjamin, W. (1961): Zentralpark. In: Benjamin, W.: Illuminationen. Frankfurt/M., S. 246-267.

Benjamin, W. (1972): Ein Außenseiter macht sich bemerkbar. Zu S. Kracauer, „Die Angestellten". In: Benjamin, W.: Gesammelte Schriften. Band III. Frankfurt/M., S. 219-225.

Bensman, J./Gerver, K. (1963): Crime and Punishment in the Factory. The Function of Deviancy in Maintaining the Social System. In: American Sociological Review 28, S. 588-598.

Berger, P.L./Berger, B./Kellner, H. (1975): Das Unbehagen in der Modernität. Frankfurt/M.

Berger, P.L./Luckmann, T. (1970): Die gesellschaftliche Konstruktion der Wirklichkeit. München.

Berger, P.L./Luckmann, T. (1980): Die gesellschaftliche Konstruktion der Wirklichkeit. Frankfurt/M.

Berger, U. (1984): Wachstum und Rationalisierung der industriellen Dienstleistungsarbeit. Zur lückenhaften Rationalität der Industrieverwaltung. Frankfurt/M./New York.

Bernstein, R.J. (1989): Social Theory as Critique. In: Held, D./Thompson, J.B. (Hrsg.): Social theory of modern societies: Anthony Giddens and his cri-

tics. Cambridge etc, S. 19-33.

Best, M.H. (1990): The new competition. Institutions of industrial restructuring. Cambridge.

Bettman, J.R./Weitz, B.A. (1983): Attributions in the Board Room. In: Administrative Science Quarterly 28, S. 145-183.

Bijker, W.E./Hughes, T.P./Pinch, T. (1987): The social construction of technological systems. Cambridge, Mass./London.

Bion, W.R. (1961): Experiences in groups, and other papers. New York.

Birke, M. (1992): Betriebliche Technikgestaltung und Interessenvertretung als Mikropolitik. Fallstudien zum arbeitspolitischen Umbruch. Wiesbaden.

Birnberg, J.G. (1993): Current Trends in Behavioral Accounting Research in the United States. In: Die Betriebswirtschaft 53 (1), S. 5-25.

Blau, P. (1964): Exchange and power in social life. New York.

Blaug, M. (1986): The methodology of economics or how economists explain. Cambridge.

Bleicher, K. (1988): Betriebswirtschaftslehre – Disziplinäre Lehre vom Wirtschaften in und zwischen Betrieben oder interdisziplinäre Wissenschaft vom Management? In: Wunderer, R. (Hrsg.): Betriebswirtschaftslehre als Management- und Führungslehre. 2. Aufl., Stuttgart, S. 109-132.

Boden, D. (1994): The business of talk – Organizations in action. Cambridge.

Bohman, J. (1992): The Limits of Rational Choice Explanations. In: Coleman, J.S./Fararo, T.J. (Hrsg.): Rational choice theory: Advocacy and critique. Newbury Park, S. 207-228.

Boje, D.M. (1991): The Story-Telling Organization: A Study of Story Performance in an Office-Supply Firm. In: Administrative Science Quarterly 36, S. 106-126.

Boje, D.M./Fedor, D.B./Rowland, K.M. (1982): Myth Making. In: Journal of Applied Behavioral Science 18 (1), S. 17-28.

Boland, R.J., Jr. (1993): Accounting and the interpretive act. In: Accounting, Organizations and Society 18 (2/3), S. 125-146.

Boland, R.J., Jr./Pondy, L.L. (1986): The Micro Dynamics of a Budget-Cutting Process: Modes, Models and Structures. In: Accounting, Organizations and Society 11 (4/5), S. 403-422.

Boland, R.J., Jr./Tankasi, R.V. (1995): Perspective Making and Perspective Taking in Communities of Knowing. In: Organization Science 6 (3), S. 350-372.

Bonazzi, G. (1983): Scapegoating in Complex Organizations: The Results of a Comparative Study of Symbolic Blame-giving in Italian and French Public Administration. In: Organization Studies 4 (1), S. 1-18.

Bonazzi, G. (1989): Storia del pensiero organizzativo. Milano.

Boon, J.A. (1972): From symbolism to structuralism. Lévi-Strauss in a literary tradition. Oxford.

Bosetzky, H. (1977): Machiavellismus, Machtkumulation und Mikropolitik. In: Zeitschrift für Organisation 46, S. 121-125.

Bouchikhi, H. (1990): Structuration des organisations: concepts constructivistes et étude de cas. Paris.

Bouchikhi, H. (1993): A Constructivist Framework for Understanding Entrepreneurship Performance. In: Organization Studies 14 (4), S. 549-570.

Bouchikhi, H./Kilduff, M./Whittington, R. (1995) (Hrsg.): Action, structure, and organizations. Proceedings of a workshop. Essec-IMD, Paris.

Boudon, R. (1980): Die Logik des gesellschaftlichen Handelns. Neuwied/Darmstadt.

Bougon, M.G. (1983): Uncovering Cognitive Maps: The Self-Q Technique. In: Morgan, G. (Hrsg.): Beyond method: Strategies for social research. Beverly Hills, Cal., S. 112-144.

Bougon, M.G. (1986): Uncovering cognitive maps. 5th ed. Privately printed handbook. Pennsylvania State University.

Bougon, M.G (1992): Congregate Cognitive Maps. In: Journal of Management Studies 29 (3), S. 369-389.

Bougon, M.G./Baird, N./Komocar, J.M./Ross, W. (1990): Identifying Strategic Loops: The Self-Q Interviews. In: Huff A.S. (Hrsg.): Mapping strategic thought. Chichester, S. 327-354.

Bougon, M.G./Weick K./Binkhorst, D. (1977): Cognition in Organization. In: Administrative Science Quarterly 22, S. 606-631.

Boulding, K. (1953): The organizational revolution. New York.

Bourdieu, P. (1979): Le sens pratique. Paris.

Bower, J.L./Bartlett, C.A./Christensen, C.R./Pearson, A.E./Andrews, K.R. (1991): Business policy: Text and cases. 7. Aufl., Homewood, Ill.

Bowles, M.L. (1989): Myth, Meaning and Work Organization. In: Organization Studies 10 (3), S. 405-421.

Bowles, M.L. (1990): Recognizing Deep Structures in Organizations. In: Organization Studies 11 (3), S. 395-412.

Bowles, M.L. (1991): The Organizational Shadow. In: Organization Studies 12 (3), S. 387-404.

Bowles, M.L. (1993): The Gods and Goddesses: Personifying Social Life in the Age of Organizations. In: Organization Studies 14 (3), 395-418.

Bowles, S. (1985): The Production Process in a Competitive Economy: Walrasian, Neo-Hobbesian and Marxian Models. In: The American Economic Review 75, S. 16-36.

Bowles, S./Edwards, R. (1985): Understanding capitalism. Competition, command, and changes in the U.S. economy. New York.

Bowles, S./Edwards R. (1986): Neuere theoretische Entwicklungen in der radikalen politischen Ökonomie. In: Mehrwert Nr. 28, S. 1-15.

Bowles, S./Gintis, H. (1990): Umkämpfter Tausch. Eine neue Mikrofundierung der politischen Ökonomie des Kapitalismus. In: Prokla 81. Jg. 20 Nr. 4.

Bowles, S./Gordon, D.M./Weisskopf, T. (1983): Beyond the waste land: A democratic alternative to economic decline. Garden City.

Bowles, S./Gordon, D.M./Weisskopf, T. (1990): After the waste land. A democratic economics for the year 2000. Armonk/London.

Bowman, C./Johnson, G. (1991): Surfacing managerial patterns of competitive strategy: Inventions in strategy debates. Paper presented at the Academy of Management Meeting. Miami, Fl. August 1991.

Bowman, E. (1980): A Risk/Return Paradox for Strategic Management. In: Sloan Management Review 22 (Summer), S. 17-31.

Boyd, B. (1990): Corporate Linkages and Organizational Environment: A Test of the Resource Dependence Model. In: Strategic Management Journal 11, S. 419-430.

Boyd, R./Richerson, P.J. (1985): Culture and the evolutionary process. Chicago, Ill.

Braczyk, H.-J. (1992): Die Qual der Wahl. Optionen der Gestaltung von Arbeit und Technik als Organisationsproblem. Berlin.

Braczyk, H.-J. (1996): Organisatorische Restrukturierung als Innovationsstrategie – Lean production in der Industrie. In: Putlitz/Schade (Hrsg.): Mensch, Umwelt, Technik – Wechselbeziehungen. Stuttgart (im Erscheinen).

Braczyk, H.-J./Knesebeck, J. v.d./Schmidt, G. (1982): Nach einer Renaissance. Zur gegenwärtigen Situation von Industriesoziologie in der Bundesrepublik Deutschland. In: Schmidt, G./Braczyk, H.-J./Knesebeck, J. v.d. (Hrsg.): Materialien zur Industriesoziologie. Kölner Zeitschrift für Soziologie und Sozialpsychologie. Sonderheft 24, S. 16-56.

Braczyk, H.-J./Schienstock, G. (Hrsg.)(1996): Kurswechsel in der Industrie. Lean Production in Baden-Württemberg. Stuttgart.

Braczyk, H.-J./Schienstock, G./Steffensen, B. (1995): The Regional Economy of Baden-Württemberg – Still a Story of Success? In: Dittrich, E./Schmidt, G./Whitley, R. (Hrsg.): Institutional legacies and industrial transformation. London, S. 203-233.

Braczyk, H.-J./Schienstock, G./Steffensen, B. (1996): Die Regionalökonomie Baden-Württembergs – Ursachen und Grenzen des Erfolgs. In: Braczyk, H.-J./Schienstock, G. (Hrsg.): Kurswechsel in der Industrie. Lean Production in Baden-Württemberg. Stuttgart, S. 24-51.

Braczyk, H.-J./Schmidt, G. (1986): Die Hauptsache kommt erst. In: Soziologische Revue 9 (3), S. 243-248.

Brandell, G. (1958): Svensk litteratur 1900-1950. Stockholm.

Brandt, G. (1984): Marx und die neuere Industriesoziologie. In: Brandt, G. (1990): Arbeit, Technik und gesellschaftliche Entwicklung: Transformationsprozesse des modernen Kapitalismus; Aufsätze 1971-1987. Herausgegeben von Bieber, D./Schumm, W. Frankfurt/M., S. 254-280.

Brauner, E. (1994): Soziale Interaktion und neutrale Modelle. Planungs- und Entscheidungsprozesse in Planspielgruppen. Münster/New York.

Braverman, H. (1985): Die Arbeit im modernen Produktionsprozeß. Frankfurt/M./New York.

Brief, A.P./Downey, H.K. (1983): Cognitive and Organizational Structures: A Conceptual Analysis of Implicit Organizational Theories. In: Human Relations 36 (12), S. 1065-1090.

Brose, H.-G./Schulze-Böing, M./Wolrab-Sahr, M. (1987a): Zeitarbeit. Konturen eines „neuen" Beschäftigungsverhältnisses. In: Soziale Welt 38 (3), S. 282-308.

Brose, H.-G./Schulze-Böing, M./Wolrab-Sahr, M. (1987b): Diskontinuität und Berufsbiographie: Das Beispiel der Zeitarbeit. In: Soziale Welt 38 (4), S. 498-521.

Brown, R.H. (1977): A poetic for sociology: Toward a logic of discovery for the human sciences. New York.

Brown, R.H. (1987): Society as text. Essays on rhetoric, reason and reality. Chicago.

Brown, S.M. (1992): Cognitive Mapping and Repertory Grids for Qualitative Survey Research: Some Comparative Observations. In: Journal of Management Studies 29 (3), S. 287-308.

Bruch, M./Krebs, H.-P. (1996): Unternehmen Globus. Münster.

Brunsson, N. (1982): The Irrationality of Action and Action Rationality: Decisions, Ideologies and Organizational Action. In: Journal of Management Studies 19, S. 29-44.

Brunsson, N. (1985): The irrational organization: Irrationality as a basis for organizational action and change. Chichester.

Brunsson, N. (1989): The organization of hypocrisy. Talk, decisions, and actions in organizations. Chichester etc.

Bryant, C.G./Jary, G. (Hrsg.)(1991): Giddens' theory of structuration. A critical appreciation. London.

Bryant, C.G./Jary, G. (Hrsg.)(1996): Anthony Gid-

dens: Critical assessments. London.

Bundesmann-Jansen, J./Frerichs, J. (1995): Betriebspolitik und Organisationswandel. Neuansätze gewerkschaftlicher Politik zwischen Delegation und Partizipation. Münster.

Bungard, W./Herrmann, T. (Hrsg.)(1993): Arbeits- und Organisationspsychologie im Spannungsfeld zwischen Grundlagenorientierung und Anwendung. Bern u.a.

Burawoy, M. (1979): Manufacturing consent. Chicago/London.

Burawoy, M. (1983): Between the Labour Process an the State: The Changing Face of Factory Remines under Advanced Capitalism. In: American Sociological Review. 48, S. 587-605.

Burawoy, M. (1985): The politics of production. Factory regimes under capitalism and socialism. London.

Burgelman, R.A. (1993): Fading memories: A process study of strategic business exit in dynamic environments. Stanford Business School xerox.

Burisch, W. (1973): Organisation als Ideologie. Stuttgart.

Burke, K. (1945/1969): The grammar of motives. Berkeley.

Burke, K. (1966): Language as symbolic action. Essays on life. Literature and method. Berkeley, Cal.

Burnett, J.H. (1969): Ceremony, Rites and Economy in the Student System of an American High School. In: Human Organization 28 (1), S. 1-10.

Burns, T.R./Flam, H. (1987): The shaping of social organization. Newbury Park, Cal.

Burns, T.R./Stalker, G.M. (1961): The management of innovation. London.

Burr, W. (1995): Netzwettbewerb in der Telekommunikation. Chancen und Risiken aus Sicht der ökonomischen Theorie. Wiesbaden.

Burrell, G. (1988): Modernism, Postmodernism and Organizational Analysis 2: The Contribution of Michel Foucault. In: Organization Studies 9 (2), S. 221-235.

Burrell, G./Morgan, G. (1979): Sociological paradigms and organizational analysis. London.

Callon, M. (1986): Some Elements of a Sociology of Translation: Domestication of the Scallops and the Fishermen of St. Brieuc Bay. In: Law, J. (Hrsg.): Power, action and belief: A new sociology of knowledge? London, S. 196-233.

Campbell, D. (1960): Blind Variation and Selective Retention in Creative Thought as in Other Knowledge Processes. In: Psychological Review 67, S. 380-400.

Campbell, D. (1974): Evolutionary Epistemology. In: Schilpp, P.A./La Salle, I. (Hrsg.): The philosophy of Karl Popper. Open Court, S. 413-463.

Campbell, J.L./Lindberg, L.N. (1991): The Evolution of Governance Regimes. In: Campbell, J.L./Hollingsworth, J.R./Lindberg, L.N. (Hrsg.): Governance of the American economy, structural analysis in the social sciences, No. 5. Cambridge, S. 319-355.

Capps, T./Hopper, T./Mouritsen, J./Cooper, D./Lowe, T. (1989): Accounting in the Production and Reproduction of Culture. In: Chua, W./Lowe, T./Puxty, T. (Hrsg.): Critical perspectives in management control. London, S. 83-100.

Carroll, G.R. (1988): Ecological models of organizations. Cambridge, Mass.

Carter, P. (1992): (Book Review of) Nils Brunsson: The organization of hypocrisy. Talk, decisions, and actions in organizations. In: Organization Studies 13, S. 291-295.

Casella, A./Frey, B.S. (1992): Federalism and Clubs: Toward an Economic Theory of Overlapping Political Jurisdictions. In: European Economical Review 36(2-3), S. 639-646.

Castanias, R./Helfat, C. (1991): Managerial Resources and Rents. In: Journal of Management 17, S. 155-171.

Cavalli-Sforza, L./Feldman, M.W. (1981): Cultural transmission and evolution: A quantitative approach. Princeton.

Chamberlin, E.M. (1950): The theory of monopolistic competition. 5. Aufl., Cambridge, Mass.

Chandler, A.D. (1962): Strategy and structure: Chapters in the history of industrial enterprise. Cambridge, Mass.

Chandler, A.D. (1977): The visible hand – The managerial revolution in American business. Cambridge, Mass.

Chandler, A.D. (1990): Scale and scope: The dynamics of industrial capitalism. Cambridge, Mass.

Chatman, J.A./Bell, N.E./Staw, B.M. (1986): The Managed Thought. In: Sims, H.P., Jr./Gioia, D.A. and Associates (Hrsg.): The thinking organization. San Francisco, S. 191-214.

Chatterjee, S. (1990): Excess Resources, Utilization Costs, and Mode of Entry. In: Academy of Management Journal 33, S. 780-800.

Chatterjee, S./Wernerfelt, B. (1991): The Link Between Resources and Type of Diversification: Theory and Evidence. In: Strategic Management Journal 12, S. 33-48.

Checkland, P. (1981): Systems thinking, systems practice. Chichester.

Checkland, P./Scholes, J. (1990): Soft methodology in action. Chichester.

Cheney, G. (1991): Rhetoric in organizational society. Managing multiple identities. Columbia, South Carolina.

Cheung, S. (1983): The Contractual Nature of the Firm. In: Journal of Law and Economics 26, S. 1-22.

Chiaromonte, F./Dosi, G. (1993): Heterogeneity, Competition, and Macroeconomic Dynamics. In: Structural Change and Economic Dynamics 4, S. 39-63.

Child, J. (1972): Organizational Structure, Environment and Performance: The Role of Strategic Choice. In: Sociology 6, S. 1-22.

Child, J. (Hrsg.)(1973): Man and organisation. London.

Child, J. (1995): Strategic Choice in the Analysis of Action, Structure, Organizations, and Environments. In: Bouchikhi, H./Kilduff, M./Whittington, R. (Hrsg.): Action, structure, and organizations. Proceedings of a workshop. Essec-IMD, Paris, S. 118-141.

Christensen, C./Rosenbloom, R.(1995): Explaining the Attacker's Advantage: Technological Paradigms, Organizational Dynamics, and the Value Network. In: Research Policy 24, S. 233-257.

Churchman, C. (1971): Design of inquiring systems. New York.

Cialdini, R.B./Petty, E. (1981): Anticipatory Opinion Effects. In: Petty, E./Ostrom, T.M./Brock, T.C. (Eds): Cognitive responses in persuasion. Hillsdale, N.J., S. 66-79.

Ciborra C./Lanzara, G.F. (1990): Designing Dynamic Artifacts: Computer Systems as Formative Contexts. In: Gagliardi, P. (Hrsg.): Symbols and artifacts. Views of the organizational landscape. Berlin, S. 147-165.

Cioran, S.D. (1973): The apocalyptic symbolism of Andrej Belyj. The Hague.

Clark, B.R. (1972): The Organizational Saga in Higher Education. In: Administrative Science Quarterly 17, S. 178-184.

Clark, J./Modgil, C./Modgil, S. (Hrsg.)(1990): Anthony Giddens. Consensus and controversy. London.

Clark, N./Calestous, J. (1987): Long run economics: An evolutionary approach to economic growth. London.

Clark, P.A./Stanley, K. (1988): Organization transitions and innovation-design. London.

Clegg, S./Dunkerley, D. (1980): Organization, class and control. London etc.

Clifford, J./Marcus, G.E. (Hrsg.)(1986): Writing cultures: The poetics and politics of ethnography. Berkeley.

Coase, R.H (1937): The Nature of the Firm. In: Economica 4, S. 386-405.

Coase, R.H. (1952): The Nature of the Firm. In: Stigler, G.J./Boulding, K.E. (Hrsg.): Readings in price theory. Homewood, Ill., S. 331-351.

Coase, R.H. (1960): The Problem of Social Cost. In: Journal of Law and Economics 3, S. 1-44.

Coase, R.H. (1991): The Nature of the Firm:

Influence. In: Williamson, O.E./Winter, S.G. (Hrsg.): The nature of the firm. Origins, Evolution, and Development. New York und Oxford, S. 61-74.

Cohen, A. (1974): The two-dimensional man. London.

Cohen, A. (1981): The politics of elite culture. Berkeley.

Cohen, M.D./March, J.G. (1974): Leadership and ambiguity: The American college president. New York.

Cohen, W.M./Levinthal, D.A. (1989): Innovation and Learning: The Two Faces of R & D. In: Economic Journal 99(397), S. 569-596.

Coleman, J.S. (1979): Macht und Gesellschaftsstruktur. Tübingen.

Coleman, J.S. (1991): Grundlagen der Sozialtheorie. Band 1: Handlungen und Handlungssysteme. München.

Coleman, J.S. (1994): Grundlagen der Sozialtheorie. Band 3: Die Mathematik der sozialen Handlung. München.

Coleman, J.S. (1995): Grundlagen der Sozialtheorie. Bd. 2: Körperschaften und die moderne Gesellschaft. München/Wien.

Collis, D. (1991a): A Resource-based Analysis of Global Competition: The Case of the Bearings Industry. In: Strategic Management Journal 12, Special Issue (Summer), S. 49- 68.

Collis, D. (1991b): Organizational Capability as a Source of Profit. Arbeitspapier an der Harvard Business School. Boston, Mass.

Collis, D./Montgomery, C. (1995): Competing on Resources: Strategy in the 1990s. In: Harvard Business Review 73, S. 118- 128.

Commons, J.R. (1934/1990): Institutional economics. Its place in political economy. New Brunswick/London.

Commons, J.R. (1936): Institutional Economics. In: American Economic Review 26 (Supplement), S. 237-249.

Commons, J.R. (1950/1970): The Economics of Collective Action. London.

Conlisk, J. (1989): An Aggregate Model of Technical Change. In: Quarterly Journal of Economics 104(4), S. 787-821.

Conrad, P./Sydow, J. (1984): Organisationsklima. Berlin/New York.

Contractor, N.S./Eisenberg, E. (1990): Communication Networks and New Media in Organizations. In: Fulk, J./Steinfield, C.W. (Hrsg.): Organisations and communication technology. Newbury Park, S. 143-172.

Conze, W. (Hrsg.)(1963): Staat und Gesellschaft im deutschen Vormärz 1815 - 1845. Stuttgart.

Cook, K.S./Emerson, R.M. (1978): Power, Equity and Commitment in Exchange Networks. In:

American Sociological Review 43, S. 721-739.

Cook, K.S./Emerson, R.M. (1984): Exchange Networks and the Analysis of Complex Organizations. In: Bacharach, S. B./Lawler, E. J. (Hrsg.): Research in the Sociology of Organizations 3. Greenwich, S. 1-30.

Cook, K.S./Emerson, R.M./Gillmore, M.R./Yamagishi, T. (1983): The Distribution of Power in Exchange Networks. In: American Journal of Sociology 89, S. 275-305.

Cooke, P. (1996): Introduction: Regional Innovation Systems. An Evolutionary Approach. In: Braczyk, H.-J./Cooke, P./Heidenreich, M. (Hrsg.): Regional innovation systems. London (forthcoming).

Cool, K./Schendel, D. (1988): Performance Differences Among Strategic Group Members. In: Strategic Management Journal 9 (3), S. 207-223.

Coombs, R./Knights, D./Willmott, H.C. (1992): Culture, Control and Competition: Towards a Conceptual Framework for the Study of Information Technology in Organizations. In: Organization Studies 13 (1), S. 51-72.

Cooper, R. (1989): Modernism, Post Modernism and Organizational Analysis 3: The Contribution of Jacques Derrida. In: Organization Studies 10 (4), S. 479-502.

Cooper, R./Burrell, G. (1988): Modernism, Postmodernism and Organizational Analysis: An Introduction. In: Organization Studies 9 (1), S. 91-112.

Cooter, R.D./Rubinfeld, D.L. (1989): Economic Analysis of Legal Disputes and Their Resolution. In: Journal of Economic Literature 27(3), S. 1067-1117.

Coriat, B. (1991): Technical Flexibility and Mass Production: Flexible Specialisation and Dynamic Flexibility. In: Benko, G./Dunford, M. (Hrsg.): Industrial change and regional development: The transformation of new industrial spaces. London/New York, S. 134-157.

Coriat, B. (1992): The Revitalisation of Mass Production in the Computer Age. In: Storper, M./Scott, A.J. (Hrsg.): Pathways to industrialization and regional development. London/New York, S. 137-156.

Corvellec, M. (1995): Stories of achievements. Narrative features of organizational performance. Lund.

Cossette, P./Audet, M. (1992): Mapping of an Idiosyncratic Schema. In: Journal of Management Studies 29 (3), S. 325-347.

Covalevski, M./Dirsmith, M. (1986): The Budgetary Process of Power and Politics. In: Accounting, Organizations and Society 11 (3), S. 193-214.

Crozier, M./Friedberg, E. (1979): Macht und Organisation. Die Zwänge kollektiven Handelns. Königstein.

Cumberlidge, P. (1986): The Pathos of Bureaucracy. In: Mangham, I.L. (Hrsg.): Organization analysis and development. A social construction of organizational behaviour. Chichester, S. 207-222.

Cyert, R.M./March, J.G. (1963): A behavioural theory of the firm. Englewood Cliffs, N.J.

Czarniawska-Joerges, B. (1990): Merchants of Meaning. In: Turner, B. (Hrsg.): Organizational symbolism. Berlin, S. 139-150.

Czarniawska-Joerges, B. (1995): Narration or Science? Collapsing the Division in Organization Studies. In: Organization Science 2 (1), S. 11-33.

Czarniawska-Joerges, B. (1997): Narrating the organization. Dramas of institutional identity. Chicago, Ill. (im Druck).

Czarniawska-Joerges, B./Jacobsson, B. (1995): Politics as Commedia Dell'arte. In: Organization Studies 16 (3), S. 375-394.

Czarniawska-Joerges, B./Monthoux, G. de (Hrsg.) (1994): Good novels, better management. Reading, U.K.

Czarniawska-Joerges, B./Wolff, R. (1991): Leaders, Managers and Entrepreneurs on and off the Organizational Scene. In: Organization Studies 12 (4), S. 529-546.

Dachler, H.P. (1994): Review of C. Argyris: On Organizational Learning. In: Organization Studies 15, S. 460-464.

Dachler, H.P./Hosking, D.M. (1995): The Primacy of Relations in Socially Constructing Organizational Realities. In: Hosking, D.M./Dachler, H.P./Gergen, K.J. (Hrsg.): Management and organization: Relational alternatives to individualism. Aldershot, U.K, S. 1-28.

Daft, R.L./Weick, K.E. (1984): Toward a Model of Organizations as Interpretation Systems. In: Academy of Management Review 9 (2), S. 284-295.

Damasio, A.R. (1995): Descartes' Irrtum. Fühlen, Denken und das menschliche Gehirn. München.

Dandeker, C. (1990): Surveillance, power and modernity. Bureaucracy and discipline from 1700 to the present day. Cambridge.

Däubler, W. (1993): Mitbestimmung und logistische Kette. In: Staehle, W.H./Sydow, J. (Hrsg.): Managementforschung 3. Berlin und New York, S. 1-17.

David, P.A. (1975): Technical choice, innovation and economic growth. Cambridge.

David, P.A. (1985): Clio and the Economics of QWERTY. In: American Economic Review 75 (2), S. 332-337.

David, P.A. (1986): Understanding the economics of QWERTY: The necessity of history. In: Parker, W.N. (Hrsg.): Economic history and the modern economist. Oxford und New York, S. 30-49.

David, P.A. (1990): The Dynamo and the Compu-

ter. A Historical Perspective on the Modern Productivity Paradox. In: American Economic Review 80, II CAEA Papers and Proceedings, S. 355-361.

David, P.A. (1992a): Heroes Herds and Hysteresis in Technological History. In: Industrial and Corporate Change 1(1), S. 129-179.

David, P.A. (1992b): Why are Institutions the 'Carriers of History'? (Man., zit. n. Williamson 1992)

Davis, F. (1993): Bakhtin the "Outsider". In: New York Review of Books, September 24, S. 60.

Davis, G.F./Powell, W.W. (1994): Organization-Environment Relations. In: Dunette, M. (Hrsg.): Handbook of industrial and organizational psychology. Vol. 3. 2. Aufl., New York, S. 315-375.

Davis, L.E./North, D.C. (1971): Institutional change and American economic growth. Cambridge.

Day, R.H./Eliasson, G. (1986): The dynamics of market economies. Amsterdam.

De Bresson, C. (1987): The Evolutionary Paradigm and the Economics of Technological Change. In: Journal of Economical Issues 21(2), S. 751-762.

De Cock, C./Rickards, T. (1995): Of Giddens, Paradigms, and Philosophical Garb. (Rejoinder to Weaver and Gioia). In: Organization Studies 16, S. 699-705.

De Mott, B. (1989): Reading Fiction to the Bottom Line. In: Harvard Business Review 67, S. 128-134.

Deal, T.E./Kennedy, A.A. (1982): Corporate cultures: The rites and rituals of corporate life. Reading, Mass.

Deiß, M./Altmann, N./Döhl, V./Sauer, D. (1989): Neue Rationalisierungsstrategien in der Möbelindustrie II – Folgen für die Beschäftigten. Frankfurt/M./München.

Deiß, M./Döhl, V. (Hrsg)(1992): Vernetzte Produktion. Automobilzulieferer zwischen Kontrolle und Autonomie. Frankfurt/M./New York.

Delevoy, R.L. (1978): Symbolists and symbolism. London.

Demsetz, H. (1967): Toward a Theory of Property Rights. In: American Economical Review 57(2), S. 347-359.

Demsetz, H. (1991): The Theory of the Firm Revisited. In: Williamson, O.E./Winter, S.G. (Hrsg.): The nature of the firm. Origins, Evolution, and Development. New York und Oxford, S. 159-178.

DeMott, B. (1989): Reading fiction to the bottom line. Harvard Business Review (May-June), S. 128-134.

Dennett, D. (1983): Bedingungen der Personalität. In: Siep, L. (Hrsg.): Identität der Person. Aufsätze aus der nordamerikanischen Gegenwartsphilosophie. Basel und Stuttgart, S. 21-45.

Denzin, N.K. (1992): Symbolic interactionism and cultural studies. The politics of interpretation. Oxford.

Derrida, J. (1967): De la grammatologie. Paris.

DeScantis, G./Poole, M.S. (1994): Capturing the Complexity in Advanced Technology Use. In: Organizations Science 5, S. 121-147.

Deutschmann, C. (1989): Der „Clan" als Unternehmensmodell der Zukunft? In: Leviathan 17 (1), S. 85-107.

Deutschmann, C. (1996): Lean production, der kulturelle Kontext. In: Braczyk, H.-J./Schienstock, G. (Hrsg.): Kurswechsel in der Industrie. Lean Production in Baden-Württemberg. Stuttgart, S. 140-153.

Diamanti, I. (1994): Politik als Marketing. Das Phänomen Berlusconi – Markt, Werbung, Kommunikation. In: Lettre International 36 (Autumn), S. 34-37.

Dierickx, I./Cool, K. (1989): Asset Stock Accumulation and Sustainability of Competitive Advantage. In: Management Science 35, S. 1504-1511.

Dierickx, I./Cool, K. (1994): Competitive Strategy, Asset Accumulation and Firm Performance. In: Daems, H./Thomas, H. (Hrsg.): Strategic groups, strategic moves and performance. Oxford etc., S. 63-80.

Diffenbach, J. (1982): Influence Diagrams for Complex Strategic Issues. In: Strategic Management Journal 3, S. 133-146.

DiMaggio, P.J. (1983): State Expansion in Organizational Fields. In: Hall, R.H./Quinn, R.E. (Hrsg.): Organizational theory and public policy. Beverly Hills, Cal., S. 147-161.

DiMaggio, P.J. (1988): Interest and Agency in Institutional Theory. In: Zucker. L.G. (Hrsg.): Institutional patterns and organizations. Cambridge, Mass., S. 3-21.

DiMaggio, P.J./Powell, W.W. (1983): The Iron Cage Revisited: Institutional Isomorphism and Collective Rationality in Organizational Fields. In: American Sociological Review 48, S. 147-160.

DiMaggio, P.J./Powell, W.W. (1991a): Introduction. In: Powell, W.W./DiMaggio, P.J. (Hrsg.): The new institutionalism in organizational analysis. Chicago/London, S. 1-38.

DiMaggio, P.J./Powell, W.W. (1991b): The Iron Cage Revisited: Institutional Isomorphism and Collective Rationality in Organizational Fields. In: Powell, W.W./DiMaggio, P.J. (Hrsg.): The new institutionalism in organizational analysis. Chicago/London S. 63-82.

Dobb, M. (1977): Wert- und Verteilungstheorien seit Adam Smith. Eine nationalökonomische Dogmengeschichte. Frankfurt/M..

Dobbin, F. (1994): Forging Industrial Policy: The U.S., Britain, and France in the Railway Age. New York.

Döhl, V./Altmann, N./Deiß, M./Sauer, D. (1989): Neue Rationalisierungsstrategien in der Möbelindustrie I – Markt und Technikeinsatz. Frankfurt/M./München.

Dore, R. (1973): British Factory – Japanese Factory. The Origins of National Diversity in Industrial Relation. Berkeley und Los Angeles.

Dosi, G. (1982): Technological Paradigms and Technological Trajectories: A Suggested Interpretation of the Determinants and Directions of Technical Change. In: Research Policy 11 (3), S. 147-162.

Dosi, G. (1988): Sources, Procedures, and Microeconomic Effects of Innovation. In: Journal of Economic Literature 26 (3), S. 1120-1171.

Dosi, G. et al. (Hrsg.)(1988): Technical change and economic theory. London.

Dosi, G./Marengo, L. (1994): Some Elements of an Evolutionary Theory of Organizational Competences. In: England, R. (Hrsg.): Evolutionary concepts in contemporary economics. Ann Arbor, Mich., S. 157-178.

Dosi, G./Teece, D./Winter, S.G. (1992): Toward a Theory of Corporate Coherence: Preliminary Remarks. In: Dosi, G./Gianetti, R./Toninelli, P. (Hrsg.): Technology and enterprise in a historical perspective. Oxford, S. 185-211.

Douglas, M. (1986): How institutions think. Syracuse.

Douglas, M. (1990): Converging on Autonomy. Anthropology and Institutional Economics. In: Williamson, O.E. (Hrsg.): Organization theory from Chester Barnard to the present and beyond. Oxford, S. 98-115.

Downey, K.H./Brief, A.P. (1986): How Cognitive Structures Affect Organizational Design: Implicit Theories of Organizing. In: Sims, H.P. Jr./Gioia, D.A. and Associates (Hrsg.): The thinking organization. San Francisco, S. 165-190.

Driver, M.J./Streufert, S. (1969): Integrative Complexity. In: Administrative Science Quarterly 14, S. 272-285.

Drucker, P.F. (1993): Post-capitalist society. New York.

Dubiel, H. (1976): Institution. In: Historisches Wörterbuch der Philosophie. Band 4. Darmstadt, S. 418-424.

Duda, H. (1987): Macht oder Effizienz? Eine ökonomische Theorie der Arbeitsbeziehungen im modernen Unternehmen. Frankfurt/M. und New York.

Duda, H./Fehr, E. (1984): Die radikale Theorie der Firma. Ein interpretierender Überblick. SAMF-Arbeitspapier Nr. 2.

Duda, H./Fehr, E. (1986): Macht, Effizienz und Profitabilität - Eine Radikale Theorie der Unternehmung. In: Leviathan 4, S. 546-568.

Dumont, L. (1991): Individualismus. Zur Ideologie der Moderne. Frankfurt/M.

Dunn, W.N./Ginzberg, A. (1986): A Socio Cognitive Network Approach to Organizational Analysis. In: Human Relations 40, S. 955-976.

Durham, W.H. (1991): Coevolution: Genes, culture, and human diversity. Stanford.

Durkheim, E. (1965): Die Regeln der soziologischen Methode. 2. Aufl., Neuwied/Berlin.

Duschek. S. (1995): Miszelle zur Dualität von Struktur. (Man.) Universität Wuppertal.

Ebers, M. (1986): Organisationskultur – ein neues Forschungsprogramm? Wiesbaden.

Ebers, M./Gotsch, W. (1993): Institutionenökonomische Theorien der Organisation. In: Kieser, A. (Hrsg.): Organisationstheorien. Stuttgart, S. 193-242.

Eccles, R.G./White, H.C. (1988): Price and Authority in Inter-Profit Center Transactions. In: American Journal of Sociology 94 (Supplement), S. 17-51.

Eco, U. (1985): The Modern Concept of Symbol. In: Social Research 52 (2), S. 383-402.

Eco, U. (1989): The open work. Cambridge, Mass.

Edelman, M. (1964): The symbolic uses of politics. Urbana, Ill.

Edelman, M. (1971): Politics as symbolic action. New York.

Edelman, M. (1977): Political language. Words that succeed and policies that fail. New York.

Edelman, M. (1988): Constructing the political spectacle. Chicago.

Eden, C. (1988): Cognitive Mapping. A Review. In: European Journal of Operation Research 36 (1), S. 1-18.

Eden, C. (1992): On the Nature of Cognitive Maps. In: Journal of Management Studies 29 (3), S. 61-66.

Eden, C./Ackerman, F./Cropper, S., (1992): The Analysis of Cause Maps. In: Journal of Management Studies 29 (3), S. 309-324.

Eden, C./Jones, S./Sims, D. (1983): Messing about in problems. New York.

Edwards, R. (1979): Contested terrain: The transformation of the workplace in the twentieth century. London.

Edwards, R. (1981): Herrschaft im modernen Produktionsprozeß. Frankfurt/M./New York.

Eggertsson, T. (1990): Economic behavior and institutions. Cambridge.

Eisenstadt, S.N. (1990): Modes of Structural Differentiation, Elite Structure, and Cultural Visions. In: Alexander, J.C./Colomy, P. (Hrsg.): Differentiation theory and social change. Oxford/New York, S. 19-51.

Elias, N. (1974): Über den Prozeß der Zivilisation. 2 Bände. Frankfurt/M.

Elias, N. (1976): Über den Prozeß der Zivilisation. Soziogenetische und psychogenetische Untersuchungen. Bd. 1: Wandlungen des Verhaltens in den weltlichen Oberschichten des Abendlandes. Bd. 2: Wandlungen der Gesellschaft. Entwurf zu einer Theorie der Zivilsation. Frankfurt/M.

Elias, N. (1987): Die Gesellschaft der Individuen. Frankfurt/M.

Elliot, D. (1985): The Evolutionary Tradition in Jurisprudence. In: Columbia Law Review 85, S. 38-94.

Ellis, J. (1993): Language, thought, and logic. Evanston.

Emerson, R.M. (1962): Power-Dependence Relations. In: American Sociological Review 27, S. 31-40.

Emerson, R.M. (1976): Social Exchange Theory. In: Annual Review of Sociology 2, S. 335-362.

Empter, S. (1988): Handeln, Macht und Organisation. Augsburg.

Eraly, A. (1988): La structuration de l'entreprise. Brüssel.

Ericsson, K.A./Simon, H.A. (1984): Protocol analysis: Verbal reports as data. Cambridge, Mass.

Espejo, R. (1994): What is Systemic Thinking. In: System Dynamics Review 10, S. 199-212.

Espejo, R./Harnden, R. (Hrsg.)(1989): The viable system model. Chichester.

Espejo, R./Schwaninger, M. (Hrsg.)(1993): Organisational fitness. Frankfurt/M.

Esser, H. (1990): „Habits", „Frames" und „Rational Choice". In: Zeitschrift für Soziologie 19, S. 231-247.

Esser, H. (1993a): Kommunikation und 'Handlung'. In: Rusch, G./Schmidt, S. (Hrsg.): Konstruktivismus und Sozialtheorie. Frankfurt/M., S. 72-204.

Esser, H. (1993b): Soziologie. Allgemeine Grundlagen. Frankfurt/M.

Esser, J./Görg, C./Hirsch, J. (Hrsg.)(1994): Politik, Institutionen und Staat. Zur Kritik der Regulationstheorie. Hamburg.

Etzioni, A. (1964): Modern organizations. Englewood Cliffs, N.J.

Etzioni, A. (1986): Rationality is Anti-Entropic. In: Journal of Economic Psychology 7, S. 17-36.

Etzioni, A. (1988): The moral dimension. Toward a new economics. New York.

Evered, R./Louis, M. (1981): Alternative Perspectives in the Organizational Science. In: Academy of Management Review 6 (3), S. 385-395.

Ewald, F. (1993): Der Vorsorgestaat. Frankfurt/M.

Ezzamel, M. (1994): Organizational Change and Accounting: Understanding the Budgeting System in its Organizational Context. In: Organization Studies 15 (2), S. 213-240.

Fama, E.F. (1980): Agency Problems and the Theory of the Firm. In: Journal of Political Economy 88, S. 288-307.

Fama, E.F./Jensen, M.C. (1983): Separation of Ownership and Control. In: Journal of Law and Economics 26, S. 301-325.

Felsch, A. (1996): Personalentwicklung und organisationales Lernen. Hamburg.

Feuerbach, L. (1842): Notwendigkeit einer Reform der Philosophie und vorläufige Thesen zur Reform der Philosophie. In: Anthropologischer Materialismus. Ausgew. Schriften Bd. 1, hg. v. A. Schmidt 1978, S. 75-99.

Feyerabend, P.K. (1983): Wider den Methodenzwang: Skizze einer anarchistischen Erkenntnistheorie. Erw. Aufl., Frankfurt/M.

Fiedler, F.E./Chemers, M.M./Mahar, L. (1979): Der Weg zum Führungserfolg. Ein Selbsthilfeprogramm für Führungskräfte. Stuttgart.

Figenbaum, A./Thomas, H. (1986): Dynamic and Risk Measurement Perspectives on Bowman's Risk-Return Paradox for Strategic Management: An Empricial Study. In: Strategic Management Journal 7, S. 395-407.

Filby, I./Willmott, H.C. (1988): Ideologies and Contradictions in a Public Relations Departement. In: Organization Studies 9 (3), S. 335-349.

Fineman, S. (1993): Emotions in organizations. London etc.

Fink-Eitel, H. (1980): Michel Foucaults Analytik der Macht. In: Kittler, F. (Hrsg.): Austreibung des Geistes aus den Geisteswissenschaften. Paderborn etc.

Fink-Eitel, H. (1992): Foucault zur Einführung. Hamburg.

Finney, M./Mitroff, I. (1986): Strategic Plan Failures: The Organization as Its Worst Enemy. In: Sims, H.P. Jr./Gioia, D.A. and Associates (Hrsg.): The thinking organization. San Francisco, S. 317-335.

Fiol, M./Huff, A.S. (1992): Maps for Managers: Where are We? Where do We Go from Here? In: Journal of Management Studies 29 (3), S. 267-286.

Fisher, W.R. (1984): Narration as a Human Communication Paradigm: The Case of Public Moral Argument. In: Communication Monographs 51, S. 1-22.

Fisher, W.R. (1987): Human communication as narration: Toward a philosophy of reason, value, and action. Columbia, S.C.

Fiske, S. T./Taylor, S.E. (1984): Social cognition. Reading, Mass.

Fisseni, H.-J./Fennekels, G.P. (1995): Das Assessment-Center. Eine Einführung für Praktiker. Göttingen.

Flecker, J./Schienstock, G. (Hrsg.)(1991): Flexibilisierung, Deregulierung und Globalisierung. Interne und externe Restrukturierung betrieblicher Organisation. München/Mering.

Flecker, J./Schienstock, G. (1994): Globalisierung, Konzernstrukturen und Konvergenz der Arbeitsorganisation. In: Beckenbach, N./Treeck, W.v. (Hrsg.): Umbrüche gesellschaftlicher Arbeit. Sonderband 9 der Sozialen Welt. Göttingen, S. 625-642.

Fligstein, N. (1990): The transformation of corporate control. Cambridge.

Flood, R./Jackson, M. (Hrsg.)(1991): Critical systems thinking. Chichester.

Foerster, H. v. (1984): Principles of Self-organization – In a Socio-managerial Context. In: Ulrich, H./Probst, G. (Hrsg.): Self-organization and management of social systems. Berlin, S. 2-24.

Fokkema, D.W. (1984): Literary history, modernism, and postmodernism. Amsterdam.

Fontana, W./Buss, L.W. (1992): What would be preserved if the tape were played twice. Santa Fe, NM.

Ford, J.D./Hegarty, W.H. (1984): Decision Maker's Belief about the Causes and Effects of Structure: An Exploratory study. In: Academy of Management Journal 27 (2), S. 271-291.

Forssell, A./Jansson, D. (1996): The Logic of Organizational Transformation: On the Coversion of Non-business Organizations. In: Czarniawska-Joerges, B./Sevón, G. (Hrsg.): Translating organizational change. Berlin, S. 93-116.

Foucault, M. (1966): Le mot et les choses. Paris.

Foucault, M. (1966/1974): Die Ordnung der Dinge. Eine Archäologie der Humanwissenschaften. Frankfurt/M.

Foucault, M. (1969/1973): Archäologie des Wissens. Frankfurt/M.

Foucault, M. (1975/1991): Überwachen und Strafen. Die Geburt des Gefängnisses. Frankfurt/M.

Foucault, M. (1976): Mikrophysik der Macht. Michel Foucault über Strafjustiz, Psychiatrie und Medizin. Berlin.

Foucault, M. (1977): Die Ordnung des Diskurses. Frankfurt/M.

Foucault, M. (1977/1983): Der Wille zum Wissen. Sexualität und Wahrheit, Bd. I. Frankfurt/M.

Foucault, M. (1978): Dispositive der Macht. Michel Foucault über Sexualität, Wissen und Wahrheit. Berlin.

Foucault, M. (1981): Überwachen und Strafen. Frankfurt/M.

Foucault, M. (1984/1986a): Der Gebrauch der Lüste. Sexualität und Wahrheit, Bd. II. Frankfurt/M.

Foucault, M. (1986b): Die Sorge um sich. Sexualität und Wahrheit, Bd. III. Frankfurt/M.

Foucault, M. (1987): Das Subjekt und die Macht. In:

Dreyfus, J.L./Rabinow, P. (Hrsg.): Michel Foucault. Jenseits von Strukturalismus und Hermeneutik. Frankfurt/M., S. 243-261.

Foucault, M. (1989): Die Ordnung der Dinge. Frankfurt/M.

Foucault, M. (1991): Überwachen und Strafen. Die Geburt des Gefängnisses. Frankfurt/M.

Fox, A. (1974): Beyond contract: Work, power and trust relations. London.

Frank, J. (1986): The Voices of Mikhail Bakhtin. In: New York Review of Books, October 23, S. 56-60.

Frank, R. (1992): Strategie der Emotionen. München.

Frankfurter Beiträge zur Soziologie, Bd.3 (1955): Betriebsklima. Eine industriesoziologische Untersuchung aus dem Ruhrgebiet. Frankfurt/M.

Fransella, F./Bannister, D. (1977): Manual for repertory grid technique. New York.

Franz, W. (1994): Arbeitsmarktökonomie. Berlin.

Fredrickson, J.W. (1984): The Comprehensiveness of Strategic Decision Processes. In: Academy of Management Journal 27 (3), S. 445-466.

Freeman, C. (1974): The economics of industrial innovation. London.

Freeman, C. (1991): The Nature of Innovation and the Evolution of the Productive System. In: Technology and Productivity. Paris, S. 303-314.

Freeman, R. E. (1984): Strategic management: A stakeholder approach. Marshfield.

Frese, E. (1985): Excellente Unternehmen – Konfuse Theorien. In: Die Betriebswirtschaft (5), S. 604-606.

Frese, E. (1992): Organisationstheorien: historische Entwicklung, Ansätze und Perspektiven. 2. Aufl., Wiesbaden.

Friedberg, E. (1995): Ordnung und Macht. Dynamiken organisierten Handelns. Frankfurt/M./New York.

Friedeburg, L.v. (1963): Soziologie des Betriebsklimas. Studie zur Deutung empirischer Untersuchungen in industriellen Großbetrieben. Frankfurter Beiträge zur Soziologie, Bd. 13. Frankfurt/M.

Friedland, R./Alford, R.R. (1991): Bringing Society Back in: Symbols, Practices, and Institutional Change. In: Powell, W./DiMaggio, P.J. (Hrsg.): The new institutionalism in organizational analysis. Chicago/London, S. 232-263.

Friedman, D. (1991): Evolutionary Games in Economics. In: Econometrica 59 (2), S. 637-666.

Friedman, M. (1953a). The Methodology of Positive Economics. In: Friedman, M.: Essays in positive economics. Chicago, S. 3-43.

Friedman, M. (1953b): Essays in positive economics. Chicago.

Friedman, M. (1970): A Friedman Doctrine – The Social Responsibility of Business is to Increase Profits. In: New York Times Magazine, 13.9.1970, S. 122-126.

Friedmann, A. L. (1977): Industry and Labour: Class Struggle at Work and Monopoly Capital. London.

Fromm, E. (1979): Haben oder Sein. München.

Frost, P.J. (Hrsg.)(1985): Organizational symbolism. Special Issue of Journal of Management, 11 (2).

Frost, P.J./Mitchell, V.F./Nord, W.S. (1978): Organizational reality. Reports from the firing line. Santa Monica, Cal.

Frost, P.J./Moore, L.F./Louis, M.R./Lundberg, C.C./Martin, J. (Hrsg.)(1985): Organizational culture. Beverly Hills, Cal.

Frost, P.J./Moore, L.F./Louis, M.R./Lundberg, C.C./Martin, J. (Hrsg.)(1991): Reframing organizational culture. Newbury Park, Cal.

Frost, P.J./Morgan, G. (1985): Symbols and Sensemaking: The Realization of a Framework. In: Pondy, L.R./Frost, P.J./Morgan, G./Dandridge, T.C. (Hrsg.): Organizational symbolism. Greenwich, CT, S. 207-236.

Frye, N. (1973): The Social Context of Literary Criticism. In: Burns, E./Burns T. (Hrsg.): Sociology of literature and drama. Harmondsworth, S. 138-158.

Fuchs, P./Schneider, D. (1995): Das Hauptmann-von Köpenick-Syndrom. Überlegungen zur Zukunft funktionaler Differenzierung. In: Soziale Systeme 1, S. 203-224.

Fukuyama, F. (1992): Das Ende der Geschichte. Wo stehen wir? München.

Fürstenberg, F. (1961): Wirschaftssoziologie. Berlin.

Furubotn, E.G./Pejovich, S. (1972): Property Rights and Economic Theory: A Survey of Recent Literature. In: Journal of Economic Literature 10, S. 1137-1163.

Furubotn, E.G./Pejovich, S. (Hrsg)(1974.): The economics of property rights. Cambridge, Mass.

Furubotn, E.G./Richter, R. (1991): The New Institutional Economics: An Assessment. In: Furubotn, E.G./Richter, R. (Hrsg.): The new institutional economics. Tübingen, S. 1-32.

Furubotn, E.G./Richter, R. (1996): Die Neue Institutionenökonomik. Tübingen.

Gabriel, K. (1979): Analysen der Organisationsgesellschaft. Ein kritischer Vergleich der Gesellschaftstheorien Max Webers, Niklas Luhmanns und der phänomenologischen Soziologie. Frankfurt/M./New York .

Gagliardi, P. (Hrsg.)(1990): The symbolics of corporate artifacts. Berlin.

Gaitanides, M. (1992): Ablauforganisation. In: Frese, E. (Hrsg.): Handwörterbuch der Organisation. 3. Aufl., Stuttgart, S. 1-18.

Galbraith, J.R. (1974): Organization Design. In: Interfaces 4, S. 28-36.

Gambetta, D. (Hrsg.)(1988a): Trust: making and breaking cooperative relations. Oxford.

Gambetta, D. (1988b): Can We Trust Trust? In: Gambetta, D. (Hrsg.): Trust: making and breaking cooperative relations. Oxford, S. 213-238.

Gans, M. (1993): Das Subject der Geschichte. Studien zu Vico, Hegel und Foucault. Zürich etc.

Gardner, H. (1985): The mind's new science: A history of cognitive revolution. New York.

Gardner, H. (1993): Frames of mind: Theory of multiple intelligences. London.

Garfinkel, H. (1967): Studies in ethnomethodology. Englewood Cliffs, N.J.

Garfinkel, H. (1973): Das Alltagswissen über soziale und innerhalb sozialer Strukturen. In: Arbeitsgruppe Bielefelder Soziologen (Hrsg.): Alltagswissen, Interaktion und gesellschaftliche Wirklichkeit. Bd. 1, S. 189-262.

Gaugler, E./Koppert, W. (1990): Die Entwicklung der Hochschullehrerstellen und des wissenschaftlichen Nachwuchses in der Betriebswirtschaftslehre an den wissenschaftlichen Hochschulen im deutschsprachigen Raum. In: Die Betriebswirtschaft 50 (4), S. 471-490.

Gaugler, E./Ling, B. (1980): Die Entwicklung der Betriebswirtschaftslehre an den wissenschaftlichen Hochschulen im deutschsprachigen Raum zwischen 1977 und 1980. In Die Betriebswirtschaft (4), S. 499-512.

Gebbert, C. (1991): Betriebliche Kooperationsverbünde in der Druckindustrie. ASIF-Arbeitspapier Nr. 29. Bielefeld.

Gebbert, C. (1992): Zwischenbetriebliche Kooperation – Chance für die Unternehmensentwicklung! In: Deutscher Drucker 03.09.92 (33), S. g16-g18.

Gebert, D. (1988): Individuum und Organisation. Ausgewählte organisationspsychologische Aspekte. In: Frey, D./Graf Hoyos, C./Stahlberg, D. (Hrsg.): Angewandte Psychologie. Ein Lehrbuch. München und Weinheim, S. 92-110.

Geertz, C. (1973): The interpretation of cultures. New York.

Geertz, C. (1980): Blurred Genres: The Refiguration of Social Thought. In: American Scholar 29 (2), S. 165-179.

Geertz, C. (1988): Works and lives. Stanford, Cal.

Georgescu-Roegen, N. (1978): Mechanistic Dogma in Economics. In: British Review of Economic Issues, Nr. 2, S. 1-10.

Gergen, K.J. (1994): Realities and relationships: Soundings in social construction. Cambridge, Mass.

Gerstenberger, H. (1988): Zu Anthony Giddens' „Konstitution der Gesellschaft". In: Prokla 18

(71), S. 144-164.

Gherardi, S. (1990): Le micro-decisioni nelle organizzazioni. Bologna.

Gherardi, S. (1993): Introduzione. In: March, J.G.: Decisioni e organizzazioni. Bologna, S. 9-30.

Gherardi, S. (1995): When Will He Say: "Today the Plates Are Soft"? The Management of Ambiguity and Situated Decision-Making. In: Studies in Cultures, Organizations and Societies 1, S. 9-27.

Giddens, A. (1976): New rules of sociological method: A positive critique of interpretative sociologies. London.

Giddens, A. (1979): Central problems in social theory: Action, structure and contradiction in social analysis. London.

Giddens, A. (1984a): The constitution of society: Outline of a theory of structuration. Cambridge.

Giddens, A. (1984b): Interpretative Soziologie. Eine kritische Einführung. Frankfurt/M./New York.

Giddens, A. (1988): Die Konstitution der Gesellschaft. Grundzüge einer Theorie der Strukturierung. Frankfurt/M./New York.

Giddens, A. (1990): The consequences of modernity. Cambridge.

Giddens, A. (1991): Modernity and self-identy. Self and society in the late modern age. Cambridge.

Giddens, A. (1993a): New rules of sociological methods. A positive critique of interpretative sociologies. 2. Aufl., Cambridge.

Giddens, A. (1993b): Tradition in der post-traditionalen Gesellschaft. In: Soziale Welt 44 (4), S. 445-485.

Gilson, R.J./Roe, M.J. (1993): Understanding the Japanese Keiretsu: Overlaps Between Corporate Governance and Industrial Organization. In: Yale Law Journal 102 (4), S. 871-906.

Gintis, H./Bowles S. (1981): Structure and Practice in the Labor Theory of Value. In: The Review of Radical Political Economics 12 (4), S. 1-26.

Ginzberg, A. (1990): Connection Diversification to Performance. In: Academy of Management Review 15 (3), S. 514-535.

Gioia, D.A. (1986): Symbols, Scripts and Sensemaking. In: Sims, H.P. Jr./Gioia, D.A. and Associates (Hrsg.): The thinking organization. San Francisco, S. 49-74.

Gioia, D.A. (1992): Pinto Fires and Personal Ethics: A Script Analysis of Missed Opportunities. In: Journal of Business Ethics 11, S. 379-389.

Gioia, D.A./Ford, C.M. (1995): Tacit Knowledge, Self-Communication, and Sensemaking. In: Thayer, L. (Hrsg.): Organization-communication: Emerging perspectives 3. Norwood, N.J., S. 77-96.

Gioia, D.A./Manz, C.C. (1985): Linking Cognition and Behavior: A Script Processing Interpretation of Vicarious Learning. In: Academy of Management Review 10 (3), S. 527-539.

Gioia, D.A./Poole, P.P. (1984): Scripts in Organizational Behavior. In: Academy of Management Review 9, S. 449-459.

Goffman, E. (1959): The presentation of self in everyday life. Garden City, N.J.

Goffman, E. (1974): Frame analysis. Boston.

Göhler, G. (Hrsg.)(1987): Grundfragen der Theorie politischer Institutionen: Forschungsstand – Probleme – Perspektiven. Opladen.

Golembiewski, R.T. (1989): Men, management, and morality. Toward a new organizational ethic. With a new introduction by the author. Reprint der Originalausgabe von 1965, New York.

Gomes-Casseres, B. (1993): Computers: Alliances and Industry Evolution. In: Yoffie, D. (Hrsg.): Beyond free trade. Firms, governments, and global competition. Boston, Mass., S. 79-128.

Gondek, H.-D. (1989): (Einzelbesprechung zu Kiessling 1988). In: Soziologische Revue 12 (1988), S. 157-159.

Gondek, H.-D./Heisig, U./Littek, W. (1992): Vertrauen als Organisationsprinzip. In: Littek, W./Heisig, U./Gondek, H.-D.(Hrsg.): Organisation von Dienstleistungsarbeit. Berlin, S. 33-55.

Goodhart, C./Schoenmaker, D. (1995): Should the Functions of Monetary Policy and Banking Supervision be Separed. In: Oxford Economic Papers 47, S. 539-560.

Gordon, D.M. (1980): Stages of Accumulation and Long Economic Cycles. In: Hopkins, T. K./Wallerstein, I. (Hrsg.): Processes of the world-system. Beverly Hills/London, S. 9-46.

Görg, C. (1994): Der Institutionenbegriff in der »Theorie der Strukturierung«. In: Esser, J./Görg, C./Hirsch, J. (Hrsg.): Politik, Institutionen und Staat. Zur Kritik der Regulationstheorie. Hamburg, S. 31-84.

Gort, M./Klepper, S. (1982): Time Paths in the Diffusion of Product Innovations. In: Economical Journal 92(367), S. 630-653.

Ghoshal, S./Moran, P. (1996): Bad for Practice:s A Critique of the Transaction Cost Theory. In: Academy of Management Review 21, S. 13-47.

Gotsch, W. (1987): Soziologische Steuerungstheorie. In: Glagow, M./Willke/H. (Hrsg.): Dezentrale Gesellschaftssteuerung. Probleme der Integration polyzentrischer Gesellschaft. Pfaffenweiler, S. 27-44.

Gould, S.J. (1980): The panda's thumb: More reflections on natural history. New York.

Gould, S.J. (1985): The flamingo's smile: Reflections in natural history. New York.

Gould, S.J. (1994): Zufall Mensch. Das Wunder des Lebens als Spiel der Natur. München.

Grabher, G. (1993): The Weakness of Strong Ties. The Lock-In of Regional Development in the Ruhr Area. In: Grabher, G. (Hrsg.): The embedded firm. On the socioeconomics of industrial networks. London/Routledge, S. 255-277.

Granovetter, M. (1974): Getting a job: A study of contacts and careers. Cambridge, Mass.

Granovetter, M. (1985): Economic Action and Social Structure: The Problem of Embeddedness. In: American Journal of Sociology 91, S. 481-510.

Granovetter, M. (1990): The Old and the New Economic Sociology: A History and an Agenda. In: Friedland, R./Robertson, A.F. (Hrsg.): Beyond the marketplace. Rethinking economy and society. New York, S. 89-112.

Granovetter, M. (1992): Economic Institutions as Social Constructions: A Framework for Analysis. In: Acta Sociologica 35 (1), S. 3-11.

Granovetter, M. (1995): Afterword 1994: Reconsiderations and a New Agenda. In: Granovetter, M. (Hrsg.): Getting a job. A study of contacts and careers. 2. Aufl., Chicago/London, S. 139-182.

Grant, R. (1991): The Resource-based View of Competitive Advantage: Implications for Strategy Formulation. In: California Management Review 33 (3), S. 114-135.

Grant, R. (1995): Contemporary strategy analysis. Concepts, techniques, applications. 2. Aufl., Oxford.

Gray, B./Bougon, M.G./Donnellon, A. (1985): Organizations as Constructions and Destructions of Meaning. In: Journal of Management 11, S. 83-98.

Greenwood, R./Hinings, C.-R. (1988): The dynamics of strategic change. Oxford.

Gregory, D. (1982): Regional transformation and the industrial revolution: A geography of the Yorkshire woolen industry. London.

Griffiths, P.E./Gray, R. D. (1994): Developmental Systems and Evolutionary Explanation. In: Journal of Philosophy 91, S. 277-304.

Groenewegen, J. (1996): Institutional Economics; Method, Theory and Applications. Paper based on the Presentation and Discussion at the Seminar on Institutional Economics organized by the Austrian Academy of Sciences and the Economic University Vienna. Vienna, 15 December 1995. Rotterdam.

Gross, E./Etzioni, A. (1985): Organizations in society. Englewood Cliffs, N. J.

Gul, F.A. (1984): The Joint and Moderating Role of Personality and Cognitive Style on Decision Making. In: The Accounting Review 59 (2), S. 264-277.

Gutenberg, E. (1922): Thünen's isolierter Staat als Fiktion. München.

Gutenberg, E. (1929): Die Unternehmung als Gegenstand betriebswirtschaftlicher Theorie. Berlin. Unv. Nachdruck. Frankfurt/M. 1967.

Gutenberg, E. (1942): Grundsätzliches zum Problem der betriebswirtschaftlichen Leistungsbewertung und der Preisstellung. In: Theisinger, K. (Hrsg.): Die Führung des Betriebes – Festschrift zum 60. Geburtstag von Wilhelm Kalveram. Berlin, S. 307-342.

Gutenberg, E. (1951): Grundlagen der Betriebswirtschaftslehre Bd. 1: Die Produktion. Berlin.

Gutenberg, E. (1953): Zum Methodenstreit. In: Zeitschrift für handelswissenschaftliche Forschung 5, S. 327-355.

Gutenberg, E. (1955): Grundlagen der Betriebswirtschaftslehre Bd. 2: Der Absatz. Berlin.

Gutenberg, E. (1957): Betriebswirtschaftslehre als Wissenschaft. Krefeld.

Gutenberg, E. (1962): Unternehmensführung – Organisation und Entscheidungen. Wiesbaden.

Gutenberg, E. (1963): Zur Frage des normativen in den Sozialwissenschaften. In: Karrenberg, F. (Hrsg.): Sozialwissenschaft und Gesellschaftsgestaltung. Berlin, S. 121-129.

Gutenberg, E. (1969): Grundlagen der Betriebswirtschaftslehre Bd. 3: Die Finanzen. Berlin.

Gutenberg, E. (1971): Grundlagen der Betriebswirtschaftslehre Bd. 1: Die Produktion – 18. Aufl., Berlin.

Gutenberg, E. (1973): Grundlagen der Betriebswirtschaftslehre Band 2: Der Absatz. 14. Aufl., Berlin etc.

Gutenberg, E. (1983): Grundlagen der Produktion. Band 1: Die Produktion. 24. Aufl., Berlin etc.

Gutenberg, E. (1989): Zur Theorie der Unternehmung. Schriften und Reden Erich Gutenbergs aus dem Nachlaß. Horst Albach (Hrsg.). Berlin.

Habermas, J. (1988): Der philosophische Diskurs der Moderne. Frankfurt/M.

Hack, L. (1988): Vor Vollendung der Tatsachen. Frankfurt/M.

Hacker, A. (1964): The corporation take-over. New York.

Haferkamp, H. (1989): 'Individualismus' und 'Uniformierung' – Über eine Paradoxie in Max Webers Theorie der gesellschaftlichen Entwicklung. In: Weiß, J. (Hrsg.): Max Weber heute. Frankfurt/M., S. 461-497.

Hahne, A. (1998): Kommunikation in der Organisation. Opladen.

Håkansson, H./Johanson, J. (1993): The Network as a Governance Structure: Interfirm Cooperation beyond Markets and Hierarchies. In: Grabher, G. (Hrsg.): The embedded firm. On the socioeconomics of industrial networks. London/Routledge, S. 35-51.

Hall, R.I. (1976): A System Pathology. The Rise and Fall of the Old Saturday Evening Post. In: Administrative Science Quarterly 21, S. 185-211.

Hall, R.I. (1984): The Natural Logic of Manage-

ment Policy Making. In: Management Science 30 (8), S. 905-927.

Hamel, G. (1991): Competition for Competence and Inter-Partner Learning within International Strategic Alliances. In: Strategic Management Journal 12, Special Issue (Summer), S. 83-104.

Hanft, A. (1995): Personalentwicklung zwischen Weiterbildung und „organisationalem Lernen". München und Mering.

Hanft, A. (1996): Organisationales Lernen und Macht – Über den Zusammenhang von Wissen, Lernen, Macht und Struktur. In: Schreyögg, G./ Conrad, P. (Hrsg.): Managementforschung 6. Berlin/New York, S. 133-162.

Hannan, M.T./Carroll, G.R. (1992): Dynamics of organizational populations. New York.

Hannan, M.T./Freeman, J. (1977): The Population Ecology of Organizations. In: American Journal of Sociology 82, S. 929-964.

Hannan, M.T./Freeman, J.H. (1989): Organizational Ecology. Cambridge, Mass.

Harding, S. (1990): Feministische Wissenschaftstheorie. Hamburg.

Harrison, B. (1992): Industrial Districts: Old Wine in New Bottles. In: Regional Studies 26 (5), S. 469-483.

Harrison, M.I. (1995): Organizational Rhetoric and Collective Action in a Medical Association. In: Studies of Cultures, Organizations and Societies 1 (2), S. 209-230.

Hart, O./Holmström, B.R. (1987): The Theory of Contracts. In: Bewley, T.F. (Hrsg.): Advances in economic theory. Cambridge, S. 71-155.

Hart, O./Moore, J. (1990): Property Rights and the Nature of the Firm. In: Journal of Political Economy 98, S. 1119-1158.

Hartmann, H. (1964): Funktionale Autorität. Systematische Abhandlung zu einem soziologischen Begriff. Stuttgart.

Hasenack, W. (1958): Wilhelm Rieger – der Schöpfer einer geschlossenen „Privatwirtschaftslehre" 80 Jahre alt. In: Betriebswirtschaftliche Forschung und Praxis 10, S. 129-135.

Hassard, J. (1993): Sociology and organization theory. Cambridge.

Hassard, J. (1994): Postmodern Organizational Analysis: Toward a Conceptual Framework. In: Journal of Management Studies 31 (3), S. 303-324.

Hassard, J./Parker, M. (Hrsg.)(1993): Postmodernism and Organizations. London.

Hawley, A. (1950): Human ecology. New York .

Hayek, F. (1988): The fatal conceit: The errors of socialism. Chicago.

Hegel, G.W.F. (1969): Wissenschaft der Logik I und II. Hamburg.

Heidegger, M. (1986): Sein und Zeit. 16. Aufl.,

Tübingen.

Heidenreich, M. (Hrsg)(1993): Computers and culture in organizations. The introduction and use of production control systems in French, Italian, and German enterprises. Berlin.

Heidenreich, M. (1995): Informatisierung und Kultur. Die Einführung und Nutzung von Informationssystemen in italienischen, französischen und westdeutschen Unternehmen. Opladen.

Heidenreich, M. (1996): Die subjektive Modernisierung fortgeschrittener Arbeitsgesellschaften. In: Soziale Welt 47 (1), S. 24-43.

Heidenreich, M./Krauss, G. (1996): Das baden-württembergische Produktions- und Innovationsregime: Zwischen vergangenen Erfolgen und neuen Herausforderungen. Arbeitspapier der Akademie für Technikfolgenabschätzung in Baden-Württemberg Nr. 54. Stuttgart.

Heider, F. (1958): The psychology of interpersonal relations. New York.

Heiligenstedt, L./Heinrich, R./Hundt S./Künzel, H./Liebau, E./Ortmann, G. (1973): Grundbegriffe und -beziehungen. Zur Kritik der Betriebswirtschaftslehre. Teil I: Die Produktion. In: Mehrwert 3.

Heinen, E. (1963): Die Zielfunktion der Unternehmung. In: Koch, H. (Hrsg): Zur Theorie der Unternehmung. Wiesbaden, S. 9-72.

Heinen, E. (1968): Einführung in die Betriebswirtschaftslehre. Wiesbaden.

Heinen, E. (1971): Der Entscheidungsorientierte Ansatz in der Betriebswirtschaftslehre. In: Kortzfleisch, G. v. (Hrsg.): Wissenschaftsprogramm und Ausbildungsziele der Betriebswirtschaftslehre. Berlin, S. 21-38.

Heinen, E. (1984): Unternehmenskultur. Perspektiven für Wissenschaft und Praxis. München.

Heinen, E. (1990): Industriebetriebslehre. 8. Aufl., Wiesbaden.

Held, D./Thompson, J.B. (Hrsg)(1989): Social theory of modern societies: Anthony Giddens and his critics. Cambridge etc.

Henderson, R. (1993): Underinvestment and Incompetence as Responses to Radical Innovation: Evidence from the Photolithographic Alignment Equipment Industry. In: Rand Journal of Economics 24 (2), S. 248-270.

Henderson, R./Clark, K. (1990): Architectural Innovation: The Reconfiguration of Existing Product Technologies and the Failure of Established Firms. In: Administrative Science Quarterly 35 (1), S. 9-30.

Henseler, P./Matzner, E. (1994): Relevanz und Irrelevanz am Beispiel des „Coase-Theorems". Anlässe für Interventionen und Regulierung (frei) nach Coase. In: Matzner, E./Nowtny, H. (Hrsg): Was ist relevante Ökonomie heute? Festschrift für

Kurt W. Rothschild. Marburg, S. 251-264.

Herrigel, G.B. (1993): Power and the Redefinition of Industrial Districts. The Case of Baden-Württemberg. In: Grabher, G. (Hrsg.): The embedded firm. On the socioeconomics of industrial networks. London, S. 227-251.

Herrigel, G.B. (1996): Industrial Constructions: the Sources of German Industrial Power. Stuctural Analysis in the Social Sciences, No. 9 Cambridge University Press.

Hickson, D./Hinings, C./Lee, C./Schneck, R./Pennings, R. (1971): A Strategic Contingencies' Theory of Intraorganizational Power. In: Administrative Science Quarterly 16, S. 216-229.

Hildebrandt, E./Seltz, R. (1989): Wandel betrieblicher Sozialverfassung durch systemische Kontrolle? Berlin.

Hirsch, J. (1980): Der Sicherheitsstaat. Frankfurt/M.

Hirschman, A.O. (1979): Exit, voice and loyalty: Responses to decline in firms, organizations and states. Cambridge, Mass.

Hirshleifer, J./Martinez-Coll, J.C. (1988): What Strategies Can Support the Evolutionary Emergence of Cooperation. In: Journal of Conflict Resolution 32 (2), S. 367-398.

Hirst, P./Thompson, G. (1995): Globalization and the Future of the Nation State. In: Economy and Society 24, S. 408-442.

Hirst, P./Zeitlin, J. (1991): Flexible Specialization Versus Post-Fordism: Theory, Evidence and Policy Implications. In: Economy and Society 20, S. 1-56.

Hitzler, R./Koenen, E.J. (1994): Kehren die Individuen zurück? Zwei divergente Antworten auf eine institutionentheoretische Frage. In: Beck, U./Beck-Gernsheim, E. (Hrsg): Riskante Freiheiten. Individualisierung in modernen Gesellschaften. Frankfurt/M., S. 447-465.

Hobbes, T. (1984): Leviathan oder Stoff, Form und Gewalt eines bürgerlichen oder kirchlichen Staates. Frankfurt/M.

Hodgson, G.M. (1982): Theoretical and Policy Implications of Variable Productivity. In: Cambridge Journal of Economics 6, S. 213-226.

Hodgson, G.M. (1988): Economics and institutions. A Manifesto for a Modern Institutional Economics. Cambridge.

Hodgson, G.M. (1991): Economic Evolution: Intervention Contra Pangloss. In: Journal of Economic Issues 25 (2), S. 519-533.

Hodgson, G.M. (1991/92): Thorstein Veblen and Joseph Schumpeter on evolutionary economics. ZIF Research Group, Biological foundations of human culture. University of Bielefeld.

Hodgson, G.M. (1993): Economics and evolution: Bringing life back into economics. Cambridge.

Hoffmann, E. (1976): Entwicklung der Organisationsforschung. 3. Aufl., Wiesbaden.

Hogenson, G.B. (1987): Elements of an Ethological Theory of Political Myth and Ritual. In: Journal for the Theory of Social Behaviour 17, S. 301-320.

Holland, J.H. et al. (1986): Induction: Processes of inference, learning, and discovery. Cambridge.

Holmström, B.R. (1979): Moral Hazard and Observability. In: Bell Journal of Economics 10, S. 74-91.

Holmström, B.R. (1982): Moral Hazards in Teams. In: Bell Journal of Economics, 12, S. 324-340.

Homann, K. (1993): Wirtschaftsethik. Die Funktion der Moral in der modernen Wirtschaft. In: Wieland, J. (Hrsg.): Wirtschaftsethik und Theorie der Gesellschaft. Frankfurt/M., S. 32-53.

Homans, G.C. (1964): Bringing Men Back In. In: American Sociological Review 29, S. 809-818.

Honneth, A. (1989): Kritik der Macht. Reflexionsstufen einer kritischen Gesellschaftstheorie. Frankfurt/M.

Hood, C./Jackson, M. (1991): Administrative argument. Aldershot.

Höpfl, H. (1995): Organisational Rhetoric and the Threat of Ambivalence. In: Studies of Cultures, Organizations and Societies 1 (2), S. 175-188.

Hopper, T./Powell, A. (1985): Making Sense to Research on the Organizational and Societal Aspects of Management Accounting. In: Journal of Management Studies 22, S. 429-465.

Horkheimer, M. (1984): Traditionelle und kritische Theorie. Frankfurt/M.

Hörning, K.H./Gerhardt, A./Michailow, M. (1990): Zeitpioniere. Flexible Arbeitszeiten – neuer Lebensstil. Frankfurt/M.

Horváth, P. (1982): Controlling in der organisierten Anarchie. In: Zeitschrift für Betriebswirtschaft 52 (3), S. 250-260.

Hosking, D.M./Dachler, H.P./Gergen, K.J. (Hrsg) (1995): Management and organization: Relational alternatives to individualism. Aldershot, U.K.

Hoskisson, R./Hitt, M. (1990): Antecendents and Performance Outcomes of Diversification: A Review and Critique of Theoretical Perspectives. In: Journal of Management 16, S. 461-509.

Hübner, K. (1989): Theorie der Regulation. Berlin.

Huff, A.S. (1983): A Rhetorical Examination of Strategic Change. In: Pondy, L.R./Frost, P.J./Morgan, G./Dandridge, T.C. (Hrsg.): Organizational Symbolism. Greenwich, CT, S. 167-183.

Huff, A.S. (Hrsg)(1990): Mapping strategic thought. Chichester.

Huff, A.S./Stimpert, L./Huff, J. (1994): Entrepreneurial activity and industry structuring. Working paper. University of Colorado. Boulder, Col.

Hughes, T.P. (1983): Networks of power: Electrification in Western society, 1880-1930. Baltimore.

Hull, D. (1988): Science as a process. Chicago.

Humphrey, C./Olson, O. (1995): Caught in the Act: Public Services Disappearing in the World of "Accountable Management"? In: Ashton, D./Hopper, T./Scapens, R.: Issues in management accounting. Exeter, U.K., S. 1-33.

Hundt, S. (1977): Zur Theoriegeschichte der Betriebswirtschaftslehre. Köln.

Husserl, E. (1928): Ideen zu einer reinen Phänomenologie und phänomenologischen Philosophie. Berlin.

Husserl, E. (1954): Die Krisis der europäischen Wissenschaften und die transzendentale Philosophie. Den Haag.

Husserl, E. (1963): Cartesianische Meditationen und Pariser Vorträge. Den Haag,

Husserl, E. (1985): Erfahrung und Urteil. Hamburg.

Hutter, M. (1989): Die Produktion von Recht. Eine selbstreferentielle Theorie der Wirtschaft, angewandt auf den Fall des Arzneimittelpatentrechts. Tübingen.

Hutter, M. (1994): Communication in Economic Evolution: the Case of Money. In: England, R. (Hrsg.): Evolutionary concepts in contemporary economics. Ann Arbor, S. 111-138.

Imai, M. (1986). Kaizen, the key to Japan´s competitive success. New York.

Inkeles, A./Smith, D.H. (1974): Becoming modern. London.

Isenberg, D.J. (1986): Thinking and Managing: A Verbal Protocol Analysis of Managerial Problem Solving. In: Academy of Management Journal 29 (4), S. 775-788.

Itaki, M. (1991): A Critical Assessment of the Eclectic Theory of the Multinational Enterprise. In: Journal of International Business Studies 22, S. 445-460.

Iwai, K. (1984a): Schumpeterian Dynamics Part I. In: Journal of Economic Behavior & Organization 5 (2), S. 159-190.

Iwai, K. (1984b): Schumpeterian Dynamics Part II. In: Journal of Economic Behavior & Organization 5 (3-4), S. 321-351.

Jackson, M. (1982): The Nature of Soft Systems Thinking. In: Journal of Applied Systems Analysis 9, S. 17-28.

Jackson, M. (1989): Evaluating the Managerial Significance of the VSM. In: Espejo, R./Harnden, R. (Hrsg.): The viable system model. Chichester, S. 407-439.

Jackson, M. (1991): The Origins and Nature of Critical Systems Thinking. In: Systems Practice 4, S. 131-149.

Jackson, M. (1994): Critical Systems Thinking: Beyond the Fragments. In: System Dynamics Review 10, S. 231-244.

Jaeggi, U./Wiedemann, H. (1963): Der Angestellte im automatisierten Büro. Stuttgart.

Jäger, B. (1993): Postreform I und II. Stuttgart.

Janis, I.L. (1972): Victims of groupthink. Boston.

Jeffcutt, P. (1994): From Interpretation to Representation in Organiational Analysis: Postmodernism, Ethnography and Organizational Symbolism. In: Organization Studies 15 (2), S. 241-274.

Jegers, M. (1991): Prospect Theory and the Risk-Return Relation: Some Belgian Evidence. In: Academy of Management Journal 34, S. 215-225.

Jensen, M.C./Meckling, W.H. (1976): Theory of the Firm: Managerial Behavior, Agency Cost and Ownership Structure. In: Journal of Financial Economics 3 (4), S. 305-360.

Jepperson, R.L. (1991): Institutions, Institutional Effects, and Institutionalism. In: Powell, W. W./DiMaggio, P.J. (Hrsg.): The new institutionalism in organizational analysis. Chicago/London, S. 143-163.

Jepperson, R.L./Meyer, J.W. (1991): The Public Order and the Construction of Formal Organizations. In: Powell, W.W./DiMaggio, P.J. (Hrsg.): The new institutionalism in organizational analysis. Chicago/London, S. 204-231.

Jeserich, W. (1981): Mitarbeiter auswählen und fördern. Assessment Center Verfahren. München.

Joas, H. (1988): Einführung: Eine soziologische Transformation der Praxisphilosophie – Giddens' Theorie der Strukturierung. In: Giddens, A. (1988): Die Konstitution der Gesellschaft. Frankfurt/M./New York, S. 9-50.

Johnson, B. (1994): Mallarmé gets a life. London Review of Books 18, August, S. 9.

Jones, M.O./Moore, M.D./Snyder, R.C. (Hrsg.) (1988): Inside organizations: Understanding the human dimension. Newbury Park, Cal.

Jöns, J. (1995): Managementstrategien und Organisationswandel. Weinheim.

Jürgens, U./Naschold, F. (Hrsg.)(1983): Arbeitspolitik. Materialien zum Zusammenhang von politischer Macht, Kontrolle und betrieblicher Organisation der Arbeit (Leviathan Sonderheft Nr. 5/1983). Opladen.

Kahn, A.E. (1959): Pricing Objectives in Large Companies. Comment. In: American Economic Review 49, S. 670 ff.

Kammerer, G./Lutz, B./Nuber, C. (1973): Ingenieure im Produktionsprozeß. Zum Einfluß von Angebot und Bedarf auf Arbeitsteilung und Arbeitseinsatz. Frankfurt/M.

Kandori, M./Mailath, G.J./Rob, R. (1993): Learning, Mutation, and Long Run Equilibria in Games. In: Econometrica 61(1), S. 29-56.

Kappelhoff, P. (1993): Soziale Tauschsysteme.

Strukturelle und dynamische Erweiterungen des Marktmodells. München.

Kappelhoff, P. (1994): Die Auflösung des Sozialen. In: Analyse & Kritik. Zeitschrift für Sozialwissenschaften 4, S. 221-238.

Kappelhoff, P. (1995a): Soziale Interaktion als Tausch: Tauschhandlungen, Tauschbeziehungen, Tauschsystem, Tauschmoralität. In: Ethik und Sozialwissenschaften 6, S. 3-13.

Kappelhoff, P. (1995b): Interpenetration von Rationalität und Moralität: Die verborgene Systemtheorie in der individualistischen Soziologie. In: Ethik und Sozialwissenschaften 6, S. 57-67.

Kappler, E. (1980): Brauchen wir eine neue Betriebswirtschaftslehre? Vorbemerkungen zur Kritischen Betriebswirtschaftslehre. In: Koubek, N./Küller, H.D./Scheibe-Lange, I. (Hrsg.): Betriebswirtschaftliche Probleme der Mitbestimmung. Köln, S. 177-202.

Kasper, H. (1990): Die Handhabung des Neuen in organisierten Sozialsystemen. Berlin.

Kasper, H. (1991): Neuerungen durch selbstorganisierende Prozesse. In: Staehle, W.H./Sydow, J. (Hrsg.): Managementforschung 1. Berlin/New York, S. 1-74.

Katz, D. /Kahn R.L. (1966): The social psychology of organizations. New York.

Katz, D./Kahn, R.L. (1978): The social psychology of organizations. 2. Aufl., New York.

Katz, M./Shapiro, C. (1994): Systems Competition and Network Effects. In: Journal of Economical Perspectives 8, S. 93-116.

Kauffman, S.A. (1993): The origins of order. Selforganization and selection in evolution. New York.

Kay, J. (1993): Foundations of corporate success. Oxford.

Kebir, S. (1991): Antonio Gramscis Zivilgesellschaft. Hamburg.

Kelly, G.A. (1955): The psychology of personal constructs (2 Bände). New York.

Keohane, R.O. (1988): International Institutions: Two Research Programs. In: International Studies Quarterly 32, S. 379-396.

Kern, H./Sabel, C.F. (1994): Verblaßte Tugenden. Zur Krise des deutschen Produktionsmodells. In: Beckenbach, N./Treeck, Wv. (Hrsg.): Umbrüche gesellschaftlicher Arbeit. In: Soziale Welt, Sonderband 9, S. 605-624.

Kern, H./Schumann, M. (1984): Das Ende der Arbeitsteilung? München.

Kerst, C. (1996): Unter Druck – Organisatorischer Wandel und Organisationsdomänen. Der Fall der Druckindustrie. Opladen (im Erscheinen).

Keupp, H. (1989): Auf der Suche nach der verlorenen Identität. In: Keupp, H./Bilden, H. (Hrsg.): Verunsicherungen. Das Subjekt im gesellschaftlichen Wandel. Göttingen etc., S. 47-69.

Keynes, J.M. (1936): The General Theory of Employment, Interest and Money. London.

Kieser, A. (1980): Individuum und Organisation. In: Grochla, E. (Hrsg.): Handwörterbuch der Organisation. Stuttgart, Sp. 862-872.

Kieser, A. (1993a): Evolutionstheoretische Ansätze. In: Kieser, A. (Hrsg.): Organisationstheorien. Stuttgart etc., S. 243-276.

Kieser, A. (1993b): Managementlehre und Taylorismus. In: Kieser, A. (Hrsg.): Organisationstheorien. Stuttgart etc., S. 63-94.

Kieser, A. (Hrsg.)(1993c): Organisationstheorien. Stuttgart etc.

Kieser, A. (1994): Fremdorganisation, Selbstorganisation und evolutionäres Management. In: Zeitschrift für betriebswirtschaftliche Forschung 46, S. 199-228.

Kieser, A./Kubicek, H. (1976): Organisation. Berlin/New York.

Kieser, A./Kubicek, H. (1978): Organisationstheorie. 2 Bände. Stuttgart etc.

Kieser, A./Kubicek, H. (1983): Organisation. 2. Aufl., Berlin/New York.

Kieser, A./Kubicek, H. (1992): Organisation. 3. völlig neu bearb. Aufl., Berlin.

Kießling, B. (1988): Kritik der Giddensschen Sozialtheorie: Ein Beitrag zur theoretisch-methodischen Grundlegung der Sozialwissenschaften. Frankfurt/M.

Kilduff, M. (1993): The Reproduction of Inertia in Multinational Corporations. In: Ghoshal, S./Westney, D.E. (Hrsg.): Organization theory and the multinational corporation. New York, S. 259-274.

Kim, W./Hwang, P./Burgers, W. (1993): Multinationals' Diversification and the Risk-Return Trade-off. In: Strategic Management Journal 14, S. 275-286.

Kirsch, W. (1971): Einführung in die Theorie der Entscheidungsprozesse. 3 Bände. Wiesbaden.

Kirsch, W. (1977): Betriebswirtschaftslehre als Führungslehre. München.

Kirsch, W. (1990): Unternehmenspolitik und strategische Unternehmensführung. München.

Kirsch, W. (1992): Kommunikatives Handeln, Autopoiesie, Rationalität, Sondierungen zu einer evolutionären Führungslehre. München.

Kirsch, W./Knyphausen-Aufseß, D. zu (1988): Unternehmen und Gesellschaft. Die „Standortbestimmung" des Unternehmens als Problem des Strategischen Managements. In: Die Betriebswirtschaft 48, S. 489-508.

Kirsch, W./Knyphausen, D. zu (1991): Unternehmungen als „autopoietische" Systeme. In: Staehle, W.H./Sydow, J. (Hrsg.): Managementforschung 1. Berlin/New York, S. 75-102.

Kirsch, W./Picot, A. (Hrsg.)(1989): Die Betriebs-

wirtschaftslehre im Spannungsfeld zwischen Generalisierung und Spezialisierung. Wiesbaden.

Kistner, K.-P./Steven, M. (1994): Betriebswirtschaftslehre im Grundstudium. Bd. 1: Produktion, Absatz, Finanzierung. Heidelberg.

Klages, H./Hippler, H.-J./Herbert, W. (1992): Werte und Wandel. Ergebnisse und Methoden einer Forschungstradition. Frankfurt/M.

Klein, B. (1983): Contracting Costs and Residual Claims: The Separation of Ownership and Control. In: Journal of Law and Economics 26 (3), S. 367-374.

Klein, B./Crawford, R./Alchian, A. (1978): Vertical Integration, Appropriable Rents, and the Competitive Contracting Process. In: Journal of Law and Economics 21, S. 257-285.

Klepper, S. (1993): Entry, exit, growth, and innovation over the product cycle. Carnegie-Mellon University, unpublished manuscript. Pittsburgh, Penn.

Klepper, S./Graddy, E. (1990): The Evolution of New Industries and the Determinants of Market Structure. In: The Rand Journal of Economics 21(1), S. 27-44.

Knesebeck, J.-H. v.d. (1983): Gruppen mit erweitertem Handlungsspielraum als Lösungsansatz zur Humanisierung und Flexibilisierung. In: Fischer, J. et al.: Arbeitsstrukturierung und Organisationswandel in der Bekleidungsindustrie. Frankfurt/M./New York, S. 130-152.

Knesebeck, J.-H. v.d. (1984): Ergebnisse aus der Befragung über Tätigkeitswechsel in der Firma .. GmbH (Bericht des Landesinstituts Sozialforschungsstelle Dortmund an den Untersuchungsbetrieb). Dortmund.

Knight, F.H. (1921): Risk, uncertainty and profit. New York.

Knights, D. (1990): Subjectivity, Power and the Labour Process. In: Knights, D./Willmott, H.C. (Hrsg.): Labour process theory. Houndsmills, S. 297-335.

Knights, D./Murray, F./Willmott, H.C. (1993): Networking as Knowledge Work: A Study of Strategic Interorganisational Development in the Financial Service Industry. In: Journal of Management Studies 30 (6), S. 975-995.

Knights, D./Willmott, H.C. (1987): Organizational Culture as Management Strategy. In: International Studies of Management and Organization 13 (3), S. 40-63.

Knights, D./Willmott, H.C. (1989): Power and Subjectivity at Work. From Degradation to Subjugationin Social Relations. In: Sociology 23 (4), S. 535-558.

Knorr Cetina, K. (1988): Das naturwissenschaftliche Labor als Ort der Verdichtung von Gesellschaft. In: Zeitschrift für Soziologie 17 (2), S. 85-

110.

Knorr Cetina, K. (1989): Spielarten des Konstruktivismus. In: Soziale Welt 40 (1/2), S. 86-96.

Knorr Cetina, K. (1990): Zur Doppelproduktion sozialer Realität: Der konstruktivistische Ansatz und seine Konsequenzen. In: Österreichische Zeitschrift für Soziologie 15 (3), S. 6-20.

Knorr Cetina, K. (1992): Zur Unterkomplexität der Differenzierungstheorie. In: Zeitschrift für Soziologie 21, S. 406-419.

Knorr Cetina, K. (1994): Primitive Classification and Postmodernity: Towards a Sociological Notion of Fiction. In: Theory, Culture and Society 11, S. 1-22.

Knorr Cetina, K. (1995): Theoretical Constructionism. On the Nesting of Knowledge. Structures into Social Structures. Paper presented at the Annual Meeting of the American Sociological Association. Washington, August 19-23 (to appear in Sociological Theory).

Knorr Cetina, K. (1996): The Creolization of the Social. Does a Postsocial Sociology Make Sense? Paper presented at the Colloquium on "Disorderly Disciplines". Humanities Research Institute, University of California, Irvine, March 21-22.

Knorr Cetina, K.: Epistemic Cultures. How Scientists Make Sense. Boston: Harvard University Press (Forthcoming).

Knyphausen, D. zu (1993): Why are firms different? Der „Ressourcenorientierte Ansatz" im Mittelpunkt einer aktuellen Kontroverse im Strategischen Management. In: Die Betriebswirtschaft 53 (6), S. 771-792.

Knyphausen-Aufseß, D. zu (1995): Theorie der strategischen Unternehmensführung. Wiesbaden.

Kock, K. (1994): Soziologie des betriebsinternen Arbeitsmarkts. München/Mering.

Kögler, H.H. (1994): Michel Foucault. Stuttgart/Weimar.

Köhler, R. (1966): Theoretische Systeme der Betriebswirtschaftslehre im Lichte der neueren Wissenschaftslogik. Stuttgart.

Kohler-Koch, B. (1996): The Evolution of Organized Interests in the EC: Driving Forces, Co-Evolution or New Type of Governance? In: Wallace, H. (Hrsg.): Participation and policy making in the European Union. Oxford (forthcoming).

Kohli, M. (1994): Institutionalisierung und Individualisierung der Erwerbsbiographie. In: Beck, U./Beck-Gernsheim, E. (Hrsg.): Riskante Freiheiten. Individualisierung in modernen Gesellschaften. Frankfurt/M., S. 219-244.

Kompa, A. (1995): Assessment Center. Bestandsaufnahme und Kritik. München/Mering.

Kortzfleisch, G.v. (Hrsg.)(1971): Wissenschaftsprogramm und Ausbildungsziele der Betriebswirtschaftslehre. Berlin.

Korzybski, A. (1949): Science and sanity. An introduction to non-aristotelic systems and general semantics. Neudruck der 3. Aufl., Lakeville.

Kosík, K. (1967): Die Dialektik des Konkreten. Frankfurt/M.

Kosslyn, S.M. (1980): Image and mind. Cambridge.

Kotz, D.M. (1990): A Comparative Analysis of the Theory of Regulation and the Social Structure of Accumulation Theory. In: Science & Society 54, S. 5-27.

Koubek, N. (1977): Arbeitsorientierte Rationalität und Arbeitnehmerinteresse. In: Zeitschrift für betriebswirtschaftliche Forschung 29 (1), S. 33-61.

Kowol, U./Krohn, W. (1994): Innovationsnetzwerke. Ein Modell der Technikgenese. Institut für Wissenschafts- und Technikforschung Universität Bielefeld, IWT-papers 6/94.

Kowol, U./Krohn, W. (1995): Innovationsnetzwerke. Ein Modell der Technikgenese. In: Halfmann, J./Bechmann, G./Rammert, W. (Hrsg.): Technik und Gesellschaft, Jahrbuch 8. Frankfurt/M./New York, S. 77-104.

Krackhardt, D. (1990): Assessing the Political Landscape: Structure, Cognition and Power in Organizations. In: Administrative Science Quarterly 35, S. 342-369.

Krasner, S.D. (1988): Sovereignty: An Institutional Perspective. In: Comparative Political Studies 21, S. 66-94.

Kratchowil, F./Ruggie, J.G. (1986): International Organization: A State of the Art on the Art of the State. In: International Organization 40, S. 753-776.

Krebs, H.-P. (1996): Fordismus: Entwicklung und Krise – Eine Grobskizze. In: Bruch, M./Krebs, H.-P. (Hrsg.): Unternehmen Globus. Facetten nachfordistischer Regulation. Münster, S. 11-40.

Krebs, H.-P./Sablowski, T. (1992): Ökonomie als soziale Regularisierung. In: Demirovic, A./ Krebs, H.P./Sablowski, T. (Hrsg.): Hegemonie und Staat. Kapitalistische Regulation als Projekt und Prozess. Münster, S. 104-128.

Krippendorf, K. (1994): A Recursive Theory of Communication. In: Crowley, D./Mitchell, D. (Hrsg.): Communication theory today. Cambridge, S. 78-104.

Krupp, S. (1961): Pattern in organization analysis. A critical examination. New York etc.

Kudera, S. (1977): Organisationsstrukturen und Gesellschaftsstrukturen. Thesen zu einer gesellschaftsbezogenen Reorientierung der Organisationssoziologie. In: Soziale Welt 28, S. 16-38.

Kuhn, T.S. (1970): The structure of scientific revolutions. Chicago.

Künzler, J. (1989): Medien und Gesellschaft. Stuttgart.

Küpper, W./Felsch, A. (1997): Macht, Handlung, Struktur. Facetten mikropolitischer Organisationsanalyse. Opladen (in Vorbereitung).

Küpper, W./Ortmann, G. (1986): Mikropolitik in Organisationen. In: Die Betriebswirtschaft 46 (5), S. 590-602.

Küpper, W./Ortmann, G. (Hrsg.) (1988): Mikropolitik – Rationalität, Macht und Spiele in Organisationen. Opladen.

Lado, A./Boyd, N./Wright, P. (1992): A Competency-Based Model of Sustainable Competitive Advantage: Toward a Conceptual Integration. In: Journal of Management 18, S. 77-91.

Lakatos, I. (1970): Falsification and the Methodology of Scientific Research Programmes. In: Lakatos, I./Musgrave, A. (Hrsg.): Criticism and the growth of knowledge. New York, S. 91-196.

Lakatos, I. (1974): Falsifikation und die Methodologie wissenschaftlicher Forschungsprogramme. In: Lakatos, I./Musgrave, A. (Hrsg.) Kritik und Erkenntnisfortschritt. Braunschweig, S. 89-189.

Landes, W.M./Posner, R.A. (1987): The economic structure of tort law. Cambridge.

Lane, D. (1993): Artificial Worlds and Economics. In: Journal of Evolutionary Economy 3(11), S. 89-108.

Lang, R./Alt, R. (1995): Handlungsspielräume des ostdeutschen Managements im Umbruch. Arbeitspapier 07 der Fakultät für Wirtschaftswissenschaften. Technische Universität Chemnitz-Zwickau.

Langfield-Smith, K. (1992): Exploring the Need for a Shared Cognitive Map. In: Journal of Management Studies 29 (3) S. 349-368.

Langlois, R. (1984): Internal Organization in a Dynamic Context. Some Theoretical Considerations. In: Jussawalla, M./Ebenfield, H. (Hrsg.): Communication and information economics. New perspectives. Amsterdam, S. 23-49.

Langlois, R. (Hrsg.)(1986): Economics as a process: Essays in the new Institutional Economics. New York.

Langlois, R. (1992a): External Economies and Economic Progress: The Case of the Microcomputer Industry. In: Business History Review 66, S. 1-50.

Langlois, R. (1992b): Transaction-cost Economics in Real Time. In: Industrial and Corporate Change 1, S. 99-127.

Langlois, R./Everett, M. (1992): What is evolutionary economics. Storrs, CT. (unpublished manuscript)

Lanzara, G.F. (1993): Capacità negativa. Bologna.

Lanzilotti, R.F. (1958): Pricing Objectives in Large Companies. In: American Economic Review 48, S. 921-940.

Lappe, L. (1987): Technologie, Qualifikation und Kontrolle. Die Labour-Process Debatte aus Sicht der deutschen Industriesoziologie. In: Soziale Welt 38, S. 310-330.

Lasswell, H. (1930): Psycho-pathology and politics. New York.

Latour, B. (1986a): Science in action. London.

Latour, B. (1986b): The Powers of Association. In: Law, J. (Hrsg.): Power, action and belief. London, S. 261-277.

Latour, B. (1988): A Relativistic Account of Einstein's Relativity. In: Social Studies of Science 18, S. 3-44.

Latour, B. (1992): Aramis ou l'amour des techniques. Paris.

Latour, B. (1993a): We have never been modern. Cambridge, Mass.

Latour, B. (1993b): Ethnography of a "High-tech" Case. About Aramis. In: Lemmonier, P. (Hrsg.): Technological choices. Transformations in material cultures since the Neolitic. London, S. 372-398.

Latour, B./Johnson, J. (1988): Mixing Humans with Non-Humans: Sociology of a Door Opener. In: Social Problems 35, Special issue on Sociology of Science, Susan L. Star, Hrsg, S. 298-310

Laufer, R./Paradeise, C. (1990): Marketing democracy. Public opinion and media formation in democratic societies. London.

Laukkanen, M. (1994): Comparative Cause mapping of Organizational Cognitions. In: Organization Science 5 (3), S. 322-342.

Lawrence, P.R./Lorsch, J.W. (1967): Organization and environment. Managing differentiation and integration. Boston.

Lazaer, E.P. (1995): Personnel Economics. Cambridge, Mass.

Lazonick, W. (1990): Competitive advantage on the shop floor. Cambridge, Mass.

Lazonick, W. (1991): Business organization and the myth of the market economy. Cambridge.

Lazonick, W. (1993): Industry Clusters versus Global Webs: Organizational Capabilities in the American Economy. In: Industrial and Corporate Change 2, S. 1-24.

Leach, E. (1982): Social anthropology. Oxford.

Learned, E./Christensen, C./Andrews, K./Guth, W. (1965): Business policy: Text and cases. Homewood, Ill.

Leborgne, D./Lipietz, A. (1994): Nach dem Fordismus: Falsche Vorstellungen und offene Fragen. In: Noller, P./Prigge W./Ronneberger K. (Hrsg.): Stadt-Welt. Über die Modernisierung städtischer Milieus. Die Zukunft des Städtischen. Frankfurter Beiträge Bd. 6. Frankfurt/M., S. 94-109.

Leithäuser, T./Volmerg, B. (1988): Psychoanalyse in der Sozialforschung. Eine Einführung am Beispiel der Sozialpsychologie der Arbeit. Opladen.

Leonardi, R./Nanetti, R. Y. (Hrsg)(1994): Regional development in a modern European economy. London/New York.

Lepenies, W. (Hrsg.)(1981): Geschichte der Soziologie. Bd. 1. Frankfurt/M.

Levasseur, C. (1995): Gouverner l'insécurité sociale. In: Lien social et Politiques-Riacc 33, S. 47-60.

Lévi-Strauss, C. (1984): Die elementaren Strukturen der Verwandtschaft. Frankfurt/M.

Levin, R./Klevorick, A./Nelson, R./Winter, S.G. (1987): Appropriating the Returns from Industrial R & D. In: Brookings Papers on Economic Activity: Microeconomics, S. 783-820.

Levitt, B./March, J.G. (1988): Organizational Learning. In: American Review of Sociology 14, S. 319-340.

Lewin, R. (1993): Die Komplexitätstheorie. Wissenschaft nach der Chaosforschung. Hamburg.

Lewis, L.K./Seibold, D.R. (1993): Innovation Modification during Intraorganizational Adoption. In: Academy of Management Review 18 (2), S. 322-354.

Lewontin, R.C. (1974): The genetic basis of evolutionary change. New York.

Liebau, E. (1986): Die Unternehmungstheorie der Radicals – Eine Herausforderung für die Betriebswirtschaftslehre. In: Mehrwert 28, S. 16-38.

Liebowitz, S.J./Margolis, S.E. (1990): The Fable of the Keys. In: Journal Law and Economics 33, S. 1-26.

Liebowitz, S.J./Margolis, S. (1995): Path-dependency, Lock-in, and History. In: Journal of Law, Economics, and History 11, S. 205-226.

Likert, R. (1961): New patterns of management. New York.

Lilley, S. (1995): Disintegrating Chronology. In: Studies of Cultures, Organizations and Societies 1 (2), S. 267-300.

Lincoln, Y.S. (1985): The Substance of the Emergent Paradigm: Implications For Researchers. In: Lincoln, Y.S. (Hrsg.): Organizational theory and inquiry: The paradigm revolution. Beverly Hills, Cal., S. 137-157.

Lindberg, L.N./Campbell, J.L. (1991): The State and the Organization of Economic Activity. In: Campbell, J.L./Hollingsworth, J. R./Lindberg, L.N. (Hrsg.): Governance of the American economy, structural analysis in the social sciences, No. 5. Cambridge, S. 357-395.

Lindenberg, S. (1990): Homo Socio-Oeconomicus: The Emergence of a General Model of Man in the Social Sciences. In: Journal of Institutional and Theoretical Economics 146, S. 727-748.

Lindenberg, S. (1993): Framing, Empirical Evidence and Applications. In: Herder-Dornreich, P./Schenk K.E./Schmidtchen, D. (Hrsg.): Jahrbuch für Neue Politische Ökonomie. 12. Band. Tübingen, S. 11-38.

Linstead, S. (1993): From Postmodern Anthropology to Deconstructive Ethnography. In: Human Relations 46 (1), S. 97-120.

Linstead, S. (1995): After the Autumn Harvest: Rhetoric and Representation in an Asian Industrial Dispute. In: Studies of Cultures, Organizations and Societies 1 (2), S. 231-252.

Lipietz, A. (1980): Conflits de répartition et changements techniques dans la théorie marxiste. In: Économie appliquée 33 (2), S. 511-537.

Lipietz, A. (1985): Akkumulation. Krisen und Auswege aus der Krise. Einige methodische Überlegungen zum Begriff der Regulation. In: Prokla 58, 15. Jg, S. 109-138.

Lipietz, A. (1990): La trame, la chaîne et la régulation: un outil pour les sciences sociales. In: Economies et Sociétés. Série „Theorie de la Regulation" Nr. 5, S. 137-174.

Lipietz, A. (1992): Vom Althusserismus zur „Theorie der Regulation". In: Demirovic, A./Krebs, H.-P./Sablowski, T. (Hrsg.): Hegemonie und Staat. Kapitalistische Regulation als Projekt und Prozess. Münster, S. 9-55.

Lippman, S./Rumelt, R. (1982): Uncertain Imitability: An Analysis of Interfirm Differences in Efficiency Under Competition. In: Bell Journal of Economics 13, S. 418-438.

Littek, W./Heisig, U. (1986): Rationalisierung der Arbeit als Aushandlungsprozeß – Beteiligung bei Rationalisierungsverläufen im Angestelltenbereich. Soziale Welt 37, S. 237-262.

Littek, W./Heisig, U. (1991): Competence, Control, and Work Redesign: Die Angestellten in the Federal Republic of Germany. In: Work and Occupation 18, S. 4-28.

Littler, C.R. (1982): The development of the labour process in capitalist societies. London.

Littler, C.R. (1990): The Labour Process Debate: A Theoretical Review 1974 – 1988. In: Knights, D./Willmott, H.C. (Hrsg.): Labour process theory, S. 46-95.

Littler, C.R./Salaman, G. (1982): Bravermania and Beyond: Recent Theories of the Labour Process. In: Sociology 16 (2), S. 251-267.

Lomi, A. (1991): Reti Organizzative. Bologna.

Loose, A./Sydow, J. (1994): Vertrauen und Ökonomie in Netzwerkbeziehungen – Strukturationstheoretische Betrachtungen. In: Sydow, J./Windeler, A. (Hrsg.): Management interorganisationaler Beziehungen. Opladen, S. 160-193.

Lord, R.G./Foti, R.J. (1986): Schema Theory, Information Processing, and Organization Behavior. In: Sims, H.P. Jr./Gioia, D.A. and Associates (Hrsg.): The thinking organization. San Francisco, S. 20-48.

Lord, R.G./Kernan, M.C. (1987): Scripts as Determinants of Purposeful Behavior in Organizations. In: Academy of Management Review 15, S. 265-277.

Lorenzer, A. (1971): Symbol, Interaktion und Praxis. In: Lorenzer, A./Dahmer, H./Horn, K./Brede, K./Schwanenberg, E.: Psychoanalyse als Sozialwissenschaft. Frankfurt/M., S. 9-59.

Lorenzer, A. (1976): Zur Dialektik von Individuum und Gesellschaft. In: Leithäuser, T./Heinz, W.R. (Hrsg.): Produktion, Arbeit, Sozialisation. Frankfurt/M., S. 13-47.

Luhmann, N. (1964): Zweck-Herrschaft-System: Grundbegriffe und Prämissen Max Webers. In: Der Staat 3, S. 129-158.

Luhmann, N. (1968): Zweckbegriff und Systemrationalität. Tübingen.

Luhmann, N. (1968a): Vertrauen. Ein Mechanismus der Reduktion sozialer Komplexität. Stuttgart.

Luhmann, N. (1970): Soziologische Aufklärung 1. Opladen.

Luhmann, N. (1975a): Interaktion, Organisation, Gesellschaft. In: Soziologische Aufklärung 2, Opladen, S. 9-20.

Luhmann, N. (1975b): Macht. Stuttgart.

Luhmann, N. (1975c): Weltgesellschaft. In: Soziologische Aufklärung 2. Opladen, S. 51-71.

Luhmann, N. (1981): Organisation und Entscheidung. In: Soziologische Aufklärung Bd. 3. Opladen, S. 335-389.

Luhmann, N. (1984): Soziale Systeme. Grundriß einer allgemeinen Theorie. Frankfurt/M.

Luhmann, N. (1985): Die Autopoiesis des Bewußtseins. In: Soziale Welt 36, S. 402-446.

Luhmann, N. (1986): Ökologische Kommunikation. Kann die moderne Gesellschaft sich auf ökologische Gefährdungen einstellen? Opladen.

Luhmann, N. (1987): Soziologische Aufklärung Bd. 4. Opladen.

Luhmann, N. (1988a): Die Wirtschaft der Gesellschaft. Frankfurt/M.

Luhmann, N. (1988b): Individuum, Individualität, Individualismus. In: Luhmann, N.: Gesellschaftsstruktur und Semantik. Studien zur Wissenssoziologie der modernen Gesellschaft, Bd. 3. Frankfurt/M., S. 149-258.

Luhmann, N. (1988c): Organisation. In: Küpper, W./Ortmann, G. (Hrsg.): Mikropolitik. Rationalität, Macht und Spiele in Organisationen. Opladen, S. 165-185.

Luhmann, N. (1988d): Wie ist Bewußtsein an Kommunikation beteiligt? In: Gumbrecht, H./Pfeiffer, K. (Hrsg.): Materialität der Kommunikation. Frankfurt/M., S. 884-908.

Luhmann, N. (1990a): Die Wissenschaft der Gesellschaft. Frankfurt/M..

Luhmann, N. (1990b): Essays on Self-reference. New York.

Luhmann, N. (1990c): The paradox of system differentiation and the evolution of society. In: Alexander, J.C./Colomy, P. (Hrsg.): Differentiation theory and social change. New York, S. 409-440.

Luhmann, N. (1991): Ich denke primär historisch. In: Religionssoziologische Perspektiven. Deutsche Zeitschrift für Philosophie 39, S. 937-956.

Luhmann, N. (1992a): Beobachtungen der Moderne. Opladen.

Luhmann, N. (1992b): Die Wissenschaft der Gesellschaft. Frankfurt/M.

Luhmann, N. (1992c): Wer kennt Wil Martens? Eine Anmerkung zum Problem der Emergenz sozialer Systeme. In: Kölner Zeitschrift für Soziologie und Sozialpsychologie 44, S. 139-142.

Luhmann, N. (1993a): Das Recht der Gesellschaft. Frankfurt/M.

Luhmann, N. (1993b): Paradoxie der Form. In: Baecker, D. (Hrsg.): Kalkül der Form. Frankfurt/M., S. 197-212.

Luhmann, N. (1994): Die Tücke des Subjekts und die Frage nach den Menschen. In: Fuchs, P./Göbel, A. (Hrsg.): Der Mensch – das Medium der Gesellschaft? Frankfurt/M., S. 40-56.

Luhmann, N. (1995a): Inklusion und Exklusion. In: Luhmann, N.: Soziologische Aufklärung. Band 6. Opladen, S. 237-264.

Luhmann, N. (1995b): Jenseits von Barbarei. In: Luhmann, N.: Gesellschaftsstruktur und Semantik. Studien zur Wissenssoziologie der modernen Gesellschaft. Band 4. Frankfurt/M., S. 138-150.

Luhmann, N. (1995c): Soziologische Aufklärung, Band 6. Die Soziologie und der Mensch. Opladen.

Luhmann, N. (1996): Organisation und Entscheidung. Ms. Bielefeld.

Lullies, V./Bollinger, H./Weltz, F. (1990): Konfliktfeld Informationstechnik. Innovation als Managementproblem. Frankfurt/M./New York.

Lumsden, C.J./Wilson, E.O. (1981): Genes, mind, and culture. Cambridge.

Lutz, B. (1976): Bildungssystem und Beschäftigungsstruktur in Deutschland und Frankreich – Zum Einfluß des Bildungssystems auf die Gestaltung betrieblicher Arbeitskräftestrukturen. In: ISF München (Hrsg.): Betrieb – Arbeitsmarkt – Qualifikation. Frankfurt/M./München, S. 83-151.

Lutz, B. (1984): Der kurze Traum immerwährender Prosperität. Eine Neuinterpretation der industriell-kapitalistischen Entwicklung im Europa des 20. Jahrhunderts. Frankfurt/M./New York.

Lyles, M./Mitroff, I.I. (1980): Organizational Problem Formulation. In: Administrative Science Quarterly 25 (1), S. 109-119.

Lyman, S.M./Scott, M.B. (1975): The drama of

social reality. New York.

Lyotard, J.-F. (1979): La condition postmoderne. Paris.

Lyotard, J.-F. (1987): The postmodern condition. A report on knowledge. Manchester.

Macintosh, N.B./Scapens, R.W. (1990): Structuration Theory in Management Accounting. In: Accounting, Organizations and Society 15 (5), S. 455-477.

MacIntyre, A. (1981): After virtue. London.

MacMillan, K./Farmer, D. (1979): Redefining the Boundaries of the Firm. In: Journal of Industrial Economics 27 (3), S. 277-285.

Magnusson, L. (Hrsg)(1994): Evolutionary and neo-Schumpeterian approaches to economics. London.

Mahnkopf, B. (1988): Der gewendete Kapitalismus. Kritische Beiträge zur Theorie der Regulation. Münster.

Mahoney, J./Pandian, J. R. (1992): The Resource-based View within the Conversation of Strategic Management. In: Strategic Management Journal 13, S. 363-380.

Malerba, F./Orsenigo, L. (1993): Industry Evolution and Artificial Worlds. (Paper presented at the Workshop on Artificial World Models). Santa Fe, NM.

Malerba, F./Orsenigo, L. (1994): The dynamics and evolution of industries. Bocconi Univ., Milano.

Maleri, R. (1994): Grundlagen der Dienstleistungsproduktion. Berlin.

Malik, F. (1986): Strategie des Managements komplexer Systeme. Bern.

Malik, F. (1994): Management-Perspektiven. Bern.

Malinowski, B. (1979): Argonauten des westlichen Pazifik. Frankfurt/M.

Mallarmé, S. (1976): Igitur. Divagations. Un coup de dés. Paris.

Mangham, I.L./Overington, M.A. (1987): Organizations as theatre: A social psychology of dramatic appearances. Chichester.

Manicas, P. (1993): Accounting as human science. In: Accounting, Organizations and Society 18, S. 147-161.

March, J.G./Olsen, J.P. (1976): Ambiguity and choice in organizations. Bergen etc.

March, J.G./Olsen, J.P. (1983): Organizing Political Life: What Administrative Reorganization Tells Us about Government. In: American Political Science Review 77, S. 281-296.

March, J.G./Olsen, J.P. (1984): The New Institutionalism: Organizational Factors in Political Life. In: The American Political Science Review 78, S. 734-749.

March, J.G./Olsen, J.P. (1989): Rediscovering institutions. The organizational basis of politics. New York.

March, J.G./Simon, H.A. (1958): Organizations. New York.

March, J.G./Simon, H.A. (1976): Organisation und Individuum. Wiesbaden.

Marcus, G.E. (1992): Past, Present and Emergent Identities: Requirements for Ethnographies of Late Twentieth-century Modernity World-wide. In: Lash, S./Friedman, J. (Hrsg.): Modernity & identity. Oxford, S. 309-330.

Marcus, G.E./Fischer, M.M. (1986): Anthropology as cultural critique. An experimental moment in the human sciences. Chicago, Ill.

Marcuse, H. (1982): Vernunft und Revolution. Darmstadt/Neuwied.

Marglin, S.A. (1974): What Do Bosses Do? The Origins and Functions of Hierarchy in Capitalist Production. In: The Review of Radical Political Economics Nr. 2, S. 60-112.

Marglin, S.A. (1977): Was tun die Vorgesetzten? Ursprünge und Funktionen der Hierarchie in der kapitalistischen Produktion. In: Duve, F. (Hrsg.): Technologie und Politik, Bd. 8. Reinbeck bei Hamburg, S. 148-203.

Markides, C. (1995): Diversification, Restructuring and Economic Performance. In: Strategic Management Journal 16, S. 101-118.

Markides, C./Williamson, P. (1994): Related Diversification, Core Competences and Corporate Performance. In: Strategic Management Journal 15, S. 149-165.

Markóczy, L./Goldberg, J. (1995): A Method For Eliciting and Comparing Causal Maps. In: Journal of Management 21 (2), S. 305-333.

Marschall, T.H. (1992): Bürgerrechte und soziale Klassen. Frankfurt/M.

Marshall, A. (1948): Principles of economics. 8. Aufl., London.

Martens, W. (1989): Entwurf einer Kommunikationstheorie der Unternehmung. Akzeptanz, Geld und Macht in Wirtschaftsorganisationen. Frankfurt/M.

Martens, W. (1991): Die Autopoiesis sozialer Systeme. In: Kölner Zeitschrift für Soziologie und Sozialpsychologie 43, S. 625-646.

Martens, W. (1992a): Die partielle Überschneidung autopoietischer Systeme. In: Kölner Zeitschrift für Soziologie und Sozialpsychologie 44, S. 143-145.

Martens, W. (1992b): Integraal Management: Een beschouwing over besturing. In: Doorewaard, H./de Nijs, W. (Hrsg.): Integraal management. Leiden/Antwerpen, S. 186-223.

Martens, W. (1995): Die Selbigkeit des Differenten. Über die Erzeugung und Beschreibung sozialer Systeme. In: Soziale Systeme 1, S. 301-321.

Martin, J. (1982): Stories and Scripts in Organizational Settings. In: Hastrof, A.H./Isen, A.M. (Hrsg,): Cognitive social psychology. New York, S. 165-194.

Martin, J./Frost, P. (1996): The Organizational Culture War Games. In: Clegg, S.R./Hardy, C./ Nord, W. (Hrsg.): Handbook of organization studies. London, S. 599-621.

Martin, J./Hatch, M.J./Sitkin, S.B. (1983): The Uniqueness Paradox in Organizational Stories. In: Administrative Science Quarterly 28, S. 438-453.

Marx, K. (1953): Grundrisse der Kritik der politischen Ökonomie. Berlin.

Marx, K. (1968): Das Kapital, Bd. I. In: Karl Marx/Friedrich Engels: Werke (MEW) 23. Berlin.

Marx, K. (1969a): Das Kapital Bd.I. Berlin.

Marx, K. (1969b): Der achtzehnte Brumaire des Louis Bonaparte. In: MEW Bd. 8. Berlin.

Marx, K. (1974): Grundrisse der Kritik der politischen Ökonomie. Berlin.

Marx, K. (1979): Das Kapital. Kritik der politischen Ökonomie. Bd.1, MEW Bd. 23. Berlin.

Marx, K. (1981): Zur Kritik der politischen Ökonomie. In: MEW Bd. 13. Berlin.

Marx, K. (1986): Das Kapital. Kritik der politischen Ökonomie. Bd. 3, MEW Bd. 25. Berlin.

Marx, K./F. Engels (1971): Manifest der Kommunistischen Partei. In: MEW Bd. 4. Berlin.

Mason, R./Mitroff, I. (1981): Challenging strategic planning assumptions. New York.

Maturana, H.R. (1985): Erkennen: Die Organisation und Verkörperung von Wirklichkeit: Ausgewälte Arbeiten zur biologischen Epistemologie. 2. Aufl., Braunschweig.

Mauss, M. (1968): Die Gabe. Frankfurt/M.

Mayer, T. (1993): Truth versus precision in economics. Cambridge.

Maynard, S.J. (1982): Evolution and the theory of games. Cambridge.

Mayntz, R. (1992): Modernisierung und die Logik von interorganisatorischen Netzwerken. In: Journal für Sozialforschung 32 (1), S. 19-32.

Mayntz, R./Rosewitz, B./Schimank, U./Stichweh, R. (1988): Differenzierung und Verselbständigung. Zur Entwicklung gesellschaftlicher Teilsysteme. Frankfurt/New York.

Mayntz, R./Scharpf, F. (Hrsg.)(1995): Gesellschaftliche Selbstregelung und politische Steuerung. Frankfurt/M.

Mayo, E. (1933): Human problems of an industrial civilization. Boston.

Mayr, E. (1988): Toward a new philosophy of biology. Cambridge.

Mayr, E. (1994): Evolution – Grundfragen und Mißverständnisse. In: Ethik und Sozialwissenschaften 5, S. 203-209.

McCloskey, D. (1985): The rhetoric of economics. Madison.

McCloskey, D. (1990): If you're so smart: The narrative of economic expertise. Chicago.

McCloskey, D. (1994). Knowledge and persuasion in economics. Cambridge.

McCulloch, W.S. (1965): Embodiments of mind. Cambridge, Mass.

McGregor, D. (1960): The human side of enterprise. New York.

McGuire, P./Granovetter, M./Schwarz, M. (1993): Thomas Edison and the Social Construction of the Early Electricity Industry in America. In: Swedberg, R. (Hrsg.): Explorations in economic sociology. New York, S. 213-246.

McPhee, R.D. (1985): Formal Structure and Organizational Communication. In: McPhee, R.D./ Tompkins, P.K. (Hrsg.): Organizational communication: Traditional themes and new directions. Beverly Hills etc., S. 145-177.

Meffert, H./Kirsch, W. (1970): Organisationstheorien und Betriebswirtschaftslehre. Schriftenreihe der Zeitschrift für Betriebswirtschaft 1. Wiesbaden.

Mehan, H. (1978): Structuring of School Structure. In: Harvard Educational Review 48, S. 32-64.

Mellerowicz, K. (1952): Eine neue Richtung in der Betriebswirtschaftslehre? In: Zeitschrift für Betriebswirtschaft 22, S. 145-161.

Mellerowicz, K. (1953a): Betriebswirtschaftslehre am Scheidewege? In: Zeitschrift für Betriebswirtschaft 23, S. 265-276.

Mellerowicz, K. (1953b): Idealtypische und realtypische Betrachtungsweise in der Betriebswirtschaftslehre – Zugleich eine Ergänzung des Aufsatzes Kostenkurven und Ertragsgesetz. In: Zeitschrift für Betriebswirtschaft 23, S. 553-567.

Menzies, I. (1974): Die Angstabwehr-Funktion sozialer Systeme – ein Fallbericht. In: Gruppendynamik 5 (3), S. 183-216.

Merelman, R.M. (1969): The Dramaturgy of Politics. In: The Sociological Quarterly 10, S. 216-241.

Merino, B.D. (1993): An Analysis of the Development of Accounting Knowledge: A Pragmatic Approach. In: Accounting, Organizations and Society 18 (2/3), S. 163-185.

Mesarovitch, M./Macko, D./Takahara, Y. (1970): A theory of hierarchical, multilevel systems. New York.

Metcalfe, S. (1988): The Diffusion of Innovation: An Interpretative Survey. In: Dosi, G. et al. (Hrsg.): Technical change in economic theory London, S. 560-589.

Metcalfe, S. (1992): Variety, Structure, and Change: An Evolutionary Perspective on the Competitive Process. In: Revue D'Economie Industrielle 59, S. 46-61.

Metcalfe, S./Gibbons, M. (1989): Technology,

Variety and Organization. In: Rosenbloom, R.S./
Burgelman, R.A. (Hrsg.): Research on technological innovations, management and policy. Greenwich, CT, S. 153-193.

Meyer, J.W. (1986a): Myths of Socialization and Personality. In: Heller, T.C./Sosna, M./Wellbery, D.E. (Hrsg.): Reconstructing individualism. Autonomy, individuality, and the self in western thought. Stanford, S. 208-221.

Meyer, J.W. (1986b): Social Environments and Organizational Accounting. In: Accounting, Organizations, and Society 11, S. 345-356.

Meyer, J.W. (1992): Conclusion. In: Meyer, J.W./ Scott, W.R. (Hrsg.): Organizational environments: Ritual and rationality. Updated edition. Newbury Park etc., S. 262-282.

Meyer, J.W. (1994): Rationalized environments. In: Scott, W.R./Meyer, J.W. (Hrsg.): Institutional environments and organizations: Structural complexity and individualism. Thousand Oaks etc., S. 28-54.

Meyer, J.W./Boli, J./Thomas, G.M. (1994): Ontology and Rationalization in the Western Cultural Account. In: Scott, W.R./Meyer, J.W. (Hrsg.): Institutional environments and organizations: Structural complexity and individualism. Thousand Oaks etc., S. 9-27.

Meyer, J.W./Rowan, B. (1977): Institutionalized Organizations: Formal Structure as Myth and Ceremony. In: American Journal of Sociology 83 (2), S. 340-363.

Meyer, J.W./Rowan, B. (1981): Institutionalized Organizations: Formal Structure as Myth and Ceremony. In: The American Journal of Sociology 83 (2) 1977, S. 340-363. Wieder abgedruckt in: Zey-Ferrell, M./Aiken, M. (Hrsg.): Complex Organizations: Critical Perspectives. Glenview, Ill., S. 303-322.

Meyer, J.W./Scott, W.R. (1983): The institutional environment of organizations. Essays on the effects of social context on organizational structure. Stanford.

Meyer, J.W./Scott, W.R. (Hrsg.)(1992): Organizational environments. Ritual and rationality. Updated edition. Newbury Park.

Meyer, J.W./Scott, W.R./Deal, T.E. (1992): Institutional and Technical Sources of Organizational Structure: Explaining the Structure of Educational Organizations. In: Meyer, J.W./Scott, W.R. (Hrsg.): Organizational Environments: Ritual and Rationality. Updated edition. Newbury Park etc., S. 45-67.

Milgrom, P./Roberts, J. (1990): Bargaining Costs, Influence Costs, and the Organizations of Economic Activity. In: Alt, J.E./Shepsle, K.A. (Hrsg.): Perspectives on positive political economy. Cambridge, S. 57-89.

Milgrom, P./Roberts, J. (1990): The Economics of Modern Manufacturing. In: American Economical Review 80(3), S. 511-528.

Milgrom, P./Roberts, J. (1992): Economics, organisation, and management. Englewood Cliffs und London.

Miller, G.A./Galanter, E./Pribram K.H. (1960): Plans and Structure of Behaviour. New York.

Mills, A.J./Murgatroyd, S.J. (1991): Organizational rules: A framework for unterstanding organizational action. Milton Keynes.

Miner, A.S. (1985): The strategy of serendipity: ambiguity, uncertainty and idiosyncratic jobs. Unpubl. Doctoral Dissertation. Stanford, Graduate School of Business.

Miner, A.S. (1987): Idiosyncratic Jobs in Formalized Organizations. In: Administrative Science Quarterly 32, S. 327-351.

Minsky, M. (1985): The society of mind. London.

Mintzberg, H. (1978): Patterns in Strategy Formation. In: Management Science 24 (9), S. 934-948.

Mintzberg, H. (1983): Power in and around Organizations. Englewood Cliffs, N.J.

Mintzberg, H. (1990): Strategy Formation: Schools of Thought. In: Fredrickson, J. (Hrsg.): Perspectives on strategic management. Grand Rapids etc., S. 105-235.

Mitroff, I./Kilmann, R. (1975): Stories Managers Tell: A New Tool for Organizational Problem Solving. In: Management Review 64, S. 13-28.

Mitroff, I./Emshoff, J.R./Kilmann, R.H. (1979): Assumptions Analysis. In: Management Science 25 (6), S. 583-593.

Moe, T.M. (1984): The New Economics of Organizations. In: American Journal of Political Science 28, S. 739-777.

Mokyr, J. (1990): The lever of riches. New York.

Montgomery, C. (1994): Corporate Diversification. In: Journal of Economic Perspectives 8, S. 163-178.

Montgomery, C./Hariharan, S. (1991): Diversified Expansion by Large Established Firms. In: Journal of Economic Behavior and Organization 15, S. 71-89.

Montgomery, C./Wernerfelt, B. (1988): Diversification, Ricardian Rents, and Tobin's q. In: The Rand Journal of Economics 19, S. 623-632.

Montgomery, C./Wernerfelt, B. (1991): Sources of Superior Performance: Market Share versus Industry Effects in the U. S. Brewing Industry. In: Management Science 37, S. 954-959.

Morgan, G./Frost, P.J./Pondy, L.R. (1983): Organizational Symbolism. In: Pondy, L.R./Frost, P.J./Morgan, G./Dandridge, T.C. (Hrsg.): Organizational symbolism. Greenwich/Connecticut, S. 3-35.

Mueller, D. (1989): Public choice II. Cambridge.

Mueller, D./Tilton, J. (1969): Research and Development Costs as Barriers to Entry. In: Canadian Journal of Economy 2(4), S. 570-579.

Müller, H. P. (1986): Gesellschaft, Moral und Individualismus. Emile Durkheims Moraltheorie. In: Bertram, H. (Hrsg.): Gesellschaftlicher Zwang und moralische Autonomie. Frankfurt/M., S. 71-105.

Müller-Jentsch, W. (1986): Soziologie der industriellen Beziehungen. Eine Einführung. Frankfurt/M.

Müller-Jentsch, W. (Hrsg.)(1998): Konfliktpartnerschaft. Akteure und Institutionen der industriellen Beziehungen. 3. Aufl., München/Mering.

Mumby, D.K. (1988): Communcation and power in organizations: discourse, ideology, and domination. Norwood, N. J.

Münch, R. (1982): Theorie des Handelns. Frankfurt/M.

Münch, R. (1991): Dialektik der Kommunikationsgesellschaft. Frankfurt am Main.

Münch, R. (1994): Zahlung und Achtung. In: Zeitschrift für Soziologie 23, S. 388-411.

Myers-Briggs Inventory (1962): Myers-Briggs inventory, consulting psychologists. Palo Alto, Cal.

Nachbar, J. (1992): Evolution in the Finitely Repeated Prisoner's Dilemma. In: Journal of Economic Behaviour & Organization 19 (3), S. 307-326.

Nagaoka, K. (1980): Brauchen wir eine neue Betriebswirtschaftslehre? Eine Situationsanalyse der deutschsprachigen Unternehmenstheorien aus der Sicht der japanischen kritischen Betriebswirtschaftslehre. In: Koubek, N./Küller, H.D./Scheibe-Lange, I. (Hrsg.): Betriebswirtschaftliche Probleme der Mitbestimmung. Köln, S. 236-262.

Narayanan, V.K./Fahey, L. (1990): Directing Strategic Change: A Dynamic Wholistic Approach. In: Huff A.S. (Hrsg.): Mapping strategic thought. Chichester, S. 109-134.

Naschold, F. (1983): Arbeitspolitik. In: Leviathan 11 (5), S. 11-57.

Neisser, U. (1979): Kognition und Wirklichkeit. Prinzipien und Implikationen der kognitiven Psychologie. Stuttgart.

Nelson, D. (1984): Le taylorisme dans l'industrie américaine. In: Montmollin, M. de/Pastré, O. (Hrsg.): Le taylorisme. Paris, S. 51-66.

Nelson, J.S. (1987): Stories of Science and Politics. In: Nelson, J.S./Megill, A./McCloskey, D.N. (Hrsg.): The rhetoric of human sciences. Language and argument in scholarship and public affairs. Madison, Wisconsin, S. 198-220.

Nelson, J.S. (1993): Account and Acknowledge, or Represent and Control? On Post-modern Politics and Economics of Collective Responsibility. In: Accounting, Organizations and Society 18 (2/3),

S. 207-229.

Nelson, R.R. (1991): Why Do Firms Differ, and How Does It Matter?. In: Strategic Management Journal 12, Special Issue (Winter), S. 61-74.

Nelson, R.R./Rosenberg, N. (1993): Technical Innovation and National Systems. In: Nelson, R.R. (Hrsg.): National innovation systems: A comparative study. New York, S. 3-21.

Nelson, R.R./Winter, S.G. (1974): Neoclassical vs. Evolutionary Theories of Economic Growth: Critique and Prospectus. In: Economic Journal 84 (336), S. 886-905.

Nelson, R.R./Winter, S.G. (1977): In Search of a Useful Theory of Innovation. In: Research Policy 6 (1), S. 36-76.

Nelson, R.R./Winter, S.G. (1982): An evolutionary theory of economic change. Cambridge.

Neuberger, O. (1977): Organisation und Führung. Stuttgart.

Neuberger, O. (1994): Personalentwicklung. Stuttgart.

Neuberger, O. (1994b): Zur Ästhetisierung des Managements. In: Schreyögg, G./Conrad, P. (Hrsg.): Managementforschung 4. Berlin/New York, S. 1-70.

Neuberger, O. (1995): Mikropolitik. Stuttgart.

Neuloh, O. (1956): Die deutsche Betriebsverfassung und ihre Sozialformen bis zur Mitbestimmung. Tübingen.

Nicholson, N./West, M. (1988): Managerial job changes: Men and women in transition. Cambridge etc.

Nicklisch, H. (1920): Der Weg Aufwärts! Organisation. Stuttgart

Nicklisch, H. (1932): Die Betriebswirtschaft. 7. Aufl., Stuttgart.

Nicolini, D./Fabbri, F. (1994): Mappe cognitive dell'organizzazione. Metodologie a confronto. In: Gherardi, S./Strati, A. (Hrsg.): Processi cognitivi dell'agire organizzativo: instrumenti di analisi. Quaderni del Dipartimento di Sociologia e Ricerca Sociale. Trento, S. 61-99.

Noble, D. (1977): America by design. Science, technology and the rise of corporate capitalism. Oxford.

Nonaka, I. (1994): A Dynamic Theory of Organizational Knowledge Creation. In: Organization Science 5 (1), S. 14-37.

Nooteboom, B. (1992): Towards a Dynamic Theory of Transactions. In: Journal of Evolutionary Economics 2 (4), S. 281-299.

North, D.C. (1988): Theorie des institutionellen Wandels. Eine neue Sicht der Wirtschaftsgeschichte. Tübingen.

North, D.C. (1990): Institutions, institutional change, and economic performance. Cambridge.

North, D.C. (1992a): Institutionen, institutioneller

Wandel und Wirtschaftsleistung. Tübingen.

North, D.C. (1992b): Institutions and Credible Commitment. In: Zeitschrift für die gesamte Staatswissenschaft 149, S. 11-23.

North, D.C. (1993): Institutions and Credible Commitment. In: Journal of Institutional and Theoretical Economics 149 (1), S. 11-23.

Nutzinger, H.G. (1976): The Firm as Social Institution: The Failure of the Contractarian Viewpoint. In: Economic Analysis and Workers' Management 10, S. 217-237.

Nutzinger, H.G. (1978): The Firm as a Social Institution: The Failure of the Contractarian Viewpoint. In: Backhaus, J./Eger, Th./Nutzinger, H.G. (Hrsg.): Partizipation in Betrieb und Gesellschaft. Frankfurt/M., S. 45-74.

Nutzinger, H.G. (1982): The Economics of Property Rights. A New Paradigm in Social Science? In: Stegmüller, W./Balzer, W./Spohn, W. (Hrsg.): Philosophy and Economics. Berlin, S. 169-190.

Oestreich, G. (1969): Geist und Gestalt des frühmodernen Staates. Berlin.

Offe, C. (1971): Politische Herrschaft und Klassenstrukturen. Zur Analyse spätkapitalistischer Gesellschaftssysteme. In: Kress, G./Senghaas, D. (Hrsg.): Politikwissenschaft. Eine Einführung in ihre Probleme. Frankfurt/M., S. 155-189.

Orlikowski, W.J. (1992): The Duality of Technology: Rethinking the Concept of Technology in Organizations. In: Organization Science 3 (3), S. 398-427.

Orlikowski, W.J./Robey, D. (1991): Information Technology and the Structuring of Organizations. In: Information Systems Research 2 (2), S. 143-169.

Orlikowsky, W.J./Yates, J. (1994): Genre Repertoire: The Structuring of Communicative Practices in Organizations. In: Academy of Management Review 39, S. 541-574.

Ortmann, G. (1976): Unternehmungsziele als Ideologie. Zur Kritik betriebswirtschaftlicher und organisationstheoretischer Entwürfe einer Theorie der Unternehmungsziele. Köln.

Ortmann, G. (1984): Der zwingende Blick. Personalinformationssysteme – Architektur der Disziplin. Frankfurt/M./New York.

Ortmann, G. (1987): Organisation und Macht. Ein mikropolitischer Ansatz. In: Regtering, H. et al. (Hrsg.): Macht, Norm en Verzet. Tagungsband der flämisch-holländischen Soziologenkonferenz 1986. Amsterdam. Wiederabgedruckt in: Ortmann, G. (1995a): Formen der Produktion. Opladen, S. 29-42.

Ortmann, G. (1990): Mikropolitik und systemische Kontrolle. In: Bergstermann, J./Brandherm-Böhmker, R. (Hrsg.): Systemische Rationalisierung als sozialer Prozeß. Zu Rahmenbedingungen und Verlauf eines neuen betriebsübergreifenden Rationalisierungstyps. Bonn, S. 99-120.

Ortmann, G. (1994): „Lean". Zur rekursiven Stabilisierung von Kooperation. In: Schreyögg, G./Conrad, P. (Hrsg.): Managementforschung 4. Berlin und New York, S. 143-184.

Ortmann, G. (1995a): Formen der Produktion. Organisation und Rekursivität. Opladen.

Ortmann, G. (1995b): Organisation und Psyche. In: Volmerg, B./Leithäuser, T./Neuberger, O./Ortmann, G./Sievers, B. (Hrsg.): Nach allen Regeln der Kunst. Macht und Geschlecht in Organisationen. Freiburg, S. 205-250.

Ortmann, G. (1995c): Unter der Hand. Über die Virulenz verpönter Interaktion. In: Volmerg, B./Leithäuser, T./Neuberger, O./Ortmann, G./Sievers, B. (Hrsg.): Nach allen Regeln der Kunst. Macht und Geschlecht in Organisationen. Freiburg, S. 251-269.

Ortmann, G. (1996): Wiedergänger der Moderne. Derrida, Giddens und die Geister der Aufklärung. In: Soziologische Revue 19, S. 13-25.

Ortmann, G./Windeler, A./Becker, A./Schulz, H.-J. (1990): Computer und Macht in Organisationen. Mikropolitische Analysen. Opladen.

Ortmann, G./Zimmer, M. (1997): Ein Moebius-Band. Strategisches Management, Recht und Politik. (Ms.) Universität Wuppertal.

Orton, J./Weick, K.E. (1990): Loosely Coupled Systems: A Reconceptualization. In: Acadamy of Management Review 15, S. 203-223.

Osterloh, M./Grand, S. (1994): Modelling oder Mapping? Von Rede- und Schweigeinstrumenten in der betriebswirtschaftlichen Theoriebildung. In: Die Unternehmung 48, S. 277-294.

Ouchi, W. (1980): Markets, Bureaucracies and Clans. In: Administrative Science Quarterly 25, S. 129-141.

Outhwaite, W. (1990): Agency and Structure. In: Clark, J./Modgil, C./Modgil, S. (Hrsg.): Anthony Giddens: Consensus and controversy. London, S. 63-72.

Overington, M.A. (1977a): Kenneth Burke and the Method of Dramatism. In: Theory and Society 4, S. 131-156.

Overington, M.A. (1977b): Kenneth Burke as Social Theorist. In: Sociological Inquiry 47 (2), S. 133-141.

Parker, M. (1992): Post-modern Organizations or Postmodern Organization Theory? In: Organization Studies 13 (1), S. 1-17.

Parsons, T. (1951): The social system. Glenncoe, Ill.

Parsons, T. (1956/57): Suggestions for a Sociological Approach to the Theory of Organisations. Teil 1 und 2. In: Administrative Science Quarterly

1, S. 65-85 und 225-239.

Parsons, T. (1961): An Outline of the Social System. In: Parsons, T./Shils, E. u.a. (Hrsg.): Theories of society. New York, S. 30-79.

Parsons, T. (1976): Zur Theorie sozialer Systeme. Opladen.

Parsons, T. (1977): Social systems and the evolution of action theory. New York.

Parsons, T. (1994): Aktor, Situation und normative Muster. Frankfurt/M.

Pavé, F. (1989): L' illusion informaticienne. Paris.

Pekruhl, U. (1996): Probleme organisationalen Wandels: Partizipatives Management und Organisationskultur. In: Brödner, P./Pekruhl, U./Rehfeld, D. (Hrsg.): Arbeitsteilung ohne Ende? Von den Schwierigkeiten inner- und außerbetrieblicher Zusammenarbeit. Mering, S. 115-146.

Pelzer, P. (1995): Der Prozeß der Organisation. Zur postmodernen Ästhetik der Organisation und ihrer Rationalität. Chur.

Pentland, B.T./Rueter,H.J.H. (1994): Organizational Routines as Grammars of Action. In: Administrative Science Quarterly 39, S. 484-510.

Penrose, E. (1952): Biological Analogies in the Theory of the Firm. In: American Econonic Review 42(5), S. 804-819.

Penrose, E. (1959): The theory of the growth of the firm. Oxford.

Perez, C. (1983): Structural Change and the Assimilation of New Technology in the Economic and Social System. In: Futures 15 (5), S. 357-375.

Perrow, C. (1970): Organizational analysis. Belmont, Calif.

Perrow, C. (1979): Complex organizations. New York.

Perrow, C. (1986): Complex organizations: A critical essay. 3. Aufl., Glenview, Ill.

Perrow, C. (1986a): Economic Theories of Organization. In: Theory and Society 15, S. 11-45.

Perrow, C. (1989): Eine Gesellschaft von Organisationen. In: Journal für Sozialforschung 29 (1), S. 3-19.

Perrow, C. (1991): A Society of Organizations. In: Theory and Society 20, S. 725-762.

Peteraf, M. (1993): The Cornerstones of Competitive Advantage: A Resource-based View. In: Strategic Management Journal 14, S. 179-192.

Peters, T.J./Waterman, R.H. (1982): In search of excellence. New York.

Peters, U./Stolz, H.-J. (1991): Ökonomie als Gewaltverhältnis. Zur Theorie der patriachalischkapitalistischen Gesellschaftsformation. Egelsbach.

Petroski, H. (1993): The evolution of useful things. New York.

Petry, F. (1916): Der soziale Gehalt der Marxschen Werttheorie. Jena.

Pettigrew, A.W. (1985): The awaking giant. Oxford.

Pettigrew, A.W. (1987): Context and Action in the Transformation of the Firm. In: Journal of Management Studies 24 (6), S. 649-670.

Pettigrew, A.W. (1992): The Character and Significance of Strategy Process Research. In: Strategic Management Journal 13, Special Issue (Winter), S. 5-16.

Pfeffer, J. (1977): The Ambiguity of Leadership. In: Academy of Management Review 2, S. 104-112.

Pfeffer, J. (1981): Management as Symbolic Action In: Staw, B.M./Cummings, L.L. (Hrsg.): Research in organizational behavior 3. Greenwich, CT, S. 1-52.

Pfeffer, J. (1982): Organizations and organization theory. Boston etc.

Pfeffer, J. (1987a): A Resource Dependence Perspective on Intercorporate Relations. In: Mizruchi, M.S./Schwarz, M. (Hrsg.): Intercorporate relations: The structural analysis of business. Cambridge, S. 25-55.

Pfeffer, J. (1987b): Bringing the Environment Back.. In: The Social Context of Business Strategy. In: Teece, D. (Hrsg.): The competition challenge. Cambridge, Mass., S. 119-135.

Pfeffer, J. (1992): Managing with power. Politics and influence in organizations. Boston, Mass.

Pfeffer, J./Salancik, G.R. (1978): The external control of organizations. A resource dependence perspective. New York.

Picot, A. (1982): Transaktionskostenansatz in der Organisationstheorie. In: Die Betriebswirtschaft 42, S. 267-284.

Picot, A. (1989): Zur Bedeutung allgemeiner Theorieansätze für die betriebswirtschaftliche Information und Kommunikation. In: Kirsch, W./ Picot, A. (Hrsg.): Die Betriebswirtschaftslehre im Spannungsfeld zwischen Generalisierung und Spezialisierung. Wiesbaden, S. 361-379.

Picot, A. (1991): Ein neuer Ansatz zur Gestaltung der Leistungstiefe. In: Zeitschrift für betriebswirtschaftliche Forschung 43, S. 336-357.

Picot, A./Reichwald, R. (1994): Auflösung der Unternehmung. In: Zeitschrift für Betriebswirtschaft 64, S. 547-570.

Picot, A./Reichwald, R./Wigand, R.T. (1996): Die grenzenlose Unternehmung. Wiesbaden.

Piore, M.J./Sabel, C.F. (1984): The second industrial divide: Possibilities for prosperity. New York.

Piore, M.J./Sabel, C.F. (1985): Das Ende der Massenproduktion – Studie über die Requalifizierung der Arbeit und die Rückkehr der Ökonomie in die Gesellschaft. Berlin.

Pirker, R. (1992): Zeit, Macht und Ökonomie. Zur Konstitution und Gestaltbarkeit von Arbeitszeit. Frankfurt/M. und New York.

Pirker, R. (1992a): Märkte als Regulierungsformen

sozialen Lebens. In: Beirat für wirtschafts-, gesellschafts- und umweltpolitische Alternativen (Hrsg.): Vom „obsoleten" zum „adäquaten" marktwirtschaftlichen Denken. Marburg, S. 33-44.

Pirker, T. (1963): Bürotechnik. Zur Soziologie der maschinellen Informationsverarbeitung. Stuttgart.

Pirker, T./Braun, S./Lutz, B./Hammelrath, F. (1955): Arbeiter, Management, Mitbestimmung. Stuttgart/Düsseldorf.

Plotkin, H.C. (1982): Learning, development, and culture: Essays in evolutionary epistemology. New York.

Polanyi, K. (1978): The great transformation. Frankfurt.

Polanyi, M. (1958): Personal knowledge: Toward a post critical philosophy. Chicago.

Polanyi, M. (1967): The tacit dimension. Garden City, N. Y.

Pollak, S. (1987): W Zamecie. (In a Chaos). Afterword to Billy. A. Srebrny Golab. Warszawa, S. 385-397.

Pondy, L.R./Frost, P.F./Morgan, G./Dandridge, T. (Hrsg.)(1983): Organizational symbolism. Greenwich, CT.

Pondy, L.R./Huff, A.S. (1985): Achieving Routine in Organizational Change. In: Journal of Management 11 (2), S. 103-116.

Pondy, L.R./Mitroff, I.I. (1979): Beyond Open Systems Models of Organizations. In: Staw, B.M./Cummings, L.L. (Hrsg.): Research in organizational behavior 1. Greenwich, CT, S. 3-39.

Poole, M.S./DeScantis, G. (1990): Understanding the Use of Group Decision Support Systems: The Theory of Adaptive Structuration. In: Fulk, J./Steinfield, C. (Hrsg.): Organizations and communication technology. Newbury Park, Cal., S. 173-193.

Poole, M.S./Seibold, D. R./McPhee, R. D. (1986): A Structurational Approach to Theory-building in Group Decision-Making Research. In: Hirokawa, R.Y./Poole, M.S. (Hrsg.): Communication and group decision-making. Beverly Hills, Calif., S. 237-264.

Popitz, H./Bahrdt, H.P./Jüres, E.A./Kesting, H. (1957): Technik und Industriearbeit. Soziologische Untersuchungen in der Hüttenindustrie. Tübingen.

Popper, K.R. (1935): Logik der Forschung. Tübingen.

Popper, K.R. (1962): Die Logik der Sozialwissenschaften. In: Kölner Zeitschrift für Soziologie und Sozialpsychologie 14, S. 233-248.

Popper, K.R. (1968): Conjectures and refutations: The growth of scientific knowledge. New York.

Popper, K.R. (1982): Logik der Forschung. Tübingen.

Porac, J.F./Thomas, H. (1990): Taxonomic Mental Models in Competitor Definition. In: Academy of Management Review 15 (2), S. 224-240.

Porter, L.M. (1990a): The crisis of French symbolism. Ithaca, N.J.

Porter, M. (1980): Competitive strategy. Techniques for analyzing industries and competitors. New York.

Porter, M. (1981): The Contribution of Industrial Organization to Strategic Management. In: Academy of Management Review 6, S. 609-620.

Porter, M. (1983): Wettbewerbsstrategie. Frankfurt/M./New York.

Porter, M. (1987): From Competitive Advantage to Corporate Strategy. In: Harvard Business Review 65, S. 43- 59.

Porter, M. (1989): Wettbewerbsvorteile. Frankfurt/M./New York.

Porter, M. (1991): Toward a Dynamic Theory of Strategy. In: Rumelt, R.P./Schendel, D.E./Teece D.J. (Hrsg.): Fundamental issues in strategy: A research agenda. Cambridge, Mass., S. 423-462.

Porter, M.E. (1990b): The competitive advantage of nations. New York.

Posner, R.A. (1974): Theories of Economic Regulation. In: The Bell Journal of Economics and Management Science 5, S. 335-358.

Posner, R.A. (1986): The economic analysis of law. Boston.

Posner, R.A. (1993): The New Institutional Economics Meets Law and Economics. In: Journal of Institutional and Theoretical Economics 149 (1), S. 73-87.

Powell, W.W. (1988): Institutional Effects on Organizational Structure and Performance. In: Zucker, L.G. (Hrsg.): Institutional patterns and organizations. Cambridge, Mass., S. 115-136.

Powell, W.W. (1990): Neither Market nor Hierarchy. Network Forms of Organization. In: Staw, B.M./Cummings, L.L. (Hrsg.): Research in organizational behavior 12. Greenwich, CT, S. 295-336.

Powell, W.W. (1991): Expanding the Scope of Institutional Analysis. In: Powell, W.W./DiMaggio, P.J. (Hrsg.): The new institutionalism in organizational analysis. Chicago, S. 183-203.

Powell, W.W./DiMaggio, P.J. (Hrsg.)(1991): The New institutionalism in organizational analysis. Chicago.

Powell, W.W./Koput, K./Smith-Doerr, L. (1996): Interorganizational Collaboration and the Locus of Innovation: Networks of Learning in Biotechnology. In: Administrative Science Quarterly 41 (1), S. 116-145.

Prahalad, C./Hamel, G. (1990): The Core Competence and the Corporation. In: Harvard Business Review 68 (3), S. 79- 91.

Prasad, P. (1995): Working With the "Smart" Machine: Computerization and the Discourse of

Anthropomorphism in Organizations. In: Studies of Cultures, Organizations and Societies 1 (2), S. 253-266.

Prescott, J.E./Ganesh, U./Gibbons, P.T. (1993): Structuration of strategy. Working paper. University of Pittsburgh. Pittsburgh.

Presthus, R. (1966): Individuum und Organisation. Frankfurt/M.

Preston, A.M./Cooper, D.J./Coombs, R.W. (1992): Fabricating Budgets: A Study of the Production of Management Budgeting in the National Health Service. In: Accounting, Organizations and Society 17 (6), S. 561-593.

Prewo, R./Ritsert, J./Stracke, E. (1973): Systemtheoretische Ansätze in der Soziologie. Eine kritische Analyse. Reinbek bei Hamburg.

Pries, L. (1991): Betrieblicher Wandel in der Risikogesellschaft: empirische Befunde und konzeptionelle Überlegungen. Opladen.

Pries, L./Schmidt, R./Trinczek, R. (1990): Entwicklungspfade von Industriearbeit. Chancen und Risiken betrieblicher Produktionsmodernisierung. Opladen.

Priestley, J.B. (1960): Literature and western man. London.

Prigogine, I./Stengers, I. (1984): Order out of chaos. London.

Probst, G. (1985): Some Cybernetic Principles for the Design, Control and Development of Social Systems. In: Cybernetics and Systems 16, S. 171-180.

Probst, G. (1987): Selbstorganisation. Hamburg.

Probst, G. (1993): Organisation. Landsberg/Lech.

Pugh, D.S./Hickson, D.J./Hinings, C.R./Turner, C. (1968): Dimensions of Organization Structures. In: Administrative Science Quarterly 13, S. 65-105.

Putnam, H. (1987): The faces of realism. LaSalle, Ill.

Putnam, L.L./Pacanowsky, M. (Hrsg.)(1983): Communication and organizations: An interpretive approach. London.

Pyke, F./Sengenberger, W. (Hrsg.)(1992): Industrial districts and local economic regeneration. International Institute for Labour Studies. Geneve.

Ramanujam, V./Varadarajan, P. (1989): Research on Corporate Diversification: A Synthesis. In: Strategic Management Journal 10, S. 523-551.

Ramaprasad, A./Poon, E.A. (1985): Computerized Interactive Technique for Mapping Influence Diagrams: MIND. In: Strategic Management Journal 6, S. 377-392.

Rammert, W. (1991): Research on the Generation and Development of Technology: The State of the Art in Germany. In: Mitteilungen des Verbundes Sozialwissenschaftliche Technikforschung.

Wissenschaftszentrum Berlin 8, S. 72-113.

Ranson, S./Hinings, B./Greenwood, R. (1980): The Structuring of Organizational Structures. In: Adminstrative Science Quarterly 25, S. 1-17.

Rasche, C./Wolfrum, B. (1994): Ressourcenorientierte Unternehmensführung. In: Die Betriebswirtschaft 54 (4), S. 501-517.

Rastetter, D. (1994): Sexualität und Herrschaft in Organisationen. Opladen.

Rebitzer, J.B. (1993): Radical Political Economy and the Economics of Labour Markets. In: Journal of Economic Literature 31, S. 1394-1435.

Reed, M.I. (1992): The sociology of organizations. New York.

Reed, R./DeFilippi, R. (1990): Causal Ambiguity, Barriers to Imitation, and Sustainable Competitive Advantage. In: Academy of Management Review 15, S. 88-102.

Reed, R./Luffman, G. (1986): Diversification: The Growing Confusion. In: Strategic Management Journal 7, S. 29-35.

Reich, M./Devin J. (1981): The Microeconomics of Conflict and Hierarchy in Capitalist Production. In: Reviews of Radical Political Economics 12 (4), S. 27-44.

Reuter, E. (1994): Strategische Allianzen und konglomerate Zusammenschlüsse. In: Neumann, M. (Hrsg.): Jahrestagung 1993. Unternehmensstrategie und Wettbewerb auf globalen Märkten und Thünen-Vorlesung. Schriften des Vereins für Socialpolitik. Bd. 223. Berlin, S. 41-52.

Revans, R.W. (1982): The Origin and Growth of Action Learning. Lund.

Richardson, C.B. (1972): The Organization of Industry. In: Economic Journal 82, S. 883-896.

Richta, R. u. Kollektiv (1968): Zivilisation am Scheideweg (Richta-Report), 2. Aufl., Prag.

Rieger, W. (1928): Einführung in die Privatwirtschaftslehre. Nürnberg.

Riesman, D. (1958): Die einsame Masse. Reinbek b. Hamburg.

Riley, P. (1983): A Structuranist Account of Political Culture. In: Administrative Science Quarterly 28, S. 414-437.

Ritsert, J. (1981): Anerkennung, Selbst und Gesellschaft. Zur gesellschaftlichen Konstitution von Subjektivität in Hegels „Jenaer Realphilosophie". In: Soziale Welt 22 (3), S. 275-311.

Richert, J. (Hrsg.)(1994): Subjekt und Organisation. Neuorientierung gewerkschaftlicher Bildungsarbeit. Münster.

Roberts, J. (1990): Strategy and Accounting in a U.K. Conglomerate. In: Accounting, Organizations and Society 15 (1/2), S. 107-126.

Roberts, J./Scapens, R.W. (1985): Accounting Systems and Systems of Accountability – Understanding Accounting Practices in their Organizational Contexts. In: Accounting, Organizations and Society 10 (4), S. 443-456.

Robins, J./Wiersema, M. (1995): A Resource-based Approach to the Multibusiness Firm: Empirical Analysis of Portfolio Interrelationships and Corporate Financial Performance. In: Strategic Management Journal 16, S. 277-299.

Robson, K. (1991): On the Arenas of Accounting Change: The Process of Translation. In: Accounting, Organizations and Society 16 (5/6), S. 547-570.

Robson, K. (1992): Accounting Numbers as "Inscription": Action at a Distance and the Development of Accounting. In: Accounting, Organizations and Society 17 (7), S. 685-708.

Rock, R./Witt, F.H. (1995): Zur Strukturierung von Zukunftsmärkten: Glanz und Elend der Prognosen zur Entwicklung des Telekommunikationssektors. In: Walger, G. (Hrsg.): Formen der Unternehmensberatung. Köln, S. 41-62.

Roethlisberger, F./Dickson, W. (1939): Management and the worker. Cambridge, Mass.

Röllinghoff, S. (1995): Die Individualisierung des Personaleinsatzes. Unveröffentl. Dissertation. Münster

Röllinghoff, S. (1996): Personale Stellenbildungen und Formen der Organisation: Individualisierung als empirisches Phänomen und theoretische Herausforderung. Manuskript.

Romanelli, E. (1991): The Evolution of New Organizational Forms. In: Annual Review of Sociology 17, S. 79-103.

Romer, P. (1991): Increasing Returns and New Developments in the Theory of Growth. In: Barnett, W. et al. (Hrsg.): Equilibrium theory and applications. Cambridge, S. 83-110.

Roos, L./Hall, R. (1980): Influence Diagrams and Organizational Power. In: Administrative Science Quarterly 25, S. 57-71.

Rorty, R. (1979): Philosophy and the mirror of nature. Princeton, N. J.

Rorty, R. (1991): Objectivity, relativism and truth. Philosophical papers Vol. 1. New York.

Rose, D. (1995): Private Democracy: On Corporate Theories of Persuasion in Public Life. In: Studies of Cultures, Organizations and Societies 1 (2), S. 153-174.

Rosenberg, N. (1976): Perspectives on technology. Cambridge.

Rosenberg, N. (1982): Inside the black box: Technology and economics. Cambridge.

Rosenberg, N./Birdzell, L.E. (1986): How the West grew rich. New York.

Rosenkopf, L./Tushman, M. (1994): The Coevolution of Technology and Organization. In: Baum, J.A.C./Singh, J.V. (Hrsg.): Evolutionary dynamics of organizations. New York, S. 403-424.

Røvik, K.-A. (1996): Deinstitutionalization and the Logic of Fashion. In: Czarniawska-Joerges, B./Sevón, G. (Hrsg.): Travels of Ideas. Berlin, S. 139-172.

Rowan, B. (1982): Organizational Structure and the Institutional Environment: the Case of Public Schools. In: Administrative Science Quarterly 27, S. 259-279.

Ruben, P./Bailey, M. (1992): A positive theory of legal change. Atlanta (Emory U.). (Unpublished manuscript).

Rumelt, R. (1987): Theory, Strategy, and Entrepreneurship. In: Teece, D. (Hrsg.): The competitive challenge. Cambridge, Mass., S. 137-158.

Rumelt, R. (1991): How Much Does Industry Matter? In: Strategic Management Journal 12 (3), S. 167-185.

Rumelt, R./Schendel, D./Teece, D. (Hrsg.)(1994a): Fundamental issues in strategy. A research agenda. Boston, Mass.

Rumelt, R./Schendel, D./Teece, D. (1994b): Fundamental Issues in Strategy. In: Rumelt, R./Schendel, D./Teece, D. (Hrsg.): Fundamental issues in strategy. A research agenda. Boston, Mass., S. 9-53.

Rumpf, M. (1996): Fallbeispiel „Brent Spar" – Beschreibung eines internationalen Konflikts. Arbeitspapier an der Universität Jena.

Ruppert, R. (1994): Individualisierung von Unternehmen. Konzeption und Realisierung. Wiesbaden.

Ryf, B. (1993): Die atomisierte Organisation. Ein Konzept zur Ausschöpfung von Humanpotential. Wiesbaden.

Sabel, C.F./Zeitlin, J. (1993): Stories, strategies, structures: Rethinking historical alternatives to mass production. (manuscript)

Sachs, H. (1992): Lectures on conversation. Oxford.

Sadowski, D. (1991): Humankapital und Organisationskapital – Zwei Grundkategorien einer ökonomischen Theorie der Personalpolitik in Unternehmen. In: Ordelheide, D./Rudolph, B./Busselmann, E. (Hrsg.): Betriebswirtschaftslehre und ökonomische Theorie. Stuttgart, S. 127-143.

Sadowski, D. (1996): Programm und Stand der betriebswirtschaftlichen Rechtsanalyse. In: Sadowski, D./Czap, H./Wächter, H.: Regulierung und Unternehmenspolitik. Methoden und Ergebnisse der betriebswirtschaftlichen Rechtsanalyse. Wiesbaden, S. 1-20.

Sadowski, D./Czap, H./Wächter, H. (1996): Regulierung und Unternehmenspolitik. Methoden und Ergebnisse der betriebswirtschaftlichen Rechtsanalyse. Wiesbaden.

Sadowski, D./Pull, K. (1997): Betriebliche Sozialpolitik politisch gesehen: Erfolgsorientierte vs. verständigungsorientierte Rhetorik in Theorie und Praxis. In: Die Betriebswirtschaft 57 (2), S. 149-166.

Sahal, D. (1981): Patterns of technological innovation. Reading, Mass.

Salancik, G.R./Porac, J.P. (1986): Distilled Ideologies: Values derived from Causal Reasoning in Complex Environment. In: Sims, H.P. Jr./Gioia, D.A. and Associates (Hrsg.): The thinking organization. San Francisco, S. 75-101.

Sampson, E.E. (1985): The Debate on Individualism. In: American Psychologist 43 (1), S. 15-22.

Samuels, W.J. (1987): The Idea of the Corporation as a Person: On the Normative Significance of Judicial Language. In: Samuels, W.J./Miller, A.S. (Hrsg.): Corporations and society. New York etc., S. 113-129.

Samuels, W.J./Mercuro, N. (1984): A Critique of Rent-Seeking Theory. In: Colander, D.C. (Hrsg.): Neoclassical political economy. Cambridge, Mass., S. 55-70.

Sandelands, L.E./Stablein, R.E. (1987): The Concept of Organization Mind. In: DiTomaso, N./Bacharach, S. (Hrsg.): Research in the sociology of organizations V. Greenwich, S. 135-162.

Sandig, C. (1953): Die Führung des Betriebes – Betriebswirtschaftspolitik. Stuttgart.

Sandner, K./Meyer, R. (1994): Verhandlung und Struktur – Zur Entstehung organisierten Handelns in Unternehmen. In: Schreyögg, G./Conrad, P. (Hrsg.): Managementforschung 4. Berlin und New York, S. 185-218.

Sarason, Y. (1995): A Model of Organizational Transformation: The Incorporation of Organizational Identity into a Structuration Theory Framework. In: Morre, D.P. (Hrsg.): Best paper proceedings of the 55th Annual Meeting of the Academy of Management. Vancouver, Canada, S. 47-51.

Saviotti, P./Metcalfe, J.S. (Hrsg.)(1991): Evolutionary theories of economic and technological change. Reading, Mass.

Schank, R.C./Abelson, R. (1977): Scripts, plans, goals and understanding. Hillsdale, N.J.

Schanz, G. (1977): Wege zur individualisierten Organisation. Teil 1: Ein theoretisches Modell. Teil 2: Praktische Konsequenzen. In: Zeitschrift für Organisation 46, S. 183-192 und S. 345-351.

Schein, E.H. (1985): Organizational culture and leadership. San Francisco, Cal.

Schendel, D. (1992a): Introduction to the Summer 1992 Special Issue on „Strategy Process Research". In: Strategic Management Journal 13, Special Issue (Winter), S. 1-3.

Schendel, D. (1992b): Strategy futures: What's left to worry about? Paper prepared for the Conference on „Integral Strategy" at the Graduate School of Business. Indiana University, Bloomington, Ind.

Scherer, A.G. (1995): Pluralismus im Strategischen Management. Wiesbaden.

Scherer, F. (1982): Intra-Industry Technology Flows in the U.S. In: Research Policy 11, S. 227-245.

Scherrer, C. (1988): Der „Social Structure of Accumulation"-Ansatz: Ein Interpretationsmodell des Aufstiegs und Niedergangs der U.S. Ökonomie. In: Prokla 73, S. 131-149.

Schettgen, P. (1995): Arbeit, Leistung, Lohn. Stuttgart.

Schienstock, G. (1991): Managementsoziologie – ein Desiderat der Industriesoziologie? Soziale Welt 42, S. 349-369.

Schienstock, G. (1993a): Management als sozialer Prozeß. Theoretische Ansätze zur Institutionalisierung. In: Ganter, H.D./Schienstock, G. (Hrsg.): Management aus soziologischer Sicht. Unternehmensführung, Industrie- und Organisationssoziologie. Wiesbaden, S. 8-46.

Schienstock, G. (1993b): Soziologie des Managements: Eine Prozeßperspektive. In: Staehle, W.H./Sydow, J. (Hrsg.): Managementforschung 3. Berlin und New York, S. 271-308.

Schimank, U. (1985): Der mangelnde Akteurbezug systemtheoretischer Erklärungen gesellschaftlicher Differenzierung. In: Zeitschrift für Soziologie 14, S. 421-434.

Schimank, U. (1994): Organisationssoziologie. In: Kerber, H./Schmieder, A. (Hrsg.): Spezielle Soziologien. Reinbek, S. 240-254.

Schimank, U. (1996): Theorien gesellschaftlicher Differenzierung. Opladen.

Schlump, U. (1990): Die Rolle des Individuums in der Organisationstheorie. Grundzüge einer kritischen Theorie der Organisation. Frankfurt/M.

Schmalenbach, E. (1926): Dynamische Bilanz. 6. Aufl., Leipzig, zunächst erschienen unter dem Titel „Grundfragen der dynamischer Bilanzlehre" in der Zeitschrift für handelswissenschaftliche Forschung 1919.

Schmalenbach, E. (1933): Dynamische Bilanz. 8. Aufl., Leipzig.

Schmalenbach, E. (1970): Die Privatwirtschaftslehre als Kunstlehre. In: Zeitschrift für betriebswirtschaftliche Forschung 22, S. 490-498.

Schmalensee, R. (1985): Do Markets Differ Much? In: American Economic Review 75, S. 341-351.

Schmalz-Bruns, R. (1989): Ansätze und Perspektiven der Institutionentheorie. Eine bibliographische und konzeptionelle Einführung. Wiesbaden.

Schmidt, G. (1980): Zur Geschichte der Industriesoziologie in Deutschland. In: Soziale Welt 31, S. 257-278.

Schmidt, G. (1984): Rationalisierung und Politik. Einige Überlegungen zum Wandel industrieller

Beziehungen in modernen kapitalistischen Ländern. Forschungsberichte des Forschungsschwerpunkts „Zukunft der Arbeit" Nr. 9. Bielefeld.

Schmidt, G. (1985): Betrieb III. Die sozialen Beziehungen im Betrieb. Stichwortartikel im Staatslexikon, hrsgg. v. d. Görres-Gesellschaft, 7. Aufl., Bd. 1. Freiburg.

Schmidt, G. (1989): Die 'neuen Technologien' als Herausforderung für ein verändertes Technikverständnis industriesoziologischer Forschung. In: Weingart, P. (Hrsg.): Technik als sozialer Prozeß. Frankfurt/M., S. 231-255.

Schmidt, G. (1996): Industriesoziologie in Deutschland am Ende des 20. Jahrhunderts – zwischen starker Tradition und neuen Herausforderungen. In: Flecker, J./Hofbauer, J. (Hrsg.): Vernetzung und Vereinnahmung – Arbeit zwischen Industrialisierung und neuen Managementkonzepten. Sonderband der Österreichischen Zeitschrift für Soziologie 3. Opladen, S. 19-32.

Schmidt, G./Braczyk, H.-J. (1984): Herrschaftsstrukturen und Herrschaftsverhalten im Betrieb. Universität Bielefeld, Forschungsschwerpunkt „Zukunft der Arbeit". Arbeitsbereiche und Forschungsmaterialien, Nr. 8. Bielefeld.

Schmidt, S.J. (Hrsg.)(1987a): Der Diskurs des Radikalen Konstruktivismus. Frankfurt/M.

Schmidt, S.J. (1987b): Der radikale Konstruktivismus: Ein neues Paradigma im interdisziplinären Diskurs. In: Schmidt, S.J. (Hrsg.): Der Diskurs des radikalen Konstruktivismus. Frankfurt/M., S. 11-88.

Schmoller, G. (1901): Grundriß der Allgemeinen Volkswirtschaftslehre. Bd. 1. 4. Aufl., Leipzig.

Schneider, D. (1985a): Allgemeine Betriebswirtschaftslehre. Zweite, neubearbeitete und erweiterte Auflage der „Geschichte betriebswirtschaftlicher Theorie". München und Wien.

Schneider, D. (1985b): Die Unhaltbarkeit des Transaktionskostenansatzes für die „Markt oder Unternehmung" Diskussion. In: Zeitschrift für Betriebswirtschaft 55 (12), S. 1237-1254.

Schneider, D. (1987): Allgemeine Betriebswirtschaftslehre. 3. Aufl., München.

Schneider, S.C./Angelmar, R. (1993): Cognition in Organizational Analysis. In: Organization Studies 14 (3), S. 347-374.

Schoemaker, P.J. (1991): The Quest for Optimality: A Positive Heuristic of Science? In: Behavioral and Brain Sciences 14 (2), S. 205-245.

Schönbauer, G. (1983): Wirtschaftsmitbestimmung im politischen Entscheidungsprozeß. Eine Studie zur politischen Soziologie. Frankfurt/M.

Schönbauer, G. (1987): Die Industrialisierung Bielefelds in der 2. Hälfte des 19. Jahrhunderts. Eine soziologische Untersuchung zur Früh- und Hochindustrie in Preußen. Frankfurt/M.

Schönpflug, F. (1954): Betriebswirtschaftslehre – Methoden und Hauptströmungen der Betriebswirtschaftslehre 2. Aufl., Stuttgart.

Schoppe, S.G./Graf Wass von Czege, A./Münchow, M.M./Stein, I./Zimmer, K. (1995): Moderne Theorie der Unternehmung. München.

Schotter, A. (1981): The economic theory of social institutions. Cambridge.

Schotter, A. (1986): The Evolution of Rules. In: Langlois, R. (Hrsg.): Economics as a process: Essays in the new institutional economics. Cambridge, S. 117-133.

Schreyögg, G. (1991): Der Managementprozeß – neu gesehen. In: Staehle, W.H./Sydow, J. (Hrsg.): Managementforschung 1. Berlin/New York, S. 255-290.

Schreyögg, G. (1992): Zur Logik der Strategischen Unternehmungsführung. In: Management Revue 3, S. 199-212.

Schreyögg, G. (1995): Umwelt, Technologie und Organisationsstruktur: Eine Analyse des kontingenztheoretischen Ansatzes. 3. Aufl., Bern/Stuttgart.

Schreyögg, G./Noss, C. (1995): Organisatorischer Wandel: Von der Organisationsentwicklung zur lernenden Organisation. In: Die Betriebswirtschaft 55, S. 169-185.

Schülein, J.A. (1987): Theorie der Institution. Eine dogmengeschichtliche und konzeptionelle Analyse. Wiesbaden.

Schumann, M./Baethge-Kinsky, V./Kuhlmann, M./Kunz, C./Neumann, U. (1994): Trendreport Rationalisierung. Automobilindustrie, Werkzeugmaschinenbau, Chemische Industrie. Berlin.

Schumpeter, J.A. (1976): Capitalism, socialism, and democracy. 5. Aufl., London.

Schütz, A. (1974): Der sinnhafte Aufbau der sozialen Welt. Eine Einleitung in die verstehende Soziologie. Frankfurt/M.

Schwabe, G. (1995): Objekte der Gruppenarbeit. Ein Konzept für das Computer Aided Team. Wiesbaden.

Schwaninger, M. (1995): Organizational intelligence: Managing for environmental responsibility. St. Gallen.

Schwartz, H./Jacobs, J. (1979): Qualitative sociology. A method to the madness. New York.

Schwegler, H. (1992): Systemtheorie als Weg zur Vereinheitlichung der Wissenschaften? In: Krohn, W./Küppers, G. (Hrsg.): Emergenz: Die Entstehung von Ordnung, Organisation und Bedeutung. Frankfurt/M., S. 27-56.

Schwinn, T. (1995a): Wieviel Subjekt benötigt die Handlungstheorie? In: Revue Internationale de Philosophie 192, S. 187-220.

Schwinn, T. (1995b): Funktion und Gesellschaft – konstante Probleme trotz Paradigmenwechsel in der Systemtheorie Niklas Luhmanns. In: Zeitschrift für Soziologie 24, 196-214.

Scott, A.J./Bergman, D. (1995): The Institutional Resurgence of Southern California? Advance Ground Transportation Equipment Manufacturing and Local Economic Development. In: Environment and Planning C: Government and Policy 13, S. 97-124.

Scott, A.J. (1998): From Sillicon Valley to Hollywood: Growth and Development of the Multimedia Industry in California. In: Braczyk, H.-J./Cooke, P./Heidenreich, M. (Hrsg.): Regional innovation systems. London, S. 136-162.

Scott, W.R. (1981): Organizations: Rational, natural and open systems. Englewood Cliffs, N.J.

Scott, W.R. (1986): Grundlagen der Organisationstheorie. Frankfurt/M./New York.

Scott, W.R. (1987): The Adolescence of Institutional Theory. In: Administrative Science Quarterly 32, S. 493-511.

Scott, W.R. (1991): Unpacking Institutional Arguments. In: Powell, W.W./DiMaggio, P.J. (Hrsg.): The new institutionalism in organizational analysis. Chicago, S. 164-181.

Scott, W.R. (1992): Organizations: Rational, natural, and open systems. 3. Aufl., Englewood Cliffs, NJ.

Scott, W.R. (1994a): Institutional Analysis. In: Scott, W.R./Meyer, J.W. (Hrsg.): Institutional environments and organizations: Structural complexity and individualism. Thousand Oaks etc., S. 81-99.

Scott, W.R. (1994b): Institutions and Organizations. Toward a Theoretical Synthesis. In: Scott, W.R./Meyer, J.W. (Hrsg.): Institutional environments and organizations. Structural complexity and individualism. Thousand Oaks etc., S. 55-80.

Scott, W.R. (1994c): Conceptualizing Organizational Fields. In: Derlien, H.-U./Gerhardt, U./Scharpf, F.W. (Hrsg.): Systemrationalität und Partialinteresse. Festschrift für Renate Mayntz. Baden-Baden, S. 203-221.

Scott, W.R. (1995): Institutions and organizations. Thousand Oaks etc.

Scott, W.R./Meyer, J.W. (Hrsg.)(1994): Institutional environments and organizations. Structural complexity and individualism. Thousand Oaks etc.

Seischab, H. (1954): Erich Gutenberg, die Produktion. Als Anhang in: Schönpflug, F.: Betriebswirtschaftslehre – Methoden und Hauptströmungen der Betriebswirtschaftslehre. Stuttgart, S. 417-452.

Selznick, P. (1949): TVA and the grass roots. A study in sociology of formal organizations. New York.

Selznick, P. (1957): Leadership in administration. New York.

Selznick, P. (1966): Leadership in Administration. In: Golembiewski, R.T./Gibson, F./Cornog, G.Y. (Hrsg.): Public administration: Readings in institu-

tions, processes, behavior. Chicago, S. 412-419.

Selznick, P. (1992): The moral commonwealth. Berkeley.

Semlinger, K. (1993): Effizienz und Autonomie in Zulieferungsnetzwerken. In: Staehle, W.H./Sydow, J. (Hrsg.): Managementforschung 3. Berlin und New York, S. 309-354.

Shapiro, C./Stiglitz, J.E. (1984): Equilibrium Unemployment as a Worker Discipline Device. In: The American Economic Review 74, S. 433-444.

Shapiro, M.J. (1987): The Rhetoric of Social Science: The Political Responsibilities of the Scholar. In: Nelson, J.S./Megill, A./McCloskey, D.N. (Hrsg.): The rhetoric of human sciences. Language and argument in scholarship and public affairs. Madison, Wisconsin, S. 363-380.

Shepard, R./Metzler, J. (1971): Mental Rotation of Three Dimensional Objects. In: Science 171, S. 701-703.

Sheppard, J. (1995): A Resource Dependence Approach to Organizational Failure. In: Social Science Research 24, S. 28-62.

Shleifer, A./Vishny, R. (1991): Takeovers in the '60s and the '80s: Evidence and Implications. In: Strategic Management Journal 12, Special Issue (Winter), S. 51-59.

Shrivastava, P./Mitroff, I.I. (1983): Frames of Reference Managers Use. In: Lamb, R. (Hrsg.): Advances in strategic management 1. Greenwich, CT, S. 216-229.

Shrivastava, P./Schneider, S.C. (1984): Organizational Frames of Reference. In: Human Relations 37 (10), S. 795-809.

Sievers, B. (1986): Beyond the Surrogate of Motivation. In: Organization Studies 7 (4), S. 355-371.

Sievers, B. (1990): Curing the Monster. Some Images and Considerations about the Dragon. In: Gagliardi, P. (Hrsg.): Symbols and artifacts. Views of the corporate landscape. Berlin, S. 207-231.

Sievers, B. (1994): Work, death and life itself. Berlin.

Silberberg, G. (1987): Technical Progress, Capital Accumulation, and Effective Demand: A Self Organizing Model. In: Batten, D./Casti, J./Hohansson, B. (Hrsg.): Economic evolution and structural adjustment. Berlin, S. 116-144.

Silberberg, G./Dosi, G./Orsenigo, L. (1988): Innovation, Diversity and Diffusion: A Self Organizing Model. In: The Economic Journal 98 (393), S. 1032-1054.

Silverman, D./Torode, B. (1980): The material word. Some theories of language and its limits. London.

Simon, H. (1993): Die deutsche Betriebswirtschaftslehre im internationalen Wettbewerb – ein schwarzes Loch? In: Zeitschrift für Betriebswirtschaft Sonderheft 3/93, S. 73-84.

Simon, H.A. (1947): Administrative behavior. New

York.

Simon, H.A. (1951a): Administrative behavior. 6. Aufl., New York.

Simon, H.A. (1951b): A Formal Theory of the Employment Relationship. In: Econometrica 19, July, S. 293-305.

Simon, H.A. (1957): Models of man. New York.

Simon, H.A. (1964): On the Concept of Organizational Goal. In: Administrative Science Quarterly 9 (6), S. 1-22.

Simon, H.A. (1969): The sciences of the artificial. Cambridge, Mass.

Simon, H.A. (1976a): Administrative behavior. 3. Aufl., New York.

Simon, H.A. (1976b): From Substantive to Procedural Rationality. In: Latsis, S. (Hrsg.): Method and appraisal in economics. Cambridge, Mass., S. 129-148.

Simon, H.A. (1979): Rational Decision Making in Business Organizations. In: American Economic Review 69, S. 493-513.

Simon, H.A. (1991): Organizations and Markets. In: Journal of Economic Perspectives 5 (2), S. 25-44.

Simon, H.A./Bonini, C. (1958): The Size Distribution of Business Firms. In: American Economic Review 48, S. 607-717.

Sims, H.P. Jr./Gioia, D. and Associates (Hrsg.) (1986): The thinking organization. San Francisco.

Sims H.P. Jr./Lorenzi P. (1992): The new leadership paradigm. Beverly Hills, Cal.

Sims, D./Gabriel, Y./Fineman, St. (1993): Organizing and organizations. An introduction. London.

Sköldberg, K. (1994): Tales of Change: Public Administration Reform and Narrative Mode. In: Organization Science 5 (2), S. 219-238.

Smelser, N./Swedberg, R. (Hrsg.)(1994): Handbook of economic sociology. Princeton.

Smircich, L. (1983): Concepts of Culture and Organizational Analysis. In: Administrative Science Quarterly 28 (3), S. 339-358.

Smircich, L. (1985): Is the Concept of Culture a Paradigm for Understanding Organizations and Ourselves? In: Frost, P.J./Moore, L.F./Louis, M.R./Lundberg, C.C./Martin, J. (Hrsg.): Organizational culture. Beverly Hills, Cal., S. 55-72.

Smircich, L./Calàs, M./Morgan, G. (Hrsg.)(1992a): New intellectual currents in organization and management theory. Theory development forum. Special issue of The Academy of Management Review 17 (3).

Smircich, L./Calàs, M./Morgan, G. (Hrsg.) (1992b): Theory Development Forum. Special Issues on Theory Building. In: Academy of Management Review 17 (3), S. 404-611.

Smircich, L./Morgan, G. (1982): Leadership: The Management of Meaning. In: The Journal of Applied Behavioral Science 18 (3), S. 257-273.

Smith, C./Child, J./Rowlinson, M. (1990): Reshaping work: the Cadbury experience. Cambridge.

Smith, C.W. (1984): A Case Study of Structuration: The Pure-Bred Beef Business. In: Journal for the Theory of Social Behavior 13, S. 3-18.

Sober, E. (Hrsg.)(1984): Conceptual issues in evolutionary biology. Cambridge.

Soete, L./Turner, R. (1984): Technology Diffusion and the Rate of Technical Change. In: EconOMIC Journal 94(375), S. 612-623.

Solow, R. (1956): A Contribution to the Theory of Economic Growth. In: Quarterly Journal of Economics 70, S. 65-94.

Sombart, W. (1913): Der Bourgeois. München/Leipzig.

Sombart, W. (1902-1927/1987): Der moderne Kapitalismus. Bd. II,1. München.

Spangenberg, J.F.M. (1989): Economies of atmosphere. Assen-Maastricht.

Spencer, H. (1887): The factors of organic evolution. London.

Sprenger, R.K. (1991): Mythos Motivation. Wege aus einer Sackgasse. Frankfurt.

Springer, R. (1996): Industriesoziologie und Praxis organisatorischer Innovationen. Vortrag auf der Sektionssitzung Industriesoziologie am 26./27. April 1996 an der Universität Tübingen.

Sproull, L.S. (1981): Beliefs in Organizations. In: Nystrom, P.C./Starbuck, W. (Hrsg.): Handbook of organizational design II. Oxford, S. 203-224.

Spybey, T. (1984): Traditional and Professional Frames of Meaning in Management. In: Sociology 18 (4), S. 550-562.

Sraffa, P. (1960): Production of commodities by means of commodities. Prelude to a critique of economic theory. Cambridge.

Staber, U./Sydow, J. (1995): Adaptation and Adaptive Capacity: Managerial Issues for Organisations and Interorganizational Networks. In: Proceedings of the British Academy of Management Annual Conference 1995. Sheffield, S. 117-126.

Staehle, W.H.(1973): Organisation und Führung sozio-technischer Systeme. Stuttgart.

Staehle, W.H. (1988): Managementwissen in der Betriebswirtschaftslehre – Geschichte eines Diffusionsprozesses. In: Wunderer, R. (Hrsg) (1988): Betriebswirtschaftslehre als Management- und Führungslehre. 2. Aufl., Stuttgart, S. 3-23.

Staehle, W.H. (1992): Funktionen des Managements. 3. Aufl., Bern.

Staehle, W.H. (1994): Management – Eine verhaltenswissenschaftliche Perspektive. 7. Aufl., München.

Staehle, W.H./Sydow, J. (Hrsg.)(1991): Mangementforschung 1. Berlin.

Staw, B.M. (1981): The Escalation of Commitment to a Course of Action. In: Academy of Management Review 6 (4), S. 577-587.

Stehr, N. (1994): Arbeit, Eigentum und Wissen. Zur Theorie von Wissensgesellschaften. Frankfurt/M.

Stichweh, R. (1995): Zur Theorie der Weltgesellschaft. In: Soziale Systeme 1, S. 29-45.

Stigler, G.J. (1971): The Theory of Economic Regulation. In: The Bell Journal of Economics and Management Science 2, S. 3-21.

Stinchcombe, A.L. (1968): Constructing social theories. New York.

Stinchcombe, A.L. (1990): Milieu and Structure Updated: A Critique of the Theory of Structuration. In: Clark, J./Modgil, C./Modgil, S. (Hrsg.): Anthony Giddens: Consensus and controversy. London, S. 47-56.

Stolz, H.-J./Türk, K. (1992a): Organisation als Verkörperung von Herrschaft. Sozialtheoretische und makrosoziologische Aspekte der Organisationssoziologie. In: Lehner, F./Schmid, J. (Hrsg.): Technik-Arbeit-Betrieb-Gesellschaft. Opladen, S. 125-171.

Stolz, H.-J/Türk, K. (1992b): Individuum und Organisation. In: Frese, E. (Hrsg.): Handwörterbuch der Organisation. 3. Aufl., Stuttgart, Sp. 841-854.

Strati, A. (1992): Organization Culture. In: Széll, G. (Hrsg.): Concise encyclopaedia of participation and co-management. Berlin, S. 578-584.

Strati, A. (1994): Cognitivismo e frammentazione paradigmatica negli studi organizzativi. In: Gherardi, S./Strati, A. (Hrsg.): Processi cognitivi dell'agire organizzativo: strumenti di analisi. Quaderni del Dipartimento di Sociologia e Ricerca Sociale. Trento, S. 10-40.

Strati, A. (1995): L'approccio simbolico allo studio delle organizzazioni. In: Rivista Trimestrale di Scienza dell'Amministrazione 42 (1), S. 49-76.

Strati, A. (1996): Sociologia dell'organizzazione. Paradigmi teorici e metodi di ricerca. La Nuova Italia Scientifica. Roma.

Strelka, J. (1968): Comparative Criticism and Literary Symbolism. In: Strelka, J. (Hrsg.): Perspectives in literary symbolism. University Park, PA, S. 1-28.

Stubbart, C.I./Ramaprasad, A. (1988): Probing Two Executive Chiefs' Schematic Knowledge of the U.S. Steel Industry Using Cognitive Maps. In: Advances in Strategic Management 5, S. 139-164.

Suchanek, A. (1994): Ökonomischer Ansatz und theoretische Integration. Tübingen.

Sugden, R. (1989): Spontaneous Order. In: Journal of Economic Perspectives 3(4), S. 85-97.

Sydow, J. (1985): Organisationsspielraum und Büroautomation. Berlin und New York.

Sydow, J. (1989): Individualisierung in der Arbeitsorganisation? Das Beispiel der Individuellen Datenverarbeitung. In: Drumm, H.J. (Hrsg): Individualisierung in der Personalwirtschaft. Bern, S.

83-96.

Sydow, J. (1992): Strategische Netzwerke – Evolution und Organisation. Wiesbaden.

Sydow, J. (1996): Inter-Organizational Relations. In: Warner, M. (Hrsg.): International encyclopedia of business and management. London, Bd. 3, S. 2360-2371.

Sydow, J. (1998): Understanding the Constitution of Interorganizational Trust. In: Lane, C./Bachmann, R. (Hrsg.): Trust within and among organizations. Oxford (im Druck).

Sydow, J./Kloyer, M. (1995): Managementpraktiken in Franchisingnetzwerken – Erkenntnisse aus sechs Fallstudien. Arbeitspapier Nr. 171 des FB Wirtschaftswissenschaft der Bergischen Universität – Gesamthochschule Wuppertal. Wuppertal.

Sydow, J./van Well, B. (1996): Wissensintensiv durch Netzwerkorganisation – Strukturationstheoretische Analyse eines wissensintensiven Netzwerkes. In: Schreyögg, G./Conrad, P. (Hrsg.): Managementforschung 6. Berlin und New York, S. 191-234.

Sydow, J./Windeler, A. (1996): Managing Interfirm Networks – A Structurionist Perspective. In: Bryant, C.G./Jary, G. (Hrsg.): Anthony Giddens: Critical assessments. Vol. 4, London, S. 455-495.

Sydow, J./Windeler, A./Krebs, M./Loose, A./van Well, B. (1995): Organisation von Netzwerken. Strukturationstheoretische Analysen der Vermittlungspraxis in Versicherungsnetzwerken. Opladen.

Tacke, V./Japp, K.P. (1996): Rationalisierung zwischen Produktivitätssteigerung und Risiko. Ein provokativ zu verstehender Zwischenruf zum state of the art industriesoziologischer Rationalisierungsforschung. Manuskript Universität Bielefeld.

Taylor, F.W. (1947): Scientific management. London.

Taylor, M./Kissling, C. (1983): Resource Dependence, Power Networks and the Airline System of the South Pacific. In: Regional Studies 17, S. 237-250.

Teece, D. (Hrsg.)(1987): The competitive challenge. Cambridge, Mass.

Teece, D./Pisano, G./Shuen, A. (1992): Dynamic Capabilities and strategic management. Arbeitspapier, Berkeley, Cal. & Cambridge, Mass.

Tenkasi, R.V./Boland, R.J., Jr. (1993): Locating Meaning in Organizational Learning: The Narrative Basis of Cognition. In: Woodman, R.W./Pasmore, W.A. (Hrsg.): Research in organizational change and development 7. Greenwich, CT, S. 77-103.

Thompson, G. (1991): Is Accounting Rhetorical? Methodology, Luca Pacioli and Printing. In: Accounting, Organizations and Society 16 (5/6), S. 572-599.

Thompson, J.P. (1967): Organizations in action. New York.

Thompson, P. (1985): The nature of work. An introduction to the debates on the labour process. London.

Thompson, P. (1987): The Labour Process Debate in Großbritannien und den USA. In: Hildebrandt, E./Seltz, R. (Hrsg.): Managementstrategien und Kontrolle. Eine Einführung in die Labour Process Debate. Berlin, S. 13-27.

Tirole, J. (1988): The theory of industrial organization. Cambridge, Mass./London.

Tolbert, P.S./Zucker, L.G. (1983): Institutional Sources of Change in the Formal Structure of Organizations: The Diffusion of Civil Service Reform, 1880 - 1935. In: Administrative Science Quarterly 28, S. 22-39.

Tolman, E.C. (1948): Cognitive Maps in Rats and Men. In: Psychological Review 55, S. 189-208.

Tooby, J./Cosmides, L. (1992): The Psychological Foundations of Culture. In: Barkow, J.H./Cosmides, L./Tooby, J (Hrsg.): The adapted mind. Evolutionary psychology and the generation of culture. Oxford, S. 19-36.

Töpsch, K. (1994): Frauenarbeit im technisch-organisatorischen Wandel. Weibliche Fachkräfte in der Druckindustrie. Berlin.

Townley, B. (1993): Foucault, Power, Knowledge, and its Relevance for Human Resource Management. In: Academy of Management Review 18 (3), S. 518-545.

Townley, B. (1994): Reframing human resources. Power, ethics and the subject at work. London.

Travers, A. (1990): Seeing Through: Symbolic Life and Organization Research in a Postmodern Frame. In: Turner, B. (Hrsg.): Organizational Symbolism. Berlin, S. 271-289.

Trice, H.M./Belasco, J./Alutto, J.A. (1969): The Role of Ceremonials in Organizational Behavior. In: Industrial and Labor Relations Review 23 (1), S. 40-51.

Tullock, G. (1967): The Welfare Costs of Tariffs, Monopolies and Theft. In: Western Economic Journal 5, S. 224-232.

Türk, K. (1976): Grundlagen einer Pathologie der Organisation. Stuttgart.

Türk, K. (1984): Qualifikation und Compliance. In: mehrwert 24, S. 46-67.

Türk, K. (1987): Einführung in die Soziologie der Wirtschaft. Stuttgart.

Türk, K. (1988): (Book Review of) Gareth Morgan: Images of Organizations. In: Organization Studies 9, S. 113-115.

Türk, K. (1989). Neuere Entwicklungen in der Organisationsforschung. Ein Trend Report. Stuttgart.

Türk, K. (1995a): „Die Organisation der Welt". Herrschaft durch Organisation in der modernen Gesellschaft. Opladen.

Türk, K. (1995b): *Mercurius* oder Eine Handelsallegorie als Organisationsallegorie. In: Türk, K.: „Die Organisation der Welt". Herrschaft durch Organisation in der modernen Gesellschaft. Opladen, S. 113-155.

Türk, K. (1995c): Organisation und gesellschaftliche Differenzierung. In: Türk, K.: „Die Organisation der Welt". Herrschaft durch Organisation in der modernen Gesellschaft. Opladen, S. 155-216.

Türk, K. (1995d): Zur Kritik der politischen Ökonomie der Organisation. In: Türk, K.: „Die Organisation der Welt". Herrschaft durch Organisation in der modernen Gesellschaft. Opladen, S. 37-92.

Turner, B.A. (1971): Exploring the industrial subculture. London.

Turner, B.A. (Hrsg.)(1990): Organizational symbolism. Berlin.

Turner, B.A. (1992): The Symbolic Understanding of Organizations. In: Reed, M./Hughes, M. (Hrsg.): Rethinking organization. London, S. 46-66.

Tushman, M.L./Anderson, P.W. (1986): Technological Discontinuities and Organizational Environments. In: Administrative Science Quarterly 31, S. 439-465.

Tushman, M.L./Romanelli, E. (1985): Organizational Evolution: A Metamorphosis Model of Convergence and Reorientation. In: Staw, B.M./Commings, L.L. (Hrsg.): Research in organizational behavior 7. Greenwich, CT, S. 171-222.

Tushman, M.L./Rosenkopf, E. (1992): Organizational Determinants of Technological Change: Toward a Sociology of Technological Evolution. In: Staw, B.M./Commings, L.L. (Hrsg.): Research in Organizational Behavior 14, Greenwich, CT, S. 311-347.

Tyler, S. (1986): Post-modern Ethnography: From Document of the Occult to Occult Document. In: Clifford, J./Marcus, G. (Hrsg.): Writing culture. The poetics and politics of ethnography. Berkeley, S. 122-140.

Tyrell, H. (1978): Anfragen an die Theorie gesellschaftlicher Differenzierung. In: Zeitschrift für Soziologie 7, S. 175-193.

Ulich, E. (1987): Zur Frage der Individualisierung von Arbeitstätigkeiten unter besonderer Berücksichtigung der Mensch-Computer-Interaktion. In: Zeitschrift für Arbeits- und Organisationspsychologie 31 (NF 5), S. 86-93.

Ulrich, D./Barney, J. (1984): Perspectives in Organizations: Resource Dependence, Efficiency, and

Population. In: Academy of Management Review 9, S. 471-481.

Ulrich, H. (1968): Die Unternehmung als produktives soziales System. Bern.

Ulrich, H. (1971): Der systemorientierte Ansatz in der Betriebswirtschaftslehre. In: Kortzfleisch, G. v. (Hrsg.): Wissenschaftsprogramm und Ausbildungsziele der Betriebswirtschaftslehre. Berlin, S. 43-60.

Ulrich, H. (1988a): Von der Betriebswirtschaftslehre zur systemorientierten Managementlehre. In: Wunderer, R. (Hrsg.): Betriebswirtschaftslehre als Management- und Führungslehre. 2. Aufl., Stuttgart, S. 173-190.

Ulrich, P. (1986): Transformationen der ökonomischen Vernunft. Stuttgart.

Ulrich, W. (1988b): Systems Thinking, Systems Practice and Practical Philosophy: a Program of Research. In: Systems Practice 1, S. 137-163.

Unger, R.M. (1987): False necessity. Cambridge..

Utterback, J. (1994): Mastering the dynamics of innovation. Boston.

Utterback, J./Suarez, F. (1993): Innovation, Competition, and Market Structure. In: Research Policy 22, S. 1-21.

Vaassen, B. (1996): Die narrative Gestalt(ung) der Wirklichkeit: Grundlinien einer postmodern orientierten Epistemologie der Sozialwissenschaften. Braunschweig/Wiesbaden.

Vaihinger, H. (1922): Philosophie des Als-Ob. 8. Aufl., Leipzig.

Van Maanen, J. (1988): Tales of the field. Chicago, Ill.

Vanberg, V. (1982): Markt und Organisation. Individualistische Sozialtheorie und das Problem korporativen Handelns. Tübingen.

Vanberg, V. (1983): Organisationsziele und individuelle Interessen. In: Soziale Welt 34, S. 171-187.

Vanberg, V. (1992): Organizations as Constitutional Systems. In: Constitutional Political Economy 3, S. 223-253.

Van de Ven, A.H. (1993): The Institutional Theory of John R. Commons: A Review and Commentary. In: Academy of Management Review 18, S. 129-152.

Varela, F.J./Thompson E./Rosch E. (1991): The embodied mind. Cambridge, Mass.

Vattimo, G. (1985): Fine della modernità. Milano.

Veblen, T. (1898): Why is Economics Not an Evolutionary Science? In: Quarterly Journal of Economics 12, S. 373-397.

Veblen, T. (1915): Imperial Germany and the industrial revolution. New York.

Veil, C. (1995): Wohin geht die Assessment-Center-Entwicklung? In: Zeitschrift für Personalforschung 9 (4), S. 380-400.

Veld, R. in 't (1975): Analyse van organisatieproblemen. Leiden/Antwerpen.

Verspagen, B. (1992): Endogenous Innovation in Neo-classical Growth Models: A Survey. In: Journal of Macroeconomics 14, S. 631-662.

Vincenti, W. (1990): What engineers know and how they know it? Baltimore.

Vincenti, W. (1994): The Retractable Airplane Landing Gear and the Northrup Anomaly: Variation-Selection and the Shaping of Technology. In: Technology and Culture 35, S. 1-33.

Voland, E. (1993): Grundriß der Soziobiologie. Stuttgart.

Volmerg, B./Leithäuser, T./Neuberger, O./Ortmann, G./Sievers, B. (1995): Nach allen Regeln der Kunst. Macht und Geschlecht in Organisationen. Freiburg.

Voß, G.G. (1994): Das Ende der Teilung von »Arbeit und Leben«. An der Schwelle zu einem neuen gesellschaftlichen Verhältnis von Betriebs- und Lebensführung. In: Beckenbach, N./Treeck W. v. (Hrsg.): Umbrüche gesellschaftlicher Arbeit. Sonderband 9 der Sozialen Welt. Göttingen, S. 269-294.

Wacker, G. J. (1981): Toward a Cognitive Methodology of Organizational Assessment. In: The Journal of Applied Behavioral Science 17 (1), S. 114-129.

Waldo, D. (1961): Organization Theory: An Elephantine Problem. In: Public Administration Review 21, S. 210-225.

Walds, D. (1968): The novelist on organization and administration. Berkeley, Cal.

Walgenbach, P. (1994): Mittleres Management. Aufgaben-Funktion-Arbeitsverhalten. Wiesbaden

Walgenbach, P. (1995a): Die Theorie der Strukturierung. In: Die Betriebswirtschaft 55 (6), S. 761-782.

Walgenbach, P. (1995b): Institutionalistische Ansätze in der Organisationstheorie. In: Kieser, A. (Hrsg.): Organisationstheorien. 2. Aufl., Stuttgart, S. 269-301.

Walgenbach, P./Kieser, A. (1995): Mittlere Manager in Deutschland und Großbritannien. In: Schreyögg, G./Sydow, J. (Hrsg.): Managementforschung 5. Berlin und New York, S. 107-165.

Wallerstein, I. (1986): Das Moderne Weltsystem. Die Anfänge kapitalistischer Lndwirtschaft und die europäische Weltökonomie im 16. Jahrhundert. Frankfurt/M.

Wallerstein, I. (1989): Der historische Kapitalismus. 2. Aufl., Berlin/Hamburg.

Walsh, J.P./Fahey, L. (1986): The Role of Negotiated Belief Structures in Strategy Making. In: Journal of Management 12, S. 325-338.

Walsh, J.P./Henderson, C.M./Deighton, J.A. (1988): Negotiated Belief Structures and Decision Performance. In: Organizational Behavior and Human Decision Processes 42, S. 194-216.

Walsh, J.P./Ungson, G.R. (1991): Organizational Memory. In: Academy of Management Review 16 (1), S. 57-91.

Walsham, G./Han, C.-K. (1990): Structuration theory and information systems research. In: DeGross, J.I./Alavi, M./Oppelland, H. (Hrsg.): Proceedings of the Eleventh International Conference on Information Systems. Kopenhagen, S. 53-59.

Walsham, G./Han, C.-K. (1993): Information Systems Strategy Formation and Implementation: The Case of a Central Government Agency. In: Accounting, Management, and Information Technology 3 (3), S. 191-209.

Walton, E.J. (1986): Managers' Prototypes of Financial Firms. In: Journal of Management Studies 23 (6), S. 679-698.

Walz, W.R. (1996): Rechtspolitik und Betriebswirtschaftslehre. Eine juristische Perspektive. In: Sadowski, D./Czap, H./Wächter, H.: Regulierung und Unternehmenspolitik. Methoden und Ergebnisse der betriebswirtschaftlichen Rechtsanalyse. Wiesbaden, S. 23-49.

Watson, T. (1995): Shaping the Story: Rhetoric, Persuasion and Creative Writing in Organizational Ethnography. In: Studies of Cultures, Organizations and Societies 1 (2), S. 301-311.

Weaver, G.R./Gioia, D.A. (1994): Paradigms Lost: Incommensurability vs Structurationist Inquiry. In: Organization Studies 15, S. 565-590.

Weaver, G.R./Gioia, D.A. (1995): Paradigms Lost vs Paradigms Found. (Rejoinder to De Cock and Rickards) In: Organization Studies 16, S. 704-705.

Weber, B. (1994a): Unternehmensnetzwerke aus systemtheoretischer Sicht – Zum Verhältnis von Autonomie und Abhängigkeit in Interorganisationsbeziehungen. In: Sydow, J./Windeler, A. (Hrsg.): Management interorganisationaler Beziehungen. Opladen, S. 275-297.

Weber, H. (1994b): Die Evolution von Produktionsparadigmen: Craft Production, Mass Production, Lean Production. In: Weber, H.: Lean Management – Wege aus der Krise. Organisatorische und gesellschaftliche Strategien. Wiesbaden, S. 21-44.

Weber, H. (1995): Die Organisation und Steuerung des Wandels von Industrien in der moderierten Wirtschaft. In: Soziologie. Discussion paper Nr. 403. Universität Kaiserslautern.

Weber, M. (1924a): Methodologische Einleitung für die Erhebungen des Vereins für Sozialpolitik über Auslese und Anpassung (Berufswahl und Berufschicksal) der Arbeiterschaft der geschlossenen Großindustrie. Gesammelte Aufsätze zur Soziologie und Sozialpolitik. Tübingen, S. 1-60.

Weber, M. (1924b): Zur Psychophysik der industriellen Arbeit. In: Weber, M.: Gesammelte Aufsätze zur Soziologie und Sozialpolitik. Tübingen.

Weber, M. (1956): Wirtschaft und Gesellschaft. Tübingen.

Weber, M. (1964): Wirtschaft und Gesellschaft. Studienausgabe. Köln/Berlin.

Weber, M. (1972): Wirtschaft und Gesellschaft. Tübingen.

Weber, M. (1980): Wirtschaft und Gesellschaft. Tübingen.

Weber, M. (1988): Gesammelte Aufsätze zur Religionssoziologie I. Tübingen.

Weede, E. (1984): Kosten-Nutzen-Kalküle als Grundlage einer allgemeinen Konfliktsoziologie. In: Zeitschrift für Soziologie 13, S. 3-19.

Wehrsig, C. (1984): Koordination und Kontrolle im betrieblichen Informatisierungsprozeß (Diskussionspapier aus dem Lehrforschungsprojekt: Rationalisierungspotentiale und Informationstechnologien). Bielefeld.

Wehrsig, C. (1986): Komplexe Organisationen, Information und Entscheidung. In: Seltz, R./Mill, U./Hildebrandt, E. (Hrsg.): Organisation als soziales System. Berlin, S. 93-102.

Wehrsig, C./Tacke, V. (1992): Funktionen und Folgen informatisierter Organisationen. In: Malsch, T./Mill, U. (Hrsg.): ArBYTE: Modernisierung der Industriesoziologie? Berlin, S. 219-239.

Wehrsig, C./Tacke, V./Holtkamp, A./Bredeweg, U./Bergstermann, J. (1987): Informatisierung und Systemrationalität. Zur Analyse informatisierter Koordination, Kommunikation und Kontrolle in Arbeitsorganisationen (Abschlußbericht eines Lehrforschungsprojektes an der Fakultät für Soziologie der Universität Bielefeld). Bielefeld.

Weick, K.E. (1969): The social psychology of organizing. 2nd ed: 1979. Reading, Mass.

Weick, K.E. (1977): On Repunctuation the Problem of Organizational Effectiveness. In: Goodman, P.S./Pennings, J.M. (Hrsg.): New perspectives on organizational effectiveness. San Francisco, Cal., S. 193-225.

Weick, K.E. (1979): The social psychology of organizing. New York.

Weick, K.E. (1985): Der Prozeß des Organisierens. Frankfurt./M.

Weick, K.E./Bougon, M.G. (1986): Organizations as Cognitive Maps: Charting Ways of Success and Failure. In: Sims, H.P. Jr./Gioia, D.A. and Associates (Hrsg.): The thinking organization. San Francisco, S. 102-135.

Weick, K.E./Browning, L.D (1986): Argument and Narration in Organizational Communication. In: Hunt, J.G./Blair, J.D. (Hrsg.): Yearly review of Management of the Journal of Management 12 (2), S. 243-259.

Weinert, A. (1983): Der Mensch in der Unternehmung. In: Die Unternehmung 37, S. 222-243.

Weingart, P. (Hrsg.)(1989): Technik als sozialer Prozeß. Frankfurt/M.

Weiss, R.M./Miller, L.E. (1987): The Concept of Ideology in Organizational Analysis: The Sociology of Knowledge or the Social Psychology of Beliefs? In: Academy of Management Review 12 (1), S. 104-116.

Weißbach, H.-J. (1990): Zur Bedeutung der Kategorie „Branche" als analytischer Mesoebene. Beitrag zum Kolloquium des IAT in Gelsenkirchen am 4. 12. 1990, Dortmund, Information & Kommunikation 2/90, IUK-Institut für sozialwissenschaftliche Technikforschung, Dortmund.

Well, B. van (1996): Ressourcenmanagement in strategischen Netzwerken. In: Hinterhuber, H.H./Al-Ani, A./Handlbauer, G. (Hrsg.): Das Neue Strategische Management. Wiesbaden, S. 159-185.

Weltz, F. (1996): Reengineering oder Evolution – Wissensverwertung, Macht und Innovation in Unternehmen. In: Braczyk, H.-J./Ganter, H.-D./Seltz, R. (Hrsg.): Neue Organisationsformen in Dienstleistung und Verwaltung. Stuttgart, S. 81-93.

Wenger, E. (1996): Kapitalmarktrecht als Resultat deformierter Anreizstrukturen. In: Sadowski, D./Czap, H./Wächter, H. (Hrsg.): Regulierung und Unternehmenspolitik. Methoden und Ergebnisse der betriebswirtschaftlichen Rechtsanalyse. Wiesbaden, S. 419-458.

Wernerfelt, B. (1984): A Resource-based View of the Firm. In: Strategic Management Journal 5, S. 171-180.

Wernerfelt, B./Montgomery, C. (1988): Tobin's q and the Importance of Focus in Firm Performance. In: American Economic Review 78, S. 246-250.

Weyermann, M./Schönitz, H. (1912): Grundlegung und Systematik einer wissenschaftlichen Privatwirtschaftslehre. Karlsruhe.

Whipp, R./Clark, P.A (1986): Innovation in the auto industry. London.

Whitehead, A. N. (1958): Symbolism. Its meaning and effect. Cambridge.

Whitley, R. (1984): The intellectual and social organization of the sciences. Oxford.

Whittington, R. (1989): Corporate strategies in recession and recovery: social structures and strategic choice. London.

Whittington, R. (1992): Putting Giddens into Action: Social Systems and Managerial Agency. In: Journal of Management Studies 29 (6), S. 693-712.

Whittington, R. (1993): What is strategy – and how does it matter? London.

Whyte, W.H. (1958): Herr und Opfer der Organisation. Düsseldorf.

Wieland, J. (1993a): Die Verwaltung der Wirtschaft und die Wirtschaft der Verwaltung. In: Dammann, K./Grunow, D./Japp, K.-P. (Hrsg.): Die Verwaltung des politischen Systems. Opladen, S. 65-78.

Wieland, J. (1993b): Was ist ökonomische Komplexität? In: Homo Oeconomicus X (3/4), S. 378-382.

Wieland, J. (1996): Ökonomische Organisation, Allokation und Status. Tübingen.

Williams, J. (1990): Strategy and the search for rents: The evolution of diversity among firms. Arbeitspapier, Pittsburgh, Penn.

Williams, J. (1992): How Sustainable is Your Competitive Advantage. In: California Management Review 34 (1), S. 29-51.

Williamson, O.E. (1975): Markets and hierarchies. New York.

Williamson, O.E. (1981a): The Modern Corporation: Origins, evolution, attributes. In: Journal of Economic Literature 19, S. 1537-1568.

Williamson, O.E. (1981b): Transaction Cost Economics: The Governance of Contractual Relations. In: Journal of Law and Economics 22, S. 231-261.

Williamson, O.E. (1984): The Economics of Governance: Framework and Implications. In: Journal of Theoretical Economics 140. Wiederabgedruckt in Langlois, R.N. (Hrsg.): Economics as a process. Essays in the New Institutional Economics. Cambridge, S. 171-202.

Williamson, O.E. (1985): The economic institutions of capitalism. New York.

Williamson, O.E. (1986): Vertical Integration and Related Variations on a Transaction-Cost Economic Theme. In: Stiglitz, J.E./Mathewson, G.F. (Hrsg.): New Developments in the Analysis of Market Structure. London-Basingstoke, S. 149-174.

Williamson, O.E. (1988a): The Logic of Economic Organization. In: Journal of Law, Economics, and Organization 4, S. 65-93.

Williamson, O.E. (1988b): The Economics and Sociology of Organization: Promoting a Dialogue. In: Farkas, G./England, P. (Hrsg.): Industry, firms and jobs. New York, S. 159-185.

Williamson, O.E. (1989): Transaction Cost Economics. In: Schmalensee, R./Willig, R.D. (Hrsg.): Handbook of industrial organization. Amsterdam/New York, S. 136-182.

Williamson, O.E. (1990): Die Institutionen des Kapitalismus. Unternehmungen, Märkte, Kooperationen. Tübingen.

Williamson, O.E. (1990a): Chester Barnard and the Incipient Science of Organization. In: Williamson, O.E. (Hrsg.): Organization theory. From

Chester Barnard to the presend and beyond. Oxford, S. 172-206.

Williamson, O.E. (1990b): A Comparison of Alternative Approaches to Economic Organization. In: Journal of Institutional and Theoretical Economics 146 (1), S. 61-71.

Williamson, O.E. (1991a): Comparative Economic Organization: The Analysis of Discrete Structural Alternatives. In: Administrative Science Quarterly 36, S. 269-296.

Williamson, O.E. (1991b): Introduction. In: Williamson, O.E./Winter, S.G. (Hrsg.): The nature of the firm. Origins, evolution, and development. Oxford, S. 3-17.

Williamson, O.E. (1992): The Evolving Science of Organization. In: Zeitschrift für die gesamte Staatswissenschaft 149, S. 36-63.

Williamson, O.E. (1993): Comparative Economic Organization: The Analysis of Discrete Structural Alternatives. In: Lindenberg, S.M./Schreuder, H. (Hrsg.): Interdisciplinary perspectives on Organization Studies. Oxford, S. 3-37.

Williamson, O.E. (1993a): Opportunism and its critics. In: Managerial and Decision Economics 14, S. 97-107.

Williamson, O.E. (1993b): Calculativeness, Trust and Economic Organization. In: Journal of Law and Economics 36, S. 453-486.

Williamson, O.E. (1993c): Transaction Cost Economics and Organization Theory. In: Industrial and Corporate Change 165 (2), S. 107-154.

Williamson, O.E. (1993d): The Evolving Science of Organization. In: Journal of Institutional and Theoretical Economics 149 (1), S. 36-63.

Williamson, O.E. (1993e): Contested Exchange Versus the Governance of Contractual Relations. In: Journal of Economic Perspectives 7 (1), S. 103-108.

Williamson, O.E. (1993f): Transaction Cost Economics Meets Posnerian Law and Economics. In: Journal of Institutional and Theoretical Economics 149 (1), S. 99-118.

Williamson, O.E. (1994): Efficiency, power, authority and economic organization. (Ms.).

Williamson, O.E. (1996): The mechanisms of governance. New York und Oxford.

Williamson, O.E./Ouchi, W. (1981): The Markets and Hierarchies and Visible Hand Perspectives. In: Van de Ven, A./Joyce, W. (Hrsg.): Perspectives on organization design and behavior. New York, S. 347-418.

Williamson, O.E./Winter, S.G. (Hrsg.)(1991): The nature of the firm. Origins, Evolution, and Development. New York/Oxford.

Willke, H. (1993): Systemtheorie. 4. Aufl., Stuttgart.

Willke, H. (1995a): Systemtheorie II: Interventionstheorie. Stuttgart.

Willke, H. (1995b): Transformation der Demokratie als Steuerungsmodell hochkomplexer Gesellschaften. In: Soziale Systeme 1, S. 283-300.

Willke, H. (1995c): Systemtheorie III – Steuerungstheorie. Stuttgart.

Willmott, H.C. (1981): The Structuring of Organizational Structure. A Note. In: Administrative Science Quarterly 26, S. 470-474.

Willmott, H.C. (1984): Images and Ideals of Managerial Work. A Critical Examination of Conceptual and Empirical Accounts. In: Journal of Management Studies 21, S. 349-368.

Willmott, H.C. (1987): Studying Managerial Work: A Critique and a Proposal. In: Journal of Management Studies 24 (3), S. 249-270.

Wilson, E. (1991): The Sphinx in the city. London.

Wimmer, R. (1989): Die Steuerung komplexer Organisationen. In: Sandner, K. (Hrsg.): Politische Prozesse in Unternehmen. Berlin, S. 131-156.

Wimmer, R. (1991): Zwischen Differenzierung und Integration. In: Gruppendynamik 22, S. 359-389.

Windeler, A. (1989): Mikropolitik und Betriebsratsarbeit – Ansatzpunkte zur Politisierung von EDV-Einführungen. In: Ortmann, G./Windeler, A. (Hrsg.): Umkämpftes Terrain. Managementperspektiven und Betriebsratspolitik bei der Einführung von EDV-Systemen. Opladen, S. 248-312.

Windeler, A. (1992): Mikropolitik – Zur Bedeutung sozialer Praxis in wirtschaftlichen Organisationen. In: Lehner, F./Schmid, J. (Hrsg.): Technik – Arbeit – Betrieb – Gesellschaft. Beiträge der Industriesoziologie und Organisationsforschung. Opladen, S. 85-107.

Windeler, A. (1997): Die Konstitution von Unternehmungsnetzwerken. Ein strukturationstheoretischer Netzwerkansatz. (Diss.) Erlangen.

Windeler, A./Sydow, J. (1995): Action, Structure and Networks: A Structurationist Perspective on Autonomy and Dependence in Interfirm Networks. In: Bouchikhi, H./Kilduff, M./Whittington, R. (Hrsg.): Action, structure, and organizations. Proceedings of a workshop. Essec-IMD, Paris, S. 416-430.

Winter, S.G. (1964): Economic „Natural Selection" and the Theory of the Firm. In: Yale Economic Essays 4 (1), S. 225-272.

Winter, S.G. (1982): An Essay on the Theory of Production. In: Hymans, S.H. (Hrsg.): Economics and the World Around It. Ann Arbor, MI, S. 55-91.

Winter, S.G. (1984): Schumpeterian Competition in Alternative Technological Regimes. In: Journal of Economical Behavioral Organization 5 (3-4), S. 287-320.

Winter, S.G. (1986a): Comments (Rationality of Self and Others in an Economic System) (Adoptive Behavior and Economic Theory). In: Journal of

Business 59 (4), Part 2, S. 427-434.

Winter, S.G. (1986b): The Research Program of the Behavioral Theory of the Firm: Orthodox Critique and Evolutionary Perspective: In: Gilad, B./Kaish, S. (Hrsg.): Handbook of behavioral economics, Vol. A. Greenwich, S. 242-245.

Winter, S.G. (1991): On Coase, Competence, and the Corporation. In: Williamson, O.E./Winter, S.G. (Hrsg.): The nature of the firm. Origins, Evolution, and Development. New York und Oxford, S. 179-195.

Wiseman, R./Bromiley, P. (1991): Risk-Return Associations: Paradox or Artifact? An Empirically Tested Explanation. In: Strategic Management Journal 12, S. 231-241.

Witt, F.H. (1995): Theorietraditionen der betriebswirtschaftlichen Forschung. Wiesbaden.

Witt, U. (1989): The Evolution of Economic Institutions as a Propagation Process. In: Public Choice 62 (2), S. 155-172.

Witt, U. (Hrsg.)(1993): Evolutionary economics. London.

Wollnik, M. (1995): Interpretative Ansätze in der Organisationstheorie. In: Kieser, A. (Hrsg.): Organisationstheorien. 2. Aufl., Stuttgart , S. 303-320.

Womack, J.P./Jones, D.T./Roos, D. (1991): Die zweite Revolution in der Automobilindustrie. Frankfurt/M./New York.

Wood, S. (1986): Neue Technologien, Arbeitsorganisation und Qualifikation: die britische Labour-Process-Debatte. In: Prokla 62, S. 74-104.

Wunderer, R. (Hrsg.)(1988): Betriebswirtschaftslehre als Management- und Führungslehre. 2. Aufl., Stuttgart.

Yanow, D. (1992): Supermarkets and Culture Clash: The Epistemological Role of Metaphors in Administrative Practice. In: American Review of Public Administration 22 (2), S. 89-110.

Yates, J./Orlikowski, W.J. (1992): Genres of Organizational Communication: A Structurational Approach to Studying Communication and Media. In: Academy of Management Review 17 (2), S. 299-326.

Young, H.P. (1993): The Evolution of Conventions. In: Econometria 61(1), S. 57-84.

Zajac, E. (1992): Relating Economics and Behavioral Perspectives in Strategy Research. In: Advances in Strategic Management 8, S. 69-96.

Zan, S. (1988): Introduzione. In: Zan, S. (Hrsg.): Logiche di azione organizzativa. Bologna, S. 15-74.

Zey-Ferrel, M./Aiken, M. (1981): Complex organizations: Critical perspectives. Glenview.

Ziegler, R. (1986): Das Rätsel des Kula-Rings – Eine strukturell-individualistische Erklärungsskizze. In: Ohe, W. v.d. (Hrsg.): Kulturanthropologie. Berlin, S. 421-442.

Zimmer, M. (1995): Wege strategischer Institutionalisierung. (Man.) Wuppertal.

Zimmer, M./Ortmann, G. (1996): Strategisches Management, strukturationstheoretisch betrachtet. In: Hinterhuber, H.H./Al-Ani, A./Handlbauer, G. (Hrsg.): Das neue Strategische Management. Wiesbaden, S. 87-114.

Zucker, L.G. (1977): The Role of Institutionalization in Cultural Persistence. In: American Sociological Review 42, S. 726-743.

Zucker, L.G. (1983): Organization as institutions. In: Bacharach, S.B. (Hrsg.): Research in the sociology of organizations 2. Greenwich, Cn., S. 1-47.

Zucker, L.G. (1986): Production of trust: Institutional Sources of Economic Structure, 1840 - 1920. In: Staw, B.M./Cummings, L.L. (Hrsg.): Research in organizational behavior 8. Greenwich, CT, S. 53-111.

Zucker, L.G. (1987): Institutional Theories of Organizations. In: Annual Review of Sociology 13, S. 443-464.

Zucker, L.G. (1988a): Where do Institutional Patterns come from? Organizations as Actors in Social Systems. In: Zucker, L.G. (Hrsg.): Institutional patterns and organizations. Cambridge, Mass., S. 23-49.

Zucker, L.G. (Hrsg.)(1988b): Institutional patterns and organizations. Cambridge, Mass.

Zucker, L.G. (1991): The Role of Institutionalization in Cultural Persistence. In: Powell, W.W./DiMaggio, P.J. (Hrsg.): The new institutionalism in organizational analysis. Chicago, Ill., S. 83-107.

Zukunftskommission „Wirtschaft 2000" (1993): Aufbruch aus der Krise. Bericht der Zukunftskommission „Wirtschaft 2000" des Landes Baden-Württemberg. Staatsministerium Baden-Württemberg. Stuttgart.

Personenregister

Abelson 393
Abernathy 112
Abolafia 343
Abrahamson 377
Ackermann 409
Ackoff 263; 270
Adam 266; 361; 446
Adorno 30; 125; 167; 488; 490; 494
Agassi 231
Aglietta 183; 203
Aharoni 471
Aiken 410
Airoldi 410
Albach 18; 305; 424; 426; 445f
Albert 224f; 229; 435
Alchian 19; 37ff, 44ff; 54; 68ff; 247
Aldrich 25; 116
Aldrup 225
Alexander 125
Alford 141ff; 580
Alt 29; 342
Althusser 201; 212
Altmann 533; 543; 552; 557
Alutto 374
Alvarez 378
Alvesson 374; 414
Amin 570; 575
Amit 457; 464
Anderson 84; 116
Andrews 457; 480
Anfossi 391
Angelmar 388; 396
Ansari 305
Ansoff 457
Antonio 214; 374
Aoki 13; 49; 117; 451
Apter 367
Archer 352; 353
Argyris 78; 402; 406ff; 422; 488; 490; 520
Arrow 19; 35; 44; 57; 467
Arthur 25; 109ff; 141; 233; 335; 581ff
Asdonk 541
Ashby 265
Ashmore 377
Astley 355f

Audet 401f
Axelrod 402ff
Bader 184
Baecker 297
Baethge 541; 544
Bailey 101
Bain 455f
Bakhtin 364; 369; 373
Baldwin 368
Bamberg 401
Bannister 399
Bantz 400
Barley 342
Barnard 60f; 336; 341; 389; 425; 433f; 519
Barney 48; 347; 453; 457; 467f; 478f; 484f
Baron 32
Barthes 375
Basalla 98
Bateson 154; 164; 167; 178; 399
Baudrillard 302
Baum 116
Baumann 370
Bechtle 533; 543; 577
Beck 316; 386; 504f
Becker 282; 342f
Beck-Gernsheim 504
Beer 263; 265ff
Befu 190
Behr 550f
Belasco 374
Bell, D. 386
Bely 363
Benjamin 124; 180
Bensman 330
Berg 374; 414
Berger, P.L. 145; 147; 168; 173; 229
Berger, U. 533
Bergman 561; 570
Bernstein 352f
Best 561; 570
Bettman 397
Bijker 99; 206
Bion 396
Birdzell 120
Birke 343

Birnberg 350
Blau 464
Blaug 224
Blavatsky 363
Bleicher 425
Blok 361
Boden 342
Bohman 224
Boje 379; 396
Boland 342; 349; 379
Boli 133
Bonazzi 384; 410
Boon 371
Bosetzky 344
Bouchikhi 342f
Boudon 178; 260
Bougon 396f; 402; 405; 407f; 414; 422
Boulding 16
Bourdieu 17; 322; 359; 376
Bower 482
Bowles, M.L. 380ff
Bowles, S. 75; 77; 195; 197; 199
Bowman, C. 402; 406; 423
Bowman, E. 475
Boyd, B. 453
Boyd, R. 93ff; 233
Braczyk 32; 273; 315; 351; 531; 555; 561; 563; 570; 573; 575ff
Brandell 364
Brandt 185
Brauner 339
Braverman 185ff; 192f
Brief 402; 406
Bromiley 475
Brose 550
Brown, R.H. 369
Brown, S.M. 405
Browning 406
Bruch 77; 211f; 214; 546
Brunsson 29f; 149; 299
Bryant 343; 353
Burawoy 181; 191ff; 206; 501
Burgelman 106
Burisch 147; 159
Burke 366ff; 375; 377
Burnett 374

Burns 31; 342; 482
Burr 447
Burrell 355; 379f; 410; 488
Buss 93
Calàs 410
Callon 369; 387
Campbell, D. 96ff; 100
Campbell, J.L. 558; 574
Capps 342
Carroll 113; 452
Casella 118
Cassirer 383
Castanias 462
Chamberlin 484
Chandler 99f
Chatman 396
Chatterjee 474
Checkland 263; 265f; 270; 310
Cheney 377
Child 19; 24; 344; 347; 482; 490
Christensen 116
Christie 369
Churchman 270
Cialdini 404
Ciborra 396; 401
Cioran 363; 368
Clark, B.R. 378
Clark, J. 353
Clark, K. 116
Clark, N. 84
Clark, P.A. 342
Claudel 361
Clegg 16
Clifford 372
Coase 19; 26f; 68; 70f; 76f; 196; 239; 425; 494
Cohen, A. 371f
Cohen, M.D. 415
Coleman 17f; 219f; 223; 227f; 237f; 240ff; 244; 248ff; 319; 321; 451
Collis 457; 460; 462; 467
Commons 19; 26; 64f; 324; 585f
Conlisk 108
Conrad 339
Contractor 342
Conze 170
Cook 238
Cooke 561; 570
Cool 116; 467f
Coombs 342

Cooper, R. 380; 488
Cooter 101
Coriat 204
Corvellec 379
Cosmides 256
Cossette 401f
Covalevski 348
Crozier 334; 344; 490; 578
Cumberlidge 377
Cyert 48; 389f; 396; 415; 418; 425; 436; 458; 481
Czap 328
Czarniawska-Joerges 378ff; 382; 385; 387
Dachler 419; 422
Daft 396
Damasio 233; 256
Dandeker 342
Däubler 352
David 25; 67; 109ff; 141; 335; 505; 581ff; 586
Davis, G.F. 581
Davis, L.E. 119
Day 84; 108
De Bresson 84
De Cock 21; 342
Deal 374
Deiß 540
Delevoy 361; 364; 369
DeMott 378
Demsetz 19; 27f; 37ff; 45f; 54; 68ff; 100; 247
Dennett 528
Denzin 368
Derrida 332; 366; 395
DeScantis 342
Deutschmann 190; 573
Devin 195
Devine 76
Diamanti 367
Dickson 266
Dierickx 467f
DiMaggio 20; 28; 30ff; 48; 127; 138ff; 147; 152; 252; 344; 368; 376; 579; 581; 584ff
Dirsmith 348
Dobb 67
Dobbin 580
Döhl 540
Dore 74
Dosi 79; 84; 98; 108; 116; 480
Douglas 26; 78; 120; 227
Downey, A.P. 406

Downey, H.K. 402; 406
Driver 396
Drucker 386
Dubiel 147
Duda 70; 71; 76f; 196
Dumont 219f
Dunkerley 16
Dunn 397; 400; 402; 405
Durham 93; 94; 118
Durkheim 146; 168; 245; 389; 506
Duschek 330
Ebers 439
Eccles 238; 248
Eco 361; 364f; 369
Edelman 366f
Eden 392; 396; 398f; 401f; 407; 409
Edwards 189; 192; 195; 197; 559
Eisenberg 342
Eisenstadt 140
Eliade 364
Elias 168; 173; 488; 491; 501
Eliasson 84; 108
Eliot 361
Elliot 100
Ellis 292
Emerson 237f; 242f; 464
Empter 342ff
Eraly 342
Ericsson 406
Espejo 267f
Esser, H. 223f; 280; 358
Esser, J. 125
Etzioni 28; 225; 266
Evered 410
Everett 84
Ewald 180
Ezzamel 369
Fabbri 408
Fahey 396; 402; 404
Fama 43; 45; 68; 247
Farmer 350
Fehr 77; 196
Feldman 94
Felsch 342f
Fennekels 512
Feuerbach 181
Feyerabend 418
Fiedler 490
Figenbaum 475

Filby 342
Fineman 379; 487
Fink-Eitel 506; 511; 517
Finney 402; 407; 409
Fiol 25; 401
Fischer 372
Fisher 367; 379
Fiske 401; 404
Fisseni 512
Flam 31; 342
Flecker 575
Fligstein 100
Flood 270
Foerster 268
Foerster, v. 265
Fokkema 380
Fontana 93
Ford, C.M. 414
Ford, J.D. 405
Foti 401
Foucault 164; 168; 366; 385;
　395; 487f; 496; 506ff; 513ff;
　521f; 525
Fox 188
Frank, J. 369
Frank, R. 244
Fransella 399
Freeman, C. 98; 117
Freeman, J.H. 25; 115; 452;
　455
Freeman, R.E. 251
Frese 438f
Frey 118
Friedberg 322; 334; 344; 349;
　490; 564; 566; 577f
Friedeburg 534
Friedland 141ff; 580
Friedman, A. 188
Friedman, D. 85
Friedman, M. 83; 223; 356;
　477
Fromm 168
Frost, P. 416
Frost, P.J. 374f; 379
Frye 361
Fuchs 301
Fukuyama 158
Fürstenberg 267
Furubotn 37; 43; 68

Gabriel, K. 477
Gabriel, Y. 379
Gadamer 375
Gagliardi 379

Gaitanides 524
Galbraith 395
Gambetta 42
Gans 516f
Gardner 392f
Garfinkel 358; 371
Gaugler 426
Gebbert 540
Gebert 490
Geertz 372
Georgescu-Roegen 67
Gergen 421
Gerstenberger 353
Gerver 330
Gherardi 410ff; 415
Ghoshal 26
Gibbons 107
Giddens 16; 19ff; 30ff; 136;
　153; 159f; 168; 176; 178;
　315ff; 328ff; 338f; 341; 343;
　352f; 355; 357ff; 442; 556f;
　565; 578
Gilson 117
Gintis 195f
Ginzberg 396f; 400; 402; 405
Gioia 20f; 32; 342; 396; 414f
Goffman 368; 382
Göhler 125
Goldberg 402
Gondek 342; 353
Gordon 195; 197f
Görg 158
Gort 113
Gotsch 439; 558
Gould 83; 92f; 102; 335
Grabher 561
Graddy 113
Gramsci 169
Grand 32; 356
Granovetter 25; 28; 113; 168;
　494; 520; 584
Grant 347; 457; 464; 467
Gray, B. 396
Greenwood 335
Gregory 343
Griffiths 233
Groenewegen 79
Gross 410
Gul 396
Gutenberg 326; 345; 424f;
　428ff; 437; 448

Habermas 17; 211; 214; 230;
　262; 352; 357f; 442; 506; 516;

518
Hack 206
Hacker 254
Haferkamp 504
Hall, P. 586
Hall, R. 402; 405
Hall, R.I. 396; 398; 402; 404
Hamel 464; 470
Han 279; 342
Hanft 342f
Hannan 25; 113; 115; 452; 455
Harding 418
Hariharan 474
Harnden 267
Harrison, B. 113
Harrison, M.I. 377
Hart 44
Hartmann 363; 565
Hassard 380
Hawley 454
Hayek 120
Hegarty 402; 405
Hegel 59; 317; 368
Heidegger 332; 386
Heidenreich 530; 541; 544;
　551; 561
Heider 406
Heinen 267; 425; 434; 436;
　529
Heinrich 428f
Heisig 541
Held 353
Henderson, R. 116
Henseler 26
Heraclitus 363
Herrigel 557; 561
Hickson 299; 438
Hildebrandt 546
Hinings, C.-R. 335
Hirsch 212
Hirschman 529
Hirshleifer 84; 92
Hirst 201f; 301; 309
Hitt 471
Hitzler 505f; 510
Hobbes 64; 444; 508
Hodgson 67; 73; 75; 82; 87;
　117
Hoffmann 266
Hogenson 366
Holland 90
Holmström 44; 61
Homann 61

Homans 20; 260
Honneth 513; 517f
Hood 377
Höpfl 378
Hopper 350
Horkheimer 200
Hörning 550
Horváth 348
Hosking 421
Hoskisson 471
Hübner 201
Huff 343; 376f; 401f; 404
Hughes 99; 114
Hull 90; 96ff
Hundt 426; 437f
Husserl 292f; 303; 332; 383; 430
Hutter 304; 306; 310; 328
Huysmans 361
Inkeles 173
Isenberg 402; 406
Itaki 459
Iwai 108
Jackson 267; 269ff; 310; 377
Jacobs 400
Jacobsson 380
Jaeggi 535
Jäger 447
Janis 396
Japp 554; 578
Jarry 361
Jary 343; 353
Jeffcutt 380
Jegers 475
Jensen 43; 45; 474
Jepperson 135ff; 141; 143ff
Jeserich 512
Joas 353
Johanson 558
Johnson, B. 362ff
Johnson, G. 402; 406; 423
Johnson, J. 387
Jones, D.T. 579
Jones, M.O. 379
Jöns 342f
Joyce 361
Jürgens 546
Kahn, A.E. 484
Kahn, R.L. 263; 425; 454; 523
Kammerer 548
Kandori 85
Kant 363

Kappelhoff 18; 228; 231ff; 239; 259ff; 439; 464
Kappler 438
Kasper 268f; 271ff
Katz, D. 263; 425; 454; 523
Katz, M. 111; 232
Kauffman 233
Kay 460; 462
Kebir 169
Kelly 398ff
Kennedy 374
Keohane 31
Kepler 88
Kern 51; 316; 540; 548; 555
Kernan 396
Kerst 530; 540; 544
Keupp 504
Keynes 67; 336
Kieser 15f; 24; 269; 276; 316; 333f; 342; 344; 438f; 490
Kiessling 353
Kießling 357ff
Kilduff 342f
Kilmann 378
Kim 475
Kirsch 268f; 274; 276; 333; 425; 434; 437; 439; 442; 458; 477
Kissling 453
Kistner 450
Klein 43; 46; 461
Klepper 113
Kloyer 343
Knesebeck 540
Knight 72; 343
Knights 342; 488; 519
Knorr Cetina 147; 167; 305; 370f; 377; 382; 385ff; 418; 448
Knyphausen-Aufseß 227; 452; 456
Koenen 505
Kögler 507; 509
Köhler 425; 435f
Kohli 505f
Kompa 512
Koppert 426
Kortzfleisch 425
Korzybski 331
Kosík 161; 182
Kosslyn 393
Kotz 205
Kowol 541

Krasner 31
Krauss 561
Krebs 191; 194; 201
Krippendorf 23
Krohn 541
Krupp 15
Kubicek 15f; 24; 276; 438
Kudera 15
Kuhn 97; 101; 507
Künzler 306
Küpper 257; 342; 344
Lado 457
Lakatos 97; 101; 123; 258
Landes 100; 534
Lane 85; 93
Lang 342
Langfield-Smith 402
Langlois 72; 84; 469
Lanzara 388; 396; 401f
Lanzilotti 484
Lappe 186
Lasswell 367
Latour 97; 369f; 377; 387
Laufer 367
Laukkanen 398; 402
Lawrence 438f; 482
Lazonick 27; 116; 467
Leach 372
Learned 480
Leborgne 204
Leibniz 363
Leithäuser 337
Leonardi 570
Lepenies 531
Levasseur 310
Levin 466
Levinthal 116
Lévi-Strauss 235; 371
Levitt 397
Lewin 233
Lewis 342
Lewontin 90
Liebau 208
Liebowitz 25; 583
Lincoln 379
Lindberg 558; 574
Lindenberg 224
Ling 426
Linstead 378; 380
Lipietz 183f; 201ff; 213
Lippman 468
Littek 541; 544
Littler 186; 188; 190ff

Lomi 398
Loose 343
Lord 396; 401
Lorenzer 336ff; 341
Lorsch 438f; 482
Louis 212; 410
Luckmann 145; 229
Luffman 471
Luhmann 17ff; 51; 58; 66; 145;
  162; 166; 168; 178; 211; 247;
  257; 259; 263f; 271f; 274;
  278ff; 291; 294; 299ff; 306ff;
  312ff; 321; 331; 368; 370;
  442; 446; 448; 450; 458; 491;
  522
Lullies 542
Lumsden 93f
Lutz 203; 543; 547f
Lyles 395
Lyman 368
Lyotard 379; 395
Macintosh 342; 348
MacIntyre 173; 382
Magnusson 84
Mahnkopf 194
Mahoney 460
Malerba 113
Maleri 524
Malik 265f; 268f; 275; 333
Malinowski 147; 235; 371
Mallarmé 361ff; 367; 383f
Mangham 377
Manicas 342
Manz 414
March 48; 106; 125; 376; 389f;
  396f; 415; 418; 425; 433f;
  436; 458; 464; 481; 497; 585
Marcus 372f; 380
Marcuse 183; 201; 207
Marengo 79
Marglin 76; 195; 207
Margolis 25; 583
Markides 473ff
Marshall 46; 81f; 84ff; 88; 103;
  122f; 180
Martens 17; 257; 280; 284;
  288; 291; 293; 299; 305; 312;
  314; 333; 438
Martin 378; 380; 416; 530;
  540; 544; 550
Martinez-Coll 84
Marx 67; 126; 159; 161; 166;
  168; 179; 182; 184; 186; 188;

190f; 200; 204; 209f; 213;
  217; 256; 299; 306; 336; 446;
  488; 507; 538; 576f
Maturana 146; 154; 158; 448
Matzner 26
Mauss 236
Mayer 356
Mayntz 177; 301
Mayr 90; 233
McCloskey 23; 26; 32; 336;
  377
McCulloch 392
McGuire 114; 232
Mead 138; 366; 368
Meckling 43; 45
Medvedev 369
Meffert 425; 434
Mehan 342
Mellerowicz 431
Menzies 175; 502f
Merchán 378
Merelman 365ff
Merino 377
Mesarovitch 266
Metcalfe, J.S. 84
Metcalfe, S. 107
Metzler 393
Meyer, J.W. 28ff; 127; 131ff;
  145; 147; 149ff; 176; 196;
  252; 299; 349; 376; 452; 488;
  584; 586
Meyer, R. 342
Michels 389
Milgrom 28; 80; 116
Miller, G.A. 393
Miller, L.E. 406
Mills 342
Miner 520
Minsky 392; 394
Mintzberg 299; 347; 455
Mitchell 379
Mitroff 378; 395; 402; 407;
  409
Moe 31; 36
Mokyr 98
Montgomery 473; 475
Monthoux 378
Moore, J. 44
Moore, M.D. 379
Moran 26
Morgan 16; 21; 295; 355; 373;
  375; 379; 391; 410
Mueller 82; 107; 112; 116

Müller 244
Müller-Jentsch 546
Mumby 342
Münch 243; 288; 304; 311
Murgatroyd 342
Murray 366
Nagaoka 435; 438
Nanetti 570
Narayanan 402; 404
Naschold 187; 546
Neisser 339
Nelson, D. 390
Nelson, J.S. 367
Nelson, R.R. 73; 79; 83f; 95;
  98; 106; 108; 114; 457; 467;
  581
Neuberger 32; 164; 173; 342;
  344; 519; 523ff
Neuloh 534
Newton 88
Nicholson 520
Nicklisch 427
Nicolini 408; 418ff;
Nietzsche 363
Noble 206
Nonaka 359
Nooteboom 78
North 17; 26; 32; 36; 118ff;
  125; 223; 257; 261; 335; 441f;
  581; 586
Noss 267; 276
Nutzinger 44; 70; 79
Oberbeck 541
Oestreich 168
Offe 172
Olsen 125; 376; 497
Olson 377
Orlikowski 342; 345f
Orsenigo 113
Ortmann 15; 20; 22; 25; 30;
  32; 140f; 151ff; 175; 178; 196;
  233; 257; 280; 299; 319; 321;
  325; 327f; 331ff; 340; 342;
  344f; 348; 353; 355ff; 436;
  442; 487; 490; 500; 510; 522;
  542; 547; 553; 565; 573; 578
Orton 296
Osterloh 32
Ouchi 42; 48; 62
Outhwaite 353
Overrington 367
Pacanowsky 379

Pandian 460
Paradeise 367
Pareto 121; 389
Parker 380
Parsons 17; 127; 145; 177; 243; 257; 263; 291; 301; 306; 321; 424; 446; 458
Pavé 349
Pejovich 37; 68
Pekruhl 342
Pelzer 488
Penrose 463
Pentland 342
Perez 117
Perrow 16; 20; 44; 55; 263; 266; 314
Peteraf 460; 484
Peters 166
Petry 200
Pettigrew 342; 480
Petty 404
Pfeffer 373; 414; 452ff; 458f; 463ff; 471; 478f; 481; 483
Picot 350; 439; 448; 465
Piore 115; 117; 558
Pirker 75; 228; 439; 442
Pirker, R. 28; 68
Pirker, T. 534f
Plato 363; 383
Plotkin 96
Polanyi, K. 168; 178; 236
Polanyi, M. 399; 467
Pollak 363
Pondy 375f; 379; 395
Poole, M.S. 342
Poole, P.P. 396; 414
Poon 402; 407
Popitz 534
Popper 96; 231; 417; 435
Porac, J.F. 396
Porac, J.P. 396; 402; 405f
Porter, L.M. 362
Porter, M. 347; 356; 455; 457; 461; 472
Porter, M.E. 561
Posner 32; 48; 100; 257
Powell, A. 350
Powell, W.W. 25; 28; 30ff; 118; 127; 138ff; 147; 152f; 238; 252; 344; 368; 376; 579; 584f
Prahalad 464
Prasad 378

Prescott 342
Presthus 173; 488; 490
Preston 377
Prewo 15
Pries 343; 540
Priestley 361; 364
Probst 267ff; 274ff; 333
Pugh 438
Pull 23; 344
Putnam, H. 395
Putnam, L.L. 379
Pyke 570
Pythagoras 363
Ramaprasad 402; 407
Rammert 541
Ranson 341f
Rasche 347
Rastetter 488
Rebitzer 195
Reed, M. I. 342; 410
Reed, R. 468; 471
Reich 76; 195
Reichwald 350
Reuter 54
Revans 409
Ricardo 67
Richerson 93ff; 233
Richert 490
Richta 537
Richter 43
Rickards 21; 342
Rieger 427; 443
Riesman 168
Riley 342
Ritsert 316f
Roberts 28; 80; 116; 342; 349
Robins 474; 476
Robson 369; 377
Rock 445
Roe 117
Roethlisberger 266
Röllinghoff 488; 520
Romanelli 114
Romer 103
Roos 402; 405
Rorty 370; 383; 395
Rose 378
Rosenberg 98; 114; 120
Rosenkopf 99; 114
Røvik 377
Rowan 28ff; 127; 132; 147; 149; 151; 196; 252; 299; 376; 584

Ruben 101
Rubenfeld 101
Rueter 342
Ruggie 31
Rumelt 107; 116; 452f; 461; 468; 480
Rumpf 477
Ruppert 488; 519
Ryf 488
Sabel 115; 117; 548; 557f
Sablowski 191; 194
Sadowski 23; 245; 328; 344; 451
Salaman 188; 190; 191
Salancik 396; 402; 405; 452ff; 458f; 463ff; 471; 478f; 481
Sampson 419
Samuels 32
Sandelands 395
Sandig 431
Sandner 342
Sarason 342
Sauer 552
Saviotti 84
Scapens 342; 348
Schank 393
Schanz 488; 519
Scharpf 301
Schein 374; 396
Schendel 116; 452f; 480
Scherer, A.G. 356
Scherer, F. 476
Scherrer 199
Schettgen 487
Schienstock 342; 546; 563; 575
Schimank 177; 285; 288; 303; 312
Schlump 490
Schmalenbach 427; 442
Schmalensee 455
Schmalz-Bruns 125
Schmidt, G. 530; 541; 550; 576
Schmidt, S.J. 421
Schmoller 63f
Schneider, D. 301; 426; 439; 446
Schneider, S.C. 388; 396f
Schoemaker 104; 457; 464
Schoenmaker 308
Scholes 270
Schön 78; 401f; 406ff
Schönbauer 342f

Schönitz 427
Schönpflug 426
Schopenhauer 363
Schoppe 440f
Schotter 118
Schreyögg 267; 269; 274; 276; 444; 482f
Schülein 125
Schumann 540; 545; 555; 576
Schumpeter 104; 117
Schütz 150; 290; 330ff
Schwaninger 276f
Schwegler 265
Schwinn 280; 285
Scott, A.J. 561; 570
Scott, M.B. 368
Scott, W.R. 16ff; 116; 125; 149; 342; 344; 351; 376; 410; 579; 586
Seibold 342
Seischab 431
Seltz 546
Selznick 20; 311; 373; 452; 457
Semlinger 350
Serres 369
Shapiro, C. 77; 111; 232
Shapiro, M.J. 367
Shepard 393
Sheppard 453
Shleifer 472
Shrivastava 397
Sievers 381; 490; 496
Silverberg 110
Silverman 368
Simon, H. 447
Simon, H.A. 15f; 26; 61; 80; 88; 106; 224f; 299; 374; 389; 392; 406; 425; 433f; 436; 464; 570
Sims, D. 379
Singh 116
Smircich 373; 375; 410; 414; 420; 422
Smith, A. 67; 446
Smith, C. 342
Smith, C.W. 343
Smith, D.H. 173
Snyder 379
Sober 90
Soete 107
Sombart 63
Spangenberg 56; 61
Spencer 91; 363

Springer 575
Sproull 396
Spybey 342
Sraffa 67
Staber 343
Stablein 395
Staehle 24; 267; 274; 276; 318; 346f; 426; 439; 445
Stalker 482
Stanley 342
Staw 396
Stehr 386
Steiner 363
Stengers 85
Steven 450
Stichweh 301
Stigler 32
Stiglitz 77
Stinchcombe 31; 352
Stolz 166; 209; 319; 490
Strati 392; 410; 412; 416; 418f; 420; 421ff
Strelka 367f
Strindberg 361
Stubbart 404
Suarez 113
Suchanek 223; 246
Sugden 118
Sydow 20; 22; 24; 32; 140; 153; 178; 238; 245; 248; 280; 326; 328; 339; 343; 346; 350ff; 355f; 442; 447; 520; 522; 577f
Tacke 533; 554; 577f
Tankasi 379
Taylor, F.W. 390f
Taylor, S.E. 401; 404
Teece 452f; 464
Tenkasi 342
Thomas 133; 396; 475
Thompson, E. 377; 395
Thompson, G. 301; 309
Thompson, J.B. 353
Thompson, J.P. 425; 454; 481; 485
Thompson, P. 188
Thrift 570; 575
Tilton 82; 112
Tirole 456
Tolman 397
Tooby 256
Töpsch 540
Torode 368

Townley 488
Travers 380
Trice 374; 376
Tullock 328
Türk 16f; 20; 29; 33; 160; 165; 167; 169; 173; 175; 177ff; 183; 190; 197; 207; 209ff; 214; 252; 303; 316; 319; 328; 344; 349; 442; 446; 448; 488; 490; 496; 500; 503; 520
Turner, B.A. 374ff; 379; 416
Turner, R. 107
Turner, V. 371
Tushman 99; 114; 116
Tyler 373
Tyrell 304
Ulich 519
Ulrich, H. 425; 438
Ulrich, W. 270
Unger 396; 401
Ungson 397
Utterback 109; 112f; 116
Vaassen 421
Vaihinger 448
Valéry 361
Van de Ven 26; 355; 585f
Van Maanen 378
van Well 343
Vanberg 237; 246ff
Varadarajan 471
Varela 393f
Vattimo 395
Veblen 30; 32; 116; 123; 334; 336; 368
Veil 512
Verlaine 361
Verspagen 103
Vincenti 98ff; 103; 106
Vishny 472
Voland 256
Volmerg 337
Voß 550
Vygotsky 366
Wacker 399; 402; 405
Waldo 374; 378
Walgenbach 24; 125; 342ff; 357
Wallerstein 137; 145; 162; 176; 210
Walsh 396f
Walsham 342
Walton 396

Walz 328
Watson 368; 378
Weaver 20f; 32; 342
Weber, B. 351
Weber, H. 575
Weber, M. 126; 168; 176; 209;
    220; 223; 247; 389; 410; 488;
    504; 507; 530; 538f; 556ff;
    563; 580
Weede 242
Wehrsig 533; 544; 577
Weick 20; 268; 339; 396f; 402;
    406f; 415; 487; 489; 522; 585
Weingart 541
Weiss 406
Weißbach 540
Weisskopf 195
Weitz 397
Weltz 569; 578
Wenger 328
Wernerfelt 463f; 466; 473ff
West 120; 135; 151; 520
Weyermann 427
Whipp 342
White 238; 248
Whitehead 291
Whitley 314

Whittington 341f; 347
Whyte 168
Wiedemann 535
Wieland 26; 28; 46; 59; 61f;
    66; 442; 557
Wiersema 474; 476
Williams 468; 478
Williamson, O.E. 25f; 28; 36;
    48f; 51; 54; 57ff; 62; 65; 70ff;
    100; 118; 125; 196; 223; 247;
    425; 439ff; 452; 581; 583ff
Williamson, P. 475
Willke 268; 271ff; 277; 285;
    301; 311; 445
Willmott 341f; 488; 519
Wilson, E. 380
Wilson, E.O. 93f
Wimmer 268f; 271; 273
Windeler 20; 22; 32; 140; 153;
    280; 342ff; 351; 355f; 442;
    522
Winter 27; 50; 73; 79; 83f; 86;
    95; 98; 104ff; 108; 110; 116;
    467; 581
Wiseman 475
Witt, F.H. 336; 426; 444f; 449;
    451

Witt, U. 84
Wolff 380; 382
Wolfrum 347
Wollnik 22
Womack 345
Wood 188
Woodward 39; 42; 44ff
Woolf 361
Wunderer 425
Wundt 363; 368
Yanow 365; 377
Yates 342
Yeats 361
Young 85
Zajac 479
Zammuto 356
Zan 411
Zeitlin 115; 201f
Ziegler 231
Zimmer 327; 342; 348
Zola 361
Zucker 127ff; 138; 147; 263;
    376

Sachregister

Abhängigkeit 18; 47; 53; 64; 71; 79; 161; 164; 227; 238; 307; 333f; 343; 441; 443; 465f; 478; 481f; 498; 547; 559; 572

Absatz 424; 433

Abschirmfunktion von Organisationen 554

Absichtserklärungen 553

Abstraktion 150; 429; 500f

AC 460; 512ff; 526 (*s.a. Assessment Center*)

accountants 348

accounting 135; 348ff; 377; 381; 384

accounts 348; 366

action
- disciplinary 69
- political 114
- symbolic 376; 384

adaptation 90; 390

added value 460; 462f

administrative behavior 15

age of organizations 381

Agencytheorie 35f; 42; 45; 328

agents 23; 43f; 68; 136; 153; 248; 251; 253ff; 317; 370

Agenturkosten 43

Akkumulationsprozeß, gesellschaftlicher 547

Akkumulationsregime 183; 202f; 215

Akquisition 471; 474; 482

Akteure 16; 24; 33; 38; 41; 47; 52; 57; 60; 63; 65f; 75; 132ff; 136ff; 148; 170f; 174; 177; 186; 188; 194; 199; 211; 213f; 219; 221f; 224; 226ff; 231ff; 236; 238ff; 246; 248ff; 259f; 270; 278; 280; 316ff; 329; 344; 346; 348; 351; 357; 359; 419; 459; 482; 489f; 493; 496; 499f; 502; 518; 521; 525; 538; 551f; 559; 561f; 564ff; 571; 573f; 577
- individuelle 260
- individuelle und kollektive 554
- korporative 31; 130; 134; 219; 248f; 251ff; 278; 316; 328; 351; 451
- soziale 213

Akteurskonstellationen 542; 559; 568f

Akteursmodell 318; 339

Akzeptanz 22; 42f; 45; 146; 155; 288f; 295; 299; 305; 307; 528

alienation 64; 381

Allianzen 215f; 235; 350; 456; 470; 578

Allokation 35; 46; 64; 70; 79; 465f; 566

Ambiguität 356; 415; 468; 485

analogy 81; 361; 365; 382; 386f

analysis
- of politics 367
- of rhetoric 367
- dramatistic 367
- evolutionary 84f; 95

Angemessenheitsprinzip 432

Anpassung 25; 29f; 50; 73; 168; 285; 334; 439; 444; 482; 539; 543; 569; 584
- isomorphische 139

Anpassungseffizienz 49; 51

Anpassungsmöglichkeit 71

Anreizstrukturen 78f

Anschlußkommunikationen 569

anthropologists 371f; 385

anthropology 360; 365f; 371f; 385

Anthropomorphisierung 492

anxieties 366

Arbeit 20; 30; 32; 39; 48; 57; 62; 68; 71; 76f; 80; 127; 130; 141; 145; 159; 163; 167; 180; 186f; 189; 192; 194; 197; 199; 207; 210; 213f; 220; 255; 273; 277; 292; 324; 327f; 336f; 339; 341; 345; 431; 463; 488; 489f; 492f; 496; 503; 505; 511; 529; 530; 533; 535ff; 541; 543ff; 547; 550; 557; 559; 576; 580ff

Arbeiterinteressen 536

Arbeiterpräferenzen 77

Arbeiterschaft 539

Arbeitsarten 545

Arbeitsbedingungen 42; 186; 525

Arbeitsbeziehungen 77; 216

Arbeitsdirektor 534; 536

Arbeitsintensität 77

Arbeitskörper, gesellschaftlicher 547

Arbeitskraft 77; 164; 186; 192; 196; 203; 214; 427; 500; 502; 530; 543f; 555; 566

Arbeitskraftstrategien, betriebliche 547

Arbeitsmarkt 59; 77; 499; 529; 532; 540; 546ff; 553; 577

Arbeitsorganisation 76; 77; 187; 190; 193; 206; 324; 530; 532; 537; 542f; 555
- technisch effiziente 76

arbeitsorientierte Einzelwirtschaftslehre 438

Arbeitsschutzgesetze 327

Arbeitssituation 578

Arbeitsteilung 61; 76; 186f; 213f; 317; 329; 427; 446; 505; 536; 538; 548; 563f; 566; 575f
- betriebliche 563
- kapitalistische 76
- soziale 214; 548; 566; 575

Arbeitsverhalten von Managern 341f

Arbeitsvertrag 69f; 72; 77; 196; 495; 529

arbeitswissenschaftliche Untersuchungen 539

artifacts, organizational 379

artificial intelligence 393

Artikulation 182; 205; 213; 215; 356

aspirations 373; 411

Assessment Center 512; 515; 523 (*s.a. AC*)

asset specificity 26ff

assets, transaktionsspezifische 71

Assoziation 124; 170; 210; 293

asymmetrische Akkumulation 168; 176

Aufbauorganisation 524; 526
Auflösung der Unternehmung
  350
Ausdifferenzierung 17f; 168;
  277; 284; 286ff; 303; 309;
  325f; 427; 438
Auslese 25; 29; 333f; 519; 539;
  581
Austauschmedien 306
authority 69; 135; 151
Automatisierung 326; 535; 538
Automobile 587
Autonomie 53; 55; 63; 143;
  156; 188; 201; 260; 268ff;
  274; 343; 351; 432; 436; 491;
  518; 543f; 550
Autopoiesis 271; 281; 285; 311
Autorität 565; 567
Autoritätsbeziehung 69f; 72
Bankenregulierung 328
Bargaining 70
barriers to entry 113; 116; 474
Begründungsdenken 225
Beharrung 335
behavior 46; 84f; 91; 93f; 104f;
  114; 116; 118; 375; 383; 454;
  486
behavioral accounting 350
behavioralism 368
behaviorism 368
Beherrschung der Produktion,
  - formale 556
Beherrschung
  - der Technik 558
  - Formen der 556
Beherrschungsformen 532;
  555ff; 565; 568f
beliefs 94; 106; 118ff; 366;
  385; 391; 396f; 401; 406
Belohnung 39; 69; 299f
Beobachterperspektive 355;
  357ff
Beschäftigte 68ff; 77; 79f;
  188f; 193f; 196; 317; 433;
  443; 546; 550; 565; 567
Betrieb 15; 150; 187f; 264;
  267f; 270; 273f; 278; 280f;
  291; 296; 298f; 347; 351f;
  425; 428; 431f; 435; 450; 484;
  530; 532ff; 547; 551ff; 555;
  557; 565; 567ff; 572; 576f
  - als Organisation 533; 535;
  537f; 541; 545; 549

Betriebsgemeinschaft 442
Betriebsklimastudien 534
Betriebsparteien 546
Betriebstyp 433; 443
Betriebsvereinbarungen 501;
  553
Betriebsverfassung 534f; 537
Betriebswirtschaftslehre 24;
  196; 208; 265; 305; 322; 336;
  344; 424ff; 430ff; 434ff; 442f;
  446ff; 451
  - entscheidungsorientierte
  436f
  - kritische 437
  - normative Richtung 427;
  432
  - Theoriegeschichte der 426
Betriebszeit 332
Bevölkerungsökologie 19
Bewertungen 58; 60; 260ff
Bilanzkennzahlen 349
Bilanzrichtlinien 328
biological metaphors 82
biology, evolutionary theory in
  84; 86; 88ff; 93
biotechnologische Industrie
  584f
Blockierung 335
blueprints formaler Organisationen 329
Börse 343
brain-metaphor 391
Branche 202; 343; 455; 460f;
  471; 484; 532; 539; 577; 583
Branchenanalyse 540
Branchenstrukturen 343
bricolage 333
Brückenhypothesen 224; 226;
  250; 259; 261
Buchführung 556
Buchhaltungssysteme 326
bureaucracy 374; 389
business organization 94f; 99
Business Process Reengi-
  neering 344
Capabilities, organizational
  464
capital intensive modes of
  production 112
Capture-Theorie 32
change 90
  - economic 81; 85ff; 95; 109;
  116; 123

- environmental 115
- evolutionary analysis of
  economic 85
- in industry structure 109
- in organization 377
- in the nature of organizations and institutions 385
- long run economic 86; 95;
  109
- resistance to 333; 372
- revolutionary 383
- theories of 88
- vehicles 372
Chemie 560; 562; 587
Chicago school 368
Code 288; 314; 476
Codierung 47; 304; 557
coevolution 87; 95; 99; 103;
  113f; 121; 221; 233; 257; 586
cognitive constructivism 370
cognitive processes 396; 400f;
  403
cognitive sciences 392; 394f
cognitive structures 395f
cognitive style 396
coherence 116; 361
collective 64; 96; 113; 119;
  121; 136; 145; 376; 383;
  398ff; 403f; 407; 409; 411;
  413f
commercial society 67
commitment 28
common law 100
communication 23; 362; 367f;
  370f; 377; 379
  - organizational 379
  - perfect 362
  - recursive theory of 23
communication studies 367;
  377
community 16; 96ff; 105; 138;
  373; 381
community of managers 100
community of technologists
  98
competitive 83; 89; 96; 110;
  136; 379; 455
complexity, growing 384
computation of symbolic
  representations 393
Computereinsatz 326
Computertechnik 332; 335
consciousness 338; 381

consciousness discursive 338
construction of meaning in
    organizations 379
constructionism 369f; 376
    organizational 376
constructionist 97f; 370; 380;
    382
constructionists social 97f
constructivism 369f; 375
    social 370; 375
Controllingsysteme 349
conversations 387; 404
cooperation 84
coordination 27; 84; 332; 387
core competences 464
corporate fitness 100
corporate identity 519; 521
courts 94; 115
craft-skills 386
creolization 386
critical theory 362
criticism 362; 364; 367; 398;
    416
culture 91; 93ff; 101; 118; 135;
    142; 361; 370; 372; 374f; 382;
    411ff; 519
- of law, technology and in-
    dustry 114
- of technology and industry
    87; 113
- of technology, industrial
    organization, and instituti-
    ons 121
- story of 99
- as metaphor for organiza-
    tions 375
- development and transmis-
    sion of 94
- organizational 374; 416
culture studies 375
cumulative technology 110
customs 104; 106; 118
Decision 29; 119; 388f; 395f;
    403f; 406f; 411; 415
decision making, collective
    119
deconstruction 362
deconstructionism 370
deconstructors 363
Definition der Situation 224
Demokratie 142; 269
Demokratisierung der Wirt-
    schaft 536

Deregulierung 32
Designproblem 356
Desintegration von Gesell-
    schaft 177
determinism 88
- natural sciences 383
- social 99
Deutungsschemata 324; 327;
    330
development of a living 91
dialectic of control 347; 348
Dialektik zwischen Macht und
    Herrschaft 569
Dienstleistungen 131; 348;
    445f; 551; 561; 574
difference between description
    and theory 83
Differenz 37; 43; 49; 51; 53;
    61; 134; 149; 155; 184; 192;
    209f; 281; 291; 306; 432; 434;
    451; 461; 484; 492f; 545; 554;
    571
Differenzierung
- funktionale 243f; 277; 284;
    312
- gesellschaftliche 287; 313
- soziale 130; 427
Differenzierungstheorie 141;
    143
diffusion of new techniques
    107
Diffusionsvorgänge 260
Dignität 54; 59
Dimensionen des Sozialen 20;
    22; 28; 34; 319; 322; 324ff;
    333
disembedded 377
Diskurse 143; 149; 161; 164;
    318; 357; 508
Dispositionschancen 538
Dispositive 507f
dispositiver Faktor 432; 444;
    450
Dissonanz, kognitive 566
Disziplin 146; 186; 336; 425;
    427; 442; 447; 452f; 484; 487;
    490; 497f; 508ff; 515; 531
Disziplinarapparat 510
Disziplinarmacht 509f; 513;
    515; 518; 521
Disziplinarpraktiken 518
Disziplinierung 76; 497f; 505;
    510

Diversifikation 454; 470ff
Dogmen 147; 152; 159; 161;
    167
Domäne 24; 58
dominant design 112
dramatic appearances 365
dramatic pentad 368
dramatic rituals 367
dramatic theory 365f
Dualität 19; 24; 33; 148; 153f;
    178; 315; 320; 322; 345f; 350;
    353; 356; 358
- doppelte 178
- und Rekursivität von
    Struktur 19; 33; 322; 350
- von Struktur 24; 153; 315;
    320; 345f; 353
- von Struktur/Handlung
    178
- von struktureller und stra-
    tegischer Analyse 358
duality of capital and labor
    385
duality of technology 346
dynamic capabilities 453; 464
dynamic complex systems 86
dynamics, economic 103; 197
Dynamik von Exklusion 180
Dysfunktionalität organisatori-
    schen Geschehens 313
Early random events 109
early stages of an industry 112
economic environment 28; 78;
    198
economic relations 113
economics 28; 36; 38; 46; 49;
    58; 61; 64; 78; 81ff; 90; 95;
    99ff; 106ff; 111; 115ff; 191;
    197f; 336; 360; 374; 381; 386;
    411; 449; 452; 464; 479
economies of scale 27; 203
economy, structure of 82
effectiveness, economic 117
Effektivität 18; 41; 98; 117;
    131; 133; 366; 374; 381; 458f;
    468
efficiency 25; 59; 99ff; 120;
    374; 389; 411; 460
Effizienz 25; 29f; 34; 40f; 47f;
    50f; 56; 61; 75f; 130f; 133;
    146; 151; 185; 196; 219; 233;
    239f; 242; 244; 249; 251f;
    257; 327f; 335; 439; 458f;

468; 521; 556f
- organisatorische 439
- soziale 223; 233; 239ff; 244; 249f; 252; 257
- Steigerung der 556
Effizienzaussagen 439f
Effizienzdeterminismus 19; 26; 196
Effizienzlöhne 77
Effizienzprinzipien, universelle 335
Effizienzsteigerung 138; 541; 584
Eigengesetzlichkeit 233; 304
Eigentum 68; 517
Eigentumsrechte 36; 68; 220
- Theorie der Übertragung von 68
Eigenwert der Zwecke 432
Einbindung 168f; 172; 174ff; 189; 193; 256; 428; 505
Einflußkosten 28; 79
Einkommensmotiv 443
Einverständnishandeln 532
elements, random 90
elements, random and systematic 89
Eliten 31; 140; 148; 153f; 169; 170; 173f; 176; 197
embeddedness 25; 30; 136; 168
emergence of a dominant design 112
emergence of novelty 93
Emergenz 39; 50; 63; 157; 221; 231; 234; 239; 245; 258; 505
Emergenzbegriff 154
Emergenzphänomene 542
empiricism 361; 369
empowerment 520
enacted environment 20
Endhersteller 563
Entflechtung von Kapitalkonzentrationen 535
Entgrenzung und Entstofflichung 216
Entitäten, soziale 264; 293
Entkopplung 133
entrepreneurship 342; 381
Entscheidungen 24; 43; 47; 64; 80; 133; 138; 164; 196; 205; 220ff; 224ff; 248ff; 255; 260;

279; 281ff; 289f; 293; 295; 298f; 317; 323; 327; 432; 434; 445; 450; 508; 518; 528; 535; 545; 549; 551f; 555; 559; 561ff; 567; 569ff;
- echte 225f
- kollektive 248f; 255
Entscheidungsanalyse, deskriptive 437
Entscheidungsfreiheit 15; 432
Entscheidungslogik, ideale 225
Entsprechung, funktionale 555
Entwicklungen, gesellschaftliche 549; 551
Entwicklungen, ungeplante 260
Entwicklungspfade 548; 581
Episteme 507
epistemology 363
equilibrium 81ff; 88; 92; 93; 103; 107; 117; 119; 122f
- moving 103; 107
- moving general 88
- punctuated 117
- selection 84
equilibrium concepts 81f
equilibrium language 82
equilibrium theory 83
- general 82
- static or dynamic 81
Ergebnisverantwortlichkeit 567
Erlebnisentwurf 336
Erlöse 349
Erstmaligkeit 232
Erwartungen 29; 132; 136; 156; 260f; 282; 284; 298; 306; 310f; 317; 319; 436; 461; 474; 492; 502; 535; 564
Erwerbsbiographien, Erosion von normalen 550
Ethnomethodologie 330; 358; 368; 376
events, organizational 382; 414
Evolution 18; 25; 84; 95; 109; 117; 233; 323; 333f; 351; 490; 579f; 582f
- biological 83; 87; 90ff; 94f; 105; 117
- blind 15; 96; 98; 101; 107; 120; 191; 500; 522
- cultural 95; 118; 121

- Grundeinheiten 334
- institutional 121
- pattern of 112f; 117
evolution of science 97
evolution of technology, pattern of 117
evolutionary dynamics 86
evolutionary learning, collective 96
evolutionary tracks 99
Evolutionismus 76; 334
Evolutionsbiologie 232
Evolutionstheorie 81f; 84ff; 96; 101; 103; 112; 119; 122f; 233; 579
biologische 91; 95; 105
kulturelle 121
ökonomische 87f; 90
Exklusion 63; 162; 164ff; 167; 170; 179f; 433
exogenously determined environment 105
expansion of more productive technologies 108
experience, organizational 381
Externalitäten 175; 441; 570
externe Effekte 240
externe Einflüsse 523
Fabrikssystem 76
Facharbeit, industrielle 567
Facharbeiterfrage 577
Fachverbände der Wirtschaft 574
Fairneß 23; 36; 41; 56; 58; 326
Faktormärkte
- unvollkommene 484f
- vollkommene 484
Faktorspezifität 49; 52; 54; 56; 440f
falsification 96f
Falsifizierbarkeit 435; 447
Felder, organisationale 582
femininity 381
Fernkoordination 296; 299
Fernsehen, privates 327
Fertigungstechniken 523
fields, organizational 351
fields, social 385
figures, organizational 382
financial accounting 377
Finanzierung 424; 433; 449; 580; 582
Finanzmärkte 325

firm and industry structure
112
firm behavior 116
firm competences 116
firm growth of the 106
firm routines 106
firm search processes 105
Firma
- institutionelle Bedingungen
der 75
- neoklassisches Modell der
35
- Theorie der 35f; 69; 73;
195; 481
- Transaktionskostenerklärung der 72f; 75ff
- als Team 38
Firmen
- als soziale Institutionen 79
- als soziale Organisationen
72
- Entstehung von 76
- kooperierende 74
Firmenhierarchie 72
Firmenorganisation 78
firms 27; 38; 54; 78f; 83; 88f;
94; 99; 104ff; 112ff; 119; 122;
387; 391; 460; 472f; 476; 486;
494
fitness 90f; 93f; 98ff; 105f;
119f; 571
fixed meaning 361; 370; 378
flexible Spezialisierung 559
Fließband 326
Folgen, unintendierte 277; 347
Fordismus 203f; 210; 215f;
296; 494; 559
foresight 106
Form der Organisation 207;
295; 307; 332
Formalisierung 34; 319; 495;
513
Formalität 174f; 212; 315;
318f; 513
Formationen 215
Formationstyp 212
Fortschrittsideologie 135
fragmentation 370; 381; 384;
395
Frameworks 356
Fremdreferenz 312
French symbolists 367
Game theory 85; 117; 118

Gefangenendilemma 39
Gegenmacht 482
Gegenseitigkeit 235; 580
Geld 165; 171; 198; 214; 243;
283; 286ff; 298; 300; 304ff;
321; 325; 430; 443; 464; 501
- als symbolisch generalisiertes Medium 300
- und Macht 283; 287; 300;
309
Gelegenheiten 333; 457; 497
Genealogie 506f; 517f; 521
generations 88; 91; 93f; 116;
118f; 367
genes 91ff; 99; 104f; 115
Genossenschaften 583
Gerechtigkeit 23; 133; 249
Geschäftspolitik 74
Geschichte 34; 152; 158; 183f;
213; 215; 232; 283; 334; 442;
468; 509; 580
Geschichtsphilosophie 213
Geschlechtertrennung 150
Gesellschaft 15ff; 25; 28ff;
32ff; 42; 44; 49; 56; 58ff; 65f;
124ff; 130; 132f; 135; 137f;
141; 143; 146ff; 151; 154f;
157f; 160f; 165; 167f; 170;
172f; 176ff; 181ff; 186ff; 191;
195; 201; 205; 212; 217ff;
226; 228; 242ff; 253f; 256ff;
263f; 271; 275ff; 281; 284ff;
289; 297f; 300ff; 307; 311ff;
321; 327; 332; 339ff; 343;
349; 351ff; 355; 417ff; 423ff;
439f; 442ff; 448ff; 454; 477ff;
491; 501; 504ff; 509; 511;
531; 533ff; 537ff; 544; 551;
572; 575f
- als Totalität 181f; 184; 201
- dynamische 217
- Einheit der 285f
- funktional differenzierte
59; 443
- kapitalistische 124; 160f;
166ff; 176; 190; 201f; 547
- moderne 18f; 34; 124; 130;
132f; 135; 208; 234; 242;
257; 264; 277; 282; 284;
298; 300f; 303; 307; 311f;
321; 427; 443; 446; 504;
535; 538
- nationale 301

gesellschaftliche Probleme
278; 285; 302f; 308f; 311
Gesellschaftsformation 33f;
124; 156; 158; 160ff; 164ff;
176; 183f; 200f; 209f; 213;
576
- historische 445
- kapitalistische 124; 160f;
166ff; 176; 201
Gesellschaftstheorie 17f; 33f;
143; 145; 211f; 244; 263f;
312; 321; 437f; 442; 444; 477
- kritische 212
Gewalt, strukturelle 150
Gewerkschaften 63; 170; 216;
254; 275; 311; 482; 534; 554
Gewinne 32; 69f; 171; 254;
459; 462; 467; 477
Gleichgewicht 53; 73; 260; 460
global measurement 414
global player 215; 385
Globalisierung 163; 176; 211;
215f; 331; 424; 445ff; 450;
551; 554; 576
governance 47; 79; 315; 340;
351; 453; 532; 552; 558ff;
564; 567; 569ff
governance structure 47ff;
53f; 57; 59ff; 79; 340; 351
government agencies 115
Greek deities 381
Greek etymology 364
Grenzproduktivität 68
Grenzziehung 48; 79; 281f
Großbetriebe industrielle 577
Großunternehmen 470; 534;
582
growth models, evolutionary
103f; 107; 113
growth theory
neoclassical 88; 103f; 106f
growth, economic 83; 88;
103f; 106ff; 121
Gruppenarbeit 326; 553
Habits 30; 104; 106
habitual behavior 383
Habitus 173; 503
Hand, unsichtbare 220; 222;
228
Handel, internationaler 586
Handeln
- einzelbetriebliches 547
- kollektives 35; 64; 322

- kommunikatives 214
- organisationales 549
- Rationalisierung des 318
- soziales 147; 200; 243; 302; 315; 321; 339f; 424f; 442; 446; 448; 530; 556; 566
- wirtschaftliches 424; 446; 451
Handlung 17; 20; 22; 38; 59; 65; 134; 138; 143; 153f; 157; 178; 219; 221; 223ff; 234; 243; 247; 254; 256; 260; 262; 270; 279f; 282; 288; 290ff; 295ff; 299f; 302ff; 308f; 315; 319; 323; 330; 336; 350; 353; 423; 427; 429; 432; 444; 446; 488f; 495; 502f; 518; 523; 531; 545; 549; 551f; 555; 561f; 569f; 572
Handlungsfähigkeit, autonome 179
Handlungsfolgen, nichtintendierte 357
Handlungsfreiheit 222
Handlungshorizont 482
Handlungskonstellationen, betriebliche 530
Handlungskontexte 547; 559
organisationale 547
Handlungskontrolle 339
Handlungskoordination 315; 351; 558; 578
Handlungsoptionen 552
Handlungsprozeß 178
Handlungsrationalität 29; 247; 251; 257
Handlungsregeln 497; 538
Handlungsspielraum 437; 482ff; 489
Handlungstheorie 134; 211f; 221; 231; 258; 261f
Handungsweisen 483
health services 377
Hegelmarxismus 212
Hegemonie 159; 161; 213
Hegemonietheorie 214
hermeneutic 375; 380; 382; 404
Hermeneutik, doppelte 153; 156; 359
Herrschaft 15; 22ff; 149f; 152; 160; 164; 183; 188ff; 193; 206; 208ff; 322; 324; 326;

344; 346f; 356; 492; 508f; 521; 538; 550f; 554f; 557; 563; 567ff; 578
- gesamtgesellschaftliches Prinzip von 212
- gesellschaftliche 538
- Idealtypen von 558
- kraft Autorität 563
- kraft Interessenkonstellation 563; 567
- nach Max Weber 557
Herrschaftsausübung 538
Herrschaftsformen 549f; 563; 568; 576
- betriebliche 550
- Unterscheidung von 563
Herrschaftskomplexe 147
Herrschaftsordnung 249; 330
Herrschaftssicherung 152; 193; 551
Herrschaftssoziologie 132
Herrschaftsverhältnisse 187; 206; 538; 550
Heterogenität 141; 467
Heuristik 222ff; 572
hierarchically organized corporation 100
Hierarchie 51; 53f; 60; 65; 70; 137; 142; 147; 150; 174; 195; 207ff; 215; 237; 247f; 329; 334; 345; 440f; 470; 513; 515; 558; 578; 587
Hinwendung 292; 302; 533
history 25; 48; 82; 86; 110f; 113; 142; 366f; 375; 382; 393; 411; 456; 580
history of automobiles 110f
history, organizational 382
homo oeconomicus 45; 48; 75; 262; 437; 491
Homogenität 552
human culture 93
Humanisierung 488; 492; 525
Humankapital 60; 71
Humanressourcen 552
Hybride 51; 53f
Idealism 363; 370f; 383
Identität 53f; 59f; 75; 166; 243; 269; 275; 281; 289; 319; 336; 342; 492; 504; 519; 522; 531f
- personale 59
Identität einer Differenz 281
Identitätsfetischismus 519

Ideologie 133ff; 138; 144; 149; 152; 159; 161; 166; 171f; 213; 318; 345; 437; 509; 519
- universalistische 134f; 161; 172
ideology 102; 366; 372; 381; 406
Idiosynkrasie 71
Imitation 116; 130; 131
Immobilität 467
imperfect imitability 468
impressionist painting 362
improvement 105; 108; 112; 476
increasing returns 109ff; 581; 584
- dynamic 109ff
indexikalisch 330
Individualisierung 487ff; 493; 495f; 503f; 506; 508; 510f; 514; 517; 519; 522f; 525
individualistisches Denken 75
individualization 387
individualization and atomization 386
Individuum 20; 38; 45; 59; 63f; 68; 75; 78; 134ff; 138; 141ff; 157f; 165; 200f; 204; 219ff; 226; 228; 244ff; 256; 259; 277; 308; 316; 336ff; 418ff; 433; 435ff; 440; 442; 444f; 454; 464; 466; 487ff; 493ff; 499; 502; 504ff; 513ff; 518ff; 522; 524ff
industrial districts 570f; 575
industrial orders 351f; 552
Industrialisierung 136; 531; 534; 539ff; 544; 549; 551; 576
Industriearbeiter 535
Industriegesellschaft 316; 445; 530f; 533; 535; 538f; 545; 547; 549
Industrieökonomie/-ökonomik 82; 347; 455ff; 461; 470; 481; 484f
Industrieregionen 343
Industriesoziologie
- Betriebskonzept der 542; 550
- systemtheoretische Fundierung der 543
- Thematisierungskompetenz der 551

industry 16; 82f; 87ff; 105;
107; 109; 112ff; 376; 391;
456; 479
- evolution 89; 112
industry structure 87; 109;
112; 113f
- evolution of 109; 112
Information 44; 53; 70; 230;
348; 434; 493
- unvollständige 78
information technologies 117
Informations- und Kommunikationstechnik 345f
Informationsasymmetrie 44
Informationsgesellschaft 445;
450
Informationsökonomie 27;
446
Informationstechnikeinsatz
341; 345
Informationsunvollkommen-
heiten 449
Ingenieurtätigkeit 567
Inklusion 161ff; 165ff; 172;
178ff; 442; 531
Inklusion von Individuen 442
Inkommensurabilität 21; 435
innovation 113
innovation process 88
Innovationen, technologische
76
innovations, organizational 51;
100
Innovationsaktivität 587
Innovationsforschung 541
Innovationsökonomie 27; 587
Innovationsspiele 334
Innovationssysteme 582
Inputs 39; 67; 105; 481; 483;
523
instinct of workmanship 30
Institutionalisierung
- strategische 28; 31
institutionalism, constructivist
368
institutions, historical accounts
of 118
instrumental action 386
instrumental relationships 386
Instrumentalisierung 495
Integration, vertikale 26; 27
interaction, modes of 93
Interaktion 17; 43; 52; 58f; 66;

72; 79; 139; 160; 178; 234;
268ff; 291; 297; 302; 306ff;
311; 313; 317; 319f; 329f;
336ff; 346; 350; 419; 422;
483; 499; 556; 569f
Interaktionsengramm 337; 339
Interaktionsentwürfe 337ff
Interaktionsformen 337f; 340;
503
Interaktionsmus, symbolischer
339
Interaktionspartner 524
Interaktionszyklen 269; 275
Interdependenz 80; 140; 156;
161; 198; 220; 223; 227; 231;
233; 235; 246f; 255; 296; 301;
471f; 538; 547ff; 586
- parametrische 231
- strukturelle 231
Interessen 22f; 32; 43; 126;
136; 139; 142; 219f; 222;
226ff; 227f; 233; 239; 241f;
248ff; 257; 271; 311; 328;
344; 351; 419; 426f; 437; 461;
478; 495f; 500; 505; 519; 523;
530; 535f; 542f; 546f; 551;
559; 568; 574
Interessenabstimmung 558f
Interessendivergenzen 356
Interessengruppen 17
Interessensgegensätze, individuelle 78
Interessensouveränität 226
Internalisierung 128; 172; 244;
341
Interpenetration 126; 257; 304
Interpretationsschemata 33;
320; 335
Interventionsmethodologie
270
intrapreneurship 520
Investitionen
- faktorspezifische 35; 42
- Spezifität von 47
- transaktionsspezifische 45;
52; 55
investment behavior of the
firm 104
Isomorphie
- coercive, mimetic, normative 30
- institutionelle 180
Japan 74; 117; 190

- Produktionsorganisation
345
- Produktionsweise 556; 565
joint ventures 215f; 453; 456;
470; 482
Kaizen 344
Kapital 52; 63; 182; 186f; 190;
192; 194; 197; 199; 201; 210;
213f; 244f; 249; 254; 309;
428; 430; 442; 505; 535; 537f;
543; 545
soziales 239; 244f; 249; 252
Kapital und Arbeit, Konflikt
zwischen 535
Kapitalbewegungen 586
Kapitalinteressen 536
Kapitalismus 17; 22; 34; 124;
126; 141f; 158; 160ff; 166ff;
170ff; 174ff; 178; 182f; 185ff;
190ff; 195; 197; 199; 201;
205ff; 213ff; 316; 321; 325;
347; 533; 538; 556; 586
- moderner 34; 158; 163;
168; 172; 533; 556
Kapitalmarktrecht 328
Kapitaltheorie 212
Kapitalumwandlungsprozeß
430
Kapitalverwertung 530; 538;
543
Kartellgesetzgebung 328
Klassenkämpfe 213
Knappheit 235; 284; 287; 302;
309; 324; 450; 461; 485
knowledge 78; 98; 106; 114;
363f; 371; 377; 386; 388; 392;
395f; 404; 412; 414; 419; 463
- in society. 386
- organizational 78
- presence of 386
- processes 386
- production of 377; 386f
- structures 386
- tacit 467
- theory of 363
knowledge society 386
Koalition 17; 436; 444
- dominante 24; 436
Koexistenz vieler Ordnungen
559
Kognition 339
Kognitivismus 23; 417ff
Koinzidenzen 334

Kollusion 456; 490
Kombination von Technik, Organisation und Arbeitskraft 540
Kommodifizierung 142; 164
Kommunikation 17f; 23; 49f; 58; 165; 270; 272f; 277; 279ff; 283f; 286ff; 290ff; 302ff; 307ff; 312; 317; 319; 332; 342; 354; 420; 424; 446; 456; 493; 519; 556; 561; 574
Kommunikationsformen, symbolische 148
Kommunikationsmedien 286f; 306; 312
Kompatibilitätsanforderungen 555; 570
Komplexität 46; 48; 51; 54f; 62; 189; 231f; 246; 248; 265f; 270; 276; 313f; 356; 358; 468; 485; 544
Komplexitätstheorie 218; 221; 232f; 258
Konflikt 59; 64; 131; 191; 249f; 308; 328; 532; 535; 566; 575; 577f
Konfliktregulierung 193; 545f; 577
Konformität 131; 177; 341; 528; 579
Konkurrenz 190; 214; 460f; 467; 484; 505; 522; 543f; 578
Konsensmodell, industrielles 548
Konservatismus 220; 335
Konservierung 331
Konstitution 19; 24; 136; 148; 152; 166; 209; 221; 226; 231; 234f; 237; 244; 256; 258ff; 262f; 285f; 295f; 300; 308; 330; 343; 352; 438f; 488; 494; 498; 506; 518
- der Gesellschaft 352
- des Individuums 221; 226; 244; 256; 488; 494; 518
- Prozeß der 317; 487; 526
- Theorie der 29; 132; 134; 141
- von Organisation und Individuum 524
konstitutionelle Systeme 247; 248
Konstitutionsbedingungen der

Organisation 546
Konstrukte
- kollektive 486
- soziale 134; 216; 348; 421; 569
Konstruktivismus 448; 450; 556
- sozialer 556
- kontextabhängiger 144; 231; 330
Kontexte 19; 25; 31; 34; 38; 44; 48; 74; 79; 126f; 131f; 140; 144f; 149; 151; 156; 158; 163; 165; 167; 174; 177f; 189; 198f; 212; 243; 252; 255f; 277f; 282; 290; 332; 345f; 348; 350; 417; 419f; 422f; 425; 429; 437; 445; 456; 485; 494; 503; 524; 541; 546; 550; 574; 578; 582
- effizienzorientierte 132
- institutioneller 158; 178
- symbolische 132
- zeremoniale 132
Kontingenz 23; 29; 52; 56; 62; 152; 158; 211; 282; 298f; 323; 334f; 344; 427; 439; 543f; 574
Kontingenztheorie 28f; 125; 132; 134; 141; 160; 276; 438f; 481f
Kontrakttheorie 68; 77; 80
Kontrolle, soziale
- Strukturen und Methoden 73
- der Arbeiter 76
Kontrollroutinen 523
kontrolltheoretischer Ansatz 19; 264
Konventionen 73; 305; 444; 497; 528; 556; 564; 573
Konvergenzthese 546; 571; 582; 586
Konversationsanalysen 330
Konzerne 352
Kooperation 37ff; 44; 47; 53f; 59; 64; 66; 69; 79; 160; 182f; 190; 194; 206; 208ff; 219; 234; 240; 250; 342; 351; 440; 447; 456; 470; 485; 496; 538; 585
- antagonistische 219; 234
- spontane 485
Kooperationsformen 215; 470

Kooperationsgewinne 39; 251
Kooperationsnorm 240f
Kooptation 482
Koordination 16; 78; 144f; 208ff; 214; 234; 252; 316; 421; 423; 444; 446; 553; 562ff; 569; 575
- herrschaftliche Formen der 549
- in Hierarchien 565
- organisationale 564
- über Zielvereinbarungen 553; 564
Koordinationskosten 585
Koordinierung, diskursive 316; 564; 566f
Kopplung 19; 163; 178; 295
Korporatismus 137; 169; 583
Kosten 27f; 39f; 42f; 46f; 50; 52; 55; 57; 60; 63; 69; 71ff; 77; 80; 196; 240f; 243; 246; 250; 304f; 319; 349; 460; 585
Kostenrechnungssysteme 326
Kräfteverhältnisse 213; 509
Kredit 171; 315; 325
Krisen, große 204
Kritischer Rationalismus 225; 435
Kultursoziologie 259
Kybernetik 265; 268
Labour process debate 23; 181; 185ff; 193; 196; 206; 211; 546
Lagerflächen 332
language
- as medium 380
- evolutionary 82; 84; 87
- importance of 369; 371
- of development and evolution 83
- organizational 373
- symbolic system of 371
law 54; 82; 94f; 100ff; 114; 118; 120; 415
- evolutionary theory of the 100; 102; 120
lawenforcement, mechanisms to 120
lean 296; 344; 565; 571
lean management 528
learn from experience 89
learned behavior 93
learning 67; 89f; 93; 96; 104ff;

108ff; 115f; 119f; 362; 390; 397; 409; 411ff; 585
- individual 89f
- organizational 390; 411f
learning capabilities 116
learning process 106
Leben, Prinzipien des sozialen 358
Lebensformen 160; 162; 504; 550f
- neue 550f
Lebensführung, Rationalisierung der 550
lebensweltliches Handlungswissen 359
legal disputes 101
legal regimes 100
legal structures 114
legislatures 94; 115
legitimacy 193; 376
Legitimation 22f; 28; 30; 149f; 165; 169; 177; 284; 299f; 319ff; 326; 329f; 344; 346; 349; 351; 356; 561; 580
Legitimationsbeschaffung 29
Legitimität 23; 131; 139; 144; 171; 252; 330; 478; 580
Leistungen 43; 49; 51; 62; 64; 190; 268ff; 297; 305; 319f; 349; 425; 428; 433; 440; 446f; 455; 464; 468; 490; 494; 497; 503
Leistungsbewertung, Methoden der 523
leisure class 30
Leitunterscheidungen 284f; 288; 304f
Lernen 78f; 175; 260; 342; 420; 421f; 507; 585
- organisationales 342; 480; 485
Lernkosten 582
Lernprozesse 268; 276
life, social 368; 370; 376; 381; 383; 385
lines of command 387
literal interpretation 363
literary texts 378
literary theory 360; 362ff; 366f; 371; 377; 385
litigation 101f
Lobbyismus 19; 327
lock-in 25; 112f; 251; 328; 335;

548; 561; 583
logical connections 103
Logik des Organisierens 580; 587
Logik, institutionelle 142f
Lohnverhältnisse 202ff
Loyalität 41; 74f; 142; 174; 350
Macht 15; 23; 28; 32; 34; 40; 42; 54; 64f; 69; 72; 75; 77; 129f; 137ff; 143; 165; 182; 187; 190; 194f; 206ff; 218; 226ff; 237ff; 241ff; 249f; 252ff; 257; 283; 286ff; 298ff; 306ff; 319ff; 324; 327f; 332f; 344; 351; 443; 445; 478; 480ff; 487; 490; 498f; 505ff; 513ff; 521; 523ff; 529; 534ff; 543f; 568; 570; 577f
- abstrakte 527
- Genese der 483
- Konzentration von 535
- relationale 227; 238f
- sachliche, disziplinierende 524
- soziale 524f; 527; 529
- wirtschaftliche 534; 536f
Machtakkumulation 242
Machtanalyse von Organisationen 550
Machtasymmetrie 445; 543; 546; 564
Machtbefugnisse 526
Machtbegriff 242f
Machtbeziehungen 239; 550; 568f; 573
Machtmittel 327; 330
Machtstrategien 219
Machtteilung 537
Machtverhältnisse 140; 209; 251; 270; 516; 521; 543
Machtverteilungen 239f; 242; 249ff; 270; 334
magic realism 380
Makro und Mikro 211
Makroevolution 233
Malfeasance 75; 77
Management 19; 27; 43; 64; 124; 187ff; 193f; 264; 268f; 298; 322; 331; 342f; 346ff; 368; 375; 378; 382; 384; 386; 388; 390; 397; 410; 425; 433; 436; 438; 445; 452f; 455; 457; 463; 466; 472; 477; 480; 490;

500; 515; 519; 528; 546; 555; 565; 571; 576
- evolutionäres 276; 333
- strategisches 19; 342; 346
management accounting practices 348
management theory 384
Managementkosten 27
Manager 43; 173; 175; 251; 253f; 255; 349; 457; 461; 467; 477; 530; 553; 569
managerial and industrial economics 449
maps 78; 356f; 386; 403
- causal 396ff; 403ff; 407; 409; 416f
- cognitive 339; 396; 398; 401; 404; 408f; 413f
Marginalisierung 162; 164ff; 179
market 27; 69; 74; 89; 99f; 103; 105f; 111f; 114f; 119f; 123; 347; 387; 390; 411; 469
- selection 106; 123
- test 101
Markt 38; 40; 44; 49; 50ff; 62; 64; 68ff; 72ff; 80; 142; 171; 196; 219; 227f; 237; 239f; 242; 247f; 305; 315f; 327; 335; 348; 428; 440ff; 444; 456; 461; 463f; 465; 469f; 476; 484; 558; 578; 580; 582f
- Spotmärkte 54; 60
- und Organisation 38; 44; 172; 465; 469
- vollkommener 227f; 231; 238ff; 242
Marktbeziehungen durch Zielvereinbarungen 564
Marktgleichgewicht 227f; 231; 240
Marktimperativ 484
Marktkoordination 563f
Marktordnung 220; 234
Marktwirtschaft, soziale 148; 444
Marxismus 185; 190; 199; 207; 212; 450; 538
Massenproduktion 203; 316f; 322; 326; 559
materialism 364
meaning 20; 87; 93; 118; 135; 141f; 291; 361; 363ff; 373;

375f; 378ff; 389; 394; 396f; 399ff; 404f; 409; 414f
- creation of 382
- organizational production 382
meaninglessness 381
measurement 49; 414; 416
mechanical analogies 81f; 86f; 123
Medien 180; 243; 283; 286ff; 290; 300; 306ff; 312; 446; 490; 522
memes 95; 99; 104
memory traces 78; 332
Menschenführung, betriebliche 433
mental maps 78f
Metakommunikation 179
Metaphern 22
metaphoric thinking 362
metaphors 82; 86; 362; 375; 391; 405; 410
Metaphysik 41; 213
Metatheorie 21; 36; 342; 355; 357f
Methodenstreit, zweiter 427; 431
methodologischer Individualismus 35; 38; 218; 221; 231; 234; 245f; 258; 260; 418; 423; 519
M-form 118
micropower 372
Mikrofluktuationen 232
Mikropolitik 28; 175; 200; 257; 313; 323; 342; 344
mind 82; 84; 89; 99; 103; 122; 364; 369; 371; 378f; 392ff; 399; 411; 416
Miniaturisierung 587
Mißverständnisse 356; 420; 558
Mitbestimmung 143; 501; 535f
Mitbestimmungspraktiken 352
Mitbestimmungsrecht 327
Mitgliedschaft 281f; 284; 287; 290; 295; 299f; 306; 316
Mitgliedschaftsregel 282; 289; 295; 297
Modalitäten 169; 202; 233; 320; 329f; 353; 359
model of diffusion 369
Modelle: 296; 356

Modellierungen sozialer Prozesse 262
modernism 361; 370; 380
modernization 367; 391
Monopolrente 460f
Montanindustrie 534
Montanmitbestimmung 534f
Moral 28; 36; 38; 40f; 45ff; 52; 55ff; 59; 230; 244; 506; 557
Motivation 61; 255; 286; 318; 338
Motivationsbeschaffung 282
Motive 145f; 167; 336; 430; 435; 502; 517; 564
Motivierung 142; 318
Muster
gesellschaftliche 496; 526
kulturelle 270
mutation or innovation mechanism 101
Mythen 29; 131f; 144; 302; 320; 366; 381; 391; 396; 505
Nacharbeitszeiten 332
Nahrungsmittelindustrie 343
narrative structure of 378
narrative approaches 377
Nash equilibria, multiple 117
naturalism 361
nature of the firm 115
neoclassical theory 87
Neo-Institutionalismus 19; 28; 30; 334
- ökonomischer 29
- soziologischer 28; 30
networks of profit centers 386
networks, structure of 115
Netz von miteinander verknüpften Handlungen 523
Netzwerkbeziehungen 343; 351
Netzwerke 49; 54; 58; 65; 68; 73; 80; 137; 139; 141; 145; 227; 233; 237ff; 245; 247; 315; 317; 323; 332; 341; 343; 350f; 444; 447f; 503; 517; 558f; 578; 587
- institutionelle 73
- interorganisationale 239; 341; 350
- regionale und globale 332
- soziale 73; 80
- strategische 238
Netzwerkexternalitäten 232

Netzwerkforschung 353
Netzwerkorganisationen 350f
Neuorganisation, Prozeß der 569
Normalerwerbsleben 550
Normativität 61; 65f; 291
Normen 28; 30; 34; 40; 56; 72f; 80; 190; 203f; 214; 228; 239ff; 246; 249f; 320; 324; 327; 330; 341; 344f; 353; 432; 493; 511; 526f; 565; 573
- disjunkte 240f; 250
- konjunkte 240f
- soziale Generierung von 73
norms 94; 118f; 360; 413
Notwendigkeit 40; 44; 70; 75; 150; 161; 182; 188; 196; 230; 335; 433; 479; 564
Nutzenfunktionen 43; 45; 227; 336
Nutzenmaximierung 38; 486
individuelle 68; 486
Objects 371; 375; 386; 395
objectualization 387
obligated relational contracting 74
obtrusiveness 402f; 405ff; 422
Ökologie 160; 216; 311; 580
Ökonomie/Ökonomik 18; 22f; 25; 27f; 30; 32f; 41f; 45; 49f; 55; 58; 60; 62; 64ff; 125; 131; 140f; 143; 148; 151; 157; 162; 168; 185f; 191; 194f; 197; 199; 201; 208f; 211; 213; 215f; 258; 275; 301; 322; 324ff; 328; 331; 513; 543; 558f; 577; 581; 584f; 587
- evolutionäre 581
- integrale 213
Operation, basale 51
Operationstyp 295
Opportunismus 26; 28; 36; 39; 41; 43ff; 47ff; 51f; 54ff; 59; 75; 77ff; 433; 440f; 444; 529; 585
Opportunismuskosten 40
Optimalität
- erzwungene 250
- individuelle 250
optimality concept 93; 119
Optimierungsdenken 581
Optimierungskalkül 221f; 225; 246

optimization 83; 91; 121
Optimum, soziales 239f
Ordnungen 51; 64; 131; 142f;
174; 189; 219f; 222; 226;
228f; 234f; 242f; 244f; 259;
269f; 281; 287f; 296ff; 308;
317; 320f; 324; 326; 330; 419;
425; 427; 440; 442; 444; 494f;
502f; 507; 513; 523; 552ff;
557; 559; 561ff; 569; 572ff;
578; 580
- betriebliche 554
- interorganisationale 554
- Konstellation von 554
- organisationale 557; 566
- soziale 131; 219; 234f; 259;
440; 444; 552; 559; 580
- verbundene 573f
Ordnungsrahmen 548; 552f;
555; 557f; 562; 567
Ordnungsregimes 558
Organisat 329; 341; 343; 494
Organisationsanweisungen
329
Organisationsbegriff der
Betriebswirtschaftslehre 432
Organisationsform 39; 63;
127; 129ff; 131; 134; 138; 150;
152; 160; 167; 169; 172f;
177ff; 181f; 184ff; 196; 200;
203ff; 209f; 214; 217; 235;
257; 587
Organisationsforschung 23f;
124; 177; 278; 299; 314; 318;
322f; 331; 341f; 346; 350;
354f; 417ff; 425; 433; 445;
531f; 537; 543; 562; 564; 577f
Organisationsfrage 212; 215f
Organisationsgesellschaft 16;
22; 55; 211; 213; 219; 238;
253; 263; 312; 321; 477
Organisationsgestaltung 519;
525
Organisationskapitalismus 63
Organisationskultur 22f; 321;
341; 342; 345; 419; 421; 426;
576
Organisationslehre, betriebswirtschaftliche 15; 354
Organisationsökologie 580
Organisationsökonomik 26;
35f; 48f; 51f; 55f; 58; 62; 65
Organisationspersönlichkeit

341
Organisationsproblem 235;
244
Organisationspsychologie 487;
524; 527; 529
Organisationsstrukturen 45;
134; 137; 139; 155; 196; 269;
298; 356; 561
Organisationsstrukturfor-
schung, empirische 438
Organisationstheorie
- informationsökonomische
450
- phänomenologische 24
Organisationstyp 76; 139; 425
Organisationsvokabular 324
Organisationswissen 79
Organisationszentrismus 277
Organisieren, Prozesse des
177
Organisiertheit 315; 322
Organisierung 136; 137f; 144;
169; 194; 208; 269; 351;
487ff; 495f; 503; 520; 522f;
525
organization studies 360; 364;
368; 371ff; 377ff; 384f; 387;
409; 415f
- hermeneutic and constructionist 380
- interpretive 379
- narrative form of 378
- symbolic 385
- symbolist 360; 374; 384
organizational actors 106; 382;
406ff; 411; 414; 416
organizing as narration 379
Orientierung 27; 49; 131; 170;
172; 224; 270; 276; 293; 299;
302; 304f; 308ff; 357; 426;
443; 449; 505; 536; 545; 556;
566
- Dominanz einer 304
- von Handlungen und
Kommunikationen 309
- wirtschaftliche 304
Orientierungsmuster 356
Orientierungsraster 450
Orientierungswissen 573
Outputs 67; 152; 167; 481; 483
outsourcing 332; 386
Panoptikum 510
paradigmatic breakdown 411;

415
Paradoxien 356
Partialisierung 500
passive competition for a niche
92
Patente 587
path 25; 84f; 89; 92ff; 99f; 109;
119; 335; 363; 404; 406f; 467
path dependencies 25; 84f;
92ff; 109; 119; 335
Pausenzeiten 332
perceptions 95; 366
Person 59; 60; 63; 77; 129;
174; 253f; 256; 280; 289f;
293; 319; 336; 443; 488; 490;
492f; 496; 501; 519ff; 523ff;
527
Person und Organisation 524
Personen, juristische 174; 254;
257; 319
personal construct theory 398
Personaleinsatz 563
Personalinformationssysteme
510
Personalwesen 496; 498; 501;
525; 527ff
Personen, natürliche 130; 223;
253ff; 257
Persönlichkeitsstruktur 337ff
Pfadabhängigkeit 25f; 84; 109;
119; 141; 152; 232; 335; 441;
456; 581f; 584
Phänomenologie 430
phenomenology 368; 373; 383
phenotypes 90ff; 105
phenotypic characteristics 91
philosophy 364; 392f
Pluralismus 21; 33; 426; 517
poetry 361; 363f
political issues 366
political opinion 100
political or professional influences 123
political processes collective
119
political spectacle 366
politics 97; 191f; 365ff
politics scientific 97
Politik 17; 19; 23; 28; 31f; 80;
125; 134; 136; 140; 142f; 146;
148f; 157; 161; 165; 170; 184;
185; 191f; 194; 197; 199; 203;
211; 213; 216; 220; 243; 249;

254; 267; 275f; 285; 287; 296;
301; 326f; 328; 333; 344; 348;
534; 537; 554; 557; 560; 562;
564; 574f; 577
Politische Ökonomie 23; 32f;
328; 543; 577
- der Organisation 33
- Kritik der 125; 140; 143;
148; 185; 191; 211; 213; 216
polyphony 373
population ecology approach
19; 25; 139; 334
populations of genotypes 90
populations of phenotypes 90
populations of things 89
Positionen 211; 234; 238; 251;
254; 257; 271; 319; 479; 494;
506f; 523f; 526ff; 540; 561;
569; 575; 578; 582
positivism 362f
postmodern sensibility 380
postmodernism 361; 370; 379;
395
postmodernist vein 367
postmodernist writing 380
post-modernity 371f; 379f
potentially better technology
108; 110
power 31; 69; 85; 88f; 100ff;
114; 117; 121; 123; 136; 326;
366f; 372; 376f; 381; 415;
453; 464
- political 372
practical consciousness 338
practice of organizing 384f
practices, best 586
Präferenzen 75
Praktiken
- historisch gewachsene 485
- institutionalisierte 129; 325;
568
- interorganisationale 351
- soziale 355
präskriptive Analyse 437
Praxis
- soziale 144; 213; 340; 555f;
559; 563f; 571f
- verallgemeinerbare Verfahrensweisen der 329
Praxisbezug 437
Preise 18; 37; 41; 51; 54; 57;
68; 70; 73; 150; 222; 227; 244;
258; 292; 305f; 309; 431f;

460; 464; 467; 484; 502; 527;
557; 563f; 580
relevante 71
Preismechanismus 71
Preisnormen 72
Prestige 133
Prinzip, erwerbswirtschaftli-
ches 321; 326; 347; 432; 435;
437
Prinzipal 36; 43ff; 68; 248f;
251; 253f; 257; 441
Privatwirtschaftslehre 427f;
443
Problemlösungskapazität 276
production and reproduction
of symbols collective 376
production processes
- development of 112
- improving 112
productivity 38; 103; 107f;
116; 122; 186
productivity growth
evolutionary 122
Produkte 28; 79; 131; 133;
171; 207; 283; 292; 323; 348f;
445; 462; 471; 563
Produktion 23; 27; 64; 67ff;
73f; 78; 80; 131; 146; 167;
169; 179; 182ff; 187f; 192;
199f; 207f; 210; 232; 239f;
267; 276; 279; 282f; 290; 300;
302; 314; 316; 323; 325f; 328;
330; 332; 335f; 340ff; 424f;
427; 431ff; 435; 437; 443;
445ff; 449; 514; 520; 530;
532ff; 538f; 541; 544; 549;
553; 555ff; 559; 563; 565;
568f; 574; 576; 578
- Ebene der 74
- Formen der 208; 549
- Gestaltung der 207; 556;
559
- industrielle 314; 544; 576
- kontinuierliche Verbesserung der 557; 565
- schlanke 325; 335
- Theorie der 424f; 443; 447
Produktionsabläufe 556
Produktionsarbeiter 543
Produktionsfaktoren 40; 44;
196; 321; 323; 349; 459; 462;
556
Produktionsfunktionen 39; 48;

67; 432; 448
- soziale 261
Produktionskonzepte 532; 555
- betriebliche 548
- tayloristische und fordistische 555f
Produktionskonzepte: 577
Produktionskosten 27; 80
Produktionsnormen 203; 214
Produktionsorganisation 68;
75; 80; 344f
Produktionsprozeß 76; 79;
187; 192ff; 196; 203; 207;
459; 543
- Fragmentierung des 76
- soziale Verfaßtheit des 67;
77
Produktionstechnik 326; 541
Produktionsweise, kapitalistische 162; 167; 171; 210; 213
Produktivität 29f; 152; 164;
167; 175; 187; 190; 206; 331;
450; 461; 496; 505
Produktivitätsbeziehung 431
Produktivitätsgewinne 69
Produktivitätssteigerung 39;
530; 542; 551
Produktivkraft 541
Produktivkraftentwicklung
538; 559
professional judgments 102;
106
Professionalisierung 136; 139f;
170; 174
Professionen 137; 498; 558;
578; 580
Profitabilität 77; 99f; 105ff;
116; 455; 471ff
Profite, extranormale 484
Programme 57; 131; 277; 283;
287f; 298f; 304f; 310; 446;
450; 488; 499; 502; 522
Programmierung 304
Programmkomponenten 314
Programmstrukturen 288; 312
Property Rights 40; 42; 54; 64;
68; 257; 441
Property Rights-Theorien 40;
42; 54; 64; 68; 257; 441
Prüfungen 131; 225; 436; 476f;
487; 497; 510; 512ff; 518; 521
Psyche 22; 157; 173; 323; 336;
342; 487; 490; 493

Psychoanalyse 172; 336ff; 365; 366; 371
psychoanalytic and thematic criticism 362
Psychologie, kognitive 339
psychology 360; 363; 388; 392f; 397; 416
public administration 372; 377
public choice theory 32; 328
public order 118
public policies 100
public-sector 114
Pyramidenbau 316
Qualifikation 464; 499; 532; 541ff; 545; 555; 570
Qualifikationsaspekte 577
Qualifizierung 563
Quasi-Rente 46
QWERTY 111; 232; 261; 583; 584
R & D 94; 105; 112f; 121
Radical Political Economics 19; 195
Rational Choice-Theorie 33; 259ff
rational view of organization 376
Rationalisierung 136f; 142; 175; 298; 316; 318; 335; 338; 348; 351; 494; 504; 513; 530; 533; 539f; 542; 544; 550f; 554; 556; 560; 562; 569; 576
- formale 544; 557; 569
- Prozeß der 530; 533
- systemische 213; 335; 351; 552
Rationalisierungsanstrengungen 552
Rationalisierungskonzept 576
Rationalisierungspotentiale 349
Rationalisierungsprogramme 576
Rationalität 30; 48ff; 54; 56f; 71; 75; 126; 134; 137; 175; 207f; 211; 224f; 230f; 236; 247; 252; 257; 262; 285; 301; 315; 322; 333f; 349; 432f; 436; 440f; 444; 448; 486; 515; 528; 530; 538f; 542; 544; 556f; 569
- adaptive 440

- begrenzte 28; 48f; 51f; 55f; 224f; 262; 333; 390; 433; 437; 440; 444
- formale 539; 556f; 569
- institutionell gebundene 75
- kapitalistische 530
- kommunikative 230
- soziale 569
- unvollständige 71
Rationalitätsfassaden 136
Rationalitätsideologie 127
Rationalitätskriterien 185; 542
Rationalitätsmythos 150
Rationalitätsprinzip 222ff; 258
rationality 28; 36; 55; 136; 376; 381; 390; 410f; 521
Rationalmodelle 146
Rationalprinzip 429
Räumlichkeit 332
Raum-Zeit-Ausdehnung 332f
realism 360; 363; 369f; 372f; 375; 380
- and symbolism 363
- symbolic 363; 369; 372f; 375
- reality 81; 135; 336; 364; 366; 369f; 373; 379; 384; 394; 400; 411; 413
- organizational 411
Rechnungswesen 341f; 348; 349; 352; 448f
Recht 17ff; 27; 49; 54; 59; 62; 64f; 145; 147; 153; 161; 165; 170; 214; 226ff; 231; 233; 254; 258; 269; 275; 278; 284; 288; 294; 299ff; 306ff; 314; 326ff; 352; 508; 531; 549; 554f; 584
Rechtsanwaltskanzleien 582
Redundanz 276; 343
reembedding 30
Reengeneeringkonzeptionen 524
Referenzsystem 264
Reflexion 15; 20; 33; 285f; 315ff; 322; 332; 339; 352; 503; 505; 541
reflexive Modernisierung 316
reflexive monitoring of action 16; 338f
Reflexivität 164; 178; 315ff; 322; 346
Regeln 49; 65f; 73; 131; 133;

147; 150; 159; 203; 234; 243; 250; 278; 299; 302; 308f; 312; 316f; 319ff; 323f; 326; 329ff; 342; 344ff; 349; 351; 358; 429; 450; 497; 517; 553; 572; 586
- der Sanktionierung sozialen Handelns 321
- der Sinnkonstitution 320; 326; 330
- formale 330
- institutionelle 133
Regime 145; 552
regional development 351
regionale governance 560; 562
Regreß, infiniter 224; 226; 229f; 234; 258; 259
Regulation 31f; 80; 113f; 142; 171; 181; 192; 202ff; 266; 318; 327f; 348; 445; 466; 545; 547; 552; 555; 559f; 563; 578; 586
- industrielle 560
- rekursive 31; 327
- und Unternehmenspolitik 328
Regulationsbehörden 32
Regulationsformen 79; 161; 203; 216
Regulationstheorie 19; 125; 181; 200ff; 212ff
Regulationsweisen 193; 216
Regulierung der Produktion, institutionelle 560
Regulierungsleistungen 560
Regulierungsstrukturen 535
Reifizierungen 134
Rekonstruktion der gesellschaftlichen Wirklichkeit 357
Rekursion, Zyklus der 178
Rekursivität 19; 23f; 31ff; 153; 178; 315; 317f; 322f; 325f; 331; 333; 336; 339; 345f; 350; 356
- ineinandergreifende 178
- relational contracting 53; 74
- relationship risks 387
Renten 32; 460ff; 466f
rent-seeking 32; 79
Reorganisation 323; 333f; 342; 344; 351; 571
reorganization of social

processes 386
Repertory Grid 399; 405; 409
Repräsentanz, formale 556
Reproduktion 23; 124; 126;
140; 146; 148f; 154; 156; 174;
176; 182ff; 192ff; 199; 202f;
213; 237; 263; 292; 304; 307;
318; 324f; 329; 332; 339;
341f; 345ff; 351; 355; 359;
435; 437; 509; 513; 543; 547;
556f
- modifizierende 556
- und Verfestigung struktureller Merkmale 359
Reproduktionserfordernisse
313
Reputation 41; 243; 255
Residualeinkommen 39
resource dependence approach
323; 331; 482
resource-based view 347;
483ff
Ressourcen 19; 23; 29; 37f;
43f; 46f; 61; 70; 77; 130; 132;
150; 169; 226ff; 233; 238;
240ff; 245; 251; 253f; 316f;
319ff; 323ff; 329ff; 335; 346f;
349; 351f; 425; 433; 441; 452;
454; 456; 458f; 462ff; 469;
473f; 476; 478; 481; 483ff;
494; 521; 523; 556; 565; 567
- Allokation von 46; 70
- allokative 321; 326; 565
- autoritative 321
- autoritative und allokative
23; 352
- der Produktion, personelle
556
- interne Generierung singulärer 483
- kritische 483
- maschinelle oder Kapital-
484
- organisatorische 481
- personale und organisatorische 484
Ressourcenabhängigkeit 465f;
471f; 478; 481
Ressourcenallokation 227; 561
Ressourcenanalyse 485
Ressourceneinsatz 41; 46; 253;
565
Ressourcenfluß 483

Ressourcenzusammenlegung
251; 255
Restrukturierungen, betriebliche 214
Restrukturierungsprozeß 563
Revolutionen, kulturelle 565
revolutions, scientific 97
Reziprozität
- direkte 235
- indirekte 235
rhetoric 366f; 377
rhetoric of accounting 377
rhetoric of the discipline 378
rhetorical analysis 367; 377
rhetorical devices and strategies 378
Risiko 57; 72; 428; 441; 443;
472; 475; 549; 554
rising productivity in the
industry 107
rituals 366; 371; 374; 381
Romanticism 362
Routinen 73; 142; 342; 488f;
496; 497; 522; 581
routines 104ff; 115f; 376; 383
routines, package of 116
Routinespiele 334
Rückkopplungen 170; 260;
262
rules
- of behavior and interaction
114
- of the game 118
- of transmission 94
Rundfunk 327
Rüstzeiten 332

Sachzwänge, medial erzeugte
213
Schließung 176; 482f
- reproduktive 548f
Schlüsselindustrien 534f
Schlüsselinstitutionen 546f
Schnittstellen zu anderen
Ordnungen 554
science 16; 90; 94; 96f; 101;
114; 123f; 135; 341; 364; 369;
373; 378f; 381; 384f; 391;
393; 395; 397; 416
- and technology 98
- evolutionary theory of 97
- institutions 377
- political 360; 365ff; 385
scientific hypotheses, deve-

lopment of 96
scientific opinion 97
script schemas 414f
scripts 144; 396; 415ff
search behavior 105
searching for better ways 105
sektorale Marktbedingungen
540
Selbigkeit 291; 294
Selbst 24; 28; 46; 48; 126; 142;
155; 164f; 175; 180; 195; 228;
237; 239; 246; 256f; 261; 264;
266; 269; 280; 289; 441; 492f;
518; 521; 572
Selbstbeschränkungen 282;
285; 289; 295ff
Selbstbeschränkungen, formale
296f
Selbstbindung, rationale 444
Selbstfestlegungen 283; 295ff
Selbstorganisation 121; 213;
220; 232; 234; 265f; 268f;
272ff; 296; 351; 494
Selbstreferenz 269; 280
Selbstregulation, Selbstorganisation in der Systemtheorie
213
Selbstregulierung 266
Selbstselektion von Handlungen 444
selection
- criteria 89; 95
- environmental 90
- environments 92f; 102;
113; 120
- mechanism 95f; 101; 106;
119
- process 25; 88
Selektionen von Organisationen 180
Selektionslogik 581
Selektionsverstärkung 178
Selektivität 167; 173; 179; 296;
312
Semantik 148; 170; 288; 304;
429
semiotic analysis 367
Sexualitätsdispositiv 521
Shirking 42; 69; 75; 77; 441
signifiers 366f
Signifikation 22f; 28; 319f;
322; 326; 346; 349; 351; 356
Sinn 33f; 37; 138; 142; 145;

147; 150; 154; 156; 159; 163; 207; 240; 243; 248; 251; 262; 279f; 290f; 330; 349; 417; 419f; 422; 424; 429; 445; 448; 457; 470; 489; 494; 498; 508; 521f; 524; 551; 554; 556; 559; 571
Situation 19; 40; 43; 46f; 71; 129; 131; 164; 166; 167; 224f; 229; 240; 250; 275; 307; 310; 348; 455; 460f; 463f; 471f; 477; 479; 505
situativer Ansatz 438
small events 335
social actor 386; 399
social life, symbolic constitution of 385
social sciences, symbolist 364; 383
Social Structure of Accumulation Ansatz 181
sociality 387
forms and terms of 387
Sociobiology 93
sociology, poetics of 369
Sozial-Darwinismus 30
soziale Beziehungen in der Firma 75; 80
Sozialhilfe 180
Sozialintegration 548
Sozialisation 341; 516; 521
Sozialisationsagenturen 341
Sozialorganisation
- ursprüngliche 256
- ursprüngliche und konstruierte 237
Sozialtheorien 20; 33f; 218ff; 223; 233; 248f; 251ff; 258; 333; 341; 343
Sozialverfassung 532; 552
Sozialversicherung 180
Soziologie, verhaltenstheoretische 260
Spezialisierung 27; 69; 169; 201; 276f; 284; 286; 288; 297; 301ff; 308ff; 448; 495; 559
Spezialisierung, einseitige 278
Spezialsprachen 277
Spiele, organisationale 334
Spielregeln 334
Staat 28; 135; 137f; 142f; 147; 148; 169; 192; 213; 215; 263; 458; 471; 580; 583

Stabilität 129f; 198; 203f; 228; 268; 308; 323; 335; 353; 355; 523
stability sources of 383
Stakeholder 251; 458; 462; 477f
standard operating procedures 104
standard patterns of interaction 113
Standards 41; 57; 113f; 117f; 123; 132; 216; 324; 415; 550; 582
Standortnachteile 571
state 17; 85; 87; 120f; 360; 366f
Stellen 262; 271; 281ff; 297; 299; 319; 454; 509; 515; 520; 566
stereotyped actions 382
Steuerung 51; 79; 234; 247; 265f; 269; 274; 279; 318; 431ff; 448; 536; 575
- Grenzen der 274
Steuerungsmuster 552
stories organizational 378
strategic assets 464
strategic choice 344; 347; 482
Strategie 76; 189; 346; 456; 543
Strategieformation 347
Strategien ‚Gegenstände betrieblicher 543
Strategienformulierung 480
Strategienimplementierung 480
strategische Wettbewerbsvorteile 485
strategisches Management 331; 346f
Stratifizierung 168
structuralism 362; 375; 395
structuralists 363
Struktur
- formale 296; 319
- sachliche bzw. kognitive 314
Strukturalismus 213
Strukturation 15; 24; 34; 258; 315ff; 321f; 332f; 335; 339f; 345; 351ff; 355; 357; 502; 522
Strukturationsfrage 494
Strukturationstheorie 21; 33;

154; 218; 317; 321f; 335f; 341ff; 353; 355; 357; 556; 577f
Strukturbildung 141; 545
Strukturdeterminismus, orthodoxer 482
Strukturgenerierung 313
Strukturgestaltung 482
Strukturierungshilfe 357
Strukturierungsinstrumente 356
Strukturmerkmale 329; 345; 495
Strukturtheorie 213
Strukturwandel, wirtschaftlicher 554
subjectivity 142; 366
Subjekt, autonomes 259
Subjekte 34; 128; 134; 147; 153f; 158ff; 162; 164; 168; 170; 173ff; 199; 201; 213; 259; 316; 330; 332; 357f; 419f; 422; 429; 443; 490f; 493; 500f; 504ff; 510; 513; 515ff; 520ff
Subjektivierung der Arbeit 550
Subsistenz 141; 164
Substrat 287; 292; 294; 316; 490
Subsumtionstheorie 211f
Sunk Costs 469
surrealism 380
survival of the fittest 91ff; 335; 581
Symbole 143; 150; 287; 291; 306; 320; 337; 361f; 364f; 369; 373f; 376; 384; 422
symbolic 366; 368; 373; 375; 381; 383; 385; 387; 413
- approaches 365; 385
- aspect of organization 373
needs 381
- perspective 366
symbolism 23; 360ff; 373ff; 379; 382; 384f; 412f; 419; 421
- naturalist 368f
- of everyday 384
- organizational 23; 375; 379; 384; 413
- realist 363
- roots of 360
symbolist approaches 367; 369; 375; 383

- movement 361
symbolists 361; 371; 384
symbolization, process of 372
symbolizing, process of 365
symbols 118; 361; 364ff; 369;
372f; 375f; 380f; 383f; 387;
392f; 411
- organizational 380
- reading 366
- set of 366
System
- Elemente eines 265; 271;
290
- rationales 17
- triviales 267f
- Überleben des 458
Systemansatz, St. Gallener 438
Systemart 281
systematic selection forces 88
systematically mechanisms 88;
90
Systembestand 481
Systembrüche 232
Systeme
- lernende 79
- offene 17
- ökonomische 38; 374; 479
- psychische 294
- soziale 218; 263f; 268; 271f;
277ff; 284; 290; 292f; 309;
316f; 322; 422; 438
Systemebenen 313
Systemreflexivität 316
Systemtheorie 33; 142; 145;
148; 211; 213; 221; 232; 243;
251; 257f; 261ff; 265f; 268;
271; 274f; 280; 328; 351f;
481; 483; 517; 522; 533; 543
- analytische 265
Systemzwänge 211

Taken for granted 15; 29;
134; 137; 378; 404
Taktzeiten 332
talk 29; 82; 149f; 166; 371; 401
Tarifparteien 560; 567
Tausch 39; 60; 64; 68; 74; 80;
227; 234f; 237; 240; 243; 262;
306; 495
Tauschalternativen 238
Tauschbeziehungen 55; 220;
227; 235; 237; 239; 242; 247;
465
Tauschbeziehungen, verbun-

dene 227; 237
Tauschmedien 243
Tauschmoralität 237; 248
Tauschnetzwerke 237f
- negativ verbundene 238
- positiv verbundene 239
Tauschsphären 243
Tauschsysteme 219; 227; 229;
232ff; 239; 246ff
Taylorisierung des Arbeitsprozesses 187
Taylorismus 216; 316; 511;
553; 559
Team 38; 39f; 44; 433f; 487
Teamarbeit 69
Teamproduktion 39; 42; 69;
247; 250; 441
technical advance 82; 87; 103;
106; 108ff; 116
technical change, evolutionary
theory of 104
technical societies and universities 114
Technik 40; 59; 76; 206; 324;
345f; 509f; 530; 532f; 538;
540ff; 552; 555; 558
Technik und Arbeitskraft 544f
Technikeinsatz 187; 342; 345f;
542; 555
Techniken 131; 331; 333; 433;
487f; 495ff; 508; 510; 513;
520
Techniken der Lagerung 331
Technikentwicklung 332; 346;
540f; 552; 555
Technikforschung 206; 322
Technikgenese 541
Techniknutzung 542; 555
Technisierung 533; 538; 540ff;
551
Technisierungen, Politikhaltigkeit von 542
technological advance, endogenous 104
technological community 99
technological departures, new
106
technological evolution, pattern of 112
technological regime or paradigm 116
Technologien, Entwicklung
von neuen 74

technology 82f; 86; 94f; 98ff;
105ff; 121f; 193; 346; 370;
376; 386; 392; 463
- and business organizations
99
- cycles 109
- development evolutionary
99
- development of 111
- firms, or institutions, evolution of 88
- improvement of the individual 108
- pathdepending 99
- radically new 109
- specific learning 110
Teilnehmerperspektive 357ff
Teilsysteme 17f; 263f; 276f;
281; 284ff; 291; 293; 297;
300ff; 307f; 310ff; 446; 572
- Handlungslogiken von 313
Telearbeit 575
Telekommunikation 327
Telekooperation 575
teleshopping 327
Tertiarisierung 551
thought, organizational 388;
391; 401; 406; 410; 416
time binding 331
Totalität 161; 181f; 184; 191;
198; 201; 207; 211f; 214; 217;
492f
tracks organizational 335
Tradition 32; 74ff; 140; 149;
207; 212f; 220; 224; 256; 271;
273; 316; 332; 425f; 432; 447;
534; 538; 544; 560
traditions, cultural 376
Trägheit, organisationale 342
transaction costs 36; 70; 387
Transaktionen 37; 42f; 48f;
51f; 54; 56f; 61; 64; 68; 71ff;
74; 77ff; 232; 237; 240; 440;
445; 465; 467
- ökonomische 68
- relativen Kosten von 73
- von Arbeit 68
Transaktionsbegriff 26; 64
Transaktionskosten 48; 50; 53;
72f; 78ff; 239; 257; 328; 441f;
446; 581; 584f
- Minimierung von 72; 441f
Transaktionskostenökono-

mie/ökonomik 25; 35; 49;
55f; 60; 65; 78ff
Transaktionskostentheorie 19;
26; 29; 50; 71; 73; 78f; 125;
196; 425; 439f; 454; 465
Transaktionsprobleme 538
Transaktionstheorie 36
transcendental meaning 363
Transformationsproblem 187;
193; 196; 495
Transformationsprozeß 180
Transporttechnik 326
Trennung 77; 156; 158; 160;
169; 173; 187; 190ff; 194;
252; 262; 293; 427; 432; 443;
503; 544
Trennung von System und
Lebenswelt 262
Trittbrettfahrerproblem zweiter Ordnung 244f
truth 96; 99; 362; 366; 380;
390; 395; 400
Überschneidung 293
Überwachung 46; 50; 61; 69;
196; 318; 338; 342; 440; 510f;
513; 521
Umstrukturierung, organisatorische 563; 571; 573
Umwelt 18ff; 28f; 37; 49; 56f;
60; 130; 132; 134; 137f; 156;
163f; 181; 197f; 233; 239;
252; 263ff; 275ff; 280; 285;
296f; 299; 312; 314; 327; 334;
419; 438ff; 444; 454ff; 478;
481ff; 494; 507; 537; 550;
555; 570; 581; 585
- institutionelle 19; 56; 75;
252
Umweltabhängigkeit 482
Umweltbearbeitungsstrategien
482
umweltbedingten Unsicherheit
481
Umweltbezuges, Rekonstruktion des 483
Umweltschutzgesetze 328
Umweltselektion 444; 581
Umweltveränderungen 72
uncertainty 98; 103; 193; 390;
464
unconscious 338; 375; 381;
383
Ungewißheitszonen 569

Ungleichgewichte 446
Ungleichgewichtssysteme 219;
232; 235; 237; 248
Ungleichheit, soziale 167; 176
universal mind 364
Universitäten 94; 114f; 119;
169; 374; 450; 453; 549; 582
Unsicherheit 38; 46; 49; 51f;
54; 55; 72; 232; 250; 314; 356;
437; 441; 461; 472; 481ff; 585
- Reduktion von 481
Unternehmen
- und Gesellschaft 449
- und Verwaltungen 313
Unternehmens-/Organisa-
tionskultur 40; 58; 468; 485f;
519
Unternehmensmitbestimmung
534
Unternehmensstrategie 482f
Unternehmenstheorie 449f;
484
Unternehmensverfassung 63;
451
Unternehmer 68ff; 72; 76f;
159; 428; 435f; 443; 461;
466f; 530
Unternehmerfunktion 39; 443
Unternehmerrente 460f; 467
Unternehmung 19; 23f; 27f;
62ff; 67; 139; 143; 151; 166;
175; 190; 196; 200; 309; 315;
317; 323; 325; 327; 331f; 347;
350ff; 424ff; 431ff; 438ff;
442ff; 446f; 467; 481; 483;
537; 543; 548; 554; 557; 561f;
567; 570f; 574f; 586
- als soziale Institution 67
- Grundstruktur der 429
- kapitalistische 325; 586
- Theorie der 19; 424ff; 431;
433; 439; 442f; 444; 446f;
481; 483
- Ziele 432ff; 437f
Unterscheidungen
- Dominanz einer 305; 310
- und Programme 310
Utilitarisierung 175
Values 31; 90; 94; 101; 118;
372; 381; 409; 411
Variablenzusammenhänge
265; 267f
Varietät 266f; 276; 283; 297;

552
variety new 88
Venture Capital 582
Verantwortung, gesellschaftliche 252
Verband 144; 253; 428; 574
Verbundenheit
- negative 237
- positive 237
Verdinglichung 124; 180; 491;
495; 525f
Verfahren 45; 73; 131; 315;
320; 329; 349; 430; 434;
487ff; 495ff; 510ff; 515;
518ff; 522ff; 567; 573
Verfahrensmacht 524f
Verfassung 145; 159; 161; 219;
229; 231; 240; 248ff; 315
- disjunkte 250
- konjunkte 250
Verfassungskonflikte 250
Verfügungsrechte 37; 43; 196;
226; 228ff; 233; 240; 249;
254; 257; 441
Verhalten 34; 37f; 41; 46; 48ff;
62; 71; 128; 134; 150; 152;
154f; 160; 174; 239; 241;
280f; 283; 290; 317; 339; 421;
440; 484; 519; 529; 585
- arationales 585
Verhandlungskosten 72
Verhandlungsmacht 467
Verorganisierung 488; 525
Verrechtlichung 136
Verteilung gerechte 230
Verträge 36f; 40f; 43f; 48ff;
53f; 56; 61; 66; 68; 71; 80;
441; 444; 563f
Vertragsbeziehungen, langfristige 55
Vertragsrecht 53; 68
- klassisches 53
- neoklassisches 53
Vertrauen 36; 50; 57f; 74f;
189; 245; 343; 350f
Vertrauen, soziales 245
Vertrauensbeziehungen 74
Vertrauensbildung 133
Verwandschaftssystem, klassi-
fikatorisches 235
Viabilität 273; 277; 286; 297;
302; 331; 357; 553; 563
video on demand 327

Volksgemeinschaft 427; 442
Vollzug der Verfahren 500;
526
Vorgabezeiten 332
Wagniskapital 582
Wahrnehmungslernen 339
Wahrnehmungsmuster 78
Wahrnehmungszyklus 339
✗ Wandel 27; 69; 78f; 141; 143;
260; 323; 333ff; 341ff; 355;
492; 518; 530f; 533; 535; 541;
546; 549f; 554; 556; 561; 574;
576; 579f; 582
- historischer 556
- industrieller 530
- organisationaler 25; 323;
333f; 355; 579
- organisatorischer 537; 540;
548
- sozialer 260
- strategischer 341
- technischer 546
- technischer und arbeitsorganisatorischer 535
- technischer und sozialer
554; 557
- technologischer 582
Wechselwirkung rekursive 444
Weltgesellschaft 137f; 284;
301; 446
Weltsystem 134; 136f; 163;
166
Werbung 327; 474; 587

Werte 28; 40; 44; 56; 60; 64;
261; 299; 302f; 305f; 345;
349; 427; 501; 504
Wertewandel 551
Wertordnung 432
Wertschöpfung 565; 576
Werttheorie 199f; 212
Wettbewerb 28; 38; 44; 53f;
57; 139; 216; 325; 351; 424;
433; 440; 447; 456; 459ff;
470; 484; 560; 580f
vollkommener 433
Wettbewerbsbedingungen 38;
562
Wettbewerbsfähigkeit 553;
575
Wettbewerbsvorteile 484
Wettbewerbsvorteilen 457;
466; 478; 485
Widerspruchs, Figur des 183
Willensübertragung 558; 563
Wirklichkeitskonstruktion 229
Wirtschaft 17f; 37; 40f; 45f;
50; 52; 54ff; 59ff; 65f; 143;
161; 170; 263; 277f; 284f;
287; 289; 292; 301; 304f; 307;
309; 316; 321; 328; 424; 427;
431; 445ff; 450; 455; 531;
534; 536; 549; 552; 557;
560ff; 571; 574f
Wirtschaftlichkeitsprinzips
431
Wirtschaftsorganisationen 39;
50; 63; 288; 304; 309; 311;
314; 325; 575

Wirtschaftssoziologie 582; 585
Wirtschaftssystem 298; 309;
311; 557
Wirtschaftswissenschaften 15;
436; 446; 448
Wissen
- implizites 318
- implizites organisatorisches
485; 486
- kritisches 357f
- organisationales 27
Wissensorganisation 343
Wissenspraktiken, routinisierte
213
Wissenssystem 229
work organization 381
worlds organizational 378
Würde 36; 49ff; 58; 60f; 478;
507
Zeit und Raumbindung 331
Zeitbindung 331
Zeitlichkeit 332; 468
Zentrum-Peripherie-Figur 162
Zeremonien 29; 302; 501
Zertifizierungsverfahren 526
Zielmodell 246ff
Zielvereinbarungen 553; 564f;
567
Zufall 24; 200; 262; 335
Zukunftsvertrag 71
Zulieferer 563
Zuständigkeiten 319
Zweckrationalität 132; 136
Zweiebenenmodell 178

Einführungen in die Organisationsforschung